中国盾构工程
科技新进展

NEW PROGRESS OF SHIELD ENGINEERING SCIENCE AND TECHNOLOGY
IN CHINA

吴煊鹏　乐贵平　江玉生　主编

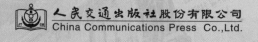

内 容 提 要

本书全面描述了目前中国盾构工程行业科技发展整体状况,研究总结了各种地质条件下、国内国外施工环境、各种直径的盾构工程施工技术。

本书共5篇,21章,主要内容包括盾构工程行业近五年来科技发展成果、未来行业发展与科技发展展望、盾构机创新设计与创新机型介绍、盾构机核心零部件国产化技术研究与新进展、超大直径盾构施工技术及盾构工程各种典型案例与施工技术研究、"一带一路"上的中国盾构机与盾构工程施工技术。

本书可供隧道与地下工程建设领域及盾构机设计制造行业的技术人员使用,亦可供相关专业的师生教学参考。

图书在版编目(CIP)数据

中国盾构工程科技新进展 / 吴煊鹏,乐贵平,江玉生主编. -- 北京:人民交通出版社股份有限公司, 2019.12

ISBN 978-7-114-16039-4

Ⅰ. ①中⋯ Ⅱ. ①吴⋯ ②乐⋯ ③江⋯ Ⅲ. ①隧道施工—盾构法—研究 Ⅳ. ①U455.43

中国版本图书馆CIP数据核字(2019)第263256号

书　　名:	中国盾构工程科技新进展
著 作 者:	吴煊鹏　乐贵平　江玉生
责任编辑:	刘彩云　李　梦
责任校对:	刘　芹
责任印制:	张　凯
出版发行:	人民交通出版社股份有限公司
地　　址:	(100011)北京市朝阳区安定门外外馆斜街3号
网　　址:	http://www.ccpress.com.cn
销售电话:	(010) 59757973
总 经 销:	人民交通出版社股份有限公司发行部
经　　销:	各地新华书店
印　　刷:	北京印匠彩色印刷有限公司
开　　本:	880×1230　1/16
印　　张:	47.5
彩　　插:	7
字　　数:	1500千
版　　次:	2019年12月　第1版
印　　次:	2019年12月　第1次印刷
书　　号:	ISBN 978-7-114-16039-4
定　　价:	368.00元

(有印刷、装订质量问题的图书,由本公司负责调换)

中国盾构工程科技进步振奋人心，
中国盾构工程科技发展前途光明

贺《中国盾构工程科技新进展》出版

钱七虎
二〇一九·十二

1986年我被煤炭工业部派去德国学TBM，到今天"中国盾构之掘进技术新进展"展示走向世界，真幸运！
	王梦恕
	01/10-2019

中国盾构工程科技新进展

学术指导委员会
（按姓氏笔画排序）

万维燕　马　栋　王　良　王春河　王雁军　孔　恒　刘　军　杜立杰　李术才　李建斌
肖龙鸽　肖明清　余　乐　沙明元　宋振华　张　弥　张　伟　陈学峰　竺维彬　周文波
胡胜利　贺长俊　高辛财　黄昌富　常喜平　程永亮　傅德明　楚跃先　谭顺辉

编审委员会

主　编： 吴煊鹏　乐贵平　江玉生

副主编： 朱宏军　方江华　王华伟　王杜娟　彭正阳　李　波　钟长平

主　审： 沙明元　张　弥　贺长俊

编　委：（按姓氏笔画排序）

马云新　王　乐　王　涛　王庆柱　王江卡　王宇飞　王国祥　王胜勇　王恒栋　王海明
王银坤　尹清锋　邓美龙　石元奇　龙华东　帅玉兵　冯大阔　乔国刚　全红岗　刘　浩
刘　彬　刘四进　刘金祥　刘建国　齐梦学　安宏斌　许金林　纪宏奎　李小岗　李天宇
李凤远　李安清　李志刚　李宝江　李树忱　杨　辉　吴忠善　吴惠明　邱　琼　何国军
张昆峰　张洪涛　陈　桥　陈广玉　陈庆宾　陈国云　陈金波　武焱林　易　杰　和孙文
周　琳　郑永光　赵　骏　赵军军　赵洪岩　郝本峰　胡锦华　钟龙凤　钟志全　段文军
娄　瑞　秦坤元　桂轶雄　贾连辉　柴艳飞　唐立宪　唐高洪　黄延铮　梅　灿　龚　杰
常彦博　麻成标　章龙管　阎向林　琚新里　彭长胜　董亚兴　蒙先君　薛立强

各篇章主要编写人员与审定人员：

第1篇		吴煊鹏	沙明元
第2篇		王杜娟	彭正阳
第3篇		彭正阳	王杜娟
第4篇	第1章	李 波	王华伟
	第2章	王华伟	沙明元
	第3章	乐贵平	朱宏军
	第4章	江玉生	吴煊鹏
第5篇		方江华	朱宏军

编写单位：

主编单位　北京盾构工程协会

参编单位

中铁工程装备集团有限公司

中国铁建重工集团股份有限公司

中交天和机械设备制造有限公司

上海隧道工程有限公司

北方重工集团有限公司

辽宁三三工业有限公司

广州海瑞克隧道机械有限公司

中铁隧道局集团有限公司

中铁一局集团有限公司

中铁一局集团城市轨道交通工程有限公司

中铁工程服务有限公司

中铁科工集团轨道交通装备有限公司

中国铁建股份有限公司

中铁十六局集团有限公司

中铁十四局集团有限公司

中铁第四勘察设计院集团有限公司

中铁第五勘察设计院集团有限公司

中铁十八局集团有限公司

中铁十一局集团有限公司

中铁十二局集团有限公司

广州轨道交通建设监理有限公司

北京城建设计发展集团有限公司

北京市政建设集团有限责任公司

北京住总集团有限责任公司

北京建工土木工程有限公司

北京市市政四建设工程有限责任公司

中国建筑集团有限公司	石家庄铁道大学
中国建设基础设施有限公司	深圳市市政设计研究院有限公司
中国建筑一局(集团)有限公司	上海市政工程设计研究总院(集团)有限公司
中国建筑第二工程局有限公司	秦皇岛天业通联重工科技有限公司
中建三局基础设施建设投资有限公司	徐工集团凯宫重工南京股份有限公司
中国建筑第四工程局有限公司	京津冀再制造产业研究院
中国建筑第六工程局有限公司	蚌埠市行星工程机械有限公司
中国建筑第七工程局有限公司	江苏恒立液压股份有限公司
中建八局轨道交通建设有限公司	优泰科(苏州)密封技术有限公司
中建交通建设集团有限公司	天津立林集团有限公司
中建隧道建设有限公司	广州机械科学研究院有限公司
中国电力建设集团有限公司	巨鲸传动机械有限公司
中国水利水电第八工程局有限公司	三川德青机械有限公司
中国水利水电第三工程局有限公司	洛阳 LYC 轴承有限公司
中国石油管道局工程有限公司	淮安市中球盾构技术服务有限公司
北京交通大学	阳铁机械(杭州)有限公司
中国矿业大学(北京)	上海米度测量技术有限公司
山东大学	昆山众备机械设备有限公司
北方工业大学	沈阳鑫山盟建材有限公司
北京建筑大学	

中国盾构工程科技新进展

作者简介

吴煊鹏，教授级高级工程师，北京盾构工程协会理事长，中铁十六局集团有限公司原副总工程师，首席技术专家，石家庄铁道大学工程硕士研究生导师。长期从事轨道交通工程、盾构工程与盾构机技术研究和指导工作。曾三次负责盾构穿黄工程（西气东输、南水北调中线、兰州轨道交通）的技术指导工作，主持首都机场 T3 航站楼 APM（旅客自动输送系统）工程施工，主持和参与原铁道部、中国铁建股份有限公司和中铁十六局集团有限公司多项盾构科研项目，获省部级科学技术进步奖多项，2012 年获詹天佑专项奖，2016 年获首都五一劳动奖章。

乐贵平，教授级高级工程师，北京市轨道交通建设管理有限公司原副总经理，先后获清华大学工学学士和工程硕士学位，国内著名盾构工程、城市轨道交通建设管理与安全管理专家。兼任中国城市轨道交通协会安全分会副主任、中国国家安全生产协会轨道安全分会副主任及北京盾构工程协会副理事长。主持过多条轨道交通线路的建设管理工作，对轨道交通建设的规划设计、工程筹划与组织、施工过程控制、工程安全风险技术体系、轨道交通试运营与竣工验收等方面有自己独到的见解。发表论文 70 余篇，编写著作 10 余部，参编行业和地方标准多部，申请专利 20 余项，多次获北京市科学技术进步奖。

江玉生，博士、教授，中国矿业大学（北京）城市地下空间工程系主任，北京盾构工程协会副理事长，主要从事盾构/TBM 的教学、研究和现场工程咨询与风险控制等工作。参与原铁道部、水利部和南水北调办公室中线建管局的盾构/TBM 论证，参加多条高速公路隧道工程的科研和咨询工作。获原煤炭工业部、教育部、北京市和河北省科学技术进步奖多项。担任国家自然科学基金重点项目首席科学家和国家支撑计划项目课题负责人，北京市中央在京高校重大科学技术成果转化项目首席专家和项目负责人，负责纵向和横向课题 30 余项，发表论文 50 余篇。

朱宏军，教授，硕士研究生导师，历任北方工业大学学院副院长、书记，主要从事土木工程结构与材料的教学与研究工作，获省部级科学技术进步奖 3 项，北京市产学研工作先进个人 1 次。发表科技学术论文 16 篇，翻译出版外文科技文献 7 万余字，编写著作 5 部。先后被聘为《建材标准化与质量管理》杂志顾问和编审，北京盾构工程协会副秘书长兼《盾构工程》杂志主编，中创科技战略发展研究中心科学发展智库常务副秘书长等。

方江华，副教授、高级工程师，硕士，一级建造师，北京住总集团有限责任公司地铁指挥部总工程师、集团技术质量部副部长，安徽理工大学硕士研究生导师，北京盾构工程协会副秘书长，主要从事与岩土及地下工程相关的教学、科研、生产技术服务与管理工作。在核心期刊上发表学术论文20余篇，EI收录数篇，主、副主编高等学校教材和科技著作4部，参编地方标准1部，申请专利4项，主持省部级科研课题多项。

王华伟，教授级高级工程师，中铁十四局集团有限公司大盾构事业部部长，主要从事大直径及水下盾构技术与科技创新工作。获国家科学技术进步奖1项，北京市、山东省等省部级科学技术奖多项，参编国家标准、企业标准各1部，编写著作2部，获江苏省五一劳动奖章、山东省企业技术创新带头人奖、茅以升铁道工程师奖、詹天佑成就奖等。

王杜娟，教授级高级工程师，中铁工程装备集团有限公司总工程师，第十三届全国人大代表，河南省学术技术带头人。长期致力于盾构国产化研究、开发、制造事业，在盾构国产化研制方面进行了大量卓有成效的工作，取得了突出成绩。主持及参与多项国家863计划、973计划、河南省重大科技专项等重大技术攻关课题的研究工作。获全国五一巾帼标兵、中华全国铁路总工会火车头奖章、詹天佑青年奖、全国铁路先进女职工、茅以升铁道工程师奖，国家科学技术进步二等奖、河南省科学技术进步奖、中国机械工业科学技术奖多项，申请专利50多项。

彭正阳，高级工程师，中国铁建重工集团股份有限公司掘进机研究设计院院长，主要从事掘进机施工及其研发工作。在复合式盾构机、泥水平衡盾构机、岩石隧道掘进机、斜井掘进机、竖井掘进机等产品的研发方面取得重大突破，所在研发团队研发出多个填补国内隧道掘进机领域空白的首台（套）产品。获中国机械工业科学技术奖、中国铁道建筑总公司科学技术奖及长沙市科学技术进步奖多项。

李波，高级工程师，上海隧道工程有限公司党委副书记、总经理，全国优秀施工企业家，中国市政工程协会常务理事，中国施工企业管理协会常务理事，上海市市政公路行业协会副会长。在"城市轨道交通类矩形盾构法隧道装备技术研究""软土超大直径超长距离隧道施工综合技术研究"和"敏感环境下复合地层盾构隧道工程综合技术与应用"等课题研究中发挥了关键性作用。获上海市、浙江省科学技术进步奖，申请发明专利1项，主编工法3部。

钟长平，博士，教授级高级工程师，广州轨道交通建设监理有限公司副总经理兼总工程师，国家注册监理工程师，华南理工大学、广州大学硕士研究生导师，春风隧道总监，中国土木工程学会隧道及地下工程分会理事、广东省土木建筑学会常务理事、广州建设工程安全学会副理事长和北京盾构工程协会副理事长。长期从事地铁建设、管理及盾构技术研究工作。主审国家标准、参编行业标准多部，发表论文30余篇，编写著作5部，申请发明专利5项。

序

进入 21 世纪，尤其是近十年来，我国交通隧道（铁路、公路、地铁）及城市地下空间的开发建设迎来了空前的大发展期，我国现已成为世界上拥有铁路、公路、地铁隧道最多、最长的国家。我国在长大隧道、复杂地质隧道、复杂环境隧道（穿越既有建／构筑物和水下等各种复杂环境）的科研、设计、施工等方面积累了丰富的经验，取得了举世瞩目的成果，获得了国际业界的认可。

在各类隧道工程建设方法中，盾构法以其自动化程度高、掘进速度快、施工质量好、对周围环境影响小等优势，得到了越来越广泛的应用。尤其是在城市轨道交通建设中，采用盾构法进行地铁隧道施工的比例已超过 80%。而近几年来，随着盾构机国产化程度的快速提高、国产盾构机种类（如各种直径的盾构机和异型盾构机）的不断增加以及盾构机性能的持续提升，盾构法施工的优势也愈加凸显，进一步促进了盾构法在我国隧道和地下工程建设中的广泛应用。可以说，目前中国无论是在盾构机的产量、存量上，还是在盾构法施工的工程量上，都遥遥领先，业已成为名副其实的盾构大国。

让我感到十分高兴的是，北京盾构工程协会抓住这个盾构大发展的时机，积极组织我国盾构工程行业近 50 家单位的科研、设计、施工技术及管理人员，及时编写了这部《中国盾构工程科技新进展》。该书对我国近几年来盾构机设计制造，盾构工程设计、施工与管理，盾构施工辅材生产等方面取得的创新成果，进行了全面系统的梳理和总结，内容丰富翔实。尤其是在新型盾构机设计制造和盾构施工技术进展方面，该书以具体的工程案例为切入点，对工程中的重难点及对策，从理论和实践两个方面进行了科学的总结。该书对从事盾构相关工作的工程技术人员、管理人员、科研人员及教学人员，具有重要的参考、借鉴价值，是一部不可多得的重要文献。该书的出版发行，不仅对我国盾构技术的发展有较大的推动作用，而且对国际隧道工程技术的发展也有重要影响。作为国际隧道和地下空间协会（ITA）主席，更作为一名隧道工程科技工作者，我在此谨向组织此书编写的北京盾构工程协会及参与编写的单位和个人，表示诚挚的问候和衷心的感谢。

在此书即将正式出版发行之际，发表一点感想，权以为序。

国际隧道和地下空间协会（ITA）主席

2019 年 10 月 12 日

前 言

21世纪是地下空间大开发的世纪。我们要追求更美好的生活，让交通更顺畅，让地面环境更美丽，让人民拥有更多的生存空间，就要大力推进地下空间多层次的开发与利用。盾构机作为地下工程施工利器、大国重器，由其实施的并广泛应用于地下空间施工的盾构法已为国人所熟知。

历史上被称为神话的上天、入地，即便在当今高度发展的科学技术条件下，也是充满高风险和高难度的。中国盾构工程行业的领导者与科技人员，把地下开发为己任，加大科技投入，大胆创新。通过孜孜不倦的科技研究、发明与创新，来抵御风险、攻克许许多多的世界性难题，创造出丰硕成果，不断为中国特色社会主义建设添砖加瓦。

近年来，中国盾构工程行业发展与科技进步令人惊叹，世界罕见，宏伟的国产超大直径盾构穿越长江、黄河与海域等超级隧道工程，接连涌现。从2015年底到2019年底，国内盾构机台数从1000台左右猛增至3000台以上，这些盾构机分布在全国各地的城市轨道交通、铁路、公路、水利、管廊等工程建设工地。中国盾构机每年出厂台数、拥有量、盾构隧道施工里程，都已经排名世界第一。未来，中国盾构工程行业还将在盾构智能化、大数据、多模式、新型破岩、超大直径、超大埋深、多用途等科技创新中有更大的惊喜和成就。

奋斗在盾构工程行业的专家学者及科技人员为中国的盾构工程科技进步做出了巨大努力，他们长期奋战在地下空间的工程一线，甚至是在异国他乡的海外，面对各种艰难地质与复杂环境和许多意想不到的技术难题，他们发扬大国工匠精神，刻苦研究、努力创新，创造了无数的盾构工程奇迹。

作为行业协会，用文字来展现近五年行业发展情况与取得的科技成就，显示"一带一路"走出去盾构人的业绩，探讨未来行业发展与盾构科技研究途径，汇聚盾构工程新科技、新成果，与行业所有人员共享，是我们组织编写这本书的初衷，更是盾构工程行业科技人员、盾构工程劳动者向祖国70华诞的献礼。

通过本书，盾构工程行业科技人员可以更好地了解中国盾构工程科技发展现状与未来盾构科技发展的趋势，创新设计，创新工法与发明专利，在工程上防风险、保安全、保质量、提效率，在技术上再创新、再发明、再进步，促进中国盾构工程行业更快、更加健康的发展。

全书共5篇，21章。第1篇介绍了盾构工程行业的骨干企业五年间科技进步的具体成就，并以此为契机讲述了盾构工程设计、全断面岩石隧道掘进机（TBM）工程、顶管工程技术发展的新进展；第2篇介绍了盾构机技术、创新机型及盾构机的绿色再制造技术；第3篇重点介绍了近五年盾构机核心零部件、辅助系统及耗材方面国产化的技术研究与新进展；第4篇总结了超大直径盾构机和地铁、铁路、公路、水利、管廊及"一带一路"海外工程的盾构施工科技新进展；第5篇总结了近五年获得的盾构工程科技成果、专利和工法。

本书由北京盾构工程协会组织编写，共历时一年半修改定稿。编写过程中得到了中国建筑、中国中铁、中国铁建、中国交建、中国电建、中国石油六大央企系统，北京、上海、天津、广州、深圳、河南、河北、江苏、山东、湖南、湖北、辽宁等地相关行业企业、大学等近60家参编单位,以及近200名作者与组织者的大力支持,在此表示真诚的感谢!

对于书稿内容的搜集、整理、完善,我们虽然尽了最大努力,但由于篇幅巨大、水平有限,肯定还存在许多疏误之处,敬请广大读者与业内专家学者批评指正。

《中国盾构工程科技新进展》
编审委员会
2019年9月30日

目 录

第1篇　盾构工程行业科技新进展综述

第1章　盾构机设计、制造企业科技新进展概述 ··· 3
- 第1节　盾构机设计、制造行业与科技新进展简述 ··· 3
- 第2节　中铁工程装备集团有限公司 ··· 4
- 第3节　中国铁建重工集团股份有限公司 ··· 7
- 第4节　中交天和机械设备制造有限公司 ··· 10
- 第5节　上海隧道工程有限公司 ··· 13
- 第6节　北方重工集团有限公司 ··· 15
- 第7节　辽宁三三工业有限公司 ··· 17
- 第8节　海瑞克中国公司 ··· 19

第2章　盾构工程设计技术新进展概述 ··· 25
- 第1节　盾构工程设计技术发展历程简述 ··· 25
- 第2节　近五年盾构工程设计技术新进展 ··· 29
- 第3节　未来盾构工程设计技术展望 ··· 33

第3章　盾构工程施工企业科技新进展概述 ··· 35
- 第1节　中国盾构工程施工科技新进展特点 ··· 35
- 第2节　中铁隧道局集团有限公司 ··· 36
- 第3节　中铁十六局集团有限公司 ··· 38
- 第4节　上海隧道工程有限公司 ··· 40
- 第5节　中铁十四局集团有限公司 ··· 41
- 第6节　中铁工程服务有限公司 ··· 44
- 第7节　中铁第四勘察设计院集团有限公司 ··· 45
- 第8节　中国石油管道局工程有限公司 ··· 46
- 第9节　中铁十八局集团有限公司 ··· 48
- 第10节　中国水利水电第八工程局有限公司 ··· 50

第 11 节	中国建筑集团有限公司	51
第 12 节	中铁十一局集团有限公司	55
第 13 节	中建交通建设集团有限公司	58

第 4 章 全断面岩石隧道掘进机(TBM)工程施工科技新进展 ············ 60

第 1 节	中国 TBM 工程技术发展历程简述	60
第 2 节	TBM 工程技术新进展及典型工程	62
第 3 节	TBM 技术未来发展趋势	72

第 5 章 国内顶管技术进展概述 ············ 73

第 1 节	国内顶管技术发展简述	73
第 2 节	钢管顶管工程案例简介	74
第 3 节	球墨铸铁管顶管工程案例简介	76
第 4 节	JPCCP 顶管工程案例简介	76
第 5 节	钢筋混凝土管顶管工程案例简介	78
第 6 节	矩形顶管工程案例简介	79
第 7 节	矩形管节式盾构工法	83
第 8 节	矩形盾构工法	83

第 6 章 国际盾构工程技术进展概述 ············ 85

第 1 节	超大直径盾构机与 TBM 隧道工程新技术	85
第 2 节	国际盾构工程施工新技术	90
第 3 节	盾构隧道衬砌管片及接头新技术	97

第 2 篇 盾构机设计、制造与再制造科技新进展

第 1 章 盾构机创新设计 ············ 103

第 1 节	国内首台联络通道盾构机设计技术	103
第 2 节	盾构机电液混合驱动技术研究与应用设计	105
第 3 节	国内首创地面出入式盾构机设计技术	108
第 4 节	国内首创城市轨道交通车站矩形掘进机设计技术	112

第 2 章 盾构机创新机型 ············ 114

第 1 节	国产最大直径"春风号"泥水平衡盾构机	114
第 2 节	国产品牌首台海底隧道超大直径泥水平衡盾构机	115
第 3 节	国内自主研发最大直径敞开式 TBM	117
第 4 节	国内自主研发最大直径土压平衡盾构机	118
第 5 节	国产品牌最大直径土压—泥水双模盾构机	120
第 6 节	国产品牌最大直径单护盾—土压平衡双模式盾构机	122

第 7 节　国内自主研发长距离大埋深小直径盾构机 ……………………………………………… 124
第 8 节　国内自主研发 U 形盾构机 ………………………………………………………………… 125
第 9 节　适用于复合地层小直径泥水顶管机 ……………………………………………………… 126
第 10 节　国产首台常压换刀式大直径泥水平衡盾构机 ………………………………………… 128
第 11 节　在线控制式土压—TBM 双模式盾构机 ……………………………………………… 129
第 12 节　国内首台自主研发双护盾 TBM ……………………………………………………… 131
第 13 节　国内首台最小转弯半径、最小直径土压平衡盾构机 ………………………………… 132
第 14 节　超小直径可回退式管幕机 ……………………………………………………………… 134
第 15 节　垂直盾构机 ……………………………………………………………………………… 135
第 16 节　快速救援掘进机 ………………………………………………………………………… 136
第 17 节　海洋竖向硬岩掘进机 …………………………………………………………………… 138
第 18 节　富水卵石地层大直径复合式盾构机 …………………………………………………… 139
第 19 节　南京和燕路穿越长江 $\phi15.03m$ 超大直径泥水平衡复合式盾构机 ………………… 140

第 3 章　"一带一路"盾构机创新机型 ……………………………………………………………… 143

第 1 节　首台出口非洲大直径土压平衡盾构机 …………………………………………………… 143
第 2 节　首台出口欧洲 -40℃ 极寒环境 6m 级土压平衡盾构机 ………………………………… 145
第 3 节　"一带一路"首台高铁项目超大直径泥水平衡盾构机 ………………………………… 146
第 4 节　首台出口孟加拉国大直径泥水平衡盾构机 ……………………………………………… 147
第 5 节　土耳其格雷德引水隧道工程跨模式（XRE）掘进机 …………………………………… 148
第 6 节　首次出口以色列 $\phi7.54m$ 土压平衡盾构机 …………………………………………… 149
第 7 节　首次出口阿联酋 $\phi11.05m$ 大直径土压平衡盾构机 ………………………………… 151
第 8 节　"一带一路"出口新加坡土压平衡盾构机 ……………………………………………… 153
第 9 节　首台出口欧洲"胜利号"大直径土压平衡盾构机 ……………………………………… 154

第 4 章　盾构机再制造技术 ………………………………………………………………………… 156

第 1 节　11m 级泥水平衡盾构机再制造 ………………………………………………………… 156
第 2 节　10m 级泥水平衡盾构机变径再制造 …………………………………………………… 157
第 3 节　10m 级敞开式 TBM 整机再制造及应用 ……………………………………………… 158
第 4 节　6m 级土压平衡盾构机变径再制造 ……………………………………………………… 162
第 5 节　6m 级土压平衡盾构机整机再制造及应用（案例一） ………………………………… 167
第 6 节　6m 级土压平衡盾构机整机再制造及应用（案例二） ………………………………… 176
第 7 节　6m 级土压平衡盾构机整机再制造及应用（案例三） ………………………………… 182

第 3 篇　盾构机核心部件、辅助装备及耗材研制新进展

第 1 章　盾构机核心部件国产化研制 ……………………………………………………………… 189

第 1 节　盾构机主轴承关键技术研究与应用 ……………………………………………………… 189
第 2 节　盾构机主驱动行星减速机的研制和应用 ………………………………………………… 192
第 3 节　盾构机主驱动减速机技术研究 …………………………………………………………… 194

第 4 节	盾构机真空吸盘国产制造技术	197
第 5 节	盾构机激光自动导向系统研制	201
第 6 节	盾构机连续带式输送机制造技术	202
第 7 节	同步注浆泵的研制	204
第 8 节	技术水平国际领先的盾构机液压油缸研制	206
第 9 节	盾构机主驱动密封件的研制与应用	208

第 2 章　盾构机辅助系统技术　213

第 1 节	盾构机主轴承润滑系统在线监测技术研究	213
第 2 节	盾构泥浆处理新技术	219
第 3 节	智能化管片拼装机关键技术研究	223
第 4 节	盾构机冷冻换刀技术	228
第 5 节	刀盘刀具连续状态监测技术	229
第 6 节	盾构机常压换刀单元技术研究	231
第 7 节	盾构机检测技术研究与应用	232

第 3 章　盾构施工耗材应用技术研究　236

第 1 节	盾构（TBM）滚刀技术研究及应用	236
第 2 节	衡盾泥新技术	243
第 3 节	盾尾密封油脂技术研究	247
第 4 节	无水砂卵石地层盾构施工渣土改良试验研究	257
第 5 节	盾构与 TBM 施工耗材产品技术研究	261
第 6 节	盾尾刷产品技术研究	271

第 4 篇　盾构工程施工科技新进展

第 1 章　超大直径盾构工程施工技术　277

第 1 节	上海北横通道工程泥水盾构施工技术	277
第 2 节	珠海横琴马骝洲复合地层海底交通隧道泥水盾构施工技术	287
第 3 节	武汉地铁三阳路穿越长江隧道泥岩地层泥水盾构施工技术	296
第 4 节	上海诸光路通道工程土压平衡盾构施工技术	305
第 5 节	汕头苏埃通道工程泥水盾构施工技术研究	315
第 6 节	深圳春风隧道工程泥水盾构施工技术研究	324
第 7 节	济南穿黄隧道工程泥水盾构施工技术研究	330
第 8 节	南京长江第五大桥 A3 标工程泥水盾构施工技术研究	335
第 9 节	武汉和平大道南延工程泥水盾构施工技术研究	341

第 2 章　铁路、公路、管廊、水利盾构工程施工技术　348

第 1 节	苏通 GIL 综合管廊工程 $\phi 12.07m$ 泥水盾构越江隧道施工技术	348
第 2 节	京张高铁清华园隧道 $\phi 12.6m$ 泥水盾构施工技术	356

第3节　京沈高铁望京隧道盾构环保型泥水处理技术 ································· 365
　　第4节　豫机城际铁路 ϕ12.81m 泥水平衡盾构施工技术 ························· 371
　　第5节　蒙华铁路马蹄形盾构施工技术 ··· 379
　　第6节　吉林引松供水工程大直径 TBM 隧道施工技术 ··························· 390
　　第7节　兰州水源地建设工程双护盾 TBM 施工技术 ······························ 394
　　第8节　大瑞铁路高黎贡山隧道 TBM 施工技术 ····································· 397
　　第9节　陕京四线管道工程无定河直接铺管施工技术 ······························ 403
　　第10节　穗莞深城际轨道交通盾构穿越深圳机场施工技术 ······················ 407
　　第11节　佛莞城际铁路狮子洋隧道 ϕ13.1m 泥水盾构施工技术 ················ 414
　　第12节　上海管廊工程土压盾构泵送出土施工技术 ································ 419
　　第13节　杭州穿越富春江大坡度纵向曲线顶管施工技术 ·························· 428
　　第14节　盾构穿越长江长距离松散地层刀具配置技术 ···························· 432
　　第15节　上海青草沙长江引水工程盾构施工技术 ··································· 442
　　第16节　沈阳地下综合管廊工程盾构施工技术 ······································ 446
　　第17节　衡阳穿越湘江大直径泥水盾构施工技术 ··································· 454

第3章　地铁盾构工程施工技术 ·· 461
　　第1节　广州地铁盾构穿越花岗岩孤石群预裂爆破施工技术 ····················· 461
　　第2节　常州地铁穿越高铁站盾构施工技术 ··· 467
　　第3节　乌鲁木齐地铁1号线无水砂卵石地层盾构施工技术 ······················ 476
　　第4节　北京地铁富含多层承压水地层盾构机接收技术 ·························· 484
　　第5节　济南泉域地区地铁盾构机接收施工技术 ··································· 488
　　第6节　长沙地铁4号线复杂条件下盾构下穿湘江施工技术 ······················ 494
　　第7节　成都地铁富水砂卵石地层盾构始发下穿既有线施工技术 ··············· 499
　　第8节　南京地铁城区古河道地层盾构施工技术 ··································· 507
　　第9节　无锡地铁复杂环境条件下盾构施工技术 ··································· 512
　　第10节　武汉地铁盾构穿越有害气体地层施工技术 ······························· 516
　　第11节　西安地铁4号线下穿重要建（构）筑物盾构施工技术 ·················· 523
　　第12节　南宁地铁2号线富水圆砾层盾构施工技术 ································ 528
　　第13节　厦门地铁6号线首开段盾构施工技术 ····································· 532
　　第14节　天津地铁淤泥质土层盾构下穿老海河沉降控制施工技术 ·············· 535
　　第15节　深圳地铁复杂环境长距离硬岩双护盾 TBM 施工技术 ·················· 539
　　第16节　深圳地铁5号南延线软弱地层盾构机小净距上跨地铁11号线施工技术 ··· 543
　　第17节　青岛地铁海域段盾构机地下对接洞内解体施工技术 ···················· 551

第4章　中国承建"一带一路"国外盾构工程施工技术 ······························· 564
　　第1节　印度德里地铁石英岩地层盾构施工技术 ··································· 564
　　第2节　新加坡地铁珊顿道车站区间隧道盾构施工技术 ·························· 568
　　第3节　厄瓜多尔 CCS 水电站输水隧洞双护盾 TBM 施工技术 ··················· 571
　　第4节　莫斯科地铁盾构施工技术难点与对策 ······································ 584
　　第5节　莫斯科地铁第三换乘环线阿米尼—米秋林区间盾构下穿铁路施工技术 ··· 590
　　第6节　新加坡 T221 Havelock 车站地下通道盾构施工技术 ······················ 593
　　第7节　马来西亚吉隆坡地铁2号线盾构施工技术 ································· 597

第 8 节　孟加拉国吉大港卡纳普里河底隧道大直径泥水盾构施工技术……………603
　　第 9 节　以色列富水粉细砂及库卡弱胶结砂岩地层盾构施工关键技术……………611

第 5 篇　盾构工程科技成果、专利和工法

第 1 章　盾构工程科技成果……………621
　　第 1 节　异形全断面隧道掘进机设计制造关键技术及应用……………621
　　第 2 节　盾构施工衡盾泥辅助带压进仓关键技术研究……………623
　　第 3 节　三三工业盾构装备自主设计制造关键技术及产业化……………625
　　第 4 节　煤矿斜井全断面掘进装备关键技术研究及应用……………627
　　第 5 节　面向环境适应性的土压平衡盾构机再制造技术……………628
　　第 6 节　复合地层盾构施工隐蔽岩体环保爆破新技术的研究和应用……………630
　　第 7 节　泥水盾构穿越富水粉细砂地层及锚索区关键施工技术……………632
　　第 8 节　三维激光扫描技术在地铁隧道断面测量中的关键技术研究与应用……………633
　　第 9 节　盾构云平台……………636
　　第 10 节　盾构下穿深圳湾海域复杂地层长距离快速掘进技术……………638
　　第 11 节　大起伏岩面巨厚富水砂层条件下深埋地铁施工关键技术……………639
　　第 12 节　地铁隧道大直径土压平衡盾构机研制及施工成套关键技术……………641
　　第 13 节　高水压复杂地层纵向曲线隧道构筑技术……………643
　　第 14 节　盾构集群远程监控与智能化决策支持系统的开发与应用……………644
　　第 15 节　盾构掘进自动化导向及排版系统应用技术研究……………645
　　第 16 节　东北严寒条件下中砂、粉砂复合地层土压平衡盾构施工关键技术研究……………645

第 2 章　盾构工程发明专利……………647
　　第 1 节　盾构机分体始发加长管线悬吊系统……………647
　　第 2 节　土压平衡盾构始发与接收施工多功能作业架……………648
　　第 3 节　暗挖隧道反挖盾构机接收方法……………649
　　第 4 节　一种在隧道内拆除盾构机零部件的拆除设备的应用……………650
　　第 5 节　隧道内拆解土压平衡盾构机的方法……………651
　　第 6 节　一种在隧道内拆除盾构机推进油缸的方法及拆除设备……………652
　　第 7 节　一种盾尾密封装置及盾构机……………653
　　第 8 节　盾构机用移动装置……………653
　　第 9 节　一种地铁隧道内壁清洗装置……………654
　　第 10 节　一种盾构机管片注浆栓……………655
　　第 11 节　用于盾构始发及接收的辅助装置……………656
　　第 12 节　一种应用于隧道管片的锁紧装置……………657
　　第 13 节　一种用于深埋隧道注浆修复的密封工具及组装方法……………658
　　第 14 节　一种盾构机连续切削桩基础穿越居民楼群施工方法……………658
　　第 15 节　一种基于大数据技术的盾构隧道智能施工辅助系统及使用方法……………660
　　第 16 节　一种滤水集土坑及其应用……………661

第 17 节	应用盾构机后配套台车整体过站移动托架的方法	661
第 18 节	盾构始发阶段或接收阶段近距离下穿运营线路的施工方法	662
第 19 节	一种电子激光靶及其测量装置	663
第 20 节	一种激光位置监测装置	664
第 21 节	一种盾构到达洞门密封装置及密封施工方法	665
第 22 节	一种不开仓情况下盾构结泥饼处理方法	666
第 23 节	针对盾构管片拼缝渗漏现象进行压力灌浆堵漏的施工方法	667
第 24 节	用于上软下硬富水地层的盾构新型惰性浆液及组合注浆工艺	668
第 25 节	地面出入式盾构法隧道建造施工方法	669
第 26 节	基于 RFID 标签的地中盾构机相对位置测量方法	670
第 27 节	盾构隧道缓凝型同步注浆的施工方法	671
第 28 节	用于盾构机的复合式铰接装置	672
第 29 节	地面出入式盾构机	672
第 30 节	混凝土箱体盾构机进洞接收的施工方法	673
第 31 节	复合地层盾构掘进土体改良施工方法	674
第 32 节	泥水平衡盾构穿越危险地下管线的施工方法	675
第 33 节	泥水平衡盾构机在复杂地层中更换主驱动密封的方法	675
第 34 节	类矩形盾构机多刀盘驱动同步控制方法	676
第 35 节	用于矩形盾构机的回转拼装机	677
第 36 节	类矩形盾构管片拼装系统	678
第 37 节	用于隧道工程机械的刀盘驱动装置	679
第 38 节	一种泥水平衡盾构机用冲洗水压力控制系统及控制方法	679
第 39 节	一种盾构机泥水环流和碎石系统	680
第 40 节	一种盾构机的泥水环流和碎石方法	681
第 41 节	具有泥浆环流系统的泥水平衡盾构机	682
第 42 节	一种用于 TBM 的刀盘扭矩异常监测系统	683
第 43 节	一种用于 TBM 的刀盘驱动系统	684
第 44 节	盾构机及其控制方法	684
第 45 节	用于全断面岩石隧道掘进机的刀盘装置	685
第 46 节	掘进机土压平衡方法以及螺旋输送机控制装置	686
第 47 节	长距离小净距重叠盾构隧道用可移动式轮式台车支撑系统	687
第 48 节	一种隧道施工用盾构机换刀施工方法	688
第 49 节	黄土地层地铁隧道土压平衡盾构施工方法	689
第 50 节	盾构压气作业用掌子面护壁泥膜施工工艺	690
第 51 节	一种降低地铁盾构隧道洞门施工风险的方法	691
第 52 节	一种泥水盾构始发洞门密封装置	692
第 53 节	江底溶洞省料封闭可循环静压注浆系统及施工方法	693
第 54 节	用于盾构施工的电瓶车轨枕	694
第 55 节	在含有糜棱岩复合地层中减小盾构机刀具损坏的施工方法	695
第 56 节	一种富水围岩中土压平衡盾构施工突涌防治装置及方法	696
第 57 节	一种盾构机的加泥、泡沫系统	697
第 58 节	带有人舱的小型全断面隧道掘进机	698
第 59 节	盾构机用克泥效及工法	699

第3章　盾构工程其他专利清单 702

第1节　发明专利 702
第2节　实用新型专利 705

第4章　盾构工程施工工法 710

第1节　土压平衡盾构近距离下穿地铁运营区间盾构隧道施工工法 710
第2节　双螺旋土压平衡盾构施工工法 711
第3节　衡盾泥+WSS注浆双保压盾构开仓施工工法 711
第4节　泥水平衡盾构穿越锚索区施工工法 712
第5节　直接铺管穿越施工工法 713
第6节　工作井内置短钢筒盾构机接收施工工法 714
第7节　大直径盾构机锚索法洞内拆解及运输施工工法 714
第8节　夹轨式液压推进系统盾构机过站施工工法 715
第9节　盾构机近距离侧穿初期支护状态下暗挖隧道施工工法 716
第10节　复杂地层盾构空推段隧道施工工法 717
第11节　盾构机水平正下穿石拱桥加固施工工法 718
第12节　外置推进式盾构机过站施工工法 718
第13节　土压平衡盾构穿越密集建筑物下富水砂卵石地层施工工法 719
第14节　不开仓情况下盾构机刀盘泥饼处理施工工法 720
第15节　小间距重叠隧道盾构法施工工法 721
第16节　全断面圆砾层盾构施工工法 721
第17节　盾构隧道硬岩段地面深孔爆破预处理施工工法 722
第18节　盾构机回填土中接收施工工法 723
第19节　盾构隧道管片接缝硅烷浸渍防腐施工工法 724
第20节　粉砂质泥岩地层中管片壁后注浆施工工法 724
第21节　强透水地层大直径泥水盾构始发施工工法 725
第22节　富水砂层地铁盾构钢套筒接收施工工法 726
第23节　盾构机整体吊装运输施工工法 726
第24节　重叠盾构隧道移动钢支撑加固施工工法 727
第25节　"先隧后站"的盾构过站施工工法 728
第26节　土压平衡盾构穿越富水断层破碎带施工工法 728
第27节　断层破碎带地层全方位高压喷射施工工法 730
第28节　盾构下穿既有铁路枢纽自动化监测施工工法 731
第29节　岩溶发育区浅埋盾构隧道下穿河道精确快速施工工法 731
第30节　盾构机接收套筒精准快速安装施工工法 732
第31节　上软下硬地层盾构法分区填仓常压换刀施工工法 733
第32节　土压平衡盾构机在富水圆砾地层中施工工法 733
第33节　地铁隧道盾构机密闭钢套筒接收施工工法 734

第1篇

盾构工程行业科技新进展综述

第1章　盾构机设计、制造企业科技新进展概述

第2章　盾构工程设计技术新进展概述

第3章　盾构工程施工企业科技新进展概述

第4章　全断面岩石隧道掘进机（TBM）工程施工科技新进展

第5章　国内顶管技术进展概述

第6章　国际盾构工程技术进展概述

第1章　盾构机设计、制造企业科技新进展概述

第1节　盾构机设计、制造行业与科技新进展简述

1. 国家经济发展催化盾构行业科技创新与行业飞速发展

近十年来，随着我国经济发展，城市轨道、铁路、公路、市政和水利水电工程的全面建设，盾构隧道工程技术得到飞速的发展，我国盾构隧道工程量居世界首位，盾构隧道技术水平也逐渐步入国际先进行列。盾构隧道工程向大直径、长距离、大深度发展，盾构设备向多模式、信息化、智能化发展。特别是近五年，我国盾构机设计制造技术得到了飞速发展，盾构机生产数量全球第一，出口"一带一路"沿线国家的中国盾构机数量不断增多。

据统计，2012—2018年，全国盾构机年出厂台数由152台快速增加到658台，如图1-1-1所示；国产品牌占全国出厂台数的比例由2012年的55.9%提升到2018年的90%之上，如图1-1-2所示。预计到2019年底国内盾构工程企业盾构机保有量可达3000台以上。

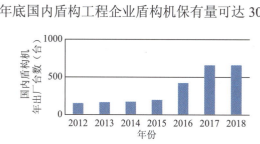
图1-1-1　2012—2018年全国盾构机年出厂台数比较

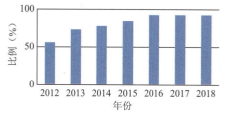
图1-1-2　2012—2018年国产品牌盾构机出厂台数占总数百分比

本章主要介绍中国主要盾构机设计、制造企业的核心竞争力与近年来所取得的业绩、"一带一路"走出去态势、盾构科技新进展、未来研发方向与途径。

中国已经进入盾构机"Made in China"（中国制造）的时代。近年来，国内几乎所有工程使用的新盾构机都是由中国制造的。国有企业、民营企业、外资企业在中国盾构设计制造领域争奇斗艳，各显身手，互相竞争，共同提高。盾构设计制造央企，在企业内部需求不断增加的有力支撑下，在整个系统的技术力量支持下，在研发创新、提高品质方面自身持续努力下，市场表现尤为显眼，成为国产品牌盾构机生产的主力军。作为盾构机中的高精尖顶级产品，应用于管片外径12m以上工程的超大直径盾构机，近年来，技术上也日渐成熟，其产品无论是外观、配置、性能还是新技术的运用，都在不断地给业界带来惊喜。

盾构机主要用于软土地层掘进，因其应用广泛、数量较多、国产化较早，而被大众所熟悉。近年来，全断面岩石隧道掘进机（Tunnel Boring Machine, TBM）的业绩也是捷报频传，2013年之前一直是国际品牌TBM的天下，2014年国产品牌TBM制造取得了突破，年出厂台数由2015年的个位数迅速增加到2018年的34台。TBM设计制造技术再也不是高不可攀了，国内骨干盾构机生产企业均已具备设计生产能力，并开发了许多原创性的自主知识产权新技术。这些成绩除了得益于国家经济建设规模扩大的拉动，还是各大盾构机生产企业多年来源源不断的技术投入，孜孜不倦的研发努力，厚积薄发的结果。

"一带一路"走出去的成果更是喜人，国内主要盾构机生产企业的出口业绩显著，中国盾构机不仅受到国内施工企业的喜爱，还得到众多国际客户的认可，并为国内盾构工程施工企业"一带一路"走出去行动提供了可靠的设备支撑和技术保障。

未来是地下空间大开发的时代，穿江越海、深层地下、复杂地质、超大直径的盾构工程不断增多，我们需要性能更好、质量更高、安全可靠、新技术更多的盾构机来为中国特色社会主义建设贡献力量。

2. 盾构机设计、制造行业近五年科技发展几大特点

一是盾构机设计、制造产业在"中国制造向中国创造转变、中国速度向中国质量转变、中国产品向中国品牌转变"中取得了巨大成就。盾构机已经成为中国的一张闪亮名片。中国盾构机的性能不仅满足了国内各地不同地质条件的工程需求，还能适应非洲的气候、中东地区的地质条件、莫斯科的极寒环境。中国盾构机自主技术创新、产品质量得到了国内和国外用户的认可与赞赏。中国盾构科技发展已成为国际盾构科技发展的重要组成部分。

二是国产品牌盾构制造企业以国产直径最大的"春风号"盾构机为代表的超大直径盾构机设计、制造技术取得突破，并已掌握全系列、全型号的盾构机与 TBM 设计、制造技术。

三是全球首创技术增多。如马蹄形、类矩形盾构机的成功研发与应用；第四代半岩石隧道掘进机的研制已经取得较大成果，进入工程试验阶段。

四是中国盾构机制造行业在飞速发展过程中，盾构机市场不断洗牌，逐步向设计、创新、生产、市场开拓能力强大的几大优势企业集中。国内盾构机制造企业已经拥有国际知名品牌或收购了国外知名制造厂商，如 WIRTH、NFM、ROBBINS 等。

五是盾构机再制造得到各大盾构机制造企业以及全行业的重视，近五年盾构机再制造台数再创新高。

六是盾构机智能、多模、新型破岩、超大直径、超大埋深、多用途等创新技术已得到全行业的认可，并取得较大成果，发展前景广阔。

第 2 节　中铁工程装备集团有限公司

1. 企业核心竞争力

中铁工程装备集团有限公司（简称中铁装备）是世界 500 强企业中国中铁股份有限公司旗下工业板块的重要成员企业，始终以成为优秀的地下工程综合服务商为己任，以"装备中铁 装备中国 装备世界"为初心，深入践行"渴求变革 倾力创造"的创新理念，发展成为集隧道掘进机、隧道机械化专用设备、地下空间综合开发、钢结构等四大产业门类为一体的综合性企业集团，正向着打造全球领先的隧道及地下工程综合服务商这一宏伟目标不断迈进。

中铁装备始终坚持走"盾构产业化，一主多元化"的发展道路，以隧道及地下工程装备产业一体化为核心优势，构建了隧道掘进机、隧道机械化施工专用设备、钢结构三大产品系列，并不断延伸产业链条，在做优、做强装备制造业的同时，为全社会提供地下空间开发综合解决方案。目前，中铁装备在隧道掘进机领域，拓展了设计研发、设备制造、再制造、技术服务、机况评估检测、操作技能培训于一身的产业链条，其中以马蹄形、矩形断面为代表的异形盾构机为中铁装备首创产品，"彩云号"TBM 入选 2017 年度央企十大"国之重器"，设计、制造技术处于领先地位。

中铁装备成立十年来始终坚持创新驱动战略，高度重视以科技创新为核心的全面创新，研发设计人员超 600 人，为有效推动基础理论和前沿技术研究奠定人才基础，并在从"追赶"向"引领"转变的进程中，品牌价值获得了社会各界的广泛认同；中铁装备在全国布局了 18 个生产基地，盾构机年产能 280 台以上，产品已成功运用到国内 60 余项铁路、公路、水利等标志性隧道工程，应用于北京、天津、沈阳、郑州、武汉、深圳、广州、重庆、成都、西安、宁波、无锡、南京、南宁等 53 座城市轨道交通及地下工程建设中，并远销意大利、奥地利、阿联酋、新加坡、马来西亚、印度、黎巴嫩、以色列、越南等 18 个国家和地区，截至目前，中铁装备盾构/TBM 累计订单达到 868 台，出厂 784 台，出厂盾构/TBM 累计安全顺利掘进 1500km。

2. 盾构设计、制造技术的进步与提升

中铁装备逐步建立起"企业为主体、市场为导向、政产学研用相结合"的技术创新体系，建立了"大科研"的"政产学研用"合作体系，集聚科研院所、高等院校及骨干企业优势资源，大力加强科技创新，突

破了一批关键技术,研发出一批重大技术装备,先后研制出863计划首台(套)复合盾构及大直径硬岩掘进机,研制出国内最大直径9.03m TBM、国内最大直径12.14m土压平衡盾构机、国内最大直径15.8m泥水平衡盾构机、世界首台最小直径3.53m TBM、世界首创最大断面的矩形盾构机、世界首台马蹄形盾构机,"变频节能型复合盾构CTE6400"产品获认定为国家重点新产品计划战略性创新产品,主要参与完成的"盾构装备自主设计制造关键技术及产业化"成果获2012年度国家科技进步一等奖,通过创新驱动,中铁装备已发展成为国内掘进机研发制造的开拓者和领军者。同时,中铁装备搭建了设计研究总院、地下空间设计研究院和智能工程研究院三位一体的科技创新工作体系。以设计研究总院为支撑,形成了"大""小""异"不同断面以及土压、泥水、硬岩不同应用领域的全系列盾构机产品,其中以马蹄形、矩形断面为代表的异形盾构为中铁装备首创产品,设计、制造技术在行业内属于领先地位。以地下空间设计研究院为依托,开展了对地下空间工程理论和工法的研究,为地下空间开发提供创新解决方案,其中矩形盾构下穿隧道工法开创了过街隧道施工不再"开膛破肚"的新模式,其配套设备——超大断面矩形盾构机曾荣获2018年度国家科技进步二等奖、"中国好设计"金奖;地下停车场/综合管廊组合式盾构施工工法为业界首创,并可拓展应用于地铁车站、海绵城市雨洪调蓄枢纽等大型地下空间项目,并以隧道专用设备为辅助,相继研制出电脑三臂凿岩台车、重型悬臂掘进机、软岩隧道挖掘机、湿喷机械手、拱架安装机、门架式支护台车、防水板铺设台车、连续皮带机等开挖、支护、出渣设备,为客户提供多样化、成套化、智能化的隧道施工装备及全方位的技术支持。以智能工程研究院为先锋,建立了企业工业级大数据和云计算平台,充分挖掘企业核心业务多年积淀的数据资源,持续提升企业在智能设计、智能制造、智能装备、智能服务等业务模式中的核心竞争力,致力于打造完整的企业智能工程系统。

3. TBM制造技术的科技创新与突破

在国家自然科学基金项目、973计划、863计划、地方及企业等重大项目的支持下,以中铁装备为代表的全断面隧道掘进机行业历经十余年的努力,通过消化吸收、产学研联合攻关和创新跨越,在TBM高效破岩、超前地质探测、围岩识别感知、地质适应性等关键技术方面取得了重大突破。

1)提出了解决TBM施工三大难题方案

通过与国内高校联合攻关,提出了高性能TBM刀盘、刀具长距离抗损止裂设计技术,创建了刀圈性能—多岩性参数映射函数模型,提出了基于裂纹扩展机理的刀盘止裂设计准则,建立了地质—滚刀性能匹配体系,根据地质情况,高精度地预测滚刀消耗量,在线监测滚刀转速、温度、磨损量,形成了高性能刀盘、刀具自主设计制造体系,提出了解决"破岩难"的方案。

通过与国内高校联合攻关,研发并搭载激发极化法及三维地震波法超前地质预报系统。构建TBM掘进的远—中—近集成超前探测体系。实现掌子面前方探测范围内含水体定位及相对静态水量的估算,实现断层破碎带等不良地质与灾害的准确成像、识别与精细刻画,提出了解决"预探难"的方案。TBM机载主动源地震探测方法如图1-1-3所示。

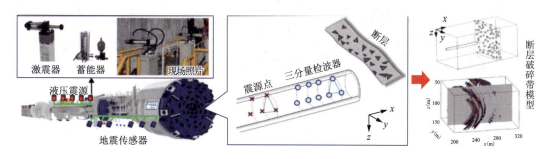

图1-1-3 TBM机载主动源地震探测方法

突破了基于多源大数据和多元算法共融互馈的围岩识别感知技术。开发了国际首个多源大数据融合的TBM云平台;发明了锚杆钻机随钻监测和渣片智能识别系统,创建了多元算法共融的围岩状态感知模型,首次实现掌子面岩石状态的精确感知,为智能掘进提供决策依据,提出了解决"感知难"的方案。锚杆钻机随钻监测系统、TBM 渣片图像智能识别系统,分别如图 1-1-4、图 1-1-5 所示。

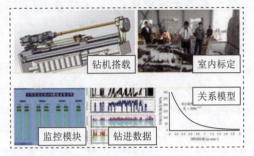
图 1-1-4　锚杆钻机随钻监测系统

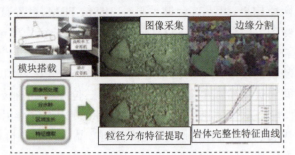
图 1-1-5　TBM 渣片图像智能识别系统

2）提高不良地质适应性

TBM 掘进过程中可能遭遇破碎密集带、软岩大变形、岩爆、突水涌泥等不良地质。为提高不良地质适应性,在刀盘扩挖、超前地质加固、超前注浆止水、及时喷混凝土、安装型钢骨架等方面取得了突破,提高了 TBM 在复杂地质条件下的适应性。TBM 集成超前钻机系统如图 1-1-6 所示。

图 1-1-6　TBM 集成超前钻机系统

3）产品体系更加完善

通过多年技术积累,TBM 产品体系和门类日趋完善,主要涵盖主梁式 TBM、双 X 支撑 TBM、单/双护盾 TBM、竖井 TBM、双模 TBM 等,形成从微型至大型等不同直径的系列产品,完成 15m 级超大直径 TBM、斜井 TBM、扩孔 TBM 的技术储备。目前,地质适应性更强的双结构 TBM、双支护 TBM、防卡 TBM 处于积极设计研发阶段。TBM 产品类型如图 1-1-7 所示。

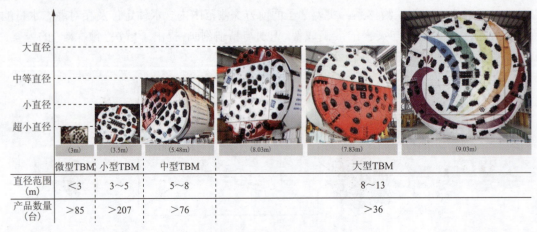
图 1-1-7　TBM 产品类型

4）创新成果丰硕

在 TBM 技术创新过程中,全行业都在积极探索,中铁装备在创新驱动战略发展模式下,技术创新硕果累累。截至目前,中铁装备在全断面岩石隧道掘进机(TBM)领域已获得授权发明专利34项,制定国家标准3项,发表SCI/EI学术论文36篇,出版专著2部,授权软件著作权6项,获2017年度"中国好设计"银奖和河南省专利特等奖。实现了我国TBM从"跟随"到"引领"的跃变,大力助推了行业技术进步。

5)展望

目前,全行业正致力于开发TBM智能掘进系统,针对导向、掘进、预警等功能,研究TBM掘进过程多工序智能决策策略,构建TBM掘进过程信息化、智能化整体技术架构,开发并集成相应智能终端模块,为TBM掘进智能化提供方法和技术支撑;致力于研制第四代半掘进机(以滚刀破岩为主,以激光、水射流、声波等一种或多种技术进行辅助破岩的合成掘进设备)、第五代掘进机(以激光、水射流、声波、射线、核能源、化学物质等一种或多种技术为主进行掘进破岩,或辅以机械设备联合破岩的掘进设备),开启掘进机颠覆性原创核心技术全新时代。

4. 对企业发展和未来盾构技术发展展望

中铁装备坚持以推进"中国制造向中国创造转变、中国速度向中国质量转变、中国产品向中国品牌转变"目标的实现作为企业发展的方向,紧密围绕"一主多元"总体战略目标,深入建设"企业为主体、市场为导向、政产学研用相结合"的技术创新体系,以深化科技体制改革为动力,以产业结构、产品结构调整为重点,切实加强新产品开发管理、技术管理及资源配置。通过优化创新要素及资源配置,实现专业化、规模化和产业化经营,大力开拓新产品市场和海外市场;坚持以市场需求为导向,在地下空间开发及隧道技术装备领域,巩固和保持总体优势的同时,研究开发引领行业技术发展的新产品、新工法技术,拥有专有产品和技术,具备原创性、颠覆性创新能力,并聚焦以高压/超高压水射流、激光为辅助或为主破岩的第四代半、第五代掘进机等新型技术研究,为彻底解决当前全断面岩石隧道掘进机掘进速度缓慢、刀具易损等难题提供全新技术方案;围绕国家973计划项目"TBM安全高效掘进全过程信息化智能控制与支撑软件基础研究",以吉林引松、兰州水源地、高黎贡山TBM掘进数据为支撑,开展TBM掘进信息感知、状态识别和智能控制的基础理论深度研究,力争在国际上率先研发成功TBM掘进云计算平台和智能控制软件,抢占TBM装备制造和掘进技术研究的制高点,引领全断面岩石隧道掘进机智能化发展方向,为实现"无人值守"智能掘进全断面岩石隧道掘进机奠定基础理论和软件支撑,助推我国重大装备制造高质量发展。

第3节　中国铁建重工集团股份有限公司

1. 企业核心竞争力

中国铁建重工集团股份有限公司(简称铁建重工)创立于2007年,隶属于世界500强企业中国铁建股份有限公司。公司通过持续的内生式增长,并整合中国铁建工业制造板块资源,发展成中国工程机械制造商5强、全球工程机械制造商50强企业。铁建重工致力于系统的、完全的、颠覆性的自主创新,掌握核心关键技术,打造国之重器,助推中国地下施工装备跻身世界前列。公司从党建、战略、制度、技术等多方面,构建多维度创新生态体系,不断激发人才创新活力,永葆企业发展动力。

铁建重工聚焦于个性化、定制化高端装备的研发制造,坚持只开发填补行业空白的产品,成功研制了50多项全球、全国首台(套)装备。公司三大成熟产业,均从白纸起步,成长为世界一流,包括以盾构机、TBM为代表的掘进机产业,以道岔、弹条扣件为代表的轨道系统产业,以全电脑凿岩台车、多功能作业台车为代表的钻爆法隧道施工全工序装备。

为了适应产业发展布局,2017年,建成中国铁建重工集团长沙第二产业园区,园区面积40余万 m^2,扩建了中国铁建重工集团第一产业园区掘进机组装厂房,可生产15m级超大直径掘进装备,目前集团公司掘进机产能已达260台(套)/年。企业员工总数由2015年的3000余人增加至5900余人,研发人员占比超

20%。在行业内组建首个国家级企业技术中心,下设18个研究院(其中主机研究设计院11个,专业研究设计院7个,1个实验中心)及70余个研究所。在技术中心的架构下,还存在许多柔性的项目组织。

以全面提升自主创新能力为中心,结合国家重大战略需求及重工集团自身发展需要,逐步布局并形成了以国家级企业技术中心、国家工程技术研究中心、博士后科研工作站、省级地下掘进装备工程中心、省级工业设计中心、省级院士专家工作站、省级水下隧道技术工程实验室、隧道施工技术创新云平台等专业研发平台为支撑的"八位一体"科技创新平台,科技创新能力较2015年大幅提升。

2. 盾构与特种设备设计、制造技术的进步与提升

近五年,铁建重工有效推进企业研发设计数字化建设,在研发设计软件引进及方式方法方面有所提升。陆续建成磁浮轨排自动化生产线、大型焊接机器人工作站等,实现了部分产品制造的智能化,目前公司物联网建设开始起步,将进一步提升产品、设备与系统的单体智能化水平,实现生产制造和产品作业过程的透明化与数字化、施工设备和生产设备的远程预测性维护。同时,正在积极推进客户关系管理(CRM)、采购协同平台(SRM)、制造执行系统(MES)等关键核心信息化系统的快速实施,强化已有信息化系统的升级应用,着力建设数字化展厅与中央分布式指挥监控中心。

铁建重工国家级企业技术中先后承担和参与国家863计划、科技支撑计划、火炬计划、重点新产品计划、智能制造专项、重点研发计划等国家课题18项,承担省部级科技计划23项;主编、参编国家、行业标准31项,包括《敞开式岩石隧道掘进机》《单护盾岩石隧道掘进机》等11项国家标准;累计申请专利1000余件,其中发明专利占比30%以上,获得中国专利奖9项。

3. 盾构与TBM制造技术的科技创新与突破

1)刀盘刀具状态连续监测技术

通过深入研究刀盘刀具的磨损检测技术,开发出具有自主知识产权的盾构机刀盘刀具状态监测装置,监测装置的有效性、准确性不断提高,能真实反映刀盘刀具状况,为判断刀盘刀具的运行状态和指导掘进参数的选择提供依据,有助于提高掘进效率,促进掘进机向自动化、智能化发展前进。

连续式状态监测技术主要从现有刀盘刀具磨损检测技术研究出发,以刀盘刀具磨损机理为依据,设计制造出刀盘以及不同类型刀具的磨损检测装置并安装应用于隧道工程。

目前连续式状态监测装置主要通过电阻、电涡流等相关技术,实现刀盘刀具磨损、转速、温度等状态实时监控,并通过无线传输技术,将刀盘刀具状态立体直观呈现,为隧道掘进提供可靠的依据,具有可靠性好、测量范围宽、灵敏度高、分辨率高、抗岩土干扰能力强等优点。连续式状态监测技术原理如图1-1-8所示。

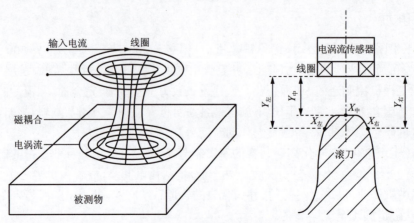

图1-1-8 连续式状态监测技术原理

2)盾构机冷冻换刀技术

盾构机冷冻换刀技术主要是指在盾构机的主机上安装循环冷冻管路和冷冻系统,通过主机自身良好

的热传递性,将冷冻效果传递至整个开挖面,从而促使开挖面土体形成冻土,利用冻土强度对隧道开挖面起到支撑作用,防止坍塌,形成稳定的常压空间,便于人员进入开挖面进行刀具检查与更换,如图1-1-9所示。

盾构机冷冻换刀技术适用于任何地层,不再受设备机型和直径的约束,在需要时,可高效完成掌子面冷冻,无须额外配置相关设备,简化了作业工序。

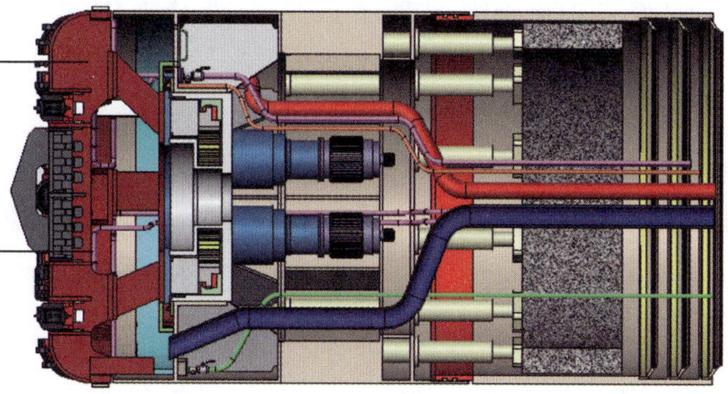

3)盾构机常压换刀技术

铁建重工研发的机械式常压换刀技术已应用于常德沅江隧道φ11.75m泥水平衡盾构机上,机械式常压换刀技术具有安全性高、换刀成本低、效率高等特点。如图1-1-10所示为盾构机常压换刀刀盘。

图1-1-9 盾构机冷冻换刀技术

4)泥水平衡盾构机大粒径卵石管道破碎技术

铁建重工研发的颚式泥浆管路破碎机(图1-1-11)安装在泥水环流系统中,主要由上下机架、动颚组件、动力驱动组件、附属部件及润滑系统、电气控制系统等组成。工作原理:由泥浆环流系统出浆管排出的卵石,由左上机架进浆口进入机体内,小粒径的卵石可通过机架内的格栅直接流入出浆通道经泥浆泵排出,大粒径的卵石因无法通过格栅而掉入颚式破碎腔内,经过动颚连续破碎到小粒径后再进入出浆通道经泥浆泵排出。

图1-1-10 盾构机常压换刀刀盘

图1-1-11 颚式泥浆管路破碎机

颚式管路破碎机破碎粒径的大小可通过调整定颚与动颚间的开口大小来实现,在机架的前后、侧面均布置有检修门、检修口,便于在出现故障时进行维修。泥浆管路破碎机的左右机架、前后检修门采用厚度为5mm的硅橡胶板作为密封垫密封,上下机架用4mm的硅橡胶板密封,在轴承座圆环处采用587密封胶+4mm密封条进行密封。动颚内部的滚动轴承靠泥水侧采用两道唇形密封圈+注脂密封,靠机架外侧采用迷宫密封。动颚轴承润滑采用220齿轮油进行润滑,动颚外部的轴承座上的轴承由润滑脂润滑。动颚组件密封与润滑所需的注脂管路与齿轮油管路均布置在上下机架靠台车过道侧。整机主要性能参数为:①可破卵石抗压强度≤200MPa;②生产能力50t/h;③承压能力1.0MPa(主驱动承压能力0.6MPa);④安装尺寸3000mm×1300mm×2500mm。

4. 对企业发展和未来盾构与TBM技术发展展望

目前,铁建重工以引领之势,将国产掘进机多项关键核心技术提升到世界水平,培育的国产掘进机产业规模达到100亿元以上,带动国内上下游配套产值超过20亿元(不包含施工),彻底结束了国外掘进机品牌对我国市场长达近30年的垄断,成功打造了全球知名的铁建重工品牌。

"十三五"期间,铁建重工通过集聚行业优势资源、强化颠覆性前沿技术研究、牵头国家重大科研课题攻关、服务国家战略性工程建设等手段,推动了国产高端地下工程装备引领全球技术和产业变革。

未来十年,铁建重工将加快企业由制造型向制造服务型企业转型,继续巩固在国内市场的领先优势,以创新发展为主线,以四个转型升级(创新战略、组织形态、数字化驱动、质量战略)为重点,大力推进企业向"互联网+"与数字化的战略方向转型升级,全面提升产品智能化、制造智能化、服务智能化及管理智慧化水平。在隧道掘进设备领域,以全断面掘进装备(盾构机、TBM)为主,以钻爆法施工装备为补充,瞄准川藏铁路、渤海海峡海底隧道、南水北调西线工程等难度极高的超级工程,新开发各类型产品数量不少于100个,在关键基础件国产化、整机产品再制造、关键部件智能制造、工业性试验平台、大数据服务平台等方向树立行业标杆,建成综合研发实力强、产品系列完备、制造水平先进的掘进装备产业基地,累计实现产值力争突破500亿元。

第4节 中交天和机械设备制造有限公司

1. 企业核心竞争力

中交天和机械设备制造有限公司(简称中交天和)是世界500强企业中国交通建设股份有限公司的全资子公司,主要从事盾构机和海洋船舶的设计与制造,以及提供交通基础建设和管理领域的一体化服务,业务涉及公路工程、市政工程、轨道交通工程等领域。

中交天和盾构机年产能180台以上(最大直径可达18m),大型钢结构件5万t。公司成立至今,已累计生产销售350余台盾构机,出口海外累计28台,产品覆盖直径规格0.8~18m,已能设计、制造各种类型的TBM、泥水、土压、复合式、敞开式、竖向掘进等全系列。公司研制并成功应用于南京扬子江隧道的两台ϕ15.03m超大直径泥水气压平衡复合式盾构机,在国际上首次采用氢氧饱和带压换刀、刀盘伸缩等多项领先技术,在施工中创造了单日最高掘进26m、在长江底砂卵石地层中一次性掘进2580m不换刀等多项世界纪录,并顺利通过国家工信部"中国首台(套)"科技成果鉴定,获得了中国机械工业科学技术进步一等奖等众多荣誉;公司研制的中国首艘深层搅拌船(DCM船),一举打破日韩等国在国际上的技术垄断,使得我国海洋工程施工装备在国际上占据一席之地。我国出口海外首台12m级以上孟加拉国ϕ12.12m气垫式泥水平衡盾构机,出口海外高铁隧道用雅万高铁ϕ13.19m气垫式泥水平衡盾构机,出口马来西亚东部铁路全断面岩石隧道掘进机(TBM),开发ϕ0.92m快速救援掘进机。用创新促发展,一次次地跨越成就了中交天和的行业高度。

中交天和获得了"国家重点新产品""高新技术企业""江苏省盾构机关键技术工程技术研究中心""江苏省隧道掘进装备智能化工程中心""全断面隧道掘进企业一级生产资质"等多项资质及荣誉,现已成为我国隧道掘进重大技术装备行业的标杆企业之一。

中交天和承担了1项国家级火炬计划、2项省级科技成果转化项目、2项省部级交通厅项目,获得1项国家重点新产品、1项工信部首台(套)、2项江苏省首台(套)产品认定。拥有授权专利71项(其中授权发明专利19项、实用新型专利52项),软件著作权2项;拥有企业标准6项,参编国家标准16项,行业标准2项。公司在产学研方面与大连理工大学、天津大学、武汉理工大学、长沙理工大学、中交疏浚国家重点实验室等知名学府、科研机构建立了长期稳定的良好合作关系,在新产品、新工艺、新技术的开发研究等方面进行了广泛的合作,实施产学研科技合作项目10项。

经过9年的发展,中交天和的盾构产品已形成系列(图1-1-12),其中包括:ϕ14m以上超大直径盾构机、ϕ12m以上大直径盾构机、小直径盾构机、全断面岩石隧道掘进机(TBM)、救援掘进机。此外,中交天和还积极开展其他产品的开发,包括竖直掘进机和深层搅拌船(DCM)。

◆ φ14m以上超大直径盾构机　　◆ φ12m以上大直径盾构机

南京纬三路φ15.03m泥水平衡盾构机　　雅万高铁φ13.19m泥水平衡盾构机　　孟加拉国φ12.12m泥水平衡盾构机

◆ 大直径土压平衡盾构机（6～10m）

上海φ6.76m深覆土土压平衡盾构机　　成都φ8.58m土压平衡盾构机　　珠海φ8.78m土压平衡盾构机

◆ 大直径泥水平衡盾构机（6～10m）　　◆ 小直径盾构机（4m以下）

福州φ6.46m泥水平衡盾构机　　哈尔滨φ6.44m泥水平衡盾构机　　重庆φ3.64m盾构机

◆ 全断面岩石隧道掘进机（TBM）　　◆ 救援掘进机　　◆ 竖直掘进机

深圳φ6.47m双护盾TBM　　快速救援用φ0.8m掘进机

图1-1-12　中交天和产品系列

2. 盾构创新技术发展

盾构机是集机械、电气、液压、控制、光学等多学科智能化设备，其中刀盘和刀具、主驱动系统、液压系统、控制系统、智能化操作是核心技术。经过9年自主创新，中交天和不仅掌握了核心技术，还实现了自主创新，目前部分技术水平处于国际领先水平，多项技术为国际首创，成为国际上主要的盾构机制造商。

为实现不受国外零部件厂商的控制，中交天和自成立之日起就联合国内优秀零部件制造商，联合开发盾构机专用零部件，已实现盾构机全部零部件国产化研发目标，并已在设备上试验成功，目前正在制造中国首台全国产化零部件盾构机，并将于2019年投入使用。

近年来，中交天和主要创新技术如下。

1）超大直径常压刀盘刀具技术

针对超高水压上软下硬复合地层，刀具磨损严重，更换难度大、风险高、效率低这一难题，开发了超大常压刀盘刀具技术。开发常压可更换式切削刀装置，在软弱地层作为先行刀或者在硬岩地层作为刮刀使用；开发常压可更换式滚齿互换刀具装置，在软弱地层采用齿刀掘进，在土岩复合地层采用滚刀掘进，能实现全常压状态下刀具的更换，满足了各类地层掘进的需要，规避了带压进仓换刀风险，保证了作业人员的安全。同时配备刀具实时磨损监测系统，实现磨损、载荷、旋转、温度等全状态实时监测。

2）主驱动伸缩摆动系统

在软硬复合地层掘进，遭遇孤石、枯木等障碍物时易出现刀盘卡死、边缘滚刀磨损无更换空间的现象，造成盾构机停机无法掘进等困境。首次开发驱动部摆动轴承及刀盘伸缩油缸装置，实现400mm伸缩，±1.2°摆动，可方便更换刀具，解决刀盘卡住后脱困难题，同时还可应对隧道小曲率半径掘进转弯问题。

3）盾构机智能化控制系统

针对当前盾构机设备较多，操作复杂，掘进参数调整频繁，工作强度大，异常工况难以预测，安全风险高等问题，首次研发了盾构机智能化控制系统。在掘进过程中可根据实时工况对掘进设备参数进行自动调整及优化，以适应最新的工况。针对掘进过程中出现的异常问题进行自动决策，快速响应处理，避免出现安全问题，保证设备及施工安全，并通过建立专家库以及掘进历史数据库实现掘进参数智能优化。

4）智能化管片拼装系统

针对盾构管片拼装作业效率低、质量不均难以控制，公司联合天津大学，基于自动化技术、传感感应技术，首次开发了自动化管片拼装技术，只需一按开关即可实现管片自动运输、抓举、拼装等流程，大大提高了施工质量及施工速率。

5）液压零部件国产化及成套化研发

针对盾构机液压阀块及控制系统响应快、性能高、国外供货紧缺等问题，联合江苏恒立液压股份有限公司联合开发盾构机液压系统、液压阀，目前已成功使用于哈尔滨、石家庄、郑州以及西安等二十多个项目中，性能安全可靠，填补了我国盾构机液压系统元件空白，达到国际先进水平。

6）主驱动系统国产化研究

2016年，联合上海振华重工集团（南通）传动机械有限公司共同研发国产高性能主驱动减速机，并通过中国工程机械协会鉴定，鉴定意见：主驱动减速机的研制成功，填补了我国盾构机刀盘主驱动减速机方面空白，达到国际先进水平。2018年，联合武汉港迪电气集团有限公司对盾构机刀盘驱动用变频器进行联合开发，并通过了中国工程机械工业协会科技成果鉴定，技术国际先进并顺利应用于苏州地铁5号线项目施工。针对1MPa高水压，开发了四指形聚氨酯密封，通过端面密封及三组轴向密封技术，实现主驱动部长久密封，为长距离掘进施工提供保障。

7）绿色环保型泥水系统

自主研发了盾构机泥水大小循环技术、分层逆洗技术，有效的疏通形成泥水循环，保证快速掘进。采用三通打球式接管器，将止水球打入到接管拆卸位置堵住泥水，接管时无泥水溢出到隧道内，改善了隧道的施工环境，实现了绿色文明现场施工。

8）国产化测量及数据管理系统

联合中交疏浚研究中心共同研发了国产化测量及数据管理系统，用于实时测量盾构机前进轨迹，引导盾构机实时掘进。并通过数据管理系统实现数据采集、人工数据录入、监控盾构机运行状况、监控盾构施工管理的各种参数；盾构施工设备及人工录入数据实时采集、监控、记录和报警；盾构施工工艺设计、盾构机位置、姿态显示、纠偏提醒；盾构视频信号接入；地上监控室与地下盾构司机室数据同步等功能。

9）氦氧饱和压气作业技术

针对超高水压换刀施工风险大、效率低，基于氦氧饱和压气及人体医学原理开发了氦氧饱和舱、穿梭舱，开发了一整套饱和气压换刀技术并形成省部级施工工法，作业时间由40min提高到6~8h，是常规气压进舱作业的9~12倍。

目前，驱动部密封技术、超大型盾构驱动部系统技术、常压换刀技术、刀盘刀具优化配置方法、刀盘刀具耐磨损、泥水循环系统技术等技术的研发已完成自主创新，进一步提升了公司的核心竞争力。

3. 公司与盾构科技未来发展目标

中交天和将秉持自主创新，掌握核心技术为企业使命，为中国超大直径盾构发展之路做出新贡献。

主要围绕"智能化制造""智慧化掘进管理"方向,提高盾构机智慧化自动掘进、智慧化管理水平;积极探索多模式掘进新工法,开发新技术及装备;注重基础性研究,开发国产化核心零部件技术,实现装备全国产化。主要方向有:

(1)盾构机大数据平台及分析技术开发。

(2)远程自动化智能化掘进给管理系统技术研究。

(3)机器人智能化作业技术。

(4)救援型掘进机技术开发。

(5)多模式掘进机开发。

(6)压注式 TBM 工法及装备开发。

(7)光栅光纤的刀具全状态检测技术。

第5节 上海隧道工程有限公司

1. 企业核心竞争力

上海隧道工程有限公司(简称上海隧道)是一家集盾构研发、设计、制造及隧道施工的专业公司,拥有市政公用工程施工总承包特级、公路工程施工总承包一级、地基与基础工程专业承包二级等资质;是全国施工企业首家上市的股份制公司,是中国第一家设立博士后工作站的施工企业;在国内盾构自主研发领域处于领先地位,在国内外有一定影响。

2. 盾构机设计、制造技术的进步与提升

上海隧道一直坚持自主创新,是盾构隧道领域技术创新的先行者。公司成立于1965年,在1967年自主设计制造了国内第一台 ϕ10.03m 网格挤压盾构机,应用于上海打浦路隧道工程。1984年,自主设计制造了国内首套高精度管片钢模,获国家科技奖,目前销售各类钢模230余套,产品覆盖全国,国内市场占有率55%,并出口日本。1987年,自主设计制造了国内首台 ϕ4.35m 加泥式土压平衡盾构机,并荣获国家科技进步一等奖。"十五""十一五"期间完成了7项国家863计划,并设计、制造了具有自主知识产权的盾构机,其中包括2004年生产的国内首台自主知识产权 ϕ6.34m 土压平衡盾构机,目前已经实际销售整机47台,先后应用于天津、郑州、南京、杭州、上海、武汉等地的地铁、市政、水利项目建设,形成了盾构机产业化发展,打破了长期以来国外盾构机垄断中国盾构机市场的局面;2009年,研制的 ϕ11.22m 大直径泥水平衡盾构机,达到国际先进水平,并成功应用于上海世界博览会配套隧道工程施工,获得了2010年中国国际工业博览会3个金奖之一;2009年,自主研制符合欧洲产品标准的 ϕ6.64m 复合盾构机,进入新加坡市场,开创了国产盾构打入国外市场的先河,其盾构质量和隧道施工技术得到新加坡业主的认可,随后新加坡陆路交通管理局与上海隧道签订了6台复合盾构机订单;2010年,获得了香港方面有关盾构机的设计制造任务,有2台盾构机进入印度地铁项目,取得了良好的经济效益和社会效益。

上海隧道从1990年开始与日本三菱重工、日本石川岛重工、美国罗宾斯、法国FCB、法国NFM、德国海瑞克等著名国外制造厂商开展了技术合作,提高了盾构机的设计、制造、安装水平。与国外顶级盾构制造商合作制造超大直径平衡盾构机,如上海外滩隧道施工中 ϕ14.27m 土压平衡盾构机,以及长江隧道施工中 ϕ15.43m 泥水平衡盾构机和双圆等异形盾构机。先后自行设计制造 ϕ3~11.3m 各种类型盾构机174台,可自行设计、制造不同规格的土压、泥水、复合等各种类型的盾构机,是中国制造盾构机产品种类最多、直径范围最大的盾构机制造商之一。

3. 异形断面隧道掘进机系列化自主研制与应用

城市建设地下空间资源日渐稀缺,但目前隧道多为占用地下空间多的圆形断面,与圆形断面相比,适

应各功能的异形断面能节约 35% 以上隧道空间并可实现浅覆土施工,但由于缺乏异形断面的隧道掘进机,该类型的异形断面盾构/顶管法隧道在世界范围内非常稀少。在我国城市化飞速发展,地下空间日益紧缺的大背景下,这一问题日益突出。因此,研制具备曲线及长距离施工能力、高精度沉降控制及地层适应能力强,且具有切削全断面化、控制智能化等特性的异形隧道掘进机已迫在眉睫。

上海隧道以国家战略性新兴产业发展为需求,历时十余年产学研联合攻关,突破多项关键技术,自主研制了适应于人行、轨道交通、城市道路三大类异形断面隧道掘进机系列化产品,在国内多个城市完成了 30 多条异形隧道施工,整体技术成果达到国际领先水平,并获得工业和信息化部首台(套)重大技术装备认定。主要成果包括:

1)创新研制了多种异形全断面切削隧道掘进机系列化产品

针对异形掘进机全断面切削、异形管片拼装、小半径转弯施工以及沉降控制等难题,攻克了组合刀盘及环臂式管片拼装机等多项关键技术,创新研制了异形断面顶管机和盾构机 10 余台(套),断面覆盖 $28 \sim 77 m^3$,其中包括世界最大断面的 $10.4m \times 7.5m$ 矩形顶管机和 $11.83m \times 7.27m$ 类矩形盾构机。多种异形全断面切削隧道掘进机系列化产品如图 1-1-13 所示。

2)全面攻克了各类异形掘进机的刀盘全断面切削技术

针对多圆小刀盘叠交无法满足异形掘进机 100% 断面切削,在黏土和砂土交界面处易产生进土不均匀,导致轴线失稳问题,研发了偏心、行星等异形全断面切削及驱动技术,结合圆刀盘与异形刀盘的各自优势,首创了圆形刀盘+偏心刀盘、圆形刀盘+行星刀盘、平面相交双刀盘+偏心刀盘等多种组合刀盘,突破了同一平面相交双刀盘同步防干涉和多刀盘协同控制瓶颈,实现了地层适应性强的异形断面全断面切削。

3)首创异形断面管片及中立柱一体化拼装技术

针对异形隧道管片分块在异形断面拼装运动轨迹上与其他部件产生干涉的难题,创新发明了环臂式管片拼装机,具有规划管片运行安全裕量最优轨迹功能,实现了异形盾构管片拼装机高精度 3 轴联动和轨迹自动跟踪;能使异形管片及中立柱在扁狭异形空间内按规划的安全路径实现高精度一体化拼装,拼装效率和精度与圆形盾构机相当,如图 1-1-14 所示。

图 1-1-13 多种异形全断面切削隧道掘进机系列化产品

图 1-1-14 异形断面管片及中立柱一体化拼装

4)全面提升了都市条件下各类异形隧道掘进机的安全施工能力

针对都市条件下施工掘进机必须具备高标准沉降控制和小半径转弯的要求,首创可调更换式铰接密封、防背土系统、顶管减摩泥浆套等多项装置,实现了高精度沉降控制、350m 小曲率半径隧道转弯以及覆土 1m 超浅层施工。经工程验证,各类异形隧道掘进机在施工中沉降控制在 2cm 以内,社会效益突出。

4. 未来智能盾构研发的展望

盾构技术问世至今已有近 200 年的历史,国外近 30 年来发展迅速,至今全世界已累计生产 1 万多台盾构机。随着隧道工程施工地域扩大和开发复杂程度提高,导致盾构隧道施工安全风险、质量隐患、效率隐患日益增多。我国经过 60 多年的发展,在常规盾构方面也已形成了一套全面的技术体系。然而,尽管盾构技术发展迅猛,但目前仍存在一些的问题:

(1)掘进效率无法完全满足轨道工程建设的速度要求。目前,国产盾构掘进速度平均为 0.5～1km/a,地铁隧道施工周期长,人工成本居高不下。国外,特斯拉首席执行官伊隆·马斯克(Elon Musk)新近创立的隧道公司 Boring Company,甚至希望盾构机的掘进速度能再提高 10 倍。

(2)盾构隧道施工质量控制难度大,土层扰动、沉降控制、衬砌质量等这些问题除了与施工管理水平有关外,盾构装备本身的能力有限也是个重要的因素。

(3)盾构作业中涌水、地面塌陷等事故屡屡发生,其施工安全问题仍是世界性的重大技术难题。

在 2017 年国务院提出《关于深化"互联网"+ 先进制造业发展工业互联网的指导意见》和科学技术部提出"新一代人工智能规划"部署的背景下,隧道建设需求不断提升和对隧道施工安全、高效的愈加重视,盾构装备和施工控制的高度自动化、智能化是盾构技术发展的必然趋势。

目前,上海隧道已针对盾构装备自动化、智能化的技术瓶颈,以创建远程控制的自动掘进盾构技术为出发点,基于人工智能中的机器深度学习、大数据分析及机器人过程自动化等手段,重点研制自动掘进远程控制平台、智能决策算法和智能化掘进系统,开展城市轨道交通盾构法隧道的自动掘进试验应用,推进人工智能与高端装备领域的深度融合,提升盾构装备的设计制造水平,提高盾构法隧道施工的控制水平,进而促进整个盾构法隧道行业的技术发展。

第 6 节　北方重工集团有限公司

1. 企业核心竞争力

北方重工集团有限公司(简称北方重工)是由建于 1937 年的沈阳重型机械集团有限责任公司和建于 1921 年的沈阳矿山机械(集团)有限责任公司合并组建的国有独资公司。2008 年进入中国机械和世界机械 500 强行列,在国内重型机械行业排名稳居前三,2009 年进入中国企业 500 强行列。主导产品包括隧道掘进装备、电力装备、建材装备、冶金装备、矿山装备、煤炭机械、港口装备、锻造装备、环保装备、石油压裂装备、工程机械、传动机械和大型铸锻件等,共计 500 多个品种、7000 余种规格。

隧道掘进装备是北方重工的重点产品。北方重工从 2004 年开始进入全断面掘进机行业领域,前期分别与法国 NFM、德国 WIRTH、德国 MTS、日本 IHI、美国 ROBBINS 等多家拥有国际隧道掘进机先进技术的厂商进行技术合作;2007 年收购法国 NFM 技术公司,2016 年又收购了美国 Robbins 公司,通过对技术的消化吸收和企业并购等模式,逐步拥有多种类型产品的自主知识产权,研发团队在十多年间通过各类全断面掘进机产品的研发,技术能力得到全方位锻炼和提升,积累了开发研制各种全断面掘进机的丰富经验,奠定了研制各类全断面掘进机关键技术的基础,可以从事各种类型和规格的全断面掘进机(盾构机)的研发设计、市场营销、生产制造、总装调试、安装服务及租赁等业务。

2015 年 12 月,由科学技术部批准建设的"全断面掘进机国家重点实验室"通过验收,北方重工拥有目前世界最大的试验土箱、试验掘进机和一批具有国际先进水平的专业试验仪器和设备,是我国唯一专门从事全断面掘进机设备试验和研发的国家重点实验室。同时,北方重工承担了国家重大科研项目国家 863 计划课题"全断面掘进机综合试验台"、973 计划课题"全断面掘进机关键技术研究"等 5 项国家级课题,以及 18 项省市各级科研项目。

北方重工有完整的设计、试验、检测和计量手段,有炼钢、铸造、锻造、热处理、焊接、机械加工及装配等现代化加工装备和完整的生产制造体系。公司有为制造全断面掘进机等大型技术装备所必备的各类生产设备 5000 余台(套),其中 8～20m 数控龙门铣 6 台、ϕ160～250mm 数控镗铣床 21 台、ϕ5～26m 数控立车 9 台、ϕ5～14.5m 滚齿机 6 台、ϕ1.5～4m 数控高精度磨齿机 9 台、ϕ1.1～1.4m 弧齿铣齿机 5 台、3.5 万 t 和 8 万 t 模锻液压机各 1 台。具有年产 3.5 万 t 钢锭、2.5 万 t 铸钢件、1.5 万 t 锻钢件、1.5 万 t

热处理件、45万t机器产品的生产能力。

北方重工具备全断面掘进机研发、设计、制造、咨询、检测和再制造直到工程应用等各个环节的完整开发能力,可以根据不同的隧道工程项目及每个施工地段的地质条件,量身定做全系列隧道掘进设备,包括岩石(敞开式、护盾式)隧道掘进机、煤矿岩巷掘进机、土压平衡盾构机、泥水平衡盾构机、双模式掘进机、微型盾构机等,服务领域涉及城市地铁、公路铁路隧道、引水工程、市政建设、矿产资源、煤炭行业、输油管道工程等。

截至2016年,北方重工已为国内外用户提供不同类型隧道掘进设备共计147台,直径3～16m,其中TBM 34台,双模式掘进机12台,泥水平衡盾构机23台(其中直径11m以上大型泥水平衡盾构机14台),有60余台产品远销巴西、澳大利亚、新加坡、伊朗等国家,为国内外大型隧道工程建设做出突出贡献。面向未来,北方重工作为全断面掘进机行业技术创新引领者,将全力打造世界最大的隧道掘进机研发制造基地。

2. 盾构设计、制造技术的进步与提升

在行业发展的进程中,北方重工扮演了全断面掘进机自主研制先驱者的角色,并为行业输送大量专业技术人才。在拥有独立研制自主品牌的能力和基础上,北方重工结合国内诸多工程地质条件及施工特点不断研发创新,为用户量身打造各种具有独特功能和针对性的隧道掘进设备。

先后研制出北京铁路地下直径线工程用直径11.97m、广深港高铁狮子洋隧道工程用直径11.18m的6台大型泥水平衡盾构机,EH引水工程用直径7.8m敞开式TBM,伊朗伊斯法罕电力隧道工程用直径3m的微型泥水盾构设备。香港莲塘公路隧道亚洲最大直径14.10m复合式土压平衡盾构机,采用了"刀具实时磨损检测系统""自动换刀装置""刀盘驱动柔性连接技术"等多项最新技术,填补多项空白并具有自主知识产权。

针对矿企特殊条件和需求首创研制的"煤矿岩巷掘进机"和"煤矿煤巷高效掘进机"成功应用,极大提高了煤矿采掘工艺技术水平和生产效率,为用户带来巨大的经济效益。

为沈阳南运河综合管廊量身打造的全国首例采用盾构法施工的盾构设备,拥有全套管廊建设施工装备解决方案,明挖设备有矩形全断面掘进机、斗轮挖掘机,暗挖设备有单圆掘进机、双圆掘进机和矩形顶管机。明挖辅助设备有送管机和管廊铺设机等。

集世界范围内隧道掘进机先进技术于一身,立足于融会贯通、自主创新,使北方重工拥有全系列多种规格隧道掘进机的先进技术和创新能力。北方重工的隧道掘进机具有"产品种类全、规格型号广、制造成本低、生产速度快、生产能力强、具有影响力"六大核心竞争力,可以生产直径3～15m不同规格、不同类型的隧道掘进机。

3. 盾构与TBM制造技术的科技创新与突破

1)刀具磨损实时检测技术

由于超大直径盾构机的刀具转动线速度高,切削轨迹更长,因此刀具磨损情况更复杂,很难通过常规的经验判断磨损程度。而该设备穿越地层复杂,施工距离长,更需要精确掌握刀具的磨损程度,因此北方重工在2015年4月为当时亚洲最大直径14.10m复合式土压平衡盾构机研发出一套刀盘刀具实时检测系统。在滚刀结构内布置多种不同形式的传感器,分别监测滚刀的转速、径向力和刀刃磨损等指标,通过数据电缆、旋转接头的电气滑环,有线传输至盾体内各个独立的控制箱,最后在主控室内图形化显示,同时将监测的数据记录保存。刀盘面板上同时布置温度传感器,监测刀盘结构的温度,间接反馈刀盘的受力和变形等信息。它采用了"刀具实时磨损检测系统""自动换刀装置""刀盘驱动柔性连接技术"等多项最新技术,填补多项空白并申报了知识产权。北方重工生产的亚洲最大直径土压平衡盾构机工厂试车如图1-1-15所示。

2)煤矿岩巷全断面掘进机施工技术

近年来,随着国内外引水隧洞、公路铁路隧道的大规模建设,岩石TBM得到了广泛应用,从施工效

率、人员安全性、施工成本、工程进度、环境保护等诸多方面都得到了用户和业内专家的高度认可。

目前国内矿业领域巷道建设面临着施工工法落后、效率低下、安全性保障难度高等诸多矛盾和制约因素，平均月进尺不到100m。尤其当巷道岩石硬度大于80MPa时，普通掘进机的截齿刀不能有效切削，掘进速率断崖式下降，刀具消耗成倍增加。煤矿施工企业都在不断地寻求新技术和新手段以提高开挖效率，缩短开挖周期。2014年，北方重工为淮南矿业集团量身定制了一台开挖直径4.53m的敞开式煤矿岩巷掘进机（图1-1-16），该设备于2015年1月在淮南矿业张集矿组装完成并开始试掘进，于2015年3月12日顺利贯通。该设备在工业性试验中取得了最高小班（8h）进尺14.5m、最高日进尺30.7m、平均月进尺404m的佳绩，创造出最高日进尺速度较传统工艺提高10倍、月进尺较传统工艺提高4倍以上的煤矿岩巷施工最高纪录。之后，北方重工又与国内多家煤矿签订了煤矿岩巷掘进机的供货合同。此项技术的应用推广将会给该领域带来突破性的技术革命，并从节约工人劳动强度、节省人工成本以及安全、环保等方面为矿用巷道建设带来巨大的经济效益和社会效益。

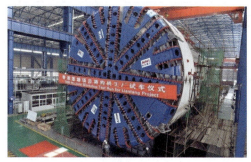 

图 1-1-15　北方重工生产的亚洲最大直径土压平衡盾构机工厂试车　　　图 1-1-16　淮南矿业集团 ϕ4.53m 敞开式煤矿岩巷掘进机

4. 对企业发展和未来盾构技术发展展望

北方重工重视人才培养，立足自主创新，实施国际化战略，使北方重工的科技创新能力持续递增，具有不竭的发展后劲，最终形成北方重工的综合科技创新实力。在多年的全断面掘进机开发研制及生产服务过程中，北方重工形成了独特的"国际先进技术+工程现场实践+优化改进+自主创新"的技术开发体系。北方重工秉承"一切围绕用户，一切为了用户"的指导思想和"全程关注，即时响应"的服务理念，将"服务创新、顾客满意"作为企业持续发展的根本动力，隧道掘进技术服务团队将凭借过硬的专业素质、过人的敬业精神和全生命周期的专业服务，继续致力于国内外新市场的开拓。北方重工紧抓"一带一路"建设机遇，以优良的技术、优质的服务，把中国品牌推向世界，展示中国智造和中国力量。

第 7 节　辽宁三三工业有限公司

1. 企业核心竞争力

辽宁三三工业有限公司（简称三三工业）成立于2009年，专业从事盾构机/TBM的研究设计、生产制造和销售，是国家级高新技术企业，全断面隧道掘进机一级生产资质企业，拥有全国同行业唯一的国家级盾构机/TBM隧道掘进机工程研究中心，是全球隧道掘进机行业知名企业之一，产品成为享誉中外的"复杂地质掘进机之王"。

2014年，三三工业全资收购了世界500强美国卡特彼勒公司的子公司——加拿大卡特彼勒隧道设备有限公司的全部资产和知识产权。

三三工业是全球为数不多的可以生产土压平衡盾构机、泥水平衡盾构机、TBM、异形和垂直盾构机的企业，产品直径1～17m，产能达100台/年。产品广泛应用于地铁、城市综合管廊、地下停车场、公路铁路隧道、水利工程、能源设施、地下军事工程等领域。产品已进入全国多数建设地铁的城市，并远销伊朗、土耳其、意大利、瑞士、西班牙、英国、俄罗斯、美国、加拿大、澳大利亚等国家和地区，特别是"一带一路"沿线国家。

中国第一台出口海外的盾构机、中国第一台出口欧美的盾构机、中国出口海外最大直径的盾构机、中国出口海外最小直径的盾构机，均由三三工业创造。

2. 盾构产品功能和性能上的创新与改进

三三工业在盾构机设计制造中，秉持不断创新的精神，使其更加满足用户需求。三三工业盾构机产品功能和性能创新与改进清单见表 1-1-1。

三三工业盾构机产品功能和性能创新与改进清单　　　　表 1-1-1

序号	关键绩效	产品功能和性能创新与改进
1	高强度刀盘	①刀盘的所有受力结构采用 Q690 低合金高强度结构钢进行焊接（强度是 Q345 钢材的 2 倍）；非受力结构采用 Q345B 优质碳素钢进行焊接（机械强度是普通 Q345 钢材的 1.5 倍），使刀具发挥出最大的破岩能力。 ②刀盘正表面覆盖 14mm 厚度的三三工业特种耐磨层，确保刀盘在磨耗性地质条件下（例如砂卵石地层）寿命更长。经过实践证明，三三工业特种耐磨合金的耐磨性是 Hardox500 耐磨板 8～10 倍。 ③刀盘中间部位开口率高达 50%，有效避免过大粒径渣土进入土仓并卡死螺旋输送机，有效防止刀盘中心结泥饼情况的发生
2	三三工业特种合金刀具	①所有的刀具都采用重型切削刀具，大大提高了刀具的耐磨性和强度，增加了刀具的寿命。 ②为了增强撕裂刀和刮刀的性能，公司在这两种刀具的工作面上还加盖三三工业特种耐磨合金，充分发挥掘进机高扭矩和高转速的优势
3	主驱动系统	主驱动系统采用水冷变频电机配合大直径的主轴承为刀盘提供动力。为目前国内乃至世界范围内，同尺寸标准地铁土压平衡盾构机的最强配置。主要有以下几方面优势： ①刚性扭矩大、极限扭矩高。 ②高效率、低能耗。 ③工作环境好，电机驱动不存在油泄漏的可能性。 ④消耗物质少。 ⑤故障率低
4	渣土改良系统	三三工业盾构机的渣土改良系统为多点独立注射系统。 ①每个注射点均可独立控制，可以实现恒定流量、脉冲流量或完全的无级变速流量到不同的注射点。 ②可根据施工需要，任意调整各部位注射点流量。 ③单条注射管路上的设备出现问题，对于整机渣土改良效果的影响很小，无须停机更换或维护，提高工作效率。不会出现注射点堵塞现象
5	推进系统	主推进系统的油缸可以单独或者任意成组控制，使得盾构机调向更为精确和便捷，配合高精度全自动导向系统，有效针对各种净空距离狭小的穿越难点
6	螺旋输送机	①螺旋输送机尾部直接出渣。使渣土的通过更为顺利，降低了螺旋输送机卡死的可能性，皮带机的倾斜角度变小，防止高含水渣土中的水分顺皮带机逆行流下污染工作环境。 ②螺旋输送机尾部采用双闸门，并在两道闸门之间预留保压泵的接口，有效保持刀盘土仓内的压力，并且避免过量的水或渣土直接从螺旋输送机中喷出

3. 近三年来企业与盾构科技进展情况

近三年来，三三工业持续深化改革，勇于创新，积极开拓市场。

1）建立完全自主的知识产权体系

设立了三个研发中心：辽阳总部的研究设计院、沈阳的研究分院、加拿大多伦多的海外研发中心，技术人员达 100 余人。

依托全国同行业唯一的国家级盾构机 /TBM 隧道掘进机工程研究中心，开展基础性研究和应用领域设计，覆盖土压平衡盾构机、泥水平衡盾构机、TBM、异形和垂直盾构机五大类技术，形成专利 200 余项，TBM、大型泥水平衡盾构机、双模式盾构机、大倾角盾构机、垂直盾构机等尖端盾构技术处于行业领军地位。

积极开展科技创新,引领行业技术进步。获评辽宁省掘进装备创新中心,自主研发的大功率复合地层盾构机荣获辽宁省科技进步一等奖。

2)积极开拓国内外市场

2017年三三工业研发制造全球最小直径双护盾双模式TBM出口美国;2018年三三工业生产领域布局全国六大区域;2019年三三工业盾构机产品主导国内外市场,畅销美国、加拿大、俄罗斯、欧盟等国家和地区。

3)建立现代企业制度

建立现代企业制度,由职业经理人和高管团队实施管理。企业管理的规范性不断提高,目前正在开展IPO(Initial Public Offerings,首次公开募股)的前期工作。

4. 企业未来发展目标

"十三五"期间,三三工业坚持"防控风险、加快发展"的指导思想,制定了"11611"发展战略:

"1"——将三三工业辽阳总部建设成为一个全球最大、智能化、生态化的盾构机/TBM隧道掘进机生产制造基地。

"1"——巩固和提高三三工业在全球唯一掌握全系列、全口径隧道掘进机尖端技术的龙头地位。

"6"——在华东(南京)、华南(深圳)、华中(武汉)、西南(成都)、西北(西安)、华北(天津)等六大区域参股、控股6家合资公司,服务国内、国外两个市场,实现年产300台盾构机。现在三三工业在南京已与中国建筑集团有限公司成立了合资公司,其他区域均有实质性进展,央企、地方国企、地铁公司、城投公司均参与投资。

"1"——实现企业年营业收入100亿元、净利润10亿元。

"1"——打造一家高市值、高品质上市公司。

第8节 海瑞克中国公司

1. 企业核心竞争力

海瑞克是全球最知名的机械化隧道掘进领域中的技术和市场领导者,能够提供适应各种地质条件的、直径0.1~19m的尖端隧道掘进设备。海瑞克是隧道掘进机领域最早在中国投资建厂,提供项目设备咨询、设计、生产、服务及零备件供应等全方位服务的德国企业。

海瑞克在中国的公司包括海瑞克(广州)隧道设备有限公司、广州海瑞克隧道机械有限公司、海瑞克(成都)隧道设备有限公司三个生产基地,以及海瑞克(上海)隧道设备有限公司和海瑞克(香港)隧道设备有限公司、海瑞克北京代表处等销售和售后服务团队。

截至2019年7月,海瑞克中国公司制造生产的全系列全直径盾构机、硬岩隧道掘进机和顶管设备总共超过620台(套),其中含出口的盾构机、岩石隧道掘进机和配套设备总数超过200台(套),在同行业中出口数量和金额全国第一。海瑞克在中国的员工总数约800人,专业从事盾构机及掘进机的设计、销售(含出口)、生产加工、组装及调试、全方位售后服务、零备件管理及供应,以及对市场上在用掘进机进行检查、保养、翻修及改造等工作。

海瑞克中国公司能根据用户需求为隧道建设提供涵盖隧道掘进机及其配套设备和服务的一揽子解决方案,包括盾构机、硬岩掘进机、泥水分离站、皮带输送系统、导向系统、轨道运输系统、管片模具以及管片生产工厂等。此外,海瑞克在中国的公司提供的服务包括技术咨询、规划、现场技术服务,还可根据特殊项目需求配备工地服务人员。

交通事业隧道掘进设备用于建设高效的公路、地铁和铁路网络。

公用事业隧道掘进设备用于建造和铺设给排水、输气、输油、输电和通信管道。

海瑞克中国公司生产的产品应用于世界各地多个国家和地区的上千个项目中,是机械化隧道施工领域多项世界纪录的创造者,例如用于香港屯门赤鱲角连接线项目的海瑞克 S-880 盾构机,直径达 17.6m,是目前世界上直径最大的盾构机;为四川锦屏二级水电站引水隧洞工程提供的 S-405 敞开式硬岩掘进机,是目前国内直径最大(12.4m)的硬岩掘进机;用于苏通 GIL 综合管廊工程项目的 S-1068 盾构机和用于佛莞城际狮子洋隧道项目的 S-985 盾构机,是目前国内设计工作压力最大(1MPa)的盾构机;用于西藏旁多水利枢纽灌溉输水洞第 2 标项目的 M-1669 敞开式硬岩掘进机,是目前用于国内海拔最高(约 4200m)隧洞施工的硬岩隧道掘进机。

海瑞克中国公司严格遵守中国及欧盟标准,进行隧道掘进机的研发设计、生产和制造;同时,严格执行德国的质量控制流程,确保设备的性能优、可靠性高、使用寿命长。

2. 海瑞克在中国的企业分布与技术特点

1)海瑞克(广州)隧道设备有限公司

海瑞克(广州)隧道设备有限公司是海瑞克集团下属的全资子公司。公司于 2002 年 9 月 9 日在广州市保税区成立。销售收入 10.15 亿元。公司厂房总占地面积 19067m², 总建筑面积 14298m²。公司的核心业务包括研发设计、生产、销售隧道设备(包括土压平衡盾构机、混合式盾构机、硬岩掘进机和顶管机等)及其零部件,隧道设备的组装及维修,为各种盾构隧道开挖工程提供现场技术支持,保税仓储以及国内 / 国际贸易等。公司生产车间面积具备每年生产 12 台约 7m 直径的盾构机以及 40 套核心零部件的能力,并能同时进行 3 台 7m 级盾构机的组装,公司产品广泛应用到国内外隧道建设项目中。

海瑞克(广州)隧道设备有限公司在技术上坚持以自主研发为主,拥有国内已授权的自主发明专利 2 项、实用新型专利 13 项。公司在开发技术和生产隧道掘进设备的过程中必须执行最高质量和安全标准,通过了 ISO9001 质量管理体系、ISO14001 环境管理体系、OHSAS18001 职业健康安全管理体系等认证。公司被授予"市级企业技术中心"和"广州海关高级认证企业"称号,在中国全断面隧道掘进机企业生产资质评审中获得一级生产资质。

2)广州海瑞克隧道机械有限公司

广州海瑞克隧道机械有限公司是由广州智能装备产业集团有限公司属下企业广州广重企业集团有限公司(简称广重公司)与海瑞克集团共同出资组建的中外合资公司,成立于 2003 年 4 月,股权比例为广重公司 35%、海瑞克集团 65%,是目前隧道掘进设备行业亚太地区最重要的设备生产基地,可制造生产最大直径达 19m 的大型隧道掘进设备。定制产品包括土压平衡盾构机、混合式泥水平衡盾构机、可变密度盾构机、单护盾硬岩掘进机、双护盾硬岩掘进机、开敞式硬岩掘进机。公司生产车间面积具备每年能生产 40 台约 7m 直径的隧道掘进机,并能同时安排 4 台直径 16m 以下的大型掘进机的组装工作。

公司在广州市南沙区黄阁工业园共征地 4.6 万 m² 投资设厂, 2005 年 12 月正式开业投入生产。公司自建成后已经成功承接国内外项目达 304 项。截至 2019 年 7 月,已经成功为多个国家和地区提供了约 300 台隧道掘进设备,生产刀盘近 400 个,产品质量得到了国内外承建商的高度认可。公司在全国大直径隧道掘进设备市场占有率第一,保持目前全球最大直径隧道掘进设备的纪录(直径 17.6m,见图 1-1-17)。

广州海瑞克隧道机械有限公司通过了 ISO9001 质量管理体系、ISO14001 环境管理体系、OHSAS18001 职业健康安全管理体系等认证。同时,公司被授予"广州海关高级认证企业"称号,在中国全断面隧道掘进机企业生产资质评审中获得一级生产资质。

3)海瑞克(成都)隧道设备有限公司

海瑞克(成都)隧道设备有限公司成立于 2006 年 8 月,公司总面积达 33000m², 位于成都市经济技术开发区内,是海瑞克集团下属的全资子公司。公司主要从事隧道掘进机及辅助设备的装配、调试和相关的售后服务工作,以及隧道掘

图 1-1-17 目前全球最大直径盾构机(直径 17.6m)

进项目配套设备的生产制造。

作为海瑞克在中国西部地区的主要生产基地,公司为成都地铁建设提供了 26 台土压平衡盾构机以及 1 台混合式盾构机。公司作为集团指定的关键部件生产基地,为中国及许多海外地区提供了拼装机、螺旋输送机及皮带机等设备关键部件。生产隧道施工配套设备(泥水分离站、轨道运输系统、管片模具、多功能运输车辆等),大部分出口到海外市场。

公司现有业务还包括盾构机及掘进机整机再制造及工地服务。公司 2012—2018 年共计完成了 47 台(次)成都地铁使用过的盾构机再制造,再制造后所有机器设备均达到了海瑞克严格的出厂标准,运行性能优良。2014 年 10 月,公司开始大力扩建盾构机再制造场地,占地面积 16000m², 2017 年继续加大投资,落成后预计每年可完成 20 台整机再制造。此规划旨在将成都打造为海瑞克在中国的整机再制造基地,为中国市场提供更加便捷、高效的服务,如图 1-1-18、图 1-1-19 所示。

图 1-1-18　再制造基地

图 1-1-19　再制造盾构机

3. 盾构与 TBM 设计制造技术的进步与提升

海瑞克中国公司从最初设立时单纯制造组装 6m 级用于地铁项目的土压平衡盾构机发展到当今制造组装完成目前世界直径最大达 17.6m 的盾构机,盾构与掘进机设计制造技术在不断进步与提升。

海瑞克中国公司目前已经可以生产土压平衡盾构机、气垫式泥水平衡盾构机、可变密度多模式盾构机和硬岩隧道掘进机全系列机型,以及刀盘、刀具、泥水分离站、管片模具和多功能运输车等配套产品。设计制造组装的土压平衡盾构机直径最大达 15.5m,气垫式泥水平衡盾构机直径最大达 17.6m,撑靴式硬岩掘进机最大直径达 12.4m。

海瑞克中国公司生产的刀盘包括常规的盾构机和掘进机刀盘以及可进入式常压换刀刀盘,尤其是可进入式常压换刀刀盘,从最初的适用于软土地层的常压换刀刀盘到最近的复合式常压换刀刀盘,已全面掌握常压换刀刀盘生产制造过程中的各关键技术,生产的各种常压换刀刀盘应用于上海崇明长江隧道、南京长江隧道、上海长江西路、杭州钱江通道、南京地铁 10 号线 3 标、扬州瘦西湖隧道、上海沿江通道、武汉地铁 7 号线三阳路过江隧道、武汉地铁 8 号线过江段、佛莞城际狮子洋隧道、上海北横通道项目、苏通 GIL 综合管廊工程、京张高铁清华园隧道、汕头苏埃海湾隧道、杭州望江路隧道、南京五桥夹江隧道、济南黄河隧道、南京和燕路过江通道 A2 标等项目,取得了良好的效果。

4. 盾构与 TBM 制造技术的科技创新与突破

1)可进入式常压换刀刀盘

海瑞克中国公司具备生产可进入式常压换刀刀盘技术和能力,研发出适用于不同地质条件的不同刀具配置的常压换刀刀盘,先后在中国及中国以外的多个大直径盾构项目中应用。使得刀具检查和更换可以在常压下进行,大大减少了带压进仓的次数和风险,缩短了停机时间,提供了施工的安全和效率。刀具更换工装也在不断更新换代,使得常压换刀刀盘技术始终处于市场的领导地位。生产的各种直径的可进入式常压换刀刀盘如图 1-1-20 所示。

图 1-1-20　生产的各种直径的可进入式常压换刀刀盘

2）滚刀旋转和温度监测技术

大直径长距离隧道施工过程中,对刀盘上刀具工作状态的监测至关重要。如能有效地监控刀具的工作状态,则可以及时地判断刀具的磨损情况,进行针对性的刀具检查和更换,更好地规划停机时机,提高推进效率,保证持续稳定的施工进度。为此,开发应用了适用于常压换刀刀盘的滚刀旋转和温度监测系统(DCRM),通过安装在每个刀箱上的传感器,可以实时监测各个轨迹上的滚刀是否正常自转,是否过热,让盾构机操作手及时掌握刀盘上各把滚刀的工作状态。滚刀旋转和温度监测系统(DCRM)原理图如图 1-1-21 所示。

该技术已成功应用于佛莞城际狮子洋隧道、汕头苏埃海湾隧道、武汉地铁 7 号线三阳路过江隧道工程中。

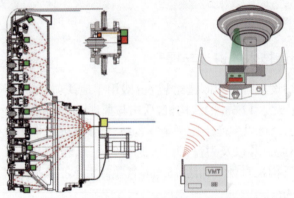

图 1-1-21　滚刀旋转和温度监测系统(DCRM)原理图

3）滚刀载荷监测技术

在硬岩和复合地层施工过程中,对刀盘上滚刀所承受的荷载进行监测,有利于操作手对盾构机或掘进机的推力进行合理控制,避免过大推力损伤刀具、刀盘或者主轴承,同时,还可以结合刀具上荷载的变化,对隧道开挖面地质的变化进行判断,合理设定施工参数。滚刀载荷监测系统如图 1-1-22 所示。

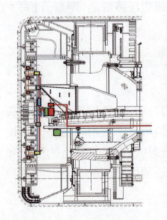
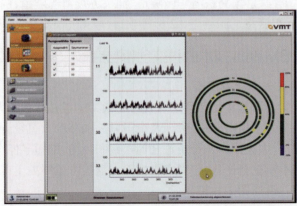

图 1-1-22　滚刀载荷监测系统

该技术已成功应用于武汉和平大道南延工程、南京和燕路过江通道 A2 标。

4）软土声波超前地质预报技术

与国际知名超前地质预报系统机器衍生仿制品不同,研发的软土声波超前地质预报系统(图 1-1-23)直接安装在刀盘上,通过独特的技术,解决了传统超前地质预报的适应性问题,并将预报精度由 5m 级别提高到 1m 级别,实现了质的飞跃。同时,更新一代的产品也已进入实际试验项目。该技术已成功应用于珠海横琴马骝洲第三通道、汕头苏埃海湾隧道工程中。

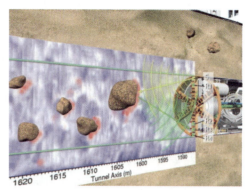

图 1-1-23　软土声波超前地质预报系统

在硬岩掘进机上,与合作单位联合开发了集成式地震探测系统(ISP)。通过预先探测,掌握地质情况,可避免部分超前钻作业,减少停机时间和额外成本。

该技术已成功应用于西藏派墨农村公路隧道工程中。

5）可变密度多模式盾构技术

从最初的结合两种模式的多模式盾构机,一路摸索,发展到现行的一键切换式的可变密度盾构机,有效解决了盾构机在不同地质条件下的适用性问题,同时,也避免了由于空间限制带来的停机和改装时间的浪费,从而提高了施工效率。

可变密度多模式隧道掘进机(MM),适应多变地层、多变地质条件,确保在整个隧道掘进过程中实现最高水准的作业安全和灵活性。

在海瑞克中国公司生产的可变密度多模式盾构机已成功应用于马来西亚吉隆坡地铁、香港沙田—中环地铁、澳大利亚珀斯弗莱斯菲尔德(Forrestfield)机场线等多个项目中。

6）绿色隧道工程——泥水分离回收系统

（1）高效泥浆分离、回收

创新地将振动加速度高达 6g 的振动电机配备到每个振动筛上,使得筛分、脱水效率得到大幅度的提高,同时也使弃渣含水率进一步降低,弃渣得以直接装车运输,渣土外运的成本大幅降低。得益于超高的振动加速度,生产的泥水分离回收系统可以使弃渣中的有用膨润土得到充分回收,有效地避免了膨润土的浪费。

振动筛同时配备了 NOCK-IN 专利技术的全进口聚氨酯筛板,除了超长的耐磨性能以外,同时也可以快速地根据不同地层进行更换,使得泥水分离站具有更广泛的适应性。

泥水分离回收系统具有高度的灵活性以及富余的处理量,也使得"调浆过程"变得轻松简单,无须使用过多的沉淀浆池及调浆设备,尤其在市区的项目,现场布置和规划将变得更加合理,同时也更加节省土建费用。

（2）废浆、废水零排放

创新地将高转速、大长径比的卧螺沉降离心机应用在盾构废浆处理领域,彻底将废浆分离成干渣和清水,同时研发出离心机多种运行监测模块,使全自动的废浆零排放从理念变为现实。到目前为止,公司已经在全球范围内完成了近 50 个"零排放"的泥水处理项目,解决泥水平衡盾构机废浆处理难题,从而保证泥水平衡盾构机环流泥浆密度,降低了环流系统负载,使得盾构机保持高效掘进效率。

（3）集成模块化的分离站设计

革命性地将泥水分离回收系统的各个功能模块单元集成到标准的集装箱里,使得泥水分离站不再占据大片的地面面积(图 1-1-24)。应用在市区施工的项目,通过高密度矿物棉隔音板,把噪声的排放减少到最低,同时具备防尘的效果。在新加坡、科隆和杜塞尔多夫市中心的项目,无一例外地通过了当地环保部门严苛的检验。泥水分离回收系统创新模块化设计、隔音设计、全方位环境保护理念,改善了盾构机的

图 1-1-24　集成模块化泥水分离站

施工环境,实现了绿色文明施工。

(4)土压平衡盾构机渣土干化处理

针对土压平衡盾构机出渣含水率高的问题,开发了渣土干化处理技术。该项技术采用滚动筛及振动筛组合干化处理方式,将土压平衡盾构机中的渣土和污水有效分离,解决了渣土含水率高、渣土外运的环境污染问题,从而保证了土压平衡盾构施工的连续性,具有极大的资源、环境效益和经济效益。

7)其他新技术

(1)远程数据采集及智能监控技术。

(2)针对复合砂卵石地层的盾构机设计技术。

(3)固定式和伸缩式开挖仓摄像监控技术。

5. 企业和未来盾构与掘进机技术发展展望

1)再制造趋势

随着地下隧道施工领域的发展,盾构市场上越来越多的盾构机需要多次工程项目的循环再利用,盾构机各部分部件或分系统不同程度地需要翻新、改造、升级,以满足新的隧道施工项目需要,本着节能环保的理念,再制造盾构机已经成为一种趋势。

(1)单个部件或系统再制造

海瑞克中国公司提供单个部件或者系统的再制造,如刀盘、盾体钢结构扩径,人闸、液压泵、液压马达、液压油缸、泥浆泵、电气部件,升级泡沫系统、注浆系统等,并对应给予全新的生命周期。通过再制造提供符合最新安全标准的部件产品的同时,也解决了满足当前环境要求与多经济效益的问题。

(2)整台盾构机再制造

盾构机绝大多数都有再制造需求。再制造过程中运用全球顶尖的技术更新或者为了设备安全性的必要升级,以确保盾构机性能能够百分之百达到全新盾构机出厂质量标准,保证再制造盾构机的最大营运经济效益。

海瑞克中国公司熟知上述再制造盾构机结构的设计和制造文档、原理图、控制软件和PLC程序的运算过程,而这些都是完成再制造流程所必需的。有能力以最快速度与用户拟定再制造方案,确保再制造合同按质按量完成,避免资源浪费。有足够能力在车间进行完整的再制造盾构机的组装和调试,专业售后服务技术工程师的现场技术指导,让盾构机抵达现场之后能够快速有效地进行组装和现场调试。

2)盾构及掘进机技术发展趋势

随着地下工程的发展,越来越多的设备需要面临一次性长距离掘进、隧道埋深大、岩层工况复杂、超高水压等问题,因此对盾构及掘进机的要求也更多。另外,随着隧道项目用途的种类增多,对隧道施工安全的要求也更加严苛。这些都是未来盾构及掘进机技术发展面临的任务。

(1)长距离隧道掘进

对于设备主要部件和其他零配件的质量、安全、可靠性及使用寿命提出更严苛的要求;设备在洞内的可维护性及一些部件包括关键部件在洞内的可更换性面临更多考验;另外,还有水下隧道盾构机机械式对接技术。海瑞克在针对长距离隧道掘进方面不仅有先进的技术储备,还有丰富的项目经验做基础。

(2)隧道施工安全、质量及效率

能采用机械化隧道掘进技术的项目,包括一些辅助施工工序也尽量采用机械化设备去完成。例如,一些平行隧道之间的联络通道,可以采用小直径隧道掘进设备进行开挖;下沉式竖井掘进设备可以挖掘主隧道的始发井、通风井及安全逃生井。海瑞克在这方面有全系列的产品而且积累了很多实际项目的经验。

海瑞克目前已开发用于地面和洞内监测、监控、数据处理传送系统及超前地质预报系统等,对盾构和掘进机运行过程中一些关键或重要部件基于不同指标的实时安全监测系统。未来将开发更多更好的有关系统,以保证施工安全、质量和效率。

第 2 章　盾构工程设计技术新进展概述

中铁第四勘察设计院集团有限公司　刘浩,彭长胜,王均勇

第 1 节　盾构工程设计技术发展历程简述

1. 盾构工程设计技术起步阶段

我国的盾构技术在新中国成立前是空白。新中国成立后在第一个五年计划期间,在东北阜新煤矿的疏水道工程采用了直径 2.6m 盾构机及小型混凝土预制块修建。此后,1957 年,北京市下水道工程中也用过直径为 2.0m 及 2.6m 的盾构机。但系统网格式挤压盾构法试验是 1963 年于上海塘桥正式起步的,试验在第四季软弱含水地层中进行,采用直径 4.2m 的盾构机开挖隧道。1965 年,又在直径 4.2m 盾构机试验成功的基础上,采用了两个直径 5.8m 的网格盾构机,在覆土为 12m 的淤泥质黏土层中进行试验,建成了两个试验隧道。隧道采用 5 块预制平板式单层防水钢筋混凝土砌块。

1966 年,在上述试验的基础上,开始为第一条上海黄浦江打浦路越江公路隧道设计和制造了直径为 10.22m 的网格挤压盾构机和钢筋混凝土管片。1987 年,研制成功了我国第一台直径 4.35m 加泥式土压平衡盾构机。1988 年,上海隧道公司建成了直径 11.3m 的延安东路过江隧道,逐步拉开了国内盾构技术进步发展的序幕,我国开始了现代盾构技术的开发和应用。

20 世纪 90 年代后,为满足地铁隧道的施工需要,我国开始小规模引进并应用国际先进的盾构设备和施工技术。1990 年,上海地铁 1 号线开工建设,采用了 7 台直径 6.34m 的法国 FCB 土压平衡盾构施工,盾构段总长 17.374km,并于 1993 年贯通。1997 年,上海延安东路隧道南线引进了日本三菱重工制造的直径 11.22m 的泥水加压平衡盾构机,施工过程中控制地表沉降量小于 2cm。1997 年,广州地铁 1 号线先后引进了直径 6.14m 的 2 台泥水加压平衡盾构机和 2 台复合型土压盾构施工。

在这个阶段,我国盾构工程设计技术在一批优秀专家的带领下,克服艰难险阻,取得了许多科技成果,为我国的盾构工程顺利起步做出了巨大贡献。但这个阶段,国内只有极少数设计院能够承担盾构工程设计工作,盾构工程设计技术处于研究、探索、完善的过程之中。

2. 盾构工程设计技术快速发展阶段

从 2000 年开始,北京地铁、南京地铁开始应用盾构法施工地铁隧道。上海地铁、广州地铁在前期应用盾构法施工的基础上,开始在地铁隧道大规模地应用盾构法施工。此后,盾构法逐渐在公路、铁路、轨道交通、市政管廊、水工、煤矿、油气以及核电等领域获得广泛应用和蓬勃发展。

盾构工程设计技术从此在国内进入发展的快车道。经过近 20 年的发展,国内掌握了盾构工程设计技术的大型综合设计院越来越多,盾构工程设计技术人员数量日益增多,盾构工程设计技术已逐渐标准化、体系化,且在持续技术创新中。

1）盾构计算理论的发展

随着地下洞室、隧道等地下工程的出现与数量的增多、规模的增大,到一定程度后就需要有结构计算理论来指导设计和施工,以便使新建的地下结构在保证安全的前提下更加经济合理,在这种需求下便逐渐形成了地下工程结构计算理论。但地下结构计算理论并非一蹴而就的,由于人类对于土体以及土体和地下结构间相互作用关系的认知是逐步深入的一个过程,因此地下结构计算理论也是逐步向前发展的。盾构法隧道的结构计算理论经历了刚性结构法、弹性结构法、假定抗力法、弹性地基梁法、联系介质法几

个阶段。从以上结构计算方法的发展过程来看,从 20 世纪开始,人们逐渐认识到了地下结构与地面结构的不同:地下结构周围的地质体不仅对支护(衬砌)结构产生荷载,同时它本身又是一种承载体,因此在结构计算时应该考虑地层对结构的作用中有利于结构稳定的一面。这一思想应用在荷载—结构模型中就是要考虑地层给予结构的抗力,假定抗力法和弹性地基梁法都是这一思想的具体体现。连续介质模型将地层和结构视作共同的受力体系,从理论上能更为准确地计算出地下结构开挖、支护过程中结构和周围地质体的受力。

几种地下结构计算理论的发展在时间上没有截然的前后之分,后期提出的计算方法也没有否定前期的成果,因此在目前设计和研究中,假定抗力法、弹性地基梁法和连续介质模型计算法都有应用,且每一种计算理论中,又可根据假定条件的不同细分为多种具体的计算方法,所以目前可用于盾构隧道结构计算的方法很多,相应的计算结果的差距也较为明显。此外,随着对盾构隧道研究认识的深入,结合对已经运营的盾构隧道的监测数据分析,越来越多的研究、设计人员开始对盾构隧道的纵向变形问题加以关注,并提出了纵向设计的概念,以与一般的按平面应变问题进行横向设计相区别。

从实用角度出发,目前设计上采用较多的是以考虑全周弹簧的匀质圆环模型法或梁弹簧模型法。梁弹簧模型法需要人为选择接头弹簧刚度,此刚度的选择受经验和人为主观因素的影响较大,且没有规范给出明确的设计参数取值,在设计应用上具有一定的限制,多为进行设计校核时采用,在有明确取值依据时,也可作为主要方法。全周弹簧的匀质圆环模型是对日本修正惯用法的一种改进,将假定侧向抗力改为地基弹簧,其计算结果与实际受力状态更为吻合,参数取值也较为简洁明确,使用最为广泛。

2)盾构衬砌结构类型

衬砌是指直接支撑地层,保持规定的隧道净空,防止渗漏,同时又能承受施工荷载的结构。对于盾构隧道而言,多采用的是装配式衬砌。

盾构隧道的衬砌结构主要可分为两类,即单层衬砌和复合式衬砌。

单层衬砌指的是盾构的管片结构,是在施工掘进过程中,通过盾构机拼装起来的衬砌,是直接承受水土荷载、施工荷载、地面荷载等外部荷载的衬砌结构。一般采用工厂化预制,具有较好的质量保证,随着施工技术的提高,材料性能的提升,目前大多数盾构隧道仅需要设置管片衬砌即可满足需求。

复合式衬砌一般为管片衬砌与内衬相结合的衬砌,在施工过程中先拼装好管片,然后结合内部结构施工内衬,内衬或二次衬砌多采用现场浇筑。内衬的一般作用为减小振动,减小噪声,增强结构整体刚度降低运营期变形,防火防爆,防腐蚀,防渗漏,提升内表面平整美观等,一般不作为承载结构,根据需要可采用素混凝土内衬和钢筋混凝土内衬。但是复合式衬砌施工周期更长,成本更高,且对于隧道整体防水效果提升作用较小,因此在没有特殊要求时,应优先采用单层管片衬砌,而在水工隧洞和市政污水管道中双层衬砌或复合衬砌的使用较为常见。

3)管片结构形式

管片的结构形式包括管片的材料和管片的形状。

按材料分类:目前制作管片的材料有混凝土、铸铁、钢材、复合材料等。混凝土管片由于具有一定的强度,加工制作比较容易,耐腐蚀,造价低,自 20 世纪 60 年代以来,盾构隧道衬砌结构逐渐发展为以拼装式钢筋混凝土管片为主。从工程投资、管片加工、结构耐久性以及运营维护出发,混凝土管片具有较大的优越性。

按形状分类:大致将管片分为平板形、箱形、特殊的异形结构等多种形式。在相等厚度的条件下,箱形管片具有重量轻、材料省的优点,但抗弯刚度及抗压条件均不及平板形管片,在盾构千斤顶顶力作用下容易开裂。平板形管片具有较大的抗弯、抗压刚度,尤其在大直径水底盾构隧道工程中,高水压条件下,采用平板形管片,其抗浮、结构刚度均具有较大的优越性,根据国内外应用的实际状况,平板形管片状况良好,使用越来越多。

4)管片衬砌环设计

盾构隧道主要通过管片环的拼装达到线路拟合的目的,就衬砌环类型来看,有标准衬砌环+左转弯衬砌环+右转弯衬砌环组合、左转弯衬砌环+右转弯衬砌环组合及通用楔形环等形式。

设计时根据隧道工程特点及施工技术水平,合理选择管片环衬砌类型。一般地铁盾构隧道衬砌环多采用标准衬砌环+左转弯衬砌环组合或左转弯衬砌环+右转弯衬砌环组合,而公路、铁路大直径及超大直径盾构隧道管片环多采用通用楔形环形式。

设计时根据施工机械能力、防水效果、管片制造与运输、管片拼装难度、施工进度、经济性等因素综合比较选择管片环宽。直径 6m 左右的单线地铁盾构隧道一般选用 1.0m、1.2m、1.5m 管片环宽,直径 10m 以上盾构隧道多选用 1.5m、1.8m、2.0m 管片环宽。

管片环拼装方式主要有通缝拼装及错缝拼装两种。通缝拼装时,衬砌环刚度较小,变形相对较大,内力相应较小。错缝拼装时,衬砌环刚度较大,变形相对较小,内力相应较大。现阶段盾构隧道多采用错缝拼装。在对管片相邻两环有特殊要求时可以采用通缝拼装,如联络通道开口涉及两环管片时,为控制开口位置及减少管片加工难度,一般采用通缝拼装。

管片错缝拼装时,根据每次环向错缝最小长度与标准块分块长度的关系,有 1/2 错缝、1/3 错缝等方式。在布置管片环时应根据不同的拟合角度核算错缝长度。

盾构隧道线路拟合时,根据联络通道、始发环等初始位置确定控制拟合的坐标、管片选择角度,然后分段拟合。盾构隧道施工时,应及时测量已拼装管片环中心的平面位置、高程,判定与设计轴线的关系,再从管片环间可能的拼装点位选择拟合误差最小、满足盾尾间隙条件的旋转角度,施工最方便的点位指导下一环管片拼装。

根据管片环设计、拼装方式选择,合理拟定盾构拼装点位,避免通缝拼装,并尽量增加错缝拼装搭接长度。管片环拼装尽量按先下后上,先拼装标准块,然后再左右交叉、纵向插入、封顶成环的原则施工。

5)管片接缝构造设计

衬砌管片环接缝有纵向接缝(管片块与块之间接缝)和环向接缝(衬砌环与环之间)两种。接缝构造设计主要包括防水密封垫沟槽设计、凹凸榫槽设计、嵌缝槽设计及其他辅助保护措施等。

一般隧道防水主要依靠设置的单道弹性密封垫防水+遇水膨胀橡胶条,对于大直径、超大直径盾构机,由于结构厚度较大,在承受较大水压时,也有设置双道弹性密封垫的设计,如苏通 GIL 综合管廊隧道,由于隧道承受水压达到 0.8MPa,因此在管片内外侧均设置了一道弹性密封垫(图 1-2-1)。

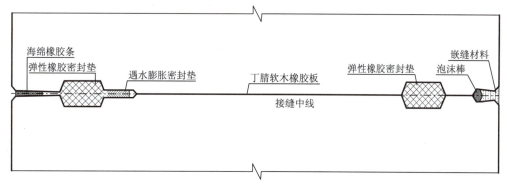

图 1-2-1 双道弹性密封垫

结合盾构防水要求及盾构施工特点,在管片接缝内侧可设置密封垫槽或缓冲垫槽。内侧密封垫槽尺寸选择同外侧弹性密封垫槽;缓冲垫槽为减少盾构施工碰撞影响,其尺寸受所选择缓冲材料决定。缓冲材料宜选择泊松比小、耐久防霉的材料,一般多采用丁腈软木橡胶类材料。

纵向接缝可根据管片结构特点及拼装要求选择设置凹凸榫槽或导向杆。导向杆滑槽通长设置,导向杆可分段设置。凹凸榫槽高度根据其定位功能及抗剪受力决定,凹凸榫槽宽度根据接缝承压面的选择决定。如果凹凸榫槽传递压力,则应满足轴力承压要求;如果凹凸榫槽以外接缝面传递压力,则凹凸榫槽可以适当减少,扩大接缝承压面。

环缝设计上,目前多采用剪力销或凹凸榫槽。盾构隧道接缝的凹凸榫槽设计也经历了一个变化的过程,起初管片环缝间设置的凹凸榫槽为连续式,在管片发生错动位移时,实际产生接触的只有两个点,根据弹性理论,这势必将引起局部应力集中。为此,中铁第四勘察设计院集团有限公司发明了分布式凹凸榫。分布式凹凸榫由于采用分布式布置,可以保证在发生错动时,每个凹凸榫槽均能发挥作用,避免了所有应力集中于两点的问题。其作用机理如图 1-2-2 所示。

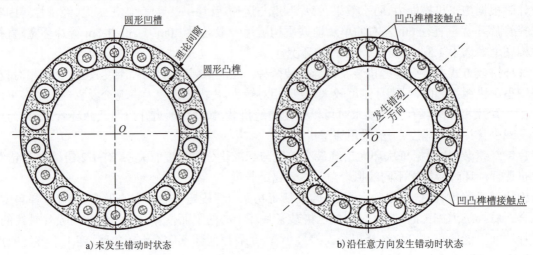

图 1-2-2　分布式凹凸榫槽作用示意图

随着快速拼装技术的发展,剪力销设置在环缝上也得到了推广应用。剪力销不仅起到了凹凸榫的作用,在一些隧道中也可以取代纵向螺栓的作用,结合纵缝的快速拼装式接头,未来将具有广阔的发展前景。

6) 管片的连接构造设计

根据隧道水文和工程地质特点、埋置深度及地震设防等级要求,通过工程类比和结构计算确定管片连接方式。管片连接主要采用有螺栓连接、无螺栓连接和销钉连接等方式。其中,螺栓接头有短直螺栓、弯螺栓及斜直螺栓等连接方式,无螺栓接头有球铰式和榫槽式等连接方式。

螺栓连接手孔面应满足与螺栓中线垂直且接触面平整,满足局部承压要求。螺栓应在管片批量生产前进行试套试配,确保管片连接满足设计要求。

螺栓的直径、机械性能等级根据管片接头计算决定,垫圈的机械性能等级应与螺栓匹配。加工时应注意螺栓与螺母之间适当松配。管片螺栓、垫圈及螺母等应根据隧道运营要求选择防腐措施。连接件材料均应满足设计耐久性要求。管片手孔及连接部位设计时应结合管片制作脱模方式满足脱模角度要求。

根据隧道受力特点及拼装要求,选择设置管片定位销或剪力销。纵向设置时应注意管片环拼装点位等要求。定位销或剪力销可采用钢或塑料制成,其在类似应用工程条件下的抗剪承载力试验值应满足设计要求,且材料性能必须满足设计耐久性要求。

管片其他连接方式国内应用较少,使用时应根据连接件特点配合管片设计,同时管片连接应在类似应用工程的条件下满足相应的受力要求及耐久性设计要求。

7) 自主设计典型水下盾构隧道工程

通过盾构设计技术的不断创新,近十多年的时间里,我国先后建成了多条水下大型盾构隧道,取得了多项创新成果,实现了盾构技术的全面提升。具有代表性工程有:

万里长江第一隧——武汉长江隧道,是我国第一条穿越长江的交通盾构隧道,如图 1-2-3 所示;高水压浅覆土超大直径盾构隧道——南京长江隧道,是当时国内水压力最大的盾构隧道,也是首次大规模穿越卵石地层并成功实现常压换刀

图 1-2-3　武汉长江隧道

的水底隧道;南水北调中线穿越黄河隧洞;世界上行车速度最高的高铁水下隧道,也是我国第一条铁路水下隧道、国内第一次实现水下地中对接施工的盾构隧道——广深港高铁狮子洋隧道;世界上首例公铁合建的盾构隧道——武汉长江公铁隧道,其直径达到 15.2m,是已建成大陆地区最大直径盾构隧道。此外,还有我国直径最大的单管双层道路盾构隧道——扬州瘦西湖隧道,第一条强涌潮作用环境下的杭州钱江隧道等,世界上电压等级最高的水下综合管廊——苏通 GIL 综合管廊等。近年来国内部分穿越长江、黄河已建成盾构法隧道工程实例见表 1-2-1。

近年来国内部分穿越长江、黄河已建成盾构法隧道工程实例　　　表 1-2-1

工 程 实 例	隧道长度(km)	隧底最大水头(m)	地质情况概述	隧道直径(m)
武汉长江隧道	3.6	57	粉细砂、中粗砂、黏土	11.0
上海长江隧道	7.6	60	粉细砂、黏土	15.0
南京长江隧道	3.9	65	粉细砂、砾砂、黏土	14.5
南水北调中线穿越黄河隧洞	4.25	50	粉质壤土、砂层、砂砾	8.7
1000kV 特高压输变电苏通 GIL 综合管廊	5.5	80	粉细砂、砾砂、黏土	11.6
武汉长江公铁隧道	4.3	60	粉细砂、中粗砂、黏土、泥岩、砾岩	15.2

第 2 节　近五年盾构工程设计技术新进展

随着盾构隧道在我国的大量应用,五年来,我国盾构隧道设计技术日趋成熟,目前盾构隧道设计已逐渐形成了一套完整的技术体系,主要体现在以下几个方面:

1. 盾构隧道计算理论、设计参数的成熟、完善及优化

目前直径 3～15m 的盾构隧道在国内已有了大量的工程实例,我国积累了大量盾构隧道成功和失败的经验,对于盾构隧道设计有了较为深入的理解,设计人员可以针对不同地质、不同功能、不同大小进行个性化设计并不断优化,不拘泥于以往的工程案例,在不断尝试后优化原有的设计理念,不断优化设计方案。盾构隧道计算理论中,设计参数技术的进步主要体现在主要设计参数的通用化和局部设计参数的差异化。

以近五年已建成或在建的盾构隧道管片厚度为例,如目前正在修建的各城市中低速地铁单线盾构隧道直径一般为 6～7m,管片厚度多为 0.3～0.35m,大量工程实践证明,该厚度可以满足类似直径范围的盾构隧道结构受力,但是也有部分工程因为施工时质量控制不严,设计时参数考虑不足,地质勘察不明等因素导致结构开裂掉块等情况。这些失败的案例恰好反证了目前对于 6～7m 直径盾构隧道 0.3～0.35m 厚度的管片是较为经济的结构,同时也印证了目前所采用设计计算理论也较为可靠。对于更大直径的盾构隧道,管片厚度也逐渐趋于统一,例如:

直径 8～12m 隧道管片厚度一般取 0.4～0.5m。如珠三角城际长隆隧道外径 8.5m,管片厚度 0.4m;东环隧道外径 8.8m,管片厚度 0.4m;广深港高铁深港隧道外径 9.6m,管片厚度 0.45m;杭州市望江路过江隧道外径 11.3m,管片厚度 0.5m;武汉地铁 8 号线地铁双线过江隧道外径 12.1m,管片厚度 0.5m;珠三角城际琶洲支线大学城隧道外径 12.8m,管片厚度 0.55m。

直径 13～15m 隧道管片厚度一般取 0.55～0.65m。如佛莞城际狮子洋隧道外径 13.1m,管片厚度 0.55m;扬州瘦西湖隧道外径 14.5m,管片厚度 0.6m;杭州钱江隧道外径 15.0m,管片厚度 0.65m;武汉长江公铁隧道外径 15.2m,公铁合建,管片厚度 0.65m。

综上所述,可以看到:一方面,业内已经对盾构形成了较为统一的设计标准,这体现出盾构隧道设计技术已经较为成熟;另一方面,对于管片的接缝构造等设计参数仍然在不断地推陈出新,如接缝采用单道

弹性密封垫、双道弹性密封垫，采用均布式凹凸榫、分布式凹凸榫抗剪结构，采用纵缝定位棒型、环缝设置剪力销以及更多新型的结构和措施，不同的盾构工程均给出了不同的解决方案，这又体现出我国盾构隧道设计技术仍然处于不断进步和完善中。

2. 盾构法与其他工法的混合应用

现代盾构技术的发展要求盾构法必须能与其他工法相互配合，通过组合工法的应用不断提高隧道整体修建技术。最为典型的是盾构始发和接收不再单纯地依赖工作井及明挖配套段，大量的盾构始发在明挖法受限的前提下采用了暗挖隧道洞内始发和接收，例如，珠三角城际东环隧道科学中心站—琶洲站区间，由于区间较长且工期受限，因此必须增设盾构施工工作面。该区间在广州生物岛设置了一处工作井，由于该区间先后三次下穿珠江主要航道，区间隧道埋深较大，导致工作井深度超过50m。因不具备设置盾构明挖后配套段的条件，因此采用了洞内始发，采用矿山法扩挖断面作为盾构始发空间，预留一定的施工作业空间，盾构空推段堆土以提供反力。由于围岩条件较好，施工期仅施工初期支护，待盾构始发完成，后配套设备进入洞内后再施工二次衬砌，以节省工期并降低成本。

盾构隧道洞内始发断面图如图1-2-4所示。

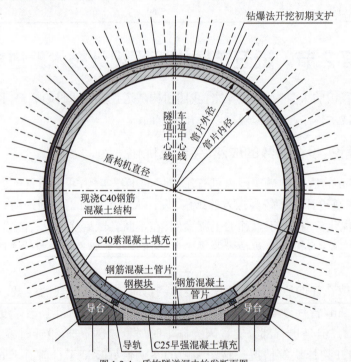

图 1-2-4　盾构隧道洞内始发断面图

北京地铁 16 号线工程研究实践了无明挖盾构始发井和接收井情况下的盾构机侧向始发、接收技术，并在马连洼站—农大南路站区间应用该技术建成通车，盾构机侧向始发及接收技术提高了地铁区间盾构法施工的灵活性及适应性，可实现盾构整体始发，保证了盾构施工的效率，在节约地铁区间建设整体工程造价的同时，也提升了工程建设的安全性。目前已在北京地铁 3 号线、12 号线、16 号线等相应盾构区间中推广应用。

此外，盾构法隧道施工中也逐渐集成了暗挖法隧道的洞内超前地质预报、洞内超前加固等措施，进一步确保了施工安全和进度。例如：

在北京地铁 8 号线三期工程六营门站—五福堂站盾构区间施工，利用了地震波反射原理，将盾构本身机械震动产生的地震波作为震源，对开挖面前方地质情况进行探测，并利用软件对盾构法施工环境超前地质预报方案进行正演模拟，论证了该方法的可行性。实际施工时，该方法能较好地反映地下情况，可与盾构掘进施工同时进行，不存在相互干扰，但目前所能预报的范围相对较小，仅 10～15m，还有待进一步的研究和开发。类似地,在京津城际施工过程中应用的电法超前监测技术(BEAM),是一种应用聚焦电流激发极化方法原理的地质超前探测技术。BEAM 探测系统的主要部件由可以放置在盾构机操作室的测量单元和作为测量电极的盾构机刀盘组成,它直接安装在盾构机上工作,能提前预报掌子面前方隧道直径 3 倍距离的地质情况,在京津城际延伸线解放路盾构隧道工程中得到了成功运用。

3. 盾构断面的多样化发展

随着城市地下空间的愈加拥挤,环境保护要求与日俱增,普通圆形盾构隧道的运用也遇到了许多困难,这也就促进了类矩形盾构机、双圆盾构机、多圆盾构机、马蹄形盾构等特殊断面盾构机的相继应用,盾构隧道断面形状也由单纯的圆形向多种形状发展。例如,上海地铁自 2003 年起,先后在 8 号线、6 号线、2 号线东延伸和 10 号线施工中引进和使用了双圆盾构机。至今,上海地铁共引进了 5 台双圆盾构机,累计建设了 15.72km 的双圆区间隧道。8 号线、6 号线双圆盾构施工时,国内企业与国外有经验的施工企业进行了技术合作。2 号线东延伸和 10 号线施工时,国内企业已可独立进行施工。采用辐条式双圆盾构机直径为 6.52m,两圆中心距 4600mm,切削面积 58.37m²,隧道衬砌为钢筋混凝土管片结构,每环衬砌由 11 块管片组成。双圆盾构施工引起的地表沉降基本符合正态分布,盾壳对土体的背土挤土作用明显,正常掘进条件下,侧摩阻力对土体的扰动程度更大,特别是在不良地层中,受土层影响较大,侧向滚动控制一直是双圆盾构施工中的一个技术难题。但是相比普通的圆形盾构机,双圆盾构机仍然具有开挖断面小、对地表和建(构)筑物影响小、经济性好等优点。

类矩形盾构机与双圆盾构机具有类似的特点,目前国内类矩形盾构机应用的典型工程有宁波地铁 3 号线一期工程、郑州地铁中州大道下穿隧道和上海虹桥临空 11-3 地块地下连接通道工程等。其中,宁波地铁所采用的"阳明号"11.83m×7.27m 类矩形土压平衡盾构机(图 1-2-5),主要穿越淤泥及淤泥质粉质黏土层,目前已成功贯通。该断面可有效利用盾构机的开挖空间,减小地表建筑物、管线拆迁工作量,具有明显的经济效益。相比功能相同的普通双圆盾构机,其开挖的跨度要小 5~10m,且无二次掘进扰动,其横向地表沉降槽宽度约为普通双圆盾构机的 70%,对周边地层的影响范围较普通双圆盾构机更小。

近年来,双圆盾构隧道、类矩形盾构隧道发展较为迅速,虽然在空间利用率方面表现更为突出,但其结构形式却限制了管片承受隧道深埋水土压力的能力,尤其对于开挖面大、覆土深的隧道,很难满足要求。而马蹄形断面隧道以其良好的结构受力形式(与矩形相比较),较高的隧道断面利用率(较圆形隧道提高 15% 以上),结合了矩形与圆形隧道的技术优势,能够很好地满足双线铁路软岩深埋隧道的应用需求。我国研制成功了世界首创的马蹄形盾构机(图 1-2-6),在国内最长运煤专线蒙华铁路白城隧道完成掘进。该盾构机在黄土地层掘进突破 3000m,目前已成功贯通,为异形盾构法在山岭软土软质隧道的运用提供了科学数据和宝贵经验,形成了具有我国自主知识产权的超大异形盾构施工技术,为世界黄土及软弱地质地区隧道使用机械化作业提供了工程案例。

图 1-2-5　宁波地铁"阳明号"类矩形土压平衡盾构机

图 1-2-6　蒙华铁路"蒙华号"马蹄形盾构机

各种类型断面盾构隧道的成功应用,表明我国逐渐掌握了异形盾构隧道设计技术,实现了断面集约化利用和复杂环境下的盾构施工影响控制,也促进了盾构设备的快速发展。

4. 各种新型盾构技术的应用使得盾构机的应用范围不断扩大

21世纪以来新型盾构技术的不断涌现使得原来限制盾构法应用的条件不再重要,由于盾构法机械化施工的高效和安全的特点,盾构法的应用范围在迅速扩大,例如:

2005年开始施工的广深港狮子洋隧道,横跨珠江入海口狮子洋,水域宽度大,为满足通航和防洪要求,不能在水域中设工作井,进而促进了国内首次盾构机水下地中对接设计和施工技术的进步,该技术的成功研发使盾构掘进距离增加至9000多米,使得盾构隧道适用的长度大大提高,未来随着盾构机械设备性能的提升,以及类似技术的储备与创新,盾构单洞掘进长度超过10km将更为普遍。

传统盾构法隧道必须采用工作井及明挖后配套段进行始发,不仅占用地面面积大,而且要面对环境保护、建(构)筑物拆迁、交通改道、管线搬迁等诸多工程技术和社会问题。南京地铁机场线地面出入式盾构法隧道(GPST)的成功应用,使得盾构法隧道摆脱了工作井的限制,解决了不能明挖施工情况下采用盾构工法的问题。该项目解决了盾构超浅覆土及负覆土条件下的盾构设计和施工控制难题,标志着我国自主研发的地面出入式盾构机制造、隧道设计和施工核心技术取得了新的突破。

此外,对于高强度、高磨蚀性的地层,传统的盾构施工难度很大。随着以泥水—土压双模盾构机、土压—TBM双模盾构机为代表的多种模式复合式盾构机克服了单一种类盾构机的应用局限性,使地质条件对盾构工法选择的影响进一步降低。目前国内已有广州地铁21号线镇龙南站—镇龙站区间、广州新塘经白云机场站—广州北站城际轨道交通及珠三角城际东环隧道等多条盾构隧道采用了双模盾构机。

5. 超大直径盾构隧道设计技术成熟与盾构断面综合利用率的提高

由于城市发展的需求,城市中盾构隧道直径也由21世纪初的10~12m级增大到14~16m级,盾构直径的扩大主要是受到道路限界宽度控制,而往往这些限界高度在5~6m,与宽度相差甚大,这就导致盾构机内部很多空间的冗余。为了提高盾构断面的利用率,盾构隧道越来越多地与市政管廊、轨道交通、铁路等相结合,使得盾构断面的利用率日益提高。

如武汉长江公铁隧道(图1-2-7),采用了直径15.2m的管片,内部分为上中下三层,上层为隧道排烟道,中层为3车道城市主干路公路隧道,下层为地铁7号线隧道,电缆廊道及人员逃生通道。该隧道为世界首条超大直径公铁合建盾构隧道,也是目前我国大陆地区已建成直径最大的盾构隧道。此类盾构工程的成功应用,为城市道路和市政工程建设提供了新的思路,打破了只有桥梁能实现公铁合建的壁垒,充分利用了有限的路由资源,今后必将在城市发展进程中占据举足轻重的地位。

图1-2-7 武汉长江公铁隧道横断面示意图

珠海马骝洲交通隧道是横琴岛的第三通道,采用了外径14.5m的盾构管片,盾构隧道将分为三层:上层舱铺设灯光、通风、照明等弱电控制线路及相关管线;中层舱为3车道通行的交通层,同时还预留了有轨电车的线路使用空间,将满足未来交通升级的需求;下层舱则除满足隧道的供电、供水、排水、应急通道等功能外,还设置了220kV高压电缆廊道。

上述工程中盾构断面的综合利用促进了超大直径盾构技术的进一步发展,也为合理、集约利用城市地下空间,节省工程投资做出了突出贡献。

6. 其他盾构隧道设计技术创新

近几年来,盾构隧道设计技术还有许多方面创新:先施工盾构隧道后施工地铁车站技术,提高盾构隧道防火、耐久性技术,机械顶管、盾构法等修建盾构区间联络通道技术,盾构机侧向始发及接收相关技术,盾构机遇地下废弃钢筋混凝土桩基、锚索等不明障碍物的处理技术等。

第3节 未来盾构工程设计技术展望

当今国内盾构隧道的设计技术已日趋成熟,并取得了巨大的成就,结合目前已有的盾构设计技术和新型技术探索发展的方向,未来的盾构隧道设计技术发展趋势将呈现以下特点。

1. 隧道长距离化

以往隧道长度经常成为隧道修建的最大难题。国际上已修建成功的英法海峡盾构隧道长度达49.2km,是目前已建成最长的盾构隧道,这说明长度不再是成为盾构隧道修建的制约因素。而国内目前最长的盾构隧道为广深港狮子洋隧道,长度仅9.34km,尚存在一定差距,但我们也初步掌握了长距离盾构隧道设计的关键技术,随着盾构隧道设计技术的日益成熟以及盾构装备技术的日趋完善,未来盾构隧道的长度将进一步增加,更多的长大隧道将不断涌现出来。

2. 盾构机超大直径化

自20世纪90年代以来,世界上修建的超大直径盾构隧道越来越多,世界上已建成最大直径的盾构隧道为美国西雅图SR99项目隧道开挖直径达17.45m,隧道内径为15.85m、外径为17.00m。我国建成通车的武汉长江公铁隧道开挖直径为15.76m,隧道外径为15.2m,为目前世界第二大直径盾构隧道。刚掘进完成的香港屯门—赤鱲角的连接线隧道工程使用了一台直径达17.6m的盾构机,已经跃居为直径世界第一的盾构隧道;正在进行盾构施工准备的武汉和平大道南延线工程的黄鹤楼隧道,其开挖直径将达到16.03m,隧道外径也将达到15.4m。隧道直径的加大,可以更为有效地利用隧道断面,集约利用线路资源,为隧道工程的推广应用创造有利条件。

3. 大埋深、高水压化

随着城市浅层地下空间逐渐开发完善,特别是沿海发达地区,地下30m以内的地下空间利用已日趋饱和,城市的立体发展将逐渐向更深的地下发展。如美国明尼苏达大学艺术与矿物工程系馆的地下建筑物多达7层,加拿大温哥华修建的地下车库多达14层。深层的地下开发必然带来交通、市政管线、污水和垃圾处理等配套基础设施的进一步深化,相应盾构设备和施工技术也要进一步适应大埋深、高地压地下施工的需求。

此外,大型跨江跨海隧道的兴建也进一步将盾构隧道的埋深加大,目前,已建成的英法海峡隧道位于海平面以下100m,国内佛莞城际铁路狮子洋隧道最低深度位于水面以下78m,淮南—南京—上海1000kV交流特高压输变电工程苏通GIL综合管廊工程隧道最低点已达到水平面以下80m。盾构隧道克服大埋深、高水压能力已经显著提高,为今后更大水深条件下修建隧道奠定了坚实基础。

4. 地质条件复杂化

早期的盾构隧道主要应用于单一的软弱地层,后来由于刀具刀盘和机械设备功率的不断提升,盾构隧道已可以应用于一般的软岩和复合地层。此后,随着众多辅助工法和设备技术的提升,盾构法适用的地质范围越来越广,目前已有很多大直径盾构隧道穿越各种复杂地质,包括极软弱淤泥层、卵石地层、含有毒有害气体层、土岩复合地层、断层、岩溶区、高烈度地震区等。随着盾构设备对地质适应性的增强,以及双模盾构机的普及使用,盾构法隧道可以突破越来越多的地质禁区,大幅度拓展盾构隧道的应用范围。

5. 隧道多功能化

与盾构隧道大直径化相对应的是,盾构隧道由以往单一交通功能向多功能方向发展。如武汉长江公铁隧道为城市隧道与地铁合建的盾构隧道,单一道路交通转为道路与地铁的混合交通;神华神东补连塔煤矿斜井工程中,将盾构隧道作为煤矿运输通道;广东惠州太平岭核电厂工程中,采用盾构隧道修建了引水和排水隧洞。上述隧道的成功实施,标志着盾构隧道的应用已经由市政综合管廊、交通领域向煤矿、核电、输电、供排水、油气输送等多个领域扩展,盾构隧道的功能也将越来越多。

6. 盾构隧道断面布置多样化

盾构隧道大直径化所带来的另一个创新,是隧道断面布置的多样化。盾构隧道由以往单一的单层结构向双层结构发展,可以减少土地占用,也便于两岸通道资源的利用。如武汉长江公铁隧道、扬州瘦西湖隧道、美国西雅图 SR99 隧道等众多大直径、超大直径盾构隧道均采用了多层结构布置,而珠海马骝洲隧道则将高压电缆廊道与交通隧道进行合设,未来随着盾构直径的增加,盾构隧道内部结构的布置和分割也将存在更多可能性,同一条盾构隧道内的布置将更为复杂和多样化。

7. 施工装备多模化、智能化

为适应地质条件的复杂化,盾构设备由以往单一功能的土压平衡盾构机、泥水平衡盾构机等向双模式盾构机发展。此外,在采用常压换刀技术降低施工风险方面也取得了突破。如南京长江隧道在施工过程中,国内首次在不稳定地层中采用了不开仓常压换刀技术来克服圆砾、卵石地层中的刀具更换难题,此后该技术又在武汉纬三路长江隧道、武汉地铁 8 号线过江段、佛莞城际新狮子洋隧道、汕头苏埃通道等多条隧道中得到了应用并取得了良好的效果。不断创新的施工装备水平,为盾构隧道的设计应用提供有力保障。

8. 工程技术交叉化

盾构隧道的技术进步还体现在与各种隧道工法、各种土木工程技术之间的相互借鉴和交叉利用。如将山岭隧道中常用的超前地质预报技术、超前注浆技术及预裂爆破技术应用于盾构隧道,将复合地基技术应用于盾构隧道,将纤维材料应用于隧道管片衬砌,在同一座隧道中采用多种工法修建等,均体现了大土木、大岩土的特点,这些工程技术的交叉组合也将不断推进盾构隧道技术的进步。

第3章 盾构工程施工企业科技新进展概述

第1节 中国盾构工程施工科技新进展特点

本篇介绍具有不同地域、不同系统有代表性的盾构工程施工企业近年来的盾构工程成果、技术创新成就及未来科技发展计划。近年来，中国盾构工程施工企业整体飞速发展，盾构工程施工技术创新百花齐放。具体来说，中国盾构工程施工企业近年来的科技进展过程有以下特点：

1）盾构工程施工企业与盾构机制造企业联合研发新型盾构机

很多盾构技术实力雄厚的盾构工程施工企业通过总结多年盾构工程施工经验，已经掌握盾构总体方案与研发技术，与制造企业一起，在盾构设计、制造过程中提出自己的需求与具体设计和配置，双方在盾构机设计制造技术研究与创新中不断加深合作。

2）国内盾构工程施工科技水平整体居国际先进，部分处于国际领先地位

近年来，复杂地层、穿越众多建（构）筑物、江河湖海水下隧道、超大直径、大埋深盾构工程越来越多，国际上没有类似案例的世界性难题不断涌现。盾构工程施工企业与设计、厂家、大学联合攻关，技术创新，解决技术难题，取得了众多科技成果，中国盾构科技进步成就得到国际隧道界的赞赏。

3）国内盾构机总台数增量大，盾构工程集群化施工项目多

据不完全统计，2018年底，全国盾构机总台数在2500台以上；到2019年底，全国盾构机总台数将达到3000台以上。2016年，成都地铁几条线路工地同时施工的盾构机达100多台。2020年，杭州地铁工程施工的盾构机台数也将超过100台。广州地铁18/22号线2020年同时施工的盾构机将达50台以上。一条地铁线路，一个工程，一个城市在施盾构台数屡创新高。大数据、云平台技术在集群化盾构工程施工中大显身手。

4）盾构工程信息化施工已经成为标配

建立盾构工程信息化平台，进行盾构数据挖掘，指导施工过程不断优化盾构参数，已经是各个工程建设单位、各个盾构工程施工企业的共识。盾构远程监控系统、BIM系统、大数据平台、手机App、自动监测、地质超前自动预报系统等新技术已被广泛应用。

5）盾构工程施工骨干企业引领盾构工程技术创新

盾构工程施工骨干企业在中国盾构工程科技进步与创新中有着示范带头作用，几年来，各大企业对国家重点实验室、院士工作室、博士后工作站、企业技术中心的投入是巨大的，取得了诸多盾构工程工法、专利、科技成果，获得了多项国家级、省部级科技进步奖。盾构科技成果能够迅速地转化为生产力，迅速地向全行业普及。

6）国企、民企都重视盾构工程科技的全面进步与创新

中国中铁股份有限公司、中国铁建股份有限公司、中国交通建设股份有限公司、中国建筑集团有限公司、中国电力建设集团有限公司、中国石油天然气集团有限公司、北京城建集团有限责任公司、北京市政建设集团有限责任公司、北京建工集团有限公司、北京住总集团有限责任公司、上海隧道工程股份有限公司、广东华隧建设集团股份有限公司等中央企业和地方国有企业，都很重视盾构工程科技的全面进步与创新。这些企业大部分具有独立或合作设计制造盾构机、盾构工程设计、盾构工程施工、耗材生产等全产业链发展的优势，举全系统的科技实力来攻克盾构工程中遇到的技术难题。盾构工程行业内的民营企业5年来队伍扩大、实力增强，在盾构工程科技进步与行业发展方面做出了巨大贡献。

7）盾构工程、TBM工程、顶管工程技术交互应用

许多大型盾构工程施工骨干企业都同时配置了各种直径的泥水平衡/土压平衡盾构机、TBM、矩形/圆形顶管机，在承建盾构工程、TBM工程、顶管工程中，善于把各自技术特点融会贯通、交互应用。在复

杂地质条件下,盾构施工技术向多模化、多样化的趋势发展。

8)推进"一带一路"建设,海外盾构工程技术再创新

推进"一带一路"建设既是中国扩大和深化对外开放的需要,也是盾构行业走向全球的契机。近几年,国内盾构工程施工企业自带中国制造盾构机参与海外盾构工程施工是一个最显著的特点,在"一带一路"上,盾构施工企业与盾构制造企业紧密合作,针对不同的环境、气候、地质条件,在盾构机设计制造、盾构工程施工技术上再创新,获得辉煌业绩。

第2节 中铁隧道局集团有限公司

1. 企业核心竞争力

中铁隧道局集团有限公司(简称中铁隧道局)是世界500强中国中铁股份有限公司的骨干成员企业。前身为铁道部隧道工程局,集勘测设计、建筑施工、科研开发、机械制造四大功能为一体,业务涵盖铁路、公路、市政、房建、水利水电、机电安装工程施工总承包和隧道、桥梁、公路路基、铁路铺架等专业承包以及设计、机械制造、科研咨询等领域。具有铁路工程、公路工程施工总承包特级资质,铁道行业甲Ⅱ级和公路行业甲级设计资质。保有机械设备17680台(套),盾构机、TBM保有量86台,是国内拥有盾构机、TBM门类最齐全、数量最多的施工企业。

公司参与70多条国家重点铁路线路关键长大隧道项目建设,参与国内37个城市的轨道交通建设,并参与油气、水电、核电领域的储气洞库、西气东输、川气东送、核电机组海域工程等隧洞工程。参与全国1/2的铁路和高速铁路线路的建设,修建各类隧道2586座,累计4265km,占全国隧道总量的10.7%;年隧道施工能力在500km以上。

2015年以来公司获得国家级工法2项、发明专利43项;主编国家标准3项、行业标准3项,参编行业标准2项。获得国家科学技术进步奖二等奖2项,省部级科学技术进步奖15项。

2. 盾构工程施工技术新进展

2015年至今,公司盾构技术向着更大直径、更大断面的大盾构领域进发,开发了盾构TBM工程大数据平台,更高适应性的TBM在复杂地质、超大埋深和超长隧道工程中不断得到尝试,国产化TBM制造及施工技术水平日新月异,引领我国新时代盾构机、TBM技术的大发展。

1)典型大直径盾构隧道工程

公司承担了当时国内最大直径盾构隧道——深圳春风隧道,盾构机直径达15.8m;当时国内最大直径海湾盾构隧道——汕头苏埃通道,盾构机直径达15.03m;当时世界最大直径水下铁路盾构隧道——佛莞城际铁路狮子洋隧道,盾构机直径达13.61m。苏埃通道东线盾构始发、佛莞城际铁路狮子洋隧道盾构始发分别如图1-3-1、图1-3-2所示。

图1-3-1 苏埃通道东线盾构始发

图1-3-2 佛莞城际铁路狮子洋隧道盾构始发

2)自主开发了盾构TBM工程大数据平台

盾构TBM工程大数据平台(图1-3-3)主要面向盾构及掘进技术行业,立足盾构TBM工程实际,能

够对多厂家、多地质、多型号盾构TBM机器数据及施工数据进行提取、存储、计算、分析及信息发布,满足企业业务管理需求。平台集施工、装备状态、故障数据及科研应用于一体,为全行业隧道掘进机装备制造企业及应用企业提供开放式运维服务,具有"自主可控"的工业大数据核心分析能力。该平台主要包括智能监控、综合分析、协同管理、数据应用四个主要模块。目前,盾构TBM工程大数据平台已接入线路81条上百台盾构TBM设备,重点项目包括汕头苏埃通道、大瑞铁路高黎贡山隧道、佛莞城际狮子洋隧道、以色列特拉维夫轻轨系统红线段等。盾构TBM工程大数据的应用有力推进了盾构及掘进技术行业数据资源整合和开放共享,有利于发挥数据的基础资源作用和创新引擎作用,为智能化装备升级及智能化施工建设提供依据,为盾构TBM安全、快速、高效、文明施工提供强大助力。

3. 全断面硬岩掘进机工程施工技术新进展

公司进一步研究并拓展TBM施工及配套技术,结合辽宁大伙房TBM2标的施工,开展大直径敞开式TBM长距离掘进施工综合技术研究,解决了长大隧道TBM施工连续皮带输送机配套出渣技术难题,并首次在国内成功运用连续皮带输送机出渣系统配套TBM实现快速施工,掌握了TBM洞内转场、洞内组装、洞内拆卸等一系列关键技术。TBM设备选型、适用性改造、快速掘进技术、新型长距离快速过站等敞开式TBM施工技术水平得到提高。

2015年以来,承担的典型TBM隧道工程有引松供水隧洞,大瑞铁路高黎贡山隧道,滇中引水隧洞,引额供水隧洞,青岛地铁1号线、2号线,深圳地铁6号线、10号线,如图1-3-4、图1-3-5所示。

图1-3-3 盾构TBM工程大数据平台

图1-3-4 引松供水TBM现场组装

图1-3-5 深圳地铁10号线

4. 发展展望

未来,隧道及地下工程修建技术将朝着技术标准国际化、修建装备智能化、运维管理信息化的方向发展。全自动、无人化、超长隧道掘进技术,将使超长隧道修建更加安全、快速,独头掘进长度不再受施工环境控制,施工机器人、无人机、智能信息技术在工程全寿命周期将得到更为深入广泛的应用。公司将结合我国隧道及地下工程修建技术发展趋势,重点在特长隧道智能化施工装备、隧道大数据架构与智能平台、隧道结构智能监控与维护技术、百公里级超长跨海隧道修建成套技术以及低真空超高速磁浮铁路隧道修建成套技术等重大和前沿技术方面开展科技攻关,充分发挥产学研模式,形成集团优势,引领我国隧道及地下工程修建新技术大发展。

第 3 节　中铁十六局集团有限公司

1. 企业核心竞争力

中铁十六局集团有限公司(简称中铁十六局)隶属于世界 500 强企业——中国铁建股份有限公司,前身由铁道兵第十一师和第十三师及铁道兵运输团(铁道兵新线临时管理处)组建而成,是具有"四特四甲""铁路运输许可证"资质的国有特大型现代建筑产业集团,市政、水利水电、机电安装总承包一级资质,城市轨道交通、公路路面、桥梁、隧道、装饰装修工程专业承包一级资质,获得了对外承包工程经营权和对外劳务合作经营权,取得了质量、环境和职业健康安全管理体系认证证书,先后通过北京市和国家级企业技术中心认证,成为国家高新技术企业。公司拥有各类主要施工机械和检测设备 17300 台(套),综合机械化施工水平达到 92% 以上,路基、桥梁、隧道、土石方、高等级公路路面施工实现了机械化一条龙作业。拥有用于高速铁路客运专线建设的全套提、运、架设备 45 台(套),拥有国际一流的先进盾构机、TBM 共 65 台,是国内拥有盾构机台数最多的施工企业之一。

几十年来,公司为国家的铁路、公路、房建、市政、水利、水电、机场、码头等重大工程的建设作出了重大贡献。参建的青藏铁路、上海磁悬浮商业运营线、西气东输黄河顶管、南水北调盾构穿黄、首都国际机场、武广客专、郑西客专、福厦客专、石太客专、甬台温客专、京沪高速铁路、青岛海底隧道、京福高等级公路和京、津、沪、穗、宁、苏、杭、深等城市地铁,以及麦加轻轨铁路工程阿拉法特 1 站和穆兹塔里法赫 3 站等一大批重点工程享誉国内外。

已建成的工程有 290 多项荣获国家和省部级优质工程,17 次创国家优质工程奖,18 次获得中国建设工程鲁班奖,19 次获得中国土木工程詹天佑奖,获省部级以上科技进步奖 63 项,获国家级工法 22 项、国家专利 365 项、软件著作权 38 项。

2018 年,公司成立院士专家工作站、博士后科研工作站,高新技术企业已达 12 家。

2. 盾构工程施工技术新进展

公司先后在全国 30 余个城市承建城市轨道、城际铁路等重难点工程。先后在北京、天津、深圳、广州、上海、南京、苏州、杭州、无锡、郑州、长沙、厦门、乌鲁木齐、兰州、青岛、合肥、南昌、昆明、南宁、常州、洛阳、许昌、南通、绍兴等地承建地铁工程项目,在广东东莞、郑州、珠海、深圳等地承建城际铁路工程。

五年来,公司在盾构领域的发展提升迅速,主要表现在:

一是盾构机数量的增加。5 年间盾构设备增加 35 台,为盾构工程产业发展提供了扎实的基础。

二是新增盾构机以联合研发、创新设计为主。如国产首台大直径铁路盾构机,国产 $\phi 12.81 m$ 大直径泥水平衡盾构机(图 1-3-6)。国内首次在盾构机上应用机器人、在线滚刀磨损监测系统等。公司成功研发国内首台盾构隧道 65t 锂电机车(图 1-3-7)。

三是盾构掘进总里程增长。公司 2015 年盾构掘进总里程 29.22km,2018 年盾构掘进总里程达 54.18km,从过往 16 台盾构机到现在 42 台同时掘进,盾构工程产能得到了质的飞跃,也大大提升了盾构设备的使用率。常州地铁 1 号线 3 标科延区间左线 600m 隧道,从始发到接收仅用时 45d;常州地铁 1 号线 9 标单周掘进 132m,施工效率最高;穗莞深 9 标单台盾构机年度掘进完成 2041.6m,连续刷新珠三角城际大直径盾构施工月度最高纪录。

四是盾构机集群作业。如在成都地铁 5 号线、6 号线、10 号线,公司 15 台盾构机同时掘进施工;在呼和浩特地铁 2 号线,15 台盾构机同时掘进施工。

五是工程种类补全。2015 年以来,公司在超大直径盾构工程、TBM 工程、矩形顶管工程均取得突破,成为国内盾构机数量最多、门类齐全的施工企业之一。

图 1-3-6　联合研发 ϕ12.81m 大直径泥水平衡盾构机

图 1-3-7　设计制造国内首台 65t 锂电机车

3. 盾构工程科技创新新进展

2015 年以来,公司成立了盾构与 TBM 工程实验室,下属的轨道公司、地铁公司、二公司在盾构与 TBM 工程技术创新方面均取得了新进展,在铁路、地铁、水利、管廊等领域全面发展。几年来,盾构工程施工技术方面的研究及成果有:

(1)重难点盾构工程安全顺利完成。通过科技创新,南宁地铁 1 号线 10 标成功穿越老旧城区密集建筑群、既有线、火车股道及站房,实现顺利贯通。珠三角城际铁路成功穿越供澳老旧水管。常州 1 号线 9 标博常盾构左线成功下穿沪宁城际铁路、常州火车站。穗莞深 9 标超长距安全下穿深圳宝安机场。长春地铁 2 号线 4 标项目对 20 世纪 40 年代修建的砖混结构下穿的风险及措施进行研究,成功穿越危房。2018 年豫机城际铁路 12.81m 泥水平衡盾构机完成隧道贯通。

(2)穿越大江大河。兰州地铁 1 号线一期 TJI-5 标工程地质 80% 为砂卵石地层,掌子面自稳性极差,公司在盾构机设计、配置、盾构施工过程中采用新技术,顺利实现国内第一条地铁穿黄隧道的贯通。

(3)小半径盾构施工技术。公司曾在广州创造国内地铁盾构隧道 200m 最小半径盾构施工纪录。2018 年,在乌鲁木齐电力隧道项目中,在地层硬度高、含水量大的地质条件下,通过技术研究,科技创新,成功攻克了 3.75m 小直径盾构 80m 小转弯半径盾构掘进技术难题。

(4)新技术研发与应用。如国内首次在盾构机上应用机器人、BIM 技术等。

(5)莫斯科极寒地区盾构施工技术研究与应用。目前有 5 台盾构机在莫斯科地铁工地施工,如图 1-3-8 所示。

图 1-3-8　中铁十六局集团有限公司施工的莫斯科地铁首条隧道贯通

4. 发展展望

(1)举公司全力,加大科技投入,打造中国地铁第一品牌,引领我国地下工程技术进步。

(2)在目前已经开发的盾构信息化系统的基础上,进一步开发盾构智能信息化系统。

(3)完成单台 TBM 掘进 26km 隧洞施工。

(4)利用院士专家工作站、博士后科研工作站,充分发挥产学研模式,站在盾构与 TBM 工程科技前沿,不断创新。完全掌握超大、大、中、小直径盾构与 TBM 施工技术,以及在地铁、铁路、水利、管廊等各领域的应用,特别是川藏铁路、成昆铁路的施工技术研究。

(5)加大新技术在盾构工程中的应用,如机器人、无人机、智能信息技术等。

(6)开拓海外市场,巩固俄罗斯莫斯科市地铁项目,跟踪圣彼得堡有轨电车项目、明斯克地铁及乌克兰地铁项目,确保在俄语系国家内塑造两个支柱区域。

第4节　上海隧道工程有限公司

1. 企业核心竞争力

上海隧道工程有限公司(简称上海隧道)始建于1965年,是中国最早开展盾构法隧道技术研发和施工应用的专业公司。在超大直径隧道、轨道交通综合枢纽、超深基坑等核心领域占据行业领导地位。经营业务包括基础设施投资、设计、施工总承包及运营养护,先进装备制造、PC预制等。业务遍及长三角、珠三角、京津冀以及昆明、郑州、武汉、乌鲁木齐等地,还深入新加坡、印度、日本等国际市场,综合实力位居行业前列,是国内最具专业性和发展潜力的建筑企业之一。

上海隧道始终秉持"为民造福,实现自我"的核心价值观,在工程建设中不惧挑战,攻坚克难,推进多项重大工程的顺利建成。

2016年9月10日正式建成试通车的上海黄浦江底最大的直径隧道——长江路隧道,采用 $\phi15.43m$ 泥水平衡盾构机推进,与障碍物最近距离1m,国内"最精确"大盾构穿越,挖出了上海"最深邃"隧道工作井,创造了上海多个隧道领域"第一"和"之最"。上海隧道驾驭的 $\phi15.43m$ 泥水平衡盾构机在距离逸仙路高架、轨道交通3号线地下桩基最近1m处,精准地穿越,最终误差仅2cm,攻克了整条隧道建设的最难点,并完成半径500m的大曲率转弯推进,在世界隧道史上,是绝无仅有的案例。

上海隧道将成为"全球一流的隧道及地下空间建设总集成商"作为企业愿景,在发展历程中,创下了业内诸多"第一":建成国内首条越江隧道——上海打浦路隧道,世界首条15m级盾构法隧道——上海长江隧道,世界首例复杂环境下大直径土压平衡盾构法隧道——上海外滩通道,国内首条双层公路隧道——上海上中路隧道,世界首条公铁合建隧道、也是国内最大直径盾构法隧道——武汉三阳路长江隧道;研制了我国首台具有自主知识产权的"先行号"土压平衡盾构机、"进越号"大型泥水平衡盾构机以及世界首台类矩形盾构机"阳明号",率先实现国产盾构装备的产业化与批量出口。

截至目前,上海隧道累计建设的隧道里程已达758km。其中,14m级以上大直径盾构隧道建设已完成里程占全国总里程的81%。工程多次荣获中国土木工程詹天佑奖、国家优质工程奖、全国市政金杯示范工程等荣誉。公司荣获全国质量奖、国家科技进步一等奖、全国用户满意企业、上海市重大工程实事立功竞赛突出贡献金杯公司等荣誉。

2. 重视科研,创新技术,强化核心优势

上海隧道重视隧道建设的科研应用,不断创新技术,强化在超大直径隧道、轨道交通工程、超深基坑等核心领域的优势。

2015年,上海隧道自主研发制造了世界首台超大断面11.83m×7.27m类矩形盾构机,投入宁波地铁3号线一期工程应用,地面出入式盾构法隧道等领域取得的科技成果多次荣获上海科技进步一等奖等重量级奖项。其中具体的三项创新技术如下:

(1)城市轨道交通类矩形盾构法隧道成套修建技术

我国城市轨道交通建设正面临地下空间资源日渐稀缺的严峻挑战,面对集约型开发要求,常规的圆形盾构法隧道已不能适应,行业对满足高断面利用率、低空间占用量的新技术需求日益迫切。以国家战略性新兴产业发展为需求,针对城市轨道交通建设中沿线道路狭窄、交通繁忙、建筑物密集的现状,首创研发了基于低影响度的类矩形盾构法隧道施工成套关键技术。开发"类矩形盾构轴线控制技术""异形管片拼装技术""大断面类矩形盾构同步注浆技术",并依托多数据综合管控系统,解决了施工环境影响和成型隧道变形控制的难题,实现了地下空间周边环境低影响度施工。

(2)地面出入式盾构法隧道新技术

本技术针对超浅覆土、负覆土盾构隧道"失稳、失衡、失效、失准"四大国际性难题,围绕该新技术的可行性、可靠性、可掘性及可控性四大目标,首创环境友好型地面出入式盾构法隧道技术体系,突破了盾

构法隧道对覆土的传统限制,实现了地面道路与地下隧道连接段的一体化设计与施工。整体施工工艺达到国际领先水平。有效减小了动拆迁量及施工对环境的破坏,深远影响了城市地下空间的友好开发和资源节约,大力推动了我国自主产业项目建设和发展。

(3)海相复合地层超大直径泥水盾构隧道施工核心技术

本技术研究结合珠海横琴三通道海域复合地层,主要进行了盾构掘进机针对性功能配置、海相复合地层泥水处理、海相复合地层盾构掘进控制、隧道内部结构同步施工及盾构施工实时数据监控等,开展核心技术研究。成果对我国海域盾构隧道的核心技术突破具有战略意义,可直接应用于珠海等地未来超大直径盾构隧道建设,也可为国内其他类似地层的跨江海隧道起到示范作用。

作为中国地下工程领域的开拓者,上海隧道拥有国家级企业技术中心、国家级盾构工程中心和中国首家施工企业博士后工作站,积聚了雄厚的科研实力,先后承担国家863计划等75项国家及地方重大科研课题,获省部级以上科技进步奖93项,形成自主知识产权589项,编制国家级工法20项。积极开展自主创新,形成了"隧道盾构掘进机设计制造技术""隧道衬砌高精度钢模设计制造技术""超大直径盾构法隧道综合施工技术""复杂环境及地质条件下盾构法地铁隧道施工综合""复杂软土地层超深基坑施工综合技术""城市密集区轨道交通工程环境保护技术"等六大企业核心专有技术,总体技术均达到国际先进水平。

3. 聚焦前沿,勇于突破,关注智慧建造

上海隧道始终关注行业发展的前沿,将"互联网+"与核心业务板块结合,加大对新兴业态的扶植力度。

上海隧道在2016年成立盾构管控中心(图1-3-9),将盾构机的各项工作参数和设备情况,以及关于项目的质量、进度、安全等海量信息都实时汇集到管控中心,每一组数据由多方资深专家组成的技术团队24h远程监控管理,及时诊断,给出专业建议及解决方案。盾构管控中心通过"互联网+"模式集成的大量施工数据为施工管理提供了决策基础;同时,通过实现施工的远程管理及动态分析,实时进行风险报警,及时提供智能化决策,并对盾构机设备实现全生命周期管理。依托盾构管控中心的信息化和智能化的管理模式,管控效率和规模得到了大幅提升,有效实施了对工程的质量、安全、进度的管控。目前,盾构管控中心的智能化远程管控已覆盖上海全市所有地铁项目及上海城建全国范围所有地下盾构项目。

图1-3-9 上海隧道工程有限公司盾构管控中心

4. 发展展望

上海隧道积极开展管控智能化和自动巡航盾构的科技发展路线规划,在"2018第二届中国城市基础设施建设与管理国际大会"上,发布了全新"黑科技"——盾构智能管控与自动巡航技术。智能盾构的关键核心在于贯穿于整个推进过程中的管控,上海隧道正着手加快推进这一技术的研发和应用,推进隧道建设的智能化。

上海隧道五十多年发展的过程,也是不断超越,不断和自我赛跑的过程。上海隧道将继续坚持"技术领先,质量一流",建设精品工程,强化核心优势,引领行业发展,奋力奔跑,追求卓越,为城市的建设发展做出更大的贡献!

第5节 中铁十四局集团有限公司

1. 企业核心竞争力

中铁十四局集团有限公司(简称中铁十四局)前身系中国人民解放军铁道兵第四师,隶属于中国铁

建股份有限公司,是国务院国有资产监督管理委员会管理的大型建筑企业,也是国内大直径盾构机和水下盾构机及城市轨道交通领域的骨干企业和龙头企业。

中铁十四局具有"4+1"项特级资质。其中,集团公司具有铁路工程、建筑工程和市政工程、公路工程施工总承包四项特级资质,所属三公司具有公路工程特级资质。集团公司同时具有铁道、建筑、市政、公路行业甲级设计资质。除其他一般资质外,还具有公安部核准的爆破作业单位许可证(营业性)一级资质、国家测绘局核准的测绘甲级资质;经国家商务部批准,享有对外经营权。中铁十四局注册资本金31.1亿元,资产总额369亿元,拥有机械动力设备5696余台(套),原值59.23亿元。

集团公司拥有盾构机总数达到64台,直径9m以上盾构机15台。目前在建大盾构项目11个,包括京张铁路清华园隧道、京沈客专望京隧道、苏通GIL综合管廊、杭州望江路过江隧道、武汉地铁5号线3标、常德沅江隧道、芜湖长江隧道、南京夹江五桥过江隧道、济南济洛路穿黄隧道、武汉和平大道南延线、南京和燕路长江隧道。全面掌握了大盾构施工核心技术,大盾构优势体现三个"全覆盖":穿越"江河湖海城"全覆盖,地质条件全覆盖,涉足行业全覆盖。

累计获国家科技进步奖4项。其中,等奖1项,二等奖3项。获得国家技术发明奖1项,国家优质工程金质奖2项,中国建设工程鲁班奖23项,中国土木工程詹天佑奖11项,国家优质工程奖32项,国家授权专利376项、发明专利56项,国家级工法10项、省部级工法183项。

2. 盾构工程施工技术新进展

超大直径盾构施工技术是中铁十四局近年来着力打造的核心竞争力,初步奠定了在国内超大直径和水下盾构隧道工程领域的领军地位。承揽建设了国内第一条海底地铁盾构隧道——厦门地铁跨海隧道,世界首条特高压GIL综合管廊过江工程、京沈客专望京隧道、兰州地铁黄河隧道、济南济洛路穿黄隧道等一批具有重大影响力的工程。2016年成立了全国第一家大盾构公司,依托37个地铁建设城市,"三核(京津冀、长三角、珠三角)两线(京广、京沪沿线)一带(长江经济带)"战略布局逐步呈现。

1)典型大直径盾构隧道工程

(1)世界首条特高压GIL综合管廊过江工程

合作研制了耐高压、耐磨蚀、防爆型泥水平衡盾构机(图1-3-10),突破大直径泥水平衡盾构机耐高压、耐磨蚀和防爆性设计,特高压GIL综合管廊结构构造与设计,关键施工技术等系列难题,形成盾构机研发制造、隧道设计、掘进施工、结构构建和质量控制的高水压长距离沼气地层GIL综合管廊隧道修建成套技术,支撑了淮南—南京—上海1000kV交流特高压输变电工程的建设,填补了工程界在特高压GIL综合管廊越江隧道修建方面的空白。

特高压气体绝缘金属封闭线路结构如图1-3-11所示。

图1-3-10 耐高压、耐磨蚀、防爆型泥水平衡盾构机

图1-3-11 特高压气体绝缘金属封闭线路结构

(2)济南穿黄隧道

被誉为"万里黄河第一隧"的济南穿黄隧道工程,隧道全长4760m,主要包括穿黄隧道3850m、接线道路910m及相关的附属工程。该工程盾构法隧道左线长度为2513.2m、右线长度为2518.0m,采用2台

泥水平衡盾构施工(图 1-3-12)。盾构隧道采用管片拼装式单层衬砌,盾构开挖直径 15.76m,管片外径 15200mm、内径 13900mm。

该工程是大直径水下盾构隧道领域穿越地上悬河的重大创新工程,开启了黄河天堑由水上跨越到水下的新时代,在公轨合建领域和跨海、跨江、跨河立体化交通发展方面提供了新的解决方案,具有重要的借鉴意义。

2)信息智能化建设

2018 年度系统实现在建所有盾构工程项目视频全接入,并配置安全员进行风险隐患排查,在建项目覆盖率达 100%,基本实现盾构施工项目数据全接入,如图 1-3-13 所示。

图 1-3-12 济南穿黄隧道"泰山号"盾构机

图 1-3-13 盾构数据监控指挥中心

3)盾构技术提升与突破

中铁十四局大力开展技术研发创新,不断积累和巩固大盾构品牌。近年来,攻克了多项世界级的技术难题,形成了大盾构核心竞争力。

(1)首创全球 11m 同级别盾构机常压换刀技术。

(2)研究出长距离复杂地层海底换刀技术。

(3)孤石及基岩凸起海上爆破处理技术。

(4)形成高压换刀,刀具更换和改进,泥浆回打,复杂地质穿越等多项专利及管理成果。

3. 发展展望

近年来,中铁十四局在致力做大、做强、做专中国大直径盾构的基础上,积极拓展海外市场,进行海外布局,为全面贯彻落实"一带一路"倡议、中国高铁走出国门发挥积极作用。

制定 3 年滚动发展目标如下:进一步完善盾构工程科技创新体系,提高科技创新能力,攻克一批共性关键技术,部分关键核心技术达到国内领先水平或世界先进水平。技术进步方向如下:

一是超大直径盾构隧道施工技术达到世界先进水平。依托穿黄、苏通、五桥、和燕路、和平大道等超大直径项目,全面掌握超大直径盾构隧道盾构机选型、盾构地层匹配性、刀盘刀具配置、高效掘进、长距离施工通风及盾构施工姿态保持施工技术。

二是全面推进大盾构数据监控指挥系统研发。从大数据挖掘、智能分析、优化决策、专家诊断、预警预报等方面入手,开展数字化施工技术研究,推进盾构施工智能化、无人化。

三是全面掌握大直径盾构泥浆绿色、无害化处理成套技术。依托京沈、望江路等项目,全面掌握泥浆的絮凝浓缩规律及机理、絮凝后泥浆带式压滤物理模型及脱水技术、泥浆制备、废浆处理、基于全线路的废土废水资源化利用技术。

四是全面推进基于 BIM 技术的盾构标准化施工管理系统。建立 BIM 数据共享平台,实现精细化施工管理,促节能、绿色施工。

五是掌握海底隧道修建成套关键技术。掌握高水压条件下隧道结构关键技术,大直径、长距离、高水压条件下盾构机选型技术,盾构机超长距离掘进技术,长大海底隧道运营系统配套技术,超高水压复杂地质大直径盾构水下对接技术等。

第 6 节　中铁工程服务有限公司

1. 企业核心竞争力

中铁工程服务有限公司(简称中铁工服)成立于 2010 年 9 月,其前身为中铁装备集团机电公司,2017 年 7 月,公司从中铁装备分离,成为中铁高新工业股份有限公司的全资子公司。2018 年 5 月 8 日,公司正式更名为中铁工程服务有限公司。作为管理、科技和平台型企业,中铁工服主要从事装备管理及研发技术服务、施工技术服务、信息化技术服务等三大核心业务。装备管理及研发技术服务业务主要以盾构租赁、盾构托管、维修改造、非标机具研发、旧机交易、零部件贸易等业务为主;施工技术服务业务是为盾构工程的相关方提供专业分包、技术咨询、管理咨询等服务;信息化技术服务业务主要是基于公司自主研发的盾构云大数据系统、掘进机租赁运营平台和中铁工服 MALL 电商平台,为客户提供盾构施工一体化服务。

随着公司的发展和重组,公司技术队伍不断壮大,技术力量不断加强。截至 2019 年 3 月底,公司拥有技术人员 125 人,其中,中级职称以上 60 人,初级职称 65 人。专业涵盖土木工程、机械工程、电气工程、电子信息工程等多个专业。

2. 盾构工程施工技术新进展

中铁工服拥有掘进机数量从 2014 年的 7 台增加到 2018 年的 97 台,具体增长情况如图 1-3-14 所示。截至 2019 年 3 月底,公司拥有隧道掘进机 100 台(共涉及 6 个品牌),设备涵盖世界首台马蹄形盾构机、土压平衡盾构机、泥水平衡盾构机、TBM、顶管机等。

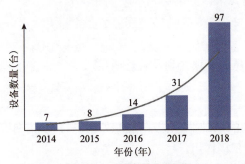

图 1-3-14　盾构机数量增长图

公司率先在国内开展盾构机租赁业务,参与成都、杭州、郑州、南昌、广州、沈阳、榆林、深圳、合肥、拉萨等共计 27 个城市地铁建设、电网管道、综合管廊、铁路隧道、水利隧道等施工建设。

公司自成立以来,盾构机租赁业务节节攀升,年掘进里程由 2014 年的 7km 增长到 2018 年的 80km,2018 年掘进里程相当于 2014—2017 年掘进里程的总和。截至 2018 年底,盾构租赁累计掘进里程超过 150km。

五年来,公司负责施工技术服务的隧道工程共计 12 项,其中地铁工程 9 项、水利工程 1 项、城市综合管廊 1 项、铁路工程 1 项。累计施工里程约 42km。

随着公司规模的不断壮大,施工技术实力也在不断提升,先后掌握一批施工新技术及新工法,获得了行业内外的认可。如由公司提供施工技术服务的蒙华铁路白城隧道"采用大断面马蹄形的土压平衡盾构方法首次应用于黄土隧道",荣获国际隧道协会 2018 年度技术创新项目奖。该奖是国际隧道界最高奖,被称为隧道界的"奥斯卡"。公司自主研发的盾构云平台,是目前盾构施工行业内功能最强、内容最全面的大数据管理平台,2018 年荣获四川省经济和信息化委员会颁发的 2017 年度四川省优秀工业云、中国交通运输协会颁发的科学技术奖三等奖、中国施工企业管理协会颁发的 2017 年度工程建设行业互联网发展最佳实践案例。"郑州钙质结核富集地层施工技术"获得了中铁装备第三届技术创新大赛一等奖。在常规盾构施工方面,也是捷报频传,尤其是沈阳市地下综合管廊(南运河段)工程项目实现了在砂卵石地层单线单月掘进 693.6m(578 环)的好成绩,实现了全线隧道日最高掘进 28 环,平均进度 20 环的纪录。在隧道通病防治方面,较好地利用盾构云平台大数据、新型 AB 液注浆工艺,有效控制了管片上浮、破损等通病。

五年来,公司持续将新技术、新工艺、新工法应用于隧道施工中,为公司在施工技术服务业务市场的开拓打下了坚实基础。

3. 发展展望

未来的盾构施工技术将进入大数据时代。公司坚持以盾构云平台大数据为引导,积累总结各种地质条件下的盾构设备配置、掘进参数、材料消耗等,建立盾构施工技术数据库,深挖大数据的价值。

第 7 节 中铁第四勘察设计院集团有限公司

1. 企业核心竞争力

中铁第四勘察设计院集团有限公司(简称铁四院)成立于1953年,总部设在湖北省武汉市,是国家大型综合性勘察设计和研究咨询单位、国家高新技术企业,具备服务现代交通建设全产业链的综合技术优势,现为世界500强企业、全球最大工程承包商——中国铁建的全资子公司。

与共和国共生长的铁四院是新中国成立后第一批组建的国家级设计院,也是我国首批工程设计综合甲级资质单位之一,是国家认定企业技术中心及国家委托铁路、城市轨道交通专业投资咨询评估单位,拥有工程设计、工程勘察综合甲级以及测绘、监理、咨询、环评、水土保持、地质灾害防治工程等20余项甲级资质,拥有线路、站场、桥梁、隧道、地质路基、建筑结构、电力电气化、通信信号等40多个专业。具有对外承包工程经营权,可承揽各个行业工程勘察、设计、监理、咨询、工程总承包业务,涵盖工程建设的全产业链。按照ISO9001、ISO14001和GB/T28001建立了管理体系,并通过审核认证。连续多年在全国勘察设计行业综合实力百强中名列前十。

在60多年的发展历程中,铁四院积极投身铁路等交通基础设施建设,先后承担了新中国铁路建设三分之一的设计任务,是我国铁路勘察设计的领军企业,创建并确立了高速铁路、现代铁路站房、水下隧道、城际铁路、市域铁路、磁浮轨道交通等"六大核心品牌";路网规划、铁路枢纽、复杂山区铁路、重载铁路、铁路现代物流、城市轨道交通、桥梁、四电集成等"八大成套技术"。

截至2018年底,全国开通运营高铁里程突破2.9万km。其中,铁四院设计建成了包含京沪、京港、京福、东南沿海、沪昆、沪汉蓉、徐兰等40多条高速铁路共计1万余公里,约占全国投入运营高铁的40%。铁四院还是中国高速铁路"八纵八横"主骨架的骨干设计力量和标准规范的主要编订者,是世界上设计高速铁路里程最长、标准最高、经验最丰富的设计企业。

铁四院拥有国家认定企业技术中心、水下隧道技术湖北省工程实验室、铁路轨道安全服役湖北省重点实验室和企业博士后科研工作站、院士专家工作站、企业研创中心等科技创新平台。全院现有职工5000余名,包括各类工程技术人员4200余人,全国工程勘察设计大师3人,全国监理大师1人,新世纪百千万人才工程国家级人选2人,享受国务院政府特殊津贴专家30余人,国家有突出贡献专家及各类省部级专家人才200余人;教授级高工等高级职称人员2500余人,持各类注册执业资格人员1200余人次。建院以来,先后荣获国家和省部级科技进步、优秀工程勘察设计、优秀软件、优秀标准设计奖近千项,拥有有效技术专利1800余件。

2. 水下盾构工程设计科技创新

铁四院在水下隧道设计领域不断创新,创造性地提出了特长盾构隧道地中对接技术、双层盾构隧道总体设计技术、大直径水下盾构隧道结构安全与防灾疏散安全一体化技术、大直径盾构隧道浅覆土始发与强渗透地层中接收技术、提高盾构隧道衬砌环间抗剪能力构造技术、双线铁路圆形隧道防灾疏散技术、便于盾构隧道内部结构同步施工的预制箱涵技术以及高速铁路水下盾构隧道结构体系与设计方法等多项新技术,设计研究成果创造了多项国内和世界纪录,极大地推动了水下隧道技术发展,为解决行业内一系列重大关键技术问题做出了突出贡献。铁四院在隧道工程领域共荣获国家科技进步特等奖1项、二等奖3项。

作为国内水下隧道设计业绩最多的企业,铁四院是国内首先能设计并拥有全工法修建实例的单位,建成了全国唯一的水下隧道技术国家地方联合工程研究中心和国内首个水下隧道工程实验室,先后完成了武汉长江隧道、南京长江隧道、广深港高铁狮子洋隧道、武汉长江公铁隧道、济南济泺路黄河隧道等多座大直径盾构水下隧道的研究和设计工作,所设计的盾构隧道直径分布于 2.0~15.9m,地域分布于长江、黄河、狮子洋、钱塘江、黄浦江等江海和北京、上海、深圳、武汉等城市。

3. 发展展望

铁四院以实现中华民族伟大复兴的中国梦为己任,以建设新时代交通强国为使命,以建设"领军四院、创新四院、卓越四院、强盛四院、稳健四院、幸福四院"为宗旨,培育和发展"诚信创新永恒、精品人品同在"的企业价值观,弘扬"诚信 创新 敬业 包容"的四院精神,在业内拥有广泛的美誉度,先后获得"全国文明单位""全国五一劳动奖状""中央企业先进集体""全国优秀勘察设计院""中国AAA级信用企业""全国守合同重信用单位""全国文明诚信示范单位"等荣誉。目前,正向打造具有全产业链服务能力的国际型工程公司破浪前行。

未来盾构隧道将向长距离化,盾构超大直径化,大埋深高水压化,地质条件复杂化,功能多样化,断面布置多样化,施工装备多模化、智能化以及工程技术交叉化发展。为了适应隧道技术新发展,铁四院已经成立隧道设计研究院,通过全国唯一的水下隧道技术国家地方联合工程研究中心和国内首个水下隧道工程实验室两大平台,致力于在未来加强盾构工程隧道设计特别是水下隧道的设计科技创新。同时,开展渤海海峡、琼州海峡等海峡通道的前期研究工作。

第 8 节　中国石油管道局工程有限公司

1. 企业核心竞争力

中国石油管道局工程有限公司(简称管道局)是中国石油全资子公司,是国内外油气行业知名的油气储运工程建设专业化公司,国际一流的油气储运工程综合服务商。管道局的市场遍及全球,与国内外100多家能源企业、金融机构、科研院所和供应商建立了战略合作关系,基本形成了全球化的资源配置平台。

中国石油管道局工程有限公司第四分公司隶属于管道局,是中国石油石化行业唯一一家专注于油气管道非开挖业务的专业化公司,主要从事盾构(顶管)穿越、定向钻穿越、长输管道及站场储罐建设、管道预投产等四大业务,具有咨询、设计、采办、施工、投产、运行等项目全生命周期建设能力。

在国内小口径盾构、复杂条件下顶管、直接铺管施工领域具有较强的竞争优势,先后完成40多次长江、黄河、钱塘江、松花江、南坦海等大江大河的穿越施工,其中穿越长江7次。2002年,我公司首次引进泥水加压平衡盾构机,并应用于忠武管道宜昌红花套长江穿越项目;2006年,首次引进TBM顶管施工技术,用于印度东气西输管道工程岩石段公路、铁路穿越;2016年,首次将直接铺管施工技术应用于西气东输镇江改线项目船山河穿越。

2. 盾构工程施工能力与典型工程

目前,我公司拥有盾构机6台(套),可施工隧道内径为2.44m、3m、3.08m、4.25m;顶管机4台(套),隧道内径覆盖1m、1.35m、2.2m、2.4m和3m;直接铺管设备1台(套),可施工管道直径1~1.2m。其中盾构、顶管和直接铺管等隧道施工设备以泥水平衡盾构机为主,主要用于大型江河湖泊的穿越。

五年来,公司完成及在建盾构项目10项,复杂条件下顶管项目18项,直接铺管项目5项;完成隧道建设22km,在建隧道9.7km。所建项目主要以油气管道穿越为主,同时少量市政管道建设。国内项目主要为穿越江河湖泊施工;国外隧道工程主要有斯里兰卡盾构及顶管项目、塔吉克斯坦盾构项目(新中标,待建)、沙特阿拉伯直接铺管项目、阿联酋顶管项目(新中标,待建)。

近年来,公司在盾构顶管领域逐步扩大市场,先后引进了2台盾构机、2台顶管机和1台直接铺管设备,业务范围面向国际市场。

3. 盾构工程施工技术新进展

近年来,公司积极推动科技创新,先后完成了多个行业内的技术突破项目。

1) 长距离高水压松散地层盾构施工技术

金陵石化长江盾构机内径3.08m,隧道长2000m,主要穿越砂层,盾构始发水压0.35MPa,最高施工水压0.65MPa,其中超过800m长度施工水压0.5~0.65MPa。通过技术攻关,对只能满足0.5MPa密封的盾构设备进行改造,对长距离刀盘刀具配置、盾尾油脂注入标准、盾构始发装置和盾构掘进施工技术等进行研究,确保了盾构设备在2000m掘进施工中盾尾无泄漏,实现了最高水压0.65MPa下2000m隧道掘进施工不更换刀具的工程技术目标。

2) 大坡度纵向曲线顶管技术

2015年,国内首次提出大坡度纵向曲线顶管概念并将此技术应用于杭州天然气利用工程富春江顶管项目。该项目顶管隧道长度658m,穿越地质多变,几乎包含了隧道施工中的各种典型地层,施工水压0.4MPa,最大施工坡度14.53%,采用"V"字形隧道设计,填补国内顶管施工领域多项技术空白。

3) 极寒地区泥水盾构施工技术

2016年,完成了号称"中国北极第一盾"的中俄原油管道二线额木尔河盾构工程,该项目地处黑龙江省漠河,是国内纬度最高、气温最低的极寒地区盾构项目,采用泥水平衡盾构法施工,盾构始发时温度零下45℃。

4) 盾构顶管一体化施工技术

2016年,深圳福田污水管道项目在国内首次采用盾构顶管一体化技术,隧道内径3m。我公司将3.08m内径的盾构机自行改造为盾构顶管可自由切换的双模式施工设备,完成长713m、曲率半径888m的隧道施工,其中曲线段长451m全部位于60~80MPa的岩石层,施工中由于施工参数可控,仅采用了顶管施工模式。

5) 长距离全断面硬岩顶管施工技术

2016年,完成了国内首条长距离全断面硬岩顶管鞍大原油管道青云河顶管项目。该隧道长度506m,穿越地质为全断面花岗片麻岩,岩石最大强度120MPa,平均强度70MPa,岩面完整无裂隙。隧道采用大坡度纵向"V"字形曲线设计,下坡坡度8.5%,上坡坡度7.4%。

6) 直接铺管施工技术

直接铺管施工原理是利用泥水平衡盾构机进行孔洞开挖,穿越管段预先焊接完成并与盾构机尾部以焊接的方式连接,在推管机的作用下向前推进管道及设备。孔洞开挖完成,管道安装同时完成。

2016年,完成了直接铺管技术在国内的首次应用。西气东输镇江改线船山河穿越作为国内首个采用直接铺管技术的项目得到成功应用。2017年,该技术在陕京四线无定河穿越得到推广。两个项目平均施工速度45m/d。该技术施工占地面积小、速度快,具备应急自救能力。

7) 长距离全断面卵石层施工技术

2017年,完成浙江省甬台温输气管道全断面卵石层系列隧道,工程包含大荆溪南北支1条盾构、2条顶管穿越全断面大粒径卵石层,隧道穿越地质全部为卵石层。3条隧道均约为400m长,部分漂石粒径为700mm,60%卵石粒径超过150mm。

8) S形小曲率曲线顶管穿越障碍物施工技术

2018年,深圳滨河大道污水干管项目实现了小曲率S形曲线顶管施工,顶管隧道内径2.2m。顶管轴线距周边立交桥桩基净距仅2.2m,与灯塔基础净距仅0.3m,最小曲率半径300m。管道的始发洞口处于流沙层,透水性强,施工中遇到约500m长的锚索、土钉墙、袖阀管等障碍物,施工中多次破碎φ32mm

钢筋土钉墙。

9）跨境盾构工程

2018年，中俄东线黑河盾构机打通了中国和俄罗斯的能源通道。盾构机从中国境内始发，水下穿越黑河，到达俄罗斯境内的接收井，工程包含两条长1139m、内径2.44m的盾构隧道。项目设计及施工参考两个国家标准，标准高、要求严。

4. 发展展望

结合国内外油气管道发展趋势及目前重点规划工程，我公司将重点研究10km以上特长距离水下盾构施工、60m埋深松散地层盾构换刀、18%大坡度盾构施工、高水压承压水层卵石层盾构施工、浅埋深140m小曲率S形盾构、盾构隧道内67%坡度顶管施工等相关技术，解决目前我公司拟建或在建的国内外项目技术难题，同时将为相关项目引进多台盾构、顶管和直接铺管等配套设备。

同时，针对我公司特有的大坡度纵向曲线顶管、盾构顶管一体化施工和直接铺管等施工技术进行推广应用，扩大先进技术在市场中的应用范围。

第9节　中铁十八局集团有限公司

1. 企业核心竞争力

中铁十八局集团有限公司（简称中铁十八局）系世界500强——中国铁建的旗舰企业，原中国人民解放军铁道兵第八师。具有对外承包工程经营权，具有铁路、建筑、水利水电、市政、公路工程5项施工总承包特级资质和5项甲级设计资质，20项施工总承包一级资质，22项专业施工总承包一级资质以及11项其他专业承包资质。企业生产经营涉及工程施工总承包、资本经营、房地产开发、勘察设计试验检测、物资贸易与工业制造等多个领域。拥有以全断面隧道掘进机TBM、盾构机和900t梁制运架设备为代表的各类机械设备8800多台（套），年施工生产能力600亿元以上。

中铁十八局从1997年秦岭Ⅰ线隧道率先在国内铁路隧道领域开启TBM模式，引领了新一轮长大隧道建设技术的跨越，现今，公司无论是优势品牌打造与提升、整体装备配套与改进、先进技术开发与储备，还是创新人才培养与团队建设，都有了突破式的发展。而重庆地铁铜锣山隧道于国内首次在城市轨道交通工程中引入复合式TBM，更是标志着公司在TBM领域，已经从20年前单一的铁路隧道，成功实现了集铁路、水利水电、城市轨道交通、城市管廊等领域多行业、多元化的TBM发展战略；公司累计中标TBM工程18项，使用TBM累计24台次，拥有13台TBM（其中直径8.8m的TBM已报废），TBM累计掘进里程突破135km，合同剩余120km。TBM机型涵盖敞开式、单护盾、双护盾，直径4.7～12.4m，国内外主要厂商（罗宾斯、海瑞克、SELI、北方重工、铁建重工、中铁装备）的设备都有应用。成功解决了破碎断裂带、极硬岩、大涌水等各种复杂地质难题。

作为全国知名、中国铁建旗下最具实力、最具规模、最具专业化水准的TBM隧道施工企业，同时使用和管理10余台TBM。截至目前，累计中标TBM工程18项。其中，铁路4项，水利水电9项，城市轨道交通4项，城市管廊1项。

2. 施工与在建TBM隧道典型工程

1）南疆铁路吐库二线中天山隧道

隧道全长22452m，穿越新疆中天山北支，平均海拔1100～2950m，最大埋深1700m，进口段13423m，采用TB880E型隧道掘进机施工。中天山特长隧道全长22.4km，2007年11月27日成功实现试掘进，2014年2月28日顺利贯通，最高月进尺547m。

该项目中，TBM完全由中铁十八局自主修复、恢复性能，成功解决狭小场地TBM组装、步进及试掘进等工作。

中天山隧道成功应用TBM掘进与二次模筑衬砌同步施工技术,在国内外首次实现有轨运输条件下TBM掘进与二次模筑衬砌同步施工。该技术所开发的工法被评为2010年度国家级工法,实现了特长大山岭隧道TBM施工技术的突破,处于世界领先水平。

2)新建铁路兰州至重庆线西秦岭特长隧道工程XQLS1标段

西秦岭特长隧道位于新建铁路兰渝线中段,为兰渝铁路控制性工程,全长28236m。采用TBM独头掘进15km,为国内当时采用TBM施工里程最长的铁路隧道。

TBM于2010年8月开始正式掘进,至2014年7月15日贯通,累计掘进14.125km,最高月进尺772m;成功实现连续皮带机出渣条件下敞开式TBM掘进与二次模筑混凝土衬砌同步施工,为今后越来越多的特长大隧道施工探索了一种具有划时代意义的TBM同步衬砌施工技术,为更多类似项目开创先河。

3)引汉济渭调水工程秦岭隧洞TBM施工段岭北工程

引汉济渭调水工程是针对关中地区缺水问题提出的省内南水北调工程的骨干调水线路,也是陕西省委、省政府提出的"两引八库"重点水源工程之一。引汉济渭调水工程由三个部分组成,包括黄金峡水利枢纽、三河口水利枢纽、秦岭输水隧洞。秦岭隧洞(越岭段)TBM施工段岭北工程,TBM施工段全长16543m。

引汉济渭调水工程秦岭隧洞TBM掘进施工段16.127km,TBM于2014年3月8日开始组装,4月2日步进,6月15日开始试掘进,第一阶段已经贯通,平均月进尺495m,最高月进尺742m,最高日进尺50.5m,累计掘进15km。目前正在进行第二阶段施工,并实现小断面同步衬砌施工,已完成8000m。

4)LXB供水工程(二段)施工4标

本工程主体工程为输水隧洞工程,输水洞长29365m,纵坡0.3115‰,TBM施工段长度15km,采用北方重工/美国罗宾斯联合生产的MB280型开敞式TBM,开挖直径8.53m。

该工程TBM于2014年1月1日开始步进,2015年8月贯通。施工中坚持持续、均衡快速施工的准则,月最高进尺820m,最高日进尺54m,平均月进尺640m。

5)吉林省中部城市引松供水工程总干线施工2标

引松供水工程2标位于吉林市丰满水库至温德河左岸之间,主要工程为里程2+000～24+600段的隧洞,总长度22600m,采用TBM施工19702m。采用具有自主知识产权的首台国产TBM,由中铁十八局和铁建重工联合研制,为国家863计划重点项目。

该TBM于2015年3月20日开始试掘进,直到4月25日,试掘进35d,进尺总共为400m,创中铁十八局试掘进最好成绩。5、6连续两个月掘进超过920m,最高月进尺1209.8m,最高日进尺86.5m,创造国内同断面TBM掘进新纪录。

6)ABH流域生态环境保护一期工程输水隧洞Ⅳ标(TBM2)工程

ABH流域生态环境保护工程,位于新疆维吾尔自治区西部,是一项以生态环境保护为主要目标的跨流域调水工程。输水隧洞Ⅳ标全长17223m,TBM计划独头掘进16223m。2016年6月8日TBM部件陆续进场,6月12日正式开始TBM组装,7月15日TBM开始步进,8月17日试掘进。施工中遭遇大涌水、强蚀变花岗岩等地质难题。

7)山西中部引黄工程TBM1标

中部引黄工程是山西省"十二五"规划大水网建设中一项重要的工程,是大水网"两纵十横"中第四横的延伸。TBM1标是中部引黄工程线路上的关键项目,TBM由支洞开始下坡掘进而后转入支洞,支洞总长5.228km,主洞总长21km。采用1台双护盾TBM施工,开挖直径5.06m,管片内径4.3m、外径4.8m。TBM独头掘进为目前国内最长距离。2015年1月TBM开始步进,2015年3月1日试掘进,2016年1月完成支洞掘进并开始主洞施工,最高月进尺1349m,最高日进尺71.5m。

8)YE供水二期输水工程双三段Ⅱ标

双三段Ⅱ标隧洞全长21.03km,采用TBM施工,开挖直径5.5m,该项目TBM充分发挥快速掘进的优点,最高月进尺1280m,实现累计总进尺10km,创造同类TBM施工的纪录。

9) 青岛地铁2号线一期工程土建施工工程五工区TBM区间

青岛地铁2号线Ⅱ标五工区4个TBM区间,区间双线全长7177.2m。国内首次在城市地铁隧道施工中采用双护盾TBM。TBM以顺坡掘进为主,最大顺坡坡度为-24‰,最大坡度为20‰。2015年3月21日1号TBM试掘进,4月25日2号TBM试掘进;2016年8月29日1号TBM贯通,8月4日2号TBM贯通。最高月进尺381m,最高日进尺22.5m。1号TBM累计掘进3211.892m,2号TBM累计掘进3410.504m。

10) 青岛地铁1号线工程土建施工2标

青岛地铁1号线承担一站五区间施工任务,区间单线长度5900m。采用两台双护盾TBM施工,国内首次采用连续皮带机+垂直皮带机出渣,解决了传统采用矿车出渣制约掘进速度的瓶颈。该项目刚完成皮带机的安装,正在试掘进施工。

11) 西水东引二期输水工程Ⅲ标

西水东引二期输水工程Ⅲ标隧洞长43.753km,TBM掘进38.7km,采用两台TBM施工。其中,2号TBM掘进15.15km,3号TBM分两段掘进23.55km。开创性地采用"一洞双机",两台TBM同时由同一条支洞进入主洞进行组装,然后开始掘进施工。

12) 引绰济辽输水工程隧洞段施工5标

引绰济辽输水工程是一项从嫩江支流绰尔河引水到西辽河,向沿线城市及工业园区供水的大型引水工程,设计最大年调水量$4.88×10^8m^3$。5号隧洞全长67835.51m,总长度46490.89m,其中钻爆法施工段长9553.37m;TBM掘进段由两台直径4.72m的TBM施工,总长36937.52m,其中,2号TBM掘进长度18531.07m,3号TBM掘进长度18406.45m。

13) 青岛地铁4号线工程土建03工区

该项目的主要施工内容有TBM区间5.5个,TBM掘进总长度8089m,其中,左线总长3789m、右线总长4300m。区间隧道采用TBM法施工,预制管片衬砌,两台TBM分左右线从内海区间施工竖井始发。

14) 冬奥会延庆赛区外围配套综合管廊工程土建施工01标段

2022年冬奥会延庆赛区外围配套综合管廊工程采用我公司原西秦岭项目TBM进行升级再制造施工,开挖直径10.23m,隧道全长3.3km,坡度为4.56%,为国内首次采用TBM施工的城市管廊工程。

第10节 中国水利水电第八工程局有限公司

1. 企业核心竞争力

中国水利水电第八工程局有限公司(简称水电八局)是世界五百强企业——中国电力建设集团公司旗下的骨干企业,拥有国家"三特级"资质(水利水电工程施工总承包、建筑工程施工总承包、市政公用工程施工总承包),是建筑行业内的高新技术企业。

1952年,在荆江分洪工程工地,毛泽东主席为参与工程建设的30万军民亲笔题词"为广大人民的利益,争取荆江分洪工程的胜利!"。在这30万治水大军中,有一支新中国最早组建的水利水电机械化专业施工队伍,它就是水电八局的前身。带着毛主席亲笔题词的锦旗,水电八局开始了走向全国、走向世界的光明之旅。

在市场经济大潮中,水电八局顺势勇为,积极推进企业转型升级,不断优化产业结构,现已形成国内水利电力、国际、国内基础设施、铁路、投资等五大业务板块竞相发展的良好态势。

2. 盾构工程施工新进展

水电八局近五年共计完成26个区间双线洞通,累计投入27台盾构机,完成掘进49.6km,2019年在建盾构隧道7个项目盾构掘进长度38.6km,2019年都已始发掘进,投入盾构机22台。主要工程分布在深圳、武汉、长沙、福州、南京地铁项目和印尼雅万高铁项目。其中已完成武汉地铁8号线投入4台盾构机,完成3区间洞通,累计掘进6201.91m。武汉地铁11号线投入6台盾构机,完成5区间洞通,累计掘进10808.4m。深圳地铁7号线投入5台盾构机,完成5区间洞通,累计掘进6524.31m。深圳地铁5号线投入2台盾构机,完成2区间洞通,累计掘进2792.68m。长沙地铁4号线投入10台盾构机,完成11区间洞通,累计掘进23252.69m。水电八局近五年盾构隧道工程统计见表1-3-1。

水电八局近五年盾构隧道工程统计表　　表1-3-1

工程名称	长度(m)	区间数量(个)	工程地质	备注
深圳地铁7号线	6524.31	5	微风化花岗岩、砂层、上软下硬地层、孤石群、全强风化砾岩等	
深圳地铁5号线	2792.68	2	淤泥、淤泥质粉质黏土、黏土、粉质黏土、中砂、粗砂	
武汉地铁11号线	10808.4	5	粉质黏土、淤泥质黏土	
武汉地铁8号线	6201.91	3	砾岩、粉质黏土	
长沙地铁4号线	23252.69	11	泥质粉砂岩、圆砾砂层、砾岩	下穿湘江
深圳地铁9号线	2835.203	2	砾质黏土、全强风化砾岩	在建
深圳地铁12号线	6975.817	5	微风化花岗岩、黏土、全强风化砾岩	在建
长沙地铁6号线	14127.622	6	微风化板岩、中风化板岩、泥质粉砂岩、圆砾砂层	在建
武汉地铁8号线二期	2593.546	1	砾岩、粉质黏土	在建
南京地铁5号线工程土建施工TA04-1标	5000.77	3	淤泥质粉质黏土、粉质黏土、残积土、强风化泥岩	在建
福州地铁5号线	5634.604	3	基岩凸起、上软下硬、孤石、淤泥质黏土	在建
印尼雅万高铁	1467	1	砾质黏土、砂层、圆砾砂层	φ13.19m大直径泥水平衡盾构机
合计	88214.562			

3. 发展展望

2019年,水电八局的7个项目将有22台盾构机投入掘进施工。其中,长沙地铁6号线6个区间累计14127.622 m,福州地铁5号线3个区间累计5634.604m,深圳地铁12号线5个区间6975.817m,武汉地铁8号线二期5标1个区间累计2593.546 m,深圳地铁9号线2个区间2835.203 m,南京地铁5号线TA04-1标3个区间累计5000.77m。

"一带一路"印尼雅万高铁双线隧道1条1467m,目前已经开始施工。

水电八局将在国内、国际两个市场继续扩展盾构工程项目,进行盾构工程技术创新。

第11节　中国建筑集团有限公司

1. 盾构工程发展背景

随着国民经济的持续发展、综合国力的不断提升及高新技术的不断应用,我国隧道工程得到了前所未有的迅速发展。盾构法施工隧道具有对周围环境影响小、自动化程度高、施工快速、优质高效、安全环保等优点,越来越受到重视和青睐。中国建筑集团有限公司(简称中国建筑)作为中国最大的房屋建筑承包商,长久以来一直以房建业务为其优势领域。为适应隧道行业发展新形势,中国建筑"十三五"战略规划提出了集全集团之力向基础设施领域转型的目标,并将重点落脚在隧道施工领域。2015—2019年,中国建筑相继承接了大量盾构法隧道施工工程,攻破了多项技术难题,获得了多项前沿性技术成果。可以说,中国建筑在盾构施工技术领域起步虽晚,但起点高、发展快。

2. 盾构制造取得突破

随着中国建筑盾构隧道业务的快速发展,企业对盾构机的需求量也在逐步增加。针对租赁盾构机,全集团由2015年的27台增加到2019年的58台,数量增长115%;对于自有盾构机,全集团由2015年的15台增加到2019年的53台,数量增长253%。

目前,全公司租赁盾构机数量与自有盾构机数量呈现持平趋势。

中国建筑在2017年开始实质性起步涉足盾构制造领域,并开始筹建中建隧道装备制造有限公司。2018年2月9日,中国建筑首批两台复合式土压平衡盾构机在南京基地下线。8月20日,中建隧道装备制造有限公司股东合资协议签约仪式在北京举行,中国建筑盾构制造取得突破。2019年5月20日,由中国建筑第三工程局有限公司(简称中建三局)研制的全国首台超深超长双S曲线泥水平衡岩石顶管机成功下线,投入到大东湖深隧工程中使用。

3. 盾构工程分布及变化

中国建筑先后承接盾构工程508.83km,截至2014年底共完成25个盾构隧道施工103.67km,2015—2019年间新增承接75个盾构工程405.16km。中国建筑在短短五年内迅速拓展了盾构施工市场,由2015年以前仅覆盖北京、南京等10个城市,到2019年覆盖北京、南京、武汉、长沙等28个城市。

4. 盾构技术的进步与提升

在企业及地方等重大项目的支持下,中国建筑依托多个具体项目,通过五年的实践与努力,盾构技术先后经历了初步引进、消化吸收、技术攻关和创新跨越等阶段,在关键核心技术、盾构产业发展等方面取得了重大突破,解决了诸多工程难题,取得了多项技术成果,为中国建筑盾构事业保驾护航。

1)盾构隧道关键建造技术

(1)依托衡阳市二环东路合江套湘江隧道工程,针对深水复杂地层大直径盾构过江隧道地质条件复杂、施工技术难度高、施工安全风险大等特点,开展了系统研究。创新了大直径泥水平衡盾构始发和穿越大堤的安全控制技术,开发了管片上浮成套控制技术,解决了强透水地层盾构始发、管片上浮的技术难题。评估了过江隧道建造风险,提出了江底岩溶处置原则,优化了岩溶处置范围,研发了"灌注挤压法置换江底溶洞低密度充填物技术",降低了施工安全风险及对环境的污染。首次将硅烷浸渍技术应用于盾构隧道管片防腐,研发和实施了相应的工艺和配套设备,形成管片的成套防腐技术。开发BIM技术在盾构隧道施工中的特色应用,建立了基于BIM+物联网技术的隧道施工信息化综合管理平台,提高了施工信息化管理水平。

(2)依托郑州地铁3号线,研发并应用了车站内盾构机空推平移技术、盾构机整体液压升降技术、小间距叠线隧道加小转弯半径隧道移动钢支撑加固施工技术。掌握了盾构始发、接收端头WSS水平加固施工技术;掌握了地下三层车站高承压水始发端头冻结法加固施工技术;掌握了富水砂层中盾构长距离掘进技术;掌握了富水地层中盾构近距离下穿(最近距离仅20cm)运营车站、下穿潮河关键施工技术;研发并应用了克泥效注浆技术和自动化监测技术,有效解决了盾构穿越建(构)筑物及管线时沉降控制难题;掌握了盾构叠线隧道钢平台加钢套筒接收技术。

(3)依托深圳地铁9号线工程,创新应用"先隧后站"工法解决复杂环境下区间与站点施工时空交叉难题,突破了上软下硬花岗岩地层盾构穿越锚索段施工技术。研发和应用了盾构机盾体液压整体顶升吊装技术、重叠盾构隧道移动钢支撑加固施工技术,可节省盾构机拆解及重组、分段吊装、土体加固、排水井降水的施工时间及场地,同时可保护重叠隧道夹层中的土体,防止其产生扰动导致过大的变形,并且能够在一定程度上保护下行隧道中已经成型的管片。通过在上行隧道架设组合式钢环支撑的方式来确保成型隧道的结构安全,将上行隧道受影响的管片连接成整体,解决了先上后下隧道施工容易出现上行隧道管片发生沉降、错台、收敛等变形等问题。实现了先上后下隧道施工,节约了工期,确保了隧道按时贯通。

(4)依托深圳地铁 9 号线西延线项目,针对盾构隧道全断面及部分断面穿越高强度孤石(微风化石球,平均强度 74MPa,最大强度达 118MPa),采用地面深孔预爆破技术、刀盘刀具优化技术、盾构掘进控制技术、盾构开仓作业技术,攻克了土压平衡盾构穿越高强度孤石施工技术难题。

(5)依托武汉地铁 21 号线工程,研发和应用了盾构机盾体液压整体顶升吊装技术、重叠盾构隧道移动钢支撑加固施工技术和盾构掘进的始发端头加固技术;掌握了典型的长江Ⅰ级阶地富水砂层长距离盾构掘进技术,地下三层车站高承压水盾构钢套筒接收技术;研发了高效跟进式二次注浆技术,解决了盾构下穿铁路、燃气管道、老旧房屋时的沉降控制难题。

(6)依托成都地铁 11 号线,形成了中风化泥岩、砂岩地层下控制管片上浮技术,盾构切削桩基穿越建筑物技术,盾构小间距重叠隧道施工技术,攻克了低瓦斯隧道安全施工技术,解决了该地层条件下糊刀、姿态难以控制、上浮超限等突出问题。此外,盾构机在砂岩中掘进,刀具磨损值较大,致使掘进姿态异常,进而导致盾体上浮,在施工过程中通过设置试验段合理优化参数,针对性进行刀具配置,并总结参数,确定磨损值,并进行验证和施工调整深入研究上浮规律,解决了刀具选型、磨耗超限等问题。该技术在成都地铁 11 号线施工实践中取得了宝贵的成果经验,针对中风化泥岩、砂岩地层,不仅确定了该地层下最佳刀具配置方案,还研究出一套防止姿态异常及盾构机上浮的研究方法与实施方案,可为类似地层下盾构掘进施工或研究提供借鉴和参考。

(7)依托长沙地铁 4 号线、5 号线项目,突破了盾构机 270m 长距离溶土洞地层穿越浏阳河掘进施工技术,安全实施了软弱淤泥及高强度砂岩复合地层 110m 长距离穿越亚洲最大酒楼。研发了微风化板岩地层中盾构施工刀具磨损控制技术,提高了施工效率,控制住变形及沉降,掌握了盾构机近距离穿越建(构)筑物沉降及变形控制技术。

(8)依托南宁地铁 2 号线 5 标、5 号线 3 标项目,针对富含水圆砾层、地面加固无法实施的情况,研发并成功应用了密闭钢套筒始发与接收技术、小车过站技术、富水圆砾层土压平衡盾构施工关键技术。

(9)依托佛山市南海区新公交系统项目,形成了泥水盾构穿越富水粉细砂地层及锚索区关键施工技术。

(10)依托沈阳地铁 2 号线 2 标项目,形成了预筑法车站与盾构隧道同步施工技术和盾构掘进过程中更换盾尾刷施工技术。

(11)依托北京地铁 4 号线 4 标项目,形成了 250m 小曲线半径盾构始发施工技术。

(12)依托哈尔滨地铁 2 号线 1 标项目,形成了双螺旋土压平衡盾构施工技术和土压平衡盾构冬期施工技术。

2)技术成果

技术成果方面,中国建筑可以说是实现了从 0 到 N 的突破。

表 1-3-2 统计了中国建筑各子企业近年来所取得的各项成果。

中国建筑各子企业近年来所取得的各项成果统计　　　　　表 1-3-2

单位名称	专利(项)		省部级工法(项)	省部级以上奖项
	发明	实用新型		
中国建筑一局(集团)有限公司	3	5	5	
中国建筑第二工程局有限公司	0	0	0	
中国建筑第三工程局有限公司	10	13	9	省级科学技术进步奖 1 项
中国建筑第四工程局有限公司	1	1	0	
中国建筑第五工程局有限公司	1	11	9	省级科学技术进步奖 1 项
中国建筑第六工程局有限公司	1	13	8	省部级科学技术奖 6 项
中国建筑第七工程局有限公司	0	2	0	
中国建筑第八工程局有限公司	24	29	2	省级以上科研成果 2 项
中建交通建设集团有限公司	14	20	19(其中国家级 4 项)	中国施工企业管理协会科学技术进步奖二等奖 6 项、省部级科技进步奖 10 项
总计	54	74	52	26

上述成果中比较有代表性的为泥水盾构穿越富水粉细砂地层及锚索区关键施工技术。盾构机在掘进过程中，受各种因素的影响制约，面临各种重难点问题，2015年8月，中建交通建设集团有限公司引进中建系统首台泥水平衡盾构机，用于建造佛山市南海区新公交系统地下结构段右线隧道区间掘进施工，盾构机的始发与接收全部采用钢套筒进行，区间过程掘进经受穿越高压电塔、浅覆层、基坑锚索、大直径给水管线、高层建筑等的严峻考验，通过开展专门的技术攻关，保障项目顺利履约。针对盾构穿越138束锚索，提出了相应泥水盾构穿越锚索区施工方法，即穿越前预拔除，并对盾构机相关装置进行适应性改造。开发了废浆再利用技术，降低了废浆处理成本，利于节能环保。集成创新了较长时间（25d）带压进仓技术，即采用WSS注浆工法加固地层，利用衡盾泥建泥膜，实现了在富水粉细砂层中施工工作面的稳定。

在地铁工程建设中，由于始发条件的限制，在掘进完一条线路后需将盾构机吊离始发站进行另一条线路始发，这个过程为盾构机吊装过程。中建三局第一建设工程有限责任公司在深圳地铁9号线施工时，针对城市地铁建设中盾构机整体吊装的突出问题和现状，提出了一种盾构机盾体整体提升吊装技术，即在盾构机井口利用钢梁和导轨搭设盾构机出井装置，利用液压提升设备和顶升设备，在狭小场地条件下完成负三层车站盾构机的整体吊装，随后运用遥控平板车完成了盾构机的整体运输。吊装过程中，盾构机无倾斜及晃动，提升装置下部支撑结构也安全可靠。经过整体吊装运输后的盾构机经分体始发过程后仍然能高效运行。与传统盾构机解体吊装运输形式相比，该技术节约了盾构机拆解及重组过程中的大量时间及劳动力，且维持了盾构机原有良好的结合状态，间接提高了后续施工效率。

中建三局深圳地铁12号线南油站—创业路站区间，因创业路站接收车站未施工，且接收地层为富水砂层、流塑状淤泥质地层，地下管线密集，无加固条件，盾构机不具备正常接收条件，为实现"先隧后站"，使隧道提前完成，保证盾构机按时出洞，研发了复杂环境下盾构机隧道内解体施工技术。实现了盾构隧道按时施工及洞内解体，保障了隧道的按时移交及过程施工安全。针对复杂的地质情况及密集管线，采用将盾构机刀盘预留在洞内，维持掌子面稳定，实现盾构机高效、快速安全洞内解体。通过盾体超前注浆和土仓壁注浆相结合的工艺，实现了盾构在富水厚砂层和管线密集的条件下进行常压开仓，完成土仓内设备的拆除技术。总体上，该技术在降低了盾构机隧道内解体风险的同时，确保了成型隧道质量，极大地增加了施工组织的灵活性。

由于盾构机本身的局限性，常规的开仓作业方式已难以应对愈加复杂的地质、水文情况。依托徐州地铁1号线、长沙地铁4号线，研究、实施了一套化学浆液＋水泥砂浆分区填仓常压换刀施工工法，解决了上软下硬地层基岩裂隙发育、承压水丰富、土层自稳性抗渗性差的条件下的常压开仓换刀难题，减小了掌子面失稳、盾构机受困风险，有效提高了填仓常压换刀施工效率，取得了良好的效果。

3）高精尖工程

深圳地铁9号线西延线9112-4标高新南站—红树湾南站（原科技城站—红树湾站）位于深圳湾滨海填海造地区域，线路自红树湾南站往西上跨地铁11号线，下穿海滨实验小学、深圳外国语学校、高尔夫球场别墅区及球场、地铁2号线、大沙河后侧穿白石沙河立交，同时穿越大规模锚索群（左线影响范围90m，右线影响范围150m），沿白石路往西到达终点站高新南站。区间左线长1993.225m，右线长1994.029m，左线隧道埋深11.6～24.31m，右线隧道埋深10.92～24.44m。区间最小平曲线半径$R=400$m，纵向最大坡度25‰。区间地质主要是海滨城市特有的富含水中粗砂、砾砂层。依托本项目取得了以下成果：

（1）针对地质条件复杂、地面沉降要求高，从渣土改良方案的选定，同步注浆浆液的配合比，同步注浆浆液初凝时间的控制等多方位着手，通过现场试验、计算和分析、工程类比和专家咨询等方法进行研究和施工，逐步掌握了此类特殊地段复合式土压平衡盾构施工工艺。总结形成了公司级工法"富水砾砂层复合式土压平衡盾构施工工法"1项，实用新型专利"全自动高压皮带冲水装置"1项。

（2）针对区间的锚索及地质水文条件，提出了一种采用旋挖钻旋挖处理部分锚索、地面注浆加固后盾构推进、带压开仓处理锚索的方法。实践证明，该技术的成功运用，规避了盾构机过锚索区域的风险，形成了一套更快捷、更灵活、适用范围更广的盾构穿越锚索群技术。经过试验，总结形成了中国建筑第八工程局有限公司优秀工法"盾构穿越锚索区施工工法"1项、发明专利"一种隧道内锚索清除方法和清除系统""盾构穿越锚索区的施工方法"2项及实用新型专利"一种隧道内锚索清除系统"1项。

（3）由于始发井长度不够盾构机整体始发，且位置位于既有运营地铁站旁，为确保安全，项目部提出了占用已运营车站的部分轨行区，增加始发可用长度的方案，这在当时属全国首例。通过采用临时隔离、分体始发、合理钢套筒安装及盾构管片下井组织，形成了一套完成的施工工艺。并总结形成了实用新型专利"盾构边轨搬运配件"1项。

（4）由于盾构始发端头临近地铁既有线，并且始发端存在富含水不良地层，常规始发需破除洞门混凝土，易造成涌水、涌沙。项目部创新采用密闭钢套筒始发技术，通过对技术原理、组装流程、始发施工工艺，以及组装过程中注意的事项进行把控，安全顺利地完成了始发。

（5）冻结法在地下工程建设中有着广泛的应用，但当时在深圳地铁建设中未曾应用过。以高新南站—红树湾南站区间工程为依托，通过对冻结法的施工工艺、冻结温度、冻结管布置及施工等方面进行控制，总结深圳地铁砾砂层等软土地层采用冻结施工也是可行的。

本工程还总结形成了"一井定向"与"两井定向"相结合的方法进行联系控制测量及洞内采用双导线的方式进行控制测量在长大区间隧道内应用的技术、土压平衡盾构洞内超前注浆加固技术、上软下硬的不均匀地层地质补勘技术等。

5. 发展展望

（1）随着地下空间大规模的开发利用，未来将会遇到越来越多的下穿、侧穿建（构）筑物桩基和既有隧道，隧道深度也将越来越深，遇到的地层会更加复杂多变，也存在诸多不可预见的因素。因此对盾构掘进装备的地层适应性和施工的安全性要求越来越高，这也是盾构技术面临的重大挑战。随着现代科技的发展，盾构技术应朝着自动化、多样化、高适应性、智能化的方向发展。

（2）盾构法用于地下管廊施工目前仍处于初期阶段，有较好的应用前景，但由于城市地下管廊的复杂性，盾构法的应用率不高，对于工程周边环境极其复杂、场地十分狭窄、地下管线众多、社会交通压力大的特定情况，超狭窄竖井弱支护下承式逆作技术可大幅扩大盾构竖井选址的场地范围，使盾构工艺得以更灵活应用。

（3）盾构法用于联络通道施工有较好的应用前景，盾构法为联络通道施工提供了更加可行的技术选项，具有安全、优质、高效、环保等优势，符合行业技术发展的趋势。

第 12 节　中铁十一局集团有限公司

1. 企业核心竞争力

中铁十一局集团有限公司（简称中铁十一局）是世界500强企业——中国铁建股份有限公司的骨干成员企业，前身为中国人民解放军铁道兵第一师，诞生于1948年。中铁十一局是集施工、设计、科研、装备制造、资本运营、房地产开发、物资贸易于一体，并具有对外经营权的特大型企业集团。中铁十一局集团公司拥有铁路、公路、建筑、市政施工总承包"四特四甲"资质。企业年施工能力600亿元以上，在建工程项目600余个，分布在全国除港澳台以外的所有省、直辖市、自治区以及海外。自2007年进入盾构施工领域以来，公司已累计完成盾构掘进总里程近400km，自有盾构机40余台，先后承建了近40个城市的盾构工程施工，多次攻克和穿越复杂地层，为中国铁建股份有限公司盾构掘进总里程最多的单位之一，位列中国铁建股份有限公司盾构专业板块的"排头兵"。

公司的技术创新能力较强。拥有国家认定企业技术中心、国家级工程实践教育基地、博士后科研工作站、院士工作站各1个及7个省级企业技术中心、11家高新技术企业,国家专利授权822项,多项技术处于国际国内领先水平。

公司文化底蕴深厚、信誉优良、社会认可度较高。先后获得全国"五一劳动奖状""精神文明建设先进单位""优秀施工企业""守合同重信用企业"和湖北省最高质量荣誉"长江质量奖"等荣誉,连续5届保持"全国文明单位"称号,获国家科技进步奖2项、中国建设工程鲁班奖13项、国家优质工程奖45项、中国土木工程詹天佑奖15项,累计17次进入铁路信用评价A类行列,长期保持水利水电AAA级信用,公路市场信用进入AA级,城市轨道专业凭借优良信誉在30多个城市获得连续滚动发展。

2. 典型盾构工程与信息化建设

1)典型地铁盾构施工工程

（1）深圳国际会展中心市政配套项目下穿既有线

深圳国际会展中心市政配套项目机场北站至吊出井区间为全线最难、风险最大的盾构区间,该区间先后在上软下硬地层中8次下穿运营的地铁11号线正线及出入场线隧道群,4次下穿穗莞深城铁隧道。项目积极采用新技术、新材料、新工艺,对盾构注浆设备进行改造,增加了一套国内首创的盾体同步注浆系统,并采用新型注浆材料;引入行业先进的自动化监测技术,24h监控既有隧道沉降变形情况,并根据监测数据动态调整掘进参数,圆满实现了既有线沉降控制在毫米级以内的既定目标。深圳国际会展中心下穿既有线概况如图1-3-15所示。

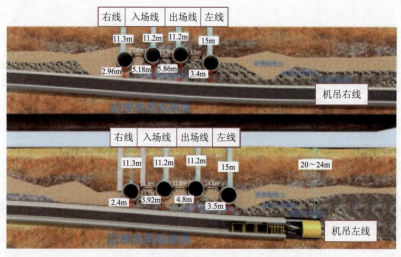

图1-3-15　深圳国际会展中心下穿既有线概况

（2）成都地铁6号线9标始发暨下穿既有地铁3号线

成都地铁6号线9标以富水砂卵石地层为主,地下卵石含量高、粒径大,地下水丰富、扰动易坍塌,区间位于一环路,盾构施工难度非常大。前梁区间盾构始发8m即下穿运营地铁3号线,与3号线垂直间距只有4.01m,安全风险极高。盾构施工下穿既有地铁3号线有限元分析如图1-3-16所示。施工过程中采用自主研发的五步注浆法、精密大管棚法、延长钢环法解决了盾构始发洞门未封堵土仓建压的问题、掘进超开挖问题,实现了既有线"零沉降"的目标,此次成功穿越既有线在成都地铁建设史上是一次重要技术性突破,开创了成都地铁在富水砂卵石地层中下穿运营既有线的先例,也是国内首次富水砂卵石地层盾构成功穿越既有线实例。

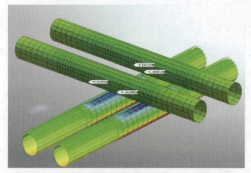

图1-3-16　盾构施工下穿既有地铁3号线有限元分析

2）盾构工程信息化建设

公司以智慧工地建设为依托,开展了盾构信息化管理建设,自主研发的第三代盾构施工参数及视频监控系统(图 1-3-17),已做到在建盾构施工项目全覆盖。

图 1-3-17　自主研发的第三代盾构施工参数及视频监控系统

3. 盾构技术提升与突破

1）盾构工程施工技术整体提升

公司把城市轨道施工作为企业的优势和品牌之一,先后完成了国内一系列重难点盾构工程施工,获得广泛的社会赞誉,初步奠定了在地铁常规盾构施工领域内核心地位。

参建的武汉地铁 5 号线 6 标、昆明地铁 5 号线 8 标、洛阳地铁 1 号线 1 标、厦门地铁 2 号线 2 标、上海地铁 15 号线 7 标等项目先后成为地方地铁施工标杆项目,迎来国内外各行业参观 300 余次。2018 年,第四届中国盾构工程技术学术研讨会暨复合地层盾构施工技术国际论坛,公司应邀参加并做盾构下穿系列技术专题交流,4 项科技成果达到国际先进水平。公司承建的广州地铁 18/22 号线项目承办了由中国市政工程协会主办的 2019 年盾构施工质量标准化建设交流研讨暨现场观摩会。2019 年,华中地区首个盾构维修再制造基地正式在武汉动工,年底投产。

近年来,公司作为《全断面隧道掘进机盾构机安全要求》(GB/T 34650—2017)和《盾构法隧道施工及验收规范》(GB 50446—2017)两部国家标准参编单位,多项盾构施工技术处于国际先进水平,已具有成熟的复杂条件下盾构下穿既有线和建(构)筑物系列施工技术,即盾构近接施工技术(含施工过程精细化控制技术、半仓气压辅助掘进技术、五步注浆法技术、特殊浆液配置技术、盾构既有设备改造技术、衡盾泥带压开仓技术等)。沈阳地铁项目荣获中国建筑工程鲁班奖,无锡地铁、宁波地铁、武汉机场线荣获国家优质工程金质奖,武汉地铁 2 号线荣获全国市政金杯示范工程。

2）攻克盾构工程施工技术难题

近年来,公司攻克世界级技术难题多项,形成了盾构技术核心竞争力。

(1)深圳国际会展中心配套市政项目国内首次小净距、长距离、复合地层下穿既有线。

(2)成都地铁 6 号线 9 标盾构始发 8m 即下穿正在运营中的地铁 3 号线,并在下穿过程中实现"零沉降",开创了国内富水砂卵石地层盾构下穿既有线施工领域的先河。

(3)苏州地铁 5 号线劳动路站—盘胥路站区间右线始发 15m 即成功下穿运营中的地铁 2 号线,攻克了苏州地铁建设史上的最大难点,也填补了苏州在富水软弱地层始发即下穿既有线的空白。

(4)东莞至惠州城际铁路 3 标两次刷新国内洞内盾构机拆机纪录。

4. 发展展望

未来公司在致力做大、做强、做专常规直径盾构机的基础上,积极拓展大盾构及顶管施工等不同直径盾构施工领域,深入地铁、铁路、市政等行业,为全面落实贯彻"一带一路"倡议,积极拓展海外市场进行海外布局。

公司 3 年滚动发展目标是:进一步完善盾构工程科技创新体系,提高科技创新能力,推进盾构再制造技术的进步,并突破大盾构施工领域及顶管施工领域,巩固公司盾构施工品牌影响力,并在以下三个方面加大科技投入。

一是攻克大直径盾构和顶管施工领域。掌握大直径盾构施工和顶管施工核心技术,全面进入各类直径盾构施工领域,逐渐成为盾构施工全领域内的领军企业。

二是全面推进盾构施工大数据系统建设。以智慧工地为依托,提高盾构施工大数据的智能化分析及应用,构建盾构施工数据网。

三是推进盾构再制造工艺的发展。建成华中盾构维修再制造基地,探索并制定盾构再制造标准,掌握盾构再制造核心技术。

第13节　中建交通建设集团有限公司

1. 企业核心竞争力

中建交通建设集团有限公司(简称中建交通),由位列《财富》"世界500强"第21名、全球排名首位的投资建设集团中国建筑股份有限公司整合大交通建设核心资源于2012年7月正式组建成立,是中国建筑系统内以大交通为主要业务的基础设施专业化骨干经营平台,中国建筑主要的大交通事业并购平台,中国建筑大交通领域内专业化的融投资建造业务运营平台,中国建筑开拓铁路、公路、市政市场配置高端技术装备和吸引高端人才的资源整合平台,致力于成为中国建筑大交通事业的第一品牌。

中建交通经营业务覆盖铁路、公路、轨道交通、市政、城市综合交通枢纽、大型公共建筑等所有基础设施领域。服务内容包括基础设施项目管理咨询、投资开发、施工总承包、运营维护等。其中,城市轨道交通、公路、大型桥梁、长大隧道、站房交通枢纽建设管理达到了行业先进水平,融投资建造业务达到行业领先水平;拥有公路特级、市政一级、房建一级、桥梁一级、隧道一级、海外承包等工程资质;经营区域国内遍及京津冀、长江经济带、珠三角等市场,海外主要包括菲律宾、印度尼西亚、柬埔寨等东南亚国家或地区。

中建交通先后整合了包括原中建市政建设有限公司、中国建筑海外事业部/国内业务部在内的中国建筑核心部分城市轨道交通建设优势资源,2004年进入地铁建设市场,是中国建筑地铁建设业务的先行者。以总承包模式或投资模式参建了深圳、北京、天津、南宁、徐州、郑州、沈阳、长春、哈尔滨、佛山、东莞、昆明等17个国内重点城市地铁项目,拥有15台(套)盾构设备,在建或完成近100个区间、70余座地铁车站施工。

中建交通是中国建筑系统内承建城市轨道交通工程最早、承建城市最多、盾构设备最多、专业人才最多的专业工程局。在地铁车站管幕预筑法和盖挖逆筑法施工、盾构切桩技术、复杂条件下盾构机开仓技术、盾构机洞内解体技术等方面处于行业领先水平;在特殊地质和复杂环境下盾构始发接收、盾构施工近距离穿越建(构)筑物和既有地铁运营线、盾构机维修和整机再制造等方面具有国内领先水平。

中建交通承担了多项国家级、省部级课题以及国家行业标准编制,获批国家高新技术企业并设有博士后科技工作站。截至2018年,共获22项国家发明专利、59项实用新型专利、3项国家级工法和52项省部级工法。

2. 盾构工程施工技术新进展

2015年至今,公司结合盾构工程实践,攻坚克难,在盾构工程施工技术方面,形成以下研究成果:

1)盾构机整机再制造技术

本技术依托"中建2号"盾构机再制造项目,将再制造技术应用于盾构机整机再制造中。

公司盾构机再制造团队以项目地层条件为基础,结合各方面专家的意见及自身的丰富经验,在2016—2017年短短的3个月内对该盾构机的主轴承、减速机、泵阀、液压油缸、刀盘、螺旋输送机等关键部件进行了再制造,成功应用了表面镀层再制造技术、表面涂层再制造技术、表面覆层再制造技术等,确保了关键部件的技术指标,并对多个系统进行了升级改造,最终确保了整台盾构机的性能达到新机的性能指标。在长春地铁2号线项目中,"中建2号"再制造盾构机历时两个半月,安全、顺利地完成了近1000m的盾构施工,并创造了月掘进538.8m的最高纪录,是盾构机再制造领域的成功典型案例。

2)泥水平衡盾构穿越锚索区施工技术

本技术适用于繁华城市区域,盾构穿越锚索区施工,可能发生锚索缠绕刀盘刀具、堵塞采石箱及泥浆堵塞管路等的情况。

公司盾构项目团队依托佛山市南海区新型公共交通系统试验段夏西站—夏东站盾构掘进工程,对盾构穿越锚索区施工技术进行创新,形成了旋挖钻排除锚索技术,改进的盾构机采石箱、泥浆循环系统内堵塞检测及清除技术,解决了泥水平衡盾构穿越锚索区的难题,并有效减少了刀具的磨损,保证了盾构机在穿越锚索区后的正常施工,取得了良好的经济与社会效益。

3)双螺旋土压平衡盾构施工技术

本技术适用于土压平衡盾构穿越富水地层,尤其是富水砂层盾构掘进施工,可能发生螺旋输送机喷涌,从而导致地面过大沉降或坍塌等风险的情况。

公司盾构项目团队依托哈尔滨地铁2号线江北大学城站—哈尔滨北站站区间工程,采用双螺旋土压平衡盾构施工,成功摸索出富水砂层双螺旋土压平衡盾构施工工法,对类似地层施工具有积极的指导作用和良好的借鉴价值。

4)衡盾泥+WSS注浆双保压盾构开仓施工技术

本技术适用于盾构机在富水地层,尤其是富水砂层开仓施工,可能发生保压困难,无法开仓的情况。

公司盾构项目团队依托佛山市南海区新型公交系统试验段项目夏西站—夏东站区间工程,通过采用WSS工法地面注浆加固+衡盾泥双保压措施的方式完成盾构带压开仓作业,保证了在上覆淤泥富水砂层中盾构开仓作业施工安全,集成创新了一种安全、高效的平衡盾构开仓作业施工方法,有较好的推广应用价值,社会效益明显。

3. 发展展望

未来,公司在致力做强地铁盾构的基础上,积极开拓综合管廊工程和大直径盾构项目,铸牢中建交通作为国有企业的"根"和"魂"。

公司盾构技术将继续以"绿色建造、智慧建造"为宗旨不断深入研发,形成一系列盾构施工关键技术,具体如下:

(1)青岛地铁海域段地下对接、弃壳解体施工关键技术研究。依托青岛地铁8号线市民健身中心站—2号风井区间盾构工程,结合4台盾构机海参池下方地下对接、洞内解体的实际情况,研发并掌握盾构机地下对接、洞内解体施工成套技术。

(2)基于大数据技术的盾构隧道辅助施工系统研究。结合公司盾构工程施工经验与教训,利用大数据技术分析盾构掘进参数与周边环境变形、盾构隧道工程质量、盾构机故障间的相关性规律,升级现有盾构远程管理系统,研发一套盾构隧道智慧施工辅助系统。

(3)利用冷冻法+钢套筒接收盾构施工技术研究。依托郑州地铁3号线4标凤台南路站—中州大道站区间盾构工程,结合2台盾构机地下三层车站接收实际情况,研发冷冻法加固盾构机接收端头土体+密闭钢套筒接收盾构施工技术。

第 4 章 全断面岩石隧道掘进机(TBM)工程施工科技新进展

石家庄铁道大学 杜立杰

第 1 节 中国 TBM 工程技术发展历程简述

中国全断面隧道岩石掘进机(简称 TBM)工程施工技术发展历程,大体上可划分为以下五个阶段。

1)第 1 阶段:20 世纪 60～70 年代,TBM 研发探索和试用阶段

我国 TBM 研究始于 20 世纪 60 年代,水利水电和煤矿等行业企业曾研制 TBM,并投入试用。但由于当时受国内基础工业水平、政治经济形势、产品开发思路及技术路线等多方面因素的影响,研发生产的 TBM 破岩能力弱、掘进速度慢、故障率高、可靠性差,不能满足隧道快速掘进的要求,并且研制工作一度中断,与真正意义上成功的现代硬岩 TBM 技术水平相差甚远,未能得以推广应用。

2)第 2 阶段:20 世纪 80～90 年代,以国外施工承包商为主体采用国外设计制造 TBM 施工我国隧道工程

20 世纪 80～90 年代,以山西万家寨引黄入晋工程为代表,国外 TBM 承包商为主体,带着国外设计制造的 TBM,来我国从事水利水电工程施工。这阶段 TBM 工程还有广西天生桥水电站工程、甘肃引大入秦工程。

1993—2000 年实施的山西引黄入晋工程,隧洞总长 161.1km,其中 TBM 施工洞段 8 段,累计 121.8km,由罗宾斯公司等厂家生产的 6 台直径 4.88～5.96m 双护盾 TBM 进行施工,承包商为意大利 CMC 等公司,由于工程地质条件和 TBM 设备性能较好,承包商施工经验丰富,从而取得了令人瞩目的施工业绩,创造了最佳月进尺 1821.5m 的掘进纪录,平均月进尺达到 650m。

1991—1992 年实施的甘肃引大入秦工程,隧洞长 11.65km,直径 5.53m,采用罗宾斯公司双护盾 TBM,由意大利 CMC 公司施工,围岩抗压强度 26～133.7MPa,取得最佳日进尺 65.5m、最佳月进尺 1300m 的掘进业绩。而 1985 年实施的天生桥水电站工程,采用双护盾 TBM 施工,中间遭遇溶洞而被迫退出。

我国该阶段 TBM 技术发展的特点是,不能自主设计制造和应用 TBM,国外制造商和承包商主导确定 TBM 设计和施工技术方案,我国不主导 TBM 设计和施工技术方案的制定过程,在施工过程中虽然锻炼成长了一批 TBM 施工作业操作人员,但缺乏工程全过程 TBM 工程师队伍和专家的培养。

3)第 3 阶段:1995—2005 年,独立进行 TBM 招标采购和选型设计,并建立起自主的 TBM 施工队伍

该阶段以西康铁路秦岭隧道为代表性工程,原铁道部组织大批科研院所、高等院校和施工单位等全系统的技术力量,1995 年开始设立大批 TBM 施工技术研究课题。我国首次主导 TBM 选型设计,采购德国维尔特公司制造的 2 台直径 8.80m 敞开式 TBM,由中铁十八局集团有限公司和中铁隧道局集团有限公司进行施工。1997 年下半年现场组装进入始发掘进,1999 年底隧道掘进贯通。该工程为以混合花岗岩和混合片麻岩为主的极硬岩,抗压强度 105～315MPa,最高月进尺 531m,平均月进尺约 310m。

秦岭隧道掘进贯通后,2000—2002 年,这 2 台 TBM 又转移到西安—南京铁路桃花铺 I 号隧道和磨沟岭隧道施工,分别掘进了 7.2km 和 6.1km。这两个隧道工程软弱围岩隧道长度比例较大,遭遇隧道塌方、洞壁软弱无法支撑等技术问题,在施工中采用了超前注浆、管棚、侧壁灌注混凝土等施工支护技术,首

次自主取得了敞开式 TBM 长距离穿越软弱围岩隧道的实战经验,最佳月进尺 573m。这 2 台 TBM 施工完毕放置 5 年后,2007 年我国实现了自主修复,投入到新疆中天山铁路隧道施工,成功贯通隧道。

在上述工程实施中,采取了施工企业、科研院所和高等院校联合攻关的模式,成功自主完成了 TBM 选型设计,在极硬岩和长距离软弱围岩掘进施工中积累了较为丰富的使用维护、施工技术和施工管理经验,锻炼培养了一大批专业技术骨干和自主的 TBM 施工队伍,并涌现出我国自己的 TBM 工程师和专家队伍,进行了大量技术总结,取得了一批科研成果,其中"秦岭特长铁路隧道修建技术"获得国家科技进步一等奖。这些技术总结和科研成果为后来 TBM 工程项目提供了较好的参考和借鉴。

这阶段 TBM 施工技术发展的主要特征是,我国自己主导了 TBM 招标采购和选型设计,并实现了 TBM 自主施工,建立起了自主的 TBM 施工队伍,为后来其他 TBM 工程的全过程实施奠定了良好基础。

4) 第 4 阶段:2005—2015 年,与国外厂家 TBM 联合设计制造,工程应用和自主施工快速发展

进入 21 世纪,辽宁大伙房水库输水工程开始论证,以该工程为代表,我国进入了与外商联合设计制造 TBM、自主施工的大发展阶段。

大伙房水库输水工程隧洞开挖直径 8.03m、连续长 85.3km,2005 年现场组装始发掘进,2009 年隧洞开始运行。该工程是目前世界上已运行的连续最长隧道,采用 3 台敞开式 TBM 和钻爆法联合施工,首次在我国采用了连续皮带机出渣技术、刀盘变频驱动技术、大直径 19 英寸❶ 盘形滚刀技术、长距离低泄漏施工通风技术、"蛙跳式"钢枕木后配套轨道系统等十次多项新技术,取得大直径 TBM 月进尺 1111m、日进尺 63.5m 的掘进纪录,掘进作业利用率达到 40%。首次在中国应用证明长距离连续皮带机出渣技术是可靠、低故障的先进技术,为后来我国其他 TBM 工程项目普遍连续皮带机出渣技术提供了参考。

大伙房水库输水工程的成功示范,此后几年 TBM 开挖直径 3.65～12.4m 的新疆八十一达坂隧洞工程、四川锦屏Ⅱ级水电站引水隧洞工程、云南那邦水电站引水隧洞工程、兰渝铁路西秦岭隧道工程、甘肃引洮工程、青海引大济湟工程、陕西引红济石工程、重庆地铁等大批 TBM 工程项目相继开工建设。这些工程大多采取了国外 TBM 制造商与中国装备制造企业和施工单位联合设计制造,在国内工厂组装调试的模式,不同行业各类型 TBM 工程应用数量有了飞速增长。与此同时,我国 TBM 施工队伍不断壮大,陆续有中铁隧道局集团有限公司、中铁十八局集团有限公司、中铁十九局集团有限公司、中国水利水电第三工程局有限公司、中国水利水电第六工程局有限公司、山西省水利建筑工程局有限公司等十多家施工企业具有了独立 TBM 施工经验。

以大伙房水库输水工程为代表,该阶段呈现了与国外 TBM 制造商联合设计制造、自主施工大发展的特点,改变了以往传统钻爆法和 TBM 法长期争议迟疑局面,使我国在 TBM 设计制造技术、施工技术和人才队伍建设上有了扎实的积累和跨越式进步。

5) 第 5 阶段:2015 年以后,进入新时代,实现了 TBM 国产化和产业化,面向国内外 TBM 工程市场

如上所述,由于西康铁路秦岭隧道、大伙房水库输水工程等项目的成功示范作用,以及技术、经验和人才的不断积累,我国已经由十年前使用 TBM 的顾虑和争议状态,走向了对 TBM 应用充满信心的新时代。我国目前拥有 TBM 的巨大市场,而且我国施工企业开始在国外承担 TBM 工程,如厄瓜多尔、越南、巴基斯坦、埃塞俄比亚、伊朗、黎巴嫩等。

与此同时,在近二十年 TBM 自主施工技术经验积累、消化吸收和改进创新的基础上,2012 年我国 863 计划正式立项大直径硬岩 TBM 研制,以引松工程为代表,高等院校与企业联合攻关,2015 年 2 台直径 8m 级敞开式 TBM 成功研制下线,投入到引松工程隧洞掘进施工中。

引松工程总干线隧洞全长 72.3 km,共分 4 个标段,使用 3 台直径 7.93 m(可扩挖 8.03m)敞开式 TBM 和钻爆法共同施工,其中 2 台 TBM 分别为中国中铁工程装备集团有限公司、中国铁建重工集团有限公司国产研制,1 台 TBM 为罗宾斯公司设计制造。2015 年初 2 台国产 TBM 出厂,2015 年上半年开

---

❶ 1 英寸≈0.0254m。

始掘进，2017年8月和2018年1月2台TBM先后掘进贯通，独头掘进长度超过18km，平均月进尺均超过600m，分别创造了最高日进尺70.4m、86.5m，最高月进尺1318.7m、1209.8m的掘进纪录，掘进作业利用率超过了40%，设备完好率超过90%。

自2015年，国产TBM开始占据我国TBM的主流市场，新疆ABH隧洞工程及EH超特长隧洞工程、鄂北水资源配置宝林隧洞工程、浙江台州朱溪水库输水隧洞工程、内蒙古引绰济辽工程等一批在建项目约40多台TBM，由中国中铁工程装备集团有限公司、中国铁建重工集团有限公司、北方重工集团有限公司等装备企业设计制造，标志2015年后中国TBM进入了新时代。

第2节　TBM工程技术新进展及典型工程

1. 国产TBM成为工程市场主流装备

以引松工程为代表性工程，2015年国产化TBM研制成功。此后，国产TBM快速发展，成为工程市场的主流装备。目前，我国已实现了大小直径敞开式、双护盾、单护盾、双模式TBM主要机型的国产化设计制造，并与盾构机一起实现了全断面掘进机的产业化。

2015年初，中国铁建重工集团有限公司设计制造开挖直径7.6m的单护盾TBM，应用于神东集团2745m长的补连塔煤矿2号辅运平洞，2015年6月开始掘进，2015年12月成功贯通。创下连续4个月月进尺超过500m、最高月进尺639m的掘进纪录。

2016年，分别由中铁装备、铁建重工首次自主研制的2台直径5.47m双护盾TBM在兰州水源地工程始发掘进，该工程输水隧洞全长31.57km，2018年全线贯通。2017年2月15日，中铁装备自主研制的双护盾TBM在深圳地铁10号线始发掘进，现已贯通，后来陆续在深圳地铁应用8台双护盾TBM。

2016年，国外著名TBM施工承包商意大利CMC公司购买了中铁装备研发的2台小直径3.5m、小转弯半径300m敞开式TBM，用于黎巴嫩大贝鲁特引水项目。该型TBM创造了日进尺94m、月进尺1244.2m的掘进纪录。2016—2018年，中铁重工也陆续为湖北宝林隧洞、浙江朱溪水库输水隧洞设计制造2台4.0m小直径敞开式TBM。

2017年8月，由中铁装备研制成功我国最大直径9.0m的"彩云号"敞开式TBM，被评为十大"国之重器"，应用于具有大断层、岩爆、软弱大变形、突涌水、高地热等复杂地质的大瑞铁路高黎贡山隧道项目。

2016—2018年，中铁装备、铁建重工、北方重工共同为新疆ABH隧洞工程设计制造2台敞开式TBM、为新疆EH超特长隧洞工程设计制造18台敞开式TBM，陆续投入掘进。

2019年4月，北方重工成功研制出我国首台煤矿巷道TBM，该TBM采用了特殊主机结构设计、支护设计、小转弯半径设计和防爆设计技术，即将投入使用。

2. 超小直径和超大直径TBM研制与施工成为新的研究课题

一般来说，中等直径、中大直径TBM设计制造和施工技术更成熟可靠，超小直径和超大直径TBM设计制造和施工的难度更大。而最近几年，市政、公路、水利水电、铁路等行业有对超小直径或超大直径TBM产生需求的趋势。

1）超小直径TBM研制与施工

我国首次采用小直径敞开式TBM施工的工程是云南那邦水电站引水隧洞。该工程地处我国云南西部边陲盈江县中缅边界，具有亚热带雨林气候特征，由于环保原因，原定的钻爆法施工不被批准立项，2007年论证改为TBM施工，2009年5月TBM现场组装，2011年掘进贯通。该隧洞开挖直径4.5m，长9.8km，采用海瑞克公司敞开式TBM施工。该隧洞直径小，TBM设计布置和作业空间受限，岩石以片麻岩为主，存在大断层和涌水，具有极硬岩和软弱蚀变带交替变化的特点，遭遇刀盘刀具磨损消耗大、刀盘焊缝开裂、刀座定位面塑性变形、软弱蚀变带围岩变形卡机、撑靴无法支撑前行等技术难题，给TBM施工带来很大困扰。该工程穿越软弱蚀变带围岩施工中,采用出露护盾处及时实施"密排支立拱架、侧壁换填立模灌注早强混凝土"的技术方法,使TBM成功穿越6段总共500m左右的软弱蚀变带围岩。那邦水电站引水隧洞工程地质复杂,TBM平均月进尺为430m,最高月进尺581m,是我国首条在具有复杂地质的西南地区成功利用TBM贯通的隧道。

另一小直径工程案例西藏旁多水利枢纽工程,是我国高海拔实施TBM施工的先例。隧洞开挖直径4.0m,长16.8km,海拔4200m,采用海瑞克公司敞开式TBM。2013年6月TBM组装完毕开始掘进,在掘进中遭遇极硬岩和高海拔对施工的影响,2018年掘进贯通。该TBM不仅有小直径设计布置空间受限的难题,而且考虑高海拔缺氧、气压低的特点,在TBM主参数设计、后配套设备选型和布置、通风系统、出渣系统等方面都给予了特殊考虑。

我国最小直径双护盾TBM施工的工程是陕西引红济石工程,采用国外修复的TBM施工。该工程开挖直径3.65m,长约20.18km,采用了云南掌鸠河工程中途退出的TBM施工。2008年开始掘进,中间由于围岩破碎坍塌、突水突泥、围岩变形等原因,TBM频繁被卡被困,累计被困时间超过5年,TBM主驱动和开挖刀盘进行了局部改造后继续掘进,2017年4月27日成功贯通。

我国首次国产小直径TBM由中铁装备设计制造,直径3.5m,共2台,是迄今我国最小直径敞开式TBM,首次由欧美发达国家世界著名TBM施工企业意大利CMC公司购买,用于黎巴嫩大贝鲁特供水工程全长约22km隧道施工,解决了小直径TBM小转弯半径掘进关键技术难题,得到了用户的高度认可。该TBM的成功研制和出口应用,标志我国二十多年前由外国承包商带着国外设计制造的TBM施工我国隧道工程,到今日我国设计制造TBM施工国外工程的根本转变,为我国TBM重大装备研制和施工进入"新时代"做出重要贡献。

2017年初,铁建重工也设计制造出首台应用于国内工程的小直径敞开式TBM。该TBM直径4.0m,用于鄂北水资源配置工程长13.84km的宝林隧洞施工。2017年2月12日TBM开始现场组装,4月5日洞内始发试掘进。TBM施工克服作业空间狭窄问题,成功穿越浅埋洞段、多处破碎断层带和软弱围岩以及突涌水洞段。2018年12月23日成功完成10.52km的TBM掘进任务。

2019年3月,铁建重工为浙江台州朱溪水库输水隧洞设计生产的又一台小直径4.0m的TBM下线。隧洞全长22.501km,采用TBM与钻爆法相结合的方法施工,TBM施工洞段长15.93km,将面临长距离极硬熔结凝灰岩和狭小作业空间的挑战。

综上所述,我国3.5~4.5m的小直径TBM设计制造和施工技术都已趋于成熟。低于3.5m的超小直径TBM,在市政、水利水电等行业开始有需求趋势,其设计和施工将是新的挑战。

2)超大直径TBM研制与施工

锦屏Ⅱ级水电站引水隧洞工程是迄今为止我国采用的最大直径TBM施工的工程。该工程主体有4条直径12.4m、长16.7km的引水隧洞,最大埋深2525m。采用TBM与钻爆法相结合的方法进行施工。由于埋深大,地应力高,岩石脆性大,遭遇了极强岩爆和大涌水,给工程带来很大困难。该工程分别采用了2台开挖直径12.4m的敞开式TBM施工,2008年开始掘进,2011年贯通,最佳月进尺683m。

在工程实施中,考虑到突涌水的影响,采用了架高钢枕轨道的运输方式,降低了突涌水对TBM施工的影响。然而,在面对极强岩爆地质时,TBM施工遭遇了很大困扰。最终,2台大直径TBM掘进超过6km后,考虑到极强岩爆风险及4条隧洞的协调施工工期等因素,主动停止了TBM掘进,后用钻爆法继续完成了隧道施工。该工程为强岩爆、突涌水等世界级高难度工程积累了有益的经验和教训。

兰渝线西秦岭铁路隧道,是迄今为止我国采用大直径TBM成功贯通的最长铁路隧道。该工程隧洞开挖直径10.2m,全长28.24km,分设左右两条单线隧道,TBM和钻爆法相向施工,TBM掘进长度16km。该隧道围岩主要为砂质千枚岩,采用成都中车隧道装备有限公司与罗宾斯公司联合设计制造的2台敞开式TBM掘进,采用连续皮带机出渣。该隧道2010年7月开始掘进,2014年实现贯通,最佳月进尺超过820m。特别指出的是,在不中断掘进和皮带机运行出渣的情况下,成功采用了连续皮带机运行条件下TBM掘进并行同步衬砌施工技术。

2017年8月1日,我国自主研制的"彩云号"最大直径全断面岩石掘进机TBM在昆明大瑞铁路高黎贡山隧道成功下线,开挖直径9.0m。

大瑞铁路是"一带一路"泛亚铁路中缅国际铁路通道的重要组成部分,其中高黎贡山隧道是其关键控制性工程。该隧道全长34.538km,是目前世界第7长大隧道、亚洲最长铁路山岭隧道,具有"三高"即高地应力、高地热、高地震烈度特点。TBM施工将遭遇大断层破碎带、软弱大变形、岩爆、突泥突水、高地热等复杂地质。为此,中国国家铁路集团有限公司特立项重大课题,由中铁隧道局、中铁装备、石家庄铁道大学等单位组成课题组,进行大直径新型复杂地质TBM研制。相对于以往国际上制造的TBM,"彩云号"TBM在围岩软弱变形大尺度扩挖设计、应对断层破碎带和软弱大变形的前置混凝土自动喷射系统、应对断层破碎带和岩爆的大角度钢筋排支护系统、嵌藏式全周超前钻机系统、集成于TBM的实时在线超前地质预报系统等设计都有重大技术创新。

2017年8月1日"彩云号"TBM在昆明组装厂举行了隆重的下线仪式,中央电视台、光明日报等多家媒体参与报道。2017年"彩云号"TBM还被评为十大"国之重器"。TBM下线后运到现场组装,2017年底投入试掘进,与国外TBM比较,"彩云号"TBM在穿越软弱围岩上显示出一定优势,将继续在高黎贡山的深处向前挺进。

如上所述,锦屏Ⅱ级水电站引水隧洞工程和兰渝铁路西秦岭隧道所用大直径TBM依赖国外TBM制造商。国际上最大直径的硬岩TBM是由罗宾斯公司设计制造的,直径14.4m,用于加拿大尼亚拉加大瀑布地区引水隧洞工程。而大瑞铁路高黎贡山隧道直径9.0m的TBM是我国迄今为止研制的最大直径TBM。我国自主研制超大直径10~15m级的TBM还是空白。

2018年10月,党中央发出建设川藏铁路的号召后,川藏铁路进入了紧锣密鼓的规划设计和研究中。川藏铁路地处高海拔、地质极为复杂,预计隧道长度800km左右,将需要数十台TBM。若采用单线双洞方案,则需要直径10m级的TBM;若采用单洞双线方案,则需要直径13m左右的TBM。目前,中铁装备、铁建重工、北方重工等厂家正在抓紧研制川藏铁路直径10m级以上的TBM。另外,最近两年筹建的新疆乌蔚公路长21km胜利隧道,如果主洞采用TBM,也将需要直径13m以上的TBM。正在论证的"红旗河工程"如果开建,将需要大量直径13~15m的TBM。因此,超大直径10~15m的TBM研制是今后TBM的发展方向之一。超大直径TBM设计制造难度大,成本高,运输道路受限,掘进速度慢,支护量大,具体工程应用需要进行深入研究论证。

3. 斜井和竖井TBM研制与施工取得重要进展

近年来,我国煤矿运输巷道和水利工程,由于特殊地貌和工程设计需要,需要设置很长的巷道或施工斜井,如果采用钻爆法施工,则工期较长。因此,出现了利用TBM大坡度直接掘进斜井或竖井的需求,如山西大水网隧洞工程、新疆ABH隧洞工程、神华新街和神东煤矿运输巷道工程等。

早在2011年,神华集团就开始论证新街台格庙煤矿运输巷道采用TBM施工的方案,最终决定在长约6.3km、下坡坡度约10.5%、开挖直径7.6m的两条平行的巷道采用单护盾土压平衡双模式TBM施工。TBM大坡度下坡掘进、长距离大坡度安全施工运输和出渣、施工排水等均具有一定特殊性和较大技术难度。该工程2014年现场完成TBM组装调试并步进到位,但由于非技术原因,TBM至今未能掘进。

此后,神东集团在补连塔煤矿2号辅运平洞,采用了铁建重工制造的我国首台单护盾TBM施工。该巷道全长2745m,开挖直径7.6m,成巷直径6.6m,连续下坡坡度9.5%。解决了长距离、连续下坡、上穿下跨既有巷道、掘进泥质砂岩、多次穿越煤层、高压富水等技术难题,填补了我国单护盾TBM在长距离大坡度煤矿斜井建设领域的技术空白。

需要指出的是,上述两个工程TBM都没有完全采用煤矿安全认证的防爆设计。

此外,山西大水网输水工程长距离施工支洞也采用了TBM直接施工。该工程包括总干线、东西干线以及各分支线路,采用钻爆法和TBM相结合的方法施工,中部引黄总干线包括4条长分别为15.16km、29.02 km、119.23 km、34.29 km的隧洞,其中,41.355 km洞段采用直径5.06m的双护盾TBM1、

TBM2掘进。中部引黄东干线和东山供水工程各采用1台开挖直径4.16m的双护盾TBM掘进。

山西大水网工程TBM2进洞支洞长3.68km，下坡坡度为-6.5%，前687.48m为土岩段，采用人工钻爆法施工，其余岩石段长2953.52m，采用TBM施工。在支洞下坡掘进中最高日进尺38m，最高月进尺达到617m。在主洞掘进中TBM1、TBM2分别创造了1054m、1026m的掘进纪录。

山西大水网工程大坡度斜井采用双护盾TBM施工是国内首例，并创造了TBM下坡连续掘进支洞，然后曲线转弯直接掘进主洞的成功案例。同时，该工程成功采用了支、主洞单条连续皮带机出渣，主洞有轨运输、支洞轨道牵引的胶轮车运输技术，解决了大坡度支洞有限空间TBM施工运输的导向、安全和牵引问题。

新疆ABH隧洞工程，总长约41km，其中主洞32km采用2台敞开式TBM施工，其中TBM2从支洞直接掘进进入主洞。该施工支洞长度为2583.56m，下坡坡度为10.4%，支洞采用钻爆法与TBM开挖相结合的施工方案，均为顺坡掘进、逆坡排水。钻爆法实际施工长度为965m，TBM实际施工长度为1614.493m。目前TBM已成功完成了支洞的掘进，实现了大坡度TBM下坡安全步进和掘进，正在向主洞深处掘进。

最近，新疆EH超特长隧洞工程，在主洞TBM的进洞大坡度斜井施工中，山西水利建筑工程局有限公司和中国水利水电第六工程局有限公司（简称中水六局）分别采用了修复的敞开式TBM施工。两条施工斜井洞长6465.3m和5152.2m，下坡坡度为11%。TBM开挖直径分别为8.5m和8.0m。长大坡度TBM施工防排水、出渣、运输等都需要特殊考虑。山西水利建筑工程局2016年7月25日开掘，2018年2月12日完成掘进任务，平均月进尺321.31m，最高日进尺43m，最高月进尺670.5m。中水六局2015年12月5日开掘，2017年11月16日完成掘进任务。

迄今为止，我国在单护盾、双护盾、敞开式TBM都有了大坡度下坡掘进成功的案例，所应用的工程下坡坡度在12%以内，更大坡度TBM设计及其施工还需特殊的研究设计。此外，近年来越来越多的竖井有采用TBM施工的需求，中铁装备已研发出竖井TBM，需要更多工程的验证、完善和推广应用。

4. 地铁、煤矿、公路等行业TBM应用得到拓展

在过去的几十年，中国硬岩TBM主要应用在水利水电和铁路行业，地铁施工用盾构机较多，煤矿巷道掘进担心瓦斯安全问题，公路隧道大多数长度较短且TBM掘进断面利用率较低，因此限制了TBM的应用。但是，近年来TBM在地铁、公路、煤矿甚至是核工业领域的应用开始增多。

重庆地铁6号线TBM试验段是我国首次采用硬岩TBM施工地铁隧道的成功案例。该隧道从江北区五里店站至北部新区山羊沟水库，两条并行长11.122km，开挖直径6.36m，主要岩性为砂岩、砂质泥岩，采用罗宾斯公司设计制造的2台敞开式TBM。地铁隧道具有中间站点多、水平曲线多、转弯半径小、纵坡多变的特点，TBM掘进具有一定特殊性和难度。该隧道2009年12月25日开始掘进，2011年11月15日左右双线全部贯通，取得月进尺863m的掘进纪录。近些年来，在重庆地铁建设中，单护盾TBM、复合TBM也都在工程中得以成功应用。

青岛地铁2号线是我国首次采用双护盾TBM施工的地铁工程。TBM自2015年4月份进场施工，2017年1月5日2号线21个区间全线贯通。此后，青岛地铁1号线、8号线、4号线陆续采用TBM施工。青岛地铁最初采用的是中船重工（青岛）轨道交通装备有限公司与意大利SELI公司联合设计制造的双护盾TBM。2019年4月10日，青岛地铁4号线采用2台双护盾TBM始发掘进，这是青岛地铁首次采用完全国产化TBM施工的地铁线路，该TBM由铁建重工自主设计制造。

2017年开始，深圳地铁开始大量使用国产双护盾TBM施工。2017年2月15日，中铁装备自主研制的2台双护盾TBM在深圳地铁10号线始发掘进，2018年1月深圳地铁首台TBM在10号线区间隧道右线贯通。此后又有6台双护盾TBM陆续投入到6号线和8号线地铁施工，分别由中铁装备和铁建重工设计制造。

如上所述，敞开式TBM、单护盾TBM和双护盾TBM在地铁工程中都得到了应用，而且从2017年

开始主要使用国产双护盾 TBM。

2019 年 4 月,北方重工研制真正意义上的我国首台煤矿岩巷敞开式 TBM 成功下线。该 TBM 具有煤矿安全认证和防爆设计并适应传统煤矿行业的支护设计,满足最小转弯半径 200m 要求。该 TBM 由山东能源新汶矿业集团有限责任公司采购。此台 TBM 将应用于新巨龙煤矿 -980m 水平开拓大巷工程,开挖直径 6.33m,总长度 13650m,共分为 4 条巷道,每条巷道直线距离均超过 2700m,坡度不大于 2°,主要是砂岩、页岩、泥岩等沉积岩,以 Ⅱ、Ⅲ 类围岩为主。巷道支护形式采用喷锚网喷 + 锚网喷支护方式,支护锚杆必须通过巷道断面中心线。因此,该 TBM 在主机结构设计、防爆设计、支护设计和小转弯半径设计等方面都有创新之处,是我国具有自主知识产权的全新敞开式煤巷岩石掘进机,为解决我国煤矿发展岩巷施工瓶颈问题奠定了坚实基础,将开创煤巷施工装备和工法的新时代,具有里程碑意义。煤巷 TBM 需求将呈现增长趋势。

近年来,公路隧道也开始引入 TBM 施工。由华能西藏雅鲁藏布江水电开发投资有限公司建设的西藏派墨公路多雄拉隧道,是我国首次采用 TBM 施工的公路隧道。多雄拉隧洞总长 4784m,TBM 掘进长约 4489m,海拔约 3600m。经最初论证,从地质适应性来讲,采用敞开式 TBM 和双护盾 TBM 均可,最终决定采用海瑞克公司设计制造的双护盾 TBM,开挖直径 9.13m。2016 年 5 月 2 日 TBM 始发掘进,施工中遭遇暴雪、涌水流沙、高地应力岩爆、围岩快速收敛变形等重重困难。2017 年 6 月 26 日创造 TBM 单月掘进进尺 561.17m 纪录,2017 年 8 月 26 日 TBM 完成掘进任务,2017 年 12 月 24 日隧道贯通。

2017 年,新疆乌蔚公路胜利隧道开工建设,该隧道由长 21km 的两条主洞和一条服务洞组成。经论证,服务洞决定采用 TBM 施工,并为主洞钻爆施工开辟更多的施工通道和作业面。

公路隧道采用 TBM 施工有增长趋势。

5. 超特长隧道 TBM 集群施工工程越来越多

辽西北供水工程可以说是我国首次大规模使用 TBM 集群施工的工程。该工程主隧洞主要由三段构成,长度分别为 100km、130km、40km,采用 TBM 和钻爆法相结合的方法施工。TBM 施工采用连续皮带机出渣,支洞采用固定皮带机出渣。主洞施工采用轨道车运输,支洞施工采用汽车运输。不同标段分别选择洞内或洞外设置拌合站。该工程实际共采用 8 台敞开式 TBM,分别由罗宾斯公司、海瑞克公司、北方重工设计制造,2013 年后陆续投入掘进,其中 6 台 TBM 从施工支洞运进,在主洞组装洞室组装后步进始发,2 台 TBM 在主洞洞外组装后步进始发。7 台全新 TBM 开挖直径 8.5m,1 台修复 TBM 开挖直径 8.0m。主要岩性为花岗岩、巨斑状花岗岩、花岗斑岩、花岗闪长岩、混合岩、凝灰岩、凝灰质粉砂岩等,抗压强度为 60～180MPa。TBM 施工分别遭遇了断层破碎带、突涌水、极硬岩等难掘进地质洞段。

该工程在我国首次成功运用 TBM 大直径 20 英寸盘形滚刀;首次在 TBM 设计制造中采用含储存夹层的 TBM 新型顶护盾,并开发应用了基于该顶护盾的改进型钢筋排连续封闭支护技术,使断层破碎带施工比传统技术进尺速度提高了约 5 倍;开发应用了基于摩擦差原理的平面滑行式 TBM 步进装置及步进方法,TBM 步进速度达到了 220m/d。创造了大直径敞开式 TBM 平均月进尺 662m、掘进作业利用率 48% 的掘进纪录。其中 6 台 TBM 于 2016 年底实现贯通,另外 2 台 TBM 分别于 2017 年和 2018 年实现贯通。

最近,更大规模的 TBM 集群施工工程是新疆 EH 超特长隧洞。该工程地处戈壁滩,夏季炎热,冬季极寒,隧洞全长 516km,最长洞段 283km,施工斜井最长超过了 6km,采用了 18 台新 TBM(直径分别为 5.5m、7.0m、7.8m)和 3 台盾构施工主洞,另外 2 台旧 TBM 承担其中两条斜井掘进任务,共 23 台全断面隧道掘进机投入该工程施工,是名副其实世界第一的大规模 TBM 集群施工工程,也是我国首次在一个重大工程上大规模使用国产 TBM。TBM 分别由铁建重工、中铁装备和北方重工设计制造。单台 TBM 独头掘进要求超过 25km,隧洞通风、出渣、物料运输难度大,且 TBM 关键部件可靠性和寿命面临严峻挑战。TBM 施工还将遭遇断层塌方、突涌水等不良地质。同时，3 台盾构机在深埋软弱围岩中掘进也是十分罕见的工程案例。新疆 EH 超特长隧洞工程另一个重要的特点是，我国首次采用"一洞双机"施工布置方案，即 2 台 TBM 共用一条施工斜井作为通道，在同一个组装洞室组装和运行布置，反向掘进。2017 年后大部分 TBM 陆续进场组装掘进。目前，有的 TBM 已经完成首段掘进任务，还有最后 4 台 TBM 即将进场。

近来，引绰济辽工程将投入 5 台敞开式 TBM 施工，是一个新的 TBM 集群施工工程。2018 年，中央提出规划建设川藏铁路，该工程线路设计隧洞长 800km 左右，初步计划将使用约 40 台 TBM 施工，这将是世界上高海拔、大规模的 TBM 集群施工工程。

6. 深埋复杂地质隧道 TBM 研制及施工仍是攻关的重难点

近年来，我国越来越多特殊地理地貌、复杂地质、超大埋深、超长隧洞工程陆续立项，如陕西引汉济渭工程、新疆 ABH 隧洞工程、大瑞铁路高黎贡山隧道、滇中引水工程、川藏铁路等。这些工程往往地处崇山峻岭、人迹罕至、气候恶劣、高海拔、戈壁沙漠、热带雨林等特殊地理位置，环境地质特殊，环保要求高，加之隧洞具有极硬岩、突水突泥、强岩爆、大断层破碎带、软岩大变形、高地热等复杂地质特征，工程勘察设计难度大，施工竖井或支洞深长且难以布置，TBM 选型设计与施工技术难度和风险加大。而这些特殊地理位置的超长、超大埋深隧洞，从环保、工期、成本等方面考虑，采用传统钻爆法可能难以完成。因此，这些重大工程给 TBM 施工带来了机遇与挑战。

1）极硬岩 TBM 施工

正在实施的陕西引汉济渭工程岭南段，除了下坡掘进突水、中等岩爆等难题外，极硬岩成为 TBM 施工的主要挑战。该工程隧洞总长 98.3km，开挖直径 8.0m。2 台敞开式 TBM 与钻爆法结合施工。其中岭北段采用海瑞克公司生产的 TBM，计划掘进 16km，2014 年 6 月 15 日试掘进，2015 年 8 月 11 日首段 7272m 贯通，2018 年已掘进完成合同任务，计划继续掘进接应岭南段。岭北段软弱围岩、断层塌方卡机是 TBM 施工面临的主要风险。而岭南段采用罗宾斯公司生产的 TBM，计划掘进 18km，2015 年 2 月 17 日试掘进，2016 年 2 月 26 日累计掘进 1891m，遭遇极硬岩、突涌水等技术难题，进展缓慢。最高岩石抗压强度达到 240 MPa，大部分在 160MPa 以上，磨蚀值 4.65～5.71，已掘进段围岩石英含量 43.67%～92.6%，抗压强度和磨蚀性极高，并突发下坡掘进大涌水，最大涌水量 42000m³/d，停机抢险近 3 个月时间。

岭南段现场掘进数据表明：当抗压强度为 180～200MPa 时，掘进速度仅为 0.6m/h，贯入度、掘进速度极低，1.8m 掘进行程需要掘进 3h 以上，月进尺 120m 左右。可见，完整极硬岩，对 TBM 贯入度、掘进速度、进尺速度影响极大，TBM 快速掘进的优势不复存在。

此外，除刀具正常磨损剧增以外，还出现极硬岩刀圈卷刃、刀具轴承碎裂、刀圈偏磨等异常损坏。刀具磨耗和异常损坏都使换刀次数、换刀时间大大增多，引汉济渭工程岭南段最初 1891m 的掘进，TBM 正常维护时间以外刀具检查更换时间附加 21%，使 TBM 掘进作业利用率只有 19.4%，极硬岩刀具损耗对 TBM 掘进作业利用率产生很大影响。

极硬岩条件下 TBM 刀盘开裂、磨损、寿命给施工带来极大挑战，强度、刚度、耐磨性设计以及焊接质量应特别引起重视。长距离 TBM 极硬岩掘进，主轴承等关键部件寿命和可靠性以及 TBM 可独头掘进距离成为重要的关注点。

同时，极硬岩新型刀具的研制，以及新的辅助破岩方式的探索开始增多。

2）岩爆段 TBM 施工

迄今为止，我国 TBM 施工经历岩爆的工程主要有：西康铁路秦岭隧道，岩爆级别属于轻微岩爆～中等岩爆；锦屏 II 级水电站引水隧洞工程，高达强岩爆～极强岩爆级别。目前正在实施的陕西引汉济渭工程、新疆 ABH 隧洞工程、大瑞铁路高黎贡山隧道、川藏铁路等大埋深隧道工程，都面临轻微、中等到强岩爆的风险。

锦屏Ⅱ级水电站引水隧洞工程，引水隧洞全长16.7km，TBM和钻爆法联合施工，1号和3号引水隧洞由2台敞开式TBM施工，直径12.4m，另有1台较小直径敞开式TBM施工排水洞。隧洞岩性主要为大理岩，抗压强度在50～80MPa左右，最大埋深2525m。该工程创造大直径TBM掘进月进尺683m世界纪录，但较小直径排水洞的TBM施工，出现13次强～极强岩爆，最终发生危及人机安全的重大事故。该工程大直径TBM也经历了轻微岩爆、中等岩爆、强岩爆的威胁，考虑强岩爆风险及工期等多种因素，掘进6km后主动停机改为钻爆法施工，最终工程贯通。

锦屏Ⅱ级水电站引水隧洞工程引入了微震监测技术，为TBM施工提供岩爆预测预警，只要预测可能发生岩爆的洞段，均采取防控措施。对有轻微岩爆可能的地段，采取了网片锚杆支护。中空胀壳锚杆、水胀式锚杆以及喷射纳米钢纤维混凝土的技术方案，也能对岩爆起到一定控制作用。但对于强岩爆，未找到直接穿越的防控技术方案，人员、设备安全风险较大，支护被损坏，清渣、重新支护花费大量时间，严重影响了施工安全和施工进度。该工程曾尝试采取"局部先导洞钻爆+TBM掘进剩余断面"的施工方案，通过理论计算认为该方案可大大降低TBM施工岩爆发生的能量和强度，但这并未从根本上解决TBM直接穿越的问题。

2016年利用TBM开始施工的新疆ABH隧洞工程，开挖直径6.5m，主洞总长41km，其中32km由2台TBM施工。该隧洞属于长距离超大埋深隧洞，最大埋深超过2200m。根据地质资料，TBM施工的软弱大变形洞段岩性为粉砂质泥岩夹泥质粉砂岩，长度约有7km，变形相对位移在2.5%～5.0%；另外，大变形洞段主要发生的断层破碎带、不整合接触带、蚀变带等，约有2.5km，相对位移大于10%，可能造成坍塌。存在TBM卡机、塌方被埋、支护变形侵占开挖断面风险，造成工期和成本难控，是工程成败的致命因素。同时，新疆ABH隧洞工程不仅存在大埋深软弱变形，还有相当长洞段存在高地应力强岩爆风险。可能发生较强岩爆洞段总长度约8.4km，岩爆洞段长，岩爆等级从中等到强烈。既穿越软弱大变形长洞段，又穿越强岩爆长洞段，从施工的角度来看，TBM如何选型是面临的一个新问题。综合考虑岩爆、大变形、地震活动带等特点以及工程永久支护可靠性和寿命要求，选择了敞开式TBM施工。

新疆ABH隧洞工程施工至2018年12月为止，埋深还在800m左右，TBM2掘进经历了轻微至中等岩爆，未到达强岩爆洞段。采取"拱架+钢筋排"支护穿越岩爆洞段，类似秘鲁奥莫斯工程Olmos也是采取了钢筋排支护的技术穿越岩爆洞段。与钢筋网支护相比，拱架+钢筋排支护技术具有与盾体协同不间断封闭、实施快速的特点，对中等以下岩爆达到较好的防控效果。

基于以往TBM施工经历的强岩爆隧道，得出以下主要经验认识：

（1）对于轻微岩爆、中等岩爆，在加强TBM设备和人员防护以外，利用敞开式TBM配置的装备，采用网片、锚杆、拱架、喷混支护或采取可伸缩锚杆、可伸缩拱架、钢筋排支护等技术措施后，岩爆对TBM施工带来的影响一般在可控程度。

（2）对于强岩爆、极强岩爆，TBM经历的工程还很少，但由于TBM价值昂贵、制造周期长，影响较大。目前，虽然有一定技术措施控制岩爆危害程度，但强岩爆在时间、空间上难以准确预测和完全控制，TBM直接掘进穿越的风险较大，只能采取恰当的选型防护设计、支护技术、钻爆预先处理TBM再步进通过等方案，减少影响程度和风险。同时，TBM装备设计和支护技术上还需较大创新，以便解决TBM直接穿越强岩爆洞段问题。

（3）对于超大埋深隧道，同时存在较长距离强岩爆洞段和较长距离软弱围岩大变形洞段的工程，TBM如何选型设计仍需创新探索和工程实践检验。从TBM结构上来讲，双护盾TBM比敞开式TBM更利于设备和人身安全，但双护盾TBM施工的预制管片支护是否能经受强岩爆、极强岩爆的冲击，目前国内还鲜有相应的理论计算分析和实际工程验证。

3）断层破碎带TBM施工

我国TBM施工的绝大多数工程都经历过断层破碎带不良地质洞段，如西康铁路秦岭隧道、大瑞铁路高黎贡山隧道、大伙房水库输水工程、辽西北供水工程、新疆EH超特长隧洞工程、新疆ABH隧洞工程、云南那邦水电站引水隧洞工程等。有的断层破碎带采取强支护措施可以较快地直接穿越；有的出现卡机被困,需脱困超前处理后再穿越,进度受到较大影响。

辽西北供水工程是我国首次在一个工程大规模集群使用 TBM 的工程。该工程我国首次在 TBM 设计制造中就引入了含钢筋排夹层储存仓的顶护盾方案,利用该顶护盾设计,TBM 施工中大量实施了钢筋排支护技术,取得很好的效果。现场实施表明,实施钢筋排连续封闭支护技术,可大大降低塌方落渣、清渣量,降低人员、设备安全风险,并可加快 TBM 穿越断层破碎带、塌方洞段的进度,由原来传统技术断层破碎带的 1~5m 日进尺,达到使用该技术后的 5~15m 日进尺。

2018 年 2 月新疆 EH 超特长隧洞工程断层破碎带塌方被困,超前处理后掘进穿越。此次大塌方卡机发生在新疆 EH 超特长隧洞工程 KS 段Ⅱ标,该标段分布有区域性断裂额尔齐斯河断裂(F9),其次还发育有 F1~F6、F8~F10 次级断层,主洞长 23.34km,其中 TBM 开挖洞段长 20.69km,采用敞开式 TBM,开挖直径 7.03m。TBM 掘进至 3+083~3+113 洞段时,发生大塌方卡机。该洞段沿线地形为剥蚀丘陵地貌,地形略起伏,多发育丘陵。岩性为石炭系及泥盆系凝灰质砂岩,埋深约 100m。该段围岩为石炭系及泥盆系凝灰质粉砂岩,呈炭黑色、灰色。节理裂隙发育,为节理密集带。岩体破碎,呈碎石、片石状结构,塌方区少量裂隙水。该段围岩不能自稳,受掘进扰动引起失稳。3+093~3+113 段 20m 待开挖段,围岩整体破碎,自稳性差,易形成大量掉块和塌腔;3+083~3+093 段 10m 存在大深度塌腔,塌腔由左侧边墙开始向拱顶发展,塌腔深度由浅变深。综合分析,采用"钢拱架+钢筋排+岩面初喷封闭+回填灌浆"的组合方案无法直接通过本断层,决定采取超前预处理后再掘进穿越的技术方案。该技术方案由整机后退、混凝土回填、系统固结灌浆及超前支护、特殊地质段掘进等 4 个工序组成。最终,TBM 脱困穿越。

此外,最近两年投入掘进的新疆 ABH 隧洞工程 TBM2 和大瑞铁路高黎贡山隧道 TBM,遭遇深埋大断层破碎围岩,松散体,塌腔深,TBM 易被卡滞,施工进度受到较大影响。

TBM 穿越断层破碎带有大量工程案例,主要经验认识如下:

(1)一般性断层破碎带,或塌腔在 3m 以下,塌方后基本能够稳定的围岩,采取拱架、锚杆、钢筋排、喷混凝土等支护技术,多数 TBM 可直接穿越,特别是钢筋排支护技术,提供了连续不间断封闭支护,比以往传统技术能够更快速地穿越断层破碎带。

(2)大断层破碎带,特别是松散体,塌腔不断扩大难以稳定的岩体,TBM 有被卡被困的风险,宜采取超前探测和超前处理后再掘进的技术方案。相对而言,采用此种技术方案 TBM 进度会受到较大影响。

4)软弱大变形 TBM 施工

软弱大变形地质对 TBM 施工有较大影响,对于敞开式 TBM,若围岩过于软弱,可能带来 TBM 撑靴无法支撑洞壁前行的技术难题。同时,敞开式和护盾式 TBM 都面临被卡被困的危险,且护盾式 TBM 比敞开式 TBM 被卡被困的概率更高,脱困相对难度更大些。近年来,我国云南那邦水电站引水隧洞敞开式 TBM、新疆 ABH 隧洞工程敞开式 TBM 施工都有成功穿越的经历,采用护盾式 TBM 被卡被困案例更多,青海引大济湟工程、引红济石工程、新疆八十一达坂输水隧洞工程等,被困时间长达 1~6 年,而正在实施的大瑞铁路高黎贡山隧道工程、新疆 ABH 隧洞工程、川藏铁路隧道都存在超大埋深软弱围岩大变形的问题。

青海引大济湟主体输水隧洞长 24.17km,开挖直径 5.93m,成洞直径 5.0m,采用北方重工与维尔特公司联合设计制造的 TBM 施工。2006 年 10 月 TBM 开始掘进,两年掘进 7.03km 后,TBM 遭遇富水特大断层被困。此后,因变形和破碎带塌方 TBM 被卡 10 多次,四年半时间仅进尺 365m,累计被困停机时间超过 6 年。2013 年 3 月完成引洮工程的 TBM 被转移到引大济湟工程,从隧洞出口反方向接应掘进,共掘进 13.05km,2014 年整个隧洞实现贯通。

此外,上面提到的引红济石工程青峰峡隧洞双护盾 TBM 被困停机时间超过 5 年。经过设备改造和艰难掘进,2017 年 4 月 27 日实现贯通。

云南那邦水电站引水隧洞敞开式 TBM 施工,遇到软弱蚀变带围岩变形卡机、撑靴无法支撑前行等技术难题。在该工程穿越蚀变带软弱围岩施工中,利用敞开式 TBM 护盾尾部距离撑靴 10m 左右的特点,在刚出露护盾处,就及时实施"密排支立拱架、换填立模灌注早强混凝土"的技术方法,使TBM成功穿越6段总共500m左右的软弱蚀变带围岩。

2016年TBM开始施工的新疆ABH隧洞工程,开挖直径6.5m,主洞总长41km,其中32km由2台TBM施工。该隧洞属于长距离超大埋深隧洞,最大埋深超过2200m。根据地质资料,TBM施工的软弱大变形洞段岩性为粉砂质泥岩夹泥质粉砂岩,长度约有7km,变形相对位移在2.5%～5.0%;另外,大变形洞段主要发生在断层破碎带、不整合接触带、蚀变带等,约有2.5km,相对位移大于10%,可能造成坍塌。存在TBM卡机、塌方被埋、支护变形侵占开挖断面风险,造成工期和成本难控。

2018年9月5日,新疆ABH隧洞工程TBM1主洞掘进遭遇软弱挤压变形围岩被困。顶护盾受挤压后超过油缸安全保护压力,油缸自动泄压收回,顶护盾被压被卡,左侧护盾悬臂尾端遭受局部巨大挤压而发生扭曲变形。采取"盾体顶部及其后围岩补充加固、盾体人工扩挖脱困、以盾体作为临时支撑扩挖洞壁支立拱架"的方法,同时软弱围岩洞段局部进行了固结灌浆和浇筑混凝土,大约花费80多天时间穿越38m左右的软弱变形洞段。

针对上述工程软弱大变形围岩,在TBM设计和施工方面积累经验如下:

(1)合理进行TBM选型设计,一般情况下推荐选用敞开式TBM。若采用护盾式TBM,重点做好以下设计:护盾直径前后阶梯递减,尽可能缩短护盾长度,加大推进力设计。

(2)长距离挤压大变形围岩为主隧洞,TBM被卡风险大,掘进进度影响大,慎选TBM施工,特别是双护盾TBM。隧道开挖直径和TBM刀盘直径的确定,应考虑一定的变形预留量。

(3)为应对围岩大变形,预留TBM扩挖设计方案。扩挖直径≤100mm时,采取"边刀垫块外伸"的技术方案;扩挖直径>100mm时,采取"刀盘提升系统+预留边刀刀座+边刀垫块伸出"或"更换刀盘边块+护盾系统的改造"的技术方案。

(4)软弱围岩大变形洞段施工,注重TBM掘进速度和支护速度的协调控制,在盾体回缩允许的变形量内,采用拱架、锚杆、应急喷混混凝土支护,控制变形量,加快强支护速度,使TBM尽快穿越。

(5)若TBM被困卡机,可以人工扩挖盾体周边围岩,并以盾体作为临时支撑扩挖洞壁支立拱架进行脱困;对于软弱破碎围岩变形,可超前注浆处理后掘进穿越;TBM通过后围岩进一步的变形可在TBM穿越后二次加固处理;TBM被困无法穿越时,可钻爆法施工,TBM步进通过。

5)突涌水TBM施工

前面提到的正在实施的引汉济渭工程岭南段,在施工初期出现突涌水,给施工带来很大影响。TBM小坡度下坡掘进,发生5次较大集中涌水,尤其是2016年2月28日出现的掌子面突涌水,单点单次涌水量超过20000m³/d,全隧涌水量最高达46000 m³/d。现场数据分析表明:最初1891m掘进,排水停机时间增加11.5%,大大降低了TBM掘进作业利用率。由于下坡掘进,TBM主电机、回油泵、一层平台设备、TBM组装洞内配电柜等相继被淹,临时增加多路排水管,停机抢险2个多月。

类似工程山西大水网中部引黄工程,采用双护盾TBM施工,斜井TBM2在下坡坡度6.47%下掘进,涌水造成2台TBM主驱动电机被淹,临时增加了排水系统。而TBM1在1/3000～1/2500微小坡度下坡掘进主洞约20km后,下坡施工风险考虑不周和排水系统准备不足,排水系统没有跟进布设,发生突涌水,造成整个TBM设备被淹,后排水抢险,TBM设备处理后恢复掘进。

另外,前述新疆ABH隧洞工程,TBM2从支洞-10.4%坡度进入下坡掘进,按风险控制原则,事先对TBM及其隧洞进行了整体加强排水系统设计,施工中排水系统布设跟进,除了常规管路铺设以外,还铺设了直径300mm的应急排水管路,强排水系统可在几分钟内应急启动。同时,TBM配备了超前钻机,施工中利用超前钻机先超前探测再掘进的方案。实际应用,按风险控制原则设计,未对TBM设备及施工人员造成安全威胁,保证了TBM顺利完成下坡坡度10.4%的斜井掘进。

吉林引松工程"永吉号"TBM,采用的是我国首次实现国产化的直径8m级硬岩掘进机,2015年开始现场组装掘进,2017年全线贯通。在施工过程中,TBM成功穿越了数公里的灰岩弱岩溶洞段,并发生了突泥,由于上坡掘进,突泥未造成严重灾害,清理支护后TBM继续掘进。

基于以往 TBM 工程实践检验，总结涌水突泥认识如下：

（1）上坡掘进，一般风险可控，根据具体工程 TBM 及其后配套排水系统按常规设计，隧洞排水可考虑自流排水，或适当设置排水系统、无仰拱隧道可适当架高运输轨道等技术方案。

（2）下坡掘进，TBM 设备有被淹风险。需根据勘察设计资料，一般应事先设置超强排水系统，属于风险控制措施。即使掘进贯通后实际未遇到大涌水，这一风险控制措施也是必要的。隧洞排水系统与 TBM 设备排水系统需统筹考虑，解决好接口问题，并根据流量、扬程设计计算好泵的选型、集水井设置、管路设计等。此外，还需根据水量和隧洞坡度计算 TBM 关键部位被淹的抢险缓冲时间。突涌水可能性大的洞段，应利用 TBM 上的超前钻机进行超前探水。

（3）对于较为完整岩体的裂隙涌水，超前注浆效果可能有限，必要时宜结合开挖后的"排水 + 堵水"技术方案处理。

（4）溶洞、软弱破碎和松散岩体涌水，可能发生突水突泥，TBM 被困风险很大，宜超前探测、超前注浆处理或人工处理后 TBM 步进通过。

6）高地热 TBM 施工

迄今为止，我国已完成和正在施工的 TBM 工程，还没有遭遇明显的高地热问题。根据给出的勘察地质资料，前述的新疆 ABH 隧洞工程、大瑞铁路高黎贡山隧道、川藏铁路等预计都将经历高地热问题，但目前还没有掘进到高地热洞段。新疆 ABH 隧洞工程，埋深超过 2200m，预计地温 37～50℃的洞段长度达 7562m，超过 50℃的洞段长度达 1571m。地热恶化洞内人员作业环境，同时也可能导致设备过热而无法正常工作。因此，具有严重地热问题的隧洞工程虽然解决难度很大，但必须在技术手段上给予足够重视和考虑。

（1）目前，隧洞降温的主要技术方法有通风、水冷、冰冷等方式，可综合考虑降低洞内温度。通过加大风量、风速将更多热量带出洞外；通过制冰装置将制出的冰块运进洞内，交换热量后再将水排出洞外；TBM 配备制冷装置，通过水与空气热交换，进一步降低通风出口空气温度，再通过排水将热量带出洞外。

（2）特别注意的是，必要时隧道进水管也需进行隔热防护，以便设备冷却水维持较低温度，避免 TBM 设备过热停机而无法掘进。

（3）TBM 电气、液压等系统选型、散热设计需特殊考虑，特别是川藏铁路高海拔条件下。此外，TBM 局部系统设备、部件或局部作业区域可作重点降温考虑。

上面重点提到将可能遭遇高地热的大瑞铁路高黎贡山隧道、新疆 ABH 隧洞工程，高地热洞段相关技术方案和措施有待后续施工的验证。

7. 智能 TBM 和智能掘进成为新的研究热点

最近几年，随着人工智能的兴起，TBM 的智能化也成为新的研究热点。而且，随着地质复杂带来危险性的增加，以及环境恶劣和劳动力减少，对智能 TBM 有更多实际的市场需求。当然，真正智能 TBM 和智能掘进的实现还是一个渐进的过程。目前，重点应以减少人力、降低劳动强度、减低作业危险程度为主要目标，提高 TBM 自动化和智能化，特别是复杂地质围岩识别预警、掘进参数和掘进方向的自动调整、支护作业的自动化智能化、辅助作业工序的智能化，应作为重点课题进行研究。

近年来，集成在线实时的 TBM 施工超前地质预报系统、在掘岩体识别预警模型和方法成为研究热点，取得一系列成果，但由于地质复杂性，理论模型和系统的准确性和实用性还需要进行不断的深入研究。TBM 智能化支护理论技术及装备系统还有大量的研究工作要做，以便降低劳动强度和危险性，提高作业速度。在 TBM 大数据和施工监测系统方面，盾构及掘进国家重点实验室、中铁装备等都取得了较大进展，所开发系统采集记录掘进大数据较多，但工程地质数据对应性差，使研究成果的准确性、可靠性和实用性存在缺陷，数据挖掘和模型建立仍需进一步深入研究。

智能 TBM 研制和智能掘进，将是未来相当长时间内的研究课题。

第 3 节 TBM 技术未来发展趋势

未来全断面隧道掘进机技术发展趋向于智能化、多模式及新型破岩的方向发展,具体有以下几个方面:

一是全断面隧道掘进机智能化方面,融合大数据、云计算、物联网等信息技术,开展全断面隧道掘进机掘进信息感知、状态识别和智能控制的基础理论深度研究,构建全断面隧道掘进机掘进过程信息化、智能化整体技术架构,为实现"无人值守"智能掘进全断面隧道掘进机奠定基础理论和技术支撑。

二是全断面隧道掘进机多模式方面,结合全断面隧道掘进机地质适应性特点和新奥法施工的优势,研发一种全新多模式全断面隧道掘进机用,以应对复杂多变地层的挑战,并可实现快速转换掘进模式,提高全断面隧道掘进机的复杂多变地质适应性能。

三是全断面隧道掘进机新型破岩方面,聚焦颠覆性破岩技术,研究开发以激光、水射流、声波等一种或多种学科技术为辅助或为主破岩的第四代半、第五代全断面隧道掘进机等新型破岩技术,彻底解决当前全断面隧道掘进机存在的掘进速度缓慢、刀具易磨损等难题。

第 5 章 国内顶管技术进展概述

上海市政工程设计研究总院(集团)有限公司　王恒栋,彭夏军

顶管技术与盾构施工技术都是非开挖施工技术。顶管技术与盾构施工技术主要的不同点是:顶管技术的管节拼装是在管节区段最后面的工作井内完成,主顶力油缸在顶管工作井内施加顶力,顶着所有管节一起向前走;而盾构施工技术管片拼装是在盾构机后面完成的,主顶力油缸是在盾构机后面顶着盾构机往前走,盾构机后面的盾构管片拼装完成后就静止不动了。目前顶管技术按管节形状来分,主要分为圆形顶管和矩形顶管,圆形顶管机主要应用于小直径顶管工程施工,矩形顶管机主要用于短距离地下联络通道和综合管廊工程施工。

第 1 节　国内顶管技术发展简述

中国早在 20 世纪 50 年代,北京和上海就有用顶管方法穿越的先例。北京首次顶管是铁路下顶钢筋混凝土管,上海首次顶管是穿越黄浦江防汛堤的钢管。

20 世纪 60 年代,北京和上海都有计划地开发和推广顶管技术,并取得了一定的成绩。北京因地下水水位较低,人工敞口掘进施工的钢筋混凝土顶管比较成熟,并且得到了推广。上海地处长江三角洲,地下水水位较高,施工难度较大,特别是钢筋混凝土管接头的渗漏问题,曾一度困扰顶管的发展和推广。

20 世纪 70 年代,工业大口径水下长距离顶管技术在上海首先取得成功。1987 年研制成功三段双铰型顶管机,解决了百米顶管技术;1981 年 DN2600 的管道穿越甬江,第一次应用中继间并获得成功,单根顶进长度达 581m;1987 年引入计算机过程控制、激光导向、陀螺仪定向等先进技术,单根管道顶进长度达 1120m,使我国的顶管施工技术处于世界先进水平。

上海的混凝土顶管首先在小口径顶管上得到突破。1984 年引进日本的 DN800 遥控顶管机,1989 年研制成功第一台泥水平衡遥控顶管机 DN1200,1992 年研制成功第一台外径为 DN1440 土压平衡顶管机。同时混凝土管的制作和接头技术都有了很大的提高。1989 年上海第一期合流污水工程中引进德国的大口径混凝土顶管技术,从此大口径混凝土顶管得到了较快的发展。上海电力隧道工程中混凝土顶管内径已达 3.5m,上海市污水治理白龙港片区南线输送干线完善工程混凝土顶管内径更是达到 4.0m,目前各地都有 3.5m、4.0m 混凝土顶管的工程案例。

1992 年上海奉贤开发区污水排海顶管工程中,将内径为 DN1600 的钢筋混凝土管向杭州湾深水区一次顶进 1511m,成为我国第一根一次顶进长度超千米的钢筋混凝土管。

在混凝土直线顶管技术成熟后,曲线顶管应运而生,并在上海污水治理二期工程中得到比较广泛的应用,过黄浦江的污水管道采用了竖向曲线顶管;在陆上多处采用水平曲线顶管,并且取得了成功,这对在已建城区改造中非开挖敷设管道具有重要的意义。

我国的顶管用管材多数是钢筋混凝土管和焊接钢管,玻璃纤维增强塑料夹砂管也有应用;近年来又陆续开发了预应力钢筒混凝土管(JPCCP 管)和球墨铸铁管顶管;最近,承插式钢管顶管也在研发过程中。焊接钢管顶管是我国自主开发的顶管技术,具有显著的特色。混凝土管主要用于排水管(重力流或低压流管道)、电力隧道、综合管廊;钢管主要用于给水管(较高压力的管道)。随着玻璃钢制管技术的引进,我国也开始应用玻璃钢顶管。玻璃纤维增强塑料夹砂管有两种形式,即离心式和缠绕式。缠绕式顶管始于 1999 年西安护城河下,管径 1800mm,顶进长度 44m。离心式顶管始于 2001 年上虞污水工程,管径 1200mm,顶进长度分别为 84m 和 74m。这些年来,缠绕式玻璃钢管顶管在西安、沈阳、广州、湛江、上海等城市都成功采用过,离心式玻璃钢管主要在浙江地区和上海地区推广。

近十几年来，中国顶管施工技术在理论和施工工艺上都有很大的进步和发展，大口径、长距离顶管技术水平已达到国际先进水平。特别是近几年，顶管施工在各大、中城市中的应用，推动了顶管技术的发展。顶管技术新进展有以下特点：管材多样化、口径大型化、一次顶进距离不断刷新、转弯半径小、与盾构施工技术融合（见本章第7、8节），在交通、水利、市政给排水、电力、管廊等领域应用广泛。

第2节　钢管顶管工程案例简介

1. 青草沙水源地原水工程全线顶管案例

自2007年开始，2011年6月8日通水，完成主要包括严桥支线、金海支线、南汇支线、凌桥支线等9个子项工程。主要工程简介如下：

（1）严桥支线工程：输水规模为440万 m^3/d。输水管线由5号沟泵站围墙起至严桥泵站围墙止，线路长度约27km，采用DN3600双管，顶管施工，管材为钢管。一次性顶进超过1000m以上的顶管长度有12段。

（2）金海支线工程：输水规模为208万 m^3/d。输水管线自5号沟泵站围墙起，沿A30、金海路、华东路至金海泵站，线路长度约8.6km，采用DN2800双管，顶管施工，管材为钢管。

（3）南汇支线工程：输水规模为108万 m^3/d，包括下列管线：

金海泵站至川沙水厂管线，自金海泵站起沿华东路至川沙水厂，线路长度约6.4km，其中4.4km采用DN1600单管，其余2.0km采用DN1000单管，顶管施工，管材为钢管。

金海泵站至南汇北泵站管线，自金海泵站起沿华东路、高科东路、A20公路、A2公路至南汇北泵站，线路长度约18.6km，采用DN2000双管，顶管施工，管材为钢管。

南汇北泵站至南汇泵站管线，自南汇北泵站起沿A2公路至南汇泵站，线路长度约10.74km，采用DN1800双管，顶管施工，管材为钢管。

南汇泵站至航头水厂管线，自南汇泵站起沿大治河向西至航头水厂，线路长度约7.21km，采用DN1600单管，顶管施工，管材为钢管。

南汇泵站至惠南水厂及惠南新水厂管线，自南汇泵站起沿大治河向东至惠南水厂及惠南新水厂，线路长度约7.31km，采用DN1800双管，顶管施工，管材为钢管。

（4）凌桥支线工程：输水规模为60万 m^3/d。输水管线自5号沟泵站接出后沿五洲大道向西—A20向北—洲海路向西—高桥港东侧向北—港城路向西—严家港西侧向北至凌桥水厂规划围墙处，长度约18.972km，采用DN1800～DN2200单管，顶管施工，管材为钢管和玻璃纤维增强塑料夹砂管。

2. 黄浦江上游水源地连通管工程全线顶管案例

自2013年开始，为解决青浦、松江、金山、闵行、奉贤5个区的原水安全，将金泽水库优质水源引到各区，启动了上海市黄浦江上游水源地连通管工程、闵奉原水支线工程、松江原水支线工程、青浦原水支线工程、青浦原水支线工程。工程输水规模351万 m^3/d，解决5个区百姓的饮水水质问题。2016年12月29日建成通水。

（1）黄浦江上游水源地连通管工程：黄浦江上游水源地原水输水系统管线布置如图1-5-1所示。主要包括连通管线、松江中途泵站及青浦、金山、闵奉三个分水点。工程起自金泽水库出水泵站外JA-01井，终到闵奉分水点，线路全长约41.80km（不含泵站及分水点内部管道长度）。工程输水规模351万 m^3/d。其中，金泽水库至青浦分水点线路长度约8.57km，采用DN4000钢管，青浦分水点向青浦分水65万 m^3/d；青浦分水点至松江泵站线路长度约9.87km，采用DN4000钢管，松江泵站分水66万 m^3/d；松江泵站至金山分水点线路长度约15.87km，采用DN3800钢管，金山分水点分水50万 m^3/d；金山分水点至闵奉分水点线路长度约7.69km，采用DN3600钢管，闵奉分水点向闵行分水110万 m^3/d，向奉贤分水60万 m^3/d。一次性顶进超过1000m以上的顶管长度有9段。最长顶管为1667.95m，管径DN3600，管节长度12m。

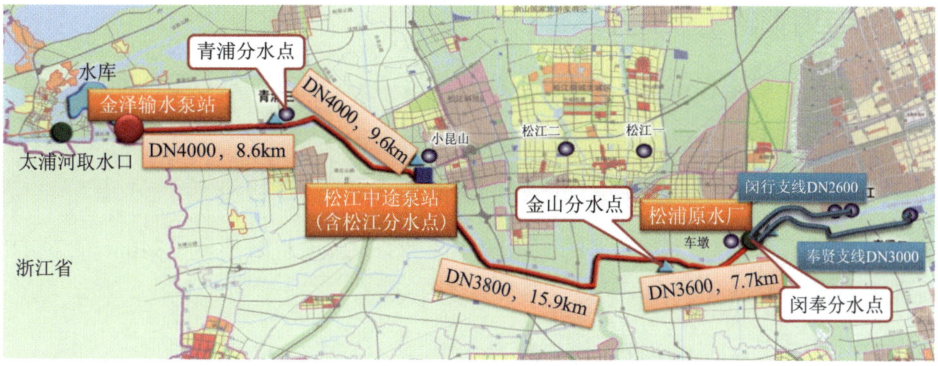

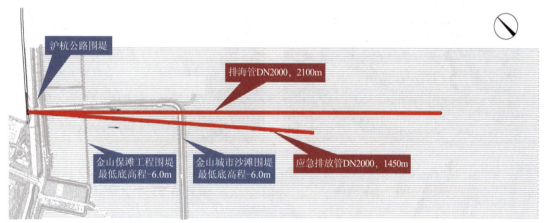

图 1-5-1　黄浦江上游水源地原水输水系统管线布置图

（2）闵奉原水支线工程：过江管采用 DN3000 钢管，顶管施工，长度 446m，中心高程 -24.50m。分为闵奉分水点向松浦泵站正向转输金泽水库来水工况和松浦泵站向闵奉分水点反向供水的应急工况。闵行支线设计输水规模为 110 万 m^3/d，长度约为 2.3km。输水管道采用 1 根 DN2600 钢管。奉贤支线设计输水规模为 85 万 m^3/d，长度 9.20km。输水管道采用 1 根 DN3000 钢管。其中，有两个顶管区段采用预应力钢筒混凝土管顶管（JPCCP 管），管径 DN3000，一次顶进长度分别为 273m 和 829m。

（3）松江原水支线工程：DN2400 原水管线，横穿斜塘。管中心高程为 -18.000m。采用钢顶管，钢管直径 2400mm，壁厚 26mm，一次顶进长度 300m。

3. 金山区新江水质净化二厂及配套管网工程

本工程为上海市金山区新江水质净化二厂及配套管网工程中的尾水排海工程，如图 1-5-2 所示。2018 年 6 月顶通，一次顶进距离 2100m 和 1450m，管径 DN2000，壁厚 30mm，同时完成 15 根 DN450 和 6 根 DN600 的垂直顶升。

图 1-5-2　金山排水管工程平面布置图及障碍物示意图

4. 铁山港区污水处理厂尾水排海管（海域段）工程

铁山港区污水处理厂尾水排海管（海域段）工程主要是为了解决铁山港（临海）工业区污水处理厂、中石化项目、斯道拉恩索林纸一体化项目等污水处理达标后进行深海排放问题。该项目位于铁山港（临海）工业区排水明渠南侧，以营闸路东侧的深海排放井为起点，从海底穿过铁山港 10 万吨级航道和港池，一直到深海的 B3 点排放口。项目地下管道全长 4350m，共分三段进行施工，其中，陆地开挖埋管段 741m，管径 1.5m；海底顶管段 3209m，管径 2.0m；海底扩散管段 400m，管径 2.0m。项目于 2014 年 12 月进场开工建设，2017 年 1 月成功实现了一次性顶进管道长度达 2180m，创造了钢管顶管一次顶进距离最长的国内最新纪录。

5. 汕头市第二条过海顶管工程

汕头市第二条过海顶管工程位于汕头市榕、韩两江出海口,过海管管径 DN2000,管道全长 2080m,2008 年完成施工。

6. 平岗—广昌原水供应保障工程(磨刀门顶管段)

工程为平岗—广昌原水供应保障工程的原水输水工程,一次顶进长度约 2340m,管径 DN2400,为目前国内一次顶进距离最长的钢管顶管工程。

7. 苏州城区第二水源——阳澄湖引水工程

苏州城区第二水源——阳澄湖引水工程规划总规模 50 万 m^3/d,工程内容包括原水取水泵站 1 座和 2 根 DN1800 原水管线(单根长度约 22km)。工程建设地点位于工业园区听波路、夷陵山街、阳澄湖大道、阳澄湖及相城区中环北线、蠡太路、元和塘、黄埭河沿线。其中,3 标段的 11~12 号顶管井区段,一次顶进长度约 2700m,管径 DN2000,双管顶进,管道中心间距 6m,壁厚 24mm。目前工作井施工完成,顶管已经开始。

第 3 节 球墨铸铁管顶管工程案例简介

1. 上海迪斯尼乐园的配套工程南六公路污水支线 DN1400 顶管工程

上海迪斯尼乐园的配套工程南六公路污水支线 DN1400 顶管工程,双管顶管,两管中心间距 3.0m,累计顶进长度 500m,一次最大顶进长度 180m,设计工作压力位 0.20MPa,该工程于 2016 年 3 月 18 日顺利完工,打压一次性通过,施工现场情况如图 1-5-3 所示。

图 1-5-3 南六公路污水支线 DN1400 顶管工程施工现场

2. 郑州市五龙口污水处理厂中水管线工程和再生水利用三环管线工程

本工程中水主要用于郑州新力电力有限公司、燃气电站等,其中,采用球墨铸铁管顶管的口径主要为 DN1200,长度约 204m。

第 4 节 JPCCP 顶管工程案例简介

1. 黄浦江上游闵奉支线项目

黄浦江上游闵奉原水支线 C2 标工程是黄浦江上游水源地连通管工程的支线工程。该支线工程为闵奉分水点至奉贤现有黄浦江取水泵站附近新建调节池原水管道中的一部分,是上海引调水工程建设的重大项目。标段起始井位 JN6 至奉贤受水点围墙 DN3000 和 DN3600 原水管道,沿规划埝泾公路南侧绿化带敷设至南沙港东侧,再向北敷设至红卫港北侧,向东至奉贤三水厂西侧围墙,再向北接至奉贤三水厂西侧新建调节池。闵奉原水支线 C2 标工程平面布置图如图 1-5-4 所示。

图 1-5-4 闵奉原水支线 C2 标工程平面布置图

该标共有工作井 5 座，接收井 2 座，顶管区间长度 4486.75m，埋管长度 23m，JN6～JN13 区间采用 DN3000 钢管节，JN13～JN15 区间采用 DN3000 JPCCP 管节，输水规模 85 万 m^3/d（近期 60 万 m^3/d）。原水管道设计工作压力为 0.6MPa，试验水压为 1.1MPa。项目工程两顶管段采用大口径预应力钢筒混凝土管进行施工，属上海地区首次，单次顶进长度最大达到 829.54m，对于大口径预应力钢筒混凝土管顶管，更是全国首例。闵奉原水支线施工现场如图 1-5-5 所示。

图 1-5-5 闵奉原水支线施工现场

2. 金山区新江水质净化二厂及配套管网工程

本工程为上海市金山区新江水质净化二厂及配套管网工程，建设内容包括污水处理厂工程、污水收集管网工程及尾水排海工程。其中，污水处理厂位于漕廊公路北侧、亭卫公路东侧，污水收集管网工程由管网工程和泵站工程两部分组成，包括新建污水收集管道 15.83km，污水泵站 2 座。尾水排海工程由尾水输送管道段、排海泵站及改造管道段、陆域放流管道与污水高位井段、海域放流管道段、扩散器段及应急排放管道段 6 部分组成，包括新建污水处理厂尾水排放管 13.115km，其中深海排放管 2.1km，应急排放管 1.45km，管材为 JPCCP 管，管径为 1600～2000mm，其中 ϕ1600mm 管道长度 11.6km，ϕ2000mm 管段长度 20.895km。

本工程沿亭卫公路向南敷设 DN1600 污水总管约 11.6km，其中存在 600m 长距离曲线顶管，具体划分为（3/WP）工作井—（2/P）接收井为 220m 长距离顶管，（7/WP）工作井—（6/WP）接收井为 365m 长距离顶管，（98/WP）工作井—（8/WP）接收井为 410m 长距离顶管，（9/WP）工作井—（10/P）接收井为 520m 长距离顶管，（11/WP）工作井—（12/WP）接收井为 600m 长距离曲线顶管，（13/P）工作井—（14/WP）接收井为 675m 长距离顶管）。施工现场情况如图 1-5-6 所示。

3. 白龙港污水处理厂提标改造工程

白龙港污水处理厂位于浦东新区合庆镇，是亚洲最大的污水处理厂，也是上海市污水治理二期工程的重要组成部分，服务面积约 1255km^2，服务人口约 712 万人，接收的污水主要来自浦东新区、闵行区及本市部分中心城区，目前日处理规模为 280 万 m^3/d，占本市污水处理总量的 1/3。本次提标改造工程规模为 280 万 m^3/d。提标工艺采用减量达标方式，将原 6 座生物反应沉淀池的处理能力降低至 160 万 m^3/d，同时新建120万 m^3/d 生物处理设施和深度处理设施。新建设施采取地下式或全加盖的形式，并在设施上部种植绿化，以最大限度地减少对周边环境的影响。完工后出厂水将达到一级A标准。本项目管路系统选用JPCCP管，仅C9标 $\phi 3000mm$ 的管段长度为1.2km。

图 1-5-6 金山区新江水质净化二厂及配套管网工程施工现场

第5节 钢筋混凝土管顶管工程案例简介

1. 上海市污水治理白龙港片区南线输送干线完善工程

上海市污水治理白龙港片区南线输送干线完善工程，主要建设内容为长约26.21km的污水输送干管，如图1-5-7所示。干管起点自外环线和罗山路交叉口，与原南线西段相接，沿外环线和迎宾大道自西向东敷设，至远东大道后折向北，沿远东大道自南向北敷设，至龙东大道后折向东，与中线、南干线一起，沿龙东支路分别进入白龙港污水厂，处理后外排长江。

图 1-5-7 上海市污水治理白龙港片区南线输送干线完善工程简图

全线干管采用顶管方式，敷设方式采用平行双管，顶管内径为4000mm，外径为4640mm，顶管底埋深14.0～15.0m，管道材质为钢筋混凝土预制管，每节管长度为2.5m，接头为F形接头。

2. 镇江沿金山湖CSO溢流污染综合治理工程

针对镇江雨天溢流污染、老城区排水防涝标准偏低等问题，提出了沿金山湖CSO溢流污染综合治理方案，通过生态化手段处理CSO，并辅以截流主干管的建设，以期对现状管网系统进行有效补充，解决老城区CSO溢流污染问题，实现金山湖水质改善、排水防涝标准提升和海绵城市试点达标。

镇江沿金山湖CSO溢流污染综合治理工程中的截流主干管建设，是镇江海绵城市实现源头削减、中途转输和末端调蓄全流程综合性技术手段的重点工程。

本工程经过多方调研和可研报告论证，拟采用顶进法实施工艺。截流主干管道采用内径4000mm钢承口式钢筋混凝土顶管，管节壁厚320mm，管内最大工作压力0.2MPa，全长6434m。起点位于金山湖与运粮河交汇河口处Y-1江南泵站节点竖井，在金山湖水下，沿长江路先自西向东近岸敷设，然后向北穿金山湖到征润州污水处理厂西侧的末端泵站,最后过京江路至长江江边滩涂,终点为Y-8末端排放井节点,先后经过8座节点竖井(Y-1江南泵站节点、Y-2迎江路泵站节点、Y-3平政桥泵站节点、Y-4解放路泵站节点、Y-5江滨泵站节点、Y-6征润州上岛节点、Y-7末端多功能雨水泵站节点和Y-8末端排放井节点),具体管道路由如图1-5-8所示。全程采用水下曲线顶管施工方式,综合顶管施工要求、管道抗浮稳定和河床冲刷要求,并考虑适当的安全储备,管道陆上和水下最小覆土埋深设计不小于8m。

图1-5-8 镇江市沿金山湖多功能大口径管道路由(尺寸单位:m)

3. 西藏路电力隧道工程

西藏路电力隧道工程,开创了全国首条采用非开挖顶管技术施工电力隧道先河。

杨高中路电力隧道,首次采用了"大口径长距离曲线顶管对接顶管施工技术"。

潘广路电力隧道工程,管径DN3500,顶管总长度6351.087m,为目前口径最大的混凝土管顶管电力隧道工程。

第6节 矩形顶管工程案例简介

1. 佛山市南海区桂城街道19、20街区地段C地块地下空间工程

本工程为商业地产项目的配套工程,4条通道开洞后形成地下商业空间,采用矩形顶管推进如图1-5-9、图1-5-10所示。通道长约60.6m,宽约29m,覆土深度5.6m,通道内截面6m×4m,通道间相邻0.5m。

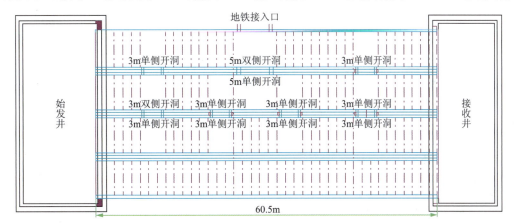

图1-5-9 顶管工程示意图

图 1-5-10 顶管工程现场

2. 广州地铁 3 号线机场南北站区间顶管工程

本工程断面尺寸 6.5m×6.13m，一次顶进长度 110m，双箱涵顶进，净距 100mm，为间距最近的双线矩形顶管案例，如图 1-5-11 所示。

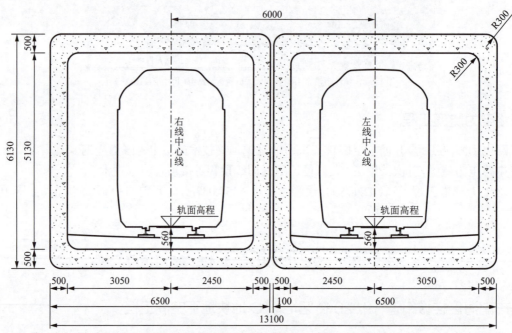

图 1-5-11 广州地铁 3 号线机场南北站区间顶管工程设计图（尺寸单位：mm）

3. 吴中太湖新城综合管廊二期工程

吴中太湖新城综合管廊二期包括龙翔路（天鹅荡路被—引黛街）、旺山路（天鹅荡路—东太湖路）、竹山路（天鹅荡路—五湖路）、东太湖路（竹山路—龙翔路）、箭浮山路（五湖路—景周街）、景周街（箭浮山路—引黛街）、友翔路（龙翔路—友翔路一期起点），共 10.31km。其中穿越友翔路采用矩形顶管施工，由最初设计的一个 10700mm×5200mm 大箱涵改为 2 个 5450mm×4500mm 小箱涵（图 1-5-12），净距 0.60m，顶进长度为 2×75m，混凝土为 C50P8，管壁厚度 450mm，管节长度 1500mm，质量约 31t。

4. 郑州市沈庄北路下穿中州大道工程

该工程机动车道隧道外包尺寸宽 10.4m，高度 7.5m，衬砌厚度 0.7m，衬砌环宽度 1.5m；可满足双向两车道、大车的通行，一次顶进长度 212m；人行道外包尺寸为 6.9m×4.2m，于 2014 年完工，如图 1-5-13 所示。

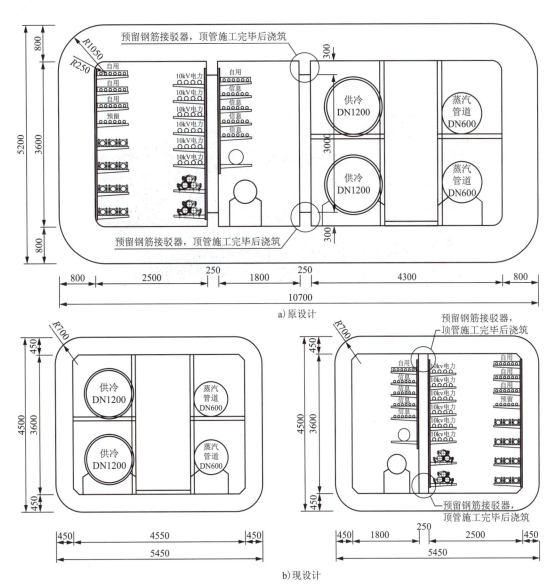

图 1-5-12　吴中太湖新城综合管廊二期工程设计图（尺寸单位：mm）

图 1-5-13　郑州市沈庄北路下穿中州大道工程

5. 天津黑牛城地下人行通道与综合管廊连接通道

该工程开挖断面尺寸为 10.42m×7.57m，一次性顶进长度 92.6m；为目前国内最大断面矩形顶管隧道，顶管机设备由中铁装备制造，两层 6 刀盘布置，断面切削开挖覆盖率达 95%，于 2016 年完工。

6. 苏州城北路综合管廊元和塘节点

城北路综合管廊东起江辰路,西至金政街,主线总长约为8.30km,其中过元和塘节点采用矩形顶管实施,如图1-5-14所示。断面尺寸为9.1m×5.5m,壁厚650mm,内径为7.8m×4.2m,一次性顶进长度233.6m,于2017年完工。该工程为目前国内完成的最长距离的矩形顶管工程。

图1-5-14 过元和塘节点平面布置图

7. 陆翔路—祁连山路道路贯通工程

陆翔路—祁连山路是市域骨干路网中南北向的一条重要主干路,贯通性好,连接了宝山、普陀、嘉定、长宁各区。

地道总体自S20高速公路南侧入地,下穿S20公路及顾村公园,于镜泊湖路南侧出地面。地道全长850m,暗埋段645m,顶管段445m,分离式双箱地道,如图1-5-15、图1-5-16所示。地道北端敞开段邻近地铁7号线区间段和拟建地铁15线地铁车站。单侧地道结构横断面为外包尺寸9.9m×8.15m的类矩形截面。本工程目前将进入施工阶段,为目前国内距离最长的矩形顶管工程。

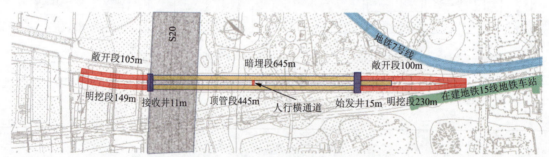

图1-5-15 陆翔路—祁连山路顶管工程线路图

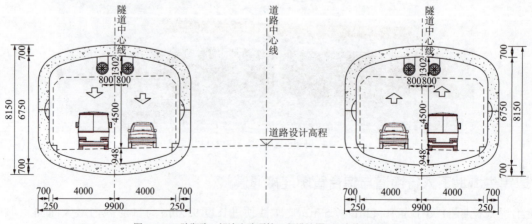

图1-5-16 陆翔路—祁连山路顶管工程设计图(尺寸单位:mm)

第 7 节　矩形管节式盾构工法

所谓管节式盾构隧道,是指在用盾构工法构筑的隧道中,它的一环环衬砌不像普通盾构隧道那样由许多管片组成,而是每环只由上下两半构成。这样,接缝少了,降低了渗漏的可能性,强度和稳定性也提高了。山东济宁济北新区地下综合管廊工程采用矩形管节盾构工法施工,截面高 3.0m、宽 2.7m(净空 2.2m×2.5m),一次顶进长度 366m。该工法由余彬泉发明,盾构机设备由扬州广鑫重型设备有限公司制造,并在济北新区地下综合管廊成功实施,为国内首创,如图 1-5-17～图 1-5-19 所示。

图 1-5-17　矩形管节盾构机

图 1-5-19　矩形管节成型隧道

图 1-5-18　矩形管节

第 8 节　矩形盾构工法

矩形盾构隧道是指在用盾构工法构筑的隧道中,由许多管片组成类矩形结构,而不是圆形结构。矩形盾构机由上海市政工程设计研究院(集团)有限公司与上海市机械施工集团有限公司联合研发,目前已成功应用于虹桥临空 11-3 地块地下连接通道工程施工,并将继续在虹桥会展通道工程中进行西段施工。如图 1-5-20～图 1-5-22 所示。

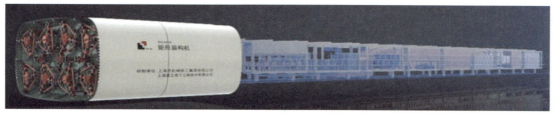

图 1-5-20　矩形盾构工法示意图

图 1-5-21　矩形盾构工法成型隧道

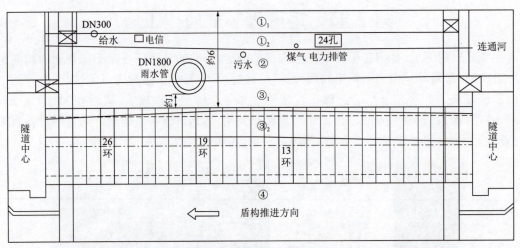

图 1-5-22 隧道工程纵断面图

第 6 章 国际盾构工程技术进展概述

上海申通地铁集团公司　傅德明

近十年来,随着地下工程的广泛发展,国际上盾构隧道技术得到新的发展和提高。超大、超深和复杂地质条件下的盾构隧道技术得到发展和应用,盾构隧道的多样化断面技术、隧道管片和接头新技术、盾构施工信息化智能化技术得到了发展和应用,也一直引领盾构发展的潮流。

我国已经成为世界上采用盾构法隧道技术施工各类隧道最多的国家,积累了丰富的工程技术成果和经验。但还需要不断学习、研发和应用盾构隧道新技术、新工艺、新设备、新材料,为更多的盾构隧道工程服务,从盾构大国迈向盾构强国。

第 1 节　超大直径盾构机与 TBM 隧道工程新技术

自 30 年前的日本东京湾道路隧道首次应用 ϕ14.14m 泥水平衡盾构机以来,ϕ14～17m 的超大直径盾构隧道得到越来越多的应用,其中超大直径土压平衡盾构机在国外应用较多。而博斯普鲁斯海峡隧道工程的建成则创下了大深度(110m)、高水压(11bar[1])盾构施工的新纪录。

1. 东京湾道路隧道 ϕ14.14m 泥水盾构技术

1989—1996 年,日本首次采用 8 台当时世界最大直径 14.14m 泥水加压盾构掘进东京湾海峡隧道,2 条隧道各长 15.1km,最大埋深 60m,每台盾构掘进 2.3km。盾构穿越地层为软弱黏土层,工程采用许多新的盾构技术、隧道结构和防水技术、辅助施工技术。盾构机在海底实现对接,对接处地层进行冻结加固处理。8 台盾构施工工期 48 个月。盾构机分别由日本三菱重工、日立造船、石川岛重工 3 家公司制造,东京湾道路隧道泥水平衡盾构机如图 1-6-1 所示。

2. 欧洲超大直径隧道工程泥水盾构施工

2003 年建成的德国易北河第四隧道长 2.56km,采用一台由海瑞克公司制造的 ϕ14.2m 复合型泥水平衡盾构掘进施工,最大埋深 41m,穿越地层为硬黏土和砾石。盾构机端部配有 42 个超前钻机孔位,可钻探 20～25m 的地层,并可利用它们在盾构机前注浆;切削轮中央有一个独立的 3m 直径中心切削头,可在主切削轮前掘进 600mm,还设有超前地层探测系统,如图 1-6-2 所示。

图 1-6-1　东京湾道路隧道泥水平衡盾构机

图 1-6-2　易北河道路隧道复合型泥水平衡盾构机

---

[1]　1bar=0.1MPa。

2003年，荷兰绿色心脏铁路隧道采用1台φ14.89m泥水气平衡盾构（图1-6-3），一次掘进7.1km，穿越地层为含水中砂层。刀盘扭矩36 000 kN·m，转速0～1.4r/min，盾构机最大推力184300 kN。外径14.5m的衬砌环管片宽2m、厚600mm。10块管片各带有轻微楔形，此外，机载软件给出每环推出5种可能设置的方位，可根据盾构机位置和隧道设计要求，采用激光量测协助引导管片拼装，管片拼装机采用气垫式，如图1-6-4所示。该盾构机后被上海隧道工程有限公司购置修复后用于上海上中路和军工路4条过江隧道施工。

图1-6-3　φ14.89m泥水气平衡盾构机

图1-6-4　采用气垫式管片拼装机

3. 马德里道路隧道首次采用超大直径土压盾构施工

2007年，西班牙马德里M30环线工程采用2台直径15m土压平衡盾构掘进2条长3.5km的地下道路隧道。盾构穿越地层为泥岩、黏土砂、砂质黏土，隧道覆土厚度为15～60m。北隧道采用德国海瑞克制造的φ15.02m土压平衡盾构机（图1-6-5），中间设有直径7m的先行小刀盘。刀盘最大扭矩为125268kN·m。2005年11月，盾构始发施工，2007年3月北隧道建成通车，月掘进220m，最快日掘进22m。

南隧道采用日本三菱重工制造的φ15.2m土压平衡盾构机（图1-6-6）掘进了3664m，工期7个月，月掘进520m，并创造了日进度46m的纪录。盾构机最大推力277000kN，刀盘最大扭矩85700kN·m，开口率43%，螺旋输送机直径1500mm，转速0～18r/min。海瑞克盾构机与三菱盾构机相比，掘进工期长2.1倍。日本制造的大开口率土压盾构机更适用于泥岩和砂土地层。这是超大直径隧道第一次采用土压盾构掘进施工。

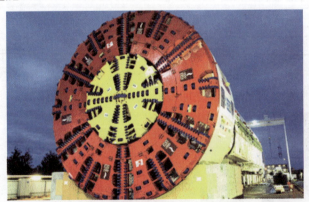
图1-6-5　海瑞克φ15.02m土压平衡盾构机

图1-6-6　日本φ15.2m土压平衡盾构机

4. 意大利山岭道路隧道采用超大直径土压型复合盾构施工

2011年8月施工的意大利SPARVO隧道工程穿越亚平宁山，南、北隧道长度分别为2600m和2564m，采用德国海瑞克制造的一台φ15.615m土压盾构施工（图1-6-7）。隧道沿线的地层主要包括黏土、黏土岩、砂岩和石灰岩，部分洞段存在大量沼气。盾构机最大推力394850kN，刀盘扭矩94793kN·m，设76个滚刀、216个齿刀、24个铲刀、1个中心刀具。螺旋输送机设2道密封，以防易爆气体泄漏。北线隧道施工期 12 个月,月掘进达 220m,最快为 408m/月,最快日掘进 22m。

2012 年底开工建设的意大利西西里岛的 Caltanissetta 公路隧道工程,长 4km,采用 φ15.08m 土压盾构机(图 1-6-8)在经过两年的掘进之后贯通,如图 1-6-8 所示。

2016 年 8 月 29 日,用于圣塔·露琪亚隧道的 φ15.87m 土压盾构始发,在亚平宁半岛的不均匀地层中挖掘 7.5km,如图 1-6-9 所示。

图 1-6-7　φ15.615m 土压盾构施工 SPARVO 隧道

图 1-6-8　φ15.08m 土压盾构施工 Caltanissetta 隧道

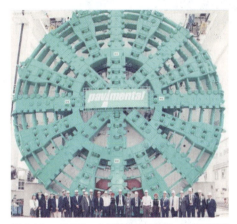

图 1-6-9　φ15.87m 土压盾构施工圣塔·露琪亚隧道

5. 西雅图道路隧道 φ17.52m 土压盾构施工技术

2012 年美国西雅图建设一条长 3.5km 的 φ16.5m 道路隧道(SR99),为当时世界直径最大的隧道,采用 φ17.52m 土压盾构掘进(图 1-6-10)。施工地层地质为黏土、砂土和砂砾。该盾构机在始发掘进后不久,由于主轴承与密封出现故障而被迫停机。随后的两年多时间里,开挖抢修井、更换盾构机部件与维修等一系列事件使得工程工期延迟了 800 余天。2015 年圣诞节前夕,盾构机重新掘进施工,于 2017 年 5 月顺利完成掘进施工。

图 1-6-10　西雅图隧道采用 φ17.52m 土压盾构掘进

6. 香港屯门隧道大直径泥水盾构施工技术

香港屯门至赤鱲角的连接线隧道工程为长 4.2km 的双洞隧道,其地层条件 50% 是岩土混合段,50% 是全冲积层。花岗岩的岩石强度预计在 70~170MPa 范围。隧道处于海底高水压复杂水下环境,两侧的填海段距离长,且施工52条横联通道,工程难度极大,工期长。

设计TBM时,除了考虑高支承压力和在花岗岩段内的高磨损外,还要考虑黏性土可能造成的堵塞以及海洋冲积层的有机气包。基于工程地质条件和水文地质条件,采用3台混合式盾构机:一台直径为17.6m,另两台直径为13.6m。

盾构机上配备用高灵敏传感器来记录盾构机刀盘各项参数的Mobydic系统,可安装摄像机、照明设备、切割设备或高压水枪的蛇形机器人、Telemach换刀机器人。

2015年6月,盾构始发;2015年11月,北部出入口段隧道挖掘完成,盾构机进入填海段南端风井,更换直径14m的盾构机继续掘进剩余部分。隧道模拟图如图1-6-11所示。

图1-6-11 隧道模拟图

7. 东京外环隧道采用4台φ16.1m土压盾构施工

作为2020年东京奥运会的配套工程,日本东京外环道路工程采用了4台φ16.1m土压盾构机(图1-6-12)掘进长16.2km的道路隧道。2017年2月始发的2台盾构机正在顺利掘进中。4台盾构机采用大开口率的辐条式刀盘,配置各类切削刀具1000余把,刀盘转速0.75~1.0r/min。其中1台设双重刀盘,内圈刀盘可先行30cm,可节能30%;3台盾构机设有掘进同步管片拼装系统,通过控制力的作用点来对盾构机千斤顶的压力进行调整,从而实现管片拼装与掘进同步进行。

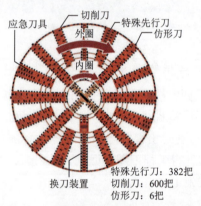

图1-6-12 φ16.1m双重刀盘土压盾构机

东名工作井始发的北行盾构机应用"双重刀盘工法",将刀盘分成内圈和外圈,以不同速度旋转切削土体,同时内圈刀盘可沿隧道掘进方向滑动30cm进行先行切削。东名工作井始发的南行盾构机则采用"接力式换刀工法",在刀盘辐条内部设置一个可容纳作业人员的空间,使其可进入刀盘背面进行换刀作业,实现242把先行刀在任意时段进行任意次数的换刀,如图1-6-13所示。

8. 大深度高水压博斯普鲁斯海峡工程盾构施工技术

图1-6-13 刀盘内的换刀作业空间

伊斯坦布尔海峡公路采用隧道方式跨越博斯普鲁斯海峡,长度14.6km,跨越博斯普鲁斯海峡隧道长为5.4km,其中3.4km采用盾构法掘进施工。隧道最大埋深为-106m,最大水深达-61m,最高水压11bar,采用海瑞克φ13.66m泥水平衡复合盾构施工,穿越地层为饱和含水的沉积土和砂岩、粉砂岩、泥岩。盾构机总长120m,总质量约3300t,工作面设计压力为12bar,推力达247300kN,总装机容量达10330kW,刀盘上装有35把19英寸双刃滚刀。2014年4月至2015年8月,共掘进16个月,平均月掘进 210m。为换刀创新研制了加压穿梭车,将潜水员带到切削作业面换刀,可在 2～3h 内换刀,共计更换了 400 把滚刀。博斯普鲁斯海峡隧道及 φ13.66m 泥水平衡复合盾构机如图 1-6-14 所示。

图 1-6-14　博斯普鲁斯海峡隧道及 φ13.66m 泥水平衡复合盾构机

9. 瑞士圣哥达隧道工程 TBM 施工技术

瑞士圣哥达隧道是两条平行的隧道,每条隧道都长达将近 57km,加上其他通道,这条贯穿瑞士阿尔卑斯山区的隧道总长达 151.84km,成为世界上最长、最深的隧道(含铁路隧道和公路隧道),如图 1-6-15 所示。

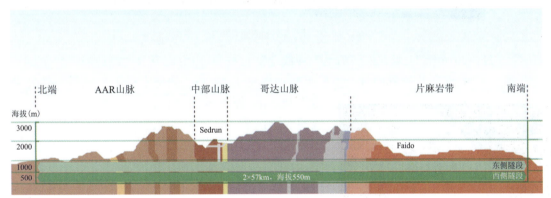

图 1-6-15　圣哥达隧道示意图

隧道于 1999 年开工建设,2003 年,4 台海瑞克撑靴式硬岩掘进机开始掘进。该工程主要特点和风险是:工程规模巨大,工程地质条件复杂,部分地段高地应力,环保要求高,工期长。2011 年,西侧隧道 Sedrun 与 Faido 区间实现主线贯通,2015 年 10 月 1 日隧道启动试运行测试,2016 年 6 月 1 日正式开通。圣哥达隧道 TBM 如图 1-6-16 所示。

图 1-6-16　圣哥达隧道 TBM

第 2 节　国际盾构工程施工新技术

适应黏土、砂土、软岩等不同地层掘进施工的泥水／土压可转换双模式盾构技术近年来得到不断的应用和技术发展。日本在矩形隧道、多圆形隧道、圆周隧道等的多样性盾构机研发和应用方面始终走在世界前列。盾构机的信息化、智能化也不断得到发展和应用。

1. 泥水／土压可转换的双模式盾构机

泥水／土压可转换双模式盾构机最早由海瑞克公司开发，在 21 世纪初成功应用于法国巴黎 A86 地下道路工程，这种机型集两种作业模式的优点于一身，可直接在现场隧道进行作业模式的转换，适用于黏土和砂性地层，如图 1-6-17 所示。

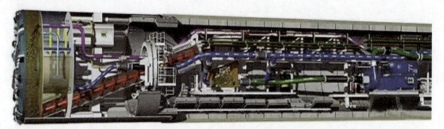

图 1-6-17　泥水／土压可转换双模式盾构机示意图

2016 年 8 月—2016 年 11 月香港沙田至中环线地铁工程中，由海瑞克公司制造的一台 ϕ7.41m 双模式盾构机（图 1-6-18）在工程南部的复杂地层下成功掘进了 680m。隧道沿线工程地质条件复杂，临近维多利亚港，覆土较浅，距离繁忙的地面道路不足 6m。沿线的地层包括填海沉积物、海洋沉积物，松散的花岗岩和一些冲积矿层。施工中，泥水模式被用于掘进隧道初始的一段，而在穿越海洋沉积物层时，则使用了高密度浆液的土压平衡模式。

2017 年 7 月，两台海瑞克 ϕ7m 双模式盾构机应用于澳大利亚珀斯 Forrestfield 机场连接线工程中的 8km 双管隧道。隧道最深处为天鹅河下方 26m，平均深度 15m。土压平衡模式将用于掘进天鹅河底部的硬岩层，而泥水模式将用于掘进 Forrestfield 机场下方的沉积砂层。

图 1-6-18　海瑞克 ϕ7.41m 泥水／土压双模式盾构机

2. 可变密度泥水盾构施工技术

2017 年，长 13.5km 的吉隆坡 KV 地铁 2 号线地下段工程，沿线经过石灰岩喀斯特地层，具有极其复杂的三维网络状溶洞结构、陡峭的裂缝和高度不规则的基岩，地下水位极高，上覆软土（通常是尾矿）并且有大量石灰岩溶洞相互连通。

2 号线工程将保留用于 1 号线隧道掘进的 6 台可变密度盾构机（图 1-6-19）与 2 台土压平衡盾构机。此外，工程还将增加 4 台全新海瑞克可变密度盾构机，用于掘进 2 号线中长 13.5km 的双管隧道。2 号线隧道将在地下 60m 的深度穿越 SMART 隧道，工作压力达到 6bar。

3. 采用三圆盾构建造地铁车站施工技术

日本于 20 世纪 90 年代开发了 MF 和 DOT 多圆盾构机并应用于地铁、道路和其他隧道工程。东京帝都高速交通 7 号线，采用一台三圆泥水平衡盾构施工，外径为 15840mm 和 10040mm，掘进地层为黏土和砾石层，覆土厚度 15～22m。工期为 1994 年 3 月 11 日—1998 年 6 月 10 日，先施工地铁车站，然后拆除中间大盾构机，再进行双线区间隧道掘进施工。三圆盾构机建造的地铁车站如图 1-6-20 所示。

图 1-6-19　喀斯特地层双模式盾构掘进和可变密度盾构机示意图

图 1-6-20　三圆盾构机及建造的地铁车站

日本东京地铁 12 号线采用三圆 MF 盾构施工地铁车站（图 1-6-21）。地铁车站周边地面交通十分繁忙，地下有地铁东西线、乐町线、南北线、东电隧洞等重要构筑物交织在一起；车站埋深 30m，若采用明挖工法修建十分困难。隧道长度 275m，隧道断面高度 8846mm、宽度 17440mm，地层为江户川砂层，覆土厚度 26～28m，最小曲线半径 125m。工期为 1992 年 4 月—2000 年 12 月。

图 1-6-21　三圆 MF 盾构施工地铁车站

4. 矩形隧道盾构施工技术

日本在 20 世纪 80 年代开始研究矩形隧道工程技术，其中偏心多轴（DPLEX）盾构工法是在数台驱动轴的前端偏心地支承切削器，当按同一方向旋转驱动轴时、切削器机架作平行环运动，能够掘削和这个切削器形状大致相似的隧道断面工法。因此，只要变换切削器机架的形状，就可以修建矩形、椭圆形、马蹄形、带有突起的圆形以及圆环形等多样化断面的隧道。

该工法是从 1987 年开始对盾构机和管片衬砌结构进行基本的探讨，然后在 1990 年通过矩形试验机进行了掘进试验。在 1994 年习志野市的菊田川 2 号干线上，采用了世界上最早的圆弧状矩形断面的偏心多轴（DPLEX）盾构工法（图 1-6-22）。衬砌尺寸 4.2m×3.8m，地层为砂层，施工长度 809.6m，最小曲线半径 $R=50$m。

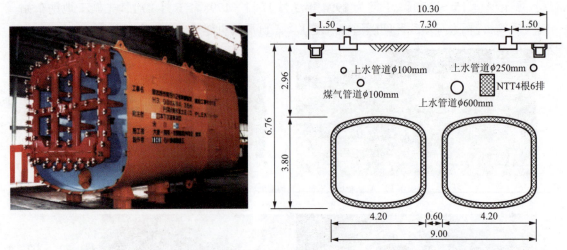

图 1-6-22　偏心多轴（DPLEX）盾构法施工矩形隧道（尺寸单位：m）

摆动型盾构工法（Wagging Catter Shield 工法），是以通过使用油压千斤顶切削器摆动动机构，并兼用切削器辐条伸缩机构，以掘削非圆形断面为目的开发的盾构机。此外，在圆形盾构机中，对以往机种而言，由于多数使用电动机，在盾构机内部的机器配置复杂，加上驱动用马达突出在隧道轴线方向上，使整个盾构机机身长度难以缩短。另一方面，对摆动型盾构机采用少量的摆动千斤顶来驱动切削器刀头，使得盾构机的内部布置趋于简捷化，以缩短盾构机机长。1997 年以来，已有 4 个矩形隧道和 3 个圆形隧道工程采用摆动型盾构机。其中，京都市高速铁道东西线建设工程采用摆动型土压矩形盾构机，尺寸为 6870mm×10240mm×9330mm（高×宽×长），掘进隧道长度 753m，覆土厚度 8.2～14.4m，地层为洪积砂砾，工期为 1999 年 10 月—2003 年 10 月。摆动型矩形盾构机及其施工的隧道如图 1-6-23 所示。

图 1-6-23　摆动型矩形盾构机及其施工的隧道

2003 年，东京地铁 13 号线明治神宫—涉谷站区间隧道，断面为复合圆形，采用世界第一台复合圆形辐条式土压盾构机（宽 9960mm、高 8660mm）掘进施工。该盾构机刀盘采用 6 根辐条结构，辐条端部可伸缩，刀盘旋转仿形切削形成复合圆形断面。盾构机最大推力 80000kN，最大扭矩 18742kN·m，刀盘转速 0.5r/min。复合圆形辐条式土压盾构机及衬砌结构如图 1-6-24 所示。

 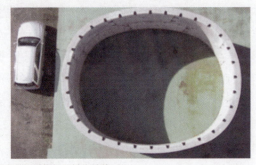

图 1-6-24　复合圆形辐条式土压盾构机及衬砌结构

复合圆形隧道衬砌采用8块钢筋混凝土管片拼装而成,管片环宽1600mm,厚度400mm。盾构穿越的地层为黏性土和砂性土,隧道线路上方有1条矩形下水管渠与φ2800mm电缆隧道,须重点保护。复合圆形隧道与圆形隧道相比,由于断面有效利用率高,隧道断面面积减少10%左右,并可降低对环境的影响。

5. 采用圆周盾构机修建隧道出入口匝道

圆周(扩大)盾构工法是从先施工好的盾构隧道任意位置处开始,采用圆周盾构始发推出、在隧道轴线方向上进行环状掘削,修建规定的扩大空间的施工工法。在1984年日本东京千代田区的电力隧道工程中,首次成功使用该工法,而后又在1986年南千住的共同沟工程和1989年真福寺的下水道干管工程中先后使用了该工法。圆周盾构工法如图1-6-25所示。

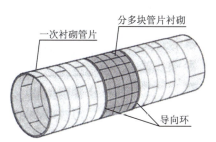

a) 一次盾构掘进
在预定的扩大处,拼装好导向环和特殊管片衬砌。根据地基条件进行地基土加固。

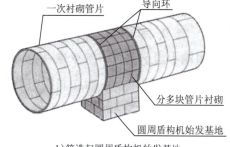

b) 筑造起圆周盾构机始发基地
拆去隧道仰拱部位的管片进行掘削,在一次隧道的下部修建圆周盾构机的始发基地。

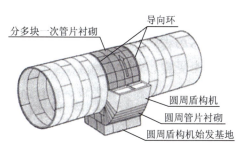

c) 圆周盾构施工
在圆周盾构机始发基地内安置圆周盾构机,反复掘进和拼装圆周管片衬砌,修建扩大盾构机始发基地。

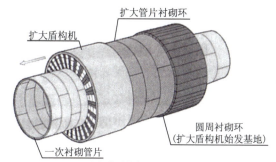

d) 扩大盾构机拼装、始发
在扩大盾构机始发基地拼装扩大盾构机并始发推出,掘进和撤除一次管片衬砌,并反复拼装扩大管片衬砌,扩大所规定的空间。

图1-6-25 圆周盾构工法示意图

最近,在日本横滨环状北线地下道路的马场出入口采用了圆周盾构机实现了4条匝道与主线隧道的非开挖合流。在主线隧道下方建造8.4m×13.0m×5.0m的盾构始发井,采用11m×2.82m的圆周盾构机实现非开挖扩幅。圆周盾构施工如图1-6-26所示。

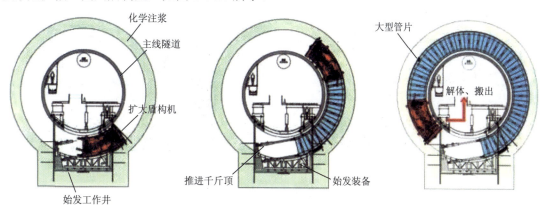

图1-6-26 圆周盾构施工示意图

6. NATBM 掘进机

在硬岩地层施工技术领域，2017年日本鹿岛公司研制了兼具 TBM 和 NATM（新奥法）优越功能的 "NATBM 掘进机"，用于硬质地层的 TBM 掘进至软弱地层时，可切换为 NATM 模式进行高效切削，实现低成本、短工期。隧道外径 4.75m，长度 3718m，地层为硬质砂岩和泥岩，也有 TBM 不易掘进的多龟裂的泥板岩、蛇纹岩等不良地质条件。NATBM 掘进机刀盘切削、反铲挖土及喷射混凝土施工示意如图 1-6-27 所示。

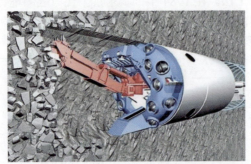 

图 1-6-27 NATBM 掘进机刀盘切削、反铲挖土及喷射混凝土施工示意图

当地层变化时，从 TBM 模式切换至 NATM 模式仅需 1.5d。对应不同用途，刀盘可以有不同程度的开口。当需要进行前方勘察或掌子面略需加固时，刀盘上方打开较小的开口。使用 NATM 模式时，刀盘中央打开较大的开口。TBM 主体采用伸缩结构，盾构机可以后退，确保 NATM 模式下的前方挖掘作业所需空间。NATM 模式下掘进至不良地质时，可在土体松动前施作支护，确保掘进安全可靠。TBM 刀盘中央打开，内部配备的反铲挖掘机伸出挖掘。挖掘后迅速施作支护，防止不良地质出现松动或崩塌。

硬质地层中采用 TBM 模式高速掘进与以往 TBM 同样，在掘进机后方施作支护，通过前方勘察，早期发现不良地质。完成挖掘后，施作支护（钢拱架支护、喷射混凝土 + 锚杆），根据地质状况，可进行掌子面喷射混凝土等辅助工法施工。

7. 竖井掘进机施工技术

撑靴式竖井掘进机（Shaft Boring Machine，SBM），在安全、经济的条件下，可快速开挖深层矿藏。这种高度机械化的掘进机能够在深达 2000m 的地层中开挖最大直径 12m 的立井井筒。与常规的隧道掘进机相比最主要的难点是如何将渣石从竖井底部运出，穿过掘进机，再垂直提升到与竖井输送系统的连接点。解决方案是将刀盘 90°旋转切削岩石，岩石分两个步骤来挖掘。撑靴式竖井掘进机如图 1-6-28 所示。

图 1-6-28 撑靴式竖井掘进机

下沉式竖井掘进机（VSM），适合在抗压强度小于 80MPa 的地层和稳定土层中使用，在地下水水位以下地层施工时优势更明显，如图 1-6-29 所示。

图 1-6-29　沉井及下沉式竖井掘进机

8. 直接铺管技术

通过巧妙地将小直径盾构机、液压推管机和定向钻进技术相结合,开发了独特的直接铺管(Direct Pipe)技术,可以一次性铺设长达数公里的大直径管道,为管道穿越和安装铺设提供了一种崭新的工艺,如图 1-6-30 所示。

9. 电缆管线铺设技术

在直接铺管技术的基础上,进一步开发了适用于浅覆土小直径电缆管线铺设施工的 E-power Pipe 电缆管线铺设技术,可以一次性铺设长达数公里的电缆管道,为电缆管道穿越和安装铺设提供了一种崭新的工艺,如图 1-6-31 所示。

图 1-6-30　直接铺管　　　　　　　　　　　图 1-6-31　电缆管道铺设

10. 快速铺管技术

快速铺管(Pipe Express)技术将小直径盾构机和垂直排土相结合,是施工近地表地下管道的一种半机械化非开挖技术,可铺设直径 0.9～1.5m、长度高达数公里的管道。施工过程中,采用一个小直径盾构机在地表以下开挖沟槽,并用垂直排土机械将开挖的渣土排至地表,同时在后方铺设管道。该技术具有开挖量小,施工速度快,无须降水,对环境影响小的特点。快速铺管装置如图 1-6-32 所示。

11. 隧道施工机器人

图 1-6-32　快速铺管装置

盾构隧道施工自动化程度高,但在刀盘换刀具、清洗刀盘等作业上还需人工作业,劳动强度大,作业风险高。法国布依格公司自 2012 年以来一直致力于隧道工程中的施工机器人研发,先后研发了 Roby 钻孔机器人、Telemach 换刀机器人、Jet-snake 刀盘清洗蛇形臂等设备,已应用于多项隧道工程。

Telemach 换刀机器人(图 1-6-33)可在盾构机开挖仓内部将已经磨损的刀头拆卸,施工人员更换新的刀头后,再由其安装到盾构机上。机器人安装在刀盘边缘,可以轻易更换刀盘外圈磨损最为严重的 20% 滚刀,这些滚刀数量占据整个换刀作业量的 80%。由于 Telemach 换刀机器人尺寸限制,只适用于直径超过 11m 的 TBM,且刀具以滚刀为主才能发挥最大作用。莲塘工程中 Telemach 换刀机器人进行了超过百次高水压下的换刀试验。

Roby850 是一种机械臂型钻孔机器人(图 1-6-34),最长臂展 850cm,安装于移动拖车上,随 TBM 移动施工。最早在香港莲塘隧道中钻出超过20000个钻孔并安装锚杆,以支护墙板与线缆架。

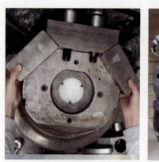　　

图 1-6-33　Telemach 换刀机器人　　　　　　　　图 1-6-34　钻孔机器人

12. 盾构施工辅助技术

（1）管片拼装机仿真器技术：用于培训操作人员使用管片拼装机，以及优化隧道施工的工作流程。借助仿真器培训使人员作业安全得到提升，并节省时间和开支。

（2）滚刀滚动监控系统：通过定位受损或阻滞的滚刀，优化刀盘的维护时间间隔。使用滚刀滚动监控系统之后，因对滚刀进行人工检查所导致的频繁停机将极少发生，从而使隧道掘进作业更加高效，并可避免对相邻滚刀或刀盘的钢结构造成二次损坏。

（3）泥浆泵磨损状态监测系统：通过对泵的运行监测来自动诊断磨损并且发出故障通知，避免泥浆泵突然发生故障。

（4）集成式地震探测系统（ISP）、软土声呐探测系统（SSP）、BEAM 超前探测系统：对地质条件进行初步勘察之后，隧道沿线的地质总是会出现意料不到的情况，造成安全隐患，通过预先探明障碍物或者复杂的地质区域，可以使盾构掘进时有所准备并及时采取对策。

（5）绿色施工技术：主要是针对废水、废浆零排放研发的新技术。

13. 远程数据采集及智能监控技术

盾构机及掘进机掘进过程中，操作手和管理者不仅需要掌握设备的各项参数指标，还需收集、整理、分析并生成各种报表，以判断施工参数是否合理，设备运转是否正常，现场运作是否顺利，并根据实际情况不断调整优化。海瑞克公司的远程数据采集及智能监控系统（图1-6-35）可以很好地将工程中各阶段和各方面产生的数据（包括设备的推力、扭矩、工作压力、注浆压力、管片参数、盾构机或掘进机姿态、地面沉降监测数据、管片生产、泥水分离站运行数据等）整合到一个平台上并传输至远程的控制中心进行分析对比，生成各种图形报表，充分发挥了大数据和云端的优势，大大提高了施工管理的水平。

图 1-6-35　远程数据采集及智能监控系统

14. 隧道信息化施工技术

在欧洲和澳大利亚，WiFi（无线网络）在地下隧道工程中的应用已经相当普遍，但在北美洲和亚洲，该技术尚未成熟。国际通信公司（MST Global）最早曾为伦敦 Crossrail 轨道交通工程提供了无线网络，如今，他们开发了多种适应隧道施工的无线网络设备。

其中，研发了一种无线中继器（WRN），可自动中继并放大网络信号，在没有电源的情况下扩展地下施工区域的无线网络，目前已应用于 13 个隧道工程中；另一项新技术是 MST Fusion Voice，可使车载通信设备在 WiFi 和电波对讲之间无缝切换,方便施工人员与车辆的联系。隧道内覆盖网络后,可使用网络标签,实现工人的访问控制,在工人进入特殊区域时进行警告,或跟踪工人与车辆在隧道内的位置。目前,国际通信公司(MST Global)正在开发在隧道中提供手机 LTE 网络的方法,以便在隧道内使用普通智能手机访问互联网。

随着隧道施工的智能化,隧道工程中的海量信息也越来越复杂。为此,Maxwell Geosystems 公司耗费了 14 年时间打造了全工程周期的数据收集、整合和分析平台 Mission OS。该平台可在不同规模的工程项目下为业主、承包商和工程顾问提供模块化的管理系统。通过工程定制,可接入任何数据收集系统,从而在不打破建设者的数据采集习惯的基础上,整合有效信息,并查看与分析各种数据,确定工程趋势并作出决策。该平台经过了布里斯班机场线、香港区域快线、沙田中环线和新加坡电缆隧道等大型项目的试验性应用,如今不断改进,越来越多地应用于全球的重大工程中。

吉隆坡 KV 地铁二期工程中应用了 Mission OS 平台管理所有隧道开挖与施工作业数据,将 TBM 开挖数据、设计预测、地质信息与仪器检测结果在 2min 内分析并整合完毕,进行审核后通过网络发送给各地的用户。新加坡 DTSS 二期工程基于 Mission OS 设计了竖井与隧道检测系统(STEMS),以跟踪技术数据,管理施工班次。该系统为全长 100km 隧道工程提供统一的数据收集与分析,减少了数据管理和报告生成时间。此外,Mission OS 平台也将应用于墨尔本地铁、樟宜机场隧道、伦敦 Tideway Central 隧道、洛杉矶 Westside 隧道与华盛顿的 North East Boundary 隧道工程中。

第 3 节　盾构隧道衬砌管片及接头新技术

日本在隧道管片结构和接头连接技术方面始终走在世界前列,蜂窝形管片的发展和应用、管片接头形式的多样化可给我国盾构隧道的设计提供借鉴。

1. 蜂窝形管片

蜂窝形管片具有拼装方便、作业时间短的优点,欧洲在 20 世纪 90 年代就已采用,但存在拼装接缝渗漏水多的问题。2000 年后,日本对蜂窝形管片进行优化改进,应用于地铁隧道、排水隧道和道路隧道工程。东京地铁 13 号线 $\phi6600$ 单线隧道衬砌采用了环宽 1250mm、厚 250mm 的蜂窝形 RC 管片。管片厚度减小 5cm,无手孔,拼装方便,结构及防水效果优良。东京新宿线地下道路中落合工区盾构法隧道长 2020m,隧道外径 11.2m,隧道衬砌部分采用蜂窝形管片,管片宽 120cm、厚 40cm,厚度比普通管片减小 5cm。蜂窝形管片及拼装施工如图 1-6-36 所示。

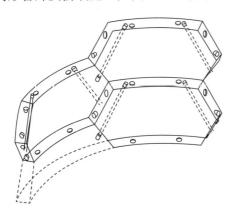

图 1-6-36　蜂窝形管片及拼装施工

近年来,日本盾构隧道的衬砌技术也涌现更多创新,有可实现快速拼装的自我紧固式(FAKT)管片与螺旋式管片、应对内水压的单层衬砌管片、耐震防渗应对急曲线的 HCCP 复合管片、可进行全预制化拼装的"Super-ring 工法"以及加速管片安装、降低成本的新材料、新技术,都在不断提高未来隧道施工的效率与安全。

2. 日本管片快速接头新技术

基于盾构隧道快速施工的目标,日本有不少管片制造商以及大型承包商开发了多种特殊管片及用于管片环缝和纵缝的快速接头,实现了拼装自动化。

1) One-Pass 管片 2

One-Pass 管片 2 是对原先开发的 One-Pass 管片进一步改良的单层衬砌管片,是一种无须螺栓拧紧作业、适用于快速施工的管片。其纵向接头采用了水平销式接头,环向接头采用了推压紧固式接头(Push-Grip),如图 1-6-37 所示。

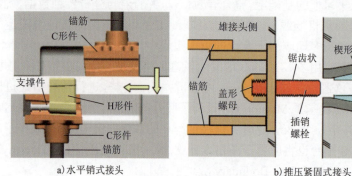

图 1-6-37　推压紧固型水平销式接头和环向接头

水平销式接头是由一组 C 形件和附带支撑件的 H 形件构成。H 形件安装在其中 1 个 C 形件上,滑动后与另 1 个 C 形件连接,并通过支撑件反力得到紧固。推压紧固式接头应用了楔形件的销连接方式接头,雄接头侧的插销螺栓与雌接头侧连接完成紧固。

截至 2018 年,在日本共计有 15 个项目施工中使用了该管片,涵盖了道路隧道、综合管廊、铁道等各类工程。

2) 滑销快速接头管片

滑销快速接头(图 1-6-38)是一种用于拼装自动化,且内弧面完全平滑的管片接头。其纵向接头采用了滑销接头,环间接头采用了新型快速接头(Sun Quick Joint)。C 形件内具有楔形件和作为反力件的聚氨酯橡胶,不仅能够产生接头紧固力,还可通过改变聚氨酯橡胶硬度对紧固力进行调节控制。

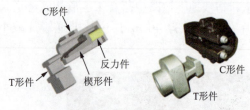

图 1-6-38　滑销快速接头

新型快速接头是一种仅需推压即可完成紧固的接头,无须复紧作业。此外,能够通过钢棒的弹性变形产生一定伸缩,可对地震时管环间的接缝张开进行追踪,具有良好的抗震性能。自 2003 年滑销快速接头管片首次应用以来,已在多个综合管廊、铁路、道路等工程中得到广泛应用,隧道外径 2550～13700mm。

3) 滑动锁定接头

滑动锁定接头是适用于快速施工、无须螺栓拧紧作业,且满足接头高刚度要求的啮合式管片块间接头。接头结构包括螺栓和弹性构件组成的雄接头侧,以及具有螺栓滑动槽的雌接头侧。接头类型分成单螺栓型和多螺栓型(图 1-6-39),中小直径到大直径隧道都可应用。采用该接头的管片通过轴向滑动,

a) 单螺栓型

b) 多螺栓型

图 1-6-39　单螺栓和多螺栓滑动锁定接头

能够完成紧固。目前滑动锁定接头的施工案例共有4项,包括地铁和综合管廊等工程。该接头与普通螺栓接头相比,拼装时间短,大约每块用时5min,且成环的真圆度高、开裂较少。

4）GT 管片

GT 管片是针对普通内弧面平滑管片的接头结构无法复紧的问题而采用了WW（Worm Wheel）接头的一种新型管片,如图1-6-40、图1-6-41 所示。

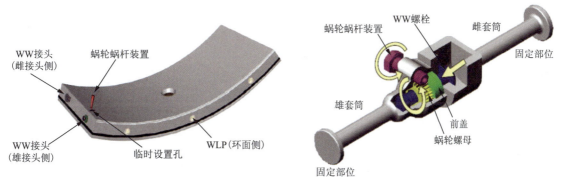

图1-6-40　GT 管片示意图　　　　　　　　图1-6-41　WW 接头示意图

WW 接头的特点在于,在管片拼装后可通过传动机构对接头引入拧紧力,并且能够调整拧紧力。雌接头侧为C形件,雄接头侧是通过回转蜗轮螺母拉近雄接头侧螺栓完成紧固。

GT 管片已在北海道电力泊核能发电厂3号机增设工程（外径5850mm、管片厚225mm）以及首都高速公路SJ11 标段（4）～SJ31 标段（外径12830mm、管片厚500m）工程中得到应用。

5）SP 接头

SP 接头是一种具有免震功能的插销式接头,可应对地震时因地层沉降等引起的隧道轴向抗拉刚度和抗弯刚度下降问题。该接头利用4分块垫块形成楔形结构的插销式环间接头,可以较小的压入力完成紧固,确保接头结构具有较大的抗拉承载力。SP 接头结构如图1-6-42 所示。

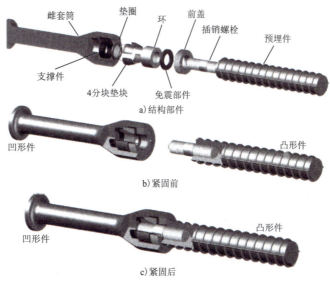

图1-6-42　SP 接头结构示意图

SP 接头已在中央环状品川线盾构隧道（北行）工程（外径12300mm、管片厚400mm）、357号东京港隧道（外径12000mm、管片厚500mm）、东京外环道主线隧道（南行）东名北工程（外径15800mm、管片厚650mm）等工程中进行了使用。

第2篇
盾构机设计、制造与再制造科技新进展

第1章　盾构机创新设计
第2章　盾构机创新机型
第3章　"一带一路"盾构机创新机型
第4章　盾构机再制造技术

第1章 盾构机创新设计

第1节 国内首台联络通道盾构机设计技术

中铁工程装备集团有限公司 孙磊,王小涛

1. 需求背景

联络通道是两条平行隧道之间的通行隧道,现行《地铁设计规范》(GB 50157)中规定,在城市轨道交通建设中,两条单线区间隧道之间,当隧道连贯长度大于600m时,应设联络通道,用作消防疏散。随着我国地铁隧道的大量建设,联络通道的建造需求很大,传统联络通道主要采用冷冻或注浆加固、矿山法施工,冷冻法联络通道施工易发生涌水塌方等安全事故、地表长期沉降等病害,已经成为盾构隧道的重大质量隐患点之一,严重影响了运营隧道的行车安全。

为解决冷冻法联络通道施工带来的问题,欧洲、日本以及中国香港等已相继开展了联络通道盾构机的研究。然而,受限于既有隧道空间小、通道结构复杂、装备研发难度大等,机械法联络通道技术未全面使用,但已经受到高度关注,并且在部分国家和地区开展了工程实践。中铁工程装备集团有限公司与中铁上海工程局集团有限公司、上海市隧道工程轨道交通设计研究院、宁波大学成立科研、设计、施工联合体,研发解决非冻结、主隧道空间小、切割进出洞、通道结构复杂等技术条件下的盾构机(顶管法和盾构法)装备、机械法施工技术和控制标准、隧道结构设计和防水等问题。

2. 技术创新

联络通道盾构机为完全拥有自主知识产权的联络通道机械法施工设备,机械法联络通道施工技术是解决传统矿山法联络通道施工不足之处的重要手段,该工法在安全性、缩短建设工期以及经济性方面有较大的优势。

盾构机在既有隧道内始发和接收,施工场地和功能的特殊性给整机设计带来诸多挑战。项目组结合盾构的技术特点及联络通道的特殊要求,对切削刀盘、管片支护系统、端头密封系统、整机集成进行针对性设计,实现产品五大创新。

1)集约空间模块化整机集成技术

联络通道机械法施工采用全自动化盾构施工,集开挖、出渣、支护、拼装、推进、密封、物料转运等功能于一身,可实现联络通道的快速机械化施工,不受地质条件限制,工厂预制管片,质量可靠。主机模块化设计、可实现盾构—顶管两种工法的转换(图2-1-1),并且联络通道机械法施工工序简单、造价低。

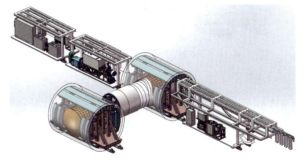  

图2-1-1 联络通道盾构机整机设计

2）适应凹、凸弧形管片的刀盘针对性设计

盾构机刀盘技术的设计要点主要有：刀盘的结构形式、开口率的选取、刀具的选择和布置。

隧道间联络通道的建设是基于既有隧道建立的，既有隧道的管片结构为圆形，为了适应隧道管片的曲率，以及切削管片需要，设计了适应该项目隧道断面的刀盘结构形式；由常规盾构施工经验可知，增大刀盘的开口率，对刀盘使用的扭矩有很大的降低；始发接收阶段，针对既有管片破除，增加了滚刀布置。

针对性设计：研制出适用于弧形管片切削的锥形刀盘结构，联络通道盾构机刀盘采用4主梁+4副梁的锥形结构设计（图2-1-2），在狭小的隧道内能够最大化的节省空间，刀盘整体开口率达50%，可预防在软土层中掘进结泥饼；联络通道顶管机采用同样的锥形刀盘结构（图2-1-3），在锥形面板上安装滚刀后，大幅提高刀盘切削管片的效率。

图2-1-2　辐条式锥形刀盘

图2-1-3　带滚刀锥形刀盘

3）T接隧道微加固环境始发与接收技术

研制出基于主隧道空间结构的始发、接收套筒，防止在始发接收过程中，地下水经盾体与管节之间的缝隙涌入主隧道，始发与接收端头的密封性是联络通道施工的前提，采用半套筒始发+全套筒接收（图2-1-4、图2-1-5），保证了无加固条件下施工的安全性；在接收端设置一节接收台车，集成隧道支撑体系和接收套筒，联络通道正环施工完成后，盾构机全部进入钢套筒，洞门止水完成后即可断开套筒，主机随接收台车运输出洞，实现盾构机的快速转场，节约施工工期。

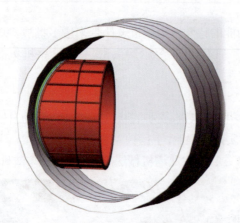
图2-1-4　半套筒始发

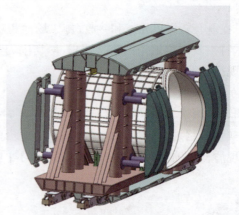
图2-1-5　全套筒接收

4）可移动式管片预应力支撑及监控技术

联络通道施工时主隧道管片受力状态发生转换，为保证应力重分布过程中，主隧道结构安全稳定，研制出移动式管片预应力支撑及监控系统（图2-1-6），设备特点为：①支撑系统与主机运输台车集成，便于隧道内运输；②采用PID控制技术可实现无级升压、降压功能，能够适应不同地层、不同工况；③系统内置传感测试系统，可实时监测受载情况，安全可控。

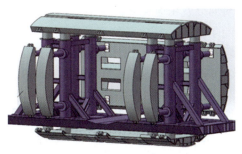
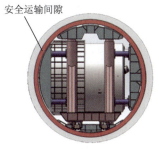
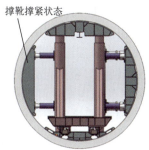

图 2-1-6　移动式预应力支撑机构

5）狭小空间管片半自动拼接技术

创新性采用主梁回转式拼装机结构,解决狭小空间设备布置及管片拼装机难题。开发半自动拼装系统,采用无线蓝牙控制,提高了设备自动化水平。创新设计了 T 接隧道物料运输技术、始发姿态微调及导向控制技术,提升了设备掘进效率及姿态控制精度。

综上,联络通道机械法施工工法,与传统矿山法施工相比,施工效率提高 1 倍以上,不仅具有施工工期短、成型结构稳定质量好、作业施工环境安全可控、机械化程度高等优点;还能有效避免传统矿山法施工联络通道工期长、沉降得不到有效控制、冻融沉降周期长沉降大、影响后续铺轨质量、作业环境差等缺点。机械法施工无须冷冻,不存在后期冻融沉降问题,沉降控制好;同时隧道一次开挖成型,不用喷浆防护,改善施工人员作业环境。联络通道盾构机配套的预应力支撑体系,可实现无极升压、降压功能,能够适应不同层、不同工况;可实时监测受载情况,安全可控。

3. 工程应用

联络通道盾构机(ϕ3.29m)成功应用于宁波轨道交通 3 号线鄞州区政府站—南部商务区站区间联络通道,联络通道顶管机(ϕ3.29m)成功应用于无锡地铁 3 号线新锡路站至高浪路东站区间联络通道。联络通道顶管机在无锡的应用填补了国内空白,联络通道盾构机在宁波的应用为世界首例(图 2-1-7)。

图 2-1-7　无锡地铁联络通道贯通现场

两个项目的成功应用得到了国内外广泛好评与认可,吸引了一批来自全国各地的市政公司领导纷纷前来现场参观学习,为联络通道机械法施工的推广应用起到了很好的示范作用。联络通道机械法施工为联络通道施工提供了安全、高效、经济的新方案,也为其他地下通道的施工提供了新选择,为地下空间开发提供了新思路。

4. 社会效益

联络通道盾构机可实现　次开挖成型,减少施工工序,缩短施工工期,直接降低人工成本。联络通道机械法施工不需要冷冻,不存在冻融沉降问题;遇到岩石不需要爆破,提高了施工安全性。联络通道机械法施工与冷冻法施工相比,工期和成本均大幅下降,有望成为联络通道施工的最佳选择。

第 2 节　盾构机电液混合驱动技术研究与应用设计

中国铁建重工集团股份有限公司

1. 需求背景

21 世纪是隧道和地下空间大发展的世纪,在铁路、公路、城市交通、采矿、军工等领域对全断面隧道掘进机（TBM）的需求量越来越多，特别是随着我国西部、西南部以及山区经济发展需要，水利水电大规模的调水工程、大型煤田和矿山基地的现代化改造和扩能增产的需要，将需大量修建长距离岩石隧道，其中很大一部分属于长距离TBM隧道工程，这给主要用于长距离硬岩隧道施工的TBM带来了难得的发展机遇。目前，我国已是TBM掘进机需求最大国家，占全球50%，我国正处于需求带动的TBM技术发展和对传统隧道掘进机产业进行战略升级的重要机遇期。

TBM在通过软弱破碎带、围岩收敛地层等不良地质时，如果施工组织不利及设备功能不匹配，极易出现围岩"抱紧"护盾至其卡紧的施工事故，此时刀盘和推进系统动作阻力急剧增大。随着隧道施工技术的进步和施工成本增加，业主和施工单位都希望在满足正常掘进需求的前提下提高设备配置功率的利用率以降低使用成本，同时降低设备总成本。

因此，中国铁建重工集团股份有限公司研发设计了新型的盾构机主驱动关键技术——电液混合主驱动，其将由若干个电机或液压马达组成的每个驱动单元作为主驱动系统的独立模块，可自由组合和分配在主驱动系统的安装空间。相比传统的盾构主驱动（全液压驱动、变频电机驱动、双速电机+液压马达辅助驱动），则综合了液压驱动和电机驱动的优点，是现在混合驱动的主要方式，能连续调速、地质适应性高，传动机构模块化、易维护，液压马达和电机能同步驱动脱困。

电液混合主驱动在新疆ABH隧道施工的成功应用填补了我国全断面隧道掘进机主驱动混合驱动研发制造领域的空白，能够满足铁路、引水、煤田矿山和城市地铁工程项目中国家建设对隧道掘进装备脱困的迫切需求，打破该领域隧道掘进装备的关键技术长期被国外企业垄断的市场格局，提高我国重大装备核心竞争力，提升国内全断面隧道掘进机主驱动制造水平。

2. 技术创新

1）空间结构布局优化技术

电液混合驱动系统全面综合了液压驱动和变频电机驱动的优点，结构尺寸和安装空间小，输出扭矩大，能源效率高，能够极大提升传统TBM主驱动的脱困扭矩，极大增强刀盘脱困能力（图2-1-8）。

主驱动系统由大齿圈和电液混合驱动单元组成（图2-1-9）。其中，电液混合驱动单元包括小齿轮、减速器、离合装置和动力源（液压马达或电机）等。

图2-1-8 电液混合驱动空间结构布局

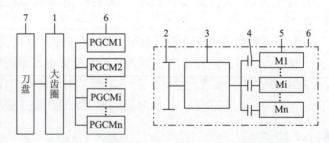

图2-1-9 电液混合驱动系统及其驱动单元机构示意图

1-大齿圈；2-小齿轮；3-减速器；4-离合装置；5-动力源；6-驱动单元；7-刀盘

2）电液混合驱动技术

为适应不同地层地质变化尤其是在不良地质条件下掘进时，主驱动系统需有瞬时脱困、低速大扭矩和高速小扭矩等多种驱动模式，特别是多种驱动单元联合工作时的同步性能，对驱动系统的负载响应速度、模式转换可靠性提出更高要求。电液混合驱动在多种工作模式的主驱动技术中主要有：

（1）瞬时脱困驱动技术：遇到不良地质造成刀盘被卡就需要足够大的扭矩实现刀盘快速脱困，而采用人工方式既费时又危险。为了实现大扭矩脱困，首先控制离合装置分离，将若干个马达调节至满负荷运转，然后同时协调离合装置和其他马达实现各驱动单元同时输出最大扭矩，从而实现大扭矩脱困。

（2）低速大扭矩驱动技术：掘进的地质较软造成刀盘的实际负载扭矩较大，而单个马达在低速时扭矩有限，为了实现低速大扭矩掘进，需要若干个马达组合一起驱动。若采用不同类型马达的组合驱动，由于两者的响应速度不一致,可能导致调速过程中各种马达之间的扭矩不平衡。为此,需要采用适应的离合装置用于调节不同类型马达之间的负载平衡。

(3)高速小扭矩驱动技术:掘进稳定硬岩地质造成掘进机实际扭矩较小,刀盘转速增大以提高掘进速度。在这种提供小扭矩情况下,部分动力可以不工作,离合装置分离。

电液混合驱动流程如图 2-1-10 所示。

3)电液混合驱动系统控制技术

为了充分发挥电液混合驱动系统的优势,其控制初始阶段,液压驱动系统发挥其大功率的优势,快速进给,当实际位移与设定位移偏差达到系统切换阈值时,电气伺服驱动系统开始工作,精调位置偏差。该控制方法简化了控制算法,易于实现,并且充分发挥了两种驱动系统的优势。

电液混合驱动控制技术采用多模式切换的主驱动控制机理,即根据脱困模式的不同变化,通过转换控制方法,合理设计同步控制策略(图 2-1-11),从而有效抑制驱动轴扭矩在荷载剧烈变化时的失衡程度,缩短失衡时间,使系统同步驱动性能得以改善。

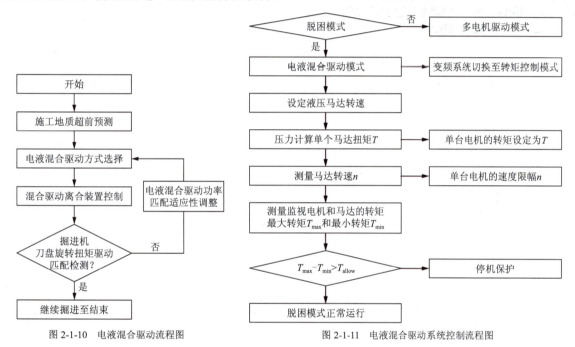

图 2-1-10 电液混合驱动流程图　　图 2-1-11 电液混合驱动系统控制流程图

3. 工程应用

不良地质是影响 TBM 尤其是护盾式 TBM 施工的最大风险,是进行 TBM 设备选型和总体设计时重点考虑的因素。针对新疆 ABH 项目的工程地质、水文地质以及工程特点进行分析,存在以下典型不良地质:断层破碎带、富水地层、高地应力(岩爆)等,只有采取安全可靠、切实可行的技术方案与措施,才能确保设备安全和施工顺利。

为此,针对新疆 ABH 隧道工程沿线存在的多种地质风险,必须提高不良地质条件下的设备脱困扭矩,加大主驱动扭矩的安全系数。如果全部采用变频电机驱动,脱困扭矩约 6940kN·m,安全系数约 1.6,进一步增大扭矩和安全系数需增加电机数量和规格,受限于洞内狭小安装空间,实施非常困难,必须采用具有大扭矩、结构尺寸小的驱动部件,而液压马达是当前最为成熟大功率、大扭矩驱动部件,在同样安装空间和安装尺寸下,液压马达较变频电机驱动扭矩高 2~3 倍。

因此,中国铁建重工集团股份有限公司研发设计的电液混合主驱动通过采用液压马达和变频电机混合驱动方式。当 TBM 正常掘进时,仅利用变频电机驱动,输出的扭矩足够满足正常掘进;当遇到困难地质需要大扭矩脱困时,则启动液压马达,采用液压马达和变频电机同步驱动,从而增大脱困扭矩。在不需增加安装空间的前提下,大幅度提高主驱动的特殊工况下的脱困扭矩。

4. 社会与经济效益

该技术在 TBM 上的成功应用,充分体现出国内大型高端地下装备关键技术的研发领先水平,并在央视大型系列专题纪录片《大国重器》中进行了详细描述(图 2-1-12)。电液混合驱动关键技术的研究推动并丰富了我国在高端地下装备的研发能力。同时,随着国家持续加大在基础设施领域(以城市轨道交通、高速铁路、水利工程为重点)的投资力度,未来 10～20 年间,高端地下装备的需求将迎来新一轮快速增长,年需求量不少于 150 台(套),年产值超过 100 亿元。而以铁路隧道工程为主的 TBM 产值(2015—2025 年)不少于 200 亿元,经济效益十分显著。

图 2-1-12　纪录片《大国重器》第三集·通达天下视频截图

第 3 节　国内首创地面出入式盾构机设计技术

上海隧道工程有限公司

由于地面出入式盾构法的特点,施工过程中盾构设备需要穿越负覆土、零覆土、浅覆土及常规覆土等各种复杂多变的工况,新工法将面临施工场地狭小、施工参数调整范围大、低围压下盾构进、出土困难、管片易变形、盾构姿态控制难等诸多问题。因此针对这些技术难题研制相适应的盾构是地面出入式盾构法新技术能否正常实施的关键,设计制造的盾构机必须要适应于这种新颖的盾构施工法的需要,在总体设计、关键部件(例如刀盘设计、管片稳定装置等)、姿态控制技术等设计方面有特殊的要求。

1. GPST 总体布置

由于 GPST 工法施工场地狭窄(始发井长 30m),常规地铁盾构机有 5 节车架,全长近 64m,因此常规盾构机不适应于目前施工场地的需求,也不能满足新工法快速施工的要求。根据新工法特点,对盾构机整体结构进行合理布置,尽量减少或者取消台车设计,通过三维空间布置,充分利用每个空间,对盾构机总体布局进行优化设计,主要在液压系统、电气系统和辅助系统上进行紧凑性设计(图 2-1-13)。

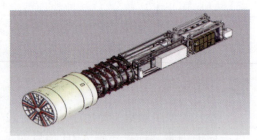

图 2-1-13　地面出入盾构机

2. 刀盘针对性设计

盾构机刀盘技术的设计要点主要有:刀盘的结构形式、开口率的选取、刀具的选择和布置。

研发适用于地面出入式盾构法的盾构设备在国内尚属首次,选择合适的开口率至关重要,为此,上海隧道公司做了充分的调研。从实际了解的情况来看,日方目前使用的 URUP 盾构机基本都使用了辐条式,此类盾构机对于出土应该比较好;从我们在国内盾构机使用情况上来看,以郑州工地盾构机和武汉 2 号盾构机为例,盾构机刀盘开口率的增大,对刀盘使用的扭矩都有了很大的降低;从地面出入式盾构法施工情况来看,由于是在超浅覆土、零覆土及负覆土下施工,刀盘前面的土压力无法建立,所以一般都是靠挤压出土,如果开口率过小,在土体没有很好改良的情况下,可能会引起出土不畅,因此应该讲在超浅覆土、零覆土及负覆土下施工,开口率越大更利于施工。当然,开口率的增大也是有限度的,还应综合考虑结构强度,刀具布置空间等。在刀具的选择和布置原则上,URUP 盾构基本与常规盾构一致。

示范工程最终采用了辐条式刀盘结构,刀盘支撑方式采用中间支撑方式,优化设计后的刀盘开口率为 60%,同时,由于开口率增大,辐条结构刚性较差,必须通过计算验证刀盘强度。除了确定盘体基本结构,刀具的合理配置也将影响切削效率、出土的难易程度。根据地质条件,最终刀具配置有切削刀 134 把,高度 105mm,贝壳刀 51 把,高度 135mm,周边刀 12 把,羊角刀 8 把,高度 115mm,中心刀 1 把,高度 345mm,每道切削轨迹上保证有 2 把刀,全断面布置(图 2-1-14)。

3. 管片稳定机构

目前国内地铁盾构隧道衬砌均采用预制钢筋混凝土管片拼装而成,衬砌环普遍采用"3+2+1"的分块模式,即 3 块标准块 +2 块邻接块 +1 块封顶块。管片块与块、环与环之间采用高强度螺栓连接,同时为了增加刚度,减少管片变形,环与环之间一般采用错缝拼装。

盾构机推进时隧道从盾尾脱出,受到土压力的作用以及周围环境突变的影响而产生变形,当变形量较大时,既成环和拼装环会产生高低不平,给安装拼装螺栓带来困难,引起管片错台甚至管片碎裂。地面出入式盾构法施工中,由于超浅覆土工况下,圆形隧道管片顶部荷载小,两侧及底部反力较大,管片容易呈竖鸭蛋变形。而在始发和到达倾斜段,不仅是浅覆土,由于作用于管片的土压力变化不均和管片自重影响,使得管片更加难以保持真圆。因此,GPST 盾构法对于管片的拼装有着更高的要求。管片稳定机构的作用就是在盾构推进过程中支撑、稳定管片,在浆液凝固前使管片保持形状,可以有效防止管片变形和错台等现象的发生。

管片稳定机构由支撑环、固定环、加强梁、工作平台等部件组成(图 2-1-15)。支撑环上分布有 8 个滚轮,滚轮由千斤顶控制伸缩支撑管片,滚轮可在管片上滚动,盾构机推进带动整个管片稳定机构一同前进。

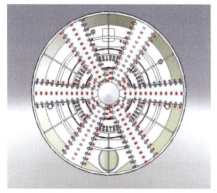

图 2-1-14 GPST 盾构机刀盘

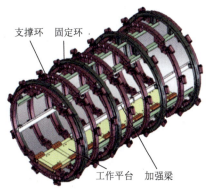

图 2-1-15 管片稳定机构

4. 高精度控制技术

GPST 盾构机是为地面出入式隧道施工所研发的盾构,在超浅覆土施工过程中,由于盾构覆土深度不够,盾构姿态不易控制,隧道轴线难以保证,为保证盾构掘进轨迹、保证开挖面的压力稳定、控制地面沉降,需开发适应的高精度控制技术。GPST 盾构机选用高精度高灵敏度的设备,开发适应的监控软件,能够灵敏地反映土压的异常波动、反馈盾构姿态等,及时调整推进速度、推进油缸作用力分布、刀盘转速、螺旋输送机的出土量等关键参数。盾构机控制采用集成化控制,即盾构机的控制系统、数据采集系统集合一体监控,并采用地面远程监视。

在具体的控制系统设计方面,地面出入式盾构法由于经过浅覆土、零覆土、负覆土等多种工况,盾构掘进方向和姿态控制、地面沉降控制更为复杂,特别是盾构机出入地面斜坡段,刀盘所受压力不均且变化频繁,对盾构机控制有着更高要求。因此,为保证 GPST 盾构机高精度控制的稳定性,必须对盾构机控制系统进行针对性设计,主要表现在土压平衡高精度控制、推进系统控制、出土系统控制和同步注浆控制。

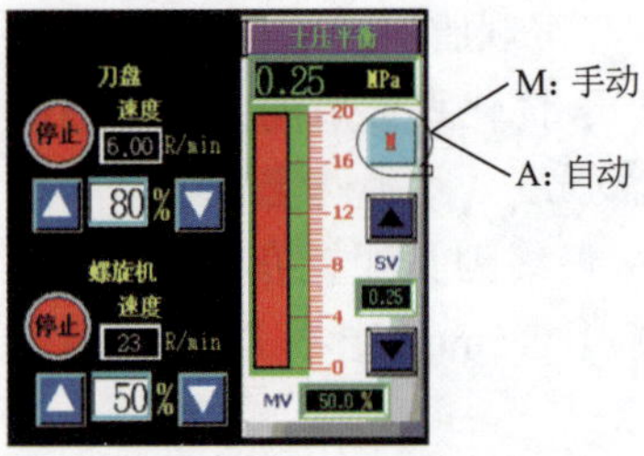

图 2-1-16　土压平衡控制

1）土压平衡高精度控制

在土仓隔板增设土压计数量，更准确和敏感地反映出土仓压力的变化。采用负反馈控制系统，提高土压波动的检测，设计新算法可同时调整螺旋输送机的出土量、刀盘转速和推进速度，能更精确地控制开挖面的土压平衡（图 2-1-16）。

2）推进系统控制

在地面出入式盾构法施工过程中，由于盾构覆土深度不够，盾构姿态不易控制，隧道轴线难以保证，对盾构机的推进系统控制有着更高要求。

GPST 盾构机对液压系统进行了优化，在推进系统各分区增加了背压，解决了浅覆土下由于压力过小导致油缸不能分区无法形成压力差的问题，使得推进油缸的姿态调整和纠偏能够精确控制。此外，在两侧各有 2 个推进油缸设置一套可调式油缸安装系统，在特殊工况下，可使油缸变成自由摆动状态，以解决浅覆土下盾构容易产生"上浮"或"磕头"现象的问题，使得 GPST 盾构机取得更精准的纠偏能力。

从示范工程应用验证来看，盾构机在多种覆土工况下，其推进速度一般在 1～2.5cm/min，刀盘扭矩在 400～3100kN·m，总推力为 10000kN 左右，前期日推进速度为 1 环 /d，经过对推进系统改进后，后期基本在 3～4 环 /d，隧道轴线偏差都控制在 -50～+50mm 之间，姿态控制良好，因此，在推进系统各分区增加背压的措施应用效果是显著的。同时，从整个施工情况来看，推进系统两侧可调式油缸安装系统的设置对盾构"上浮""磕头"现象的也有明显的改善。

3）出土系统控制

在设计上，GPST 盾构机采用了一系列改进、优化设计。首先，经过调研和试验最终确定采用 60% 大开口率辐条式刀盘，这对于降低盾构机总推力和刀盘扭矩是有效的，大开口率设计也更加利于进出土；其次，为了改善刀盘结泥饼情况以免刀盘正面进土受到阻碍，在刀具的设计上特地增加了刀具高度。

同时，在刀盘上增加设置运动搅拌系统，能够充分搅拌土体，起到碎泥和减缓凝固的作用，可以有效改善土体流动性，便于出土。

为使 GPST 盾构机出土系统出土效果达到最优，通过原材料选取、配合比进行螺旋输送机出土试验，得到 GPST 工法专用改良材料，即 GS-6 浆液，其密度为 $1.03g/cm^3$，黏度 80～120s，可有效改善土体的流淌性，降低非加固的黏性，使螺旋输送机出土顺利流畅，注入体积容易控制，解决了土仓内无压力状态下螺旋输送机的排土问题。

螺旋输送机在土仓内伸出 1.5 个螺距，对于实际出土效果，也是明显的。

在控制方面，出土量控制可以通过推进速度与螺旋输送机转速来实现。出土量控制也是土压平衡控制的一个重要部分。在掘进过程中，为了使土仓压力波动较小，必须使挖土量和排土量保持一种平衡关系，以尽量减小盾构施工对地层的扰动，防止超挖的发生，从而减小地表沉降。GPST 螺旋输送机高精度控制采用流量比例无级调速，PLC 内置 PID 调节，精度高，可实现低于 5mm/min 速度下盾构推进的稳定性和对土体的微扰动。

4）同步注浆控制

GPST 工法工况复杂多变，每种工况对同步注浆的需求不同，应对注浆孔位分布、注浆压力、推进速度等关键数据进行研究，实现高精度控制，达到更好控制地面沉降的目的。根据试验结果（表 2-1-1），在负覆土区，工况 2 采用对称孔位布置的方式进行注浆，效果最好，对于控制地表沉降效果最佳。在浅覆土区，对称注浆情况下浆液压力呈现对称分布的规律，这表明浅覆土下对称注浆能够使浆液得到充分填充。同时可知，对称注浆时，注浆孔位的小幅变化对注浆效果影响不大。因此在实际施工过程中，推荐使用注浆孔位对称布置的方式。因此实际盾构注浆口成 45° 对称布置，共 4 根。

根据注浆试验结果建议，盾构注浆压力设置，对于负覆土段取 1.20～3.50bar，浅覆土段取 2.50～5.20bar。工程实际中根据监测响应情况应进行适当调整。由于每点的注浆压力有所不同，为了更好地控制每点的注浆量精度，设计单泵单点控制系统。

同步注浆工程应用施工参数建议

表 2-1-1

土层	工况	注浆孔位 试验孔位	注浆孔位 建议孔位	注浆参数 注浆压力（bar）	注浆参数 工程建议注浆压力（bar）	推进速率 试验值（mm/min）	推进速率 建议值（mm/min）
负覆土区	工况1	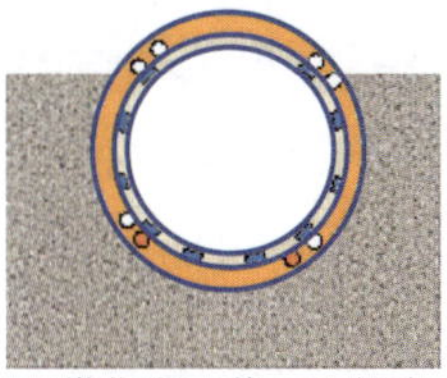 正常位和下偏15°组合		0.30~0.90	1.20~3.50	19.7	25~30
负覆土区	工况2	均正常位	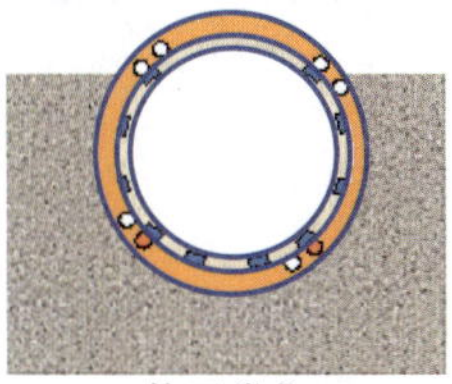 均正常位	0.30~0.90	1.20~3.50	27.6	25~30
负覆土区	工况3	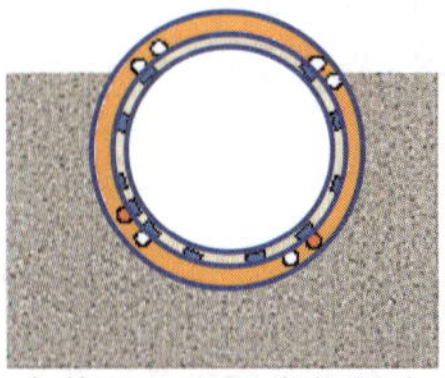 上偏15°和正常位组合		0.30~1.20	1.20~3.50	30	25~30
浅覆土区	工况4	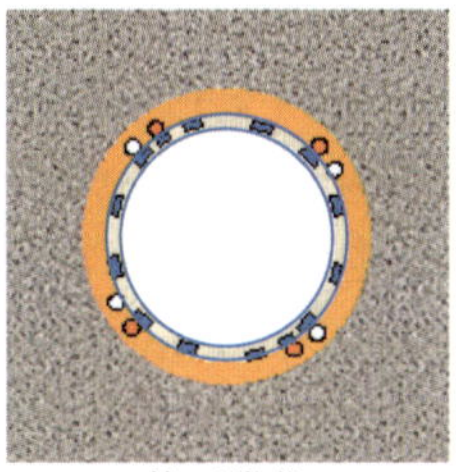 均正常位		0.72~2.16	2.50~5.20	43.3	40~50
浅覆土区	工况5	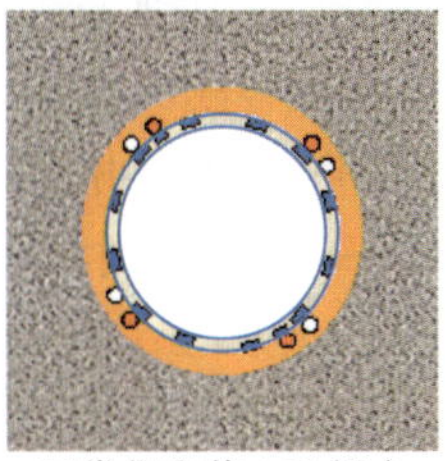 正常位和偏15°组合	均正常位	0.72~1.73	2.50~5.20	38.8	40~50
浅覆土区	工况6	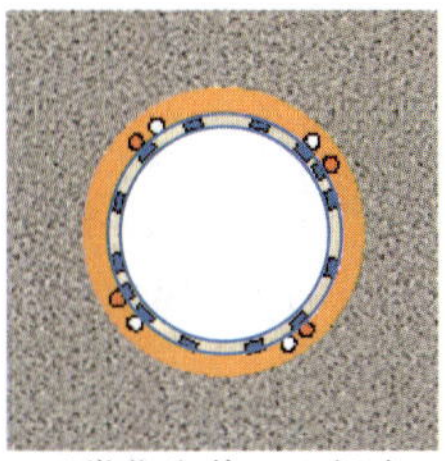 正常位和偏15°组合		0.72~1.73	2.50~5.20	40.6	40~50

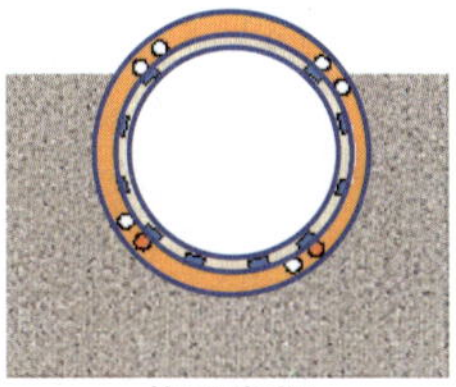

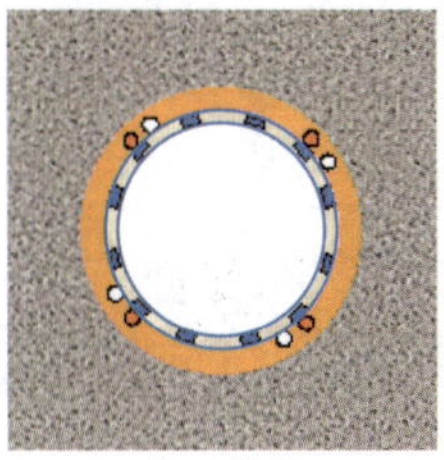

注：1. 图中橙色孔位对应管道为注浆管道。

2. 注浆压力值为注浆管道口所用的注浆压力值。

3. 同步注浆有4条管路，有手动和自动两种模式。

第4节　国内首创城市轨道交通车站矩形掘进机设计技术

上海隧道工程有限公司

1. 引言

隧道掘进机法在国内主要运用于区间隧道施工,采用掘进机法施工地铁车站还在研究阶段。在国外,曾采用过在区间盾构隧道基础上进行扩大开挖构筑车站侧站台隧道的方法。国外采用掘进机修建地铁车站的主要方法有:单圆盾构与横通道结合、单圆与半盾构结合、单圆盾构与矿山法结合、单圆盾构与盖挖法结合、多圆盾构、大直径单圆隧道直接作为车站主体等形式,但用矩形地下隧道掘进机一次性建成地铁车站(包括站台层和售票层),目前还没有查到任何资料。

2. 项目研究

本项目针对上海轨道交通静安寺车站(图 2-1-17)展开,该车站是地下三层站,车站跨高架路布置。地面交通繁忙,管线众多,高架下净空只有 10m,存在着地下连续墙、基坑开挖等低净空施工的难题,因此该车站过高架区域需要采取暗挖施工工艺,以减少管线搬迁,减小对道路的影响。因此,必须创新研制矩形地下隧道掘进机,在保证地面道路畅通的情况下,在地下用矩形地下隧道掘进机分别先后施工呈品字形的 3 条矩形隧道,一次性建成地铁车站(包括站台层和站厅层)。

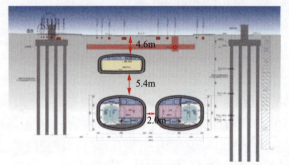

图 2-1-17　上海地铁静安寺车站示意图

近年来,随着地下工程技术的迅速发展,采用暗挖施工地下通道的隧道工程日渐增多,其中,矩形隧道因其断面利用率大、覆土浅、施工成本低等优点,更加受到社会的关注和认可。超大断面矩形隧道可应用于城市建筑联通地道、交通人行地道、地下共同沟、铁路/公路下立交桥、地铁隧道和车站等工程。为适应地处上海市中心及穿越高架对环境的高要求,必须创新研制高可靠性、高精度控制、具有实时对运行掘进机健康状态进行预警、控制功能的车站层 9.93m×8.73m、站厅层 9.53m×4.91m 矩形掘进机,在保证地面道路畅通的情况下,在其地下用矩形地下隧道掘进机分别先后施工呈品字形 3 条矩形隧道,一次性建成地铁车站(包括站台层和售票层)。

城市中心区域建筑密集、管线众多、交通拥堵,新实施的轨道交通车站对周边建筑、管线的影响越来越大,对城市交通可以说是雪上加霜。而传统的施工工法和工艺如盖挖法、逆作法等施工方法已无法满足这种现代大都市对施工期环保、静默施工等高标准要求。同时,就全国来说,软土地区地铁车站暗挖施工也没有成熟的技术,鉴于盾构法隧道是高度依赖装备能力的施工方法,为了彻底解决这一难题,就必须以装备研发为龙头,自主研制异形隧道掘进机,并实现工程应用。

3. 站台层 9.93m×8.73m 矩形掘进机

9.93m×8.73m 矩形掘进机各部件可按位置区分为内外两大部分,分别是外部可见的刀盘系统、壳体系统、中继间系统及后顶进系统,以及内部的驱动系统、螺旋输送机出土系统、铰接系统、液压系统、密封油脂系统、电气系统、泥水系统(图2-1-18)。

将掘进机各部分做剖视图(图2-1-19),我们可以对它的整体结构有一个直观的了解。在机头正前方(图中左端),是掘进机的大刀盘和偏心刀盘,刀盘后端通过牛腿连接着刀盘驱动,驱动后端安装有电动机;刀盘驱动安装在掘进机壳体中,壳体分为前壳体,前壳体顶部有一条弧形凹槽,是减磨泥浆加注槽;与前壳体紧连的是后壳体,两者之间通过铰接油缸相连接,铰接油缸每两根为一组,均布在壳体的四周;以上为掘进机的主机结构,在主机中,还有出土螺旋输送机,螺旋输送机前端以法兰面与前壳体连接固定,后端有一根拉杆将其与前壳体锚固;紧靠后壳体的纠偏中继间,纠偏中继间可以分成两部分——前端的过渡管节结构和安装纠偏油缸的后端结构,前后部分可以通过油缸在小角度范围做相对运动,来改变前后部分的夹角,达到调整主机轴线与隧道轴线夹角的纠偏目的,紧靠纠偏中继间为普通混凝土管节,根据推进距离的长度,在管节之中可根据需要放置顶进中继间,以起到长距离顶进时的接力作用;后端和底部的结构是后顶进装置,始终位于始发井,背靠井壁,为掘进机顶进提供顶进推力,顶进力由顶进油缸提供。

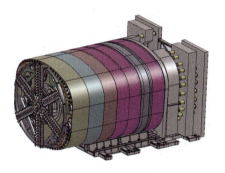

图2-1-18　矩形掘进机(尺寸9.93m×8.73m)

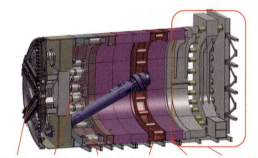

图2-1-19　9.93m×8.73m矩形掘进机设计模型

9.93m×8.73m 大刀盘+偏心多轴刀盘式土压平衡矩形隧道掘进机,同时驱动1个大刀盘和4个偏心多轴刀盘作同步运转,对矩形全断面进行切削。排土装置通过改变两个螺旋输送机的旋转速度及顶进速度来控制排土量,使土仓内的土压力值稳定并控制在所设定的压力值范围内,从而达到开挖切削面的土体稳定。

4. 站厅层9.53m×4.91m矩形掘进机

9.53m×4.91m 大刀盘+偏心多轴刀盘式土压平衡矩形隧道掘进机(图2-1-20),同时驱动1个大刀盘和2个偏心多轴刀盘作同步运转,对矩形全断面进行切削。排土装置通过改变2个螺旋输送机的旋转速度及顶进速度来控制排土量,使土仓内的土压力值稳定并控制在所设定的压力值范围内,从而达到开挖切削面的土体稳定。

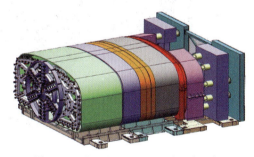

图2-1-20　站厅层9.53m×4.91m矩形掘进机

5. 社会效益

目前,城市中心区域地铁车站日益增多,城市地下管线共同沟也将在我国得到发展,而这类地下隧道工程以矩形最为经济,超大断面矩形隧道掘进机的研制成功,将提高我国在国际隧道掘进行业中的竞争优势,将我国盾构隧道掘进设备与技术提高到一个新水平。同时还将带动相关配套产品产业化发展,从而带动整个产业链的发展。

第 2 章　盾构机创新机型

第 1 节　国产最大直径"春风号"泥水平衡盾构机

中铁工程装备集团有限公司　叶超

1. 需求背景

目前我国城市集群的建设发展正在快速稳定地推进,上海、深圳、南京、武汉、重庆、杭州等城市为建立城市发展的立体交通网络和南北交通的快速通道,正在建设或筹建多条越江隧道,另外规划中的渤海湾隧道、琼州海峡隧道等隧道工程对超大直径、高承压的高科技大型复杂隧道施工装备需求巨大。盾构机是用于铁路、公路、水利及城市轨道交通等地下隧道空间快速开挖的现代化综合性技术装备,具有快速、优质、安全、环境友好等优点;也是目前世界上最先进的隧道开挖和建设技术装备,代表着一个国家重大技术装备的发展水平,因此城市集群发展中超大直径越江跨海隧道的安全高效建设离不开超大直径泥水平衡盾构机的应用。

基于城市集群发展越江隧道建设工程和行业发展需求,中铁工程装备集团有限公司集中优势资源,合理分配任务,开展超大直径气垫式泥水平衡盾构机研发课题,对课题中整机集成技术、刀盘伸缩摆动技术、常压换刀技术、刀具状态实时监测技术、刀盘开挖直径测量预警技术、气垫仓滞排和仓内破碎机故障率高等一系列关键技术问题开展攻关,于 2018 年 9 月完成了深圳春风隧道 φ15.80m 超大直径气垫式泥水平衡盾构机的研制(图 2-2-1),该设备的成功研制打破了超大直径泥水盾构国外品牌的技术垄断,解决了大断面、高水压、长距离、破碎地层、小曲线超大直径隧道施工安全性差、施工效率低的缺点。设备应用于深圳市春风隧道工程,其是深圳市首条"单洞双层"构造的机动车隧道,对于完善深圳地下工程建设具有重要影响和积极意义。

图 2-2-1　国产最大直径"春风号"泥水平衡盾构机

2. 技术创新

该泥水平衡盾构机开挖直径 15.80m,为我国自主研制最大直径盾构机,应用于深圳市春风隧道工程。该盾构机可适应全断面硬岩、上软下硬、断层破碎带等地质,实现了盾构掘进与隧道衬砌作业同步、物料运输与道路作业同步,为大断面、高水压、长距离、破碎地层、小曲线超大直径隧道的修建提供了一种高效、安全的解决方案。

该泥水平衡盾构机的主要创新点如下:

1)双破碎渣土分级处理技术

盾构机创新地提出了增大格栅通过粒径,设置仓内仓外双破碎机对渣土进行分级处理的技术,该技术可降低破碎地层、上软下硬地层的堵仓滞排、排浆泵堵泵问题的发生,大大提高施工效率。

2）高水压下常压换刀装置维修更换技术

盾构机针对应用隧道高水压、长距离的问题,采用了常压换刀刀盘的设计,提高了刀具更换的安全性和换刀效率。常压换刀装置作为常压换刀刀盘最关键的部件,施工过程中可能存在密封失效、常压换刀装置损坏等问题。为保证常压换刀装置的安全更换,该盾构机提出了操作人员在常压环境下对常压换刀装置进行维修更换的技术,保证了施工安全。

3）小曲线施工预警技术

超大直径隧道转弯半径越来越小,尤其是城市超大直径隧道。该盾构设置的刀具磨损监测系统、开挖间隙测量系统、盾尾间隙测量系统等,能够及时监测开挖直径和盾构姿态,降低盾构卡盾概率。

4）刀具状态在线监测技术

盾构机配置了刀具状态在线监测系统,操作人员在主控室可实时监测刀具磨损、旋转、温度情况,为刀具检测和更换提供依据,避免人员进仓检查导致的风险问题,同时也避免了拆装刀具影响掘进效率问题。

3. 工程应用

超大直径"春风号"泥水平衡盾构机应用于深圳市春风隧道工程（图 2-2-2）,现已完成组装始发。深圳市春风隧道工程施工难度在当前整个国内隧道行业都前所未有,施工中"春风号"盾构机需穿越深圳地铁 9 号线、布吉河、深圳火车站、深圳海关大楼等众多风险源,及花岗岩、片岩、变质砂岩、凝灰质砂岩等复杂地层。针对春风隧道一系列特殊的高风险作业环境,中铁工程装备集团有限公司对"春风号"盾构机进行了针对性的设计,配备了常压换刀功能的刀盘,具备超前地质预报功能的探测系统等。

图 2-2-2　深圳市春风隧道工程施工现场

4. 社会效益

国内现有的超大直径盾构机几乎全部依赖进口,盾构机成本高,成为制约我国超大径隧道开挖的重要因素。国产品牌最大直径（15.80m）"春风号"泥水平衡盾构机成功研制,标志着中国盾构的设计制造迈向高端化,打破了超大直径泥水盾构国外品牌的技术垄断,在地下空间开发工程装备领域进一步推动了中国由制造大国迈向制造强国的前进步伐。同时,超大直径泥水平衡盾构机的设计制造攻克了一批关键共性技术问题,形成了一批具有完全自主知识产权的创新性成果,完善了超大直径盾构机基础设计理论,使我国的重大高端装备技术进一步得到提升,逐渐成为战略新兴产业,满足国内甚至国外超大直径隧道建设需求。

第 2 节　国产品牌首台海底隧道超大直径泥水平衡盾构机

中铁工程装备集团有限公司　叶超

1. 需求背景

基于城市集群发展越江隧道建设工程和行业发展需求,中铁工程装备集团有限公司集中优势资源,合理分配任务,开展超大直径气垫式泥水平衡盾构机研发课题,对课题中整机集成技术、刀盘伸缩摆动技术、常压换刀技术、刀具状态实时监测技术、刀盘开挖直径测量预警技术、气垫仓滞排和仓内破碎机故障率高等一系列关键技术问题开展攻关,于 2017 年 10 月完成了汕头苏埃通道直径 15.03m 超大直径气垫式泥水平衡盾构机的研制(图 2-2-3),该设备的成功研制填补了国内具有完全自主知识产权、大直径泥水平衡盾构机的空白,提升了大直径泥水平衡盾构机的技术水平。

图 2-2-3　汕头苏埃通道直径 15.03m 气垫式泥水平衡盾构机下线

2. 技术创新

超大直径气垫式泥水平衡盾构机攻克了整机集成技术,解决了刀盘伸缩摆动、常压换刀性、刀具状态监控、小弯曲半径掘进卡盾壳、高水压及沉降控制、破碎带地层堵仓滞排、冒顶和渣土输送效率低问题等一系列关键技术难题。

与传统明挖法施工相比,超大直径气垫式泥水平衡盾构机在城市繁忙路段进行下穿过街道施工时,具有管片与箱涵同时拼装,施工效率高,采用四回路保压系统,有效控制沉降,保持掌子面的稳定,有效预防掌子面塌方、江底海底击穿和冒顶等功能,是施工风险最小的一种隧道开挖设备,将广泛应用于大直径、高水压、地层复杂等城市隧道。

图 2-2-4　汕头苏埃通道盾构掘进现场

3. 工程应用

超大直径气垫式泥水平衡盾构机分别应用于汕头苏埃通道项目和深圳春风隧道项目。应用于汕头苏埃通道的 $\phi15.03m$ 超大直径气垫式泥水平衡盾构机正在进行掘进(图 2-2-4),汕头海湾隧道穿越地层复杂,施工困难,为淤泥、淤泥质土、淤泥混砂、中粗砂及三段基岩凸起段,存在高水压带压进仓作业难、三段基岩凸起段掘进困难、浅覆土软弱地层压力控制精度要求高、刀盘结泥饼等问题,超大直径气垫式泥水平衡盾构机的应用将可以有效解决以上问题,并为我国大直径隧道盾构施工方法和设备研发积累宝贵的经验。

4. 社会效益

超大直径气垫式泥水平衡盾构机的应用,有利于超大直径隧道科学施工,降低施工风险,减少施工工序,缩短施工工期,加快超大直径越江跨海隧道建设进程。

国内现有的超大直径盾构机几乎全部依赖进口,盾构机成本高,成为制约我国超大直径隧道开挖的重要因素。超大直径气垫式泥水平衡盾构机的研制与应用,将会进一步摆脱我国超大直径盾构机长期依赖进口,核心技术受制于外国制造商的困难局面。同时超大直径泥水平衡盾构机的设计制造形成了具有自主知识产权的关键技术,完善了超大直径盾构机设计理论,使我国的重大装备技术进一步得到提升,逐渐成为战略新兴产业,满足国内甚至国外超大直径隧道建设需求。

第3节　国内自主研发最大直径敞开式 TBM

中铁工程装备集团有限公司　张啸

1. 需求背景

根据国家发展规划,预计未来 10 年,我国各类需用全断面岩石隧道掘进机(TBM)开挖的隧道超过 2 万 km,尤其是近年来我国西部铁路、水利建设蓬勃发展。基于国家重大战略工程的需求,中铁工程装备集团有限公司依托中国铁路总公司重大课题不断加大大直径敞开式 TBM 关键技术研发,并在刀盘扩挖、前置喷射混凝土、超前地质预报、超前支护、隧道环境制冷等核心技术方面取得重大突破与创新,于 2017 年 10 月成功研制出具有完全自主知识产权的敞开式 TBM(图 2-2-5),填补了国内 9m 级以上大直径敞开式 TBM 自主研发空白。

图 2-2-5　国内自主研制的最大直径敞开式 TBM 下线

2. 技术创新

该国产大直径敞开式 TBM 由中铁装备联合中铁隧道局、中铁二院、中铁西南院、石家庄铁道大学、山东大学等共同研发,具有较强的地质适应性及可靠性。

通过设计扩挖刀箱,结合驱动同步抬升技术,可实现刀盘半径方向 10cm 的扩挖,突破了传统 TBM 开挖断面单一的不利限制,可有效通过软岩大变形地层。在主机段前置喷射混凝土机械手,TBM 在通过破碎地层时,能够及时稳定、封闭围岩,有效防止石块坠落。通过与高校及科研院所合作,研发出一整套用于 TBM 搭载的超前探测系统(图 2-2-6),能够实现掌子面前方一定范围内水体位置、体积、破碎、断层的超前探测预报。在主机段集成超前钻机(图 2-2-7),对正常掘进工序不产生影响,实现 360° 便捷超前钻孔及支护。

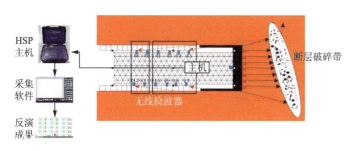

图 2-2-6　超前探测系统布置方案

图 2-2-7　超前钻机搭载方案

3. 工程应用

研发的 TBM 应用于高黎贡山隧道项目,是大瑞铁路的重点控制性工程,隧道全长 34.5km,TBM 掘进长为 12.8km,隧道最大埋深 1155m,是目前亚洲最长的山岭铁路隧道(图 2-2-8)。高黎贡山隧道地形地质条件极为复杂,具有"三高、四活跃"(高地热、高地应力、高地震烈度,活跃的新构造运动、活跃的地热水环境、活跃的外动力地质条件、活跃的岸坡浅表改造过程)特征。该 TBM 施工地层以燕山期花岗岩为主,局部夹寒武系板岩、片岩及志留系灰岩、白云岩,主要不良地质有 4 条断层(预测总长度 200m)、蚀变岩(预测长度 430m)、花岗岩节理密集带(预测长度 440m)、软质岩变形等。掘进期间最高日进度

38.23m,最高月进度442.36m。

图2-2-8 高黎贡山隧道项目现场

4. 社会效益

9m级以上复杂地质条件新型TBM的成功研制,在快速支护、超前支护、超前探测、高效物流系统等方面取得突破,提高了敞开式TBM在复杂地层的适应性。单台TBM新增产值达到1.5亿元以上,掌握了适应复杂地质条件的新型TBM设计、制造技术,促进TBM的产业化能力建设,具备年产10台(套)以上的批量制造能力。

制造企业与施工企业依托课题联合研发新型TBM,实现施工技术与制造技术相互促进,推动我国隧道施工及岩石隧道掘进装备技术水平。

第4节 国内自主研发最大直径土压平衡盾构机

中铁工程装备集团有限公司　王远志,高文梁

1. 需求背景

随着人类文明的不断进步,城市地面交通对环境的污染问题愈发受到关注,如何更高效地对城市地下空间开发利用成为行业关注的问题。城市地下建设大直径公路隧道,达到高速公路车流要求,成为一种趋势,"一洞双线""双层多车道"等为隧道功能扩展性提出了更高要求,也为超大直径盾构装备本身提出了全新要求。

近年来,国家相关规划及政策均对地下隧道工程装备给予支持。随着国家建成了一批超大直径的海底隧道和城市道路隧道。采用盾构法施工的超大直径(12m以上)长距离隧道已成为新一轮城市公路隧道建设的发展趋势。

研发超大直径土压平衡盾构,是满足城市中心区域交通通道建设需求的必然要求。本项目以研发直径12m土压平衡盾构为核心任务,基于已成熟掌握的地铁土压盾构(6～9m级)和常规复合盾构技术,创新性开发满足大直径城市公路隧道所需的超大直径盾构装备,拟通过本科研项目的研究成果推广及应用,使国产盾构及TBM制造厂商具备研发全系列超大直径盾构领域土压、泥水产品设计、制造能力。推进掘进机产品国产化进程,不仅加快提升中国掘进机制造业的自主创新能力与核心竞争力,而且对促进国家的工业化和城市化进程,高效、环保和安全开发利用地下空间,实现可持续发展和构建和谐社会,具有重要的战略意义。

为此,中铁装备针对最大直径土压平衡盾构机关键技术进行了攻关,经过重大技术创新,2016年10月国内自主设计最大直径土压平衡盾构机"麒麟号"在中铁装备郑州基地顺利下线(图2-2-9),并成功应用于太原铁路枢纽西南环线单洞双线隧道项目。

2. 技术创新

"麒麟号"盾构机开挖直径达到12.14m,整机全长135m,设备总质量2800t,开挖区间全长4850m。针对本项目开挖断面大、掘进距离长、穿越地质复杂等特点,特别存在1.8km的大粒径卵石地层,解决了盾构掘进开挖、渣土改良、开挖面稳定性控制、物料输送交互作业等难题,在整机方面实现了四大创新。

1) 大直径土压平衡盾构机开挖适应性与整机集成技术

为保证设备顺利通过长距离复杂地质,减少进仓换刀次数,设备采用大贯入度、低转速、大扭矩开挖设计理念,创新设计了可变开口刀盘、分层切削刀具、超大直径螺旋输送机和大卵石筛分协同高效出渣系统。

2) 大断面复杂地质土压盾构机多重分级渣土改良技术

针对长距离黏土及大卵石地层渣土改良技术难题,采用多重分级渣土改良理念,发明了多层多通道改良剂旋转接头、主动式仓内中心搅拌系统和冲刷系统、U形槽改良转渣系统,解决了复杂交变地质渣土改良技术难题,掘进及出渣效果良好,提高了设备应对复杂地质的适应性。

3) 大断面土压平衡盾构开挖面及隧道稳定性控制技术

针对土压盾构机应对复杂地质沉降控制难的问题,针对性设计了掌子面辅助支撑技术、开挖拱顶塌方监测技术、拱顶同步压力平衡技术、同步及二次注浆系统,提高了土压盾构控制施工沉降的能力,拓宽了土压盾构机在大直径隧道领域的应用范围。

4) 多通道物料高效运输协同综合保障系统技术

针对长距离大断面隧道支护、盾构掘进、路面同步施工等交互作业难题,创新设计了掘进支护及物料运输高效协同作业系统,解决了多工序、交叉作业功效低的问题,保证了设备快速施工。

3. 工程应用

国内自主研发最大直径土压平衡盾构机于2016年12月在工地顺利始发,成功应用于太原铁路枢纽西南环线单洞双线隧道项目,克服了长距离黄土及大卵石复杂地层掘进等技术难题。

2018年12月28日,随着刀盘破土而出,全长4850m的太原铁路枢纽西南环线东晋隧道盾构区间顺利贯通(图2-2-10),这标志着国内铁路隧道复合地层最大直径土压平衡盾构机"麒麟号"顺利完成全部施工任务,国内铁路复合地层最长距离、最大直径隧道顺利贯通。最高日进度22m,最高月进度420m,设备掘进状态良好,各项参数指标符合目标要求。

图2-2-9 国内自主研发最大直径土压平衡盾构机下线

图2-2-10 太原铁路枢纽西南环线东晋(单洞双线)隧道盾构区间贯通现场

项目的成功应用得到了国内外广泛好评与认可,吸引了一批来自新加坡、以色列、阿联酋等国家市政公司领导纷纷前来现场参观学习,为矩形顶管机施工工法的推广应用起到了很好的示范作用。

4. 社会效益

目前中铁装备已建成3条大直径土压盾构机的调试组装生产线,具备年产8台产品能力。项目投产后即可达产,项目达产后预计年销售收入可增加5亿元以上。

中铁装备自主研发的超大直径土压平衡盾构机将以更高的性价比,为施工企业节约施工成本,以直径12m土压平衡盾构机为例,单台设备采购成本与国外进口设备相比,将降低5000万元以上。目前迪拜雨水隧道两台11.05m土压平衡盾构机已完成验收,阿尔及利亚地铁项目、意大利CEPAV地铁隧道、巴黎地铁项目等所用大直径土压盾构机处于设计阶段。

另外对促进国家的工业化和城市化进程,高效、环保和安全地开发利用地下空间,实现可持续发展和构建和谐社会,都具有重要的战略意义,必将产生巨大的经济效益和社会效益。

第5节　国产品牌最大直径土压—泥水双模盾构机

中铁工程装备集团有限公司　马哲,高文梁

1. 需求背景

作为隧道施工专用设备,每一种形式的盾构机均有最佳的适用地层。随着隧道地质条件复杂性增大,隧道区间距离增长,目前采用单一模式的盾构机将不能更好地适用于复杂地层的项目施工,这时需要一种掘进机具备多种掘进模式功能,双模式掘进机应运而生。双模式掘进机可根据实际施工地层变化快捷地在两种掘进模式之间相互切换,保证工程优质高效,确保隧道施工的质量、安全。

本项目研发的双模式盾构机(图2-2-11),集成了土压平衡盾构机、泥水平衡盾构机的设计理念与功能,可根据地层变化快捷地在两种不同掘进模式之间相互切换,保证工程优质高效。当地质自稳性较强时,可采用土压模式,以降低施工成本,提高工效;当地质自稳性较差时,可采用泥水模式,以有效控制地表沉降,确保隧道施工的质量、安全。这种双模式盾构将会在实际的使用中有更高的地质适应性、高效性、安全性和人机性。

2. 技术创新

土压—泥水平衡双模式盾构机具有土压和泥水两种掘进模式的特点,为完全拥有自主知识产权的国内最大直径的土压—泥水平衡双模式盾构机。土压—泥水平衡双模式盾构机可根据实际施工特点选择针对性的掘进模式,可在破碎带、孤石群等特殊地层选择土压掘进模式,在穿江越河、地层沉降敏感的地层选择泥水掘进模式,两种模式切换快捷、安全。主要具有以下技术特点。

1) 大直径土压—泥水双模式盾构集成技术

洞内一键式切换土压泥水双模式盾构机(图2-2-12)在大直径盾构机领域尚属首次,该设备相对单一模式的土压模式盾构机和泥水模式盾构机,有较强的地质适应性。在某些特殊地质中,如破碎带、大粒径卵漂石地层中,如果用泥水模式掘进,由于排浆管路管径的限制,容易发生堵管现象,可采用土压模式加螺旋输送机出渣,该模式是本台设备的创新点。

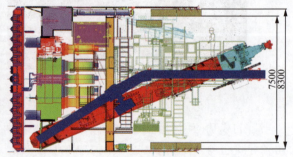

图2-2-11　国内自主研制的最大直径土压—泥水平衡双模式盾构机下线　　图2-2-12　土压—泥水平衡双模式盾构机结构图(尺寸单位:mm)

2) 顶部布置同步双液注浆管备用集成技术

地质不稳定或者出现富水情况下,需要同步双液注浆管注入双液进行补浆。常规做法是需要在设备桥或后配套上进行补浆,施工程序复杂。而本设备在设计时融合双液注浆系统、双液注浆管备用集成系统及参数化设定,很大程度上提高了双液注浆的效率,保证了施工安全及质量。

3）刀盘及盾壳冷冻管布置及冻结地层换刀技术

冷冻法在隧道接受时使用较为普遍，但是将该工艺用于设备上较为少见，本设备配置一套完善的冷冻设备（图 2-2-13），可在施工过程进行地层加固，可保证人员在土仓内部安全更换刀具。

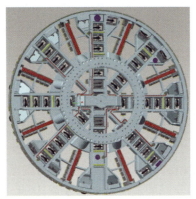

图 2-2-13　刀盘冷冻管路示意图

4）多通道回转接头技术

大断面、复杂地质施工，为了更好地对盾构开挖下来的渣土进行改良，大直径盾构施工过程中需要更多的将泡沫、膨润土等添加剂通过中心回转接头输送至通到开挖掌子面和土仓中，本项目为了实现冷冻开挖面进行换刀，冷媒也需要通过回转接头进入刀盘冷冻管循环。而本设备设计了一种 16 路渣土改良通道的路回转接头，解决了整体重量增大、重心后移较多、受力条件恶劣等问题。

5）直接式泥水环流系统

在黏土地层中刀盘不易泥饼，在卵砾及颗粒较大地层中不易发生滞排现象，比土压盾构掘进效率高。该系统压力控制精确，掌子面压力控制波动小，对于地表沉降控制较为准确（图 2-2-14）。

3. 工程应用

土压—泥水平衡双模式盾构机成功应用于新建珠三角城际轨道交通新塘经白云机场至广州北站项目（图 2-2-15），突破大直径土压—泥水平衡双模式盾构机设计与制造中的一系列关键技术，项目的成功应用吸引了社会各界人士的参观、交流，为土压—泥水平衡双模式盾构机的应用推广起到了很好的示范作用。土压—泥水平衡双模式盾构机的应用解决了复杂地层，特别是长距离掘进时的沉降控制难、换刀难得问题，是复合地层、特殊地层等隧道建设设备选型的重要突破。

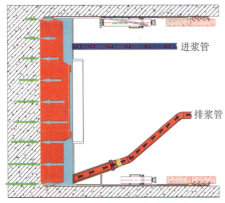

图 2-2-14　直接式泥水环流系统示意图　　图 2-2-15　土压—泥水平衡双模式盾构始发现场

4. 社会效益

一键式切换土压—泥水平衡双模式盾构机的成功研制，摆脱了我国大直径双模式盾构机产品技术长期依赖进口、核心技术受制于国外制造商的困难局面,通过突破大直径双模式盾构机设计与制造中的一系列关键技术,研发出我国具有自主知识产权的重大技术装备,逐渐形成战略性新兴产业,满足未来城市交通路网发展建设对大直径双模式盾构机的迫切需求,提升中国盾构机制造业的自主创新能力与核心竞争力。

第6节 国产品牌最大直径单护盾—土压平衡双模式盾构机

中铁工程装备集团有限公司 高文梁

1. 需求背景

传统地铁盾构由于隧道普遍较短,隧道穿越地层相对单一。在日益发展的城市轨道交通行业,隧道速度越来越快,隧道长度越来越长,隧道在单程区间内穿越的地质越来越复杂,因此市政地下工程施工存在中/软岩、软土及复合地层工程地质工况越来越多,而能够根据具体特定地层选用合适的支护方式的隧道施工装备,具有越来越广泛的应用前景。众所周知,土压平衡盾构在软岩以及软土地质中施工优势明显,造价低廉,但设备在中、硬岩地质中施工,磨损较大、效率较低,劣势比较明显。而单护盾在地质单一的硬岩地层中掘进效率占据优势,但设备总长过长,工程难度大,造价昂贵,应用于市政地下工程优势难以充分发挥。特别的,单护盾通用缺点为遇到不良地质或软、硬岩交替、极软岩地层,施工难度及风险急剧增大。所以针对城市地下交通,一种既能在软弱地层或围岩较差地层中掘进,又兼具有硬岩掘进机功能,且具备广泛地质适应性在地层地质变化时能快速转换掘进模式的隧道装备应运而生。

中铁装备针对长距离复杂地质,设计研发了开挖直径9.13m快速切换土压敞开双模式盾构机,并于2018年4月8日在佛山基地顺利下线(图2-2-16)。本台土压敞开双模式盾构机顺利完成工厂验收,标志着广佛东环全线首台盾构机即将下井施工,加快了广佛东环项目的建设步伐。

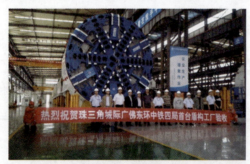

图2-2-16 国内自主研制的最大直径单护盾—土压平衡双模盾构机下线

2. 技术创新

单护盾—土压平衡双模式盾构机,最大特点是设备上同时具备两种出渣方式(中心皮带机出渣和螺旋输送机出渣,如图2-2-17所示)均保持安装状态,是一种可同时适应于在软弱地层、围岩较差地层和硬岩地层中掘进的多功能隧道掘进机。单护盾—土压平衡双模式盾构机同时具备土压平衡掘进模式和单护盾模式,其模式转换原理如图2-2-18所示,主要具有以下技术特点。

1) 双模式TBM刀盘、刀具设计

本设备创新研发了一种既能适应硬岩地质掘进(主机皮带机出渣),又能适应与软土地质掘进(螺旋输送机出渣)的

图2-2-17 单护盾—土压平衡双模式盾构机双模式出渣

刀盘刀具,这种集硬岩刀盘与软土刀盘功能于一身的双模式刀盘是整机性能的决定因素和关键技术应用之一。

2)快速双重掘进模式功能转换设计

单护盾—土压平衡双模式盾构机最大特点为设备具有双重掘进模式功能,在遭遇不良地质时进行快速模式转换施工。本设备创新设计了一种快速伸缩式主驱动隔板,在地质发生变化时可快速、顺利地进行模式转换,以减小对配套施工的干扰,降低工程风险、缩短施工工期。这是单护盾—土压平衡双模式盾构机实现便捷的模式转换功能是设计的关键核心功能,也是单护盾"双模"功能特征实现的决定因素。

3)复合式注浆系统

在全断面硬岩地层中掘进,管片上浮严重,严重影响管片成型后的质量。本设备创新设计了一种同步双液注浆系统,用于单护盾模式下管片底部管片快速成型,提高管片拼装质量。

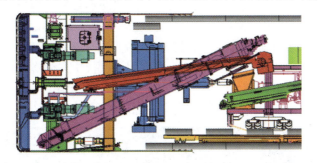

a)土压平衡掘进模式

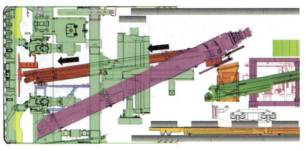

b)单护盾模式

图 2-2-18　单护盾—土压平衡双模式盾构机原理示意图

3. 工程应用

单护盾—土压平衡双模式盾构机应用于广州市东环隧道广州南站—大石站区间(图 2-2-19),盾构隧道长约 5000m,最小曲线半径 700m,管片外径为 8.8m,主要穿越地层为中风化二长花岗岩、强风化泥质砂岩、强风化二长花岗岩。目前已经掘进约 930m,各项参数正常。

4. 社会效益

快速切换式单护盾—土压平衡双模式盾构机的成功研制,摆脱了我国大直径双模式盾构机产品技术长期依赖进口、核心技术受制于国外制造商的困难局面,通过突破大直径双模式盾构机设计与制造中的一系列关键技术,研发出我国具有自主知识产权的重大技术装备,逐渐形成战略性新兴产业,满足未来城市交通路网发展建设对大直径双模式盾构机的迫切需求,提升中国盾构机制造业的自主创新能力与核心竞争力。

图 2-2-19　单护盾—土压平衡双模式盾构始发现场

第7节　国内自主研发长距离大埋深小直径盾构机

中铁工程装备集团有限公司　宋德华

1. 需求背景

近几年国内地铁隧道建设突飞猛进,其中多数地铁隧道为浅埋隧道。随着地下空间的逐渐开发及占用,地下空间只有向更深领域发展,城市中的综合管道,如自来水管道、排污管道、煤气管道、热力管道、动力电缆、通信电缆等急需修建。国内深层排水、排污等隧道一般埋深 30～60m,由于埋深大,建设竖井难度增加,经常隧道中间无竖井,需盾构机长距离掘进。该类工程对盾构机的要求更高。中铁工程装备集团有限公司依托中铁高新工业股份有限公司重大科研项目"长距离大埋深小直径隧道盾构机关键技术研究及应用",加大对长距离大埋深小直径盾构机关键技术研究,并在整机技术、关键部件耐磨性能研究,主轴承与齿圈分离创新技术、高承压密封技术研究,双铰接大推力比梭形盾体技术等核心技术取得重大突破与创新,于 2018 年 7 月成功研制出具有完全自主知识产权的应用于武汉大东湖深隧项目的小直径盾构机(图 2-2-20),于 2018 年 9 月成功研制出具有完全自主知识产权的应用于洛阳引故入新项目的小直径盾构机(图 2-2-21),填补了国内适用于长距离大埋深隧道盾构机的空白。

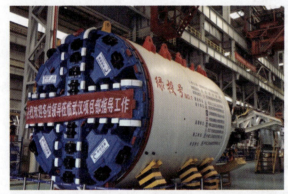

图 2-2-20　武汉大东湖核心区污水传输系统工程项目小直径盾构机

图 2-2-21　洛阳引故入新引水隧道工程项目小直径盾构机

2. 技术创新

长距离大埋深小直径盾构机由于隧道埋深大,可能存在地应力大、水头压力高等问题,对盾构机的整机耐压能力、防卡盾能力提出更高的要求;同时由于埋深大,竖井的成本较高,造成整个隧道无中间竖井,盾构机单次掘进距离长。该类型工况对盾构整机可靠性提出更高的要求,如整机密封性能、防卡盾能力、元器件可靠性、刀盘螺旋输送机的耐磨性等。针对以上难题取得以下技术突破:

(1) 针对掘进距离长,提高刀盘、螺旋输送机、盾体等部件耐磨性能。

(2) 开发主轴承与齿圈分离创新技术,满足掘进速度和盾构主机空间要求。采用主轴承与齿圈分离技术,使主轴承和齿圈轴向前后布置的形式,减小主驱动的径向尺寸。既能提供大扭矩高转速的输出参数,也可满足空间要求,实现洞内更换大齿圈。

(3) 高承压的主驱动密封、铰接密封、盾尾密封、螺旋输送机技术。目前地铁盾构多采用唇形橡胶密封,但其承压性能一般。现通过采用新的密封形式、密封材质、密封数量等方式,实现承受高水压的能力。

(4) 采用双铰接大推力比梭形盾体技术,前大后小,分步推进,应对大埋深地层。采用梭形盾体,前大后小,预留地层变形量,防止卡盾。盾体上预留触变泥浆注入口,润滑盾体,减小盾体摩阻力。盾体采用主动铰接和被动铰接的双铰接系统,实现分步推进;采用推进油缸和铰接油缸的大推力比技术,提高盾构通过性;双铰接盾体柔性大,控制系统复杂。

(5) 高效的后配套物料运输系统,提高整机施工效率。

3. 工程应用

长距离大埋深小直径盾构机已应用的项目包括采用 φ4.16m 土压平衡盾构施工的武汉大东湖污水深隧系统（图 2-2-22）和 φ3.86m 土压平衡盾构施工的引故入新引水隧道。武汉大东湖污水深隧总长 17.5km，最大埋深 30～50m，管片内径为 3.4m，为国内城市中首条长距离大埋深小直径隧道；引故入新引水隧道全长 18km，最大埋深 160m，单台盾构机单次需掘进约 10km，这是国内首次将盾构机应用于长距离小直径山岭隧道。两个项目应用效果良好，得到客户的广泛好评与认可，为长距离大埋深小直径盾构施工工法的推广应用起到了很好的示范作用。

图 2-2-22　武汉大东湖项目盾构始发现场

4. 社会效益

中铁工程装备集团有限公司自主研发的应用于长距离大埋深小直径盾构将以更高的性价比，为施工企业节约直接的施工成本，以直径 3m 级土压平衡盾构为例，单台设备采购成本相比国外进口设备，将降低 15% 以上，为施工企业节省大量时间成本，降低施工成本，提高施工安全性。

第 8 节　国内自主研发 U 形盾构机

中铁工程装备集团有限公司　闫扬义，袁征

1. 需求背景

为避免城市电力、通信、供水供气等管线大量交叉形成"蜘蛛网"，保证城市生命管线的可靠运行，在管线入廊的大趋势下，各城市陆续开展了地下综合管廊的建造。常规地下综合管廊的施工中，多采用放坡开挖或桩基围护结构进行支护，占地面积大，土方开挖及回填量大。为此中铁工程装备集团有限公司针对市场需求，结合综合管廊的预制装配技术，创新研制了国内首台 U 形盾构机，并研究了相应的施工工艺。引进了盾构机的拼装与推进理念，采用移动盾体为预制管节的拼装作业提供保护。该施工方式开挖土方少，成本低，减少了地下支护结构的残留，为后续地下空间的可持续开发提供有利条件。基于管廊预制拼装技术的 U 形盾构施工工艺如图 2-2-23 所示。

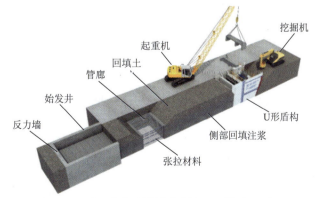

图 2-2-23　基于管廊预制拼装技术的 U 形盾构施工工艺

2. 技术创新

U 形盾构机结合了移动支护理念与预制管节的拼装构筑形式，为管廊施工提供了一种全新的预制拼装施工方法(图2-2-24)。U形盾构机的研制突破了U形盾体的移动支护、盾体的调向、模块化多截面适应、大截面预制管节拼装等关键技术难题,具有完全自主知识产权。模块化组合设计实现了一机多用,可以有效拓宽设备的适用范围。分段式自适应的盾体铰接设计,实现了盾体平面曲线的调向,减小了推进阻力。通过推板分组控制,能够主动调节底部的开挖高程及盾构姿态。U形盾构在综合管廊施工中,与传统支护现浇作业相比,施工过程中占用路面小,可以快速完成回填回复开挖面,对交通影响小;开挖及转运土方相对于传统明挖施工减少30%,节省了转运成本;减少了地下桩基支护结构,缩短了现场施工工期;可广泛应用于城市综合管廊、沟渠改造等浅埋地下工程的施工。

3. 工程应用

U形盾构机已成功应用于海口市椰海大道西延段综合管廊项目(图2-2-25),预制管廊截面宽8.55m、高4.95m,设计管节单节长度1.8m,管廊顶部埋深3.5m,单节管节总质量62t。该段地层上部为素填土和黏土,下部为可塑性粉质黏土并伴随少量渗水,底部为淤泥质黏土,全段下坡包含转弯节点。工作时,外侧壁与土体接触,内侧形成支护空间;前盾侧部设置可伸缩式插板,底部设置有可升降式推板,便于实现土体平整切削及支护控制。施工过程中,各系统运行稳定,实现了开挖、顶推、调向、垫层铺设、管节拼装等全套工序的应用与工艺测试,日进度达到了7m,施工速度比常规明挖方法快30%,同时施工成本低于桩基支护的明挖现浇施工成本。

图2-2-24 U形盾构施工原理

图2-2-25 U形盾构机在海口综合管廊施工现场

4. 社会效益

U形盾构机的研制与应用为管廊建设提供了一种全新的作业方式。U形盾构机替代传统基坑支护进行施工,具有环保高效的施工特点,施工速度快,场地恢复周期短,节省了大量的边坡支护和现场支模工作,减少现浇作业的等待时间,提高了机械化、标准化施工水平,无桩基支护残留,为地下空间的后续开发提供了有力保障,U形盾构施工具有的安全、快捷、经济、环保的优势,为浅埋地下工程的预制拼装作业提供了一种新型施工方式。

第9节 适用于复合地层小直径泥水顶管机

中铁工程装备集团有限公司 冯猛,蒋鹏鹏

1. 需求背景

在我国,排污管道、煤气管道、石油管道、热力管道、通信电缆等综合管道一般都是直埋地下且错综复杂,许多管线已严重老化,无法满足城市发展与城镇化建设的需要。传统的管网改造与建设都需要将路面重新挖开或者采用矿山法施工,不仅造成经济浪费,还影响交通、污染环境。与传统的施工方法相比,顶管法施工具有不需要开挖地面、占地面积少、交通影响小、开挖速度快、环保、经济、高效的优势。20世纪90年代以来,我国顶管法施工技术已经日趋成熟,但是国内设计生产的顶管机还局限于只适应淤、黏、粉、砂等软土地层的泥水平衡顶管机,而能够适应复合地层的泥水顶管机几乎是空白。在具有世界地质博物馆之称的中国,大多城市水文地质复杂,往往施工区间以一种地质为主、多种地质复合,而软岩、硬岩、软硬不均等复合地层小直径隧洞施工对顶管机提出了较高要求。

基于国家现代化城市建设的巨大需求,中铁工程装备集团有限公司依托中国中铁股份有限公司重大科研课题,不断加大复合地层小直径泥水顶管机关键技术研发力度,并在整机技术、多适应性复合刀盘小型化技术、破碎技术、电液控制集成技术、微型驱动技术等核心技术方面取得重大突破与创新,于2015年8月成功研制出具有完全自主知识产权、适用于复合地层的小直径泥水平衡顶管机(DN2800)(图2-2-26),填补了国内在复合地层顶管掘进机的空白,解决复合地层城市隧道施工中对城市建筑物的破坏和道路交通的堵塞等难题。

2. 技术创新

适用于复合地层的泥水平衡顶管机突破了多项关键核心技术,包括多适应性复合刀盘小型化设计技术、交变荷载顺应性微型驱动技术、小直径复合地质条件下换刀技术、变位剪切锥形二次破碎技术、微扰动掘进与自适应姿态控制技术、偏心补偿防卡盾设计技术等关键技术难题,有效解决水下复合地层易"糊刀盘"与"结泥饼"、软硬不均地层掘进易产生偏载、沉降控制难度大、空间狭小、刀具磨损不易更换等难题,能完全适应软岩、硬岩、软硬不均等复合地层的工况要求,开挖效率高,沉降控制好,完全满足安全、可靠、高效、环保的要求。

复合地层泥水平衡顶管机的研制成功,填补了国内城市小直径、复杂地质条件下市政隧道机械化掘进的技术空白,在发展新一代多地质适应性顶管掘进设备,解决行业难题的同时,也体现了地下隧道装备制造业的发展需求和国家目标。

3. 工程应用

国内自主研制的适用于复合地层的小直径泥水顶管机成功应用于南宁市邕宁区龙岗片区道路BT项目污水管道工程(图2-2-27),目前已完成1130m掘进里程。设备实现了在全断面硬岩、全断面红黏土、复合地质条件下的高效开挖,为硬岩及复合地层泥水顶管工法的推广应用起到了很好的示范作用;与国外同类产品相比,单台费用降低近50%。2015年以来,先后受到中央电视台、新华网、河南新闻联播、广西新闻网等国家和地方十余个知名媒体报道。

图2-2-26 国内自主研制的适用于复合地层的小直径泥水顶管机

图2-2-27 南宁市污水管道工程顶管机始发

复合地层泥水顶管机的应用改变了硬岩及复合地层隧道施工需"开膛破肚""打眼放炮"的历史,有效缓解了城市交通压力,复合地层泥水顶管机是城市排污管道、通信电缆、石油管道、综合管廊等地下工程建设方案的解决者。

4. 社会效益

传统的明挖法或者钻爆法施工施工周期长,对地面交通与周围环境造成巨大影响,同时具有较大的安全隐患。利用适用于复合地层的泥水顶管机施工,具有不开挖路面、不封闭交通、减少噪声和尘土等优势,真正实现了地下综合管廊、自动化安全无障碍施工,为施工人员提供可靠的安全保障,更是对现代化环境友好型新型施工方法的成功探索。填补了国内硬岩泥水顶管机的技术空白,实现了复杂地层城市小直径管廊机械化掘进。

复合地层泥水顶管机的研发是对我国高端装备业的一次重大贡献,不仅丰富了我国盾构机、顶管机系列产品,为地下空间施工注入了新的血液,而且有效推动了国内地下共同管沟的普及推广。与传统的钻爆法相比,复合地层泥水顶管施工工期可提前40%以上,加快了社会基础设施的建设进程,保障社会经济的高效运转。

第10节 国产首台常压换刀式大直径泥水平衡盾构机

中国铁建重工集团股份有限公司

1. 需求背景

该盾构机主要是为常德沅江过江公路隧道(简称常德沅江隧道)建设研制,常德沅江隧道,盾构隧道段为双洞断面,双向四车道,穿越沅江的左右线盾构隧道单线长度1680m,总长度为3360m,隧道外径11.3m,其中越江段1km左右,越江段纵断面最大纵坡3.54%,最小转弯半径680m 最大覆土18.2m,最小覆土11.3m,江中段最大水土压为0.45MPa,极限水土压力可达0.55MPa。越江段主要穿越地层为卵石、圆砾等,土体可挖性等级为Ⅰ~Ⅲ级,围岩分级为Ⅴ级。卵石及圆砾层渗透系数达120m/d,为强透水层,卵石中最大粒径可达0.45m,点荷载强度为0.51~5.21MPa,单轴抗压强度可达73.57MPa。

常德沅江隧道具有断面大、水文地质条件复杂、穿越地层强度高渗透系数大、高水压等显著特点,盾构机必须采取针对性设计来解决越江段高水压、强透水层容易引发的换刀风险。目前该项目采用的泥水平衡盾构机是国产首台常压换刀式大直径泥水平衡盾构机,该盾构机工厂验收情况如图2-2-28所示。

图2-2-28 国产首台常压换刀式大直径泥水平衡盾构机工厂验收

2. 技术创新

该具备常压换刀功能的大直径泥水平衡盾构机的主要参数为:刀盘开挖直径为11.75m,刀盘开口率约35%,整机总长约132m,总质量约3000t,整机工作压力为7.5bar,装机功率约6100kW(不含$P_{1,1}$及中继泵),最大推力123791kN,额定扭矩19543kN·m,最大掘进速度60mm/min,适应最小转弯半径600m。

主要技术创新点如下:

(1)自主研发常压换刀技术(图2-2-29):采用常压换刀新技术的大直径泥水平衡盾构机,适用于富水高压和地面沉降控制要求高的长距离隧道施工。采用自主研发的常压换刀技术,操作方便,有效避免了由工作人员带压进行换刀作业的风险,使换刀作业更安全、快捷。

(2)高效的物料运输系统(图2-2-30):配备了单管片吊机、双管片吊机、箱涵吊机、管片输送机和管片转运小车,使管片运输更加快速,显著提高了掘进效率。

(3)箱涵与管片同步拼装技术:采用了集成箱涵同步拼装技术,掘进施工过程中可进行预制箱涵同步拼装,缩短工期,大大提高了隧道整体施工效率。

(4)高精度气液压力平衡技术:高精度气液压力平衡控制技术的应用,保证了掘进开挖过程中掌子面持续高精度稳压控制。

(5)刀盘冲刷防结泥饼技术:大功率泥浆环流冲刷系统可防止刀盘结泥饼,操作灵活,运行参数可实时调整。

图 2-2-29　自主研发常压换刀刀盘

图 2-2-30　高效的物料运输系统

3. 工程应用

2017年9月24日,由铁建重工与中铁十四局联合研制,具有完全自主知识产权的国产首台常压换刀式大直径泥水平衡盾构机"沅安号"在长沙顺利验收下线,2017年12月底"沅安号"始发掘进,掘进效果良好。国产首台常压换刀式大直径泥水平衡盾构始发工地现场如图 2-2-31 所示。

4. 社会与经济效益

这一装备的诞生填补了我国国产盾构机常压换刀技术领域的空白,打破了国外在常压换刀领域的垄断,标志着我国在大型高端装备制造领域取得重

图 2-2-31　国产首台常压换刀式大直径泥水平衡盾构机"沅安号"始发工地现场

大突破,中国铁建重工集团股份有限公司也成为国内首家掌握常压换刀技术并将之运用于工程实例的盾构机生产商,同时,也创造了盾构机史上最美"桃花"刀盘。

目前,大断面、长距离的穿江越海隧道日益增多,常压换刀式大直径泥水平衡盾构机凭借安全可靠,换刀风险小等众多优势,必将在国内拥有广泛的市场。

第 11 节　在线控制式土压—TBM 双模式盾构机

中国铁建重工集团股份有限公司

1. 需求背景

为了加快城市群经济发展,城际铁路正日益成为市域和城市群间重要交通模式,集安全、快速、便捷为一体的立体化交通,城际铁路隧道建设正面临高埋深(60～160m)、长距离极硬岩、极端上软下硬复合地质等诸多挑战。传统单一盾构机在此工况掘进效率低,无法满足快速施工的需求。

2. 技术创新

铁建重工研发的在线控制式土压—TBM（土压平衡和TBM两种功能模式可同时共存）双模式，开挖直径9.15m，整机长度115m，总质量约1350t，装机功率5700kW，既能满足软土地层和极端上软下硬地层掘进，又能满足长距离超硬岩地层掘进的多功能性需求（图2-2-32）。

图2-2-32　设备下线

通常情况下，单一模式的盾构机在极端硬岩地层掘进效率低，单护盾或双护盾TBM无法在复合地层中掘进，此前土压和TBM两种功能模式不能同时共存的离线式双模式盾构机在隧道内进行土压和TBM模式转换时，耗时长达2个月，影响项目整体工期。

该盾构机使土压和TBM两种功能模式可同时共存，设备通过主机皮带机和螺旋输送机的平行式设计，减少了以往同类型设备的模式切换时部件拆卸更换的过程，仅需72h即可完成模式转换，使两种掘进模式相互转换更加便捷可靠。

主要技术特点为：

（1）刀盘、主驱动针对两种工作模式进行适应性设计，螺旋输送机出渣和连续皮带机出渣两种方式适应地质变换，既能满足软土地层、极端上软下硬地层掘进，又能满足长距离超硬岩地层掘进的多功能性需求，其中长距离硬岩段（石英含量高达82.74%，岩石摩氏硬度高达5.63），破岩要求高，特别是中风化片麻岩段，最大饱和抗压强度约155MPa。

（2）在有限的主机空间范围内，各部件合理布局，螺旋输送机与连续皮带机平行式布置，实现一键式切换，极大地提高了模式转换效率，节约了施工成本。

3. 工程应用

该盾构机应用于广佛环线城际铁路隧道，具有开挖断面大、水文地质条件复杂、穿越地层岩石抗压强度高、埋深大和约6000m长距离掘进等难点，尤其是在中风化片麻岩长距离掘进，岩石抗压强度达155MPa，单一模式盾构机无法满足工程复杂的施工需求。该双模式盾构机可根据复杂地质的变化，无须进行大部件更换，只切换操作模式即可进行两种模式的施工，设备投入降低50%。该设备于2018年9月入场，12月始发掘进，目前实现了单日掘进14.4m的优良业绩（图2-2-33）。

4. 社会与经济效益

近年来，我国城际铁路建设持续升温，特别是随着中国推动城镇化建设和经济社会发展的力度越来越大，城际铁路将成为连接城市群、提升城市竞争力的首选。未来5～10年，将迎来城市群城际铁路的发展高潮，国内对铁路大直径盾构机的市场需求巨大，而在线控制式土压—TBM双模式盾构机因其使用的广泛性和高效性，将极大地满足施工工期和效率的要求，引领行业发展的方向。

图 2-2-33　盾构机组装始发

第12节　国内首台自主研发双护盾 TBM

中国铁建重工集团股份有限公司

1. 需求背景

隧道掘进机是一种集成了机、电、液、光、测量等多学科技术为一体的大型隧道施工装备，相比传统的隧道施工，采用掘进机施工具有自动化程度高、施工速度快、安全性好、对生态环境及地面建筑等设施能够起到良好的保护作用的优势。

随着我国铁路、公路、城市地铁以及水利水电等工程越来越多，需要建设大量山岭隧道，掘进机需求也朝着定制化、多样化、广适应、大直径等方向发展。近年来，国家相关规划及政策均对地下隧道工程装备给予支持，随着一批城市轨道交通、重大引水工程的建成，可使管片支护与掘进同步的双护盾 TBM 成为隧道建设的发展趋势之一。

为此，铁建重工攻克了多项双护盾 TBM 关键技术，2015 年 12 月 24 日国内首台自主设计双护盾 TBM"新水源 1 号"在铁建重工长沙基地顺利下线（图 2-2-34），并成功应用于兰州水源地工程。

国产首台双护盾 TBM 的成功研制，标志着集团建立了全系列 TBM 的生产线，具备研制各类型 TBM 的能力。推动了隧道掘进装备产业升级，提升了我国装备制造业水平和重大装备核心竞争力，具有里程碑的意义。

图 2-2-34　国内首台自主研发双护盾 TBM 下线

2. 技术创新

"新水源 1 号"双护盾 TBM 开挖直径 5.49m，整机长约 300m，总质量约 1250t，开挖隧道长 13.28km。针对本项目开挖断面小、掘进距离长、岩石硬度高、沿线地层多变、埋深大、涌水、岩爆、地热等复杂特点，为了解决双护盾 TBM 快速掘进、顺利出渣、防止卡机、物料输送交互作业等难题，在整机方面实现了四大创新：

（1）针对多种地质情况开挖适应性技术

为保证设备顺利通过长距离复杂地质，国产首台双护盾 TBM 更是具备敞开式、单护盾式和双护盾式三种掘进模式，能够根据地质情况、施工进度灵活选用不同的掘进模式，尤其是在双护盾模式下，配置的两套推进系统通过交替工作，能够实现 TBM 不间断连续掘进，大大提升了掘进速度。

（2）针对管片错台及下沉控制处理技术

针对管片错台及下沉控制难问题，采用带支腿的管片，尾盾底部采用100°左右的开孔设计，底部管片安装位置固定，确保管片支腿直接接触围岩，采用该类型管片能一定程度上缓解管片错台及下沉。

（3）针对双护盾掘进过程中精准调向控制技术

通过分区推进油缸进油的比例调节阀和比例溢流阀来实现压力及流量的复合控制，使主推/辅推油缸能进行无级调速的功能，行程传感器实时显示活塞杆伸出行程，供操作手进行调向及掘进状态分析使用。

（4）高效管片同步衬砌及物料运输协同综合保障系统技术

针对长距离小断面TBM掘进、物料运输、管片同步衬砌施工等交互作业难题，创新设计了管片同步衬砌及物料运输高效协同作业系统，解决了多工序、交叉作业功效低的问题，保证了设备快速施工。

3. 工程应用

TBM于2016年3月18日始发，掘进期间，该设备创造了日掘进61.5m，周掘进304.85m，月掘进1251.8m，连续两个月突破1000m的施工纪录。TBM克服了硬岩、破碎带、软岩、涌水等难题，于2018年3月12日顺利贯通（图2-2-35）。

图2-2-35　国产首台双护盾TBM施工隧道贯通现场

4. 社会效益

国产双护盾TBM将以更高的性价比，节约了施工成本。以6m直径双护盾TBM为例，单台采购成本比进口低约4000万元以上。目前生产护盾式TBM共计23台、双模式TBM共8台，其中出口2台双护盾TBM。

另外，国产双护盾TBM研发与应用对促进地下隧道工程发展，解决重大地下工程施工难题，具有重要战略意义，也将产生更大的经济效益和社会效益。

第13节　国内首台最小转弯半径、最小直径土压平衡盾构机

中国铁建重工集团股份有限公司

1. 需求背景

乌鲁木齐轨道交通1号线工程——南门主变电站外部电源工程电力隧道，线路起点为南门110kV主变电站，终点为八户梁220kV主变电站，全长约3.3km。全线线路最大纵坡为3.51%，隧道埋深4～20m，最小转弯半径80m，整个线路直线段占全线长65%，曲线段占全线长度35%。盾构穿越的地层主要有砂岩与泥岩互层、角砾、砾岩夹砂岩及少量粉土（图2-2-36）。

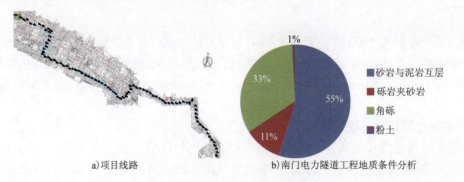

a）项目线路　　　　　b）南门电力隧道工程地质条件分析

图2-2-36　项目线路及工程地质条件分析

2. 技术创新

该土压平衡盾构机的开挖直径 3.76m，总长 120m，总质量 250t，总功率 750kW，额定扭矩 1565kN·m，最大推力 15394kN，采用复合式刀盘结构设计，盾体采用球铰结构，螺旋输送机、管片吊机、后配套拖车、皮带机均采用特殊设计满足小曲率半径转弯要求（图 2-2-37）。

图 2-2-37　国内首台最小转弯半径、最小直径土压平衡盾构机验收

该盾构机的特点及创新点包括：

（1）盾体由前盾和尾盾两节组成，铰接处采用球铰结构形式，通过 4 组 8 根主动铰接油缸灵活控制盾构机转弯。

（2）刀具配置了加强型及抗冲击刀具，周边刀具配置了扩挖装置，满足硬岩地层的掘进和转弯。

（3）主驱动采用多个马达驱动，具备足够大的扭矩，满足硬岩地层的掘进，并满足小直径盾构狭小空间内的布置。

（4）螺旋输送机前部为球铰结构，取消传统连接桥结构，采用吊机梁连接螺旋输送机尾部与后配套拖车，皮带机支架通过调节装置，满足小转弯掘进要求。

（5）主控室为轿车的设计理念，满足人员舒适度及人机工程学要求。

3. 工程应用

2018 年 3 月该盾构机进场，并开始分体始发掘进，2018 年 9 月 27 日该隧道贯通。整机在小转弯中应用效果良好（图 2-2-38）。

图 2-2-38　隧道成型

4. 社会效益与经济效益

该 ZTE3730 土压平衡盾构机是铁建重工研发的目前国内首台直径最小的土压平衡盾构机，也是转弯半径最小的土压平衡盾构机，该盾构中"狭小空间内多个马达主驱动""取消传统连接桥结构""轿车式主控室"等结构均为国内首创，并实际应用。

第14节 超小直径可回退式管幕机

中国铁建重工集团股份有限公司

1. 需求背景

随着城市集约化的发展,城市管廊隧道施工的场地占用问题已经越来越凸显,隧道施工对作业空间的要求面临着新的挑战,某些工程在掘进机推进至终点的位置不具备地面接收条件。通常采用的方法是将设备从洞内拆解成多个小块部件,再将拆解下的小块部件运至洞外。此施工方式效率低、成本高,在拆机时具备一定的安全风险,当掘进机直径较小,人员无法进入设备内部时,则无法通过人工拆解方式进行拆机。为此,铁建重工成功研制出 $\phi 0.72m$ 超小直径可回退式管幕机。

2. 技术创新

该管幕机开挖直径仅为 0.74m,属于超小直径隧道掘进机,用于管幕法隧道施工(图 2-2-39)。设备在满足正常掘进的前提下,具备主机在洞内高效无损可回退功能,即通过自动控制系统及回退装置就可将刀盘及主机一起在隧道内直接回拖至洞外,并具备将主机由洞口推送至工作面进行再次掘进功能,让隧道施工变得"收放自如"。该设备不仅可用于无接收井(尤其适应于山岭隧道)的隧道施工,自身的回退功能还可用于处理开挖面前方的未知障碍物,能够"一机多用",最大程度为客户创造价值。

图 2-2-39 直径 0.74m 管幕机工地组装

主要技术创新点具体如下。

(1)无损回退技术:该产品采用盾体分离及刀盘可折叠技术,并配置回拖装置实现无损回退功能。在回退过程中,刀盘折叠,内外盾体分离,回拖装置将主机整体无损回拖至洞外,使设备重复利用。

(2)控制技术:采用 PLC 作为整机的核心控制设备,全自动化控制,兼备远程与本地控制,满足正常掘进需要及拼装管节需求。

(3)地质适应性:采用复合刀盘及大扭矩主驱动,地层适应性广泛,可适应硬岩、软土、回填土等复合地层。

(4)支护技术:通过可回退式管幕机逐个顶进管节形成管幕,起超前预支护作用,降低施工风险。具有适应大断面、浅覆土工程、有效减小地面沉降、安全性高等特点。

3. 工程应用

该设备应用于重庆铁路枢纽东环线采用管幕法施工的猫垭口隧道(图 2-2-40、图 2-2-41),隧道埋深浅,地质条件为人工填筑层及弃填层块石土、泥岩、砂岩等,本次施工隧道断面宽度约 8.4m,高度约 10m,与设备的小直径形成鲜明反差。此项目为全球首台超小直径可回退式管幕机提供了大显身手的"首秀"平台,设备施工主要成果如下:

(1)国内首次并完成多个无接收井管幕洞施工,并成功实现主机无损洞内回退。

(2)成功实现掘进过程中主机无损回退,并再次送入洞内继续正常顶进作业。

(3)最大日进尺 18m,最大顶进速度 120mm/min,单次最长顶进长度 100m。

4. 社会与经济效益

随着城市集约化发展,城市管廊隧道施工的场地占用问题逐渐凸显,隧道施工对作业空间的要求面临新的挑战。某些工程在掘进机推进至终点的位置不具备地面接收条件,通常采用的方法是将设备从洞内拆解成多个小块部件,再将拆解下的小块部件运至洞外。此施工方法效率低、成本高,在拆机时具有一定的安全风险,当掘进机直径较小,人员无法进入设备内部时,则无法通过人工拆解方式进行拆机。而铁建重工研发的超小直径可回退式管幕机,不但解决了小直径隧道施工无法洞内拆机和维修的难题,还使得小设备建设大、长距离隧道成为可能。

图 2-2-40　管幕机施工现场

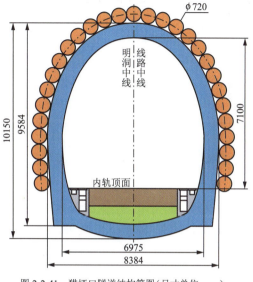

图 2-2-41　猫垭口隧道结构简图(尺寸单位:mm)

第 15 节　垂直盾构机

辽宁三三工业有限公司

1. 需求背景

随着社会的发展和科技的进步,盾构掘进技术日趋成熟和完善,但关于竖井施工,还在使用传统工法施工的竖井钻机。因此,全新的、技术更先进的、适用于较大直径的全自动垂直盾构机方兴未艾。同时,我国盾构机"心脏"——主轴承全部依赖进口,没有能力进行自主研发设计和加工制造,制约了行业发展,更不利于国家经济安全。随着对竖井施工的安全性、高效性、大直径的要求越来越强烈,对用于竖井施工的垂直盾构机有更高要求,同时表现出了巨大的市场需求。

我国地面资源逐渐紧张,对工程实施的占地要求越来越小、施工时间要求越来越短,以及工程施工对环境的影响要求越来越严格,如地下停车场的开发,地铁工程施工时的维护竖井等,都需要安全、高效、对环境无影响的竖井开挖设备。面对施工困难,传统的施工工法达不到要求,对新工法、新设备的需求尤为突出。因此,研制具有自主知识产权的垂直盾构机产品并实现产业化,已成为国内高端装备行业的当务之急。

2. 技术创新

垂直盾构机采用不同地质条件刀盘刀具的设计,采用机构动力传递方式的设计,通过掘进工法创新,实现了掘进与支护同步。同时开发了刀盘刀具磨损实时检测系统,实现了设备运转反馈信号的无线传输,并成功研发了垂直盾构掘进姿态与导航系统及智能控制人机交互系统。

垂直盾构机在垂直掘进过程中同时完成管片支护,一次成型,应用于矿山、煤矿、地下停车场竖井掘进,效率高。井下无人值守,打井不下井,避免人工打井的危险性。

设备结合沉井法与盾构法施工,采用全新形式的开挖刀盘,泥浆排渣,沉管支护与于泥浆护壁技术等掘进技术保证掘进安全高效,地质条件适应能力强。

设备配置刀具磨损量实时监测,在掘进过程中对刀具磨损实时监测,不需要人工检查刀具磨损情况。

泥水环流排渣,模块化泥水处理系统,占地面积小,设备安装、拆机灵活,转场方便。

3. 市场应用

垂直盾构机的应用领域及市场前景非常广阔。采用大直径垂直盾构机技术挖掘竖井,建造智能地下立体车库。该项技术核心是有效开发深层地下空间,解决了城市建设用地缺乏的这一难题,实现了以最少土地停最多车辆的目的,是解决城市用地紧张、缓解停车难的一个有效手段。

智能地下立体车库作为城市停车场的一种新形式,占地少、空间利用高、管理方便的优势使它成为未来城市停车改革中的重要方向。近10年来在我国得到高速发展,已经成为一个新兴行业,未来智能地下立体车库市场蕴藏着10万亿元的商机,全自动垂直盾构机需求量巨大。与此同时,目前中国已形成世界上规模最大、发展最快的轨道交通建设市场,大规模基础设施建设对盾构机的需求旺盛,"十三五"期间,城市地铁、铁路公路隧道、引水工程、越江公路隧道、城市综合管廊工程、城市深层调蓄隧道、智能地下停车场等对盾构机的需求量巨大。此外,研发的主轴承将广泛应用于风电轴承、重载轴承等,研发的高精度钢将填补国内特种钢应用空白。

三是用于煤炭系统的竖井施工。近年来,随着深部煤层的开采,有的井深达到了1000m以上,且穿过的地层复杂,地质条件多变,传统的竖井钻机满足不了施工要求,需采用大直径垂直盾构机技术挖掘竖井,给本项目产品带来无限商机。

除此之外,地铁施工的配套设施、维护竖井等同样面临类似的问题,随着社会的不断进步,施工环境、劳动强度、施工安全备受重视,不断提出新的要求,传统的竖井钻机已经逐渐不能适应现在的施工要求。全自动垂直盾构机在竖井掘进方面具有广阔的市场前景。

4. 社会效益

通过新技术、新工艺的推广,将带动本行业的发展,并可促进机械制造、电子仪器仪表、自动化控制技术等产业水平的提高,可提高我国盾构机产品的技术含量,促进新产品、新工艺、新技术的开发,提高市场竞争力。

垂直盾构机的研发,将为国内外地铁施工、地下停车场、军工等隧道工程提供最先进的产品,对我国盾构机产品水平提高具有极为重要的促进作用。

第16节 快速救援掘进机

中交天和机械设备制造有限公司

1. 项目背景

随着国家地质灾害的频频发生或因生产规范性措施盲区造成的生产事故的频发,导致了国家大量财产损失,甚至威胁到国家安全。尤其是矿业开采隧道及山岭隧道的坍塌,由于其埋深大、空间有限、安全性低、施工设备匮乏等,成倍增加了救援难度及风险。随着国家对于安全生产经营的重视,对于救援技术装备的需求也越来越多。然而,国内对该领域的技术研究处于初期阶段,认知度、安全性、系统性、可靠性都相对落后,国内应急救援工程装备与日本、德国等发达国家相比在功能、技术水平上存在较大差距。

本项目针对目前国内外地质灾害及矿洞坍塌的安全事故发生时，在72h黄金救援时间内缺乏安全可靠性的救援装备这一现状，结合盾构机技术原理，国际首创开发一种专门用于地震、泥石流等灾害救援的短距离快速救援掘进机（图2-2-42），该机械可以对被困人员实施快速、安全、高效的救援，其非开挖式的救援方式避免了传统救援方式中发生二次坍塌的危害。

短距离快速安全救援掘进开挖直径仅为0.92m，最快掘进速度约7.2km/h，能实现50m障碍物的快速掘进，开挖坡度能达2.5%。其采用钢管套支撑强度高，整机重量轻，可直接用吊车搬运，具有良好的机动性，便于运输搬运；可实现远程操控，保证施救人员安全；配备人员搜寻装置，能准确定位；能快速打通救援通道，设计刀盘脱离、螺旋轴回抽用时短，仅为2～3h，大大提高救援速度。

2. 技术创新

灾后救援实际情况复杂，针对存在大梁、碎石、钢件等废渣，救援时间紧迫，刀盘容易被卡死，需针对性进行可更换式刀具设计、伸缩式刀盘驱动设计，配合合金刀具实现废渣的快速切削等，同时需减少对开挖面的震动扰动，保证隧道钢管套的强度，防止造成二次坍塌。

（1）可脱落式刀盘设计：当掘进到预定位置时，通过采用伸缩式油缸将刀盘与螺旋轴脱离，不延长拆刀盘的时间。

（2）多功能螺旋叶片型钻杆：设计高强度可拼接式钻杆，配备大功率液压马达驱动装置，能实现长距离大扭矩传输，保证刀盘开挖面的快速切削；同时钻杆上配备高强度螺旋叶片，在开挖过程中能有效输送渣物。

（3）远距控制系统：针对小型盾构开挖，通过利用可视化视频监控设备远距控制，防止二次坍塌对救援人员的危害。

（4）钢管套顶推装置研制：针对救援管道地质复杂，存在碎石、破碎带等易发生二次坍塌现象，为保证管道支护安全，采用高强度钢管套，并配备高强度密封衔接装置；开发一种高精度、大推力、自动校准的管套顶推装置，能保证在碎石破碎带、砂卵石地层的精准顶推。

3. 项目应用

依托全国公路工程隧道施工安全生产技术交流暨应急演练会，中交天和生产的两台φ0.92m快速救援掘进机应用于模拟贵州省龙昌隧道拱顶坍塌事故中（图2-2-43）。其中模拟坍塌距离40m，穿越地质主要为隧道内硬岩地层。中交天和救援掘进机从组装、运输、掘进到顺利贯通，共用时2h，满足国家要求的有效救援时间，而且在掘进过程中没有发生卡刀盘、螺旋轴堵塞、二次坍塌等突发状况。

图2-2-42　浅埋救援用隧道掘进装备图

图2-2-43　快速救援掘进机现场施工图

4. 社会效益

快速救援掘进机扩充了我国隧道救援装备，能实现隧道浅埋事故的快速救援，与传统明挖法及其他机械化设备相比，该装备具有安全可靠、机械化程度高、操作简单、掘进速率快等特点，保证了人民的人身及财产安全，对于提高国家安全生产水平具有积极作用。

第17节 海洋竖向硬岩掘进机

中交天和机械设备制造有限公司

1. 项目背景

随着国家清洁能源的大力开发，海洋风电作为一种可持续、可再生、清洁无污染、储量巨大的一种能源，越来越受到人们的追捧。我国海岸线绵长，具有丰富的海上风电能源储量，但是我国风电起步晚、产业技术不成熟、海洋环境复杂等原因，严重制约了我国风电能源开发。尤其是风电桩建设由于其施工装备匮乏、桩基深度高、打桩直径大、打桩效率低等原因，其建设进展缓慢是直接导致风电能源发展慢的根本原因。

中交天和自主创新结合钻井法施工原理及气体反循环法（图2-2-44、图2-2-45），采用多项先进技术，结合掘进机技术原理，国际首创研制了一套竖向硬岩掘进机装置，此装置最大桩直径达10.4m，可在硬岩层中一次性掘进80m，具有钻进效率高、排渣效率高、成孔直径大、跨地层掘进等特点。

图2-2-44 海洋竖向硬岩掘进机

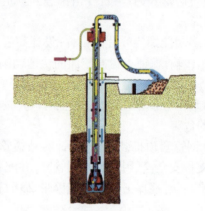

图2-2-45 气体反循环原理图

2. 技术创新

1）驱动技术

驱动部提供刀盘掘进时所需的扭矩，并将推进油缸的推力传递给钻杆。采用电机驱动，为减速机、齿轮箱多级减速结构形式。电机采用变频控制，通过调节输入电源的频率实现输出转速的调节。

2）气体反循环技术

竖井机械采用3路独立的进气系统，一路是通过驱动部进行配风，其他两路通过配风装置进行配风，空压机直接与90°弯头相连。各配风系统之间用空气密封进行隔开，相互独立，禁止互相串气。配风装置中间是排浆通道，气举反循环出来的泥沙通过该处，禁止发生泄漏。配风装置上端通过过渡段与驱动部相连，下端与短接钻杆相连，各部件之间设置足够的抗剪销，保证驱动部扭矩输出。

3）滑架总成设计研究

滑架是动力头的载体，包括滑架臂和滑架桁梁，采用箱梁结构形式设计。其中，滑架桁梁与动力头之间采用法兰连接，承受钻进时的反扭矩和反作用力并传递给门架。滑架桁梁两侧设有滑架臂，各有一个十字铰座，通过销轴与中间铰轴式主油缸相连。滑架臂两侧设有机加工开口，与门架内侧的耐磨板滑道相对滑动。

4）导向器技术

导向器主要包括中心筒和外部支架，二者之间采用法兰连接，在施工中起到导向和支撑的作用。中心筒部上下部有2个圆珠滚子轴承，内筒内预埋3路排浆通道和进气通道，内筒和外套之间可相互转动。

5）数据采集系统

配备地面监控工作站，采集的隧道掘进机数据能够实时传输到地面监控工作站，有效传输距离不小于5000m，能连续、同步采集竖井机械实时数据，包括竖井机械状态、施工参数、设备运行报警等内容，并在人机界面显示。同时具备远程操控、数据存储、数据查阅与备份功能等。

3. 市场应用

传统的海上竖向钻井设备多为石油钻井平台和一些大型海工装备，作业区一般为远离海岸线的深水区，主要用于天然气竖井和桥梁桩基的开挖，其设备一般都比较庞大或者是开始施工后就不能移动，有很大的局限性。中交天和研制的海洋竖向掘进机，结合气体反循环法可以实现快速的掘进与出渣，而且施工方便，造价低廉，在海洋风电桩基和一些近海岸线硬岩地层的挖掘作业有广阔的市场前景。

4. 社会效益

我国拥有广阔的海洋风电能源，海洋竖向硬岩掘进机作为风电桩建设施工的专用装备具备钻进效率高、排渣效率高、成孔直径大、跨地层掘进等特点，未来具有广阔的市场。海洋竖向硬岩掘进机的成功研制及推广，对于提升我国海洋工程装备具有积极推动作用。

第18节　富水卵石地层大直径复合式盾构机

中交天和机械设备制造有限公司

1. 项目背景

成都17号地铁线是连接中心城区、温江、双流东升的市域快线，主要穿越富水性砂卵石地层，卵石含量约占75%，最大直径达0.4m，局部地段见漂石，最高卵石强度达121.8MPa，透水性强，易发生螺旋输送机卡机、地层塌方、喷涌等风险，施工难度巨大。

中交天和集成技术创新，采用以排为主、破碎为辅的设计理念，颠覆了传统成都地区盾构机设计，为成都地铁17号线项目提供了20台φ8.58m复合式土压平衡盾构机（图2-2-46）。盾构机采用45%大开口率刀盘设计、独有的无轴带式螺旋输送机、PID技术并配置防喷涌技术，采用以排为主、破碎为辅的设计理念，有效控制地面沉降。

图2-2-46　成都17号线φ8.58m复合式土压平衡盾构机

2. 技术创新点

1）大开口率刀盘设计

采用辐条+面板式刀盘设计，开口率高达45%，易于渣土及卵石排放，能够实现较高的掘进效率，同时可防止产生泥饼，适合在黏土、砂土、卵石等地层掘进；同时又可以更换为全滚刀刀盘，保证在大粒径卵石地层掘进。

2）重型撕裂刀具设计

针对砂卵石地层采用重型撕裂刀，代替滚刀，以刮为主，破碎为辅的方式，有利于大直径高强度卵石的排出，改善了刀具易磨损、常更换的难题，提高了掘进施工效率。

3）无轴式螺旋输送机设计

带式螺旋输送机设计，利于大直径卵石的排放，避免了大直径卵石对于螺旋输送机轴的磕碰，造成断轴的难题。

3. 工程应用

成都17号线 $\phi 8.58m$ 复合式土压平衡盾构机采用的"以排为主，破碎为辅"的设计理念，颠覆了成都地区砂卵石地层盾构设计。截至目前应用于成都17号线的20台盾构机已经顺利出洞17台（图2-2-47），完成了该线80%的开挖任务。期间开挖顺利、导向精确，并未出现掌子面坍塌、刀盘过度磨损、螺旋输送机卡顿等延误工期的状况。并且，该类盾构机在17号线平均日掘进达到5.9环，改变了成都温江地区以前日掘进1-2环的局面，最高日掘进达18环（27m），受到业主的好评。

图 2-2-47　成都 17 号线标段盾构机贯通现场

4. 社会与经济效益

该项目首次采用"以排为主，破碎为辅"的设计理念，成功解决了盾构法在富水性砂卵石地层掘进缓慢、事故频发的状况，为盾构机行业的设计提供了新思想、新理念。该盾构机不仅设计与制造成本更小，而且掘进效率更高。

目前，我国很多城市的地质都是以富水性砂卵石地层为主，因此，随着我国轨道交通事业的发展，在地铁建设领域，此类盾构机将拥有很大的市场。

第19节　南京和燕路穿越长江 $\phi 15.03m$ 超大直径泥水平衡复合式盾构机

中交天和机械设备制造有限公司

1. 项目背景

大直径盾构机各项关键技术措施，国内外均有研究，但是目前如和燕路过江隧道，采用泥水盾构工法穿越高渗透砂地层、全断面岩层、岩溶及裂隙等复杂的工况，已有的各项技术的研究范围无法做到全覆盖。可以说，和燕路过江隧道同时存在重庆主城排水隧道、南京长江隧道和南京扬子江隧道等三条隧道的难点，并且更为复杂，相关的技术还存在很大的提升及创新空间。

目前，国内在超大直径泥水平衡盾构机的常压换刀技术及零部件、大直径轴承、驱动电机、泥水系统设备等关键部位，或多或少都依赖于国外的进口。始终没有一台全国产化的大直径泥水平衡盾构机。在此背景下，中交天和勇于尝试全国产化零部件与技术，成功打造了适用于熔岩地层的超大直径泥水平衡盾构机，并配备超压换刀、伸缩摆动刀盘、智能化拼装机等领先技术。南京和燕路穿越长江超大直径15.03m泥水平衡复合式盾构机如图2-2-48所示。

图 2-2-48　南京和燕路穿越长江超大直径 15.03m 泥水平衡复合式盾构机

2. 技术创新

1）超高水压长距离掘进常压刀盘刀具关键技术

（1）长距离掘进组合刀盘技术

针对隧道掘进区间中频繁出现高硬度地质区域与粉砂层软质区域上软下硬复合地层地质难点。开发长距离组合刀盘技术,采用固定式滚刀、可更换式切削刀、常压更换式滚刀,利用刀具互换装置对滚刀和齿刀在不同地层中进行切换,实现了刀盘在长距离掘进过程中的有效性问题。

(2)超高水压常压刀盘刀具技术

针对在高水压地质环境下换刀风险巨大,人员操作烦琐,效率低下等问题,开发一种便捷可靠的常压可更换刀具装置。刀盘设计采用辐条式结构,开发双闸门式常压换刀装置,实现在高压环境下的长距离掘进,在刀具磨损需更换时能有效密封及足够的换刀空间,安全可靠,方便快捷。

(3)超大断面复合地层掘进刀盘中心防结泥技术

针对本项目常压刀盘的中心无开口区域直径过大,在穿越1630m软质地层(粉质黏土、粉细砂)时,易发生结泥饼现象,造成磨损刀盘刀具的问题。开发了刀盘中心防结泥饼技术,在刀盘中心面板与中心回转节设置多个冲洗口与注入口,配合高压柱塞泵与冲洗泵对刀盘进行高压冲洗,防止由于结泥饼而发生刀盘卡死磨损等现象。

2)超大直径盾构机主驱动伸缩摆动关键技术研究

(1)主驱动滑动摆动技术研究

针对软硬地质互换,存在大量溶洞及未知探明物的情况,易发生刀盘卡死、局部扩挖、盾构微姿态调整等问题,开发了主驱动滑动摆动技术,采用高强度高寿命主轴承,通过滑动面、滑动油缸、锁紧装置的设置,实现在常推出式驱动的正常掘进,在遇到刀盘卡死式可通过滑动油缸伸缩,实现刀盘驱动部0.4m的滑动,实现刀盘的伸缩功能。通过对驱动设置上下3组摆动油缸组及止转油缸,通过油缸行程的变化及锁紧装置,实现刀盘驱动±1.2°,有效实现刀盘的卡死、扩径及姿态调整等难题。

(2)超高水压主驱动密封自适应调压技术

针对项目存在溶洞、断裂层地质存在土仓压力交替变化而造成驱动密封性能下降的问题。通过设置土仓压力传感器,开发压力智能化反馈系统,通过自动调节密封腔的注脂压力与油脂泵工作状态,实现驱动部的恒定有效密封。

3)大断层及岩溶复合地层超前钻注一体系统关键技术研究

(1)全回转超前钻探技术

针对掘进过程遇到断层、溶洞的情况,在盾构机上配置全回转超前钻注一体系统。在盾构机盾体全周设置超前钻孔,超前钻机安装在盾体后部平台上,可进行前后滑动,同时超前钻机安装在环形齿圈上,可360°旋转,对土体全周进行探测。相比于传统的在拼装机上安装超前钻机,操作更加方便,效率更高。

(2)全回转超前注浆加固技术

在对土体全周进行超前探测的基础上,同步进行注浆加固。

4)大断层及岩溶复合地层盾构泥水系统技术研究

(1)泥水平衡盾构机大小循环系统技术研究

断裂带可能存在块石,掘进中易塌方卡刀盘,易发生江底击穿,易堵仓滞排。配备泥水仓大循环逆洗功能,在通过断裂带等困难地层时,如正循环模式掘进困难,可切换至逆循环模式,推进效率高。配备气泡仓小循环逆洗功能,用于气泡仓、破碎机处堵塞的疏通。

(2)可分层逆洗的泥水循环控制系统技术研究

多层逆洗可用于掌子面塌方后的分层疏通,可实现快速恢复掘进,多层逆洗管直径较大,可采用大流量的逆洗。

(3)绿色环保型三通球阀接管器设计技术

在接管时采用三通打球式接管器,将止水球打入接管拆卸位置堵住泥水,接管时无泥水溢出到隧道内,彻底改善了隧道的施工环境,实现了绿色文明的施工现场。

5)智能化全自动管片拼装技术

传统手动控制拼装管片,精度差、效率低、拼装质量参差不齐,费时又费力。利用激光测距技术、距离传感技术、视觉分析系统、液压系统控制器等技术，实现管片的精准定位，解决了人工拼装误差，保证了管片安装质量，只需一键就实现管片从运输车上吊运、旋转、抓取、拼装全自动化、自动识别管片位置、定位拼装，不仅大幅度提高了工作效率，还保证了拼装质量。

3. 工程应用

中交天和研制的 $\phi15.03m$ 超大直径泥水平衡复合式盾构机应用于南京和燕路过江通道南段隧道工程 A3 标段，其盾构全长 135m，整机质量 4000t，开挖的过江隧道全长 2976m，施工水压最高 0.79MPa，是目前国内水压最高的的隧道工程。项目地质结构复杂，需要穿越软弱地层、上软下硬地层、软硬不均地层、断裂带、硬岩层及岩溶区域。该工程是极具特点的大直径盾构过江隧道，各地层特点明显。对各个课题的研究具有较强的操作性，同时以该工程为依托开展现场试验和监测，收集施工参数，为项目实施科研项目提供坚实的工程依据。该盾构机于 2019 年 6 月 21 日已完成整机的组装与验收，顺利完成各项测试功能。

4. 社会与经济效益

该盾构机采用全国产自主研发的常压换刀技术、主驱动伸缩摆动技术与泥水循环系统等技术；对轴承与液压元器件等关键设备也国产化生产。不仅降低了盾构机的设计与生产成本，打破了国外对关键技术与零部件的垄断，提高了国产盾构行业的技术自信，而且为我国盾构走出国门提供有力的支撑。

第 3 章 "一带一路"盾构机创新机型

第 1 节 首台出口非洲大直径土压平衡盾构机

中铁工程装备集团有限公司　尹跃峰

1. 需求背景

阿尔及利亚地铁于 2011 年首期工程开始通车营运，是继埃及开罗之后，非洲大陆第二个拥有地铁的城市。作为中意双方积极响应"一带一路"倡议，助力非洲轨道交通建设的重要实践，此次中铁装备自主设计制造的"中铁 665 号"ϕ10.5m 的土压平衡盾构机，将交由意大利 SELI OVERSEAS 公司，用于阿尔及利亚首都阿尔及尔机场地铁延伸线从 El Harrach 中心站到胡阿里·布迈丁机场站的高标准机场轨道交通的工程建设（图 2-3-1）。该项目隧道全长 9565m，包括 9 个地铁车站和 10 个通风竖井，隧道建成通车后将极大地提升机场的旅客吞吐能力，大大缩短阿尔及尔市区至机场的通行时间。

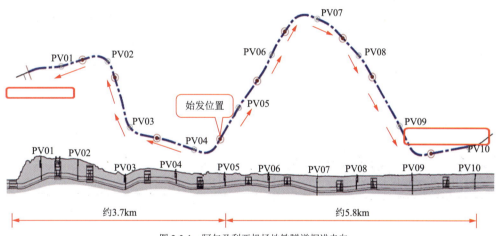

图 2-3-1　阿尔及利亚机场地铁隧道掘进走向

该设备是中国出口到非洲的第一台土压平衡盾构机，于 2019 年 1 月 15 日在中铁装备天津基地成功下线（图 2-3-2），是继黎巴嫩引水隧道项目、迪拜和多哈排污隧道项目后，中铁装备与欧洲著名承包商——意大利 SELI 公司携手开发第三世界国家市场的又一次成功合作范例。

2. 技术创新

"中铁 665 号"为土压平衡盾构机（图 2-3-3），刀盘直径 10.5m，整机总长 91m，总质量超过 1800t，由中铁装备精准设计、科学生产，具有欧洲 CE 认证标准证书。

由于该设备将应用于 R=180m 小曲线转弯半径地层施工，对设备的转弯能力有很高要求。为适应设计隧道曲线，盾体系统采用特殊的主动球面铰接结构，具备较强的水平转弯纠偏能力，满足设备在掘进过程中的纠偏调向需求。通过本项目的开展，中铁装备已经完全掌握了大直径、小半径转弯主动球铰盾构的铰接系统及密封系统的相关技术。作为土压平衡盾构的关键核心系统之一，掌握其设计原理和核心技术，能够增强企业的技术竞争力，为后续类似设计提供了参考。

该项目单线最长掘进距离为 5.8km，对设备的渣土输送能力有较高的要求。由于传统的编组出渣方式在长距离输送时，对调度、运输管理要求高，存在较大的施工干扰和安全隐患，影响出渣效率，因此本设备采用输送能力大、速度快、承载能力强的隧道连续皮带机进行渣土输送。初步测算表明,与传统出渣方式相比,出渣运输作业效率可提高20%～30%,而且连续皮带机出渣输送系统全部使用电动设备,其能效高、污染小,可有效减少隧道中二氧化碳等有害气体的产生,效果非常显著。由于烟尘和废气减少,全面改善了隧道的施工作业环境,尤其是减轻了隧道的通风压力,进一步起到了保护环境和节能减排的作用。

图2-3-2　我国首台出口非洲大陆的盾构机在中铁装备天津基地下线

图2-3-3　中铁665号土压平衡盾构机

在后配套拖车设计中,为满足整体始发的要求,尽可能缩短整机长度,整机设备采用两层布置,在节省空间的同时,又大大降低了设备的设计和制造成本。液压泵站采用全封闭结构,可以大大降低运行过程中的噪音,提供良好的人机工作环境。后配套皮带机沿线两侧全部设置有防护网,以防止工作人员误碰而被卷入或者夹伤;设置拉线急停开关,出现紧急情况,可立刻停止连续皮带机的运行,有效提高设备的安全性。

由于盾构机整机结构较为复杂,疏散条件差,为提高设备在使用过程中的安全性,整机设置逃生通道和应急照明,并张贴相关警告标识(图2-3-4),一旦出现火灾等紧急情况时,便于人员快速疏散。

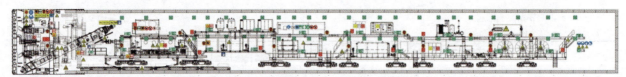

图2-3-4　逃生通道及警示标识图(局部)

3. 行业意义

目前,国内盾构装备已基本实现自主设计制造,但距离国外先进水平,特别是大直径盾构方面仍有差距,加强相关关键技术研发与攻关,直至突破,增强产品高技术含量与优势,发挥主机的发展带动作用,拉动关键零部件、精密元器件行业的发展,从而追赶缩小与世界先进水平间的差距,是目前我国盾构技术走向世界的关键步骤。

"中铁665号"阿尔及利亚项目大直径土压平衡盾构机的成功下线,标志着已完全突破大直径主动球铰土压平衡盾构产品关键技术并具有自主知识产权,将能够有效提升盾构重大技术装备在国际市场的竞争力,提高装备制造业在国际市场的话语权。

4. 社会效益

采用大直径土压平衡盾构机进行隧道施工,具有省时、省力、有效保护地下水和地面构筑物等功能,在施工过程中可全程实现自动化,大大降低施工劳动强度,同时可以减少对附近居民的噪声和振动影响,以及因拆迁、施工中断交通线路所造成的经济损失,而且能大幅度节省施工工期,直接降低隧道的建造成本,是城市长距离、大埋深隧道施工的最优选择。

本设备已于 2019 年 7 月用于阿尔及利亚机场地铁隧道的掘进施工,项目竣工后将极大提升阿尔及利亚机场交通的便捷性,避免交通拥堵,减少私家车的能源消耗和尾气排放,促进资源节约利用和环境可持续发展,具有显著的社会效益。

第 2 节 首台出口欧洲 -40℃极寒环境 6m 级土压平衡盾构机

中国铁建重工集团股份有限公司

1. 需求背景

莫斯科地铁第三换乘环线西南段,区间线路总长约 4.6km,包含 3 座地下车站、4 个盾构区间共计 9 条隧道。工程采用 5 台适应极寒环境盾构机进行施工。当地 50 年一遇的最低气温为 -40℃,12.5 年一遇的最低气温为 -30℃。隧道转弯半径小(250m),线路坡度大(45‰)。掘进区间大部分地质为富水砂层,盾构区间局部覆土深度达 42m,盾构较长区间所处的静水压达 0.4MPa,涌水涌沙风险大,设备要求具有适应极寒施工环境、富承压水、坡度大、转弯半径小、穿越多幅钢筋混凝土墙的技术能力(图 2-3-5、图 2-3-6)。

图 2-3-5 莫斯科极寒盾构机验收

图 2-3-6 莫斯科极寒盾构机下井

2. 技术创新

铁建重工研发的应用于莫斯科地下项目的土压平衡盾构机,采取了适应极寒环境(-40℃)抗寒设计技术,并采用大坡度、小转弯半径适应性设计,同时加强了设备的"穿墙过桩"、针对小空间连续转接皮带机折返性及主驱动高承压密封等能力设计,使设备完全适应俄罗斯极寒施工作业环境。

主要技术创新点包括:

(1)极寒环境(-40℃)整机适应性技术:对盾构机使用的各个环节全流程研究设计,保持极寒环境下设备高度完好。

(2)大坡度、小转弯半径适应性技术:产品最小转弯半径为 200m,满足隧道转弯半径 250m 要求,针对性坡度设计满足线路坡度为 45‰ 的要求。

(3)盾构机"穿墙过桩"针对性设计:刀盘采用更优良材质,渣土改良系统更加高效等设计,穿越多幅钢筋混凝土墙。单幅墙厚 1m,骨架为 ϕ32mm 螺纹钢 + 玻璃纤维筋。

(4)小空间连续转接皮带机折返布置技术:针对始发站体狭小、隧道坡度大,设计了转接式的皮带机出渣系统,采用皮带机转接、折返出渣工艺。且连续皮带机具备的垂直储带仓储带能力可达 480m,保证整个皮带机出渣系统不间断工作。

(5)高承压密封技术:通过加强型的主驱动密封、铰接密封、盾尾密封设计,承压能力达 0.45MPa。

3. 工程应用

项目位于莫斯科市西南部,区间线路总长约 4.6km,包含 3 座地下车站、4 个盾构区间共计 9 条隧道,是莫斯科市轨道交通网络中第二条环线地铁的重要组成部分。铁建重工为莫斯科地铁提供 5 台极寒环境盾构机开挖直径为 6.25m,整机长度约 87m,总质量 460t,装机功率 1750kW,仅用了短短 5 个月时间完成设备设计、制造、验收和发货,并顺利通过海关联盟相关标准认证(EAC 认证)。设备于 2018 年 6 月陆续开始始发掘进。盾构机在当地创造了单日掘进 35m、最高月进尺 427m 的纪录(图 2-3-7、图 2-3-8)。

图 2-3-7　莫斯科极寒盾构始发　　　　图 2-3-8　莫斯科极寒盾构机贯通

4. 社会与经济效益

俄罗斯莫斯科首次在地铁建设中引进外国企业,代表着中国技术和高端装备首次集体走进欧洲地铁市场,也代表着我国自主研制的地下掘进装备达到国际高端市场施工要求,打破了欧洲、美国、日本等国家和地区对国际高端市场盾构设备的长期垄断。

铁建重工为莫斯科地铁生产的极寒盾构机,为国产掘进装备首次挺进欧洲市场,凭借优良的产品质量和高效的施工效率,得到了当地人的充分认可,当地人亲切地将五台盾构命名为玛利亚、达利亚、耶铺盖宁、加丽娜和玻丽娜。

第 3 节　"一带一路"首台高铁项目超大直径泥水平衡盾构机

中交天和机械设备制造有限公司

1. 项目背景

印度尼西亚雅万高铁连接印度尼西亚首都雅加达和第四大城市万隆,是在"一带一路"倡议下我国与印度尼西亚共同推动建设的标志性工程,也是中国高铁"走出去"的第一单,项目建成后,雅加达至万隆的车程将由现在的 3h 缩短至 40min。

该项目隧道邻近雅加达地区南侧的某军用机场,依次下穿芭蕉地、民房区、高速公路及高速公路收费站、匝道、高速公路立交桥,两次侧穿清真寺;主要穿越地层包含黏土、粉质黏土、粉土、粉砂、细砂及细圆砾土,地层差异较大,局部地层呈胶结现象,致使地层软硬不均,沉降控制要求高,掘进难度系数极大。针对这种特殊地质,中交天和在设计上力求创新,开发出了沉降控制、分层逆洗等多项先进技术,集成创新研制了首台中国出口海外高铁项目使用 ϕ13.19m 超大直径泥水平衡盾构机(图 2-3-9),这是我国目前出口的最大直径国产盾构机。

图 2-3-9　雅万直径 13.19m 泥水平衡盾构机

2. 技术创新点

（1）分层逆洗技术

该机针对泥水仓易堵仓,针对性开发了泥水系统分层逆洗技术,包括大小循环系统、逆洗系统技术。配置多个压力传感器,自动识别可能堵管的位置,通过逆洗及时防止排浆管堵塞、滞排;当前方出现意外坍陷,泥水舱下部堆积很多泥浆时,可以利用多层逆洗功能,分层次分区域地冲洗,有利于排出堆积的泥浆。通过分流器将排出的泥浆逆洗到排泥口,逆洗的泥浆浓度保持不变,有利于泥膜的稳定。

（2）微速推进技术

针对穿越重要建筑物开发了微速推进技术,通过开启动微速推进泵,满足 2～5mm/min 左右推进速度,很好地控制对土层的扰动,减少地层损失。在穿越高速路、机场、民房时,将沉降控制在毫米级范围,未对其造成影响。

3. 工程应用

由中交天和自主研发制造的直径 13.19m 泥水气压平衡盾构机用于雅万高铁线路的建设,是目前东南亚地区投入使用的直径最大的盾构机。该盾构机于 2019 年 3 月 2 日开始下井组装,3 月 31 日完成刀盘转动节点,5 月底完成现场调试(图 2-3-10),7 月 8 日迎来验收。

业主方按照验收大纲,对盾构机刀盘系统、推进系统、拼装系统、管片吊机系统、泥水环流系统等各系统功能进行验收。建设单位代表及监理单位代表认为盾构机的各项性能与整机质量达到使用要求,可以完成后续的挖掘任务。

图 2-3-10　雅万高铁项目盾构机现场组装

4. 社会效益

雅万高铁项目全长 142km,最高设计时速 350km,计划 3 年建成通车。届时,雅加达至万隆将由现在的 3h 缩短至 40min。该项目建成后,将有效缓解雅加达至万隆的交通压力,优化当地投资环境,带动沿线商业开发和旅游产业发展,加快形成高铁经济走廊,造福印度尼西亚人民。

这是首个在"一带一路"沿线国家全部以中国标准、中国技术、中国装备全服务输出的高铁项目,对于中国"走出去""走进去"发展具有推动及指导意义。

第 4 节　首台出口孟加拉国大直径泥水平衡盾构机

中交天和机械设备制造有限公司

1. 项目背景

该项目线路设计为一条穿越卡纳普里河底的公路隧道(图 2-3-11),建成后将是孟加拉国第一座长大公路过江隧道项目,也是中国在海外建设的首条长大隧道。其盾构隧道段长约 2450m,最大覆土深度达 31m,最大静水压力达 1MPa,穿越地层主要为黏性土层夹杂石英石、长石等孤石,开挖面稳定性较差,导致常规的泥水平衡盾构机不能很好地适应此地层。

图 2-3-11　孟加拉国公路隧道线路

2. 技术创新点

（1）气泡仓控制技术

针对性开挖仓进排泥管设计,解决了开挖舱顶部空气排不尽以及开挖仓顶部泥膜建立困难的问题,更好地形成泥膜,保证掌子面的稳定。同时,采用独有的双路气泡仓闭环控制技术——PI自动控制技术,满足气泡仓在堵塞的情况下的能继续使用。

（2）独特分流器技术

通过加大机内排泥管的流速,前端排泥管流速提高,后面的排泥管流速下降,利用一部分泥浆逆洗到排泥口及刀盘前方,不仅起到冲洗的作用,而且不影响开挖仓内泥浆浓度,有利于泥膜的稳定;通过设置分离器设置了格栅,分离大直径卵石及杂物,防止盾体内排泥管的堵塞,保障管路的畅通。

（3）绿色环保型接管器技术

针对普通泥水管路接管时,泥水溢出到隧道,施工环境污染比较严重,首次提出开发了绿色环保型三通球阀接管器,通过球阀控制,接管时泥水无溢出,彻底改善了隧道的施工环境,减少清理隧道的成本,实现了绿色文明施工。

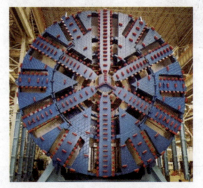

图 2-3-12　孟加拉国公路隧道项目直径12.12m泥水平衡盾构机

3. 工程应用

中交天和对孟加拉国公路隧道项目的特殊地质情况进行了"量身定制",采用了多项自主创新技术,集成研制了 ϕ12.12m 泥水平衡盾构机(图 2-3-12),该机长 94m,质量 2200t,最大推进速度可达 60mm/min,是中国完全自主研制并进行施工,是我国出口海外的首台公路隧道超大直径泥水平衡盾构机。

该盾构机于 2018 年 3 月 13 日在中交天和完成整机的组装与验收。2019 年 2 月 24 日在该项目工地完成井下组装,并成功始发推进,于同年 7 月成功掘进 200m,期间未发生卡机、坍塌等突发状况,该盾构机对当地的特殊地质表现出了良好的适应性。

4. 社会效益

孟加拉国公路隧道项目首次将我国设计制造的泥水平衡盾构机出口到国外,不仅拓宽了我国的盾构市场,更提供了一个有力的平台,使国产盾构行业的设计与施工技术得到充分的交流,全面提高了国际竞争力。

第 5 节　土耳其格雷德引水隧道工程跨模式（XRE）掘进机

北方重工集团有限公司

1. 需求背景

土耳其首都安卡拉长期严重干旱,格雷德引水隧道成为一项迫在眉睫的引水隧道工程。此条隧道的最后一段长 9km，地质条件极其复杂，地层由砂岩附聚物、石灰岩和凝灰岩组成。这条隧道段被广泛认为是土耳其隧道施工中最具挑战性的隧道。

在北方重工集团有限公司参与该项目前，其他的掘进机制造商提供了 3 台标准双护盾硬岩掘进机试图攻克隧道，但其中两台在遇到大量淤泥、碎岩和涌水后被困在隧道里无法挽救，隧道施工处于停滞状态。针对极其困难的地质条件，北方重工集团有限公司创新研制了跨模式（XRE）掘进机（图 2-3-13）。

图 2-3-13　跨模式（XRE）掘进机

2. 技术创新

此段隧道地质情况复杂多变，需要穿越 48 个断层带，许多区域极具挑战性，如高达 2.6MPa 的高压突涌水和含有冲积物的断层带，还有高地压力作用在盾体导致盾体在黏土地质中受到挤压变形等因素，这些都是双护盾掘进机不具备的应急保护性能。而跨模式（XRE）掘进机设计采用可转换刀盘，便于在硬岩和土压平衡掘进模式之间进行转换，并且刀座可以安装滚刀或盾构碳化钨刀具。为了应对困难的地质，这台掘进机还配备扭矩切换系统，多速比减速器使设备能够在土压平衡或硬岩模式下灵活作业。此项功能通过添加一级减速器来实现——重型小齿轮和大齿轮可在低速作业时提供高扭矩，使机器能够顺利穿过断层地带和复合软土地段，不会被困。尾盾预留了超前钻孔用来排出地下水来降低水压，钻孔配有常闭球阀，定期采用超前钻探进行探测地质，以便顺利通过困难地质等。

跨模式掘进机在整个项目施工中，为应对经常变化的地质条件提供了极大的便利性和灵活性。掘进机同时配备了增加推力、多速比减速器和标准螺旋输送机等功能，让设备能够应对不同地质条件下的开挖作业。

3. 工程应用

2016 年施工人员在其中一台被困双护盾掘进机的一侧开挖了一条旁路隧道后，这台跨模式掘进机就在这个地下装配室进行组装。这个地下装配室可以在隧道内采用现场首次安装调试方案（OFTA）来实现设备组装。将设备部件运送到既有隧道里是最具挑战性的。装配室距隧道入口 7km。36m^3/min 的涌水使设备部件运送变得十分困难。

尽管面临挑战，但设备仍然在 2016 年顺利始发掘进，并且在最初的 50m 掘进就成功穿越了原来被困双护盾掘进机的隧道段。极其困难的地质条件和物料输送条件对掘进机的表现有所影响，但设备掘进速率仍可以达到最佳日进尺 29.4m，最佳周进尺 134.6m，最佳月进尺 484m。2018 年 12 月 18 日，这条长 31.6km 土耳其最长的格雷德（Gerede）引水隧道工程竣工。北方重工跨模式（XRE）掘进机的成功应用标志着北方重工应对复杂地层的复合盾构技术仍然领跑世界。

第 6 节　首次出口以色列 ϕ7.54m 土压平衡盾构机

中铁工程装备集团有限公司　庞培彦，陈昆鹏

1. 项目背景

以色列积极推进特拉维夫交通系统建设，计划建设 7 条轻轨线路，分别是红线、绿线、粉线、黄线、紫线、蓝线和棕线，全长 176km，总投资约 1000 亿谢克尔（折合人民币约 2000 亿元）。其中，红线项目全长 23km，地面线路 13km，23 座车站；地下隧道 TBM 段 8.6km。地铁建设也纳入了特拉维夫的交通规划

中,未来地下空间开发前景广阔。

针对以色列特拉维夫红线项目,中铁隧道局与中铁装备强强联合,一举拿下红线西标段隧道施工项目(图2-3-14、图2-3-15)。项目工程主要包括6座盖挖顺作法车站、5550m TBM区间隧道和16条联络通道。中铁装备为该项目针对性设计了6台土压平衡盾构机。

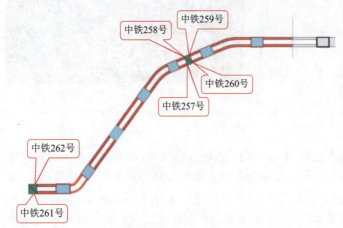

图2-3-14　土压平衡盾构机在红线西标段隧道应用分布图　　　　图2-3-15　土压平衡盾构机采购签字仪式

2. 技术创新

为借助以色列特拉维夫红线项目,打造中铁隧道局与中铁装备国际品牌,结合中铁隧道局多年的施工经验,为该项目精心定制了6台盾构机(图2-3-16)。盾构开挖直径7.54m,采用复合式刀盘,变频电机驱动,驱动功率1600kW,搭载了泡沫、膨润土、聚合物、克泥效等多种渣土改良系统,保障设备运行稳定。由于场地限制,其中两台采用连续皮带机、垂直皮带机施工技术。

图2-3-16　以色列特拉维夫红线项目盾构机下线现场

(1)低频换刀刀盘设计:以色列红线项目地层以粗砂、硬质核为主,60%地层标贯值达到了80以上,十分密实,且石英含量高,磨蚀性极强。在加强刀盘、螺旋输送机耐磨设计的同时,对刀盘结构进行了创新设计,刀盘采用18英寸滚刀,拓展刀盘弧形区域刀具布置,最外侧轨迹设置3把滚刀,次外侧布置2把,很大程度上延长刀具掘进距离,降低洞内换刀次数;应用效果显著,边刀掘进距离得到了延长,大大降低了换刀次数。

(2)充足的渣土改良储备:在保障扭矩充足的情况下,充足的渣土改良措施是保障设备稳定掘进的重要手段,以色列特殊的库卡(Kukar)地层让常规的渣土改良措施出现了水土不服,为了解决高扭矩问题,中铁装备与中铁隧道局共同开展各种改良措施应用,通过几十次的试验,突破了常规聚合物只能用来紧急止水的概念,研究出了聚合物稀释改良技术,成功降低了设备掘进扭矩,为后期项目稳定掘进提供了技术保障。

(3)丰富的人性化设计:为了给施工人员提供一个安全、舒适、高效的工作环境,设备针对性配置了空气制冷系统,使隧道内施工的温度控制在28℃以下,配置休息室、避险舱、工具间、厕所等人性化设施,提高了施工人员工作的舒适度。配置了整套自动消防灭火系统,提高了设备运行安全。

(4)连续出渣系统应用:针对现场竖井空间受限、采用渣车出渣效率受限的实际情况,为该项目设计了利用连续皮带机、垂直皮带机、转场皮带机等,从土压平衡盾构机至最终渣场的一整套连续出渣方案,特别是在富水砂层垂直皮带机的应用,极大提高了设备的施工效率,为后期项目施工提供了宝贵经验。

3. 国际及行业意义

以色列特拉维夫红线西标项目2016年正式开展生产,中铁装备利用短短1年的时间为中铁隧道局提供了6台定制的直径7.54m非常规土压平衡盾构机,很好地展现了中铁装备在盾构机制造领域的技术实力。

2017年2月19日上午,位于以色列西岸城市拉马特甘的特拉维夫轻轨红线项目施工现场,中以两国嘉宾300多人见证了该项目首台土压平衡盾构始发(图2-3-17)。该项目首台盾构机被人们亲切地称为"果尔达号"。"果尔达"正是有着"以色列之母"之称、以色列历史上首位女总理果尔达·梅厄夫人的名字。这台盾构机在以色列民众心中的分量可见一斑,中铁工程装备集团有限公司盾构机不负以色列人民的期望,在后来一年半的时间,6台盾构机均顺利完成了掘进任务(图2-3-18),创造了海外隧道多台设备协同管理、高效施工的多项纪录。

图2-3-17 特拉维夫轻轨红线项目盾构始发　　图2-3-18 隧道顺利贯通后的盾构机

目前,向国外出口的盾构机开始增多,中国海外隧道施工项目逐步增多,中铁隧道局与中铁装备强强联合,把以色列项目作为海外施工、人才培养的练兵场,打造了一支施工技术过硬、设备服务及时响应的联合队伍,保障了项目各项工作的稳定推进。以色列特拉维夫红线项目的巨大成功,展示了中国制造、中国服务的国际先进水平,提高了装备制造业在国际市场的话语权。

第7节　首次出口阿联酋 φ11.05m 大直径土压平衡盾构机

中铁工程装备集团有限公司　庞培彦,冯志鹏

1. 需求背景

阿联酋2020年迪拜世界博览会将于2020年10月20日至2021年4月10日举办,预计将接待访客2500万人次。为此,迪拜将投入80多亿美元用于场馆及配套基础设施的建设,其中包括深埋雨水隧道项目。

迪拜深埋雨水隧道项目靠近2020年世界博览会会址,为迪拜城市地下排水系统工程,建成后将承载

迪拜世界中心、世界博览会展馆及周边地区的雨水收集和排泄任务。项目隧道全长10269m，为整个排洪系统的主隧道，穿越砂岩、泥岩地层。

此次，中铁工程装备集团有限公司自主研制的11.05m大直径土压平衡盾构机（图2-3-19）将交由著名的欧洲建筑企业奥地利PORR Group与比利时BESIX GROUP联合体进行施工。两家公司的母公司都拥有悠久的建筑历史，有着丰富的施工经验，在世界各地都有着著名的施工案例。两家公司对设备提出了严格的制造要求，以此确保施工效果。

2. 技术创新

中铁工程装备集团有限公司自主研制的两台11.05m大直径土压平衡盾构机分别命名为"中铁645号""中铁646号"（图2-3-20），刀盘开挖直径11.05m，整机总长101m，总质量超过2000t。

图2-3-19　出口阿联酋的11.05m大直径土压平衡盾构机下线仪式现场

图2-3-20　"中铁645号"和"中铁646号"整机

该隧道主要穿越两种地层，分别为以泥岩为主的地层和以砂岩为主的地层，这对刀盘设计提出了较高的要求。中铁工程装备集团有限公司针对该问题设计了双刃滚刀的复合刀盘，对盾构机核心部件刀盘进行针对性设计。

该项目其中一台盾构机单线最长掘进距离为5.3km，对设备的渣土输送能力有较高的要求。由于传统的编组出渣方式在长距离输送时，对调度、运输管理要求高，存在较大的施工干扰和安全隐患，影响出渣效率，因此本设备采用输送能力大、速度快、承载能力强的隧道连续皮带机进行渣土输送。初步测算表明，与传统出渣方式相比，出渣运输作业效率可提高20%～30%，而且连续皮带机出渣输送系统全部使用电动设备，其能效高、污染小，可有效减少隧道中二氧化碳等有害气体的产生，效果非常显著。由于烟尘和废气减少，全面改善了隧道的施工作业环境，尤其是减轻了隧道的通风压力，从而进一步起到了保护环境和节能减排的作用。

该设备客户为欧洲高端市场客户，对盾构机安全性能有很高的要求。为满足客户需求及欧洲标准规定，中铁工程装备集团有限公司对通道、走台、梯子以及护栏都做了针对性的设计，满足了人员的安全需求。尤其在逃生通道设计上，中铁工程装备集团有限公司采用三维模拟、现场模拟的方式设计出了一条从主机到后配套拖车末尾的完全无障碍逃生通道。此外，为满足工作人员逃生需要，设备上配置了可满足20人24h需要的应急避险舱。该过程使得中铁工程装备集团有限公司对盾构机安全设计达到一个很深的层次，使得企业从设计方面上提高了针对盾构机安全性能的竞争力。

3. 行业意义

目前，国内盾构机装备已基本实现自主设计制造，但大直径土压平衡盾构机设计制造相对较少，距离国外先进水平仍有差距，通过不断的研发、制造增强产品高技术含量与优势，从而缩小与世界先进水平间的差距，是目前我国盾构技术走向世界的关键步骤。

中铁工程装备集团有限公司自主研制并完全拥有自主知识产权的大直径土压平衡盾构机的成功下

线,标志着我国自主知识产权的大直径土压平衡盾构机开拓了国外的新市场,并有效提升我国盾构机重大技术装备在国际市场的竞争力。

4. 社会效益

阿联酋迪拜属于热带沙漠气候,全年降雨稀少,迪拜雨季多集中在每年12月至翌年4月的冬季。近几年来,迪拜在冬季受暴雨袭击,由于没有地下排水系统,强降水造成了城市内涝、严重交通拥堵等问题。迪拜深埋雨水隧洞项目地址靠近2020年世界博览会,为迪拜城市地下排水系统工程,建成后将承载迪拜世界中心、世界博览会展馆及周边地区的雨水收集和排洪任务,将有效解决强降水造成的城市内涝、交通严重拥堵等问题。

第8节 "一带一路"出口新加坡土压平衡盾构机

中铁工程装备集团有限公司　庞培彦,任丽娜

1. 需求背景

自2014年中铁工程装备集团有限公司首次为新加坡T209汤申线提供泥水平衡盾构机解决方案,并得到成功应用,几年来中铁工程装备集团有限公司持续深耕新加坡市场,积极响应,提供定制化解决方案,先后为汤申线提供14台土压平衡盾构机、矩形土压平衡顶管机,取得了良好业绩,为中铁工程装备集团有限公司开拓亚洲市场,进入中高端国家奠定了基础。

NELe715项目作为新加坡地铁东北线的延长线工程,备受新加坡全国人民关注。该项目由中建隧道建设有限公司承建,是其首个海外项目,也是中国建筑首个盾构机业务项目。项目全长1.6km,盾构施工总长1.4km。

2. 技术创新

中铁工程装备集团有限公司自主研制的两台6.67m土压平衡盾构机分别命名为"中铁691号""中铁692号",刀盘开挖直径6.67m,整机总长100m,总质量超过800t。2019年1月,这两台盾构机在郑州成功下线(图2-3-21)。

图2-3-21 "中铁691号"和"中铁692号"盾构机下线仪式现场

该设备是应用于新加坡市场的土压平衡盾构机,由于新加坡对设备配置、施工安全有严格的要求,中铁工程装备集团有限公司基于此进行了土压平衡盾构机的针对性设计,使其从设计上保证盾构机满足整机"三标"体系认证。例如,针对设备上各种吊装吊耳及相关计算都进行了满足欧标的设计并取得了当地机构背书。该过程为中铁工程装备集团有限公司在盾构机设计方面通过第三方认证提供了参考依据,增强了企业的竞争力。

由于新加坡当地对盾构始发场地尺寸有较高要求,该项目始发井尺寸仅能满足盾构机主机下井始

发。为提升仅有主机下井时,盾构机的出渣效率、管片运输效率及配套设施空间利用性,中铁工程装备集团有限公司设计了分体始发工序及配套设施,采用了螺旋输送机加排渣箱体及延伸管路的出渣方式和采用管片旋转小车运输管片的方式。该分体始发工序及配套设施使中铁工程装备集团有限公司掌握了仅主机下井的设计原理及工序安排,增强了中铁工程装备集团有限公司在后续需分体始发设备的竞争力。

根据新加坡的施工要求,一个区间一般仅有始发井,没有设置接收井,因此,盾构机要求具有满足洞内拆机的能力。基于此,中铁工程装备集团有限公司在进行盾构机设计上采用了分块刀盘设计,可以满足在洞内拆除刀盘并可重复利用的需求。此外,为了响应减少新加坡当地焊接量要求,分块刀盘采用螺栓连接,避免了工地进行大规模焊接的情况发生。

为提高盾构机的安全性能和舒适性能,中铁工程装备集团有限公司采取了一系列的相关措施,例如,设备上配置有制冷机,可以对隧道空气进行制冷,提高工作人员舒适度;在电气柜内均粘贴单线图,可以满足工作人员及时检修的需求;在曼彻斯特门增加安全报警信息,提醒工作人员注意避让编组机车;在设备桥上增加管片小车可视化系统,工作人员可实时查看管片运输区域相关情况等。

3. 行业意义

一直以来,中铁工程装备集团有限公司高度重视新加坡地铁项目盾构设备的设计、制造和服务工作,多次派人员赴新加坡实地考察地质情况、开展技术交流,在刀盘形式、主驱动、注浆系统、控制系统等进行有针对性设计,不断为新加坡地铁工程项目顺利实施和建设推进保驾护航。

目前随着新加坡设备的增加,标志着中国制造的掘进机在新加坡等高端市场得到了客户的认可,为后续进入欧洲、澳大利亚等市场打下了坚实的基础,同时可提升我国盾构重大技术装备在国际市场的竞争力。

4. 社会效益

下线的新加坡NELE715项目两台土压平衡盾构机,用于建造东北延长线715项目,总掘进长度1420m,是继新加坡汤申线T209项目之后,中铁工程装备集团有限公司助力新加坡地铁建设的第15台和16台设备。

第9节 首台出口欧洲"胜利号"大直径土压平衡盾构机

中国铁建重工集团股份有限公司

1. 项目背景

1935年,莫斯科修建的第一条地铁线路,被公认为世界上最漂亮的地铁。本项目盾构机用于莫斯科地铁第三换乘环线东段建设,将连接所有已建和待建的地铁线路,有效疏解莫斯科地面交通压力,减轻现有地铁环线的严重负荷,促进城市经济和人员流动,实现城市边缘地区互通互连,对莫斯科配套交通网线布局具有重要意义。

该项目隧道位于莫斯科河畔,主要穿越黏土、中砂、粗砂、卵石等地层。盾构机需连续掘进约3000m,以大直径断面侧穿莫斯科河,最小水平转弯半径仅400m。该工程由中铁十六局集团有限公司承建。

2. 技术创新点

(1) 多通道换刀技术

为了解决目前大直径土压平衡盾构机换刀作业频繁且换刀耗时长的问题,兼顾长距离掘进的换刀需求,盾构机搭载了高效换刀系统。双层刀具运输通道确保刀具运输的无缝对接,刀具可通过吊机或顶层的专用运输通道,运抵拼装区域,经由人舱或物料闸门,进入土仓,在提高劳动效率的同时降低了劳动强度。换刀过程中,采用高精度气压平衡控制技术,与膨润土保压系统相配合,确保换刀过程人员和隧道开挖面的安全。

(2)自适应高耐压主驱动密封技术

面对盾构机大断面穿越高富水砂层等施工难题,研发人员设计了承压能力达0.6MPa(6bar)的高承压密封,可有效应对大断面富水砂层的掘进需求。

(3)大直径盾构机小曲线转弯技术

大直径盾构机最小水平转弯半径一般在500m以上,本设备主机具备铰接功能和超挖功能,辅助配置浮动支撑结构的推进系统,在满足整机性能的前提下,使整机具备300m半径的转弯能力,满足本工程400m转弯半径的需求。

(4)便捷物料输送技术

为提升施工效率,便捷人员作业,设备采用上中下直线式立体通道,视野开阔,通行便利,方便施工。管线按功能分区,按空间直线布局,美观大方,便于维护。全环管片卸载系统,配置一次管片真空吊机组成的高效管片输送系统,可有效提高管片等施工物资的运输便利性。

(5)多通道、多层次的渣土改良技术

多层次刀高差设计结合16通道立体式布置的改良剂注入系统,可减少刀具磨损,降低换刀频次,进而提高掘进效率。

工程应用

针对莫斯科的特殊工程地质及水文地质条件,设计人员对该盾构机进行了多方面的技术创新,成功研制了ϕ10.88m土压平衡盾构机(图2-3-22),整机长度68m,总质量1700t,装机功率6000kW,既能满足软土地层和极端上软下硬地层掘进,又能满足长距离硬岩等复合地层掘进的多功能性需求,是我国首台出口欧洲的大直径土压平衡盾构机。

该盾构机于2019年8月17日在湖南长沙顺利验收并成功下线,实现了国产盾构自主研制技术的又一次大跨越。莫斯科市副市长胡斯努林先生亲切为其命名为"胜利号"。

图2-3-22 ϕ10.88m土压平衡盾构机

4. 社会效益

该台大直径土压平衡盾构机的成功研制,突破了一系列关键技术,实现了大体量机械与便捷操作的结合。其将用于莫斯科地铁第三换乘环线东段工程,为莫斯科地铁建设注入新的"中国动力",助力铁建重工"掘"胜莫斯科。

第 4 章 盾构机再制造技术

第 1 节 11m 级泥水平衡盾构机再制造

中铁工程装备集团有限公司　张国良

1. 需求背景

随着国内轨道交通、公路隧道、海底隧道的快速发展,国内大小直径盾构机保有量越来越多。目前国内盾构机保有量约 2000 台,其中 2010 年以前购置的设备约有 300 台已经达到大修的阶段;另外,盾构机是定制式设备,设计针对性强,受不同城市地质条件不同、管片规格增多及地铁公司特殊要求等因素影响,在盾构机相互调用过程中需要对原有设备进行再制造;由于盾构机价格昂贵,施工单位限制新机购买数量。

基于国内盾构机再制造市场的巨大需求和商机,中铁工程装备集团有限公司依托多年设计、研发、生产、服务的丰富经验成立盾构机再制造子公司,以成为"盾构机再制造全产业链专业服务商"为己任,努力做好国内盾构机再制造业务。目前已累计出厂再制造盾构机 30 台。目前正在生产国内最大直径再制造盾构机——中铁 R148 泥水平衡盾构机(开挖直径 11.7m,原 NFM N06 号盾构机),该设备已完成车间组装(图 2-4-1)。

2. 技术创新

该盾构机于 2008 年 8 月 31 日始发掘进,累计掘进 5175m,2013 年 7 月 21 日全线贯通,随后在洞内进行刀盘和盾体(前盾、中盾及盾尾)破坏性拆除,最后整机拆散运至河北省燕郊高楼镇存放场,露天存放至 2018 年 4 月。

用于新项目需恢复整机所有功能,并进行功能提升:

(1)新制复合刀盘(图 2-4-2),滚刀与可更换撕裂刀互换,适应不同地质掘进。

(2)针对舟山海底隧道项目地层设计气垫仓搅拌器,防止气垫仓底部滞排。

(3)气垫仓底部预留破碎机接口,为后续复合地层预留破碎功能。

(4)后配套设计预留箱涵吊机接口,为后续带箱涵施工项目做好准备,降低成本。

(5)泥水环流设计新增换管收浆零排放系统,便于隧道文明施工。

图 2-4-1　国内最大直径再制造盾构机

图 2-4-2　中铁 R148 泥水平衡盾构机刀盘

3. 工程应用

中铁 R148 泥水平衡盾构机将应用于浙江省舟山市普陀区海底隧道(图 2-4-3)。工程线路起于鲁家峙岛东侧规划万绿路与新二路交叉口，与新二路形成T形交叉，设置海底隧道穿沈家门港。本工程包括明挖段、盾构段、暗挖段，全长2.225km。盾构隧道左线长785m，右线长777m。管片外径11.3m、内径10.3m、壁厚500mm，环宽2m。盾构机从鲁家峙侧工作井始发，往北掘进左线隧道，到达沈家门侧工作井调头，二次始发往南掘进右线隧道，到达鲁家峙侧工作井拆机吊出。盾构段为双洞双线隧道，线路纵断面呈"V"字形，最大坡度4.5%，平面最小曲线半径800m，盾构机主要穿越地层为淤泥质黏土、粉质黏土、凝灰岩。

图 2-4-3　工程位置平面图

4. 社会效益

当前正是国内外城市轨道交通建设的高峰期，盾构机保有量仍会继续增加。通过再制造使原有技术落后、接近报废的设备不低于原机性能。相对于新机来说，再制造盾构具有工期短、投入成本低、性价比高等优势。

由于盾构机本身具有大体量、多系统、高附加值等特点，实施再制造具有明显的经济效益和环境效益，前景十分广阔。

第2节　10m级泥水平衡盾构机变径再制造

中国铁建重工集团股份有限公司

1. 需求背景

广州市轨道交通18号线和22号线横沥站—HP1盾构井区间位于广州市南沙区，隧道长度2600.7m，采用两台泥水平衡盾构机在横沥站大里程端始发，北向掘进，自横沥—番禺区间1号盾构井吊出，工程最大纵坡7.7‰，最小转弯半径1500m。盾构区间为双洞单线盾构隧道，隧道内径7.7m，外径8.5m，管片厚度400mm，幅宽为1.6m（图2-4-4）。

图 2-4-4　区间平面图

横沥站—HP1号盾构井区间隧道埋深19.95～35.02m，主要穿过淤泥质土、粉质黏土、淤泥质粉细砂、粉质黏土、粉细砂、中粗砂、可塑状砂质黏性土、硬塑状砂质黏性土、全风化花岗岩、强风化花岗岩、中风化花岗岩、微风化花岗岩，部分地段为上软下硬复合地层。

本区间有1段地层为上软下硬复合地层，单线长137m。上部主要为〈3-2〉中粗砂、强风化花岗岩等软岩地层，下部为中风化花岗岩、微风化花岗岩硬岩地层，RQD=85%。

2. 技术创新

本项目所采用的泥水平衡盾构机原开挖直径为9.96m(图2-4-5),经适应性改造后开挖直径为8.84m,主驱动采用4.6m的主轴承,主驱动功率为3150kW,最大扭矩为14512kN·m,最大推力为71119kN。主要有以下技术创新:

图2-4-5 泥水平衡盾构机下线现场

(1)基于复杂地质条件的大断面盾构机刀盘开挖系统。针对本项目软土层、上软下硬复合地层的地质特点,刀盘设计上既要考虑如何避免结泥饼,又要保证刀盘在岩层掘进时的破岩能力。软土层掘进时刀盘在保证整体结构强度的前提下,增大整体开口率,同时在中心位置设计刀盘正面冲刷口,延长中心冲刷管至刀盘背部,防止渣土滞留导致结泥饼,且滚刀与齿刀具备互换性,增大局部渣土过流面积。岩层掘进时,可将齿刀更换为19英寸重型滚刀,增大其破岩能力并延长使用寿命,降低换刀次数,切刀采用超大合金块设计,并于其背部设计保护块,增大增多安装螺栓,有效防止切刀的非正常损坏及脱落。

(2)配置伸缩式主驱动。岩层掘进时,带压换刀作业不可避免,传统带压换刀作业时,需在掌子面上人工凿出新刀的安装空间,工作量大且风险高,伸缩式主驱动可在需要换刀时将刀盘回缩,留出新刀安装空间,有效提高换刀效率,而且刀盘卡住以后也可通过此功能将刀盘回缩后重新启动。

(3)配置伸缩式管路延伸系统。泥水平衡盾构掘进时需定距离的接入新的泥浆管,以保证泥浆环流系统的连续性,采用伸缩式套管可有效延长其使用寿命。

(4)改进后的泥浆环流系统布置及管路耐磨设计。通过盾构机推进所需流量进行优化设计,管路布置时尽量减少弯头设计,增大转弯半径,同时在管道内部堆耐磨焊,延长其使用寿命,降低掘进过程中更换管路的频率。

3. 社会与经济效益

该项目的成功实施标志着盾构机再制造技术又向前迈了一大步,再制造成本约为新机的一半,极大地降低使用单位的资金投入,并可以对以往设备进行重新利用,避免因工程不适合导致的资源浪费。

第3节 10m级敞开式TBM整机再制造及应用

中国铁建重工集团股份有限公司

2017年8月,中铁十八局委托铁建重工对其已有的一台直径10.23m敞开式TBM进行修复改造后用于北京2022年冬奥会管廊项目施工。该隧洞开挖直径10.23m(与原设备相同),全长约为5km。其中前3.4km采用TBM施工,上坡掘进,坡度5%。中铁十八局要求该设备损坏缺失零部件由铁建重工厂内修复或新制完毕后在工地现场组装改造,完成部件调试和整机调试。

1. 原机基本情况

原机为罗宾斯公司生产的敞开式TBM,出厂编号MB332-336,由中铁十八局用于西秦岭项目。原机主要技术参数如下:

(1)整机长度172m,总质量1800t。

(2)刀盘开挖直径为1.023m,刀盘附有4把17英寸中心滚刀,58把19英寸边滚刀,12个铲斗和10个喷水嘴。

(3) 刀盘驱动方式为12台变频电机驱动,驱动功率3960kW。额定扭矩为10332kN·m,转速3.66r/min,脱困扭矩15500kN·m。

(4) 推进油缸4个,规格型号 $\phi500/\phi3280$-1829,总最大推力25500kN。

(5) 电气系统初级电压20kV,变压器总容量8000kV·A,次级电压690V,照明电压230V,总装机功率5752kW(不含连续皮带机)。

该机于2010年7月16日在西秦岭项目试掘进,于2015年2月9日拆卸后存放于四川省广元市袁家坝工业区内。其间于2012年8月—12月更换过一次主轴承,同时更换密封和耐磨钢带。更换的主轴承曾用于锦屏项目,掘进长度6km,更换后又在西秦岭项目掘进5.86km。

2. 再制造方案制订和实施过程

对于任何一种机械装备的再制造,再制造的可行性科学评估是关键之一。因此,铁建重工派遣机械、电气、液压工程师前往MB332-336存放现场进行设备评估。通过对各零部件查看、清点和检测,双方召开设备再制造方案评审会议,确定了该机的再制造方案和铁建重工再制造内容。

1) 再制造方案的制订

(1) 刀盘再制造。

(2) 主驱动再制造。

(3) 钢拱架拼装器和锚杆钻机再制造。

(4) 护盾、主梁、鞍架、撑靴、连接桥、喷混桥和后配套台车等结构件再制造。

(5) 步进机构再制造。

(6) 通风、除尘系统再制造。

(7) 油缸及液压系统、润滑系统和水气系统再制造。

(8) 变频器、变压器、配电柜、主控室等电气系统、控制系统和导向系统由于存放时间较长且损坏老化严重,因此整体采用存放时间较短的辽西北MB283-390的电气系统,对部分老化缺失和无法替换的元器件进行更新。

方案拟订的再制造内容承担单位分别为:

(1) 整体再制造技术方案由铁建重工和中铁十八局负责。

(2) 护盾、主梁、鞍架、撑靴、锚杆钻机系统、连接桥、喷混桥、后配套台车、通风除尘系统等结构件由中铁十八局负责。

(3) 主轴承、电机、减速机、变频器、变压器、配电柜、油缸、马达、液压泵站、阀块等由中铁十八局委托有相应资质的专业单位进行检测维修,其中缺损配件由铁建重工采购。

铁建重工承担的再制造内容见表2-4-1。

再制造方案　　　　　　　　　　表2-4-1

序　号	再制造范围	再制造内容描述
1	总体方案优化布局	与中铁十八局共同确定再制造方案
2	刀盘	修复刀盘中间块、边块,更换损坏的刀座,优化设计、更换铲刀座,更换全套耐磨板
3	钢拱架安装器	优化设计,新制拱架撑紧机构
4	主机皮带机	优化设计、新制
5	后配套皮带机	取消中间转渣皮带,优化设计、新制
6	仰拱吊机	优化设计、新制
7	润滑系统	优化设计、新制,现场安装、调试
8	水循环系统	优化设计、新制,现场安装、调试
9	电气部分	更换主PLC模块,采用铁建重工控制软件
10	步进机构	优化设计,结构件新制
11	零配件	包含主驱动内、外密封、耐磨带、特种螺栓、部分缺损的销轴等锻件、阀块、配电柜等
12	场安装调试	机械、液压润滑水气系统、电气系统现场指导安装,负责整机调试

2）零部件、液压系统和电气系统再制造的实施

对一些以磨损腐蚀为主要原因导致失效的零部件，根据零部件的尺寸、性状和磨损腐蚀程度，采用不同的再制造技术进行修复。同时还在恢复其性能和功能的基础上进行一些升级和改进。对一些必须更新的电气及液压系统元器件，原厂可以实施再制造的，送回原厂实施再制造；原厂不能再制造的，更换新件。

（1）刀盘再制造

①修复物资清单（表 2-4-2）

修复物资清单　　　　　　　表 2-4-2

序　号	名　称	材　料	数　量
1	大圆环	钢板 60/Q345D	一套
2	圆弧过渡板	钢板 60/Q345D	一套
3	后锥板	钢板 60/Q345D	一套
4	滚刀刀座	锻件	9 个
5	铲刀刀座	锻件 /Q345D	30 个
6	刀具管路组件	包含回转接头、喷水嘴机管路接头	一套
7	耐磨组件	镶嵌合金耐磨板	一套
8	连接螺栓	定制	一套
9	滚刀保护座	耐磨板	64 个
10	铲斗格栅	耐磨板	32 个

②刀盘再制造实施过程（图 2-4-6、图 2-4-7）

a. 对刀盘进行喷砂除锈处理，修复损坏的螺纹孔。

b. 对刀盘分块连接板、立撑焊缝和刀座进行 100% 超声波探伤，对存在缺陷的焊缝进行修复。

c. 将刀盘中间块与各分块用工装螺栓连接，测量刀盘错台、连接面缝隙、面板平整度和刀座位置度。

d. 刨除刀盘上的耐磨板、滚刀保护座、铲斗格栅、铲刀座。

e. 刨除四个边块的大圆环、圆弧过渡板、锥背板。

f. 面板磨损部分下凹处采取堆焊方式补平。

g. 铆焊边块大圆环、圆弧过渡板、锥背板。

h. 主焊缝焊接完成后，拆开工装螺栓，对边块未焊接的内部局部焊缝进行焊接。

i. 再次将中心块与边块用工装螺栓连接，刨除损坏的刀座，共更换 9 个刀座。

j. 铆焊铲刀座、铲斗格栅、耐磨板和滚刀保护座。

k. 焊接中间块和边块，溜渣板上焊接耐磨板。

l. 更换全套管路组件，包括回转接头、喷水嘴以及管路等。

再制造前的刀盘中心块和边块、再制造后的刀盘分别如图 2-4-6、图 2-4-7 所示。

图 2-4-6　再制造前的刀盘中心块和边块

图 2-4-7　再制造后的刀盘

（2）主驱动再制造

①主轴承、大齿圈委托专业厂家进行检测、修复。

②变速箱壳体由中铁十八局负责检测、修复。

③铁建重工负责主驱动耐磨带、唇形密封的制造和现场指导安装（图 2-4-8）。

图 2-4-8　耐磨带、唇形密封现场指导安装

（3）钢拱架撑紧机构和仰拱吊机再制造（图 2-4-9）

图 2-4-9　新制的钢拱架撑紧机构和仰拱吊机

（4）主机皮带机和后配套皮带机再制造（图 2-4-10）

主机皮带机驱动形式改为大扭矩液压马达驱动，实现 0～3r/min 无级调速。后配套皮带机取消中间转渣皮带机。

（5）液压、润滑和水气系统再制造

液压泵、马达、阀组返厂进行检测和再制造，更换部分易损件。且液压泵站由原 1 号拖车移至连接桥前部侧平台，减少液压走管。水气、润滑系统进行整套优化新制（图 2-4-11），现场安装调试，且水系统采取节水环保设计，减少污水排放。

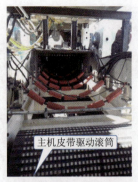

图 2-4-10 新制现场安装的主机皮带机和后配套皮带机

图 2-4-11 新制水气、润滑系统

(6) 电气系统再制造

更换主 PLC 模块和整机控制控制程序，采用铁建重工的操作界面（图 2-4-12），并将钢拱架拼装器和仰拱吊机升级改造为遥控控制。

图 2-4-12 主控室及操作界面

(7) 组装和整机调试验收

该项目于 2017 年 9 月中旬开始启动，由西秦岭 TBM、辽西北 TBM 及铁建重工提供部件，在工地现场融合集成。2018 年 1 月 8 日该 TBM 开始在工地现场组装，2 月 9 日始发步进和调试，2 月 26 日开始试掘进和验收。

验收测试表明，所有再制造部分运转正常。液压、润滑和水气系统运行稳定正常，流量、压力等参数设置合理，电气操作系统形象简约，更加符合操作习惯。整机改造完全符合"设备再制造产品应达到或超过新品"的再制造定义。

3. 再制造 TBM 在工程中的应用

该 TBM 于 4 月 15 开始正式掘进，期间因塌方、软弱地层等原因停工 3 个月，于 10 月 1 日工期和地质条件原因整机回退，期间共掘进 1.2km。掘进期间，最高日进尺 15m，达到同等地质条件新机掘进水平。整个掘进期间，改造部件和整机未出现大的故障。

第 4 节　6m 级土压平衡盾构机变径再制造

中国铁建重工集团股份有限公司

1. 引言

针对中国国内地铁项目管片直径的变化，新地铁线路设计时，管片内径设计逐渐加大，且目前原适用于管片外径6m的盾构机国内保有量相对较多，为最大限度地利用现有资源避免设备闲置浪费，铁建重工在原盾构机的设计进行二次开发，整理处一整套的变径变径方案，使得既有盾构机可进行再利用。2017年12月铁建重工针对DL256号盾构机（原盾构机型号ZTE6250适用于6m外径管片）进行了扩径变径，包含对刀盘、前盾、中盾及后配套等设备进行再制造（再制造后盾构机型号为ZTE6410，适用于外径6.2m管片）。该盾构机于2018年8月在徐州地铁2号线7标始发，目前正在掘进，盾构机状态良好。

2. 原机基本情况介绍

此盾构机原机是由中国铁建重工集团股份有限公司生产的土压平衡盾构机，主要适用于复合地层。该盾构机出厂编号为DL256，原机主要参数如下。

（1）管片设计：管片外径6m，内径5.4m，管片宽度1.5m。
（2）刀盘直径为6.28m，开口率35%，刀盘上设有4把双联中心滚刀，32把单刃滚刀，32把切刀，8把边缘刮刀，6个渣土改良口。
（3）刀盘采用变频电机驱动，驱动数量为8组，额定扭矩为7600kN·m，脱困扭矩为8300kN·m。
（4）推进系统设计有16组双缸（共32根），最大推力为42575kN。
（5）电气系统初级电压为10kV，变压器容量为2000kV·A，整机装机功率为1750kW。

该盾构机于2016年5月出厂，先后用于2个区间，分别为长沙市轨道交通4号线一期工程溁湾镇站—望月湖站区间、六沟垅站—望月湖站区间，两个区间总长度2271.674m。

该盾构机动力配置较高，为适应较大直径隧道，经专家论证后，决定对该盾构机进行变径再制造。

3. 变径再制造可行性评估

首先对该盾构机进行状态评估，由于该盾构机适用里程约2.2km，仅为设计寿命的20%，且适用过程中及适用后对于盾构机的检修及保护很好，盾构机液压、电气等元器件状态良好，决定对该盾构机进行扩径再制造，以适用于徐州地铁2号线的建设。淮塔东路站—周庄站区间和周庄站—七里沟站区间穿越地层为：②$_{3-2}$黏土、②$_{3-3}$黏土、⑤$_{3-4}$黏土、⑪$_{2-3}$中风化灰岩。

②$_{3-2}$黏土：灰～灰黄色，软塑，有光泽，干强度高，韧性高，中等压缩性。

②$_{3-3}$黏土：灰～灰黄色，可塑，有光泽，干强度高，韧性高，中等压缩性。

⑤$_{3-4}$黏土：黄褐色，局部棕黄色，可塑～硬塑，切面平整，有光泽，含钙质结核（砂姜），分布无规律性，直径为0.3～5cm，含量约3%～5%，局部砂姜富集，干强度高，韧性高，局部缺失。

⑪$_{2-3}$中风化灰岩：青灰色，局部褐灰色，隐晶质结构，中厚层状构造，采取率75%～90%，岩芯较完整，呈短柱状，柱长5～80cm，局部较破碎，节理裂隙发育，大多方解石充填，局部溶蚀发育。岩层倾向约135°，倾角约为70°～80°，饱和单轴抗压强度24.35～101.0MPa。

4. 变径再制造方案

铁建重工在盾构机设计时采用了盾构机的系列化设计，即6m系列盾构机设计过程中尽量采用盾构机通用零部件，根据设备目前状况及目标工程的需求制订了相应的变径再制造方案，再制造的主要内容包括：

1）**刀盘再制造**

利用原刀盘（图2-4-13）进行变径再制造。刀盘变径再制造要点为：

（1）刀盘变径要尽量利用原有结构，切割位置的尺寸要保证好（图2-4-14、图2-4-15）。
（2）尽可能利用原正面、大圆环处的耐磨板，刀座，边滚刀刀箱及超挖刀组件。
（3）扩径后需要考虑新增正面滚刀和新增切刀的布置。
（4）与切割后刀盘连接处的新下料材料需考虑切割误差和预留加工余量。
（5）刀盘管路布置也要根据实际布置做相应调整。

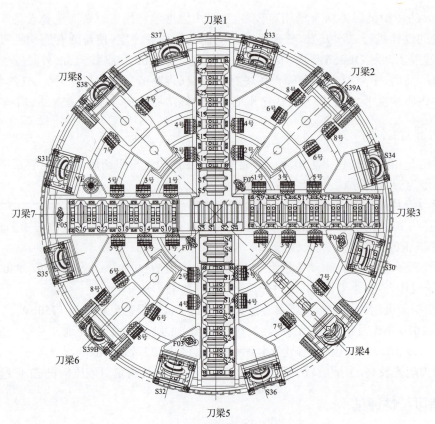

图 2-4-13　刀盘原始结构

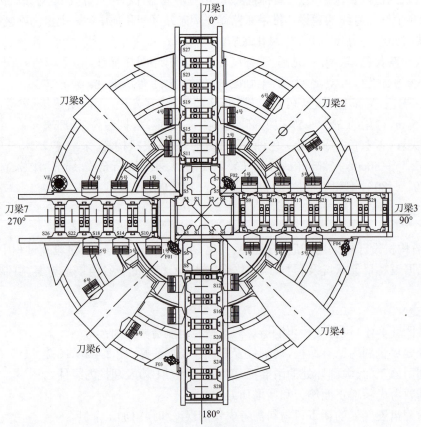

图 2-4-14　刀盘切割后结构

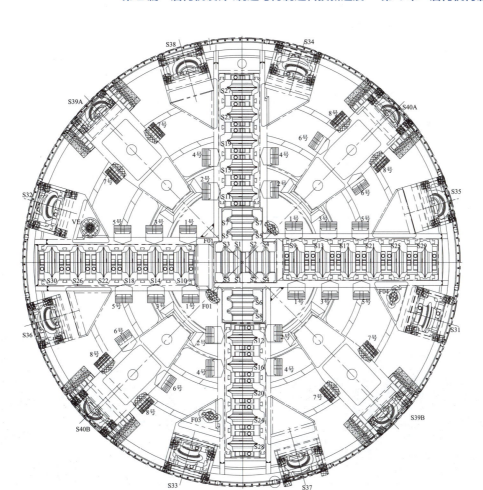

图 2-4-15 刀盘变径再制造后结构

2) 盾体再制造

利用原前盾、中盾进行再制造,尾盾重新制造且与原中盾进行配合。盾体再制造总体方案为前中盾进行"套壳"作业,尾盾进行重新制作(图 2-4-16)。

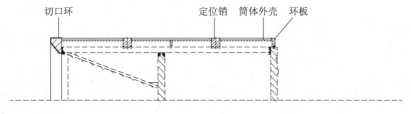

图 2-4-16 "套壳"作业示意图

(1)其他系统检修后确定再制造内容。

(2)盾构机变径前后参数对比(表 2-4-3)。

盾构机变径前后参数对比 表 2-4-3

项目和单位	变 径 前	变 径 后
盾构机型号	ZTE6250	ZTE6410
刀盘类型	复合刀盘	复合刀盘
刀盘开挖直径(m)	6.28	6.44
宽切刀(把)	32	32
边缘刮刀(把)	8	8

续上表

项目和单位	变径前	变径后
17英寸双联中心滚刀（把）	4	4
17英寸滚刀（把）	32	34
刀盘开口率	35%	38%
泡沫喷嘴（个）	6	6
前直径（m）	6.25	6.41
中直径（m）	6.24	6.4
尾直径（m）	6.23	6.39

5. 各部件再制造实施

（1）刀盘变径再制造

刀盘按要求完成切割后，根据实际情况在切割处焊接连接板，将原刀箱和新制作大圆环重新焊接（图2-4-17、图2-4-18）。

图2-4-17　刀盘切割后结构　　　　　　图2-4-18　刀盘焊接连接板与刀箱

将原边刮刀刀座和部分刮刀刀座重新焊接；将各刀箱处的面板、补板和连接板重新焊接；将原正面和大圆环耐磨板重新焊接，补焊耐磨网格（图2-4-19～图2-4-22）。

图2-4-19　刀盘焊接边刮刀刀座和面板　　　　图2-4-20　刀盘焊接耐磨板

图2-4-21　刀盘焊接刮刀刀座　　　　　　图2-4-22　刀盘管路调整

刀盘管路 F05 路位置调整,需重新焊接并更换 F05 路泡沫喷嘴配件,去除相关管路。另外,需要更改的管路根据实际情况做调整。至此,刀盘变径再制造全部完成。

(2)盾体再制造过程(图 2-4-23 ～图 2-4-26)

图 2-4-23　套壳板制作

图 2-4-24　"套壳"板焊接

图 2-4-25　"套壳"后喷涂

图 2-4-26　整机组装调试

6. 变径再制造工程应用

该盾构机变径再制造后,投入徐州地铁 2 号线使用。在硬岩地层中掘进,盾构机最高日掘进进尺达 18m,盾构机的掘进效率在同类型盾构及类似地层掘进效率基本一致。

掘进过程中对刀盘及盾体等进行了时时监测,变径后的刀盘、盾体达到了相同类型新机的刀盘盾体的性能。

7. 效益分析

盾构机变径再制造过程中,刀盘、盾体结构在达到同等型号的新机要求下,利用盾构机原有盾体刀盘结构,节省钢材料约 170t,节省制作及安装成本约 500 万元。

第 5 节　6m 级土压平衡盾构机整机再制造及应用(案例一)

秦皇岛天业通联重工科技有限公司　秦倩云

1. 盾构机概况

H016 土压平衡盾构机于 2011 年 5 月在秦皇岛天业通联重工科技有限公司(简称天业通联)成功制造下线。

H016 土压平衡盾构机基本参数:挖掘直径为 6.49m,前盾直径是 6.47m,中盾直径是 6.465m,尾盾直径是 6.46m,主体长度(不包括工作台和螺旋输送机)是 8.435m。适合管片外径为 6.2m,管片标准宽度为 1.2m、1.5m。工作最小曲率半径是 300 m,爬行坡度为 35‰。

该设备先后经历福州地铁建设,掘进大约 2.2km,石家庄地铁掘进大约 2km。中铁三局集团第二工程有限公司要求该设备损坏、缺失零部件由天业通联(天津)有限公司在厂内完成修复或新制,并组装完成部件调试和整机调试。通过整机再制造后,H016 土压平衡盾构机能满足石家庄地铁 2 号线工况要求。

2. 计划投入使用工程概况

1)东岗头站—大东三教站区间工程概况

东三教站—东岗头站盾构区间总长 896.3m,线路纵向坡度呈 V 字形坡,区间覆土 18～20m。风险源如下:

(1)YK28+450.000～YK28+650.000 范围,区间垂直下穿平安小区、红楼商场及市装潢厂宿舍楼(Ⅰ级环境风险)。

(2)YK28+950.000,区间垂直下穿民心河及民心河涵洞(Ⅱ级环境风险)。

(3)YK28+750.000～YK28+950.000,区间临近华北有色工程勘察院及物业(地下停车场出口),最小距离约 5.9m;普济医院,最小距离约 8.5m;百顺饺子,最小距离约 7.4m;驿家快捷酒店,最小距离约 7m;加油站,距离钢结构棚约 6.1m,油库距离盾构区间约 30m(Ⅲ级环境风险)。

(4)YK29+050.000,区间临近中石化东兴加油站,盾构区间距离加油站钢结构加油棚约 4.5m,油库位于加油机后方,距离盾构结构约 30m,油库埋深约为地下 9m(Ⅲ级环境风险)。

工程地层参数见表 2-4-4。

工程地层参数 表 2-4-4

地层编号	岩土名称	重度 γ (kN/m³)	黏聚力 c (kPa)	内摩擦角 φ	静止侧压力系数	垂直基床系数 (kPa/m)	水平基床系数 (kPa/m)	地基土的基本承载力 σ_0 (kPa)
④$_4$	粉质黏土	19.7	25	17	0.5	30000	30000	140～200
④$_1$	粉细砂	19.5	0	27	0.4	35000	35000	150～200

2)东三教站—新石家庄站区间工程概况

新石家庄站—东三教站盾构区间总长 1370.6m,线路纵向坡度呈"V"形坡,区间覆土厚度 18～20m。风险源如下:

(1)自身风险(Ⅱ级自身风险 2 处)

矿山法施工联络通道及联络通道兼泵房。

(2)风险工程(Ⅰ级风险工程 3 处,Ⅱ级风险工程 1 处)

①市木材公司宿舍:Ⅰ级环境风险。

②一三五处及石油公司宿舍:Ⅰ级环境风险。

③京广东街 B 匝道桥:Ⅰ级环境风险。

④火车站出租车辆地下停车场坡道:Ⅱ级环境风险。

3)管片设计参数

(1)管片外径:6.2m。

(2)管片内径:5.5m。

(3)管片环宽:1.2m。

(4)管片厚度:0.35m。

(5)管片形式:"3+2+1"形式,共分 6 块,管片环标准每块质量 5t,采用错缝拼装,弯形螺栓连接。

(6)封顶形式:径向楔入 2/3 环宽,再纵向插入。

3. 盾构机再制造升级改造方案

本盾构机以标书中所提供的地质及原设备参数为基础进行改造设计和优化,改造后盾构机的各项性能及参数均能满足施工需要,同时又考虑了石家庄地质情况及以后施工遇到的地质情况,具有针对性地采用以下设计思路对原有盾构机进行升级改造:

(1)合理的刀盘开口率。充分考虑了本标段地质情况及水文情况,刀盘开口率设计为46%左右,可以有效防止泥饼,减小正常掘进时的扭矩负载。

(2)增大土体改良力度。泡沫系统优化为单管单泵,设置大容量泡沫混合箱,合理布置泡沫混合液泵和混合箱在台车上的位置,可利用原来部分元件。单管单泵系统流量控制更可靠,每个注入口的流量可单独调节。

(3)强化耐磨处理。刀盘辐条表面、辐条间进土槽、刀盘支撑环、搅拌棒、土仓内、螺旋输送机叶片、螺旋输送机内筒等进行强化耐磨处理,在刀盘外圈焊有高性能耐磨钢板,保证盾构机具有较强的耐磨性能。

(4)加强的主驱密封性能。在原有高性能的主驱动密封基础上,内外密封套优化为硬化处理,表面硬度可达HRC50以上,密封套可长距离掘进而不出现磨损沟槽,配合多点压力和流量控制的油脂注入,可阻止土砂进入密封圈工作区域。另外,在主驱动土砂密封前端额外增设HBW注入点,油脂对土砂的阻挡作用更加直接可靠,延长主驱动检修周期。

(5)可靠的壁后注浆装置。在维持原下部2个注浆枪的基础上,上部配置4根单液注浆管,注浆口设置弹性挡片,可阻止浆液回流,有效提升注浆可靠性,且配备清洗管路。减少堵管的发生,一旦发生堵塞,疏通便捷,操作简单。

4. H016土压平衡盾构机再制造实施过程

1)泡沫系统

对原有泡沫系统做重新设计(图2-4-27、图2-4-28),全面提升泡沫系统的可靠性和可操控性。由于盾尾注浆采用单液注浆管,清洗水不再回收,所以将原2号台车左侧的污水箱去掉,原B液箱去掉,为2号台车布置4路泡沫系统让出空间,取消其中有关B液的控制。这4路泡沫系统实现单管单泵单控,往刀盘和胸板注入泡沫。原B液泵1作为泡沫原液泵继续使用,原B液泵2作为泡沫原液转运泵继续使用,原B液变频柜更名为泡沫原液泵变频柜继续使用;原泡沫给水泵作为新泡沫系统的水泵继续使用,原泡沫动力柜更改泡沫给水泵的变频控制和混合液搅拌电机的控制。需新增2.1m³泡沫混合箱,新增35L/min的螺杆泵4台,更改辅助机内控制箱和阀箱的相关设置。电气程序相应变更,触摸屏上能显示4台泡沫管路,可以在触摸屏上对每路参数进行设置操作。真正实现单管单泵单控,最大程度上利用原系统旧件,降低成本。泡沫系统变频控制如图2-4-29所示。

综合检测程序及传感器,确保司机室内显示气动球阀的开合与实际动作完全一致。

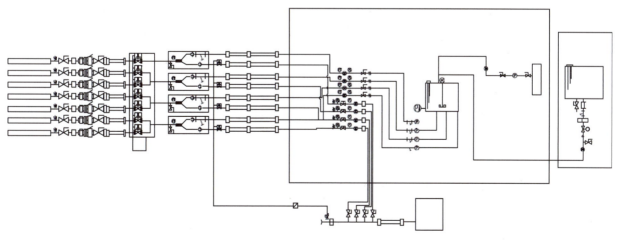

图2-4-27 泡沫系统原理图

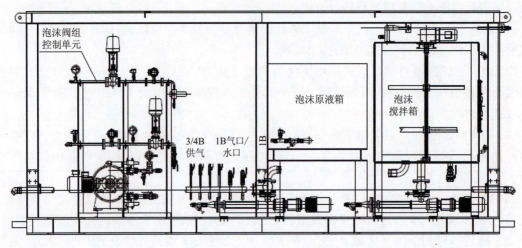

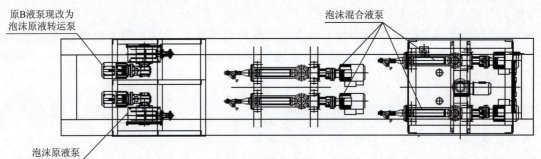

图 2-4-28 泡沫系统布置图

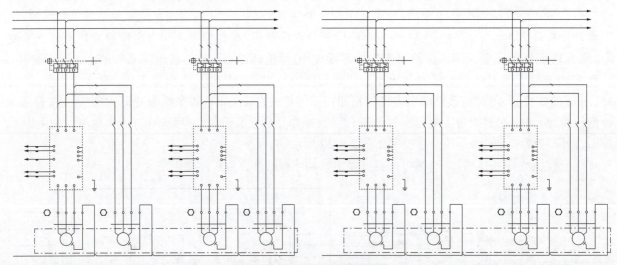

图 2-4-29 泡沫系统电机变频控制图

另将前盾小平台上的泡沫系统控制球阀移出到工作平台，增大中盾内空间，也使泡沫系统更加紧凑，具体位置如图 2-4-30 所示。

2）螺旋输送机系统

（1）原螺旋输送机出土闸门由单油缸控制，一旦闸门滑道内进入异物，会造成闸门卡阻，居中单油缸又很难实现对闸门姿态的调整。本次改造优化了闸门设计，将原单根油缸更换为双油缸两侧对称布置（图 2-4-31）。双油缸推力更大，同步动作。但同时保留手动调节单根油缸单动的能力。一旦闸门偏载出现卡阻时，可对单侧油缸实施手动点动，微调闸门姿态。当闸门顺畅后再双油缸联动。

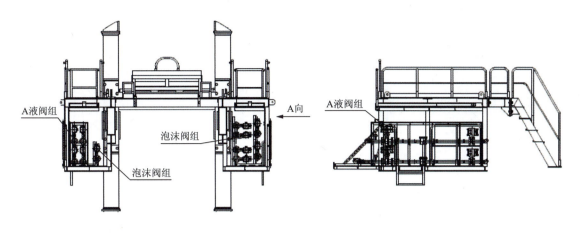

图 2-4-30　泡沫阀组位置改造

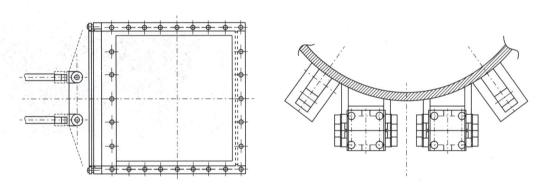

图 2-4-31　螺旋输送机闸门优化设计

（2）螺旋输送机驱动部回转轴承及齿轮均全面检测，驱动密封及密封套拆开检查修复。螺旋轴进行无损探伤检测，发现表面和内部缺陷则修复。螺旋叶片轴连接部位做加强处理，六方套壁厚加厚，材质采用可焊性较好的 35 号钢（图 2-4-32）。

（3）增加螺旋输送机闸门换向阀组、流量计等。连接电缆到机内控制盘，实现联动控制。

（4）在螺旋输送机可更换套筒后方，尽量靠近入土闸门侧，在原有一个聚合物注入口的情况下，新增一个聚氨酯注入口。

（5）螺旋输送机新增出土闸门。

3）刀盘注入口改造

根据实际施工经验，刀盘外圈及外周刀具磨损最为剧烈，本次改造特意将刀盘注入口位置进行调整，将原 5 个刀盘注入口其中靠近外周的那一路更改位置，移到刀盘外周斜坡上，在刀盘外周处加大土体改良力度，减小对刀盘外周及外围刀具的磨损（图 2-4-33）。

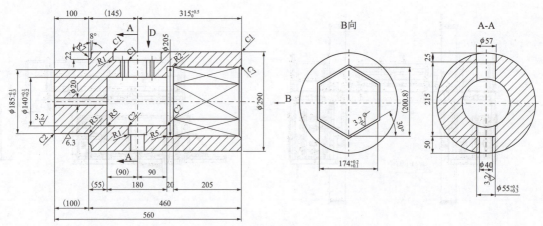

图 2-4-32　螺旋叶片轴连接部位优化设计（尺寸单位：mm）

4）刀盘开口率调整

根据施工经验及专家会评审意见，针对本次施工地质情况，将刀盘开口率调整为 46% 左右（图 2-4-34），可有效防止泥饼，快速出土，提高施工效率。原刀盘为双环六辐条结构，辐条间设置面板是为了改变开口率，是出于结构设计考虑，面板并不对刀盘强度和刚度等力学参数产生影响。所以本次改造将切除辐条间面板，仍维持原刀盘主体受力结构，将原辐板式刀盘改造为辐条式刀盘。切除面板后开口率约为 46%。

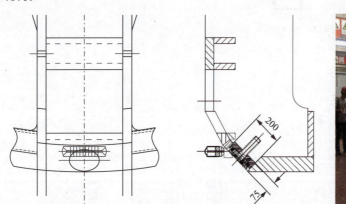

图 2-4-33　刀盘注入口改造（尺寸单位：mm）

图 2-4-34　刀盘开口率优化设计

5）同步注浆系统

考虑到设备已取消 B 液系统而只保留单液注浆，而且在实际使用过程中，下部 2 个注浆枪使用率极低，所以本次对注浆系统改造，取消上左和上右两个注浆枪，改为在原盾尾开槽内，设置一用一备两路独立的注浆管（图 2-4-35）。注浆管管径不小于 1 英寸，设置清洗系统，清洗水不再回收，而是与 A 液一起注入壁后。注浆枪出液口设置弹性挡板，可以起到单向阀的作用，注浆时浆液压力顶开弹性板，而清洗结束后弹性板可自行回位阻挡浆液回流。该装置已成功应用于新加坡项目和 H018 设备。

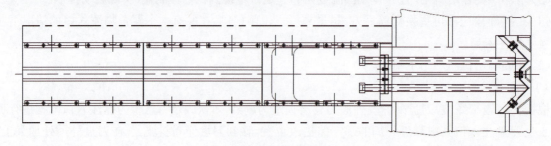

图 2-4-35　备用注浆管方案

在1号台车左侧,增设一台施维英注浆泵,可一用一备(图2-4-36、图2-4-37)。

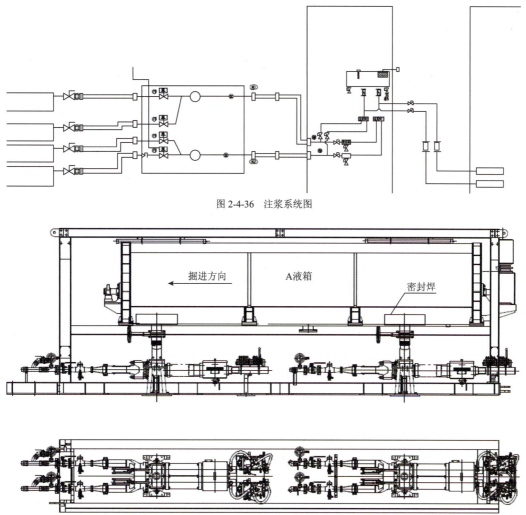

图2-4-36 注浆系统图

图2-4-37 1号台车左侧注浆泵布置图

6)主驱动系统

根据以往的施工经验,原有主驱动内外密封套为普通Q345B材质,经过一段时间的磨损,密封套会出现沟槽,严重影响密封性能,甚至有可能导致土砂进入密封圈的唇口处,从而引起更严重的磨损,所以1.5～2km掘进后需对主驱动进行拆开检修。新方案将密封套材质更换为42CrMo,表面淬火,硬度达到HRC50以上,耐磨性得到极大提升。另外,在主驱动土砂密封前部靠近土仓的部分,额外增设HBW油脂注入点,以便更直接地阻挡土砂进入驱动部。单独增设EP2电动注脂泵,放置于工作平台,EP2气动补脂泵放置于2号台车右侧,设置两路补脂管路给驱动密封泵、集中润滑泵补脂。HBW气动注脂泵也放置于2号台车右侧。在电源控制盘柜增加各泵的控制;电动泵,阀的控制接入机内控制盘内;新增油脂压力信号接入机内控制盘。

7)其他维修保养内容

(1)前盾、主轴承密封检修

①检修主轴承,更换主驱动密封。

检修方法:将整个主驱动从前盾拆下,扭腿朝下放置于干净地面,将扭腿装置拆开,对主轴承进行外观、跳动等检测,综合评估后确定是否对主轴承进行拆检;将内外土砂密封和VD密封拆下,整套更换新件。内外密封套更换为42CrMo表面硬化的新型密封套。轴承座端面铣槽,埋入16道油脂管,用于在土砂密封前端注入HBW油脂。

②检测主驱动电机、减速机、变频器功能。

检修方法:将电机减速机从主驱动上拆下,然后按照企业标准打压试验其密封性。观察小齿轮磨损是否正常,将减速机油取样,交给专业检测单位,根据检测报告决定减速机维保内容。连接电机和变频器,试转看是否有异样,查找问题进行检修。3 号变频器同步故障,视检测情况确定重新调试、更换部分元件,还是整体返厂维修。

③检修中心回转接头,对磨损超限部分进行补焊、修磨、电镀,更换密封组件。

检修方法:将中心回转接头拆下并打开,清洗。观察各油口槽密封圈滑道磨损情况,对磨损区域进行补焊、修磨、电镀。更换全部密封圈,轴承视情况更换。

④检查完善人闸舱功能。

检修方法:清洁系统,检测保压控制盒、土压记录仪等元器件完好性,补充缺失、损坏的元件,重新打压试验。

(2)中盾、中折盾、铰接密封检修

①检修更换铰接土砂密封及 VD 密封组件,对磨损超限部分进行补焊、修磨。

检修方法:对铰接密封组件外观、尺寸情况进行检查,对磨损情况进行评估,更换无利用价值的旧件。

②铰接油缸做静压载荷试验,决定是否更换密封组件。

检测方法:根据油缸的额定工作压力,采用高于额定压力 10% 的压力油接入油缸无杆腔,待杠杆完全伸出后,保持压力若干时间,另一个油口没有油快速流出,则说明油缸性能完好;如性能不完好,则对油缸进行拆检,更换损坏的密封。油缸试压及检验记录按照企业内部标准执行。

推进油缸做静压载荷试验,决定是否更换密封组件。11 号油缸更换内置式行程传感器(行程 2.15m)。

检测方法:根据油缸的额定工作压力,采用高于额定压力 10% 的压力油接入油缸无杆腔,待杠杆完全伸出后,保持压力若干时间,另一个油口没有油快速流出,则说明油缸性能完好;如性能不完好,则对油缸进行拆检,更换损坏的密封。油缸试压及检验记录按照企业内部标准执行。

检查盾尾油脂电控启动开关和压力传感器,更换故障件。检修盾体润滑剂注入口,保证完好有效。

(3)尾盾

①全部更换新盾尾刷。

②对 12 路盾尾油脂管路疏通。

③将螺旋输送机下部盾尾油脂阀安装位置上移,保证维修空间,相应管线进行更换。

④更改盾尾后部本体钢板厚度。将原盾尾后部 $\delta80$ 厚圆环连同盾尾刷等一齐刨掉,用 $\delta75$ 厚钢板新制盾尾后部圆环,开设注浆槽,与盾尾前部实施焊接,重新焊接盾尾刷定位钢筋,焊接盾尾刷,确保盾尾间隙达到 30mm。

⑤4 个注浆枪拆下疏通。

(4)检修螺旋输送机

①更换新外壳。

②螺旋输送机输送叶片磨损严重,加宽补强堆焊耐磨层。

③更换轴端密封 1 套。

④螺旋输送机驱动部回转轴承及齿轮均全面检测,驱动密封及密封套拆开检查修复或更换。螺旋轴进行无损探伤检测,发现表面和内部缺陷则修复。螺旋叶片轴连接部位做加强处理,六方套壁厚加厚,材质采用可焊性较好的 35 钢。

⑤新制第二道螺旋输送机出土闸门,S 形出土,达到防水、防喷涌效果。液压控制,可在司机室远程操作、显示开度状态。

(5)管片拼装机

①检修管片拼装机回转马达(检测回转马达的齿轮磨损、齿面损坏、轴端密封情况)。

②拼装机水平、垂直动作油缸在工作时不同步,改善系统,保证油缸伸出缩回同步。

③检查拼装机支撑轮,拼装机大齿圈,对损坏部分进行维修或更换,该部分需要更换的部件另行计价。

(6)超挖刀

超挖刀机械结构部分按照机械图纸恢复刀盘超挖刀机械/液压部分,根据原始设计恢复超挖刀功能。

(7)液压系统

对液压系统的主推进系统进行改造,通过对每组主推油缸的压力和流量控制,实现分区。

原推进系统通过减压阀和手动高压球阀并联,实现手动分区(图2-4-38)。

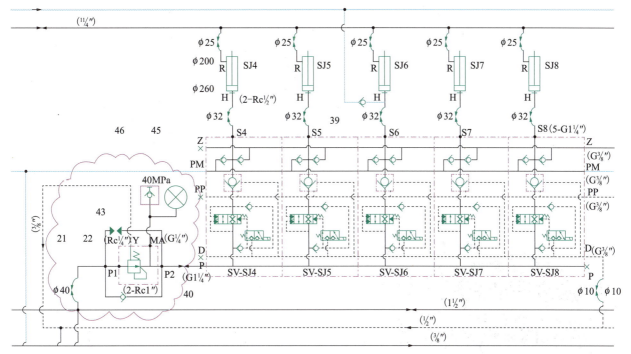

图2-4-38 原推进系统原理图

现将此系统从原理上进行改进,将图2-4-38中波浪线内阀组替换成图2-4-39的阀组。

通过电液换向阀组实现"分区/非分区"自动控制;通过比例流量压力阀组实现分区功能。

更换破损管路,对所有传感器进行校准标定。

检修方法:检查管路,对破损露出钢丝的、接头变形的进行更换;对传感器的压力、温度等监测值在最小值时电流、电压参数进行标定;进行液压泵流量及压力测试;进行油缸保压试验。检修依据企业内部标准执行。

(8)电气系统

检修机内控制箱,更换失效的接触器、继电器等原件,更换老化、破损控制线。需更换元件数量待检测完成后确定。依据电气元件供应商及天业通联内部标准执行。

4个机内控制箱内元件整合到一个新的控制箱内,新控制箱安装于方便检查维修的地方,线缆重新合理规矩布设。

(9)其他

所有油脂分配阀、气动球阀检查其完好性。更换盾体内所有液压、辅助油管。更换刀盘辐条和中心轴内辅材注入软管管件,仿型刀液压管路、管件,密封油脂注入软管和管件等,达到新制标准。

7号台车左侧重新布置,增加二次注浆搅拌箱,并在台车尾端增加平台,用于放置二次注浆泵。

机内内循环冷却水管采用环管布置,主进、回水环管采用2英寸软管。

双梁两侧软管用穿板固定在双梁两侧,拆装机时无须拆卸。

盾构机所有结构件、液压件、电器件、管路、系统进行清洁、除尘、除油泥,对结构件进行除锈、喷漆。

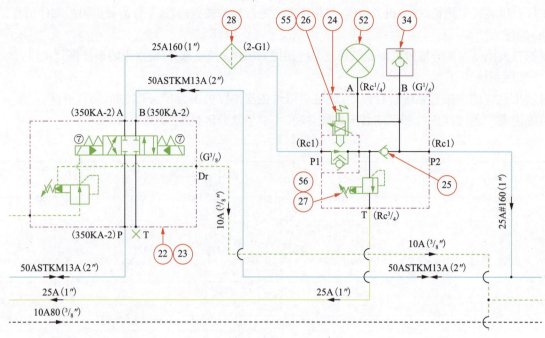

图 2-4-39 新推进系统原理图

图 2-4-40 H016 土压平衡盾构机成功下线

5. H016 土压平衡盾构机成功验收

7月25日,天业通联"H016号"土压平衡盾构机完成绿色再制造,在天业通联河北省秦皇岛生产基地顺利下线、通过验收。工业和信息化部节能与综合利用司综合处欧阳昊明、中国工程机械协会盾构机维修与再制造分会行业专家、业主方中铁三局二公司领导等莅临现场,共同见证中国首台按照再制造行业标准制造的盾构机下线和验收(图 2-4-40)。

第 6 节　6m 级土压平衡盾构机整机再制造及应用(案例二)

徐工集团凯宫重工南京股份有限公司

2017 年 12 月,中建八局轨道交通建设有限公司(简称中建八局)委托徐工集团凯宫重工南京股份有限公司(简称徐工凯宫)对其拥有的一台 ϕ6.48m 复合式土压平衡盾构机进行修复改造,用于郑州地铁 3 号线的项目施工。该隧洞开挖直径 6.48m(与原设备相同),全长约为 1.2km。全程采用暗挖法施工,隧道底板埋深约 13.9~23.4m,线路纵坡设计为 5 个坡度,最大坡度为 25.54‰。

该设备需改造升级内容、维修保养的零部件以及组装后的调试工作均由徐工凯宫在厂内进行,维修改造后的整机状况要达到新设备状况的 90% 以上,升级后的功能达到或超过新机的标准。

1. 原设备概况

原机为海瑞克 S-715 复合式土压平衡盾构机,由中建八局用于徐州地铁项目的施工。原机主要技术参数如下:

(1)整机长度 80m,总质量约 500t,最小转弯半径 250m。

(2)刀盘开挖直径为 6.48m,刀盘安装有 40 把 17 英寸滚刀,56 把正面刮刀,28 把边缘刮刀和 1 把超挖刀,并配有8个泡沫喷嘴。

(3)刀盘驱动方式为8个液压马达驱动,驱动功率945kW。额定扭矩5835kN·m,脱困扭矩6807kN·m。

(4)推进油缸16组32根,油缸型号为220/180-2000,最大推力42575kN。

(5)铰接油缸14根,油缸型号为180/80-150。

(6)装机总功率为1632kW,变压器总容量2000kV·A。

该机于2013年5月出厂后,在2016年7～10月期间经历一次维修,更换过主轴承密封和磨损的刮刀、滚刀,中心回转轴重新镀铬,部分泄压的油缸更换密封等。维修过后又在徐州地铁项目掘进,于2017年10月返回徐工凯宫进行再制造升级。

2. 再制造方案制订和实施过程

徐工凯宫针对再制造的设备有严格执行标准和检验流程;机器在即将出洞时,派遣专业的机械、电气、液压工程师前往施工现场评估设备掘进时的状态,设备到厂后,根据拆解情况对现场勘验不到的刀盘、尾盾密封等进行补充勘验。通过对各部件动态和静态的勘验,汇总设备存在的问题,结合下一个掘进项目对设备的要求,双方召开设备再制造方案评审会议,确定整机再制造的方案和维修内容。

1)再制造方案的制订

(1)刀盘再制造。

(2)主驱动再制造。

(3)管片吊机系统再制造。

(4)螺旋输送机和皮带机系统再制造。

(5)护盾、主梁、撑靴、连接桥和后配套台车等结构件再制造。

(6)油缸及液压系统、润滑系统再制造。

(7)循环水系统再制造。

(8)注浆系统再制造。

(9)泡沫系统再制造。

(10)升级改造系统操作界面和程序的添加,各传感器检测标定,所有电机绝缘检测,线缆和线标的整理,部分老化缺失和无法替换的元器件的更新。

方案拟订的再制造内容承担单位分别为:

(1)整体再制造技术方案由徐工凯宫负责提供,由中建八局负责确认。

(2)所有机械、电气和液压维修改造涉及采买的零部件、升级的系统均由徐工凯宫负责。

(3)主轴承、电机、减速机、变频器、变压器、配电柜、油缸、马达、液压泵站、阀块等由徐工凯宫委托有相应资质的专业单位进行检测维修。

徐工凯宫承担的再制造内容见表2-4-5。

再 制 造 方 案　　　　　　　　表2-4-5

序　号	改造范围	改造内容描述
1	总体方案优化布局	与中建八局共同确定再制造方案
2	刀盘	优化刀具布置,增加先行刀,增大刀盘整体开口率和中心开口率,防止中心结泥饼
3	螺旋输送机系统	优化设计,恢复叶片和筒体的设计尺寸,增加双闸门结构
4	皮带机系统	皮带机全程增加挡泥板,主动滚筒重新包胶
5	管片吊机	将原设计摩擦轮行走方式改为链轮链条啮合的行走方式,双梁吊机增加无线遥控的控制方式
6	泡沫系统	由原来的"一泵拖多路"改为单管单泵,优化管路布置,安装、调试
7	润滑系统	砂浆罐轴承包增加自动润滑系统,气动油脂泵更换新设计的骨架压盘密封
8	水循环系统	优化管路设计,增加刀盘中心冲洗和台车冲洗增压装置,安装、调试
9	电气部分	添加改造内容的控制程序,添加操作界面,优化线缆布置,更换整机照明系统
10	零配件	包含主驱动内、外密封、耐磨环、尾盾密封、特种螺栓、部分缺损的销轴等锻件、阀块、配电柜等
11	厂内安装调试	机械、液压、润滑、水气系统、电气系统现场指导安装,负责整机调试

2) 再制造方案的实施

针对一些由于频繁磨损和腐蚀导致失效的零部件,通过优化结构布局和增加辅助润滑系统,升级局部材料性能等手段提升零部件的耐磨耐蚀性,根据零部件的尺寸、形状,采用不同的再制造技术修复磨损腐蚀的结构。一些对专业资质要求高的零部件,需委托具有专门资质的厂家进行检修;若厂家不能再制造,则更换新件。

(1) 刀盘再制造

针对客户提出的增大刀盘开口率,特别是增大中心开口率的要求。徐工凯宫将刀盘上原来的直牛腿支撑更换为圆弧形,增大中心开口率,相应的刀盘牛腿和法兰更换新件。将刀盘幅板上多余的侧边板切割,更换新的结构,增大整体开口率。更换刀盘上所有损坏的刀具。

①改造内容清单(表2-4-6)

改造内容清单　　　　　　　　　　　　　　　表2-4-6

序号	名称	材料	数量	备注
1	刀盘法兰	钢板 200/Q345D	1件	
2	刀盘牛腿	钢板 80/Q345D	4件	组焊件
3	牛腿支撑	钢板 60/Q345D	4套	组焊件
4	幅板侧边护板	钢板 60/Q345D	24块	
5	刀具管路组件	包含回转接头、喷水嘴机管路接头	1套	
6	焊接式先行刀	定制	20把	
7	正面刮刀	定制	18把	
8	边缘刮刀	定制	8把	
9	中心鱼尾刀	定制	1把	
10	可拆卸撕裂刀	定制	16把	

②刀盘再制造实施过程

a. 拆卸刀盘所有刀具,对刀盘进行喷砂除锈处理,清理并修复刀座上的螺纹孔。

b. 刨除刀盘4件牛腿和1件安装法兰(图2-4-41)。

c. 刨除刀盘4件牛腿支撑。

d. 切割刀盘面板上多余结构和幅板侧边板。

e. 铆焊新的圆弧形刀盘牛腿支撑(图2-4-42)。

f. 铆焊新的刀盘牛腿和法兰。

g. 铆焊新的刀盘幅板侧边板。

h. 对20把焊接式先行刀进行定位、焊接。

i. 对刀盘牛腿法兰焊缝和刀座进行100%超声波探伤,对存在缺陷的焊缝进行修复。

j. 对刀盘面板进行耐磨层堆焊。

k. 安装刮刀、撕裂刀、中心鱼尾刀。

l. 更换泡沫喷口的回转接头、喷水嘴以及管路等。

图 2-4-41　再制造前刀盘整体形貌和刀盘牛腿法兰

图 2-4-42　再制造后刀盘牛腿法兰和刀盘整体形貌

（2）主驱动再制造

①主轴承委托专业厂家进行检测、修复（图 2-4-43）。

②徐工凯宫负责变速箱壳体、主驱动耐磨环修复，主驱动密封更换，整体的油脂清理和现场指导安装（图 2-4-44）。

图 2-4-43　对主轴承进行专业检查

图 2-4-44　主轴承油污清理、检查主驱动密封情况

（3）螺旋输送机和皮带机系统再制造

①螺旋输送机螺杆焊缝探伤、叶片尺寸修复（图 2-4-45）。

②在螺旋输送机出口增加一道闸门。

③皮带机支架全程增加挡板（图 2-4-46）。

④皮带机主动滚筒改进包胶条纹设计，增加胶体厚度，增大与皮带之间的摩擦力。

图 2-4-45　再制造后螺杆焊缝探伤、叶片尺寸修复和出土口双闸门结构

图 2-4-46　皮带机支架挡板及主动滚筒优化设计

（4）管片吊机系统再制造

①管片吊机行走驱动方式由原来摩擦轮形式改为更稳定可靠的链轮链条驱动结构形式（图 2-4-47、图 2-4-48）。

②管片吊机增加无线遥控的控制方式（图 2-4-49）。

图 2-4-47　再制造前管片吊机的摩擦轮结构形式

图 2-4-48　再制造后管片吊机链轮链条啮合驱动结构形式

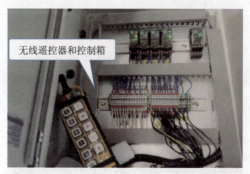

图 2-4-49　再制造后管片吊机增加无线遥控装置

（5）泡沫系统再制造

泡沫系统改造为单管单泵结构形式，改善喷射泡沫效果（图 2-4-50）。

图 2-4-50　再制造后泡沫系统改为单管单泵结构形式

（6）润滑系统和水气系统再制造

①注浆搅拌轴承包增加自动润滑装置（图 2-4-51）。

②气动油脂泵更换新设计的压盘密封。

③增加台车冲洗和刀盘中心冲洗增压装置（图 2-4-52）。

图 2-4-51　再制造后注浆轴承包自动润滑装置和油脂泵新设计的压盘密封

图 2-4-52　再制造后循环水冲洗系统增加的台车冲洗和刀盘中心冲洗增压泵

（7）电气系统再制造

①将螺旋输送机双闸门改造、泡沫系统单管单泵改造、注浆轴承包自动润滑改造、台车和刀盘冲洗改造等相关控制程序添加至 PLC，修改并优化操作界面（图 2-4-53）。

②优化控制柜内的线缆布局。

图 2-4-53　优化后的操作界面和控制柜内的线缆布局

(8) 组装和整机调试验收

该项目于 2018 年 2 月中旬正式启动,于 2018 年 8 月上旬全部厂内组装调试完成,并于月底完成厂内自验收,分别在 2018 年 9 月 20 日和 10 月 20 日接受客户一次和二次验收。2018 年 12 月完成工地组装调试,并在正式掘进 100 环后完成客户的工地验收。

经历包括厂内验收 3 次,工地验收 2 次的测试表明,所有维修改造部分均运转正常。机械、电气、液压系统运行平稳、可靠,各传感器、仪表参数设置合理,电控操作系统形象简约,更加人性化。整机改造完全满足客户对设备的使用需求,并符合"设备再制造产品应达到或超过新品"的绿色再制造理念。

3. 再制造土压平衡盾构机在工程中的应用

该盾构机于 2019 年 1 月正式开始掘进,期间共掘进 1.2km。掘进期间,最高日进尺 18m,达到同等地质条件新机的掘进水平。目前盾构机已完成第一个 1.2km 标段的掘进,并掉头完成了第二个 1.2km 标段的 2/3。整个掘进期间,改造部件和整机未出现大的故障。

徐工凯宫将本次再制造的成功经验也应用到不同品牌、相近开挖直径的盾构机再制造项目中,并根据不同客户的需求增加了电控系统的升级改造和刀盘、盾体的扩壳改造等内容,用改造后实际掘进的效果获得客户的认可,用最小的成本将旧盾构机"变废为宝",符合国家提倡盾构机市场的绿色再制造发展战略。

第 7 节　6m 级土压平衡盾构机整机再制造及应用(案例三)

中铁科工集团轨道交通装备有限公司

中铁上海局集团有限公司(简称中铁上海局)于 2018 年委托中铁科工集团轨道交通装备有限公司(简称中铁科工)对其长期使用的 3 台 6m 级土压平衡盾构机进行再制造。3 台设备的原厂家为湖北天地重工,出厂编号为 7 号、8 号和 13 号,其掘进里程分别长达 6.9km、7.3km 和 5km。3 台设备已投入隧道施工多年,原盾构机的设计理念相对陈旧,设备整体状况较差,而原设备厂家已停止盾构相关业务,无法提供系统性的解决方案。

为确保 3 台盾构机在后续施工中的性能稳定,中铁科工对 3 台设备进行了全面系统的再制造。现以 13 号盾构机为例,对土压平衡盾构机的系统性再制造进行简要介绍。

1. 原设备情况

该盾构机已先后用于武汉地铁 6 号线及 27 号线施工,累计掘进里程长达 5km。

盾构机主要技术参数见表 2-4-7。

13 号盾构机主要技术参数　　表 2-4-7

序号	项目	原始参数
1	设备类型	土压平衡盾构机
2	开挖直径	6.48m
3	驱动类型	电驱动
4	驱动数量	10 个
5	驱动总功率	1100kW
6	额定扭矩	5689kN·m
7	脱困扭矩	6827kN·m
8	推进系统	16 根油缸,总推力 40000kN
9	前盾直径	6.44m
10	中前盾直径	6.43m
11	中后盾直径	6.42m
12	尾盾直径	6.42m
13	设备总质量	470000kg

通过盾构机存放现场勘验及双方交流,发现盾构机整体状况较差,机械结构、液压系统、电控系统、辅助系统、导向系统等均存在损伤或不稳定之处。

2. 再制造方案设计

根据现场勘验结果制订该设备的再制造方案,主要包含清洁、检测、常规保养、机械结构优化、电控系统优化、液压系统优化、辅助系统优化。

具体再制造内容见表2-4-8。

13号盾构机再制造内容清单　　　　　　　　　　　　　表2-4-8

序号	改造范围	改造内容
1	清洁	清洁刀盘及前中盾,对中心回转体、主驱动及减速机、主驱动轴承、螺旋输送机、拼装机、推进油缸及铰接油缸油污及泥土清洁、清洗浆箱及膨润土箱,清扫空压机、电控柜、清洗水箱
2	检测	刀盘及盾体焊缝探伤检测,各类传感器检测,铰接套检测校正,中心回转体解体检测,主驱动轴承、拼装机红蓝缸、推进油缸及铰接油缸液压泵和油脂泵送专业厂家检测,螺旋输送机筒子内径检测,螺旋输送机轴探伤检测,皮带机拉线开关检测,空压机检测
3	常规保养	前中盾表面及外形尺寸检查、修复凹坑,中心回转体拆解、损坏密封件更换、修复后进行压力试验,螺旋输送机叶片增强、增焊耐磨块和耐磨板,拼装机拆机保养、易损件更换,注浆泵及浆箱泥土清理和管路疏通,泡沫箱及管路疏通,集中润滑及油脂管路疏通、滤芯更换及液位计清洗,皮带机结构校正
4	机械结构优化	中后盾及尾盾连接方式优化,连接桥结构形式优化,管片吊横梁结构优化,双梁吊具梁结构优化,后配套台车结构及走道板连接形式优化,台车增设休息室,风筒延伸至拼装机,台车轮组加设注油孔
5	电控系统优化	进行PLC编程,设计司机室控制界面,重新设计导向系统及控制界面
6	液压系统优化	重新布置拼装机小油箱及液压泵,抓举头增设小脚油缸,新购牵引油缸并设计液压回路,管片吊运系统推拉油缸液压回路设计,所有液压管路重新编号
7	辅助系统优化	泡沫系统改为单管单泵的形式,水系统的超声波液位传感器形式上优化

3. 再制造典型工序

1)关键元件维修

盾构机拆解后,关键元件委托第三方专业厂家进行现场探伤检测,并出具第三方检测报告。需检测的关键元件主要包含主驱动轴承(图2-4-54)、驱动电机、减速箱、液压泵、液压马达及液压油缸等。

图2-4-54　主驱动轴承套圈着色渗透探伤检测

依据第二方检测报告编制对应的专项维修方案,严格按照专项维修方案进行维修,图2-4-55为主驱动滑道修复加工后实物图。

图2-4-55　主驱动滑道修复加工后实物图

2)盾体结构改造

盾体结构部分改造主要包含中后盾与尾盾的连接方式和连接桥的结构形式改造。

原盾构机尾盾已严重变形,为了保证管片拼装质量,重新设计尾盾并新制。中后盾与尾盾连接方式为加工后焊接,焊接变形控制难度大,针对此问题采用新制法兰与中后盾进行铆焊,如图 2-4-56 所示,整体机加工后进行配盾。

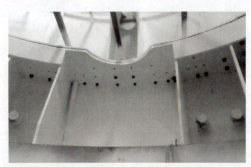 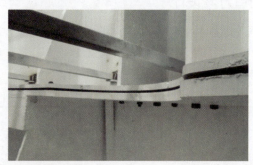

图 2-4-56　中后盾及尾盾改造后配盾

图 2-4-57　新制连接桥实物

由于原桥架为双梁结构,行走及布管极不方便,因此改桥架为台车类似结构,如图 2-4-57 所示,将管路、线路等固定于两侧,根据实际情况进行两侧走道的搭设,以便于检测及维修。

3) 后配套重新布置

此盾构机后配套桥架及台车采用较早框架结构形式,结构强度较弱,在实际施工中台车易变形,干涉处较多,不具备如今较为人性化的后配套结构形式;后配套管线布置凌乱,在施工过程中检修极不方便。

现针对这些问题对台车进行整体改造新制,如图 2-4-58 所示,同时在台车前部布置车挡结构,防止电瓶车溜车造成安全事故。

图 2-4-58　台车结构改造后照片

原机台车走道板为固定式,运输严重超宽,重新设计台车结构及走道板,将走道板设计为折叠式结构,如图 2-4-59 所示,运输时走道板折叠起来,待下井后将走道板放下。

4) 管片吊运系统改造

原管片吊运系统为单双梁链条提升的结构形式,管片吊运烦琐,吊运系统易出现故障,检修难度大。

现设计为双梁钢丝绳提升形式,如图 2-4-60 所示,结构简单。单双梁管片吊运系统,采用液压驱动,提高系统的可靠性,解决电动葫芦故障率高的问题。

5) 液压系统改造

液压系统改造主要体现在两个方面,即拼装机小油箱、泵的改造以及抓举头自由度控制改造。

原驱动拼装机提升、进退、抓举等动作的液压系统由提升导向柱上的小油箱及泵控制,这种结构形式在使用中极易碰撞小油箱,且不易维保。

图 2-4-59 改造后台车走道　　　　图 2-4-60 管片吊运系统改造后照片

针对此问题将小油箱及泵拆除，安装在拼装平台或连接桥，仍然用小油箱及泵来控制拼装机提升、进退、抓举等动作。小油箱出口经高压软管接入原拼装机控制阀，高压软管由软管卷盘控制，可随拼装机同步旋转。

原拼装机抓举头设计为 2 个自由度，管片拼装时微调的方向受到限制。

此次针对抓举头改造时增设 2 个与原型号相同的油缸，从而将原来的 2 个自由度提升到 3 个自由度，有利于管片拼装过程中的微调，提高了管片拼装的效率及质量。

6）泡沫系统改造

原泡沫系统结构形式为"2 带 5"，即 2 个泵、5 个泡沫口，易出现泵送压力不足的问题。

针对此问题对泡沫系统进行了优化设计，改造为单管单泵的结构形式，并改造相应管路。改造后发泡率高，泡沫口喷射压力稳定。

7）电控系统改造

原电控系统的电控柜尘土污染严重，柜内的走线混乱；电缆走线为钢丝绳滑线式，对电缆保护不到位，故障率较高。

针对此问题，对所有电控柜进行了清洁保养，并设置卷筒收放电缆，提高了施工的安全性，也对电缆起到了一定的保护作用。

同时为了提高油缸传感器的兼容性，将铰接油缸传感器集成至导向系统，并重新设计开发了盾构机控制程序和操控室控制界面，如图 2-4-61 所示。

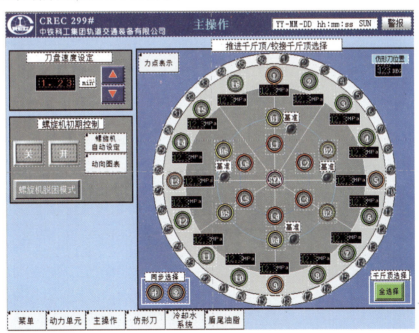

图 2-4-61 操作控制界面改造后

8）导向系统优化

原导向系统采用演算工坊的棱镜法，其界面的信息量太大，过于复杂。

为了提升导向系统的可操作性及适应性，重新设计，采用激光靶技术导向测量方案、国产品牌激光导向系统，方位精度达到 0.25mm/m，系统集成度高、操作简便、稳定可靠、易于维护，可操作性明显提升。

9）组装调试

待所有零部件改造、保养完成后，实施结构、液压系统、电气系统、辅助系统组装，并进行整机调试（图 2-4-62），调试过程中各系统运行稳定可靠，达到新机验收标准。

图 2-4-62　整机调试图

4. 再制造后的工程应用

再制造后的盾构机于 2018 年 8 月 15 在昆明地铁 4 号线 9 标段正式开始掘进，于 2019 年 3 月 10 日完成掘进任务，期间共掘进 1.1km。掘进期间，最高日进尺 27m（18 环），达到同等地质条件下新机掘进水平。整个掘进期间，改造部件和整机未出现大的故障。

实践证明通过此方案对 13 号盾构机进行再制造效果显著。与此同时，按类似方案还完成了天地重工 7 号和 8 号盾构机的再制造，两台盾构机均已应用于合肥地铁 4 号线 5 标段施工。施工过程中设备性能稳定，改造后的盾构机得到建设单位的高度认可。

第3篇

盾构机核心部件、辅助装备及耗材研制新进展

第1章 盾构机核心部件国产化研制
第2章 盾构机辅助系统技术
第3章 盾构施工耗材应用技术研究

第 1 章 盾构机核心部件国产化研制

第 1 节 盾构机主轴承关键技术研究与应用

洛阳 LYC 轴承有限公司 周琳,董汉杰

1. 引言

刀盘系统中的主轴承是盾构机的关键部件,支承并传递刀盘回转运动及载荷,在既定的掘进区间内不得出现任何影响轴承正常使用的故障或失效,故在隧道掘进过程中具有非常重要的作用,其性能、寿命和可靠性直接影响盾构机的施工进度和安全。

盾构机主轴承需承受极大的轴向力、倾覆力矩、径向力和扭矩,具有转速低、载荷大、不确定性强及可靠性要求高等特点。长期以来盾构机主轴承一直依赖进口,主要厂家为德国 Rothe Erde、瑞典 SKF、日本 Roballo 及 KOYO 等公司。国内主轴承虽然已经研制并进行应用,但缺少试验数据,累积的工程应用较少,还未形成强有力的竞争力。

2. 国内主轴承研发历程

国内轴承行业对盾构主轴承的研制自 20 世纪 80 年代开始,当时主要为上海隧道工程股份有限公司的土压平衡盾构主轴承配套,涉及 $\phi4.35m$ 盾构机及 $\phi6.34m$ 盾构机等机型,但由于盾构机主轴承的高可靠性要求,盾构机主轴承的国产化没有得到重视,国产化工作在随后的十几年中基本处于停滞阶段。

2007 年,国家"十一五"863 计划先进制造技术领域"全断面掘进机关键技术"重点项目中设立了"土压平衡盾构主轴承的研制"课题,在国家 863 项目的支持下,由洛阳 LYC 轴承有限公司(简称洛轴)牵头,联合洛阳轴研科技股份有限公司、河南科技大学、中机十院国际工程有限公司、中信重型机械股份有限公司和中铁隧道局集团有限公司等单位联合攻关,重点围绕盾构主轴承的设计技术、材料及热处理技术、关键制造技术、主轴承检测方法、主轴承试验技术与装置等方面开展研究。

2011 年,洛轴为上海隧道工程股份有限公司 $4.2m\times6.9m$ 矩形盾构配套主轴承,该轴承完全是自主选型设计并进行了实际应用。2012 年 6 月,安装有洛轴轴承的盾构机在上海伊犁路 10 号地铁线出入口工程上已完成贯通工作,期间轴承运转正常,此类型轴承随后用在郑州地铁建设中。

2012 年底开始,洛轴成立了国内第一支盾构主轴承专业检测及再制造团队,开展盾构机主轴承状态检测及评估等技术服务,对盾构主轴承进行专业的检测、分析、评估。根据检测结果,判定轴承是否适宜继续使用或是否适宜再制造。目前经国内轴承行业维修及再制造的主轴承包含土压平衡盾构主轴承、泥水盾构主轴承、TBM 主轴承等,主轴承使用地质包括成都、南京、长沙、广州等多种地质条件,其中最具代表性的是 $\phi11.66m$ 盾构主轴承再制造。2016 年,$\phi11.66m$ 盾构主轴承再制造后完成广州地铁 4 号线南延段 5 标项目,掘进里程 1.5km,6 月 21 日洛轴在广州组织行业专家召开"盾构机再制造主轴承使用状况评估会",会议上专家组一致认为:洛轴针对再制造主轴承的前期检测充分可靠;再制造方案制定科学合理;采用的滚动体材料和研发的滚动体热处理工艺接近国外产品技术水平;轴承成品精度指标达到国外产品技术水平。该轴承 2017 年在衡阳应用于湘江合江套工程,掘进里程 1.8km。

2016 年 9 月,国内首台 $\phi6.28m$ 复合盾构机国产主轴承下线,经行业专家评估达到国外盾构主轴承同等水平。同年 11 月,装有该主轴承的盾构机 CT006H 在中铁隧道局合肥地铁 3 号线正式投入施工使用。2018 年 3 月,经过一年多的施工应用,该主轴承连续工作累计掘进 2369.65m,最高日掘进 28.5m,

图 3-1-1 国产首台直径 11m 级主轴承下线

最高月掘进 397.5m，顺利完成全标段工程。经检测，该台盾构机运行平稳可靠，拆解后主轴承状态良好，标志着我国轴承行业已经掌握了 6m 级盾构机主轴承的核心技术，国产主轴承能满足 6～7m 级盾构机的使用要求。

2019 年 1 月，国内第一台国产直径 11m 级盾构机主轴承下线（图 3-1-1），该轴承将国内主轴承的研制能力扩大到 11m 级主轴承，同时该轴承的结构为带预紧的 3 排圆柱滚子轴承，更适应复合地层及上软下硬地层对轴承带来的冲击和振动的工况。该轴承将用于中铁隧道局的浙江舟山过海隧道工程中。

3. 盾构主轴承关键技术发展

1）盾构主轴承设计技术

盾构机主轴承设计技术主要涉及主轴承结构形式设计，包括结构形式选择、最佳轴承游隙设计、滚动体引导方式设计、密封结构设计、保持架结构设计等；主轴承强度、刚度和寿命研究，包括主轴承载荷谱研究、主轴承受力分析、主轴承常见故障及失效形式分析、主轴承静力学和动力学分析、主轴承主参数优化设计，以及盾构机主轴承其他部位设计，如齿轮设计、连接螺栓设计等。

目前国内主轴承已经从自主设计常规 3 排圆柱滚子组合轴承发展到可自主设计带预紧的高承载能力 3 排圆柱滚子组合轴承，可通过对盾构机主轴承进行合理的结构简化，建立单个滚子的接触应力有限元计算模型；结合传统的 Hertz 接触理论，通过对接触刚度、渗透率、接触模式和网格划分方式等因素进行系统分析，建立正确的有限元计算分析模型；根据前面得到的滚子载荷分布，对各排受力最大滚子进行接触应力计算，并对不同滚子凸度模型进行有限元计算分析。也可建立整个主轴承的有限元分析模型，分析不同载荷条件下主轴承的接触应力和变化规律和特点；根据各排滚子应力分布的特点近似估算出滚子载荷分布规律。结合前得到的各排滚子载荷分布，利用滚动轴承疲劳寿命计算方法计算出主轴承的疲劳寿命，并分析各种因素对疲劳寿命的影响规律，为主轴承的可靠性设计提供理论依据。

2）轴承的材料及热处理

高洁净度、组织均质化控制和性能稳定保证，是轴承钢综合质量控制的基础。由于盾构轴承的特殊工作环境和超高可靠性的要求，采用《合金结构钢》（GB/T 3077—2015）中的合金结构钢生产的 42CrMo 钢不能够满足其性能和可靠性要求，目前国内轴承行业与钢厂已经联合研制出盾构主轴承用的专用套圈材料，结合国内材料研制情况从材料的冶炼方法、元素含量、非金属夹杂物的控制等方面对钢材进行了优化，并增加了对国标中未规定元素 Ti、N 等元素的含量要求，提高了钢材的强度、硬度、韧性及接触疲劳寿命，同时也增加了材料的淬透性，形成了能够满足其特殊要求用钢规范。对 6m 级及以上盾构主轴承，由于轴承承受很大的荷载，相应滚子尺寸较大，承受主要掘进力的滚子尺寸基本在直径 90mm 左右，国内缺少能达到质量要求的超厚铜板，轴承行业目前已研究出适宜的保持架成形方法及技术。

主轴承热处理主要是指对滚道、挡边、齿轮的齿面和齿根的表面淬火。目前国内主轴承的研究主要围绕如何提高滚道表面淬火硬度及硬度均匀性，加深淬硬层深度，同时控制硬化层深度的梯度展开。由于轴承为竖直使用，为提高套圈挡边的耐磨性，挡边也需要进行淬火处理，这就造成整体套圈有多达 5 个连续的表面需要淬火。国内可根据不同尺寸及要求的套圈，采用不同的多表面联合淬火技术，同时调整淬火顺序以满足主轴承要求。相对于"863 计划"阶段研制的主轴承滚子用材料及热处理，现滚子采用的热处理工艺增加贝氏体等温淬火方式。贝氏体等温淬火的目的是得到下贝氏体组织，高碳铬轴承钢下贝氏体组织能提高钢的比例极限、屈服强度、抗弯强度和断面收缩率，该组织具有良好的综合机械性能，与相同温度回火的马氏体组织相比，具有更高的冲击韧性、断裂韧性、耐磨性及尺寸稳定性。

3）轴承加工技术

目前 11m 级以下轴承的成品尺寸精度及旋转加工精度水平与国外水平相当，套圈零件加工精度，包括平行差、椭圆、垂直差等形位公差加工精度超过 P5 级行业标准。针对目前国外轴承经常出现的软带区域位置剥落的失效模式,目前国内企业形成了软带形状设计及修整方式,可有效避免因该区域出现损失而造成轴承早期失效。

滚子是主轴承的最核心零件,除了需要选择性能优良的材料和采用合适的热处理工艺外,滚子的形状的设计是影响轴承承载能力和寿命的关键,国内目前可以加工出有效消除边缘应力集中,使接触应力沿接触线均匀分布的近似对数轮廓形状。

盾构主轴承保持架目前采用整体或分段铜制直兜孔保持架,部分采用钢制保持架,钢制保持架在与滚道和挡边接触区域焊接铜块,以保证保持架和滚子同心,并减小保持架和滚子面、挡边的摩擦和磨损。全铜保持架目前采用铣削的加工方法,可保证保持架的尺寸精度要求。钢基体焊接保持架结构的焊接采用氩弧焊的方式,可以保证所需的焊接质量。

轴承再制造加工技术目前以尺寸修理法为主,对滚道进行磨加工去除表面缺陷,滚子进行磨削或超精加工,或更换合适尺寸的滚子保证合理的径向游隙,轴向游隙则通过磨削双半套圈贴合面的方法调整。

4)轴承检测技术

盾构主轴承目前仍按《滚动轴承 转盘轴承》(JB/T 10471—2017)的规定,对成品转动灵活性、轴向间隙、径向间隙、内外圈相对轴向跳动、内外圈相对径向跳动、齿轮精度、齿轮公法线、内外圈滚道表面硬度级深度、齿部淬火硬度级深度、回火带宽度、滚子尺寸和全面几何尺寸进行检测。

在无损检测方面,盾构主轴承在材料调质、表面淬火和终加工后需要相应的检测手段和工艺方法进行质量检测,这些都需要无损检测对轴承内部质量及加工水平进行判定。目前使用在盾构主轴承上的无损检测方法包括超声波检测、射线检测(工业 CT)及磁粉检测。盾构主轴承的滚子和套圈都需要 100% 进行磁粉探伤。对于保持架,目前轴承行业采用超声波探伤和射线检测(工业 CT)的方法对保持架材料的内部质量进行控制。

对于主轴承在线健康状态监测与故障诊断,国内轴承行业也开始对主轴承润滑系统、振动信号进行监测和分析的研究。

5)主轴承试验技术与装置

盾构机主轴承试验技术主要研究试验方法、相似试验、加载方式、工况模拟、状态检测、失效准则。盾构主轴承在重载、变载条件下工作,受力复杂,目前试验工况针对主机设计方案设计及试验用盾构主轴承的工况,在此基础上,确定适用的盾构主轴承试验方法及试验大纲,并依据受载情况制定相应的加载方式。国内轴承行业已建设有一台 6m 级盾构机主轴承性能试验机,现在 11m 级盾构机主轴承性能试验机也研制完毕,正在组装。

轴承行业针对盾构主轴承正在研究的技术主要包括:

(1)建立覆盖典型地质条件的工况数据库,制定满足静强度分析、动力学分析、可靠度预测、性能和寿命试验所必需的定常和非定常动态载荷谱、特殊工况下的极限载荷谱等。

(2)对主轴承失效数据搜集和分析,编制典型工况条件下主轴承失效图谱。

(3)主轴承可靠性理论研究。建立不同地质和掘进工况条件下主轴承可靠性理论与剩余寿命预估技术。

(4)开展精密热处理技术研究,研制专用数控热处理设备和工装,提高淬火质量的一致性和稳定性。

(5)开发盾构主轴承专用的无损检测技术,制定全面的盾构主轴承无损检测技术规范。

(6)制定盾构主轴承专门的产品标准,严格规定主轴承的基本系列参数、材料、热处理、内在和表面质量等技术要求、试验方法和检验规则等。

(7)开展主轴承在线健康状态监测与故障诊断技术研究,进一步研究经济适用的监测理论、技术及仪器,包括故障模式及机理、铁谱分析技术、振动测试分析技术等,研制内嵌式传感器,开发相应的数据处理与分析软件。

4. 结语

目前，盾构机向着大型高效、智能化、多功能、长寿命、高可靠性、定位准确的方向发展。当前，盾构机最大开挖直径达到 15.43m，开挖直径 19m 的盾构机也在设计制造中，同时盾构机寿命也有较大的提高。

为适应盾构机的发展需求，盾构主轴承的研发将向高端智能盾构轴承的方向发展，以"中国制造 2025"提出的"创新驱动、质量为先、绿色发展、结构优化、人才为本"的基本方针，在高端智能轴承的设计、制造工艺、检测、试验及应用技术等方面进行不间断技术创新，通过对高端智能盾构轴承的优化设计技术、材料与热处理技术、冷加工技术、检测技术、试验及应用技术等方面技术升级，完成盾构主轴承系列的研制，实现盾构机系列轴承产品的产业化应用，满足国内盾构轴承的高承载力、长寿命和高可靠性的性能要求，实现智能化、绿色化、可持续发展的生产模式，引领我国盾构轴承行业科学技术整体进步。

第 2 节　盾构机主驱动行星减速机的研制和应用

荆州巨鲸传动机械有限公司　江波，陈立立

1. 引言

近十年来，我国盾构机设计制造技术得到了飞速发展，2018 年我国盾构机的产量位列世界第一，不仅在国内市场占有率超过 85%，而且大量出口海外，已经成为名副其实的盾构制造大国。但是，盾构机的一些关键零部件国产化程度还不高，其中最主要的是盾构机主驱动轴承和主驱动传动设备——行星减速机。目前，我国盾构机生产企业生产的盾构机，特别是大直径盾构机的主驱动轴承与主驱动减速机，主要还是依赖国外进口。而从国外进口这些关键零部件，不仅采购价格高昂，大幅度增加了盾构机生产的成本，而且交货期较长，使我国盾构机制造的进一步发展受到了严重制约。因此，我国盾构机要实现真正的国产化，使我国从盾构大国成为盾构强国，包括主驱动轴承和主驱动减速机的国产化势在必行。据了解，目前国内还只有少数几个传动设备生产企业开始介入盾构机主驱动减速机的研发制造，但盾构机主驱动减速机的规模化生产，特别是大直径盾构机主驱动减速机的研发制造和规模化生产还有待时日。

2. 盾构机主驱动减速机研究与进展

成立于 1969 年的荆州巨鲸传动机械有限公司是国家最早定点的专业减速机生产厂家之一。所生产的减速机广泛应用于水泥建材、冶金、军工、矿山、有色、电力、港口等诸多领域。2008 年开始介入盾构机主驱动行星减速机的修复和再制造。到目前为止，已成功修复和再制造了近 20 台进口盾构机主驱动行星减速机，经对这些减速机使用单位的调查，修复和再制造的盾构机主驱动减速机运行情况都十分正常。

在对进口减速机修复和再制造过程中，我公司对进口减速机进行了设计尺寸的测绘分析和关键零部件的材料分析和结构分析，积累了大量进口盾构机主驱动行星减速机的数据和资料。在此基础上，2010 年开展了对盾构机主驱动行星减速机的研发和设计制造，并于 2011 年研制了第一批国产化的盾构机主驱动行星减速机，该批减速机成功应用于北京城建设计发展集团有限公司（简称北京城建）集团一台开挖直径 6.15m 盾构机的配套。到目前为止，这些国产化减速机仍然在正常运行，得到了北京城建盾构部门的高度评价。

图 3-1-2 ～图 3-1-5 是我公司对某进口盾构机主驱动减速机行星架和内齿圈的再制造，图 3-1-6 是我公司研制的第一批国产盾构机主驱动行星减速机。

图 3-1-2 损坏的低速级行星架

图 3-1-3 损坏的低速级内齿圈

图 3-1-4 再制造后的行星架

图 3-1-5 再制造后的内齿圈

图 3-1-6 荆州巨鲸传动机械有限公司研制的第一批盾构机主驱动行星减速机

3. 盾构机主驱动减速机研制关键技术问题和对策

通过对近20台进口盾构机主驱动减速机的成功修复和再制造和第一批国产盾构机主驱动减速机的研制和应用,我们认为,目前国内减速机的设计水平与国际上相差无几。要生产制造一台合格的盾构机主驱动减速机,其关键技术主要集中在材质、热处理和加工工艺三个方面。针对这三个方面,采取的对策主要有以下几点:

1)设计要点

由于盾构机减速机的使用环境恶劣,在设计时应充分考虑其实际使用工况,其设计时要注意以下几点:

(1)减速机的所有零部件在计算使用寿命时,都应当按满负载工况进行计算。

(2)要考虑在盾构机在掘进过程中可能会存在负载的突然增加,为保证所有零部件都能达到预期设计要求和减速机运行的可靠性,所有零部件的刚度和强度校核都应当按照短时间内超负载运行状况进行校核。

(3)在满足使用寿命要求及可靠性要求的同时,减速机的传动比和输出扭矩应当最大化,在满足上述条件下再考虑减速机体积的最小化。

（4）要通过引进国际标准 DIN3990、ISO6336、AGMA2001 等对齿轮的极限荷载、疲劳强度、齿面微点蚀等进行校核，并按 ISO281 计算并修正轴承的寿命。对设计的初始尺寸通过 ANSYS、Romax、Masta 等软件进行静力学结构、模态振动特性、模态计算等。

2）制造要点

提高热处理与加工工艺水平。在制造过程中，由于国内目前热处理工艺和钢材性能的限制，导致国产减速机的径向尺寸比进口减速机尺寸要大，这也是制约国产减速机在盾构机中的推广应用。从技术上看，若要在不降低性能的前提下，有效减小行星齿轮减速机的径向尺寸，单纯依靠增加齿轮宽度来提高承载能力，则将导致齿轮齿宽方向上的载荷不均匀性增大，反而会使齿轮承载能力下降。因此，必须从内部结构、润滑等多方面来综合考虑提高行星齿轮减速机的承载能力，并结合先进的热处理和加工工艺来确保达到所需的设计要求。

为了检验生产的减速机是否合格，应通过三坐标测量仪对产品的尺寸、形位公差进行测量，并在实验台上对减速机进行动态性能进行测试，同时要进行足够时间负载运行实验。

4. 结语

虽然国产减速机在消化吸收进口盾构机主驱动减速机的基础上，成功研制了第一批国产化盾构机主驱动减速机，但与国际先进水平相比还是有一定的差距。今后还要在以下几个方面开展工作，使国产盾构机主驱动减速机尽快赶上和超过国际水平。

（1）进一步改进热处理工艺，以改善各零部件的力学性能，在同等体积的情况下，使得国产盾构机减速能够有更好的力学性能和可靠性。

（2）由于减速机在实际加工和装配过程中存在误差，每个行星轮并不是均载的，负载大的行星轮的使用寿命最小，这种不均载导致整个盾构机减速机的寿命下降，因此今后在加工工艺和装配技术方面要进一步提高减速机中各个行星齿轮的均载性能。

（3）由于盾构机减速机的安装空间有限，因此其体积不能过大，在今后的发展中应当在体积不变的情况下，去提高减速机的负载能力。

（4）要加大创新力度，从设计到制造的各个环节进一步进行研究，在可靠性和使用寿命增加的同时，进一步降低产品成本。

第3节　盾构机主驱动减速机技术研究

蚌埠行星工程机械有限公司　姚爱民

1. 引言

随着市场需求的增加，国内盾构机主机厂家的发展壮大，其核心零部件的国产化成为制约盾构机整体价格、生产周期的瓶颈，大力发展核心关键零部件的国产化是大势所趋，势在必行。巨大的市场需求与我国相对滞后的减速机研发技术之间的矛盾日益凸显，迫切要求对盾构主驱动减速机实施国产化，改变长期依赖进口的局面，故开发具有自主知识产权的盾构主驱动减速机具有重要的战略意义。虽然盾构机主驱动减速机这几年刚刚起步，但已经取得了一定的成绩。

主驱动减速机是盾构机的关键核心驱动部件，具有功率密度高、扭矩大、体积小、可靠性要求高等特点，直接起到动力转换和输出的作用。因而不仅要求主驱动减速机可以满足盾构施工的不同工况，同时要有较长的使用寿命。由于其技术先进、设计制造要求高，过去国际上只有德国、瑞士、日本等少数几个国家具有设计制造能力。据不完全统计，在 2018 年底我国盾构机的保有量就到达 2500 台以上，随着这几年国内的盾构机的保有量和需求量的不断攀升,加上盾构机的再制造和维修保养中的主驱动减速机需求,盾构机主驱动减速机需求在每年递增,但是主驱动减速机作为盾构机的核心零部件,长期以来一直依赖进口,技术被欧美、日本等垄断,现在还处于中国海关重大技术装备免关税产品[财政部、海关总署等六部委颁布的《重大技术装备和产品进口关键零部件及原材料商品目录(2014年修订)》:大型施工机械和基础设施专用设备—大型全断面隧道掘进—主驱动—主驱动减速机]。随着需求的增加,进口减速机采购成本高,交货时间长,售后服务困难的一系列客观现实问题也日渐突出。大力发展国产盾构机主驱动减速机以替代进口产品成了盾构行业的迫切需求。

2. 盾构机主驱动减速机技术特点

盾构机主驱动减速机为大扭矩行星齿轮减速机。19世纪末,行星齿轮传动装置在德国研制成功,随着汽车和飞机工业的发展,行星齿轮传动得到了快速发展。国外的盾构机主驱动减速器,以德国、日本处于领先地位,特别在材料和制造工艺方面占据优势,减速器工作可靠性好,使用寿命长。国际上,一些工业发达国家,如日本、德国、英国、美国和俄罗斯等国家对行星齿轮的应用、生产和研究都十分重视,在结构优化、传动性能、传递功率、转矩和速度等方面均处于领先地位,并研究出一些新的行星传动技术,如封闭行星齿轮传动、行星齿轮变速传动和微型行星传动等早已在现代化的机械传动设备中获得了成功应用。

行星减速机显著的特点是:在传递动力时可以进行功率分流;输入轴与输出轴具有同轴性。对于那些要求体积小、质量小、结构紧凑和传动效率高的航空发动机、起重运输、石油化工和舰艇等的齿轮传动装置,行星齿轮传动得到了越来越广泛的应用。国内外发展方向为:

(1) 向着高速大功率和低速大转矩的方向发展。
(2) 向无级变速行星齿轮传动发展。
(3) 向复合式行星齿轮传动发展。
(4) 向少齿差行星齿轮传动方向发展。
(5) 向着制造技术提高行星齿轮的齿轮精度、承载力、可靠性和使用寿命的方向发展。

3. 技术研发

蚌埠市行星工程机械有限公司在盾构机主驱动减速机开发设计过程中,基于公司多年来设计开发行星减速机积累的丰富经验,与清华大学、合肥工业大学、蚌埠学院等高校的产学研结合,全力研制盾构机主驱动减速机,对产品的整机结构进行创新设计。首先在研制过程中研发人员首先进行信息收集和分析,根据对国内外目前市场上现有盾构机主驱动减速机的生产和使用情况进行调查分析,找出其存在的主要问题,根据项目的研究内容,确定项目总体方案;其次组织各专业设计人员对整机结构、关键零部件进行设计,研制零部件加工专用设备,对参数进行优化设计,并对设计工作中遇到的结构细节、材料选择、加工工艺等问题进行综合考虑,并不断进行修改,完善至最优方案;再次建立盾构机减速机非线性动力学模型,对齿轮箱系统进行动态特性分析,综合考虑掘进机减速机关键零部件加工误差、安装误差等对多行星齿轮均载性能的影响,研究不同工况下、各零部件不同的装配效果时的各关键零部件的工作性能,结合掘进机整机性能指导减速机的结构设计和参数优化,根据分析结果设定了分组装配的细节和装配规程;最后研发期间研发人员多次到盾构施工现场,通过观察实际使用工况和询问施工设备操作者相关使用细节,掌握了大量的第一手资料。短短不到5个月设计生产出第一批次盾构机主驱动减速机并装机使用。

盾构机主驱动减速机国产化过程中,主要攻克了以下技术难点:

(1) 行星齿轮减速器基础理论的研究。主要技术难点有:行星齿轮的设计计算方法的研究、行星齿轮传动效率的提高。

(2) 行星齿轮减速器的性能提升、结构的改进和优化。主要技术难点有:针对减小行星齿轮减速器转动惯量的研究,最佳传动比的研究,装配对行星齿轮减速器传动噪声的影响,针对如何提升行星齿轮减速器的传递误差和承载状况的研究,润滑油的使用对行星齿轮减速器的影响等。

(3)新材料在行星齿轮减速器中的应用。主要难点有橡胶材料、碳纤维等新型材料在行星齿轮减速器中的使用。

4. 技术改进与创新

盾构机主驱动减速机研发中在以下方面做了改进和创新：采用复合行星轮系，齿轮与轴承复合技术，创新采用了输入花键预设定超限保险装置以及设计和生产工艺的改进等（增加循环冷却水预留孔、温度传感器的应用、优化三级传动放油）技术。

1）采用复合行星轮系

轮系可分为定轴轮系和周转轮系。周转轮系是由机架、行星轮、行星架和中心轮等主要零件组成。行星齿轮减速机采用一个周转轮系和一个定轴轮系组成一个复合行星轮系。行星齿轮减速机采用复合行星轮系的优点主要有：

（1）能实现大传动比：在相同的体积下可以到达比其他结构的更大的传动比。

（2）结构紧凑的大功率传动：由于周转轮系和此处采用的定轴轮系均采用多个行星轮对称均匀分布，共同承担荷载，再加上多个行星的径向力平衡，大大减少了主轴的承受力，相对提高了承载能力和传动的平稳性。另外，采用一个内啮合的中心轮（外轮），可减小机构的径向尺寸，使结构更紧凑。

2）齿轮与轴承复合技术

在常规的机械产品设计中，由于轴承作为标准件，所以一般采用齿轮与轴承独立设计的方法。在设计中，减速机的外形尺寸一般按照较经济的尺寸控制，在满足传递扭矩、保证减速比、行星轮轴强度足够的前提下，轴承的尺寸受到了一定的限制，同时轴承的载荷能力在设计中也是必须保证的，因此，采用通常的设计方法不能满足设计要求。在此采用齿轮轴承复合技术，将齿轮与轴承合为一体，用齿轮作为轴承的外圈，形成齿轮轴承一体化结构，可使齿轮做得更小，增加了行星减速器的设计空间，有利于提高产品的性能，满足提高承载能力的要求。

3）输入花键预设定超限保险装置

为了对减速机内的齿轮和轴承进行有效的保护，更是为了在盾构机工作的过程中突发遇到恶劣地质状况，刀盘扭矩瞬间极大，损坏盾构机主轴承，在设计时采用了输入花键预设定超限保险装置，即在输入端控制扭矩总量，当超过它们所提供的扭矩时，输入端花键失效，有效地对减速机和主轴承进行保护。同时输入端花键损坏，也方便更换，极大地缩短了设备的维修周期。

4）循环冷却水系统

盾构机主驱动减速机位于盾构机的刀头位置，相对比较封闭，热量不易散发，如果温度过高则容易造成润滑油的性能下降，对整体的减速机性能造成大的影响，这里通过研究行星减速机的冷却散热机理，应用计算流体动力学的理论，结合模拟工况的动态分析，对减速机的散热方式和散热结构进行综合考虑，完善改进冷却系统，确定冷却水进出的最佳位置，合理设定了循环冷却水接孔，保证掘进机减速机处于合适的工作温度范围内。

5）温度传感器的应用

主驱动减速机工况通常会比较封闭，不利于散热，通常会增设水冷系统，使用时通常会关注水冷系统的温度，会在这里设置温度传感器；但是主驱动减速机的三级传动的位置是通常都是处在完全密闭到机体内的，热量不易散发，油品的质量更易下降，为此在进行冷却水温度控制时，在三级齿圈增设了温度传感器，使操作人员及时掌握减速机内的温度，采用适宜的降温方法。

6）精密热处理和表面处理技术研究

精密热处理技术主要包括材料相变控制、残余应力场控制、热处理变形控制等。重点研究齿面强化热处理技术，通过渗碳、氮化、离子氮化、碳氮共渗及真空热处理等；表面处理技术主要在保证齿轮的心部性能的同时，提升啮合面的硬度，增强耐磨性能和防腐性，增加磨损自修复性，主要利用与清华大学材料试验中心的产学研关系，开发了一系列特殊工艺方法。

5. 国产减速机工程应用

2013年9月15日自主研发的盾构机主驱动减速机在中铁隧道集团有限公司成都项目部立装完成后,带动刀盘空载运行20h,无异常。LOVAT246盾构于9月17日始发,截至11月15日,成温立交站—草堂路口站区间掘进382环,机况良好。区间掘进过程中,加强对该新制减速机的监控,通过每天对6台减速机的振动情况及温度进行检测,并与之前数据进行对比分析,一切均正常。第一标段试用完毕后,即新制国产减速机运行382环后,将满足施工单位性能要求的该减速机发回蚌埠市行星工程机械有限公司进行双方共同检测,并对内部零件进行拆解评估,检测结果显示,内部齿轮、轴承及密封件均完好,无任何损坏。

蚌埠行星工程机械有限公司在自主研发和再制造的盾构机主驱动减速机方面,已与中铁一局集团有限公司、中铁隧道局集团有限公司、中铁十一局集团有限公司、中铁十六局集团有限公司、中铁四局集团有限公司、北京中铁隧建筑有限公司、北京住总集团有限责任公司、徐工集团凯宫重工南京股份有限公司、淮南唐兴液压机械有限公司、中交天和机械设备制造有限公司、天业通联重工科技有限公司等四十多个总部和直属分公司建立业务关系,建立了供货和服务关系。目前已形成多系列盾构机主驱动减速机产品,完全可以用国产化减速机产品替代进口减速机(卓轮、rollStar、力士乐、戴纳密克、邦菲力、布雷维尼、日本小松、三井三池、住友、川崎、石川岛等十几种国内主要在用盾构机型的主驱动减速机),公司有能力对进口主驱动减速机、螺旋输送机减速机及各种液压油缸进行大中型维修、检测、再制造及全新国产化制造。

6. 成果

蚌埠行星工程机械有限公司研发的盾构主驱动减速机经过国家一级科技查新单位——安徽省科学技术情报研究所查新显示:综合采用上述输入扭矩时采用花键预设定保险装置等创新技术,并具有200kW功率、输出扭矩$2.4×10^5$N·m技术指标,国内尚未见开发成功的文献报道,填补了国内空白。

2014年2月,顺利通过中铁隧道集团"盾构机主驱动减速机国产化研究"工业性实验鉴定验收。

2014年5月,盾构机主驱动减速机通过机械科学研究总院工程机械军用改装车试验场和国家工程机械质量监督中心的性能检测,各项技术参数和性能指标达到设计要求。

2014年5月16日,在中国工程机械工业协会掘进机械分会、中国工程机械工业协会维修及再制造分会联合主办的专家评审会上,评定蚌埠行星工程机械有限公司制造生产的盾构机主驱动减速机达到国内领先水平,部分技术达到国际先进水平,同时授予蚌埠市行星工程机械有限公司"盾构机核心零部件国产化基地""盾构机核心零部件再制造基地"。

2015年12月,顺利通过了工业和信息化部在重庆针对这批盾构主动驱动减速机组织召开的"盾构机主驱动减速机"项目科技成果鉴定,标志着我国实现了盾构机核心部件主驱动减速机的技术突破,整体技术达到国际先进水平。

7. 结语

盾构机的整机生产水平已经达到国际水平,但是盾构机中关键核心零部件还是多数依靠进口。目前国产主驱动减速机仅仅是应用在中小直径的盾构机及再制造盾构机上。如何提高减速机国产化率、如何研制大直径、超大直径盾构机主驱动减速机,这些仍然是本行业理论研究、技术研究和应用推广面临的严峻问题。

第4节 盾构机真空吸盘国产制造技术

中国铁建重工集团股份有限公司 容锦

1. 引言

盾构法作为一种常用工法被广泛应用到隧道施工中,其特点是采用预制混凝土管片支护隧道,以提高隧道支护质量及效率。盾构机作为盾构法施工的主要设备,其抓取管片主要有两种形式:机械式抓取和真空式抓取。目前,当开挖直径达到7m以上时通常采用真空吸盘抓取管片。

我国盾构机产业起步较晚,相关人员对盾构机真空吸盘的技术比较陌生,且认为其风险很高,多数盾构机生产厂家采用进口真空吸盘,这不但价格昂贵,而且维修不便。随着我国制造技术和真空技术的迅速发展,真空吸盘的技术瓶颈已被突破,为真空吸盘的制造和使用提供了非常可靠的技术保障。近年来,中国铁建重工集团股份有限公司成功研制并生产出100多台(套)不同规格的盾构机用真空吸盘,验证了真空抓取相比机械抓取有着更高的安全性和可靠性,这对我国盾构机用真空吸盘的国产化发展,开了先河,起到极大的促进作用。

2. 混凝土管片的结构特点及盾构机对真空吸盘的要求

以直径9m盾构机为例,隧道用混凝土管片呈圆弧环形,其表面光滑圆整且尺寸精度高,如图3-1-7所示,管片外弧弦长3732 mm,外径9000mm,内径8100mm,宽度1800mm,质量约7t。采用这种混凝土管片对隧道进行支护具有施工速度快,衬砌质量高,对环境影响小等优点。在盾构法隧道施工中,这种管片经过制造、运输等过程中严格的质量控制后,作为成品直接拼装到隧道中,具有高强度、高精度、高质量、高抗渗性能和较高的外观质量等一系列优点,同时对隧道的长期稳定和安全运行起到至关重要的作用。

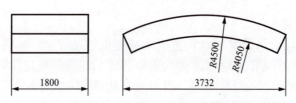

图3-1-7　外径9000mm混凝土管片结构图(尺寸单位:mm)

根据《全断面隧道掘进机　盾构机安全要求》(GB/T 34650—2017)的规定,管片拼装机对真空吸盘有如下要求:

(1)真空吸盘应具有定位功能。
(2)真空吸盘安全系数不应小于2.5。
(3)在断电情况下,真空吸盘保证吸持管片的时间不小于20min。

除了以上国家标准要求外,为保证安全通常盾构机用真空吸盘还需具有以下功能:真空度低于75%的报警功能;真空度低于80%的连锁功能(锁定管片拼装机或管片吊机的运动功能);红外线对位装置;管片吸紧位置检测功能。

3. 真空吸盘的工作原理

盾构机用真空吸盘由真空系统(包括真空泵、真空压力表、真空过滤器、真空电磁阀、真空蓄能器、真空压力传感器、真空单向阀)、吸盘、压紧检测装置等组成,如图3-1-8所示。工作时真空吸盘通过法兰盘或轭架与相应部件相连,并依靠自重或液压油缸的推力使真空吸盘密封条紧贴在混凝土管片的内弧面上,真空泵在电机的驱动下通过真空单向阀抽取真空蓄能器(集气箱)内的空气,使其产生大于或等于80%真空度,由于真空吸盘内腔与大气隔绝,当操作吸取管片开关时,真空吸盘内腔通过真空电磁阀与真空蓄能器(集气箱)内真空连通,依靠真空蓄能器(集气箱)内真空与大气压的负差,即可吸吊管片。

4. 真空吸盘的结构

1)管片吊机真空吸盘的结构

根据混凝土管片的特点,管片吊机真空吸盘主要由真空系统、吸盘体及压紧检测装置组成,具体结构如图3-1-9所示。真空系统是真空吸盘的核心,主要由各真空元件(包括真空泵、真空压力表、真空过滤器、真空电磁阀、管路、真空压力传感器、真空单向阀)连接而成,以获得满足要求的真空度。考虑到被吸管片的表面质量,采用旋片式真空泵。压紧检测装置是检测管片是否被压紧的安全保护装置。真空吸盘通过法兰盘与旋转起吊机构相连,再与动力系统一起组成管片吊机。

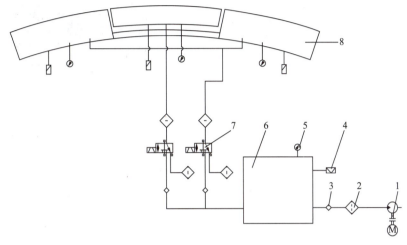

图 3-1-8 真空吸盘原理图

1- 真空泵;2- 真空过滤器;3- 真空单向阀;4- 真空压力传感器;5- 真空压力表;6- 真空蓄能器;7- 真空电磁阀;8- 吸盘

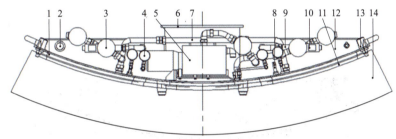

图 3-1-9 管片吊机真空吸盘结构

1- 吸盘体;2- 报警器;3- 真空过滤器;4- 真空压力表;5- 真空泵;6- 法兰盘;7- 管路;8- 真空压力传感器;9- 真空单向阀;10- 真空电磁阀;11- 密封条;12- 集气箱(真空蓄能器);13- 压紧检测装置;14- 管片

2)管片拼装机真空吸盘的结构

根据混凝土管片的特点,管片拼装机真空吸盘主要由真空系统、大吸盘、小吸盘、伸缩臂组件、固定臂、定位销、旋转油缸、俯仰油缸、红外线定位仪、压紧检测装置等组成,具体结构如图 3-1-10 所示。真空系统是真空吸盘的核心,主要由各真空元件(包括真空泵、真空压力表、真空过滤器、真空电磁阀、管路、真空压力传感器、真空单向阀)连接而成,以获得满足要求的真空度。压紧检测装置是检测管片是否被压紧的安全保护装置。真空吸盘通过伸缩臂组件、固定臂与管片拼装机抓举油缸相连,再与其他部件一起组成管片拼装机。

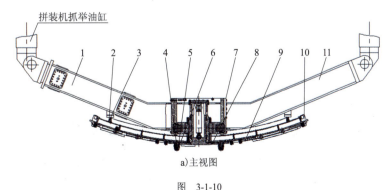

a)主视图

图 3-1-10

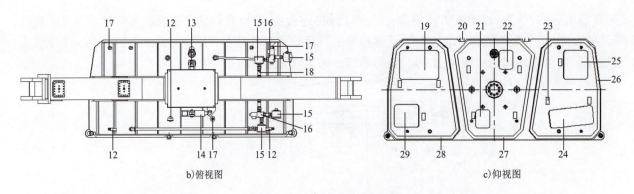

b)俯视图　　　　　　　　　　　　　　c)仰视图

图 3-1-10　管片拼装机真空吸盘结构

1- 伸缩臂组件；2- 微调垫板；3- 微调支架；4- 定位销；5- 定位套；6- 压紧套；7- 转动组件；8- 小吸盘；9- 大吸盘；10- 压紧检测装置；11- 固定臂；12- 真空压力表；13- 旋转油缸；14- 俯油缸；15- 真空过滤器；16- 真空电磁阀；17- 真空压力传感器；18- 真空单向阀；19- 手孔垫板二；20- 红外线定位仪；21- 手孔垫板三；22- 手孔垫板四；23- 垫板；24- 手孔垫板五；25- 手孔垫板六；26- 密封条一；27- 密封条二；28- 密封条三；29- 手孔垫板一

5. 真空吸盘的制造技术

1）吸盘本体的焊接变形控制技术

如图 3-1-11 所示，根据铁建重工对吸盘制造技术的研究，真空吸盘本体焊接完成后弧面面轮廓度需控制在 4mm 以内，才能满足真空吸盘密封性能要求。铁建重工所有板料通过数控火焰切割机下料，保证下料尺寸精度；圆弧板通过数控卷板机进行卷圆，保证圆弧精度；立板下料后通过数控龙门铣进行精加工，保证圆弧及尺寸精度。通过焊接工装及焊接工艺研究，突破了焊接多维空间变形控制技术，保证了焊接质量。

图 3-1-11　真空吸盘本体与管片

2）吸盘本体的检测

（1）吸盘本体的弧度及面轮廓度检测

采用自制高精度弧形检具对吸盘体弧度进行检测。如图 3-1-11 所示，真空吸盘本体焊接完成后弧面面轮廓度放到工装或管片上，用塞尺测量吸盘体与管片或工装间的间隙来检测吸盘体的面轮廓度。

（2）吸盘本体的密封性能检测

真空吸盘本体的密封性是保证真空吸盘质量的另一个重要指示，必须进行严格控制。如图 3-1-12 所示，真空吸盘本体焊接完成后对集气箱打压 2bar 进行密封性能检测，保压 0.5h，无泄漏为合格。如泄漏，用肥皂水检测接头及各处焊缝位置，查出泄漏点进行重新补焊。如图 3-1-12 所示，真空吸盘本体焊接完成后对真空腔1、真空腔2及真空腔3分别打压 0.4～0.5bar，用肥皂水检测接头与各焊接位置的密封性。

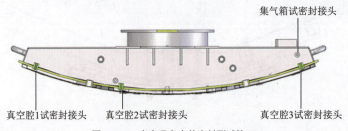

图 3-1-12　真空吸盘本体密封测试接口

3）真空吸盘的保压性能测试

根据全断面隧道掘进机盾构机安全要求,在断电情况下,真空吸盘保证吸持管片的时间不小于20min。铁建重工企业制造标准远远高于国标及国际标准,要求在断电情况下,真空吸盘保证吸持管片的时间不小于30min且真空度大于80%。通过测试真空吸盘在断电情况可保证吸持管片的时间不小4h。如图3-1-13所示,铁建重工自主研发了移动式真空吸盘测试台,可对管片吊机及管片拼装机用真空吸盘进行性能测试,大幅提高了铁建重工真空吸盘的生产及质量保证能力,一般情况下半个月内可以生产出一套盾构机用真空吸盘。利用真空吸盘测试台对管片拼装机真空吸盘进行测试,如图3-1-14所示。

图 3-1-13　移动式真空吸盘测试台

图 3-1-14　管片拼装机真空吸盘测试

6. 结语

铁建重工是盾构机特级生产资质供应商,自2015年铁建重工制造首台大直径盾构机(8.8m土压平衡盾构机)时,就开发制造出了国产盾构机真空吸盘,到目前为止,已生产出100多台(套)真空吸盘。铁建重工突破了各种技术瓶颈,从设计、生产到检验已建立了完善的体系文件及标准,出厂合格率百分之百,是国内外产能最大、性能最优的盾构机真空吸盘生产厂家。

第 5 节　盾构机激光自动导向系统研制

中铁工程装备集团有限公司　魏晓龙

1. 引言

随着城市化进程的加速以及盾构机国产化为地铁建设大幅缩减成本,我国城市地铁建设正处于高速发展时期。为了避免盾构在掘进过程中严重偏离的重大工程事故,建立一套完善可靠的施工测量方法变得尤为重要。盾构自动导向系统旨在利用计算机技术及光电测量技术对盾构掘进进行自动化测量,为盾构掘进提供准确的导向信息,替代测量速度慢、精度低和容易出错的人工测量方法,满足地铁建设快速发展要求。国外品牌导向系统采购价格多达200万元/套以上,国内品牌导向系统价格也在100万元/套左右。导向产品附加值极大,对于竞争日益激烈的盾构掘进机市场来说,国产化进程势在必行。

2. 技术创新

中铁工程装备集团有限公司自主研制的激光导向系统(图3-1-15)在盾体姿态测量、上位机可视化管理、系统可靠集成等方面有多项创新。采用最小二乘法拟合偏差计算,能够大幅提高小转弯半径情况下偏差计算的精准度,对现有导向系统的直线拟合偏差计算效果有明显改善。提出了一种盾构掘进趋势计算方法,通过采集当前环及前后若干环的设计轴线坐标,智能分析盾构机的掘进趋势,有效帮助司机更好调整盾构姿态,以达到靠近设计轴线的目的。

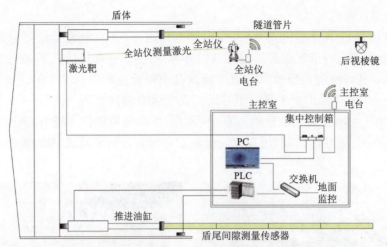

图 3-1-15　中铁装备自主导向系统构成原理示意图

3. 工程应用

据统计,目前自主导向系统订单数已超过 200 台,实际工地安装应用 160 余台,已成功精准导向出洞四十余次,工程应用示例见图 3-1-16。

 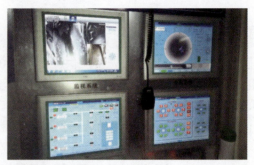

图 3-1-16　自主导向设备上实际应用布局示意图

4. 结语

截至 2019 年初,累计订单 200 余台(套),形成产业产值超过一亿元,中铁装备自主设计的盾构激光自动导向系统与国外欧美厂商相比,单台费用节省 50 万元以上,与国内厂商比每台节省 10～30 万元,直接经济效益显著,为公司节省采购成本超过 3000 万元。项目的成功实施,降低了盾构整机成本,增强了整机竞争力。借助中铁装备遍布全国的售后网络,可以做到问题及时处理,不需合作厂商协助,节省了时间成本和出差费用成本。自主研发的盾构激光自动导向系统操作简单、界面友好、运行情况良好。整体自动化程度较高,施工安全、优质、快速,环境效益显著。

第 6 节　盾构机连续带式输送机制造技术

中国铁建重工集团股份有限公司　李培

1. 引言

21 世纪是隧道及地下空间大发展的时代,铁路、公路、城市交通、水利水电工程、采矿、军工等领域对 TBM/盾构的需求逐年递增,而目前 TBM/盾构掘进过程中的渣土输送通常有两种方式,即有轨运输和连续带式输送机运输,其特点如下:

(1)有轨运输一般是指机车牵引矿车出渣,有轨运输使用灵活、维护方便、初期投入成本较低,但出渣效率低,运输组织复杂,存在严重的施工干扰及安全隐患,不能满足大坡度斜井的出渣要求。

(2)连续带式输送机具备同步延伸功能,可与TBM/盾构掘进配套使用,连续、快捷地完成隧道出渣,实现隧道工程高效、安全、环保的施工建设。与传统运输方式相比,连续带式输送机运输具备更加明显的经济技术优势,尤其对于长、大隧道的施工,连续带式输送机已经成为首选的出渣方式。

以往我国已有多个长大隧道项目采用了连续带式输送机出渣系统,均为罗宾斯、海瑞克等国外厂家设计,成本高,交货期长,随着隧道项目和地下空间工程的大力发展,亟须实现连续带式输送机国产化。

2. 关键技术突破

中国铁建重工集团股份有限公司在连续带式输送机的国产之路并非一帆风顺,由于受到国外同行的技术封锁,连续带式输送机产品的每一个部件或环节均需自身独立设计完成,技术难点众多且环环相扣。

连续带式输送机的整机设计需以TBM/盾构工程情况作为输入条件,TBM/盾构的开挖直径、掘进速度、转弯半径、隧道长度等参数决定了连续带式输送机的设计方向。铁建重工针对连续带式输送机运量计算、跑偏调控、支架结构设计等形成了一套完整研发体系,并为连续带式输送机国产化培养了一批专业技术人才,同时也带动了国内连续带式输送机制造技术的发展。其自主研发的产品具有以下特点:

(1)成功实现了连续带式输送机头部驱动、中间驱动、尾部驱动几种驱动方式运用,突破了多点驱动同步性控制技术。

(2)研发了适用于连续带式输送机的变频张紧系统,稳定控制皮带的张紧力,实现了储带仓皮带的稳定释放,防止皮带出现打滑。

(3)突破了连续带式输送机的小转弯直径转弯技术,实现了转弯半径达到300m的工地应用。通过对带式输送机转弯受力情况等进行一系列计算分析,改进带式输送机支架设计,优化皮带选型,并运用多种放跑偏措施,实现了连续带式输送机小转弯正常使用。

(4)突破了超长距离运输的业界难题,铁建重工通过一系列连续带式输送机项目的工程经验积累,分析并强化超长距离运输的设备薄弱环节,合理优化皮带、托辊和滚筒等标准件选型,目前最长输送距离达22.5 km。

(5)研发了两种连续带式输送机储带装置,水平储带仓和垂直储带仓。特别是铁建重工于2017年研制出了国产首台垂直储带连续带式输送机,达到同类产品国际先进水平。垂直储带仓的诞生给连续带式输送机在城市地铁等狭窄施工空间下的应用提供了更多可能性。

3. 工程应用

截至2019年3月,铁建重工先后完成了24台连续带式输送机的设计、制造任务,其中盾构机配套11台(套)、TBM配套13台(套),该设备广泛应用于北京、莫斯科、吉林、甘肃、湖北、新疆、浙江、广东等隧道施工项目(表3-1-1、图3-1-17);铁建重工研发生产的连续带式输送机产品在国内市场占有率稳居第一。

铁建重工连续带式输送机项目统计　　　　　　表3-1-1

序号	项目	隧道直径(m)	运量(t/h)	机长(m)	配套类别	年份
1	引淞供水工程	7.9	800	11500	TBM	2014
2	兰州水源地项目	5.5	450	14300	TBM	2015
3	鄂北引水工程	4	250	11230	TBM	2016
4	EH引水工程	5.5	400	10770	TBM	2017
5	莫斯科地铁	6.2	450	1530	盾构	2017
6	北京机场线	9.1	800	3100	盾构	2017
7	朱溪水库	4	200	17000	TBM	2018
8	淄博煤矿	6.5	650	7000	TBM	2018

注:共24个连续带式输送机项目,此处不一一列举。

a) 吉林引水

b) 新疆引水

c) 北京地铁

d) 湖北引水

e) 莫斯科地铁

图 3-1-17　铁建重工连续带式输送机现场图片

4. 结语

国产连续带式输送机的成功研制，打破了罗宾斯、海瑞克等海外巨头对我国连续带式输送机技术的垄断地位，大大降低了国内连续带式输送机的使用成本，国产化连续带式输送机比进口产品价格约减少了40%，并且生产周期从半年缩短至3个月，响应速度大大提高。

2017年，莫斯科地铁项目向铁建重工采购了4台连续带式输送机产品，与该工程所使用的铁建重工极寒盾构配套使用，目前其施工进度超过同工程的国外产品，赢得了国外市场的一致好评，这是国产连续带式输送机发展史上的重要进步。相信在不久的将来，中国制造的连续带式输送机产品会在世界各个角落遍地生根。

第7节　同步注浆泵的研制

中铁工程装备集团有限公司　李太运

1. 引言

随着国民经济的高速增长，地铁建设的快速发展，国内基础建设对盾构机的需求量越来越大。同步注浆泵是盾构机的重要组成部分，是加注水泥浆的专用设备。随着盾构机的掘进，快速、高效地将混合好的水泥浆，按设计压力注入盾体前进而空出来的间隙，从而控制地表的沉降，这就是同步注浆泵的主要功用。至今为止，国内自主设计的各型盾构机上配置的同步注浆泵全部是国外进口产品，不但整机价格昂贵，而且其采购周期较长，很多时候严重影响了盾构机整机的组装进度。

中铁工程装备集团有限公司作为国内最大的隧道装备综合服务商，迫切需要提高盾构机国产化率，降低生产成本，增强自身的竞争力。同步注浆泵是盾构机的标准配置，实现同步注浆泵的国产化生产，可以大幅提高盾构机的国产化程度，降低盾构机整机的生产成本，缩短盾构机的生产周期，有助于提高中铁装备的核心竞争力。

2. 技术创新

（1）采用流道流场分析，提升流道的耐磨能力

为了使注浆泵的输送流道更加复合流体动力学特性，减少进出浆的流动阻力，使注浆泵的流道设计达到最优化，提升注浆泵的壳体的耐磨性和使用寿命，首次采用计算流体力学（CFD）软件 Fluent 对注浆

泵的进出浆过程进行了流场优化分析。根据流场分布针对性地改善流道设计,增强流道的耐磨性和通畅性,如图 3-1-18、图 3-1-19 所示。

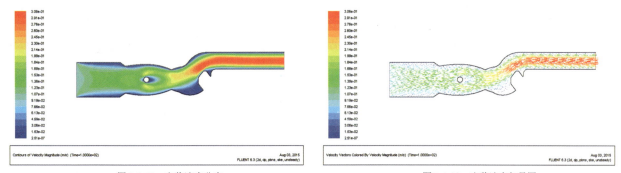

图 3-1-18　出浆速度分布　　　　　　　　　　　图 3-1-19　出浆速度矢量图

（2）新的镀层和热处理工艺,提升关键部件的性能

输送缸是注浆泵的关键部件之一,它的耐磨性的好坏直接关系着注浆泵的使用寿命。输送缸采用新的镀铬工艺,镀层致密度达 300 目 /mm^2；表面硬度达 HV900；镀层厚度达 0.25～0.32mm,以保证输送缸的耐磨性。提升阀采用低合金钢,通过特殊的热处理工艺处理后有良好的综合力学性能,低温冲击韧性也较好,可切削加工性良好,焊接性中等,满足注浆泵提升阀对耐磨及冲击韧性的要求。

（3）采用全液压逻辑控制单元,提升换向可靠性

注浆泵采用全液压控制,分为注浆主油缸控制回路和提升缸控制回路两部分。两个回路互相控制,以达到连续动作的目的。控制元件采用的都是通用元件,可替代性好,设计的阀块为整体阀块,安装简单,更换方便。

3. 工程应用

研制的同步注浆泵,已在合肥地铁 2 号线中铁上海局的中铁 156 号盾构机上成功应用,本项目位于合肥蜀山区,项目区间为玉兰大道站—天柱路站,如图 3-1-20 所示。站间距离为 1043m。隧道穿越主要地质为硬塑状黏土、中风化泥质砂岩,局部为全风化泥质砂岩、强风化泥质砂岩。该工程始于 2015 年 2 月,于 2015 年 8 月完成区间施工,并获得业主的认可。其技术指标与进口设备相同,注浆泵工作稳定可靠,输送缸、提升阀油缸、输送活塞等关键部件均完好正常。

图 3-1-20　中铁 156 号盾构机注浆泵工程应用

相对于其他型号注浆泵中容易磨损的提升阀,自制注浆泵提升阀的磨损在允许范围之内,密封正常。目前已经在国内外 50 多个项目上推广使用,使用性能良好,满足盾构施工需求。

4. 结语

中铁工程装备集团有限公司研制成功的同步注浆泵,是在充分消化吸收进口注浆泵技术特点的基础上,针对常规地铁盾构机量身定做的一种同步注浆设备。设备采用全液压控制系统,能够适应恶劣的作业环境,整机具有结构简单、工作可靠、维护方便等特点。在区间穿越重要建筑物时,良好的注浆有效防止了地表沉降,保证隧道施工的安全高效,社会效益及经济效益显著。

同步注浆泵的成功研制和广泛应用,预计年产 100 多台,节约外汇采购成本约 2000 万元 / 年。同时加速我国盾构机产品的国产化步伐,提高盾构机国产化率,降低盾构机生产成本,促进盾构机行业技术进步,带动和促进相关的液压、材料、基础件产业的发展,也标志着我国的盾构国产化水平又上了一个新台阶。

第8节 技术水平国际领先的盾构机液压油缸研制

江苏恒立液压股份有限公司 叶菁,戴亚军

1. 引言

液压油缸是盾构机的重要组成部件,其种类繁多,功能复杂。它为盾构掘进提供推力,同时提供转向的动力并抵消转向运动产生的扭矩,为各部件的连接提供重要保障。在隧道掘进过程中具有非常重要的作用,每根油缸必须保证安全可靠的运行,其性能、寿命和可靠性直接影响盾构施工进度和安全。

长期以来,盾构机液压油缸技术一直被日本和德国垄断,油缸只能靠进口。不仅采购价格昂贵,大幅度增加了盾构机生产的成本,而且交货期长,使我国盾构机制造的发展受到了严重制约。因此,我国盾构机要真正实现国产化,必须要实现盾构机液压油缸的国产化。

成立于1990年的无锡恒立液压气动有限公司,最早从事气动元件的生产,为纺织、机械行业配套气动缸。1999年涉足工程机械领域,成功开发挖掘机专用油缸。并为国内外知名的主机厂配套全套挖掘机油缸。2005年常州雪堰工厂投产,同期成立江苏恒立高压油缸有限公司。2006年江苏恒立液压股份有限公司(简称恒立公司)涉足盾构行业后,开始进行盾构机液压油缸的研发和制造。通过不断的创新和研发,解决了盾构机液压油缸设计和制造中一系列关键问题,成功研制了高质量盾构机液压油缸,并在国内外盾构机制造行业得到了广泛应用。

2. 盾构机液压油缸的研发和设计制造

1)盾构机液压油缸设计研究中需要解决的关键技术

由于盾构机液压油缸的施工环境恶劣,液压油缸在设计时需要考虑到使用工况,设计时需要考虑以下几个关键问题。

(1)油缸强度的设计:设计计算时需要考虑油缸的极限工况,包括油缸活塞杆的强度分析、缸筒强度分析、导向支撑的强度计算、活塞强度的计算以及油缸受力情况的模拟。

(2)油缸密封结构的设计:盾构机油缸种类繁多,不同的油缸的使用工况不一致,使用环境也不同。密封结构的设计需要根据不同的油缸设计不同的密封结构,特别是主密封和防尘圈的选择。

(3)油缸结构形式设计:针对不同种类的盾构机,盾构油缸采用最佳的结构形式,满足不同的盾体需求。

(4)油缸内部的间隙设计:包括零件公差尺寸的控制、间隙配合、零件主要参数的优化。

2)盾构机液压油缸设计制造技术研发

(1)通过多次试验改善热处理工艺,提高了盾构机液压油缸材料的力学性能、耐磨性(硬度)及温度变形性能。油缸成品有关力学性能和耐磨性(硬度)实测数值见表3-1-2。

油缸成品有关力学性能和耐磨性(硬度)实测数值 表3-1-2

取样位置	屈服强度(MPa)	抗拉强度(MPa)	断后伸长率(%)	断面收缩率(%)
表面	758	907	19.0	68
$\frac{1}{2}R$	581	766	20.5	58
中心	569	774	20.5	55

梯度硬度测量具体如下。

①测定部位:从表面间隔5mm测至5mm,间隔10mm测到心部。

②测定仪器:320HBS-3000数显布氏硬度计。

③检验结果(表3-1-3)。

硬 度 值																|表 3-1-3
距表面位置(mm)	2	5	7	10	15	20	25	30	35	40	45	50	60	70	80	90	100	110	120	130
硬度值(HB)	285	277	276	268	262	247	266	244	232	234	243	231	238	228	236	234	226	231	232	231

（2）在研发设计过程中，投入大量的人力、物力进行材料和工艺的优化试验，同时对油缸进行仿真模拟。考虑到油缸受力情况的复杂性，投入模拟偏载实验台，以模拟油缸的运行速度以及偏载力，对油缸进行负载试验。试验时固定油缸，在活塞杆前端增加侧向力，侧向力的大小取决于油缸所受偏载的大小。油缸模拟偏载试验台如图 3-1-21 所示。

图 3-1-21　油缸模拟偏载试验台

（3）为满足盾构掘进时恶劣工况对液压油缸的严格要求，根据不同液压油缸开发配套不同的密封结构，并在场内模拟工况进行验证，克服了部分液压油缸泡水、泥水污染、高偏载、高振动等复杂工况下对液压油缸性能的影响。

油缸密封示意图如图 3-1-22 所示。

图 3-1-22　油缸密封示意图

（4）为控制盾构机液压油缸中一些零部件的尺寸精度，采取了一些特殊的工艺技术措施，包括使用高精度数控机床进行加工，利用三轴坐标测量仪对产品的尺寸、形位公差进行严格测量，不允许超差零部件进入油缸的装配。图 3-1-23 为油缸缸体成品实物图。

3. 盾构机液压油缸的应用

恒立公司盾构机液压油缸研制成功后，很快以其质量优势得到了盾构机生产企业的认可。除国内盾构机生产市场外，还成功出口到日本、欧洲、美国等。尤其是 2014—2018 年，恒立公司制造的盾构机液压油缸销售量逐年快速增长，5 年内为国内外 1300 余台盾构机生产配套液压油缸，配套的

图 3-1-23　油缸缸体成品实物图

盾构机直径从 2.84m 到 17.45m。目前，恒立公司生产的盾构机液压油缸已占国内盾构机制造配套液压油缸市场份额的 85% 以上，国外市场占有率已超过 65%。恒立公司所生产的液压油缸尤其是盾构机液压油缸已经成为名副其实的国际知名品牌。

4. 高端智能化是盾构机液压油缸未来发展方向

为适应国内外盾构工程科技进步，恒立公司对盾构液压油缸的研发将进一步向高端智能油缸的方向发展，围绕"中国制造 2025"规划，在智能油缸的设计、制造及检测等方面不断创新和发展，使盾构液压油缸的整体品质和智能化水平不断提升，使我国盾构机液压油缸的质量始终保持在世界领先水平。

第 9 节　盾构机主驱动密封件的研制与应用

优泰科（苏州）密封技术有限公司　夏利民，王迎光

1. 引言

盾构机主驱动密封件是盾构机核心部件之一。由于盾构施工地下施工环境十分恶劣，主驱动密封件的质量将直接影响盾构机的使用寿命和盾构施工质量安全。近几年来，我国国产盾构机的研发和生产得到了令世界瞩目的发展，但盾构机主驱动密封件等一些关键零部件还没有实现国产化或国产化率极低。由于盾构机主驱动对密封技术性能的苛刻要求，主驱动密封件长期以来一直被国外品牌所垄断。

为了打破盾构机主驱动密封件国外品牌的垄断，贯彻《国务院关于加快培育和发展战略性新兴产业的决定》（国发〔2010〕32 号）以及《"十三五"国家战略性新兴产业发展规划》中关于促进高端装备突破关键技术与核心部件的要求，掌握具有自主知识产权的核心技术，实现包括盾构机主驱动密封在内的盾构机关键零部件国产化，为盾构制造技术进步保驾护航，研发国产化盾构机主驱动密封件已是当务之急。

我公司利用多年来在机械设备密封产品生产和科研方面的丰富经验及技术积累，对盾构机主驱动密封进行研发和生产，取得了可喜的进展。

2. 研发盾构机主驱动密封件需要解决的关键技术问题

研发盾构机主驱动密封需要解决以下两大关键技术问题：

（1）盾构机主驱动密封加工工艺技术问题

目前盾构机的开挖直径大多都在 6～18m，主驱动密封件直径在 3～15m，同时密封件的截面尺寸也比较大。大直径和大截面都给密封件的加工工艺带来了很大困难。传统的密封件加工工艺已无法满足盾构机主驱动密封产品的生产要求，需要开发新的密封件加工工艺技术，来适应盾构主驱动密封的生产要求。

（2）密封产品的材质问题

因为盾构施工过程中，处于地下或者掘进环境中，主驱动密封无法更换，使盾构机对主驱动密封系统的稳定性和使用寿命要求十分苛刻。因此盾构机主驱动密封产品对于密封材料的硬度、压缩永久变形、抗拉强度、伸长率、抗撕裂等性能指标的要求都很严格。由于主驱动密封轴向尺寸和径向尺寸都比较大，温度变化带来的热胀冷缩尺寸（线性膨胀系数）的控制十分重要。

3. 解决两大关键问题的技术研发

1）用连续浇注工艺技术解决大尺寸密封产品的生产问题

传统的密封件生产工艺是模具成型加工技术，一般密封件的直径大都在 1000mm 以内。如果用模具成型加工技术生产直径 3000mm 盾构机主驱动直径超大尺寸密封，除了需要考虑昂贵的模具费用，还要考虑超大模具的设计加工。如果采用无模具车削加工工艺进行超大尺寸的盾构主驱动密封生产，同样需要考虑到密封筒料生产、大尺寸车削设备、密封产品的尺寸公差、外观光洁度等。

针对盾构机主驱动密封件的特点，优泰科（苏州）密封技术有限公司（简称优泰科）研制开发的连续浇注生产工艺较好地解决了上述难题。这项工艺技术突破了大尺寸大截面密封生产限制，从理论上可以加工包括盾构机主驱动密封产品这样轴向及径向均无限制尺寸的密封件产品。现在我公司利用这项技术生产的盾构机主驱动密封件，不仅尺寸精确度高（精确度可以达到甚至超过国外同类产品），而且生产成本比传统的模具或无模具车削加工工艺低，生产的盾构机主驱动密封件尺寸越大，生产成本降低越多。

2）对盾构机主驱动密封件用聚氨酯材料的改性和优化

目前一般用于大型机械设备中重要密封材料大多数为聚氨酯材料。但一般的聚氨酯材料不少性能都达不到盾构机主驱动密封件材料对材质的要求。我公司利用在聚氨酯行业的丰富经验，通过不断研究和实践，大幅提高、优化了盾构机主驱动密封材料各种性能对盾构机主驱动密封件材料的适应性。目前研发的盾构主驱动密封材料的强度、硬度、耐磨性、抗撕裂性能及线膨胀系数等性能已均能够达到国外同类产品（表 3-1-4 和表 3-1-5）。

盾构主驱动密封件材料有关性能参数及与国外同类产品性能参数比较表　　表 3-1-4

基础物性	单　位	国外竞争对手标准	国外竞争对手实测值	UTEC 实测值
硬度	shA	90±3	90	91
压缩永久变形（70℃，24h）	%	≤40%	34	24
抗拉强度	MPa	≥31.4	40	41
抗拉强度（接缝处）	MPa	≥19.6	—	25
伸长率	%	≥380	420	420
伸长率（接缝处）	%	≥280	—	320
抗撕裂强度	kN/m	≥70	70	83

注：工作温度在 -20～80℃。

盾构机主驱动密封件聚氨酯材料在不同温度区间线膨胀系数的测定　　表 3-1-5

温度区间（℃）	检测方法与标准	数　值（1/℃）
-20～5	ISO11359-1：2014 和 ISO 11359-2：1999	1.99×10^{-4}
0～40	ISO11359-1：2014 和 ISO 11359-2：1999	2.07×10^{-4}
40～25	ISO11359-1：2014 和 ISO 11359-2：1999	2.18×10^{-4}
25～0	ISO11359-1：2014 和 ISO 11359-2：1999	2.11×10^{-4}
0～20	ISO11359-1：2014 和 ISO 11359-2：1999	1.99×10^{-4}

注：表内第 2 行和第 3 行代表温升区间；其余为温降区间。

3）自主研发相关测试和试验设备，强化对盾构机主驱动密封件各项性能的测试

为了保证每一件盾构机主驱动密封件的质量，优泰科还自主研发了对盾构机主驱动密封模拟在盾构机运行工况条件下有关性能测试的相关设备，如盾构机主驱动密封线压试验台、盾构主驱动密封耐压可视试验台等。通过模拟盾构机工况来检验盾构主驱动密封在特定工况条件下的性能，以适应盾构机运行工况对主驱动密封件的性能要求。

（1）检测和控制密封件的线压随着压缩量的变化量，确定盾构机主驱动密封件合理的压缩量设计。

（2）检测和控制密封件在不同压缩量下的承压能力，确保密封件的压缩量设定能满足盾构机运行工况要求。

盾构机主驱动密封件线压试验台照片及测试原理图分别见图 3-1-24 和图 3-1-25。

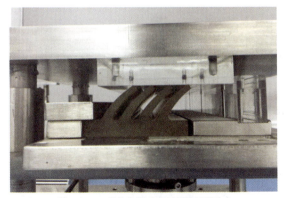

图 3-1-24　盾构主驱动密封件线压试验台

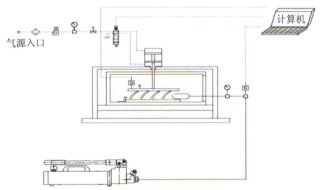

图 3-1-25　盾构机主驱动密封件线压测试原理图

(3)检测盾构机主驱动密封件耐压极限

为了检验盾构主驱动密封件在特定工况条件下材料的使用寿命,我们设计了一台模拟盾构机在工作时接触不同的介质、特定的转速和润滑条件下,主驱动密封的正向承压极限和反向承压极限,并通过各类传感器进行数据采集和分析。这项测试除可以结合有限元分析,通过试验台模拟,优化设计密封件的形态外,还可以以此准确确定注脂压力,有效配合施工,节约用脂成本。

盾构主驱动密封件耐压可视试验台实物图和工作示意图分别如图3-1-26及图3-1-27所示,图3-1-28为测试数据屏幕显示图。

图3-1-26 盾构主驱动密封件耐压可视试验台实物图

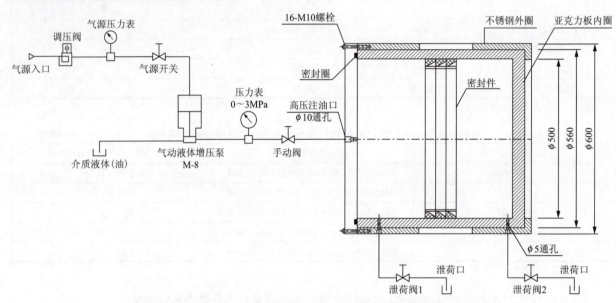

图3-1-27 盾构主驱动密封耐压可视试验台工作示意图

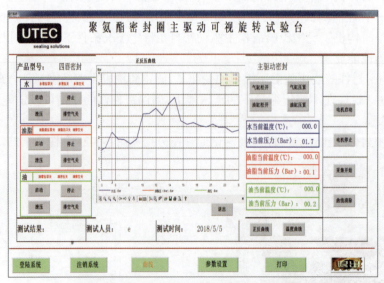

图3-1-28 盾构主驱动密封件耐压可视试验台测试数据屏幕显示图

4. 优泰科盾构主驱动密封件的应用及实际应用案例

通过我公司科研人员和工程技术人员的研发和大量的试验,优泰科生产的盾构机主驱动密封件各项质量和性能指标已达到国外同类产品的指标。自2017年开始至今,产品得到了中铁装备、铁建重工、中交天和、北方重工、三三工业等盾构机生产厂家和中铁一局、中铁四局等盾构机使用单位的认可和应用。目前在施项目二十余台(套),分布在国内外十几个地区。

以下是中交天和生产的盾构机应用优泰科主驱动密封件的具体案例。

这台盾构机是中交天和生产的6m级盾构机,用于杭州至临安城际铁路工程中铁隧道局集团施工的SGHL-10标段凤新路—绿汀路站区间左线盾构区间的隧道掘进。该盾构区间长度约2000m,土层地质为中风化岩层,上软下硬。2019年5月盾构掘进顺利洞通。2019年8月,这台盾构机在中交天和现场进行拆解,拆解后由中交天和与优泰科的相关技术人员对主驱动密封耐磨圈(跑道)和主驱动密封的磨损情况进行了详细的检测和评估。检测和评估发现,主驱动密封耐磨圈(跑道)磨损轻微,主驱动密封基本没有磨损,主驱动密封形态良好,具体磨损情况如图3-1-29～图3-1-32所示;检测部位及测得各部位的磨损量分别见图3-1-33、表3-1-6。

图3-1-29　主驱动端面外密封及耐磨圈(跑道)磨损状况

图3-1-30　主驱动端面内密封及耐磨圈(跑道)磨损状况

图3-1-31　主驱动径向外密封及耐磨圈(跑道)磨损状况

图 3-1-32 主驱动径向内密封及耐磨圈(跑道)磨损状况

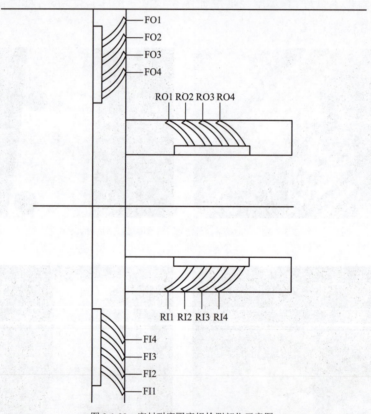

图 3-1-33 密封耐磨圈磨损检测部位示意图

耐磨圈(跑道)磨损量检测数据　　　　　　　表 3-1-6

耐磨圈(跑道)	FO1	FO2	FO3	FO4	FI1	FI2	FI3	FI4	RO1	RO2	RO3	RO4	RI1	RI2	RI3	RI4
耐磨圈(跑道)磨损量(mm)	3.6	0.3	0.2	0.2	1.4	0.1	0.1	0.1	0.1	0.1	0.1	0.1	0.1	0.1	0.1	0.1

5. 结语

这次检测评估结果表明：优泰科自主研发生产的盾构主驱动密封件有关性能指标，完全达到了国外同类产品，部分指标性能甚至超过了国外同类产品。优泰科（苏州）密封技术有限公司在盾构密封行业中多年来的探索、研究经受了市场的考验，得到了市场的充分认可。

在盾构主驱动密封件国产化的道路上，还有很长的路要走，特别是大直径、超大直径盾构机的主驱动密封技术，技术难度更大。优泰科（苏州）密封技术有限公司将矢志不移，始终坚持专心、专注、专业、钻研的科学态度，致力突破密封技术瓶颈，助力中国盾构制造，服务中国盾构工程行业。

第 2 章　盾构机辅助系统技术

第 1 节　盾构机主轴承润滑系统在线监测技术研究

广州机械科学研究院　贺石中，钟龙风

1. 引言

油液监测技术于 20 世纪 40 年代面世，随着科学技术的发展，各式在线式传感器技术的逐步成熟，油液在线检测技术正在逐步替代油液离线监测技术，成为油液监测技术的主要研究方向和发展趋势。

（1）国外在线监测发展情况

国外，1940 年磨粒分析技术被应用于故障检测，在航空发动机和液压系统油液循环系统的回油管路过滤器或安装磁塞，监测到金属颗粒的存在，由此提供了一种对设备内部摩擦副的磨损和预测故障发生的可视化证据。1941 年，美国铁路行业的 Denver Rio Grande 和 Westen Railroad 公司首次采用光谱分析方法，检测在用内燃机车润滑油中的磨粒元素种类和含量。1956 年，美国海军将该类方法应用到海军设备监测中，随后迅速被其他军队和工厂使用，并传播到欧洲各国。从此以后，该技术被美国大部分公司及其他西方国家均相继采用，逐渐从军工企业发展到汽车和其他运输业。20 世纪 70 年代初，美国麻省理工学院 W.W.Seifert 和 Foxboro 公司的 V.C.Westcott 仔细研究了机器润滑油中的微粒，提出了铁谱技术的原理并研制了第一台铁谱仪器。铁谱技术的研发成功，为机械磨损监测诊断和磨损机理的研究开辟了一个以润滑介质中磨损微粒为分析对象的研究和应用的新领域。油液监测中的磨粒分析方法由于铁谱技术出现得到了很大发展，产生了"微粒摩擦学"的概念。20 世纪 80 年代以后，随着油液监测理论基础和技术方法的不断发展和完善，以及计算机、图像识别技术和信号处理技术的发展，出现了针对不同应用领域的磨粒分析方法，有使用于不同场合的直读铁谱仪、旋转铁谱仪、分析铁谱仪以及各种在线磨粒监测仪，油液监测技术的发展使磨粒分析技术的发展跨入了新的阶段。1987 年美国国防部委托陆军油液分析中心（AOAP）进行一项内容为铁谱技术能否作为一种油液监测辅助手段的评估，在得到肯定的结果以后，油液监测技术的手段开始向多样化转变，监测对象也开始扩大。实践表明，油液监测技术特别对内燃机、航空发动机、液压系统和带封闭润滑系统的设备等有不可替代的作用。20 世纪 90 年代，气相色谱和质谱仪也被用于润滑油的组分变化测定，油液检测技术朝着在线与离线并举、多种方法集成的方向发展。进入 21 世纪以后，油液监测技术各种监测方法的成熟化使得监测设备体积逐渐缩小，测试周期逐渐缩短，采样、检测和分析几乎同步完成，为油液的在线监测技术的发展提供了有利条件。油液在线监测技术核心为在线监测传感器的研发，国外在线监测传感器技术相对成熟，如美国 MACOM Technologies 公司开发的 TechAlertTMl0 型磨粒传感器，加拿大 Gas Tops 公司开发的 Metal SCAN 磨粒传感器，美国 Cambridge Viscosity 公司生产的多款在线式工业用黏度传感器，美国精量 MEAS 推出的新型油液在线监测黏度传感器 FPS2800B12C4，美国迪沃森公司开发的 EASZ-1 型在线水分监测传感器，Lubrigard 公司开发的油质在线监测传感器，Foster-Miller 公司的油液状态监测器等。随着科学技术的发展，研制用于设备油液在线监测与故障诊断的新仪器不断获得成功，使得油液在线监测技术得到不断完善与发展。

（2）国内在线监测发展阶段

在国内，油液监测技术发展较晚，于 20 世纪 70 年代末引进我国，80 年代初在国内各工业部门开始推行油液监测技术和管理措施，在机械、煤炭、石化、医学、冶金、交通、航空等部门开展了油液污染监测技术的研究，并取得一定成果。1986 年 10 月于广州召开了第一届全国铁谱技术学术交流会，这次会议为我国油液监测技术的发展起到了一定的促进作用。为与国际接轨,适应国际化的需要,1999年在广州召开的第五届全国铁谱技术会议上,将铁谱技术委员会更名为油液监测委员会。迄今为止,每一届会议都有论文集出版,记录了国内油液监测技术的发展历程及我国在油液监测技术领域内取得的各项科研成果。从20世纪80年代初到90年代初我国油液监测技术发展迅速,但检测手段单一,大部分集中在铁谱分析技术的研究上。21世纪到来以后,我国油液监测技术的研究有了长足的发展,不再是单一的铁谱分析技术,在多种油液检测技术方面进行了大量的研究,并取得了阶段性进展。近年来国内的油液监测技术也逐步由离线式转变为在线监测,并在油液在线监测技术领域获得了很多成果。临沂师范学院的孟庆民等人在分析了油液污染产生的原因及其对机械设备危害的基础上,利用油液中悬浮颗粒对光线的吸收,结合光纤传感系统的优点设计了油液光纤监测系统。武汉理工大学的贺嘉聪等针对设备润滑磨损监控开发的油液在线监测系统由上位机和下位机组成,采用以太网技术实现通信;北京化工大学的徐雅龙等研制了一套基于CAN总线的润滑油品质监测系统,该系统通过CAN总线组网,能够同时监测多处润滑油的品质变化,实时采集被测油品的黏度、密度、介电常数和温度参数,并进行初步诊断。

(3)广州机械院在线监测发展

广州机械科学研究院联合西安交通大学、武汉理工大学,是最早一批开始油液在线监测相关技术研发的科研院所。拥有在线油液监测方面的论文10篇,专利21项;在中海油海上钻井平台、中石化广州石化的设备监测应用中,成功预防故障,避免了事故的发生;同时能结合在线和离线数据进行专家诊断分析,时刻关注在线监测数据的存储与积累,一旦出现报警提示后,取油样到实验室进行更精确的分析确诊。因此在线油液监测提供了一种非常及时、有效、可靠的故障早期监测预警手段。与此同时,报警后,有必要提醒工艺人员综合振动、温度等其他机械参数进行综合分析,判断设备运行状态;同时,系统采用积木式模块化数据采集,支持有线以太网、RS485、无线网、4G传输等。

2.在线智能监控系统

1)油液监测的意义

机械设备80%的隐患来自润滑,磨损故障是大型设备失效的主要原因。润滑油是机械设备的"血液",它在机械设备中起着密封、润滑、减磨、冷却、清洗、减振和防腐等重要作用,润滑油污染物包括有:磨损颗粒、腐蚀产物,还有润滑油和添加剂,在一定程度上无一不与机械设备的使用状态相关联,同时作为一种载体,在用润滑油中蕴藏着丰富的来自机器的运动副表面摩擦学状态信息。对其性能及所携带的磨损产物的分析,可有效评价机械的磨损状态。检测油液指标就如同给机械设备"抽血"化验,用最科学、最直观的数据帮助工作人员及早发现某些故障信号,从而及时维护,避免故障发生,延长设备使用寿命。

盾构机现行的运行维保方案是在每完成一个工段后,对其进行全面拆机检查,在确保主轴承没有任何问题之后,再投入到下一个工段的施工中。该方案可以确保盾构机异常停机故障的发生,但是会随之产生巨额的拆机和维修费用,并造成下一标段工期的延误。对于机械设备来说,异常故障的产生,绝大多数是早期的润滑不良和异常磨损造成的。因此,盾构主轴承润滑系统的油液监测意义非常重大。

2)在线油液监测优势

传统离线方法检测周期长,不能及时反映设备的运行状况;另外,测试过程中污染侵入环节较多,对采集的油样处理会造成大量的信息损失和对试验操作员个人的经验和水平依赖比较大等问题,不利于机械系统故障的早期诊断和预防,不能及时发现设备的实时故障,而采用在线检测则可以克服以上问题。

润滑在线监控是指在系统或设备在不停止工作的情况下,通过系统或设备的在线传感器对在用油的理化性能参数进行连续不间断的原位监测,根据所监测的润滑油的参数常变化来判定或预测系统(或设备)的运行工况和状态,诊断系统或设备的异常部件,为开展针对性维护和修理提供依据,从而及时有效避免事故发生的一门监测技术。

由于在线监控技术是将传感器(或传感探头)直接安装在系统管路或油箱上,在系统工作过程中可以随时进行检测,省略了烦琐的操作程序,避免了外界的附加污染,因而检测速度快,成本低,测量结果更能代表系统油液的真实污染状况,为及时根据油液的污染程度,采取相应的控制、净化措施及实施按质换油提供依据。润滑在线监控消除了人为不确定性因素,取样和检测几乎同时进行,并能及时为企业提供设备的工作状态。

3)测试架构及原理

仪器硬件架构如图3-2-1所示。

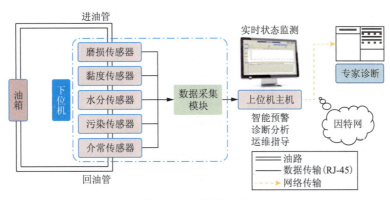

图3-2-1 仪器硬件架构图

检测参数介绍如下。

(1)油品黏度:采用流体振动传感技术,实时监测透平油黏度变化。油品黏度过大,流动性变差,易发热;黏度过小,油膜易破坏,轴瓦磨损。

(2)微量水分:采用高分子薄膜电容传感技术,实时监测透平油水分变化。油箱因呼吸作用或管路密封失效,透平油易受到水分污染,造成油品乳化、氧化化,影响轴承油膜建立,造成系统锈蚀。

(3)油液污染:采用光学颗粒计数技术,实时监测在用油中污染颗粒的浓度。颗粒污染易导致透平机轴颈和轴瓦承载表面划痕与磨损,引起调速系统阀芯阀套摩擦,导致调节动作迟缓。

(4)磨损颗粒:采用磨粒探测技术,实时监测柴油机油中的金属磨损颗粒变化,及时发现异常磨损隐患,避免灾难性故障。

3. 在线监测的行业应用案例

1)透平机组油液在线监测

透平机组的油液在线监测运行典型案例:三峡水电站5号机组、19号机组的油液在线监测,中海油惠州炼化大型烟机油液在线监测,辽宁湾湾川水电站油液在线监测等。

(1)三峡水电厂5号机组、19号机组的油液在线监测实现功能如下:仪器安装位于水轮机组风洞内下机架外壁,它实现推导油槽在用油液的黏度、水分、污染度、温度、大磨损颗粒数、小磨损颗粒数、磨损颗粒;油膜厚度、螺栓受力等多参数的集成式实时在线检测。

(2)中海油惠州炼化大型烟机油液在线监测实现功能如下:实现烟机在用油液的黏度、水分、污染度、温度、大磨损颗粒数、小磨损颗粒数、磨损颗粒等多数的集成式实时在线检测。

2)液压系统油液在线监测

液压系统油液在线监测运行案例:国投新疆罗布泊钾盐有限责任公司(图3-2-2)的采盐船液压站,北京中海和电子科技有限公司无锡某基地液压站,新疆伽师县铜辉矿业有限责任公司浓密机液压站、球磨机、摩擦提升机、卷扬机液压站、浓密机齿轮传动、卷扬机齿轮传动、破碎机的在线监测。

实现了混合井1台、2号竖井2台、选矿中心4台在线监测仪的安装及应用,7台在线监测仪与选矿中心服务器、调度中心监测终端分属于4个不同网段,用网闸和防火墙隔离,检测系统布局如图3-2-3所示。

一级界面主要显示仪器状态:运行、停止、故障(传感器组中任一传感器故障);二级界面具有实时数据、实时曲线、实时故障、实时报表不断更新的功能。

图 3-2-2　新疆罗布泊钾盐有限责任公司布局图

图 3-2-3　检测系统布局

3)齿轮传动系统油液在线监测

齿轮传动系统油液在线监测运行典型案例:高安红狮水泥有限公司、安阳中联海皇水泥有限公司,以及湛江洋前风电场、山西太岳山风电场等。

山西太岳山风电场实现风机齿轮传动系统在用油液的黏度、水分、温度、大磨粒浓度、小磨粒浓度等多参数的集成式实时在线检测。

4)发动机系统油液在线监测

发动机系统油液在线监测运行典型案例:中海油西江302平台柴油机组,秦皇岛32-6油轮柴油机组,国防工业特种船舶发动机组,东海、南海、北海搜救船发动机组在线监测等。

中海油西江 302 平台柴油机组实现二、三公司齿轮传动系统在用油液的黏度、水分、温度、大磨损颗粒数、小磨损颗粒数等多数的集成式实时在线检测。

4. 盾构机在线油液监测

（1）设备信息表及监测指标

设备信息见表 3-2-1。

设备信息表　　　　　　　　　　　　　　　　　表 3-2-1

项目	内容	项目	内容
设备名称	盾构机主驱动轴承	润滑油温度（℃）	55
安装位置	A 盾构车间盾构机主驱动前盾右下处	润滑油型号	壳牌 320 齿轮油
润滑系统	轴承润滑系统	现场温度（℃）	0～40

（2）整体布局规划图

盾构机主驱动轴承油液在线监测设备安装规划如图 3-2-4 所示。

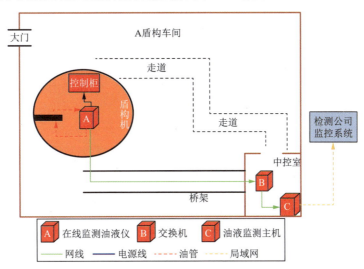

图 3-2-4　盾构机主驱动轴承油液在线监测设备安装规划图

（3）设备安装位置

①盾构机主驱动轴承油液在线监测仪下位机安装固定

在盾构机前盾右下处焊接一个横梁，然后钻 4 个 $\phi 10mm$ 的孔，再通过 4 个 M10 螺栓将油液在线监测设备固定在横梁上，安装如图 3-2-5 所示。

②盾构机主驱动轴承油液在线监测仪电源位置

在如图 3-2-6 所示盾构机 SRC 控制柜中取 24V 电源，用于在线油液监测仪下位机的供电，在控制柜的导轨上加装空气开关来控制供电。

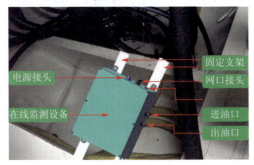

图 3-2-5　盾构机主驱动轴承油液在线监测仪下位机安装位置

图 3-2-6　盾构机主驱动轴承油液在线监测仪下位机电源位置

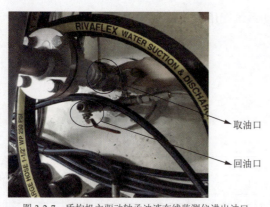

图 3-2-7 盾构机主驱动轴承油液在线监测仪进出油口

③盾构机主驱动轴承油液在线监测仪下位机进出油口位置

a. 取油口：如图 3-2-7 所示，在取油口所指位置加接一个 2 英寸的三通，然后配上一个球阀和一个转接头，最后通过 FC687 两层钢丝高压油管连接到油液在线监测设备进油口。

b. 回油口：如图 3-2-7 所示，在回油口所指球阀处重新接上一个 0.5 英寸的三通，在三通的另一端加上一个转接头，最后通过 FC687 两层钢丝高压油管连接到油液在线监测设备出油口。

（4）通信方案

考虑到设备数据传输的安全性与稳定性，设备数据使用网线方式进行传输。

从现场的油液在线监测设备铺设一条网线，经过车间的桥架到中控室油液在线监测计算机主机，油液在线监测设备采集的数据通过网线有线传输到油液在线监测设备的主机上，通过油液在线 GJS 监测软件可实现对油液重要指标数据的实时监控，油液实时数据也可实现在公司局域网内共享。

（5）现场安装情况

下位机单元主要由油液在线采集系统、电源系统、控制板系统组成，完成在线监测的数据采集。

油路循环单元主要由取油口、取油管道、进油口、内部油路管道、出油口、回油管道、回油口组成，完成油液的循环流动，实现对油液的实时采集。

通信单元主要由电源线、信号线组成，完成在线监测系统的数据传输。

上位机单元主要由工控机、显示器、专家诊断组成，工控机对采集到的数据进行实时分析，一端通过显示器的数据客户端直观展现出实时数据，另一端可通过网络传递给专家诊断中心，进行更详细、专业的分析。

软件名称：在线油液监测与故障诊断系统。

功能：软件系统实时数据监测、历史数据报表查询与导出、历史数据趋势分析、故障报警、智能诊断、维护措施。

现场安装情况如图 3-2-8 所示。

图 3-2-8 现场安装情况

5. 结语

油液监测分为在线监测和离线监测两种方式，根据在线监测和离线监测的结果进行综合分析，大部分情况下，磨粒都是来自设备相关部件的磨损，但是不排除系统管路中沉积的残留颗粒被冲洗到润滑油中这种偶发性的因素，对此，若在线监测报警时，一方面建议进行跟踪，关注颗粒浓度变化趋势，如果只是短时间内上升，后又趋于平稳，那可能源于沉积颗粒的污染；如果在一段时间内持续上升，且温度也出现异常，则很可能出现异常磨损。

在线监测对磨粒的大尺寸的颗粒较为敏感,尽管在检测精度上和离线监测尚有一定的差距,但其反映的是设备的实时状况,这是离线监测所不能达到的。对此,如在线监测出现连续报警,可以立即取样进行全方位的离线分析,综合判断设备是否存在异常。

第2节 盾构泥浆处理新技术

三川德青工程机械有限公司 甘虎

1. 引言

盾构技术是在地面下暗挖隧洞的一种施工方法。它使用盾构机在地下掘进,在防止软基开挖面崩塌或保持开挖面稳定的同时,在机内安全地进行隧洞的开挖和衬砌作业。使用盾构技术进行隧洞施工具有自动化程度高、节省人力、施工速度快、一次成洞、不受气候影响,被广泛运用于隧道、地铁等工程施工。

按照盾构掘进过程中开挖面稳定的原理分类,主要分为土压式盾构与泥水加压平衡盾构。泥水加压平衡盾构多用于地下水较多、地质条件复杂的隧洞暗挖工况。泥水平衡盾构机通过这种泥水加压平衡模式不仅能有效使用泥浆稳定开挖面地层,而且在防止塌方的同时,通过泥水形成的屏蔽有效防止涌水,通过同步注浆可以很好控制地表下沉,避免发生管片渗漏,从而能够保证地表环境、地面建筑物不受隧道施工的影响。其中泥浆的主要作用如下:

①便于将盾构机前段刀盘切削下来的土砂通过泥浆管道输送至地面泥水处理场进行泥水分离处理。
②能有效抑制地层下的地下水喷出及突涌。
③在开挖掌子面形成泥膜或渗透壁,防止塌方。
④优质泥浆对刀盘、刀头等掘削设备有冷却和润滑作用。

2. 盾构泥浆处理技术简介

1)三川德青盾构泥浆处理系统功能描述

三川德青盾构泥浆处理系统由泥水分离系统、制、调浆系统、废浆处理系统和控制系统构成,流程如图3-2-9所示。

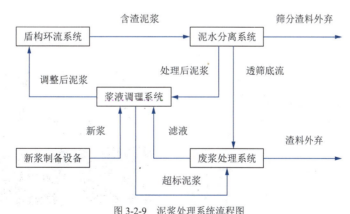

图3-2-9 泥浆处理系统流程图

(1)泥水分离系统
①预筛分单元
预筛处理能力留有富余量,可有效预防孔底堵管时流量的瞬间增大,峰值处理量可达1300m³/h,预筛结构如图3-2-10所示,预筛出渣效果如图3-2-11所示;筛板采用独特张拉方式,产生的二次振动

可有效防止堵筛、糊筛现象,对黏土块、砾砂—浆液分离有显著效果,不易堵塞网孔的情况;高频振动,-14°~-20°坡角可调;选用美国技术、意大利工艺制造的振动电机,工作噪声低,激振力无极可调;采用进口 SKF 轴承、防护等级为 IP65,适应野外等恶劣环境工作,使用寿命长。

图 3-2-10　预筛　　　　　　　　　　图 3-2-11　预筛出渣效果

②脱水筛单元

运用高频振动,0~+3°坡角可调、可变频、脱水性能佳,脱水筛结构如图 3-2-12 所示,泥层、砂层脱水效果如图 3-2-13、图 3-2-14 所示;采用进口 PU 材料耐磨筛板,具有自洁功能,筛分效率高;出渣含水率≤25%,可直接运输;运用美国技术、意大利工艺生产的振动电机,适应恶劣环境,使用寿命长;根据掘进地层不同,可匹配不同规格且具有互换性的筛板。

图 3-2-12　脱水筛　　　　　　图 3-2-13　泥层脱水效果　　　　　　图 3-2-14　砂层脱水效果

③一、二级旋流器单元

ϕ500 一级变锥角旋流器如图 3-2-15 所示,单台处理能力为 250~340m³/h,分离切点 D_{50} 在 50~63μm,内衬采用特殊耐磨橡胶制成,耐磨损使用寿命长。

ϕ100 二级变锥角旋流器如图 3-2-16 所示,旋流器采用独特变锥角设计,处理能力大,分离精度高,分离切点 D_{50} 在 15~20μm,整体采用特殊耐磨橡胶制成,耐磨损使用寿命长,当旋流器内的浆液密度为 1.80~2.20g/cm³ 时,底流密度可达 1.50~1.80g/cm³。

图 3-2-15　一级旋流器组　　　　　　图 3-2-16　二级旋流器组

④真空调节装置

真空调节装置随给矿浓度、给矿压力的变化而变化,使底流浓度恒定,提高分级效率,虹吸作用使出口压力比普通旋流器小,进口压力小,从而降低能耗。真空调节装置原理如图 3-2-17 所示。

（2）制、调浆系统

制、调浆系统是根据盾构掘进机的要求,通过系统中的泵、阀的配合切换,对泥浆的各项指标进行调整,并可实现其他辅助功能,功能描述如图 3-2-18 所示。其中,制浆单元可以根据需要制备新鲜的膨润土泥浆和化学泥浆以备用,调浆单元通过集中控制系统对泥浆的液位、流量、密度和流向予以监测及调整。

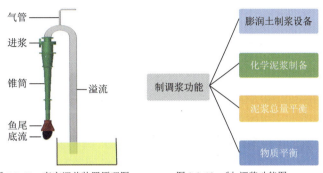

图 3-2-17　真空调节装置原理图　　　图 3-2-18　制、调浆功能图

全自动制浆系统:解决了人工劳动强度大,制浆精准度差等问题。目前该技术广泛应用于国外项目,如图 3-2-19 所示。随着国内人力成本的上升,全自动制浆技术将成为未来发展趋势。

a) 马来西亚地铁 2 号线全自动制浆系统　　　b) 新加坡 P5 项目全自动制浆系统

图 3-2-19　项目应用

调浆系统构成:调浆系统由不同功用的浆池、泵及其管路、搅拌器、手动阀门、电动阀门、液位系统等构成。运用电动阀门来控制调浆系统泵的输送流向,并应用 PLC 控制,在工控机上完成阀门的开启、关闭操作,各阀门还可本地操作。通过减少手动阀门的数量来达到减少人工的目的。

（3）废浆处理系统

盾构机通过黏土地层掘进时,由于泥浆黏度较高、其中的细颗粒较多,旋流器的分离指标会下降。经二级分离设备处理后的泥浆中细微的黏土颗粒逐渐富集,如果不及时予以去除,则引起泥浆的密度和黏度上升,直接降低泥浆的携渣能力及环流系统的泵送能力,进而降低了盾构机的掘进效率。

因此,最为重要的就是控制进泥泥浆的密度,使其在某个地层掘进时保持相对稳定,而不是等到整个循环泥浆密度恶化、环流泵超负荷、盾构机扭矩过大推不动时,才不得不用清水置换,以避免泥浆循环体系容量超限的浆液溢流而大量弃浆。废浆处理技术对比见表 3-2-2。

废浆处理技术对比　　　表 3-2-2

项目名称	优　　点	缺　　点
板框压滤	(1) 固体物含水率低,可低至 25% 以内; (2) 滤液水的含固率可控; (3) 物料适应性强,还可以针对密度较小的有机颗粒,如含贝壳、树根等旋流不易分离的有机物	(1) 效率低,辅助时间占用太多,真正的泥浆消耗时间只能占整个循环时间的 60% 左右; (2) 工作时需要人工值守,施工工效与工人的责任心及技术水平关联很大,滤饼脱布有时需要人工辅助,滤布需要人工清理

续上表

项目名称	优 点	缺 点
带式压滤	(1)绿色无污染,满足环保要求; (2)经过滤布不断向外排出,能够连续工作,泥浆处理功效高,相比板式压滤提高1倍以上	(1)处理不彻底,含水率大; (2)技术含量高,对操作人员要求高
离心	(1)处理量大,可24h连续运行; (2)离心分离原理不受过滤界面的影响; (3)占地面积小,尤其适用于施工场地有限的城市施工	(1)设备售价高; (2)能耗高; (3)出渣水率不稳定,对药剂量要求较高; (4)尾水含固率高,需二次处理
固化	(1)固化稳定药剂为环境友好型,不会对环境造成二次污染; (2)固化后的土不会二次泥化,可进一步进行资源化	固化效果和养护时间有关

(4)控制系统

集中控制设备是一个统一控制系统设备,能够对泥水设备、制调浆设备等进行远程集中控制操作,并可以全局观察泵、阀门等设备使用状况,实现故障监控;并不像同类产品那样模式固定,仅仅对泥水设备进行远程在线控制,而是可以通过增减模块以便于应对设备数量变化;制浆设备设置触摸屏对制浆配合比进行调整,可满足用户对不同配合比需求;设有监控系统,利用摄像头对渣场出渣及调浆池进行监视。泥浆处理控制系统如图3-2-20所示。

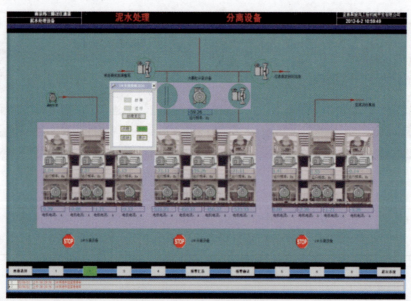

图3-2-20 泥浆处理控制系统

2)三川德青泥浆处理系统技术优势

泥水系统模块化、集成化和泥水循环利用是工程泥浆处理的核心。项目通过国内外技术调查、专利分析、理论分析、模拟试验、产学研合作和大型工程实践等多种手段,系统研究解决了泥浆处理效率和泥水系统模块化、集成化关键性问题,形成了泥浆处理技术、泥水系统模块化技术和系统立体空间集成新技术,促进了地下掘进工程泥浆处理技术的发展。系统设备创新性体现在以下五个方面:

(1)采用预筛分、一次除砂、二次除砂泥多级处理方式,形成了地下掘进工程施工泥水多级处理工艺,提高了泥浆处理效率。

(2)采用有限元分析设计振动筛,研发了长跨度偏心激振自同步、椭圆直线双轨迹和宽筛面大型振动筛,解决了振动筛对激振电机的匹配问题,实现了不同振型轨迹要求,振动筛抛掷指数高、振动强度大,可有效防止黏土淤堵和筛面跑浆。

(3)采用两级旋流处理工艺对泥浆进行分离,保证泥浆能够回收再利用,渣料外运无污染,避免泥水盾构施工对城市环境的污染。

（4）系统分析国内外先进技术，将各工序模块化设计，采用总进浆、预筛、脱水筛、旋流器、储浆槽9个标准集装箱模块，固相分离精度高，有效地保证了地下掘进时的泥浆指标。具有二次循环净化回路，掘进间歇二次净化泥浆，净化质量高。系统处理后的泥浆参与泥浆循环利用。

（5）通过对系统立体空间集成化进行框架静态和动态力学仿真分析，优化系统结构、强度设计，保证了立体框架设计安全可靠性。以 1000m³/h 的处理能力为基础单元，与国内外技术相比，占地面积减少了51%；装机功率减少了 13.26%。

三川德青盾构泥浆处理技术在泥浆处理领域技术先进，完全取代进口产品，产品性能稳定，处于行业领先地位，产品研发以德国的沙堡、海瑞克及法国 MS 等国际先进技术对标，拥有自己核心技术。2012年5月，三川德青"ZX-500 盾构工程用泥浆除砂系统"纳入科技部国家火炬计划产业化示范项目（项目编号 2012GH061592）；"ZX-500 盾构用泥浆处理系统"列入科技部科技型中小企业技术创新基金项目（国科发计字〔2009〕276 号）；2013 年，"ZX-1000 盾构工程用泥浆处理设备"列入科技部国家重点新产品计划（项目编号 2013GRD10007 国科发计〔2013〕571 号），2016 年"地下掘进工程泥浆立体空间集成净化技术与装备"获得湖北省技术发明二等奖（证书编号：2016F-035-2-008-006-R04）。三川德青在工程泥浆领域已获专利 15 项，其中发明专利 6 项，实用新型专利 9 项。

3. 工程应用

三川德青在国内泥水平衡盾构配套泥水处理领域处于龙头地位，近 5 年来，我公司泥水处理项目合同额达到了 134587.712 万元，泥水处理项目中标率高达 72%。经过二十多年的不断创新和积累，技术达到了国际先进水平。近几年凭借整体技术解决方案，在国家的四十多个重点工程施工中成功实现了从泥浆制备、分级处理、循环利用到废浆处理的交钥匙工程，业务已拓展至海外多个国家和地区，产品出口法国、埃及、澳大利亚及新加坡、马来西亚、越南、印度等国家。

国内代表性工程：南京纬三路、南京纬七路、武汉地铁 6、7、8 号线、兰州轨道 1 号线等穿越长江、黄河的公路、铁路隧道工程；佛莞城际铁路、福州地铁 2 号线、广州轨道交通 14 号线、京沈客运专线京冀段十二标、京沈客运专线望京隧道、京张高铁清华园隧道、福州市轨道交通 2 号线、杭州市望江路过江隧道等一批客运专线或地铁工程项目。

国外代表性工程：新加坡 P5 市政隧道工程项目，马来西亚地铁 2 号线。

4. 结语

三川德青盾构泥浆处理系统代表了国内盾构泥浆处理技术的主流发展方向，该技术对有用资源内部循环利用，实现了工程泥浆的零排放，符合建设国家资源节约型社会的方针，符合国家的环保要求；系统处理设备占地面积小，可减少工程对于废浆废水收纳场地征地的需求；能够实现废弃物的再利用，降低一系列管理费用；能够全天候配合盾构的掘进作业，处理效率高，不受天气的影响。该技术符合社会、经济发展的需求，可形成巨大的经济效益、社会效益和环境效益。

第 3 节　智能化管片拼装机关键技术研究

中国铁建重工集团股份有限公司　徐震

1. 引言

长期以来，管片拼装方式完全由熟练技工进行近距离遥控操作。但是，人工作业存在较多弊端：熟练技术工人不足，作业效率下降，危险性增大（误操作、误发联络信号）以及质量下降（拼装精度下降，管片出现缺口和间隙);由于管片衬砌环直径越来越大,管片之间的螺栓拧紧强度也越来越难达到,这些已严重影响管片拼装作业质量和效率。

目前,随着现代人工智能的进步,自动化、智能化正在快速发展,盾构管片自动拼装技术也得到了长足进步,在管片拼装质量和拼装速度方面为盾构施工的安全、可靠、高效、环保等方面提供有力保障。管片拼装机的智能化拼装技术研究已经成为盾构管片拼装系统重要的发展方向之一。

近十年来,随着全球对机器人技术水平的提升和发展,目前欧美日等发达国家基本上能实现管片自动拼装。日本日立公司一直在研究具有智能化的安全、可靠、高效的管片自动拼装技术,其研发设计的管片自动拼装机器人利用激光检测、图像处理、电液控制等技术实现管片自动拼装。德国海瑞克研制的盾构管片拼装机,运动机构采用比例控制,具有充沛的动力,可以在1h内对一环管片完成精确、安全安装。原德国维尔特公司研发设计的管片拼装机具有较快的拼装速度和较高的控制精度,管片拼装步骤基本上实现自动化作业,只有螺栓连接仍是人工操作,并在武汉过江隧道工程上得到应用。然而,国内盾构生产企业仅研发设计了不同类型的管片拼装机结构,却在管片拼装机智能控制方面的研究与开发应用仍是空缺。

2. 管片拼装机工作原理介绍

管片拼装工艺路线为管片运输车首先将管片运输到隧道内部,然后管片吊机装载到管片输送装置上,管片输送装置把每块管片送到管片拼装机底部抓取位置,通过管片抓取装置进行抓紧,最后依靠管片拼装运动机构依次拼接紧固成管片环,管片衬砌安装后通过螺栓连接固定,如图 3-2-21 所示。

a)运输　　　b)输送　　　c)抓取

d)回转　　　e)拼接紧固　　　f)成环

图 3-2-21　管片拼装步骤示意图

除管片夹持动作外,管片拼装机的每个自由度动作对应管片运动调整的 6 个自由度,为进一步清晰描述,设定盾构机前进方向为 x 向,管片环周运动为 y 向,掘进断面的径向方向为 z 向,分别与管片轴向移动、旋转和径向伸缩相对应,而 r_x、r_y、r_z 分别对应管片的侧倾、仰俯和摆动,如图 3-2-22 所示。

为实现管片快速、安全、精确安装,管片拼装机的每个自由度运动都要与管片位姿调整的动作相对应,管片平移和盾构掘进方向 x 对应,管片环周运动与管片拼装机回转 y 对应,管片升降和管片拼装机径向 z 方向对应,管片的仰俯、侧倾和摆动分别对应管片拼装机的俯仰运动 r_y、径向异步伸缩运动 r_x 和偏摆运动 r_z。

图 3-2-22　管片拼装机运动自由度

3. 管片拼装运动检测试验研究

为了解决管片拼装机无法检测管片位姿状态,将双目主动视觉检测引入其工作空间中,通过对拼装管片位姿信息的反馈形成闭环,以期提高管片的拼装精度。在获取二维管片区域图像基础上,确定其在三维空间中管片特征点的位置以及管片的姿态,并获取管片位姿深度信息。图 2-2-23 为管片拼装定位控制设计的双目视觉检测试验台。

基于双目视觉的管片拼装位姿检测的工作可分为三个阶段:初始化、粗定位、精定位。系统先进行初始化工作,即传感器标定和管片拼装机回到初始位置以及待装管片的到达预定位置;粗定位通过调整管片拼装机轴向移动,来获取具有完整待装管片的图像,减小初始化过程中出现的待装管片位置和管片拼装机初始位置的误差;精定位根据管片边缘的二值图像进行匹配分析,通过视差图还原管片深度,并计算待装管片的坐标、管片拼装机轴向和周向需要运动的量和待装管片位置等。图 3-2-24 所示的管片模型在主动视觉检测台的正下方,安装了平移和旋转导轨的主动视觉监测旋转平台,平台上配备了固定的支架,每个支架上固定安装摄像头。图 3-2-25 为双目视觉检测示意图,O_w-$X_wY_wZ_w$ 为绝对坐标系,$O_l(x_l,y_l,z_l)$ 和 $O_r(x_r,y_r,z_r)$ 分别为左右相机在 O_w-$X_wY_wZ_w$ 中的值。

图 3-2-23 双目视觉检测试验台

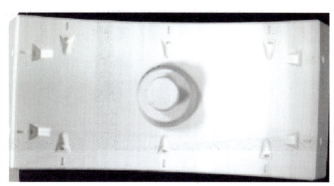

图 3-2-24 管片三维结构模型

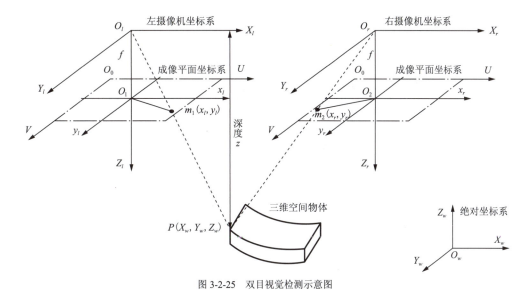

图 3-2-25 双目视觉检测示意图

1)管片线特征检测

线特征检测即边缘特征检测,是区分目标、背景、区域等之间的图像识别检测。图 3-2-26 所示为管片线特征检测图。

2)管片特征提取与匹配

管片的边缘主要由曲线段和直线段组成,其线段拐角处显著,可提取拐角处的交叉点作为特征点。为了减小角点提取误差,获得拐角准确位置,利用点线特征检测算法获得图像后,再进行角点检测。获得边缘图像后,根据图像中边缘像素的相对位置对其编码分析处理,得到如图 3-2-27 所示的边缘特征。

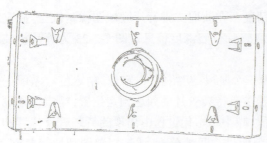
图 3-2-26 管片线特征检测图
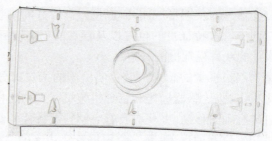
图 3-2-27 管片边缘特征提取

特征匹配是在相似度量准则的条件下,利用区域灰度相关法对特征模型的点与对应的点进行灰度差计算分析,得到最佳匹配点。如图 3-2-28 所示,为管片特征匹配分析图。匹配图像上对应的直线带为小范围场景投影成像,可在其上沿极线方向小刻度范围内选取图像特征,而相对极线的倾斜角基本一致,可以对匹配图像进行极线方向校正,最后计算找到同名点。

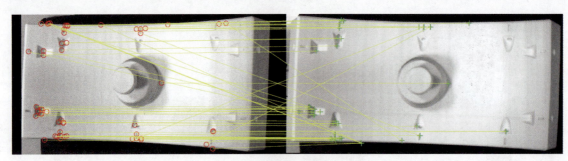
图 3-2-28 管片特征匹配分析图

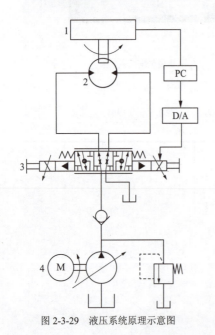
图 2-3-29 液压系统原理示意图
1- 运动机构;2- 液压马达;3- 电液比例阀;4- 变量泵

管片位姿双目视觉检测目标是,最终获取管片相对于管片拼装机执行末端的相对位姿,从而为管片拼装机自动控制管片执行定位操作提供识别判断;而检测关键在于,先获取管片相对于双目视觉相机的三维位姿,再通过手眼关系得到管片抓取的位姿。因此,要获取管片相对于双目相机的位姿,则必须获取目标管片的三维信息,即通过双目视觉图像处理技术对目标管片进行三维重建,使二维图像坐标转化为三维世界坐标。

4. 管片拼装运动控制技术研究

如图 3-2-29 所示,管片旋转液压驱动系统结构由比例换向阀、柱塞式马达和变量泵等组成。管片旋转拼装运动利用阀控马达,通过减速机以及小齿轮,驱动回转支承。在建模过程中,需考虑系统负载质心变化、结构弹性形变、系统泄漏等非线性因素对系统工作不稳定的影响。

通过构建管片拼装旋转驱动系统模型,可得系统离散化的状态方程为:

$$\begin{cases} Z_1(k+1) = \dfrac{4\beta}{V_o}\left\{Q(k) - C_t\left[Z_1(k) - P_t\right] - D_m Z_3(k)\right\}d_t + Z_1(k) \\ Z_2(k+1) = Z_3(k)d_t + Z_2(k) \\ Z_3(k+1) = \dfrac{1}{J_m}\left\{D_m\left[Z_1(k) - P_t\right] - B_m Z_3(k) - T_L\right\}d_t + Z_3(k) \\ y(k) = Z_2(k) \end{cases}$$

其中，

$$Q(k) = \text{sgn}(a_{p1}) \times \begin{cases} 0.12 \times [u(k)/K_{ap}]^3 - \text{sgn}[u(k)/K_{ap}] \times 0.004 \times [u(k)/K_{ap}]^2 + \\ 0.00008 \times [u(k)/K_{ap}] \end{cases} \times \sqrt{\frac{2}{\rho}|a_{p1}|}$$

$$a_{p1} = \left(\frac{P_p - Z_1}{2}\right) + \text{sgn}(x_{spk1})\frac{(P_p - Z_1)}{2} + \left(\frac{Z_1 - P_t}{2}\right) - \text{sgn}(x_{spk1})\left(\frac{Z_1 - P_t}{2}\right)$$

对上式可进一步写成 NARMA 结构的差分方程结构为：

$$y(k+3) = a_1 q[u(k)] + a_2 y(k+2) + a_3 y(k+1) + a_4 y(k) + a_5$$
$$= F[\omega_k, u(k)]$$

其中，

$$y(k+2) = a_1 q[u(k-1)] + a_2 y(k+1) + a_3 y(k) + a_4 y(k-1) + a_5$$

$$y(k+1) = a_1 q[u(k-2)] + a_2 y(k) + a_3 y(k-1) + a_4 y(k-2) + a_5$$

$\omega_k = [y(k), y(k-1), y(k-2), u(k-1), u(k-2)]$，$a_i(i=1 \sim 5)$ 为模型方程系数。

对具有 NARMA 结构的差分方程结构在 $u(k-1)$ 点进行泰勒级数转换得：

$$y(k+3) = f[\omega_k, u(k-1)] + f_1[\omega_k, u(k-1)]\Delta u(k) + R_k + v_k$$

其中，

$$f[\omega_k, u(k-1)] = a_1 q[u(k-1)] + a_2 y(k+2) + a_3 y(k+1) + a_4 y(k) + a_5$$

$$q[u(k-1)] = Q(k)\big|_{u(k)=u(k-1)}$$

$$\Delta u(k) = u(k) - u(k-1)$$

$$f_1[\omega_k, u(k-1)] = \frac{\partial y(k+3)}{\partial u(k)}\bigg|_{u(k)=u(k-1)} = a_1 \cdot \frac{\partial q[u(k)]}{\partial u(k)}\bigg|_{u(k)=u(k-1)}$$

R_k 是高次项部分，且 $R_k = f_2(\omega_k, \varsigma)[\Delta u(k)]^2/2$，$\varsigma$ 是 k 与 $k-1$ 之间的一个点，则：

$$f_2[\omega_k, \varsigma] = \frac{\partial^2 y(k+3)}{\partial u^2(k)}\bigg|_{k=\varsigma}$$

从以上所述方程式的推导可得管片拼装旋转驱动系统内模控制器结构，如图 3-2-30 所示。

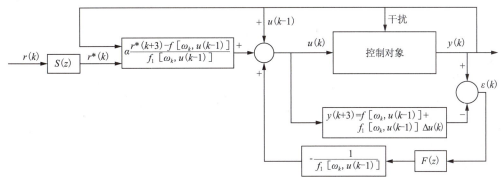

图 3-2-30 基于近似逆的系统内模控制器结构

为了模拟实际管片非连续旋转的操作工况,按照管片拼装旋转运动实际状态,设计如图 3-2-31 所示的阶梯形角度输入信号,利用近似内模控制器(AIMC)仿真结果与控制器 PID 控制仿真进行比较分析,在设定转动角度 10°时,AIMC 控制输出的角度为 10.08°,而 PID 控制输出的角度为 10.18°,二者误差量为 0.1°。从仿真结果可知,AIMC 控制器比传统 PID 控制器具有更高的控制精度。

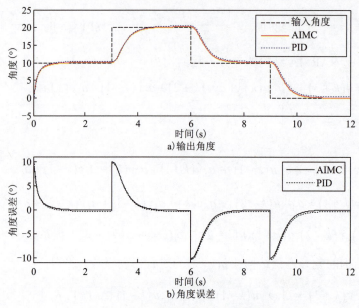

图 3-2-31　马达输出角度控制仿真结果

5. 结语

通过研究适应盾构施工的智能化管片拼装机关键技术,构建管片特征检测与感知、空间动态检测方法和复杂系统的运动控制方法,实现管片自动抓取、旋转、定位、姿态调整等功能,解决隧道施工中及时、快速和可靠支护的工程难题,提高施工安全、质量和效率。

智能化管片拼装机是提升管片安装作业效率、降低施工人员安全风险的有效途径和重要手段。通过管片拼装机智能化研究,既提高了国内全断面隧道掘进机的技术优势,又提升了隧道施工行业智能化水平,不仅有利于满足国内隧道施工需求,而且增强了国产掘进机装备全球竞争力,具有明显的经济、社会效益。

第 4 节　盾构机冷冻换刀技术

中国铁建重工集团股份有限公司　阳旭

1. 引言

随着隧道掘进机的日渐通用化,掘进机刀盘刀具的磨损更换问题更加突显,已经成为目前各个设备制造厂家亟须解决的难点问题。目前隧道掘进机换刀形式主要包含饱和潜水带压换刀和传统的掌子面加固常压换刀。传统掌子面加固常压换刀主要依靠超前注浆或注入冷冻液的形式对开挖掌子面进行加固,建立常压下稳定的换刀空间,从而确保换刀人员可以自由进入,完成换刀作业。传统加固手段存在周期长、费用高、占地空间大、施工场地要求高等难题。随着掘进机技术的快速发展,解决传统技术难题成为推动行业发展的动力。

在解决传统换刀问题的同时,研发一种适应不同地层、不同直径和不同机型的全断面隧道掘进机刀盘刀具更换技术,已经成为一种新的形势和潮流。

2. 功能介绍

盾构机冷冻换刀技术主要是指在盾构机的主机上安装循环冷冻管路和冷冻系统（图 3-2-32），通过主机自身良好的热传递性，将冷冻效果传递至整个开挖面，从而促使开挖面土体形成冻土，利用冻土强度对隧道开挖面起到支撑作用，防止坍塌，形成稳定的常压空间，便于人员进入开挖面进行刀具更换。

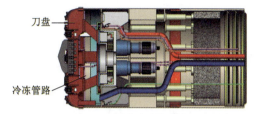

图 3-2-32　盾构机冷冻换刀技术

盾构机冷冻换刀技术适用于任何地层，不再受到设备机型和直径的约束，在需要时，可高效完成掌子面冷冻，无须额外配置相关设备，减少传统作业中不必要的施工过程。

3. 工程应用

隧道上应用的冷冻技术早期主要是在地面采用冷冻管打入土体，提前对开挖面进行冷冻加固，但该方法存在地理局限性。由铁建重工率先提出并实施的盾构机冷冻换刀技术完美解决了该问题，使冷冻换刀技术取得了突破性的进展，目前广泛应用于广州地铁项目，其刀盘结构如图 3-2-33 所示。

图 3-2-33　掘进机冷冻刀盘结构

4. 结语

冷冻换刀技术的盾构化实施，突破了传统方式的局限性，使土仓加固不再受地理环境的限制，可以随时实现对开挖面的冷冻加固作业，便于刀具检查更换和卡机等相关问题处理。极大地节省了人力成本和经济成本，避免了带压进仓可能存在的人身安全和地层坍塌等不可控因素，更有利于满足隧道施工绿色人文的社会要求。

第 5 节　刀盘刀具连续状态监测技术

中国铁建重工集团股份有限公司　暨智勇

1. 引言

随着近年来国家基础建设的大量投入，全断面隧道掘进机越来越多地应用于地铁、铁路、公路、市政、水电等隧道工程施工。施工过程中刀盘刀具处于连续的磨损过程，刀盘上安装有多把相同或不同刀具，各个刀具的磨损状态与其安装位置及破岩过程有关。如果某单个刀具发生严重磨损而未及时更换，则会影响刀盘整体性能，加速其他刀具的磨损，更有甚者将导致整个刀盘的磨损。

2. 目前阶段检测方式

目前国内外全断面隧道掘进机的刀盘刀具状态监测方式主要有以下几种类型：

（1）开仓检查

开仓检查法是最直接最可靠的方法,设备停机后由人工进仓对刀具进行检查,但考虑到人员和设备的安全性,在地层不稳定情况一般不适合开仓检查。

（2）异味添加剂法

这种检测方法主要适合在 TBM 中应用,为检测滚刀轴承的失效情况,在轴承润滑油中加入了具有异味的添加剂,掘进中若刀具漏油,则放出刺鼻的异味,能很敏感地报告刀具损坏信息,这种方法在土压平衡式或泥水平衡式盾构机中效果不佳。

（3）掘进参数分析法

盾构掘进过程中,随着刀具的磨损,在相同推力情况下掘进速度会降低,而扭矩则会增加,根据掘进速度和扭矩的变化可以粗略估计刀具磨损情况。但由于掘进速度和扭矩同时也受到地层等其他因素影响,所以很难直接用于判断刀具磨损情况。此外,如果刀具轴承损坏引起刀具偏磨后,刀刃将与岩石表面发生剧烈摩擦而产生大量热量,导致渣土温度升高,故渣土温度异常时也可能意味着刀具的失效。但以上掘进参数分析法通常是在分析人员的经验基础之上得出的主观判断,并没有足够的理论依据,因此,其判断结果的准确率并不高。

（4）液压式检测法

液压式检测法是有一个液压磨损检测装置,安装于刀盘钢结构上,当检测装置前端磨损后,液压系统的液压油就会从检测装置前端渗出,传感器探测到液压系统压力下降,就会发出警报信号。这种液压开关量形式的检测方式,只能粗略代表磨损检测装置处的刀盘磨损情况或与磨损检测装置处于同一轨迹位置的刀具磨损情况,而不能反映出刀盘其他部位或其他刀具的磨损情况,使用效果不明显。

3. 刀具连续状态监测技术

随着盾构机的广泛应用,有必要对刀盘刀具的磨损检测技术进行深入研究,开发出具有自主知识产权的盾构机刀盘刀具状态监测装置,提高监测装置的有效性、准确性,使状态监测装置能真实反映刀盘刀具状况,为判断刀盘刀具的使用寿命和指导掘进参数选择提供准确的依据,最终提高掘进效率,同时促进掘进机向自动化、智能化发展前进。

连续式状态监测技术主要从现有刀盘刀具磨损检测技术研究出发,以刀盘刀具磨损机理为基础,设计制造出刀盘以及不同类型刀具的磨损检测装置并安装应用于隧道工程。

目前连续式状态监测装置主要通过电阻、电涡流等相关技术,实现刀盘刀具磨损、转速、温度等状态全方位的实时监控,并通过无线传输技术,将刀盘刀具状态立体直观呈现,为隧道掘进提供可靠的数据依据。连续式状态监测装置具有可靠性好、测量范围宽、灵敏度高、分辨率高、抗岩土干扰能力强等优点。

4. 工程应用

连续式状态监测装置目前大量应用于广州地铁和洛阳地铁等隧道项目,并成功对刀具的磨损、转速、温度进行了呈现,帮助施工单位完成了刀具更换时间的准确判定和和泥饼形成初期的预估,有效解决了刀具磨损监测和泥饼形成两大世界难题。

5. 结语

刀盘刀具状态实时监测技术研究及应用的成功,标志着刀盘刀具监测技术已经实现了关键性突破,有力推动了掘进机自动化、智能化进程,对提升国家基础建设能力和高端重大装备研发水平,带动装备制造领域上下游产业具有意义重大,也提高了我国地下施工装备的产品附加值,增加了相关产品的市场占有率,为中国掘进机装备走向世界打下坚实基础。

第6节　盾构机常压换刀单元技术研究

中国铁建重工集团股份有限公司　任勇

1. 引言

随着隧道掘进机的日渐通用化，掘进机刀盘刀具的磨损更换问题更加突显，已经成为目前各个设备制造厂家亟须解决的重难问题。目前隧道掘进机换刀形式主要有饱和潜水带压换刀和传统掌子面加固常压换刀。传统掌子面加固常压换刀主要依靠超前注浆或注入冷冻液的形式对开挖掌子面进行加固，建立常压下稳定的换刀空间，从而确保换刀人员可以自由进入，完成换刀作业。传统加固手段存在周期长、费用高、占地空间大、施工场地要求高等难题，因此解决传统技术难题成为推动行业发展的动力。

根据市场初步调研，随着国内基础设施建设和水利工程建设提速，预计未来10年国内对各种类型掘进装备的需求将超过1500台，其中超大直径掘进装备数量估计占掘进装备需求总量约10%，超大直径掘进装备总产值将超450亿元，超大直径掘进装备需求主要集中在城市越江隧道和跨海工程领域。十二五期间，已经规划的国内城市超大直径越江隧道工程量预计将达到100km左右，可见超大直径掘进装备需求总量将保持较快速度的增长。正在规划中的渤海海峡隧道、杭州湾隧道、台湾海峡隧道、琼州海峡隧道等超大直径掘进装备隧道工程必将成为全世界隧道工程的又一个里程碑。预计未来十年，我国跨海隧道工程量将达到200km以上，对超大直径掘进装备的需求必将随着我国跨海隧道工程总量的增加而保持快速增长，而常压换刀技术作为大直径泥水的高新技术，必将成为设备选择的亮点。

2. 功能

在盾构机传统换刀作业过程中，换刀人员需要进入大埋深隧道、超高压环境下对磨损刀具进行更换，整个换刀过程需要专业的深海潜水员进行完成，单次换刀费用高达上千万元，且存在换刀人员易得减压病等不可控的高风险问题。为了解决超高压问题，达到安全高效的施工要求，提出并研发了常压换刀技术。目前常压换刀技术主要包括在掌子面自身稳定下换刀技术、掌子面加固稳定后换刀技术、机械式常压下换刀技术等。

机械式常压下换刀技术主要是指在刀盘盘体结构内设置容纳作业人员进出的通道，并利用闸门进行通道内外的高压和常压空间隔离，人员在刀盘盘体内部可以对刀具进行常压空间更换，降低换刀作业的风险，使换刀作业可以随时随地进行，安全高效。

机械式常压换刀技术因其刀盘盘体结构内设置的容纳作业人员空间和刀具尺寸大的特点，导致其目前主要应用于大直径泥水平衡盾构机，且适用地层主要以砂卵石、砂层等不硬不黏的地层为主，如图3-2-34所示。

3. 工程应用

目前机械式常压换刀技术已广泛应用于大直径泥水平衡盾构机，常德沅江隧道11.75m泥水平衡盾构机、武汉地铁8号线过江隧道的12.1m泥水平衡盾构机、武汉三阳路隧道15.8m泥水平衡盾构机、佛莞城际狮子洋隧道13.2m泥水平衡盾构机、汕头苏埃通道15m泥水平衡盾构机均采用了机械式常压换刀技术。机械式常压换刀技术具有安全性高、换刀成本低、换刀效率高等特点。

常德沅江隧道项目，线路总长1680m；全断面砂卵砾石地层，属于强磨蚀地层且稳定性差，因此刀盘刀具磨损更换成为本工程最突出的重难点。针对工程难点，由铁建重工研制的常压换刀刀盘（图3-2-35）成功完成区间掘进，期间共计换刀280余次，创造了最高日进尺22m，最高月进尺362m的骄人成绩，保障了1680m的全断面砂卵石隧道顺利贯通，克服了高磨蚀性地层掘进换刀难、成本高的世界难题，机械式常压换刀技术在大直径泥水平衡盾构机上得到成功应用。

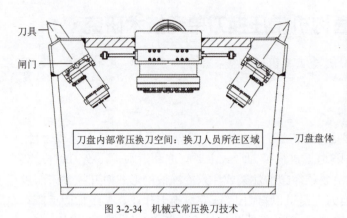 

图 3-2-34　机械式常压换刀技术　　　　图 3-2-35　常德沅江隧道常压换刀刀盘

4. 结语

常压换刀技术的实施,直接保障了作业人员的人身安全,解决了一个世界性的难题。换刀成本也由原来的动辄千万元降低至几万元,换刀时间由原来的数十天减低至一两天,换刀停机位置由原来的综合比选、层层报批到现在的随时随地可换。常压换刀技术的应用,使隧道掘进行业在安全、经济、效率方面得到了很大的突破,常压换刀技术的广泛推广,必将带来盾构掘进的一次质的飞跃。

第7节　盾构机检测技术研究与应用

中铁隧道局集团有限公司设备检测中心　吴朝来

1. 引言

随着现代化大生产的发展和科学技术的进步,设备的结构越来越复杂,功能越来越完善,自动化程度也越来越高。由于许多无法避免的因素的影响,有时设备会出现各种问题,以致降低或失去预定的功能,造成严重、甚至灾难性的事故,国内外曾经发生的各种空难、海难、爆炸、断裂、倒塌、毁坏、泄漏等恶性事故,造成了人员伤亡,产生了严重的社会影响;在日常生产中,也时常因生产过程不能正常运行或机器设备损坏而造成巨大的经济损失。

严重的灾难性事故触目惊心,不仅造成巨大的经济损失,而且造成很大的人员伤亡和环境污染,在社会上引起强烈反响,例如,美国三里岛核电站和苏联切尔诺贝利核反应堆的泄漏事故曾引起对核电站安全性的争议,对核能的发展产生了影响;美国挑战者号航天飞机失事使美国航天事业的发展一度陷于停顿。这些都是对整整一个产业的打击。还有许多严重事故,如1972年日本关西电力公司南海电厂3号机组——600MW汽轮发电机组因振动引起严重的断轴毁机事故,我国1985年大同电厂和1988年秦岭电厂的200MW汽轮发电机组的严重断轴毁机事故,都造成了巨大的经济损失。在国内外工程施工行业因盾构机、TBM等大型设备故障,导致出现重大工程事故及人员伤亡事件。因此保证设备的安全运行,消除事故,是十分迫切的问题。

现代设备运行的安全性与可靠性取决于两个方面:一是设备设计与制造的各项技术指标的实现,为此设计中要采用可靠性设计方法,要有提高安全性的措施;二是设备安装、运行、管理、维修和诊断措施。目前,诊断技术、修复技术和润滑技术已列为我国设备管理和维修工作的三项基础技术,成为推进设备管理现代化,保证设备安全可靠运行的重要手段。

设备检测技术伴随着设备事故的发生不断进步,最早于1961年在美国开始研究与应用,在20世纪60年代末和70年代初英国以R.A.Collacorr为首的英国机械保健中心开始对设备检测技术进行开发研究,并相继在其他国家开始研究应用,如瑞典的SPM轴承监测技术,挪威的船舶诊断技术,丹麦的振动和声发射技术等。我国设备检测技术研究起步较晚,于1983年由原国家经济委员会发布了《国营工业交通设备管理试行条例》,1987年国务院正式颁布的《全民所有制工业交通企业设备管理条例》规定,"企业应当积极采用先进的设备管理方法和维修技术,采用以设备状态监测为基础的设备维修方法",其后冶金、机械、核工业等部门还分别提出了具体实施要求,使我国故障诊断技术的研究和应用在全国普遍开展。

2. 盾构机检测技术的研究与应用

盾构机检测技术的研究与应用最早于1997年由中铁隧道局在秦岭隧道施工时开始,定时开展设备状态评估和油液检测工作,目前在盾构施工行业使用越来越广泛。

1)盾构机检测的作用

盾构机的状检测工作是设备正常运转的重要保证,一旦故障停机,就会造成巨大的经济损失,发生严重乃至灾难性的事故。

(1)监测与保护

通过日常检测工作的有效开展,及时发现盾构机潜在故障的早期征兆,以便采取相应的措施,避免、减缓、减少重大事故的发生。

(2)处理与预防

盾构机一旦发生重大故障,利用日常检测数据,对故障原因进行分析,做好预防措施,避免再次发生同类事故。

(3)节约成本

通过对盾构机异常运行状态的分析,揭示故障的原因、程度、部位,为盾构机的在线维修、停机检修提供科学依据,延长运行周期,降低维修费用。三种维修模式成本对比如图3-2-36所示。

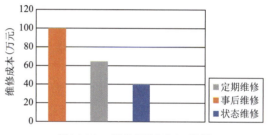

图3-2-36 三种维修模式成本对比图

(4)改善性能

通过开展检测工作可充分了解盾构机性能,为改进设计、制造与维修水平提供有力证据。

(5)推动盾构机管理进步

在现阶段,大部分盾构机现场管理仍采用事后维修、定期维修或事后维修与定期维修相结合的方式进行,这些方式不仅造成成本浪费,还会造成盾构机运转状态不可控和工程风险不可控。通过设备检测技术的应用,可将盾构机事后维修和定期维修逐渐向预测维修发展转变,从而推动盾构机现场管理的进步。

2)盾构机检测技术应用

目前在盾构行业主要采用的检测方式有日常监测、故障处理和机况评估。

(1)日常监测

盾构机状态监测和油液检测是盾构机日常监测和维护的主要现代化技术之一。盾构机在日常运行过程中,通过开展对关键系统的状态监测和油液检测工作,及时发现故障的早期征兆,以便采取相应措施,避免、减缓、减少重大事故的发生。

①状态监测。主要采用振动监测、无损检测、压力检测和强度检测等技术对设备的运行情况进行监测。采用振动数据采集仪、超声波探伤仪、热成像仪、工业内窥镜、3D扫描仪等监测仪器对运行中或在不拆卸的情况下,对设备的运行状态进行监测;收集历史数据,根据历史数据的规律性变化来判断、预测设备未来的状态。

②油液检测。对正在运行的盾构机采用在线或离线方式对盾构机中的液压油、主驱动齿轮油、减速机齿轮油等油液进行铁谱分析、光谱分析、黏度检测、水分检测、污染度检测、酸值等指标进行检测,分析判断设备润滑油的品质、润滑状态、设备的磨损状态、设备故障位置及严重程度。

(2) 故障处理

盾构机结构尺寸较大、系统复杂,当盾构机出现异常时,采用油液检测技术、状态监测技术等,能够较快速准确的查找到盾构机故障所在点。

早起设备维护人员日常的巡回检查,这是基于经验、图纸、维护手册和基准,通过五感(眼、耳、鼻、手、口)或自制的简单工具进行的手动故障诊断方式,这种方式对于小型、简易设备的故障诊断还能使用,但对于像盾构机、TBM 这种集机电液于一体的大型、复杂设备却难以满足要求,只能依靠现代化的检测技术来快速、准确分析设备的故障原因、位置和严重程度。例如,通过油液检测技术中的光谱分析发现盾构机主轴承齿轮油中的 Cu 元素含量持续超标,可以判断主轴承保持架可能存在异常磨损现象;油液中 Si 元素和水分含量持续超标,可以判断盾构机主驱动密封可能存在异常损坏现象。

(3) 机况评估

盾构机机况评估技术是利用先进检测设备和技术,对盾构机整体机况进行综合判定,为后期使用、维修、再制造提供科学依据,确保盾构机安全、稳定和快速施工。

①新盾构机评估。新盾构机在出厂前开展检测工作,及时发现设计和制造缺陷,及时在工厂解决,避免后期事故的发生。

②旧盾构机评估。对盾构机在维修前开展检测工作,使维修工作有的放矢,确保盾构机整修工作不漏项,使彻底维修;旧盾构机维修后通过检测工作开展,检测设备性能是否符合维修和使用要求。

③施工过程评估。在盾构机使用过程中对关键节点进行机况评估工作,如盾构始发前、到达前、有重大风险的地段前(穿江、越海、困难地段、重要建筑物等)等。通过机况评估了解设备运行状态,将盾构机调整、维修到良好状态,保证机况,使其安全、快速通过关键节点,防止重大工程风险的发生。

④再制造盾构机评估。再制造盾构机的评估工作主要分为三个阶段:再制造前、再制造中和再制造后。

a. 再制造前:对旧盾构机进行整机机况评估,了解设备性能状态,判断该盾构机是否达到再制造条件。对于通过评估后达到再制造评估条件的盾构机经全面机况评估后了解各系统、各部件的性能状态,为其再制造设计提供有力的数据支撑和科学依据,使再制造工作有的放矢,避免发生过度再制造和再制造不彻底现象。

b. 再制造中:对再制造过程中对关键零部件开展检测工作,如主轴承、主驱动密封、主驱动减速机、液压部件等,通过开展对关键零部件的检测工作,选择合理的再制造技术,确保再制造工作达到相关要求。

c. 再制造后:对完成再制造的盾构机进行再制造后的机况评估工作,检测、分析和判断再制造效果是否满足再制造设计,为盾构机再制造工作把好最后一道关,确保再制造盾构机质量,为工程施工提供合格的再制造盾构机。

3. 物联网 + 盾构机检测技术

随着互联网和大数据技术的飞速发展和广泛应用,物联网 + 盾构机检测技术也得到了新的突破,即基于物联网技术的盾构机在线监测系统诞生,并成功应用在盾构机日常"管、用、养、修"中,从而盾构机专业检测技术得到快速提高。

基于物联网技术的盾构机在线监测系统采用物联网技术,将盾构机油液检测技术、状态监测技术等检测技术集成在盾构机中,实时采集盾构机的各种状态信息,并将数据远程传输,通过专家分析、诊断预测盾构机的性能状态发展趋势,确保盾构机安全、稳定运行,实现盾构机检测工作的自动化、网络化。

4. 未来盾构机检测技术发展与应用展望

在智能制造背景下,盾构机向更为复杂化、智能化方向发展。对于设备检测而言,为满足更复杂、更智能的盾构机检测要求,须探索新的检测模式和服务形态,已成为当务之急。目前随着工业互联网的快速发展和应用,传统分布检测技术开始逐渐被集中监测与网络化检测所替代,智能化、网络化和在线化检测技术和监测系统已经成为盾构机检测技术发展的必然趋势,主要有以下两个方面:

(1)盾构机在线检监测系统广泛应用

随着盾构机在线监测系统的成功应用,以及工业互联网的不断发展和5G时代的到来,在线监测技术将逐步取代部分传统的检测技术,更好地为盾构机安全、快速使用服务。

(2)建立在线专家诊断系统

根据盾构机检测大数据分析,掌握盾构机各关键部件的运转信息、状态趋势、故障特征等,建立盾构机在线专家诊断系统。

第3章 盾构施工耗材应用技术研究

第1节 盾构(TBM)滚刀技术研究及应用

天津立林钻头有限公司钻头研究所　陈斌
天津立林钻头有限公司材料研究所　李兆喜

1. 引言

当前乃至今后很长时间,我国将会是全球盾构产品制造基地和主要应用国,随着"一带一路"建设以及全球大中城市深层空间的开发,以及城市地下综合管廊和海绵城市的建设将极大促进我国大型、小型、异型盾构的研发与制造。如何满足盾构技术的发展和施工技术的需要,这就对盾构滚刀提出了更高要求,如何发展?发展方向是什么?本节在此基础上探讨盾构滚刀技术的发展方向和亟待解决的若干问题,以期为盾构施工技术方案优选和技术攻关提供借鉴。

2. 盾构滚刀的发展和分类

1955年,美国人詹姆士·罗宾斯(Robbins)将刀盘上负责收集碎石屑的盘形滚刀经过简单改进后安装上刀盘用于切削硬岩,结果盘形滚刀有效破碎多轮单轴抗压强度140MPa的岩石,从此开创了盘形滚刀用于硬岩掘进的先河,是硬岩盾构施工法的一个重大转折点。经过六十多年的发展,盾构滚刀技术和工艺水平日趋成熟,推动盾构施工技术一次又一次的进步。

我国现代盾构滚刀技术在经历过技术引进、消化吸收、自主创新三个阶段后,国内滚刀应用市场已基本由国内生产厂商主导。相对于国外进口滚刀高昂的报价,较低的单位性价比,国内主流厂商以优异的产品质量,以及极高的单位性价比和优质的服务水平,不但深得国内工程方信赖,也强势冲入国际市场。

盾构滚刀已广泛应用于高速公路、铁路、地铁、隧道、引水涵洞、城市引水、排水、管线施工工程建设,主要涉及TBM盾构施工、盾构和顶管施工行业。为了满足盾构技术的发展和施工技术的需要,施工单位对盾构滚刀的适应性、安全性和寿命提出了更高的要求,为达到盾构施工要求,盾构滚刀基本发展方向主要是向小、大、巧、多元化发展。常用盾构滚刀型号与分类见表3-3-1。

常用盾构滚刀型号与分类　　　　表3-3-1

滚刀直径(英寸)(刀圈直径,mm)	额定荷载(kN)	滚刀结构	轴承形式	应用范围(开挖直径)(mm)	适应岩层强度(MPa)
6.75 (171.4)	50	整体钢体刀圈,镶齿、焊齿刀圈,单刃、双刃、多刃刀圈	圆锥滚子轴承	600～800	40～100
8 (203.2)	80			800～1200	
9 (228.6)					
10～10.5 (254～266.7)	90			1200～1500	
11～11.5 (280～292)	100	分体钢体刀圈,镶齿、焊齿刀圈,单刃、双刃、多刃刀圈		1200～2000	40～120

续上表

滚刀直径(英寸) (刀圈直径,mm)	额定荷载 (kN)	滚刀结构	轴承形式	应用范围(开挖直径) (mm)	适应岩层强度 (MPa)
12~12.5 (304~318)	120	分体钢体刀圈,镶齿、焊齿刀圈,单刃、双刃、多刃刀圈	圆锥滚子轴承	1500~2500	40~120
13 (330.2)				2000~3000	
14 (355.6)	140			2500~3500	
15~15.5 (381~394)	160	整体钢体刀圈,镶齿刀圈,单刃、双刃刀圈		3000~4000	60~140
17~17.375 (432~441)	245~345	分体钢体刀圈,镶齿刀圈,单刃、双刃刀圈		4000~5500	60~200
18 (458)				5000~6500	
19 (482.6)	345	分体钢体刀圈,镶齿刀圈,单刃刀圈		6000~8500	60~240
20 (508)				8000~11000	
21 (533.4)	455			9000~12000	
22 (558.8)				10000~14000	
23(研发中) (584.2)	520			14000以上	

3. 盾构滚刀技术发展特点

1)盾构滚刀大型化、重型化

滚刀是盾构破岩掘进的关键部件,广泛应用于地铁建设、隧道工程以及修建引水涵洞等。随着此类工程项目逐年递增,工程方对盾构施工安全性和施工效率提出更高的要求,比如我国正在规划修建全长约1000km的高原铁路以及引水涵洞工程。工程计划大量采用盾构施工,但是工程地质条件极其恶劣。盾构施工必须穿越大量地质断层和坚硬岩层以及冻土层。大埋深隧洞必将伴随岩爆、崩塌、涌水、涌泥等各类事故的发生,并且高原地貌又极度缺氧,严重影响施工人员的行动能力。如何克服艰难险阻,顺利完成此项举全国之力、造福千秋万代的伟大工程,因而必须开发新型盾构滚刀来解决此问题。

21~22英寸(533.4~558.8mm)盘形钢体刀圈单刃滚刀,如图3-3-1所示,采用特殊工艺强化刀圈,刀圈硬度呈梯度分布,刀刃相对常规整体硬度刀圈,硬度提高10%,刀圈内圈硬度降低24%。梯度硬度刀圈,抗冲性能高,吸能效果佳。刀圈具备良好的耐磨性能和耐冲击性能。21~22英寸盾构滚刀相对在现有19~20英寸的滚刀,轴承荷载由345kN提高至455kN,刀轴直径由120.65mm提高至139.7mm,刀圈极限磨量由35~40mm提高至45~50mm。大幅提高盾构滚刀的安全性和使用寿命,适应高转速、大推力、长时间连续工作。

说明:23英寸(584.2mm)的滚刀也正在研发过程之中。

2)盾构滚刀小型化发展

当前盾构滚刀最小型号是6.75英寸(171.4mm)钢体刀圈滚刀,如图3-3-2所示。为提高滚刀的安全性和寿命,主要采取以下工艺技术:①梯度硬度刀圈。刀圈硬度成梯度分布,刀圈极限磨损高度增加30%。刀圈强度、抗冲击性均衡;刀体耐磨性能与刀圈一样,简化结构的同时更加安全可靠。②整体刀圈设计。配置圆锥滚子轴承,在优化滚刀结构的同时,能承受较大的荷载,主要应用于顶管施工,有利于长时间连续工作。

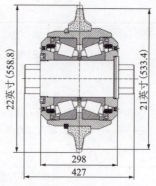

图3-3-1　21～22英寸重型滚刀照片与结构图（尺寸单位：mm）

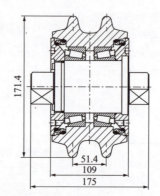

图3-3-2　小型滚刀照片与结构图（尺寸单位：mm）

3）盾构滚刀镶齿与异形化

（1）镶齿滚刀

滚刀可塑性强，适应于各类地层和岩性，用于常规和异形刀盘。镶齿滚刀在采用优质硬质合金齿的同时，根据不同地层，选用强度和硬度均衡的切削齿，地层针对性强，使得滚刀在高速掘进工况下，充分发挥滚刀切削能力和切削效率，如图3-3-3所示。

图3-3-3　镶齿滚刀

（2）异形滚刀

根据刀盘设计可做成任何形态，适应于软到中硬地层，刀圈硬度成梯度分布，整体刀圈设计，配置圆锥滚子轴承，在优化滚刀结构的同时，能承受较大的荷载，利于长时间连续工作，如图3-3-4所示。

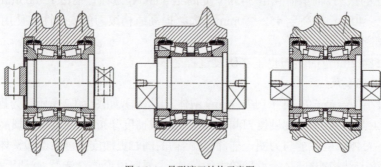

图3-3-4　异形滚刀结构示意图

4）提高滚刀的安全性和寿命工艺技术研究

为提高滚刀的安全性和寿命,我国一直都在持续不断地进行滚刀制造工艺技术研究,主要涉及材料、热处理、设计、轴承、载荷与磨损等方面。

4. 盾构滚刀新型刀圈材料技术研究

对盾构滚刀失效的分析表明,轴承失效导致滚刀偏磨、弦磨,以及刀圈开裂、崩刃、早期磨损,是盾构滚刀失效的主要方式。一把滚刀失效如果不能及时发现停机更换,就会导效刀盘上其他刀具损坏,从而加大经济损失,即便即时发现停机更换失效刀具,也严重影响纯掘进时间,造成经济损失。因此滚刀的安全性和寿命非常重要。盾构滚刀的安全和寿命的保障主要由滚刀的刀圈和圆锥滚子轴承的性能来决定,因而盾构滚刀的技术研发方向也侧重这两点。

盾构滚刀新型刀圈材料的设计思路和手段具体如下。

(1)新型刀圈必须具备高的屈服强度,防止工作时刀刃在大应力下被压溃变形。

(2)新型刀圈必须具备足够高的硬度,增加耐磨性,减少刀圈磨损,延长刀具的使用寿命。

(3)新型刀圈必须具备良好的冲击韧性,提高材料的抗冲击性能,同时提高材料抵抗裂纹扩展的能力。

(4)新型刀圈必须具备回火稳定性强,提高材料的热稳定性,能够保证刀圈在滚压岩体的过程中(虽然自身温度会升高)仍然保持高硬度。

(5)新型刀圈必须具备良好的冷、热加工工艺性能,方便进行制造,并提升产品合格率。

上述这些对材料性能的要求,为刀圈材料的研究指出了方向,其中的难点就是耐磨性与韧性的平衡,综合需求为新型刀圈材料提出新的设计思路和研发手段。

试验研究是以传统冷作模具钢为基础进行的,传统冷作模具钢的金相照片如图 3-3-5 所示,由于碳元素偏析严重,组织中存在很多大块的、形状不规则的莱氏体碳化物,这些碳化物偏聚的位置往往成为裂纹萌生的裂纹源,但是传统冷作模具钢具有很高的硬度和耐磨性。因此设想保留其高耐磨性的同时,提高它的韧性,来满足刀圈材料的性能要求。

我们希望得到的组织如图 3-3-6 所示,液析碳化物尽量规则、圆整。从基体中析出的二次碳化物量能有所增加,这不仅对耐磨性有利,还能产生第二项强化效应。因此,研发新型刀圈材料的思路是以传统冷作模具钢为基础,通过合金成分设计加以实现:减小液析碳化物的偏析程度,提高材料韧性;控制碳化物的数量和形态,增加析出二次碳化物的含量以提高耐磨性,同时强化基体;增加碳化物的稳定性。

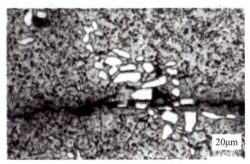
图 3-3-5　传统冷作模具钢的金相照片

图 3-3-6　理想金相组织照片

可以采用的研究手段:调整碳及合金元素的含量;后续优化热处理工艺。合金成分设计时考虑合金元素在钢中的作用规律:Cr 元素能显著提高强度、硬度和耐磨性,但同时降低钢材的塑性和韧性;Mo 元素能有效提高钢的淬透性和回火稳定性,抑制钢中有害元素的偏聚;V 元素是强碳化物形成元素,可细化组织晶粒,提高强度和韧性,能明显提高钢的耐磨性。

因此,在试验设计中首先适当降低 C 元素的含量,如图 3-3-7 所示,以减少碳化物偏析,提高韧性;另一方面提高 Mo、V 元素的含量,以细化晶粒,强韧化基体,同时提高耐磨性。

图 3-3-7　元素的含量变化与性能变化

成分设计完成以后,进一步为材料制定适合的热处理工艺。

工艺制定依据: 如图 3-3-8、图 3-3-9 分别为淬火温度和回火温度与硬度的曲线图。可见材料在 1020~1080℃ 之间具有良好的淬硬性,并在 1040℃ 淬火具有最高硬度。低温回火随着回火温度的升高硬度降低,高温回火在 500~600℃ 之间出现了二次硬化峰。热处理之后对材料性能进行了测试和对比分析。

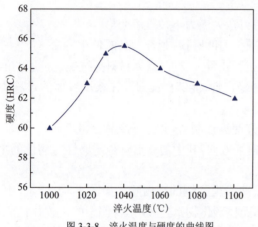

图 3-3-8　淬火温度与硬度的曲线图

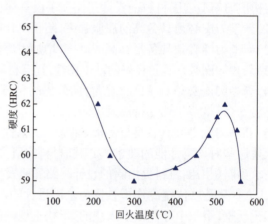

图 3-3-9　回火温度与硬度的曲线图

性能对比: 这是两种材料在不同工艺下的力学性能对比。可见热处理后新型材料和传统冷作模具钢的硬度相差很小,但是冲击韧性的试验数据却存在显著的差异,新型材料比传统冷作模具钢高出 2 倍还多。然后对两者冲击试样的断口形貌在扫描电镜下进行了观察,发现新型材料的断口中存在大量的韧窝,如图 3-3-10 所示,为典型韧性断裂。而传统冷作模具钢的断口有大量的解理断面,如图 3-3-11 所示。为典型的脆性断裂。说明两者的断裂形式或者断裂机制是不同的。

图 3-3-10　韧窝

图 3-3-11　解理断面

测试了硬度和冲击韧性之后,接下来对两种材料的耐磨性进行了试验对比。在耐磨性试验中,采用失重法,两种材料在硬度相同且均无润滑条件下进行试验,结果显示两者的磨损量几乎是相当的,如图 3-3-12、图 3-3-13 所示,可见新型材料同样具有良好的耐磨性。

同样对两者的磨损形貌进行了观察和比较,新型材料的磨损表面很平整如图 3-3-14 所示,很均匀,而在传统冷作模具钢的磨损表面看到了明显的犁沟(图 3-3-15),说明它的磨损是非均匀的磨粒磨损,说明两者的磨损机制也不相同。

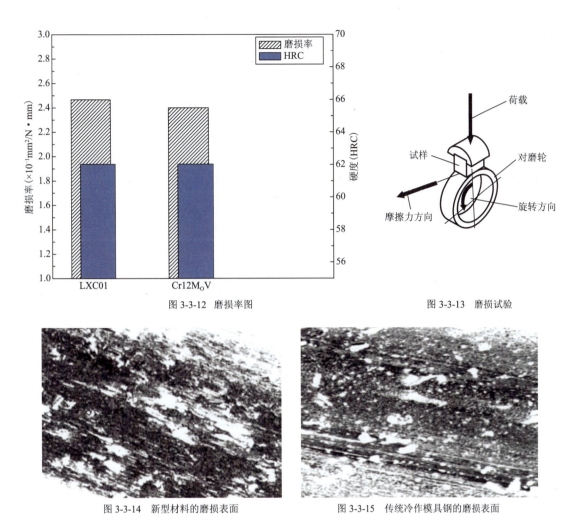

图 3-3-12 磨损率图　　　　　图 3-3-13 磨损试验

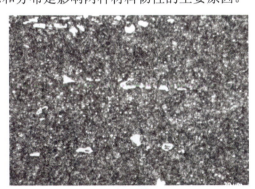

图 3-3-14 新型材料的磨损表面

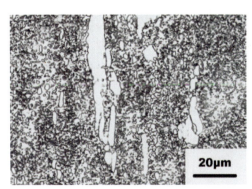

图 3-3-15 传统冷作模具钢的磨损表面

为什么两者的韧性数据相差悬殊,而耐磨性数据却几乎相当？或者说究竟是哪些因素影响两者的韧性和耐磨性呢？有必要从两者的微观组织进行分析,从中能明显看出,新型材料组织（图 3-3-16）中莱氏体碳化物的尺寸变小,形态更加圆整规则,分布也更加均匀,而传统材料组织中莱氏体碳化物不仅尺寸大（图 3-3-17）、不规则,而且偏析严重,对基体的割裂作用大,导致材料的韧性差。因此莱氏体碳化物的尺寸、形态和分布是影响两种材料韧性的主要原因。

图 3-3-16 莱氏体碳化物的尺寸　　　　　图 3-3-17 传统材料组织中莱氏体碳化物

新型材料组织中有大量的二次碳化物弥散析出,对于材料的韧性及耐磨性都有强化作用,而传统材料基体中析出的二次碳化物量很少。其耐磨性主要取决于硬度和未溶碳化物,而新型材料中虽然未熔碳化物含量相对较少,但是在回火中析出大量的二次碳化物来补充,因此两者在耐磨性试验中虽然磨损机理不同,但数据相差不大。从试验中可以看出,耐磨性能不仅取决于未溶碳化物,还与析出二次碳化物的含量有关。

5. 盾构滚刀轴承受力分析技术研究

面对不同的围岩状态,为滚刀设定不同的启动扭矩。滚刀启动扭矩的高低,取决于圆锥滚子轴承的安装负游隙大小,而安装负游隙大小,又决定了圆锥滚子轴承的寿命。因此利用计算机软件和收集的现场使用数据,来分析这些关键问题,找出平衡点,来保证滚刀的安全和寿命。

① 19英寸滚刀轴承安装游隙与轴承寿命之间的关系曲线(基于 1×10^6 r 的 ISO L10 寿命计算方法),如图 3-3-18 所示。

② 19英寸滚刀轴承安装时启动扭矩与安装负游隙之间的关系曲线,如图 3-3-19 所示。

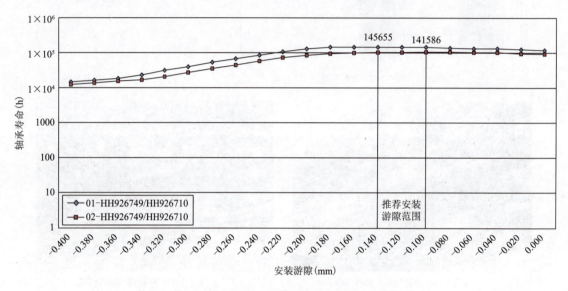

图 3-3-18　19英寸滚刀轴承安装游隙与轴承寿命之间的关系曲线

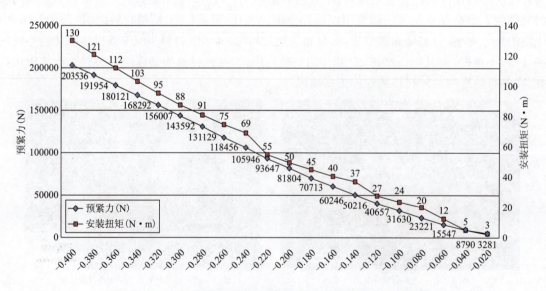

图 3-3-19　19英寸滚刀轴承安装时启动扭矩与安装负游隙之间的关系曲线

③ 17英寸滚刀轴承安装游隙与轴承寿命之间的关系曲线(基于 1×10^6 r 的 ISO L10 寿命计算方法),如图 3-3-20 所示。

④ 17英寸滚刀轴承安装时启动扭矩与安装负游隙之间的关系曲线,如图 3-3-21 所示。

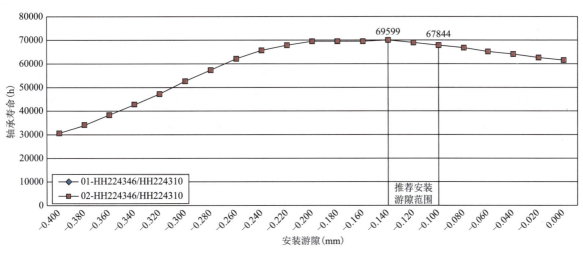

图 3-3-20　17 英寸滚刀轴承安装游隙与轴承寿命之间的关系曲线

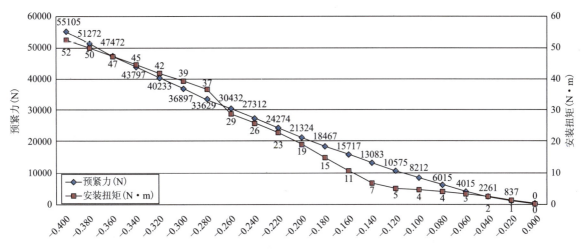

图 3-3-21　17 英寸滚刀轴承安装时启动扭矩与安装负游隙之间的关系曲线

6. 结语

未来盾构滚刀的技术还将继续在材料研究、热处理研究、设计研究、轴承研究、载荷与磨损研究等方向上发展：

（1）未来的新型材料研发应作为突破口，如研发新型基材、新型合金、新型 3D 打印材料等。

（2）应进一步深化研究 3D 打印刀圈技术。

（3）滚刀轴承国产化迫在眉睫。当前盾构滚刀配置的圆锥滚子轴承，全部依赖进口，价格昂贵。根据工程地质情况差异，滚刀轴承费用达到刀具消耗总费用的 30%～40%，盾构滚刀要发展，提高圆锥滚子轴承性能是绕不开的课题。

第 2 节　衡盾泥新技术

广州轨道交通盾构技术研究所　李世佳，祝思然，钟长平

1. 引言

20 世纪 90 年代，广州地铁率先引进、消化、吸收国际上最先进的盾构技术，并通过 30 余台次、近

100km 盾构隧道的实践,推陈出新,改进提高,创立了复合地层盾构技术理论体系。随之,中国的盾构工程呈现跨越式发展。至今中国已成为世界上第一盾构大国,盾构机台数超过 1500 台,每年完成的盾构隧道超过 1000km。

但是,由于复合地层地质的复杂性和当今行业技术的局限性,人工开仓检查、更换刀具、维修刀盘是必须经历的程序或环节。目前,传统的开仓技术存在不同程度的局限性,如成本高、受地面环境限制、开挖面稳定时间短等。尤其是在江河或建(构)筑物等特殊工况下,传统的加固工法受限,带压进仓常常是最佳选择。

常用的带压进仓方法是采用泥浆在开挖面形成泥膜进行闭气,再往密封仓内注入气体来维持开挖面的稳定,然后施工人员进入密封仓内进行清理、刀具检查更换等作业。其关键是保证泥膜的闭气保压效果,一旦出现漏气使得开挖面失去稳定,轻则地面塌陷,重则若隧道正处于江河底下,江水倒灌淹没盾构机和隧道,导致重大安全事故发生。

"如何保障开仓安全?如何降低开仓风险?如何提高开仓效率?"这一世界性难题是盾构领域亟待解决的问题。在此工程背景下,广州地铁集团有限公司主持,广州轨道交通建设监理有限公司牵头,联合佛山泰迪斯材料有限公司、中山大学、河海大学等,采用产、学、研、用相结合的方式,以"材料是基础、设备是关键、工艺是核心"为研究思路,开展盾构施工衡盾泥辅助带压进仓技术的研究。

2. 技术研发

(1)研发新材料衡盾泥

该材料以无机黏土为主,通过改性后与增粘剂反应形成一种高黏度的触变泥浆。衡盾泥材料具有高黏度和触变性、不易被稀释、较好隔水性等特点,并具有一定强度,泥浆黏度能达到 $1.0 \times 10^4 \mathrm{MPa \cdot s}$,泥浆能在水中(包括盐水)保持 8 个月不离散崩裂,而且该材料对环境不会造成污染。

(2)研发衡盾泥搅拌、混合、注入一体化集成设备

研发了衡盾泥搅拌、混合、注入一体化集成设备,实现了管路循环连续作业、浆液充分混合、高效率注入。该设备施工成效显著,搅拌效率高,浆液混合质量好,注入过程可精确计量,注入后充填效果好。

(3)研发衡盾泥辅助带压进仓方法

衡盾泥泥膜护壁方法成功应用于各种地层和工况,如上软下硬、全断面软岩、富水砂层和砂卵石地层等,以及复杂的断层破碎带、塌方区域等。该方法施作的泥膜质量好、保压时间长。该技术已在各种复杂地质情况下经受了严酷的检验,突破了高水压水底盾构隧道工程安全进仓换刀的技术难题,兰州穿黄河隧道保压作业时间长达 38d,厦门海底隧道在 0.5MPa 水压下作业成功。

3. 研究成果

1)衡盾泥材料及配套设备

该技术中的衡盾泥材料是以优质膨润土为主要材料,通过一定的改性后与增黏剂反应形成一种高黏度的触变性泥浆,浆体具有良好的和易性和黏附性,在水中不易被稀释带走,成膜稳定,附着力好,且泥浆具有一定的强度,是一种绿色环保材料。衡盾泥材料为双组分配制材料,分 A、B 组分,A 组分为干粉料,B 组分为液体材料,工程中应用质量配合比为 A 组分:水 $=1:1.5 \sim 1:3.0$,B 液掺入质量比 $1/20 \sim 1/15$。研制出衡盾泥计量、配制的配套设备,实现衡盾泥连续配制、搅拌、混合及注入一体化,如图 3-3-22~图 3-3-26 所示。

2)衡盾泥辅助带压进仓技术

通过分级加压的方式,将衡盾泥泥浆填充、挤压、劈裂进入施工空隙和地层孔隙及裂隙,及时封堵地层中泄水泄气通道,并在开挖面形成一定厚度、结构致密、稳定性好的泥膜,如图 3-3-27 所示,突破盾构在特殊不稳定地层下进仓作业的困难。衡盾泥带压开仓工艺流程如图 3-3-28 所示。

图 3-3-22 泥浆的裹挟性

图 3-3-23 泥浆的隔水性

图 3-3-24 泥浆的黏附性

图 3-3-25 泥浆的承载能力

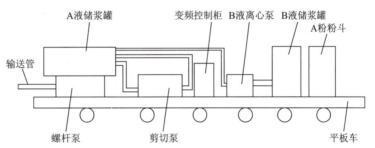
图 3-3-26 衡盾泥配套的设备

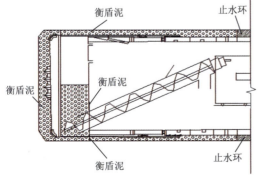
图 3-3-27 衡盾泥带压开仓示意图及开挖面泥膜情况

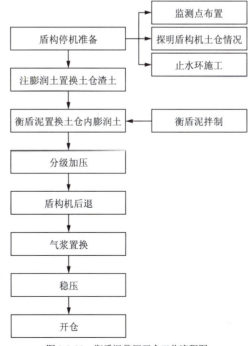
图 3-3-28 衡盾泥带压开仓工艺流程图

3）衡盾泥技术作业流程

（1）准备工作

①工作压力确定。根据《盾构法进仓及气压作业技术规范》（CJJ 217—2014）规定：

a. 应根据准备进仓作业位置的工程地质和水文地质条件，合理计算出开挖仓气压作业理论工作压力：

$$P = P_w + P_r$$
$$P_w = q\gamma h$$

式中：P_w——计算至隧道开挖中心的水头压力；

P_r——考虑不同地质条件、地面环境及开挖面位置的压力调整值。

b. 根据计算所得的理论工作压力进行现场试验，如果能保证开挖面稳定，则可确定为工作压力。

②止水环施工。盾构机停止掘进后，向脱出盾尾后的管片外侧注入衡盾泥泥浆材料或双液浆，形成连续止水环，防止地下水沿管片外间隙渗入盾构前部；并利用盾构机机身径向孔压注衡盾泥，使得衡盾泥材料包裹整个盾构机机体。压注管片位置为盾尾后 3～7 环，连续压注 5 环。并利用盾构机机身上超前注浆孔、径向孔以及盾尾注浆管压注衡盾泥材料，顺序为盾构机底部—对称腰部—顶部，使得衡盾泥材料包裹整个盾构机机体。

③探明盾构机仓内情况。衡盾泥使用前，必须查明土仓内"渣""浆""气"的含量比例，有针对性地制订渣土置换方案。

④其他情况。根据工程特性，分析可能出现的状况，采取预防处理措施。例如，砂层中盾构机长时间停机极易引起盾构机被砂层包裹，在停机前应在盾体径向多点位注入膨润土，填充充分。

（2）渣土置换

根据前期准备阶段中探明的盾构机开挖仓内情况，有针对性地制订渣土置换方案。一般情况下，渣土置换分为两个阶段：一是，采用膨润土泥浆先置换渣土（浆渣置换）；二是，采用衡盾泥泥浆置换膨润土泥浆的方案（浆浆置换）。必须强调，对于含有粉细砂、中粗砂等容易失水板结的地层，第一阶段不能省略。

浆浆置换阶段：注入点位宜选用土仓隔板 10～2 点位之间的多个预留孔，从盾构机上部压注。利用螺旋输送机进行排渣，置换过程中，应以低速（0.5r/min 以内）转动刀盘。衡盾泥泥浆注入时，土仓压力应高于膨润土置换渣土压力 0.1～0.2bar，并以注入量和排除量相等为原则进行双向控制，直至螺旋输送机出土口排出的渣土全部为衡盾泥泥浆时（含量 95% 以上），认为"浆浆置换"完成。

（3）分级加压

在浆渣置换后稳定压力的基础上，利用同步注浆系统继续少量多次地注入衡盾泥泥浆，进行分级加压：以 0.02MPa 为一个加压级差，加压至进仓工作压力的 1.3～1.5 倍为止。以浆渣置换后压力为 0.20MPa 为例，第一次加压上部土仓压力在 0.20～0.22MPa，即土仓压力达到 0.22MPa 后，停止压注衡盾泥泥浆；然后观察，如土仓压力降至 0.20MPa 后，继续少量压注衡盾泥泥浆材料，控制在该阶梯压力范围内动态稳压 2h；之后，0.20～0.22MPa、0.22～0.24MPa、0.24～0.26MPa 三个加压等级均动态稳压 2h，最后 0.26～0.28MPa 要求动态稳压 6～12h。

衡盾泥泥浆分级加压到倒数第二级时（0.24～0.26MPa），松开盾构机铰接，利用注入衡盾泥泥浆的压力让盾构机后退 10cm 左右，并加大衡盾泥泥浆注入量，使之填充至刀盘与开挖面之间的空隙，形成衡盾泥泥墙。期间应严格控制土仓压力，禁止转动刀盘并加强地面监测。

（4）气浆置换

待开挖面泥膜形成，进行土仓内气浆置换。开启 Sansoms 系统，在最高压力稳压 6h 以后，首先采用自然降压，待自然降压不能下降后，再采用泄气降压至工作压力，在气压稳定的情况下，利用螺旋输送机进行排土，降低衡盾泥泥浆液面。

（5）进仓条件判断

气浆置换以后，在开启自动保压系统的情况下，至进仓工作压力能够稳压 6h，并满足空压机加载时间小于其待机时间的10%,则认为衡盾泥泥膜护壁完成;否则应重新制作泥膜。现场必须对衡盾泥泥浆置换、分级加压、地表监测和气浆置换过程中具体泄压时间、衡盾泥泥浆补注量进行详细记录并综合分析,以确定是否具备进仓条件。

4. 工程应用

该技术目前已在15个城市、50个工程、120多台次盾构带压开仓项目上成功试验与应用,包括广州地铁上软下硬地层、全断面砂层、富水断裂带地层,兰州地铁全断面富水砂卵石地层、福州地铁闽江江底上软下硬地层、厦门地铁跨海隧道塌陷区等。在开仓作业的过程中,泥膜保压效果好,无需补做泥膜,也无需二次加固,降低了极端困难地质条件下开仓的风险,缩短了作业时间,如为福州地铁1号线开通赢得半年时间,广州地铁14号线支线开通赢得半年时间,兰州地铁1号线开通赢得半年时间,社会效益和经济效益显著,具有广泛的推广应用前景。

5. 结语

本项目获得发明专利7项、实用新型专利3项、软件著作权2项、申请产品商标1项、形成《盾构法开仓及气压作业技术规范》行业标准1项、发表论文20余篇。2018年7月"盾构施工'衡盾泥'辅助带压进仓关键技术研究"获得"广东省土木建筑学会科学技术奖励一等奖";2019年2月"盾构施工'衡盾泥'辅助带压进仓关键技术研究"获广东省科技进步一等奖。

第3节 盾尾密封油脂技术研究

中铁第五勘察设计院集团有限公司 王德乾

1. 引言

随着国内盾构施工技术的不断发展、成熟,长距离、大直径、大埋深、高水压及复杂断面的隧道施工越来越多。盾构机在地下施工时,为了保证盾构机壳体内部有安全干净的施工环境,其密封系统至关重要。盾构机主要有三大密封系统,分别是盾尾密封系统、主轴承密封系统和铰接密封系统。其中,盾尾密封系统最易失效,也是最关键的密封系统,尤其是高水压(0.4~0.65MPa)的大直径盾构施工中,盾尾密封系统至关重要。因为高水压下盾尾密封系统一旦失效,将可能带来无法预计的灾难性后果,因此必须保证构成盾尾密封系统的结构及其材料安全可靠。

盾尾密封油脂是盾构施工中盾尾密封防水的主要材料,用于防止盾壳外部水和砂浆等流体进入盾构机内部,主要分为手涂型和泵送型两种。泵送型盾尾密封油脂是盾构掘进过程中通过注脂泵连续注入消耗型油脂,使用量大。手涂型盾尾密封油脂是一种耐磨、阻燃保护型油脂。盾构始发时,在工作井内由人工手涂方式涂抹盾尾密封刷,使其充满钢丝刷内部空间,使用量很小。在盾构掘进过程中,管片是静止的,盾壳相对于管片是连续向前移动的,所以盾壳和管片外壁之间必然存在间隙,盾尾密封系统就是为了防止盾壳外部水和泥沙等流体进入盾构机内部而设置的。目前,绝大多数的盾构机都采用在多道钢丝刷之间填充密封油脂的盾尾密封方式,盾构掘进时,通过注脂系统向盾尾钢丝刷之间注入油脂,借助油脂的挤压力填充密封钢丝刷内部及钢丝刷间的空隙,从而使盾尾密封油脂与盾尾钢丝刷相互结合,形成一道牢固的密封层,防止泥水和土砂渗入。盾尾密封结构原理如图3-3-29所示。

据不完全统计,截至2018年底,已经有58个城市获批城市轨道交通项目,规划总里程达到7300km,总投资达3.5万亿元。按照地下隧道占70%,直径为6.28m的盾构机平均掘进(双线)1km消耗80t国产泵送型盾尾密封油脂计算,将消耗约41万t,目前国产产品价格在11元/kg左右,国产盾尾密封油脂市场容量将超过45亿元。另外,据不完全统计,未来规划约500km的越江过河大直径隧道。按直径

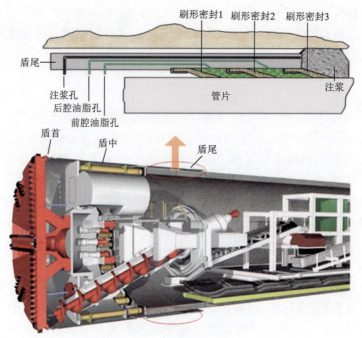

图 3-3-29　盾尾密封结构原理图

为 14m 大直径盾构机平均掘进（双线）1km 消耗 240t 进口泵送型盾尾密封油脂计算，将消耗 12 万 t，目前进口产品价格在 18 元/kg 以上，其市场容量将近 21.6 亿元。然而，由于越江隧道所需盾构机直径大、水压力高、地层渗透系数高、地质条件异常复杂等难题，导致施工风险，尤其是盾尾密封失效风险呈指数级别增长，所以目前所用盾尾密封油脂全部为进口产品。随着粤港澳大湾区的全面建设，仅大湾区就规划了 100 条城市轨道交通，总投资将达数万亿元。

因此，提高国产盾尾油脂的质量，加快产品与技术的更新换代，加快耐高水压盾构用高性能盾尾密封油脂的研制，对于打破进口产品在高水压盾构施工中的垄断、确保地质条件多变条件下盾构施工安全，具有十分重要的战略意义。

2. 国内外盾尾油脂领域研究发展现状

日本 20 世纪 80 年代，开始研发耐高水压盾构用盾尾密封油脂，并于 1983 年商品化。1987 年，日本松村石油公司的产品成功应用于英吉利海峡隧道工程（最大水压达 1MPa）；1994 年，东京湾海底道路隧道工程（最大水压 0.6MPa）也使用了日本松村石油公司的耐高水压盾构用盾尾密封油脂。另外，在中国广深港（广州—深圳—香港）狮子洋隧道（最大水压 0.67MPa）、南京长江隧道工程（最大水压 0.65MPa）、上海上中路越江隧道工程（最大水压 0.4MPa）等高水压大直径盾构施工项目中，均采用了法国 CONDAT 盾尾密封油脂。目前进口产品因具有抗高水压密封性和优良的泵送性，同时泵送性能受环境温度影响小，综合性能优良，受到施工单位的一致认可，然而价格昂贵，供货周期长。

21 世纪初，随着国内城市轨道交通的蓬勃发展，以及在国家对装备制造业的大力扶持下，盾构机整机通过引进、消化、吸收和再创新，实现了创新后的国产化。但是，由于盾构施工行业发展过于快速，以盾尾密封油脂为代表的施工配套材料需求量在短时间内剧增，该材料主要由国内中小企业生产，为了满足市场的大量需求，中小企业在引进国外技术之后，没有系统消化吸收再创新，就大量生产并推向市场。截至 2012 年底，虽然国内生产盾尾密封油脂的公司近 20 家，国内企业对盾尾密封油脂没有进行深入系统研究。欧洲和日本生产的盾尾密封脂基本上反映了当时盾尾密封脂的国际先进水平。2012 年以前对涉及盾构密封油脂的专利申请情况在中国国家知识产权局（CNIPA）、欧洲专利局（EPO）和日本特许厅（JPO）的统计结果如图 3-3-30 所示。

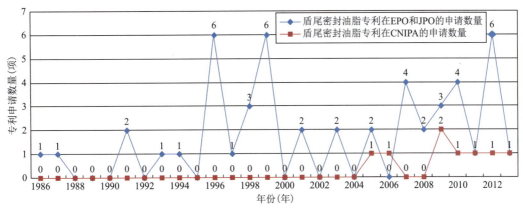

图3-3-30 盾尾密封油脂专利在CNIPA、EPO和JPO的申请情况比较

由图3-3-30可知,我国在盾尾密封油脂领域专利申请起步较晚,申请量也相对较少。2012年之前,在我国仅有8项专利申请。起步晚、研发力量偏少导致国产品牌产品与国外品牌相比,在质量水平总体上还存在一定差距,一些施工条件苛刻、地质条件复杂、高水压区域的施工场合,尤其是施工风险高、盾尾密封失效风险大的场合,如过江隧道所需盾构直径大、地层渗透系数高,多选用国外品牌盾尾密封脂产品。直到2012年以后,国内相关企业才加强了盾尾密封油脂的研发,其专利申请情况如图3-3-31所示。我国在该领域的专利申请量基本呈递增趋势。2017年,盾尾密封油脂的专利申请数量达到了15项。

国产产品的研发滞后的原因也在于国内外尚无盾尾密封油脂的行业技术标准,导致国内市场上各种不同品牌产品的性能不统一,尤其是针对盾尾密封油脂关键性能指标——泵送性和抗水压密封性尚无统一的检测方法、表征仪器和评价标准;国产产品配方和工艺的优化投入不足,导致国产产品泵送性和抗高水压密封性这对性能矛盾体平衡性欠佳,泵送性受环境温度影响大,综合性

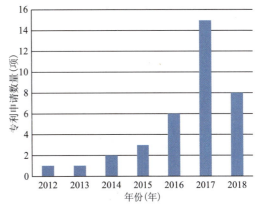

图3-3-31 2012—2018年国内盾尾密封油脂专利的申请情况

能低于进口产品。另外,盾构掘进施工结束之后,盾尾密封油脂会黏附在管片外表面和管片的连接缝中,到目前为止,国内没有相关的单位或者课题系统研究残留的盾尾密封油脂是否对管片间的三元乙丙橡胶密封止水条的老化性能有影响,从而是否影响隧道的寿命和功能;也没有相关资料显示,盾尾密封油脂的长期残留是否对地下水、管片及壁后所注浆液产生影响。

3. 盾尾密封油脂技术研发

1)研发过程

2012年,中铁第五勘察设计院集团有限公司组建了"环保型盾构用盾尾密封油脂的研发"课题团队。截至2018年底,课题组先后主持了中铁五院科技计划项目、中铁建科技计划项目、大兴区科技计划项目和北京市科委重大办项目"耐高水压盾构用盾尾密封油脂研制"等7项科研课题。

2)研究目标

(1)研制出耐高水压盾构用盾尾密封油脂。实现其抗高水压密封性和泵送性这一对性能矛盾体的平衡,且泵送性能受环境温度影响小,其综合性能满足高水压下盾构掘进的使用要求。

(2)研制自动化程度较高的生产线,提高生产效率,提高质量稳定性。

(3)研制专用于测试盾尾密封油脂泵送性和抗水压密封性的测试仪器。

(4)建立企业标准。

3)研究方法

(1)正交试验法

任何生产部门,任何科学实验工作,为达到预期目的和效果都必须恰当地安排实验工作,力求通过次数不多的试验,认识所研究课题的基本规律并取得满意的结果。正交试验设计就是用于安排多因素试验并考察各因素影响大小的一种科学设计方法。

(2)正交表的设计

在盾尾密封油脂的研发试验中,常用到三因素、四水平的L9(34)正交表,见表3-3-2。其中,L代表正交表,9代表正交表行数,3代表水平数,4代表因素数。

正交表为L9(34)的表头设计　　　　表3-3-2

试验号	因素号			
	A	B	C	D
	水平			
1	1	1	1	1
2	1	2	2	2
3	1	3	3	3
4	2	1	2	3
5	2	2	3	1
6	2	3	1	2
7	3	1	3	2
8	3	2	1	3
9	3	3	2	1

对于三因素、四水平的试验,其全面试验次数为34次,即64次试验。然而用正交设计法只需做9个试验即可。

(3)正交表的数据处理

试验结果分析方法有两种,一是直观分析法,二是方差分析法。直观分析法是一种常用的结果分析法,它简便直观,计算工作量小,但不能给出试验误差的估计,无法得知分析结果的精度。

例如,以三水平、四因素两指标L9(34)为例,两个指标分别是指抗水压密封性和泵送性,正交表的数据分析,见表3-3-3。

三水平、四因素两指标L9(34)正交表　　　　表3-3-3

试验号	列号				指标(%)	
	1	2	3	4	抗水压密封性(P)	泵送性(Q)
	因素					
	A	B	C	D		
1	1	1	1	1	P_1	Q_1
2	1	2	2	2	P_2	Q_2
3	1	3	3	3	P_3	Q_3
4	2	1	2	3	P_4	Q_4
5	2	2	3	1	P_5	Q_5
6	2	3	1	2	P_6	Q_6
7	3	1	3	2	P_7	Q_7
8	3	2	1	3	P_8	Q_8
9	3	3	2	1	P_9	Q_9

续上表

试 验 号	列 号				指标(%)	
	1	2	3	4	抗水压密封性(P)	泵送性(Q)
	因素					
	A	B	C	D		
K_1	K_{1A}	K_{1B}	K_{1C}	K_{1D}		
K_2	K_{2A}	K_{2B}	K_{2C}	K_{2D}		
K_3	K_{3A}	K_{3B}	K_{3C}	K_{3D}		
k_1	k_{1A}	k_{1B}	k_{1C}	k_{1D}	抗水密封性	
k_2	k_{2A}	k_{2B}	k_{2C}	k_{2D}		
k_3	k_{3A}	k_{3B}	k_{3C}	k_{3D}		
极差 R	R_A	R_B	R_C	R_D		
因素主次	BACD					
最佳水平	B2A3C3D1					
K_1	K_{1A}	K_{1B}	K_{1C}	K_{1D}		
K_2	K_{2A}	K_{2B}	K_{2C}	K_{2D}		
K_3	K_{3A}	K_{3B}	K_{3C}	K_{3D}		
k_1	k_{1A}	k_{1B}	k_{1C}	k_{1D}	泵送性	
k_2	k_{2A}	k_{2B}	k_{2C}	k_{2D}		
k_3	k_{3A}	k_{3B}	k_{3C}	k_{3D}		
极差 R	R_A	R_B	R_C	R_D		
因素主次	CBAD					
最佳水平	C2B4A3D1					

数据处理方法如下。

A因素、1水平下的抗水压密封性的K_{1A}：

$$K_{1A}=P_1+P_2+P_3$$

A因素、1水平下的抗水压密封性的k_{1A}：

$$k_{1A}=\frac{P_1+P_2+P_3}{3}$$

极差R为k_1、k_2、k_3中的最大值与最小值的差值。该值越大，说明该因素对抗水压密封性指标的影响越大。根据每个因素的极差大小，就可以排出因素的主次顺序，进而得到最佳水平的组合。

4）仪器研制、测试方法和评价标准

（1）泵送性测试仪

盾尾密封油脂是其泵送性，目前没有统一的标准测试仪器。国外一些盾尾密封油脂的生产厂家借用润滑脂表观黏度的测试仪器对其泵送性进行表征，该测试仪器如图3-3-32所示。按照ASTM D1092标准，盾尾密封油脂在25℃和空气压力1MPa的条件下，通过一定孔径毛细管时的流量（g/min），可以定量表征油脂流动性的大小。

参照ASTM D1092，结合国内毛细管流变仪的设计和使用原理，铁五院课题组提出了一种新型的用于精确定量测试盾尾密封油脂泵送性的毛细管流变仪——泵送性测试仪，其原理借鉴了ASTM D1092中润滑脂表观黏度测试仪器和测试高分子流变性能的毛细管流变仪。该设备专用于定量测试盾构用盾尾密封油脂的泵送性，目前可以用于定量测试盾构用

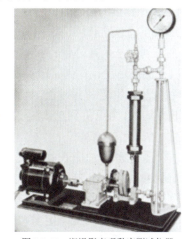

图3-3-32 润滑脂表观黏度测试仪器

盾尾密封油脂在恒温（0～50℃）、恒压（0.5～5MPa）下的泵送性，其详细结构图参照实用新型专利，专利名称为"一种专用毛细管流变仪"。该设备的成功研制，填补了国内无盾尾密封油脂泵送性定量测试仪器的空白，为不同油脂厂家进一步的研发性价比高的盾尾密封油脂提供了重要的泵送性测试仪器。该设备的研制也是铁五院课题组研发成果的一大亮点。

查阅文献资料可知，某进口产品使用 ASTM D1092 中润滑脂表观黏度测试仪器，所测得的盾尾密封油脂的泵送性值为 40～50g/min。通过研究 ASTM D1092 发现，流出盾尾密封油脂的质量与毛细管的长径比有很大关系。因此在设计该设备时，课题组参考该标准，设定毛细管（材料为1Cr18Ni9Ti）的内径为 0.38cm，毛细管内孔粗糙度为 1.6，长径比分别为 20：1、25：1、30：1 和 40：1。选用文献资料中泵送性值为 40～50g/min 的某进口产品作为选择毛细管长径比的试验样品，其中泵送性测试值随毛细管长径比的变化见表 3-3-4。当毛细管长径比为 40：1 时，该进口产品的泵送性测试值为 23.8g/min，随着长径比的减小，其泵送性测试值不断增大。其原因为毛细管长径比越大，物料在毛细管中运动的距离越大，摩擦力越大，从而每分钟的流出量越小。因此，长径比为 25：1 时，其所测数值为 42.1g/min，恰好能与文献资料报道中 40～50g/min 的范围吻合。综上所述，选择长径比为 25：1，内径为 0.38cm，内孔粗糙度为 1.6 的毛细管（材料为 1Cr18Ni9Ti）作为该研制泵送性测试仪的参数，该泵送性测试仪专用于定量测试盾尾密封油脂产品的泵送性，如图 3-3-33 所示。

图 3-3-33　盾尾密封油脂泵送性测试专用仪器

泵送性测试值随毛细管长径比的变化　　　　　　　表 3-3-4

毛细管长径比	泵送性测试值（g/min）	毛细管长径比	泵送性测试值（g/min）
20：1	51.2	30：1	31.9
25：1	42.1	40：1	23.8

样品存放条件：在对盾尾油脂进行性能测试之前，将油脂在标准试验条件下放置48h，其中标准试验条件为温度（25±2）℃，相对湿度（50±5）%。

测试步骤：

第一步：使用带有推拉活塞的盾尾密封油脂手动加料器从油脂桶中取出一定质量的盾尾密封油脂待用；启动泵送性测试仪，通过控制机械传动单元将压料杆从料筒中提出，然后将手动加料器的下端对准料筒的上端，手动推加料器的活塞，将盾尾密封油脂推入料筒中。

第二步：开启控温装置，设定温度为（25±0.1）℃，启动手动加载，将压料杆放下至料筒中物料的上表面，排除料筒内的气体，直到有连续的物料通过毛细管挤出为止。然后设定压料杆的压力为 1MPa，物料在（25±0.1）℃下保持120min，启动自动加载，开始试验，当压力从 0MPa 开始逐渐加压，当加压到（1±0.01）MPa 时，该设备自动开始计时，此后压力一直保持（1±0.01）MPa，直到试验结束。试验过程中，每隔 1min 取一次流经毛细管的盾尾密封油脂，称重，记录数值。每次试验至少取 3 次，并取平均值，即可得到在该测试条件下的盾尾密封油脂泵送性测试值。

（2）水冲测试仪

盾尾密封油脂在施工使用中，砂浆或地下水将一部分盾尾密封油脂冲到地下水中。为了研究盾尾密封油脂被其冲走的量的大小以及对地下水是否有影响，铁五院课题组研究设计了一种水冲测试仪，专门用于恒温恒压下定量测试盾构用盾尾密封油脂的抗水冲量，如图 3-3-34 所示。

图 3-3-34　盾尾密封油脂抗水冲专用仪器

测试方法：

第一步：称量一个干净的测试钢板，精度 0.1g，并记录为 W_1，然后，使用金属夹具，用刮刀涂抹约为（0.8±0.005）mm 厚的润滑油脂。清除清洁面板的凸起部分以外的任何油脂。再次称重，并记录为 W_2。

第二步：在水浴缸里添加足够量的自来水，盖过加热器。调节水温至（38±0.5）℃。当水温达到（38±0.5）℃并保持 2～3min，达到平衡后，喷射测试钢板。使用旁通阀，将泵压调整至（276±7）kPa。该旁通阀位于压力表之前，而不是在压力表和喷嘴之间，关闭电机。

第三步：确保面板水平插入喷雾喷嘴下方。启动马达，在测试钢板上喷水 5min±15s。

第四步：关掉马达，停止喷雾，卸下面板，去掉钢板凸起部分的两侧和底部多余的油脂。将钢板及钢板上的油脂水平放置在烤箱，在（66±1）℃加热 1h±5min，取出称重，并记录为 W_3。

计算喷雾方法如下：

$$水冲损失量 = \frac{W_2 - W_3}{W_2 - W_1} \times 100\%$$

式中：W_1——无尘钢板的初始质量；

W_2——喷涂前，钢板和润滑脂的质量；

W_3——喷涂后，钢板和润滑脂的质量。

另外，取少量喷淋箱中水和油脂的混合液，将其放置 24h 后做细胞毒性试验，验证油脂是否对水有影响。

（3）水压密封测试仪

目前，国际上对于盾尾密封油脂的性能指标还没有形成统一的标准，只有部分企业和组织对该产品的主要性能进行了评定。例如 EFNARC 在编制的《TBM 盾构机在软基和硬岩中掘进时专用产品的使用说明和准则》中，详细阐述了盾尾密封油脂抗水压密封性的测试仪器、条件、方法以及评价标准等。另外，美国的相关专利和日本松井公司也介绍了盾尾密封油脂重要指标的测试方法。但是各方对盾尾密封油脂同一性能指标的测试和评定并不一致，这也导致国内市场上盾尾密封油脂质量良莠不齐。

①欧洲标准

2005 年 4 月，EFNARC 编制了《TBM 盾构机在软基和硬岩中掘进时专用产品的使用说明和准则》。该准则详细阐述了盾尾密封油脂抗水压密封性的测试装置、条件、方法和评价标准等。其中，测试装置是一个直径为 50mm 的金属或有机玻璃圆柱筒，其顶部设有一个进风口，底部贴有一层孔径为 1mm 或 0.5mm 的金属网（该金属网用于模拟盾尾刷的钢丝束），具体装置如图 3-3-35 所示。

测试方法：在金属网（选择合适的金属网孔径）上面铺一层 25mm 厚的盾尾密封油脂，油脂上方充满水，然后在水面加 8bar 的空气压力，以测定水开始从底部流出的时间。EFNARC 中抗水压密封性的评价见表 3-3-5。当选择 1.0mm 孔径的金属网时，如果油脂在 8bar 的空气压力下保压 5min 以上不漏水，则说明油脂的抗水压密封性很好；而当选择 0.5mm 孔径的金属网时，油脂在 8bar 的空气压力下保压 5min 以上不漏水，则说明油脂的抗水压密封性较好；但当选择 0.5mm 孔径的金属网时，油脂在 8bar 的空气压力下保压 5min 以内漏水，则说明油脂的抗水压密封性一般。

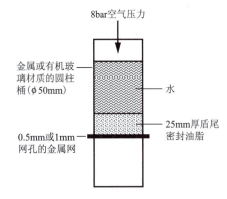

图 3-3-35　EFNARC 中抗水压密封装置示意图

EFNARC 中抗水压密封测试条件及评价　　　　　表 3-3-5

油脂样品级别	测试条件（8bar 空气压力）	抗水压密封性能
A	金属网孔径 1.0mm，保压时间 ≥ 5min	很好
B	金属网孔径 0.5mm，保压时间 ≥ 5min	较好
C	金属网孔径 0.5mm，保压时间 < 5min	一般

②美国专利

Jacopo Franchini、Arese 等对盾尾密封油脂的抗水压密封性进行了深入研究，并提出相关的测试装置、条件、方法及产品评价。其测试装置和方法与 EFNARC 的一致，如图 3-3-36 所示，测试条件和评价方法为：在 8bar 的空气压力保压 30min 后，测量圆柱体底部流出水的体积，如果流出体积超过 10mL，则该油脂的抗水压密封性很差；如果体积在 3～10mL 之间，则其抗水压密封性较好；当体积在 3mL 以下时，其抗水压密封性很好，见表 3-3-6。

美国专利抗水压密封测试条件与评价　　　　　表 3-3-6

油脂样品序号	水的流出量 V(mL)[①]	抗水压密封性能
1	$V \leqslant 3$	很好
2	$3 \leqslant V \leqslant 10$	较好
3	$V \geqslant 10$	很差

注：①测试条件为：8bar 的空气压力，1mm 孔径的金属网。

③日本专利

日本松井公司研发的盾尾密封油脂抗水压测试装置与美国和欧洲的类似，如图 3-3-37 所示。只是外加压力达到 35bar（有的文献为 34bar），且金属网的孔径为 20 目（0.84mm）。

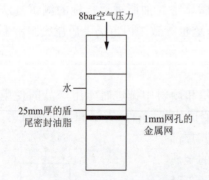

图 3-3-36　美国专利中抗水压密封测试装置示意图

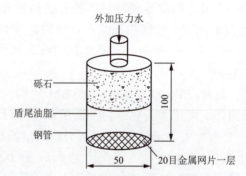

图 3-3-37　日本松井抗水压密封测试装置示意图
（尺寸单位：mm）

④自制抗水压密封测试设备

在国内隧道建设的实际使用中，普通埋深（10～30m）下，所设置的同步注浆压力为 2～5bar；在某些过江过河的深度埋深（30～50m）下，所设置的同步注浆压力为 6～8bar。然而，铁五院课题组通过对日本松村石油公司生产的盾尾密封油脂以及法国 CONDAT 公司生产的盾尾密封油脂进行了充分的配方分析和研究发现，实际使用时盾尾密封油脂能耐 0.7MPa 的高水压，在实验室测试时，需要有至少 5 以上的安全系数，也就是实验室测试水压要在 3.5MPa 以上。也就是说，实验室测试水压如果达不到 3.5MPa，当盾尾密封油脂遇到现场 0.7MPa 的实际水压下，很可能出现漏浆漏水现象。基于此，借鉴了欧洲专利中的抗水压密封测试装置的原理、美国专利中对盾尾密封油脂的漏水评价和日本提出的实验室 3.5MPa 下不漏水的压力条件，设计并自制了抗水压密封测试装置，如图 3-3-38 所示。课题组提出了盾尾密封油脂抗水压密封性的测试条件及其评价，见表 3-3-7。

课题组提出的盾尾密封油脂的测试条件与评价　　　　表 3-3-7

油脂样品序号	水的流出量 V(mL)[①]	抗水压密封性能
1	$V \leqslant 3$	很好
2	$3 < V \leqslant 10$	一般
3	$V > 10$	较差

注：①测试条件为 25℃，4MPa 测试压力，三层 200 目金属网。

（4）锥入度测试

测试过程：按照现行《润滑脂和石油脂锥入度测定法》进行测试，如图 3-3-39 所示。

测试方法：一般情况下，锥头在 5s 内下落压入样品的深度，该深度越大，则说明样品稠度越低，单位 mm。结合实验室数据与现场使用情况，泵送型盾尾密封油脂的锥入度一般在 200 ～ 240、手涂型盾尾密封油脂的锥入度一般在 200 ～ 220。稠度的精度为 0.1mm。

（5）自动化生产线

鉴于目前国产盾尾密封油脂生产线主要以人工操作为主、生产环境脏乱差等问题，本课题采用现代信息技术，对盾尾密封油脂生产过程中的各类现场测量、控制仪表进行工控机实时在线管理，提高了生产过程的自动化水平和产品的质量水平。以计算机实时采集信号和集中控制代替以往人工加料及温度控制，极大减少了人为误差，减轻劳动强度，保证生产线安全、有效运行。根据盾尾密封油脂的生产工艺流程，结合 PLC 控制技术，以组态王作为监控软件，实现了盾尾密封油脂更高程度的自动化生产，保证了部分原材料自动上料、全自动自动出料，并对生产数据实时监控，生成数据报表，以供日后查询，极大降低了生产维护和管理成本，提高了生产效率。整条自动化生产线生产能力 6000t/ 年，如图 3-3-40 所示。

图 3-3-38　自制抗水压密封测试装置

图 3-3-39　锥入度测定仪

图 3-3-40　自动化生产线

（6）研制产品与国内外产品的性能对比

自 2012 年以来，国内盾尾密封油脂厂家均加大了产品的研发投入，各家产品的性价比有了大幅度提高。铁五院相关技术人员调研了市场上常用的几家盾尾密封油脂品牌，如法国康达特、合东双、埃尔科、铁五院安达等，其样品分别在中铁第五勘察设计院集团有限公司和华南建设集团有限公司实验室进行了主要性能指标测试，如泵送性、抗水冲性、抗水压密封性和稠度等测试，测试结果见表 3-3-8。

ANDR（泵送型）盾尾密封油脂与国内外同类产品的重要指标对比　　　　表 3-3-8

产品种类[①]	锥入度(25℃) (0.1mm)	抗水压密封性 (25℃，4MPa)	泵送性(g/min) (25℃，1MPa)	抗水冲性 (25℃，0.276MPa)(%)
CONDAT	210 ～ 220	不漏水	36.4	4
合东双	211	不漏水	16.8	2.4

续上表

产品种类[①]	锥入度(25℃)(0.1mm)	抗水压密封性(25℃,4MPa)	泵送性(g/min)(25℃,1MPa)	抗水冲性(25℃,0.276MPa)(%)
湖北博腾	240～250	不漏水	10.6	1.1
德莱尔	225～235	不漏水	47.2	12
铁五院安达	205～215	不漏水	15～20	1.8

注：①所取样品时间为2018年6～8月。

由表3-2-8可知，法国CONDAT产品锥入度210～220，泵送性36.4g/min。按照以前的经验，这样的流动性才能充满整个盾尾的油脂腔。然而在广州地铁18号线、22号线的盾构施工中，却给出了不一样的结果。广州地铁18号线和22号线，均采用直径为8.8m的盾构机，管片宽度1.6m，所配备的油脂泵泵头压力一般在10～15MPa。盾构施工初期，中铁十五局盾构段，采用法国CONDAT产品，但是消耗量很大，平均一桶油脂打1环左右，并且出现了漏浆漏水现象。后来换用铁箭牌盾尾密封油脂，其配方与铁五院安达完全相同，使用中，平均一桶油脂打2.5环左右，并且不漏浆不漏水。因此，在后续的施工中，完全使用铁箭牌盾尾密封油脂。通过该案例表明，盾尾密封油脂的泵送性与配套的油脂泵泵头压力有极大的关系。如果泵头压力较小，例如7～10MPa，那么盾尾密封油脂的泵送性要大，比如CONDAT产品的泵送性36.4g/min，与泵头压力较小的泵匹配性高；相反，如果泵头压力较大，例如10～15MPa，那么盾尾密封油脂的泵送性要小，例如铁五院安达产品的泵送性为15～20g/min，与泵头压力较大的匹配性高。所以盾构施工中，选择与盾尾密封油脂泵相匹配的产品，最为重要。同时，也说明并非法国CONDAT的产品性能就是最优化性能，而是与盾构施工地层、环境温度、油脂泵泵头压力等相匹配的盾尾密封油脂，才是保证盾构施工不漏水、不漏浆、消耗少、安全稳定的首选。

4. 国产盾尾油脂现场应用与实践

近几年来，研发产品广泛应用于北京地铁6号线2期、广州地铁18号线和22号线、成都地铁6号和10号线、莞穗深城际9标、郑州地铁、长春地铁1号和2号线等20多个城市的多条城市轨道、高铁隧道和电力隧道盾构施工中，产品整体使用良好。

（1）成都地铁。2017年6月至2019年6月，铁五院安达盾尾密封油脂在成都地铁6号线和10号线2期进行使用，2018年8月的掘进高峰期有近30台盾构机共同施工，盾构机均为土压平衡盾构机，直径为6.28m，管片宽度为1.5m，对于黏土和泥岩地层，一桶盾尾密封油脂打6～8环，整体使用良好。

（2）郑州豫机高铁大直径盾构隧道。该工程是直径为12.81m的中原1号泥水大盾构，管片宽度2m，有4台盾尾密封油脂泵供应盾尾密封油脂。最开始施工单位使用的是某进口产品，然而由于北方的低温以及盾尾密封油脂与盾构机相关设备的匹配度不够，导致数次调节配方之后，依然没有达到施工单位的要求，2017年2月至2018年11月，铁五院安达盾尾密封油脂在该工程中应用，直到施工结束，使用期间不漏浆、不漏水。

（3）广州地铁18号线和22号线穿越珠江。2019年6月底，广州地铁18号线和22号线正在施工的22台直径为8.8m的盾构机，管片宽度为1.6m，地层一般为强风化、中风化、微风化泥岩或花岗岩，采用铁箭牌盾尾油脂。一桶盾尾密封油脂平均打2～3环，消耗量适中，均未出现漏水漏浆现象。其中，中铁十五局项目部做过与进口产品的消耗对比，结果表明，铁箭牌盾尾密封油脂的消耗量明显少，不漏水、不漏浆；中铁建大桥局盾构穿越珠江，穿越珠江段距离为1000m，未曾出现漏水漏浆现象，创造了国产盾尾油脂过大江大河的案例。

5. 结语

（1）研制出抗水压密封好、泵送性优异的耐高水压盾构用盾尾密封油脂，实现了抗水压密封性和泵送性的平衡,满足在环境温度 -5～40℃、水压 0.4～0.65MPa 条件下的使用要求,产品综合性能与进口同类产品相当,打破了进口产品在国内高水压盾构施工中的垄断。

(2)系统研发出产品自动化生产线,保证了产品质量,提高了生产效率。设计并建成了年产量 6000t 自动化生产线,实现了自动上料和自动出料,生产效率比传统人工加料提高了 50%,产品价格为进口产品的 40%～60%,有助于国内盾尾密封油脂生产线的更新换代。

(3)研制了定量表征油脂泵送性的毛细管流变仪和抗高水压密封测试仪,制订了测试方法和评价标准;解决了国内无定量表征盾尾密封油脂泵送性和抗水压密封性的设备难题,为国内盾尾密封油脂行业提供了定量测试抗水压密封性和泵送性的平台,将促进国产盾尾密封油脂产品的整体提升。

(4)研发产品环保性好,节能减排效果明显。原材料均选用无毒环保材料,整个制备工艺均为有机/无机共混,无工业三废,所制备的盾尾密封油脂,经细胞毒性试验证明,产品无毒,对环境友好。

第 4 节　无水砂卵石地层盾构施工渣土改良试验研究

沈阳鑫山盟建材有限公司　郭玉武,侯德超

1. 试验背景及目的

根据地勘报告描述,北京地铁房山线某项目区间主要穿越的卵石③层、卵石④层土颗粒以中砂、卵石为主,盾构区间覆土厚度为 14.414～22.76m,其中中砂占 30%～40%,粒径大于 200～300mm 的大卵石占 15%～30%,粒径 300～400mm 占 8%～18%,粒径 >400mm 占 5%～8%,最大粒径 480mm。区间范围内土层以粗颗粒的砂、卵石土为主,其整体土层结构松散、自稳性较差,易发生塌落现象。

可以看出,本项目盾构区间地层为典型的无水砂卵石地层,特点为卵石含量大、整体自稳性差。其中,较高含量的卵石内摩擦力较大,几乎不具备流动性,极易造成卵石滞排、刀具损耗过大,同时极易在盾构机推进困难期间因掌子面不稳定而引起地表沉降剧烈反应以及坍塌等施工风险。

项目部以原状土样为例,进行原状土分析及渣土改良相关试验,根据试验数据分析北京地区该类地层盾构施工的理想改良方式、总结改良材料需要具备的性能及相关使用配合比参数,为本项目渣土改良方案制定提供基础理论依据。

2. 试验仪器及材料

(1)试验仪器

电子天平、泥浆三件套、烧杯、渣土搅拌机等。

(2)试验材料

泡沫剂(鑫山盟 SF-02)、膨润土、土样(取自北京地铁房山线某项目原样土)。

3. 试验

1)土样

所用土样为砂卵石,最大粒径为 11cm,细颗粒含量较少,级配不均匀,见表 3-3-9、图 3-3-41。

土样含水率测试　　　　表 3-3-9

测试设备	恒温箱
测试原理	通过恒温箱对渣土加热,使水分蒸发,测量渣土中的含水率
含水率	7.0%
密度	约 1.85g/cm^3

图 3-3-41 土样图片

2)泡沫剂

泡沫剂测试及设备分别见表 3-3-10、图 3-3-42。

泡沫剂发泡效果及半衰期测试　　　　表 3-3-10

泡沫品牌	鑫山盟 SF-02				
测试仪器或装置	发泡装置[图 3-3-42a)]、半衰期测试装置(图 3-3-43)				
测试方法	将通过发泡装置发出的泡沫注入衰落筒,将衰落筒放在电子天平上,读取泡沫的质量,把衰落桶放到三脚架上,然后把量筒放到三脚架下方的电子天平上,置零,使衰落筒液体流出口对准量筒的中心;记录量筒内液体质量增加到泡沫质量 50% 时所用的时间				
测试数据	发泡效果	掺量(%)	温度(℃)	半衰期(min)	实际膨胀倍率
	泡呈膏状、细腻均匀	3	15	30	15

a) 发泡装置　　　　b) 搅拌机

图 3-3-42　泡沫剂设备

3)膨润土

膨润土黏度测试:泥浆黏度计测试如图 3-3-44 所示,测试数据见表 3-3-11。

图 3-3-43　半衰期测试装置图　　图 3-3-44　泥浆黏度计

膨润土黏度测试 表3-3-11

膨润土:水质量比	发酵时间(h)	黏度(s)
1:9	12	39

4. 渣土改良试验

渣土改良效果见表3-3-12,试验对比如图3-3-45、图3-3-46所示。

渣土改良效果分析试验 表3-3-12

序号	卵石土体积(L)	泡沫剂注入量(L)	膨润土注入量(L)	效果评价	坍落度(mm)	电流(A)
1	7.6	0	0.76	只加入膨润土改良后,渣土没有流动性,整体较散,稳定性较差,基本没有坍落度,搅拌机工作时电流较大。见图3-3-45	0	2.6~2.8
2	7.6	2.0	0.76	同时加入泡沫及膨润土后,渣土的流动性大幅度提高,渣土较蓬松,缝隙填充充分,卵石包裹较好,泡沫丰富,改良效果理想,搅拌机工作时电流下降。见图3-3-46	192	2.4~2.6

a) 改良渣土坍落度测试　　　　　　b) 改良流动性　　　　　　c) 搅拌机工作时电机电流

图 3-3-45　只加入膨润土改良试验

  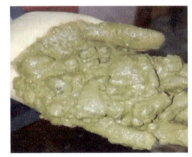 

a) 改良渣土状态　　　b) 改良渣土坍落度测试　　　c) 改良流动性　　　d) 搅拌机工作时电机电流

图 3-3-46　同时加入泡沫及膨润土改良试验

5. 试验分析与总结

1) 泡沫剂

所选泡沫剂品牌为鑫山盟 SF-02,原液掺比为 3%,实测实际的发泡倍率为 15 倍。试验所用泡沫注入率为 26%。

2) 膨润土

膨润土配置比例,膨润土:水(质量比)为 1:9,发酵后黏度为 39s,发酵时间、温度等制备条件不同时相同比例下的黏度会略有不同。试验所用注入率为 10%。

泡沫剂膨润土配合改良,渣土的改良效果理想,流塑性较好,渣土较蓬松,缝隙填充充分,卵石包裹较好,泡沫丰富。

根据试验结果建议的配合比见表 3-3-13。

试 验 结 果　　　　表 3-3-13

材料名称	配　合　比	
泡沫剂鑫山盟 SF-02	建议泡沫原液掺比(%)	3
	建议膨胀倍率	15～20
	泡沫注入率(%)	30～35
膨润土	膨润土：水(质量比)	1:9
	发酵时间	以实际浆液发酵效果为准
	膨润土注入率(%)	10～15

注：注入率根据实验室结果，并考虑实际土样的含水率及改良过程中的损失量。

6. 房山线项目渣土改良成果

项目部认为渣土改良为本项目重中之重，根据上面的试验得出的结论，并结合现场实际情况，制订了本项目土体改良方案，见表 3-3-14。

实 施 方 案　　　　表 3-3-14

项　目	具 体 方 案
渣土改良添加方式	刀盘前方 4 路泡沫剂 +2 路膨润土注入掌子面，联合改良渣土
泡沫剂选择标准	半衰期≥25min，增强渣土流动性及改良效果支撑时间，注入率 30% 左右
膨润土选择标准	能够 24h 充分膨化，黏稠度≥32s，增强携渣能力及润滑渣土，注入率 15% 左右
推进主体参数控制标准	(1) 推进速度≥35mm/min； (2) 刀盘扭矩≤5000kN·m，避免剧烈波动； (3) 油缸推力≤18000kN； (4) 推进土仓上土压按技术交底严格控制，避免土仓虚压及快速波动； (5) 务必做到平稳推进，避免忽快忽慢现象； (6) 推进过程中严密监测渣土形态以及卵石排出含量，根据渣土形态时刻调节添加剂注入流量，实现均匀连续出土，避免渣土时干时稀

结合项目部始发前模拟试验的渣土改良理论性工作，施工期间精确控制，项目取得了预期推进成绩，盾构机顺利平稳通过各风险源区域，表现出较高的施工效率，具体见表 3-3-15。

效 果 验 证　　　　表 3-3-15

项　目	数　值	备　注
推进速度(mm/min)	40～55	推进速度较为理想
刀盘扭矩(kN·m)	3800～4500	刀盘扭矩较较为平稳
推力(kN)	14000～16000	在理想控制范围内
渣土形态	均匀连续，卵石有效排出	出土后可见蓬松渣土，卵石包裹携出，颗粒间分布丰富泡沫
单环推进完成时间(min)	30～35	连续推进，日掘进效率较高
月平均掘进里程(m)	280	有环保停工及文明施工因素影响，总体施工效果较好

7. 结论

(1) 北京地区该地层渣土改良材料的选择建议为膨润土和泡沫剂联用。实际应用若能达到试验效果，则经改良的渣土具备良好的携渣能力、一定的蓬松状整体性(无渣水分离)及流塑性，降低渣土颗粒间内摩擦角，并利于推进扭矩、推力参数的优化，以及出土的平稳连续性。

(2) 要求所选泡沫剂具备良好的发泡性能，在合理的浓度及气液比下能够发出细腻均匀、膏状的泡沫，且具有一定的吸附能力，有效分布在土体颗粒之间起到润滑支撑作用。根据设备所用发泡装置能力不同，建议膨胀率设定值为 15～20 倍。该地层卵石含量较高，颗粒间挤压力大，因此对泡沫的稳泡性能要求较高，所选泡沫的半衰期应不低于 25min。

(3)根据试验数据分析,以及实际应用时的条件限制,要求所选膨润土应为钠基膨润土,浆液的黏度应不低于32s,充分膨化。

(4)北京地区无水砂卵石地层总体改良要求较高,需在始发前针对性地制定渣土改良方案,同时严格注意改良材料选用标准。具体实施过程中,需注重改良方案的有效执行,以达到降低施工风险、提高施工效率的目的。

第5节 盾构与TBM施工耗材产品技术研究

山东大学齐鲁交通学院 李树忱,万泽恩,赵世森,李阳

1. 引言

盾构/TBM施工时存在的排渣困难、刀具磨损、盾尾失效、地表沉降等问题,严重影响隧道施工安全和掘进效率,成为当下困扰盾构施工的重要难题,开展渣土改良和盾尾密封技术研究是解决这一系列难题的关键。本节阐述了各类问题发生的原因,在盾构隧道常用施工技术的基础上综述了国内外渣土改良与盾尾密封相关技术的研究现状,总结了目前的常用施工方法和施工工艺的不足。依托实际工程通过室内试验与现场试验相结合的方法,自主研发了高效渣土改良剂、耐磨抑尘剂、高性能盾尾密封油脂、同步注浆充填剂等盾构新型特种材料与配套施工技术,开展了理论分析和效果对比试验,解决了盾构/TBM掘进过程的相关技术难题,保障了隧道安全快速施工,为今后高水压复杂环境渣土改良与盾尾密封提供理论基础和技术保障。

2. 盾构渣土改良技术研究

1)土压平衡盾构掘进难题

土压平衡盾构机适用于卵石、粗砂、粉土、黏土等软土地层开挖,通过土仓土压力支承开挖面水土压力来维持开挖面压力平衡。理想条件下的盾构渣土为低渗透流塑状态,能够将支护压力均匀传递至开挖面维持稳定,能够顺利排出土仓。但是由于盾构施工地层复杂多变,易出现刀具磨损、排渣困难、堵塞、高扭矩、高推力等问题,在富水地层掘进时土仓渣土渗透性大、难以保压,易发生土仓喷涌灾害;在黏土矿物含量较高的地层掘进时,刀盘切削下来的渣土止水性好,但是流塑性差,容易造成刀盘结泥饼,严重影响盾构施工。土压平衡盾构掘进常见问题如图3-3-47所示。

a)刀盘结泥饼　　　　b)刀具堵塞　　　　c)土仓喷涌　　　　d)排渣困难

图3-3-47 土压平衡盾构掘进常见问题

2)盾构渣土改良技术

为有效解决盾构掘进难题,需要对开挖面、土仓土体进行渣土改良,土压平衡盾构渣土改良的目的是将刀盘切削土体改良成塑性流动状态,通过在开挖面、土仓等位置添加渣土改良剂来提高渣土输送能力,同时对于开挖面支撑稳定、刀具切削能力有加强作用。改良后的土体应具备以下条件:

①将支撑压力均匀分布,维持开挖面稳定。
②保持塑性流动状态,便于输送。
③低渗透性、低摩擦角,防止喷涌。
④低黏聚性,颗粒分散,防止刀盘结泥饼和堵塞。

⑤减小刀盘刀具和螺旋输送机的磨损。

影响盾构渣土流塑性质的因素包括土体粒径分布、渗透性、剪切强度、含水率、黏聚力、内摩擦角等,需要通过大量试验寻求渣土达到流塑状态时的物理力学参数,分析各种渣土改良剂与土体的作用机理,选取合适的改良剂,达到工程最优的渣土改良效果。常用的渣土改良剂有水、膨润土、泡沫剂、聚合物、分散剂等,可以单独使用,也可复合使用,需要根据具体的地层条件进行合理选择。

(1)水和膨润土

盾构施工最开始将水作为渣土改良剂应用于盾构工程,但其改良效果一般,在刀盘前方和土仓大量注入水会导致渣土过稀,排渣困难,无法满足越来越复杂的盾构隧道施工要求。后来选择膨润土浆液作为改良剂添加到刀盘前方和土仓,来提高渣土的流塑性。膨润土浆液主要是蒙脱土黏粒在水中充分分散和水化反应形成的分散体,当盾构在粗粒土地层开挖时,膨润土浆液可在掌子面前方形成低渗透性的泥膜,防止地下水喷涌并提高开挖面支撑压力。膨润土的加入增加了切削渣土中的细粒含量,改善了土体塑性流动性能并降低渗透性。另外,膨润土具有一定的润滑作用,能够一定程度上降低刀盘和螺旋输送机扭矩,减小机器磨损。由于膨润土改良效果局限性,不能适用于所有地层,所以一般配合泡沫、分散剂等其他化学渣土改良剂共同使用。近年来新型的渣土改良剂如泡沫剂、黏土分散剂、聚合物等逐渐出现,替代了水和膨润土作为高效添加剂用于盾构施工。单一的改良剂很难适用于所有工程,所以实际施工中需要根据掘进地层的土体性质,如粒径分布、渗透性、黏聚力、强度等指标进行改良剂的合理选择。

(2)泡沫剂

泡沫剂是土压平衡盾构施工中最常用的渣土改良剂,自20世纪80年代初日本最先开发出泡沫改良技术以来,泡沫剂研发技术和效果评价试验不断创新,改良土体的范围也从单一的砂土层、黏土层、砂砾层到复合地层。泡沫剂渣土改良技术主要是将泡沫剂与水按照一定的比例混合稀释,通过盾构机泡沫注入系统注入刀盘前方、土仓、螺旋输送机等位置,改良切削土体的流塑性。刀盘前方注入的泡沫与土体混合,减少黏性土块之间的直接接触,增加切削土体的流动性。另外,在土仓内注入泡沫也能降低渣土进入土仓之后再次黏结堵塞的风险。

泡沫是由水基表面活性剂溶液组成的含气泡的液相分散体,表面活性剂是一种具有疏水链和亲水端基化学结构的分子,具有阴离子、阳离子、非离子或两性电荷性质,影响溶液的表面张力、与土壤的相互作用以及泡沫本身的性质。表面活性剂能通过静电吸附到带电的土壤颗粒上。表面活性剂经发泡装置发泡并掺入渣土中后,吸附于土体颗粒及其周围自由水表面,大大减小颗粒间的接触和水的表面张力,降低接触面的粗糙度和土体的摩擦力,起到润滑作用,改善渣土的流动性、渗透性并防止黏附,通过分子间斥力,使土体颗粒分散,起到渣土改良作用。泡沫剂由于表面活性剂等化学成分的不同而表现出较大的差异性,以发泡倍率、发泡稳定性以及与土体混合后的改良指标作为判断泡沫剂质量好坏的标准,依据以下公式进行计算:

$$c_f = \frac{Q_f}{Q_L} \times 100\%$$
$$\mathrm{FER} = \frac{Q_F}{Q_L}$$
$$\mathrm{FIR} = \frac{Q_F}{Q_S} \times 100\%$$

(3-3-4)

式中:c_f——泡沫剂浓度;

FER——发泡倍率;

FIR——泡沫注入比;

Q_f——泡沫体积流量(m^3/min);

Q_L——泡沫溶液(泡沫剂+水)体积流量(m^3/min);

Q_F——开挖面泡沫溶液体积流量(m^3/min);

Q_s——开挖面土体排渣流量(m^3/min)。

国产普通泡沫剂发泡倍率较低、稳定性较差,泡沫综合性质与国外高性能泡沫相差较大,主要体现在发泡倍率和稳定性上。自主研发的新型高效泡沫剂发泡倍率最高达三十多倍,1%浓度的泡沫剂即有22倍的发泡倍率,5%浓度的泡沫剂发泡倍率达30倍以上,发泡效果如图3-3-48、图3-3-49所示。半衰期一般定义为泡沫从发泡开始到消散一半所用时间,自行研发的新型高效泡沫剂半衰期在9~15min,如图3-3-50所示,稳定性远高于普通泡沫剂(5~10min),泡沫有效作用时间明显增加。

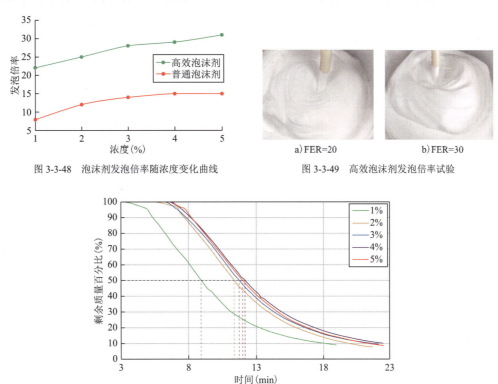

图3-3-48 泡沫剂发泡倍率随浓度变化曲线　　图3-3-49 高效泡沫剂发泡倍率试验

图3-3-50 高效泡沫剂半衰期试验结果

(3)黏土分散剂

黏土地层和风化泥岩地层是由一种或多种黏土矿物、金属氧化物和有机物组成,细颗粒含量较多,土体性质随含水率变化而变化。当盾构机在黏土地层中施工时,由于黏土地层土体含有较多蒙脱石、高岭土等细粒成分,土体黏聚力较大,切削后的黏土易黏附于刀具和刀盘,造成开挖扭矩和推力过大、掘进速度低,给盾构机造成较大负荷,若不及时处理,黏土块长时间在较高的推力作用下堆积,易形成坚硬的泥饼,造成停机,严重影响盾构掘进。

黏土分散剂是为了应对黏土地层掘进问题而研发的一种聚合物,主要用于黏度较高的地层渣土改良,其主要成分是表面活性剂和分散剂,掺入渣土后吸附于土体颗粒及其周围自由水表面,大大减小颗粒间的接触和水的表面张力,同时分散剂渗透到土体颗粒周围,分散大块渣土来降低土体的黏性,防止黏土地层渣土黏附刀盘。分散剂用于处理硬黏土,作为添加剂注入泡沫液或水基溶液中,随着分散剂掺量的增加,液限和塑性指数显著降低,但随着分散剂掺量的增加,液体极限和塑性指数的降低不明显,通过研究不同改良剂对土样液塑限的影响特征,确定改良剂的地层适用性。

自主研发了高效黏土分散剂,分散效果较好,且黏土分散剂一般作为添加剂加入泡沫溶液中与泡沫配合使用,如图3-3-51所示,泡沫主要起包裹黏土颗粒、降低颗粒之间黏结的作用,而黏土分散剂主要起分散作用,将大的黏土块分散为小的黏土颗粒,然后由泡沫包裹,降低土体黏附性。

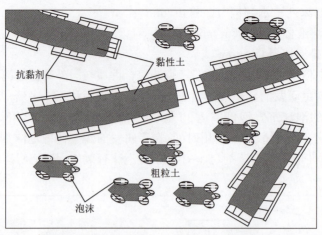

图 3-3-51 黏土分散剂 + 泡沫剂作用机理示意图

为验证泡沫剂 + 黏土分散剂对黏土的分散效果,将自行研发的泡沫剂与黏土分散剂按照 2∶1 的比例进行室内试验,通过扭矩和滑动角试验结果可以看出,相同浓度条件下,随着泡沫剂 + 黏土分散剂掺入比的增大,土体黏附性逐渐减弱;相同掺入比条件下,随着泡沫剂 + 黏土分散剂浓度增加,其黏附性逐渐减弱(图 3-3-52)。泡沫剂与黏土分散剂具体掺量需要根据实际工程地层条件进行调整,若发生结泥饼时,可用黏土分散剂单独注入刀盘前方、土仓进行浸泡,其分散作用可使泥饼分散成小块排出土仓。

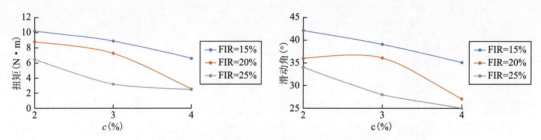

图 3-3-52 黏土分散剂对刀盘扭矩和滑动角的作用关系

(4)高分子聚合物

盾构机在砂卵石等粗粒土地层掘进时,由于砂卵石具有内摩擦角大、流动性差、渗透系数大等特点,施工时会引起出土困难、刀盘磨损、地下水喷涌等问题,严重影响盾构施工安全。为此,研发的水溶性高分子聚合物的分子长链可以在颗粒与水之间形成絮状凝聚物,吸收土体颗粒周边自由水,使各颗粒之间发生黏结,提高土体黏聚力,减小内摩擦角,提高流动性,降低土体渗透性,确保渣土顺利排出,避免发生喷涌,其作用机理如图 3-3-53 所示。

在土压平衡盾构隧道施工时,许多聚合物被用作土体改良剂。天然聚合物如淀粉和瓜尔斯,改性天然聚合物,包括羧甲基纤维素(CMC)和聚阴离子纤维素(PAC),以及合成聚合物,特别是聚丙烯酰胺的衍生物,已经被用于盾构掘

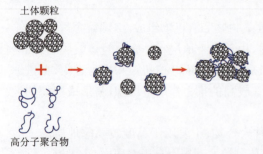

图 3-3-53 高分子聚合物作用机理

进渣土改良,部分水解聚丙烯酰胺(PHPA)是最常用的渣土改良剂之一。

自主研发的高分子聚合物长链较多,聚合效果比普通低分子聚合物更加突出。直接注入螺旋输送机或土仓中,能有效解决喷涌问题。高分子聚合物既可作为外加剂加于泡沫溶液中对粗粒土进行改良,也可加水稀释后单独泵送至刀盘、土仓,其具体掺量需要根据地层条件进行确定。研发的高分子聚合物在泡沫原液中的掺量为 0.2% ~ 3.5%、掺入比为 30% 左右时有较好效果,掺量需要严格控制,不易过大,一般开挖土体需消耗 1 ~ 2kg/m³,若掺量过大则造成砂土塑性过大(图 3-3-54、图 3-3-55),虽然渣土的渗透性较低,但流动性也随之减小,砂土聚集成团,导致盾构机排渣困难。

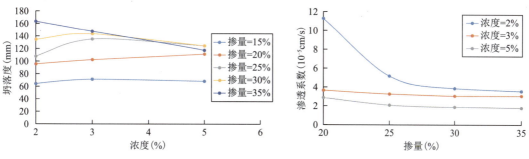

图 3-3-54 砂土坍落度、渗透性与聚合物浓度、掺量关系

（5）渣土改良剂对地层适应性研究

渣土改良剂的选择需要充分考虑工程地质条件，不同的改良剂对地层具有一定的要求，国内外相关学者针对改良剂对地层的适应性进行了相关研究，由单一砂卵、黏土地层的渣土改良扩展到复合地层渣土改良。盾构机在不同的地层条件施工时需要注入不同的渣土改良剂进行渣土调节，黏土地层需要降低黏附性而采用泡沫剂+黏土分散剂的组合方式，高渗透富水砂卵地层采用泡沫剂+聚合物的组合，发生结泥饼时可单独使用黏土分散剂浸泡。通过室内试验展开渣土改良剂与地层作用关系研究，配制不同级配的土来模拟不同的土体情况，得到渣土改良剂对地层的适应性如图 3-3-56 所示。即使是同一种地层，不同位置和断面处也存在空间差异，如含水率变化、矿物成分不同、密实度不同等，为此对每种土体的粒径

a) 无聚合物　　b) 少量聚合物

c) 适量聚合物　　d) 过量聚合物

图 3-3-55 高分子聚合物对砂土改良效果

变化范围进行了渣土改良及掺入比确定，得到各种土体的掺入比范围，见表 3-3-16。实际施工时可根据土体类型在此范围内选取掺入比，并依据具体的土体条件进行精确确定，实现工程中渣土改良剂的优选和优配。

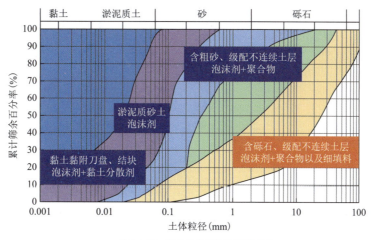

图 3-3-56 渣土改良剂的地层适应性

渣土改良剂应用范围和掺入比　　　　　　表 3-3-16

土　层	渣土改良剂				作　用
	泡沫剂	黏土分散剂	高分子聚合物	掺入比	
黏土	▲	▲		30～80	降低黏附性
淤泥质黏土	▲	▲		20～40	降低黏附性
粉质黏土	▲			20～40	控制稠度

续上表

土 层	渣土改良剂				作 用
	泡沫剂	黏土分散剂	高分子聚合物	掺入比	
砂性地层	▲		▲	30～40	颗粒黏结和渗透性控制
黏性卵砾地层			▲	25～50	颗粒黏结和渗透性控制
砂性卵砾地层			▲	30～60	颗粒黏结和渗透性控制

注：▲表示该渣土改良剂适用于此地层。

3. TBM 耐磨抑尘技术

1) TBM 硬岩掘进施工难题

TBM 在硬岩地层掘进时，刀具破岩过程会产生正常磨损和非正常磨损等损耗，现场施工需要频繁更换刀具，导致 TBM 不能连续掘进而施工效率低下，严重影响掘进速度；破岩过程伴随产生的高温应力场极易导致刀具变形，影响刀具使用寿命；破岩过程粉尘浓度较大，0.5～5μm 之间的粉尘严重影响人体健康，破岩粉尘无法在隧道密闭空间逸散，而洒水抑尘效率低下，施工人员健康受到严重影响。这些问题严重影响 TBM 掘进施工，给工程造成极大的困难。

2) 耐磨抑尘新技术

现有的提高刀具耐磨的手段都是物理手段，通过分析刀具磨损机理，从外观、尺寸、本身材料等方面进行改进，但该方法比较滞后麻烦，工程施工需要更简便、更容易操作的手段提高刀具的耐磨性。另外，TBM 降温除尘更多是采用通风和注水方式，效率低下，且注水过多直接影响 TBM 排渣。为此自主研发了耐磨抑尘剂，通过化学手段对刀具进行保护。耐磨抑尘剂是一种液态高分子聚合物，适用于含硬岩地层的掘进。耐磨抑尘剂经发泡后通过刀盘前方的喷头渗入工作面，泡沫起到到润滑、冷却作用，有效减少刀盘堵塞，减小刀具扭矩，降低刀盘温度，从而减少刀盘与刀具的磨损；同时泡沫能够有效吸附、控制粉尘，除尘效果是普通注水除尘方式的 2～3 倍，大大减少除尘用水量，保证了顺畅排渣。

由图 3-3-57 可以看出，刀具磨损量随注入刀盘前方的耐磨抑尘剂浓度的提高而减小，当注入浓度在 2%～4% 时，磨损量接近于 1mg/环，磨耗比 1500～2200，极好地保护了刀具。但是注入浓度不能过大，浓度过大会抑制耐磨抑尘剂的发泡效果，其对刀盘刀具的包裹性减弱，磨损量反而会增加，所以建议施工时所用耐磨抑尘剂浓度低于 5%。

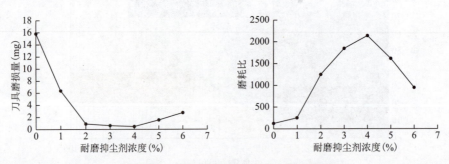

图 3-3-57 刀具磨损随耐磨抑尘剂注入浓度变化情况

4. 盾尾密封系统研究进展

盾尾密封系统包括盾尾密封装置以及同步注浆两部分，如图 3-3-58 所示，在盾构掘进过程中，需在盾尾设置至少 3 道盾尾密封刷，并在盾尾刷之间注入盾尾密封油脂，从而确保高度的水密性；盾尾密封系统通过盾尾腔油脂压力与注浆压力和地下水土压力平衡，实现隧道内外环境的隔离，避免管片外侧的水、土、同步注浆浆液渗入盾构机内部。盾尾后方管片壁后间隙需要同步填充浆液，减小地层过量变形，保障盾构下穿过程中的地表安全。

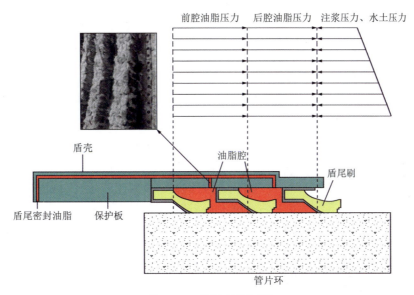

图 3-3-58 盾尾密封平衡系统

1)盾尾密封系统关键技术难题

目前,盾构朝着大直径、高水压、长距离的趋势发展,由于施工条件的复杂性使盾构施工安全更为棘手,其中盾尾密封系统是保障盾尾安全的关键,一旦密封失效盾尾将发生喷涌,同步注浆浆液和地下水、泥沙进入隧道,造成极大的安全威胁。盾尾密封油脂作为盾构施工中重要的功能材料来保障盾尾密封安全,一旦盾尾油脂质量不佳或者用量、压力不足,极易造成盾尾密封效果不好、甚至盾尾密封失效。现阶段盾尾密封油脂在工程应用中存在诸多问题:

(1)目前盾尾密封油脂质量良莠不齐,泵送性、抗水密封性等指标难以满足高水压条件下工程建设的需要。

(2)盾尾密封油脂的性能指标受温度影响明显,低温条件下泵送性显著降低,难以满足工程冬季低温条件下施工的需要。

(3)普通盾尾密封油脂损耗量较大,极大增加了工程成本。

盾尾密封系统工程问题如图 3-3-59 所示。

a)尾刷损坏

b)盾尾漏浆

c)浆液泌水

d)地表沉降

图 3-3-59 盾尾密封系统工程问题

盾构机在下穿城市既有建筑物和其他重要基础设施时,如何有效控制地表沉降是盾构施工的关键。而同步注浆作为管片壁后主要充填方法,其充填作用决定了沉降的大小。为此很多学者针对同步注浆材料、注浆量、注入压力等进行了研究:双液浆充填作用相比单液浆具有明显的优势,但其操作复杂、成本较高,在大型盾构中应用较多,普通小直径盾构操作空间狭小一般还是选择单液浆进行充填加固。普通单液浆虽然应用广泛,但存在以下问题:

(1)浆液泌水率较大。

（2）浆液易离析和分层。

（3）浆液和易性较差，流动性较低。

（4）浆液凝结时间长，早期强度低。

2）盾尾密封系统安全保障技术研究

盾尾密封系统失效属于盾构施工中的严重事故，轻则发生漏浆影响工程进度，重则导致地表沉降、甚至造成人员伤亡。自主研发的新型盾尾密封油脂针对高水压复杂地层而设计，它能有效密封盾构壳体和混凝土管片之间的空隙，防止土壤、水和浆液进入盾构机。通过实验室油脂泵送试验系统进行性能测试，新型盾尾油脂具有良好的可泵送性能和任何表面的黏附性能，水密封试验中最大能够抵抗35bar的地下水压力，损失率小于5%，析油率低、稳定性好，如图3-3-60所示。

针对同步注浆单液浆浆液问题，自主研发了一种对浆液性质进行改良的盾构同步注浆充填剂，并进行了泌水率、流动度等指标测试。泌水率是表征浆液稳定性的重要指标，反映了浆液的分层、离析程度，规范要求3h泌水率<5%。同步注浆充填剂对浆液泌水抑制效果明显，仅加入1‰的充填剂就有

图3-3-60 新型盾尾油脂性能测试

明显的泌水抑制效果，如图3-3-61所示。同步注浆3h泌水率随充填剂掺量变化曲线如图3-3-62所示，当添加0.5‰充填剂时，3h泌水率可降低至5%以下；当充填剂掺量为1‰时，3h泌水率降低至3.5%以下。

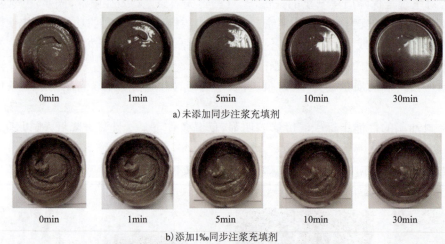

图3-3-61 同步注浆充填剂泌水抑制效果

同步注浆流动度是反映浆液泵送性的指标，在保证浆液其他性质不变的情况下，提高浆液流动度将有利于浆液泵送，降低泵送压力，提高浆液的壁后充填性，有利于浆液壁后流动并充填远处细小空隙。如图3-3-63所示，在实验室测试了添加充填剂后的浆液流动度，随着充填剂掺量增加，浆液流动性有了明显改善：无充填剂添加时，浆液流动度为12～13cm，当掺量为1‰时，浆液流动度达到20～21cm，同步注浆充填剂能够高效改善浆液的流动性。

5. 工程应用

1）工程概况

上述自主研发的盾构新型材料目前已成功应用于长春地铁2号线西延线盾构隧道工程，本工程包括两站两区间，采用两台直径6280mm的土压平衡盾构进行施工。其中，西湖站—捷达大路站区间已顺利贯通，进行了自主研发的泡沫剂、黏土分散剂、聚合物、盾尾密封油脂和同步注浆充填剂等现场试验和应用，取得了显著的效果。

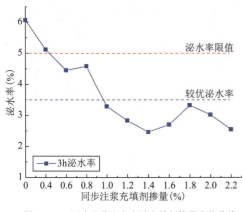

图 3-3-62 同步注浆泌水率随充填剂掺量变化曲线

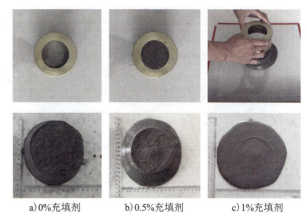

图 3-3-63 同步注浆充填剂对浆液流动性影响

2）现场应用效果

（1）泡沫剂、黏土分散剂现场应用。长春地铁 2 号线西延线西捷区间左线隧道全程采用"泡沫剂＋抗黏剂"的渣土改良手段，常规地段泡沫剂每延米消耗量为 80kg，遇到黏性较高地层，适当提高泡沫剂用量至 100kg 每延米，并按照 2∶1 ～ 10∶1 的比例混入抗黏剂，抗黏剂每延米消耗量为 20 ～ 60kg。为了对比分析研发的泡沫剂与国产其他品牌泡沫剂的作用效果，右线在始发段仅采用其他品牌泡沫剂，泡沫剂用量提高的前提下，盾构排渣不畅并发生堵塞结块，并在 60 环左右时发生结泥饼，造成盾构停工 3d，如图 3-3-64 所示。于该环开始采用自主研发的"高效泡沫剂＋抗黏剂"的组合进行渣土改良，后期隧道施工直至贯通未再发生结泥饼现象。

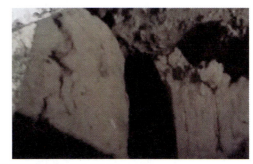

图 3-3-64 盾构左线前 60 环出现渣土结块、堵塞等问题

通过盾构右线掘进参数对比可以看出，前 60 环使用普通泡沫剂刀盘扭矩在 3200 ～ 3600kN·m 之间，推力在 10500 ～ 13000kN 之间，而采用自主研发的"高效泡沫剂＋抗黏剂"组合时，刀盘扭矩降低至 2400kN·m 左右，推力降低至 8000 ～ 9000kN，说明该黏土地层盾构掘进采用"高效泡沫剂＋抗黏剂"的渣土改良手段效果更好，解决了黏土地层开挖的相关难题，达到了普通泡沫剂无法达到的技术效果。

（2）高分子聚合物现场应用。本盾构区间穿越地层部分区域存在地下承压水，600 环出现粉砂地层，盾构施工土仓存在喷涌的风险。因此，600 环以后的施工中在泡沫注入系统中加入 5% 的高分子聚合物，发泡倍率 30 倍，降低土仓渣土的渗透系数至 5.0×10^{-5}cm/s 以下，效果如图 3-3-65 所示，保证了土仓压力，排渣顺畅，整条隧道施工过程未出现喷涌等灾害。

（3）盾尾密封油脂现场应用。新型盾尾密封油脂在长春地铁 2 号线西沿线工程进行了现场应用，并与国内普通盾尾密封油脂性能进行了对比，自主研发盾尾密封油脂泵送压力大部分处于 10 ～ 15bar 之间，小于国内其他品牌油脂的泵送压力（15 ～ 18bar），泵送性良好。自主研发盾尾密封油脂用量约为平均每桶可推进 5.33 环，相比现场用的国内其他品牌油脂（每桶 4 环），每环盾尾密封油脂用量可降低 25%。整体效益明显，节约大量成本，如图 3-3-66 所示。

a) 无聚合物　　　　　　　　　　b) 5%聚合物

图 3-3-65　高分子聚合物现场应用效果

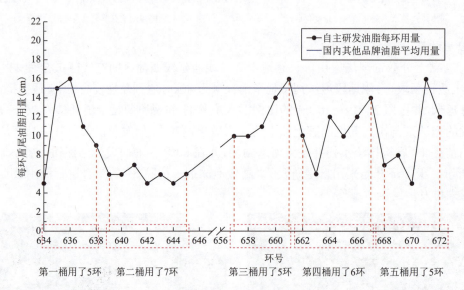

图 3-3-66　盾尾密封油脂现场应用对比

（4）同步注浆充填剂现场应用。该区间工程同步注浆原配合比浆液中粉煤灰用量较多，过多粉煤灰会使浆液初凝时间加长，早期强度降低。考虑浆液的充填性对地表沉降的影响规律，对浆液配合比进行调整，通过降低水泥增加细砂集料的方法来提高原浆液的填充性，但一味增加细砂会导致浆液流动度大大降低，因此需要基于浆液流动度和填充性指标，掺入 0.05%～0.1% 的充填剂对浆液进行配合比优化，具体见表 3-3-17、表 3-3-18。

同步注浆原配合比　　　　表 3-3-17

名称	水泥	水	粉煤灰	膨润土	细砂	外加剂
用量(kg)	150	385	500	100	260	0
配合比	1	2.57	3.33	0.67	1.73	0

同步注浆改进后配合比　　　　表 3-3-18

名称	水泥	水	粉煤灰	膨润土	细砂	外加剂
用量(kg)	74	372	232	55	735	0.784
配合比	1	5.03	3.14	0.74	9.93	0.011

通过对同步注浆浆液配合比优化，提高了浆液的充填性，另外充填剂的加入使得浆液稠度满足 8～12cm 要求，且将初凝时间控制在 8h 以内，保证了壁后注浆浆液的早期强度。另外，降低了一半的水泥和粉煤灰用量，节省了工程成本。

6. 结语

（1）分析了目前盾构/TBM施工中渣土改良与盾尾密封领域存在的问题，并对国内外现有的渣土改良与盾尾密封技术研究现状进行了综述，指出了现有技术手段的不足，为盾构新型特种材料研发奠定了基础。

（2）自主研发了盾构新型高效渣土改良剂和配套施工技术，并开展了渣土改良剂对地层的适配性研究，针对不同地层条件提出不同的新型改良剂组合方式和其最优掺量范围。高效泡沫剂+黏土分散剂手段能够有效解决黏土地层盾构开挖问题，降低刀盘扭矩、推力，防止刀盘结泥饼。泡沫剂+高分子聚合物手段解决了砂卵强透水地层土仓喷涌难题，实现了盾构机在不同地层的顺利掘进。

（3）自主研发TBM硬岩掘进耐磨抑尘剂和配套工艺，通过注入耐磨抑尘剂，使刀具磨损量降低至1mg/环，增加了刀盘刀具耐久性和使用寿命，大大提高破岩效率，并控制破岩粉尘扩散，保障施工人员健康。

（4）根据盾尾密封压力平衡系统，研发了抗水密封性达35bar、损失率小于5%的新型盾尾密封油脂，充分保障了高水压盾构盾尾密封安全；针对同步注浆单液浆问题，研发了同步注浆充填剂，1%的掺量即能大幅度提升浆液的和易性、抑制泌水、稳定性等性质，大大提高壁后浆液的充填效果，有利于对地表沉降的精确控制。

第6节　盾尾刷产品技术研究

昆山众备机械设备有限公司　贾明

1. 引言

21世纪是城市向空中和地下立体空间拓展的时代，盾构机作为集机械、液压、电气与自动化于一体的综合性大型施工机械，以其优质、高效、安全的优势，在地铁施工与地下隧道、过江隧道等施工中被广泛应用。盾尾刷是盾构机中涉及安全施工的一个关键部件，其基本工作原理是：盾构机盾尾尾部内圆面内安装有多道盾尾刷（图3-3-67），由油脂注入泵提供动力，油脂通过分配阀和管道进入刷槽，填满管片和尾盾之间的间隙，从而形成密封仓，防止外部的水、泥浆、注浆液等进入盾构机内部。

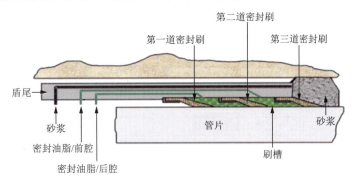

图3-3-67　盾尾刷安装示意图

随着市场对盾构机及核心零部件需求的加大，盾尾刷逐步从进口发展到国内企业进行研制和设计，再到各自制定自己的设计标准，国产盾尾刷技术进步很快。但市场上各个品牌的盾尾刷性能、质量标准不同，没有形成统一的行业规范。为了保证和提升产品质量，预防因盾尾刷造成的施工风险，应该在以下几个方面进行技术研究和持续改进：

（1）盾尾刷结构设计与新型材料的应用。

（2）盾尾刷密封、耐磨性能测试方法与测试设备研制。

（3）盾尾刷行业标准的制定。

（4）大于1MPa高水压条件下的盾尾刷研制。

2. 高性能盾尾刷研制

1）盾尾刷结构创新

盾尾刷主要由折弯成型后的弹簧钢板与弯曲的钢丝组成，如图3-3-68所示，弹簧钢板由于贴合力紧贴管片，防止由于盾构机前移而造成钢丝组磨损。为了防止钢丝脱落，盾尾刷增加小卡和夹丝箍二道防脱结构。

钢板刷主要由多层弹簧钢板折弯成型后交叉叠加组成，如图3-3-69所示，对管片产生大贴合力，弹簧钢板会紧贴管片，止浆性能优于盾尾刷，同时耐磨性能优异。

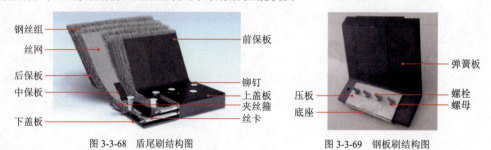

图3-3-68 盾尾刷结构图　　　　图3-3-69 钢板刷结构图

2）盾尾刷材料选用

盾尾刷所属零部件全部采用优质材料。钢丝是与钢铁厂合作研制的ZB202C不锈钢丝，抗拉强度达到1660MPa以上，防腐性能48h中性盐雾试验无锈斑；盾尾刷保护板和钢板刷弹簧板都采用耐磨性、韧性等综合性能非常好的材料，8mm间隙连续冲压1000次，角度变化不超过5°。

3）盾尾刷质量控制

严格贯彻执行质量体系，通过"技术质量管理""物料质量管理""生产质量管理"和"客服质量管理"，使产品质量有章可循，同时对产品性能进行测试，确保产品的可靠性，满足用户的需求。

4）盾尾刷性能指标

盾尾刷性能指标参数见表3-3-19。

盾尾刷性能指标参数　　　　表3-3-19

序号	项目	性能指标	执行标准
1	钢丝抗拉强度	≥1660MPa	《金属材料 拉伸试验 第1部分：室温试验方法》（GB/T 228.1—2010）
2	钢丝防腐性能	Ⅱ级防腐：中性盐雾测试，48h无锈斑	《人造气氛腐蚀试验 盐雾试验》（GB/T 10125—2012）
3	盾尾刷疲劳塑性变形量	测试间隙4mm（上盖板到测试压板间隙）、72h静压，保护板无裂纹、后保板角度变化≤16°	现行《盾尾刷疲劳塑性变形量测试方法》
4	盾尾刷贴合力	满足施工耐压要求条件的贴合力	现行《盾尾刷贴合力测试方法》
5	盾尾刷耐压	满足施工耐压要求的产品	现行《盾尾刷耐压测试方法》
6	盾尾刷磨损	耐磨满足施工距离内前保无磨破、脱落	现行《盾尾刷磨损测试方法》

钢板刷性能指标参数见表3-3-20。

钢板刷性能指标参数　　　　表3-3-20

序号	项目	性能指标	执行标准
1	保护板疲劳强度	单片8mm间隙连续1000次冲压无裂纹，角度变化≤5°	现行《保护板疲劳强度测试方法》
2	保护板硬度	HRC45～HRC48	《金属材料 洛氏硬度试验 第1部分：试验方法》（GB/T 230.1—2018）
3	螺栓	螺栓性能等级≥4.8级	《紧固件机械性能 螺栓、螺钉和螺柱》（GB/T 3098.1—2010）
4	螺母	螺母性能等级≥5级	《紧固件机械性能 螺母》（GB/T 3098.2—2015）

止浆板性能指标参数见表 3-3-21。

止浆板性能指标参数　　　　　　　　　　表 3-3-21

序号	项目	性能指标	执行标准
1	保护板疲劳强度	单片 8mm 间隙连续 1000 次冲压无裂纹,角度变化≤5°	现行《保护板疲劳强度测试方法》
2	保护板硬度	HRC45～HRC 48	《金属材料 洛氏硬度试验 第 1 部分:试验方法》(GB/T 230.1—2018)

3. 盾尾刷密封与耐磨性能试验设备研制

为了更好地控制质量,我公司研制了一整套试验设备。2017 年 9 月 15 日,通过了由上海土木工程学会、中国工程机械工业协会掘进机分会组织的,有各大主机厂、施工单位及行业内专家共 35 人参加的盾尾密封测试设备专家评审会评审。

1）盾尾刷贴合力测试平台

验证盾尾刷对管片的贴合力和盾尾刷密封性能的关系;验证贴合力和耐磨、耐压性能的关系,为设计提供有效数据。贴合力测试平台如图 3-3-70 所示。

图 3-3-70　贴合力测试平台

2）盾尾刷磨损测试装置

验证不同设计的盾尾刷在不同管片间隙条件下的磨损数据,在设计时为不同盾构机和不同施工要求提供符合磨损要求的设计。盾尾刷磨损测试装置如图 3-3-71 所示。

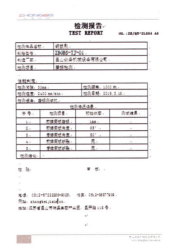

图 3-3-71　盾尾刷磨损测试装置

3）盾尾刷动态耐压测试装置

验证不同设计的盾尾刷使用密封性能和盾尾刷与油脂的配套使用及油脂的损耗，为不同施工要求的设计提供依据。盾尾刷动态耐压测试装置如图3-3-72所示。

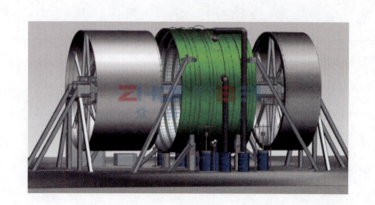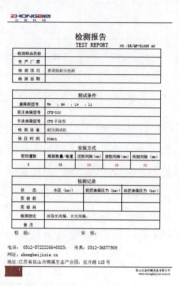

图3-3-72　盾尾刷动态耐压测试装置

4. 工程应用

国产盾尾刷产品技术与质量不断提升，得到厂家、施工单位、市场的认可。我公司生产的盾尾刷产品，2017年被中国工程机械工业协会掘进机分会授予首批"优质国产配套件产品"称号。

5. 结语

随着盾构隧道越来越长、埋深越来越深，对盾尾刷产品的耐磨性能和耐高水压性能要求将会越来越高，在未来几年内，适合长距离和高埋深施工的盾尾刷将成为常规产品。盾尾刷的耐高水压性，必然要求更高的管片贴合力，贴合力越大导致磨损越大，所以解决好贴合力、磨损以及耐压三者之间关系的研究是今后主要研究方向。在提升产品质量的同时要解决好这三者关系，这将对高耐磨、高弹力和高耐压的新型材料及盾尾刷整体结构的提升提出更高的要求。同时要运用好测试设备，对每项研究成果进行测试验证，并结合大量施工案例数据信息，为研发适合长距离和高埋深等施工要求的盾尾刷提供强有力的依据，同时开展降低盾尾油脂消耗研究。

第4篇
盾构工程施工科技新进展

第1章　超大直径盾构工程施工技术
第2章　铁路、公路、管廊、水利盾构工程施工技术
第3章　地铁盾构工程施工技术
第4章　中国承建"一带一路"国外盾构工程施工技术

第 1 章 超大直径盾构工程施工技术

第 1 节 上海北横通道工程泥水盾构施工技术

上海隧道工程有限公司 肖晓春,吴惠明

1. 引言

随着国家的发展与建设,我国城市交通网在不断的推进与扩大,更多的地下公路隧道与地下轨道交通设施源源不断涌现出来。本文以上海北横通道为背景叙述了超大直径泥水盾构在城市地下公路隧道中的施工技术,并介绍超大直径泥水盾构在急曲线条件下穿越高层建筑、文物建筑、纵横交错的城市地下管线与轨道交通等重要建(构)筑物及河流长距离流沙性土质的优越性。为今后类似工程提供参考与借鉴。

2. 工程概况

1)工程简介

北横通道是中心城区北部东西向小客车专用通道,服务北部重点地区的中长距离交通,是三横北线的扩容和补充。北横通道西起北虹路,东至内江路,贯穿上海中心城区北部区域,全线经长宁路—长寿路—天目西路—天目中路—海宁路—周家嘴路,向西接北翟快速路,向东接周家嘴路越江隧道,长约19.1km,如图 4-1-1 所示。

图 4-1-1 线路概况

盾构隧道是本工程的主体部分,盾构掘进段总长为 6426m,以中山公园工作井为界分为东西两段。西段隧道从中江工作井至中山公园工作井,长 2761m,东段隧道从中山公园工作井至筛网厂工作井,长 3665m。隧道管片外径 $\phi 15000mm$,内径 $\phi 13700mm$,采用 1 台海瑞克 $\phi 15560mm$ 泥水平衡盾构机进行施工。

2)工程地质条件

本工程位于上海市区的长宁区、普陀区及静安区,涉及道路、河道、驳岸、桥梁、地铁、公园及居民小区等。东、西段两线沿线地形较平坦,地面高程陆域段为2.03～6.29m,水域段-5.66～1.98m。隧道盾构掘进范围内土层均以粉质黏土、粉质砂土和粉土层为主。且含云母、腐殖物,具交错层理,局部夹粉砂较多,土质不均,最高抗剪强度可达48kPa。盾构隧道地质纵剖面图如图4-1-2、图4-1-3所示。

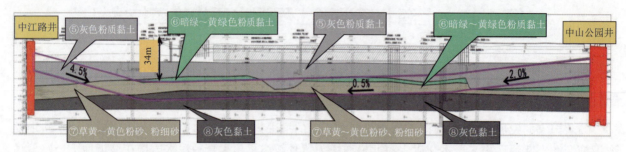

图4-1-2 中江路—中山公园地质纵剖面图

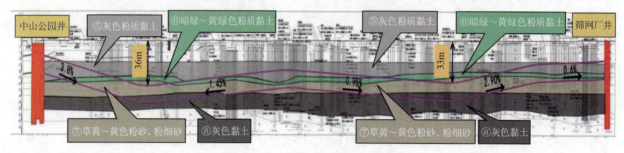

图4-1-3 中山公园—筛网厂地质纵剖面图

3)水文地质条件

根据上海地区的工程经验,微承压水水位一般低于潜水位,年呈周期性变化,埋深3.0～11.0m;承压水水位一般低于潜水位,年呈周期性变化,埋深3.0～12.0m。另外,工程沿线穿越的河流主要为苏州河,受黄浦江潮位影响较为明显。河道周边底层主要为砂质粉土,渗透性较好。

4)工程重难点及主要风险点

隧道轴线多处连续急转弯是本工程的显著特点,最小转弯半径为500m,隧道的最大纵坡为4.5%。且沿线居民密集,建(构)筑物众多,管线错综复杂,河道密布,周围环境异常敏感,面临巨大风险与挑战。

(1)盾构机的始发与接收。盾构出洞段、进洞段施工中,最小覆土厚度仅为9.2m,约为0.61D(D为盾构直径),属于浅覆土盾构施工的范畴,对于超大直径泥水平衡盾构机,给地面沉降控制增加了难度。

(2)地质条件复杂。隧道全线覆土9.2～36m,浅部土层渗透性较好,易产生流沙现象,导致开挖面失稳;深部土层渗透性差,强度高,对盾构机推进阻力较大;且局部土层中均含承压(微承压)水,盾构机推进需考虑承压水突涌问题。

(3)隧道变形严格控制。本次工程穿越众多敏感房屋建筑,错综复杂的地下管线,运营中的多条地下轨道交通线路以及苏州河及防汛墙。本标段隧道需近距离下穿、侧穿92处各式房屋、建筑物。盾构穿越房屋建筑如图4-1-4所示。施工过程中可能会出现盾构正面平衡建立不稳、河底冒浆、盾尾渗漏及隧道上浮等情况,且存在建(构)筑物变形沉降过大,墙体倾斜的风险,并对城市正常运作造成一定影响。根据以上情况,要不断地采集数据和调整施工参数来保证盾构机的顺利推进。

(4)长距离小半径施工。本工程工期紧迫,对环境保护要求极高,且存在多处急曲线转弯,西线隧道直线段占本区间隧道长度仅为20%,东线隧道直线段占本区间隧道长度仅为16%。对盾构机推进的姿态和参数要求极高,增大了施工技术难度。

图 4-1-4　工程沿线建(构)筑物分布图

3. 盾构机特点与主要施工参数

1）盾构机特点

φ15.560m 泥水平衡盾构机（图 4-1-5、图 4-1-6）是由德国海瑞克公司专为上海北横通道盾构段工程设计制造，是目前世界上直径最大的泥水平衡盾构机之一。它采用和吸收了世界上各类盾构最新技术，选用先进的设备配置，满足本工程工况和地质条件的掘进施工。

泥水平衡盾构机是通过在支撑环前面装置隔板的密封仓中注入适当压力的泥浆使其在开挖面形成泥膜，支撑正面土体，并由安装在盾构前部的大刀盘切削土体表层泥膜，进而与泥水混合形成高密度泥浆，再由排泥泵及管路送至地面处理。整个过程由盾构操作室的泥水控制系统和建立在地面的泥水中央控制室内的泥水平衡自动管理系统统一管理。盾构掘进有操作步骤设定，各操作步骤间有联锁装置，防止盾构或泥水误操作，施工安全可靠。

图 4-1-5　φ15.56m 泥水平衡盾构机厂内总装图

2）盾构机主要参数

本工程所选盾构机为混合式泥水平衡盾构机，盾体最大工作压力为 8bar。刀盘标准开挖直径为 φ15.56m，开口率 30%。刀盘可向左/右旋转，刀盘面板为 WNM400 耐磨保护钢板。刀盘刀具有 7 把可常压中心刀、66 把常压刮刀、122 把刮刀、12 把周边铲刀、4 把仿形刀（行程 50mm）、42 把撕裂刀和 21 个磨损检测装置。

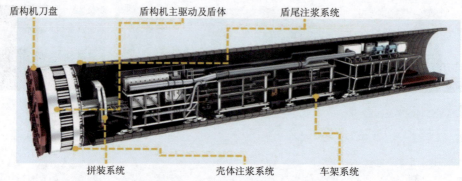

图 4-1-6 φ15.56m 泥水平衡盾构机结构总图

盾构机前盾直径 φ15.55m，中盾直径 φ15.53m，盾尾直径 φ1.547m（焊接式）。盾体包括有人闸连接法兰和物料闸连接法兰各 1 个。盾尾有 10 个注浆口，其中 2 个为备用，直径为 φ65mm。盾尾共有 15 个注脂管，3 个油脂仓，每个油脂仓均装有 DN25 流量传感器一个。盾尾密封由 3 排钢丝刷、1 道钢板刷和 1 道防漏挡砂板组成。推进油缸共 19 组三缸式液压油缸，分为 6 组。最大总推力可达 203066kN，最大行程为 3000mm。所有油缸伸出速度为 50mm/min，单组回收速度为 1600mm/min。刀盘：开挖直径：15.56m，结构形式：中心体 +10 块扇块布置。主驱动额定扭矩 34914kN·m，脱困扭矩 45388kN·m。

4. 技术研究

1）同步注浆（干粉砂浆）

干粉砂浆是经干燥筛分处理的骨料（如石英砂）、无机胶凝材料（如水泥）和添加剂（如聚合物）等按一定比例进行物理混合而成的一种颗粒状或粉状，以袋装或散装的形式运至工地，加水拌和后即可直接使用的物料。为解决同步浆液长距离运输易离析、供应有可能无法满足现场连续施工的需要，特引进地铁隧道施工所用的干粉砂浆，便于现场搅拌加工、运输至工作平台。现阶段主要通过地表监测（含后期监测）和隧道稳定性监测来综合分析浆液的性能变化及实际应用推广的可能性。

2）壁后注浆雷达监测

为得到壁后注浆效果的真实数据反馈，本工程进行了同步浆液壁后雷达检测的科研实验：检测装置由驱动机构、升降机构、走线机构、轨道、矢网箱体和伺服控制箱等组成。检测机构三维模型图如图 4-1-7 所示。检测机构外形尺寸（宽 × 高 × 深）约为 12m×8m×0.8m，质量约 1200kg。通过壁后浆液的检测数据，了解同步浆液的分布情况，从而优化施工参数，增强隧道后期稳定性，雷达检测试验段数据如图 4-1-8 所示。

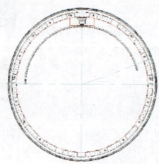
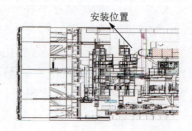

图 4-1-7 检测机构三维模型图

3）急曲线穿越建筑群

为满足半径 500m 急曲线施工，优化盾构机选型，采用新制 φ15.56m 的盾构机。盾构机前中后三段采用逐渐减少的"锥形"结构，能够满足大曲率半径掘进。且对穿越区间的管片沉降、土地结构、建筑结构和穿越影响进行详细深入的分析，并实时监测沉降数据。量化、优化施工参数，分解施工参数指标，实施即时的信息化施工,使对建筑群的影响始终控制在安全范围内。总体上"保头护尾"按照"分步慢速推进,分布分小段转弯,保持稳定气泡仓压力,防止盾尾漏浆,适时适量注浆"的施工要点组织施工。

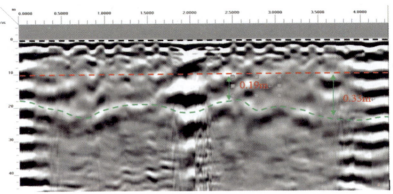

图 4-1-8 雷达检测试验段数据

4)深层沉降孔

为保证推进期间数据的准确性,我们沿隧道轴线方向布设 3 个测孔,如图 4-1-9 所示,实际位置为 1195 环(FS1)、1197 环(FS2)、1199 环(FS3),测点间距为 4m,采用钻孔法布设磁环进行监测。隧道正上方钻孔深度高于隧道顶 5m。隧道轴线上土体测斜孔内磁环布设 4 组,按照距离隧道顶部 7m、3m、3m、4m 间距布设,主要目的是监测隧道施工时轴线上方 7m 处及以上土体的变化情况,为将来下穿地铁 11 号线(净距 7m)提供数据参考。实际的深层沉降数据如图 4-1-10 所示。

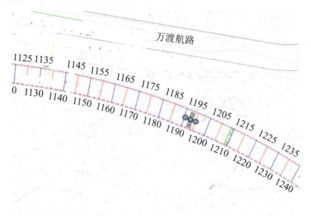

图 4-1-9 深层沉降孔布置点图

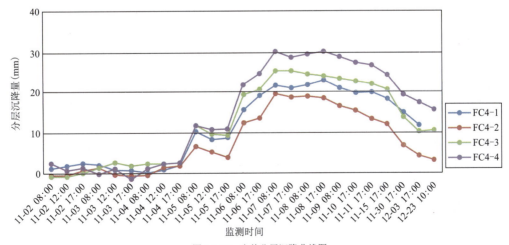

图 4-1-10 土体分层沉降曲线图

5. 主要施工技术

1）盾构机更换盾尾刷施工技术

（1）盾尾刷更换条件

盾构长时间长距离施工，在多层土质和敏感地下城市建（构）筑物中不断穿越施工，经常会发生盾尾密封刷密封不良的情况，由于盾尾密封损坏而引起的事故也时有发生。一般对于此类情况，会对管片额外贴加防水材料或者增加盾尾密封油脂量，但是这并不能从根本上解决盾尾渗漏问题。

（2）确定盾尾刷情况

225 环掘进完成后，对漏出部位盾尾刷进行了检查，本次工程发现如下问题：14 号、15 号千斤顶区域外层钢板破损，钢丝漏出；底部区域由于盾尾油脂较多，无法进行肉眼观察，通过粗略手触发现钢板遗失。在盾尾刷更换前将系统全面地进行排查，确保数据准确性。

盾尾刷情况和平面图如图 4-1-11、图 4-1-12 所示。

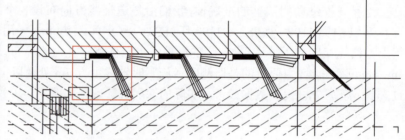

图 4-1-11 变形破坏的盾尾刷护板图

（3）盾尾刷更换环数确认

现阶段盾构施工需下穿大渡河路桥引桥段、火花收藏馆、人工湖浮桥，下一个阶段盾构施工需下穿防汛墙及长距离下穿苏州河，故计划在两次风险点之间完成盾尾刷更换工作，并对 225 环～303 环测点沉降做了数据分析（图 4-1-13）。隧道轴线是平面上为 $R=2000m$ 右曲率半径转弯，垂直方向上为 $R=2500m$ 竖曲线接 0.5% 上坡（304 环开始）。

图 4-1-12 检查情况示意图

注：红色表示全部脱离，绿色表示完好，黄色为部分脱落，白色为未检查区域。

（4）盾尾刷更换前准备

更换盾尾刷前开挖仓泥水更换、壳体注浆克泥效、盾尾油脂提前两环更换微膨胀性油脂、浆桶预留 $20m^3$ 同步浆液等提前准备。使用高分子材料及膨润土拌制新浆对前仓内泥水进行置换，加入堵漏剂 $8m^3$（每方水内加 3 包 HS-2、1 包 HS-1），前仓放出的泥水黏度达到 30s 以上，确保开挖面的稳定。通过盾壳上预留的垂直注浆孔压注克泥效，防止泥水后窜，共计 14 个孔位，理论上每孔压注量约为 $0.1\sim 0.2m^3$，压力不超过 $7\sim 8bar$。实际根据压力控制，高于 8bar 停止注入，实际注入总量为 $2m^3$，克泥效水灰比 5∶1，压注 A 液∶B 液 =20∶1。在盾构机停止推进前的最后 2 环管片推进过程中，通过盾尾内油脂管在盾尾前三仓压注特殊遇水膨胀盾尾油脂，油脂注入量控制在 200kg（具体是否使用根据实际情况确认）。在检修管片拆除前，压注油脂保证油脂腔压力，盾刷更换过程中，严密监控第一、二腔油脂压力，低于 6bar 时进行补压。为防止更换盾尾刷期间盾尾发生较大渗漏，浆桶内预留 $20m^3$ 同步浆液作为应急使用。图 4-1-14 为停机位置示意图。

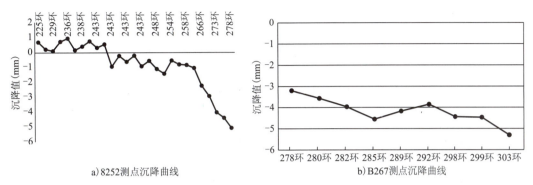

图 4-1-13　225～303 环测点沉降曲线

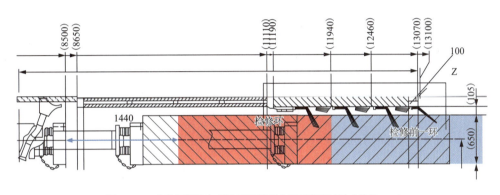

图 4-1-14　检修环拼装完成图（最终停机位置示意图）（尺寸单位：mm）

（5）盾尾刷更换

拆除盾尾内的管片及检修钢丝刷工作原则：拆除一块管片，即检修该位置处的盾尾钢丝刷，更换钢丝刷后涂抹盾尾油脂，再恢复拆除的一块管片，以此循环。严禁拆除两块以上管片（除封顶块 F 块外）。

检修前一环拼装完成后推进 2900mm；拼装检修环，除 F 块以外全部拼装；检修环拼装完成后推进行程 1440mm；推进至更换位置，拆除检修环 L1、L2 块，在拆除管片区域更换钢丝刷；检查钢丝刷情况，对损坏的钢丝刷，拆除 M12 的固定螺母；移出需要更换的盾尾钢丝刷压板；拆除损坏的钢丝刷；检查焊接螺钉，将损坏的焊接螺钉割除，清理打磨后更换新件；在动火作业时，需要对伸出的油缸活塞杆进行保护措施，铺设防火用的石棉布等。再按步骤将钢丝刷、压板、螺母的顺序依次安装至盾尾内。

考虑到隧道上半部分承压水层，为保证更换盾尾刷的安全，故检修工作从盾构机下半部分开始，拟选择 8 号拼装点位开始，如图 4-1-15、图 4-1-16 所示。

完成 8 号拼装位置处的盾尾刷更换后，继续进行下一环 11 号的拼装位置处盾尾刷的更换。完成 11 号拼装位置处的盾尾刷更换后，继续进行下一环 14 号的拼装位置处盾尾刷的更换，施工流程同上，以此类推继续完成 17 号、1 号和 4 号拼装位置处的盾尾刷更换。总共需要 6 环推进、拼装完成。

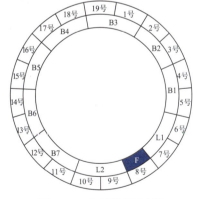

图 4-1-15　千斤顶位置示意图

（6）盾尾刷更换后工作

更换完成后，对修复的盾尾刷在拼装管片前拼装范围内手涂盾尾油脂，油脂涂抹分 4 层，盾尾刷前后外侧钢片处各一层，中间钢丝网两侧各一层，每层均要涂抹到底部。在钢丝刷根部涂抹油脂，同时将钢丝刷之间的间隙也填充满（图 4-1-17）。人工涂抹的油脂型号为康耐特 90 号油脂。

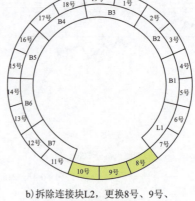

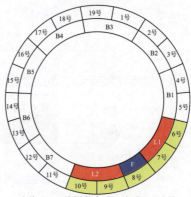

a) 310环推进2700mm时，拼装310环，8号千斤顶位置封顶块不拼装，继续推进千斤顶行程1400mm时停推，准备更换盾尾刷

b) 拆除连接块L2，更换8号、9号、10号千斤顶处盾尾刷

c) 将L2块拼装归位，然后将L1块连接块拆除，更换6号、7号千斤顶处盾尾刷

d) 将L1、F块拼装完成，完成6~10号千斤顶处盾尾刷更换

图 4-1-16　检修 6~10 号千斤顶处盾尾刷

图 4-1-17　盾尾油脂涂抹

2）盾构机长距离小半径急曲线穿越建（构）筑物

（1）对建（构）筑物周边情况的确认

该泵房为两层的砖混结构，建造年代和基础形式不详。位于北横隧道的上方，仅凭肉眼观察就能发现房屋已严重倾斜。泵房北侧简易房屋东侧墙体与泵房连接处竖向开裂，缝宽约 4mm，为结构性裂损（图 4-1-18）。

（2）对建（构）筑物进行临时加固

由于泵房一面墙体倾斜严重，在推进过程中泵房可能产生倒覆等紧急情况，所以决定对泵房墙体进行临时支挡。

在盾构机推进到达前，对泵房周身环绕 3 道钢丝绳，仅作预防性搭接，不收紧加力，推进过程中观察，一旦泵房倾斜加剧,立即用花篮螺栓收紧钢丝绳,增加泵房整体刚度。泵房倾斜墙体宽度 4m 高度 8m,两砖墙,通过初步计算,4m×8m×0.49m×2.15t/m³×36.4‰=1.23t=1230×9.8=12kN,钢丝绳采用 6 分钢丝绳,满足抗拉强度。加固如图 4-1-19 所示。

图 4-1-18　万凯小区泵房

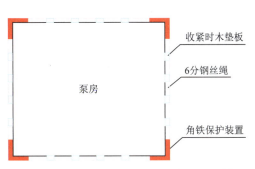

图 4-1-19　泵房加固

（3）针对性管片设计

为了满足超大泥水盾构在不同曲线段中顺利施工,本工程对管片进行了适当调整,外径 15000mm,内径 13700mm,环宽 2000mm,管片厚度 650mm。为适应最小转弯半径 500m 的要求,设计了 40mm 和 80mm 两种楔形量。其中,楔形量为 80mm 的管片主要用于转弯半径小于 700m 的曲线段,楔形量为 40mm 的管片主要用于转弯半径大于 1000m 的缓和曲线段和直线段。

（4）盾构机推进中信息化数据采集与管理

本工程采用信息化管理体系,建立完善的信息反馈网络和现场指挥中心。在施工现场隧道内的控制室安装 1 台井下计算机用于采集盾构 PLC 数据,同时盾构机 PLC 和数据交换 PLC 通过光纤将数据传到地面计算机（图 4-1-20）。且每天将井下施工报表信息编制电子版本上传公司管控系统,通过云服务可以利用电脑或者手机 App 软件,实时查看盾构施工数据及历史数据,指导盾构机推进。

地面计算机负责实时监控盾构机 PLC 数据,并将这些数据记录在后台供施工人员查询使用。此外地面计算机作为远程终端访问的服务器,将实时数据以网页形式存储在服务器内,供远程终端访问该网页。

通过地面、井下、后台的多方协同、合作,确保推进过程的可控。

（5）建（构）筑物沉降监测

推进穿越时间主要集中于 2017 年 10 月 14 日—2017 年 10 月 16 日,在这 3d 中,泵房四个测点发生整体隆起,累计最大 10mm,但差异沉降较小,房屋未见开裂、倾斜。根据连续 6d 的后续跟踪测量,隆起部分逐渐表现为沉降,整体隆起表现为整体沉降,最大沉降 -5.66mm,差异沉降不明显（图 4-1-21）,房屋未见开裂、倾斜。

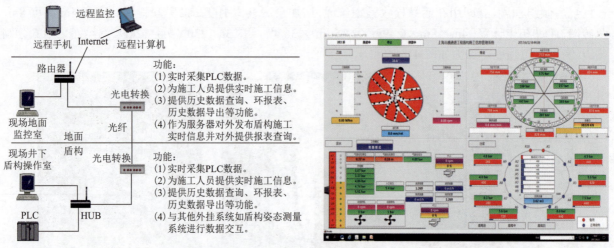

图 4-1-20　盾构施工信息发布链路结构和系统界面图

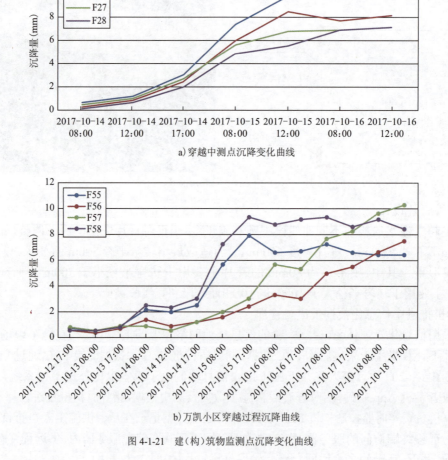

a) 穿越中测点沉降变化曲线

b) 万凯小区穿越过程沉降曲线

图 4-1-21　建(构)筑物监测点沉降变化曲线

(6) 盾构穿越后情况

隧道内踏步统计隧道内成型情况较好,整体踏步控制在 1cm 以内。由于穿越万凯小区阶段隧道平曲线为 500m 的小半径转弯段,为此隧道内加强了管片水平位移的监测。测点水平位移数据如表 4-1-1 所示,测点水平位移变化曲线如图 4-1-22 所示,数据显示在 500m 推进半径下,最大水平位移为 1cm。

水平位移统计表　　　　　　　　　　　　　表 4-1-1

测点环号	位移变化量（mm）	
	本次位移	累计位移
1083	-6.00	-6.00
1086	-8.00	-8.00
1089	-10.00	-10.00
1092	-9.00	-9.00
1095	-8.00	-8.00
1098	-7.00	-7.00
1101	-6.00	-6.00

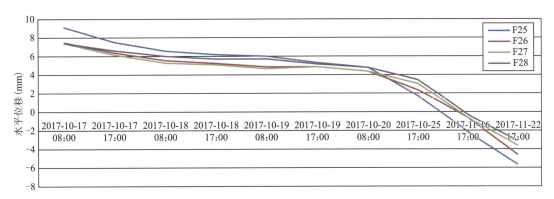

图 4-1-22　穿越后监测点水平位移变化曲线

6. 结语

在复杂的施工环境下，盾构机前中后三段采用逐渐减少的"锥形"结构，能够满足 500m 半径急曲线施工。针对穿越年代久远、基础较差的建筑物，进行了墙体加固，加强结构自身稳定性；另外通过引入壁后同步注浆雷达检测手段，更好地深入细致了解同步注浆的分布情况，指导盾构施工参数的不断优化，增强隧道后期的稳定性；在隧道布置深层沉降孔，了解地层沉降规律，为近距离穿越管线、轨道交通等提供数据参考。本工程使用干粉砂浆作为同步注浆原料，便于现场搅拌、缩短运输时间且提升了施工效率。长距离掘进施工中盾尾刷的渗漏不再局限于被动海绵垫塞堵，也可以进行主动的更换，提高盾尾安全性。

在西线隧道盾尾刷更换、急曲线下穿危房的过程中，通过精细化控制施工、及时调整过程中的参数，本工程在传统的施工工艺基础上纵向延伸，顺利地完成了北横通道西线的风险施工，使我们对超大直径泥水盾构的施工技术有了更加有效可行的施工经验，为以后更复杂环境下的中心城区穿越工作积累了一些数据。

第 2 节　珠海横琴马骝洲复合地层海底交通隧道泥水盾构施工技术

上海隧道工程有限公司　吴惠明，何国军

1. 引言

伴随着城市规模的扩张和城市基础设施建设的迅速发展，利用直径大于 14m 的超大直径盾构施工已成为公路隧道建设发展的需要。目前，海域环境下利用超大直径盾构机进行隧道掘进的案例较少。本文基于珠海横琴新区马骝洲交通海底隧道工程，针对海域环境下复合地层的特点（上软下硬地层，大量抛石、排水板,江中基岩凸起等),研究并应用了海相复合地层预处理技术及海域环境下盾构穿越复合地层的施工技术,为珠海在建及已规划的超大直径盾构工程施工和华南地区类似的复合地层隧道工程施工技术提供了参考。

2. 工程概况

1)工程简介

马骝洲交通隧道工程(横琴三通道)连接珠海市南湾城区和横琴新区,工程范围南起横琴中路,下穿环岛北路,过马骝洲水道后,沿规划保中路线向北至南湾大道;路线全长约2834.6m,其中过马骝洲水道段为圆隧道段,双管双向六车道,西线单线长约1082.3m,东线单线长约1080.8m,单线541环。

采用一台海瑞克 ϕ14.93m 泥水气压平衡盾构施工,盾构机由南岸工作井始发,完成西线隧道推进后在北岸工作井调头,然后完成东线隧道盾构推进施工,具体筹划见图4-1-23。隧道管片外径 ϕ14500mm,内径 ϕ13300mm。隧道最大纵坡4.5%,平面最小转弯半径1163.5m。

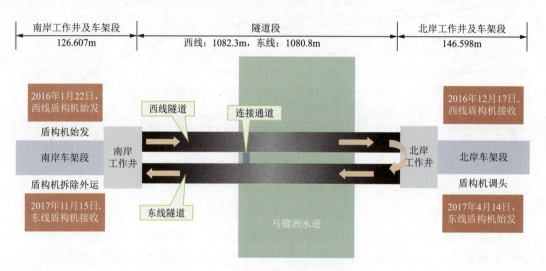

图 4-1-23 工程总体筹划图

2)工程地质条件

本工程地层自上而下主要是①$_1$杂填土、①$_2$素填土、②$_1$淤泥、②$_2$黏土、②$_4$淤泥质黏土、③$_1$粉质黏土夹砂、④中粗砂、⑤砾质黏性土、⑥$_1$全风化花岗岩、⑥$_2$强风化花岗岩、⑥$_3$中风化花岗岩,见图 4-1-24。

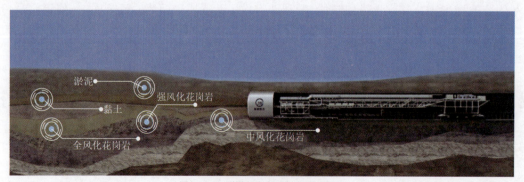

图 4-1-24 隧道断面内切削土层示意图

隧道断面内土层分布主要为上部软土:②$_1$淤泥、②$_2$黏土、②$_4$淤泥质黏土,江中段下部存在基岩凸起,包括⑥$_1$全风化花岗岩、⑥$_2$强风化花岗岩、⑥$_3$中风化花岗岩,为典型的上软下硬地层。各地层物理力学参数详见表4-1-2,中风化花岗岩层⑥$_3$单轴抗压强度见表4-1-3。

各地层物理力学参数 表 4-1-2

地层编号	地层名称	含水率 $w(\%)$	孔隙比 e	液限 ω_L (%)	塑限 ω_p (%)	液性指数 I_L	塑性指数 I_P	压缩模量 E_s $_{0.1-0.2}$(MPa)	直剪 c_q(kPa)（快剪）	直剪 φ_q(°)（快剪）	渗透系数（室内）$k(\times 10^{-6}\text{cm/s})$
②₁	淤泥	59.6	1.469	46.7	27.3	1.39	19.4	2.11	6.9	4.2	0.3508
②₂	黏土	27.1	0.76	37.2	21.9	0.33	17.1	5.07	29.2	11.8	—
②₄	淤泥质黏土	46.9	1.265	43.1	25.3	1.21	17.8	2.27	9.5	4.9	0.304
⑥₁	全风化花岗岩	18.8	0.663	31.3	19.0	−0.03	12.3	5.11	35.6	23.7	—
⑥₂	强风化花岗岩	14.3	0.571	31	18.7	−0.32	12.4	5.86	42	23.3	—

中风化花岗岩层 ⑥₃ 单轴抗压强度 表 4-1-3

岩层编号	饱和单轴抗压强度（MPa）				天然单轴抗压强度（MPa）			
	最大值	最小值	平均值	标准值	最大值	最小值	平均值	标准值
⑥₃	55.2	25.7	35.3	31.5	80.4	30.5	43.8	38.3

根据相关资料和现场前期施工勘察情况，岸上段 400m 范围内存在大量抛石及排水板，见图 4-1-25、图 4-1-26。开挖出的抛石强度普遍在 60MPa 以上，最大强度为 120MPa，主要分布在地下 6～14m，较多抛石侵入盾构切削断面内。排水板采用聚丙烯（PP）和聚乙烯（PE）混合配制，间距 0.9m 密布，部分排水板侵入隧道断面约 10m。

图 4-1-25　抛石图

图 4-1-26　塑料排水板图

3）工程重难点

本工程在施工过程中除了存在超大直径断面和复杂海域环境外，还有以下重难点：

（1）抛石的存在会随刀盘一起滚动，造成掘进非常困难且易频繁卡住刀盘，从而导致刀具严重磨损，甚至刀座和刀盘变形无法掘进。

（2）大量塑料排水板的存在，使得盾构机通过排水板处存在排水通道，易造成泥水冒顶，且推进过程中容易缠绕刀盘，并造成泥水吸口堵塞、管路堵塞、阻碍阀门关闭。同时，塑料排水板受到盾构推进扰动后可能发生位移、转动，增加对土体的扰动，增大地面沉降。

（3）盾构机在上软下硬地层中推进时，不同的阻力差易造成软弱层排土过多，引起地层下沉、坍方，甚至使盾构与江水产生涌水通道，引发透水事故。考虑盾构机切削基岩时需要进行带压作业更换刀具，必要时需进行带压进仓作业，风险较大。

综上所述，面临抛石、排水板、中风化花岗岩"三碰头"，软硬并存的复杂地质的情况，首先需要精确可靠地定位抛石及中风化岩层与隧道的空间位置关系，其次依靠合理的预处理技术、适应的盾构装备和针对性的施工措施完成掘进施工。

3. 盾构机特点与主要施工参数

1）复合型刀盘配置

为应对本工程的复合地层，对盾构机的刀盘进行了重新设计，采用适用于硬岩地层的盘面滚刀和保证软土地层掘进的切削刀。使刀盘能够在砂砾、黏土、岩石等交错混杂的软硬复合地层中发挥作用。

本工程具有江中段涉及"上软下硬"的地层特点，采用新制的复合型刀盘，刀具配置主要为：滚刀、贝壳刀、刮刀、先行刀等，如图 4-1-27 所示。

（1）滚刀：主要是用来切削中风化岩石。

（2）贝壳刀：保证软土层的顺利切削。

（3）刮刀：负责将切削下的土体和岩块刮削进开挖仓内。

（4）先行刀：主要用来切削排水板。

2）碎石机配置

针对本工程盾构穿越基岩凸起地层，为确保出渣顺利，盾构机开口率设置为 54%，同时配置了高性能的破碎机，破碎后的格栅为 18cm×18cm，进入格栅的颗粒能满足泥水排浆系统的正常工作，并且其破碎效率满足盾构机推进速度，如图 4-1-28 所示。

①18英寸滚刀：高度188mm。
②17英寸滚刀：高度175mm。
③贝壳刀：高度175mm。
④先行刀：高度175mm。
⑤刮刀：高度175mm

图 4-1-27 复合型刀盘刀具配置图

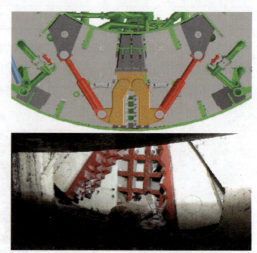

图 4-1-28 颚式碎石机装置

3）盾构机主要参数（表 4-1-4）

盾构机主要性能参数　　　　　表 4-1-4

名　称	规　格	备　注
盾体		
盾构机类型	复合式泥水气压平衡式	
最大工作压力	0.75MPa	
盾尾		
类型	固定、焊接式	
盾尾密封	3 道钢丝刷 +1 道钢板刷	
人闸		
人行闸数量	1 只	
材料闸数量	1 只	
刀盘		
开挖直径	14930mm	
结构	中心体 +10 块扇块布置	
旋转方向	左、右	

续上表

名　称	规　格	备　注
刀盘驱动		
类型	中心回转式	
电机驱动	15个电机	@250kW
总功率	3750kW	
额定扭矩	34581kN·m	
脱困扭矩	45301kN·m	
最大转速	3r/min	变频驱动
推进油缸		
数量	19组	每组3个油缸
工作压力	5～35MPa	
额定推力	188560kN	@32.5MPa
最大推力	203066kN	@35MPa
最大伸出速度	50mm/min	
管片拼装机		
类型	中间支撑式	液压驱动
抓取系统	真空吸盘式	
自由度	6	
回转角度	±200°	比例控制
回转速度	0～0.5r/min	

4. 技术研究

为了精确探明江中基岩凸起分布情况,保证盾构顺利穿越基岩凸起区域,对江中基岩预处理技术进行研究。通过对比横波反射法、地震波散射法以及钻孔取芯法,发现以钻孔取芯法为主,辅以如SSP地震波散射法的物探手段能精确定位岩面凸起情况。

江中基岩预处理技术主要归纳为3项措施,首先是江中钻孔,其次是江中爆破,最后是江中加固。具体流程如图4-1-29所示。

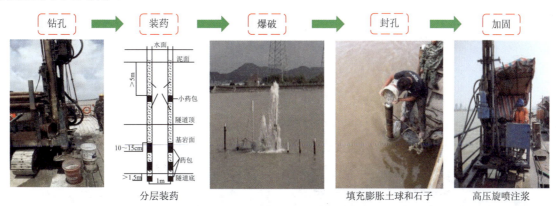

图4-1-29　江中基岩预处理流程图

（1）钻孔探摸:采用1台地质钻机在江面沿隧道中轴线方向每5m探一孔,取芯判断基岩凸起情况。当岩面高于隧道断面底部时即判断为基岩凸起区域,在探到岩层及孤石孔位范围内进行加密处理,加密打孔间距为1m,直到探测到基岩凸起边缘。同时加密孔作为爆破预处理孔。

（2）海上爆破:基于江中探孔结果,对有岩层及孤石孔位处隧道范围进行爆破处理,加密钻孔完成后,需要马上下PVC套管,同时不可拨动已下的钢套管。当该孔完成爆破施工后再把孔内的钢套管拔出,并填充膨胀土和石子进行封孔。

(3)旋喷加固:保证江底爆破孔在盾构推进时不冒顶,采用双重管高压旋喷桩进行加固。加固深度为隧道断面以上3m;桩径800mm;旋喷桩中心距600mm;加固用水泥、水玻璃双液浆,掺量分别为20%和3‰。

经钻孔加密探测,发现本工程西线存在4个基岩凸起区域,东线存在2个基岩凸起区域,如图4-1-30、图4-1-31所示。

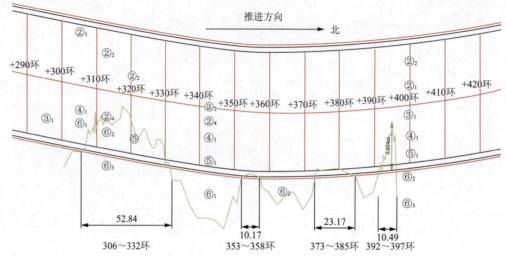

图4-1-30 西线基岩凸起岩面分布图(尺寸单位:m)

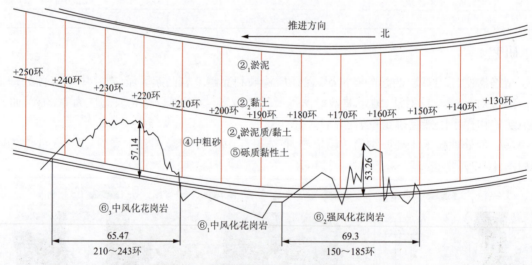

图4-1-31 东线基岩凸起岩面分布图(尺寸单位:m)

为验证江中爆破效果,在爆破后区域进行钻孔取芯(图4-1-32),抽查取芯结果显示,岩石芯样最大直径为26cm,爆破效果比较理想,为盾构推进创造了强有力的条件。

图4-1-32 爆破后取芯验证

5. 主要施工技术

本盾构工程主要施工要点为穿越基岩区域的施工参数控制。

1）切口水压

切口水压设定以前期常规段推进设定为依据，做到精细化控制。根据江底扫描监测情况以及马骝洲水道涨落潮规律做出适当调整。推进过程中控制切口水压波动控制在±0.05bar之间。如图4-1-33所示。

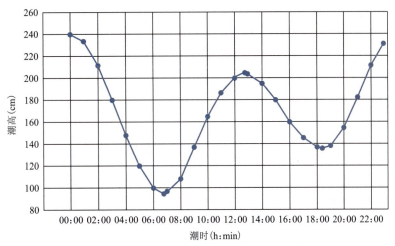

a）珠海（香洲）2016年10月5日潮汐表曲线

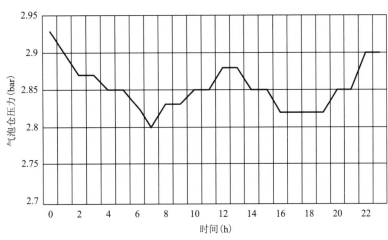

b）2016年10月5日气泡仓压力变化曲线

图4-1-33 根据涨落潮调整切口水压曲线

2）泥水性能指标

由于前期爆破预处理对岩石区土体产生了扰动，使该区域土体孔隙增大，在盾构穿越过程中，开挖面的泥膜质量是保证正面稳定的关键因素。盾构穿越岩石爆破区过程中，严格控制泥水性能指标（图4-1-34），采用高密度、高黏度的泥水进行推进，泥水密度一般不低于1.20g/cm³，泥水黏度控制在20s以上，泌水率一般小于5%。

3）推进速度

在穿越岩石区时，根据刀盘扭矩和推力波动变化情况，控制推进速度在1cm/min左右。此状态下推进，扭矩和推力均相对比较平稳。当岩石区的完整性和强度较差时，推进速度可有所提高，控制在2cm/min以内，扭矩和推力也都相对稳定。如图4-1-35、图4-1-36所示。

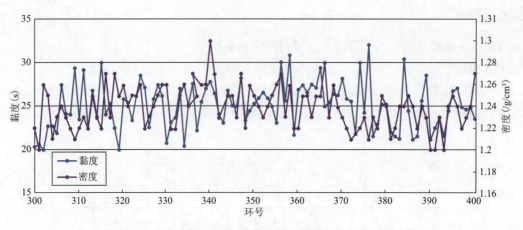

图 4-1-34 泥水性能指标控制情况

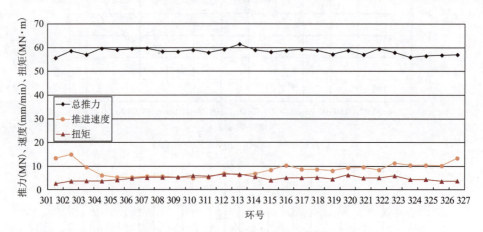

图 4-1-35 穿越西线基岩区域推进参数曲线

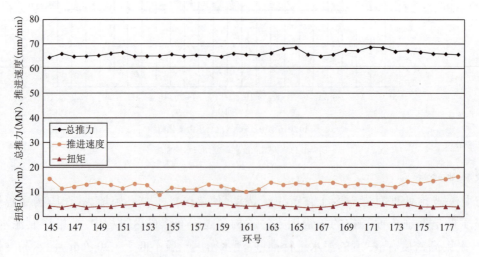

图 4-1-36 穿越东线基岩区域推进参数曲线

4）带压换刀作业

盾构机在切削中风化花岗岩过程中，会造成刀具磨损严重。按照东线盾构推进过程中刀具磨损检测装置报警和推进参数的异常变化情况，在江中加固区内采用气压法进行刀具的检查更换。此时东线盾构机已完成约 70m 的岩区穿越，人员进仓压力为 2.5bar。

外周滚刀偏磨现象严重,最大偏磨量约 2cm,如图 4-1-37 所示。

a)7 号臂 83 号滚刀

b)11 号臂 83 号滚刀

c)15 号臂 83 号滚刀

图 4-1-37　外周偏磨滚刀

正面滚刀磨损量约为 10mm,如图 4-1-38 所示。

a)2 号臂 61 号滚刀

b)2 号臂 65 号滚刀

c)6 号臂 63 号滚刀

d)6 号臂 67 号滚刀

e)6 号臂 71 号滚刀

图 4-1-38　正面滚刀磨损图

周边刮刀合金正常磨损,部分正面刮刀合金部分磨损严重,如图 4-1-39 所示。

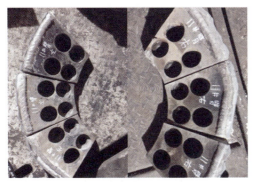
a)11 号臂左右边缘刮刀

b)7 号臂 28 号正面刮刀

图 4-1-39　刮刀磨损图

盾构推进至 212 环处停机进行刀具检查更换,停机前推力、扭矩较大,刀具更换完成后,盾构推进参数明显得到优化,推力和扭矩均有减小,保证了盾构机的顺利推进。参数变化曲线如图 4-1-40 所示。

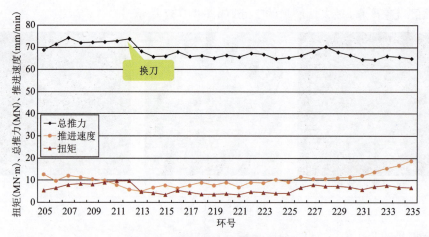

图 4-1-40 扭矩、总推力、推进速度变化曲线

6. 结语

(1) 复合地层盾构法隧道施工，地层障碍物的精确定位和合适的预处理方式是保证盾构机顺利掘进的先决条件。采用海上钻孔取芯的方法，能够精确探明地下障碍物的分布，海上钻孔爆破和加固预处理江中基岩凸起能达到较好的效果。

(2) 复合地层盾构掘进时，盾构机刀盘配置宜采用重型滚刀和软土切削刀相结合，不仅能保证软土地层的切削，主要还能用于推进过程中有效地破岩。同时，盾构装备必须配备碎石机，保证出渣顺利。

(3) 超大直径泥水平衡盾构机在穿越岩石爆破区过程中，泥水性能指标控制是关键。采用高密度、高黏度的泥水能够较好地保证正面开挖面的稳定性。

(4) 超大直径泥水盾构穿越岩区时的推进速度宜根据盾构机总推力和刀盘扭矩来控制。

第3节 武汉地铁三阳路穿越长江隧道泥岩地层泥水盾构施工技术

上海隧道工程股份有限公司 孙晗，吴惠明

1. 引言

武汉三阳路长江隧道作为国内首条超大直径公铁合建隧道，在超长距离复合地层盾构掘进施工遇到了刀盘结泥饼、刀具磨损快、推进速度缓慢的难题。通过借鉴类似工程的经验，结合武汉三阳路长江隧道施工实践，形成了武汉三阳路长江隧道盾构复合地层施工关键技术研究成果，成功地解决了粉细砂、泥岩和砾岩复合地层施工的世界级难题，顺利完成了工程施工。

2. 工程概况

1) 工程简介

武汉市轨道交通7号线一期工程第8标段越江隧道距离长江二桥1.3km、距离青岛路长江隧道1.9km，通道规划定位为城市道路与轨道交通7号线共用的过江通道。圆隧道段工程线路自武昌工作井出发，沿秦园路向北穿越临江大道、武昌堤防后进入长江，在汉口岸上岸，穿越汉口堤防、沿江大道、胜利街后，沿三阳路走向向北至汉口工作井。工程线路如图4-1-41所示。

盾构段隧道单线全长2590m，隧道外径15200mm、内径13900mm。采用2台φ15760mm海瑞克泥水平衡盾构机先后从武昌工作井出洞进行左右线隧道施工，相继在汉口工作井完成盾构机进洞工作。

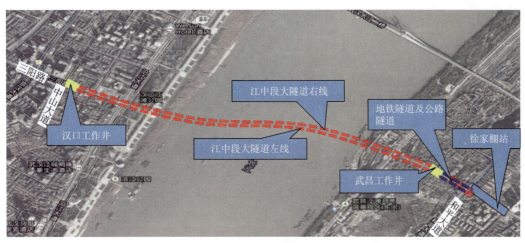

图 4-1-41 武汉地铁 7 号线一期工程 8 标段工程线路示意图

2）工程地质和水文地质条件

盾构穿越的地层主要有：〈3-2〉粉质黏土、〈4-2〉粉细砂、〈4-3〉中粗砂、〈15a-1〉强风化粉砂质泥岩、〈15a-2〉中风化粉砂质泥岩、〈15b-1〉弱胶结砾岩。盾构区间所遇基岩均为软岩和极软岩，〈15a-2〉弱风化粉砂质泥岩单轴抗压强度 0.6～5.4MPa，平均 3.06MPa；〈15b-1〉弱胶结砾岩 0.1～12.2MPa，平均 6.15MPa。地质纵剖面图如图 4-1-42 所示。

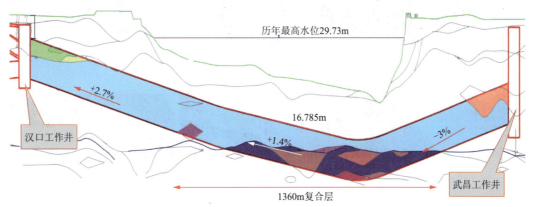

图 4-1-42 地质纵剖面图

其中，〈4-2〉砂性土地层石英含量为 68.83%～71.51%，极易造成刀具磨损。〈15a-1〉强风化粉砂质泥岩中，绿泥石含量 15.78%，伊利石含量 15.37%。〈15a-2〉中风化粉砂质泥岩中，蒙脱石含量 4.18%。武汉以往地铁过江工程中，在含有这些黏土矿物的土层中推进，盾构机刀盘都发生结泥饼现象。〈15b-1〉弱胶结砾岩中骨架颗粒多为硬质岩石且颗粒较大（最大粒径可达 20cm 左右），骨架成分以石英岩、石灰岩等硬质岩为主，极易造成刀盘刀具磨损。地层物相分析见表 4-1-5。

三阳路隧道地层物相分析测试结果　　　　表 4-1-5

样品编号	方解石(%)	白云石(%)	钠长石(%)	钾长石(%)	云母(%)	蒙脱石(%)	方解石(%)	绿泥石(%)	伊利石(%)
〈3-2〉	2.73	1.42	18.77	6.06	25.49	—	—	13.81	—
〈4-2〉	3.89	0.35	19.21	6.94	30.67	—	—	11.34	—
〈4-3〉	4.84	0.22	19.83	7.78	37.26	—	—	10.00	—
〈15a-1〉	—	—	15.71	—	—	—	2.51	15.78	15.37
〈15a-2〉	32.36	0.21	40.61	—	—	4.18	—	—	—

本工程地下水主要为上层滞水、孔隙承压水及基岩裂隙水。其中，上层滞水及基岩裂隙水对盾构施工影响较小。孔隙承压水与长江、汉江水力联系密切，呈互补关系，地下水位季节性变化规律明显，水量

较为丰富。根据勘察水位观测孔数据显示，承压水位埋深 10.00～12.00m（高程 8.25～11.00m）。

3）工程周边环境及主要风险点

本工程地处城市主要干道，道路周边建（构）筑物、管线较多。四周主要建（构）筑物有武昌岸防汛大堤、汉口江滩及防汛大堤、武汉自然资源和规划局等，如图 4-1-43、图 4-1-44 所示。主要管线有排水管、给水管、燃气管、路灯、信号及电信管线等。

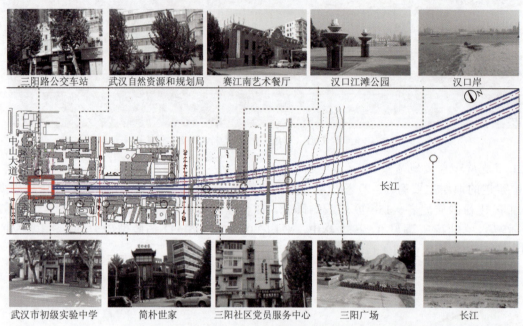

图 4-1-43　汉口岸隧道线路及周边环境示意图

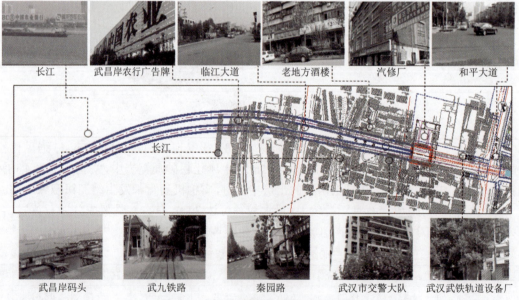

图 4-1-44　武昌岸隧道线路及周边环境示意图

4）工程重难点

（1）盾构机进出洞：出洞顶覆土厚度 23.8m，进洞顶覆土厚度 8.4m，进出洞段隧道处于透水性强的粉细砂地层。破除洞门时，正面土体可能会坍塌，进出洞过程中易发生涌水、涌沙。

（2）复杂地层盾构机推进：本工程盾构机在粉细砂土层和基岩层中推进，其中基岩段推进长度为 1360m（环号为 200～870 环），其中约 500m 长范围内 1/2 截面切入基岩，640m 长范围内 1/3 截面切入基岩，基岩占隧道断面最大为 83%，易造成盾构机刀盘、刀具磨损、开挖面不稳定、吸口堵塞、刀盘刀具结泥饼等问题。同时,盾构机推进对泥水要求高,上软下硬地层轴线控制困难。

(3)高水头超深覆土盾构机推进:所处地层中承压水水头高,承压水与长江相互补给。最大水头压力达到0.63MPa。高水头下易造成泥浆渗入到主驱动轴承密封,从而破坏刀盘轴承、盾尾结构变形、盾尾漏泥、漏水,导致隧道稳定性差、易变形及渗漏等问题。

(4)盾构穿越重要建(构)筑物:沿线建(构)筑物众多,保护等级高,盾构掘进必然会扰动周边土体,地面建(构)筑物超载的存在很难实现施工参数的匹配,同时孔隙水压力积聚消散,易引起建(构)筑物沉降偏大、管线或道路沉降过大等问题。

(5)盾构机长距离穿越长江:穿越长江时最小覆土厚度为12.5m,水深28.2m,穿越长度为1352m,易引起开挖面失稳、江底冒浆、坍塌、盾尾漏泥漏水等问题。

(6)小半径盾构推进:施工时最小半径仅为1200m,西线隧道此段施工长度约为1200m,东线隧道此段施工长度约为750m。轴线控制难度大,管片在盾尾不居中,容易引起盾尾刷磨损大,易造成隧道变形大、管片错台、隧道渗漏水。

(7)浅覆土施工:汉口工作井位置隧道顶覆土厚度8.4m,约为0.55D(D为隧道直径)。隧道易上浮,地面沉降较难控制。

(8)小间距盾构机推进:东西线隧道净距小,其中220m范围内净距仅4.8m。后建隧道(东线隧道)推进过程中可能会引起西线隧道变形。

(9)刀盘刀具结泥饼:〈15a-1〉强风化粉砂质泥岩中,绿泥石含量15.78%,伊利石含量15.37%。〈15a-2〉中风化粉砂质泥岩中,蒙脱石含量4.18%。武汉以往地铁过江工程中,在含有这些黏土矿物的地层中推进,盾构机刀盘刀具都发生结泥饼现象。刀盘刀具结泥饼易造成盾构机推进低效、刀具磨损、偏磨严重、换刀作业频繁等问题。

3. 盾构机特点与主要技术参数

1)盾构机特点

由德国海瑞克设计制造的 ϕ15760mm 盾构机,刀盘为常压可更换刀具的面板式刀盘,开口率29%,中心5.5m范围没有开口,主驱动和刀盘可伸缩,额定扭矩27MN·m,脱困扭矩44MN·m,最大推力193962kN。配备双层切削刀具、中心冲刷系统、破碎机等针对性设计。

2)主要技术参数

盾构机主要技术参数如图4-1-45所示。

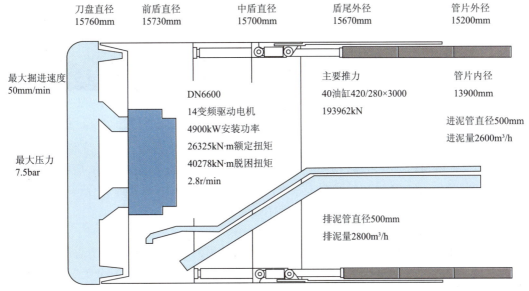

图4-1-45 盾构机主要技术参数

4. 技术研究

1）盾构机刀盘刀具与地层的适应性技术

武汉长江底地质条件复杂,盾构穿越长达1360m粉细砂、泥岩及砾岩组成的上软下硬复合土层的过程中,刀具磨损、偏磨严重(图4-1-46),盾构机推进低效。盾构机刀盘形式、刀具形式、刀具配置的合理选择是克服复杂地层的关键性措施,对于不同的地层特别是复合地层的盾构施工,选择何种刀盘刀具形式、刀具配置,将对盾构施工起到至关重要的作用。

图4-1-46 刀具磨损、偏磨严重

2）泥饼消除技术

三阳路长江隧道盾构穿越的土层复杂,其中,〈15a-1〉强风化粉砂质泥岩与〈15a-2〉中风化粉砂质泥岩所含黏性矿物较多,在泥水及盾构机推进产生的挤压、高温等综合作用下,与渣土黏结,形成有机胶结和无机胶结的复合胶结物附着于刀盘上,造成刀盘泥饼堆积(图4-1-47),阻碍盾构机推进。如何通过合理的措施消除或防止泥饼的产生,是复合地层盾构推进的关键。

图4-1-47 刀盘、刀具结泥严重

3）浅覆土施工技术

1170环左右开始,盾构机顶部覆土小于隧道直径D,盾构机进入浅覆土施工阶段,盾构机推进产生的土体扰动必定会对隧道沿线众多建(构)筑物、管线造成影响。1226环左右开始,盾构机进入接收段施工,顶部覆土厚度8.34～12.71m,属超浅覆土接收,盾构施工风险较大,需要通过合理有效的技术措施控制地面沉降及建(构)筑物的不均匀沉降,将其控制在合理范围内。

4）高水头压力长江底盾尾刷更换技术

盾构机推进至170～180环左右时,盾尾清理发现有破损的盾尾刷钢板,证明盾尾刷已有损坏。在随后的检查中,发现第一道盾尾刷破损情况较严重。在长江底高水头压力的复杂工况下,采取何种安全有效的更换措施是一项较难的课题。

5）带压进仓工作效率增效技术

由于进仓清理刀盘泥饼及维修碎石机的需要，本工程进仓次数较为频繁，而带压进仓工作的高风险性、复杂性使其占用的工期较长。如何在保证带压进仓工作安全可靠的前提下提高带压进仓的效率，对于盾构机早日恢复推进至关重要。

5. 主要施工技术

1）盾构机刀盘、刀具改制

（1）刀盘改制

复合土层施工中，后仓底部淤积严重，易造成吸口堵塞，在刀盘背面合理设置搅拌棒可以在很大程度上缓解这一问题。当搅拌棒从底部旋转而过时，可以将淤积的渣土搅动起来，改善吸口堵塞的状况。增设搅拌棒位置见图4-1-48。

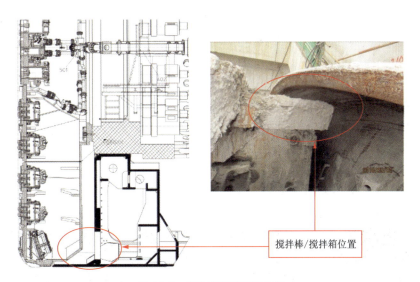

图4-1-48　刀盘搅拌棒位置示意图

（2）刀具改制

粉细砂施工中，由于石英含量较高，刀具主要问题体现为磨损较大；复合土层施工中，由于泥岩、砾岩的存在，刀具主要问题体现为磨损、偏磨、崩齿严重，且泥饼堆积，大大影响刀具切削效果。在试验了多达十几种刀具形式后，最终选定了宝塔刀+加高三齿刮刀的刀具配置，见图4-1-49。宝塔刀较之原装海瑞克贝壳刀，其耐磨性、切削效果大大提升，换刀环数由15～20环提升至30～40环。加高三齿刮刀一方面可以使切削下来的渣土直接进入土仓，避免渣土淤积在刀盘上形成泥饼，另一方面也大大减少了刮刀崩齿的现象。

图4-1-49　宝塔刀及三齿刮刀

通过以上措施,大大改善了推进参数(图4-1-50),延长了刀具的使用寿命,提升了推进效率。

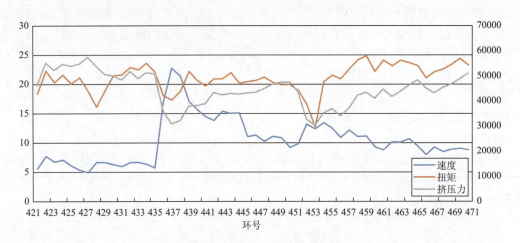

图 4-1-50　刀具改制后推进参数折线图

2)泥饼消除措施

刀盘刀具结泥饼是盾构复合地层施工中的重大难题,在推进参数上主要表现为扭矩大(电流80%以上)、刀盘中心挤压力大、刀盘中心偏心力矩大和仅有毫米级的推进速度,特别是刀盘中心挤压力和刀盘中心偏心力矩大,超过海瑞克程序设定的安全值会造成刀盘保护性跳停,无法推进。本工程通过物理及化学方法来防止、缓解泥饼的产生及消除泥饼。

(1)物理措施消除泥饼

①通过换刀作业、带压进仓进行刀盘刀具泥饼清理(图4-1-51)。但是换刀作业、带压进仓占用工期较长,带压进仓风险较大。而且,此措施不能从根本上解决泥饼的问题。

图 4-1-51　带压进仓换刀及清理泥饼图

②通过大流量、高压力的冲洗将渣土带出。一方面,中心冲洗改制成内循环,增加其对刀盘中心面板冲洗的流量及压力,并在向中心冲洗过程中增加高压气,增加泥水射流能量,将泥饼冲散;另一方面,对中心刀筒增加冲洗,改善原有中心冲洗堵塞的状况。但是,中心冲洗加气会导致前仓存在气体,影响开挖面的稳定,故应控制高压气的流量及压力,并在推进结束后及时通过前仓顶部连通管将气体排出。中心冲洗相关改制如图4-1-52所示。

③通过刀具的改制及合理配置使切削下来的渣土可以直接进入土仓,避免渣土淤积在刀盘上形成泥饼。

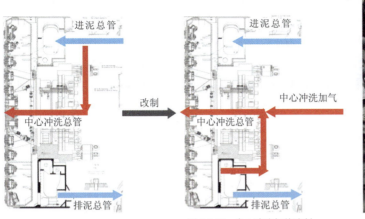

图 4-1-52 中心冲洗相关改制

(2)化学措施消除泥饼

根据采集的刀盘泥饼进行分析,泥饼是由小石子、泥沙、黏土以及部分新浆材料在高温环境下形成的一种附着于刀盘上的有机胶结和无机胶结的复合胶结物。只要能够破坏胶结物的胶结方式,就可以达到消除泥饼的目的。经过多种材料多次试验的考证,最终决定选择在每次换刀作业完成后从刀筒压注30%浓度的过氧化氢溶液进行泥饼消除,如图4-1-53所示。采用过氧化氢溶液消除泥饼后,施工参数明显好转,具体参数变化如图4-1-54所示。

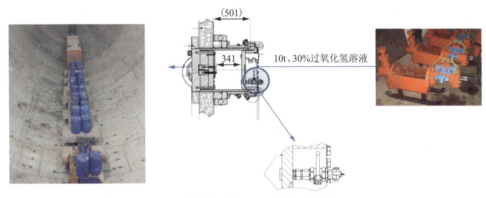

图 4-1-53 过氧化氢溶液压注示意图(尺寸单位:mm)

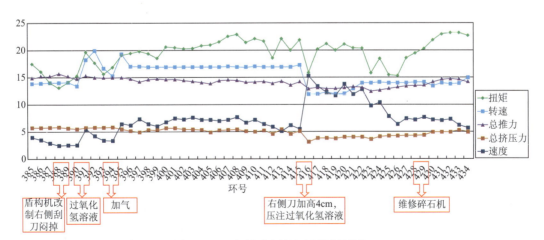

图 4-1-54 压注过氧化氢溶液后参数变化曲线

3)浅覆土施工沉降控制措施

超大直径盾构浅覆土施工过程中,应适当降低推进速度,确保盾构机设备的正常运行,保证盾构机稳定持续推进,同时泥水控制力求稳定、注浆量与压力双控。浅覆土施工中的切口水压设定较之理论值适当降低 0.05～0.10bar,防止地面泥水突涌。

为了更好地控制地面的沉降,在盾构浅覆土穿越众多建(构)筑物及管线的过程中,通过盾壳顶部数个盾壳垂直孔压注盾壳填充材料,填充盾壳与土体之间的间隙,可以有效地控制地面沉降及变形。在浅覆土施工的情况下,向同步浆液中加入一定量的普通水泥以缩短同步浆液初凝时间,早强浆液可以有效应对管片上浮导致的地面变形与开裂。

4)盾尾刷更换

(1)前期准备

首先选定盾构停机更换盾尾刷的位置,尽量选择底部土质承载力较高的土层。其次保证停机前10环推进参数、姿态等稳定,尽量使各组推进油缸行程一致,合理设定切口水压,同步注浆压力和注浆量双控,保证盾构停机时处于稳定状态。在盾构机达到预定停机位置后,立即进行盾尾环箍及管片环箍压注(图4-1-55),防止后方水土窜入,同时通过超前导管向前仓压注高黏度新浆,保证开挖面稳定。

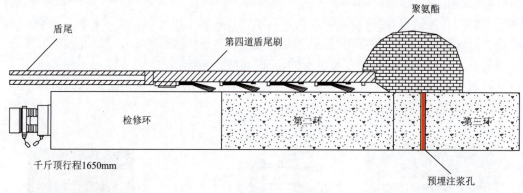

图 4-1-55　推进到位示意图

(2)盾尾刷更换

各项措施准备就绪后,立即着手进行盾尾刷更换工作,管片拆除顺序按顺时针更换,每拆一块管片,修好接缝部分的盾构刷更换后,将上一块拼回。拆除管片区域(安装)新的盾尾刷油脂涂抹完成,经检查合格后,在管片进行二次拼装时,一定要确认千斤顶撑靴已经顶住管片,当定位销和螺杆安装完成后,方可松开吸盘。并且拼装机吸盘与管片慢慢脱离,确认二次拼装管片稳定后,才可完全脱离。

在上述工序完成后,按顺序拆除下一块管片,按照以上施工工序施工,直到盾尾刷更换工作完成。管片拆除顺序如图 4-1-56 所示。

(3)注意事项

前期准备工作要保证质量,确保开挖面稳定、后方水土不会窜入,更换过程中严格按照拆装管片顺序进行施工,盾尾刷一旦暴露,要尽快完成更换,严禁多块管片同时拆除。

5)带压进仓增效措施

通过带压作业工作面交接班和多仓室二次减压这两个措施,大大提升了带压作业的日工作效率,连续 27d 在 5.3bar 的高压下进仓作业 287 个班次,在业内创造了纪录。

6.结语

复合地层盾构施工易造成刀具磨损严重、刀盘结泥饼等诸多问题,事实证明,通过以上改制与优化措施,成功地解决了武汉长江底胶结体强度低的泥岩砾岩复合地层盾构推进的世界性难题。在以后类似的工程中,可以通过合理的盾构、刀盘选型、更加灵活的刀具形式选择、刀具配置形式及大流量、高压力的中心冲刷来消除或减少泥饼的形成,通过物理及化学手段消除已形成的泥饼。此外,在超大直径盾构的浅覆土施工中,可以通过优化推进参数、压注盾壳填充材料及早强浆液来更好地控制地面及管线建(构)筑物的沉降。三阳路长江隧道的顺利贯通为超大直径泥水盾构复合地层及复杂工况的盾构施工积累了宝贵的经验,为以后类似工程的施工起到了很好的借鉴作用。

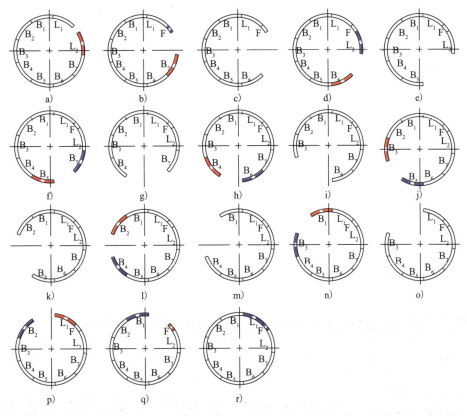

图 4-1-56　管片拆除顺序图

第4节　上海诸光路通道工程土压平衡盾构施工技术

上海隧道工程有限公司　吴惠明,何国军

1. 引言

本文依托上海诸光路通道新建工程,探讨了超大直径土压平衡盾构在上海市区深埋承压水砂性地层环境下盾构施工的适用性,并对相关施工参数进行了研究,为以后类似工程的施工提供参考。

2. 工程概况

1)工程简介

诸光路通道新建工程位于闵行、青浦境内,地下道路北起北青公路接地点,南至崧泽高架路南侧会展环路接地点,长约2.8km,采用盾构法和明挖法施工。盾构施工采用直径14450mm的土压平衡盾构机。盾构段全长1390m,共695环。隧道衬砌结构外径14000mm、内径12800mm,环宽2000mm,厚600mm,盾构隧道主线最大纵坡为-48‰,平面轴线最小曲率半径为700m。诸光路隧道平面图如图4-1-57所示。

盾构全线纵剖面呈"V"字形,隧道始发顶部覆土厚度约为8.5m,沿轴线覆土厚度逐渐增加,最大埋深约为33m(2.3D,D为隧道直径),接收处顶部覆土厚度约9m,全线最小覆土厚度为穿越蟠龙港阶段的7.9m(0.56D)。

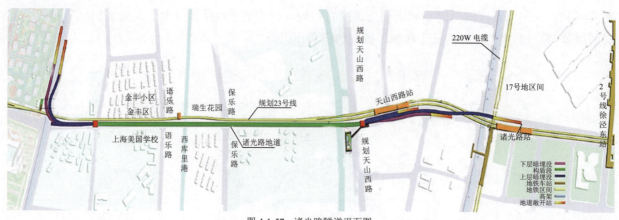

图 4-1-57 诸光路隧道平面图

2）工程地质条件

根据地质勘察报告,圆隧道段盾构穿越地层从上到下依次为:①$_2$淤泥、②$_{3b}$灰色粉砂（蟠龙港以南）/②$_{3a}$灰黄～灰色砂质粉土夹黏土（蟠龙港以北）、③灰色淤泥质粉质黏土、④灰色黏土、⑤$_1$灰色粉质黏土、⑤$_3$灰色粉质黏土夹砂土、⑥暗绿色粉质黏土、⑦$_1$黄～灰砂质粉土夹黏土、⑦$_{1t}$灰色粉质黏土夹粉砂、⑦$_2$灰色粉细砂,如图 4-1-58 所示。

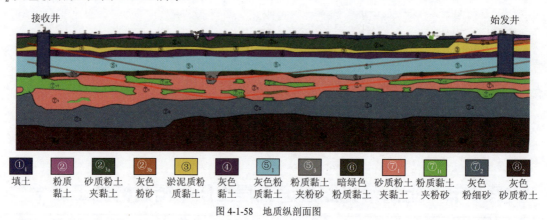

图 4-1-58 地质纵剖面图

隧道断面内地层包括:②$_{3a}$砂质粉土夹黏土、③灰色淤泥质粉质黏土、④灰色淤泥质黏土、⑤$_1$灰色粉质黏土、⑤$_3$灰色粉质黏土夹砂土、⑥暗绿色粉质黏土、⑦$_1$黄～灰砂质粉土夹黏土、⑦$_{1t}$灰色粉质黏土夹粉砂。盾构机将穿越长约 300m 的承压水砂性地层。

（1）地层特征（表 4-1-6）

地层特征　　　　　　　　　　　表 4-1-6

地层序号	地层名称	厚度（m）	层底高程（m）	状态或密实度	压缩性	地层描述
②$_{3a}$	灰黄～灰色砂质粉土夹黏土	2.40～9.00	-7.62～-1.24	松散	中	含云母,夹黏土,局部较多,土质不均,分布在蟠龙港以北
③	灰色淤泥质粉质黏土	1.00～8.70	-9.45～-4.34	流塑	高	夹薄层粉砂,局部较多,土质不均
④	灰色淤泥质黏土	3.50～8.30	-14.95～-11.65	流塑	高	夹薄层粉砂,含有机质
⑤$_1$	灰色粉质黏土	8.20～14.50	-27.33～-21.12	软塑为主	中～高	含有机质、腐殖物、钙结核
⑤$_3$	灰色粉质黏土夹粉砂	2.10～9.10	-32.01～-26.69	软塑	中	古河道沉积层,含有机质、腐殖物,局部分布
⑥	暗绿色粉质黏土	0.80～4.40	-28.84～-24.37	硬塑～可塑	中	含氧化铁斑点、铁锰质结核

续上表

地层序号	地层名称	厚度(m)	层底高程(m)	状态或密实度	压缩性	地层描述
⑦$_1$	黄~灰色砂质粉土夹黏土	1.00~19.20	-53.86~-26.86	中密	中	含云母,夹黏性土,局部较多,土质不均
⑦$_{1t}$	灰色粉质黏土夹粉砂	1.20~15.50	-47.26~-29.49	软塑~可塑	中	为⑦$_1$层中的夹层,含氧化铁斑点、铁锰质结核,局部夹粉砂较多,分布不稳定

(2) 地层力学性质(表4-1-7)

地层力学性质　　　　　　　　　　　　　　　　表4-1-7

地层序号	地层名称	含水率 w (%)	重度 γ (kN/m³)	剪切试验 黏聚力 c (kPa)	剪切试验 内摩擦角 φ (°)	孔隙比 e_0	液限 w_L (%)	塑限 w_p (%)	塑性指数 I_p	渗透系数(室内) K_H (cm/s)	渗透系数(室内) K_V (cm/s)
②$_{3a}$	黄~灰色砂质粉土夹黏土	35.1	18.1	3	29.9	0.977				1.91×10⁻⁵	4.11×10⁻⁵
③	灰色淤泥质粉质黏土	39.8	17.6	13	14.8	1.113	36.6	21.0	15.6	6.54×10⁻⁸	1.16×10⁻⁷
④	灰色黏土	42.6	17.4	13	13.6	1.211	41.8	23.2	18.6	9.26×10⁻⁸	1.74×10⁻⁷
⑤$_1$	灰色粉质黏土	36.3	17.8	15	14.7	1.056	38.7	21.8	16.9	7.76×10⁻⁸	1.16×10⁻⁷
⑤$_3$	灰色粉质黏土夹粉砂	33.1	18.1	15	18.0	0.966	36.1	20.9	15.2	7.36×10⁻⁸	9.45×10⁻⁸
⑥	暗绿色粉质黏土	23.7	19.6	48	15.0	0.693	35.9	19.5	16.5	4.42E×10⁻⁸	3.65×10⁻⁸
⑦$_1$	黄~灰色砂质粉土夹黏土	26.7	19.0	3	30.2	0.759				4.11×10⁻⁴	1.06×10⁻³
⑦$_{1t}$	灰色粉质黏土夹粉砂	33.7	18.4	22	16.1	0.946	37.7	21.1	16.6	7.61×10⁻⁸	1.01×10⁻⁷

3) 水文地质条件

(1) 地表水

圆隧道段,盾构机将下穿蟠龙港及西库里港。穿越蟠龙港时隧道覆土较浅,仅7.9m左右,需考虑河道对盾构施工安全影响;穿越西库里港时盾构机埋深较大,约27m。

(2) 地下水

拟建场地地下水由浅部土层中的潜水和深部粉(砂)性土层中的承压水组成,地下水补给来源主要为大气降水与地表径流。

①潜水

潜水主要来源于浅部土层,埋深0.9~2.4m(高程1.86~4.8m),受降水量、季节、气候等因素影响而变化。浅部分布有②$_{3a}$及②$_{3b}$层粉(砂)性土,是地表水与地下水较好的联络通道。

②承压(微承压)水

承压(微承压)水源于深部粉(砂)性土层,分布在⑦$_1$、⑦$_2$、⑧$_2$层,该三层大部分连通,承压水位一般低于潜水位,呈周期性变化,埋深3~12m。

3. 盾构机特点与主要技术参数

本台φ14450mm土压平衡盾构机,总长约89m,由德国海瑞克专为中国上海诸光路通道新建工程设计改造,该台盾构机曾用于新西兰Waterview连接线工程,它采用和吸收了世界上各类盾构最新技术,选用先进的设备配置,满足上海诸光路通道的工况和地质条件的掘进施工。盾构机及车架侧视图如图4-1-59所示。

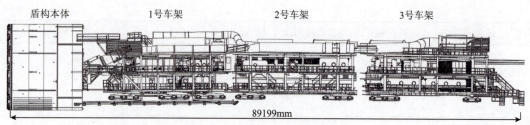

图 4-1-59　盾构机及车架侧视图

1) 盾构机的主要组成及技术参数

盾构机主要是由刀盘、主驱动、盾体、盾尾、管片拼装机、辅助设备等组成，见表 4-1-8。

盾构机主要技术参数　　　　表 4-1-8

名　　称		技术参数	备　　注
盾构本体	盾体前部直径	14410mm	
	盾体后部直径	14390mm	
盾尾	直径	14370mm	
	盾尾密封系统	4 道密封钢刷	3 道钢丝刷，1 道钢板刷
刀盘	直径	14450mm	45% 开口率
	结构	8 根辐条	
	刀具	主要软土刀具	刮刀 148 把、撕裂刀 47 把、中心撕裂刀 8 把、先行撕裂刀 77 把、边刮刀 16 把
	旋转驱动	20 个电动机，350k·W	7000kW
	额定扭矩	56884 KN·m	1r/min
	最大扭矩	68830 KN·m	1r/min
	最大转速	1.9r/min	
螺旋输送机	最大旋转速度	24r/min	
	输送量	约 1660m³/h	
推进油缸	总推力	199504kN	
	油缸分区数量	6	

2) 刀盘及刀具配置

考虑本区间部分在粉砂性土中掘进，土层流动性较差，盾构机在此地层掘进容易产生开挖面稳定性差、盾尾和螺旋输送机易发生渗漏、盾构掘进困难、盾构姿态难以掌控及地表沉降较难控制等问题，施工有较大难度，此次盾构机的开口率为 45%，确保区间出渣顺畅。

由于区间隧道断面土层的粉砂性含量较大，因此需配备一定数量的先行刀，起到超前贯入剪切的作用，提高粉砂性土掘进的切削效率。刀盘面板上布置有中心撕裂刀、先行撕裂刀、撕裂刀、刮刀、边刮刀五种形式的刀具，其中中心撕裂刀 8 把、先行撕裂刀 77 把、撕裂刀 47 把、刮刀 148 把、边刮刀 16 把。盾构机刀具的配置能满足本标段施工要求，具体布置如图 4-1-60 所示。

3) 土体改良系统

盾构机设计有 2 套土体改良系统，即刀盘泡沫系统与刀盘加泥（膨润土）水系统。

泡沫系统由 20 个型号 IBO-bubbletube（490mm）发泡装置组成，流量由电控比例阀控制。加泥水系统由搅拌桶、两台

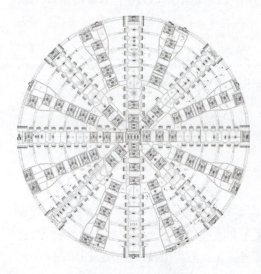

图 4-1-60　盾构机刀盘

螺杆泵和阀件组成，泥浆罐容量为 $4\times10m^3$。

泡沫系统分别在刀盘正面有 16 个，土仓内 12 个，螺旋输送机内 18 个注入口；加泥系统土仓内有 2 个，盾体上有 29 个注入口。泡沫系统和加泥系统通过这些注入口向刀盘正面、土仓和螺旋输送机内注入黏性添加剂，从而改良切削土，安全、稳定地进行掘进作业。

4. 技术研究

超大直径土压平衡盾构机不同于泥水平衡盾构机，刀盘面直接切削原状土，如不采取土体改良措施，土压盾构机的地层适应性将大大受到限制。在承压水砂性地层中，由于砂土具有内摩擦角、渗透系数、标准贯入锤击数大、流塑性差等特点，土压盾构施工时会遇到刀盘扭矩大，螺旋输送机喷涌，进而发生刀盘磨损，土压力波动无法控制等险情。本项目对上海⑦层承压水砂性地层进行项目现场及实验室改良试验研究，同时对渣土改良设备进行改造，以期达到最佳的改良效果。

1）泡沫发泡试验

泡沫的强度韧性可通过泡沫表观质量来检验，优质泡沫有良好的自立性，气与泡沫均匀结合。

泡沫的稳定性可通过测定泡沫消泡率与时间的关系来进行研究，消泡率是衡量泡沫稳定性的重要参数之一，消泡率和时间的关系曲线中，消泡率为 50% 所对应的时间称为泡沫的"半衰期"。在对泡沫的稳定性进行评价时，对比泡沫的半衰期，半衰期越长泡沫越稳定。此次泡沫试验结果见表 4-1-9。

泡沫试验结果统计 表 4-1-9

序号	泡沫浓度（%）	发泡率（%）	泡沫流量（L/s）	泡沫形态描述	稳泡时间	整体评价
1	1	10	80	较稀	1min30s	差
2	1	20	80	良好	3min15s	良好
3	1	30	80	很干、泡沫颗粒大	4min20s	差
4	2	10	80	较稀	4min40s	良好
5	2	20	80	良好	8min40s	良好
6	2	30	80	较干	12min20s	良好
7	3	10	80	较稀	5min20s	良好
8	3	20	80	良好	10min10s	良好
9	3	30	80	良好	15min2s	良好

根据泡沫测试结果，以泡沫形态及稳泡时间（>8min）为评价标准，采用 2%～3% 浓度、发泡率 20% 所产生的泡沫质量较高。

2）抗剪强度试验

本次采用直接快剪试验，通过对改良土体进行直接剪切试验，对不同泡沫添加量的改良土体，在一定竖向压力条件下的抗剪强度变化规律进行研究。

直接快剪试验的原理为库仑定律，即土体内抗剪强度随着剪切面上法向压力增大而增大。将所用土体按要求制备成一系列土样，对不同土样施加不同法向压力，同时将土样沿某一固定剪切面施加水平剪力，在固定竖向压力条件下，使土体剪切破坏的剪切应力就为土体的抗剪强度。然后，根据剪切定律可以求得土体内摩擦角和黏聚力两个抗剪强度指标。

土体试样设定为含水率 15%，泡沫浓度 2.5%，注入率为 40%，发泡率设有 1:10 和 1:20 两种。

从试验可以看出，在相同剪切面上法向压力 68kN（折算为 400kPa）作用下，原状土破坏时所需剪切应力最大，发泡率为 1:10 的最小，试验结果见表 4-1-10，不同改良措施下应力—应变曲线见图 4-1-61。

不同改良措施试验结果　　　　　　　　　　　　　　表 4-1-10

试样编号	发泡率	法向压力(kN)	剪切力(kN)	备注
1	无	68	0.082	原状土
2	无	68	0.071	原状土 + 混合液
3	1:10	68	0.055	原状土 + 泡沫
4	1:20	68	0.061	原状土 + 泡沫

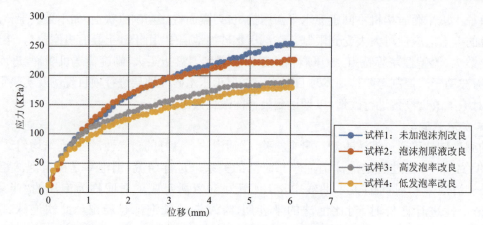

图 4-1-61　不同改良措施下应力—应变曲线

其中编号 2 为添加与泡沫相同量混合液（未发泡），从而证明直接快剪试验在压力作用下泡沫被挤入土体孔隙中并未完全消散，并说明该种试验可模拟泡沫在受挤压状态下的土体改良效果。

以下是以泡沫浓度 2.5%、注入率为 40%、发泡率 1:20 进行的改良土与原状土的直接快剪试验。

从图 4-1-62 中可以看出，经泡沫改良，地层⑦$_1$内摩擦角 φ 值由 26°（地勘报告为 30°）减小为 20°，减小约 1/5～1/3。

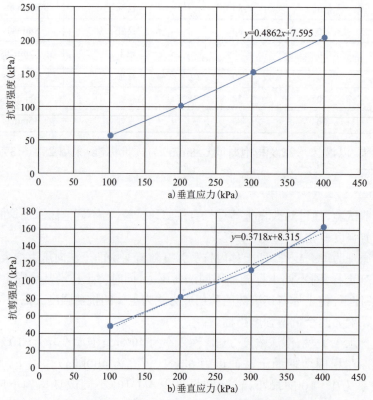

图 4-1-62　原状土和泡沫改良土直接快剪抗剪强度曲线

从以上试验数据可以看出,泡沫可有效减少砂土内摩擦角从而减小刀盘扭矩及总推力,而在其他参数不变的情况下,适当提高泡沫发泡率,既能保证泡沫改良渣土抗剪强度又能大大提高经济性。

3) 渗透系数试验

本次试验在采用常规变水头试验的基础上进行改进,如图 4-1-63 所示。改进如下:每隔 5min 读一次水头后,将水头恢复为初始水头,再根据观测数据计算改良渣土的渗透系数。

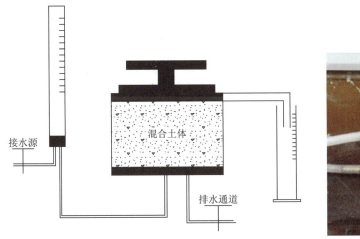

图 4-1-63 渗透仪及示意图

试验将原状渣土与掺入浓度 2.5%、发泡率为 1∶10 及 1∶20、注入率 40% 的泡沫改良渣土进行比较。试验结果见表 4-1-11,改良效果很明显。

渗透系数试验结果　　　　　　　　　　表 4-1-11

序 号	改良类型	发 泡 率	渗透系数 K_V(cm/s)
1	原状渣土	—	$1.06×10^{-3}$
2	泡沫改良渣土	1∶10	$3.6×10^{-5}$
3	泡沫改良渣土	1∶20	$1.83×10^{-5}$

经过试验我们可以得出,泡沫改良剂经搅拌后细小泡沫填充入砂土孔隙内,置换原有的孔隙水并填充空隙,形成更多封闭的泡沫,并与土颗粒结合得更完整和致密,从而使得土体渗透系数降低,止水性增强,如图 4-1-64 所示。

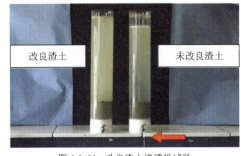

图 4-1-64 改良渣土渗透性试验

4) 实际工程应用效果

诸光路通道新建工程盾构掘进过程中将在 355～383 环全断面穿越⑦₁承压水砂质粉土地层,进入该地层后,刀盘扭矩急剧变大(扭矩大于 25MN·m),总推力也有增长(130000kN)。起初采用纯加水渣土改良,刀盘扭矩下降明显,但单环加水量巨大,当加水量超过 10% 时,螺旋输送机发生喷涌,土仓土压力波动大且无法控制,进而地面发生较大沉降。后续采用了纯泡沫渣土改良,发现在泡沫浓度 2.5%,发泡率 1∶20,40% 注入率参数下,每环推进起推刀盘扭矩偏大,推进至 0.5m 后扭矩有所下降,总推力下降较明显,但拼装过程中土仓内土压力偏高,说明仓内有泡沫消散气体串出。发现问题后项目部对泡沫系统进行管路改制,改制后泡沫系统即可加水又可加泡沫,并采用了刀盘中心区域加泡沫(1～6 号刀盘注入口),刀盘周边加水的渣土改良措施(7～16 号刀盘注入口),加水量控制在 5% 以内,泡沫注入率约 25%～30%,改良后起推阶段刀盘扭矩下降明显,土压力稳定正常,改良效果非常好,见图 4-1-65～图 4-1-67。

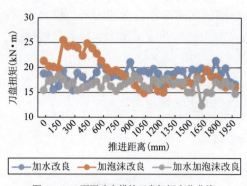

图 4-1-65 不同改良措施刀盘扭矩变化曲线

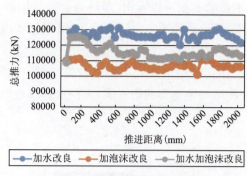

图 4-1-66 不同改良措施总推力变化曲线

5. 主要施工技术

1) 小净空大坡度工况下隧道内水平运输技术

本项目由于盾构机车架内净空高度仅为 2.9m,无法满足无轨运输净空要求,进入车间段只能使用有轨运输车辆。盾构机在始发阶段隧道纵剖面达到 40‰下坡,过了最低点后又以 48‰上坡掘进,这对有轨运输带来极大的安全隐患。

(1) 运输方式简介

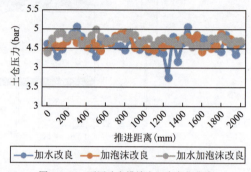

图 4-1-67 不同改良措施土压力变化曲线

为了确保有轨运输安全,同时保证隧道内运输的效率,本次隧道内水平运输采用混合运输的模式,即采用柴油轨道机车编组(前部)+短驳行车(中部)+斯泰尔卡车/混凝土橄榄车(后部)的运输形式。隧道后部采用斯泰尔卡车与橄榄车的无轨运输方式,在隧道最前方π形件位置,设置一台 25t 行车,行车轨道设在隧道两侧预制钢牛腿上,该行车用于吊运管片与安装π形件,同步注浆采用橄榄车自流入轨道机车上的浆桶,浆液与管片用有轨运输短驳至车架。隧道内水平运输布置如图 4-1-68 所示。

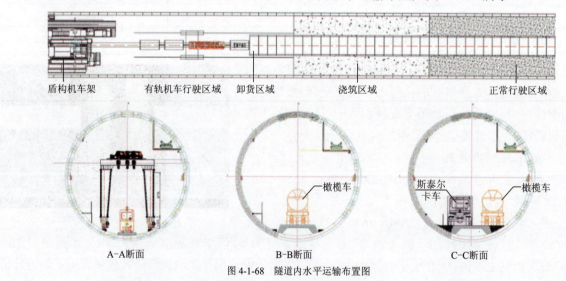

图 4-1-68 隧道内水平运输布置图

本次水平运输共划分为 4 个区域,分别为正常行驶区域、浇筑区域、卸货区域和有轨机车行驶区域。其中有轨运输区域长度控制在 50m 左右,以缩短轨道机车编组行驶距离,降低溜坡风险提高运输效率;卸货区域设定为 10m 左右,为管片吊运、π形件安装及浆液放浆之处;浇筑区域控制在 30m 左右,使用橄榄车集中浇筑回填;正常行驶区域宽度为 7.5m,可满足无轨运输车辆调头要求。

(2) 安全性分析

该种布置形式可最大限度减少轨道机车运输距离,减少机车平板编组,将轨道机车组可能发生溜坡带来的冲击力降到最低。而在长距离大坡度运输区域采用无轨运输,可有效保障施工的安全性。隧道内行车布置形式如图 4-1-69 所示,行车质量约 39t,行车轨道牛腿采用预支钢牛腿。预支钢牛腿可以嵌入管片下部 51°范围两个螺栓孔并与两根纵向 6.8 级 M36 螺栓固定连接,轨道及钢牛腿随着盾构掘进不断地通过行车四个吊臂往前进行安拆翻运。经过验算,钢牛腿与螺栓的连接安全系数可以达到 2.0,保证行车吊装及行走的安全。行车行走形式采用齿轮式制动,可满足上下坡 6% 坡度情况下的安全可靠性。

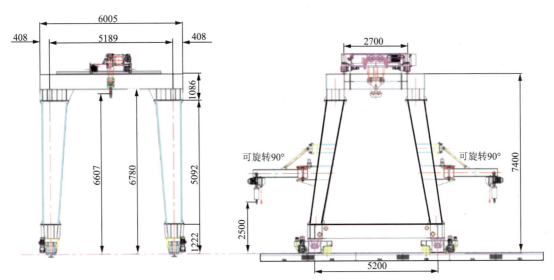

图 4-1-69　隧道内行车示意图(尺寸单位:mm)

(3)效率分析

混合运输模式充分利用斯泰尔卡车及橄榄浆车运输的灵活性,大大提高物料运输效率。

以 1.4km 的运输距离进行分析,在车辆不出现任何故障的情况下,按照 2 环为一个循环计,平均每环运输时间为 114min(不计 π 形件),同时同步注浆将越来越有余量。

T(运输 114min)$<T_1$(推进)$+T_2$(拼装)$=147$min,对于 T_1,照推进速度 30mm/min,每环推进时间约 67min;对于 T_2,按照平均的拼装速度水平,每环拼装时间在 80min 以内。

运输时间比推进拼装时间多约 30min,可在此阶段完成 π 形件安装与轨道接长。根据实际项目施工情况,混合运输模式至少可以满足盾构施工每天 6～7 环的运输量。

(4)经济性分析

由于大量采用施工单位现有设备,如斯泰尔卡车、橄榄车及柴油轨道机车,所以仅增加隧道内行车一部,进而免去成百上千万的车架改造及新购特种车辆(如管片上行驶斜轮车辆)费用,提高经济性。

2)浅覆土隧道抗浮施工技术

本项目在 1～40 环的推进过程中,隧道施工阶段上浮值如图 4-1-70 所示,由图可知,1～10 环上浮值在 20～30mm,这是由于 1～10 环处于加固区的缘故(1～10 环是始发段加固区),10～15 环上浮值迅速增大,15～40 环上浮值基本稳定在 60～70mm。

管片会发生上浮是由于在盾构机推进过程中,盾构机切削刀盘直径 D 与隧道管片外径 d 有一定的差值,当管片脱出盾尾后,管片与地层间产生一个环形建筑空间。不及时填充此空间,就会导致管片上浮。

在盾构机刚始发的 40 环,由于地质条件处于探索期,对盾构施工各项参数处于磨合期,施工期间管片上浮值大概在 60～70mm,而施工规范要求的限制是 75mm,管片上浮值处于临界边缘状态,必须采取有效措施减小管片的上浮。

(1)隧道上浮控制措施

根据以往的施工经验,结合本工程地质地层和盾构机特点,采取以下措施降低了管片的上浮值。

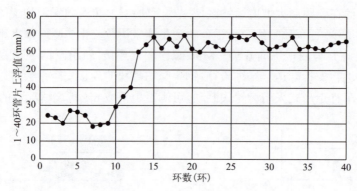

图 4-1-70　1～40 环管片上浮曲线

① 采用早强同步注浆浆液

即同步注浆里添加水泥，以加快浆液初凝时间，加强浆液早期强度，浅覆土施工期间按浆液质量的 3% 添加水泥。

② 隧道车架段进行压重

隧道上浮主要出现在管片刚脱出盾尾阶段，此时车架轮子尚未驶上管片，该处管片将有较大上浮量。施工阶段采用每环拼装完成待下环管片及同步注浆浆液运输到位后掘进，提高车架段尤其是 1 号车架的压重量。

③ 控制施工进度

适当调整盾构掘进速度，采取匀速缓慢推进，保证管片外侧空隙注浆饱满，及时填补建筑空隙。同时控制每日掘进环数进度，使水土应力得到有效释放。

④ 盾构掘进轴线控制

施工中将盾构机推进轴线高程降至设计轴线下 0～-30mm，以此来抵消管片衬砌后期的上浮量，使隧道中心轴线尽可能地接近设计轴线。

⑤ 管片加装剪力销

每环管片安装剪力销，并在盾构机进入 $1D$（D 为盾构机直径）覆土前使用。每环使用至少 19 个（普通管片 2 个，封顶块 1 个），增大隧道整体刚性，避免管片上浮造成螺栓剪断。

（2）控制效果

通过以上措施的实施，40～100 环管片的上浮值得到了很好的控制，其具体上浮值如图 4-1-71 所示。从图中可以看出，管片上浮值在 40～80 环逐渐降低，在 80～100 环稳定在 13mm 左右。

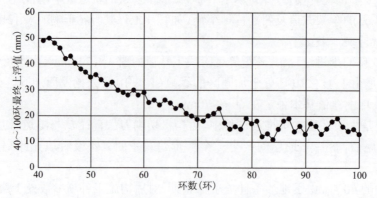

图 4-1-71　40～100 环管片施工阶段最终上浮曲线

6. 结语

本工程实践表明在超大直径土压平衡盾构机中，通过渣土改良技术，泡沫可有效降低上海地区承压水砂性地层砂土内摩擦角、抗渗系数等土体参数,改善渣土体性能,进而降低刀盘扭矩,盾构总推力,避免螺旋输送机喷涌,稳定土仓压力,使超大直径土压平衡盾构可以向更大埋深、更长距离越江隧道方向发展;小净空大坡度工况下的隧道内水平混合运输技术,最大限度地利用了现有设备资源,保证施工安全及进度的同时,大大降低设备改造及投入成本;浅覆土隧道抗浮施工技术,通过技术与管理措施,减少了管片上浮量,并为以后超大直径土压平衡盾构机采用 GPST 工法浅覆土抗浮提供技术依据。

第5节 汕头苏埃通道工程泥水盾构施工技术研究

中铁隧道局集团有限公司 陈桥,李云涛

1. 工程概况

1)工程简介

工程起点位于汕头北岸龙湖区天山南路与金砂东路平交口,路线自北向南沿天山南路布设,下穿长平东路、中山东路、苏埃湾海域、南滨路,接至本项目研究终点,与规划的安海路相接,工程全长 6680m,其中隧道长 5300m。工程线路布置见图 4-1-72,北岸接线长 250m,南岸接线长 1130m,隧道长 5300m(其中北东线岸暗埋段长 873m,东线盾构段长 3047.5m,东线南岸暗埋段长 437.5m),互通式立交 2 处、收费站 1 处。工程按 I 级公路设计,并兼具城市道路功能,双向 6 车道标准,主线设计行车速度 60km/h,采用明挖法+盾构法修建,盾构隧道内径 13.3m,外径 14.5m。

图 4-1-72 工程线路布置图

2)工程地质条件

盾构施工段将要穿越的地层有:填筑土、淤泥、淤泥质土、淤泥混砂、粉细砂、粉质黏土、中砂、粗砂、砾砂、砾质黏性土,微弱中全风化花岗岩等,不良地质有砂土液化、软土震陷、花岗岩球状风化体、基岩凸起、有害气体等,工程地质纵断面图如图 4-1-73 所示。盾构穿越的主航道下有 3 处基岩凸起段,补充勘察结果表明,基岩凸起段 RQD=55% ~ 78%,层顶高程 -34.72 ~ -27.46m,层底未揭穿,揭露厚度 1.10 ~ 9.00m,饱和单轴抗压强度 41.7 ~ 214MPa,抗拉强度 2.02 ~ 9.35MPa,隧道所处的地质情况比较复杂。

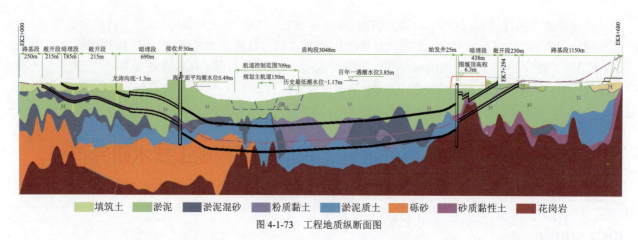

图 4-1-73 工程地质纵断面图

3）水文地质条件

（1）地表水：拟建工程场地地表水体较发育，主要为苏埃湾、龙湖沟、其他小涌及鱼塘等。在南北两岸地下水与地表水呈互补关系。

（2）地下水：根据区内地下水的赋存特征及形成条件，可将测区地下水划分为松散岩类孔隙潜水、松散岩类孔隙承压水及块状岩类裂隙水。区内地下水的补给，主要为大气降水和垂直渗入补给。

4）工程重难点

苏埃通道工程是国内首条地处8度抗震区，采用超大直径盾构穿越复杂地层的海底隧道，对隧道结构的抗震性提出了很高的要求。隧道穿越淤泥质土、砂土等软土地层，同时存在风化状花岗岩、上软下硬地层，地质条件非常复杂。工程施工的综合难度和风险在目前国内同类型项目中最高，施工中存在的主要重难点如下。

（1）本工程为国内首条在8度（0.2g）抗震设防烈度区建设的海底隧道工程，在大震作用下硬岩与砂层、淤泥质土交界处约100m长度区域盾构隧道管片环缝存在张开风险，将导致盾构隧道漏水、漏泥等重大工程安全风险。

（2）盾构始发端头位于淤泥层中，隧道埋深约8m，到达端头位于淤泥和砂层中，隧道埋深12m，均小于1倍洞径，浅埋覆土盾构始发、到达是本工程的重点也是难点。

（3）海域段隧道穿越地质复杂的复合性地层，盾构机在海域穿越上软下硬的基岩凸起地层，盾构穿越上软下硬地层掘进难度极大，同时对于超大直径盾构机的选型也提出了极高要求。

（4）根据线路条件和地质报告，工程在海域段隧道存在硬岩和孤石，海中硬岩和孤石探测及处理是本工程难点。

（5）工程盾构隧道穿越北岸海堤及主航道浅埋段（埋深12.8m），隧道上部地层均为松散的中粗砂及软弱的淤泥层，施工过程中可能产生海底冒浆、甚至海水倒灌、隧道涌水涌沙、冒顶等事故，盾构机通过浅埋段及海堤是工程施工的难点。

（6）根据线路条件和地质报告，在海域段可能存在未探测到的硬岩及孤石，掘进时盾构机刀盘偏载及顺利贯通是工程的重难点。

（7）地下水分析结果，北岸、南岸及盾构隧道地下水对混凝土结构及钢筋均具有不同程度腐蚀性，结构防腐至关重要。

（8）盾构机在EK4+600～EK5+100段通过软弱地层段，根据地质钻孔显示在此段砂层存在承压水。该段最小覆土深度12.5m。施工中防止涌泥突水是工程难点。

2. 盾构机选型、研制与主要参数

本工程采用两台开挖直径15.01m（图4-1-74）、15.03m（图4-1-75）气垫式泥水平衡盾构机，东线盾构机由海瑞克公司制造，主机总长约为15.5m，整机总长130m；主机质量约2800t，后配套拖车质量约1600t，单件最

大质量为刀盘550t(含刀具、吊具);后配套拖车由1号~4号拖车、1节连接桥及辅助平台组成。

图 4-1-74　东线盾构机(海瑞克公司制造,
开挖直径 15.01m)

图 4-1-75　西线盾构机(中铁隧道局与中铁装备联合研制,
开挖直径 15.03m)

西线盾构机由中铁隧道局与中铁装备联合研制,主机总长约为15m,整机总长135m;主机质量约2700t,后配套拖车质量约1600t,单件最大质量为刀盘570t(含刀具、吊具);后配套拖车由1号~5号拖车、1节连接桥及辅助平台组成。两台盾构机主要参数见表4-1-12。

苏埃通道工程盾构机主要技术参数　　　　表 4-1-12

系　统	项　目	S1046	CREC306
整机	开挖直径(m)	15.01	15.03
	最小转弯半径(m)	1000	1000
	适应的最大坡度(‰)	50	50
	最大推进速度(mm/min)	50	50
	最大推力(kN)	约 219450	222200
	最大工作水土压力(bar)	6	10
	装机总功率(kW)	9730	约 11500
刀盘、刀具	开挖直径(m)	15.01(新刀)	15.039(新刀)
		14.98(边刀磨损到极限)	15.00(边刀磨损到极限)
	开口率(%)	27	28
	质量(t)	整 540	570
	中心滚刀数量/直径/刀高(把/英寸/mm)	6/17/225 双轴双刃	6/17/225 双轴双刃
	最大工作荷载(kN)	267	280
	正滚刀数量/直径/刀高(把/英寸/mm)	26/19/225 双轴双刃	27/19/225 双轴双刃
	最大工作荷载(kN)	315	300
	边滚刀数量/直径/刀高(把/英寸/mm)	4/19/225 双轴双刃; 3/19/225 单刃	5/19/225 双轴双刃; 2/19/225 单刃
	最大工作荷载(kN)	315	300
	滚刀安装方式	整体背装式	双楔块+拉紧块螺栓安装
	可常压更换刀具类型及数量	6 把 17 英寸双轴双刃滚刀 30 把 19 英寸双轴双刃 3 把 19 英寸单刃滚刀	6 把 17 英寸双轴双刃滚刀 32 把 19 英寸双轴双刃 2 把 19 英寸单刃滚刀
	刮刀数量/刀高(把/mm)	常压 48/185; 带压 156/185	常压 48/185; 带压 162/185
	撕裂刀数量/刀高(把/mm)	与滚刀数量相同,可互换	与滚刀数量相同,可互换
	边刮刀数量/刀高(把/mm)	12 套	48/185

续上表

系 统	项 目	S1046	CREC306
刀盘、刀具	刀盘刀具磨损自动监测	6× 刀盘正面磨损检测 2× 刀盘背部磨损检测 1× 周边液压磨损检测 (6+30+3)× 滚刀磨损被动检测	6× 刀盘正面磨损检测装置 3× 刀盘背部磨损检测装置 6× 周边液压磨损检测装置 (6+32+2)× 滚刀磨损被动检测 30× 滚刀磨损自动检测 40× 滚刀旋转检测
	刀盘冲刷喷嘴数量	7个中心喷嘴 3个前部喷嘴 18个刀盘主臂间喷嘴	7路刀盘中心面板 6路刀盘中心开口冲刷 15路刀盘周边冲刷
主驱动	驱动形式	电驱动	电驱动
	驱动总功率(kW)	5600	5600
	驱动电机数量(个)	16	16
推进系统	推进油缸数量及分组	28个双缸/6组	28个双缸/6组
	最大推进速度(mm/min)	50	50
	最大伸出速度(mm/min)	800(每3对油缸,拼装模式)	2600(拼装模式)
	最大回收速度(mm/min)	1600(每3对油缸,拼装模式)	2600(拼装模式)
同步注浆系统（单液）	注浆泵数量(个)	4	4
	注浆泵功率(kW)	110	2×75
	注浆能力(m³/h)	20	20
	注浆泵出口最大压力(bar)	30	30
	注浆口数量(个)	8+8(备用)	8+8(备用)
泥水循环系统	最大进浆流量(m³/h)	2700	2700
	最大排浆流量(m³/h)	2900	3200
超前地质预报系统	规格型号/品牌/产地	SSP/德国	三维地震波超前探测/山东大学/中国

3. 盾构施工技术研究

1）始发段孤石探测与处理

（1）孤石探测

采用 CT 物探对 EK6+818.3～EK6+728.3 回填区 90m 进行孤石探测。根据回填区钻孔平面图 4-1-76 进行钻孔验证，布孔原则按隧道中心线方向横纵 3m×3m（从南往北 30m）和 5m×5m（从南往北 60m）进行初步孤石孔位探测，钻孔深度为隧道底板下 1m，并结合 CT 物探进行孤石探测。钻进过程中对发现基岩的钻孔周围行加密钻孔，以锁定孤石分部区域、摸清孤石边界为准，加密布孔原则为从发现孤石钻孔位置向四周（前后左右 1m×1m）布置。

（2）孤石处理措施

①端头孤石固结加固处理

对孤石周围的地层进行固结注浆处理；对素墙之间的接缝处进行注浆止水处理；对原来三轴未加固到区域（孤石下部土体）进行补充加固。

②回填区孤石预处理

根据物探、钻探揭露的孤石、基岩凸起段的大小、厚度、分布、强度，再选择合适的方法进行处理，根据目前国内现有类似工程经验及本工程实际情况，对于回填区孤石进行爆破预处理、机械处理（包括潜孔钻密钻孔和旋挖钻破碎孤石处理）。图 4-1-77 和图 4-1-78 分别为爆破前后钻孔芯样，对比可以看出爆破后芯样较破碎，爆破效果良好。

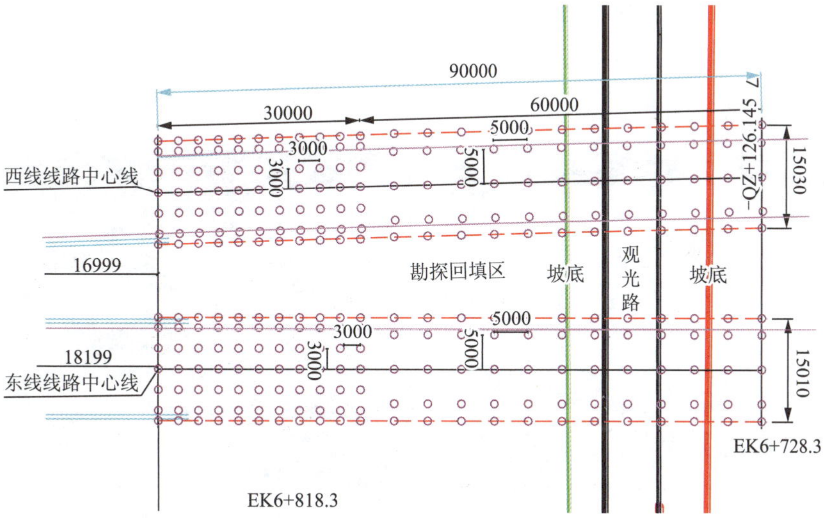

图 4-1-76 回填区钻孔平面图(尺寸单位:mm)

图 4-1-77 爆破前孔位芯样

图 4-1-78 爆破后芯样

东、西线回填区爆破处理后的施工孔位采取单液浆注浆,双液浆封孔处理。注浆方式:爆破孔位下单液注浆镀锌管,孔口往下 1m 范围内采用双液浆进行孔口封闭后注浆。注浆开始后直至周边孔口及注浆孔位返出纯水泥浆后,对返浆孔口往下 1m 采用双液浆进行封堵,如图 4-1-79 所示。

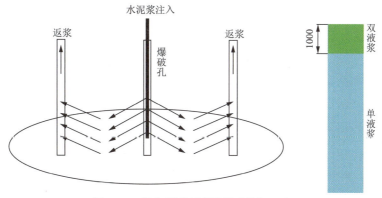

图 4-1-79 爆破后注浆示意图(尺寸单位:mm)

2)刀具破岩试验研究

在盾构始发前,委托盾构及掘进技术国家重点实验室开展多次盘形滚刀破岩试验,为盾构机在过基岩段时掘进参数的选取、刀具受力和不同类型滚刀的选用提供参考依据。

(1)软硬不均地层盾构掘进模拟试验

从汕头苏埃通道工程现场采集的花岗岩与水泥砂浆按照 1∶1 比例制作岩样来模拟软硬不均地层,如图 4-1-80 所示。利用滚刀岩机作用综合试验台,如图 4-1-81 所示,开展不同掘进参数及刀间距条件下的软硬不均地层盾构掘进模拟试验。图 4-1-82 为刀间距 120mm 时的滚刀破岩情况，从图中可以观察到，刀间距为 120mm 时，滚刀相邻轨迹线之间的岩石能够贯通，破碎成片状。图 4-1-83 为破岩试验过程中不同贯入度下的推力—时间曲线。

图 4-1-80　浇筑好的岩箱　　　　　　　图 4-1-81　滚刀岩机作用综合试验台

图 4-1-82　刀间距为 120mm 时的破岩情况

（2）不同滚刀刀圈类型的破岩试验

采用现场采集的花岗岩及拟使用的两种 19 英寸双轴双刃盘形滚刀（刀刃如图 4-1-84 所示）开展滚刀破岩试验，获得两种类型盘形滚刀破岩后的岩面及掘进距离—时间变化曲线分别如图 4-1-85 和图 4-1-86 所示。

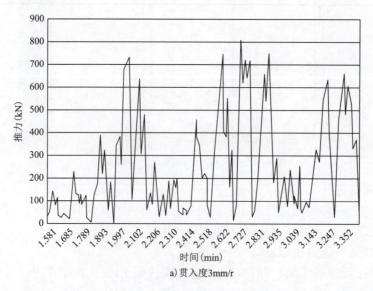

a）贯入度3mm/r

图　4-1-83

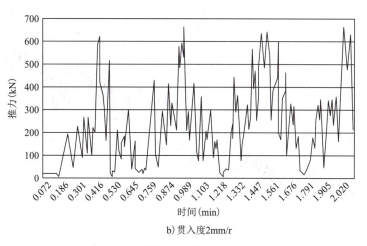

b) 贯入度2mm/r

图 4-1-83 不同贯入度下的滚刀推力—时间曲线

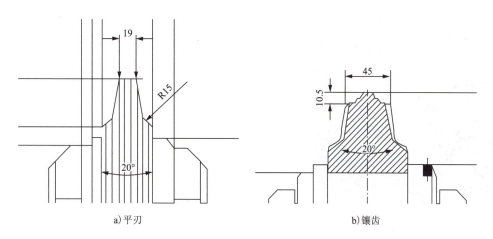

a) 平刃　　　　　　　　　　　　　　b) 镶齿

图 4-1-84 试验所用的两种类型盘形滚刀刀刃（尺寸单位：cm）

a) 19 英寸平刃盘形滚刀　　　　　　　b) 19 英寸镶齿盘形滚刀

图 4-1-85 两种类型盘形滚刀破岩后的岩面

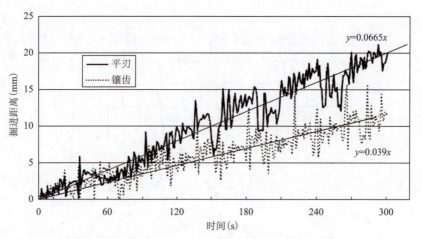

图 4-1-86　两种类型盘形滚刀破岩时掘进距离—时间变化曲线

3）海水环境带压进仓泥浆制备研究

带压进仓作业时需要制备黏度为 90s 以上的高黏度浆液以进行浆液置换，由于工程位于海域环境，浆液置换过程中难以避免海水渗入。海水深入泥浆后，造成浆液离析，如图 4-1-87 所示，浆液静置约 32h 后，泥浆严重离析，黏度急剧下降，增加带压进仓作业风险。针对海水环境劣化泥浆性能的问题，委托盾构及掘进技术国家重点实验室开展带压进仓泥浆配置试验，探寻新型制浆材料，避免了海水环境对泥浆的不利影响。

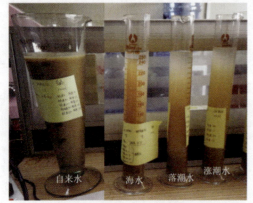

图 4-1-87　不同水质泥浆离析情况

通过开展海水环境下不同制浆材料配合比试验，找到一种新型制浆材料能够抑制海水对泥浆的劣化作用，如图 4-1-88 所示。获得不同配合比下的浆液黏度随时间变化情况如图 4-1-89 所示，从图中可以看出，有两种配合比的浆液在长时间静置的情况下，其黏度能稳定在 200s 以上。

图 4-1-88　新型制浆材料拌制的浆液（海水渗入量 100%）

东线隧道在完成的前 110 环施工中，管片上浮 20～169mm，并出现开裂、渗水等问题。前 110 环根据所处位置的不同可分为三段：1～5 环为始发加固体段，6～42 环为回填区孤石段，43～110 环为抛石及海域段。前 110 环上浮开裂情况可分为两段：1～42 环管片上浮量均在 30mm 以内，未出现管片开裂渗水情况；管片出现 50mm 以上的上浮及开裂渗水全部在 45～110 环抛石及海域段。

管片开裂部位主要分布在手孔侧，渗水处集中在手孔位置和手孔之间裂缝位置，因裂缝基本均为纵向裂缝，圆周方向主要集中在腰部以上，顶部居多，属于非拼缝渗水，裂缝纵向长度以 50cm 左右居多。管片开裂与渗水情况如图 4-1-90 所示。

图 4-1-89　泥浆黏度随时间变化曲线

图 4-1-90　管片开裂与渗水情况

(1) 管片上浮与开裂的主要原因可以归纳为以下几点。

① 浮力原因

本工程所用管片 1 环总质量为 135t，重力约为 1350kN，而 1 环管片产生的浮力约为 3537.2kN，是管片自身重力的 2 倍多，因此在管片脱出盾尾、同步注浆浆液凝结之前，管片在浆液浮力的作用下产生一定的上浮。

② 盾构姿态

1～110 环盾构隧道为 3% 的下坡段，盾构机在推进的过程中，盾构姿态与管片的姿态不一致，导致盾构机千斤顶推力与管片环面不垂直。同时，由于盾构机前盾和中盾质量较大，占了其总质量 80% 以上，在软土地层中掘进时，"头重脚轻"的盾构机易产生盾尾上浮的问题，从而引起管片的上浮。

③ 掘进参数

盾构隧道 0～42 环施工时间持续 190d 左右（包括中间停机维修保养检查时间），平均掘进速度慢，持续时间长，地层收敛值大，管片周边孔隙地层变形填充度高，管片上浮变形小，且没有开裂渗水现象。43～110 环施工时间持续 27d，平均掘进速度快，单环掘进用时短，管片从盾尾内脱出至地层内时间就短，地层收敛值小，管片周边孔隙地层变形填充度低，导致管片上浮变形较大。

④ 同步注浆

盾构 1 环的理论构筑空隙体积为 23.63m³，掘进时按照构筑空隙的 150%～250% 进行注浆。但由于同步注浆采用的是砂浆和惰性浆液，初凝时间长，且初凝前浆液容易被地层中水稀释，无法对管片提供有效束缚。浆液在注入间隙过程中，浆液中的水泥等成分可能被地下水带走，剩余砂等粒径较大的颗粒逐渐在管下部沉淀，无法凝固，上部空隙却未被填满，造成管片上浮。同时，在盾构掘进振动的影响下，未凝固的浆液材料也很有可能被挤到隧道底部或地层其他间隙,进一步加剧管片上浮。此外,盾构机的掘进速度和同步注浆浆液的注入速率是否协调也会影响到注浆质量。

(2)管片上浮、开裂控制措施

①盾构姿态控制

由于淤泥质土弹簧效应,管片上浮不可避免,在掘进时根据不同地质及掘进参数下管片的上浮量,调整盾构姿态控制量,将盾构姿态下压,使下压量与管片上浮量相抵消,可有效地保证成型隧道质量。根据测量结果,一般将盾构姿态整体控制在 -30 ~ -40mm。

②确定合理的掘进参数

在下坡掘进过程中,应合理的控制盾构机各组油缸推力,适当减小上下组油缸推力差,宜将上下组油缸推力差控制在 100bar 以内,可有效防止因下部油缸推力大于上部油缸推力造成管片上移。可通过减缓推进速度,达到降低刀盘扭矩和盾构推力的效果,降低推力对管片造成的向上合力。同时减少对周边土体的扰动,给予同步浆液充裕的时间进行凝固,以便固定管片,起到减少管片上浮的作用。掘进过程中采用小纠偏、缓纠偏的方法调整坡度,每环纵坡变化宜小于 0.2%。在纠偏过程中,使盾构千斤顶推力和管片走向在一条直线上,确保管片姿态和盾构姿态尽量相适应。

③同步注浆及二次注浆

工程所处地层中水量丰富,浆液会被地下水稀释,再加配合比不适应,造成浆液不能及时凝固,进一步恶化管片稳定环境的问题,应采取如下措施:

a. 浆液必须具有充填性、和易性且不能离析;能够及时凝固并产生一定的强度,以便能够稳固管片;稠度合适,以防止被地下水稀释。

b. 根据注浆管路位置,优化各路注浆量分配合比例,按照上部 50%,中部 30%,下部 20% 控制。现场盾构机储浆罐内厚浆坍落度较大情况下,考虑增加注浆填充系数,增大注浆量。

c. 在同步注浆时,应保证实际注浆量达到理论空隙注浆量 150% ~ 200%,一般注浆压力为 2 ~ 3bar,通常取注入压力 = 地层阻力 +(0.1 ~ 0.2)MPa,在同步注浆过程中使之能够达到浆液挤排水和充填空隙的作用。

因管片上浮主要在脱出盾尾后 0 ~ 6m 阶段,在管片脱出盾尾 2m 后从上部进行二次补注浆,进一步稳定管片。通过采取以上措施,管片上浮得到了明显控制,由前期的最大 150mm 以上,下降到了 70mm 左右,管片开裂情况得到大幅改善。

4. 目前施工进展

两台盾构机克服了始发区域浅覆土、孤石等诸多不利因素,均顺利通过始发段。结合科研实验数据优化调整掘进参数,严控泥浆质量,盾构机在后续流塑状淤泥地层、淤泥混砂地层、局部基岩凸起段掘进总体较为顺利,平均进度达 303m/月,最高进度 400m/月,目前东线盾构机已掘进 974 环(1948m),西线盾构机已掘进 353 环(706m)。

第6节 深圳春风隧道工程泥水盾构施工技术研究

中铁隧道局集团有限公司　王凯,游永锋

1. 工程概况

1)工程简介

春风隧道位于罗湖区和福田区,工程西起滨河大道上步立交东侧与滨河大道相接,自西向东布线,自滨河路上步立交与红岭立交之间进入地下,线路位于北斗路东侧归入沿河南路,新秀立交以南穿出地面,在新秀立交西侧与东部过境高速公路市政连接线配套工程相接,如图 4-1-91 所示。

图 4-1-91 春风隧道线路平面图

工程线路先后穿越红岭立交、地铁 9 号线 A 出入口通道、宝安南路立交、布吉河、船步桥、春风路高架。春风隧道与滨海大道、滨河大道、上步路高架、春风路高架、沿河南路构成"南环"快速路系统,是"南环"快速路系统重要的组成部分。

隧道工程分为西明挖段、盾构段和东明挖段三部分,隧道开挖长度如图 4-1-92 所示。盾构段全长 3.583km,在盾构段最低点设雨污水泵房,盾构断面外径 15200mm,管片厚 650mm,标准环宽为 2000mm,每环共 10 块管片组成,衬砌环采用通用环式管片。盾构段采用 1 台泥水平衡盾构机,从位于滨河污水处理厂北侧的西始发井始发,在位于沿河路与北斗路交叉口的东接收井吊出。

图 4-1-92 春风隧道开挖长度

2)工程地质条件

盾构段隧道掌子面地层多为粗粒花岗岩、构造碎裂岩、凝灰质砂岩、片岩、变质砂岩构造角砾岩、糜棱岩,隧道存在部分上软下硬地层、断层破碎带,全断面岩层占全线 80% 以上,岩石最大单轴抗压强度为 52.0MPa,各类岩石强度值见表 4-1-13。特殊性岩土主要有人工填土层、淤泥质黏性软土、风化岩、地质断层等。根据沿线既有工程资料分析,风化沟槽、球状风化体及风化岩块为线路穿越区的主要不良地质现象。

岩层单轴抗压强度和坚硬程度　　　　表 4-1-13

岩层名称	单轴抗压强度(MPa)	岩体坚硬程度
中等风化花岗岩	37.3	较硬岩
微风化花岗岩	51.3	较硬岩
中等风化碎裂岩	33.7	较硬岩
微风化碎裂岩	42.3	较硬岩

续上表

岩层名称	单轴抗压强度（MPa）	岩体坚硬程度
中等风化凝灰质砂岩	42.0	较硬岩
微风化凝灰质砂岩	47.0	较硬岩
中等风化片岩	24.3	较软岩
微风化片岩	52.0	较硬岩
中等风化变质砂岩	38.2	较硬岩
微风化变质砂岩岩	42.0	较硬岩
全风化岩	—	极软岩
强风化糜棱岩	—	软岩
碎裂岩	—	较硬岩

3）水文地质条件

（1）地下水

根据其赋存介质的类型，沿线地下水主要有两种类型：一种是第四系地层中的孔隙潜水，主要赋存于冲洪积细砂、中砂、砾砂层和残积砾（砂）质黏土层中；另一种为基岩裂隙（构造裂隙）水，主要赋存于强、中等风化带及断裂构造裂隙中，略具承压性。

①第四系地层孔隙潜水

主要分布在第四系冲积、海冲积以及冲洪积细砂、中砂、砾砂层、残积黏性土层中，属松散土层的孔隙潜水。沿线主要为含水层、透水层，全线大部分地段均有分布。

②基岩（构造）裂隙水

基岩裂隙水在全线均有分布，构造裂隙水主要分布在沿线断层附近。主要赋存于基岩的强、中等风化层裂隙及构造裂隙中，略具承压性。

③地下水补给、径流、排泄

第四系砂层的含水性和透水性较好，属富含水、强透水层，为勘察区内主要的含水层；强~中等风化带中的基岩裂隙水其含水性、透水性相对较差，属弱含水、弱透水地层；构造裂隙带中的裂隙水其含水性、透水性不均匀，受构造裂隙的发育程度、方向性及隔水性所控制。

地下水主要由大气降水补给和含水层侧向径流补给，与地表水系具较好水力联系。受地形地貌控制，沿线地下水径流由北向南方向排泄。

（2）地表水

线路穿越的地表水体主要为布吉河，临近深圳河。布吉河由布吉关入关后南下于本线路相交，该河流为布吉谷地、洪湖的主要泄洪通道，夏季水量极为丰沛。

4）工程重难点

（1）隧道范围内地表沉降控制、建（构）筑物保护

春风隧道沿线穿越众多既有桥梁、地铁、重要管线、河道、建（构）筑物、人行通道、铁路等，建设环境非常复杂，其中穿越重要桥梁3座，地铁人行通道1座，地铁车站1座，以及深圳火车站及国有铁路，隧道开挖轮廓线外20m范围内住宅50栋，较大断面管涵6条。且穿越影响范围内住宅大部分为国家机关单位所有，风险等级较高，社会环境风险较大。施工中如何控制地层变形，保证周边建（构）筑物的安全，是本工程的重点。

（2）结构防水质量及耐久性

工程线路长约5.078km，主要为明挖隧道、工作井、盾构隧道和路基，隧道穿越多条断裂带。结合初勘结果，地下水水质对混凝土具有弱腐蚀性，对钢筋混凝土结构中的钢筋具有弱腐蚀性，对钢结构具有微

腐蚀性。本线路分布的碎裂岩、片岩及变质砂岩中均发现含有黄铁矿。而当黄铁矿暴露在湿润的空气中时,会与氧和水反应会形成硫酸,对混凝土造成强腐蚀而降低其强度,影响隧道结构的使用寿命。

(3) 超大型泥水盾构软硬不均、破碎岩层掘进的防滞排、防坍塌

隧道穿越地层主要为粗粒花岗岩、构造碎裂岩、凝灰质砂岩、片岩、变质砂岩构造角砾岩、糜棱岩,穿越部分上软下硬地层,断层破碎带、全断面岩层占全线80%以上。上软下硬地层掘进中,刀具易损坏;推进速度慢,对地层扰动大;下部硬层对刀盘破岩能力要求高;盾构掘进方向易发生"上漂",严重时将造成地面坍塌。同时由于岩层破碎后密度大,掘进过程易发生滞排。

(4) 超大直径盾构始发与接收及小曲线半径施工

隧道线路全长3583m,其中曲线段全长3053m,纯直线段隧道长度为530m。本区间设置6段圆曲线,最小圆曲线半径为750m,半径小于800m圆曲线段隧道总长约1675m,占隧道全长46.7%。大直径盾构机设计最小转弯半径为600m,本区间曲线段几乎为盾构机极限转弯能力,掘进控制难度极大。

2. 盾构机选型、研制与主要参数

深圳市春风隧道工程是深圳市首条单洞双层构造的机动车隧道,地质条件十分复杂,盾构掘进区间将穿越11条破碎带,并将一次掘进3.6km的岩层,是盾构法推进施工中最具挑战性的大直径盾构机工程之一。工程所用的盾构机由中铁隧道局与中铁装备联合研制,是当前国产直径最大的泥水平衡盾构机,它采用了常压换刀技术、伸缩摆动式主驱动的设计、换刀操作流程简化、双破碎机分级处理渣土技术、刀具状态在线实时监测、小曲线施工盾构机防卡盾、四回路气体压力控制等多项创新技术。

盾构机刀盘开挖直径为15.8m,主机总长约为15.7m,整机总长约135m,整机质量约4550t,属超大直径泥水平衡盾构机,如图4-1-93所示。其中主机质量约3075t,后配套拖车质量约1475t,单件最重为刀盘651t(含刀具、吊具);后配套拖车由1~4号拖车、1节连接桥及辅助平台组成,盾构机主要参数见表4-1-14。

图 4-1-93　春风隧道盾构机(中铁隧道局与中铁装备联合研制,开挖直径15.8m)

盾构机主要参数　　　　　　　　　　表 4-1-14

系统	项目	单位	参数
整机	盾构类型		常压换刀泥水平衡盾构机
	开挖直径	mm	15800
	主机长度(含刀盘)	m	约15.7
	整机长度	m	约135
	主机质量	t	约3075
	整机质量	t	约4550
	最小转弯半径	m	600
	适应的最大坡度	‰	60
	最大推进速度	mm/min	50
	最大推力	kN	246300
	能承受最大工作水土压力	bar	8
	装机总功率	kW	约11498

续上表

系　统	项　目	单　位	参　数
刀盘	开挖直径	mm	15800
	旋转方向		正反转
	刀盘类型		常压换刀刀盘
	刀具更换方式		背装式
	开口率	%	29
	分块数量、形式与连接方式		约分13块运至现场后焊接
	质量	t	约600
	冲刷孔数量	个	25
	主搅拌臂数量	个	24
	扩挖形式		伸缩+摆动扩挖
	刀盘伸缩行程	mm	400
刀具	滚刀形式		双轴双刃+单轴单刃
	中心滚刀数量/直径/刀高	把/英寸/mm	12/17/225
	单刃最大工作荷载	kN	250
	正滚刀数量/直径/刀高	把/英寸/mm	59/19/225
	单刃最大工作荷载	kN	315
	边滚刀数量/直径/刀高	把/英寸/mm	2/19/225
	单刃最大工作荷载	kN	350
	磨损检测形式		液压式和电气式
	磨损检测数量	个	①每个滚刀刀筒上均有1个液压式磨损检测装置，总共42个；②正面及边缘每个滚刀刀筒内均有1个电气式实时磨损检测装置，总共36个
	旋转检测数量	个	82
	切刀数量/刀高	把/mm	52+152/185
	边刮刀数量/刀高	把/mm	36/185

3. 盾构施工技术研究

1）超大直径泥水平衡盾构机在软硬不均、破碎岩层掘进的防滞排、防坍塌

（1）防滞排应对措施

①选用常压刀盘，采用辐条仓常压更换刀具，避免采用混合气体饱和法进仓换刀作业。解决上软下硬段及破碎断层可能出现高压换刀难度大、风险大、效率低问题，以及超大刀盘刀具数量多换刀多、难度大问题。

②采用19英寸整体式刀圈及双轴双刃滚刀，提高抗冲击及耐磨性，减少上软下硬层对刀具损坏。

③盾构机环流增加前仓直排掘进模式。环流配备逆冲洗模式，常规掘进模式下，当排浆泵前方管路堵塞或气垫仓底部渣土滞排时，使用气垫仓逆冲洗模式进行疏通。

（2）防坍塌措施

①严格控制切口压力。盾构掘进过程中按照理论计算的切口水压力的上下限值进行控制。在对切

口水压进行理论计算的同时,利用回归公式、Peck 公式对盾构推进过程中所产生的土体损失进行计算,施工中根据地面监测数据及时调整。

②加强泥浆管理,严格控制泥浆比重等施工参数,防止超挖。采用高质量的泥水输送到泥水仓,使其能很好地平衡切口水土压力。一般情况下,进浆密度控制在 $1.15 \sim 1.25 \text{g/cm}^3$ 之间,同时泥浆黏度控制在 $25 \sim 35\text{s}$,掘进过程根据出渣情况进行调整。推进过程中根据送排泥的流量计和密度计测定的流量和密度,绘制土砂量、干砂量计算曲线,跟踪观察盾构机每环掘削下来的土体量,判断开挖面的剩余挖掘量、超挖量及地质变化等情况。

③同步注浆。盾构机通过时的沉降主要由同步注浆控制,固结沉降主要由同步注浆和壁后二次注浆进行控制,通过必要的补浆,可有效控制后期沉降。在盾构机实际推进过程中,同步注浆量与掘进速度必须匹配,同样根据地面沉降情况,经分析判断后对压浆量、压浆部位和注浆压力进行调整。

④盾构姿态。在上软下硬地层中掘进时,盾构姿态控制非常关键,尽可能保持平稳推进,减少纠偏,减少对正面土体的扰动,随时注意盾构机及管片的姿态,严防姿态发生较大变化。

2)超大直径盾构机小曲线半径施工

(1)盾构掘进控制

在盾构机盾体到达小半径曲线后,合理调整掘进速度,调节各分区油缸推力,控制好左、右分区的油缸油压差及行程差,加强对推进轴线的控制。

(2)掘进速度及推力的控制

曲线段掘进速度严格控制,在均匀地层段控制在 25mm/min 以内,需要根据盾构机所在地层情况、盾构姿态、管片姿态等来进行调整,要使掘进速度与泥浆环流相匹配。小半径曲线段宜减小盾构机的推力,从而控制管片侧向位移,可采取短行程多循环的方式进行掘进,可避免千斤顶推进造成管片破损,即在推进过程中每隔 $40 \sim 50\text{cm}$ 适量收缩千斤顶,使得千斤顶对管片的不均匀应力得以释放,而且有利于盾构掘进方向的调整。

(3)曲线段轴线预偏

由于盾构掘进过程的同步注浆效果不能根本上保证管片后土体的承载强度,管片在承受侧向压力后,将向弧线外侧偏移。为了确保隧道轴线最终偏差控制在规范允许的范围内,且便于盾构机调向,掘进时提前设定在曲线内侧 $20 \sim 30\text{mm}$ 偏移量。

(4)掘进过程中的纠偏

盾构曲线掘进是一个不断调向纠偏的过程,每延米纠偏量控制在 $2 \sim 3\text{mm}$,掘进每环纠偏量控制在 7mm 以内,最大不超过 10mm。盾构掘进方向趋势控制在 5mm/min,当掘进处在曲线段时,盾构机的方向控制将比较困难,特殊情况下不超过 10mm/min,否则盾构机转弯过急易导致盾尾间隙过小,损坏盾尾密封,造成管片破裂漏水。

(5)隧道测量控制

每次搬站必须复核不少于 3 个导线点的边角关系,经检核无误后方可向前传递坐标。隧道施工过程中,对洞内导线点进行不少于 1 次/周的坐标复核,以及时纠正导向系统的错误和累积误差,确保隧道正常施工。管片每环不少于 3 次姿态测量,并测量施工当班环倒数 10 环管片,同时复核后 10 环管片姿态,确保隧道施工精度。

(6)衬砌管片选型

衬砌管片选型对盾构姿态控制及隧道成型质量起着至关重要的作用。管片选型首先需符合隧道设计线路,其次适应盾构机的姿态,再者考虑推进油缸行程及盾尾间隙。本隧道区间小半径曲线,主要通过楔形量调整来满足线型要求及盾构姿态。管片拼装前,要综合考虑隧道走向、盾尾间隙、油缸伸长量等多个因素,留足余量,合理选择管片的点位,尽可能确保管片的环面与隧道轴线的切线方向保持垂直,同时加强管片拼装的平整度及螺栓的复紧工作。

(7) 同步注浆及二次注浆

小半径曲线掘进过程中不断地调整姿态加剧了周边地层的扰动,管片背后间隙加大,提供了管片横向位移的空间,容易造成管片错台及渗漏水,衬砌背后及时填充显得尤为重要。掘进过程中加强同步注浆质量,尤其需要加大曲线外侧的注浆量,以达到尽快稳定隧道管片的目的。同时加强衬砌背后二次注浆,具体频次根据管片姿态及地面监测数据调整。

4. 目前施工进展

春风隧道工程主要分成西侧明挖段、盾构隧道段、东明挖段。工程克服了繁华城区有限施工场地对超大直径泥水施工的不利影响,于2019年8月13日举行始发仪式。

第 7 节 济南穿黄隧道工程泥水盾构施工技术研究

中铁十四局集团有限公司　王华伟,刘四进,娄瑞

1. 工程概况

1) 工程简介

济南黄河隧道位于城市中轴线上,北连鹊山,南接济泺路,采用市政道路与轨道交通M2线合建方案。隧道全长4760m,主要包括穿黄隧道3850m、接线道路910m及相关的附属工程,如图4-1-94所示。此外工程内容还包括管理中心、附属配套、管理用房及风塔、机电、消防、通信、监控、装饰装修等工程。该工程采用设计、施工总承包(EPC)模式,项目投资57.84亿元,合同工期40个月。

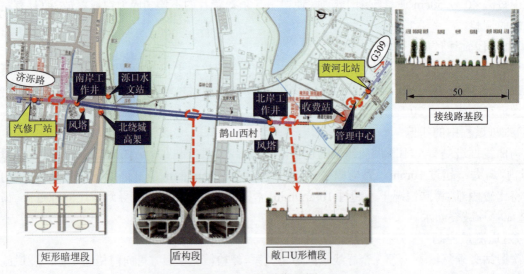

图 4-1-94　项目总体平面图

本工程盾构法隧道采用两台泥水盾构施工。两台盾构机从北岸盾构工作井左右线先后始发,向北掘进下穿黄河后,到达南岸盾构工作井拆卸吊出。盾构隧道穿越地层为⑥$_1$淤泥质粉质黏土夹粉砂、⑥$_2$淤泥质粉质黏土、⑧$_1$层淤泥质粉质黏土、⑧$_3$层粉砂、⑨$_1$层粉砂、⑨$_2$层含砂粉质黏土、⑨$_3$层粉砂、⑩$_1$层粉质黏土、⑫$_1$层粉砂、⑫$_4$层圆砾层。

盾构隧道采用管片拼装式单层衬砌,管片外径15200mm、内径13900mm,厚650mm,环宽2000mm,采用10块"7+2+1"分块形式,全环由封顶块F、2块邻接块L和7块标准块B,共10块管片构成,管片为双面楔形通用楔形管片,楔形量为52mm,管片采用强度等级为C60、防水等级为P12的高强防水钢筋混凝土。管片采用错缝拼装,管片纵缝设置凹凸榫槽,采用斜螺栓连接。盾构隧道内部结构箱涵及边箱

涵采用预制法施工,剩余内部结构为现浇混凝土结构。

2)工程地质与水文地质条件

所建场地根据钻探揭露,在勘探深度内地层共分为15层,主要为第四系全新统冲积、冲洪积粉质黏土、粉土、砂层及中生代燕山期晚期侵入岩辉长岩,表层局部为人工填土。隧道沿线工程地质条件和水文地质条件见表4-1-15。

工程地质与水文地质条件 表4-1-15

名 称	描 述
工程地质条件	地层自上而下依次为: ①杂填土、素填土、冲填土。 ②黏质粉土、粉质黏土、砂质粉土、粉砂。 ③粉质黏土、黏质粉土、砂质粉土、粉砂(Q_4^{al})。 ④粉质黏土、砂质粉土、细砂。 ⑤粉质黏土、黏质粉土、粉质黏土、细砂。 ⑥粉质黏土、细砂、钙质结核。 ⑦粉质黏土、钙质结核、细砂。 ⑧粉质黏土、钙质结核、细砂、中砂。 ⑨粉质黏土、钙质结核、粉砂、细砂。 ⑩粉质黏土、钙质结核、粗砂。 ⑪中砂、粉质黏土、粗砂。 ⑫粉质黏土、细砂。 ⑬全风化辉长岩石。 ⑭强风化辉长岩。 ⑮中等风化辉长岩
水文地质条件	①地表水:处于黄河下游,含沙量大;流量、含沙量变幅大;鹊山水库,经地下输水涵洞至2号泵站提水或自流入库。 ②地下水:济南市地下水的赋存与分布均受地质构造、地层岩性、地貌及气象水文等自然因素综合控制;工程区内地势自南而北由低山、丘陵过渡至平原,地下水赋存于各水文地质单元之中。 ③地下水及补排方式:主要分布在第四系地层中,地下水类型为孔隙潜水,水位埋深0.94~11.31m,相应高程22.50~23.95m。 ④冰凌:工程区位于黄河下游典型的弯曲性窄河段,两岸工程对峙,容易发生卡冰现象;工程区畸形河道不利于冰凌通行,会造成较大的阻力,甚至产生冰塞、冰坝

3)工程重难点(表4-1-16)

工程重难点 表4-1-16

序 号	施工重难点	特 征 描 述
1	下穿黄河	由于埋深较浅,盾构下穿河底时容易产生河底冒顶、密封失效、河水涌入及隧道上浮等危险,下穿黄河段的控制既是重点,也是难点
2	盾构机选型风险	盾构机选型关系到盾构机对工程地质、水文条件等的适应性,以及盾构施工的可靠性,是工程能否成功的重要因素
3	盾构机进出洞控制	盾构机进洞端、出洞端拱顶地层以杂填土、砂质粉土、粉土夹粉砂为主,洞身及基底地层为粉砂夹粉土、砂质粉土夹淤泥质粉质黏土。地层渗透系数较大,地下水丰富,地层承载能力差。进出洞过程中可能会引起突水、涌沙等事故,另外盾构掘进方向的控制也至关重要
4	盾构下穿黄河大堤及侧穿其他建(构)筑物	盾构施工期间如何减小黄河大堤、二环北路高架桥等建(构)筑物的沉降,保证建(构)筑物的安全是本工程的重点
5	地质预报不准确风险	由于存在未知地质条件,一方面造成盾构机等主要施工机械不能很好适应工程地质条件致使掘进困难;另一方面,对施工造成了难以预料的风险,甚至产生严重的后果

2. 盾构机主要技术参数

本工程采用间接控制型(气垫式)泥水加压平衡盾构机,主要参数见表4-1-17。

盾构机主要参数　　　　　　　　　　　　表4-1-17

序号	项目	盾构机参数
1	前盾直径	15710mm
2	中盾直径	15680mm
3	尾盾直径	15640mm
4	盾尾密封	4道盾尾密封刷,1排弹簧钢片
5	推进力	199504kN @ 350bar
6	刀盘直径	15740mm
7	刀盘开口率	46%
8	主驱动功率	14×350kW
9	最大纵坡坡度	45‰
10	最大扭矩	46996kN·m
11	后配套布置	桥架+调车平台

3. 盾构施工技术措施

(1)本工程重难点应对措施见表4-1-18。

施工重难点应对措施　　　　　　　　　　表4-1-18

序号	施工重难点	应对措施
1	下穿黄河	①主轴承外密封采用1道迷宫密封+4道唇型密封的形式。 ②详细调查河底淤积及覆土厚度并实地探测,如有效覆土厚度小于隧道直径D时,提前采取压载措施,防止盾构机上浮。 ③每日定时对设备进行检查,全面检修。 ④加强对黄河的施工监测。 ⑤采用成熟的"重浆"工艺,采用高质量的泥浆。 ⑥及时、足量进行同步注浆,严格控制注浆压力,防止注浆击穿盾尾处覆土
2	盾构机选型风险	①盾构机设备配置必须考虑突发事故的处理。 ②优化盾构机设计:盾构机须具有可靠的仓压选择、控制、调节性能,在确保开挖面稳定下的顺利掘进。 ③盾构机配备超前地质钻机等超前地质预报系统,加强施工过程中的地质预报,防患于未然
3	盾构机进出洞控制	①切口水压控制:人工调整施工参数,严格控制切口水压波动值。 ②严格控制主要掘进参数,采用低速均匀推进,加强泥浆管理和出土量监控,防止超挖和欠挖。 ③加强泥水质量、盾构姿态、同步壁后注浆及监控量测等管理。 ④严格控制始发到达端头地层的加固质量。 ⑤设置性能良好的密封止水装置
4	盾构下穿黄河大堤及侧穿其他建(构)筑物	①参数调整:在盾构机试掘进段,通过信息化施工积累掘进参数,使正常掘进时掘进参数达到最优化。 ②加强盾构设备的保养与维修,避免盾构机发生故障。 ③严格盾构机纠偏量等姿态控制,使盾构机均衡匀速施工,减少泥水压力波动对地层的影响。 ④通过施工过程地层变形三维有限元模拟分析,预测盾构掘进对地层的影响,并指导施工及监控量测。 ⑤通过同步注浆及时充填盾尾建筑空隙。根据地表的变形情况和监测结果及时通过管片预留注浆孔进行二次注浆。 ⑥制订监控量测方案,施工中加强对周围道路、管线和邻近建筑物的监测,并及时信息反馈,据此调整和优化施工技术参数,做到信息化施工

续上表

序号	施工重难点	应对措施
5	地质预报不准确的风险	①工程施工前,通过补充地质钻孔或双频回声测深仪,进一步查清隧道的地质条件和覆土厚度。 ②盾构机本身具有超前地质钻机及超声波等超前地质探测装置,在施工中进一步对工作面前方地层进行探明,以便早发现、早处理。 ③在盾构机选型时充分考虑地质勘测资料不准确性的影响,各功能参数选择要留有余地

（2）始发基座、反力架施工

本工程采用钢筋混凝土结构的基座和反力架。盾构机基座安装位置严格按照测量放样的基线,基座上的轨道按实测洞门中心居中放置。始发基座、反力架结构形式如图4-1-95所示。

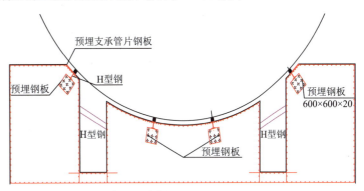

图4-1-95　始发基座、反力架结构示意图（尺寸单位：mm）

（3）洞门临时密封及橡胶帘布安装

盾构机在始发过程中,为防止泥水从洞门圈与盾构壳体形成环形的建筑空隙大量窜入盾构工作井内,影响盾构机开挖面泥水建仓、开挖面土体的稳定及盾构内施工,必须在盾构始发前在洞门处设置性能良好的洞门防水装置,如图4-1-96所示。

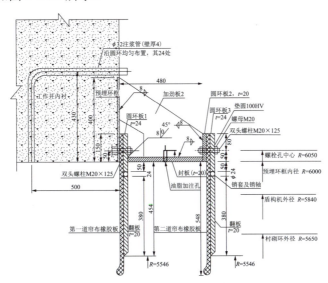

图4-1-96　洞门防水装置图（尺寸单位：mm）

（4）盾构掘进流程

盾构掘进作业流程如图4-1-97所示。

（5）盾构施工监测

根据监控量测目的,考虑盾构隧道地质条件、隧道埋深及周边环境进行监测,衬砌环内力及水土压力监测示意图如图4-1-98所示。

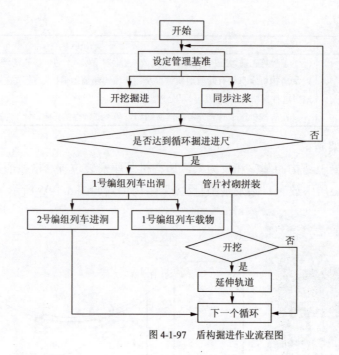

图 4-1-97 盾构掘进作业流程图

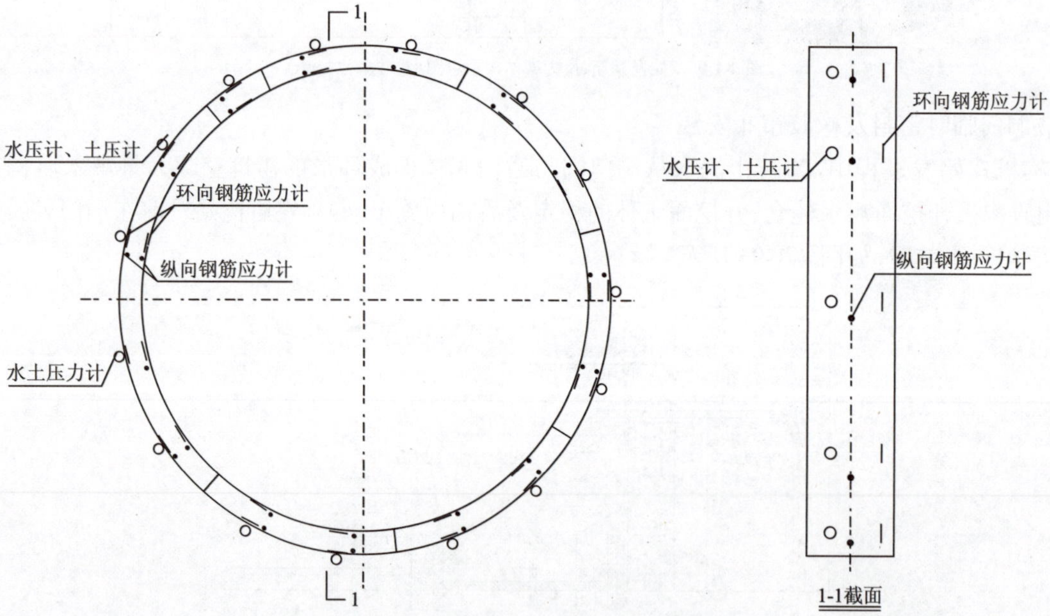

图 4-1-98 衬砌环内力及水土压力监测示意图

(6) 施工通风

对于单线通风距离约为 1837m 的隧道，隧道轴流风机选用 SDA125B-4F110 型变极调速风机一台，通风管选用增强型软式风管，错齿行拉链连接，便于装卸与维修，风管直径 1500mm，风管采用热复合，拉链连接处采用内外风帘，以降低漏风率。SDA125B-4F110 风机性能参数见表 4-1-19。

SDA125B-4F110 隧道施工风机性能参数 表 4-1-19

型 号	叶轮直径(mm)	流量(m³/min)	全压(Pa)	转速(r/min)	电机功率(kW)	噪声(dB)	质量(kg)
SDA125B-4F110	1250	1800	5000	1480/1480	110+110	90	4120
		1750	4300	1480/980	110+50	88	
		1600	3600	980/1480	50+110	87	
		1430	3000	980/980	50+50	85	

4. 盾构施工关键技术研究

（1）粉质黏土地层超大直径泥水盾构防结泥饼技术研究

引入机械力化学理论对实际施工中盾构机刀盘泥饼硬化机理进行分析，并从土壤学的角度分析刀盘掘土时为什么会出现盾构机刀盘结泥饼问题。

对泡沫改良黏性土以防止刀盘结泥饼的作用进行研究分析，通过在黏性土样中添加泡沫配制泡沫土，再对其进行盾构掘进试验，分析对比泡沫改良渣土对结泥饼问题处置的适用性。其次分析济南黄河隧道区间泥水盾构施工过程中出现刀盘结泥饼问题的整个解决过程，分析常见刀盘结泥饼处置措施在实际工程中的应用效果，并对实际遇到的问题进行解决。

（2）超大直径盾构下穿软弱建（构）筑物的微变形施工控制技术研究

基于自动化监测技术，研发一整套的盾构施工监测数据采集装置，配合盾构机装备的数字化系统，构建数据库，实现盾构数据的自动化收集、储存。利用盾构施工参数及其施工监测数据，结合数值模拟，分析盾构施工对地面及周边建（构）筑物的影响，探讨监测数据对盾构施工的响应，建立基于盾构施工监测数据的环境影响效应预测模型。

第8节 南京长江第五大桥A3标工程泥水盾构施工技术研究

中铁十四局集团有限公司　王华伟，刘四进，娄瑞

1. 工程概况

1）工程简介

南京长江第五大桥工程在南京长江第三大桥下游约5km，南京长江大桥上游约13km处。路线起自南京市浦口区五里桥，接拟改建的江北大道，跨越长江主航道后，经梅子洲，下穿夹江南岸，接已建成的江山大街，全长约10.33km，其中，跨长江大桥长约4.4km，夹江隧道长约1.8km，其余路段长约4.1km。

本标段为南京长江第五大桥工程夹江隧道施工项目A3标段，位于长江第五大桥项目的南端，隧道起自梅子洲规划中新大道（葡园路）西侧桥隧分界点，终点为已建成通车的青奥轴线地下工程（扬子江大道西侧），如图4-1-99所示。

图4-1-99　A3标段平面示意图

2)工程地质条件

南京五桥夹江隧道工程所穿越的地层复杂多变,且分布不均。在勘察深度内的地层共分为5层,层号为①~⑤,根据岩土层的岩性特征及物理力学性质细分为若干亚层,地质断面图如图4-1-100所示。盾构隧道主要穿越②$_2$淤泥质粉质黏土、②$_3$粉细砂、③$_4$粉质黏土地层,前100m为淤泥质粉质黏土夹杂少量粉细砂地层,后面1000m几乎全为粉细砂地层,夹杂少许粉质黏土地层。

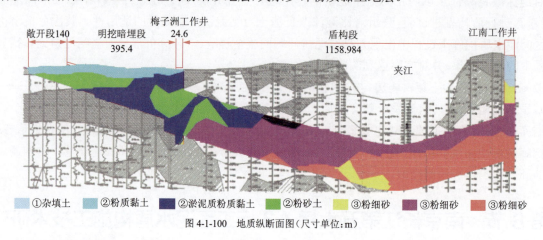

图4-1-100 地质纵断面图(尺寸单位:m)

3)水文地质条件

本工程所在区域气候湿润,雨量充沛,降水时间长,长江等地表水体与地下水的水力联系较好,在丰水期对地下水有补给作用,对区域地下水的补给起了重要作用。根据区域资料以及本次勘察成果,根据含水层的岩性、埋藏条件和地下水赋存条件、水力特征,可分为松散岩类孔隙潜水、松散岩类孔隙承压水和碎屑岩类孔隙—裂隙水。工程地质和水文地质条件汇总见表4-1-20。

工程地质和水文地质条件汇总表　　　　表4-1-20

地质条件	土壤类型	②$_1$层粉质黏土、②$_2$层淤泥质粉质黏土、②$_3$层粉细砂、②层中密状粉细砂、③$_3$层密实状粉细砂、③$_4$层粉质黏土、④层砾砂
	隧道覆土厚度	梅子洲段最小覆土厚度7.1m,江南井段最小覆土厚度为22.1m,江底段最小覆土厚度12.7m
隧道条件	最小曲线半径	2500m
	最大纵坡坡度	29.5‰
工作条件	温度	-10~60℃
	相对湿度	最高100%
环境条件	穿越夹江隧道	最浅覆土厚度12.7m,汛期水深7m左右
	地面沉降控制要求	隧道下穿夹江两侧大堤,侧穿"南京眼"步行桥,对地面沉降控制要求较高

4)建筑物调查

夹江隧道盾构段周边环境如图4-1-101所示。

2.盾构机特点与主要参数

1)盾构机

盾构区间采用一台德国海瑞克制造的泥水平衡盾构机,如图4-1-102所示,开挖直径为15460mm。盾构机分为盾构机主机和3节后配套台车,最大掘进速度均可达到50mm/min。

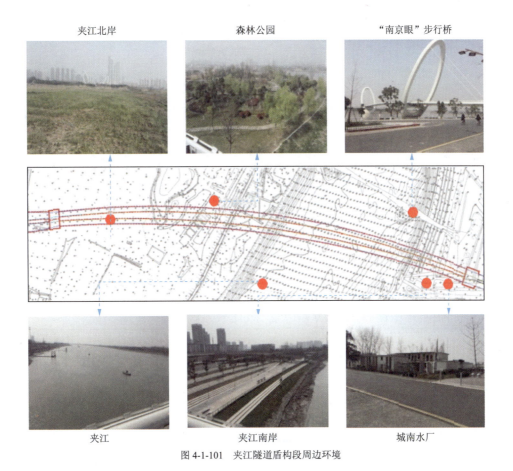

图 4-1-101　夹江隧道盾构段周边环境

图 4-1-102　S-1126 盾构机主机

2）盾构机主要参数（表 4-1-21）

盾构机主要参数　　　　　表 4-1-21

序　号	项　　目	盾构机参数	本工程需求
1	开挖直径	15460mm	15460mm
2	最大耐压	7.5bar	5bar
3	最大纵坡坡度	45‰	29.5‰
4	最小转弯半径	800m	2500m
5	最大推力	199504kN@350bar	156206kN
6	最大扭矩	40051kN·m	19799.948kN·m
7	最大掘进速度	50mm/min	50mm/min

续上表

序号	项 目	盾构机参数	本工程需求
8	最大进/排泥量	2600/2800m³/h	2109/2664m³/h
9	最大注浆量	60m³/h	56m³/h
10	后配套布置	可装箱涵	可装箱涵

3. 施工重难点

本工程包括明挖隧道和盾构隧道的土建工程、机电工程、装修工程等,工程规模大、工法全、涉及专业多、综合性强、施工筹划和组织能力要求高。隧道穿越夹江,周边建(构)筑物复杂。施工风险高。工程地处位置特殊,环境保护与绿色施工要求高。工程工期紧,外界关注度高。

主要施工重难点见表 4-1-22。

工程施工重难点　　　　　　　　　表 4-1-22

序 号	施工重难点	特 征 描 述
1	穿越建(构)筑物	下穿夹江大堤、冲槽段及观景平台
2	盾构始发	盾构始发端覆土厚度为 7.1m,不足 0.5D(D 为隧道直径)。隧道顶部为淤泥质粉质黏土、粉细砂地层,为浅覆土始发。盾构开挖断面大,始发覆土浅,盾构推进易出现"上飘"现象,洞门易出现渗漏水、流沙、坍塌、管涌等现象
3	盾构机接收	接收端盾构隧道埋深约 22.1m,地层自上而下为②₁粉质黏土、③₁粉质黏土和③₂粉细砂,盾构隧道处于全断面粉细砂层,且因周边高大建筑物较多无法采取坑外降水,若素混凝土墙和旋喷桩垂直度得不到保证,盾构机接收易出现洞门渗漏水、流沙、坍塌、管涌等现象
4	环境保护及绿色施工	本工程施工场区沿线依次为梅子洲、夹江、江南青奥文化公园。均属于夹江影响范围,地处位置特殊,环保要求及绿色施工标准高。梅子洲岛内渣土弃置、固体废弃物排放、泥浆处理,夹江范围废水排放,江南工作井施工与青奥文化公园的融合等对工程环保和绿色施工提出了极高的要求

4. 盾构施工技术措施

(1)施工筹划

本工程泥水平衡盾构机先施工右线,从梅子洲盾构工作井始发,向东推进,到达江南盾构工作井拆卸吊出。从隧道内回运至梅子洲左线,再次组装始发掘进施工左线,最后在江南工作井拆解吊出。右线隧道首先完成后,可先开展右线盾构隧道内部结构、洞门结构。左线施工掘进后开展施工左线内部结构、洞门结构。盾构施工筹划如图 4-1-103 所示。

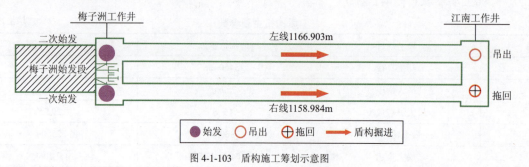

图 4-1-103　盾构施工筹划示意图

(2)隧道施工流程

隧道施工流程如图 4-1-104 所示。

（3）盾构掘进流程

盾构掘进流程如图 4-1-105 所示。

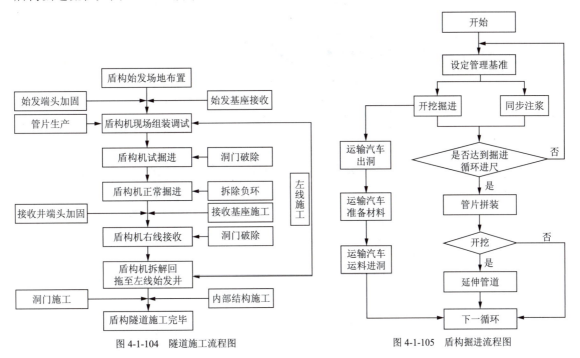

图 4-1-104　隧道施工流程图　　　　　图 4-1-105　盾构掘进流程图

（4）施工重难点及应对措施

施工重难点及应对措施见表 4-1-23。

施工重难点及应对措施　　　　　　　　　　　　表 4-1-23

序号	施工重难点	应对措施
1	盾构始发	①加固区质量控制：加固体检查检验，及时补强；预埋洞门密封装置；垂直取芯检验加固效果。 ②优化施工参数：严格控制主要掘进参数：总推力、扭矩、推进速度、注浆量；采用低速均匀掘进，避免对土体产生大的扰动，防止超挖和欠挖。掘进速度控制在 5mm/min 以内。 ③监控量测与姿态控制：通过监测系统提供的测试数据，及时调整与控制穿越过程中的施工参数，必要时采取管片壁后补注浆及地面跟踪措施
2	盾构机接收	①穿越塑性混凝土止水墙：小推力、低转速、小贯入度的推进方式；距塑性混凝土止水墙 50 环（100m）同步注浆需达到理论值的 200%，同时每 10 环用双液浆打一道环箍，两道环箍之间用砂浆进行二次注浆。 ②穿越冷冻区：每隔 10～15 min 将刀盘转动 3～5min，以防刀盘冻住；选择在低温（0℃）时不发生性质变化的泥浆配合比；采取小推力、低掘进速度、低刀盘转速来保证刀盘和刀具不发生损坏，墙体不因受力状态发生突变而失稳
3	环境保护	①渣土等固体废弃物：对弃渣场采取彩钢板围挡，全封闭、不透光；对渣土存放纱网覆盖、运输车辆道路不得有抛洒滴漏现象，盾构渣土达到利用或外运条件后，直接装车运输、覆绿完成后办理渣土场地移交手续。 ②施工区固体废弃物、生活区固体废弃物分类存放、及时清理。 ③水环境保护：泥浆废水、基坑废水、泥浆冲洗水及生活污水等，通过设备处理达到标准利用或排放

（5）端头加固

为确保盾构机接收安全，对接收井端头采取如下加固措施，接收井加固如图 4-1-106 所示。

①采用 3m 贴壁冻结。

②用 800mm 厚塑性混凝土连续墙对工作井端头 20m 长度进行围封。

③在围封范围内采用高压旋喷桩加固。为开挖轮廓线及其上侧至地面和下、左、右各 5m 范围，采用 $\phi 800mm@600mm$ 旋喷桩咬合加固，且对工作井 3m 范围采取冻结加固。

④采用三轴搅拌桩、高压旋喷桩施工工艺。

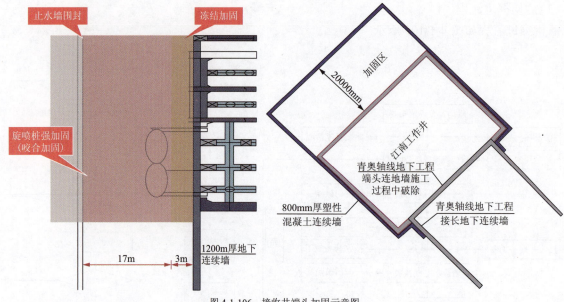

图 4-1-106 接收井端头加固示意图

(6) 洞门密封

盾构机在始发过程中,为防止泥水从洞门圈与盾构壳体形成环形的建筑空隙大量窜入盾构工作井内,影响盾构开挖面泥水建仓、开挖面土体的稳定及盾构内施工,必须在盾构始发前在洞门处设置性能良好的洞门防水装置,如图 4-1-107 所示。

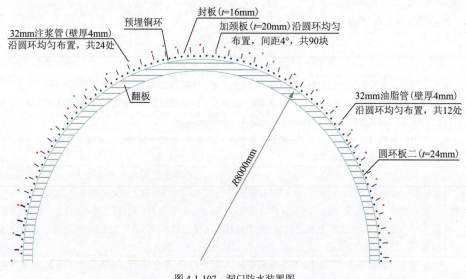

图 4-1-107 洞门防水装置图

(7) 洞门破除

在盾构始发之前将洞门端头围护结构(地下连续墙等)进行凿除,洞门凿除分两步进行:按设计轮廓线先采用人工手持风镐沿洞周凿除;再采用分块凿除剩余部分。暴露出内、外排钢筋,割去内排钢筋,保留外排钢筋,并在每块混凝土中间凿出一个吊装孔,清理干净落在洞圈底部的混凝土碎块,待盾构机推进时再迅速割除,按照先下后上的顺序逐块割断外排钢筋,吊出混凝土。

5. 盾构施工关键技术研究

(1) 特殊地层渣土改良外加剂研发及其地层适应性研究

研究土压盾构开挖仓堵塞形成机理,螺管输送机携渣机理,并研发高效泡沫剂、黏土分散剂和砂土携渣专用的高分子聚合物,提出适合于本工程特殊地质条件的"泡沫剂+黏土分散剂"的渣土改良外加剂组合形式。

(2)富水砂层、淤泥质土基本力学特性研究

通过室内试验,研究盾构隧道穿越过程中地层的基本物理力学参数,通过含水率、界限含水率、黏聚力、内摩擦角等物理力学参数评价其黏附特性、开挖仓堵塞潜力和携渣特性。

(3)研发适合富水砂层盾尾密封油脂及其参数评价方法

通过数值模拟研究土压平衡盾构掘进过程中富水地层盾尾处水土压力分布情况,经过数值计算得到盾尾密封油脂性能的需求参数,研发出一种高性能盾尾密封油脂,对施工期盾尾进行有效封堵,提出有效评价密封油脂参数的评价方法和技术指标。

(4)研究新型高效同步注浆塑化剂及添加工艺

通过研究盾构掘进期间盾构掌子面前方、盾体及盾尾全过程变形特性,根据变形规律,研究盾尾同步注浆区域地下水流动及冲刷特性,研发了新型同步注浆改性剂和双液浆及其注浆技术,有效控制了地表沉降,保证盾构机能够安全、快速、顺利地通过各种复杂环境。

第9节 武汉和平大道南延工程泥水盾构施工技术研究

中铁十四局集团有限公司 王华伟,刘四进,娄瑞

1. 工程概况

1)工程简介

本项目路线起于武昌复兴路与张之洞路交叉口,自南向北沿复兴路、和平大道敷设。沿途经过体育横街、读书院路、彭刘杨路、武珞路、民主路、粮道街、中山路、沙湖苑路,止于和平大道与四马路交叉口,路线全长3042.5m,其中明挖暗埋段隧道长1096.3m,两端接线道路长556.2m。线路总平面图如图4-1-108所示。

图4-1-108 线路总平面图

2)工程地质条件

盾构隧道穿越黏土、黏土夹碎石、中风化灰岩及中风化石英砂岩等地层,局部有岩溶。盾构隧道纵断面图如图4-1-109所示。

在本里程段(X0+770～X2+122)勘探揭露深度范围内,拟建场地地层按年代成因差异可自上而下划分为9层,即①层为人工填土(Q^{ml})及淤泥(Q^l)层;②层第四系全新统冲积(Q_4^{al})一般黏性土层;③层为第四系上更新统冲洪积(Q_3^{al+pl})老黏性土、老黏土夹碎石、碎石土及砂质粉质黏土混粉细砂层;④层为第四系残积(Q^{el})黏性土及红黏土层;⑤层三叠系(T)灰岩、泥灰岩层;⑥层为二叠系(P)砂质泥岩、炭质泥岩、含燧石杂砂岩、硅质岩、炭质页岩、灰岩、炭质灰岩层;⑦层为石炭系(C)灰岩;⑧层为泥盆系(D)泥质砂岩及石英砂岩层;⑨层志留系(S)含粉砂泥岩、泥质砂岩层。

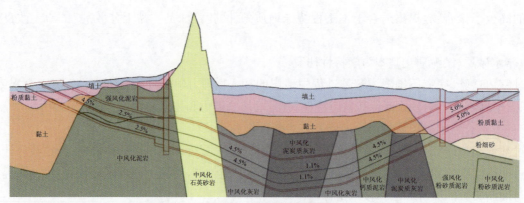

图 4-1-109　盾构隧道纵断面图

3）水文地质条件

本里程段场地无地表水系分布。根据场区地形地貌条件及地层的水理性质、赋水性能及地下水的埋藏条件等分析判断，本里程段在勘探深度范围内的地下水类型主要表现为上层滞水、潜水、孔隙承压水、岩溶裂隙水和碎屑岩裂隙水五种类型。

2. 盾构机特点与主要参数

（1）盾构机

根据现有地质勘察资料，针对盾构机主驱动形式的选用、刀盘开口率、刀具配置及对掘进线路上岩溶较为发育的地质情况，展开对盾构机上配置的超前地质钻机选型，并在该地质条件下可能出现的风险与防止措施进行研究分析。

本工程盾构区间计划采用一台泥水平衡盾构机进行施工。从北侧明挖工作井始发，盾构掘进1390m，掘进到达南侧明挖工作井后拆卸吊出。

（2）盾构机主要参数（表 4-1-24）

盾构机主要参数　　　　　表 4-1-24

序号	细目部件名称	参数
1	开挖直径	15910mm
2	最大耐压	7.5bar
3	最大纵坡坡度	50‰
4	最小转弯半径	700m
5	最大推力	219454kN@385bar
6	最大扭矩	56045kN·m
7	开口率	35%
8	最大掘进速度	50mm/min
9	驱动功率	5600kW
10	刀盘最大工作压力	10bar

3. 施工重难点及特点

盾构区间穿越地层几乎为全断面岩层，盾构机在这些岩层中掘进时，遭遇到风化程度高的岩层会产生大量岩粉混入掘进泥浆中，致使泥浆和泥膜性质发生劣化的情况。由此导致掘进所用泥浆的配制产生困难，且对泥浆支护地层、在开挖面稳定控制十分不利。同时下穿黄鹤楼等重要建筑物，对地表沉降要求极高，具有较大安全风险及社会隐患，施工难度较大。具体施工重难点见表 4-1-25。

工程施工重难点 　　　　表 4-1-25

序号	施工重难点	特征描述
1	盾构隧道断面大,连续掘进距离长	盾构隧道开挖直径15.96m,连续掘进1390m,大断面、长距离掘进要求盾构机各系统、各部件(特别是主轴承、刀盘和盾尾密封装置)必须有较高的可靠性,且要故障少,维修方便,使用寿命长
2	下穿建筑物,沉降控制要求高	主线盾构隧道下穿武昌古城区,多为老旧民房;下穿高频运营的京广铁路、黄鹤楼景区核心地带;侧穿武昌实验中学、武汉市三十三中学等。众多敏感区域,对施工沉降控制要求高,施工风险大
3	盾构始发及到达施工风险高	①盾构始发端及接收端埋深分别为11.4m、13.9m,拱顶地层以杂填土、粉细砂为主,洞身及基底地层为膨胀性黏土。粉细砂层渗透系数较大,地下水丰富,地层承载能力差。进出洞过程中可能会引起突水、涌沙等事故,另外盾构掘进方向的控制也至关重要。 ②根据设计要求,本项目盾构机需以4.5%角度下坡始发,且该区域地质呈上软下硬地段,底层硬度差较大,对盾构始发后姿态调整有极大影响。 ③盾构机进出工作井可能出现的风险事故主要有: a. 工作井的结构和支护不当,将产生过大的变形甚至基坑失稳,土体坍塌,盾构机被掩埋。 b. 盾构始发段地基处理不当、失效,将产生正面突然涌水、涌沙,大幅度地表沉降,甚至导致工作井坍塌,盾构机掩埋。 c. 盾构机出洞时,由于后靠及支撑无法承受盾构推进所需的后坐力,因而导致支撑系统破坏,基坑失稳;基座定位不够准确,可能使盾构机出洞偏离设计轴线
4	穿越岩溶地层风险	盾构施工区间内,经初勘及详勘显示,多处存在溶洞发育地段,大直径盾构机在溶洞地段穿行易引起盾构机突陷、开挖仓浆液流失、漏气、冒浆,甚至出现溶洞顶部坍塌等风险,增加了项目的安全不可控因素
5	盾构机上覆土较浅或覆土受扰动较大	本项目盾构始发属超浅覆土始发,覆土埋深仅11.4m,根据本项目盾构机直径15.4m考虑,覆土埋深小于盾构机的单倍直径,易出现地表严重沉降(隆起),甚至出现盾体上方坍塌风险
6	地质勘察不准确	工程地质勘察成果包含的不确定因素来源于四个方面:土体分布的空间变异性、试验方法带来的误差、计算公式的局限性和土体特性参数的统计误差。其结果将渣土造成土层空间分布的误判和各层地基土层土性参数误差,严重影响到其工程评价地基强度、地基变形、地基稳定性或地质灾害分析的正确性,此风险源对工程方案造成危害

4. 盾构施工技术措施

（1）盾构区间总体施工流程

盾构隧道采用泥水平衡盾构机开挖,开挖出的渣土通过泥水管道循环至泥水处理场,经泥水处理场渣土分离后进行外运。盾构掘进过程中,管片与围层之间的环形间隙采用水泥砂浆同步注浆回填。掘进完2m（1环）后在盾尾内拼装管片。盾构隧道采用管片错缝拼装衬砌,采用斜螺栓连接。管片接缝采用弹性密封垫防水。

盾构机在北侧工作井进行始发,进行100环试掘进后,进入正常推进阶段。正常掘进阶段垂直运输采用45t龙门吊起吊管片、油脂、砂浆等物资。水平运输采用特制双向车头的汽车进行运输。洞内通风采用1台SDA125B-4F110型变极调速风机进行压入式供风,ϕ1500mm软风管,并在盾构机最后一节台车上安装接力风机。

盾构施工全过程坚持监控量测跟踪,实施信息化施工,以控制地层变形和确保安全。底部口字形部件通过盾构机配置的安装设备同掘进施工同步安装。隧道内部结构包括箱涵、两侧行车道板在盾构掘进一段距离后进行施工。盾构隧道施工完成后安排进行洞门和隧道的清理堵漏工作。盾构施工总体流程如图4-1-110所示。

（2）盾构机组装技术措施

①盾构机组装前必须制订详细的组装方案与计划,同时组织有经验的经过技术培训的人员组成组装班组。

②组装前应对始发基座进行精确定位。

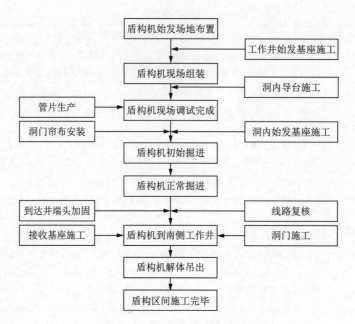

图 4-1-110　盾构区间总体施工流程图

③大件组装时应对始发井端头墙进行严密的观测,掌握其变形与受力状态。大件吊装时必须有 300t 以上的吊车辅助翻转。

主机组装顺序如图 4-1-111 所示,后配套组装顺序如图 4-1-112 所示。

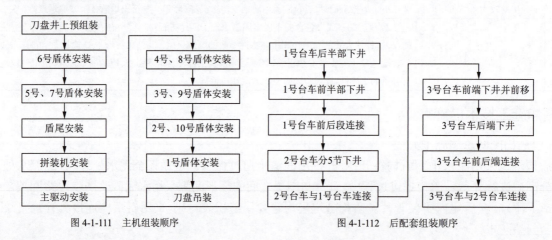

图 4-1-111　主机组装顺序　　　　　　图 4-1-112　后配套组装顺序

（3）掘进参数控制

盾构机在完成掘进段前 100 环的试掘进后,根据试掘进段施工参数的分析总结,确定正常掘进施工参数选取。为保证工程施工的顺利进行,加强在正常段的掘进管理,主要内容包括：

①根据地质条件、覆土厚度和试掘进过程中的经验结果进一步优化掘进参数。

②推进过程中,严格控制推进方向,将施工测量结果不断地与计算的三维坐标校核,及时调整。

③盾构机操作人员应根据当班工程师指令设定的参数推进,推进与管片背后注浆同步进行。

④盾构掘进过程中,坡度不能突变,隧道轴线和折角变化不能超过 0.4%。

⑤盾构掘进施工全过程须严格受控,工程技术人员根据地质变化、隧道埋深、盾构姿态、刀盘扭矩、千斤顶推力等各种勘察、测量数据信息,正确下达每班掘进指令,并即时跟踪调整。盾构机操作人员须严格执行指令,谨慎操作,对初始出现的小偏差应及时纠正,应尽量避免盾构机行进轨迹有较大的"蛇"形,盾构机一次纠偏量不超过 4mm/环,以减少对地层的扰动。

盾构掘进主要控制参数计算方式如表 4-1-26 所示。

盾构掘进主要控制参数计算 表 4-1-26

序 号	控制参数名称	控 制 标 准
1	切口水压确定	盾构掘进时的切口泥水压力应介于理论计算值上下限之间,并根据覆土的情况和地质条件适当调整。在逆洗过程中,由于泥水仓或盾构机内的排泥管处于堵塞状态,因此逆洗时应提高排泥流量,但不能降低切口水压。盾构机推进、逆洗和旁路三个状态切换时的切口水压偏差值均控制在 −20～20kPa
2	掘进速度	正常掘进条件下,掘进速度应设定为 10～45mm/min;在盾构机遇到中风化石英砂岩地层时,掘进速度应控制在 5～15mm/min
3	掘削量的控制	①盾构掘进实际掘削量 $V_R(m^3)$ 可由下式计算: $$V_R=(Q_1-Q_0)\times t$$ 式中,Q_1 为排泥流量(m^3/min),Q_0 为送泥流量(m^3/min),t 为掘削时间(min)。②当发现掘削量过大时,应立即检查泥水密度、黏度和切口水压。此外,也可以利用探查装置,调查土体坍塌情况,在查明原因后应及时调整有关参数,确保开挖面稳定
4	泥水指标控制	密度 ρ=1.10～1.20g/cm^3,漏斗黏度 μ=25～35s,析水率 X_S<5%,pH 值:8～9,API 失水量小于 30mL/30min
5	同步注浆	①注浆压力:注浆压力设定为 300～500kPa,管片注浆口的实测注浆压力为 200～400 kPa。②理论注浆量:$V=\pi/4\times(15.84^2-15.4^2)$;实际注浆量为理论建筑空隙的 150%～250%,即为 31.5～52.6m^3/环
6	地质勘察不准确	①工程施工前,通过补充地质钻孔或双频回声测深仪,进一步查清隧道的地质情况和覆土厚度。②盾构机本身带有超前地质钻机及超声波等超前地质探测装置,在施工中进一步对工作面前方地层进行探测,以便早发现、早处理。③在盾构机选型时,充分考虑地质勘察资料不准确的影响,各功能参数选择要留有余地

(4)刀具磨损技术措施

由于本工程盾构段地质主要为卵石层和圆砾层,需要定期更换刀具,以防止刀具过度磨损,进而损坏刀盘,需定期检查、更换刀具。盾构掘进过程中应加大对装有刀具磨损报警装置检测。若报警装置报警则临时开仓对相应掘削轨迹线的可更换刀具进行开仓检查。

刀具损坏的形式为:一是正常的磨损;二是非正常磕碰崩齿、脱落。在淤泥、黏土、淤泥质黏土、粉质黏土夹砂、中粗砂等地层刀具磨损以前者为主。在大粒径卵石地层中以上两种磨损后者所占比例更高,对刀具的危害更大,尤其是刀盘边缘部刀具。盾构机刀具失效的主要原因见表 4-1-27。

刀具失效主要原因 表 4-1-27

影 响 因 素	失 效 原 因
地质状况	盾构机在推进过程中块状砾石在刀盘底部堆积,边缘刀一直高速运转,在无规律的多次磨损下,致使刀具机体快速磨损、合金齿崩裂脱落,造成异常磨损
刀具结构、材质及加工工艺	刮刀合金颗粒太尖、太薄,容易形成崩齿现象,刀刃焊接工艺,或刀槽设计深度过浅都可以导致刀具失效
掘进参数	掘进过程中,当贯入度过大时,刀体将直接在掌子面上磨损。刀盘转速过大,冲击断裂成为刀具主要的失效形式

(5)施工重难点及应对措施(表 4-1-28)

施工重难点及应对措施 表 4-1-28

序号	施工重难点	应对措施
1	盾构隧道断面大,连续掘进距离长	①进行盾构机选型,盾构机的稳定性和可靠性需要满足施工要求。②施工过程中加强盾构设备维修保养及隐患检查,确保盾构设备的完好率。③配备充足的易损、易坏部件及备品备件,减少停机时间

续上表

序号	施工重难点	应对措施
2	下穿建筑物,沉降控制要求高	①施工前充分调查现有地面建筑物的现状,在施工平面图上精确定位,现场专人管理。 ②加强现场管理人员和施工人员的文物保护教育,建立健全文物保护组织机构、制度措施以及文物保护应急预案。了解熟悉和掌握文物保护的程序。 ③安排专人指挥施工,加强现场监控等措施,切实做好地面建筑物的保护。 ④采用基坑内降水,坑外回灌的措施,确保坑外地下水不流失。靠近隧道的,采用地面注浆加固或搅拌桩止水墙等措施,提高地面建筑物的抗沉降能力。 ⑤加强地面建筑物的监测,在建筑物四周设置沉降观测点、测斜观测点、地下水位观测点等
3	盾构始发及到达施工风险高	①通过严格的施工控制以及检验制度确保端头加固的质量满足要求。 ②严格按照设计施工洞门密封相关内容,包括压板、橡胶帘布、固定钢板等;确保密封效果满足要求。 ③确保始发托架、反力架和负环安装精度和稳定性满足要求,确保盾构始发姿态和隧道设计线相符。 ④做好测量工作。在出洞段掘进前,要对隧道基线进行测量,确认盾构机的位置,加强盾构姿态和隧道线形的测量,及时纠正偏差,确保盾构机顺利进洞
4	穿越岩溶地层风险	①严格控制盾构姿态及推进速度,减小纠偏量、尽量减少对隧道周围土体的扰动。 ②严格按照计算值设定掌子面泥水压力,过程中加强对河道的施工监测,并根据监测数据对泥水压力等参数进行调整,确保掌子面稳定。 ③采用中铁十四局集团在南京纬七路公路过江隧道所采取的成熟的"重浆"工艺,采用高质量的泥浆,确保掌子面稳定。 ④及时、足量进行同步注浆。 ⑤河道段施工过程中严格遵循"快速、连续施工"的原则。 ⑥加强对深基坑工程施工的质量和安全管理,施工现场按应急预案的要求配备抢险人员和器材。 ⑦严格执行安全生产责任制,防止安全事故的发生
5	盾构机上覆土较浅或覆土受扰动较大	①采取相应措施控制隧道的稳定性,以避免隧道上浮或沉降对围堰产生的不利影响。 ②严格控制隧道轴线,均匀纠偏,尽量减少对土体的扰动;对隧道的纵向变形进行监测,包括每环管片的上浮情况及管片之间的错位情况。 ③加强同步注浆管理,确保充分填满间隙,有效阻止泥水后窜,特殊情况下还可加入堵漏剂。 ④在管片脱出盾尾后重新拧紧所有纵环向螺栓,确保每环管片之间紧密连接

5. 盾构施工关键技术研究

针对本工程水文地质条件及状况,充分考虑该工程特点、难点及风险控制点,形成了全段面岩层大直径泥水盾构高效掘进及安全控制综合建造技术,具有重要的理论价值和现实的工程意义。主要技术研究如下:

(1)超大直径泥水盾构穿越高强硬岩地层泥浆配制及刀盘刀具适应性研究

本课题主要结合本次工程中大直径泥水盾构穿越全断面岩层的实际情况,通过室内试验、数值模拟、现场监测等方法,对大直径泥水盾构穿越全断面岩层中面临的泥浆配制、环流和刀具磨损等问题进行系统研究,其主要内容如下:

①岩粉混入对泥浆及泥膜性质劣化影响及泥浆配合比试验研究。
②泥浆携岩渣(岩块)在管道中的运移和高效排放研究。
③新型盾构耐磨刀具材料研发与工程性能研究。

拟解决的关键技术如下:

①岩粉混入条件下泥水盾构泥浆劣化机理及新型泥浆配制技术。
②全断面岩层泥水盾构泥浆高效携渣及环流控制技术。
③超粗晶硬质合金粉体处理、烧结技术及新型耐磨盾构刀具材料研发。

（2）超大直径泥水盾构穿越岩溶破碎带开挖面稳定性控制研究

依托武汉和平大道南延线隧道工程，拟采用理论分析、室内试验、数值模拟等多种手段，对高透水岩层中隧道穿越岩溶及破碎带开挖面稳定性的问题开展研究，主要研究内容如下：

①岩溶隧道开挖稳定性理论研究。
②破碎带泥浆配合比对开挖面土体强度的影响研究。
③溶洞对隧道结构特性影响规律研究。
④开挖面失稳判据研究。

拟解决的关键技术如下：

①确定隧道底部，分布不同形式溶洞时，地基失稳的极限荷载。
②给出溶洞顶板安全厚度计算函数，构建最小安全厚度预测模型。
③确定不同配合比泥浆对破碎带开挖面土体强度及土体性质的影响。
④研究超大直径盾构穿越岩溶地层施工力学行为，分析地铁盾构施工过程中隧道结构受力的影响规律。
⑤提出适合于岩溶地层超大直径盾构开挖面失稳的判断依据。

（3）裂隙发育岩层超大直径泥水盾构下穿微扰动区沉降控制研究

采用理论分析、穿越区复杂三维状态下穿越施工原位监测、数值模拟等综合研究方法，系统研究高透水岩层中大直径泥水盾构下穿微扰动区域位移特性、施工因素的影响、位移及施工技术风险有限控制等关键技术。

具体技术研究内容如下：

①确定地表沉降公式及参数选取范围。
②新建隧道穿越微扰动沉降区的影响分析。
③穿越施工地表沉降全过程变形分析。
④穿越工程安全过程控制技术研究。

拟解决的关键技术如下：

①确定大直径泥水盾构穿越高透水岩层地表沉降公式及参数选取范围。
②构建盾构穿越微扰动建（构）筑物稳定性预测模型。
③探究盾构穿越微扰动区非加固关键技术。
④基于全过程实测数据，总结分析岩溶地层地表沉降变形规律。

（4）盾构机长距离穿越岩溶发育区超前地质预报综合技术研究

对本项目提出更高施工安全要求的是本盾构区间下穿大面积棚户区，建筑物密集且建筑物老化、抗变形能力差。该点对施工过程中的变形控制和风险控制要求尤为严格，盾构施工过程中若出现涌水涌沙事故对于地面建（构）筑物带来的不良影响是巨大的。同时，地面密集的建（构）筑物给物探技术手段的正常实施带来了严重影响，常规的探测方法和实施方式难以有效开展。

在此背景下，适用于密集建筑物条件下岩溶探测技术的探索和研究对于本工程显得十分迫切，具有巨大的经济效益与社会意义。

具体技术研究内容如下：

①复杂地层地质条件下的岩溶综合探测方法研究。
②不同超前地质预报方法间的参数约束与狭窄地面空间探测方法研究。
③地面探测与盾构掌子面前方探测综合技术研究。

拟解决的关键技术如下：

①掌握不同探测方法对武汉地质条件下岩溶识别的勘探效果。
②提高对岩溶发育地区重点区域的探测准确性。
③提出地面作业空间狭窄情况下的岩溶地质探测综合方案。

第2章 铁路、公路、管廊、水利盾构工程施工技术

第1节 苏通GIL综合管廊工程 φ12.07m泥水盾构越江隧道施工技术

中铁十四局集团有限公司 王华伟,刘四进,娄瑞

1. 工程概况

1) 工程简介

国家电网苏通GIL管廊工程是淮南—南京—上海1000kV交流特高压输变电工程的单项越江工程,越江线位于G15沈海高速苏通长江大桥上游附近徐六泾节点缩窄段。

本标段工程范围南起南岸工作井(始发)及施工通道,起点里程为DK0+252.166,北至北岸工作井(接收),终点里程为DK5+498.545。

工程主要包括南岸工作井(含综合楼)及施工通道,北岸工作井(含综合楼),江中盾构隧道土建工程,其中盾构段5468.545m,南岸工作井32m,北岸工作井30m,施工通道为临时工程,长度为220.166m。工程平面布置如图4-2-1所示。

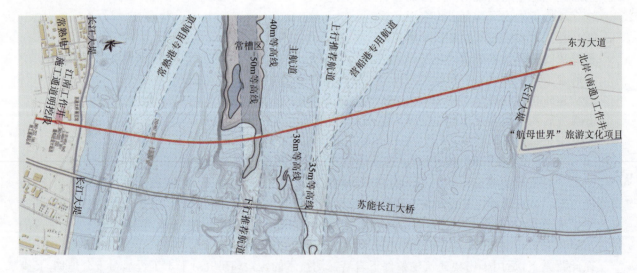

图4-2-1 苏通GIL管廊工程总平面布置图

2) 工程地质条件

本工程拟建场址位于长江三角洲,具有河口段沉积物特点。松散层巨厚,隧道深度范围内均为第四系地层。

3) 水文地质条件

本工程拟建站址区气候温暖湿润,降雨量充沛,地势平坦,有利于大气降水的入渗补给。且站址区濒临长江,地表水资源十分丰富,地下水与江水发生直接的水力联系。地下水水位主要受大气降水和地表水体的影响,并与长江水形成密切的补排关系,呈季节性变化。工程场地地下水类型主要为潜水、微承压水和承压水。

4）工程风险点和重难点

本工程风险点和重难点如表4-2-1所示。

工程风险点和重难点　　　　　　　　　　　表4-2-1

序号	工程风险点和重难点	特征描述
1	地处江漫滩，始发风险大	始发井地处长江漫滩，始发井所在地层为透水性强的粉细砂层、粉砂夹粉土层，在盾构机进入土体的过程中，若洞门临时密封措施处置不当，极易发生洞门涌水涌沙，掌子面塌方等严重事故
2	穿越长江大堤沉降的风险	始发井距长江大堤仅261m左右，如何对长江大堤保护是本工程的重点
3	穿越沼气层施工风险大	经初步分析，有害气体类型主要为可燃性气体CH_4、H_2S、O_2和CO等，气体成团块状、囊状局部集聚分布，赋存地层主要为砂层，S72沼气溢出点位于隧道管廊顶约4m，S74沼气溢出点位于隧道管廊底约20m，此两沼气溢出点之间无隔气层，初步判定该沼气对隧道管廊有影响。初步估计气体压力约为0.4～0.9MPa
4	穿越长江深槽段、水深大、断面水土压力为国内同类工程之最	盾构隧道在江中靠南岸位置下穿一处深槽，深槽断面深点在-40m左右，深槽摆幅500m。一方面受深槽段控制，掘进最大水压力可达7.98bar，隧底最大水土压力约9.5bar，为国内同类工程之最，施工难度极大。另一方面，盾构机进入冲槽过程中覆土急剧减少，水土压力变化较大，极易产生塌方、冒顶等灾难性事故
5	隧道长距离穿越密实砂层、盾构施工难度大	本工程隧道穿越地层以淤泥质土、粉质黏土、粉土、粉细砂及中粗砂等地层为主，其中⑤$_{1-2}$中粗砂、⑤$_2$细砂、⑥$_1$中粗砂等地层标准贯入击数大于50。隧道穿越标准贯入击数大于50的密实砂层长度约3300m，砂层石英含量最高超过70%。部分中粗砂中夹有卵砾石，盾构机刀盘及刀具将产生巨大磨损，换刀作业难以避免。如何选择合适的刀盘刀具设计，尽量减少换刀频次，并实现安全高效的换刀作业，是越江施工能否成功的重点，也是工期控制的难点
6	高水压、长距离掘进的风险	①本工程盾构隧道全长5468.545m，隧道岸边段长度不足540m，其余超过4928m部分均为位于长江航道范围内。盾构开挖断面超过12m，一次在长江主航道下独头掘进距离长，断面、长距离掘进要求盾构机各系统，各部件必须有较高的可靠性，且要故障少、维修方便，使用寿命长。 ②特别是主轴承密封、盾尾密封装置如何始终确保安全有效，是本工程的难点。这两处密封一旦失效，轻则导致长时间停机，工期延长，重则导致隧道失稳

2. 盾构机特点与主要参数

（1）海瑞克"卓越号"S-1068泥水平衡盾构机（图4-2-2）。

图4-2-2　海瑞克"卓越号"S-1068泥水平衡盾构机

（2）S-1068盾构机主要参数

用于本工程的S-1068盾构机主要参数见表4-2-2。

海瑞克"卓越号"S-1068盾构机主要参数　　　　表4-2-2

主部件名称	参数名称	指标
整机综述	开挖直径(mm)	12070
	前盾外径(mm)	12030
	中盾外径(mm)	12010
	尾盾外径(mm)	11990
	最大掘进速度(mm/min)	60
	最大推力(kN)	156,753
	盾尾密封	4道盾尾密封刷+1道钢板束+1道止浆板
	压力传感器(个)	6(4个在开挖仓+2个在工作仓)
	最大工作压力(bar)	10
	最大设计压力(bar)	10
刀盘	开挖直径(mm)	12070
	开口率(%)	≥35
	中心刀	9把常压可更换式齿刀
	切刀	44把常压可更换式刮刀 92把刮刀
	周边铲刀	10把周边铲刀
	先行刀	38把先行刀
	齿刀	22把常压可更换式齿刀
	超挖刀	2把超挖刀
	超挖刀形式	软土式
	超挖刀最大行程(mm)	50
	刀盘磨损检测装置(个)	1
	刀具磨损检测装置(个)	7
	驱动形式	电驱动
	转速(r/min)	2.2
刀盘驱动	额定扭矩(kN·m)	20512
	脱困扭矩(kN·m)	28306
	驱动功率(kW)	3000
	驱动单元数量(个)	12
	最多可配置驱动单元数量(个)	15
	最大总推力	156753kN @350bar
	油缸数量	22组双缸
推进系统	油缸行程(mm)	3000
	最大推进速度(mm/min)	60
	最大回缩速度(mm/min)	1600

3. 盾构施工技术措施

1)盾构机的设计

针对本工程的工程条件及工程地质特点,泥水平衡盾构机应满足高水压适应性要求。在本工程中盾构机需要穿越的重点地段为:水泥搅拌桩地段、浅埋穿越长江大堤地段、含沼气地层段、江底深埋段、全断面致密砂层地段,所以在盾构机选型时对该地层的适应性应是首先重点考虑的问题。

(1)盾构机的功能

针对本工程特点,对盾构机的功能要求为:

①具备平衡掌子面水土压力的能力。
②具备足够的刀盘驱动扭矩和推力。
③合理的刀盘选型,恰当的刀盘开口率,合理的开口位置。
④盾构本体在压力状态下的防水密封性能。
⑤人舱设计。
⑥管片壁后同步注浆系统。
⑦盾构机的防爆功能。

（2）成熟可靠的常压换刀功能

为了保证进行刀具检修更换及处理障碍物作业的特殊空间需要,各配备一个可在常压下进入刀盘幅臂进行常压换刀作业的人闸及物料仓,确保常压换刀施工安全和快速作业。

（3）高效安全的带压进仓

在特殊情况下,可能需要派遣人员在高压状态下进入开挖仓进行刀具更换或障碍物排除作业,为了保证带压进仓作业的特殊空间需要,配备双气路的双室人闸及一个物料仓,以便在高气压下进入开挖仓和隧道掌子面,确保换刀或处理开挖面障碍物时的施工安全和快速作业,如图 4-2-3 所示。

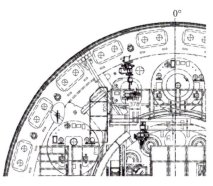

图 4-2-3　盾构设备配备双仓人闸及物料仓

（4）适应高水压的要求

盾构隧道穿越地层主要为富含地下水的粉细砂层和砾砂层,地下水压力高达 9.5bar,在高水压地段推进,重点是保证主轴承密封、盾尾密封在高承压状态下的正常工作。

①主轴承密封

主轴承内外密封应具有自动润滑功能、自动密封功能、自动检测密封的工作状况功能、密封磨损后的继续使用功能,采用背压式唇形密封,可根据掌子开挖压力面自动调节各密封腔室内背压压力,最大耐压 10bar,如图 4-2-4 所示。

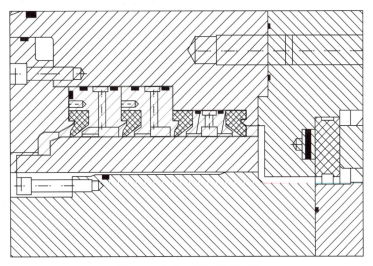

图 4-2-4　主驱动密封结构断面图

②盾尾密封

为了提高盾尾的止水性,盾尾密封采用 4 道钢丝刷密封和 1 道钢板束,如图 4-2-5 所示。并在盾尾预设盐水注入管道,当钢丝刷密封失效时,通过在隧道内注入循环盐水将管片外侧与盾尾之间的土体进行冷冻加固,形成环圈冷冻墙,防止外部水土从盾尾漏入隧道内,并且可在隧道内安全更换前 3 道钢丝刷密封。

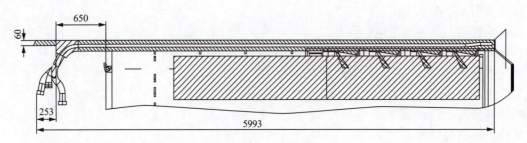

图 4-2-5 盾尾密封冷冻示意图（尺寸单位：mm）

2）地表沉降控制

盾构机需要穿越不同厚度的地层，在不同位置水压力也不同，盾构机应有良好的泥水压力调节功能，以将地表沉降控制在规定的范围，保证能够顺利安全穿越长江。为了减小泥水压力的波动，采用气压复合模式间接控制型泥水平衡盾构机。

同步注浆技术是控制地层变形、地面沉降的重要措施，其技术关键是随着盾构机的推进及时充分地充填盾壳外径与管片外径之间的建筑空隙。目前有两种同步注浆系统：单液注浆和双液注浆系统。根据本标段工程地质条件及中铁十四局集团在类似工程的施工经验，采用单液注浆系统，通过配制合理的浆液，并及时调整注浆量和注浆压力，及时填充管片与土体的间隙，控制注浆效果。

3）精确的方向控制

盾构方向的控制包括两个方面：一是盾构机本身能够进行纠偏、转向，二是采用先进的导向技术保证盾构掘进方向的正确。本工程盾构机采用 VMT 激光导向系统，如图 4-2-6 所示。

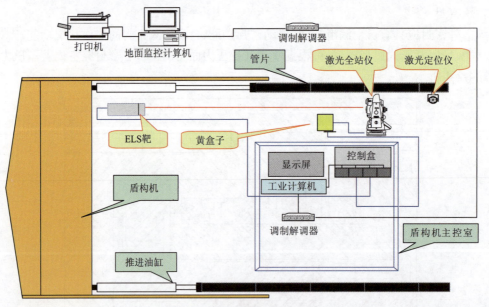

图 4-2-6 VMT 导向系统示意图

VMT 导向系统能够对盾构机在掘进中的各种姿态以及盾构的线路和位置关系进行精确的测量和显示。操作人员可以及时的根据导向系统提供的信息，快速、实时地对盾构的掘进方向及姿态进行调整，保证盾构掘进方向的正确。

4）数据采集与信息化管理

配备数据采集系统，数据采集系统通过一台单独的数据采集和分析电脑，通过与控制系统 PLC 接口的连接，直接读取控制系统内各项实时数据，并储存在数据采集及分析电脑内，对保存的历史数据进行统计、运算和处理，故障报警查询，施工环报表的打印，如图 4-2-7 所示。

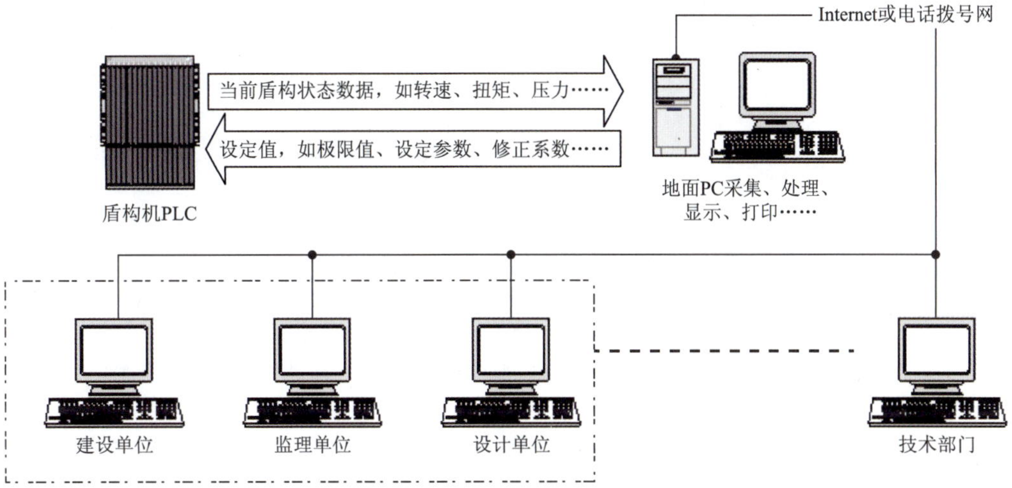

图 4-2-7 数据采集系统及盾构状态信息化示意图

通过数据采集系统收集到的信息,可以实现对盾构状态进行实时的信息化管理。通过互联网、电话拨号网以及计算机可以将当前的盾构掘进状态数据传送至相关业务部门,为整个工程的信息化管理提供重要信息。

5)风险点、施工重难点及应对措施

本工程风险点、施工重难点及应对措施见表 4-2-3。

风险点、施工重难点及应对措施　　　　　　　　　　　　　　　　　　　　表 4-2-3

序号	风险点及施工重难点	应对措施
1	地处江漫滩,始发风险大	①土体加固;准确安装洞门密封圈;井点降水,降到保证安全进洞。 ②制订合理的洞门破除方案,确保拆除洞门时安全、快速
2	穿越长江大堤沉降的风险	①大堤的保护措施:穿越前合理确定盾构参数;穿越期间需进行沉降观测,实施动态管理。 ②盾构推进施工措施:确保盾构机均衡、匀速地穿越建筑物;控制好盾构轴线,加强泥浆质量控制,确保掌子面稳定,确保同步注浆浆液填充效果
3	穿越深槽区施工风险	①进入冲槽段前:对盾构机刀具进行全面检查更换;对盾构机各系统及泥水处理系统进行全面检修;对冲槽段江底地形进行测量,根据测量结果拟定施工参数。 ②冲槽段施工过程中:严格遵循"快速、连续施工"的原则;根据覆土变化及时对掌子面泥水压力设定进行调整,保持掌子面的稳定。盾尾进入浅覆盖地段后,严格控制注浆压力,避免注浆压力过大击穿覆盖层
4	穿越沼气层施工风险大	①盾构机有限度的改造:能更换为非电设备的,更换为非电设备;能使用防爆型的使用防爆型;所有前仓遗留的电子设备,全部统一增设开关。 ②施工通风:可采用可移动的通风设备或盾构机配备的空压机进行通风。 ③防护:盾构机人舱及盾尾附近为可能聚集可燃气体、有害气体的环境空间,应对该区域特别防范。 ④注浆止气及气密性混凝土封闭:利用注浆止气及气密性混凝土封闭等方法做好特殊部位的密封处理
5	长距离穿越高石英含量密实砂层	①常压换刀:避免了高压进仓检查、更换刀具的风险,其刀具可以在常压下进行无数次更换。 ②刀盘、刀具磨损处理:刀盘面板正面焊接大块耐磨钢板,刀盘边缘及两侧区域焊接硬质合金耐磨块;先行刀采用贝壳型设计,在贝壳刀两侧肩部焊接耐磨板,先行刀和刮刀采用硬质合金。 ③配备刀盘刀具磨损检测及视频监测装置:刀盘面板上设置液压磨损监测装置,液压磨损监测系统由分布在刀盘主幅臂钢结构上的 6 个监测装置组成。 ④提高对掘进参数变化的敏感性,及时检修更换刀具,确保安全。 ⑤配备完备的高压进仓设备,满足应急换刀条件

续上表

序号	风险点及施工重难点	应 对 措 施
6	高水压、长距离掘进的风险	①水底监测措施：在盾构推进至长江防汛大堤前，进行整个水域监测区隧道轴线对应的江底地形测量（背景测量），复核隧道覆土层厚度。 ②防止江底冒浆（防冒）措施：严格控制切口水压波动范围，合理设定推进速度，控制同步注浆压力。 ③防止盾尾漏浆（防漏）措施：提高同步注浆质量，保持切口水压稳定，增加备用泵及堵漏材料，盾尾油脂压应定期、定量、定位压注，管片应居中拼装。 ④防止江底土层沉降：推进过程中应按设计值设定切口水压，并根据推进时刻的潮位变化情况对其进行相应调整；采用动态管理，根据地表沉降数据及时优化掘进参数，确保土体稳定。 ⑤防止吸口堵塞（防堵）措施：遇到切口不畅时，应及时转旁路；必要时可使用反冲洗措施。 ⑥防止隧道上浮（防浮）措施：严格控制隧道轴线；同步注浆浆液遇泥水后不产生裂化，同时具有一定的流动性；进行补压浆措施；加强隧道纵向变形的监测，进行针对性的注浆纠正。 ⑦盾尾钢丝刷保护：合理设置油脂注入量及注入压力；加强盾构姿态量测，勤测勤纠；及时、足量注入保水性良好的水泥砂浆，在盾尾刷与水体间形成良好的隔离层

4. 盾构施工关键技术

1）超高水压密实砂层大直径泥水盾构换刀技术

（1）泥水盾构刮刀更换技术：通过比选不同换刀方式对工程进度以及工程安全的影响确定苏通 GIL 综合管廊工程泥水平衡盾构机刀具更换方式，并根据对既定刀具更换方式进行相应地换刀技术研究。通过合理选择换刀方式和换刀方案降低了换刀作业风险，为苏通 GIL 综合管廊工程换刀作业的顺利实施提供了强有力的技术安全保障。刀具更换分布如图 4-2-8 所示。

（2）泥水平衡盾构机刮刀更换方案：根据隧道地质剖面图进行地层分类统计分析。以此为基础结合各类型地层磨耗系数和盾构掘进参数对常压可更换刮刀磨损量、换刀作业时机和刀具更换方案进行预测分析。刮刀不均匀磨损现象如图 4-2-9 所示。

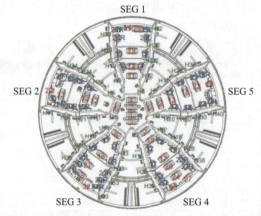

图 4-2-8 苏通 GIL 综合管廊工程常压可更换刀具分布示意图
注：绿色表示带压可更换刮刀，红色表示常压可更换先行刀，蓝色表示常压可更换刮刀。

图 4-2-9 17L 号和 17R 号刮刀的严重不均匀磨损现象（DK3+448 位置）

2）密实砂层掘进模型试验及数值模拟

通过开展基本参数测试试验、盾构掘进模型试验以及数值模拟的研究，如对几何形态分布、颗粒级配、矿物含量、孔隙比、黏聚力、摩擦角和剪胀性等砂粒的基本物理力学性能参数和典型的模型刀盘掘进参数进行研究,科学指导了苏通 GIL 综合管廊工程"卓越号"大直径泥水平衡盾构机快速、高效、安全穿越江底长达 3300m 的高石英含量密实复合砂层。

(1)密实砂土物理力学参数测试分析。需要进行测试的参数包括:砂粒几何形态分布、颗粒级配、矿物含量、孔隙比、黏聚力、摩擦角、剪胀性能等。针对中粗砂颗粒微观结构分析试验步骤如图 4-2-10 所示。

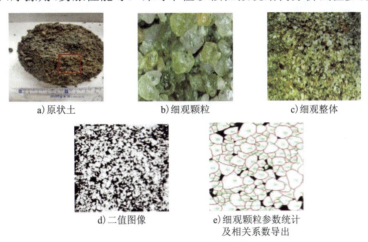

图 4-2-10 中粗砂颗粒细观结构分析试验步骤

(2)密实砂层掘进模型试验。通过开展密实砂层掘进参数试验和泥水平衡盾构机刀具磨损试验测试致密砂土的磨蚀性及其对刀具磨损的影响,并结合现场实际情况进行泥水盾构掘进效率优化与分析。模型如图 4-2-11 所示,刀具与砂土颗粒的接触如图 4-2-12 所示。

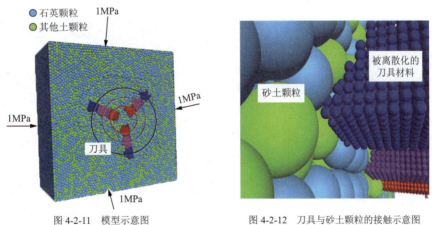

图 4-2-11 模型示意图　　图 4-2-12 刀具与砂土颗粒的接触示意图

数值模拟结果表明,采用离散元数值模拟的刀具磨损量与采用经验公式的预测趋势较为一致,可以用经验预测公式为本工程进行刀具磨损量预测。

3)泥水平衡盾构机关键部件选型及参数配置

大直径泥水平衡盾构机主要由刀盘、刀具、盾体、主驱动、推进系统、管片拼装机、后配套系统等重要部分组成。其中需要对刀盘、刀具、盾尾密封、主驱动、推进系统及泥浆环流系统等关键部件进行重点选型及相关参数计算,其他部分通过相似工程进行常规配置即可。泥水平衡盾构机主要组成如图 4-2-13 所示。

该项研究技术综合分析了当前工程和相似工程的地质,通过借鉴其他相似工程,对本工程特殊地质进行特殊分析和

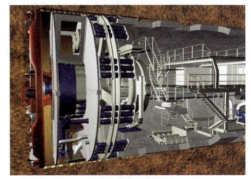

图 4-2-13 泥水平衡盾构机主要组成

研究,选出适用于本工程地质的盾构机,并对关键部件的重要参数进行计算,选择合适、安全、满足工程需求的部件。

4)隧道内部结构同步施工方案优化

通过对苏通GIL综合管廊隧道泥水盾构施工设备、物料、出渣等运输要求的分析,通过对现场掘进、管片拼装等施工流程的分析,充分考虑电力管廊工程内部结构和拼装要求,与类似大直径、长距离盾构隧道施工组织方案进行类比优化,提出隧道内部同步施工方案。

第2节 京张高铁清华园隧道 ϕ12.6m 泥水盾构施工技术

中铁十四局集团有限公司　王华伟,刘四进,娄瑞

1. 工程概况

1)工程简介

新建北京至张家口铁路 JZSG-1 标位于北京市海淀区,标段起止里程 DK12+413～DK22+900,正线全长 10.487km。

线路自 DK12+413 北京北站向北引出,以框架中桥上跨学院路,在 DK14+090 处设清华园隧道,下穿北三环、地铁 10 号线、知春路、北四环、成府路、双清路等,隧道自 DK19+420 出地面,利用现有京包线形成双线路基段至本标段终点 DK22+900。项目平面图如图 4-2-14 所示。主要施工任务包括路基工程、桥涵工程、隧道工程(清华园隧道盾构段、明挖段)、轨道段(无砟道床及既有线改造)、大临过渡工程。

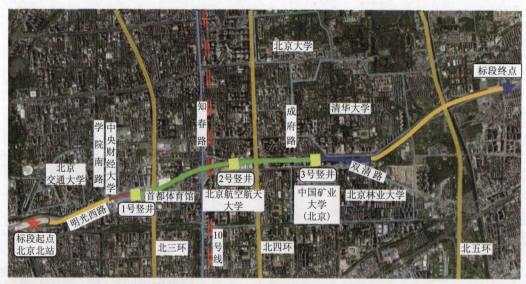

图 4-2-14 北京至张家口高速铁路 JZSG-1 标段平面图

2)工程地质条件

平原区地形平坦,建筑物密集。表层主要为第四系全新统人工填土层,以杂填土为主。其下为第四系全新统冲洪积层,主要为粉质黏土,粉土,中砂,下部为粗圆砾土、卵石土。粉质黏土(σ_0=120～150kPa,Ⅱ级普通土),粉土(σ_0=150～180kPa,Ⅱ级普通土),细砂、中砂(σ_0=150～250kPa,Ⅰ级松土),粗圆砾(σ_0=300～600kPa,Ⅲ级硬土～Ⅳ级软石),卵石土(σ_0=500～600kPa,Ⅳ级软石);其中 DK19+850～DK21+100 分布有淤泥质粉质黏土,灰黑色,软塑,埋深 2.7～8.5m,厚度 1.5～2.5m,σ_0=80kPa。岩芯照片如图 4-2-15 所示,实际出渣照片如图 4-2-16 所示。

图 4-2-15 盾构段卵石土夹粉土、粉质黏土薄层岩芯照片(45.0～50.0m)

图 4-2-16 盾构段实际出渣照片

3)水文地质条件

沿线分布河流为万泉河、清河,均常年地表有水。线路在里程 DK20+701.158 附近与万泉河相交,在里程 DK21+122.98 附近与清河相交。区域内赋存两层地下水,地下水较为丰富。上层滞水主要接受大气降水、农田灌溉及侧向径流补给,以蒸发、侧向径流、向下越流补给的方式排泄;潜水主要接受大气降水和上层滞水的垂直渗透补给,以向下越流方式排泄;层间水主要接受侧向径流及越流补给,以侧向径流、人工抽取地下水方式排泄。铁路沿线河流主要有护城河、万泉河、清河,水量受季节影响较大。

4)工程重难点

本工程盾构段工程重难点见表 4-2-4,明挖段重难点见表 4-2-5。

盾构段工程重难点   表 4-2-4

序号	工程重难点	特征描述
1	盾构下穿、侧穿建(构)筑物	①隧道穿越地铁 10 号线知春路站换乘通道及区间结构,距离结构最小净距离较小;隧道施工过程中如何确保既有线路运营及乘客人身安全,是本工程的难点,也是施工控制的重点,如图 4-2-17 所示。 ②穿越过程中如何保证敏感建筑的安全,是盾构掘进控制的重点
2	长距离卵石地层掘进	①清华园隧道地质主要为卵石土地层,其中全断面卵石地层达 1800m、卵石和粉土复合地层 1200m。 ②卵石土地层对刀具的磨损非常严重、且自稳能力较差,掘进时需采用合理的掘进参数、优质的循环泥浆,同时做好刀具检修工作
3	盾构始发和到达风险大	①进洞端属超浅埋地段,1 号和 3 号盾构井端头及基地地层主要以粉土、粉质黏土为主。 ②盾构井 2 号出洞端埋深约 20m,该地层渗透系数较大,地下水丰富,地层承载能力差
4	地处中心城区,文明施工、环境保护要求高	沿线商业区分布较多,人员密集,文明施工和环境保护要求极高,施工中需采取各种措施减少环境破坏、不排放污水、废气,不扬尘,如图 4-2-18 所示

图 4-2-17 盾构下穿、侧穿建筑物

图 4-2-18 本标段周边环境

明挖段工程施工重难点   表 4-2-5

序号	工程名称	重难点简述
1	明挖区间工程	明挖区间近距离平行地铁 13 号线、上跨地铁 15 号线施工,因此对基坑变形及基坑周边沉降控制要求较高,是工程控制的重点和难点
2	竖井开挖工程	竖井深度大,地层稳定性差,容易失稳变形,造成周边沉降,是工程控制的重点。2 号、3 号竖井结构平面布置图分别如图 4-2-19、图 4-2-20 所示

续上表

序号	工程名称	重难点简述
3	结构防水工程	主体结构接缝较多,发生渗漏水后对主体结构钢筋造成较大腐蚀,且影响隧道内车辆运营安全,是工程控制的重点

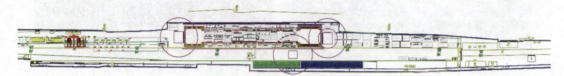

图 4-2-19　2 号竖井结构平面布置图

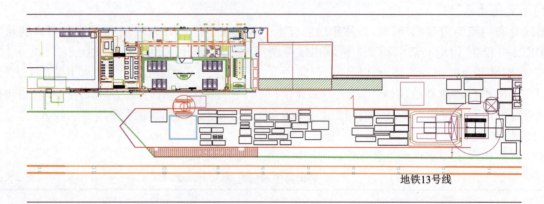

图 4-2-20　3 号竖井结构平面布置图

2. 盾构机特点与主要参数

1)气压复合模式间接控制型泥水平衡盾构机

盾构机需要穿越不同厚度的地层,在不同的位置水压力也不同,盾构机应有良好的泥水压力调整功能,以将地表沉降控制在规定的范围,保证能够顺利安全穿越。为了减小泥水压力的波动,采用气压复合模式间接控制型泥水平衡盾构机。

2)盾构机主要参数

气压复合模式间接控制型泥水平衡盾构机主要参数见表 4-2-6。

盾构机主要参数　　　　　　　　　表 4-2-6

主要构件名称	细部构件名称	技术参数	备注
盾体	直径	12600mm	
	最大工作压力	6.0bar	
盾尾	注浆口	6个+6个备用	DN 50
	盾尾注脂管	3×15	DN 25
	密封	4排钢丝刷	耐压≥7.5bar
推进油缸	推力	140743kN	@ 350bar
	伸出速度	60mm/min	所有油缸
	缩回速度	1600mm/min	一组油缸
刀盘刀具	直径	12600mm	
	刀具		初装刀具包括120把刮刀,102把铲刀,1把超挖刀和16个磨损检测装置
	形式	变频驱动	

续上表

主要构件名称	细部构件名称	技术参数	备注
刀盘刀具	最大扭矩	24225kN·m	
	脱困扭矩	26118kN·m	
	功率	3250kW	13×250kW
泥浆回路	排泥回路输出	2000m³/h	开挖速度 50mm/min
	进泥回路输入	1800m³/h	开挖速度 50mm/min
注浆系统	砂浆注入泵	3台双泵	KSP-20, 3×2×20m³/h
	双液二次注浆泵	1台	0~10bar
导向及控制系统	导向系统	1个	VMT
	管片序列预计算	1个	
	数据采集系统	1个	

3. 盾构施工技术措施

1）盾构机组装

为保证刀具切削轨迹的精确，刀盘采用地面预组装焊接，整体吊装的方式。此吊装方式可采用大吨位履带吊。

盾构机组装形式和顺序如图 4-2-21～图 4-2-24 所示，组装位置如图 4-2-25 所示。

图 4-2-21 盾体吊装

图 4-2-22 主驱动吊装

图 4-2-23 刀盘吊装

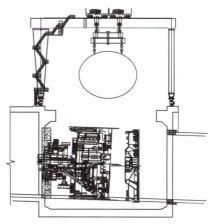

图 4-2-24 井下组装

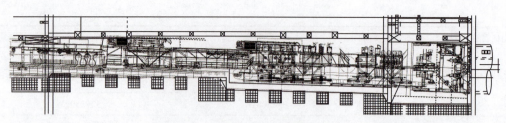

图 4-2-25　盾构机下井组装位置示意图

2）盾构始发

为防止盾构始发时侧翻失稳，在盾构机左右两侧设置防翻支撑，支撑底部与始发基座相连，上部支撑在盾构机上。

为防止负环管片失圆，造成盾构始发时管片与洞门圈间隙不均，在防翻支撑上设置纵向工字钢，在工字钢上设置钢楔块支撑管片，防止负环管片失圆。盾构始发流程如图 4-2-26 所示。

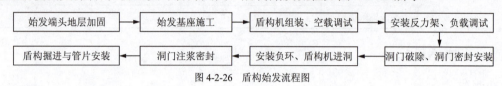

图 4-2-26　盾构始发流程图

3）主要施工参数控制

在盾构始发前和掘进过程中，为了保证正常掘进，要对主要施工参数进行控制。

（1）切口泥水压力：由于盾构始发端头进行了加固，切口水压设定不宜过高。初步设定值为 1.0bar，实际施工时作适当调整。

（2）推进速度：在主机全部进入加固区前掘进速度控制在 3～5mm/min，在盾构机脱离加固区后可逐步提高掘进速度到 30mm/min。

（3）轴线控制：推进轴线应略低于设计轴线，推进轴线垂直方向确定为 -20mm。

（4）泥水平衡建立：在盾构始发前，在泥浆池里要制备施工所需的浆液，第一次造浆量为 1500m³。

4）同步注浆及二次补强注浆

在盾构掘进过程中采取以下两种注浆方式：

（1）通过盾尾注浆管在掘进的同时进行同步注浆。

（2）管片脱出盾尾后，通过管片上预留的注浆孔进行补强的二次注浆。

注浆工艺流程如图 4-2-27 所示。

①同步注浆

本工程同步注浆压力设定为 0.3～0.5MPa，同步注浆量为建筑间隙的 150%～200%，即为 23.4～31.2m³/环。结合国内大断面泥水盾构施工案例，同步注浆采用水泥砂浆，初步拟定浆液的

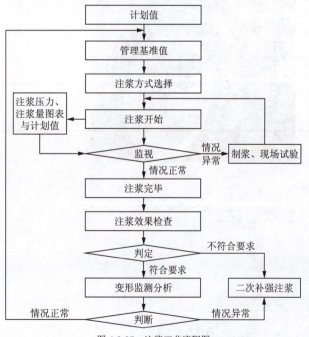

图 4-2-27　注浆工艺流程图

配合比见表 4-2-7。施工过程中，砂浆配合比由实验室根据试验结果最终确定。

同步注浆材料初步配合比　　　　表 4-2-7

水泥(kg)	粉煤灰(kg)	膨润土(kg)	砂(kg)	水(kg)	外加剂
120～260	381～231	60～50	779	460～470	按需要根据试验加入

②二次补强注浆

为提高背衬注浆层的防水性及密实度,并有效填充管片后的环形间隙,根据检测结果,必要时进行二次补强注浆。施工时采用地表沉降监测信息反馈,结合洞内超声波探测背衬后有无空洞的方法,综合判断是否需要进行二次补强注浆。

二次补强注浆材料以水泥、粉煤灰和膨润土等材料为主,其配合比(质量比)见表4-2-8。二次补强注浆的注浆压力选定为 0.5～0.6MPa。

二次注浆配合比(1m³)   表4-2-8

水泥(kg)	粉煤灰(kg)	膨润土(kg)	细砂(kg)	水(kg)
450	400	25	300	400

5)泥水处理系统

将盾构开挖下来的渣土通过泥浆处理系统进行分离,分离出来的干渣通过汽车或其他方式运输至指定场所进行排放,如泥浆不达标需要弃浆时,则弃浆集中至沉淀池,经沉淀后捞渣外运;必要时部分泥浆进入泥浆压滤系统,压滤后的干渣(图4-2-28)通过汽车运至弃渣场,清水则循环至清水池,确保不污染环境。泥浆循环系统流程如图4-2-29所示。泥水分离设备外形结构如图4-2-30所示。

图 4-2-28　压滤过后的干渣

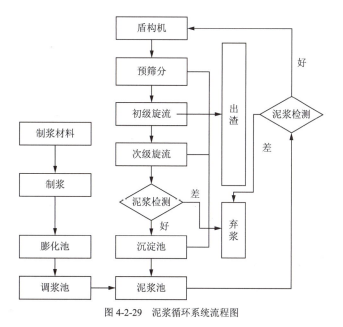

图 4-2-29　泥浆循环系统流程图

6)盾构施工测量与监测

盾构机在掘进过程中通过 SLS-T 系统进行自动测量,随时监控盾构机所走的线路。及时人工测量管片沉降及偏移,复测 SLS-T 系统的准确性并指导施工。盾构机每掘进一段距离,必须对隧道测量的基点进行复测。

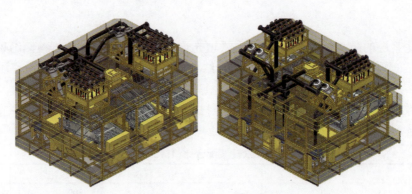

图 4-2-30　泥水分离设备外形结构图

①盾构机导向布置

盾构机 VMT 导向系统布置如图 4-2-31 所示。

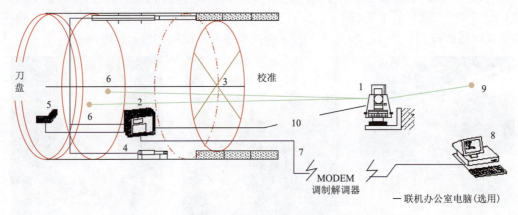

图 4-2-31　盾构机 VMT 导女向系统布置图

1-全站仪；2-计算机；3-间隙测量；4-推进油缸数据传输；5-倾斜与转动双轴倾斜计；6-安装在盾构机上的棱镜；7-系列数据传输；8-办公室电脑；9-远程棱镜；10-无线电子连接

②施工监测

根据监控量测目的，考虑盾构隧道地质条件、隧道埋深及周边环境进行监测点布置，监测点布置如图 4-2-32、图 4-2-33 所示。

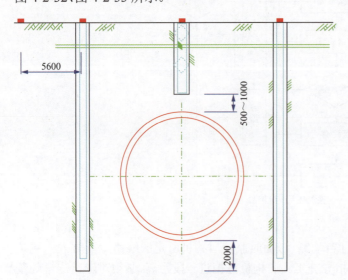

图 4-2-32　主断面监测点布置图（尺寸单位：mm）

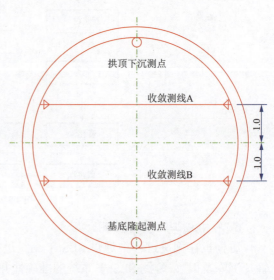

图 4-2-33　洞内常规监测点布置（尺寸单位：m）

③监测实施

监测内容及要求见表4-2-9。

监测内容及要求

表4-2-9

序号	监测内容	监测要求
1	地面沉降监测	纵向地表测点沿盾构推进轴线设置,测点间距为5～10m
2	隧道隆陷监测	每个断面布置两个点:隧道上浮测点和拱顶沉降测点
3	土体内部位移监测	土体垂直位移量测采用水准仪和磁环分层沉降直接进行量测;土体水平位移观测,是利用测斜仪沿垂直方向土层直接测量其内部水平位移量
4	衬砌环内力和变形监测	管片衬砌变形监测采用收敛计。每30～50m设一断面,必要时加密。每个断面布设横竖两条测线
5	土层压力监测	将监测土层压应力的传感器置于需监测的土层,引出电导线用频率接受仪测出土层的压应力。每一代表性地段设一个断面

7)盾构施工措施

(1)盾构段:盾构下穿、侧穿建(构)筑物

①掘进模拟

盾构前通过选择类似地质及埋深地层区段模拟施工,通过模拟段监测数据不断调整优化掘进参数,选择沉降数据满足建(构)筑物及管线安全要求的掘进参数。

②掘进控制

严格控制主要掘进参数,包括掘进速度、总推力、排泥量等;减小压力波动,采用均匀快速推进;盾构下穿影响区域加强洞内同步注浆、二次深孔注浆施工管理,确保管片背后浆液饱满密实;加强泥浆管理和出土量监控、防止超挖和欠挖。

③盾构隧道在五道口地铁站邻近地铁13号线采取加固措施:对靠近京张线两侧排桥桩进行袖阀管注浆加固,如图4-2-34所示。

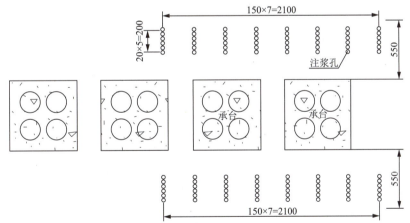

图4-2-34 五道口地铁站桥桩注浆加固平面图(尺寸单位:mm)

为将盾构隧道施工对建(构)筑物及管线的影响减到最小,可采取表4-2-10的施工控制措施。

影响建(构)筑物及管线的控制措施

表4-2-10

序号	控制措施
1	立即与产权单位建立联系,确定下穿建(构)筑物及管线的沉降控制要求和标准,在施工过程中严格按照该方案实施
2	选择穿越建(构)筑物合适的时机,尽量安排在夜间停运期间快速穿越
3	加强监控量测,在施工中进行实时、连续监测,及时掌握结构的变形情况,并据此采取必要的保护措施
4	严格控制主要掘进参数;严格掘进过程管理控制,严控泥水压力和注浆压力,平稳、快速通过地面建(构)筑物地段;适当降低刀盘转速,减小对周围土体的扰动
5	根据施工速度调整同步注浆浆液凝结时间,严格控制浆液配合比,确保其和易性和流动性。同步注浆采用注浆量和注浆压力的双控制

续上表

序号	控制措施
6	加强泥浆质量控制,保证泥浆指标,每环加入高浓度优质新浆,对劣化的泥浆指标进行调节或部分置换,具体实施时根据现场实际情况进行调整,以保证形成致密泥膜(图4-2-35)封闭掌子面,给掌子面提供足够的支撑压力
7	盾构姿态控制:进入影响范围内盾构保持平稳推进,减少纠偏,减少对正面土体的扰动。平面位置控制在±30mm之内;掘进速度控制在20mm/min左右,防止因掘进速度过快对正面土体产生较大的冲击
8	加强监控量测,严格控制沉降。通过地表监测、建(构)筑物监测提供的监测数据及时调整和控制盾构穿越过程中的施工参数,使盾构施工对地面的影响降到最低

图4-2-35 掌子面形成致密泥膜

(2)长距离卵石地层掘进及始发和到达施工重难点应对措施(表4-2-11)

卵石地层掘进施工控制措施 　　　　　　表4-2-11

序号	工程重难点	应对措施
1	长距离卵石地层掘进	①对盾构机设备进行合理选型,选择适合本标段地层的刀盘设计(刀盘面板型式、刀具型式、刀具布置等)。 ②掘进期间加强超前地质预报,对大直径卵石、漂石进行探测。 ③制订详细可行的换刀方案及应急预案、大卵石、漂石处理方案及预案。 ④做好刀具检测检查工作,及时调整掘进参数。 ⑤加强信息化施工管理,加强监控量测,及时将监测情况反馈给技术人员,及时调整优化掘进参数。 ⑥提高同步注浆浆液质量,确保其和易性和流动性
2	盾构始发和到达	①结合端头地质情况制订切实可行的盾构始发、到达施工专项方案及应急预案,并组织专家评审。 ②始发浅埋段地表堆载回填土,堆载厚度要求:满足始发段覆土埋深达到10m。 ③通过严格的施工控制以及检验制度确保始发端头、接收端头加固效果满足要求。 ④严格按照设计施工洞门密封相关内容,包括压板、橡胶帘布、固定钢板等;确保密封效果满足要求。 ⑤确保始发托架、接收托架、反力架和负环的安装精度和稳定性满足要求,确保盾构始发姿态(接收姿态)和隧道设计轴线相符。 ⑥做好测量工作,在出洞段掘进前,要对隧道基线进行测量,及时纠正偏差,确保盾构机顺利进洞

(3)明挖段

针对明挖区间地质情况以及与地铁13号线的位置关系,做好加固和变形控制,同时加强深基坑开挖支护和结构防水的施工工作。

4. 盾构施工关键技术研究

（1）大直径盾构隧道掘进技术及周边地层扰动特征

研究大直径泥水平衡盾构掘进对典型地层扰动特征,确定大直径泥水平衡盾构机的机型配置及关键掘进参数,开发出大直径泥水平衡盾构浅覆土始发和接收技术,以及城市密集区泥水盾构隧道施工泥浆综合处置技术。

（2）大直径盾构施工的城市轨道线路变形控制和安全保障技术

建立数值计算模型进行数值计算分析。针对城市密集区复杂地层的特点,研究大直径盾构隧道围岩的力学和变形规律,分析盾构施工对围岩及邻近建(构)筑物的影响及其控制措施。

制定铁路盾构隧道邻近建(构)筑物变形控制标准,提出盾构隧道对既有线路的风险分级管理方法,掌握大直径盾构施工的城市轨道线路变形控制和安全保障技术。

（3）大直径盾构隧道结构变形监测技术

在数值模拟计算和现场监测试验的基础上,进行理论分析和理论创新,结合工程施工的具体要求,提出城市密集区复杂地层大直径盾构隧道修建技术。

掌握大直径盾构隧道结构长期变形监测技术,形成城市密集区大直径铁路盾构隧道设计施工指南。

（4）大直径盾构隧道施工可视化技术

针对地层复杂多变、环境风险极高的特点,实现盾构隧道精细化施工控制,进行大直径盾构施工过程可视化平台开发;研究盾构掘进过程中地质条件、周边建(构)筑物、工程措施的数字化;研究盾构隧道施工引起的地层及邻近建(构)筑物响应及其可视化显示技术;研究邻近建(构)筑物危险性的实时预测预报技术和盾构隧道施工全过程的可视化动态管理技术,最终建立基于信息化、数字化的城市隧道施工全过程的高度集成化动态管理平台。

（5）基于BIM的盾构始发竖井及复杂节点三维模拟技术

借助模型三维可视化对清华园隧道始发井前后设计方案自身及施工技术交底等,实现对盾构始发竖井及始发段复杂节点施工风险控制和方案优化。

第3节　京沈高铁望京隧道盾构环保型泥水处理技术

中铁隧道局集团有限公司　陈桥,古艳旗

1. 工程概况

1）工程简介

京沈铁路客运专线是我国《中长期铁路网规划》中"四纵四横"客运专线主骨架京哈高速铁路的重要组成部分。其中,京沈客专京冀段望京隧道是京沈全线的控制性工程。望京隧道自草场地北侧进入地下,下穿长建驾校、南皋路、北小河、机场辅路、首都机场高速公路、机场快轨、京密路、来广营东路,至香江北路南侧2号井(盾构机接收井)结束(图4-2-36)。

望京隧道为双洞单线隧道,全长8000m,是全线唯一的双线单洞大直径隧道工程。工程分两个标段采用4台开挖直径10.9m的国产泥水平衡盾构机,由两端向中间段掘进施工。隧道开挖断面为圆形,管片外径10.5m、内径9.5m。采用通用楔形管片,管片分块形式为6+2+1模式,管片厚$h=500mm$,宽$W=2.0m$,角度$α=14.4°/43.2°$,管片弧长度$L=3.58m$,管片设计强度等级C55。隧道施工路径如图4-2-37所示。

2）工程地质条件

盾构穿越地层以黏土层、粉质黏土层、粉土层和粉细砂层等细颗粒地层为主的复合地层,其中直径小于75μm的细颗粒含量超过70%。

图 4-2-36 望京隧道线路图

图 4-2-37 望京隧道施工路径

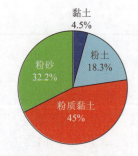

图 4-2-38 工程范围各类土体占比

依照京沈望京隧道施工路径,按照地层沉积年代、成因类型、地层岩性及物理力学性质对地层进行划分,共划分为三个大层,分别为人工填土层(Q_4^{ml})、第四系全新统冲洪积层(Q_4^{al+pl})和第四系上更新统冲洪积层(Q_3^{al+pl})。同时,该施工段主要涉及四类土体,分别为粉质黏土、粉土、黏土和粉砂,各类土体占比如图 4-2-38 所示。

3)水文地质条件

工程盾构始发场地内分布有三层地下水,各层地下含水层水位情况见表 4-2-12。

地下含水层水位情况　　　　　　　　　　表 4-2-12

序号	地下水类型	各水层顶板埋深(m)	稳定水位埋深(m)	稳定水位高程(m)
1	潜水	5.4	7.3	26.43
2	层间水(具承压性)	12.5	10.4	23.33
3	层间水(具承压性)	24.5	24	9.73

勘察结果显示,盾构始发场区范围内上层滞水埋深 1.10～3.80m,含水层主要为粉土层,涉及钻孔测量混合水静止水位埋深为 7.00～7.50m,静止水位高程为 26.43～26.66m。

4）工程重难点

（1）盾构穿越的地层中小于 75μm 细颗粒含量超过了 70%，泥水分离难度大，掘进效率难以控制。

（2）隧道周边环境复杂，沉降控制要求高。盾构隧道共下穿特级风险点 2 处，一级风险点 9 处。其中下穿运营中的首都机场快轨最小沉降变形控制标准为 −2～1mm，为国内首次，对泥浆性能指标控制和泥水压力的精确控制要求非常高。

（3）绿色环保要求非常高，地处北京市核心区，施工场地面积狭小，周围没有排放条件，废浆处理难度大。北京市环保局要求施工场地内的废水、废浆必须达到"零渗漏、零排放、零污染"。

所以，本工程的重难点在于泥水分离、泥水处理技术能否满足工程需要。

2. 盾构机特点

京沈望京隧道工程采用中铁装备集团自主设计制造的泥水平衡盾构掘进施工，刀盘驱动方式为电机驱动，如图 4-2-39 所示。

图 4-2-39　望京隧道盾构机（开挖直径 10.9m）

针对本项目工程地质，配备 1 把中心鱼尾刀，可更换撕裂刀 55 把，焊接撕裂刀 70 把，切刀 172 把，边刮刀 32 把，保径刀 20 组及 2 把超挖刀和大圆环保护刀若干。该泥水平衡式盾构机主要技术参数见表 4-2-13。

泥水平衡盾构机主要技术参数　　表 4-2-13

参数名称	单位	设计值
整机总长	m	80
主机总长（含刀盘）	m	13
整机质量	t	1554
装机功率	kW	4628
开挖直径	mm	10880
最大开口率	%	49
额定扭矩	kN·m	17363
脱困扭矩	kN·m	20837
转速	r/min	0～2.5
额定转速	r/min	1.1
推进油缸	个	50
最大推力	kN	123800
最大工作压力	bar	8
最大掘进速度	mm/min	40
最大进排浆流量	m³/h	1800

3. 环保型盾构泥水处理技术

1）泥水处理系统设备选型

根据工期计划安排，每月的最小进度指标不得少于240m，则盾构机的掘进速度为40mm/min，此时理论排浆流量为1850m³/h，考虑0.1的富余能力系数，泥水分离设备处理能力选择2000m³/h满足要求。为了满足城市内施工场地狭小的特点，泥水分离设备最好采用模块化设计。模块化设计易于拆分或组合成不同处理单元，增强了设备对不同地层处理能力适用性，同时可使占地面积最小。

（1）预分筛的选择

盾构穿越的地层中粒径小于75μm细颗粒含量超过了70%，为了提高处理效果，预分筛选择了2mm孔径的筛板。

（2）一级旋流器、二级旋流器的选择

根据最大处理量2000m³/h的要求，通过计算，最终确定：一级旋流器型号选择RWT5118/DN250，处理最小粒径为45μm，数量24个；二级旋流器型号选择Gmax4U，处理最小粒径为20μm，数量144个，能够满足施工要求。一、二级旋流器如图4-2-40所示。

a) 一级旋流器　　　　　　　　　　b) 二级旋流器

图4-2-40　一、二级旋流器

（3）脱水筛分单元

一、二级旋流单元分离出的浓浆经过脱水筛单元，可处理粒径20μm以上的细颗粒物质。脱水筛单套渣料筛分能力为150～180t/h。脱水后的渣土含水率≤25%，可直接运输出渣，脱水后的渣土如图4-2-41所示。

图4-2-41　脱水后的渣土

2）环保型泥水处理技术

（1）泥浆处理新思路

为保证处于城市核心区的泥水盾构在以黏土层为主的细颗粒地层中，快速掘进的情况下不产生废浆，使泥水处理达到"零排放、零渗漏、零污染"的效果，本工程采取了新的泥水处理思路：

①选择环保型泥浆材料和高品质泥浆配合比，使泥浆分离后的渣土零污染。

②摒弃传统的废浆处理概念，采用全机械化处理理念，使泥浆全部循环利用，达到零排放。

③借鉴石油钻井工业及污水处理工业在泥水处理技术方面的优势与应用，使泥水盾构的泥水处理在原有泥水分离系统设备配置的基础上，引进压滤机和离心机等设备，增加泥水处理的过程与环节，在保证盾构机高速掘进的基础上，使泥水处理系统的搭配更合理。

④改进原有的泥浆池设计理念，合理设置泥浆池的分类布局，采用一用一备的新模式，不中断盾构机快速掘进。

⑤使离心机和压滤机处理作为一道独立的、必要的泥浆处理工序，能够全天24h不停地作业，使离心

机和压滤机不再是可有可无的备用辅助设备。

(2)泥浆处理工艺流程

工程采用的泥水处理工艺流程如图4-2-42所示,首先采用环保型制浆剂、膨润土和水按照配合比拌制高品质泥浆,使泥浆的密度和黏度控制范围能够满足盾构机快速掘进的施工需要。按照泥水平衡盾构机 30~40mm/min 的掘进速度要求,并结合黏土和粉质黏土为主的地质条件,本工程的泥浆密度应不高于 1.2g/cm³,黏度应不超过 24s。

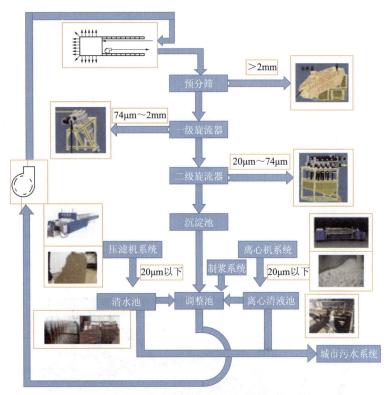

图4-2-42 泥水处理工艺流程图

新拌制的泥浆经进浆泵进入盾构机刀盘仓,携带渣土经排浆泵送入泥水处理系统,经过预分筛、一级旋流、二级旋流和脱水筛处理后,粒径 20μm 以上的固体颗粒物被分离出,而粒径 20μm 以下的细微颗粒物进入泥浆池循环利用,当泥浆的密度或黏度不满足施工需要时,采用离心机和压滤机处理进入泥浆中的细微固体颗粒物,分离出来的清液再作为拌浆材料循环利用。

(3)环保型泥水处理关键技术

①泥浆池配置

与传统的每台盾构机只配置一套泥浆池的思路不同,本项目采用了"A+B"两套泥浆池配置。每套泥浆池由3个沉淀池、1个调整池和1个回浆池组成,拌浆池、清水池和清液池共用,如图4-2-43所示。

当 A 套泥浆池正常为盾构掘进提供满足要求的泥浆时,B 套泥浆池装满合格泥浆备用。当 A 套泥浆池的泥浆密度超过 1.2g/cm³ 或黏度超过 24s 时,立即切换至 B 套泥浆池继续保持盾构机不中断快速掘进。此时 A 套池内不满足要求的泥浆由离心机和压滤机进行处理,处理后剩余的泥浆经过调整后如此循环。

②离心机配置及施工工艺

按照地层中粒径 20μm 以下颗粒物含量占开挖地层总体积 30% 计算,则盾构掘进一环(2m)的渣土量为 186.53m³,按照每台盾构机正常掘进期间需要用 2000m³ 泥浆进行计算,可以得出每掘进一环进入泥浆中粒径 20μm 以下的细颗粒固体物将会使泥浆密度升高 0.05g/cm³,若调整后的备用泥浆密度为 1.05g/cm³,则最多掘进 3 环,泥浆密度将上升至 1.2g/cm³,按照一台离心机每小时处理泥浆 80m³ 计算,2000m³ 泥浆需要处理 25h,盾构每施工 1 环的工序循环时间按 4h 计算,则掘进 3 环需要 12h。为满足本项目需求每台盾构配备了 3 台康明克斯生产的卧螺式离心机,如图 4-2-44 所示,每台离心机的额定处理能力为 100m³/h。

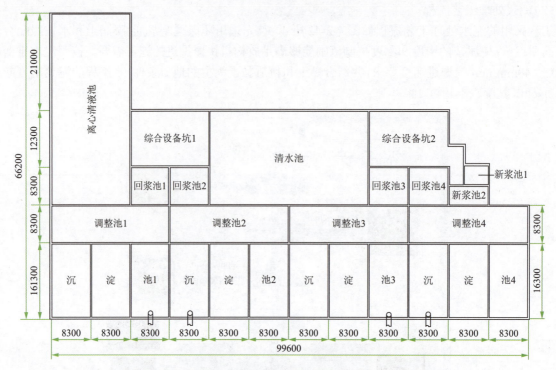

图 4-2-43 泥浆池布置(尺寸单位:mm)

图 4-2-44 卧螺式离心机

将沉淀池底部泥浆通过渣浆泵输送至离心机房的进料罐中,然后向进料罐中加入一定比例的絮凝剂 [阴离子聚丙烯酰胺(PAM)]进行充分搅拌,然后分别将泥浆和絮凝剂药液泵入离心机中进行处理。

离心机将泥浆中粒径 2μm 以上的固体颗粒物分离出来,固体颗粒物含水率小于 40% 可直接装车出渣,分离出的清液进入离心清液池中作为调制浆的水循环使用。经过离心机处理后的渣土含水率小于 40%,离心出的清液相对密度小于 1.005,色度小于 10,石油类含量小于 0.05,达到北京市污水排放标准要求。

③压滤机配置

每台盾构机配备了 1 台带隔膜压榨效果的板框压滤机,处理能力为 100m³/h。压滤机所用的泥浆同离心机,先将经过搅拌改良后的泥浆经由加压泵进入压滤机滤室,经过滤布和颗粒的共同作用拦截固体排出清水,然后再进行隔膜压榨降低含水率。经过压滤机压滤出的泥饼含水率小于 25%,可直接装车出渣,如图 4-2-45 所示。

压滤出的清水(图 4-2-46)相对密度小于 1.005,色度小于 10,石油类含量小于 0.05,达到北京市污水排放标准要求。滤出的清水直接存入清水池中,可再次拌制泥浆循环利用,真正做到零污染、零排放。

图 4-2-45　压滤机压滤泥饼　　　　　　　　图 4-2-46　压滤出的可直接排放的清水

4. 结语

本工程通过采用多级泥水分离技术,保证了泥水平衡盾构机的高速掘进,每台盾构机日平均掘进达 16~20m,月平均掘进达 300m 以上,远远超过了原计划工期要求。按照每月掘进 300m 计算,比原计划工期（240m/月）提前 3 个多月。另外,采用环保型泥水处理技术,盾构机每掘进 1m 可节约自来水 228.4t、节约膨润土 8.25t,整个工程总计可节约用水 85.4 万 t、节约膨润土 61714t。

第 4 节　豫机城际铁路 ϕ12.81m 泥水平衡盾构施工技术

中铁十六局集团有限公司　谢泓立,武慧韬,刘峥,吴煊鹏

1. 工程概况

1）豫机城际铁路工程概况

豫机城际铁路一标连接新郑机场和郑州南站两大交通枢纽,是河南"m"形高铁的关键联络线,也是河南省"一带一路"综合交通枢纽和中原城市群轨道交通网的重要组成部分,项目区位如图 4-2-47 所示。本标段包含盾构隧道 3.8km、明挖隧道 2.33km、桥梁 0.77km 等,区间平面图如图 4-2-48 所示。

2）盾构区间工程概况

本工程盾构隧道全长 3800m,最大轨面埋深约 44.9m,最小轨面埋深约 17.9m,最大坡度 26.8‰、最小坡度 16.7‰,盾构隧道管片外径 12.4m、内径 11.3m,管片环宽 2m;采用通用楔形环,双面楔形,楔形量 40mm;管片

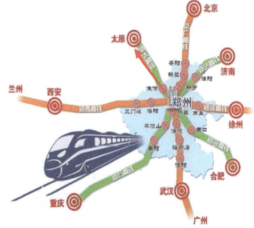

图 4-2-47　项目区位示意图

采用 6+2+1 的分块模式,错缝拼装。隧道主要穿越粉土、粉质黏土、钙质胶结地层;下穿三官庙镇浅覆土（最小 9.5m）建筑物群;以 85°角斜下穿南水北调总干渠工程,渠底至拱顶埋深 26.2m。盾构成型隧道如图 4-2-49 所示,城际铁路与南水北调中线总干渠交叉如图 4-2-50 所示。

项目投入一台由中铁十六局与铁建重工联合研发的 ϕ12.81m 大直径泥水平衡盾构机,该机掘进效率高,成洞快。3D 盾构机如图 4-2-51 所示,隧道内部结构标准段横断面图如图 4-2-52 所示。

图 4-2-48　区间平面图

图 4-2-49　盾构成型隧道

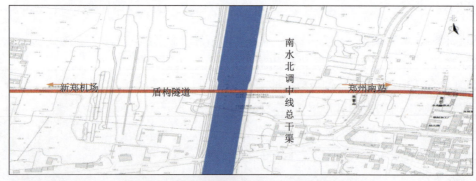

图 4-2-50　城际铁路与南水北调中线总干渠交叉示意图

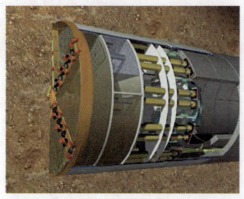 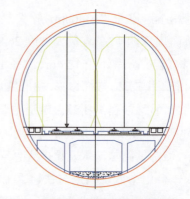

图 4-2-51　3D 盾构机示意图　　　　图 4-2-52　隧道内部结构标准段横断面图

3)区间地质概况

豫机城际铁路盾构区间隧道穿越的土层主要为粉砂、粉质黏土、细砂层,盾构隧道洞身大部分处于粉质黏土层中,局部地段穿越粉砂、细砂,局部夹有黏土薄层,局部含姜石、砾石,部分钙质胶结,胶结较好,渗透系数 $0.2\times10^{-4}\sim0.12\times10^{-3}$ cm/s,隧道拱顶埋深 $10.26\sim31.07$ m,洞身基本上处于潜水—承压水中,局部含承压水。

豫机城际铁路盾构隧道穿越地层 80% 为黏土层、20% 为砂层,地层 45μm 以下颗粒含量达 70%、20μm 以下颗粒占 40%;黏土、粉质黏土细小颗粒含量较多,此部分颗粒将随着泥浆的循环同步增加,导致泥浆相对密度快速升高,对盾构机的推进及排浆产生不利影响。

2. 工程重难点

1)区间长距离穿越不良地层

区间盾构隧道长距离穿越粉质黏土地层,穿江距离长,该范围内土层为软塑、可塑状态,扰动后极易发生滑移,物理力学性能极差,不利于地表沉降控制。同时,黏土底层易导致刀盘结泥饼,不利于盾构掘进。

2)软土地层预防管片上浮

软土地层掘进姿态调整频繁,控制难度大。在软流塑地层中受盾构推力和自重产生的地应力与水浮力叠加,对刚拖出盾尾的管片迅速产生向上的应力释放,易造成管片迅速上浮,易产生管片姿态超限、错台、破损等情况。

3)长距离穿越钙质结核地层

穿越地层中部分地段地质上软下硬、局部含姜石、砾石,部分钙质胶结,质地坚硬,导致刀具产生较大磨损,可能造成刀盘、刀具磨损较大而无法正常切削土体,从而影响掘进施工。

4)下穿南水北调中线总干渠

目前南水北调中线总干渠已通水运营,其与盾构机顶面间距约 26.2m,盾构掘进风险大。盾构下穿南水北调中线总干渠过程中的沉降控制是工程重难点。

5)浅覆土掘进下穿"三官庙"建筑群、浅覆土接收

盾构机接收段地上建筑多为 2 层民房,覆土埋深小于 1 倍洞径段约 100m,明挖基坑段 164m,基坑两侧 20m 范围外为 2~4 层民房,确保三官庙镇盾构机接收段地上及明挖隧道段基坑两侧建筑物安全是工程重点。

3. 盾构机及配套设备研制

1)盾构机选型

豫机城际铁路一标盾构机主要掘进地层为粉质黏土地层,颗粒较细,局部含有细砂,根据渗透性本工程宜选择土压平衡盾构机掘进。但考虑本工程下穿南水北调中线总干渠、多处房屋等区域对地层沉降要求极高,同时始发井周边多为农田,场地开阔,完全满足泥水平衡盾构机对施工场地的要求,而且工程埋深大,地下水丰富,为确保盾构施工安全,综合考虑本工程采用间接控制模式(气垫调节)泥水平衡盾构施工。

中铁十六局与铁建重工联合研制的国产铁路双线最大直径 ZTS12770 气垫式泥水平衡盾构机如图 4-2-53 所示,该盾构机主要参数见表 4-2-14。

图 4-2-53 中铁十六局与铁建重工联合研制的 ZTS12770 气垫式泥水平衡盾构机

ZTS12770 气垫式泥水平衡盾构机主要参数   表 4-2-14

最大开挖直径(m)	整机长度(m)	主机长度(m)	整机质量(t)	装机功率(kW)	最小转弯半径(m)	最小竖曲线半径(m)
12.81	78	13	2200	6500	700	1000

2）盾构机主要创新点

（1）国内首次应用机器人技术，清洗机器人安装位置与实物如图 4-2-54 所示。

图 4-2-54 清洗机器人安装位置与实物

（2）国内首次配备滚刀磨损在线监测系统，滚刀磨损在线监测装置与带检测孔的宽切刀如图 4-2-55 所示。

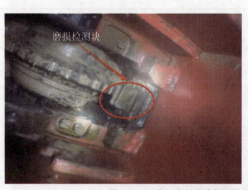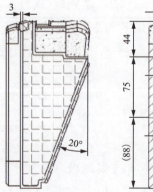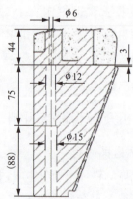

图 4-2-55 滚刀磨损在线监测装置与带检测孔的宽切刀（尺寸单位：mm）

（3）设置盾构机设备状态检测室。

3）泥水分离设备选型

根据豫机城际铁路工程情况，针对长距离粉质黏土层掘进的工程特点，中铁十六局与河南威猛振动设备股份有限公司联合研制的 WZX-3000 型泥水分离系统及带式压滤机用作泥浆处理，使用效果良好。泥水处理设备如图 4-2-56 所示。

图 4-2-56 泥水处理设备

该系统主要参数及特点见表 4-2-15。

系统主要参数及特点　　　　　　　　　表 4-2-15

名　称	参 数 配 置	创 新 设 计
WZX-3000 型泥水分离系统	功率：1673kW 处理能力：3×1000m³/h 分离粒度：5mm，45μm，20μm 渣料含水率：≤30%	①模块化设计，3 套独立单元（用 2 备 1）； ②集成本地远程控制； ③振动筛采用激振器增人驱动力
带式压滤系统	功率：3×26kW 处理能力：3×60m³/h	首次在泥水盾构施工中采用带式压滤机，具有可连续工作、使用成本低等优点

4. 盾构施工关键技术

1）采用分散剂治理刀盘泥饼技术

针对盾构机在黏土层掘进刀盘开口易堵死、刀盘易结泥饼的情况，项目部试验 SN203 分散剂对刀盘结泥饼的防治作用。

试验取 10cm×10cm×10cm 渣样（图 4-2-57）与不同比例分散剂进行试验，试验效果如图 4-2-58 所示。

图 4-2-57 出渣取样

图 4-2-58 试验效果

加入分散剂配合比及作用时间见表 4-2-16。

试 验 数 据　　　　　　表 4-2-16

试　样	原液（分散剂）与水配合比	作用时间（min）
1	0.1‰	50
2	0.4‰	50
3	1%	50
4	4%	50
5	10%	50

由以上试验效果对比可以得出：当分散剂浓度达到 4% 以上时，黏土块溶解作用明显；当分散剂浓度达到 10% 时，在静默状态下，黏土分解迅速，有形成泥浆的趋势。

经计算，豫机城际铁路一标所使用的 DZ268 盾构机开挖仓内大约有 200m³ 浆液，气垫仓内大约有 200m³ 浆液。

根据试验结果进行以下三个应用：

（1）倒班时，停机后向开挖仓内注入 1m³ 分散剂，在气垫仓注入 0.5m³ 分散剂。刀盘 10min 转动一次，停机 24h 后恢复掘进，刀盘扭矩由约 14000kN·m 减小到约 8000kN·m，推力由约 70000kN 减小到约 58000kN，速度由 10mm/min 增加到 20mm/min。恢复掘进后可持续 2～3 环，第 3 环参数开始逐渐恶化。

（2）盾构机检修时，停机后向开挖仓内注入 1m³ 分散剂，向气垫仓内注入 0.5m³ 分散剂。刀盘 10min 转动一次，停机 1h 后恢复掘进，刀盘扭矩由约 14000kN·m 减小到约 8000kN·m，推力由约 70000kN 减小到约 58000kN，速度由 10mm/min 增加到 20mm/min。参数可持续约两环，从第 2 环后半段开始恶化。

（3）盾构机检修时，停机后向开挖仓内注入 1m³ 分散剂。刀盘 10min 转动一次，停机 1h 后恢复掘进，刀盘扭矩由约 14000kN·m 减小到约 8000kN·m，推力由约 70000kN 减小到约 58000kN，速度由 10mm/min 增加到 20mm/min。参数可持续约两环，第 2 环后半段开始恶化。

项目部盾构机泥浆管频率为 4 环/次，通过接泥浆管时注入分散剂浸泡约 1h，可有效降低接管后两环的推力、扭矩，提高掘进效率，避免参数持续恶化，预防刀盘结泥饼。在长时间停机时用分散剂浸泡，可有效消除刀盘开口及刀盘背面牛腿淤塞黏土，分散剂使用前后效果对比如图 4-2-59 所示。

a) 分散剂使用前　　　　　　　　　　　　b) 分散剂使用后

图 4-2-59　分散剂使用前后效果对比

通过一段时间的使用，总结分散剂的优缺点见表 4-2-17。

分散剂使用效果对比　　　　　　表 4-2-17

优点	分解仓内堆渣	减少堵仓发生，提高出渣效率	刀盘扭矩减小约 25%	推力减小约 25%	掘进速度提高 30%
缺点	泥浆相对密度上升较快	泥浆泵运行负荷增加	弃浆量增加		

2）辅助气压法掘进技术

采用间接控制掘进法（图 4-2-60）掘进一段距离后，掘进参数恶化明显，在 1435～1470 环期间推力增大至 70000～90000kN,扭矩增大至 12000～19000kN·m,速度在 5～15mm/min 范围内波动。

参数恶化主要原因如下:

(1)刀盘结泥饼较为严重,使得刀盘切割不到掌子面。

(2)本段地层大多数为粉砂层,具有粉细颗粒含量高、造浆能力强等特点,根据以往经验,砂层较多时掘进速度相对较慢。

(3)盾构机因中心回转体及中心冲刷管路损坏,使得中部刀盘得不到有效的冲刷,进而使刀盘较快结泥饼。

(4)下穿南水北调中线总干渠期间,为维持掌子面稳定,连续掘进 70 环左右未利用分散剂进行泡仓,导致部分泥饼固化。

随后改用辅助气压掘进法(图 4-2-61)进行掘进。采用辅助气压法掘进时,首先通过平衡阀将气垫仓与开挖仓连通,即开挖仓上半部是压缩空气,下半部为泥浆。为维持掌子面稳定,上半部气压设定值较仓内腰线气压值小 0.2bar。

1485 环采用辅助气压法掘进后,掘进参数明显好转(图 4-2-62～图 4-2-64),掘进速度增加至 15～20mm/min。

图 4-2-60　间接控制掘进法

图 4-2-61　辅助气压掘进法

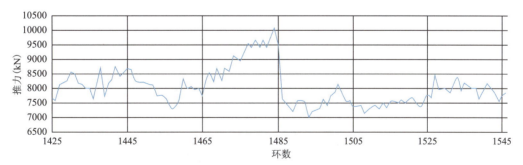

图 4-2-62　使用辅助气压掘进法前后(1485 环)盾构机推力对比图

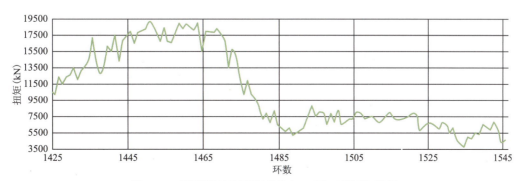

图 4-2-63　使用辅助气压掘进法前后(1485 环)刀盘扭矩对比图

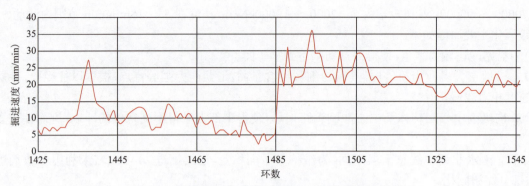

图 4-2-64 使用辅助气压掘进法前后（1485 环）掘进速度对比图

3）大直径盾构管片上浮控制技术

为控制成型隧道管片在粉质黏土地层中普遍存在的上浮问题，自始发即在腰线以上进行 4 孔注浆（图 4-2-65），成型隧道监测数据显示隧道管片上浮 62～80mm（图 4-2-66），但管片上浮并未得到有效控制。

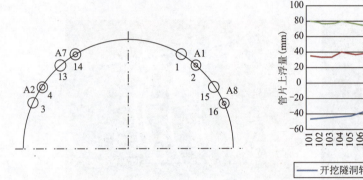

图 4-2-65 注浆点位示意图

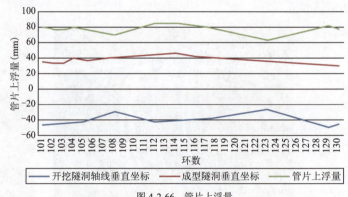

图 4-2-66 管片上浮量

为有效控制成型隧道管片上浮，注浆时采取措施如下：

（1）进行同步注浆点位优化，只启用上半部注浆管路。

（2）进行同步注浆浆液配合比优化（表 4-2-18），减少初凝时间、收缩率和泌水性，增加浆液坍落度。

同步注浆配合比优化　　表 4-2-18

项　目	水泥(kg)	粉煤灰(kg)	砂子(kg)	膨润土(kg)	石灰(kg)	水(kg)	初凝时间(h)	坍落度	收缩率(%)
优化前	100	400	细砂 900	30	—	420	10	8	30
优化后	80	400	中砂 950	30	25	400	6	13	5

（3）在拼装完成管片脱出盾尾后利用 3 台二次注浆设备同时对管片中上、左上、右上同步进行二次注浆，及时在管片脱出盾尾后形成卡箍效应。二次注浆以压力和注浆量双控。

（4）间隔一段距离整环进行二次注浆，制作止水环。

采取措施后，管片上浮得到有效控制，上浮量如图 4-2-67 所示。

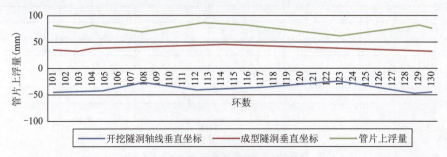

图 4-2-67 采取措施后管片上浮量

5. 工程成果

2016年9月29日应用于豫机城际铁路的首台国产铁路双线最大直径盾构机于湖南长沙下线,2017年1月13日盾构机于河南郑州豫机城际铁路二工区顺利始发,2018年8月16日顺利完成南水北调中线总干渠下穿施工,2018年10月31日豫机城际铁路盾构隧道顺利贯通。该工程取得了良好的社会效益和经济效益。

1)工程技术总结

(1)高分子材料建议应用在以下情况:

预防泥饼:在接泥浆管停机的大约1h内,向前仓注入1m³分散剂,每10min转动一次刀盘。

软化泥饼:在设备检修或倒班或其他原因长时间停机时,向前仓注入1m³分散剂,向气垫仓注入0.5m³分散剂。

(2)改用辅助气压掘进法后,各项掘进参数稳定,最大日进尺10环,但由于刀盘转动时可能直接冲刷到掌子面,影响泥膜的形成,另外半仓气压模式掘进也存在一定风险,所以需在地层变换时及时改变掘进模式及管路切换,防止出现掌子面坍塌。本次辅助气压掘机法的应用为以后类似粉质黏土地层泥水平衡盾构机的设计及施工提供了参考依据,积累了宝贵的经验。

(3)控制管片上浮应采用同步注浆与二次注浆同步施工,注浆量与注浆压力应根据实际工况进行选择,本工程优化后配合比可供相似地层盾构法施工参考。

2)工程获奖情况

依托该工程,中铁十六局取得国家级QC(质量控制)成果2项,取得实用新型专利6项,4项发明专利正在申请中,申报省部级科技进步奖1项,申请省部级工法3项,发表论文数十篇。

第5节 蒙华铁路马蹄形盾构施工技术

中铁工程服务有限公司 章龙管,李开富,武焱林,李云

1. 工程概况

蒙华铁路白城隧道地处内蒙古乌审旗及陕西省靖边县境内,西起海则滩,东至石干沟。隧道全长3345m,隧顶最大埋深81m。

本工程采用全球首台大断面马蹄形盾构机,盾构机高10.95m、宽11.9m,盾体采用梭式结构,双螺旋输送机出土。刀盘采用9个小刀盘和2个搅拌器共同组成一个马蹄形断面,这种创新组合可进行全断面切削;刀盘布置采用"前后错开,左右对称"原则,9个刀盘既可同时转动,也可单个转动、任意组合转动、不同方向转动,有调试、掘进、维保等三种模式可供选择;当盾构机发生滚转时,可通过多个刀盘同向转动使盾构机获得反方向扭矩,以达到滚转纠偏目的。

马蹄形盾构工法能够最大限度地提高隧道空间利用率,较圆形截面减少10%~15%的开挖面积,是全球首创的隧道新型开挖模式。

2. 工程地质及水文情况

1)工程地质、水文条件

隧道位于毛乌素沙漠边缘,地貌属黄土剥蚀丘陵,地形起伏较大,高差约80m。地表局部分布风积固定沙丘,植被发育一般,多为沙棘、沙柳、沙蒿等草本灌木植物及沙地杨、旱柳等乔木。洞身范围内地层主要为第四系全新统风积层(Q_4^{eol})粉砂、细砂,第四系上更新统风积层(Q_3^{eol})砂质新黄土。隧道进口以细砂为主,出口以粉砂为主。区域范围内地层主要为第四系全新统风积(Q_4^{eol})粉砂、细砂,上更新统风

积（Q_3^{eol}）砂质黄土。

地表水不发育，勘测期间未发现地表水，地下水位于洞身以下。周边未发现泉、井，雨季部分段落可能含水量增大或出现少量渗水。该地区位于靖边县，最大年降水量为546.3mm，平均降水量为388.7mm。采用降雨入渗法计算涌水量，最大涌水量为667m^3/d。

2）管线及周边建筑物状况

本区间沿线地形起伏变化，地面情况复杂，盾构隧道先后穿越天然气管道、白城子供水管线、高压线塔、大车路、包茂高速公路、海机线、长庆北干线等特殊地段。

3. 工程重难点

1）断面开挖问题

（1）重难点分析

隧道断面整体呈马蹄形，上部为圆拱，下部稍扁，左右两翼下侧的弧度较小。开挖断面呈现变曲率形状。可为实现较高开挖覆盖率，同时采用不同直径多刀盘前后布置联合开挖，需要研究每个刀盘本身对地质的适应性，并对多个刀盘进行联合开挖的过程、不同直径刀盘转速与掘进效率的关系、多刀盘反扭矩耦合技术进行研究。

（2）针对性设计

①9个辐条式刀盘组合，采取3前6后平行轴式布置（图4-2-68）。

②刀盘开口率为58.2%。

③采用相邻刀盘切削相互交叉区域，开挖覆盖率达到90%。

④通过加固区时，前盾切口环全圆布置切刀。

⑤盲区（图4-2-69）预留连接风钻万向接口，方便人工处理。

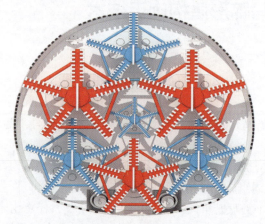

图4-2-68 刀盘布置

图4-2-69 开挖盲区

（3）刀盘结构特点

①刀盘开口可保证渣土流动顺畅。

②刀盘与开挖面之间接触面小，不易堆渣结泥饼。

③堆焊耐磨层，刀盘具备充足耐磨性。

④均布数量足够且具有单向功能的改良剂注入口。

⑤利用主动搅拌棒对土体进行充分搅拌。

2）地表沉降问题

（1）重难点分析

由于马蹄形盾构机断面尺寸较大，使卸荷拱跨度（图4-2-70）也随之变宽。掘进过程中，刀盘扰动土体，对卸荷拱产生一定影响，可能使局部地表出现位移。

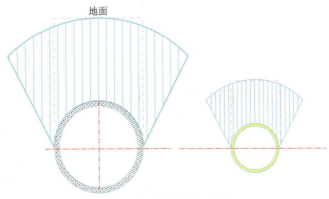

图 4-2-70　卸荷拱跨度示意图

（2）针对性设计

①在前盾靠近切口环的上半圈布置帽檐

帽檐位置如图 4-2-71 所示。帽檐下设计自动减摩注浆润滑系统，通过气动球阀，将减摩浆液注入到盾体四周，在掘进过程中，浆液沿盾体铺开，减小壳体与土体之间的摩擦阻力，降低对周边土体扰动，从而减小地表位移。

②采用多刀盘旋转组合开挖形式

刀盘切削位置如图 4-2-72 所示。多刀盘旋转开挖，切削扭矩大，搅拌扭矩低，对周围土体扰动小，同时盾体跳动小，有利于盾构姿态控制及地表沉降控制。此外，设备本身制造加工简单，后期的运行可靠性高。

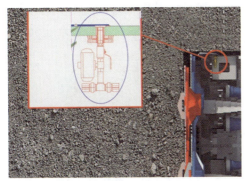

图 4-2-71　帽檐位置示意图

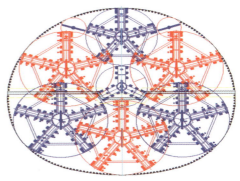

图 4-2-72　刀盘切削位置示意图

③双螺旋输送机组合出渣

采用双螺旋输送机出渣（图 4-2-73），螺旋输送机具备正反转功能，能够有效匹配推进速度，防止超欠挖。

螺旋输送机可实现无级调速，控制土仓左、右压力实现土压平衡（图 4-2-74），有效控制地表沉降，同时预留观察窗，可快速有效解决螺旋输送机的故障问题。

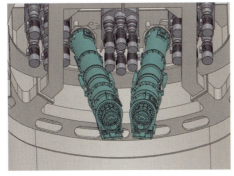

图 4-2-73　双螺旋输送机

图 4-2-74　掌子面压力示意图

④综合渣土改良

鉴于马蹄形盾构机具有断面面积大、9个刀盘同时开挖、搅拌效果不均和存在搅拌盲区等特殊性,渣土改良存在不均匀性,对盾体(姿态)方向控制影响大,因此保证渣土改良效果至关重要。

综合渣土改良流程如图 4-2-75 所示。

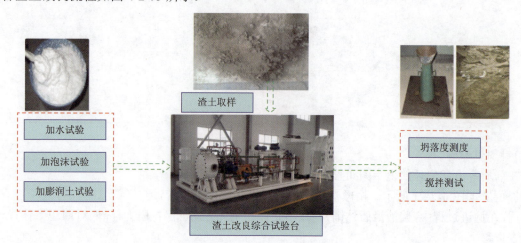

图 4-2-75　综合渣土改良流程

3)轴线控制和盾体滚转问题

(1)重难点分析

马蹄形盾构机在掘进过程中,超大断面内渣土流动性差,土仓压力难以保证左、右压力的均匀性,很容易造成盾构机发生水平轴线偏转或滚转(图 4-2-76)(设计要求轴线允许偏差为 ±50mm)。

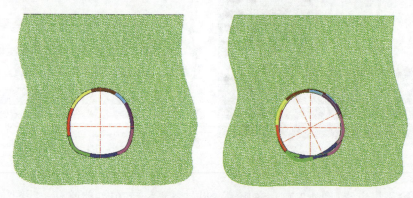

图 4-2-76　盾构机滚转示意图

(2)针对性设计

①盾壳上设计水平倾角传感器,实时监测滚转姿态,并设预警系统。

②每个刀盘旋转速度及方向都可调(图 4-2-77),从而实现盾体滚转纠偏。

③在前盾周圈预留压浆口,进行压浆纠偏。

④螺旋输送机转速可实现无级调速,控制土仓左、右压力实现水平辅助调向。

4)马蹄形盾构机大埋深卡盾问题

(1)重难点分析

马蹄形盾构机断面尺寸为 11.9m×10.95m(图 4-2-78),整体尺寸较大;穿越地层以新、老黄土为主,最大埋深约为 81m(图 4-2-79)。

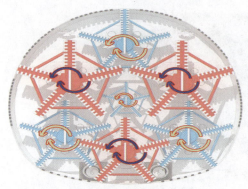

图 4-2-77　刀盘转向示意图

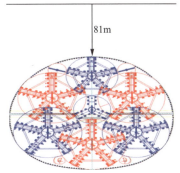

图 4-2-78　马蹄形盾构机断面尺寸　　　　图 4-2-79　盾构机最大埋深示意图

根据陕西老黄土 Q_1^{eol} 地质参数,重度为 19.5kN/m³,黏聚力 c=51.3kPa,内摩擦角 φ=23.5°,隧道宽 11.9m,高 10.95m。按普氏压力拱公式得到隧道压力拱高约为 21.8m,隧道压力拱分布如图 4-2-80 所示。

(2)针对性设计

①盾体设计为梭式结构(图 4-2-81)。

②配置足够强大的推进力(盾构机最大推力 139000kN 左右)。

③在前盾切口环处设计帽檐结构,配置自动减摩注浆润滑系统,减小盾体与土体之间的摩擦力。

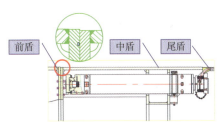

图 4-2-80　隧道压力拱分布示意图　　　　图 4-2-81　盾体梭式结构大样图

5)马蹄形管片拼装难度大问题

(1)重难点分析

①最大块管片质量为 10t,且每个管片形状和尺寸均不一致。

②常规机械式拼装机使用机械式举升钳,最大起重量为 6t。

③管片圆弧直径有 4 种,且尺寸差距大,真空吸盘无法抓取多种圆弧的管片(图 4-2-82)。

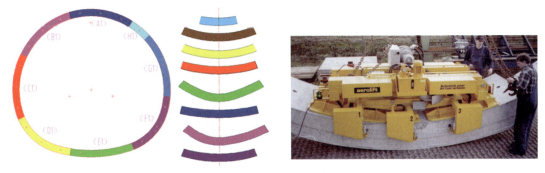

图 4-2-82　真空吸盘无法抓取不同圆弧管片

(2)针对性设计

综上考虑,管片衬砌采用环式管片拼装机(图 4-2-83)。

①管片拼装机具备6个自由度,可三向平移、三轴回转。
②举升钳能锁紧两个起吊螺钉,自动均衡,举升能力大。

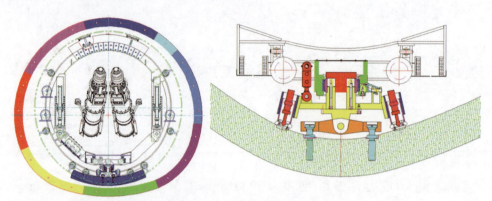

图 4-2-83 环式管片拼装机

4. 马蹄形盾构施工关键技术

1)超大断面马蹄形盾构始发技术

本工程为首次采用超大断面马蹄形盾构施工,始发期间端头加固、始发基座安设、反力架支撑系统安设、洞门密封装置安装、盾构机组装与调试、始发掘进参数控制等无现成经验借鉴,需对始发各项关键技术进行逐一破解,以保证盾构始发的顺利实施。

2)盾构推进施工分段控制技术

依托工程从洞口浅埋始发,穿越不同埋深、不同地层,对土仓压力、掘进速度和注浆参数等掘进参数进行研究。此外,针对洞口浅埋段穿越输油管道、供水管,深埋段穿越包茂高速公路等问题,应当重点控制盾构施工对地层变形和既有构筑物变形的影响。

需要分段研究内容有:①浅埋段施工参数和控制技术。②中埋段施工参数和控制技术。③深埋段施工参数和控制技术:在深埋段施工时,围岩初始地应力较大(0.6~1.6MPa),采用多大的土仓压力可确保围岩稳定,并同时保证盾构机顺利掘进,是需要研究的重要技术问题。④浅埋砂层地段施工参数和控制技术。⑤浅埋段穿越石油管道、供水管道施工参数和控制技术。

3)超大断面马蹄形盾构机轴线控制及防滚纠偏防控技术

马蹄形盾构机必须拥有平行掘进、上下坡掘进、左右拐弯等施工能力,且马蹄形隧道横纵断面尺寸较常规圆形盾构机大大增加,开挖面各点压力更加不均,盾构管片易发生滚转偏差,对隧道净空位置的影响明显,这些都对马蹄形盾构姿态控制及滚转纠偏功能提出更高要求。

本项目吸取圆形盾构机线性控制要点,针对性开展马蹄形盾构机主推油缸布置、分组研究,并进行推进系统方向柔性控制模型研究,螺旋输送机排渣纠偏控制研究,滚转预判与预警信息技术研究,激光导向系统在马蹄形盾构机上的适应性研究,以及必要的辅助工法研究。

4)超大变曲率马蹄形断面土压平衡稳定性技术

该盾构机开挖断面为马蹄形变曲率形状,开挖面土体各点稳定性不同,同时采用9个不同直径刀盘联合开挖,部分区域存在交叉扰动,且灵敏性不同,因此土压平衡稳定性波动较大。针对该项目穿越地层特性,通过流体渣土仿真技术,对多刀盘开挖过程中马蹄形土仓渣土流动性和周围土体的压力扰动进行研究,从而进行开挖系统及渣土改良优化设计,实现马蹄形断面土压平衡的稳定性,以有效控制地表沉降。

5)超大断面马蹄形盾构机复合式渣土改良技术

马蹄形盾构机对姿态控制要求高,而要实现盾构姿态的精确控制,最好的办法就是通过渣土改良,让渣土实现真正的注塑状。由于多刀盘联合开挖方式导致开挖断面上存在一定的掘削死角,此外黄土中黏土颗粒较多,易结泥饼,因此马蹄形盾构机的渣土改良技术非常重要。本工程通过渣土改良参数及配合比的试验室测定,选定复合渣土改良配合比,保障施工顺利进行。

6)超大断面马蹄形盾构隧道管片生产与拼装技术

本隧道管片外径近11m,管片分块为8块。管片厚度为50cm,采用C50、P10混凝土,管片分奇数环、偶数环两种类型。隧道设计采用马蹄形断面,每分块管片均具有变曲率、重量大、惯性大、重心偏置等特点,管片生产质量要求高、精度控制难,管片安装时微调工作量大,管片错位搭接现象多,楔形块拼装时轴向压力不易传导。

7)盾尾间隙实时测量系统的设计

在管环选型过程中,通过盾尾间隙测量系统可以确定管片与盾尾的位置关系,从而为管片选型、盾构掘进及姿态调整提供重要依据。测量系统安装于管片安装机上,在管片安装期间和测量时,传感器可分别获取盾尾内壁与管片内弧间距离,并计算出盾尾间隙。对于马蹄形盾构机,其测量与计算过程更加复杂,需要综合管片安装机的旋转角度、盾构姿态、定位精度、断面形状解析、伸出量等各项参数进行设计计算,并通过针对性试验验算后,才能达到所需要的测量精度。

8)长距离皮带机出渣技术

长距离皮带机虽然已是较为成熟的技术,但土压平衡盾构机的长距离皮带机出渣技术在国内还很少使用,其技术难点除皮带延伸、皮带张紧等常规难题外,还有高含水量渣土的皮带刮渣技术。本项目采用了自主研制的长距离皮带机进行出渣,促进此技术成功应用。

9)仰拱填充同步施工技术

隧道仰拱回填厚度为1.45m(隧道中线处),仰拱回填混凝土方量大,采用仰拱回填与盾构掘进同步进行的方法,可大大节约工期,同时回填后的仰拱面可兼作盾构掘进期间水平运输路面。为保证盾构掘进与仰拱同步施工,对设备配置、轨线布设、掘进与仰拱填充的工序衔接、材料供应等盾构施工全过程提出了更高要求。

10)同步注浆材料及浆液配合比

隧道主要穿越地层为全断面新黄土地层,断面面积和注浆量大,同步注浆质量直接影响管片脱出盾尾后的稳定性和成型质量。如果浆液采用水泥砂浆,不仅容易产生堵管问题,而且充填量大,投入费用高。通过对同步注浆材料的研究,配制了一种既满足稳定性、耐久性要求,又易灌注、好冲洗的浆液材料及其配合比。重点对浆液的凝结时间、强度、和易性做深入研究,并与隧道穿越地质、周边环境及马蹄形盾构施工工艺相匹配,通过现场实际应用对材料和配合比进行进一步优化。

11)马蹄形盾构隧道三维扫描与施工控制

在隧道施工过程中,隧道管片的拼装质量参差不齐以及错台以及管片下沉、上浮、拼装间隙大等均影响隧道的整体成型质量。针对这些问题,通过使用三维扫描方法,采集成型隧道内部结构的实际情况与设计值进行对比,以达到监控测量超挖或欠挖、管片拼装质量、掘进方向的目的,实时调整掘进参数,保证轴线与设计一致以及管片拼装质量达到要求。

12)盾构机在线监测系统

系统功能特点和要求:

(1)通过信息化平台统一集中管理正常运转的盾构设备。

(2)系统数据存储能力强,运算速度快,方便自动采集运行参数和报警信息,并对数据进行存储、分析。

(3)结合地层信息和地质数据,对盾构机运转情况、健康状况进行自动分析,并根据大数据统计分析结果,指导参数调优。

(4)通过数据采集与分析,远程监测盾构机运转情况;综合统计每条预警信息进行分析,实时对运行故障提前预警。

(5)根据自动采集的预警信息,再关联维护保养规则,将盾构机日常维管变得更加智能和精准。

5. 马蹄形盾构掘进技术参数

1）土仓压力

$$土仓压力 = K_0 \times \gamma \times h$$

式中，K_0 为侧压力系数，γ 为土体重度，h 为隧道埋深。

本隧道最大埋深为 81m，通过前期中、浅埋段各项参数的调试对比，得出土仓压力与沉降量的相对关系，并总结出深埋隧道土压平衡盾构机土仓压力为 0.06～0.08MPa。

2）总推力

盾构施工中推力应考虑以下因素：

（1）盾构掘进过程中的摩擦力。

（2）刀盘前方产生的水土压力。

（3）掘进速度、刀盘扭矩、盾构姿态、管片最大承压力等。

盾构机推力受上述因素影响，掘进过程中出现推力变化，前期基本维持在 4000～50000kN，后期地质变化，推力上升可达 70000kN。

3）刀盘转速

本台盾构机共 9 个辐条式刀盘（ϕ4900mm×5 个，ϕ3750mm×1 个，ϕ2700mm×1 个，ϕ1350mm×2 个），刀盘开口率为 58.2%，开挖覆盖率超过 90%，每个刀盘可独立驱动，刀盘最大转速为 2.5r/min。

各刀盘转速根据螺旋输送机出渣情况及各刀盘扭矩变化动态调整，并与盾构机各项掘进参数变化进行良好匹配。

4）刀盘扭矩

施工过程中，刀盘扭矩须低于设计最大扭矩，否则将停止转动。

施工中依据地层变化和螺旋输送机出渣情况动态调整施工用水及泡沫注入量，保持良好的渣土改良效果，以达到调整刀盘扭矩的目的。

5）螺旋输送机转速

本台盾构机采用双螺旋输送机出土，轴式螺机，无级调速，能够有效匹配推进速度，直径为 800mm，最大通过粒径为 560mm×300mm，出土量为 335×2m^3/h，转速为 0～25r/min。

前期土质较松软，出渣相对顺利，螺旋输送机转速基本维持在 12r/min；后期地层变硬，土块增多，通过提高螺旋输送机转速解决出渣不畅问题，并根据实际出渣状况动态调整螺旋输送机转速，防止喷涌或不出渣情况发生。

6）掘进速度

掘进速度根据地质情况、土压力、刀盘扭矩、总推力等综合判断。正常情况下，推进速度维持在 25mm/min 左右，推力过大或姿态不良时，适当控制推力以匹配各项参数。本工程通过摸索尝试，确定最佳推进速度约为 18mm/min。

7）注浆压力

为填补超挖、开挖间隙、土体流失形成的空隙，有效控制地表沉降，需要及时进行同步注浆和二次注浆。

盾构机自带两套同步注浆系统，共有双活塞注浆泵 2 台，注浆管 8 路，注浆压力 0.2～0.3MPa，注浆泵出口最大压力为 30bar，注浆能力为 4×12m^3/h，可满足盾构掘进同步填充进度。

注浆量：空隙理论注浆量为 10.2m^3，考虑黄土地层填充系数 1.2～1.3，并结合始发段盾构掘进各项参数，实际注浆量为 13.5～15.5m^3。

本工程采用水泥砂浆进行填充，浆液具备泵送性、不离析、收缩率小等良好工作特性。以注浆量与注浆压力双控，作为是否注浆饱满依据。

6. 大断面马蹄形盾构姿态控制

1）难点说明

根据本项目设备及管片特点,姿态控制可能存在以下问题:

(1)开挖面各点压力各异,导致纠偏难度增大。

(2)侧向受力不均或地层不均匀沉降,导致姿态难以控制。

(3)受隧道开挖断面异型影响,滚转纠偏变得困难。

2）总体思路

(1)根据地勘及实际出土情况掌握地质性能和变化情况。

(2)当发生滚转偏差和尾盾中线偏差时,前盾纠偏力不足,可借助盾体预留孔和纠偏泥浆注入系统(图4-2-84),在需要位置向地层注入泥浆,依靠泥浆对地层压力和地层微量压缩进行纠偏。

图 4-2-84　盾壳纠偏泥浆注入孔

(3)定时核对激光导向系统,确保掘进方向正确;及时进行线路精准测量,显示位置关系。

(4)严格控制分区内推进油缸增减压力;保持合理、稳定的掘进参数,连续掘进;管片纵缝可视情况添加纠偏衬垫。

(5)9个刀盘同向转动,合理控制盾构机滚转值,同向转动时间不宜过长;刀盘对称转动,以降低滚转值。

(6)做好方向偏转或扭转过大应急预案。

2017年6月,马蹄形盾构机通过隧道中心变坡点位置时发生姿态持续上浮情况,主要是盾构机无铰接转弯能力不足。通过以上思路轮流实施,盾构姿态成功恢复正常。

7. 管片滚转控制

1）难点说明

本工程为异形管片且无楔形量,如果出现滚转,管片与盾壳可能相撞,导致管片和盾尾刷破损漏浆,甚至管片无法拼装,无法掘进。

图 4-2-85　管片环缝纠偏软木衬垫

2）总体思路

(1)严格按照设计线形,控制盾构姿态。

(2)严格控制油缸行程差值及油缸推力差。

(3)提前考虑设置纠偏衬垫(图4-2-85)。

(4)明确盾构机和管片滚转预警值。

(5)根据环境温度动态调整同步注浆配合比。

(6)严抓螺栓复紧措施落实,防止脱出盾尾后管片上浮或下沉。

在以上措施基础上,测量组定期对管片滚转情况实施交底,值班工程师通过滚转情况现场管控拼装司机对滚转进行微调,主司机通过实际滚转值调整刀盘转向。

8. 成环管片破损控制

前期破损位置基本呈现在3点、5点、7点、9点位置,在管片脱出盾尾后均有出现。具体情况大多为管片接缝位置沿纵向从前向后的内弧表面位置呈规律性整块破碎,破损深度2~10cm不等,如图4-2-86所示。

图 4-2-86 破损情况

具体原因分析如下：

(1) 盾构姿态与管片姿态不匹配，合力作用下超过管片承受极限。

(2) 盾尾间隙实际值与设计值相差过大。

(3) 管片设计为马蹄形，加剧管片底部两侧（5点及7点）受力，使其轴力和弯矩都相对圆形管片受力成倍增加（图4-2-87、图4-2-88）。

(4) 施工初期，工人施工经验不足。

(5) 砂浆初凝过程中，浮力与管片自重合力作用过大。

(6) 管片边角混凝土保护层厚度过大，抗拉应力降低。

(7) 管片连接凸榫上浮挤压凹榫发生破损等。

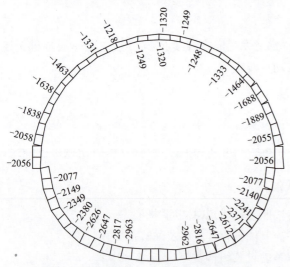 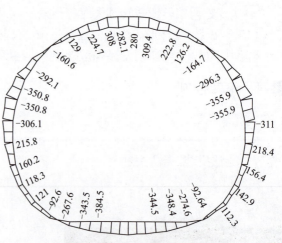

内力组合1下梁柱单元轴力，最大值：-1219，最小值：-2963

图 4-2-87 马蹄形管片轴力图

内力组合1下梁柱单元1-2平面内的弯矩，最大值：309.4，最小值：-364.5

图 4-2-88 马蹄形管片弯矩图

通过上述原因分析，有针对性地采取控制措施：

(1) 制定盾尾间隙及姿态调整方案。

(2) 优化砂浆配合比，缩短凝结时间。

(3) 加强针对性二次注浆。

(4) 对易破损位置管片（包括榫槽）加固：

①植筋。对于易破损位置的管片，在进洞前安排专人现场指导定位，进行钢筋植入，并保证植筋数量及植入深度。

②钢拱架。管片在盾尾内拼装完成后，立即进行同等内弧的钢拱架安装，防止管片脱出盾尾后上翘。

③变更纵缝软木衬垫粘贴位置。经多次专家会总结分析，认为易破损榫槽软木衬垫的粘贴位置相对

榫槽位移进而破损,故将软木衬垫由原榫槽中央更改为两侧。

④ A、B 液配合砂浆同步注浆。二次注浆并非施工常态,采用新型材料 A、B 液配合砂浆进行同步注浆,不仅解放了劳动力,而且通过安装计量泵(图 4-2-89),使注入量及注浆压力得到精确控制。另外,通过改造盾尾注浆管路(图 4-2-90),使 A、B 液经过盾尾时开始融合,大大提高 A、B 料融合效果。

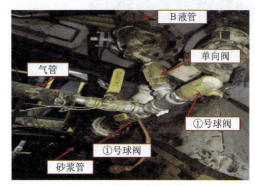

图 4-2-89　计量泵　　　　　　　图 4-2-90　盾尾注浆管路改造

经上述措施处理后,破损情况得到有效控制。为防止反复,采取措施进一步巩固控制成果:

①控制各个部位盾尾间隙与油缸行程相匹配,并建立间隙调整台账,为后续类似情况适时提供参考。

②对管片进行建模分析,对预埋受力元件进行跟踪监测,进一步掌握埋深对管片的影响数据。

③持续使用 A、B 液并同步进行效果检查。

9. 刀盘盲区改造

为确保工程顺利实施,针对特殊地质条件,制定预案如下:

(1)遇到个别孤石,开仓挖除后继续掘进。

(2)遇下部老黄土无法掘进时,可加大下部刀盘直径,增加开挖断面,同时增加圆锥形分渣器。

掘进至 1064 环时推力居高不下,最高达 92000kN,掘进速度几乎为零,初步分析遇到老黄土。经专家会研究,现场启动预案,制订针对性措施:①在土仓底部 5 点、7 点位置增加圆锥形分渣器,破坏此处盲区掌子面硬结土体。②增加 4、5、6 号刀盘开挖直径 30cm,提高开挖能力,减少盲区范围(图 4-2-91)。恢复掘进后推力下降至 6800kN,速度提升到 10 ~ 20mm/min,掘进各项参数正常。

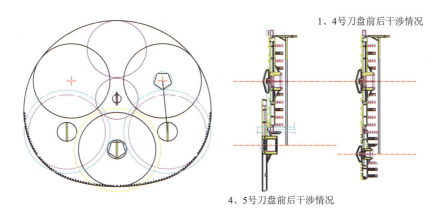

图 4-2-91　刀盘盲区改造示意图

10. 结语

本工程创新性地提出大断面马蹄形盾构隧道构想,研制了多刀盘组合土压平衡盾构机及其配套技

图 4-2-92　国际隧道协会 2018 年度技术创新项目奖

术以及黄土地区山岭隧道施工新工法,支撑了蒙华铁路白城隧道建设,填补了工程界大断面马蹄形盾构机在隧道施工中的空白,为黄土地区山岭隧道建设提供了新方案,推动了施工技术进步。

本工程是世界第一次采用马蹄形盾构施工的大断面山岭隧道工程,该盾构机不仅是断面的"变形",更实现了生产组织的"变形",并以其施工速度快、劳动强度低、不受冬季严寒影响等优点,产生了良好的社会反响。本工程荣获国际隧道协会 2018 年度技术创新项目奖,如图 4-2-92 所示。

第 6 节　吉林引松供水工程大直径 TBM 隧道施工技术

中国水利水电第三工程局有限公司　　韩小亮,陈桂萍,宋卿

1. 工程概况

总干线二标位于吉林市丰满水库至温德河左岸之间,线路里程桩号 K2+000～K24+600,总长度为 22600m。工程主要内容包括长 22600m 引水隧洞、1 号通风竖井(桩号 K15+510 处)、两个施工支洞(2 号、3 号支洞,其中 3 号支洞基本完成)及其他临时工程。引水隧洞按照施工方法可分为三部分,即 TBM 出口段、TBM 段和过温德河段。二标工程特性见表 4-2-19。

二标工程特性　　表 4-2-19

分　段	施工方法	项目位置	衬砌形式	前桩号	后桩号	长度(m)
TBM 出口段	钻爆	主洞	普通衬砌	K2+000	K2+233	233
TBM 段	钻爆	拆卸间	普通衬砌	K2+233	K2+313	80
	TBM	主洞	普通衬砌	K2+313	K13+812	11499
	钻爆	检修间	普通衬砌	K13+812	K14+172	360
	TBM	主洞	普通衬砌	K14+172	K21+963	7791
	TBM	主洞	预应力衬砌	K21+963	K22+263	300
	TBM	主洞	普通衬砌	K22+263	K22+470	207
	钻爆	安装间	普通衬砌	K22+470	K22+945	475
过温德河段	钻爆	主洞	普通衬砌	K22+945	K23+099	154
	钻爆	主洞	预应力衬砌	K23+099	K24+478	1379
	钻爆	主洞	普通衬砌	K24+478	K24+600	122

2. 工程地质水文情况

1)工程地质

线路总体走向由北东向南西,地貌为中低山、低山、丘陵和相间沟谷。沿线山势连绵起伏,植被发育,高程范围为 250～774m,洞室最大埋深为 536.8m。沟谷段累计长度约 3700m。

本段涉及地层岩性主要有侏罗系下统南楼山组凝灰岩、安山岩,二叠系下统杨家沟组砂砾岩、砂岩,二叠系上统范家屯组砂岩,侵入岩为燕山期花岗岩。隧道穿越地层见表 4-2-20。

隧道穿越地层　　　　　　　　　　　　　　表 4-2-20

桩　　号	长度(m)	地层代号	洞室部位主要岩性	地层产状	洞段走向	穿越断层及异常带	接触关系
二标段隧洞(K2+000～K24+600)							
K2+000～K5+000	3000	P_{2y}	砂砾岩、砂岩	NE21°/SE∠62° NE85°/SE∠78°	SW231°	F_4、Fw_{4-1}、F_5、F_{7-1}、F_8、Fw_{10}、Fy_6、Fy_7	与 P_{1f} 平行不整合
K5+000～K7+770	2770	P_{1f}	砂岩	SW259°/NW∠26°	SW231°	Fw_{10-1}	
K7+770～K20+952	13182	γ_5^2	花岗岩(穿插辉绿岩脉)		SW231°	Fw_{9-1}、Fw_9、F_{11}、F_{11-1}、Fw_{12}、F_{12}、F_{13}、F_{14}、Fw_{14-1}	与围岩侵入接触
K20+952～K24+600	3648	J_{1n}	凝灰岩		SW231° SW267°	F_{17-1}、F_{17}、F_{17-2}、Fw_{17-2}	

根据岩体的成分、强度、结构特征及其地质类型(岩性、年代等),把本段内岩石划分为两种类型,即中硬岩类(砂岩、砂砾岩、凝灰岩)和坚硬岩类(花岗岩)。

本段二叠系地层大多遭受变质作用,局部形成板岩等变质岩类,在断裂构造带及影响带,岩体遭受动力作用,呈碎裂岩、糜棱岩及断层角(泥)砾。

2) 水文地质

线路区地表水由松花江水系控制,总体由东南向西北、南向北流。较大河谷有温德河(五里河)及其支流四间房河,其余小沟、支岔均为季节性河流。

地下水类型主要有三种:松散岩类孔隙潜水、碎屑岩类孔隙裂隙水、结晶岩类裂隙水。

3. TBM 特点与主要参数

铁建重工"长春号"DZ101 敞开式 TBM 如图 4-2-93 所示。

图 4-2-93　用于本项目的 DZ101 敞开式 TBM

DZ101 敞开式 TBM 主要技术参数见表 4-2-21。

DZ101 敞开式 TBM 主要技术参数　　　　　　表 4-2-21

主部件名称	细目部件名称	单　位	描　　述	备　　注
整机	最小转弯半径	m	500	
	适应的最大坡度		上坡2°、下坡2°	上坡、下坡分别说明
	换步时间	min	<5	
	掘进行程	mm	1800	最大2000
刀盘	开挖直径	mm	7930(新刀时) 7900(边刀磨损极限)	
	喷水压力	bar	10～15	
	最大扩挖量	mm	单边50	

续上表

主部件名称	细目部件名称	单位	描述	备注
刀盘驱动	驱动形式		电驱	
	总功率	kW	350×10=3500	可扩展到4200
	转速范围	r/min	0～8	
	额定扭矩	kN·m	6840	
	脱困扭矩	kN·m	10220	
推进系统	最大伸出速度	mm/min	150	
	最大回缩速度	mm/min	1200	
	总推力（最大）		26467kN @350bar	
撑靴	支撑形式		水平浮动支撑	
	总的有效支撑力	kN	2×19625=39250	@250bar时
	最大接地比压	MPa	2.95	撑靴力与推进力相关，并由程序自动控制，无级调节
锚杆钻机系统	凿岩机规格型号		COP1838HD+	L1区
	钻孔最大深度	m	3.5	
	钻孔范围	(°)	240	
	冲击功	kW	18	

4. 工程风险点、重难点与特点

本工程风险点及重难点见表4-2-22。

工程风险点及重难点　　　　表4-2-22

序号	工程风险点及重难点	特征描述
1	TBM掘进距离长、对设备的技术要求高	本标段主洞引水隧洞长度达到22600m，其中TBM施工段20712m。扩大洞室和主洞TBM的施工技术复杂，TBM独头掘进距离长，对设备的技术工艺要求高，是本工程的关键项目和控制性工程
2	环保要求标准高	区域内农业发达，多为稻田或水浇地，对水土保持尤其是水资源污染敏感，需要做好污水处理设施。对弃渣的管理及部分地段有可能因隧洞施工引起地层失水塌陷问题都要高度重视，执行严格可行的水保、环保措施
3	不良地质段分布广	本线隧洞地质构造复杂，不良地质和特殊地质多，隧洞洞身穿过断层带、岩性接触带、褶皱构造带、节理密集带及浅埋沟谷段，上部冲沟发育，含水，岩体破碎，节理发育，施工中可能会出现坍塌、变形、突水突泥等风险事件。对超前地质预报、监控量测及施工过程控制要求高
4	冬季施工难度大	施工地处高寒地区，施工中材料供应、供水、混凝土供应以及弃渣倒运等问题受冬季施工影响较大，必须做好冬季施工方案及安全质量技术措施，并有相应防冻、防雪措施

5. TBM功能设计

详细分析硬岩TBM施工段的工程地质和水文地质条件，结合施工招标文件对TBM性能、交货周期、设备技术等级、TBM可改造性等要求，同时参考以往国内重大的TBM工程隧道的TBM施工特点，遵循安全可靠、适用、先进、经济、环保的原则进行总体方案设计，充分满足建设单位与施工单位对TBM各项技术性能指标和经济指标的综合要求，确保TBM安全、高效、优质及环保施工。

随着TBM施工的隧道工程向着长距离、大埋深、复杂变换地质条件等新的方向上发展，TBM的设计理念也要随着新工程的要求而不断发展。本工程TBM总体设计方案主要根据TBM隧道施工段的工程地质和招标文件相关要求，重点在以下几个方面进行设计和考虑：

1）总体功能与布局

具备隧道开挖、出渣、支护、导向等主要功能和主轴承的油脂润滑与密封、通风与冷却、物料运输、数据采集等辅助功能;具备敞开式隧洞扩挖脱困能力。TBM 总体布局充分考虑人机工程学和模块化设计,满足 TBM 洞内步进始发、洞内组装和拆机及改造维修的便利性要求,关键零部件寿命不小于 15000h。

2)刀盘

刀盘结构强度适应工程需要;刀盘分块设计,便于运输及洞内组装拆卸;刀盘面板及圆周的针对性耐磨设计;特殊的滚刀刀座设计,有效减少断裂的风险;耐磨的刮刀铲斗设计,且易于更换;483mm 盘形滚刀或 508mm 大直径滚刀的使用,增加刀具寿命,降低施工成本。

3)主驱动

主轴承分体式齿圈设计,方便维护并保证了大寿命和有效的润滑空间;可靠变频电机的驱动设计,可使主驱动较好地适应围岩的变化;强大的功率配置,带有脱困功能,能更好地为施工提供便利;可靠的变频电机扭矩限制器的使用,可以更好地保护主驱动;性能可靠的主轴承密封系统和可调整的密封耐磨环,保证了主驱动的使用寿命。

6. TBM 施工应对措施

本工程 TBM 施工应对措施见表 4-2-23。

TBM 施工应对措施　　　　　　　　表 4-2-23

序号	风险点及重难点	施 工 应 对 措 施
1	穿越河谷涌水的风险	①施工管理措施:穿越期间需进行超前观测,实施动态管理;进行整个水域监测区隧道轴线对应的河底地形测量(背景测量),复核隧道覆土层厚度。 ② TBM 推进施工措施:穿越前合理确定掘进机参数,确保 TBM 均衡、匀速地穿越河谷;控制好 TBM 轴线,对已探明的大流量裂隙水进行超前固结控制,确保掌子面稳定,掘进过后进行同步注浆
2	长距离穿越高石英含量花岗岩	①刀盘、刀具磨损处理:刀盘面板正面焊接大块耐磨钢板,刀盘边缘及两侧区域焊接硬质合金耐磨块;先行刀采用贝壳型设计,在贝壳两侧肩部焊接耐磨板,先行刀和刮刀采用硬质合金。 ②加强对掘进参数变化的观测,及时检修更换刀具,确保安全
3	TBM 长距离掘进的风险	①关键零部件寿命不小于 15000h;主轴承分体式齿圈设计,方便维护并保证了大寿命和有效的润滑空间。 ②可靠变频电机的驱动设计,可使主驱动较好地适应围岩的变化。 ③强大的功率配置,带有脱困功能,能更好地为施工提供便利。 ④可靠地变频电机扭矩限制器的使用,可以更好地保护主驱动。 ⑤性能可靠的主轴承密封系统和可调整的密封耐磨环,保证了主驱动的使用寿命。 ⑥刀盘面板及圆周的针对性耐磨设计
4	环保要求标准高	① TBM 设计内循环冷却,降低了外部用水量。 ②配备污水处理设施,洞内废水经过三级沉淀后通过污水设备处理后,回送到洞内循环使用;沉淀物清理后运送到附近的污水处理厂处理
5	不良地质段分布广	①大承载能力的顶护盾和侧护盾设计,可有效地保护前部作业人员和设备的安全。 ②性能可靠的顶部锚杆设备、超前钻探设备和钢筋快速安装系统,精确可靠的钢拱架安装器,使钢拱架的安装更加安全和快速。 ③性能可靠的灌浆设备,对特别破碎岩层进行超前灌浆。 ④ L2 区的全机械化遥控混凝土喷射设备,降低了劳动强度,提高了生产效率。 ⑤人员安全问题始终贯穿于整个 TBM 的设计,尤其是前部支护区域,确保遵循人行通道和工作区域分开的基本原则;所有设备均符合人机工程学的设计要求,保证安全性和生产效率
6	冬季施工难度大	①冬季施工前培训:进入冬期施工前,对掺外加剂人员、测温保温人员、锅炉司炉工等人员,专门组织技术业务培训班,学习冬期施工的业务知识,明确职责,经考试合格后方准上岗工作。 ②冬季施工物资准备:入冬前根据施工任务安排提出物资计划。 ③冬季施工场地保温措施:拌合楼、料仓、水管保温措施,洞口段皮带机、水路管线保温措施,场地临时渣场保温措施,沉淀池、调节池等保温措施。 ④机械保证措施:配置的机械设备要有较强的低温启动能力及足够的储备功率;所配置设备要求具有匹配合理的中冷器,以良好解决热平衡性能恢复问题;设有低温启动预热装置及相应的保证措施,设有防沙尘的空气滤清器等

第7节　兰州水源地建设工程双护盾 TBM 施工技术

中国水利水电第三工程局有限公司　韩小亮,陈桂萍,宋卿

1. 工程概况

兰州水源地建设工程以刘家峡水库作为引水水源向兰州市供水。输水隧洞主洞全长 31.57km,其前段(约 4.8km)位于临夏回族自治州东乡区境内,在约 4.8km 处穿越洮河后进入永靖县境内,隧洞途径三条蚬乡和徐顶乡,在约 28.8km 处进入兰州市西固区柳泉乡境内。输水隧洞为有压引水隧洞,施工以双护盾 TBM 为主,辅以钻爆法。

TBM 施工洞段长 24.4km,采用两台国产双护盾 TBM 从两个方向掘进,人字坡设计,坡度分别为 0.1% 和 0.0485%。其余洞段采用钻爆法施工。

TBM1 施工段控制长度 10.3km,掘进长度 7.4km,滑行安装管片长度 2.9km;TBM2 施工控制段长度 13.458km,其中人工钻爆 200m,TBM 掘进 12.3km,滑行安装管片 932m。

TBM2 标段主输水隧洞最大开挖直径 5.49m,衬砌采用的(5+1)型四边形混凝土预制管片为国内首次应用于引水项目,管片厚度 0.3m,环宽 1.5m,管片成型后洞径为 4.6m,管片安装共计 8843 环。管片与围岩之间的空腔采用粒径 5～10mm 豆砾石充填,并使用 0.6:1 的水泥净浆进行回填灌浆。TBM 掘进、管片衬砌施工完成后,对主洞内分布的Ⅲ、Ⅳ、Ⅴ级围岩洞段进行固结灌浆,输水主洞全断面进行接触灌浆。

2. 工程施工重难点

TBM2 标 TBM 掘进施工总长度 12430m,开挖洞径 5490mm,衬砌管片内径 4600mm,属于小断面、长距离 TBM 施工隧洞。工程施工重难点见表 4-2-24。

工程施工重难点　　表 4-2-24

序号	工程重难点	特征描述
1	TBM 掘进的精准贯通	TBM2 标段围岩以Ⅲ、Ⅳ级围岩为主,由于围岩遇水软化,并且采用双护盾 TBM 施工,掘进中会出现机头下沉、左右偏向以及主机旋转等引起的洞轴线偏差,这就需要不断调整 TBM 掘进姿态,进行纠正偏差
2	F3 断层 TBM 滑行	TBM 滑行过程中管片安装、豆砾石吹填、回填灌浆三大工序的同步跟进是该施工段的施工重点
3	管片安装质量控制	主输水隧洞为有压引水隧洞,因此管片管片安装是本标段 TBM 施工的重要环节,管片作为永久性衬砌,其安装质量好坏直接关系到成洞质量
4	长距离通风	本标段隧洞施工要求长距离隧道通风,通风标准要求高,洞内使用的机械设备多,确保足量的新鲜空气进入到作业区是保障人员和设备安全的重要因素

3. TBM 主要设备参数

用于本工程的 ZTT5490 型双护盾 TBM 主要设备参数见表 4-2-25。

ZTT5490 型双护盾 TBM 主要设备参数　　表 4-2-25

设备名称	单位	数量	规格、型号及技术参数	备注
开挖直径	mm	5460		新刀 5490
外径	mm	5200		
内径	mm	4600		
宽度	mm	1500		
最小转弯半径	m	500		
最大坡度	%	0.048		

续上表

设备名称	单 位	数 量	规格、型号及技术参数	备 注
主推进油缸数量	个	10	$\phi 310/\phi 250 \sim 1700$	
最大推力	kN	23760		
最大操作压力	bar	315		系统压力 350
行程测量精度	mm	1		
辅助推进油缸数量	个	30	$\phi 200/\phi 180$	
最大推力	kN	29670		
耐磨保护			复合板/Hardo×500	
滚刀类型	英寸	19		背装式 中心滚刀 17
滚刀最大承载力	kN	350		19英寸，额定荷载 315
最大刀盘推力	kN	11900		
滚刀间距	mm	83		
刀盘人孔直径	mm	500		

4. 技术控制措施

1）保证 TBM 掘进的精准贯通技术控制措施

（1）利用 TBM 配置的激光导向系统全天候在掘进机主控室动态显示 TBM 当前位置与隧道设计轴线的偏差以及趋势，根据掘进距离定距进行人工测量，校核导向系统的测量数据并复核 TBM 的位置、姿态，确保掘进方向的正确。

（2）根据岩石及油缸数据显示调节各组油缸的推进力，保证油缸推进速度保持一致，控制掘进方向。

（3）正确进行管片安装，确保拼装质量与精度，使管片端面尽可能与原制定的掘进方向垂直。

（4）日常掘进中保持良好的纠偏习惯，中心偏差控制在 50mm 以内，保持管片安装姿态与 TBM 姿态的一致性。

（5）TBM 贯通前检查掘进方向以保证贯通误差在规定的范围内，并在贯通掌子面反向设置测量导洞，利用导洞控制 TBM 掘进方向，减小贯通时的偏差。

2）针对 F3 断层 TBM 滑行技术控制措施

（1）TBM 滑行过程中，派专人全程监控处理洞段的围岩支护的情况，如有异常，立即上报；同时观察 TBM 主机与滑轨的接触情况，如发现有啃轨现象，及时上报并调整 TBM 姿态。

（2）F3 断层处理段的超挖量大，会出现滑行安装管片等待豆砾石吹填的现象，在贯通前对现有豆砾石吹填系统的下料方式进行优化、改造：投入使用备用豆砾石泵，再安装一套豆砾石吹填管路；2 台豆砾石泵同时工作，以满足大方量的豆砾石吹填需要。

（3）在 TBM 滑行通过时，只进行管片安装、豆砾石吹填、勾缝封孔等相关工作，由于 F3 断层处理段底部为 C35 混凝土浇筑的轨道床，不易出现管片下沉的问题。

3）泥质砂岩遇水泥化、沙化、崩解技术控制措施

（1）适当调整 TBM 掘进参数，以增大渣料的块度，减少细粉比例，避免泥质砂岩岩粉遇水软化。

（2）减少或停止刀盘喷水；降低刀盘 6 个喷水嘴的喷水量，或采用间歇性喷水的方式。

（3）在主机皮带机卸料段增加一套水雾降尘设施，采用高压（1.5～2MPa）、低用水量的雾化喷头，在主机皮带机卸料段形成一道降尘水雾。

（4）施工过程中应加大刀盘清理的频度，清理时应尽量减少用水或不用水。

（5）掘进过程中，实时监测 TBM 姿态，及时小幅度进行姿态调整。

（6）针对除尘风机的除尘效果，与设备厂家进一步沟通，使之达到最佳效果。

4）长距离通风技术控制措施

（1）针对本标段通风距离长，通风标准要求高的特点，借鉴国内外长隧道通风的成功经验与通风设备厂家共同研究通风方案，本着经济先进、合理布置、优化匹配的原则进行通风方案的设计。

（2）通风机及软风管选择国际知名品牌。

（3）采用全新的国内外知名厂家生产的达到排放标准要求的内燃机车。

（4）与F3断层处理段贯通后，优化通风方案，将一次风机转移至F3斜井洞口，通过F3斜井向主洞送风，可缩短5.56km的送风距离，有效保证洞内的空气质量。

5. TBM针对性设计

1）岩石破碎带及塌方问题解决方案

在管片安装机后部安装一台超前钻机，用于超前地质预报，探明刀盘前方岩层情况，亦可用于超前注浆等加固作业，稳定破碎带岩层，使TBM顺利通过。超前钻机设备参数见表4-2-26。

超前钻机设备参数　　　　　　　　　　表4-2-26

产品型号		MHP1800/560L-SX		
总体参数	钻机外形尺寸	4200mm×1000mm×1600mm	钻机总质量	800kg
	最大液压功率	55kW	钻机俯仰角度	−2°～10°
	钎头直径	51mm	最大补偿距离	500mm
	推荐钻孔深度	20m	回转转速	100～250r/min
	钻杆长度	1800mm	阳性钎尾	R32
	凿岩机型号	DF560L	回转液压油流量	35～70L/min
	凿岩机推进速度	0～2.5m/min	转钎主压力	180bar
	高推进压力	70bar	转钎压力	110bar
	低推进压力	50bar	防卡钎压力	80bar
	防空打压力	50bar	冲击压力	90～150bar
	冲击油流量	95～120L/min	低冲压力	70bar
	震钎杆压力	140bar		
油雾润滑系统	润滑气气压	6bar	润滑气流量	300L/min
	润滑油牌号	ISO VG68	润滑油箱容量	10L
冲洗水系统	冲洗水压	8～20bar	冲洗水量	100～150L/min

2）刀盘高强度、高脱困扭矩设计

钢结构采用Q345D，焊后整体退火，消除应力，有效应对开挖面破碎等问题，保证使用寿命；采用合理的刀间距，有效地提高破岩效率；刀盘为整体焊接结构，抗冲击能力更强，可靠性更高，能有效应对破碎带等地质问题。

3）TBM突水（涌水）应对措施

在主驱动后面较低的位置布置2台防涌水泵，在涌水量较大时，应该尽可能地排水以保证连续掘进。装有水位传感器启动排水泵，可保证连续掘进受不影响。

此外，TBM主驱动电机防护等级为IP67，短时间浸泡并不影响TBM正常掘进，可有效保证施工的顺利进行。

4）有害气体问题解决方案

在主机和后配套系统上安装有有害气体检测装置，其含量能够在控制室屏幕上显示，设置有一级报警点和二级报警点，并且配有报警灯和报警喇叭，能够实现自动检测报警的功能。同时，配有一套便携式气体探测装置，探测到有害气体超标时，除了紧急照明系统和通信系统正常运行外，应停止TBM和后配套系统的运行。

6. 施工技术优化措施

1）施工中 TBM 设备优化

通过在内循环水箱加装水冷式冷水机组，对内循环水进行强制制冷，通过冷水机组的循环冷却，将水温降至 30℃，既可减少外循环水的耗水量，又可降低设备故障率，起到节约用水，减少废水排放。同时，还可以减少由于设备故障导致的人员窝工、设备闲置的概率。

采用水冷式冷水机组降低内循环水的温度，在国内双护盾 TBM 施工领域尚属首次应用，施工投入少，经济效益、社会效益可观。通过冷水机组的强制制冷，能够很好解决循环水温度超高的问题，对于小断面、长距离隧洞项目双护盾 TBM 循环水系统的设备选型、设计、制造，起到可借鉴作用。

2）断层破碎带的处理

2017 年 9 月中旬，TBM 掘进至 10893m 处时，连续皮带机突发故障，致使 TBM 掘进停止，经过处理，皮带机恢复运行，随即尝试启动刀盘，但无法启动。经检查，设备电气、液压各系统均无故障，撑靴压力正常为 200bar，在确认撑靴撑紧的情况下，采取修改程序设置屏蔽刀盘转速以及增大主推油缸有杆腔压力至 133bar 等强行后退刀盘的措施，均无法使刀盘转动，据此判断刀盘被破碎岩体堆积埋压，TBM 被困。

处理过程中，将刀盘前部 5m 范围内界定为开挖面，采用手风钻进行中空注浆自进式锚杆钻孔后灌注聚氨酯形成止浆墙，防止对松散岩体固结处理过程水泥浆困住盾体。

将刀盘开挖掌子面止浆墙前端界定为非开挖面，采用 TBM 设备配置的超前钻机在撑紧盾预留的 11 个预留孔钻孔，成孔深度最深达到 40m，灌注水泥浆对非开挖面松散岩体进行固结处理。

通过两种灌浆方式相结合的方式，历时 89d 处理，TBM 顺利通过破碎带，恢复正常掘进，为国内小洞径 TBM 施工的破碎带处理提供了可借鉴的经验。

7. 结语

2017 年 9 月中旬，TBM 掘进至 10893m 时遭遇断层破碎带，经过 89d 的灌浆加固处理，成功通过该断层破碎带。2018 年 2 月 TBM 掘进至距主洞贯通只剩 229m、埋深达到 880m 时，因围岩收敛变形，造成卡机，经过 13d 人工开挖水平导洞、释放围岩应力处理，TBM 成功脱困，于 2018 年 3 月实现 13458m 主洞的全线贯通。

在整个掘进过程中，TBM2 标段创造最高日进尺 61.57m、周进尺 304.85m、月进尺 1251.82m 的国产双护盾 TBM 施工纪录，为国内采用双护盾 TBM 施工的长距离、小断面类似工程提供了可借鉴的经验。

第 8 节　大瑞铁路高黎贡山隧道 TBM 施工技术

中铁隧道局集团有限公司　王发民，司景钊，赵海雷

1. 工程概况

1）工程简介

大瑞铁路高黎贡山隧道全长 34km，是我国最长的铁路隧道，也是亚洲最长的铁路山岭隧道。如图 4-2-94 所示，该隧道地形地质条件极为复杂，隧道进口段接怒江大桥，地形较为陡峻；出口段靠近龙川江，地形分布相对较为宽阔；隧道区内地表沟谷纵横，地形起伏大，山脉、河流相间，地表高程为 640～2340m，相对高差约 1700m，地形起伏大。

高黎贡山隧道出口段拟采用正洞大直径 TBM+平导小直径 TBM 施工。正洞 TBM 开挖直径为 9.03m，掘进全长 12.37km，最大坡度为 -9‰，最大埋深为 1155m。其中有 2 段共计 300m 采用钻爆法施

工后步进通过,有2段共计长度140m扩挖段扩挖直径增加10cm。平导TBM开挖直径约6m,掘进全长为10.18km,其中有2段共计180m采用钻爆法施工后步进通过。高黎贡山隧道施工平面图如图4-2-95所示。

图4-2-94 高黎贡山隧道线路

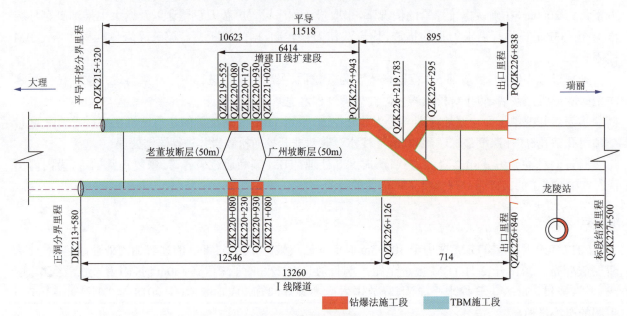

图4-2-95 高黎贡山隧道施工平面图(尺寸单位:mm)

2)工程地质

隧道位于喜马拉雅地震带,受印度洋板块与亚欧板块碰撞挤压,地形地质条件极为复杂,具有高地热、高地应力、高地震烈度、活跃的新构造运动、活跃的地热水环境、活跃的外动力地质条件和活跃的岸坡浅表改造过程等"三高四活跃"的特征。不良地质条件主要有高地温、软岩大变形、涌水、断层破碎带、岩爆、岩溶、蚀变岩及节理密集带、活动断裂带、高烈度地震带、放射性、有害气体、滑坡、偏压等多种地质条件,几乎涵盖了所有隧道施工不良地质和重大风险,堪称隧道建设"地质博物馆"。施工难度极大,工程建设风险突出,其工程规模、建设难度与工程风险,在目前国内隧道施工领域首屈一指。

高黎贡山隧道出口施工段主要地层岩性为燕山期花岗岩(8810m)、中泥盆系回贤组白云岩(290m)、断层角砾(90m)、物探V级异常带(840m)、志留系中上统灰岩、白云岩夹石英砂岩(460m)。TBM掘进Ⅱ级围岩2040m,占比16.9%;掘进Ⅲ级围岩5230m,占比43.3%;掘进Ⅳ级围岩3580m,占比29.7%;掘进V级围岩1220m,占比10.1%。花岗岩地段石英含量为35%～60%,岩体单轴饱和抗压强度为4.6～65.2MPa。如图4-2-96所示,主要发育广林坡断层(50m)、老董坡断层(50m)、塘房断层(50m)、傈粟田断裂(50m)等4条断层和两段蚀变岩带(347m)。预测软岩大变形段落总长410m,轻微岩爆段落总长180m。

3)水文地质

TBM掘进段地下水以基岩裂隙水为主,全隧预测最大涌水量约为$4.15\times10^4 m^3/d$。

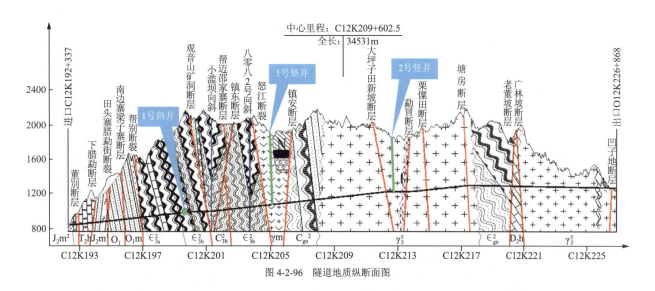

图 4-2-96 隧道地质纵断面图

2. 工程重难点

1)高地应力围岩与掌子面岩爆

隧道最大埋深1155m,区域应力场较高,测区内洞身附近三向主应力值关系为:垂直主应力(约31MPa)>最大水平主应力(20～29MPa)>最小水平主应力(13～19MPa)。最大水平主应力优势方向与隧道线路走向夹角为12°～21°,隧道可能发生岩爆及软岩大变形。预计隧道软岩大变形段总长为3185m,其中轻微大变形长度为1435m;断层破碎带中局部断层黏粒易发生中等大变形,长度为1750m;预测最大围岩收敛变形量为50mm。如果围岩变形速度过快,则可能存在TBM盾体被卡的风险。如果支护不及时、支护强度或刚度不够,均会导致初期变形过大,超过预留变形量,致使衬砌安装前需进行换拱处理,以保证二次衬砌厚度。

2)地层破碎

高黎贡山隧道正洞TBM施工段共有20段(共1280m),属于岩体破碎—极破碎地段,其中有2段共计300m采用钻爆法施工后步进通过,有2段扩挖段共计长度140m。平导洞TBM施工段共有15段(共980m),属于岩体破碎—极破碎地段,其中有2段共计180m采用钻爆法施工后步进通过。Ⅳ、Ⅴ级围岩占比高达40%,破碎地层为不宜使用TBM掘进段。在隧道通过蚀变岩地段及花岗岩节理密集带或断层角砾岩地段,岩体极为破碎,自稳能力差,易坍塌,TBM施工存在被卡机的风险。

3)高地温

高黎贡山越岭地段位于地中海—南亚地热异常带,为区域性高热流区,越岭地段出露温泉群123个,其中与线路关系密切的温泉、热泉和沸泉共20余处。

隧道中间12.44km为岩温异常段,其纵向温度分布为28～50℃。岩温异常段的温度分布为中间段高,两端较低。其中中间段温度分布37～50℃的线路长度为700m,进口段温度分布为28～37℃的岩温异常段长度为2.9km,出口端(TBM段)温度分布为28～37℃的岩温异常段较短。

高温环境容易造成人员和施工设备的效率降低,也直接影响到工程实体质量。施工阶段如不能采取有效措施进行防治,将可能导致人身伤害或安全质量事故,进而影响工期和成本。

4)溶岩与突涌水

隧道穿越溶岩地层主要为隧道中部的灰岩、白云岩夹砂岩、灰岩、白云质灰岩夹石英砂岩;隧道出口(TBM段)钻孔未揭露溶洞,仅部分岩芯可见溶蚀孔隙,岩溶弱发育;根据涌水量预测,TBM将穿越突涌水的不良地段。

根据设计,预测隧道正常涌水量为$12.77×10^4 m^3/d$,最大涌水量为$19.2×10^4 m^3/d$。高压突涌水在TBM施工中导致的后果主要表现为涌水量大,迫使TBM停机排水以及排水不及时设备被淹。

3. TBM 研制与主要技术参数

面对高黎贡山如此复杂的地质条件,并且又是首次采用国内自主研制的 TBM 施工,中国铁路总公司特别设立了"复杂地质条件新型 TBM 研制及应用研究"重大科研课题,该研究课题由中铁隧道局牵头,中铁装备、石家庄铁道大学、中铁二院、中铁西南院共同参与,由中铁装备负责设备制造。正洞与平导使用的 TBM 分别如图 4-2-97 和图 4-2-98 所示。

图 4-2-97 正洞"彩云号"TBM

图 4-2-98 平导 TBM

正洞"彩云号"TBM 刀盘开挖直径达到 9.03m,设备在满足快速破岩的同时,还在强化辅助工法方面进行了诸多创新,如增设了大尺度扩挖设计、钢筋排支护系统、前区即时喷混机械手系统、全周嵌藏式超前探测和超前注浆系统、在线实时超前地质预报系统、通风制冷系统等,以应对围岩变形、断层破碎带和岩爆、突水突泥、高地热等掘进中可能会遇到的风险。其设备参数见表 4-2-27。

TBM 设备参数　　　　　表 4-2-27

系统	项目	单位	参数	备注
整机	主机长度	m	约 25	
	整机长度	m	约 230	
	主机质量	t	约 1000	
	整机质量	t	约 1900	
	最小转弯半径	m	500	
	适应的最大坡度		−3% ~ +3%	
	最大推进速度	mm/min	100	
	掘进行程	mm	1800	
	最大部件质量	t	167	主驱动组件(含驱动电机)
	最大不可分割部件尺寸(长×宽×高)	mm	6280×6280×2138	主驱动组件(含驱动机)
刀盘	刀盘材料		Q345D	
	刀盘表面耐磨措施和材质		复合钢板	
	分块数量		5	
	质量	t	220	
	开挖直径	mm	9030(新刀)	
	中心滚刀数量/直径	件/mm	4/φ432(17 英寸)	双刃
	正滚刀数量/直径	件/mm	42/φ483(19 英寸)	
	边缘滚刀数量/直径	件/mm	12/φ483(19 英寸)	
	滚刀额定荷载	kN	17 英寸/250;19 英寸/315	
	最大扩挖量	mm	100	半径方向
	扩挖方式		刀盘抬升+边缘滚刀加垫块	
	刀间距	mm	89/84/80/75	
	连续扩挖长度	km	无限制	

续上表

系统	项　　目	单　　位	参　　数	备　注
主驱动	驱动类型		变频驱动	
	功率	kW	12×350=4200	
	变频驱动启动控制模式		变频启动/矢量控制	
	数量		12	
	转速范围	r/min	0～3.4～6.5	
	脱困扭矩	kN·m	17695	
	主轴承寿命	h	≥15000	
	主轴承直径	mm	5880	
	主轴承密封形式		唇形密封,内外各3道密封	

4. TBM 施工技术研究

1）岩爆段 TBM 施工关键技术

（1）做好超前地质预报工作,利用模糊数学和系统决策相结合的方法,对 TBM 施工段围岩的切向应力、岩石单轴抗压强度、岩石拉伸强度以及岩石弹性能量指数等进行分析,预测可能发生岩爆的地段,提前策划 TBM 通过方案。

（2）根据超前地质预报的结果,对于可能发生强烈岩爆的地段,采用微震监测系统与钻爆法超前实施导洞相结合的方法,进一步预测并减轻岩爆。为了准确、科学地预测现场岩爆风险,应在 TBM 机头后方、掌子面开展微震监测,根据监测的微震活动情况,了解潜在的岩爆风险等级。

（3）高黎贡山隧道采用正洞大直径 TBM 与平行导洞小直径 TBM 相结合的施工方案。小直径 TBM 先行施工,预先探明地质情况、岩爆地段。对于遭遇岩爆的洞段,采用钻爆法超前实施导洞的方法降低小直径 TBM 掘进时的风险。然后将小直径 TBM 经历岩爆的参数进行相似换算,用于指导正洞大直径 TBM 的施工。该方法可以使施工人员提前做好岩爆应急预案,将风险降至最低。

（4）将岩体内部的锚固和完整的开挖面表面支护通过连接装置紧密地连接在一起,体现支护的系统性,即利用表面支护的抗冲击能力来避免岩体的破坏,利用锚杆的承载力来承担冲击表面系统的荷载,这样可同时满足支护系统在抗冲击变形和承载力两方面的要求,为减轻岩爆的危害提供更强有力的保障。

（5）及时支护,提高围岩强度,改善围岩的应力状态,发挥围岩自身的承载能力。

（6）针对施工隧洞的不同情况,也可提前采用钻孔卸载的方法防治岩爆,即在高应力条件下,利用岩层中积聚的弹性能来破坏钻孔周围的岩体,使岩层卸压,释放能量,消除冲击危险。另外,在岩爆段 TBM 掘进时还应加强支护的强度,同时开挖进尺要比正常掘进段适度减小,并减小 TBM 的震动对周围岩层的扰动,降低岩爆发生的概率。

2）破碎地层 TBM 掘进参数控制

当 TBM 在完整性好的地层掘进时,可实现快速掘进。当 TBM 在完整性较差的软弱破碎地层掘进时,为了降低刀盘对掌子面的扰动,提出了低转速、大贯入度的掘进参数控制方法。高黎贡山隧道 TBM 在不同地层掘进参数见表 4-2-28。

不同地层掘进参数　　　　表 4-2-28

围岩条件	推力(bar)	刀盘转速(r/min)	扭矩(kN·m)	贯入度(mm/r)
完整性好、强度不高、整体稳定	240～300	5～6	2200～3400	6～8
节理发育、完整性较差	210～280	4.5～6	1800～2500	6～11
软弱、破碎围岩	150～280	1.5～3.5	3000～5000	15～25

（1）TBM 在软弱破碎地层掘进时需要注意以下几个方面：

①加强掘进参数控制,此类围岩掌子面多数不能自稳,掘进过程中在保证皮带机不被压死的原则下,应适当加大推力增大掘进速度,避免小推力原地转刀盘而超量出渣的现象。

②掘进过程中应加强皮带机压力控制,皮带机如有脱困模式,应该采用该模式。若出现皮带机压力增大,存在压死的可能时,应停止推进,逐步降低刀盘转速;不宜直接停刀盘,这样极易出现刀盘被卡的情况。

③每掘进一次之后,需进刀盘观察掌子面及周边围岩情况,若破碎范围增大,且持续垮塌,应及时采取加固措施。

④破碎围岩段落初期支护应及时封闭,单次掘进一榀拱架间距即可,但需要预留拱架与护盾的空隙,保证有退刀盘的空间。

⑤若软、破碎段落撑靴位置在出露护盾后,需及时进行加固,可采取的措施有应急喷混凝土封闭、模筑混凝土等;同时撑靴通过时应降低撑靴压力,减少对初期支护的破坏。

⑥破碎段落易出现收敛变形、初期支护侵线等问题,且撑靴通过时会进一步造成拱顶下沉,极易出现后配套无法通过的情况。因此,出现变形后,应及时采取注浆等措施进行加固,同时加强监控量测,及时复测断面,后配套无法通过的需要提前处理。

(2) TBM 在节理发育、完整性较差围岩段落掘进时需要注意以下几个方面:

①加强护盾围岩的分析判断,对节理交叉切割形成楔形体并存在掉落风险的及时支护,支护宁强勿弱。

②掘进过程中安排专人盯控皮带机,该种地质条件下渣体多为不规则大块,极易卡在皮带机下料口划伤皮带。

③加强刀盘检查,节理发育段落掌子面围岩完整性较差,落石极易造成刀具被砸出现崩刃、刀圈断裂等问题,发现后需及时处理。

④撑靴位置若存在节理切割,需做好预判并根据情况进行加固或封闭,防止撑靴踩压造成脱落制约撑靴通过。

(3) TBM 在完整性好、强度不高、整体稳定围岩段掘进时需要注意以下几个方面:

①此类围岩最适合 TBM 掘进,支护工作量小,推进速度快,掘进过程中需做好工序衔接、设备维保等,为快速掘进保驾护航。

②合理安排编组运行,保证仰拱块、喷浆料及时运输至作业区域,仰拱块安装及喷射混凝土同步及时跟进。

③加强设备维保,提高设备完好率及利用率。

3) 破碎地层轻型小导管化学灌浆加固技术

当掌子面前方或四周存在破碎围岩时,需要对破碎围岩进行加固。在围岩自稳性能一般以及掉块频繁、坍塌规模小的地层掘进时,掉块/坍塌范围达到 1m 左右时立即实施注浆加固,以便黏结坍体、填充坍腔,防止坍塌掉块进一步扩大、超量出渣引起更严重问题。一般在 RQD < 60 时,采用轻型小导管化学灌浆加固方法。当坍塌范围已扩大,甚至延伸至掌子面前方时,必须启动化学灌浆对前方松散体及刀盘上部坍体进行黏结;当 TBM 卡机时,护盾上方坍体加固需采用化学灌浆加固。化学灌浆具有注浆压力小、强度低、可定点定量、不会固结 TBM 设备、填充黏结效果好的特点,适用于松散地层(坍体)注浆,主要目的是固结松散地层或坍体。

采用化学灌浆固结松散地层或坍体主要包括两个部位,一是刀盘前方,二是护盾顶部。采用化学灌浆进行破碎地层加固,首先要施作注浆管。刀盘前方破碎围岩的加固主要是通过刀孔、刮渣口及观察孔向掌子面前方及刀盘周边打设注浆管进行注浆并对松散围岩进行加固。护盾上方存在大量积渣,注浆导管需有一定的刚度,以便穿过松散体注浆,因此采用钢注浆管作为护盾刀盘上方以及上前方注浆。

高黎贡山隧道化学注浆材料选用聚氨酯类化学浆液,该材料具有良好的亲水性,通过专用混料注浆设备将 A、B 双组分按照体积比 1:1 注入破碎地层,材料遇水膨胀,生成高强度、高韧性的凝胶状固结体,其低黏度的特性使其可以渗透进细小的缝隙,达到良好的加固效果,如图 4-2-99 所示。

图 4-2-99 化学灌浆对破碎围岩的加固效果

除采取隧道顶部加强初期支护和化学灌浆外,施工过程中还采取了隧道腰部立模灌浆、隧道底部机械化清渣的应对方法。通过上述方法的实施,有效提高了TBM通过破碎地层的施工速度。

5. 结语

高黎贡山隧道作为大瑞铁路关键性控制工程,具有"三高四活跃"的地质特点,隧道采用TBM掘进与钻爆法相结合的施工方案,出口段正洞和平导分别采用直径为9.03m和6.36m的敞开式TBM施工。为应对TBM施工过程中可能会遇到的断层破碎带、突泥涌水、岩爆等灾害,正洞TBM采用变截面可抬升开挖技术,突破了前置式自动化混喷技术、隐藏式常态化超前钻探技术以及水岩一体超前预报技术瓶颈,为行业同类工程提供了参考。

第9节 陕京四线管道工程无定河直接铺管施工技术

中国石油管道局工程有限公司第四分公司　王乐

1. 工程概况

陕京四线管道工程无定河直接铺管项目位于内蒙古乌审旗与陕西交界的毛乌素沙漠,始发竖井和接收竖井均为矩形结构,采用钢板桩工法施工。其中,始发竖井长23.7m、宽6.5m、深4.8m,接收竖井长9.5m、宽4.5m、深13m,接收井距离河边长度为30m。细砂层为强透水层,渗透性大,地下水位高。

管道在山顶焊接好后沿山坡由坡顶向下布置,设备在山脚下始发,地面布置的管道落差为29m。穿越管道直径为1219mm,以6°(10.5%)角度入土始发,出土角度为0°,管道穿越曲率半径为1825.5m,穿越水平长度为423m。穿越段管道外防腐层采用加强级3LPE,补口部位采用带配套环氧底漆的带底漆辐射交联聚乙烯热收缩带+环氧玻璃钢防护层。工程纵断面图如图4-2-100所示。

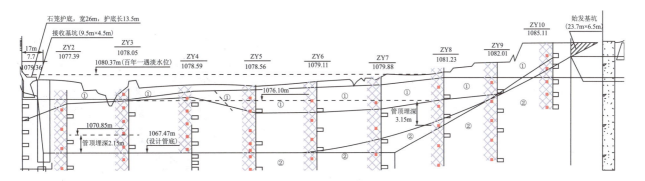

图 4-2-100　无定河直接铺管穿越工程纵断面图

2. 工程地质

竖井施工和管道穿越区域全部位于细砂层：黄褐色，稍密，饱和，以石英、长石为主，级配较好，分选性差，动探击数为 2.8 ～ 57.4，渗透系数为 $2.81×10^{-4}$ ～ $5.03×10^{-3}$ cm/s。该层分布于整个穿越段，厚度为 2.50 ～ 13.20m，土石工程分级为Ⅰ级。

3. 工程重难点

（1）轴线落差大。管道从山上直接穿越至河谷下 13m 位置出土，穿越管道落差超过 40m，施工中泥水压力达 0.4MPa，施工压力高。

（2）穿越地质复杂。穿越轴线全程为细砂，受施工扰动极易造成管道抱死，施工风险大。

（3）接收要求高。设备需精确进入深 13m 的接收井，且距离河边近，地下水位高，施工风险大。

（4）施工温度低。项目为冬季施工，最低温度低于 -20℃，泥水系统、液压系统等都需要进行特殊处理才能满足施工要求。

4. 设备选型

直接铺管施工的关键设备为掘进机和推管机，其选型如下。

1）掘进机选型

根据陕京四线输气管道管径为 1219mm、穿越地层主要为细砂层的工程实际情况，无定河直接铺管项目采用海瑞克 AVN1000XC 型掘进机（图 4-2-101）。掘进机由动力系统、推力段和尾盾系统（泥水泵）组成，最大开挖直径为 1325mm，采用 75kW 液压驱动，机头配置软土刀盘，机头转矩达 120kN·m。同时，设备还应具备以下施工要求：

图 4-2-101　直接铺管掘进设备

（1）管道施工时钢管不能开孔注浆，掘进主机必须设置多道润滑注浆孔。

（2）管道施工中经常出现水平和纵向曲线施工，系统应具备自动纠偏功能，本设备采用 UNS 导向系统来解决该问题。

（3）管道施工时管道壁不能开孔，整个管道施工期间只能靠主机部位持续注浆，同时需要在洞门密封处设置泥浆补偿装置，满足整个管道施工期间泥浆套的建立要求。

（4）在中粗砂、砾石、卵石、岩石等长距离复杂地层施工时，应当配置推进段，有效克服设备抱死的问题。

2）推管机选型

推管机是依靠管道夹持装置夹紧管道，通过连接在夹持装置上的油缸在推力作用下前进的一种动力装置。夹持装置内侧为特殊的硫化橡胶，在夹紧状态下不会对管道防腐层造成损伤。

施工时，推管机主要克服直接铺管机掘进迎面阻力、管壁与岩土之间的摩阻力、管道与泥浆之间的黏滞力以及管道屈曲产生的摩阻力。目前，推管机主要有三种规格，对应的推力分别为 3000kW、5000kN、7500kN。根据摩阻力计算结果，结合镇江直接铺管项目经验并查阅国外类似项目施工数据，本项目理论最大推力为 2000kN 左右，考虑到大坡度施工设备出现故障回拔时需要较大的回拔力，且推管机应具备 1.5 ～ 2 的安全系数，本项目采用 HK500PT 型推管机（图 4-2-102），最大推力为 5000kN，主

图 4-2-102　直接铺管推管机

要由基座、夹持装置和液压动力系统组成。

5. 关键施工技术

1）隧道掘进技术

直接铺管掘进施工时，施工中所有的泥水管道、注浆管路、施工电缆、输送小车及轨道等供应管线均采用支架形式布置于所穿越的管道内部。采用直接铺管法穿越江河施工时的隧道轴线一般为类似于定向钻或纵向曲线顶管的设计，也可以进行三维曲线管道施工。施工可以设置接收井，也可以直接顶出地面。直接铺管法施工原理如图4-2-103所示。

图 4-2-103　直接铺管法施工原理图

2）管道推进技术

管道推进施工是通过推管机的管道夹持装置（夹紧器）对穿越管道夹紧后，在液压油缸（推进油缸）的作用下，向前推进管道和设备。推管机一般固定于始发工作井内，需要在水平与竖直方向进行锚固。为了提高施工效率，推管机的油缸尽量选择较大行程，本项目推管机油缸有效行程为5m。施工时管道穿越入土角度范围为0°～15°。管道在掘进机的引导带动和推管机的推动下，按照既定轴线完成管道铺设。

3）测量控向技术

直接铺管采用陀螺仪导向（UNS测量系统），包括ELS电子激光系统、HWL软管水位高度测量系统和GNS陀螺仪系统。ELS激光靶目标精度为±1mm，HWL液位测量仪测量误差小于20mm，GNS陀螺仪对磁北极的准确度为±3mrad。由于本项目施工坡度较大，人员未进入隧道内进行辅助测量。

4）润滑减阻技术

为了在管道与地层的空隙形成一个良好的润滑浆套，本项目在洞门密封上设置注浆孔，持续进行浆液补充，保护管道防腐层，降低管道施工摩阻系数。

5）管道回拔技术

当掘进前方遇到障碍物不能通过、管道防腐层损伤超过标准、设备出现故障人员不能进入或不能检修、管道轴线超过设计规定不能调整控制等故障时，需要将管道和设备进行整体回拔。回拔施工时，需要向刀盘前的孔洞注入泥浆，填充孔洞，避免塌孔。在无定河项目施工至22m时，由于设备密封老化、设备渗漏水进行了管道回拔，回拔施工过程顺利，启动时瞬间最大回拔力达4000kN，正常回拔力维持在3200kN。

6. 工程实施效果

无定河直接铺管项目管道穿越施工仅用时7d，管道平均推进速度约为60m/d，最高日推进速度为89m。施工中平均推进速度为600mm/min，最大推进速度达到1300mm/min。

本项目管道推进施工时最大启动推力为2000kN，正常推进力为100～160kN，由于管道整体沿山坡向下布置，在管道回拔时最大回拔力达到了4000kN。由于该项目施工管道坡度大，人员进入管道复测困难，施工中仅采用了自动测量系统，整个施工过程中按照预定轨迹前进，顺利进入深度为13m的接收井，水平误差32mm，纵向误差40mm。

施工中采用泥浆净化设备对废泥浆及时进行了固化处理，未产生环保问题。管道穿越完成后对防腐层完整性采用馈电法进行了电导率测试，结果表明防腐层质量合格且完好。该项目的成功实施为国内细砂层直接铺管法施工积累了经验。

7. 拓展应用

1）定向钻工程抢险

在定向钻施工发生塌孔或者钻杆断裂时，直接铺管技术可用于定向钻工程抢险。

工程实例：欧洲某油气管道采用定向钻穿越一条长 507m、直径 1067mm 的管道，当定向钻扩孔至 1580mm 完成后，河床底部卵石层孔洞发生坍塌。采用 AVN800 型直接铺管机连接管道推入定向钻已完成的扩孔内，将管道中间部位长 135m 的坍塌孔洞径扩至 1380mm（图 4-2-104），顺利完成了施工任务。

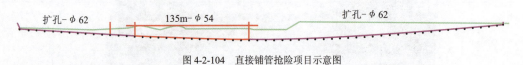

图 4-2-104　直接铺管抢险项目示意图

2）定向钻套管铺设

为定向钻施工提供可回收的直接铺管机机头，为不稳定地层定向钻施工铺设钢套管。

工程实例：2012 年美国新泽西至纽约延长线管道施工采用定向钻工法穿越某条河流，由于入土点有部分卵石层，难以有效形成孔洞，采用 AVN800 型带折叠式刀盘机头的掘进机焊接 1219mm 的管道完成了长 85m 的套管铺设。当套管就位后，掘进机刀盘折叠回收，掘进机整体被拉出。

3）陆海管道和深海排污施工

采用直接铺管法可以进行陆海管道施工，也可以完成城市污水深海排泄或江中取水等施工，施工完成时需要在水中对设备进行接收。

工程实例：2009 年在德国 BRINE 项目中，直径 1219mm、长 283m 的管道需要从陆地穿越至海中，穿越轴线曲率半径为 1400m，管道防腐层为 PE-HD，穿越地质为砂土、粉土、黏土、卵石和枯木，采用直接铺管法完成了管道穿越任务。由于采用了可回缩式刀盘，施工结束后掘进设备整体被拉回。

4）推管机为定向钻工程提供助力

采用直接铺管推管机可以为定向钻提供辅助的回拖力，更安全地铺设较大直径、较长距离的管道。通常情况下将推管机布置于管道回拖场地一侧进行助推，配合入土场地定向钻设备对管道进行回拉。

工程实例：2009 年俄罗斯 Energoperetok 公司施工中亚管道时采用定向钻法穿越土库曼斯坦 AMU 河，管道穿越长度为 1800m，管径为 1422mm。为了增加管道回拖的保险系数，施工时采用 1 台 HK400M 定向钻机回拖管道，另一侧安装 HK750PT 型推管机助力管道推进，整个项目工期为 6 个月，于 2010 年 2 月完成整个施工任务。

5）推管机用于管道损坏或卡死时退回取出

与定向钻管道助力原理一样，推管机可以用于损坏管道的退回取出。

工程实例：在欧洲某定向钻管道穿越施工中，长 860m、直径 1219mm 的管道回拖至一半时管道卡死。由于停留时间较长，未回拖段孔洞可能发生坍塌，最终决定采用 HK750PT 型推管机在管道后部进行管道回退，成功将卡死在地层中的管道取出。

6）推管机用于建成隧道内管道安装

推管机可以用于建成隧道内的管道安装，在地面提前预制好需要铺设的管道，在管道外侧固定滚轮或在隧道内布置滚轮用于管道的导向和支撑。

工程实例：2007 年，印度东气西输管道工程 GODAVAR 河穿越段采用两台顶管机对穿的方法完成 2400m 隧道建设。为了在雨季来临前快速完成管道安装，隧道内固定了支撑管道的滚轮，在地面采用推管机将直径 1219mm 的管道推入隧道内部，整个推管过程只用时 5d，完成管道安装后对隧道内进行了低强度控制性混凝土的浇筑。

8. 结语

直接铺管法作为一种全新的非开挖施工方法，可以实现管道穿越江河、湖泊、山体、道路等障碍物。该工法在无定河直接铺管项目上的成功应用，解决了管道轴线落差大、施工地质复杂等难题，同时应用了管道回拔技术，项目取得成功。该工法以其工序少、速度快、占地少、适应地质广的特点，以及在定向钻工程抢险、陆海管道和深海排污等方面的拓展应用将会越来越受到非开挖行业的青睐，也将成为非开挖领域盾构机、顶管、定向钻施工工法外的有力补充，为国内非开挖施工提供一种新思路。

第10节 穗莞深城际轨道交通盾构穿越深圳机场施工技术

中铁十六局集团有限公司　阎向林，苏周博，王志新

1. 工程概况

1）区间线路概况

穗莞深城际轨道交通 SZH-9 标盾构隧道深圳机场北站—深圳机场站区间线路正线长 3295m，全部采用盾构法施工，其中穿越机场段 1776m。

深圳机场北站—深圳机场站区间线路最大纵坡 30‰，最大平曲线半径 1100m。在经过 $R=1100m$ 的 S 反弯后，在 DK81+320～DK82+930 段下穿机场飞行区（长度约 1600m），在下穿机场飞行区段范围内设计有冷冻法加固、矿山法开挖的联络通道 3 处。隧道在 DK81+320～DK81+700 段下穿深圳机场一、二跑道间的垂直联络道（含中部 7 段草坪，累计总长度约 180m），在 DK81+700～DK82+930 段下穿 T3 航站楼西侧滑行道以及机坪。工程平面位置如图 4-2-105 所示。

图 4-2-105　穗莞深城际轨道交通 SZH-9 标工程平面位置图

2)隧道管片衬砌概况

盾构段采用单层衬砌、平板型管片,管片外径8.5m、内径7.7m,环宽1.6m;采用通用楔形环,双面楔形,楔形量46mm;管片采用1+6的分块模式,错缝拼装;管片采用C50高性能耐腐蚀混凝土,抗渗等级为P12。

根据管片接缝防水设计方案,接缝外侧设置一道弹性密封垫,并在管片内侧预留嵌缝槽。在管片接触面不设凹凸榫槽,在纵缝上设置定位棒。

工程考虑抗震和列车振动等要求,接缝均采用斜螺栓连接。环间采用19只M30纵向斜螺栓连接,每环内采用14只M30环向斜螺栓连接,使纵缝成为具有一定抗弯刚度的弹性铰,螺栓机械强度等级均采用6.8级。

3)穿越机场飞行区段工程地质

机场北站—机场站区间隧洞上卧地质主要为填土、填砂、淤泥、淤泥质黏土、粉质黏土等,多为松土,部分地段地层呈震动液化状;隧洞下伏地质主要为全风化花岗岩(W4、硬土)、强风化花岗岩(W3、软岩)。在穿越机场飞行区段,盾构穿越地层主要为残积层粉质黏土、中砂和全风化花岗岩(W4、硬土),局部位置存在少量砂层和淤泥层。盾构下穿机场飞行区段地质断面图(右线)如图4-2-106所示。

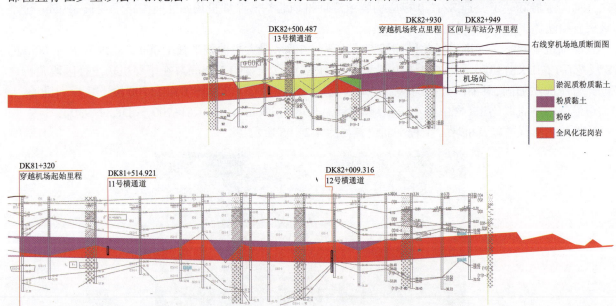

图4-2-106 盾构下穿机场飞行区段地质纵断面图(右线)

4)区间水文地质特征

(1)地表水

拟建隧道场地为滨海沉积平原,地表水系发育,河涌及水塘密布,受海水潮汐影响,地表水体咸化严重,潮差达1～1.5m。

(2)地下水

根据测区地下水的形成、赋存条件、水力特征及水理性质,地下水可划分为两大基本类型:孔隙潜水和基岩裂隙水。

孔隙潜水:主要含水层为第四系以海积为主的海陆交互层粉砂、细砂、中砂、粗砂及细圆砾土,区内呈带状及透镜体状分布,厚度为0.50～3.50m,透水性及富水性好,为该区主要富水层,强富水,具有一定的承压性。次要含水层为淤泥质土层,该土层孔隙比大,含水量大,在场地内分布广泛,厚度较大,但其成分以黏粒为主,孔隙间连通性差,属相对的隔水层,弱富水;粉质黏土及基岩全风化土,成分以黏粒为主,透水性及富水性差,为相对隔水层,弱富水,地下水仅以微量滞水形式存在,水量贫乏。

基岩裂隙水：场地内基岩岩性为花岗岩、混合花岗岩、片岩，节理裂隙发育，基岩裂隙水主要赋存在强风化～中等风化带中，地下水量较大。主要靠上层的孔隙潜水下渗补给，弱富水，基岩裂隙水较丰富。径流条件较好，透水性较强，其流通性及水量大小受裂隙发育程度影响，分布不均匀。

场地主要位于海陆交互层冲积平原区，地下水量丰富，埋藏浅，水位稳定，勘察期间测得地下水稳定水位埋深 0.00～14.00m，相应高程为 -3.63～1.632m。地下水主要靠大气降雨垂直入渗及地表河流侧向补给为主。

2. 盾构下穿的深圳机场飞行区段概况

1）下穿的飞行区段设计及施工情况

盾构下穿的飞行区段为于 2007 年开始施工的机场扩建工程的一部分，并在 2011 年完工后投入使用。盾构下穿机场飞行区段及周边的软基处理采用填砂、填石（土）加排水固结堆载预压处理为主的填海及软基处理方案。

2）盾构机在机场飞行区段的详细走向

盾构机区间下穿部位主要为飞行区土面区和停机坪、局部滑行道，跑道位置如图 4-2-107 所示。盾构下穿机场飞行区段主要区域见表 4-2-29。

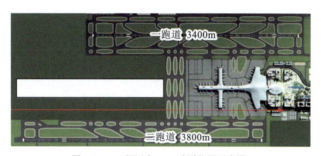

图 4-2-107　场区内一、二跑道位置示意图

盾构下穿机场飞行区段主要区域（按照穿越顺序排列）　　　表 4-2-29

序号	穿越区段	估算长度（m）	现场里程点
1	进入机场围栏内，下穿环绕飞行区的车行水泥路面	宽 7	DK81+200
2	下穿深约 2m 防洪排水明沟	宽 3	
3	下穿草坪 1（防护网附近）	宽 25	DK81+230
4	下穿滑行道（沥青路面）	宽 13	
5	下穿停机坪（水泥路面）	宽 200	起点 DK81+250
6	下穿机场垂直联络通道（距离较远）	—	DK81+320～DK81+700
7	下穿车行道（水泥路面）	宽 25	
8	下穿草坪 2	宽 25	DK81+400
9	下穿滑行道（沥青路面）	宽 80	
10	下穿草坪 3	宽 25	DK81+500
11	下穿滑行区（沥青路面）	宽 80	
12	下穿草坪 4（中间有一条 5m 宽、3m 深排水明沟）	宽 25	DK81+600
13	下穿滑行道（沥青路面）	宽 80	
14	下穿停机坪（水泥路面）	宽 60	DK81+750
15	下穿沥青车行道	宽 50	

续上表

序号	穿越区段	估算长度(m)	现场里程点
16	下穿停车场(停放很多无车头的平板拖车)	宽35	DK81+800
17	下穿沥青车行道	宽20	中心DK81+850
18	下穿停机坪(水泥路面)	宽60	
19	下穿滑行区(中间有一条2m深、3m宽排水明沟)	宽80	DK81+950
20	下穿停机坪	宽250	DK82+350
21	下穿草坪5	宽25	DK82+400
22	下穿草坪6	宽25	DK82+500
23	下穿草坪7	宽25	DK82+580
24	下穿滑行道及停机坪(水泥路面,含草坪5/6/7)	宽800	DK82+100～DK82+900
25	到达深圳机场站端头车行道(水泥路面)	宽10	DK82+950

3)本工程沉降控制指标

设计图纸中提出的滑行道及机坪地表沉降控制标准为:
(1)工后一年内,沉降不大于2cm。
(2)差异沉降不大于0.15%。
(3)施工阶段按80%控制,即施工期间道路结构沉降不大16mm,差异沉降不大于0.12%。

4)工程周边环境

机场飞行区及周边建(构)筑物和管线较多,施工环境复杂,在DK81+320～DK81+700段下穿深圳机场一、二跑道间的垂直联络道,在DK81+700～DK82+930段下穿T3航站楼西侧滑行道以及机坪,场内有大量雨污水管、输油管道、电力线以及3条防洪明渠。

3. 盾构穿越机场施工重难点分析

长距离在复合地层中下穿机场飞行区,且线路上有很多灯箱和路灯杆、3条防洪明渠(约5m×2m)及大量浅埋输油管道、电力线等重要管线和雨污水管,其中有部分重要管线为抗沉降能力极差的材质或结构。地处机场飞行区这一特殊地段,监测点的布置受到诸多限制。

因此,盾构施工过程中必须采取措施减小地层沉降,遇有少量沉降的应及时处理,确保飞行区段正常运营,确保以下盾构施工中的重难点得到有效解决。

(1)长距离穿越飞行区段的沉降控制。
(2)做好地表及地下深层沉降监测。
(3)优化盾构掘进参数,合理注入优质同步注浆浆液,及时补充注浆。
(4)确保地下管线不受到破坏。
(5)控制好盾构机换刀区域的后期沉降。
(6)合理应对地下未探明的孤石等障碍物。

4. 盾构机针对性设计及主要性能参数

本区间投入两台新购的铁建重工生产的ZTE8800土压平衡盾构机进行施工。这两台盾构机是针对穿越机场飞行区段,依据地质特性、水文条件、隧道埋深等实际情况进行针对性设计的。

1)针对性设计
(1)刀盘专项设计
①刀盘面板焊复合耐磨钢板;刀盘外周焊镶合金耐磨环,可提高刀盘外周在全断面硬岩掘进时

的耐磨性能,保证刀盘的开挖直径;刀盘边缘过渡区和扭腿加焊致密耐磨网格,提高刀盘整体的耐磨性能。

②中心回转接头设置单独的膨润土注入通道,土仓一侧中心区域设有斜向冲洗头,降低结泥饼的概率。

③刀盘采用 VE 开关式磨损检测,分别分布于刀盘正面和刀盘外周大圆环处,用于预警切削刀具、面板和大圆环的磨损。

盾构机刀盘与刀具配置如图 4-2-108 所示。

(2)管片拼装机专项设计

由于管片拼装机的使用的频率和故障率较高,为了提高拼装效率和拼装质量,减少故障率,保证连续掘进,拼装机采用较为先进的真空吸盘式抓举系统,并且预留了管片喂片机液压回路和控制系统。在拼装机上设计有超前注浆系统的挂载位置,可以实现超前钻机自动起升和工作时的固定。

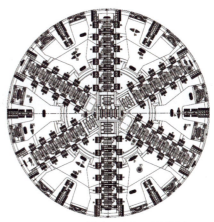

图 4-2-108　盾构机刀盘与刀具配置图

(3)螺旋输送机排渣能力及渣土输送系统专项设计

盾构机螺旋输送机排土能力定为 120m³/h,最大通过颗粒直径为 375mm×570mm,能够满足施工需求。由于部分地段存在淤泥层,施工过程中排出的渣土容易从渣土输送带掉落,因此后三节车内侧专门设计了防泥保护板,皮带机倾斜段配有接料斗,底部配有防护板,防止淤泥掉落。

(4)渣土改良系统专门设计

由于本工程地层复杂多变,因此配备了独立的泡沫剂和膨润土注入系统,提高渣土改良能力。刀盘面板上配有泡沫喷嘴 12 个,隔板 4 个,螺旋输送机 8 个,采用 9 套独立的单管单泵形式;配备了 3 套独立的挤压软管泵,刀盘外侧有专用膨润土注入口;可以单独使用泡沫剂或膨润土进行渣土改良,也可根据实际需要将膨润土与泡沫剂按配合比混合后再进行渣土改良。

(5)配备超前钻探和超前注浆系统

设计的超前注浆系统包括超前钻注一体机和超前钻泵。其中钻注一体机安装于管片拼装机及后部独立支架上,能在带压情况下完成工程要求的超前钻孔、注浆等功能要求。注浆泵采用双液补浆系统,可实现不同注浆比例调整,满足浆液扩散要求。根据地质情况和实际需要,可超前压注单液或双液浆。超前钻探与注浆系统安装及各部件分解如图 4-2-109、图 4-2-110 所示。

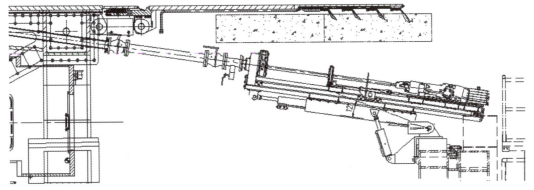

图 4-2-109　超前钻探与注浆系统安装示意图

2)主要技术参数

用于本工程的盾构机主要参数见表 4-2-30。

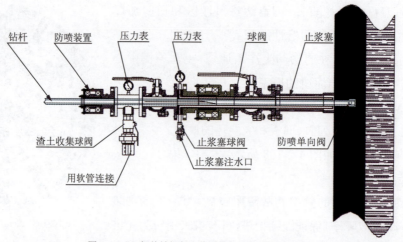

图 4-2-110 超前钻探与注浆系统各部件分解示意图

ZTE8800 土压平衡盾构机主要参数　　　　表 4-2-30

序 号	项 目	盾构机参数
1	刀盘/前盾/中盾/尾盾直径(mm)	8850/8800/8785/8770
2	主驱动功率(kW)	12×250
3	转速(r/min)	0～2.8
4	额定扭矩/最大扭矩(kN·m)	17960/19760
5	最大推进力	70614kN@350bar
6	最大推进速度(mm/min)	60
7	刀盘开口率(%)	35
8	主轴承直径(mm)	4800
9	主机长度/整机长度(m)	约 15/103
10	后配套布置	6+桥架+调车平台

5. 盾构施工关键技术

1) 进行盾构机模拟穿越试验

深圳宝安国际机场对盾构下穿的飞行区段沉降控制要求较高,但由于受到机场日常运行的影响,无法实施地面预处理措施,必须严格控制盾构掘进姿态、出土量、同步注浆和二次注浆质量等关键参数,并在洞内采取必要的、可实施的措施下穿通过机场飞行区段。为了优化盾构掘进参数,在穿越机场飞行区段前设置模拟穿越机场飞行区段的掘进试验段(设置在停机检修区域前,长度为 200m,里程段为 DK80+915～DK81+115),为后续的盾构下穿飞行区段提供掘进参数依据。试验段掘进完成时盾构机正进入停机检修区域,在这个区域对试验段的施工进行总结和分析。掘进试验阶段需要形成的成果主要分为三类:掘进参数、沉降规律、盾构机运转情况及耗材使用量(表 4-2-31)。

模拟掘进试验段需要形成的主要成果　　　　表 4-2-31

序号	成果分类	主 要 项 目
1	掘进参数	①确定在沉降允许范围内的不同地层正常掘进时的土仓压力、盾构机推力、刀盘及螺旋输送机的扭矩和转速、出土量、渣土改良剂配合比及注入参数。 ②上述参数变化与掘进速度的相对关系和变化趋势
2	沉降规律	①确定不同的土仓压力、盾构机推力、刀盘及螺旋输送机扭矩和转速、出土量、渣土改良剂配合比及注入参数,掘进速度等主要参数变化在不同地层对沉降的影响。 ②同步注浆、二次补浆、超前注浆的不同配合比与不同数量、注浆时间与注浆速度等注浆参数在不同地层对沉降的影响。 ③掘进过程中不同位置、不同时间段在不同地层的沉降变化规律。 ④拟采取的应急措施效果验证

续上表

序号	成果分类	主要项目
3	盾构机运转情况及耗材使用量	①在不同地层施工的盾构机及配套设备无故障连续掘进时间统计。 ②在不同地层施工的地面及地下所有设备主要故障点及维修时间统计。 ③液压油、回转件润滑脂、主轴承密封油脂、盾尾密封油脂、人工压注润滑油脂等油品在不同地层或不同进尺的损耗量。 ④在不同地层掘进的盾构机及配套设备检修频率。 ⑤在不同地层掘进时的刀盘及刀具磨损情况统计,刀具更换频率与更换数量。 ⑥配套设备的功效统计及适用性改进

2)盾构掘进参数优化

通过试验段的掘进参数与沉降数据分析对比,确定穿越期间的盾构掘进主要参数为:

土仓压力为 0.17~0.19MPa(根据埋深不同调整),刀盘转速为 1.8~2.0r/min,贯入量为 10~20mm/r,刀盘扭矩为 3000~4000kN·m,总推力为 30000~40000kN,每环出渣量为 154~160m³/环。

每环理论出渣量(实方)为:

$$[(\pi \cdot D^2)/4] \times L = [(\pi \times 8.83^2)/4] \times 1.6 = 98 \text{m}^3/环$$

盾构机推进出渣量控制在 98%~102% 之间,另外考虑松散系数 1.6。式中,D 为盾构机外径(m),L 为管片长度(m)。

3)优化同步注浆参数

本工程地质条件较复杂,地面管线多且埋深浅,保护要求高,为了保证浆液具有无材料离析、流动性能好、充填性良好、无公害、呈良好的性状,经过比选与试验,选用以下浆液配合比,见表 4-2-32。

同步浆液配合比(单位:kg)　　　　　　　　　表 4-2-32

水	粉煤灰	膨润土	细砂	水泥
240	270	110	710	120

注浆压力:高于水土压力 0.1~0.2MPa。

填充系数:一般地质为 130%~180%,较完整基岩为 110%~130%,裂隙发育岩层为 150%~250%。

盾构隧道管片拼装后每环壁后实际注浆量为 11.78~14.1m³/环,注浆压力在 0.3MPa 左右。

采用地质雷达和超声波检测确定同步浆填充率,必要时进行二次补浆。

4)盾构施工监测与信息化施工

根据设计要求,每隔 30m 设置一个监测横断面,横断面监测范围为隧道中线两侧各 25m,左线和右线监测断面相互错开。每个监测断面布设 13 个测点,在滑行道设 142 个监测断面,共布设反光片测点 2272 个,在隧道中心线布点间距为 5m。监测平面布置图如图 4-2-111 所示。

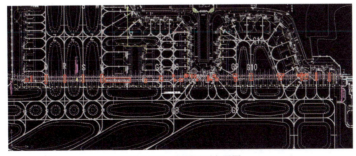

图 4-2-111　监测平面布置图

为确保反光片与滑行道黏结紧密且不受飞机发动机气流影响,避免反光片被吸入,用打磨机打磨滑行道表面,打磨范围在 12cm 之内。打磨后的凹槽比滑行道低 5mm,将底面清理干净,用环氧树脂胶打底,将 10cm×10cm 反光片贴在凹槽内。

建设单位建立下穿机场飞行区信息化管理系统,配备相应的终端硬件设备,纳入建设单位统一接口,将监控量测数据管理作为下穿机场信息化管理的重点。盾构施工过程中,根据监测数据及时微调掘进参数。

5)近接航站楼大直径盾构机接收关键技术

(1)近接航站楼大直径盾构机接收工程困难分析。结合接收井地上及地下复杂的周边环境,分析了接收工程所面临的困难,并制定相应的施工方案。

(2)近接施工地层加固关键技术。针对盾构机接收井地下环境中复杂的管线、电缆等设备分布情况以及填海淤泥地层强度小、灵敏性高、流动性大等特点,制定相应的地层加固方案,减小盾构下穿机场并近接航站楼接收时对地层的扰动,确保机场的安全运营。

(3)大直径钢套筒接收关键技术。重点针对国内首次采用的大直径钢套筒接收工程,提出现场施工的工艺原理、施工步骤以及现场施工的关键技术。

针对深圳机场站盾构机接收端上软下硬的工程地质特征,以及近接深圳机场航站楼及停机坪并且接收井周围地下管线复杂且无法改迁的工程实际,提出土压平衡盾构机接收端头高压旋喷桩及素混凝土桩联合加固与大直径钢套筒接收技术,保障了接收工程的顺利进行,开创了国内大直径土压平衡盾构机在地下地面环境都极为复杂条件下顺利接收的先例。

6. 工程成果

2台盾构机在下穿飞行区施工掘进过程中,地面沉降最大值为−6.98mm,隆起最大值为6.95mm,完全符合机场标准要求。地面沉降监测数据如图4-2-112所示。

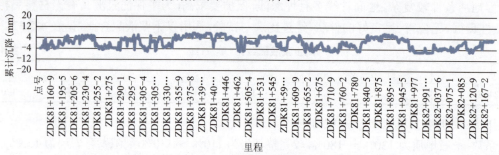

图 4-2-112 地面沉降监测数据

深圳机场北站—深圳机场站区间隧道左、右线2台大直径盾构机(DZ186、DZ187)分别于2016年3月27日、5月31日相继始发;左、右线分别于2016年10月27日、12月4日相继进入机场段掘进施工;左、右线盾构机分别于2017年5月29日、6月24日相继安全顺利完成连续下穿深圳机场1776m的施工掘进,左线穿越机场共计214d,右线穿越共计201d,创下迄今为止世界大直径盾构机最长距离下穿机场纪录。

第11节 佛莞城际铁路狮子洋隧道 φ13.1m 泥水盾构施工技术

中铁隧道局集团有限公司 王发民,李政

1. 工程概况

1)工程简介

佛莞城际铁路位于珠三角地区的中南部,线路西起广佛环线广州南站,向东途经珠江狮子洋后进入东莞境内,至终点站穗莞深线望洪站,线路走向如图4-2-113所示。线路共设车站7座,广州南站(不含)、长隆(地下)、番禺大道(地下)、官桥(高架)、莲花(地面)、麻涌(高架)、望洪站(不含)。狮子洋隧道全长6476.4km,盾构隧道为单洞双线,全长4900m,其中陆地段长3200m,水下段长1700m,工程各段长度如图 4-2-114 所示。盾构区间隧道设计为单洞双线，内径 12m、外径 13.1m，环宽 2m，厚 550mm，每环 9 块。内设箱涵、电缆管廊和管沟，结构设计如图 4-2-115 所示。

图 4-2-113 狮子洋隧道线路

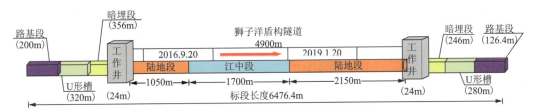

图 4-2-114 狮子洋隧道各段长度

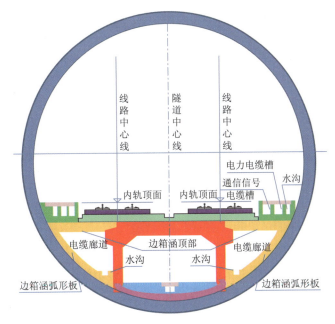

图 4-2-115 狮子洋隧道内部结构设计图

2）工程地质

隧道最大埋深约 78m，最大水深 17m。区间地质复杂，地面以下 40m 范围内以淤泥和砂层为主，40m 以下以石英砂岩和泥质板岩为主，明挖隧道均位于淤泥和砂层中，区间隧道穿越 2 段软硬不均地层和 3 段破碎带。其中，岸边段第四系土层厚 30m 左右，以淤泥及砂层为主；水下段第四系地层厚 10～30m，以淤泥、砂层及细圆砾土为主。盾构隧道洞身穿过第四系沉积层、软硬不均层和全断面岩层，局部为破碎带和断层。下伏基岩以泥质粉砂岩和砂岩、石英砂岩、泥岩为主，航道下存在 3 处破碎带及 2 处断层。隧道工程地质纵断面图如图 4-2-116 所示，盾构段地层类型如图 4-2-117 所示，岩层参数见表 4-2-33。

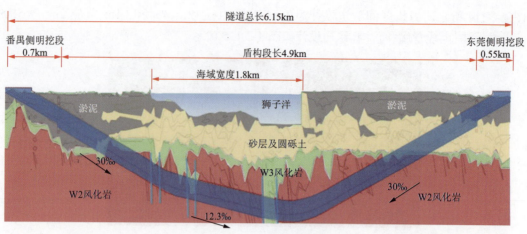

图 4-2-116　工程地质纵断面图

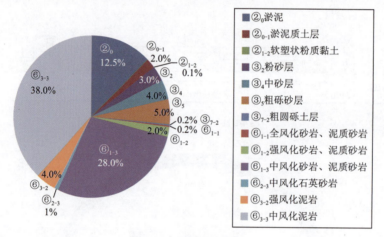

图 4-2-117　盾构段地层类型

狮子洋隧道岩层参数　　　　　　　　　　　　　　　　　表 4-2-33

岩　层	RQD 值(%)	抗压强度标准值(MPa)	抗压强度最大值(MPa)	石英含量(%)
泥质粉砂岩、砂岩	10～80	19.5	48.2	43～79
石英砂岩	70～82	39.3	75.7	78～80
泥岩	10～75	6.8	18.2	2～58

3）水文地质

（1）地表水

主要为珠江狮子洋、珠江两岸的小水渠、鱼塘及小河涌。狮子洋主要接受上游补给，向下游和珠江口排泄，珠江两岸的水渠、鱼塘及小河涌与珠江连通，并接受大气降水和珠江水补给，地表水为咸水。

（2）地下水

第四系海相沉积及冲积层（Q_4）层孔隙水，沿隧道走向除狮子洋主航道水下河床局部地段外，大部分地段均有分布，含水岩主要为粉细砂、中粗砂、砾砂层以及细圆砾土。白垩—第三系碎屑岩类含水岩组裂隙、孔隙水，赋存于基岩风化带内，主要为泥岩、石英砂岩，部分为粉砂岩或砂砾岩。

第四系地层中，砂层、圆砾土的渗透系数分别为 12m/d 和 35m/d，基岩段渗透系数小于 10m/d，但破碎带和断层的渗透系数可达 50m/d。

2. 工程重难点分析

（1）盾构机单机掘进距离长：采用一台开挖直径为 13.61m 的大直径泥水平衡盾构施工，在复合型地层中独头掘进 4900m,在国内也较为罕见。

（2）隧道埋深大，水压高：隧道最大埋深约 78m，最大水深 17m，局部地层透水性强，对盾构机主轴承密封、尾刷、油脂注入系统、保压系统要求高。若掘进控制不当，极有可能与江水贯通，存在极大的施工风险。

（3）岩石强度、磨蚀性高：全断面硬岩长度达 2380m，占隧道总长 48.5%，岩石最大饱和抗压强度为 75.7MPa，石英含量达 70%～80%，对刀具质量和掘进参数控制要求较高。

（4）盾构穿越破碎带施工难度大：盾构区间隧道穿越 1 处破碎带、2 个断层，总长度为 424m，在掘进过程中极易出现堵仓、滞排等问题。

（5）软弱地层大直径盾构机端头加固问题：盾构始发端头地质主要为淤泥层、砂层，地基承载力低，稳定性差，且覆土厚度均小于 1 倍洞径，最小覆土厚度仅约 8m。盾构掘进过程中易出现"栽头"、地面冒浆和地表沉降超限等问题。

（6）浅覆土施工掘进控制问题：盾构隧道到达端最浅覆土埋深仅约 4m，不足 1 倍洞径，存在盾构机冒顶、上浮风险。

（7）盾构机大件吊装控制问题：在大直径盾构机分块组装施工组织、地表承载力、拼装精度和过程安全管控等方面都存在极大的考验。

3. 盾构机装备选型与配置

狮子洋隧道采用一台直径为 13.61m 具备常压换刀功能的泥水平衡盾构机（图 4-2-118）进行掘进施工，该盾构机为目前世界在建最大水下铁路隧道盾构机。盾构机主要参数见表 4-2-34。

盾构机主要参数　　　　　　　　　　　　　　　　　　表 4-2-34

系统	项　目	单　位	参　数
整机	主机长度（含刀盘）	m	约 13.5
	整机长度	m	约 126
	主机质量	t	约 2000
	整机质量	t	约 3480
	最小转弯半径	m	1200
	适应的最大坡度	‰	50
	最大推进速度	mm/min	40
	最大推力	kN	224310
	能承受最大工作水土压力	bar	10
	装机总功率	kW	约 10220
刀盘	开挖直径	m	13.61
	旋转方向	双向	2 方向
	分块数量、形式与连接方式		约分 8 块运至现场后焊接
	质量	t	约 430
	中心滚刀数量/直径	把/英寸	6/19（可与撕裂刀互换）
	正滚刀数量/直径	把/英寸	23/19（可与撕裂刀互换）
	边滚刀数量/直径	把/英寸	6/19（可与撕裂刀互换）
	刮刀数量	把	144
	边刮刀数量	把	12
	刀具磨损自动监测	个	35
	可常压更换刀具类型及数量	把	35 把滚刀可常压更换，48 把可常压更换刮刀
	冲刷孔数量	个	27

图 4-2-118　狮子洋隧道盾构机

4. 盾构施工关键技术

1）淤泥地层掘进

软基段主要地质为淤泥质黏土、淤泥、砂层，地层自稳性较差，且黏性较大，容易出现管片上浮、盾构姿态难以控制、糊刀等问题。

主要技术措施：

（1）加强泥浆密度、泥水黏度的检测，针对性地调整泥浆指标。

（2）加大冲刷，减少糊刀概率。

（3）及时组织人员带压进仓检查仓内情况，并对关键部位进行检查与清理。

2）软硬不均地层掘进

在软硬不均段掘进时，刀盘受力不均，特别是刀具从软土转向硬岩时，由于软硬岩强度差较大，易造成刀具异常损坏，仓内渣土滞排，盾构姿态控制困难，仓内压力失稳，发生较大沉降，造成坍塌事故。

主要施工措施如下：

（1）掘进过程中适当降低刀盘转速，同时控制刀盘挤压力，避免刀具异常损坏。

（2）加强刀具管理，密切关注刀具监测情况，同时加大破碎机工作频率。

（3）严控泥浆相对密度，加大底部冲刷，防止积渣堵塞出渣口；对岩石颗粒进行分析，合理地选择掘进参数。

3）破碎带地层掘进

本区间共有 3 段软弱破碎带，总长度约 424m，岩体破碎，岩质较软，裂隙发育，为强富水透水区，均位于狮子洋底下，最大隧道埋深约 60m，地层透水性强，水压高，施工难度大，安全风险高，易造成掌子面不稳，且仓内压力波动较大，管片容易造成渗漏、破损等异常情况。

主要施工措施如下：

（1）提前策划，超前预判。掘进前对设备进行检修和保养，确保在掘进过程中不出故障。

（2）适当加大泥水仓压力，确保掌子面稳定。

（3）适当降低刀盘转速，控制扭矩波动，保证盾构机匀速安全通过。

（4）加大同步注浆量，使管片壁厚填充密实，阻断盾尾向刀盘前方水流通道。

（5）增加泥浆底部冲刷流量，调制较高黏度的泥浆，以便提高泥浆的携渣能力。

4）全断面硬岩地层掘进

在全断面硬岩地层掘进过程中刀具异常磨损严重，造成换刀频繁，进度缓慢，成本加剧。

主要施工措施如下：

（1）掘进过程中以贯入度为基准参数，适当提高刀盘转速，同时控制刀盘挤压力，避免刀具异常损坏。

（2）加强设备保养及工序衔接管理工作。对过程中的异常问题要有准确的判断，并及时处理，不能盲目掘进。

（3）加强刀具管理，密切关注刀具监测情况，加大破碎机工作频率。

5）各地层掘进进度

本工程不同地层计划不同掘进速度见表 4-2-35。

各地层计划掘进速度   表 4-2-35

序 号	地 层	速度（m/月）
1	软土段	190~220
2	软硬不均段	110~130
3	全断面砂岩段	110~130
4	破碎带	100~120
5	全断面泥岩段	160~180

5. 目前工程进展

盾构隧道全长 4900m，截至 2019 年 7 月 23 日，盾构机已掘进 3918m，已完成江中段掘进，进入东侧陆域段，剩余 982m，预计 2019 年 12 月完工。进口明挖段全长 700m，截至 2019 年 7 月底，结构施工完成 345m，剩余 355m。目前剩余段正在进行围护结构施工，已开始进行主体结构施工。出口明挖段全长 550m，结构已全部施工完成。路基全长 326.4m，其中进口侧为 200m，出口侧为 126.4m。

第 12 节　上海管廊工程土压盾构泵送出土施工技术

上海隧道工程有限公司　范杰

1. 引言

为了解决小直径盾构机在小尺寸工作井的施工过程中，垂直及水平运输效率较低、各施工工序无法连贯搭接等问题，本工程引进了泵送出土系统，目的在于优化小直径盾构施工中的工序筹划，提高日常推进时的施工效率。

2. 工程概况

本工程为上海地铁 18 号线工程两港截流合流总管改迁工程，工程范围为杨浦区江浦路沿线（中山北二路—杨树浦港），盾构机工作井 W2 位于江浦路与中山北二路交叉口处，接收井 W6 位于江浦路与控江路交叉口东侧，区间隧道推进总长度为 1063.5m，中间设置 W3、W4 两座骑马井。区间隧道平面图如图 4-2-119 所示。

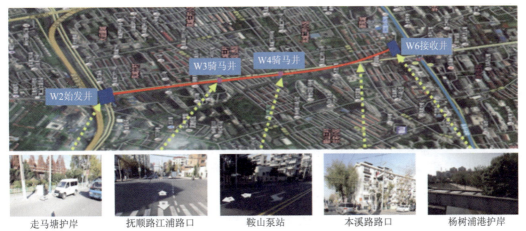

图 4-2-119　区间隧道平面图

本区间采用一台 φ3740mm 土压平衡盾构机,于 W2 工作井始发,沿江浦路道路下方推进,在本溪路与江浦路路口东侧下穿本溪路,之后下穿凤城一村住宅楼,最后到达 W6 接收井。区间两侧浅基础居民楼较多,环境中等复杂,水平最小间距约为 4.5m。隧道区间无竖曲线,顶部埋深根据路面高程不同约为 6.0～6.5m,最小曲线半径为 350m。

3. 工程地质及水文地质条件

1) 工程地质

根据勘探报告,本区间隧道工程自上而下所涉及的主要地质有:①填土、②$_1$灰黄色粉质黏土、③灰色淤泥质粉质黏土、③$_j$灰色砂质粉土与淤泥质粉质黏土互层、④灰色淤泥质黏土、⑤$_{11}$灰色黏土。拟建盾构区间位于③、③$_j$层中。其主要土层特性见表 4-2-36。

土层特性　　　　　　　　　　　　　　　　　表 4-2-36

土层层号	土层名称	层厚(m)	颜色	状态	土层描述
①	填土	0.6～3.3	杂		含碎石、砖块等建筑垃圾,大部分区域表层均有 10～30cm 水泥地坪或沥青路面。状态松散,成分不均
②$_1$	粉质黏土	1.3～1.8	灰黄色	可塑	含铁锰质结核,很湿,状态可塑,压缩性中等。填土较厚,区域缺失
③	淤泥质粉质黏土	1.2～4.1 2.3～3.3	灰色	流塑	该层中部分布第③$_j$层,因此,该层分为上、下两层,状态流塑,压缩性高等
③$_j$	砂质粉土与淤泥质粉质黏土互层	1.2～3.8	灰色	中密	土质不均,中密状态,压缩性中等～高等。场地遍布
④	淤泥质黏土	6.7～9.5	灰色	流塑	含云母、有机质,土质较均匀,压缩性高等。场地遍布
⑤$_{11}$	黏土	3.8～5.6	灰色	软塑	含泥钙质结核、有机质等,局部偶夹薄层粉性土,土质较均匀。很湿,压缩性高等。场地遍布

2) 水位条件

新建隧道区间范围内地下水属于潜水类型,水位主要受大气降水及地表水影响。根据勘察资料,低水位埋深为 1.50m,高水位埋深为 0.50m,地下水对混凝土无腐蚀。

4. 盾构机特点与主要施工参数

1) 盾构机概况

本工程租用上海力行工程技术发展有限公司(简称力行公司)全新制造的一台 φ3740mm 土压平衡盾构机及配套设备进行区间隧道的掘进作业。盾构机总装如图 4-2-120 所示。

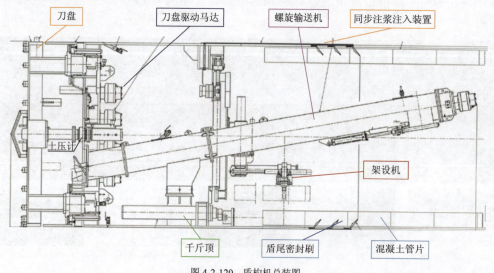

图 4-2-120　盾构机总装图

盾构机主要设计参数见表4-2-37。

盾构机主要设计参数　　　　　表4-2-37

序号	项目名称	规格及参数			
1	外径、机长	盾构机外径		3740mm	
		机长		7250mm	
2	盾构机千斤顶	总推力	14400kN	单位推力	1311kN/m²
		1200kN×1550mm×35MPa×12支			
		盾尾支撑			
3	刀盘	形式		辐条式	
		开挖外径		3760mm	
		最大转速	1.6r/min	常用转速	1.1r/min
		最大扭力	2355kN·m	常用扭力	1413kN·m
		驱动方式		液压马达驱动 33.5kN·m×35MPa×8台	
4	螺旋输送机	形式		轴式	
		口径		ϕ500mm	
		转速		1.6r/min	
		扭矩		75kN·m	
		容量		72m³/h	
		闸门装置		平板上闸门 165kN×500mm×21MPa×1支	
5	管片安装机	形式		环式,6轴方向	
		起重能力		65kN	
		伸缩行程		570mm	
		前后行程		700mm	
		转速		1.0r/min	
		操作方式		无线操作	
6	盾尾密封	形式		3道钢刷	
		盾尾油脂供给		前部4处,后部4处	
7	刀盘刀具	中央切齿刀		1把,h=350mm	
		外周切齿刀		8把,h=120mm	
		先行切齿刀		42把,h=120mm	
		切刃齿		23把,h=100mm	
8	配套台车	形式		门形轨道行走式	
		编制数		17节	
		全长		约130m	

2)配套车架概况

由于本工程管片内径仅为3600mm,同时需满足电瓶车水平运输需求,力行公司对地铁隧道盾构区间的常规双边车架结构进行调整及优化,将本工程盾构机的配套台车设计为单边台车形式,共17节,总长度约为130m。隧道内单边车架断面图如图4-2-121所示。

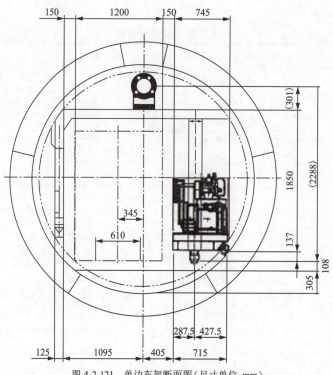

图 4-2-121 单边车架断面图(尺寸单位:mm)

车架配置情况见表 4-2-38。

车架配置情况　　　　　　　　　　表 4-2-38

车架编号	配　置	车架编号	配　置
1	操作室、集中润滑	10	油脂系统
2	1号泵送系统(P_0泵油压系统、控制箱、注水泵)	11	加泥加水系统
3	同步注浆泵	12	储气罐、空压机
4	同步注浆储浆桶	13	备用车架
5	1号油箱、液压泵	14	电缆
6	2号油箱、液压泵	15	2号泵送系统(注水泵、牵引机)
7	3号油箱、液压泵	16	3号泵送系统(控制箱、液压泵)
8	配电柜	17	4号泵送系统(P_1泵)
9	离心泵		

3)泵送系统概况

本工程中,泵送系统共使用了3台压送泵,第一台 P_0 泵设置于螺旋输送机出土口下方,如图 4-2-122 所示。

图 4-2-122 P_0 泵

第二台二次压送泵 P_1 设置于车架末端，如图 4-2-123 所示。

图 4-2-123　P_1 泵、控制箱和油压系统

第三台二次压送泵 P_2 与 P_1 型号一致，在区间掘进超过 750m 后，连同专用配电柜设置在隧道中段，如图 4-2-124 所示。

图 4-2-124　P_2 泵、控制箱和油压系统

泵送管路采用 10 英寸钢管，车架间管路用 Ω 形抱箍固定在车架顶部，不同车架间管路采用软管＋哈夫节的方式连接。管路出车架后固定在走道板下部，接头间用抱箍连接固定。车架上部泵送管路如图 4-2-125 所示。

图 4-2-125　车架上部泵送管路

在隧道口设置了一台消音设备（图 4-2-126），用以平衡管内气压，防止在地面排放渣土的过程中发生爆音现象，减少对周边居民的影响。

5. 技术研究

1）上海地层适应性研究

泵送系统的设备供应方根据日本地区多年来盾构工程采用该类似系统的工程经验，对泵送系统的适用土层得出以下结论：

图 4-2-126 洞口消音设备

（1）黏土或具有一定流动性的土质是满足泵送的前提条件。

（2）当需要泵送的渣土不满足上一条件时，需要在推进过程中向土仓或螺旋输送机内添加土体改良剂，使不具备泵送条件的渣土充分改良。

（3）渣土中的土块或砾石的最大直径应小于 40mm，或小于泵送管路直径的 1/3，如渣土中颗粒过大，需先对渣土进行滤渣或破碎的程序。

（4）黏着力较高的黏性土需采取减摩措施防止泵送管路堵塞。

结合本工程盾构穿越③、③$_j$ 土层各占约 50% 的实际情况及建设单位提供的地质勘察报告综合考虑：

（1）③淤泥质粉质黏土层中土体含水量较高，为流塑状，且土层强度较低，满足泵送系统的土质要求。

（2）③$_j$ 灰色砂质粉土与淤泥质粉质黏土互层中土体含水量较低，土质不均匀，土体强度较高，需对土体进行改良。

（3）由于本区间隧道全断面均为黏性土层，对于长距离泵送的管路需要增加土体润滑减摩的技术措施，确保黏性渣土在泵送过程中不会造成堵管。

2）泵送设备的研究

（1）泵送流量计算

根据常规地铁盾构区间的施工经验，预设本工程盾构机的推进速度为 5cm/min，盾构机刀盘直径为 3760mm，则每小时的渣土出土量为：

$$V = c \times S \times v = 1.15 \times \left(\frac{3.76}{2}\right)^2 \times 3.14 \times 0.05 \times 60 = 38.29 \text{m}^3/\text{h}$$

式中：c——渣土蓬松系数，根据施工经验取 1.15；

S——刀盘切削面积（m^2）；

v——推进速度（m/h）。

考虑到泵送系统使用过程中的正常动能损失为 30%，则拟使用设备的泵送能力应不小于：

$$Q_E = \frac{V}{n} = \frac{38.29}{0.7} = 54.7 \text{m}^3/\text{h}$$

式中：Q_E——泵的额定流量（m^3/h）；

n——效率系数，取 0.7。

（2）泵送压力计算

泵送压力（满负荷运作）的计算公式如下：

$$\nabla P = \nabla P_h \times L + \nabla P_v \times H$$

式中：∇P——泵送压力（MPa）；

∇P_h——水平管路内的每米压力损失（MPa/m）；

∇P_v——垂直管路内的每米压力损失（MPa/m）；

L——水平压送距离（简化为泵送设备至井口的距离）（m）；

H——垂直压送高差（m）。

①管内每米压力损失值计算

$$\nabla P_h = \frac{2}{r} \times \left[k_1 + k_2 \times \left(1 + \frac{t_2}{t_1}\right) \times v\right] \times \alpha$$

$$\nabla P_v = \frac{2}{r} \times \left[k_1 + k_2 \times \left(1 + \frac{t_2}{t_1}\right) \times v \right] \times \alpha + \frac{W\alpha}{10^5}$$

式中：r——泵送管路半径，取 0.125m；

k_1——黏着系数，为 $(3.00 - 0.10 \times S_l) \times 10^{-4} = 0.00020$MPa；

k_2——速度系数，为 $(4.00 - 0.10 \times S_l) \times 10^{-4} = 0.00030$MPa(m/s)；

S_l——土体坍落度，取 10cm（施工穿越主要土层的标贯值 $N=10$ 时的经验取值）；

$\dfrac{t_2}{t_1}$——泵切换时停止压送渣土的时间/泵正常压送渣土的时间，为 0.3；

v——管内的平均流速，为 $\dfrac{Q_s}{3600 \times \pi \times r^2}$；

α——管内径向与轴向的压力比，对于黏性土，根据经验取值 1；

W——单位容积的质量，黏性土近似取值 1800kg/m³。

当选用管道内径为 250mm 的泵送管路时，每米的管内压力损失见表 4-2-39。

每米管道内压损失 表 4-2-39

项 目	单 位	参 数
输送量 Q	m³/h	正常掘进时，38.3
管内平均流速 v	m/s	0.214
水平管内压力损失 ∇P_h	MPa/m	0.0045
垂直管内压力损失 ∇P_v	MPa/m	0.0225

②一次泵送压力计算

a. 正常掘进阶段（P_0 泵至 P_1 泵，见图 4-2-127）

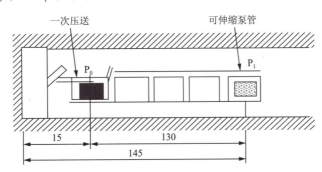

图 4-2-127　正常掘进时 P_0 泵泵送范围示意图（尺寸单位：m）

水平泵送管路的长度需考虑车架间连接软管存在部分弯曲，则水平泵送距离为：
$$L = (1 + 10\%) \times 130 = 143\text{m}$$

泵所需的压力（满负荷情况）为：
$$\nabla P = 0.0045 \times 143.0 + 0.0225 \times 2.0 = 0.689\text{MPa}$$

b. 始发掘进阶段（P_0 泵至地面集土坑，见图 4-2-128）

水平泵送管路的长度考虑到车架间软管存在部分弯曲的情况，同时在始发洞口侧为了避让电瓶车轨道而增加的弯曲管路，则水平泵送距离为：
$$L = L_1 + L_2 = (1 + 10\%) \times 130 + (1 + 30\%) \times 15 = 162.5\text{m}$$

泵送的垂直高差为：
$$H = H_1 + H_2 = (1 + 30\%) \times 10 + (1 + 20\%) \times 5 = 19\text{m}$$

泵所需的压力（满负荷情况）为：
$$\nabla P = 0.0045 \times 162.5 + 0.0225 \times 19.0 = 1.159\text{MPa}$$

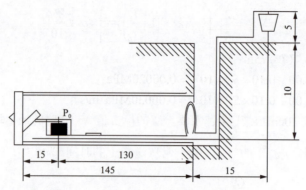

图 4-2-128 始发掘进时 P_0 泵泵送范围示意图（尺寸单位：m）

③二次泵送压力计算（P_1 泵至地面集土坑，见图 4-2-129）

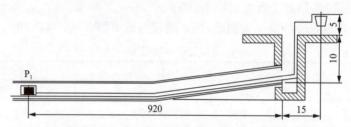

图 4-2-129 始发掘进时 P_1 泵泵送范围示意图（尺寸单位：m）

本工程隧道区间总长为 1064.5m，当盾构机推进到位时，为最远泵送距离，隧道内 P_1 泵位置至始发井口约为 920m，始发洞圈至泵送排渣口的水平距离按 15m 考虑，井的深度为 10m，地面排渣口高度为 5m，则水平泵送距离为：

$$L = L_1 + L_2 = (1+10\%) \times 920 + (1+30\%) \times 15 = 1031.5 \text{m}$$

泵送的垂直高差为：

$$H = H_1 + H_2 = (1+30\%) \times 10 + (1+20\%) \times 5 = 19 \text{m}$$

最大泵送压力为：

$$\nabla P = 0.0045 \times 1031.5 + 0.0225 \times 19.0 = 5.07 \text{MPa}$$

3）泵送设备选择

根据上面相关计算参数，选择力行公司提供的 MSP708 型泵一台、MSP1408 型泵两台，作为本工程泵送出土系统的主要设备。压送泵主要参数见表 4-2-40。

压送泵主要参数　　　　　表 4-2-40

用　途		一次压送泵	二次、中继泵
型号		MSP708	MSP1408
输送气缸尺寸 × 距离（mm）		$\phi 280 \times 700$	$\phi 230 \times 1400$
距离（m）		86.2	116.0
油压缸尺寸 × 距离（mm）		$\phi 110/63$	$\phi 110/63$
压送时油压		1：9.6	1：6.5
最高油压（MPa）		24.5	29.4
理论最高压送压力（MPa）		2.6	4.6
理论最高输送量（50Hz）（m³/h）		62	56
电动机容量（kW）		30	75
油缸容量		200	120
质量	泵（kgf[①]）	约1800	约3000
	油压（kgf）	约1000	约1500

注：① 1kgf = 9.80665N。

由于单台MSP1408型设备的最大泵送压力为4.6MPa,不满足实际掘进过程中所需的5.07MPa泵送压力,因此在隧道中段再设置一台MSP1408型设备P_2泵,作为二次压送设备。

二次泵送压力验算:

$$L_{pe} = \frac{P'_n / N_p - \nabla P_s}{\nabla P_h} = \frac{5.4/2 - 0.7}{0.0045} = 440\text{m}$$

即P_1泵、P_2泵及始发洞门的间距不应小于440m,在实际施工过程中,项目部将P_2泵设置在距离始发洞门约480m处,如图4-2-130所示。

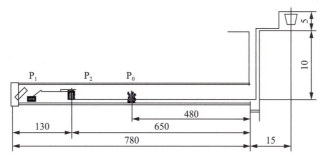

图4-2-130　P_2泵设置位置示意图(尺寸单位:m)

6. 主要施工技术

本工程中使用的泵送出土系统为全自动系统,P_0泵及P_1泵均通过PLC系统在盾构机驾驶室内设置了监控面板,可对泵的相关运行参数进行调整。

1)泵送出土流程

(1)P_0泵与螺旋输送机为联动状态,当螺旋输送机启动,准备排出渣土时,P_0泵自动开始泵送螺旋输送机出土口排出的渣土,通过设置于车架顶部的管路输送至位于车架末端的P_1泵。

(2)P_1泵内的进料箱安装有压力传感器,当进料箱内的压力达到预设值时,启动P_1泵,向井口压送渣土。

(3)P_1泵的出口处设置有特殊接头(图4-2-131),可对泵送管路内压注水,在渣土与管路间形成一层水膜,起到润滑减摩作用。

(4)14号车架与15号车架间设置的泵送管路采用了伸缩管,当盾构机正常掘进时,1～14号车架随盾构机前进,伸缩管逐渐伸长的同时15～17号车架停留在原地。

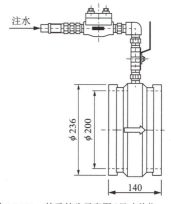

图4-2-131　特殊接头示意图(尺寸单位:mm)

(5)在伸缩管达到伸出极限前,先将17号车架上P_1泵与隧道内的泵送管路断开,再通过14号车架上安装的牵引设备,拉动15～17号车架,伸缩管回缩,P_1泵出口与隧道内管路留出足够距离安装一根泵送管道。

(6)隧道中段设置的P_2泵由于距离盾构机较远,设专人进行手动控制。

2)操作要点

(1)P_0泵启动后,每次泵送都会有计数累计,当完成一环推进,进行管片拼装时,计数清零,重新累计,通过计数可粗略判断当前的出土量。

(2)盾构机操作手应及时对P_0泵、P_1泵的注水量进行调整,防止管路堵塞。同时注水量不宜过大,避免最终排放的渣土含水量过高。

7. 结语

由于上海地区首次对土压平衡盾构机采用泵送出土系统,施工经验及参数控制均无相关实例可借鉴。结合现场实际施工情况及数据分析,泵送系统有效解决了施工空间小而造成的施工效率较低的问题。同时，由于该套系统在隧道内均通过管路实现渣土排放，对于隧道内的粉尘控制、隧道保洁均有十分明显的有利影响。

第13节　杭州穿越富春江大坡度纵向曲线顶管施工技术

中国石油管道局工程有限公司第四分公司　王乐

1. 引言

采用顶管法穿越江河一般选择地质较好、水压较低的直线顶进方式施工，针对大坡度纵向曲线顶管穿江施工国内目前还没有先例。富春江顶管隧道全长658.05m，施工水压高、坡度大、穿越地层复杂。通过采用具有破岩能力的泥水加压平衡顶管设备、配置有特殊密封的大行程组合式中继间、润滑效果良好的自动润滑注浆系统和可进行大落差曲线隧道测量的陀螺导向系统等相关技术实现了复合地层"V"字形纵向曲线穿江顶管隧道的贯通。该项目的顺利实施为我国在复杂条件下的顶管施工开拓了新的设计理念并积累了相关施工参数和经验。

2. 工程概况

富春江顶管工程位于杭州市富阳区与杭州市桐庐县交界处，采用泥水平衡工法穿越富春江，两岸竖井中心线长658.05m，内径2400mm，混凝土管长2500mm，壁厚230mm，抗渗等级P12，混凝土管节采用双道橡胶密封，隧道防水等级为二级。北岸始发井采用矩形结构，设计为长11m×宽10m×深12m，壁厚1.2m，竖井净深9.4m。南岸接收井采用圆形结构，内直径13m，壁厚1.5m，竖井净深17.3m。

顶管隧道轴线分为4次变坡，首先以10.5%下行80.44m，变至曲线半径为4300m顶进274.1m，再以曲线半径1200m顶进222.46m，最后以14.5%上行71.57m到达接收井。

富春江顶管隧道剖面设计图如图4-2-132所示。

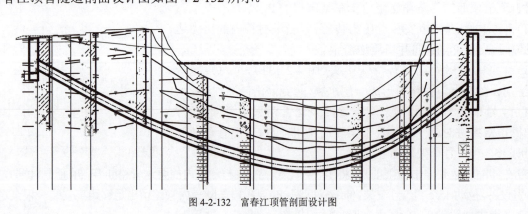

图4-2-132　富春江顶管剖面设计图

3. 工程地质

隧道穿越地层为淤泥质粉质黏土、粉质黏土、中粗砂、中粗砂圆砾、卵石和各种风化的砂岩。其中，勘探资料显示岩石最大强度为65MPa，实际施工中岩石单轴抗压强度最高达到85MPa，部分卵石粒径大于300mm，中风化砂岩穿越长度为300m，卵石层穿越长度为150m，穿越上部卵石与下部岩石的交界面地层长度为80m。

4. 工程特点及重难点

该项目主要有以下特点：

1) 受水位影响大

隧道最低点距离最大洪水位 42.1m, 距离江面常水位 32.5m, 顶进及贯通施工时处于富春江汛期, 江面水位 38m, 最大施工水压达到 0.4MPa。

2) 穿越地质复杂

项目主要穿越地质极其复杂, 其中始发段地质为淤泥质粉质黏土、粉质黏土和中粗砂的交界面, 接收段地质为淤泥质粉质黏土、粉质黏土和圆砾的交界面, 隧道施工中地层频繁交替, 上软下硬的交接地层约 120m。

3) 坡度大

该项目在国内首次采用大落差纵向曲线顶管穿越江河, 隧道最大坡度为 14.53%, 400m 水平长度内隧道落差 29m。

5. 设备介绍

本项目设备为海瑞克 AVND2400AH 泥水加压平衡顶管机（图 4-2-133）, 配置了气压仓、管节止退装置、泥浆自动润滑系统、陀螺导向系统等海瑞克最新技术, 具备各种复杂地层施工的能力。顶管设备性能参数见表 4-2-41。

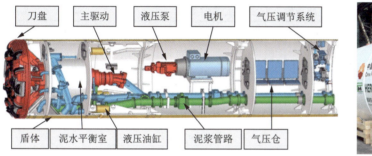 

图 4-2-133 海瑞克 AVND2400AH 泥水加压平衡顶管机

顶管设备性能参数 表 4-2-41

项目	参数	项目	参数
单次最大顶进距离	≥1500m	可建成管道内径	2.4m
最大破岩能力	160MPa	最大工作水压	0.5MPa
最小施工曲率半径	300m	导向油缸行程	150mm
最大掘进推力	22000kN	设备最大施工坡度	15%
适应地质: 岩石层（最大单轴抗压强度≥160MPa）、砂卵石层、黏土层或砂土质泥岩、砂层或砂砾层、其他强透水、高水压（水压 0.5MPa）地层及上述地质复合交错地层, 满足最小曲率半径 300m 的曲线段顶进			

6. 主要施工技术

1) 中继间配置

本项目设置 6 个中继间, 采用组合式中继间, 由主顶控制室内的液压泵提供动力, 单根油管连接, 在地面操作室远程控制。中继间密封采用"B"形橡胶密封, 3 道中继间有 6 个接触面, 且施工中可调节更换, 极大提高了中继间密封的可靠性与使用寿命。中继间布置位置见表 4-2-42。

中继间布置位置 表 4-2-42

中继间序号	1 号中继间	2 号中继间	3 号中继间	4 号中继间	5 号中继间	6 号中继间
据顶进面位置	60m	145m	230m	350m	435m	520m

组合式中继间施工原理如图 4-2-134 所示。

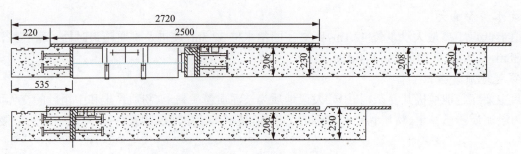

图 4-2-134 组合式中继间施工原理(尺寸单位:mm)

2)润滑泥浆施工

本项目采用自动注浆润滑系统进行注浆,该系统配置有高压液压柱塞泵,泵送压力高、输送距离长,可输送黏度值 600s 以上的润滑泥浆。通过注浆泵、润滑浆液流量计、注浆基站、空压机及其管路的有效连接实现隧道自动润滑注浆功能。通过控制面板操作手可以精确控制各个点位的注浆量和注浆压力,有效降低隧道摩阻力。

注浆材料以膨润土为主,同时针对不同地层添加一定比例的 CMC(羧甲基纤维素)、纯碱、降失水剂和增黏剂,实现不同地质条件下对润滑浆液的要求。不同地质条件下润滑泥浆性能要求见表 4-2-43。

不同地质条件下润滑泥浆性能要求　　　　　表 4-2-43

土质分类	马氏漏斗黏度值(s)	静态屈服值(N/m²)	7.5min 后的失水率
回填土、淤泥、粉质黏土	60~90	18~28(Nr.:4~5)	<10mL
粉细砂、中粗砂	80~120	24~48(Nr.:5~7)	
岩石	120~150	38~60(Nr.:6~9)	
圆砾	140~160	42~70(Nr.:7~10)	
卵石	160~180	>70(Nr.:9~10)	
大粒径卵石	180~200	>80(Nr.:10~11)	

3)曲线段施工

本项目最小曲率半径为 1200m,曲线施工时重点考虑设备导向、管节间的木垫片和隧道顶力。

顶管设备配置 4 组 8 根行程为 150mm 的导向油缸,结合设备直径与设备长度可以满足曲率半径为 300m 的曲线隧道施工。

对于管节之间的木垫片,可通过以下公式计算隧道最小曲率半径:

$$R_{\min} = \frac{l(d+2t)}{b-s}$$

式中:$R_{\min}$——最小曲率半径(m);

l——管段的长度(m);

d——管道内径(m);

t——管道壁厚(m);

b——木垫片厚度(m);

s——木垫片最小压缩高度(m)。

在木垫片选择上,不仅需要考虑隧道曲率半径,同时还要考虑木垫片压缩量与中继间行程的关系,以及木垫片回弹引起的隧道后退对于洞门密封的影响。经过多次试验,最终选择压缩量为 35% 的刨花定型木垫板,木垫片厚度为 20mm,采用胶水黏结于混凝土管顶进面上。根据公式计算出该木垫片可施工的隧道曲率半径为 1020m,满足项目曲线施工要求。

针对曲线段施工顶进力计算误差较大的情况,本项目安装了 6 套中继间。

曲线段几乎全部位于岩石层或卵石与岩石层的交界面,尤其是隧道底部岩石强度达到 85MPa,在

350m 后的曲线段岩石施工采用了 1 组中继间施工,整个施工过程中,主顶及中继间顶力始终控制在 9000kN 以内,如图 4-2-135 所示。

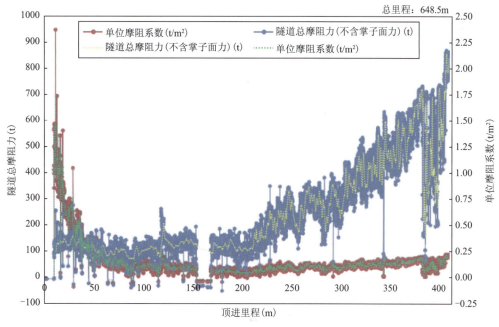

图 4-2-135　富春江顶管摩阻力曲线

4)卵石层施工

富含水的卵石层由于其自稳性较差,循环泥浆采用黏度 120s 以上的高黏膨润土浆液,同时使用泥水加压平衡模式顶进。泥水加压平衡模式即在泥水仓设置一定压力的气体,利用气体压缩吸收泥水波动原理,通过泥水仓内的连通管调节刀盘仓与泥水仓泥水液位的平衡,实现控制顶进开挖面的稳定。

采用泥水加压平衡模式顶进卵石地层,应严格控制开挖面的水土压力稳定,防止掘进面因泥水压力波动导致掘进面发生坍塌;严格控制掘进顶进速度与转速,掘进出渣量应小于有效破碎量并减小对掘进面的扰动,防止出现掘进顶进与刀盘转动速度过快而导致刀盘仓堆积堵塞与坍塌,同时又要防止刀盘空转对掘进面超挖而引起扰动,以维持开挖面的稳定。

5)测量导向

隧道导向采用陀螺导向自动测量系统,由于该项目落差大,在国内首次将 10bar 高程传感器应用于此系统。隧道测量前将设计顶进路线参数预先输入计算机,在顶进过程中跟踪测量,将测量参数实时传递到计算机自动处理,比较实际顶进路线与设计路线,并将处理结果以直观方式反馈到顶管操作台。

自动测量需与人工测量紧密结合。隧道内支导线人工测量高程及方位、坐标,每间隔 30m 进行一次,并根据测量结果对隧道内控制点及自动测量进行校正。由地面向隧道进行的传递测量在隧道顶进开始后 50m、100m、曲线顶进前、曲线顶进后、出洞前 100m 进行 5 次,避免由于人工移动全站仪时造成自动测量产生误差,以提高管道贯通精度。人工测量应根据施工实际情况适当提高测量频率。

在高精度的测量设备以及专业测量人员的努力下,本项目隧道精确贯通,水平及垂直的贯通误差均在 20mm 以内。根据第三方沉降监测单位发来的监测数据显示,始发井一侧大堤沉降 7mm,接收井一侧大堤沉降 3mm,满足施工规范要求。

7. 结语

(1)复合地层纵向曲线穿江顶管施工需要采用可适应多种复杂地质条件的顶管机刀盘及相关配置。

（2）复合地层纵向曲线穿江顶管施工测量系统应具备不通视大落差曲线隧道测量的能力。

（3）良好的润滑注浆系统有助于隧道润滑减阻,降低隧道顶进力及施工风险。

（4）合适的中继间及其密封结构、控制形式等可以有效提高施工效率,减少项目投资。

（5）科学合理的木垫片选型及中继间布置有助于曲线段施工,降低项目施工风险。

第 14 节　盾构穿越长江长距离松散地层刀具配置技术

中国石油天然气管道局第四工程分公司　赵雪峰,王乐

1. 引言

在盾构法隧道穿越工程中,盾构机刀具是保证盾构机正常掘进的关键性控制部位,掌握盾构机刀盘刀具设计理论,针对不同地质条件进行适应性改造,正是这其中的关键和亟待解决的研究重点。本项目根据以往的刀具磨损数据和有限元数值建模分析,提出刀具配置的新思路,对盾构机刀具进行自主优化设计及适应性改造,并应用到工程现场,得到了良好的效果,顺利完成隧道施工任务。

2. 工程概况

金陵石化物料管道穿江工程南京盾构隧道工程位于江苏省南京市,隶属于金陵石化物料管道穿江项目。隧道全长 2000m,内径为 3.08m,穿越地层主要为粉细砂层。盾构隧道最高水压达 6.5bar,水压之高国内罕见,根据以往带压进仓更换刀具经验,此水压条件下,如刀具发生严重磨损,很难完成刀具更换,即使能够完成刀具更换,也需付出巨大的工期和经济代价。

针对上述问题,项目组成员联合西南石油大学进行刀具选配分析,并期望通过试验得到理想的刀具选配方案,但是由于盾构机刀具模拟实际工况的费用巨大,且可操作性差,因此项目组成员根据以往的刀具磨损数据和有限元数值建模分析,对盾构机刀具进行自主优化设计及适应性改造,并成功应用到本工程现场。

3. 研究方向

针对盾构的工程地质及水文情况,分析各种刀具磨损的原因,重点分析复杂地质对刀具耐磨性的影响,根据海瑞克 AVND3080AH 泥水平衡盾构机,对刀盘、刀具建模;根据地层参数对刀盘、刀具工况进行数值模拟,优化各部分结构参数,摸索地层与刀具的本质关系,达到与实际工程所需设备各项数据指标基本一致,从而保证数值模拟的盾构机各结构参数合理准确;同时进行数值模拟分析刀具的受力性能,利用有限元软件模拟各类型刀具在刀盘中的组合方式,优化刀具配备种类及组成形式。此次刀盘适应性改造基于计算机仿真技术,应用 Pro/ENGINEER 软件建模,ANSYS 软件进行静力分析,ABAQUS 软件进行动力分析,校核验证刀具的破岩效果和刀圈寿命,对刀盘、刀具结合具体工况进行数值模拟,在保证预期工作周期(寿命)的前提下,给出刀盘配制刀具方案。

4. 刀具结构分析和工作行为分析

1）滚刀的结构及工作行为分析

（1）理论切入点

滚刀间距、贯入度影响破岩效果和刀圈寿命。滚刀破岩分挤压阶段、起裂阶段、破碎阶段,如图 4-2-136 所示。

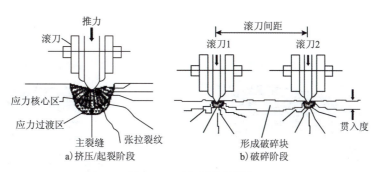

图 4-2-136 滚刀破岩示意图

(2) 滚刀的寿命计算

盾构机刀盘外圈刀具磨损量的计算公式如下:

$$\delta = \frac{1}{10} \times K \times \pi \times D \times N \times \frac{L}{v}$$

式中:δ——磨损量(mm);

K——磨损的系数(mm/km);

D——盾构机的刀盘外径(m);

N——刀盘的转动速度(r/min);

L——盾构机的掘进距离(m);

v——盾构机的掘进速度(cm/min)。

将滚刀的磨损量计算公式经过变形后可得到滚刀的掘进距离计算公式:

$$L = \frac{10}{2 \times \pi \times R} \times \lambda \times P_e = \frac{5 P_e \lambda}{\pi \times R}$$

式中:P_e——滚刀的切入深度,即滚刀每转的切入深度(cm/r);

R——滚刀中容易磨损的最外周滚刀的安装半径(m);

λ——滚刀的转动距离寿命,即滚刀达到规定的磨损量时,掘进开挖面同时转动情况下的可能距离(km)。

根据滚刀的工作情况,正滚刀和边滚刀的最大磨损量分别为 20mm 和 15mm,将滚刀的工况数据一并代入到以上公式中,求得正滚刀和边滚刀的掘进距离分别为:

$$L_{正}=3293\text{m},L_{边}=2025\text{m}$$

式中:$L_{正}$——正面滚刀;

$L_{边}$——边缘面滚刀。

通过分析正滚刀和边滚刀掘进距离的大小,若这两种滚刀的掘进距离寿命在合理的范围,即满足掘进距离要求。

滚刀实际的磨损系数如下:

$$K_n = \frac{K}{n^{0.333}}$$

式中,n 为每圆周上滚刀的数量,具体的 K 值可以根据相应的地层条件进行选择。

不同地质滚刀刀圈磨损量见表 4-2-44。

不同地质滚刀刀圈磨损量　　　　表 4-2-44

滚刀刀圈材质	砂砾(mm)	黏土(mm)	砂(mm)
E-2	25～45	4～15	15～25
E-3	12.5～22.5	2～2.75	7.5～12.5
E-5	8.6～15.5	1.37～5.17	5.17～8.6

(3) 滚刀的受力分析

如图 4-2-137 所示,通过刀圈变形前后的图片对比可以看出,刀圈在径向力和切向力(摩擦力)的双重作用下,在所取受力体的地方刀圈半径变小了,同时刀圈实体还有向切向力方向移动的迹象。

图 4-2-137 滚刀受力分析

从刀圈的应力云图可以直观地分析出刀圈的应力状况,最大的应力在 490~550MPa 之间。由此,根据刀圈的受力情况,选择抗拉压强度均很大的硬质合金 YG6 作为刀圈的材料,其最大抗压强度为 1450MPa,抗弯强度为 2300MPa,完全可以满足刀圈材料的强度要求。

不同地质滚刀寿命计算结果见表 4-2-45。

不同地质滚刀寿命计算结果　　　　表 4-2-45

滚刀寿命计算	黏 土 层	砂 层	砂 砾 层
限定磨损量(mm)	10	10	10
磨耗系数(mm/km)	5.15×10^{-3}	8.6×10^{-3}	15.5×10^{-3}
安装半径(m)	1.54	1.54	1.54
转动距离寿命(km)	2805	1686	935
掘进距离寿命(m)	5798	3485	1933

(4) 刀间距对双刃滚刀破岩的影响仿真

①设置模型的材料属性

岩石的材料参数按照表 4-2-45 进行设置,模型中按照岩石的抗压强度来定义材料硬化,并定义岩石的损伤系数。刀圈材料选用 YG6 硬质合金钢,其弹性模量 $E=210$GPa,泊松比 $\mu=0.3$。

②分析步的设置

滚刀切削岩石为非线性过程,所以分析步类型为动力—显示。总时长设为 0.08s。

③接触关系设置

接触关系为面—面接触。为了节省运算时间,将刀圈设为刚体,参考点为其中心。在滚刀和岩石的接触上,选择刀具滚压岩石的表面为主表面(即刀圈的外刀圈面),岩石与滚刀接触的表面为从面,并设定摩擦系数为 0.2。

④边界条件设定

通过建立的有限元模型,将前端和左右两端设定边界界限,立体直观地表现出刀圈的受力状态,便于分析刀圈在径向力和切向力作用下的变化数据。模型建立如图 4-2-138 所示。

⑤网格划分

为模拟地层特性,将模拟的地层进行网格等分,如图 4-2-139 所示。

⑥不同刀间距双刃滚刀破岩模拟图

通过改变刀间距,可以得到双刃滚刀在不同刀间距下的破岩情况,其应力云图如图 4-2-140 所示。

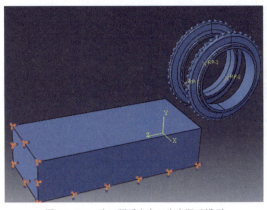
图 4-2-138 滚刀硬质合金刀齿有限元模型

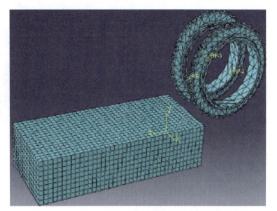
图 4-2-139 滚刀硬质合金刀齿有限元模型网格划分

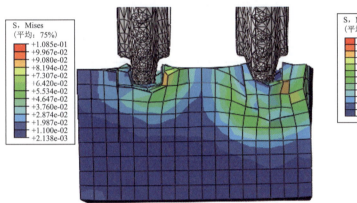
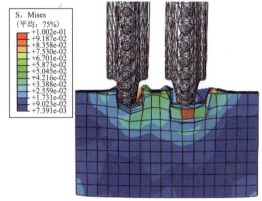

图 4-2-140 不同刀间距双刃滚刀破岩磨损应力云图

(5) 滚刀仿真结论

通过刀圈变形前后的图片对比可以看出，刀圈在径向力和切向力（摩擦力）的双重作用下，在所取受力体的地方刀圈半径变小了，同时刀圈实体还有向切向力方向移动的迹象。

从刀圈的应力云图可以直观地分析出刀圈的应力状况，最大的应力在 340～400MPa 之间。由此，根据刀圈的受力情况，选择抗拉压强度均很大的硬质合金 YG6 作为刀圈的材料，其最大抗压强度为 1450MPa，抗弯强度为 2300MPa，完全可以满足刀圈材料的强度要求。

2) 边刮刀的结构及工作行为分析

(1) 边刮刀组成

边缘刮刀是由刀体、刀刃和合金齿三部分组成的，刀体对刀刃和合金齿起支撑和保护作用，要有足够的强度和耐磨性，选用 Q345A，采用表面硬化技术或局部堆焊耐磨层，使其硬度达到 HRC40 以上。刀刃和合金齿是边缘刮刀刮削岩土和保护刀体不被磨损的关键部位，采用硬质合金 YG11C 制造。

(2) 边刮刀强度校核

刀盘刮死不动时，边缘刮刀受切削力 F（由刀盘扭矩 T 转化而来）和阻力 f 作用。根据边缘刮刀的受力状态和危险截面的位置选择压应力计算公式计算边缘刮刀的最大应力。

$$\sigma_{max} = \frac{f_1}{A}$$

理论计算得到边缘刮刀的最大应力为 57.15MPa，小于 Q345A 的许用应力和 YG11C 的抗弯强度，故边缘刮刀结构安全。边缘刮刀危险截面受力分析如图 4-2-141 所示。

(3) 边刮刀强度仿真

边刮刀强度仿真效果如图 4-2-142 所示。

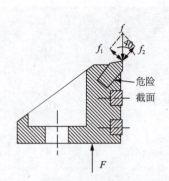

图 4-2-141 边刮刀危险截面受力分析图

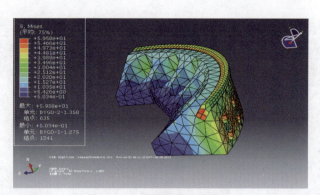

图 4-2-142 边刮刀强度仿真图

(4) 边刮刀的寿命计算

边刮刀磨损量、磨损系数、寿命计算同滚刀。

不同地质边刮刀寿命计算结果见表 4-2-46。

不同地质边刮刀寿命计算结果　　表 4-2-46

边刮刀寿命计算	黏 土 层	砂 层	砂 砾 层
限定磨损量(mm)	10	10	10
磨耗系数(mm/km)	5.17×10^{-3}	8.6×10^{-3}	15.5×10^{-3}
安装半径(m)	1.54	1.54	1.54
转动距离寿命(km)	2805	1686	935
掘进距离寿命(m)	5798	3485	1933

(5) 边刮刀仿真结论

经过与盾构机刀具实际切削过程比较可知，在切削初始阶段，土体受到先行刀的挤压，应力增大，产生塑性变形，这与实际切削的效果相同；在切削进行阶段，土体的应力增大，塑性变形增大，但未产生断裂，这与实际情况不符；在切削完成阶段，土体只是一直向前推进，一直未产生断裂和切屑，这也与实际情况不符。

分析仿真结果与真实切削效果的区别，得到仿真失败的原因是土体的损伤和失效定义不正确，导致仿真结果不像正常切削过程一样产生卷曲状的塑性变形并形成切屑，而只是一味地向前推进。

若要完成先行刀的切削仿真，应在弹塑性力学和损伤力学方面积累更多的知识，对土体的Drucker-Prager 本构模型有更深的研究，要通过试验的方法得到正确的土体应力—应变失效曲线。

3) 中心撕裂刀的结构及工作行为分析

在采取全断面盾构机掘削土体时，在刀盘的不同位置上布置切削刀，从外周至中心刀的运动圆周逐渐变小。理论上，可以将中心点圆周运动视为零，土体的流动性也会越来越差，且中心支撑部位不能布置切削刀，为改善刀盘中心部位土体搅拌效果，需在中心处布置合适的刀具。所以针对特定的工况条件分析刀具结构和布置形式，选择合适的刀具进行盾构显得尤为重要。

中心撕裂刀如图 4-2-143 所示，其刀座与刀体焊接为一体，刀体两端向外伸出一定角度，且端面结构复杂，刀刃采用较硬的合金工具钢制作，为的是刀具在掘进过程中更好地切削土体，且将切下的土体进一步搅拌，起到撕裂土体的作用。为增加刀体的耐磨性，还在刀体表面焊接了硬质合金齿。撕裂刀属于切削刀具的一种，采取刮切形式破碎岩土，主要的磨损失效形式有正常磨损(刀刃磨损达到允许磨损值)、非正常磨损(包括刀刃断裂或脱落、刀体变形等)。

刀具在切削过程中受到掘进方向上推动土体时土体产生的阻力(数值等于 $F_{推力}$)，并在刀盘转动切削土体时受到切削方向上的阻力(数值等于 $F_{切削力}$)，受力模式为压弯组合受力。中心撕裂刀危险截面受力分析如图 4-2-144 所示。

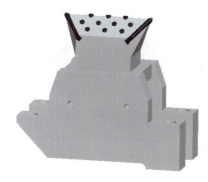

图 4-2-143 中心撕裂刀

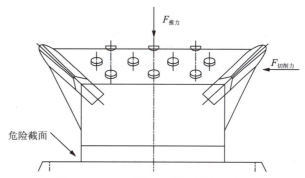

图 4-2-144 中心撕裂刀危险截面受力分析图

$$\sigma = \frac{F_{阻力}}{A} + \frac{M}{W_p}$$

由以上公式计算得出危险截面处刀具的应力为 198MPa,小于刀具材料为 45 号钢的容许应力,刀具安全。

中心撕裂刀磨损量计算公式同滚刀。

中心撕裂刀磨损量的计算是根据切削轨迹上直径最大的 1 把刀,当布置刀具的数量不止 1 把时,随着切削时每把刀具厚度的减小,切削力也就随之减小。当同条轨迹线上安装 n 把刀时,磨损系数 K_n 按滚刀磨损系数计算公式计算。

不同地质中心撕裂刀磨损量及掘进寿命见表 4-2-47、表 4-2-48。

不同地质中心撕裂刀磨损量　　　　　表 4-2-47

种类	刀头材料 (硬质合金)	黏土层 (×10⁻³mm/km)	砂层 (×10⁻³mm/km)	砂砾层 (×10⁻³mm/km)
泥水平衡 盾构机	E-5	4～15	15～25	25～45
	E-3	2～2.75	7.5～12.5	12.5～22.5
	E-2	1.37～5.17	5.17～8.6	8.6～15.5

不同地质中心撕裂刀掘进寿命　　　　　表 4-2-48

刀具种类和掘进寿命	撕裂刀(m) 安装半径 0.09m	撕裂刀(m) 安装半径 0.27m	单刃滚刀 (m)
黏土	162237	54079	20859
砂	35653	11884	4584
砂卵石	19802	6600	2546

4)齿刀的结构及工作行为分析

对于齿刀,其重要的参数为前、后角,切削角,高度以及宽度。

前、后角越大,切刀所受到的切削阻力就越小;反之,切刀所受到的切削阻力就越大。前角与后角的取值一般在 5°～20°之间。

为了便于计算且适用于一般的软岩地层中,所建立的模型选取切刀刀刃角为 60°,前、后角各为 15°。

如图 4-2-145 所示,两个应力云图展示了刀具宽度分别为 50mm 和 100mm 土体内的应力分布情况。

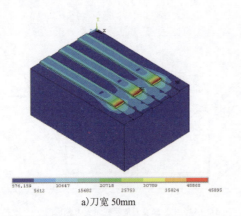
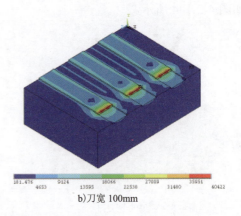

a) 刀宽 50mm　　　　　　　　　　　　b) 刀宽 100mm

图 4-2-145　50mm 和 100mm 宽度齿刀应力云图

从云图可以得出,在土层被剪切而破坏时,对于不同刀具宽度,其施加的压力基本相同。因此,从刀具切削受力的角度来看,刀具的宽度对其影响是不明显的,更多的是考虑其安装、制造以及刀具磨损失效后的更换问题。

齿刀切削模拟如图 4-2-146 所示,齿刀工作行为应力分析云图如图 4-2-147 所示。

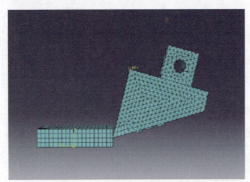
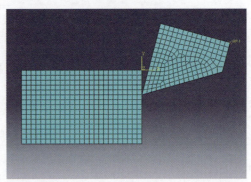

图 4-2-146　齿刀切削模拟

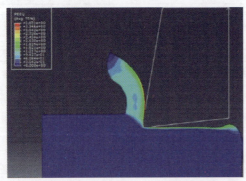
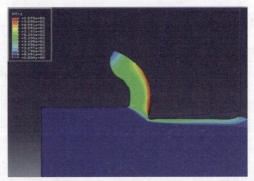

图 4-2-147　齿刀工作行为应力分析云图

盾构机刀盘外圈齿刀磨损量见表 4-2-49。

盾构机刀盘外圈齿刀的磨损量　　　　　　　表 4-2-49

刀具种类及位置	切削刀具(内圈)	切削刀具(中间部)	切削刀具(外圈)
限定磨损量 t(mm)	20	20	20
磨耗系数 K(mm/km)	12.5×10^{-3}	12.5×10^{-3}	12.5×10^{-3}
每条轨迹切刀数 n	4	8	12
综合磨损系数 k_n(mm/km)	7.88×10^{-3}	6.25×10^{-3}	4.34×10^{-3}

续上表

刀具种类及位置	切削刀具（内圈）	切削刀具（中间部）	切削刀具（外圈）
刀具的转动寿命 λ(km)	2538	3200	4630
刀具的切入量 P_e(cm/r)	2.3	2.3	1.5
刀具的安装半径 R(m)	0.5	1.0	1.5
刀具的掘进距离寿命 L(m)	18590	11720	11305
区间隧道掘进距离(m)	2690	2690	2690

5）贝壳刀的结构及工作行为分析

（1）贝壳刀简介

贝壳刀实质上是超前刀,盾构穿越砂卵石地层,特别是大粒径砂卵石地层时,若采用滚刀型刀具,因土体属松散体,在滚刀掘进挤压下会产生较大变形,大大降低滚刀的切削效果,有时甚至丧失切削破碎能力。采用盘圈贝壳刀,将其布置在刀盘盘圈前端面,专用于切削砂卵石,可较好地解决盾构机切削土体（砂卵石）的难题。

（2）贝壳刀的寿命计算

贝壳刀切削岩土时,其运动轨迹为阿基米德螺旋线,但由于盾构机的掘进速度非常小,所以静力学分析时,可以近似看作圆周运动。刀盘转动时,刀具嵌入岩土之中,两侧面法线均与运动方向垂直,受到的岩土挤压力处于近似平衡状态,并且相对于正向和径向压力来说很小。因此,可将贝壳刀应力简化为平面应力进行分析（图4-2-148）。

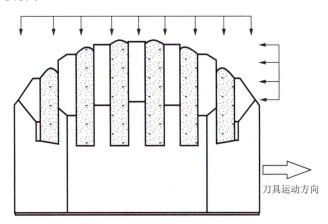

图 4-2-148 贝壳刀受力分析图

$$(\sigma_1 - \sigma_2)^2 + (\sigma_2 - \sigma_3)^2 + (\sigma_3 - \sigma_1)^2 = 2\sigma_s^2$$

根据 Mises 屈服准则,在一定的变形条件下,当受力物体内一点的应力偏张力的第二不变量达到某一定值时,该点就开始进入塑性状态。即:

根据长距离隧道盾构机刀具磨损经验,采用以下刀具磨损计算公式:

$$\delta = \frac{L K_n N \pi D}{v}$$

式中：δ——刀具磨损量；

L——掘进距离；

K_n——同轨迹布置几把刀时,刀具综合磨损系数；

D——刀具挖掘外径；

N——刀盘转速；

v——掘进速度。

为了确定当刀盘磨损达到刀具限定磨耗量时,盾构机所能推进的距离,即确定刀具的掘削距离寿命,可对上式作适当变化:

$$L = \frac{\delta_v}{KN\pi D}$$

设定地质条件:黏土、砂土、砂砾;

切削刀具条件:采用日本标准 E3 硬质合金(硬度和韧性均适中,适合砂砾地质);

刀具限定磨损量:20mm;

盾构机工作参数:刀盘转速 1.2r/min,掘进速度 2mm/min,刀盘直径 3.08m。

贝壳刀各项参数分析见表 4-2-50。

贝壳刀各项参数分析　　　　表 4-2-50

贝壳刀安装位置	内 周 部	中 周 部	外 周 部
限定磨损量(mm)	20	20	20
磨损系数 K(mm/km)	22.5×10^{-3}	22.5×10^{-3}	22.5×10^{-3}
每条轨迹刀具数	2	3	5
综合磨损系数 K_n(mm/km)	17.86×10^{-3}	15.61×10^{-3}	13.17×10^{-3}
刀具转动距离寿命 λ(km)	1120	1281	1519
刀具切入量 P_e(mm)	10	10	10
刀具安装半径 R(m)	0.6	0.9	1.45
刀具掘进距离 L(km)	2.97	2.27	1.67
预期使用寿命(月)	4.03	3.07	2.25

图 4-2-149　贝壳刀应力云图

(3)贝壳刀的受力分析

在进行有限元分析以前,首先要建立起分析模型,主要是材料属性和装配关系的设定。由于是由第三方建模软件导入的实体,所以对装配关系此处不再赘述,只对刀具材料进行指定。

刀体和刀刃材料按照线弹性设置,即只需要设定材料的密度、弹性模量和泊松比。刀体材料选用 Q345 钢,弹性模量为 210GPa,泊松比为 0.3。贝壳刀应力云图如图 4-2-149 所示。

(4)贝壳刀的布置

按照单螺旋线布置,即在一动点 P 沿动射线 OP 以等速率运动的同时,该射线又以等角速度绕 O 点旋转,这样动点 P 所滑过的轨迹即为阿基米德螺旋线,阿基米德螺旋线的极坐标描述为:

$$\rho = \rho_0 + \alpha \cdot (\theta - \theta_0)$$

式中:ρ——极径;

ρ_0——极径初始值;

α——常系数;

θ——极角;

θ_0——极角初始值。

基于等寿命原则的刀具布置,其寿命与刀具的切削距离密切相关。由于刀盘是定轴旋转,刀具的磨损量与刀具的安装半径成正比关系,刀具的安装半径越大,刀具寿命就越短。为了达到这一目的,就要在半径刀的位置安装更多的刀具,从而分摊一把刀的磨损量,使各个安装半径处的刀具磨损量十分接近。

贝壳刀磨损量分析如图 4-2-150 所示。

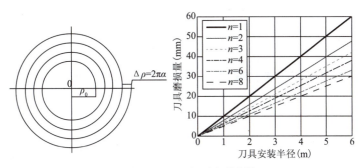

图 4-2-150　贝壳刀磨损量分析

贝壳刀的布置采用了单螺旋线的布置方式，同时遵循等寿命的布置原则。在刀盘的外周边刀具数量明显增加，为了尽量实现等量磨损的目的，部分刀具两两并行布置（图 4-2-151）。

5. 刀盘刀具配置分析

不同的地层，其地质特性不同需要的刀具组合就不同。对于砂卵石地层或者硬岩层进行配置，主要配置滚刀、先行刀和刮刀。滚刀用于破岩，刮刀用于刮削土面，先行刀辅助刮刀进行刮切。

滚刀布置的原则是每把滚刀在破岩时所受的负荷相当，工作量相当，并且其合力通过刀盘中心，产生倾覆力矩为零。滚刀布置多采用单螺旋线或双螺旋线布置方法，在此设计中采用单螺旋线布置如图 4-2-152 所示。

刮刀的布置与滚刀不同，滚刀在掘进过程中进行破岩，起到先导作用，而刮刀主要是用于刮渣，起到清理作用。刮刀的布置是成组出现、对称布置的，如图 4-2-153 所示，刮刀布置于开口槽一侧。刮刀布置的要求是必须能覆盖整个开挖面，起到全面清除的作用，布置有一定重叠量则可以减少盘少刀具的磨损，并且保证刮切质量。

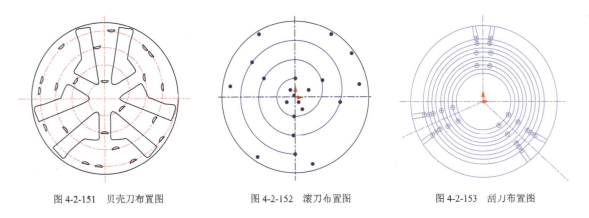

图 4-2-151　贝壳刀布置图　　图 4-2-152　滚刀布置图　　图 4-2-153　刮刀布置图

6. 结语

（1）不同的地层，其地质特性不同需要的刀具组合就不同。对于砂卵石地层或者硬岩层进行配置，主要配置滚刀、先行刀和刮刀。

（2）滚刀用于破岩，刮刀用于刮削土面，先行刀辅助刮刀进行刮切。通过刀盘运动行为分析，验证了南京盾构机刀盘刀具配置的合理性，形成了较为完整的设计体系。刀具的配置关系到盾构机是否能够迅速掘进，而且也关系到整个施工进度是否能够按时完成，这必须要对地质情况进行详细的了解与分析。

（3）利用计算机仿真技术，通过有限元软件对刀盘刀具的各项特性进行科学的计算及分析，使刀盘刀具更具有针对性及适用性,开创了长距离不换刀一次性穿越长江的先例(隧道长 2000m),降低了施工成本,保证了施工进度,为后续工程提供了很好的借鉴经验,并为刀盘刀具的适应性改造提供了很好的研究方向。

第 15 节　上海青草沙长江引水工程盾构施工技术

上海隧道工程股份有限公司　何国军

1. 工程概况

长江原水过江管工程由浦东工作井、长兴岛工作井和两条跨卧江底倒虹过江的 DN5840 盾构法隧道组成,是把青草沙水库优质原水送往上海陆域地区的主动脉工程。长江过江管隧道包括东线和西线两条隧道。东线隧道全长 7175.524m,共 4784 环;西线隧道全长 7172.978m,共 4782 环。隧道平面图如图 4-2-154 所示。

隧道采用两台切削直径 7085mm 的泥水气压平衡盾构施工。隧道最大坡度为 4.5‰,最小平曲线半径为 992.5m,隧道顶覆土最深处(33.8m)位于长兴岛大堤段,覆土最浅处(16.08m)位于江中段浦东侧,东、西线隧道外壁最小净距为 8.2m。隧道衬砌采用通用环楔形管片单层衬砌,每环由 6 块构成。管片外径 6800mm、内径 5840mm,环宽 1500mm,楔形量为 13.6mm。隧道管片如图 4-2-155 所示。

图 4-2-154　隧道平面图

图 4-2-155　隧道管片

2. 工程地质及水文地质条件

1) 工程地质条件

越江隧道施工时盾构机主要穿越的土层包括⑤$_1$灰色黏土、⑤$_2$灰色黏质粉土、⑤$_3$灰色粉质黏土、⑦$_{1-1}$灰色砂质粉土,局部区域穿越⑤$_{3t}$灰色黏质粉土。隧道地质剖面图如图 4-2-156 所示。

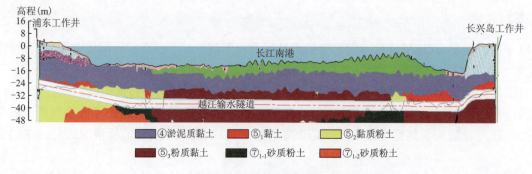

图 4-2-156　隧道地质剖面图

2)水文地质条件

(1)长江口水文

长江口为中等强度的潮汐河口,口外正规半日潮,口内潮波变形,为非正规半日浅海潮。根据本场址附近的长兴岛水文观测站的潮位资料,实测最高潮位 5.88m,实测最低潮位 -0.29m,平均高潮位 3.30m,平均低潮位 0.84m,平均潮差 2.34m,平均涨潮历时 4h45min,平均落潮历时 7h40min。

(2)潜水

根据初勘时的观测结果,拟建场区陆域潜水与长江水无(直接)水力联系。静止地下水埋深为 0.6～2.60m。

(3)承压水

⑤$_2$层为微承压含水层,与⑦层承压水直接相通,承压水水头埋深约为地表下 5.64m(高程为 -0.98m)。⑦层承压水水头埋深为地表下 6.50m(高程为 -3.70m)。

3)工程环境特点

浦东工作井与长江大堤顶面距离约为82m,浦东大堤是采用二级放坡的"L"形重力挡墙结构,底下不设桩基。除长江大堤外,工地周边无需要特别保护的重大构筑物及重要管线。穿越浦东段大堤时最深覆土约为 28.4m。

盾构穿越长江期间下穿两条长江江底光缆,光缆埋深为自然河床下 3m 左右。1 号光缆穿越时距离隧道顶部距离为 14.6m,2 号光缆穿越时距离隧道顶部最小距离为 17m。

3. 盾构机特点及主要参数

本工程采用海瑞克 φ7085mm 泥水气压平衡盾构机施工,刀盘如图 4-2-157 所示。

盾构机主机主要技术参数见表 4-2-51。

图 4-2-157 盾构机刀盘

盾构机主机主要技术参数 表 4-2-51

名　称		技术参数	备　注
盾构机本体	盾体前部直径	7075mm	不含堆焊层
	盾体后部直径	7060mm	
	最小转弯半径	500m	
盾尾	直径	7060mm	
	盾尾密封系统	4 道密封钢刷	3 道钢丝刷,1 道钢板刷
	紧急盾尾密封系统	1	充气式紧急密封系统
刀盘	直径	7085mm	
	结构	8 个星形布置辐条	
	刀具	主要软土刀具	
	旋转驱动	8 个电动机,75kW	600kW
	额定扭矩	4065kN·m	1.0r/min
	最大扭矩	4377kN·m	1.5r/min
推进油缸	最大推力	42575kN	350bar
	油缸分区数量	4	
管片拼装机	抓取系统	机械式	
	回转角度	±200°	比例控制

4. 工程重难点及特点

1) 盾构机进出洞口覆土深,泥水平衡盾构机分体始发

盾构机出洞口底部埋深为32m,洞门外土层以⑤$_2$微承压含水层为主。盾构机进洞口底部埋深为36.3m,洞门外土层以⑤$_3$微承压含水层为主。盾构机进出洞口埋深均较大,承压水水头较高,盾构机进出洞时容易发生渗漏水。分体始发需要进行车架转换,对施工工期影响较大。

2) 长距离通风要求严格

越江输水隧道距离长且纵坡面呈"V"字形,特别是当盾构机进入上坡推进时,工作面产生的热量和潮气无法自然排出,呈雾状聚集在工作面。恶劣的空气环境对盾构设备和工作人员的身体情况带来不良的影响,也会严重影响测量工作的顺利进行。

3) 长距离测量精度要求高

确保隧道轴线和盾构机准确进洞是长距离隧道施工测量的主要目的。

4) 盾尾渗漏风险大

盾构机长掘进穿越渗透性较强的地层,在一定的动水条件下易产生流沙、管涌等不良地质现象,很可能造成盾尾漏泥、漏沙。

5. 关键施工技术

1) 深埋泥水平衡盾构机分体始发

鉴于隧道埋深较大,采取冻结板块+门形棚拱综合冻结方案。总体包括两个冻土板块,其一是位于洞口前的冻结板块,保证安全出洞;其二是后冻结板块,位于盾构机完全出洞后的刀盘前,保证封堵洞口施工盾构机停滞时前方土体稳定。两个冻结板块之间为冻结棚拱,其作用是保证盾构机进入正常推进前建立泥水压力。冻结效果如图4-2-158所示。

始发时,井内布置盾构机及盾构机与1号车间间的连系梁;连系梁上安装临时注浆泵和1个小浆桶以及各类油脂泵;始发井内布置$P_{2.1}$排泥泵;泥水管路采用皮龙管连接,每推进1环安装1环长度的泥水管路。所有电缆、油管均盘绕在始发井各道圈梁上,用于延长。始发70环后,所有车架下井转接。转接期间安装临时进泥补液管路。

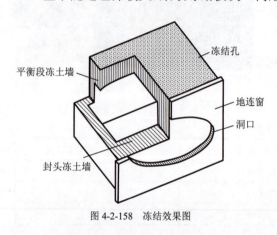

图 4-2-158 冻结效果图

2) 盾构机水中接收

盾构机进洞流程如图4-2-159所示。

采用旋喷+搅拌的水泥系地基加固方式。在旋喷桩施工结束后对此范围增加2排冻结管进行补加固,冻结管深度小于水泥系加固深度2m。

(1) 盾构机进洞时采用M10砂浆浇筑成一个平台,井底砂浆平台浇筑至高程-31.266m,盾构机切割后有120°的弧面,这样既可满足盾构机的承重,也可避免盾构机切削砂浆时姿态失控。图4-2-160为砂浆基座。

(2) 在洞圈内安装预埋气囊,盾构机进洞时通过向气囊内充气使气囊膨胀达到封闭间隙的目的。

(3) 盾构机进洞前安装封堵装置将岛屿段隧道和中隔墙人行孔封堵。

3) 长距离隧道通风

隧道的长度为7200m,隧道的形状为圆形,隧道的断面直径为5.8m。根据7200m过江隧道独头的通风路线长、通风阻力大和需风量也较大的特点,采用单台通风机,使用ϕ1200mm的通风软管。

(1) 通风机的选型

风机采用山西省侯马市鑫丰康风机有限公司生产的风机型号为SDF(c)-No11.5型低噪节能变极多

速隧道专用通风机。

（2）风管的选择

采用密封性能好的 ϕ1200mm 特制阻燃型通风软管,长度能够满足 7200m 的掘进要求,但风管接头为拉链式,一定程度上影响了百米漏风率。

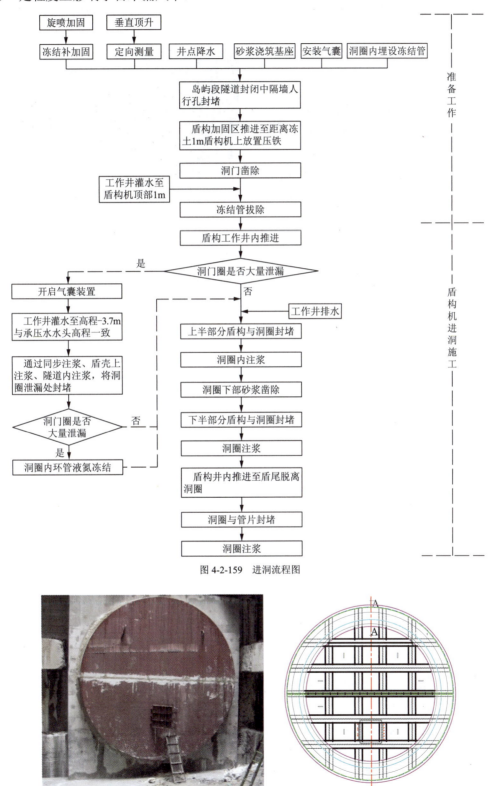

图 4-2-159　进洞流程图

图 4-2-160　砂浆基座

4）长距离测量

青草沙过江管隧道工程由于隧道单次掘进距离约为 7.2km，按照初始的导线进行测量，根据理论估算，最终测量误差可能超过 220mm。为此，必须在盾构机登陆长兴岛后，通过 2 个上下通视的垂直顶升孔，实测盾构机与接收井的相对位置关系，修正下阶段隧道轴线，确保盾构机准确无误进洞。

专门设计 2 块特制钢管片，其余 5 块管片为混凝土管片，预留孔及顶升头部结构在其内。采用外径 850mm、壁厚 25mm 的管节。垂直顶升孔如图 4-2-161 所示。

图 4-2-161　垂直顶升孔

5）盾尾渗漏控制

通过均匀、充分（100kg/环）的盾尾油脂压注，合理选择封顶块位置，将盾尾间隙控制在理论值 ±1cm 以内，各方向千斤顶行程差控制在 5cm 以内，确保长达 7.2km 盾构掘进过程中不会发生盾尾渗漏。

6. 结语

1）分体始发

本项目分体始发阶段采用在桥架段上安装临时注浆泵和浆桶以及油脂泵，解决了分体始发需要具备的施工条件，但泥水 $P_{2.1}$ 排泥泵安装在始发井内，因今后项目地质情况有差异，若遇到硬塑土或砂土，盾构机吸口至 $P_{2.1}$ 吸口长达 100m，不利于泥水正常的循环，容易导致吸口堵塞，建议今后泥水平衡盾构机分体始发阶段将 $P_{2.1}$ 排泥泵安装在临时车架上。

2）深覆土水质进洞

通过采用水泥系加固和垂直冻结（冻结管深度小于水泥系深度 2m），规避了洞门凿除阶段的施工风险。通过研制直径 6m 级封门（抵挡 3bar 压力），保证了水下进洞期间已建隧道不渗漏水。通过采用洞圈内安装气囊、砂浆基座和水下进洞的方式，保证了长兴岛工作井中盾构机接收时的安全。

3）长距离测量

通过采用陀螺仪优化导线、基于垂直顶升联系测量消除累积误差、自主研发盾构掘进自动导向系统等测量技术，贯通误差小于 30mm，确保了隧道的精确贯通。

4）长距离通风

采用独头风机，单管长距离输送，盾构机前方温度始终控制在 30℃ 以下，送风量达到 380m³/min，为施工人员及设备提供了保障。

第 16 节　沈阳地下综合管廊工程盾构施工技术

中国建筑第八工程局有限公司　田宇，司阳，杜云鹏，唐高洪

1. 工程概况

工程西起南京南街，东至善邻路，管廊全长约 12.6km，共设 7 座盾构井、22 座节点井及 6 个盾构区

间。中建八局施工 4 个盾构区间（8.7km）及暗挖段（252m）。工程线路平面图如图 4-2-162 所示。

图 4-2-162　工程线路平面图（南运河段）

2. 管廊设计情况

本项目为双线单圆盾构法综合管廊，管廊隧道采用内径 5.4m、厚 0.3m 的预制混凝土管片衬砌，其中管片上部 180°范围预埋槽道，便于入廊管线安装。

每个单圆结构内均分为 3 个仓，左右线（平均）净距为 6m。入廊管线包括电力、通信、给水、中水、供热、天然气等六大类管线。管廊成型隧道及分仓如图 4-2-163 所示。

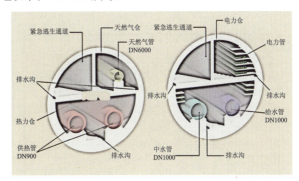

图 4-2-163　成型隧道及分仓图

3. 项目重难点

1）盾构下穿和平桥

和平桥是沈阳市重点机动车通行桥，车流量大，盾构机在 D1～D2 区间下穿和平桥（图 4-2-164），与桥体桩基最小净距约为 2.0m，盾构施工风险极高。

2）盾构上跨既有地铁 2 号线隧道

盾构机在 D2～D3 区间上跨既有地铁 2 号线隧道（图 4-2-165），管廊与地铁 2 号线隧道垂直净距约为 2.5m。管廊施工极易对既有隧道产生扰动，施工风险大。

3）盾构下穿南北快速干道公路隧道

盾构机在 D3～D4 区间下穿在建南北快速干道公路隧道（图 4-2-166），穿越长度 35m，夹角约为 60°，南北快速干道隧道采用盖挖法施工，下穿处双层双室箱型结构，覆土厚度为 3.1m，埋深 17.26m；下穿处管廊覆土厚度为 20.26m，与隧道的竖向净距为 3m。施工易对南北快速干道既有隧道产生扰动，施工风险高。

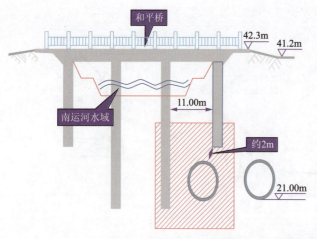

图 4-2-164　盾构下穿和平桥

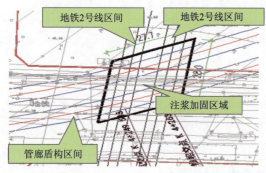

图 4-2-165　盾构上跨既有地铁 2 号线隧道

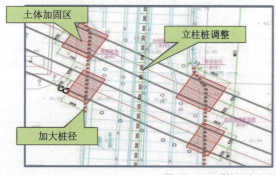

图 4-2-166　盾构下穿南北快速干道公路隧道

4）盾构机小半径下穿黎明发动机厂 ❶

盾构机在 D6～D7 区间下穿黎明发动机厂段为 $R=250m$ 小半径曲线段（图 4-2-167），盾构机极限转弯半径为 250m，施工难度大，隧道管片拼装质量难以控制。

5）盾构机多次下穿南运河

本工程线路沿南运河敷设，左、右线盾构机共计在河体下方掘进约 5.3km，穿越河体 28 次，盾构掘进易产生螺旋输送机喷涌现象，施工难度大。盾构机多次下穿南运河，如图 4-2-168 所示。

6）盾构始发、接收频率高

承建的 4 个盾构区间，盾构机共计穿越 16 处节点井，盾构始发 40 次、接收 40 次，如图 4-2-169 所示。

---

❶ 即沈阳黎明航空发动机（集团）有限公司。

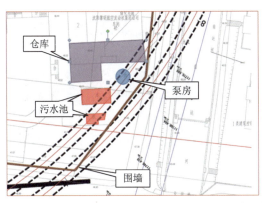 

图 4-2-167　盾构机小半径下穿黎明发动机厂

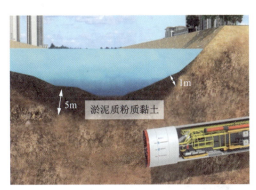 

图 4-2-168　盾构机多次下穿南运河

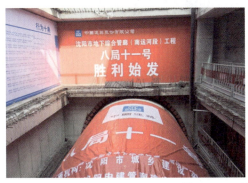 

图 4-2-169　盾构始发、接收频率高

4. 施工关键技术

1）盾构机连续、曲线段过站施工技术

承建的 4 个盾构区间，共需盾构机过站 30 次，且部分节点井位于半径 300m 圆曲线段，存在小半径圆曲线下接收与始发、节点井内盾构机转弯、始发时反力的提供等难题。根据过站线路，对过站钢基座进行优化设计，将钢基座分段布设成弧形，确保接收、始发曲线为割线，使盾构姿态符合设计轴线要求。盾构机曲线过站平面图及剖面图如图 4-2-170、图 4-2-171 所示。

2）盾构机管片预埋槽道施工技术

预埋方案：

(1) 电力仓电缆及自用管线系统采用预埋槽道固定方式。

(2) 燃气仓考虑未来不确定因素及预留发展采用预埋槽道固定方式。

(3) 沿管廊纵向预埋槽道间距 1.2m，预埋槽道弧度 191.25°，周长约 9.0m。

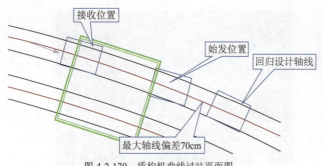
图 4-2-170 盾构机曲线过站平面图

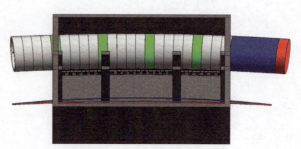
图 4-2-171 盾构机曲线过站剖面图

预埋槽道的优势：
（1）无现场焊接，不破坏防腐层，安全性、耐久性有保障。
（2）空间利用率高，管线布局整洁有序，统一管理。
（3）便于施工，简单工具即可安装，施工效率高，大幅缩短工期。
（4）管线位置调整、增减简单便捷，便于运营维护和后期扩容。
预埋槽道如图 4-2-172 所示。

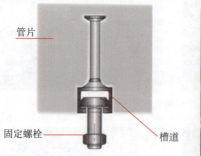

图 4-2-172 预埋槽道

3）"先盾后井"施工技术

本技术主要通过先施作竖井围护结构，盾构穿越围护结构桩体，待盾构机完全过站后再进行基坑开挖，区段贯通后破除节点井内管片，施工主体结构。"先盾后井"工艺施工步序如图 4-2-173 所示。

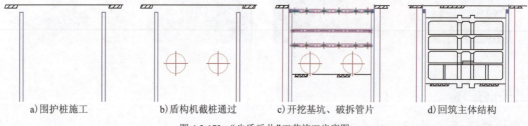

图 4-2-173 "先盾后井"工艺施工步序图

在基坑开挖及管片拆除施工过程中需加强监控和量测，严格记录盾构区间在工艺井各个开挖阶段产生的位移和变形，监测数据即时反馈，做到动态施工，若有情况能及时有效地采取应急措施。

4）BIM 技术应用

本项目在深化设计、场地布置、现场施工管理及施工工序等方面应用 BIM 技术，并制定以下技术应用目标：

（1）建立盾构始发井的场地布置模型（图 4-2-174），指导现场实际临建施工。
（2）应用 BIM 技术对现场施工复杂工序进行三维可视化交底（图 4-2-175），便于指导现场工人施工。
（3）应用 BIM 技术对现场关键施工工艺进行模拟，优化施工方案。

图 4-2-174 场地布置模型图

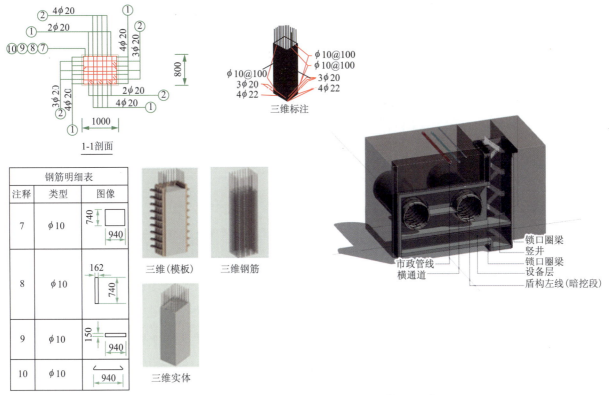
图 4-2-175 主体结构及隧道三维剖面图（尺寸单位：mm）

5）依托"互联网+"，打造智慧工地

根据公司相关要求，以创建省部级及以上示范观摩项目为目标，积极响应国家绿色文明施工的号召，打造绿色中建、智慧工地（图 4-2-176）。积极创新驱动，利用现代科技手段，依托"互联网+"施工管理的理念，打造科技化管廊项目施工管理的标杆，更加简捷、高效地提高工作效率。

本项目以线性延展，全线总长为 12.6km。由于地处沈阳市老城区，通信信号传输距离远、故障频发，造成信号中断。为避免因沟通不畅造成事件延误，项目依托"互联网+"，打造简捷、高效管理方式，从而打破办公壁垒，实现现场、内业两不误。

图 4-2-176 打造绿色中建、智慧工地

智慧工地是指运用信息化手段,通过围绕施工过程管理,建立互联协同、智能生产、科学管理的施工项目信息化生态圈,以提高工程管理信息化水平,从而逐步实现绿色建造和生态建造。

智慧工地将更多人工智慧、传感技术、虚拟现实等高科技技术植入到建筑、机械、人员穿戴设施、场地进出关口等各类物体中,并且被普遍互联,形成"物联网",再与"互联网"整合在一起,实现工程管理干系人与工程施工现场的整合。智慧工地的核心是以一种"更智慧"的方法来改进工程各干系组织和岗位人员相互交互的方式,以便提高交互的明确性、效率、灵活性和响应速度。

(1) 盾构云平台使用

盾构云平台以远程数据采集为手段,依托大数据处理技术与移动互联网技术,实现盾构机运行监控、报警管理、健康诊断、掘进进度与安全风险管控、部件维护保养、项目资料归档、安全教育、工序优化及智能掘进等应用功能。

盾构云平台结合项目信息与地层数据,将盾构机在施工过程中的运行参数、报警信息、能耗情况、材料耗损等数据实时采集到数据中心,然后通过网页或者手机 APP 的方式将采集到的数据进行处理展示,盾构云平台通过主界面、项目视图和设备视图对项目和设备情况进行展示,如图 4-2-177 所示。

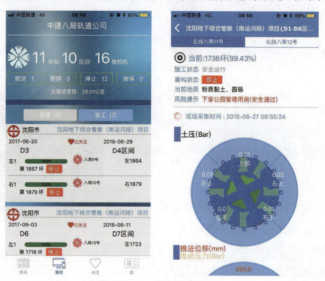

图 4-2-177 盾构云远程监控

(2) 局移动"互联网 + 质量"检查系统管理

项目通过移动"互联网 + 质量"检查系统对工程进行全过程监管,对施工过程中存在的质量问题进行及时整改闭合,如图 4-2-178 所示。

图 4-2-178 局移动"互联网 + 质量"检查系统管理

(3) BIM+VR 安全体验

对于安全技术交底结合 BIM 中的管廊模型 +VR 技术,让接受交底人在虚拟现实世界里切身体验管廊施工过程中可能发生的危险,为接受交底人提供关于视觉、听觉、触觉等感官与体验,达到安全教育的目的,如图4-2-179所示。

图 4-2-179　VR 安全体验馆

(4)安全监控系统

安全监控系统如图 4-2-180 所示。

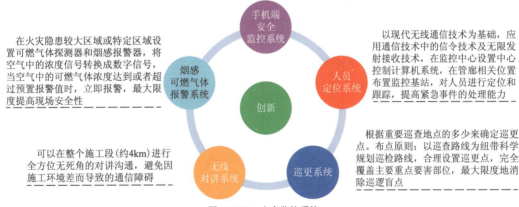

图 4-2-180　安全监控系统

(5)自动化监测技术

本项目盾构区间上跨既有地铁 2 号线、下穿南北快速干线公路隧道,为了高效、准确地管理监测信息,及时分析预报地铁隧道结构的稳定状况,项目部采用自动化监测系统(图 4-2-181),该系统具有变形监测、资料存储、预处理、管理分析、可视化分析及限值预警等功能,保证了准确、及时、快速地进行数据处理和信息反馈,以确保主体结构和周边环境安全。

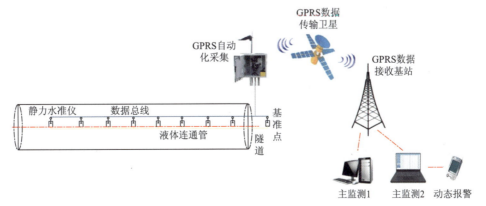

图　4-2-181

图 4-2-181　自动化监测系统

5. 结语

通过对沈阳地下综合管廊项目施工中采取的盾构施工技术进行提炼，以直接指导地铁隧道施工为最终目的，将类似的施工技术叠加整理，并注重关键技术的突破与创新，同时形成施工工法，对创新技术加以定性，并对各个环节给予规范化，填补了地下综合管廊施工关键技术的空白，形成曲线过站、预埋滑槽、"先盾后井"、自动监测等成套技术。

第17节　衡阳穿越湘江大直径泥水盾构施工技术

中建一局集团有限公司　　于艺林，陈俐光，田辉

1. 工程概况

衡阳市二环东路合江套湘江隧道工程位于衡阳市北部，连接湘江两岸二环路，线路长 2.27km，过湘江段为隧道形式，采用泥水平衡盾构法施工，开挖直径 11.81m，两端连接二环路采用地面道路形式。

隧道工程范围为北线 KN3+420～KN5+230.684（南线 KS3+418.772～KS5+223.070）段，隧道主线工程为双向 4 车道，其中北线盾构隧道长 935m、南线盾构隧道长 932m，设置双入口匝道一条和出隧道匝道一条，匝道为单向单车道。

2. 地质水文情况

1) 工程地质情况

衡阳市合江套湘江隧道工程距离蒸水汇水口下游约 2.4km，距离耒水汇水口上游约 0.2km，向东下穿大堤、湘江东路接二环东路，向西下穿大堤、滨江北路、五一路接二环北路。隧道主要位于湘江江底及规划道路下，湘江两岸主要为田地、水塘及旧的工业厂房。

工程区处于新华夏系第二复式沉降带之平江—衡阳新华夏系坳（褶）陷（断）带的次级构造区，衡阳坳陷盆地的中部。工程区褶皱构造不发育，主要为低次序的小型褶曲。工程区附近，总体上为单斜构造，岩层总体倾向北，倾角平缓，一般为 8°～12°。隧道建设位置属侵蚀堆积河谷平原地貌类型，为湘江河流Ⅰ级阶地堆积地貌，地形平缓开阔，主要为居民居住点、水田及水塘。北西岸地面高程为 58.90m，最低点位于拟建线路终点南东侧耒水西岸岸边地带，地面高程为 52.00～59.00m，高出河水面 6.00～9.00m，防洪堤堤顶高程为 59.50m，最高点位于工程区北部拟建线路起点附近何家老屋西侧，地面高程为 75.3m；南东岸地面高程介于 53.00～54.00m，高出河水面 3.00～4.00m。工程区湘江河床宽度约 610m，河槽深泓点高程为 30.00～32.00m。隧道埋深 10.4～26.8m，隧顶最小覆土厚度仅 8.4m。

盾构区间隧道主要是在中砂、圆砾及强、中风化粉质泥岩穿过，河西局部地段穿越含水中砂及圆砾地层，不良地质主要表现为点状分布的小溶洞。各地层里程长度统计见表 4-2-52。

各地层里程长度统计　　　　　　表 4-2-52

里程	地层	长度(m)	所占比例(面积比,%)
KN3+825～KN4+180 KN4+740～KN4+760	圆砾	375	12.6
KN3+825～KN4+200 KN4+290～KN4+740	强风化粉砂质泥岩	825	75.7
KN4+060～KN4+131	中砂	71	2.4
KN4+200～KN4+290	中风化粉砂质泥岩	90	7.6
KN4+740～KN4+760	粉质黏土	20	1.9

2）水文气候情况

湘江衡阳段自永州市祁东县归阳镇清塘入境,依次流经祁东县、衡南县、常宁市、市区、衡阳县、衡山县和衡东县,从衡东和平村出境进入株洲市。境内长 226km,占湘江在湖南境内里程的 39.7%。境内流域面积在 3000km² 以上的湘江一级支流有舂陵水、蒸水、耒水和洣水。勘察区内地表水体属湘江水系,主要有湘江及其一级支流耒水。

衡阳地区处亚热带季风气候,四季分明,温暖湿润,雨量充沛,光照充足。年平均气温为 17.9℃,极端最高气温为 40.8℃（7月）,极端最低气温为 -7.9℃（1月）；年平均降水量为 1337.7mm,平均降雨天数为 156d；每年 4～7月为集中降雨期,也是暴雨高发期,降雨量占全年总降水量 50%,期间最大日降雨量 226.8mm/d,最大时降雨量 65.5mm/d；持续降雨天数最长 18d,最大连续降雨量为 538.7mm。

3. 工程重难点

1）强透水层围护桩结构施工难度大

隧道东岸位于湘江和耒水交汇处,明挖基坑范围土层透水性强,地下水充沛,与湘江河水联系密切,围护桩施工时易发生塌孔,成孔难度较大。

2）地下水存在腐蚀性

经详勘和专项勘察,隧道场地地下水存在硫酸根离子和氯离子,对管片混凝土达到中度腐蚀性,严重威胁隧道使用寿命。

3）溶洞区处理

根据初勘地质资料显示,隧道盾构区间存在埋藏型填充和半填充溶洞,溶洞最高达 5.7m。若在掘进过程中溶洞处理不当,则会造成溶洞揭穿、盾构机陷落等重大安全事故。

4）大坡度始发难度大

隧道最大纵坡为 5.0%,坡度较大,盾构机为下坡始发,如何确保大坡度始发及施工运输安全是控制重点。

4. 泥水盾构施工关键技术

1）地下结构内衬墙与地下连续墙叠合面企口构造施工技术

结合面构造技术是将围护结构作为主体结构侧墙的一部分,与内衬墙组成结合式结构,保证结合面的剪力传递,共同承受水压力荷载。

该技术是在传统技术的基础上,从隧道地下连续墙施工过程中摸索出的内衬墙结合面构造技术。该技术采用波纹钢板构造形式,使内衬墙与地下连续墙结合成整体（图 4-2-182）,增强止水效果,减少地下连续墙凿毛对结构的扰动破坏,增强结合面的抗剪性能,减少人工消耗。

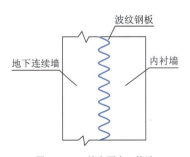

图 4-2-182　结合面企口构造

地下结构内衬墙外侧施作有地下连续墙作为其围护结构,其结合面构造形式构造方式为地下连续墙靠结构内衬墙一侧上垂直方向设有若干波纹钢板,波纹钢板与地下连续墙钢筋笼焊接固定,确保钢筋笼吊装过程中波纹钢板不会脱落,浇筑混凝土后成为地下连续墙的一部分。基坑开挖后,波纹钢板露出,将波纹钢板外侧的土体清除,原地下连续墙钢筋笼朝向基坑一侧将形成凹凸波纹面,在此波纹面基础上施作内衬墙,将增强结合面的抗剪、抗裂及止水性能。

2)盾构隧道管片接缝硅烷浸渍防腐施工技术

隧道原地勘资料揭示场地地下水具有弱腐蚀性,但在隧道东岸基坑降水过程中,发现基坑内水质偏红(图 4-2-183),且降水管投入使用后,受地下水腐蚀严重(图 4-2-184),本技术开发组当即向监理及建设单位汇报情况,经建设单位组织多家单位对地下水进行二次检测,认定场地地下水在干湿交替环境作用下对混凝土结构和钢筋具有中度腐蚀性,须采取防腐措施,制定最佳防腐处理方案(图 4-2-185)。

图 4-2-183　基坑内水质偏红

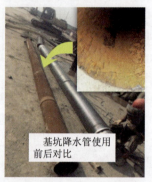

图 4-2-184　降水管腐蚀严重

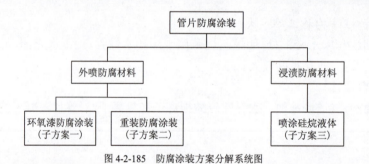

图 4-2-185　防腐涂装方案分解系统图

方案综合评价见表 4-2-53。

方案综合评价　　　　　　　　　　　表 4-2-53

方案名称	子方案一	子方案二	子方案三
受盾尾刷影响程度	有一定厚度,且强度低,盾构尾刷可能对其造成一定破坏	厚度较厚,且强度低,尾刷对其影响不能忽视	为渗透性,渗透厚度在 3mm 以上,且强度高,尾刷影响小
防腐效果	防腐效果好,应用广泛	环氧重防腐漆作为中间层,其耐蚀能力较环氧云铁中间漆较好	防腐效果优异、耐久性良好
工程直接费	约 130 元/m²,合计约 1625 万元	约 180 元/m²,合计约 2250 万元	约 100 元/m²,合计约 1250 万元
工期	约 12 个月	约 12 个月	约 10 个月
施工难易度	三层喷涂,烦琐	三层喷涂,烦琐	单层喷涂,较易
方案选取	不采用	不采用	采用

采用的子方案三防腐机理:硅烷系液态憎水剂,浸渍管片混凝土表面,利用其特殊的小分子结构,穿透混凝土表层,渗透到管片混凝土内部 3～4mm 深,在水和混凝土碱催化作用下,硅烷首先发生水解反应,然后进一步发生缩合反应生成网状有机硅树脂,通过稳定的硅氧化学键,将有机硅分子牢固地附着在

管片混凝土表面和毛细孔道中。这层网状硅烷分子膜如同无数把小雨伞排列在混凝土表面和毛细孔道中,使毛细孔壁憎水化,使水分和水分所携带的氯化物都难以渗入管片混凝土,如图 4-2-186 所示。

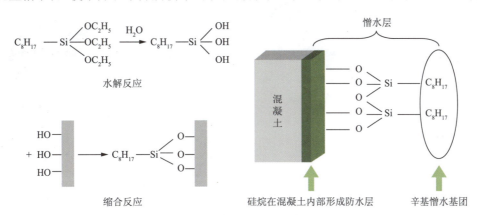

图 4-2-186　硅烷浸渍原理图

通过进行管片硅烷浸渍试验,确定了施工工艺、喷涂用量。试验中喷涂用量采用 $300g/m^2$、$400g/m^2$、$500g/m^2$ 三种,喷涂工艺采用仰喷、站喷和俯喷三种(图 4-2-187)。

图 4-2-187　管片三种喷涂工艺

如图 4-2-188、图 4-2-189 所示,通过对浸渍深度(要求达到 3～4mm)、吸水率(要求不小于 0.01)和氯化物吸收量降低效果(要求不小于 90%)三个指标的测试,初步确定最佳工艺为:弧面采用俯喷,端面采用站喷,喷涂用量范围是 400～450g/m^2。

施工流程为:管片外观检查→管片转运就位→表面净化处理→喷涂小区试验→外弧面喷涂→管片翻面→内弧面、端面喷涂→喷涂完毕养护→喷涂效果检测。

硅烷浸渍为渗透性,不存在厚度,盾构掘进过程中浸渍效果不受盾尾刷影响;采用的设备均为小型易购设备,占地少,损耗小,工效高,减少了材料浪费;流水作业,节约了工期;施工过程无噪声、无粉尘,绿色环保;防腐效果持久。以上这些优点为盾构隧道的耐久性提供了有力保障。

图 4-2-188 钻孔取芯

图 4-2-189 读取浸渍深度

3) 江底溶洞省料封闭可循环静压注浆施工技术

根据详勘、物探和补勘提供的溶洞分布及勘察参数，隧址区可溶岩岩性主要为可溶性盐类硬石膏和钙芒硝，岩溶区基岩裂隙水与江水联系紧密。勘察揭示侵入隧道1.5倍洞径(17m)的5个溶洞区中Z2和Z3连通，总长达83m溶洞分布及连通如图4-2-190、图4-2-191所示。溶洞处理判定见表4-2-54。

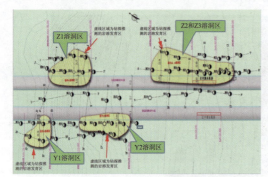
图 4-2-190 溶洞分布图

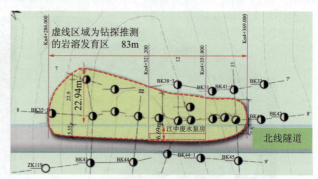
图 4-2-191 Z2和Z3连通溶洞

溶洞处理判定 表 4-2-54

溶洞区	是否侵入1.5倍洞径(17m)	填充状态	是否处理
Z1	是(北线)	6个钻孔中2个全填充、4个未填充	处理
Z2和Z3	是(北线)	13个钻孔2个未填充,其余为中密~密实全填充状态	处理
Y1	是(南线)	3个钻孔均为稍密状全填充状态	处理
Y2	是(南线)	7个钻孔中1个未填充,2个稍密状填充,其余中密~密实的全填充状态	处理

该工艺需搭建水上作业平台，钻孔后用钢护筒护孔，采用2根注浆管+1根封孔管组成浆液置换循环系统，先用双液浆封孔，形成密闭环境后，再稳固溶洞边界，最后采用灌注挤压法置换低密度充填物施工。如图4-2-192所示，水泥浆从$\phi 25mm$注浆管进入，通过$\phi 50mm$注浆管底部小孔流入溶洞空腔，将其填充，再从两管空隙流出，形成浆液循环，在注浆管处放置压力表进行注浆和排浆压力控制，流量之差即为溶洞内填充的水泥浆方量。

通过可循环注浆保持注浆压力，无须同步提升注浆管，避免了注浆管无法拔出和浆液外漏现象，并且对水体不产生污染，保护环境。注浆加固钻取的芯样，经检测强度满足设计要求，保证了施工质量。

4) 强透水地层大直径泥水平衡盾构始发施工技术

泥水平衡盾构始发工法首先要对端头土体进行注浆加固(图4-2-193)，防止掘进后土体发生塌方。洞门密封采用一种新型装置(图4-2-194)，在两道防水设置基础上增加一道高密度海绵，同时增大密封腔，并采用制浆剂代替密封油脂，保证始发前的止水性;在盾构机后方设置反力架，经有限元软件计算满足始发推力要求;洞门破除后,盾构掘进过程安装负环管片,洞门内管片为正环管片,边掘进、边进行管片拼装,同时进行台车轨道延长和泥浆管道延长。

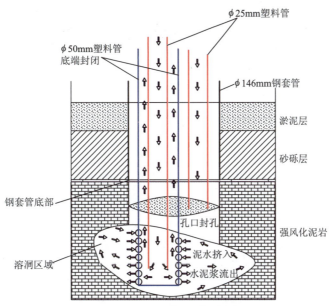

图 4-2-192 循环静压工艺原理图

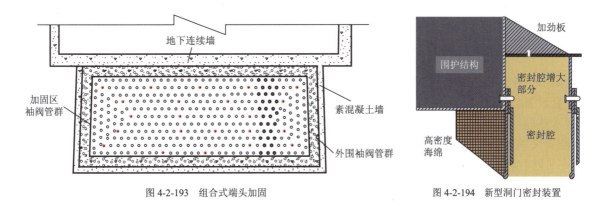

图 4-2-193 组合式端头加固　　　图 4-2-194 新型洞门密封装置

使用本技术在整个洞门始发过程中,无任何突泥、涌水现象发生,保证了施工安全。

5)粉砂质泥岩地层中管片壁后注浆施工技术

区域从上到下依次为圆砾层、中砂层、全风化粉砂质泥岩和强风化粉砂质泥岩,盾构机在上软下硬地层中掘进时,上下部所受到的阻力不同导致刀盘向软地层方向"滑移",最终导致顶部土体超挖严重,同步注浆不能充分地填充管片与地层之间的空隙。针对此问题,本工程隧道施工中摸索出管片壁后注浆施工技术。

盾构掘进过程中壁后注浆分三步进行:第一步,通过盾尾注浆孔在盾构机推进的同时对盾尾中部进行压注砂浆(图 4-2-195),保证管片中部以下填充密实,以防止管片脱出盾尾后下沉,造成管片破损和渗漏水;第二步,每掘进 10 环构成封闭环,在每个封闭环的起止环顶部预留注浆孔开孔注双液浆,形成封闭环,以防止补充注浆浆液进入循环泥浆造成浆液流失;第三步,封闭环形成后,在第 5 环管片的顶部预留注浆孔进行开孔注浆(图 4-2-196),及时对管片顶部间隙进行填充。以上注浆步骤能保证壁后注浆密实度,有效控制盾构掘进过程中引起地面沉降、管片上浮和减少渗漏水。

采用同步注浆、及时注浆、二次注浆相结合的组合注浆方式,解决了管片壁后注浆环缝渗漏水、地面建筑物沉降等问题,节约了后期环缝渗漏水处理费用以及地面建筑物沉降风险费用。

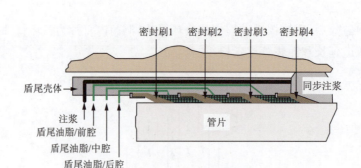

图 4-2-195 同步注浆示意图

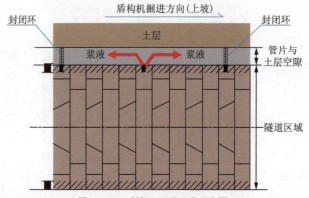

图 4-2-196 封闭环开孔注浆示意图

5. 结语

衡阳市二环东路合江套湘江隧道工程首次将硅烷浸渍防腐技术应用于盾构隧道管片防腐,研发了相应的配套设备,形成了整套工艺;创新了大直径泥水平衡盾构始发技术,解决了大坡度、强透水地层盾构始发技术难题;首次将波纹钢板应用于地下连续墙与内衬墙结合面构造,改善了结合面结构受力和防水问题;创新采用封闭环形式,优化了管片壁后注浆工艺,显著提高了壁后注浆密实度,优化了泥浆分离技术,提高了回收利用率,减少了外排,降低了对环境的污染。

第3章 地铁盾构工程施工技术

第1节 广州地铁盾构穿越花岗岩孤石群预裂爆破施工技术

广州轨道交通建设监理有限公司　徐明辉，黄恒儒

1. 引言

花岗岩地层由于其物质组成特点，在风化过程中很容易发育出未风化或者微风化的坚硬球状体，即"孤石"。孤石的存在对地下工程尤其是盾构隧道工程施工影响极大，容易导致出现地面沉降、设备损坏、隧道质量事故等风险，是盾构施工的"天敌"之一。在广州北部和东部部分地区，广泛分布有燕山期花岗岩，由于风化不均产生了大量孤石，孤石的分布在部分区域较为零散而部分区域则密集成群。广州地铁3号线、6号线、21号线等建设时均因遇到孤石而导致工期滞后。近年来，行业内总结出的孤石处理方式主要有两类：一是在盾构掘进过程中对孤石进行处理，如使用盾构机直接切削孤石、洞内火工爆破孤石或洞内液压劈裂机处理孤石；二是在盾构施工前先对孤石进行预处理，如采用地面冲孔破除孤石、人工挖孔桩挖除孤石、地面钻孔爆破孤石等。这些方法在应对单体孤石时取得了良好的效果，但孤石发育密集的孤石群区，施工风险和困难比单体孤石要大得多，采用单一的孤石处理方式往往具有一定的局限性。本节依托广州地铁6号线萝岗站—香雪站盾构区间施工实例，分析盾构机在孤石群地层中的施工风险，从孤石预处理、盾构掘进和开仓等方面系统地研究盾构穿越孤石群的方法。

2. 工程概况

广州地铁6号线萝岗站—香雪站区间位于广州市萝岗区，隧道直径为6m，采用盾构法施工。该工程隧道线路上通过勘探揭露及盾构掘进遇到孤石约200多块，其中孤石发育密集的区域包括检察院段孤石群（图4-3-1）、大朗村段孤石群、隔陂涌段孤石群等。

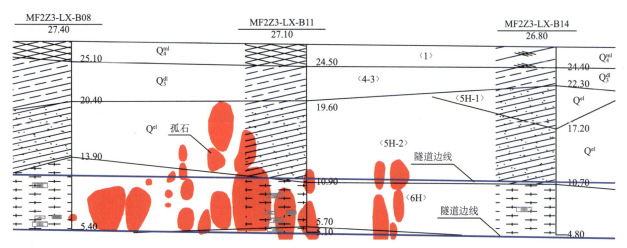

图4-3-1　左线检察院段孤石群纵断面图

左线检察院段孤石群位于里程ZDK40+030～ZDK40+123段，通过补勘揭露孤石27块。孤石天然抗压强度为80～110MPa，RQD值为80%～100%，主要发育于〈5H-2〉硬塑状花岗岩残积土和〈6H〉全风化花岗岩残积土中。

3. 孤石群形成机理及盾构穿越孤石群的主要施工风险

1) 孤石形成机理及其地质特征

花岗岩在形成演化期间由于受构造应力和风化应力的影响形成许多相互正交的节理，在这些节理切割形成的花岗岩块状岩石露出地表后不断受风化作用的过程中，其凸出棱角部位易受风化并趋向球形，便形成了球状风化体，俗称"孤石"。花岗岩球状风化体的分布虽无明显规律，但也有一些明显特点。其大小随着风化程度的增强而减小，而数量却随着风化程度的增强而增加，但在垂直风化剖面上具有上多下少、上小下大的特点。

花岗岩球状风化孤石群风化的残积土主要为砂质黏性土及砾质黏性土，土质均匀性差，含砂量高，遇水易软化崩解；风化残留的孤石抗压强度高，与周边风化的软弱地层的强度差异极大；孤石密集发育的区域一般周边地层含水量较高。

2) 盾构穿越孤石群的主要施工风险

盾构机在掘进孤石群时，主要靠刀盘上的滚刀破岩前进，而滚刀能否顺利破岩主要取决于盾构机能否提供足够的切削力破岩以及确保孤石不移动。因此，盾构机在通过该类地层时，存在以下风险：

(1) 盾构掘进速度慢，掘进参数波动大，对周边地层扰动较大，容易超挖，导致出现地面沉降的风险。

(2) 掘进时周边软弱土体破坏，使孤石移动，故盾构姿态难以控制。

(3) 孤石强度太高或孤石滚动使滚刀无法顺利破岩，在掘进中容易出现刀具损坏失效的问题，导致盾构机不能正常掘进，甚至被迫停机。

(4) 盾构机在孤石群中连续破岩掘进，需要频繁开仓换刀，而孤石群周边地层自稳性差，加上掘进施工扰动，开仓作业困难。

4. 盾构穿越孤石群施工的总体思路

传统的孤石预处理方式有盾构机直接切削孤石、液压劈裂机预处理孤石、洞内火工爆破处理孤石、冲孔预处理孤石、人工挖孔挖除孤石、地下深孔爆破孤石等。在孤石群地层中，盾构机无法直接掘进通过；冲孔法在应对垂直方向上密集交叉重叠的孤石时容易偏孔、卡锤，基本难以实施；人工挖孔挖除孤石法在处理水平方向上密集分布的孤石时布孔间距缩小，开挖风险增大且孤石难以彻底挖除干净，施工工效也较低；采用洞内火工爆破和液压劈裂机处理孤石的方法更是伴随着开仓的安全风险且效率低下。相对而言，采用地下深孔爆破方式处理孤石群比较彻底，爆破破碎孤石后盾构掘进难度降低，有利于控制地面沉降、姿态跑偏、刀具损坏等风险，其施工工效高且环保。但是，对孤石群实施爆破只是破碎了岩体却未能把岩石取出而彻底解决掘进的风险，盾构机在长距离的孤石群中掘进仍存在刀具损坏的问题，而爆破扰动及花岗岩残积土易软化崩解的特点也对开仓更换刀具作业带来了巨大的困难。因此，在盾构穿越孤石群的施工中，除了采用深孔爆破预处理孤石以外，为保证盾构掘进稳定须采用特殊的掘进技术，并利用合适的辅助措施以确保开仓换刀作业顺利实施。

5. 盾构穿越孤石群的施工关键技术

1) 地下隐蔽岩体爆破预处理技术

(1) 地下隐蔽岩体爆破技术

① 爆破的技术指标

孤石处理的目标是使岩石破碎后减少其块体尺寸使掘进难度降低，并在盾构掘进过程中使碎石能顺利地通过刀盘开口进入土仓，最后通过螺旋输送机排出。因此，爆破的技术指标主要有两方面：一是结合本工程盾构机设备参数，地面钻孔爆破处理后的孤石碎块尺寸不超过300mm；二是降低岩石的RQD值，将其控制在50%以下。

②爆破布孔及装药结构

采用深孔爆破处理孤石的主要困难是爆破没有临空面，为了解决这一难题，可采用钻孔分段微差爆破法。该技术是采用毫秒延时雷管，在孔间、孔内以毫秒级的时间间隔，按一定顺序起爆，利用封闭岩体与周边围岩介质的差异，分期爆破，第一期爆破形成空腔，为第二期爆破提供自由面，经多孔多段微差挤压爆破，最终破碎岩体。

爆破孔采用钻机成孔后下 90mm 的 PVC 套管护孔，套管底需安有堵头。孔位布置采用矩形或梅花形，间距为 0.5～0.8m，其中孤石中间的孔为装药孔，孤石周边布置空孔，如图 4-3-2a）所示。

因孤石厚度不均，在装药时须考虑到测量以及药包吊装过程中产生的误差。因此，单孔单体爆破时，装药长度与岩石厚度相同；多孔单体爆破时，相邻两个炮孔，其中一个炮孔钻至孤石底面（即钻穿），装药至炮孔底部，孤石顶面留 10cm 不装药，邻孔孔底距离孤石底面 10cm，装药至炮孔底部，孤石顶面留 10cm 不装药，如图 4-3-2b）所示。

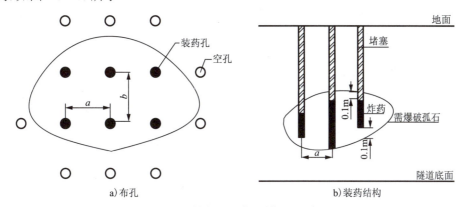

图 4-3-2 爆破布孔及装药结构平面示意图

注：$a=b=0.8～1.5m$，其中 $a=$ 孔距，$b=$ 排距。

③地下爆破药量的确定

本工程爆破对象位于地下 18～22m，且存在地下水，故视为水下爆破。依据瑞典的设计方法，单位耗药量按下式计算：

$$q = q_1 + q_2 + q_3 + q_4$$

式中：q_1——基本装药量，是一般陆地梯段爆破的 2 倍，对水下垂直钻孔再增加 10%，普通坚硬岩石的深孔爆破平均单耗 $q_1=0.5kg/m^3$，则水下钻孔 $q_1=1.0kg/m^3$、水下垂直孔 $q_1=1.1kg/m^3$；

q_2——爆区上方水压增量，$q_2=0.01h_2$；

h_2——水深（m）；

q_3——爆区上方覆盖层增量，$q_3=0.02h_3$；

h_3——覆盖层（淤泥或土、砂）厚度（m）；

q_4——岩石膨胀增量，$q_4=0.03h$；

h——梯段高度（m）。

本工程 $h=4m$，h_2 平均取 20m，$h_3=18m$，则 $q=1.1+0.01×20+0.02×18+0.03×6=1.84kg/m^3$。

在爆破作业过程参照上述数据试爆后，再针对具体情况调整爆破参数。确定炸药单耗量以后，根据孤石的体积，计算不同孤石装药参数。

④爆破振速监测

爆破施工前应对周边环境进行详细调查，了解周边建（构）筑物的情况，并根据建（构）筑物与爆破中心的距离、建（构）筑物的结构强弱及重要性选择监测对象。爆破作业时，采用爆破监测仪置于建（构）筑物基础上表面（若基础埋于土层下，则选择最近基础且坚实的地面作为测点），根据监测结果及时反馈数据，调整爆破参数，确保周边环境安全。

⑤封孔措施

实施爆破施工后,爆破孔的存在容易使盾构掘进或压气开仓出现喷涌、冒泥浆或漏气的问题。因此,要求爆破后周边区域的钻孔必须封好,一般是采用钻机从钻孔底部自下而上灌满水泥浆,如需要短时间内凝固时可灌注水泥—水玻璃双液浆。

(2)爆破效果验证

①钻孔取芯验证

爆破后对孤石进行抽芯验证,抽芯岩石粒径小于300mm(图4-3-3),并经统计,爆破后岩石RQD值可达到25%~50%。

图4-3-3 孤石爆破后取芯岩样图

②掘进参数比对

对比爆破前后盾构掘进情况,可见推力、扭矩有所降低,掘进速度上升,施工工效明显提高,孤石爆破处理前后掘进参数对比见表4-3-1。

孤石爆破处理前后掘进参数对比表　　　表4-3-1

部　位	土压 (bar)	刀盘转速 (r/min)	推力 (kN)	扭矩 (kN·m)	每环平均掘进时间 (min)	平均掘进速度 (mm/min)
左线430~435环 (实施爆破后)	1.5~1.8	1.0~1.2	9000~12000	1700~3000	80	18.8
右线405~406环 (未实施爆破)	1.5~1.8	1.0~1.2	16000~21000	1800~4000	175	8.6
右线407~408环 (未实施爆破)	1.5~1.8	1.0~1.2	15000~18500	2000~4000	330	4.5
右线409~410环 (未实施爆破)	1.5~1.8	1.0~1.2	17000~23000	1900~4000	315	4.7

2)地层压密注浆加固技术

(1)注浆方法的选择

花岗岩残积土自稳性差,孤石发育密集部位往往地下水丰富,并经爆破施工及盾构长时间的掘进扰动导致地层松动,压气时容易出现地面漏气导致无法稳压、掌子面土层松动塌落等问题,无法实施带压进仓作业。因此,压气作业前宜先对周边地层进行注浆改良。

地层注浆方法按浆液注入形态可分为充填灌浆法、渗透注浆法、压密注浆法、劈裂注浆法。根据花岗岩残积土的特性,采用压密注浆法、劈裂注浆法方法均可行,但从成本和工期方面考虑,本工程采用压密注浆法进行地基加固。

(2)压密注浆主要参数设计

①注浆材料的选择与配合比

压密注浆的材料一般采用强度较高的硬砂浆类材料,坍落度较小,其对注浆设备和注浆方法的要求很高。为达到压密注浆的目的,同时又规避硬砂浆类注浆材料的缺点,本工程采用浓水泥浆—水玻璃双液浆作为注浆材料,并要求双液浆注入后马上初凝,以减少浆液流失,实现压密注浆的效果。现场配置时,双液浆初凝时间控制在20s以内,可按以下配合比进行试验调整:泥浆的水灰比为0.5:1,水泥浆溶液:水玻璃溶液为2:1,水玻璃:水(体积比)为1:2~1:3。

②注浆范围

地层压密注浆以实现压气开仓检查刀具为目的,因此注浆范围设计为:垂直方向为隧道底部至顶部以上5m,横向为隧道两侧以外2m,纵向为盾构机切口后1m至刀盘前方3m。注浆孔间距为1.2m,尽量布置在爆破孔上,使爆破扰动最大的部位得到最强加固。

③注浆量

压密注浆不以注浆压力为最终控制,仅控制注浆量。注浆量的设计应考虑土的空隙体积、浆液注入率、浆液流失等,可按下式计算:

$$Q = k \cdot V \cdot n \cdot 1000$$

式中:Q——浆液总用量;

V——注浆对象的土量;

n——土的孔隙率;

k——经验系数,中粗砂地层一般采用 0.5～0.7,细砂和黏性土一般采用 0.3～0.5。

实际的注浆量应在现场根据不同的地层条件试验调整,本工程经过多次注浆和压气试验,最终确定每立方土体的注浆量控制在 0.2～0.27m³ 较合适,既节约成本又能达到压气开仓的目的。

(3)压密注浆的实施

由于双液浆初凝时间较快,一般的注浆设备和注浆方法不能满足要求,故采用钻孔及注浆设备一体化的双重管注浆机进行双重管注浆。先进行钻孔,钻孔完成后直接利用内设双重管的钻杆进行注浆,水泥浆及水玻璃溶液通过双重管在孔底混合,调整双液浆的配合比,可达到双液浆注入后立即初凝的效果,以实现地层压密的目的。

(4)开仓效果

实施压密注浆后,注浆点周边形成浆泡,浆泡挤压周边土体使之密实以达到压气开仓的目的。本工程在施工过程中,采用压密注浆辅助压气开仓达 20 多次,成功率高达 90% 以上,效果较好。压密注浆效果如图 4-3-4 所示。

图 4-3-4 压密注浆效果

3)带压进仓检查及更换刀具技术

在花岗岩残积土的地质条件下,一般需要对地层进行加固后才能常压开仓,但地层加固必须整体较强、无薄弱部位,否则仍存在较大风险,故常压开仓成本高、工期长。为此,本工程采用对开仓部位地层进行简单的压密注浆改良后实施带压进仓作业的方法,具有成本低、工期短的优点。

(1)带压进仓辅助措施

①盾壳后部止水措施:盾壳及管片背后存在的空隙一般情况下容易成为土仓透水的通道,并且向土仓压气时又会造成漏气现象。因此,在压气作业前,应通过盾尾注水泥—水玻璃双液浆、盾体径向孔注低强度化学浆等措施使盾壳后部形成密封止水环。

②掌子面泥膜护壁措施:为增强土仓周边地层的气密性,增大压气作业的成功概率,可向土仓注入高黏度、高质量的膨润土浆,并反复搅拌和置换仓内渣土,最终在掌子面形成泥膜。

③压气置换气体措施:换刀过程的工作气压为静止状态下土仓顶部压力加上 0.03MPa 左右的增量。进仓作业前,首先进行压气置换土体,压气置换土体时气压比换刀的工作气压高 0.02MPa 左右。压气置换土仓土体工作完成之后,将土仓气压缓慢地降至工作气压,然后稳压观察约 1h,稳压过程中除了气压必须保持稳定以外,还须打开仓壁 3～9 点位以上阀门检查仓内渣土和水位面变化情况,确定掌子面稳定,方可进仓作业。

(2)刀具更换

盾构机刀具更换遵守"拆一装一"的换刀原则,对损坏的刀具进行更换。换刀时各组人员应统一采用"逐臂更换"或"由外到内"或"由内到外"等换刀顺序。

4)掘进孤石群的施工参数控制技术

(1)掘进参数控制

盾构机在掘进孤石群过程中,要控制好各项掘进参数,做到平稳掘进,一方面是减少刀具的异常损坏,另一方面是减少对地层的扰动。

①在刀盘前和土仓注入泡沫或膨润土改良渣土,达到润滑刀盘、减少刀具磨损和降低扭矩的目的。

②采用低转速、低速度平稳掘进,并严格控制掘进贯入度,防止滚刀不转造成偏磨或滚刀过载损坏。滚刀不转或滚刀偏磨的临界贯入度按下式为:

$$h_{\min} \geq \left[\frac{CR^2T}{99.3(1+\psi)\,T_m}\sqrt[3]{\frac{S}{\sqrt{RT}}}\sigma_c^2\sigma_t\right]^{-1.196}$$

$$h_{\max} \geq \left[\frac{0.2094 \times CRT}{(1+\psi)\,F_m}\sqrt[3]{\frac{S}{\sqrt{RT}}}\sigma_c^2\sigma_t\right]^{-2.976}$$

式中:$h_{\min}$——临界最小贯入度(mm);
　　$h_{\max}$——临界最大贯入度(mm);
　　R——滚刀半径(mm);
　　T——滚刀刀尖宽度(mm);
　　F_m——滚刀额定荷载(kN);
　　S——刀间距(mm);
　　ψ——刀压分布系数;
　　σ_t——岩石抗拉强度(MPa);
　　σ_c——岩石抗压强度(MPa)。

③采用土压平衡模式掘进,控制出土量,防止超挖。
④控制掘进姿态平稳不蛇形,减少对土层的扰动。
⑤掘进过程中,确保同步注浆流量与掘进速度匹配,注浆材料可采用砂浆。

(2)掘进异常情况分析

盾构机在孤石群中掘进,应谨守"勤检查、勤换刀"的方针,尤其是在掘进过程中出现异常时要及时检查换刀,不能盲目掘进。掘进异常情况可通过以下几种方式进行判断:

①掘进时在土仓壁附近勤听声音判断刀具使用情况。正常掘进时一般滚刀切割岩石声音比较均匀,其他杂音较小。如听到土仓内有硬物滚动的异响,则可能有部分刀具损坏滚落仓内;听到盾壳周边与岩石摩擦发出间断性的较清脆的响声,则可能边缘滚刀已磨损过量。

②通过掘进参数判断刀具的状态。掘进过程中如出现以下情况则可能刀具已部分损坏:a.推力大,但扭矩小、速度小;b.扭矩大,但速度小;c.扭矩、速度波动明显较平常大。

③通过观察螺旋输送机排出的渣样判断刀具的磨损情况。正常低速均匀掘进时,一般排除的石渣比较均匀,当排除的渣土中的碎石大小不一,异于平常时,则可能部分刀具已损坏。

6. 实施效果

萝香区间左线通过检察院段孤石群历时38d,右线通过大朗村段孤石群历时247d,具体施工情况见表4-3-2。

爆破前后盾构掘进工效及刀具损耗对比 　　　　　　　　表4-3-2

部　位	总施工时间(d)	开仓次数(次)	有效掘进时间(d)	有效掘进速度(m/d)	刀具更换指标(把/m)
左线检察院段孤石群(爆破及压密注浆处理)	38	5	17	5.5	0.23
右线大朗村段孤石群(629~660环,由于村民施工导致爆破不彻底,未进行压密注浆)	247	12(掘进困难,多次采用地面加固后开仓,发生地表沉陷事件)	21	1.5	3.2

7. 结语

盾构掘进穿越孤石群是盾构工程的重大难题，在孤石群地层中，盾构机须长距离连续掘进软硬不均地层，其施工难度远大于盾构机通过单体孤石。单一的孤石预处理方式一般带有一定局限性，并不能把施工风险降低到可控范围。对于盾构穿越孤石群地层，宜根据地质和周边环境情况，从降低盾构破岩难度、减少刀具磨损和保证及时更换刀具等方面综合考虑措施，以确保盾构机在掘进中能平稳、安全。根据萝香区间盾构穿越孤石群的施工实践和研究，得出以下几点结论和建议：

（1）在孤石群地层中，系统采用地下爆破预处理孤石、控制参数保证盾构机平稳掘进、压密注浆法辅助带压开仓检查换刀等措施能使施工风险可控，施工工效明显提高，施工成本降低。

（2）采用地下隐蔽岩体爆破技术预处理孤石群，其关键要使岩石破碎后尺寸减小利于进入刀盘和方便螺旋输送机排除，以降低盾构机的掘进难度。爆破地下孤石可采用钻孔分段微差爆破的方法解决地下爆破没有临空面的难题。

（3）在孤石群地层中开仓安全风险大，尤其是爆破施工后开仓成功率很低，不能保证及时更换刀具，造成盾构掘进困难甚至停滞。采用带压开仓换刀，可先进行压密注浆，以较低的成本和工期改良刀盘周边地层，并封阻爆破施工形成的漏气通道，能大大提高开仓的成功率，并且在压气作业过程中，还可采用盾壳后部止水、掌子面泥膜护壁等辅助措施。

（4）盾构掘进孤石群过程中，应严格控制推力、扭矩、贯入度、姿态、排土量等各项参数，并可通过听掘进声音、观察渣样、分析参数的方法来判断掘进异常情况，及时检查更换刀具，使盾构机保持平稳掘进。

（5）孤石群是盾构工程的重大风险，对工程的进度、成本、质量具有巨大影响，有时甚至成为决定项目成败的关键。因此，对孤石的处理，建议工程参建单位提前策划、综合考虑，在勘察阶段提供出详细准确的地质信息，在设计阶段尽量规避孤石密集区域，在施工阶段尽量在盾构掘进前提前处理，把风险降低到可控范围。

第2节 常州地铁穿越高铁站盾构施工技术

中铁十六局集团有限责任公司 樊勋，禹鹏飞

1. 工程概况

博爱路站—常州火车站站区间（简称博常区间）沿和平北路敷设，设计里程为 SK22+411.903 ～ SK22+947.693，上行右线长度 535.900m，下行左线长度为 539.892m，埋深范围为 9.9 ～ 15.8m，最小曲线半径为 400m。采用盾构法施工，衬砌管片外径为 6200mm、内径为 5500mm，厚度为 35cm，宽度为 1.2m。区间隧道在 SK22+699.933 处设置联络通道兼泵房。区间上行线线路出常州火车站后以 12.04‰下坡压低隧道埋深，穿越铁路后以 28‰上坡爬坡至博爱路站。区间下行线出常州火车站后以 12.04‰下坡压低隧道埋深，穿越铁路后以 27.863‰上坡爬坡至博爱路站。

1）下穿常州火车站区段概况

常州地铁 1 号线博爱路站—常州火车站站区间在右线 SK22+779.900 ～ SK23+026.810 段和左线 XK22+776.365 ～ XK23+026.810 段先后下穿沪宁城际铁路 2 股正线（Ⅰ、Ⅱ道）、4 股到发线（3 ～ 6 道），京沪普速铁路 2 股正线（Ⅰ、Ⅳ道）、4 股到发线（2、3、5、6 道）、站台雨棚等建（构）筑物。区间线路出常州火车站站后向西前行，从沪宁城际铁路建设时加固预留的通道穿越沪宁城际铁路，然后下穿京沪普速铁路并以半径 400m 的曲线转向京沪普速铁路出站口，从行包房和龙门大厦之间的出站口下方通过，下穿京沪普速铁路南广场后进入和平北路，之后沿和平北路前行至博爱路站。

常州地铁 1 号线博常区间下穿常州火车站（行包房、京沪普速铁路、沪宁城际、出站大厅）线路平面图如图 4-3-5 所示。

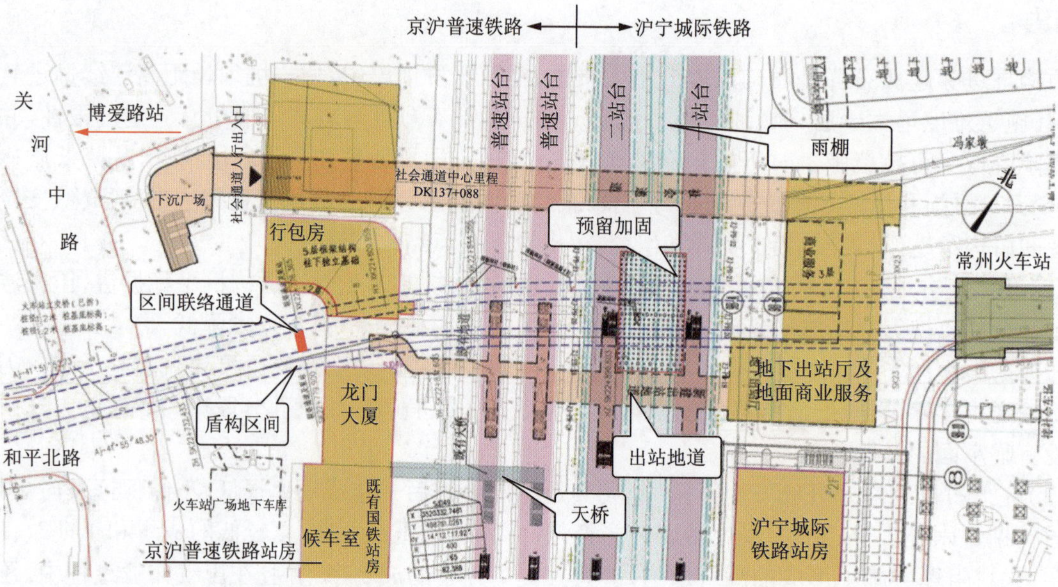

图 4-3-5 博常区间下穿常州火车站（行包房、京沪普速铁路、沪宁城际、出站大厅）线路平面图

2) 区间下穿常州火车站主要建（构）筑物情况

博常区间下穿常州火车站区段主要建（构）筑物统计见表 4-3-3。

博常区间下穿常州火车站区段主要建（构）筑物统计　　　　表 4-3-3

序号	建筑物名称	基础形式	与区间线路位置关系	备注
1	南广场地下停车库	φ50mm 钻孔灌注桩基础，桩底高程 -1.0～-5.7m，底板埋深 1.5～6.2m	右线正穿停车场出入口，近距离侧穿地下室主体	
2	行包房及龙门大厦	独立承台基础，基础埋深为 2.8～4.0m	正穿，距隧道顶部约 10.7m	
3	火车站南广场出站口	独立承台基础，基础底埋深为 5.0m	右线正穿，距隧道顶部约 10.3m	
4	京沪普速铁路	碎石道床	正穿，距隧道顶部约 15.5m	下穿前预注浆
5	接触网立柱	扩大基础	下穿，隧道顶距基础底 12.7m	
6	沪宁城际铁路	无砟道床	下穿，距隧道顶部约 15.0m	地铁隧道下穿范围采用搅拌桩、CFG桩等进行预加固
7	沪宁城际雨棚基础	φ700mm 钻孔灌注桩，桩长 35m、37m	侧穿，最小水平距离 3.5m	
8	站内旅客通道	围护结构为钻孔桩，整体现浇混凝土结构	右线下穿出地面斜通道段，距结构底板最小距离 5.7m	
9	沪宁城际出站大厅	大厅底板厚 0.8m，采用直径 500PHC 管桩基础，桩长 11.5m，沿隧道方向，采用搅拌桩进行抽条加固，加固范围为隧道及两侧 3m，深度底板以下 2.5m	下穿，距大厅底板 3.1～3.4m，距两侧 PHC 管桩 2.1～3.5m	

3) 沪宁城际铁路概况

沪宁城际铁路于 2010 年 7 月开通运营，铁路线路等级为客运专线高速铁路，设计最高速度 350km/h，目前运营最高速度 300km/h。正线线间距 4.8m，轨道结构类型为 CRTS-I 型板式无砟轨道，到发线采用宽枕轨道结构。

沪宁城际铁路在施工时已根据地铁线路规划采用混凝土板＋钻孔灌注桩＋CFG 桩进行了加固，并采用搅拌桩对博常区间下穿区段的到发线和正线进行了预加固。

其中 2 股正线和 2 股到发线（3、I、II、4 股道）下方采用钢筋混凝土筏板（厚 1.5m，长 43.4m，宽 24.5m）。钻孔灌注桩桩径 1.0m，南侧靠近出站地道侧设置 2 排，纵向间距为 4.25m，桩长 55m；中间排桩纵向间距3.2m,桩长60m;北侧桩纵向间距3.2m,桩长55m。CFG桩桩径0.5m,间距1.8m×1.8m,隧道上方桩长8m,隧道两侧桩长19m。

两侧到发线（5、6股道）下方采用搅拌桩加固,搅拌桩桩径0.5m,间距1.2m,正方形布置。路基采用A、B组填料: $\gamma=20kN/m^3$, $c_u=10kPa$, $\varphi_u=30°$。路基采用堆载预压处理不均匀沉降,预压土柱高于路基面2.0m,预压期不小于6个月。

4）京沪普速铁路概况

京沪铁路线路等级为Ⅰ级,客货混运,正线速度目标值为160km/h,正线与到发线均采用碎石道床。1号线穿越京沪普速铁路段,覆土深度约15.5m。区间下穿前采用袖阀管+WSS注浆相结合的方式对京沪铁路进行地基加固保护。

5）下穿区段与常州火车站扩建旅客通道位置关系

于2016年10月至2018年6月对常州火车站进行改造,工程建设内容主要包括天桥、地道、站台、雨棚、车站股道及站房等一体化改造。其中扩建旅客通道与地铁1号线博常区间存在上下交叉关系。

扩建旅客主通道距离盾构隧道水平距离6.5～8.4m。二、三站台出入口通道位于盾构隧道上方,二站台出入口基坑底距离上行线（右线）盾构隧道顶竖向距离约9.5m,三站台出入口基坑底距离上行线（右线）盾构隧道顶竖向距离约9.3m。两站台出入口围护结构为钢板桩结合钻孔灌注桩形式,其中钢板桩长9m,与隧道顶最小竖向距离5.8m。钻孔灌注桩桩径0.8m,与隧道顶最小距离约3.8m。

6）工程地质及水文地质

区间穿越沪宁城际铁路和京沪普速铁路段,区间隧道主要位于⑥$_3$黏土层,隧道拱部部分位于⑤$_2$粉砂层,隧道上方地层依次为⑤$_2$粉砂层、⑤$_1$砂质粉土夹粉砂层和③$_2$黏土层。沪宁城际铁路附近隧道上方局部分布有②$_3$淤泥质粉质黏土层。

本工程勘察揭示的承压水主要为第Ⅰ层承压水,主要埋藏于埋藏于⑤$_1$、⑤$_2$、⑤$_3$、⑥$_{4a}$、⑧$_2$层粉土、粉砂中,⑤层承压水水位埋深为3.2～4.02m。

7）博常区间施工筹划

受既有常州火车站空间条件限制,本区间投入一台铁建重工ZTE6410型土压盾构机进行施工,首先由博爱路站始发,进行区间左线掘进,抵达常州火车站并暗调头后,由常州火车站始发向博爱路站方向进行右线施工,最终由博爱路站接收并吊出。

2. 盾构下穿铁路施工关键技术

1）施工重难点分析

（1）做好盾构下穿火车站期间沉降控制,确保站内铁路设施运营安全是本工程重点。

（2）确保下穿期间盾构机设备运转平稳、状态良好,能够连续掘进施工是本工程重点。

（3）常州火车站站内冻结接收和始发安全控制是本工程的重难点。

博常区间在地铁常州火车站站内接收并暗调头,为确保接收和调头后始发安全,洞门采用水平冻结加固施工,水平冻结施工和后续盾构机冻结始发、接收安全是本工程的重难点。

2）盾构掘进沉降分析

（1）盾构掘进施工对火车站沉降影响分析

根据常州火车站铁路列车行驶速度及列车类型的特殊性和铁路范围内地层的特点,结合盾构施工沉降规律,将盾构掘进施工对地面沉降影响分四个阶段进行控制:

第一阶段:通过前地面沉降控制。主要通过设定合理的土仓平衡压力控制前期地面沉降。

第二阶段:穿越期间的沉降控制。主要通过合理的掘进参数,掘进时注入膨润土、泡沫剂等改良盾体周围土体,降低掘进对土体的扰动。这一阶段是施工控制的主要阶段,其导致沉降的主要原因是地层扰动。

第三阶段:盾尾脱出管片后1～4d,是土体扰动后重新固结引起地表沉降的主要阶段,加之列车运行,加速土体的沉降,同步注浆、二次补浆是本阶段控制地面沉降的主要措施。

第四阶段:穿越完成后 5～15d 内,根据盾构施工地层沉降规律,本阶段地层沉降占最终累计沉降的比例较小,但是考虑到列车行驶产生的动荷载效应,本阶段也作为控制地面沉降的重点阶段。

(2)本工程下穿期间施工要点

综合分析,根据工程实际情况及施工经验分析,下穿常州火车站主要有以下几项施工要点:

①隧道下穿期间的土仓压力、出土量、注浆量等参数需严格选择和控制。

②下穿过程中股道、站台信息化监测。

通过监测掌握施工过程中来自地表、地层和洞内的情况,及时反馈信息,调整施工参数和采取相应的施工措施,保证整个工程安全顺利地进行。

③盾构机通过后的地面沉降控制。

④盾构施工影响范围为盾构机前 30m,盾构机后 50m。盾构施工中采取"保头护尾"多线措施控制,分穿越前、穿越中、穿越后三个区域进行监控。

3)下穿前技术准备及措施

(1)盾构机选型

根据常州火车站地质情况及相关设计文件要求,本工程投入一台铁建重工 ZTE6410 型 EPB 盾构机(加泥式土压平衡盾构机,盾构机编号 DZ152),该盾构机为承担常州地铁施工任务新购盾构机。该盾构施工期间运转平稳,隧道成型质量良好,并多次完成正穿、侧穿高层建筑物施工。通过实地掘进显示,该型盾构机刀盘配置、推进系统、注浆系统、土体改良体系等对常州地层适应性良好,满足下穿常州火车站施工要求。

设备始发前应对设备状态进行充分评估并进行始发前专项设备验收,以确保设备良好状态。

(2)下穿区段管片设计

下穿常州火车站区段盾构管片均采用全断面增设注浆孔型管片,管片沿圆周方向共设 16 个孔,根据监测情况可及时在隧道内对周边土体进行多点、多次、少量的均匀注浆加固。此外,穿越老京沪铁路范围管片配筋提高一个等级,以提高管片受力性能,减少管片开裂情况。

(3)京沪普速铁路地基加固

京沪铁路注浆加固采用袖阀管注浆(股道范围)+WSS 斜向注浆加固(站台及 5 股道范围)相结合方式,并结合常州火车站站改工程分两期进行。

(4)注浆加固范围

注浆加固平面范围为到发线 6 道以南 6m 至到发线 5 道以北约 2.5m 范围,下行线隧道西侧约 6m 范围、上行线东侧至京沪铁路常州站改造工程地道围护结构之间的范围内。

加固深度:轨面下 5m 开始注浆加固,加固深入至粉土、粉砂层下方的粉质黏土层约 1m。其中袖阀管注浆孔纵横间距为 1.2m×1.2m,扩散半径为 0.8m;WSS 注浆孔纵横间距为 0.4m×0.4m,水平夹角为 35°～90°,扩散半径为 0.8m。注浆压力均为 0.2～0.5MPa。

注浆加固后土体 28d 无侧限抗压强度不小于 0.8MPa。注浆后应具有良好填充效果,注浆加固体渗透系数小于 $1×10^{-6}$。

(5)下穿前试验段设置

试验段目的主要是:优化推进施工程序,磨合掘进及二次跟踪注浆等人员、设备操作,验证各项施工参数设置情况,并结合监测情况对相关参数进行总结分析、优化调整。其中试验段掘进控制管理主要有八个方面,并将其作为主要的控制指标:①土仓压力;②推进速度;③总推力;④排土量;⑤刀盘转速和扭矩;⑥注浆压力和注浆量;⑦浆液质量;⑧盾尾油脂注入量。

本工程由始发至正式下穿铁路约有 250 环掘进距离,项目部将该段长度全部作为试验段收集以上参数。同时为了模拟穿越铁路段,将特定几处拟定为铁路位置,对各种参数及功能分阶段进行测试。假定在某阶段地表累计沉降达到控制指标,则该阶段主要通过持续的二次注浆进行控制,同时根据监测情况对注浆量及压力进行调整。如监测过程中任意单日累计沉降达到控制指标,须及时组织二次注浆,二次注浆采取多次少量的原则,直至沉降值及沉降速率得到控制。

盾构机在穿越铁路前、中、后各阶段时,依据监测的实时数据和实际情况,及时调整注浆压力和注浆量,有效控制土体的沉降,从而保证土体的稳定性。

为此,在施工中应详细记录每一环的盾构参数,经过分析后及时调整下一环技术交底中的各项参数,经过不断的监测、调整循环,优化施工参数,达到试验段施工的目的。根据试验段的掘进,对盾构机各个功能进行系统的检查和测试,确保各个系统运转正常、有效、可靠。根据下一阶段区间的特点,对施工过程中可能采取的措施进行阶段性试验,主要根据地面沉降情况,确定本工程的注浆量和注浆压力。

试验段掘进完成后,应立即召开技术分析会,对采集的各项参数数据进行全面分析,主要分析盾构机通过试验段时姿态偏差、推力与土压力、同步注浆量和注浆压力等相关数据与地面监测日变化率、累积沉降量的对应变化关系,确定在该区间地质情况下,满足沉降控制量时的盾构施工各项参数,为盾构下穿时各项参数的设定提供指导,为成功下穿沪宁城际高铁及京沪普速铁路打下良好基础。

通过试验段的盾构掘进,使施工人员进一步摸清机械性能,提高操作性能和相互间的协调与配合,提高盾构掘进时的管理水平和对突发事件的应急处置能力,真正做到以信息化管理指导施工。

(6)轨面辅助措施

①根据"上海枢纽指挥部关于常州市轨道交通1号线盾构穿越铁路常州站工程技术方案审查意见的函",盾构穿越期间,沪宁城际高铁正线按限速120km/h考虑,并根据高铁轨道监测数据变化情况及时调整;盾构穿越以及铁路地基注浆加固施工期间,京沪铁路正线按限速60km/h考虑。

②对既有线路进行几何尺寸整正作业。盾构下穿前4～7d对既有线路进行几何尺寸整正作业,以达到理想几何尺寸。整道范围为隧道中线两侧50m。线路整正后测量并采集原始数据指导施工。

③加强线路养护:

a.施工期间,防护人员加强监护瞭望,并随时检查线路状况,出现异常情况时立即采取相应措施。

b.盾构下穿线路时在线路两侧预先堆放道砟,以备线路沉落后起拨道需要。

c.根据监测情况必要时对轨道扣件进行调整或对京沪普速铁路道床进行垫砟。加强对接触网立柱的监测与检查,必要时对接触网进行调整。

④盾尾脱离铁路线路及相关建(构)筑物后,对铁路线路及相关建(构)筑物沉降变形进行跟踪监测直至数据稳定收敛后,校正轨道各部几何尺寸,待达到铁路规范规定的通车条件后,方可撤销慢行,恢复正常行车。

4)盾构下穿铁路施工技术

(1)下穿期间变形控制目标

①下穿期间主要变形控制指标

下穿期间主要变形控制指标见表4-3-4。

下穿期间主要变形控制指标 表4-3-4

序号	监测项目			速率报警	累计变化量报警
1	京沪普速铁路	地表沉降		2 mm/d	8 mm
		轨面沉降		2 mm/d	8 mm
		轨道不平顺	轨距	−0.5～+1 mm/d	−1.5～+3 mm
			水平	1 mm/d	4 mm
			高低	1 mm/d	4 mm

续上表

序 号	监测项目			速率报警	累计变化量报警
2	沪宁城际铁路正线	地表沉降		2 mm/d	8 mm
		轨面沉降		0.5 mm/d	1.5 mm
		轨道不平顺	轨距	-0.5～+1mm/d	-1.5～+3 mm
			水平	1 mm/d	3 mm
			高低	1 mm/d	3 mm
3	沪宁城际铁路到发线	地表沉降		2 mm/d	8 mm
		轨面沉降		2 mm/d	6 mm
		轨道不平顺	轨距	-0.5～+1mm/d	-1.5～+3 mm
			水平	1 mm/d	4 mm
			高低	1 mm/d	4 mm
4	沪宁城际铁路无柱雨棚	沉降		2 mm/d	-8 mm
		倾斜率		—	0.8‰
5	出站地道	沉降		2 mm/d	-8 mm
6	接触网立柱	沉降		2 mm/d	-16 mm
		倾斜率		—	1.6‰
7	行包房与龙门大厦	沉降		2 mm/d	-8 mm

②下穿期间沉降控制目标

盾构下穿火车站按照四个阶段地面沉降量控制指标，制定日沉降控制标准及响应技术措施。

a. 第一、二阶段：从监测点离刀盘 30m 开始到管片拖出盾尾，本阶段日沉降量控制目标在 0.5～1mm/d，累计沉降控制在 2mm。通过调整土仓平衡压力，控制前期沉降。此阶段如果出现日沉降量过大，立即采取措施提高土仓内土压力，控制好掘进速度和每一环的出土量。

b. 第三阶段：从监测点对应管片拖出盾尾后 4d，地面累计沉降控制在 6mm 以内，日沉降控制标准为 1mm/d，该阶段主要利用同步注浆及同步二次补浆进行控制，以压力控制为主确保盾构机和周围土体的建筑间隙填充密实、饱满。此阶段一旦出现沉降量过大，充分利用双液浆凝固时间短、注浆压力可控的特点，组织实施管片背后多点、多次注浆，并适时监测地面沉降满足要求后方可停止补浆，进行下一环的掘进施工。

c. 第四阶段：管片脱出盾尾后 5～15d，地面累计沉降量控制标准在 8mm 以内，日沉降量控制目标为 0.5～1mm/d。此阶段如果沉降值不能满足要求，立即实施下列措施：实施地面监测跟踪二次注浆，通过管片注浆孔向管片背后进行延伸注浆，直至地面沉降稳定。

左线下穿期间收集总结技术参数、把握沉降规律为右线下穿总结经验，以指导右线下穿施工。

(2) 下穿期间盾构掘进主要参数控制

①土压力控制

下穿常州火车站采用的盾构机为 EPB 盾构机（加泥式土压平衡盾构机），以土仓内的泥土压力来平衡刀盘前端水土压力，从而保证掌子面稳定。盾构掘进的前期沉降与土仓平衡压力的设定有直接关系，若土仓压力小于掌子面水土压力，则刀盘前端土体会产生沉降，反之则隆起，因此平衡土压力也是盾构掘进时地面沉降的重要控制因素。因此，须严格控制掘进过程中的土压力，避免土压力波动过大引起开挖面的不稳定。

盾构机刀盘全部进入土层时，土仓内建立土压平衡模式。通常较为合适的土压力 p_0 范围是：（水压力 + 主动土压力）< p_0 <（水压力 + 被动土压力）。p_0 以相应的静止土压力为中心范围内作波动，对土压力 P_0 设定实行动态管理，并根据覆土深度、地质条件和监测数据作相应的调整。

正面平衡压力：

$$p_0 = K_0 \gamma h$$

式中：p_0——平衡压力（包括地下水）；

γ——土体的平均重度（kN/m^3），加固区土体取 $20.5kN/m^3$；

h——隧道埋深（m）；

K_0——土的静止土压力系数，取 $K_0=0.6$。

盾构机在掘进施工中均可参照上述方法来取得平衡压力的设定值。具体施工设定值根据盾构机埋深、所在位置的土层状况以及监测数据进行不断的调整。

保持土仓压力稳定是减少对地层扰动的控制难点。在盾构机通过铁路时，必须按照满仓土压平衡模式掘进，1号传感器上部土压波动值控制在 ±0.1bar。

选择博常区间下穿京沪普速铁路 6 个断面，结合地质条件、隧道埋深计算土压力，计算结果见表 4-3-5。

下穿京沪普速铁路土压力控制 表 4-3-5

博常区间下穿京沪普速铁路				
断面	区段	埋深（m）	计算土压力（bar）	拟控制土压力（bar）
1	下穿基本站台	16.5	2.0	2.0±0.1
2	下穿 2/Ⅳ/6 道	15.3	1.9	1.9±0.1
3	下穿二站台	15.6	1.9	1.9±0.1
4	下穿 I/3 股道	14.9	1.9	1.9±0.1
5	下穿三站台	15.4	1.9	1.9±0.1
6	下穿 5 股道	14.65	1.8	1.8±0.1

选择博常区间下穿沪宁城际 6 个断面，结合地质条件、隧道埋深计算土压力，计算结果见表 4-3-6。

下穿沪宁城际铁路土压力控制 表 4-3-6

博常区间下穿沪宁城际铁路				
断面	区段	埋深（m）	计算土压力（bar）	拟控制土压力（bar）
1	下穿 6 股道	15.05	1.9	1.9±0.1
2	下穿二站台	16.3	2.0	2.0±0.1
3	下穿 I/II/3/4 股道	15.05	1.9	1.9±0.1
4	下穿一站台	15.3	1.9	1.9±0.1
5	下穿 5 股道	14.05	1.7	1.7±0.1

以上土压力参数为理论计算参数，下穿期间施工参数将结合监测数据进行实时调整。

②出土量控制

本工程中管片宽度为 1.2m，经计算每环理论土方为 $38.97m^3$，考虑松散系数 1.2～1.3，出土量为 46.76～$50.66m^3$/环，实际每环出土量将控制在在 $48m^3$ 以内。

对出土量的控制措施：

a. 控制好盾构姿态，匀速推进，确保刀盘切削土体和螺旋输送机带出土体平衡。

b. 掘进时注泡沫剂，改善土体的和易性，排土顺畅。

c. 记录每环主要掘进参数，观察土质情况，统计出土量，指导下一环施工。出土量采用龙门称重和出土体积计算双控措施,做到出土控制精确。

③同步注浆控制

ZTE6410型盾构机配备了一套同步注浆设备,包括2个双活塞注浆泵(共有4个独立压力出口),每个压力出口直接接在注浆管上并由压力传感器监视,每个注射点都配有一个数字压力指示器和一个注浆计数器。另外,系统注浆总数和每环注浆量都被显示出来,以保证同步注浆效果。储浆罐最大容量为 $8m^3$,每个双活塞泵的最大输出量为 $10m^3/h$。盾构隧道管片拼装后每环壁后理论空隙为 $2.86m^3$,实际每环注浆量控制在 $5m^3$ 以上,确保注入率不低于150%,终止注浆压力在0.35MPa左右。注浆采用压力与注浆量双控,确保壁后空隙填充饱满,减少地面沉降。为防止浆液在注浆系统内硬化,在每次注浆循环结束后,注入自来水清洗注浆管,以便阻止注浆管发生堵塞。

根据博常区间相邻的翠常区间及博文区间类似地层掘进实践,采用惰性同步浆液对地表沉降控制效果较好,其配合比及性能指标见表4-3-7。

同步浆液配合比及性能指标　　　　　　　　　　　　　　　表4-3-7

配合比	每立方浆液材料用量(kg/m^3)				
	消石灰	粉煤灰	膨润土	水	砂
	100	400	50	320	900
浆液性能指标	浆液性能指标				
	坍落度(cm)	密度(g/cm^3)	泌水率(%)	20h抗压强度	28d抗压强度(MPa)
	240~260	≥1.8	>800	8h	≥1.0

④二次注浆管理

a. 二次跟踪注浆

二次注浆采用边推进、边通过管片设置注浆孔的方式向地层注浆,以达到同步二次注浆加强的效果。注浆点位选择3~9点以上孔位,注浆压力暂定0.35MPa。同步二次注浆液浆配合比见表4-3-8。

同步二次注浆浆液配合比　　　　　　　　　　　　　　　　表4-3-8

水泥(g)	水(mL)	水玻璃(mL)	初凝时间	终凝时间
100	100	108.4	2min40s	14min30s

考虑到对盾尾的影响,二次跟踪注浆位置选取在盾尾后3~5环位置的范围。其主要目的是对同步注浆层进行填充加固,确保同步注浆层范围填充密实,减小管片脱出盾尾后的沉降。为此,下穿前将在盾构机3号台车范围增设一套二次注浆设备。

b. 二次控制注浆

通常选取盾尾后部5~15环位置进行注浆控制。根据地面沉降监测反馈,及时对沉降明显地段进行跟踪注浆,跟踪注浆位置选取在沉降位置附近,由两侧开始向中间补充注入,注浆压力控制在0.35~0.4MPa,并逐步提升,先低后高、平稳注入。注浆时以地面沉降监测情况为指导,遵循"及时、少量多次"的原则,确保对沉降进行持续控制。

同时,在下穿铁路范围内,应做好连续补浆准备。搭设移动平台,保证台车通过后能够及时进行二次控制注浆。

c. 注浆过程控制措施

注浆过程中,安排专人严格对注浆压力进行控制并记录观察隧道结构变化。同时对注浆作业进行监督,避免注浆压力过大影响隧道结构造成不良后果,并应防止注浆压力过高导致浆液突窜至地面污染地表。

⑤刀盘扭矩、转速和推力控制

针对此地层中粉土、粉砂特点,掘进过程中总推力控制在9000~12000kN,刀盘转速控制在0.8~1.0r/min,刀盘扭矩小于1500kN·m,以减小对周围地层的扰动。

⑥掘进速度控制

一定土仓压力下,掘进速度快,对总推力和刀盘扭矩要求大,同步注浆就不及时;掘进速度慢,由于穿越过慢,机身对土体扰动产生的第一、二阶段沉降就越大,因此将掘进速度严格控制在25mm/min左右。盾构隧道施工掘进时间分配见表4-3-9。

盾构隧道施工掘进时间分配　　　　　表4-3-9

最大掘进速度 (mm/min)	平均掘进速度 (mm/min)	掘进一环时间 (min)	管片安装时间 (min)	其他时间 (min)	一环所需时间 (min)	日掘进时间 (min)	每日进度 (环)
30	25	48	30	30	108	1260	10～12

⑦盾尾防漏

为防止盾构掘进时地下水及同步注浆浆液从盾尾窜入隧道及保护盾尾刷,盾构机在盾尾内有3道盾尾密封刷,密封刷之间用盾尾密封油脂填充,起到防止泥水进入隧道的作用。若盾尾密封装置密封效果不良将引起同步注浆浆液损失,甚至泥水进入隧道,造成地层损失,引起更大的地面沉降甚至坍塌。因此加强盾尾密封装置的维修保养,确保密封效果,对控制地面沉降意义重大。在盾构始发前对盾尾密封装置进行检修更换,穿越期间采用国外进口油脂,加大盾尾油脂的注入力度(每环加注量控制在35～45kg),确保盾尾密封效果。

⑧土体改良

盾构机刀盘形成泥饼造成盾构推力大,土体不能顺畅进入土仓,无法进行满仓掘进,易造成地面沉降。饱和水地层易产生喷涌,喷涌会导致土仓压力骤降,易造成地面沉降。

因此向土仓、刀盘内加入泡沫剂、膨润土改良土体,可以防止刀盘泥饼及喷涌现象的产生,同时降低刀盘扭矩,减小地层扰动,可有效控制沉降。

a. 膨润土

利用加泥系统向刀盘注入膨润土,借助搅拌棒在密封土仓内将其与切削土混合,使之成为塑流性较好和不透水泥状土,以利于排土和使掘削面稳定。

膨润土注入掺量为15%。膨润土泥浆配合比为:水:膨润土:外加剂=10:1:0.2,膨润土为优质的钠基膨润土,外加剂为碱、CMC及超流化剂DAV等。泥浆坍落度控制在20cm以内。

b. 泡沫剂

泡沫剂是一种均质的液体泡沫剂,经管道输送到泡沫发生器产生泡沫,从而增加渣土的黏滞性,改善刀盘的工作环境,增加土仓的密封和便于渣土的运输。

泡沫和土颗粒的充分接触可以使液膜的流动受阻,减少液膜脱水、泡沫破灭的可能性。土体中,泡沫会与土体颗粒结合得更完整和致密,能更充分地置换土体中的孔隙水进而填充原来的孔隙,所以容易形成更多封闭的泡沫。正是由于大量封闭泡沫的存在,才使得土体的渗透系数降低,止水性增强。

c. 土体改良外加剂的选择

a)提高土仓内渣土的抗渗透能力,避免开挖面因排水固结而造成较大的地表沉降或坍塌事故的发生;

b)增加土仓内渣土的流动性能,避免排土不畅而导致的闭塞事故的发生。

c)提高土仓内渣土的可塑性,防止渣土黏附在盾构机刀盘形成泥饼事故的发生。

3. 结语

博常区间左线于2017年10月16日～2017年11月4日期间、右线于2018年4月2日～2018年4月21日期间均安全穿越沪宁城际铁路、京沪普速铁路、站台、旅客通道及相关建筑物。沉降控制均未超过上海铁路局的标准:普速铁路-10～10mm,高速铁路-1～1mm。

第3节　乌鲁木齐地铁1号线无水砂卵石地层盾构施工技术

上海隧道工程股份有限公司　何国军

1. 工程概况

新疆乌鲁木齐地铁1号线土建施工16标工程范围为1站（大地窝堡站）、2区间（宣仁墩站—大地窝堡站区间、大地窝堡站—区间风井）、2个风井（宣大区间风井、大国区间风井）。本标段车站及风井采用明挖法施工，区间采用两台复合盾构施工。盾构机从宣仁墩站始发，在大地窝堡站实施转场施工后，最终到达大国区间风井。

宣大站区间位于城北主干道下方，东西向布设，区间起止里程为Y（Z）JDK1+775.075m～Y（Z）JDK4+442.307m，区间右线全长2667.232m，左线全长2663.604m（含短链3.628m）。区间自宣仁墩站出站后，向西穿越和平渠、乌准铁路桥后到达大地窝堡站，沿线主要分布有办公楼和居民住宅。区间隧道纵坡为V形坡，最大坡度为28‰，最小平曲线半径为800m，隧道顶部埋深为9～22m。

2. 工程地质及水文地质条件

1）工程地质条件

宣大区间盾构主要穿越地层为〈1-1〉杂填土（Q_4）、〈4-4〉粉土（Q_3）、〈4-10〉卵石（Q_3）。各土层物理力学指标见表4-3-10。

宣大区间各土层物理力学指标　　　表4-3-10

土层编号	土层名称	天然重度（kN/m³）	钻孔灌注桩 极限侧摩阻力标准值 q_{si}（kPa）	钻孔灌注桩 极限桩端阻力标准值 q_{pk}（kPa）	土体与锚固体极限摩阻力标准值 q_{sik}（kPa）	土层承载力特征值（kPa）	静止侧压力系数	基床系数（MPa/m）水平	基床系数（MPa/m）垂直	c（kPa）	φ（°）	弹性模量 E_s（MPa）	渗透系数 K（m/d）	隧道围岩分级	岩土施工工程分级
〈1-1〉	杂填土	18.9	50				0.60	16		0	17	20	50	Ⅵ	Ⅱ级普通土
〈4-4〉	粉土	20.2	40	550	50	180	0.43	19	21	20	21	18	0.3	Ⅴ	Ⅱ级普通土
〈4-10-1〉	卵石	23	140	2100	145	中密 500	0.3	72	82	0	42	73	45	Ⅴ	Ⅲ级普硬土
〈4-10-2〉	卵石	23	160	2800	175	密实 600	0.26	85	90	6	44	90	40	Ⅴ	Ⅳ级普软石

2）水文条件

勘察期间40m勘探深度内未见地下水。

3）不良地质条件及特殊性岩土

分布于右线YJDK2+103～YJDK2+463、YJDK2+803～YJDK3+052和左线ZJDK2+098～ZJDK2+456、ZJDK2+804～ZJDK3+049段范围内的杂填土厚度为5～21m，原为一建筑砂石料场，回填成分主要为建筑弃土、筛砂石废料，以及少量建筑垃圾和生活垃圾，回填无组织性为，随意倾倒后进行推填平整，在修建城北主干道时又对地表的部分杂填土进行了换填处理。

根据详勘资料及补勘资料现状填土情况为：道路表层0.5m为沥青混凝土硬化路面；路面以下为1～7m的公路路基处理换填垫层，以级配砂砾石为主，呈稍密～中密；垫层之下为采砂坑回填土，主要成分为建筑弃土、筛砂石废料以及少量建筑垃圾、生活垃圾，其分布杂乱无规律。

建筑弃土为2002年以后周围工程建设时开挖原始地层产生的弃土，未经分选直接倾倒至砂坑中，其成分主要为卵砾石土，颗粒级配较好，与周围原始地层土质相差不大，呈松散～稍密状。

筛砂石为筛砂后的废料，其成分主要以卵石颗粒为主，粒径大于60mm（约占90%），缺少细颗粒充填，颗粒级配差，无黏结性，呈松散状。

通过钻探揭示杂填土中的主要成分：建筑弃土约占70%，筛砂石约占15%，建筑垃圾约占10%，生活垃圾约5%。

3. 复合盾构机特点

根据乌鲁木齐土层的特点，结合本工程区间隧道的施工要求，本标段区间工程拟采用两台CTE6440复合盾构机完成隧道推进工作。

（1）复合盾构机可以根据土层地质和水文条件做调整，其本质是对开挖面支撑方式以及刀具、出渣运输系统和其他设备进行调整。

（2）既能切削岩石，又能满足软土地层的开挖。

（3）同时具备土压平衡掘进、敞开式掘进、半敞开式掘进三种掘进模式。

（4）刀盘采用准面板结构设计，主要结构为辐条+面板，开口率为40%。开口在整个盘面均匀分布，中心部位设有面积足够的开口。刀具布置采用可更换设计，随时根据土层进行开仓换刀。刀盘设置有2处磨损检测装置，可有效检测刀盘刀具的磨损情况。面板镶焊耐磨复合钢板，可降低刀盘在掘进时渣土对面板的磨损。外圈梁表面镶焊合金刀具，可提高刀盘的耐磨性能。

（5）主驱动采用8组液压驱动，额定扭矩为6000kN·m，脱困扭矩为7200kN·m，可以在砂卵石等对扭矩要求较高的地层中掘进；最高转速为3.7r/min，可以满足在中风化岩中快转速掘进的要求。主轴承外密封4道，内密封3道，密封最大承压能力为5bar。密封环根据磨损情况可在洞内进行密封位置调整。

（6）前盾切口位置焊有5mm厚耐磨层，增加耐磨性。为了改善渣土的流动性，土仓内隔墙上设有2个搅拌棒，搅拌棒强制搅拌渣土和添加材料，增加和易性。搅拌棒中部设注入孔，隔板上预留2个注入孔（共4个），其中2个注泡沫，另外2个注膨润土。搅拌棒表面用耐磨焊条网状堆焊，增加耐磨性。土仓隔板上下左右配置5个具有高灵敏度的土压力传感器，盾壳上方配置2个具有高灵敏度的土压力传感器，辅助监测盾构机顶部的土压力。

中盾和尾盾采用被动铰接连接。根据超前注浆的影响区域，沿中盾盾壳圆周上半部180°范围内设计6根超前注浆管，可对地质进行超前钻探、注浆加固。

盾尾由铰接密封环和壳体组成，所有注浆及油脂管路布置采用内嵌式。注浆管共5×2根，其中4根正常使用，6根备用。尾刷密封由3排焊接在壳体上的密封刷组成。盾尾尾部有1排止浆板（钢板束）。

（7）螺旋输送机采用内径900mm无中心杆带式尾部中心驱动螺旋输送机，最大扭矩为125kN·m，最高转速为25r/min，最大通过粒径为594mm×670mm，前端设置1道闸门，出渣口设置2道闸门，伸缩行程900mm。在螺旋叶片迎渣方向堆焊有5mm厚耐磨网格。前盾螺旋输送机筒体为内外套，内套可更换，且内套表面贴有耐磨钢板。

（8）管片拼装机安装为中心回转式，液压驱动，机械抓举，由平移机构、回转机构、举升机构、举重钳、管路支架、工作平台等组成，具有6个自由度。

管片抓举采用机械式，抓紧状态检测采用压力继电器检测，动作可靠，具有联锁功能，操作方便、安全。管片拼装机有足够的纵向平移行程，满足拆除最后一环管片以更换前两道盾尾刷的要求。

(9)双舱人舱与压力仓板的法兰相连,人舱的形状和尺寸与盾构机的设计相适应。双舱人舱有两个部分主舱和辅舱。主舱设计容纳3人,辅舱可容纳2人。辅舱的作用是在需要时,在加压状态下,通过它可以进入主舱。

(10)皮带机采用DT Ⅱ型固定式皮带机,由倾斜段(包括接料段和上坡段)、中间水平段(分布在1~4号拖车上)、卸料段构成(安装在5号拖车上)。皮带机带宽设计为800mm,输送总长初步设计为60m,输送高度为2.85m。驱动采用变频驱动电机,具有热保护和制动功能,可以实现正反转,在一定程度上具有防止皮带机在载重情况下皮带逆行功能,也具有驱动电机长时间过载工作状态下驱动过热保护功能。同时,皮带机设计有刮渣、防跑偏、耐磨、防滑及紧急停车、张紧、防止渣土飞溅等功能。

(11)注浆系统配置一个$8m^3$砂浆罐,两个注浆泵,每个泵有2个出口。盾尾置10(即4×2+2)条注浆管,其中4用6备。为了实现自动注浆的功能,在管路的注入端安装了压力传感器,用于检测注浆压力。同步注浆系统控制:为了适应不同的注浆量(掘进速度),整个设备根据压力控制注入量。最小和最大注浆量可以预先选择。

(12)泡沫系统注入口:刀盘面板6个口(其中2个口与膨润土共用)、刀盘搅拌棒2个口、螺旋输送机上部与下部各3个口,每个注入口装有单向阀,防止管路堵塞。刀盘面板注入口装有橡胶单向阀,防止渣土进入管路。泡沫系统中泡沫原液通过原液泵注入带有搅拌功能的泡沫混合液箱,在泡沫混合液箱中泡沫原液和水通过一定比例形成泡沫混合液,混合液通过6个混合液泵泵送到泡沫发生器,在泡沫发生器里泡沫混合液与空气混合形成泡沫,泡沫通过管路注入到刀盘上6个泡沫喷口、土仓及螺旋输送机需要改良的位置。膨润土系统在拖车上提供了用于存放膨化好的膨润土溶剂的罐,罐的容积为$7m^3$。罐内带有机械搅拌装置,防止膨润土沉淀离析。膨润土溶剂通过1台挤压泵注入到土仓、螺旋输送机需要改良渣土的位置。

4. 盾构机主要施工技术

1)土体改良

在无水的砂卵石地层中施工,通过渣土改良,可以更好地建立正面平衡压力。切削下来的渣土也具有更好的流塑性和稠度,同时可减少刀具、刀盘、螺旋输送机的磨损。施工过程中主要采用了泡沫剂、水、膨润土三种改良剂,对比效果见表4-3-11。

改良剂综合比较 表4-3-11

种类	优势	劣势	施工使用效果
泡沫剂	改良效果好	成本高,每环约600元;需配置泡沫系统,使用复杂	减小刀盘磨损起决定性作用
水	成本低,每环约8元;使用简便,采用加泥加水系统即可	单独使用改良效果较差;螺旋输送机易喷水	单独使用改良效果一般
膨润土	改良效果好	成本较高,每环约200元;需地面搅拌后运送入加泥加水桶,使用不便	改良效果良好,但出现刀盘结泥饼现象

施工中,初期采用泡沫剂+膨润土的方式进行土体改良,泡沫剂原液比为3%~4%,膨润土液密度为$1.1g/cm^3$,改良效果较好,推进速度稳定在5cm/min左右,刀盘扭矩为3000~4000kN·m,总推力6000~8000kN。但推进一定环数后,出现刀盘结泥饼现象。随后改用泡沫剂+水的方式进行土体改良,泡沫剂原液比为3%~4%,改良效果好,推进速度、刀盘扭矩及总推力数值无明显变化,且无结泥饼现象。

2)开仓换刀

(1)刀盘刀具配置情况

结合本标段地质情况,以及国内类似地层盾构施工经验,选用盾构机刀盘如图4-3-6所示,刀具配置见表4-3-12。

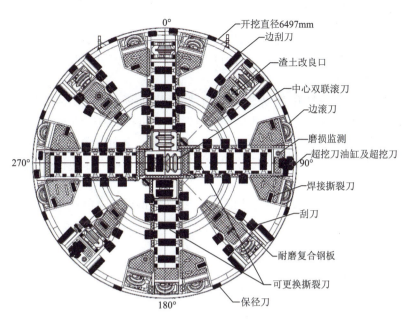

图 4-3-6 正常段盾构机刀盘

正常段盾构机刀具配置　　　　　　　　　　　　　表 4-3-12

序　号	刀具名称	数量(把)	刀高(mm)
1	17英寸中心双联滚刀	2	175
2	中心可更换式双刃撕裂刀	2	175
3	18英寸单刃滚刀	10	187.7
4	可更换撕裂刀	19	187.7
5	18英寸双刃滚刀	3	187.7
6	边刮刀	8	130
7	切刀	40	130
8	保径刀	8	70
9	焊接撕裂刀	23	150
10	外圈梁保护刀	16把保护刀+1环合金保护刀	
11	超挖刀	2	20(超挖量)

(2)开仓换刀方式

乌鲁木齐地铁1号线16标段区间隧道穿越土层为〈4-10〉砂卵石,并且无地下水影响。根据基坑开挖情况观察,在无支护的情况下,不放坡开挖5m以内无坍塌现象,可见该土层自立性极好。综合盾构机、水文、地质及相关的施工经验情况,开仓换刀采用常压下直接开仓换刀方式。

(3)开仓前准备工作

开仓换刀位置的选取:选择开仓位置应尽量避开地面建筑物、管线及交通拥挤的路口。

出渣降压及气体检测:由盾构机操作手通过螺旋输送机将土仓内的渣土输出,待土仓内渣土降至人舱门底部以下之后,停止出渣。出渣的过程中在螺旋出土口进行气体检测,同时通过人舱板上的球阀对土仓内气体进行检测,检测合格后方可进行施工,并按照要求做好记录。

开仓前压风排气:利用盾构机原有人舱保压系统作为排气管路,必要时可利用泡沫系统管路。通过刀盘上的泡沫孔,向土仓内送风,同时打开原保压系统管路阀门,将压出气体排至预定区域,气体通过洞内压入新鲜空气的稀释,随洞内空气排出洞外。

气体检测合格后,首先检查土仓压力在通风过程中是否发生变化,土仓内水位情况是否异常,清查人舱内非防爆设备,在开仓前对人舱空气质量再次进行检测,合格后方可打开仓门。

(4)开仓作业时仓内通风

仓内通风和气体检测:仓门打开后,先进行活物试验,待活物试验完成合格后,气体检测人员携带气体检测仪器和防爆手电,首先对土仓顶部以及人舱附近左下和右下方空气进行检测,同时现场值班负责人判断地层情况,确认安全后,方可进入土仓进行下一步检测。全面检测完毕且判断地层稳定,空气质量合格,经现场负责人复核确认。判断安全后,维保人员进仓,安设安全灯具和打开通风口处仓内盖板,引入风管进行通风,开始空气循环。

作业过程中的通风和气体检测:在刀具处理过程中,必须保证通风的连续性,并由气体检测人员对土仓内气体进行不间断检测,如有异常,应及时撤出土仓内人员,加强通风力度,待土仓内气体浓度合格后,方可继续进行进仓作业。

关闭仓门:刀具处理完毕后对土仓及刀盘前方进行全面的检查,避免工具、杂物遗漏在土仓内。确认后关闭所有预留送风口、排气口、阀及仓门,盾构机恢复掘进。

(5)开仓换刀施工技术

①刀具检查及更换标准

刀具检查:检查刀盘上所有刀具螺栓是否有脱落现象;检查刀圈是否完好,有无断裂及弦磨现象;检查刀体是否有漏油现象;检查挡圈是否断裂或脱落;检查刀圈是否发生移位。

刀具螺栓的检查用手锤敲击螺栓垫,听其声音来辨别螺栓的紧固程度,或一边敲击一边用手感觉其振动情况来辨别螺栓的紧固程度。

刀具更换的标准及更换操作:刀圈产生偏磨、刀圈脱落、裂纹、松动、移位情况下必须进行更换。更换标准为:

a. 中心双联滚刀一般允许最大磨损量为 25mm。
b. 正面及边缘滚刀允许最大磨损量为 15mm。
c. 切削刀具最大磨损量为 20mm。

②换刀施工

盾构到达预定换刀位置,做好换刀准备后,停止掘进。观察刀盘中心标尺,在预先设定的刀具更换所需的最佳角度位置,停止刀盘旋转。

通过控制螺旋输送机出土保证土仓内有 1/2 渣土存在(也可根据实际情况调整)。换刀时,首先对掌子面进行注浆或喷混凝土加固,加固效果良好,掌子面土体在保证不坍塌、不落石的情况下可直接进入土仓内进行换刀作业。

若掌子面土体加固效果不理想,可在上部刀盘开口、刀盘和盾壳切口处焊接预先加工好的钢板,保证每个进土开口、刀盘和盾壳切口用钢板封严,正面和侧面土体不下落。

上部刀盘开口密封以后,开始刀具检查和更换工作。可根据检测情况,确定刀具更换的数量和种类。刀具更换时尽量不旋转刀盘。

封板割除后,准备恢复掘进。土仓内压注厚浆,填充空隙,以免地面坍塌。注浆压力适当高于计算土压力。

(6)施工效果

乌鲁木齐地铁1号线16标宣大站区间隧道双线完成 5300 多米的掘进工作,左右线共计开仓换刀10次。根据地质段的选择和换刀流程的严格控制,两台盾构机均在开仓 2d 内圆满完成换刀作业。

3)正常段施工技术参数

(1)土压力选择

在无水砂卵石地层中进行盾构施工时,土压控制值须综合考虑刀具磨损和地面沉降。通过掘进过程中的监控量测,不断修正土仓内的土压控制值。若累计沉降在允许范围内,保持低土压力掘进能降低刀盘扭矩,减缓刀盘及刀具磨损速度。

区间掘进过程中,上部土压为设定在 0.02～0.03MPa,每隔 20m 选择一个轴线点,共选 8 个点,连续 2 个月对沉降监测点进行监测。监测结果显示,地表沉降基本在 4mm 以内,并且 2 个月内的累计变化极小。

(2)盾构机推力、掘进速度控制

为在无水砂卵石地层中实现稳定快速的掘进,盾构掘进时应保证速度的均匀性,掘进过程中控制推力在 7000～10000kN,掘进速度稳定在 5cm/min 左右。

(3)出土量控制

在无水砂卵石地层中如果产生超挖,地面不会很快反映出来,后期沉降就难以控制,所以控制出土量,避免超挖尤为重要。掘进时,每环理论出土为 $3.14×6.497^2×1.2/4=39.8m^3$。

(4)注浆控制

在无水砂卵石地层盾构施工中,由于刀盘切削扰动后的土体较松散,渗透系数偏大,单液浆容易渗入土层空隙,注浆量偏大不易控制。施工时,根据土质情况,同步注浆采用相对密度大的浆液,浆液配合比见表 4-3-13,此浆液能在压注初期就具有较高的屈服值,同时压缩性和泌水性小,可有效控制地面沉降和隧道上浮。

每立方米浆液配合比(质量比) 表 4-3-13

材料	砂	粉煤灰	膨润土	石灰	水
质量	1000kg	380kg	320kg(8 包)	50kg(1 包)	670kg

由于〈4-10〉无水砂卵石地层稳定性极高,当同步浆液不能完全填充建筑间隙时,监测数据不能及时反映,若不及时进行二次注浆,地表及建(构)筑物的后期沉降将增大。因此,在区间施工过程中,对成型隧道进行开孔检查,对填充不饱满的地方,进行二次注浆,确保建筑间隙填充完全。

(5)施工效果

通过刀盘及螺旋输送机的合理化设计,以及土体改良以后,渣土流塑性良好,出土连续,且没有出现结泥饼现象;上部土压保持在 0.02～0.03MPa,保持满仓推进,合理的同步注浆,加上及时的二次注浆,建筑间隙填充完全,保证了地表及建(构)筑物安全,沉降基本控制在 4mm 以内;总推力控制在 7000～10000kN,掘进速度可稳定在 50mm/min,刀盘扭矩控制在 3500～4500kN·m,刀盘磨损量较小,施工质量及安全得到保证。

4)盾构穿越回填区

施工工艺流程:施工准备→卵石回填区注浆加固→盾构机检修(刀具更换)→盾构机试掘进→盾构机正常掘进→穿越完成。

(1)卵石回填区注浆加固

根据卵石回填区土体组成及地层特性,加固采用袖阀管黄土水泥膏体注浆法。袖阀管注浆加固地基土的基本原理是将具有一定压力的加固浆液,通过袖阀管对需要加固的地层进行劈裂、渗透、挤压密实等作用,与土体充分结合形成一定强度的加固土固结体和树枝状网脉体。袖阀管黄土水泥膏体注浆法通过渗透、充填和挤密,填充卵石回填层空隙,胶结后黄土水泥浆液与卵石结合紧密,在卵石层中形成硬皮和脉状结石体,使地层稳定性大幅提高,满足盾构机在稳定密实地层中掘进的要求,从而减小地表变形,确保盾构机顺利穿越。

浆液材料配合比:浆液选用水泥黄土浆,固水比为 1:0.35～1:0.4。水泥占固相 20%～33%,黄土粉占固相 67%～80%。帷幕孔注浆施工时,浆液应为黏稠状。当注浆孔注浆量较大时,应增加浆液的黏稠度,控制浆液流动,促使浆液尽快凝固。

注浆施工:采用潜孔钻机从地面钻孔,安装袖阀管后,根据注浆参数要求,从孔底自下而上进行注浆,每排孔眼作为一个灌浆段,段长 50cm。注浆时按先稀浆后浓浆的原则逐渐调整水灰比,开环压力为 0.35MPa,正常注浆压力为 0.4～0.8MPa,并由下而上逐渐减小。全孔段注浆完成后,间歇后进行二次注浆,间歇时间控制在 10～30min 之内。

终灌标准:注浆压力大于或等于 1.0MPa,注浆量小于 2.5L/min,稳定时间为 10min。

(2)盾构机检修(刀具更换)

穿越前对盾构机进行整体检查,尤其是开仓检查刀盘磨损情况,及时更换磨损严重的刀具,保证盾构机以完好状态进入回填区,即盾构掘进至距离回填区边缘 15m 时,对刀盘、盾尾密封、螺旋输送机、铰接系统、密封油脂系统、注入系统等进行一次全面的检查、维修。检测刀具磨损量、更换刀具、彻底清洗注浆管路,确保设备状态良好。

根据砂石料回填区地基加固情况,重新配备刀盘刀具,刀具配置见表 4-3-14。

回填区地层掘进刀具配置 表 4-3-14

序 号	刀具名称	数量(把)	刀高(mm)
1	17 英寸中心双联滚刀	4	175
2	18 英寸单刃滚刀	29	187.7
3	18 英寸双刃滚刀	3	187.7
4	边刮刀	8	130
5	切刀	40	130
6	保径刀	8	70
7	焊接撕裂刀	40	130
8	外圈梁保护刀	16 把保护刀 +1 环合金保护刀	
9	超挖刀	2	20(超挖量)

(3)盾构机试掘进

穿越前,检测回填区土体加固强度,拱腰以上部分不得低于 0.4MPa,拱腰以下部分不得低于 0.8MPa,未达到要求不得掘进。初始进入回填区盾构机开始掘进的 30m 称为试掘进段,通过试掘进拟达到以下目的:

①对盾构机进一步调试,摸索适应于回填区地层的掘进参数和掘进模式。

②了解和认识回填区的地质条件,掌握在该地质条件下盾构机的施工方法。

③收集、整理、分析、归纳总结掘进参数,制定正常掘进时的操作规程,实现快速连续掘进。

④加强对地面变形情况的监测分析,及时反映盾构机试掘进过程中对周围环境的影响,掌握盾构掘进参数及同步注浆量。

⑤摸索出回填区地层中盾构姿态的控制方法。

(4)盾构机正常掘进

回填区盾构机正常掘进参数见表 4-3-15。

回填区盾构机正常掘进参数表 表 4-3-15

掘进参数						工程地质
推进土压力(上部)	推力	掘进速度	刀具贯入量	每环注浆量	每环出土量	松散卵石回填区
>0.05MPa	10000kN	2～3cm/min	12～16 mm/r	6m³	47～48m³	

回填区掘进控制措施:

盾构机在完成试掘进后,将对掘进参数进行必要的调整,为后续的正常掘进提供条件。主要内容包括:

①根据地质条件和试掘进过程中的监测结果进一步优化掘进参数。

②正常掘进阶段采用 30m 试掘进阶段掌握的最佳施工参数。通过加强施工监测,不断地完善施工工艺,控制地面沉降。

③掘进过程中,严格控制掘进速度,不断将人工测量结果与电子测量系统的数据进行比较,发现问题及时调整,将偏差控制在误差范围内。

④根据技术交底设定的参数掘进,掘进出土与衬砌背后注浆同步进行。不断完善施工工艺,控制施工后地表最大变形量在 +10 ～ -30mm 之内。

⑤掘进过程中平稳调整盾构姿态,隧道轴线和折角变化控制在 0.4% 范围内。

⑥盾构掘进施工过程中严格受控,工程技术人员根据地质变化、隧道埋深、地面荷载、地表沉降、盾构姿态、刀盘扭矩、千斤顶推力等各种勘探、测量数据信息,正确下达每班掘进指令,并即时跟踪调整。

⑦盾构机操作人员严格执行指令,谨慎操作,对初始出现的小偏差应及时纠正,应尽量避免盾构机走"蛇"形,严格控制盾构机纠偏量,盾构机纠偏变化不可过大、过频。每环检查管片的超前量,掘进时不急纠、不猛纠。

⑧减少管片拼装时间,缩短盾构机停顿的时间,拼装完成后,尽快恢复掘进,以减少上方土体的沉降。

⑨及时对回填区内的成型隧道管片进行开孔检查,有填充不饱满情况,及时进行二次注浆。注浆采用水泥单液浆或者水泥、水玻璃双液浆,注浆压力不得超过 0.4MPa。

(5)施工效果

砂石料回填区的土体加固效果达到了预期。浆液凝结后对加固体进行钻芯取样,根据芯样检查加固体胶结质量和浆液对空隙的填充情况,并对注浆效果做出评价:在松散卵石层中黄土水泥膏体浆液填充效果较好,部分芯样可见黏土水泥浆包裹卵石并且固结良好,具有一定强度,盾构掘进过程中能够建立土压,保证掘进安全。

盾构穿越土体加固后的砂石料回填区时,总推力为 6000 ～ 12000kN,平均推力为 9000kN 左右,较为稳定,无大波动。

刀盘扭矩为 2600 ～ 4100kN·m,平均扭矩为 3000kN·m 左右,较为稳定,无大波动。

上部土压力为 0.2 ～ 0.8bar,平均土压力为 0.4bar 左右,局部地区含水,波动较大。

掘进速度为 30 ～ 55mm/min,平均掘进速度为 40mm/min 左右,较为稳定,无大波动。

出土量为 46 ～ 52m³,平均出土量为 49m³ 左右,除个别环数超挖,其他较为稳定,无大波动。

注浆量为 4 ～ 18m³,平均注浆量为 6.5m³ 左右,978 环盾构机进洞注浆较多,个别环数注浆略多,其他较为稳定,无大波动。

统计全线地表沉降数据,回填区地表沉降值明显大于其他正常段,但沉降值未超过规范及设计要求,整体可控。

施工全过程处于安全、稳定、快速、优质的可控状态,盾构掘进各项参数均正常,地表下沉、周边既有管线沉降量均在允许范围内,盾构穿越卵石回填区平均施工进度为 270m/月。经监理和建设单位验收,盾构隧道工程质量为合格,无安全生产事故发生,得到了各方的好评。

5. 结语

(1)由于〈4-10〉无水砂卵石地层具有独特性,施工盾构机宜采用大开口率的刀盘和输出卵石能力强的无轴带式螺旋输送机,以排为主,以破为辅。

(2)膨润土 + 泡沫剂的组合与水 + 泡沫剂的组合改良效果都能满足掘进需求,但膨润土 + 泡沫剂的组合出现过结泥饼现象。因此,结合经济性考虑,水 + 泡沫剂的组合较好。

(3)〈4-10〉无水砂卵石地层自立性极好,即使超挖或者注浆量不足,也不会立刻反映在地表沉降上,故施工中一定要通过对成型隧道开孔来检查注浆填充情况,及时进行二次注浆,保证地表后期沉降可控;同时,盾构机在该地层掘进过程中保证满仓推进,适当欠压掘进可减少刀具及刀盘的磨损。

(4)〈4-10〉无水砂卵石地层中盾构掘进时,刀具磨损一般,大概 500m 左右开仓换一次刀具即可满足掘进施工要求。本地层自立性极好,且无水,开仓换刀可采用常压下直接开仓换刀的方式,操作简单,节省时间,功效高。

（5）盾构穿越砂石料回填区在国内尚属首例。经实践证明，加固选用袖阀管黄土水泥膏体注浆法有效可行。盾构穿越前1个月左右完成注浆，效果可得到保证。盾构穿越时需要注意以下几点：盾构穿越回填区前应对回填区土体加固强度进行检测，要求拱腰以上部分不得低于0.4MPa，拱腰以下部分不得低于0.8MPa，未达到要求不得掘进。为适应回填区掘进面大颗粒卵石急剧增多的情况，穿越前对刀具布置进行调整优化，将部分撕裂刀更换为滚刀。

（6）本项目的顺利施工，验证了施工措施有效、可行，为今后盾构机在〈4-10〉无水砂卵石地层中施工提供了参考。

第4节　北京地铁富含多层承压水地层盾构机接收技术

北京住总集团有限责任公司　陈金刚，刘春光，方江华

1. 引言

近些年来，随着区域经济的发展，全国各直辖市（省会）城市都在快速（起步）建设地铁，特别是北京、上海、广州及深圳等特大城市，正在或即将建设的地铁隧道埋深越来越大，且处于高承压水头地层中，盾构始发、掘进及接收技术难度随之增加。目前，对一般地层接收，通常对接收端一定范围地层采用旋喷桩（搅拌桩）辅助降水井减压、冻结及化学注浆加固地层，实现盾构机接收成功的例子很多。但目前北京已开始对地下水资源进行保护，施工过程不允许降水作业，后续其他城市也会陆续颁布相关办法（制度）。在富含多层承压水地层中进行盾构机接收时，因地层加固效果不理想导致接收失败的例子屡见不鲜。针对此问题，专家学者通过采用钢套筒辅助装置进行进洞，但钢套筒组装周期长、成本高、精度要求高，另外对钢套筒加固的稳定性要求也极高，在接收时如压力控制不当，还有可能出现撑坏钢套筒的风险。因此，针对富含多层承压水地层中非降水条件下寻找一种安全可靠、便于施工、工期较短、成本较低的盾构机接收技术显得尤为重要。

2. 盾构机接收设计

1）加固方案的确定

一般地层盾构机接收端加固范围为长8m，隧道上下、左右边线以外各3m，此范围采用三重管旋喷注浆加固，加固土体经钻芯取样试验合格，即可实现盾构机安全接收。但承压水地层中，加固范围还需要考虑盾构机长度、承压水头高度、加固地层重度及隧道底部承压水位以上黏土层厚度等因素。根据以往类似承压水地层盾构掘进过程中对成型管片每隔5～6m设置双液浆止水环，注浆后4h，结合对双液浆固结体试验分析及开启管片吊装孔没有浆液喷出现象综合判断，凝固的双液浆可以阻止管片背后同步惰性浆液的流动，由此初步确定承压水地层接收端加固区长度较常规增加3m；同时，通过取芯对注浆加固黏土层及含承压水砂层重度进行试验，注浆（水灰比1:1水泥浆）加固黏土层和含承压水砂层重度分别为$1.87kN/m^3$和$1.96 kN/m^3$，综合黏土层和砂土层的平均重度取$1.91 kN/m^3$，考虑水下加固地层的不均匀性，加固后土体重度取试验室的41.5，重度的平均值取$1.5 kN/m^3$，隧道下方加固的边界根据承压水头高度确定。

2）盾构机接收期间暂停注浆位置及多孔管片范围

根据盾构机接收案例不难发现，盾构机接收端加固薄弱环节主要集中在加固区与非加固区分界处，加固效果不佳将导致盾尾脱出洞门钢环后非加固区管片外侧的泥水（砂）沿管片与钢圈之间缝隙涌出。因此，第一步控制加固区及以外一定范围（10m左右）采用多孔管片（A和B片分别增加2个孔），通过多孔管片上的孔向地层进行深孔注浆再次加固；第二步盾构机接收期间盾尾还有一定长度（2～3m）处在隧道内时停止掘进，通过钢圈内增设$\phi50mm$注浆管（长度根据盾尾留置隧道内长度确定）注浆，同步

通过多孔管片孔进行深孔注浆。根据观察孔查看注浆效果，并决定是否继续掘进至盾尾完全脱出洞门钢圈。

3）止水槽及注浆管

盾构机接收过程中，采取橡胶帘布、折页板等常规措施也难免会有少量泥沙溢出。为确保盾尾脱出钢圈不流水（沙），在洞门钢圈中部设置宽200mm止水槽，高度为盾体与钢圈间隙的1.5倍，止水槽采用3mm厚压花钢板，压花钢板底部2cm以上切缝，切缝间距为5～10cm，槽内放置宽250mm的高强海绵。止水槽如图4-3-7所示。

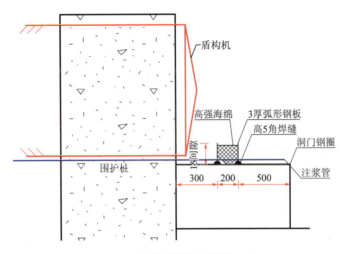

图4-3-7　止水槽示意图（尺寸单位：mm）

结合盾构机接收端隧道底部含水砂层厚度、水头高度、盾体与钢圈之间间隙、接收端加固效果等因素确定注浆管数量、长度、型号及设置位置。考虑盾体与钢圈之间体积及施工过程以外损坏，注浆管设置4～6根，长度为3～5m，直径为30～50mm，注浆管端头1.5m范围内设花管，前端设匹配阀门。

3. 工程实例

1）工程概况

北京地铁7号线东延万盛南街西口站（地下四层站）—云景东路站（地下三层站）盾构区间（简称万云区间）长1807.3m。盾构机进洞端南侧存在埋深2.5m的ϕ800mm上水铁管、埋深1.5m的联通混凝土管道、埋深约2m的10kV电力电缆，北侧存在埋深1.5m的2000mm×1500mm钢筋混凝土雨水方沟、埋深1.5m的ϕ500mm中压天然气铁管。区间接收端隧道埋深约22m，盾构机以2‰上坡进行接收。

万云区间进洞端拱顶部地层主要为细中砂〈5〉、中粗砂〈5-4〉、黏质粉土—砂质粉土〈6〉、粉细砂〈7〉、中粗砂〈7〉和粉质黏土〈8〉；隧道底部地层主要为粉质黏土〈8〉、细中砂〈9〉和中粗砂〈9-4〉层，局部为砂质粉土—黏质粉土〈8-2〉。接收端地层存在2层承压水，分别为细中砂〈5〉、中粗砂〈5-4〉含承压水五和细中砂〈9〉、中粗砂〈9-4〉含承压水六，承压水水头相对高度为6～7m，如图4-3-8所示。

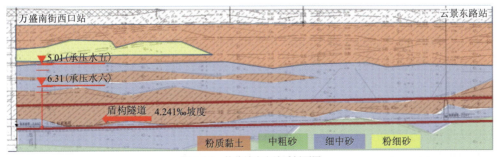

图4-3-8　接收端水文地质剖面图

万云区间使用的海瑞克土压平衡盾构机,开挖直径为6.26m,盾体长度为8.5m,开口率为32%。区间使用管片为内置槽道外径6m、内径5.4m的普通管片及多孔管片。万盛南街西口站(接收端)围护结构为$\phi1200mm@1400mm$钻孔灌注桩,洞门范围钢筋采用玻璃纤维筋,洞门圈直径为6.5m。

2)进洞端加固工艺及范围

根据水文地质、风险源及加固土体试验参数等因素综合考虑采用三重管高压旋喷注浆,注浆采用水泥浆(水灰比为1:1),X、Y方向分别为11m(较正常增长3m)、12m,Z方向为15m(隧道下方较正常增加3m),具体范围如图4-3-9、图4-3-10所示。

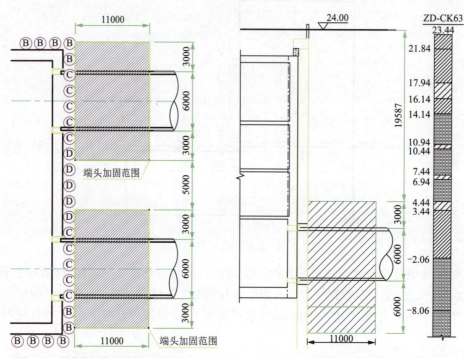

图4-3-9 接收端加固平面图(尺寸单位:mm)　　图4-3-10 接收端加固剖面图(尺寸单位:mm)

3)非增设降水井条件下盾构机接收方案

综合考虑盾构机及接收端加固的长度,多孔(16孔)管片使用的范围为加固区及10m非加固区(共20环)。当盾构机进入加固区至盾尾外露加固区外0.5m时(图4-3-11),开始加大同步注浆量,同时对脱出盾尾的多孔管片进行深孔注浆。注浆管使用2m长的$\phi42mm$无缝花管,注浆管从注浆孔打设至地层中,采用双液注浆机将水泥浆(水灰比1:1)与水玻璃(浓度30~40°Bé稀释)1:1混合注入地层。每根注浆管注浆量按下列公式计算:

$$Q=\pi R^2 L\, n\alpha\beta$$

式中:R——注浆扩散半径(m),取0.6m;

L——注浆长度,按每延米;

n——地层孔隙率(注浆范围是细中砂层,根据勘察报告孔隙率取0.46);

α——地层填充系数,取0.8;

β——浆液消耗系数,取1.2。

细中砂地层浆液每根注浆管注浆量:$Q=0.98m^3$。

注浆范围为隧道中线180°以下,注浆加固厚度为2m(图4-3-12、图4-3-13),此过程持续到盾体出洞至盾尾留在洞内2.5m时停止掘进(图4-3-14),对盾体与钢圈之间缝隙进行临时封堵。

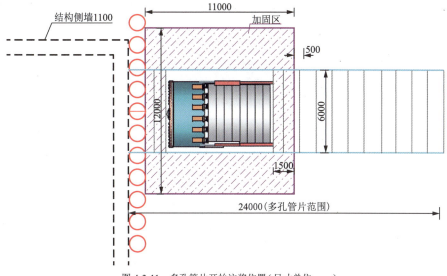

图 4-3-11 多孔管片开始注浆位置（尺寸单位：mm）

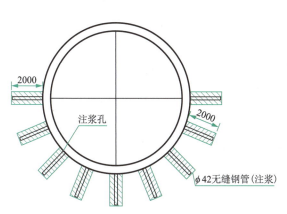

图 4-3-12 深孔注浆打管（尺寸单位：mm）

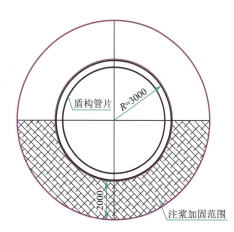

图 4-3-13 多孔管片注浆加固范围（尺寸单位：mm）

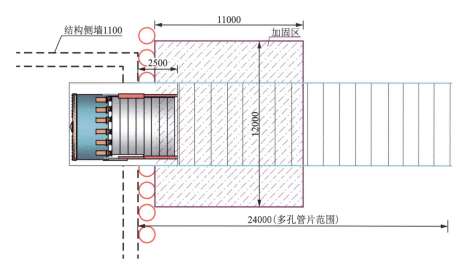

图 4-3-14 盾构机"一次接收"示意图（尺寸单位：mm）

然后，在隧道内打透多孔管片吊装孔，观察是否有流沙（水）情况，并通过钢圈内壁设置的 4 根长度 3m、φ50mm 的无缝钢管注双液浆（配合比同多孔管片）。打入钢管端头 1.5m 范围梅花形设置排浆孔，注浆管外露端头安装阀门。如图 4-3-15 所示，采用 3、4 号注浆管注浆，1、2 号充当注浆观察孔，当 1、2

号观察孔溢出浆液停止注浆,待24h后继续掘进至盾尾脱出洞门钢环,即盾构机进洞完成,然后立即进行洞门封堵工作。

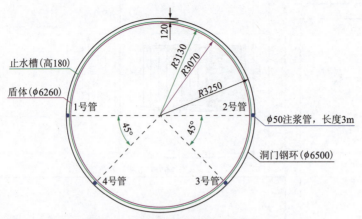

图 4-3-15 洞门注浆管布置图(尺寸单位:mm)

4) 盾构机接收效果评价

本区间富含承压水地层中盾构机接收在未采取降水井降水(减压)、冻结加固进洞端及钢套筒等措施的前提下,通过调整接收端加固范围,采用多孔管片深孔注浆、洞门内增设止水槽、预留注浆管,采取盾构机接收过程中暂停洞门外注浆等措施实现盾构机安全接收。盾构机自开始拼装多孔管片、注浆至盾构机接收完成等工作耗时近7d,接收过程措施增加费用相对不高,接收风险基本可控。

4. 结语

针对富含承压水地层盾构机进洞端且周边存在市政管线等风险源情况下,就盾构机接收端加固范围及接收过程注浆环节等方面展开研究,最终确定采用多孔管片深孔注浆加固、钢环内增设止水槽、钢环内预设注浆管及接收过程分步实施等措施进行盾构机接收工作,并通过工程实例进行验证,为今后类似地层盾构机接收提供参考。

第5节 济南泉域地区地铁盾构机接收施工技术

北京建工土木工程有限公司 马云新,李生光,李森

1. 引言

随着我国经济的发展,济南作为区域经济中心城市,其轨道交通已经进入了快速发展阶段。济南市作为世界著名的"泉城",其富水地层给地铁隧道施工带来了一些新的问题,其中如何在泉域地区实现盾构机安全接收,是参建各方高度关注的焦点问题。

2. 工程概况

济南地铁某车站地处济南市白泉排泄区域内,西侧为龙脊河,距离车站约30m。根据地勘资料,该站水文地质条件复杂,粉质黏土层综合渗透系数为 $4.3×10^{-3}$ ~ $5.49×10^{-3}$ cm/s,卵石、碎石渗透系数为 $6.59×10^{-3}$ ~ $1.2×10^{-2}$ cm/s,渗透性强。

车站围护结构为地下连续墙结构,盾构机接收井洞口长11.5m、宽7.5m,井深24.66m,位于车站北侧端头。地下连续墙厚为1000mm,采用工字钢接头,墙身混凝土强度等级为C35,抗渗等级为P10,钢筋为HRB400级钢筋。盾构机接收井洞门位置将洞门范围内地下连续墙迎土侧普通钢筋改为同等直径的玻璃纤维筋(GFRP筋),约800mm厚。接收井处地层主要位于粉质黏土〈9-1〉、卵石〈10-4〉、粉质黏土〈14-1〉中,

如图 4-3-16 所示。

3. 风险分析

目前,常规的盾构机接收方法是进行端头土体加固,主要包括渗透注浆法、高压旋喷注浆法、深层搅拌法、冻结法、挡土结构(素混凝土墙或钻孔桩)法、水平注浆法及降水法等。

盾构机端头加固方法选择不当、加固范围不足或加固效果不佳,都会造成盾构到达时存在流沙、涌水的风险,进而将造成地面沉降以及周围建筑物的倾斜、下沉等,同时影响后续盾构机的拆除和吊装。

本工程盾构机在粉质黏土和局部卵石中接收,风险的具体来源体现在以下几个方面:

(1)接收井距离龙脊河直线距离约 30m,地表和地下水系较发育,地下水位高,极易产生涌水、涌沙现象。

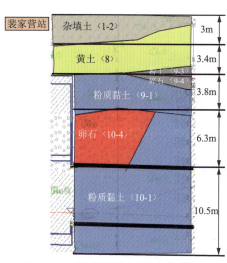

图 4-3-16 某站盾构机接收井端头地质剖面图

(2)卵石层渗透系数大,遇水的流动性大,一旦发生渗漏水,卵石会随水流出而产生涌水、涌沙现象,造成地面、建筑物的沉降。

4. 方法比选

结合工程实例和本工程特点,从高压旋喷加固法、冷冻法、钢套筒法三种盾构机接收方法进行比较。

1)高压旋喷加固法

某车站接收井地质条件与本工程类似,采用二重管高压旋喷注浆加固,并设置降水井 3 口。高压旋喷 $\phi 800mm@550mm$ 梅花形布置,加固范围为盾构隧道及其四周上下左右各 3m 范围,加固宽度 8m,加固区地面高程为 22.500m,加固底高程为 2.686m。盾构机接收井加固区桩位布置如图 4-3-17 所示。

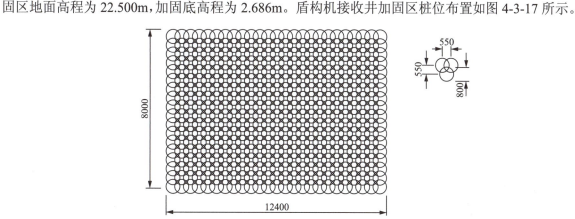

图 4-3-17 盾构机接收井加固区桩位布置图(尺寸单位:mm)

旋喷注浆主要材料为水泥,采用强度等级为 42.5 级普通硅酸盐水泥,水泥用量为 $250kg/m^3$,水泥掺量不小于 25%。

该始发井端头加固完成后,进行水平探孔检查(图 4-3-18),发现仍有流水现象,实践证明高压旋喷加固止水效果并不理想。

高压旋喷加固的优点:①浆液注入的部位和范围可以控制;②可调节注入参数以获得满足设计需求的固结体;③设备轻便,施工方法简单,操作容易,施工所需空间小;④费用低,工期短。缺点:①不适用于地下水流速过大的地层;②对施工附近的地面、管线及构筑物有隆起沉降的影响;③对环

图 4-3-18 始发洞门水平探孔

境影响大;④遇到砾砂地层和黏着力大的黏土时,抗渗效果欠佳。

2)水平冻结法

水平冻结法加固土体基本原理是在隧道四周布置水平冻结孔,并在冻结孔中循环低温盐水,使冻结孔附近的含水地层温度达到0℃以下而结冰,形成强度高、封闭性好的冻结壁。

某站接收井端头地质条件与本工程类似,接收井加固区域采用水平冻结加固,加固范围为内圈冻结壁纵向厚度2.5m,外圈冻结壁环向厚度1.5m,外圈冻结壁有效纵向长度12.5m。

设计采用"杯形冻结壁","杯底"冻结壁厚度为2.5m,"杯壁"冻结壁厚度为1.5m,圆筒长度为9.5m,如图4-3-19所示。冻结孔开孔位置如图4-3-20所示。

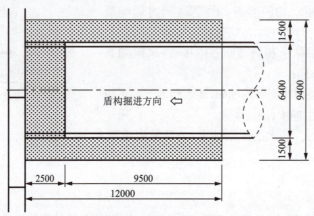

图4-3-19 盾构机接收井加固范围示意图(尺寸单位:mm)

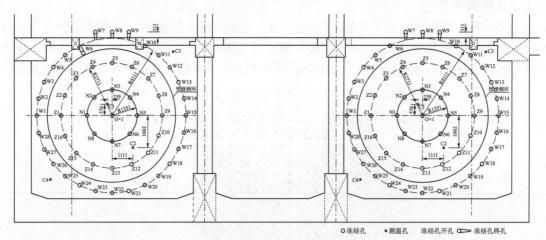

图4-3-20 冻结孔开孔位置示意图

采用该方法洞门凿除时,无水流出,冻结效果好。盾构机接收过程中,盾构穿越冻结加固体时,由于冻结区域开挖土体与管片外侧之间的渗漏通道没有完全密封,造成接收过程中出现较大涌水现象(图4-3-21)。在另一台盾构机接收时,对开挖土体和管片之间的通道密封严密,未发生涌水现象。

图4-3-21 冻冻法接收现场

水平冻结法的优点:①适用地层广,尤其适用于用于含水量较高的砂性土层;②土体加固强度高,止水性能好;③对环境污染小。缺点:①施工周期长,造价高;②土体的冻融对地面的隆沉有一定影响。

3)钢套筒法

盾构机接收钢套筒装置是一端开口,另一端封闭的圆柱形容器。开口端与洞门预埋环形钢板相连,使之整体形成一个密闭的容器,再在容器内部充满填充物,形成一定的压力,用于平衡盾构机推进时形成的反力。

某工程地质条件与本工程类似,采用素混凝土墙+钢套筒接收+降水井的方法。为确保洞门破除施工时的安全,该工程采用在原围护结构外侧20cm位置施工一处宽800mm的地下素墙,施工范围:洞门两侧各2m,隧道下3m,顶至地面,采用C15水下混凝土。素墙与原地下连续墙两侧接缝位置采用高压旋喷桩进行封堵,侧接缝位置采用高压旋喷桩进行封堵。该方法通过降水井降水,减少素墙外侧向的水压力,并降低素墙和地下连续墙缝底部涌水的风险。

钢套筒安装完成后,试压合格,进行水平探孔检查,确认无渗漏后破除洞门填土,盾构机推进至钢套筒内,隧道内注浆加固,未产生涌水、涌沙现象。

钢套筒法的优点:①适用性很广,基本不受地质条件的限制;②有时可免除端头加固,对周围环境水土影响小;③可以循环使用,费用低;④安全性高。缺点:①接收时间长;②经拆卸回收的钢套筒需要维修;③运输费用高;④盾构掘进姿态控制要求高;⑤密封性要求高。

5. 本工程实际方法选择

根据工程情况和工期要求,本工程采用盾构机钢套筒接收+辅助降水井法。钢套筒由1个过渡环、4个筒体、1个后端盖和支撑等部分组成,如图4-3-22所示。

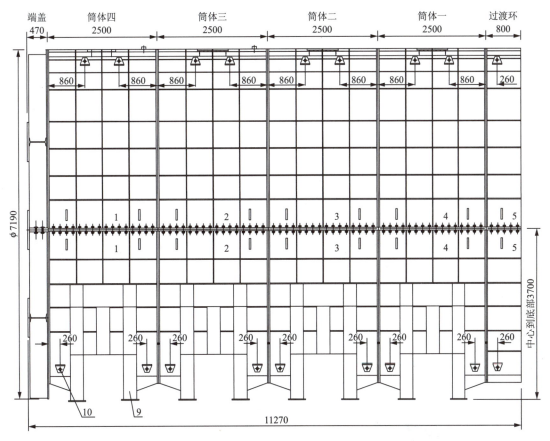

图4-3-22 钢套筒分块示意图(尺寸单位:mm)

钢套筒长11.27m,内径6.95m、外径7.19m。在洞门外侧采用钢板将钢套筒与洞门预埋钢板环连接,钢套筒安装时,必须确保其整体的密封性和耐压性。钢套筒安装后,在钢套筒内凿除洞门内车站围护结构地下连续墙,并在钢套筒内回填砂土压实,然后将盾构机直接掘进到钢套筒内,确保盾尾补浆填充密实,待浆液凝固后,依次拆解钢套筒和盾构机并吊出接收井,完成盾构到达接收作业。

钢套筒接收安装流程如图4-3-23所示。

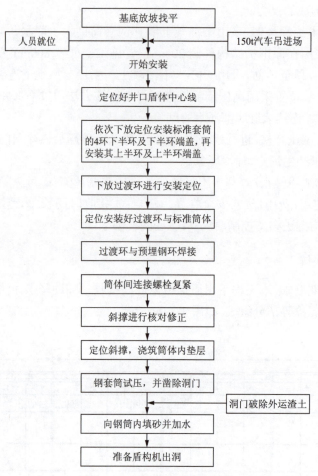

图 4-3-23 钢套筒接收安装流程图

1）钢套筒部件介绍

（1）筒体

筒体部分长 10m，直径（内径）为 6.95mm。其中，标准筒体分 4 段，每段长 2.5m，每段又分为上下两半圆。筒体材料用 20mm 厚的 Q235A 钢板。在筒体底部制作托架，筒体与托架之间采用焊接方式连接。接收钢套筒筒体如图 4-3-24 所示。

（2）后端盖

后端盖由上下两个半圆端盖制成，端盖纵向长度为 630mm，端盖面板为 30mm 厚半圆面 Q235A 钢板。接收钢套筒端盖如图 4-3-25 所示。

图 4-3-24 接收钢套筒筒体

（3）过渡环

原车站结构洞门预埋钢板环内径为 6.9m，钢套筒的内径为 6.95m，为加强其过渡环与钢板环的连接强度，在钢板环与过渡环的连接处加焊一圈 20mm×200mm 的环形钢板。

（4）进料口和注排浆管

筒体 2 与筒体 4 的顶部各设置有一个的直径为 600mm 的圆形进料口（图 4-3-26），在每段钢套筒底部预留 3 个 2 英寸带球阀注排浆管，等间距布置（共 6 个）。

（5）钢套筒进场验收

①钢套筒圆度

对整体钢套筒的圆度进行检查，避免盾构机进入钢套筒时与钢套筒间距不均。

②钢套筒的密封性

钢套筒分多块组成,各组成块之间均须加垫橡胶垫。对橡胶垫必须严格控制质量,防止损坏或有漏洞,避免出现漏浆泄压,导致土仓压力不能建立。

③钢套筒焊缝

全面检查钢套筒各个部位的焊缝,对有损伤的焊缝进行补焊,确保焊缝质量,保证整个钢套筒的整体性。

在安装钢套筒前先进行测量定位,确定安装位置,再按照先过渡环、后主体,其次端盖及斜撑,最后固定各个位置支撑的步骤进行逐级安装。

图 4-3-25　接收钢套筒端盖　　　图 4-3-26　钢套筒进料口

2）试压

钢套筒组装完成后,在筒体内压水检查其密封性,水压为 0.3MPa。若在 12h 内,压力保持在 0.28MPa 上,则可满足钢套筒接收要求;如果小于 0.28MPa,则找出漏气部分,检查并修复其密封质量,然后再次进行试压,直至满足试压要求为止。

3）洞门凿除

洞门凿除前,应进行水平探孔检查。洞门凿除地下连续墙背土面 200mm 厚钢筋,完成后由技术人员对洞门凿除情况进行检查,确保洞门圈范围内不残留钢筋头等杂物,同时洞门圈内侧影响盾构机出洞的焊接物务必清理干净。剩余 800mm 厚玻璃纤维筋地下连续墙通过盾构机刀盘掘进凿除。

4）砂浆基座

在钢套筒底部 60°范围内浇筑 10～12cm 后的 C20 砂浆基座（图 4-3-27）,并保证砂浆基座伸入洞门内与加固土体相接,以防止刀盘进洞时扎头。

5）填料

当技术人员检查完毕后,向钢套筒内填料,主要是填沙,并混有一部分的黏土。向钢套筒内填充泥沙,在填充的过程中适当加水,保证泥沙的密实。填料作业完成后,要及时对套筒进行加压测试,测试压力不得小于盾构机的土仓压力。

图 4-3-27　砂浆基座示意图（尺寸单位:mm）

6）盾构机接收掘进及洞门封堵

盾构机接收前,通过实际测量计算出盾构机刀盘顶住端头地下连续墙的里程。降水井应提前半个月进行降水。盾构机在到达此里程即进入到达掘进状态,要安排专人值班,以每天 2 次的频率监测地面的沉降情况,并根据监测数据,采取补浆等措施。盾构机推进最后 50 环的过程中,及时压注盾尾油脂,避免盾尾渗漏。盾构机从顶桩到进入钢套筒分为 3 个阶段。

（1）盾构机凿除地下连续墙前

在即将碰壁之前,速度提前一环减小到 10mm/min 以下,推力减小到 8000kN 以下;到碰触地下连续墙 50cm 时,速度减小到 5mm/min 以下,推力减小到 7000kN 以下,刀盘转速应小于 1r/min,土压力控制在 1.2～1.5bar 之间(根据覆土厚度及水压力计算而定)。

(2)盾构机凿除地下连续墙

当破除洞口剩余 800mm 厚地下连续墙时,依靠钢套筒内土体背压,在刀盘旋转时将地下连续墙磨碎,之后将土仓压力加压至 1.6bar 左右,混凝土块顺利进入土仓。

控制参数:速度小于 2mm/min,推力小于 5000kN,刀盘转速为 1.3r/min。为了防止出洞时盾构机"栽头",要求盾构机机头高于轴线 3～4cm。洞门破除完成后,对钢套筒筒体连接螺栓进行一次彻底的复紧。

顶桩后,使用双液浆代替同步注浆,及时施作环箍,有效封堵隧道与管片之间的空隙和渗漏通道。

(3)盾构机进入钢套筒

进入钢套筒后,速度小于 5mm/min,推力小于 4000kN(视实际推力大小,以不超过此值为原则),刀盘转速控制在 0.3r/min 以内。刀盘转动前,要与钢套筒外部进行联系,确认人员及设备安全。

为便于盾构机推进和吊装,额外增加 2 环工作环,将盾构机推到套筒内合适位置后停机(盾构机距离钢套筒端盖约 40cm)。最后一环管片拼装后,盾构机停机,及时将倒数第 3 环以后的管片进行二次注浆并形成闭水环箍。待检查没有渗漏,钢套筒泄压后,进行盾构机,拆机前先拆除工作环。至此,盾构机完成钢套筒接收,下步转入钢套筒拆除、吊装阶段。

(4)洞口封堵

在盾体出洞、盾尾通过洞口过程中,每环(890～904 环)均补充双液注浆,注浆量为管片与洞门和隧道间隙的 180%。采用多孔管片注浆方式:单环从上至下(对称逐步向下),一环赶一环,形成封环。注浆时,注意采用多点、少量等方式,注浆机安装压力表,注浆压力控制在 0.2～0.3MPa,并时刻检查钢套筒是否有漏浆、形变等情况,如有漏浆或者形变过大,则可以采取调低或停止注浆以及减小推速等措施处理。

当盾体在套筒内至到达停机位置后,打开过渡环预留的观察孔阀门,用钢筋捅开水泥浆,观察有无出水。如有出水,则通过倒数第 1、2、3 环管片进行注双液浆,直至观察孔无出水为止。

6. 结语

本工程为济南地铁施工中首次采用盾构机钢套筒接收。本次接收过程事前准备充分,措施得当,接收过程中无涌水、涌沙现象,经监测地面沉降量在设计要求范围内,最大沉降量为 -3.38mm。此外,钢套筒接收过程应从施工的管理措施、技术措施等方面进行综合管控,为可能遇到的隐患风险做好应急准备。

盾构机钢套筒接收不受地层条件的限制,避免了出洞过程中的各种风险,提高了盾构机接收的安全性,对于在泉域地区地铁接收施工具有较大的提升空间和推广应用前景。

第 6 节　长沙地铁 4 号线复杂条件下盾构下穿湘江施工技术

中国水利水电第八工程局有限公司　涂怀健,常彦博

1. 工程概况

阜埠河站—碧沙湖站区间(简称阜碧区间)西起阜埠河站,沿阜埠河路展布,在里程 YCK31+934～YCK32+784 段横穿湘江,东至碧沙湖站。区间左线长 1714.236m,短链长 13.839m;区间右线长 1768.575m。本区间采用两台 φ6250mm 土压平衡盾构机施工,盾构机先后从碧沙湖站始发,下穿湘江后到达阜埠河路站吊出。

区间最小曲线半径为 400m,线间距为 13.0～18.5m,最大纵坡度为 28‰。管片分为标准环管片及左右转弯环,管片外径 6m、内径 5.4m,宽 1.5m,厚 0.3m,C50、P12 混凝土。

阜碧区间线路如图 4-3-28 所示。

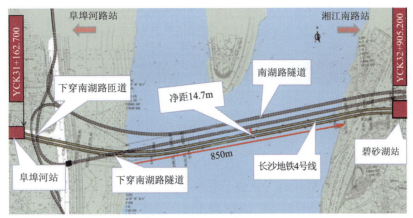

图 4-3-28　阜碧区间线路示意图

2. 地质情况

本区间主要位于湘江两侧Ⅰ级冲积阶地及湘江河床地貌单元，场地第四系覆盖层厚度为 2.00～27.80m，下伏基岩为白垩系砾岩、泥盆系砂岩，属较碎～较完整岩体。左、右线隧道穿越地层主要为强风化砾岩、中风化砾岩，隧道在里程 YCK31+162.700～YCK31+416 段洞身主要为圆砾。

3. 盾构机主要参数

本区间主要地质为圆砾层和风化岩层，土压平衡盾构机和泥水平衡盾构机均能满足掘进要求。从经济的角度考虑，宜选用土压平衡盾构机。本区间施工场地位于市中心位置，施工场地狭小，选用 ZTE6250 型土压平衡盾构机，盾构机技术参数见表 4-3-16。

ZTE6250 型土压平衡盾构机技术参数　　　　表 4-3-16

主部件名称	细目部件名称	参数配置	备注
总体设计	盾构机型号	ZTE6250	
	整机设计寿命	≥10km	
	主机长度	9095mm	含刀盘
	整机长度	约 84m	
	整机总质量	约 450t	
	适应最小平曲线半径	250m	
	适应最小竖曲线半径	1000m	
	适应最大坡度	≤35‰	
	装机功率	约 1740kW	
	最大工作压力	3bar	
刀盘	结构形式	复合式	
	开挖直径	6280mm	
	开口率	38%	
	磨损检测	2 个	
	回转接头	6 路泡沫 +6 路液压 +6 路电气	
主驱动	驱动形式	液驱	
	液压马达数量	8	
	转速	0～3.44r/min	
	额定扭矩	6848kN·m	
	最大扭矩	8691kN·m	
	功率	3×315kW	

续上表

主部件名称	细目部件名称	参数配置	备注
盾体	盾尾密封	4道钢丝刷+1道止浆板	
推进系统	额定推力	36493kN@300bar	
	最大推力	42575kN@350bar	
铰接系统	铰接形式	被动铰接	铰接油缸销轴的隔环尺寸须方便拆装
	密封形式	1道橡胶密封+1道紧急气囊密封	1道橡胶密封+1道紧急气囊密封

4. 施工技术研究

1）研究内容

阜碧区间首次采用土压平衡盾构机一次性全程横穿湘江，水下下穿线路长度1031m。盾构机从湘江东岸始发，之后平行近接南湖路隧道南侧主线（最小水平距离14.7m，平行近接长度850m），下穿湘江大堤、南湖路隧道主线及B、C匝道（最小垂直距离5.442m）等。下穿段湘江是长沙市一级饮用水水源保护区，南湖路隧道为长沙市主要过江通道。本区间地质条件复杂（溶洞、探孔密集区等）、下穿既有隧道且长距离平行近接，施工风险大，社会关注度高，是地铁4号线的重点和控制性工程。

(1) 主要研究内容

专题1：水下盾构隧道近接施工风险评估与近接影响区划
① 水下盾构隧道近接施工风险辨识。
② 水下盾构隧道近接施工风险动态分析和安全风险控制。
③ 下穿和长距离水平近接施工影响区划。

专题2：水下盾构隧道围岩稳定与变形计算模型
① 高水头、强渗透条件下围岩压力确定。
② 水下盾构隧道围岩稳定性流固耦合作用机理。
③ 基于随机介质理论的隧道近接施工变形规律。

专题3：水下盾构隧道近接施工控制关键技术
① 不同地形、地质断面处水底隧道近接施工土仓压力、掘进速度、注浆压力和注浆量等掘进参数优化。
② 高水压、强渗透地层盾构管片稳定性控制技术。
③ 既有隧道和新建隧道近接施工监测技术。
④ 既有隧道和新建隧道近接施工预加固技术。
⑤ 盾构区间探孔密集区防渗漏应急处理技术。
⑥ 盾构区间溶洞回填及处理技术。
⑦ 盾构下穿大型河道水保技术。

(2) 研究重难点

相对于其他地铁区间，阜碧区间具有以下鲜明的工程技术特点：
① 长距离水下穿越，地质条件复杂，施工风险较大：
a. 盾构水下穿越距离为1031m，水下穿越距离长，施工风险大。
b. 橘子洲头南侧盾构掘进范围存在2处溶洞，处理不当容易导致仓内失水及螺旋输送机喷涌，甚至造成盾构机低头或陷落。
c. 盾构区域内存在探空密集区，存在盾尾漏浆及江水与隧道连通的风险。
d. 湘江为一级饮用水水源保护区，水质要求高，需重点控制盾构施工，防止造成水污染。
② 盾构区间地质纵断面起伏不平，水位变化大，需动态调整掘进参数：
a. 盾构区间长距离下穿湘江河床，地层以及隧道埋深复杂多变，土压力变化大。
b. 枯水期水位24.63m，洪水期水位39.51m，水位变化较大。

c. 施工过程中应依据复杂多变的掘进断面,适时调控掘进参数,实现水下盾构机精细化施工。

③长距离平行近接及下穿南湖路湘江隧道,施工扰动及社会影响大:

a. 本盾构区间与南湖路隧道平行近接长度850m,间距14.7m,并下穿隧道主线,施工扰动风险较大。

b. 盾构区间平行近接的南湖路湘江隧道为长沙市主要过江通道,下穿湘江大堤以及湘江中路和潇湘中路两条交通南北主干道,社会影响大。

(3) 主要技术性能指标

①盾构隧道施工深层变形

目前深层土体变形绝大多数采用测斜管辅助以沉降磁环进行变形监测,在监测过程中,存在诸多影响因素会极大地影响监测的数据准确性,如沉降磁环安装不能准确定位、测试读数由于人工读数存在误差、测试方法复杂等。通过现场试验研究,提出针对深层土体变形的监测改进,以期对于今后的盾构隧道地层监测提供便捷有效的测试手段。

②盾构管片受力监测

阜碧区间水下盾构隧道处于高水头、强渗透条件下,围岩应力状态的研究对于隧道的稳定有很重要的价值。但由于盾构隧道的施工特殊性,管片采用厂内预制的方式运输至现场,测试元件如土压力计与钢筋应力计无法在现场置于管片内,同时洞内机械设备复杂,空间狭小,日常监测存在困难。

管片外土压力可以很好地反映该处围岩的应力状态,而管片内的钢筋受力则能很好地判断管片的安全状态,此两项数据对于盾构隧道尤其水下盾构隧道的施工十分关键。据此,提出在预制管片中埋设测试元件的方法与装置。此种方法可在管片厂内方便快捷地安装测试元件,且不影响管片制作流水作业,保证测试元件有效且在运输中不受破坏。此项技术经过改进,即可将其应用于管片厂内,加入标准流水作业,形成"测试管片"的流水制作,用于所有盾构隧道监测。

③水下盾构隧道施工影响区划

现有的近接影响区划方式绝大部分为经验性质的预测(基于日本近接施工指南等材料),而随着盾构隧道的发展,以及不同施工条件的复杂性越来越高,经验性的预测已无法满足影响区划的准确性要求。课题根据弹塑性理论,基于Hoek-Brown屈服准则,创新地结合了"松动区—承载区"的概念,对于盾构隧道开挖的影响区划进行研究,准确地厘定了不同影响范围的分区范围,并将分区细化至超强影响区、强影响区、弱影响区、无影响区,最后考虑渗流因素提出水下盾构隧道的区划计算方法。根据提出的区划方法,可以现场指导近接施工,不同的影响区内采用最优化的加固方案。

④水下盾构隧道围岩稳定性

根据城市越江地铁现场试验研究,发现盾构隧道衬砌管片内力最大的情况发生在衬砌壁后注浆过程,壁后注浆阶段衬砌管片的内力是稳定阶段的1～1.5倍。课题以宾汉姆流体为研究对象,考虑同步注浆浆液在填充盾尾间隙的同时与开挖土体之间发生渗透扩散,求出壁后注浆浆液渗透半径和浆液渗透量,以及渗透压力的挤压作用引起开挖洞室的径向位移量,并考虑注浆浆液的黏度时变性,运用极限平衡方程和流体力学的方法推导和修正了盾构隧道壁后同步注浆压力的分布模型,为长沙地区此类过江隧道以及其他地区相似地质水文条件隧道荷载分布提供了借鉴。

⑤盾构隧道施工地层变形预测

盾构隧道施工首先影响洞周岩土体应力状态,并转化为变形的表现形式,而该处的影响又将一步步传递至附近岩土体,直至传递至地表。目前,对于盾构隧道施工引起的变形影响,绝大多数将研究着眼点放在地表沉降上,也因为地表沉降最为方便测量,同时物理意义明确,不失为评价盾构隧道施工影响的合适指标,如Peck地表沉降经验预测公式、源汇法弹塑性分析、随机介质地表预测方法、有限元模拟计算等。但地表变形的本质则是盾构施工引起的地层变形,更好的研究地层变形规律将对盾构隧道施工指导有更大的意义。同时,现行的研究未考虑盾构施工影响范围内赋存有构筑物的工况,在城市地铁工程中,地下条件十分复杂,不仅有错综复杂的关系,也有既有的大型隧道、基础等构筑物,这些地下构筑物面对近接施工时,对于盾构施工带来的影响十分敏感,而地下构筑物由于其位置、大小、刚度的影响,必定会对地层变形造成"反影响"。综上所述,目前缺乏对盾构施工引起地层变形的研究,且存在盲区。

课题基于随机介质理论,将既有隧道—土层视为耦合的整体,结合弹塑性分析与 Winker 地基模型对于耦合影响下的深层土层变形进行计算,考虑存在既有隧道,由此提出盾构隧道施工变形预测模型,对于今后城市地铁施工的变形研究,拓宽了其研究内容,并可直接用于指导隧道施工。

⑥掘进参数优化

根据地铁 4 号线阜碧区间盾构工程,考虑其近接既有南湖路隧道的复杂工况,利用数值仿真模拟对于土仓压力、掘进速度、注浆量、注浆压力等参数进行多个模型的计算分析比对,对应于本项目提出优化后的参数,并推广至长沙区域相同地质条件下的其他盾构穿越工程中。

⑦近接施工控制技术

对于水下盾构隧道近接施工控制的关键技术进行研究,需要考虑到高水头强渗透地层盾构管片稳定性控制技术、既有隧道与新建隧道近接施工监测技术、既有隧道与新建隧道近接施工预加固技术等。高水头强渗透地层下的盾构管片稳定性控制技术的提出对于计算围岩压力,分析管片受力变形,进而指导管片配筋设计有重要意义;既有隧道与新建隧道近接施工监测技术的提出可以对于既有隧道各项监测提出新的设计方案;既有隧道与新建隧道近接施工预加固技术,可根据课题提出的影响分区对应不同的区划应用不同的预加固手段,并通过对某一影响区内各种加固手段的分析比对提出最优的加固措施。

2) 主要施工技术

(1) 在近接南湖路隧道区段选取左线 DK32+600(220 环)、DK32+500(287 环)、DK32+060(579 环)三个断面进行水底隧道围岩稳定性现场试验,通过盾构机衬砌结构现场测量围岩压力和钢筋应力,持续统计分析受力变化情况。

(2) 结合地铁 4 号线阜碧区间盾构隧道下穿南湖路主线隧道施工工况,对于在近接既有构筑物工况下盾构隧道开挖的复杂工况进行研究。通过在典型断面设置地表沉降监测点、地表水平变形监测点、深层土体沉降监测点、深层土体水平监测点,对于地铁 4 号线盾构隧道下穿既有南湖路隧道全过程进行持续的数据采集,分析数据后对工程进行指导。

(3) 根据风险评估专题中对于地质风险的专项评估,上软下硬圆砾地层盾构穿越(根据 PC 法风险定性分析)风险等级为 II 级,在施工过程中应重点采取以下措施:

①向刀盘注入膨润土或高分子聚合物来改良渣土。
②快速掘进通过(30~50mm/min)。
③盾构机每掘进完成 10 环后安排测量队对该段地面进行雷达地质扫描。
④必要时采取地面跟踪注浆(空洞、沉降超限)。

根据本工程地质条件区间前期的掘进情况、数值分析模拟研究以及现场试验数据总结分析,在近接南湖路段,采取以下施工措施和掘进参数:根据高水压强渗透条件下管片稳定性研究,为保证隧道管片不出现上浮,施工中加强二次注浆。二次注浆浆液采用 1:1 水泥—水玻璃双液浆,注浆压力不大于 0.5MPa,每环每孔注入量不大于 0.5m³,并做到"多次少量"。在施工过程中通过监测数据对有关掘进参数进一步优化和调整。

按照以上措施和掘进参数进行盾构掘进,在管片上浮控制方面取得了很好的效果,安全顺利地完成了下穿段的掘进。

根据隧道近接随机介质理论预测模型的研究,利用该预测模型对地铁 4 号线阜碧区间高风险区间进行地表沉降和地层沉降预测,预测结果和实测测量值相近。预测结果表明,盾构下穿段产生的位移和变形满足规范要求,未采取预加固措施。

(4) 溶洞探测及处理

本区间通过地质补勘揭露岩溶 2 处。以揭示溶洞的钻孔为基准点,加密钻孔向四周扩散,使用改性膏浆形成止浆岩壁(图 4-3-29),并进行内部填注豆粒石+吹砂注浆。

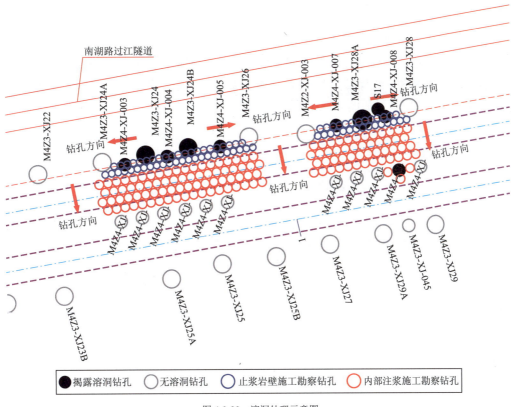

图 4-3-29 溯洞处理示意图

5. 结语

长沙地铁 4 号线阜碧区间盾构隧道项目,采用理论分析、现场试验、数值模拟多手段结合的方式,研究复杂地质与环境条件下,新建水底隧道近接既有隧道施工控制关键技术,对近接施工过程进行分析,形成一套适用于大型河道地铁下穿既有隧道施工的系统化安全控制技术,包括水下盾构隧道施工风险评估技术、水下隧道围岩稳定性与变形计算模型技术、复杂条件下盾构隧道掘进参数优化技术,对地铁隧道盾构施工近接既有各类建(构)筑物(如隧道结构、桥梁桩基、高层建筑桩基、地下综合管廊、地下室结构、地下管线等)具有很好的参考价值。

第 7 节 成都地铁富水砂卵石地层盾构始发下穿既有线施工技术

中铁十一局集团城市轨道工程有限公司 李旭

1. 引言

成都作为采用盾构法修建地铁的城市之一,有着与其他城市不同的地质条件。成都地铁穿越的地层主要为富水砂卵石地层并夹杂有粉细砂透镜体,地下水丰富、水位高、补给迅速。

砂卵石地层从力学机制上表现为强烈的不稳定性,主要特征呈现为岩体松散、无胶结、自稳能力差、围岩体整体强度较低。由于砂卵石地层的渗透系数较大,在高水头压力作用下极易产生喷涌,富水和下穿既有线进一步增加了施工过程的难度,而下穿过程中沉降控制要求极其严格,风险性极高。本节主要介绍成都富水砂卵石地层盾构近距离始发下穿既有线技术,主要从工程概况、始发前准备、下穿既有线掘进技术、施工监测以及应急预案等方面进行阐述,为后续下穿既有线提供可靠依据。

2. 工程概况

1) 新建隧道与既有运营线位置关系

成都地铁 6 号线前锋路站—梁家巷站区间大里程端下穿既有地铁 3 号线。既有地铁 3 号线至前锋路站主体端墙外侧距离为 8m，正穿长度为 20m；下穿处盾构隧道埋深为 20.39m，与 3 号线既有盾构隧道竖向净距约为 4.065m，位置关系如图 4-3-30 所示。

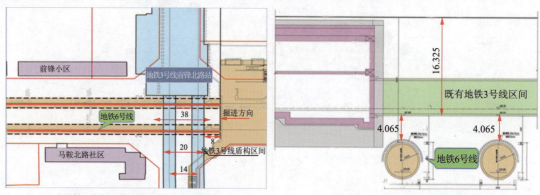

a) 地铁6号线下穿既有地铁3号线平面图　　　b) 地铁6号线下穿既有地铁3号线剖面图

图 4-3-30　前锋路站—梁家巷站区间地铁 6 号线与既有地铁 3 号线位置关系（尺寸单位：m）

2) 水文地质情况

根据钻孔揭示，地铁 6 号线下穿地铁 3 号线地层均位于饱和、中密卵石层，地质条件自稳性差，如图 4-3-31 所示。

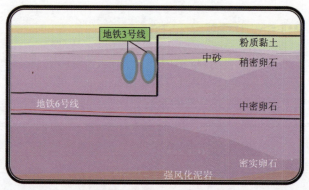

图 4-3-31　前锋路站地质纵断面图

3) 既有地铁 3 号线情况介绍

地铁 3 号线是成都市一条西南—东北方向的主干线地铁线路，全日运营时长为 18h。既有地铁 3 号线与新建地铁 6 号线在前锋路站实现通道换乘，如图 4-3-32 所示。

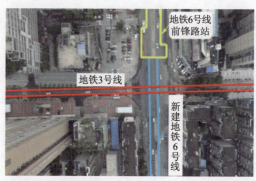

图 4-3-32　既有地铁 3 号线与新建地铁 6 号线总平面图

由图 4-2-32 可知,新建地铁 6 号线前梁区间左右线需 4 次穿越地铁 3 号线,下穿的最小间距为 4.065m,小于 1 倍盾构机直径,是成都富水砂卵石地层中首次小间距始发下穿既有运营线的工程项目。

3. 盾构机特点与主要参数

盾构机的刀盘是安装在盾构机前面的旋转部分。通过在刀盘上安装不同的刀具,可分别完成软土和硬岩的开挖,以适应不同地质施工的要求。

刀盘结构:面板式,开口率为 38%,开口处设有网格,面板上加焊耐磨板。

滚刀:配置了 36 把滚刀,其中 4 把 17 英寸中心双联滚刀,刀间距 90mm,刀高 187.5mm;21 把正面滚刀,17 英寸刀体,装 18 英寸刀圈,刀间距 95mm,刀高 187.5mm;11 把边缘滚刀,17 英寸刀体,除最外 3 把装 17 英寸刀圈外,其余均装 18 英寸刀圈。

刮刀:配置了 40 把刮刀,其中 32 把正面刮刀,刀间距 200mm,刮刀高度 130mm;8 把边刮刀,边刮刀高度为 130mm。

磨损检测:刀盘设置有 2 处磨损检测装置,以及时判断刀盘刀具磨损情况,防止刀盘盘体被磨损破坏。

渣土改良口:盾构机配有泡沫系统和膨润土系统两套渣土改良系统,两者在桥架前部共用一套输送管路,两个系统用球阀隔离,使用时手动转换。刀盘上设置 6 路泡沫口(泡沫与膨润土可共用),土仓壁设置 4 路泡沫口(泡沫、膨润土、水可共用),螺旋输送机内设置 8 个渣土改良口。

刀盘面板及耐磨板如图 4-3-33 所示。

图 4-3-33 刀盘面板及耐磨板

4. 技术研究

1)技术准备

(1)始发端头袖阀管注浆加固

端头地面采用 $\phi42mm@1000mm$ 袖阀管注浆加固。平面加固范围:由主体围护桩外侧沿掘进方向纵向长度为 4m,横向宽度为 16m。竖向垂直加固范围:由地面至洞身隧道中部整个竖向高度范围 24m。注浆浆液为水泥浆,水灰比 $0.8:1 \sim 1:1$,注浆压力 $0.2 \sim 0.4MPa$,打设注浆孔 34 个,注浆水泥用量为 12t。距既有线管片水平距离 3m 外打设 2 排袖阀管垂直注浆孔及 1 排 $\phi108mm$ 钢管中心注浆孔,一旦出现超挖,可迅速由中心钢管注浆孔向隧道上方空洞注入砂浆填充。

地铁 6 号线前锋路站盾构始发端头加固如图 4-3-34 所示。

(2)管棚打设

如图 4-3-35 所示,始发井口采用 $\phi194mm \times 10mm + \phi146mm \times 10mm$ 管棚(共 72 根)进行管棚群超前支护。在洞门范围打设 4 层管棚,上部两层 $\phi146mm \times 10mm$ 管棚打设长度为 30m,下部两层 $\phi194mm \times 10mm$ 管棚打设长度为 33m。$\phi194mm$ 管棚竖向偏移均向上偏移,最大施工偏移量为 +133cm,水平偏移量最大为 +10cm 和 -19cm;$\phi146mm$ 管棚竖向偏移均向上偏移,最大施工偏移量为 +122cm;管棚偏移满足既有线安全距离及不侵入盾构开挖界限要求。φ194mm 管棚注浆量为 0.8～1.3m³（理论填充量为 0.74m³），φ146mm 管棚注浆量为 1.2～1.3m³（理论填充量为 0.37m³）。

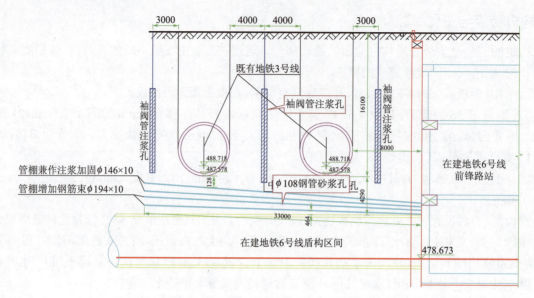

图 4-3-34　地铁 6 号线前锋路站盾构始发端头加固图（尺寸单位：mm）

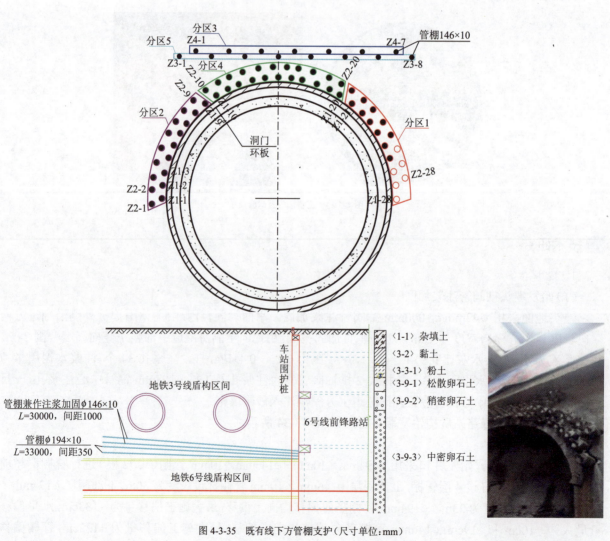

图 4-3-35　既有线下方管棚支护（尺寸单位：mm）

（3）始发洞门密封

前期地质勘查报告显示该地层地下水较丰富，按照梯度降水原理在车站端头布设 3 口降水井，在地铁 3 号线左侧远离基坑一侧设置 1 口降水井（井深 37m），针对盾构始发即近距离下穿既有线的特点，利用延长 2m 的钢环将盾构机在磨桩前包裹住，实现提前建立土压力的目的，具体如图 4-3-36 所示。

  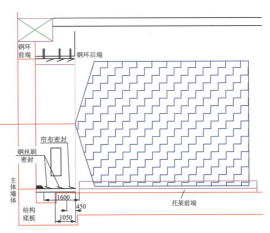

图 4-3-36　洞门延长钢环密封装置（尺寸单位：mm）

钢环与预埋钢板环采用连接板过渡连接，连接板与钢环采取满焊连接；连接板与预埋钢板环、钢环分成内、外两部分焊接，下半圆在钢环内侧满焊连接，上半圆在钢环外侧满焊连接。焊接完成后，在所有焊缝位置涂抹堵漏剂；钢环中部设置 2 道钢丝刷，尾部设置 1 道帘布密封，形成 3 道空腔，沿每道空腔在钢环的外侧设置一圈球阀，2 道钢丝刷涂抹盾尾油脂，在磨桩完成后，恢复掘进之前，通过球阀向空腔内注满油脂进行密封。在钢外环内部安装导轨，导轨长度 40cm，导轨前端与结构侧墙相平齐，导轨后端距离托架前端 1.8m，导轨的顶面高度低于托架轨道顶面高度 2cm，导轨的后端面（即盾体首次接触导轨面）施作 45°坡脚以便使盾体顺利推上导轨；洞门无轨道范围采用细砂填充，填充高度与轨道相平。

2）机械设备改造

针对刀盘开挖直径较中盾大而造成的盾体与开挖土体之间的孔隙，本项目采取通过中盾径向孔球阀注特殊浆液的方法对其进行填充。为提高始发钢环的密封性。对盾构机进行改造，在膨润土系统下面增加了 2 台挤压泵，通过 3 条管路可将特殊浆液分别注入延长钢环、盾壳外围、土仓内。浆液注入管路如图 4-3-37 所示。

a）延长钢环注浆管　　　　b）台车挤压泵　　　　c）径向孔内部管路连接

图 4-3-37　浆液注入管路

其中，注入延长钢环可有效封闭洞门，防止水流喷涌，并逐步建压；注入盾壳外围可有效填充盾壳与土体之间的间隙，减少沉降，并阻止水流由盾尾流向土仓；出现超挖时，可在第一时间向土仓内注入特殊浆液，填充垮塌的掌子面与空洞，将超挖引起的沉降风险最小化。

5. 盾构始发近距离下穿既有线施工技术要点

1）下穿期间盾构机程序性控制措施

本项目盾构区间穿越既有地铁3号线，其由前锋路站始发，始发后距离车站外侧端墙8m，即到达既有线正下方，采取如下分阶段措施：

（1）盾构机磨桩前控制措施

磨桩前掘进段：由负环拼装至刀盘到达掌子面，当盾构机调试、导轨安装、洞门网喷格栅割除等工作完成后，开始拼装-7环。首先在盾构机盾尾下半圆3、9点位以下安设8根厚度70mm的硬质方钢或钢筋，-7环管片封顶块位置为11点位（封顶块向左偏移18°），满足推进条件即可向前掘进。掘进参数：推力≤5000kN，刀盘转速0r/min，土仓压力0bar。

钢环外部注浆采用自下而上的方式进行注浆，注浆过程中从最低部位球阀开始，上部球阀全部打开，注入过程中观察是否有浆液流出，确定浆液到达点位，并依次向上转移注浆孔位，直至顶部球阀有浆液流出，关闭球阀，防止局部压力过大造成漏浆及钢丝刷变形。

（2）盾构磨桩段控制措施（-3环）

掘进-3环时（必须采用掘进模式），刀盘脱离导轨距离掌子面10cm时停止掘进，此时开始转动刀盘。掘进参数：刀盘转速0.8~1.0r/min，扭矩≤2500kN·m，掘进速度5~10mm/min，土仓压力0bar，推力≤8000kN，出土量22m³（-3环磨桩1m出土量）。

（3）盾构下穿段控制措施（-3环剩余部分至28环）

掘进参数：刀盘转速1.0~1.5r/min；扭矩≤4500kN·m；滚动角≤±8mm/m；掘进速度50~70mm/min；推力8000~12000kN；出土量55~57m³（标准出土量为55.7m³）；注浆量7~8m³；注浆压力1.5~3.0bar；螺旋输送机转速5~12r/min；管片从0环开始使用D型多孔管片；土仓压力，利用-2环、-1环将土仓压力从0bar渐压至0.6bar；以渣土改良为目的，停机时间向土仓注入适量膨润土，膨润土黏度控制在40~60s。

2）下穿期间盾构掘进参数

盾构掘进期间的参数需根据地层变化、沉降监测数据、管片姿态等各种因素开展实施调整，现对下穿掘进期间的总推力、掘进速度、土压力进行对比分析，如图4-3-38所示。

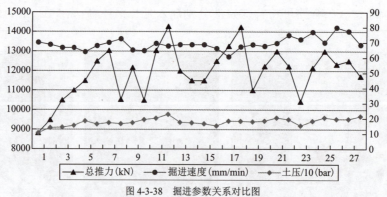

图4-3-38 掘进参数关系对比图

图4-3-38中总推力与掘进速度呈现反相关关系，当掘进速度降低而推力加大时，往往导致土压增大，因此需观察出土口渣样，若呈现结块较大，可以考虑往土仓内添加适当的膨润土（针对砂卵石地层主要采用膨润土开展渣土改良），降低砂卵石中固结物之间的黏聚力，使渣土呈现流塑状，便于螺旋输送机出土顺畅。目前在盾构施工过程中实行渣土专人管理制度，由土木工程师对每环渣样进行分析（图4-3-39），制定台账，设渣样展示区。

对每环渣样进行取样分析，布设展示区对比前后变化。经分析取样，渣样中主要成分为砂卵石、细砂,含少量混凝土、黏土以及泥岩。

a)渣样展示区　　b)3环渣样　　c)9环渣样　　d)15环渣样　　e)21环渣样

图 4-3-39　渣样分析

3)多层级多材料的注浆技术

为保证掌子面稳定,盾构掘进渣土改良采用高浓度膨润土泥浆。膨润土泥浆按照膨润土:水＝1:7的比例调配,8min后稠度可达100s,并能保持几个小时。盾体径向孔注入特殊浆液,理论注入量为 $\pi/4 \times (6.28 \times 6.28 - 6.25 \times 6.25) \times 1.5 = 0.44 m^3$,实际注浆量为 $0.44 \times 2 = 0.88 m^3$。该浆液的初凝时间为3～8h,浆液稠度为8～12cm。二次注浆采用双液浆,双液浆采用水玻璃和水泥浆配置而成。在盾构机盾尾完全进入钢筒后,掘进至+3环开始在0环进行二次注浆,顶部开孔检查二次注浆饱满度,掘进过程中在盾尾第3环跟随注浆,压力不超过0.4MPa。

6. 沉降监测数据及效果分析

盾构掘进过程中在既有地铁3号线管片上布置监测点,盾构下穿过程中对左右线监测点实时监测沉降,监测点布设如图4-3-40所示。

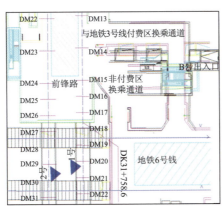 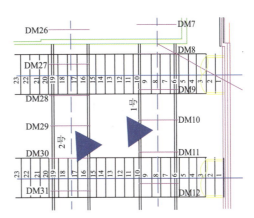

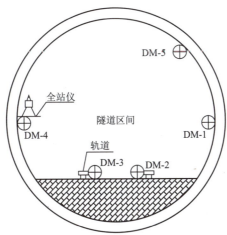

图 4-3-40　3号线监测点布设

监测点布置在隧道洞身断面上，相交段每 5m 布置一个断面，每个断面布设 5 个棱镜。针对下穿期间的高风险，对既有地铁 3 号线开展实时监测，现对下穿前和下穿后既有左右线沉降进行分析（图 4-3-41、图 4-3-42）。

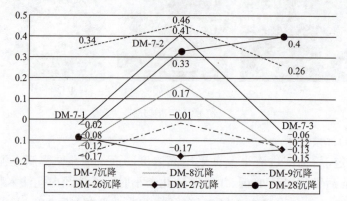

图 4-3-41　左线盾构下穿既有隧道沉降图

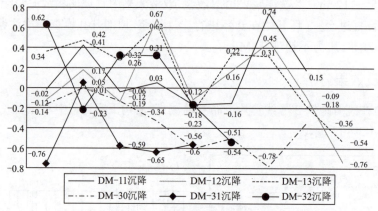

图 4-3-42　右线盾构下穿既有隧道沉降图

图 4-3-41 中既有运营线 DM-7-2 表现出隆起（0.41mm），而 DM-7-1（-0.02mm）和 DM-7-3（-0.06mm）波动幅度较小，DM-8 三个测点主要变现为隆起。对比 DM-7、DM-8、DM-9、DM-26、DM-27、DM-28 中 6 个监测点的隆沉数据，可知道床右侧点表现为隆起，而左侧点表现为沉降，左右道床表现出一定的差异沉降，但差异沉降小（-0.02~-0.17mm），不影响既有线的运行。相较于左线，图 4-3-42 中右线盾构下穿既有隧道隆沉则表现得更为明显，波动幅度也较大（-0.78~0.74mm），但隆沉数据都在可控范围内，同样能保证既有线的安全运营。在掘进过程中相对于传统的注浆模式，通过盾体径向孔以及多层级的注浆模式，成功控制了既有线的沉降。

7. 结语

（1）针对砂卵石地层始发即下穿既有线的高风险特点，端头地面采用袖阀管注浆加固，始发井口采用管棚进行管棚群超前支护，按照梯度降水原理在车站端头布设 3 口降水井，同时利用延长 2m 的钢环将盾构机在磨桩前包裹住，实现提前建立土压力的目的。利用多种措施的组合方式，提高了盾构始发安全保障。

（2）为了填充刀盘开挖直径较中盾大而造成的盾体与开挖土体之间的孔隙，采取通过中盾径向孔球阀注特殊浆液的方法对其进行填充，在膨润土系统下面增加了 2 台挤压泵，通过 3 条管路可将特殊浆液分别注入延长钢环、盾壳外围、土仓内。

（3）采取程序性掘进控制措施，保证掘进可控，利用自动化监测手段，实时对既有隧道、周边建筑物及管线进行监控，并根据监测数据波动指导盾构机参数调整，保证了顺利掘进。

第8节　南京地铁城区古河道地层盾构施工技术

中铁一局集团城市轨道交通工程有限公司　贺卫国

1. 工程概况

南京地铁3号线市政府站—浮桥站区间(简称市浮区间)左线长度为585.525m,右线长度为352.825m,区间总长度为938.35m;浮桥站—大行宫站区间(简称浮大区间)左线长度为698.368m,右线长度为698.368m,总长度为1396.736m。采用一台小松盾构机从大行宫站右线下井始发到浮大区间右线接收、解体、吊出转场到大行宫站,再次从大行宫站左线下井始发到大浮区间左线接收、解体、吊出转场到市浮区间浮桥站,从市浮区间左线下井始发到市浮区间左线接收平移到右线,解体、吊出转场到浮桥站,从市浮区间右线再次下井始发到市浮区间右线市政府站接收、解体、吊出。盾构隧道掘进过程如图4-3-43所示。

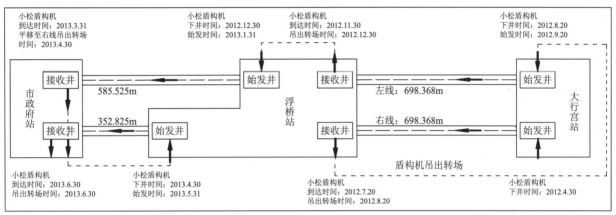

图4-3-43　盾构隧道掘进过程示意图

盾构区间场址位于古河道区域,该区域周边环境复杂、古建筑保护要求十分严格、富水砂层,具有流塑性差、含水量高、标贯系数和渗透系数较大等特点。在该区段的盾构施工过程主要穿越地层为粉细砂、粉土夹粉质黏土、粉质黏土与粉砂互层、粉砂等。在该区段的盾构施工过程中,遇到了诸多技术难题,如盾构掘进困难、土压平衡难以建立、同步注浆量大、沉降量大、姿态不易控制、下穿石拱桥等。

2. 富水砂层端头加固施工技术

1)加固措施

(1)盾构机进出洞端头土体加固

根据地层性质及地面条件,设计采用旋喷桩配合搅拌桩方式进行加固,靠近车站端头采用单排$\phi 800mm@600mm$旋喷桩,搅拌桩采用$\phi 850mm@600mm$三轴搅拌桩。加固后的土体应有良好的自立性、密封性、均质性,无侧限抗压强度不小于1.0MPa,渗透系数不大于$1\times 10^{-8}cm/s$。区段加固范围为:盾构始发加固长度为9m,到达加固长度为6m(市浮区间左线为9m),加固宽度为盾构隧道结构每侧3m,竖向加固范围为盾构隧道结构上下各3m。端头加固平面图如图4-3-44所示。

(2)加固体与围护结构之间接缝处进行注浆填充消除渗水通道

端头加固先施工三轴搅拌桩,在车站主体结构中板施工完毕后,再进行高压旋喷桩施工,有效消除加固体与围护结构接缝处的渗水通道。

(3)冻结法辅助施工

由于水平冻结法可有效封闭地层纵、横向来水及地下连续墙与内衬施工间隙来水,结合工程特点和现场水泥系加固情况,始发、接收场地无垂直冻结施工条件,均采用水平冻结法;始发、接收场地接收结合钢套筒进洞,采用垂直冻结法。

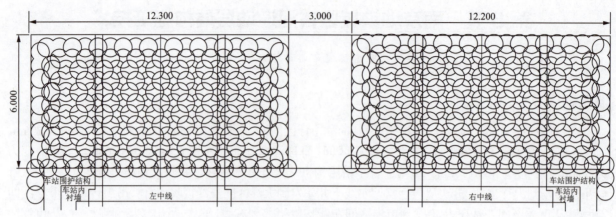

图 4-3-44　端头加固平面图（尺寸单位：m）

设冻结壁平均温度为 $-10℃$，冻土抗压强度 $\sigma_压=3.6MPa$，抗拉强度 $\sigma_拉=2.0MPa$，抗剪强度 $\tau_剪=1.6MPa$。洞口采取板状冻结方式加固。冻结加固体在盾构始发和接收破壁时，起到抵御水土压力、防止土层塌落和泥水涌入工作井的作用。该冻结加固体荷载计算模型及冻结管布置如图 4-3-45 所示。

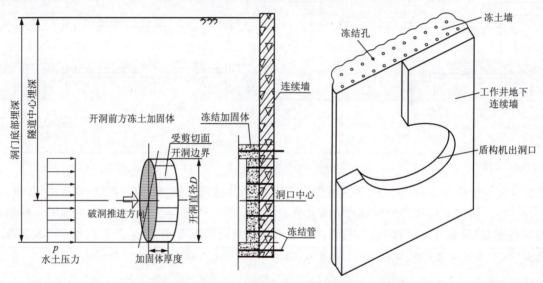

图 4-3-45　水平冻结加固体荷载计算模型及冻结管布置示意图

2）洞门水平检测

在洞门范围内钻 12 个水平孔，孔径 8cm，钻深 2～3m。根据 9 个孔的出水量判别，如果出水量超过限值，则要重新进行加固。水平检查孔平面布置如图 4-3-46 所示。

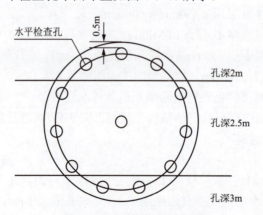

图 4-3-46　水平检查孔平面布置图

3. 盾构始发过程中出现问题及采取的应对措施

1）始发后盾构机"栽头"

始发掘进后，在盾构机抵达掌子面及脱离加固区时容易出现盾构机"栽头"的现象，根据地质条件不同有些可能出现超限的情况。为此，采用抬高盾构机的始发姿态、合理安装始发导轨以及快速通过等措施尽量避免"栽头"或减少"栽头"的影响。

2）密封效果不好

洞门密封的主要目的是在始发掘进阶段减少土体流失。当洞门加固达到预期效果时，对于洞门环的强度要求相对较低，否则要在盾构掘进前彻底检查和确定洞门环的状况。在始发过程中，若洞门密封效果不好，则可即时调整壁后注浆的配合比，使洞门注浆后尽早封闭，也可采用在洞门密封外侧向洞门密封内部注快凝双液浆的办法解决。

3）地面沉降较大

由于始发施工的特殊性，始发阶段的地面沉降值均较大，因此在始发阶段需尽早建立盾构机的适合工况并严密注意出土量及土压情况，同时加大监测频率，控制地面沉降值，并且从地面向地层里注水泥浆液填充地层空隙。

4）盾构机冻结

（1）盾构穿越冰冻体时，刀盘前齿轮油采用抗冻性齿轮油，以确保盾构机在穿越冷冻体时油路畅通。在拼装模式下盾构机刀盘每隔 5~10min 旋转一次，防止刀盘被冻。

（2）盾构穿越冰冻体过程中管片拼装时，小流量、不间断地打入泡沫，使泡沫系统保持畅通，并在土仓处增加保温措施，防止泡沫系统被冻。

（3）在盾尾穿越冰冻体过程中，掘进过程中和管片拼装时，不间断地打入油脂，使油脂系统保持畅通，保证盾尾的密封效果。

（4）在盾尾穿越冰冻体过程中，利用中盾上的径向注浆孔向盾壳周围注一层聚氨酯，防止盾壳被冻住。

（5）在盾构穿越冰冻体过程中，在螺旋输送机出土口位置专人用温度计测量渣土温度，防止螺旋输送机被冻住。

（6）始发掘进时，盾构机位于始发架上，在始发架及盾构机上焊接相对的防扭转装置，以便为盾构机初始掘进提供反扭矩。

（7）盾构始发时，在反力架和洞内正式管片之间安装负环管片，在外侧采取钢丝绳拉结和木楔加固措施，以保证在传递推力过程中管片不会浮动变位。

4. 钢套筒接收阶段的盾构掘进

1）盾构机接收段的掘进施工

盾构机接收段的掘进分为三个阶段，分区如图 4-3-47 所示。

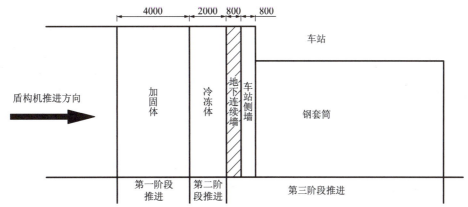

图 4-3-47 盾构机接收阶段分区示意图（尺寸单位：mm）

(1) 第一阶段：盾构机推进至加固体，但刀盘尚未抵达冻结体

刀盘中心刀进入加固体 1.97m 后，切断刀盘前后的水力联系；刀盘中心刀进入加固体 3.5m 后，盾构机停机检查，要求盾构机处于最佳状态；蒸汽发生器安装并试用后，再次开始推进，准备进入第二阶段的推进。

(2) 第二阶段：盾构机刀盘穿越冷冻体

盾构机恢复掘进后，随时观测渣土温度；当渣土温度低于 0℃ 时，打开蒸汽发生器，防止刀盘被冻住。

(3) 第三阶段：盾构机进入钢套筒掘进

盾构机刀盘推出冷冻体后，开始第三阶段掘进；盾构机刀盘中心刀进入加固体 7.28m 后，第一环特殊管片脱出盾尾。

二次注浆距离盾尾太近，会造成双液浆进入盾尾刷和同步注浆排浆孔，破坏盾尾密封刷和阻断同步注浆管道，因此钢套筒接收时双液浆选择在特殊管片脱出盾尾 4 环后开始二次注浆。

盾构机刀盘中心刀进入加固体 11.88m 后（刀盘中心刀距离钢套筒后盖板 6.42m，第一环特殊管片脱出 4.8m），开始用第一环特殊管片上预留的注浆孔注双液浆打封闭环箍，阻止后方的水进入盾尾前方。第一环注完以后，每脱出盾尾一环管片，依次注双液浆。

2) 地面沉降应对措施

为了有效控制地面沉降，采取了以下应对措施。

(1) 盾构掘进时同步注浆严格按照技术交底进行，填充好施工间隙。

(2) 盾构机中盾进入加固体后，利用径向注浆孔向盾体外注聚氨酯，聚氨酯与盾体外的地下水反应生成聚合物，填充盾体与加固体之间的空隙，防止加固体外的地下水进入前方。

(3) 盾尾进入加固体后，在已成型的隧道内，利用特殊管片上预留的注浆孔，向管片外侧注入双液浆，时刻检查钢套筒是否有漏浆、变形等情况。如有漏浆或者变形过大等情况发生，则采取打开阀门释放钢套筒内回填料，降低钢套筒内水土压力，减小盾构掘进速度等措施进行解决。

3) 洞门水土流失应对措施

为了有效应对洞门水土流失，防止洞门涌水、涌沙，采取以下措施：

(1) 区段接收端头隧道范围内主要为富水砂层，对接收端头进行加固处理，提高土体的强度，减少水土流失量。

(2) 采用钢套筒接收方式。钢套筒与洞门环板之间设一过渡连接板，洞门环板与过渡连接板采用烧焊连接，钢套筒的法兰端与过渡连接板采用 8.8 级螺栓连接，洞门和钢套筒形成一个封闭空间，保持接收时洞门内外水土压力平衡，减少水土流失。

(3) 盾构机中盾进入加固体后，利用径向注浆孔向盾体外注聚氨酯，聚氨酯与盾体外的地下水反应生成聚合物，填充盾体与加固体之间的空隙，防止加固体外的地下水进入前方。

(4) 盾尾进入加固体后，在已成型的隧道内，利用特殊管片上预留的注浆孔，向管片外侧注入双液浆。

5. 盾构下穿石拱桥施工技术

区间在里程 K21+990～K22+008 段下穿太平北路桥（石拱桥），石拱桥沿太平北路南北向布置，主桥在太平北路主干道下。由于地铁盾构施工的需要，须从此路段的桥下穿过，区间隧道顶部距离条形基础底的最小净距约 4m，距离南岸条形基础约 4.5m，距离木桩底约 3m，如图 4-3-48 所示。

考虑到施工安全，盾构穿越石拱桥前，找一块地面条件没有构筑物的停机位置，对盾构机的性能进行全面的检修，配置充足的盾构机易损部件，特别是对盾构机的密封性能进行检查，保持盾构机以良好的状态完成过桥段的掘进施工。

(1) 对盾尾密封性进行检查，确保盾构机的注浆效果，不因盾尾密封性不好而产生漏浆现象。

(2) 对盾构机铰接密封性进行检查，避免因铰接密封损伤而产生出水现象。

(3) 对螺旋输送机密封性进行检查，避免因螺旋输送机密封性不好而发生漏气泄压。

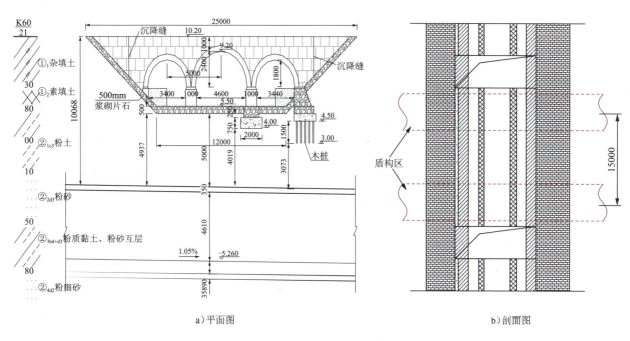

图 4-3-48 盾构下穿石拱桥示意图(尺寸单位:mm)

(4)施工该特殊地段前充分备足应急预案,组织相关人员采取多次模拟演练,增强应对特殊情况时的应急能力。

(5)做好管片供应保障工作,务必使管片供应及时、出土顺畅,在确保质量、安全的情况下使盾构机均衡、快速地通过河底。

(6)施工中严格控制盾构纠偏量,在确保盾构机正面沉降控制良好的情况下,使盾构机均衡匀速施工。盾构姿态变化不可过大、过频,每隔 3~5 环检查管片的超前量。提前纠偏过程中,必须保持良好的盾构姿态,盾构机轴线偏差不得超过 50mm。根据机选和人选进行对比合理选择管片,避免因管片选型不好,对盾尾刷造成损坏。

(7)严格控制同步注浆量和浆液质量,浆液均匀合理地"及时、足量"压注,确保浆液的配合比符合沉降控制标准。专门成立注浆班对压入位置、压入量、压力值做详细记录,并根据地层变形监测信息及时调整,在确保压浆工序施工质量的前提下,方可进行下一环的掘进施工。

(8)通过桥底阶段盾构掘进参数控制:掘进速度 20~30mm/min,土仓压力 0.16~0.20MPa,注浆压力 0.12~0.2MPa,掘进总推力 16000~18000kN。

(9)准备足量的二次注浆材料以及设备,根据后期沉降观测结果,及时进行二次注浆,必要时继续补注浆,以便能有效控制后期沉降,确保地面建筑物的安全。

(10)施工过程中派专人进行巡视,发现异常情况,立即上报并通知洞内施工作业人员,以采取有效的控制措施。

(11)加强监控量测。施工前应制定详细的监测计划,施工期间应加强监控量测。对于建筑物基础、管线、构筑物基础的沉降速率及累积沉降量等的监测控制应包括预警值、报警值、极限值。

6. 古河道软弱富水砂层盾构掘进施工要点、难点及技术措施

1)推力大,掘进速度慢

现象:刀盘扭矩和千斤顶推力波动较大,掘进速度和刀盘扭矩经常不协调。推力过大,必然使盾构机的整个推力系统高负荷运行,将带来液压油温升高过快和油路系统故障等问题,有时还要借助铰接油缸的推力辅助推力,对铰接密封的损坏较大。

原因:砂层颗粒硬度较高,颗粒之间摩擦阻力大,标贯击数高。刀盘贯入较难,较大推力贯入后必然

带来刀盘扭矩增大,使得掘进速度变慢。

解决措施:对于这种地层,最核心的办法是渣土改良。泥浆的注入点除了土仓,还应该有刀盘前方和盾体外。针对刀盘扭矩太大的问题,通过增加膨润土量来减小刀盘扭矩,如增加加泥系统,控制刀盘前方注入流量在 100L/min 以上。

在刀盘扭矩出现警戒值时,可以通过停止伸顶、空转刀盘的方法将刀盘扭矩降低至 75% 左右,然后伸顶再次掘进。在这种情况下,盾构挖掘时间比原来增加 1h 左右,掘进工效降低。

2)土仓压力不易建立,出渣困难

现象:在全断面砂层中进行土压平衡盾构施工时,盾构机对土压变化反应明显,且在砂层中掘进时土压力一直处于较低的范围。在出土时,螺旋出土器出土困难,圆砾等较大颗粒容易在土仓下方堆积,进一步增大扭矩,影响掘进工效。

原因:砂层颗粒之间摩擦阻力大,难以获得良好的流动性,当切削下来的土充满土仓和螺旋输送机内时,会使刀盘扭矩、螺旋输送机转矩及千斤顶推力增大,甚至使开挖排土无法进行。因此,盾构机刀盘切削土体时容易使刀盘过热,加剧刀盘刀具的磨损,影响盾构机的机械性能。砂层土体的流塑性差,会导致大颗粒砾石滞留土仓底部或向盾构机四周移动,使得盾构机位置和姿态控制变得困难,严重时则无法掘进。

解决措施:主要通过渣土改良解决,泥浆的注入点除了土仓,还可以注入螺旋仓。对于中、粗砂地层,选择膨润土泥浆和泡沫改良渣土,但对于含有砾石的粗砂层,可以在膨润土中加入黏土以增加泥浆的比重。在进行渣土改良的同时,注意对土压力的控制,掘进速度。螺旋输送机转速是控制土压力的两个主要因素,通过对这两个因素的动态调节,尽量将土仓压力建高。

3)盾构机在砂层中掘进隧道管片容易产生上浮

防止管片上浮拟采取的措施:

(1)在隧道管片易上浮段掘进时,测量管片姿态频率应加强,以便及时发现管片上浮问题。

(2)盾构掘进过程中,盾构姿态控制在 -40 ~ -20mm。

(3)盾构掘进过程中,管片螺栓需要连续复紧 2 次,管片拼装完成后复紧 1 次,脱出盾尾 5 环后再复紧 1 次。

(4)在管片易上浮段掘进时,同步浆液的配合比需要调整为初凝时间短的配合比。

7. 结语

(1)本工程盾构区间下穿太平北路石拱桥,盾构机经过前提前对石拱桥进行预加固。通过对石拱桥进行加固,保证了盾构施工期间石拱桥沉降在可控范围之内,有效地规避了石拱桥因沉降不均匀引起的风险。盾构机经过时合理控制施工参数,有效地控制了沉降;盾构机通过后再次进行注浆,减少拱后沉降,确保了太平北路石拱桥的安全。

(2)盾构机钢套筒接收在江苏地区尚属首例,其安全性能高于其他接收方式,且钢套筒可以循环使用,有效地降低了因重复工序造成的施工损耗。

(3)盾构机在古河道软弱富水砂层施工过程中,控制施工参数得当,措施到位,最终保证盾构施工期间沿线地表沉降控制在 1cm 左右,确保了盾构施工安全。

第 9 节 无锡地铁复杂环境条件下盾构施工技术

中铁一局集团城市轨道交通工程有限公司 王江卡

1. 工程概况

无锡地铁某标段包含 2 站 3 区间,区间线路单线总长为 4.283km。

其中，某区间线路左线包含 $R=800m$ 和 $R=350m$ 的两组半径曲线，线路右线包含 $R=800m$ 和 $R=360m$ 的两组半径曲线。穿越的地层主要为⑥$_{1a}$粉质黏土层和⑥$_1$硬塑黏土层，隧道顶部为⑥$_{1a}$粉质黏土层，隧道中部和底部为⑥$_1$硬塑黏土层。

某区间线路平面线间距为 13～14m，其中线路左线包含 $R=350m$ 和 $R=2000m$ 的两组半径曲线，线路右线包含 $R=350m$ 和 $R=2000m$ 的两组半径曲线。穿越的地层主要为③$_1$黏土、③$_2$粉质黏土、③$_3$粉土夹粉质黏土、⑤$_1$粉质黏土、⑥$_{1a}$粉质黏土层。

某区间线路左线包含 $R=310m$ 及 $R=300m$ 的两组半径曲线，右线包含 $R=300m$ 的两组半径曲线。本区间出五爱广场站后线路以 20‰ 的坡度下行，再以 5‰ 的坡度和 17.8‰ 的坡度上行，最后以 2‰ 的坡度到达三阳广场站。穿越的地层主要为③$_3$粉土夹粉质黏土、③$_2$粉质黏土、③$_{2a}$淤泥质粉质黏土、⑤$_1$粉质黏土、⑤$_2$粉土层、⑤$_3$淤泥质粉质黏土层。

2. 盾构下穿京杭大运河、古运河施工技术

1）隧道与下穿河流位置关系

（1）某区间左右线以 5.89‰（5.74‰）的坡度上行下穿京杭大运河，穿越段长约 112m，运河河床底高程为 -3.2m，距隧道顶最小间距为 7.58m，满足隧道抗浮要求。根据地勘资料，桩底高程为 -7m，距隧道顶为 4.2m。

（2）某区间隧道下穿烧香浜，烧香浜河道宽约为 10m，通源桥为 4m 暗涵，与隧道竖向净距为 8.8m。下穿外城河河宽约为 20m，河底距离隧道顶 7.7m。

（3）某区间隧道下穿古运河，古运河河床底高程为 -3.35m，淤泥底高程为 -1.4m，盾构机顶覆土厚 10.3m，河床宽约为 39m。

2）盾构穿越河流主要技术措施

盾构穿越河流时，由于每环的覆土厚度均不相等，过河段覆土厚度较薄，为了保证盾构机顺利穿越河道，在整个施工过程中必须运用信息化施工控制隧道变形，并对盾构掘进中的各类施工参数进行动态管理。下穿过程中采取以下相应措施：

（1）盾构下穿河流施工采用土压平衡模式连续、均衡掘进，以静止土压力作为土仓压力控制值。

（2）盾构下穿河流施工前加强各项施工准备工作，重点对设备进行系统、全面的维修检查（特别是三大密封系统），备好易损件，确保盾构机处于良好的工作状态。

（3）按照"进河堤掘进→进入河底掘进→河底掘进→出河段掘进→出河堤段掘进"分段管理，根据每环覆土厚度计算土仓压力控制值，同时结合监测情况对土仓压力进行调整，确保掘进安全。

（4）施工中做好监测和观测工作，同时应急物资储备及各项应急措施准备到位，防止意外情况发生。

3. 盾构下穿既有建（构）筑物施工技术

1）中百六店居民楼与区间位置关系

（1）中百六店八层居民楼与区间位置关系

区间隧道左、右线正穿中百六店 8 层建筑，穿越段里程为 ZSK8+64.6～ZSK8+143.7。中百六店八层居民楼东靠古运河，南面人民路；地下一层商铺部分已停止营业，地下室为商铺仓库，建筑为井式梁板悬挂平板升板结构，二、三层楼层为普通钢筋混凝土井式梁板，采用预制钢筋混凝土成形，屋面为无黏结预应力混凝土井式梁板，四～八层为悬挂于屋面井式梁下同时提升的平板结构；基础为地下室箱形基础，基础与隧道顶高差为 10.77m。软土部分采用狗头石打桩，建筑物距古运河较近，可能存在暗浜，建筑物现状较为破旧，墙面无明显的裂缝。

（2）中百六店周边裙楼（四层、二层）与区间位置关系

中百六店周边裙楼（四层、二层）与中百六店八层居民楼相连，四层建筑为预制钢筋混凝土四层居民楼，基础为筏板基础，基础埋深约 2.8m；二层建筑为砖混结构，浅基础；建筑物均老旧，墙面有剥落。

2)盾构下穿建(构)筑物主要技术措施

（1）根据地质情况及隧道埋深等情况，进行理论切口环平衡压力计算，将掘进时土压力设定为0.23～0.25MPa，并建立良好的土压平衡，同时做好土压力的全程控制。盾构下穿建筑物管片拼装前，适当提高土压力控制值，以抵消土压力损失。

（2）盾构掘进过程中，刀盘扭矩小于3500kN·m时，严禁向土仓内加水；刀盘扭矩大于或等于3500kN·m时，可向土仓内少量加水来降低扭矩。

（3）盾构开挖直径：ϕ6420mm（海瑞克），ϕ6370mm（小松），环宽L为1200mm，故根据$V=\pi r^2 L$得出海瑞克盾构机每环的理论出土量为38.8m³，小松盾构机每环的理论出土量为38.2m³，土体的扩散系数取1.3～1.4，故每环的实际出土量应严格控制在50～54m³/环（海瑞克）、50～53m³/环（小松）。

（4）正常掘进时速度宜控制在35～45mm/min之间。下穿建筑物时根据监测数据适当调整掘进速度，保证匀速均衡通过。

（5）盾构机轴线控制偏离设计轴线不得大于±50mm；地面沉降量控制在-16mm，地表隆起变形控制在4mm内。

（6）为增强注浆效果，在中百六店居民楼下，每环管片增加10个注浆孔，并利用2～3m的钢管打入管片后方，扩大注浆范围。二次注浆采用水泥浆+水玻璃组成的双液浆，注浆压力控制在比该位置水土压力增加1MPa以下，使浆液具有一定的扩散能力，又不至于对周边土体和注浆体产生较大影响。

（7）为保证盾构机设备的正常运转，在盾构掘进过程中须不定时地进行集中润滑油脂的压注，防止轴承和其他设备的损坏，影响盾构掘进施工。

（8）区间穿越中百六店时处于小曲线半径为300m的右转曲线上（右线300m，左线310m），此曲线半径基本达到了盾构施工的最小曲线半径的极限，需要针对盾构姿态、管片选型、盾构机推力控制等方面加强管理，采取相应措施，防止出现管片破损、隧道超限等情况。

4. 盾构机在复杂地表条件下小曲线半径始发与掘进施工技术

1)小曲线半径施工难点分析

（1）盾构掘进时隧道轴线控制难度大，纠偏困难

盾构机本身为直线形刚体，不能与曲线完全拟合。曲线半径越小，则纠偏量越大，纠偏灵敏度越低，轴线就越难以控制。而且由于拐弯弧度大，需要左侧油缸和右侧油缸形成一个很大的推力差才能满足盾构机转弯的要求，致使左右两侧的油缸推力可调范围很小，从而可用于姿态调整的油缸推力调整量很小，这就更加大了隧道轴线控制和纠偏的难度。转弯段盾构施工参数需要经过计算并结合地质条件、施工经验等因素综合考虑后方可确定。

（2）管片容易在水平分力作用下发生较大的位移，造成管片侵限现象

在小半径曲线隧道中盾构机每掘进一环，由于管片端面与该处轴线产生夹角，在千斤顶的推力作用下产生一个水平分力，使管环脱出盾尾后，受到侧向分力的影响而向曲线外侧偏移。

（3）对地层扰动大，容易产生较大的地面沉降

小曲线隧道的施工除了有直线段隧道施工的地层变形因素外，还有以下两个因素的影响：①由于盾构机处于纠偏状态，超挖刀也在不断地进行超挖掘进，使开挖断面呈椭圆形，实际挖掘量超出理论挖掘量，增加了地层不稳定因素；②由于纠偏量较大，对土体的扰动也大，地层损失量增加，容易造成较长时间的后期沉降。

（4）管片之间易发生错台，管片易产生开裂和破损

管片存在一个水平方向的受力，不但会使整段隧道衬砌管片发生水平偏移（即前面所述的侵限现象），还会导致管片之间发生相对位移，形成错台。还有一个破裂原因，就是相邻两环管片产生了相对位移，使得管片螺栓对其附近处混凝土产生剪切作用，使该处的混凝土开裂。

（5）漏水现象严重

过小半径曲线段漏水现象严重的原因大致如下：①管片错台导致止水胶条衔接不紧密；②拼装效果不好和止水胶条发生破坏；③管环外侧的混凝土发生开裂（转弯段因盾尾间隙减小过多，使得管片被盾尾钢环刮坏），裂缝绕过止水胶条。

2）难点解决方案

对于小半径转弯的难点，主要是从盾构掘进参数、盾构设备（超挖刀、铰接装置）、管片选型和拼装等施工措施方面来解决，特别是要采取同步注浆和二次双液注浆相结合的措施，以保证小半径圆曲线段成型管片不出现侧向移动，以及及时填充围岩空隙保证土体稳定。下面对上述难点逐一进行分析并探讨解决措施：

（1）纠偏与隧道轴线控制

①中盾和尾盾采用铰接连接，有效地减少了盾构机的长径，使盾构机在掘进时能灵活地进行姿态调整，顺利通过小半径转弯。

②盾构机转弯时通过的孔洞不是圆形，而是在原来的圆洞基础上两边扩挖而形成的椭圆形，超挖刀的设置正好满足了这个增大净空的要求。

③掌握好左右两侧油缸的推力差，尽量地减小整体推力，实现慢速急转。

④盾构机操作手根据地质情况和线路走向趋势，使盾构机提前进入相应地预备姿态，减少之后因不良姿态引起的纠偏。

⑤加密加勤 VMT 移站测量，避免由此产生的轴线误差。掘进施工时，是将短距离的曲线看作直线段来指导盾构掘进，若不进行短距离移站测量，则相当于把长距离的弧线当作直线，轴线偏差自然会相差很大。

（2）控制管片水平移动和侵限

①进入缓和曲线段时，将盾构姿态向曲线内侧（靠圆心侧）偏移 15～20mm，形成反向预偏移，这样可以抵消之后管片向曲线外侧（背圆心侧）的偏移。

②减小油缸推力。在软弱地层中小半径圆曲线掘进的过程中，为了减小在小半径圆曲线段施工引起的管片整体移位所带来的隧道变形，掘进过程中必须减小盾构机推力。

③在管片偏移的方向额外进行注浆，达到一定的压力以抵抗管片的偏移。

（3）减小对地层的扰动，避免大的沉降。

①严格控制好姿态，争取进行时时的细微纠偏，避免大的纠偏而造成对土体的扰动。

②及时、充足地跟进同步注浆与二次注浆，将管片与围岩之间的空隙填充密实，达到稳固管片和减少地表沉降的效果。

③减小推力和掘进速度，同时选择合适的土仓压力保持模式，最大限度地减小地层扰动，以保证掌子面的稳定，防止坍塌。

（4）尽量避免大的错台和破损

①油缸推力尽量不要太大，尤其是曲线外侧（背圆心侧）油缸，需要加大推力来增加左右两侧油缸推力差，从而实现盾构机转弯，但在加大油缸推力的同时，一定要注意管片的承受能力，避免由此造成的管片破裂。

②由于曲线外侧油缸推力较大，尤其要注意不要突然加力或者突然释放推力，这样也会造成管片的破裂。

③掘进时，把拧螺栓这道工序做到位，有效地防止错台的发生。

④提高管片拼装手的水平，避免因拼装不到位产生的错台。

⑤注意保持良好的盾尾间隙状态，避免盾尾钢环刮坏管片。调整好油缸撑靴的位置，尽量使撑靴完全作用在管片上。

(5)减少漏水

①减小错台,使止水胶条对接紧密,达到良好的止水效果。

②拧紧螺栓,压紧止水胶条。

③检查止水胶条,保证其完整、牢固。拼装前,用水清洗止水胶条,避免因止水胶条之间挤有杂物而影响止水效果。

④注意保持好盾尾间隙,避免盾尾钢环刮坏管片,使裂隙绕过止水条而出现漏水现象。

5. 结语

(1)本项目在施工场地狭小、环境复杂、交通流量大的情况下,优化原有的拆桥后拔除障碍桩的施工方案,有效地节约了施工量。

(2)盾构施工在无预加固的情况下通过施工参数的优化及施工过程的控制,做到安全顺利穿越复杂建筑物,避免了施工风险,免去了居民临迁安置的工作量。

(3)盾构机在小半径掘进中通过控制盾构始发姿态及管片拼装质量,确保了隧道线形,降低了隧道渗漏水及破损修补的工作量。

第10节　武汉地铁盾构穿越有害气体地层施工技术

中铁一局集团城市轨道交通工程有限公司　林建平

1. 工程概况

武汉地铁2号线某区间左线长1010m,右线长1007m,隧道单线总长2017m,采用盾构法施工。区间隧道为外径6m、内径5.4m的单洞圆形隧道,衬砌拼装管片环宽1.5m,管片混凝土强度等级为C50,抗渗等级为P12,隧道埋深10～16m。隧道穿越软弱的淤泥质土、粉质黏土、富水的粉土粉砂互层及高承压水粉细砂层,沿线地下水丰富、承压水头高,水文地质情况复杂,而且地层中赋存瓦斯等有害气体,施工难度很大。

2. 工程地质及水文地质条件

1)工程地质

盾构隧道施工穿越的地层主要有淤泥质粉质黏土层、淤泥质粉质黏土夹粉土层、粉质黏土和粉土及粉砂夹层、粉细砂层。

其土层特征描述:

淤泥质粉质黏土层:褐灰～深灰色,软～流塑,高压缩性,含少许有机质及粉粒。该层大部分地段分布,层厚1.1～14.9m。

淤泥质粉质黏土夹粉土层、粉砂:褐灰～深灰色,软～流塑,高压缩性,夹少许有机质土。该层大部分地段分布,层厚1.2～17.6m。

粉质黏土和粉土及粉砂夹层:褐灰色,中压缩性,以粉质黏土、粉土为主,粉质黏土呈软塑状态,粉砂呈松散状态。该层大部分地段分布,层厚1.3～13.5m。

粉细砂层:灰色,稍密～中密,中压缩性,层中多夹粉土、粉质黏土薄层,含长石、石英、云母等。该层分布不连续,层厚0.9～6.7m。

2)水文地质

区间地下水有上层滞水、孔隙承压水两种类型。

上层滞水主要赋存于人工填土层,无统一自由水面,大气降水、地表水以及生产、生活用水渗入是其主要的补给来源。地下水位埋深在 0.8～4.5m 之间。

孔隙承压水赋存于一级阶地第四系全新冲积淤泥质粉质黏土夹粉土层、粉质黏土和粉土及粉砂夹层和细粉砂、细砂中,与长江、汉江具有一定的水力联系,其上覆黏性土层及下伏残积土、基岩为相对隔水顶、底板。地下承压水头在地下 3.05～4.65m 之间。

3. 瓦斯及有害气体补充勘察情况

(1)某区间地下有害气体成分主要为 CH_4,一般占总体积的 55%～70%,是可燃烧的主要气体;其次是 CO_2 气体,占总体积的 30%～40%,其他几种气体有 H_2S、SO_2、NO_2、CO 等。通过 23 个瓦斯探测孔的连续监测,有 6 个监测孔的 CH_4 平均浓度超过 5%,具有发生爆炸事故的条件;11 个孔的 CH_4 平均浓度超过 1%,超过施工场所 CH_4 浓度限值。其中 H_2S、CO 超出国家规定危险报警低限值,易造成重大伤亡事故。

(2)含砂粉质黏土层以及砂土互层为地铁施工场地主要含气、储气层;储气层顶板埋深 6.4～16.1m,底板埋深 11.5～24.0m,地铁沿线全部在储气层中穿越,在盾构开挖过程中,储气层中的有害气体将必然对盾构施工造成危害。

(3)沿线储气层属于低压气田,气层压力偏低(一般在 1～3 个大气压之间)。

(4)施工场地沿线可划分为两个有害气体压力区段,即大于孔隙气压力区段(Ⅰ区)和小于孔隙气压力区段(Ⅱ区)。

盾构施工掘进过程中经过Ⅰ区时,气体浓度短时间内会迅速升高,若处理不及时则将造成严重后果;经过Ⅱ区时,气体浓度短时间内不会升高,若抽排及时将不会造成严重后果。

4. 施工风险

1)瓦斯浓度严重超标

《铁路瓦斯隧道技术规范》(TB 1020—2019)规定:隧道施工时,作业面瓦斯(CH_4)浓度不得超过 0.5%。通过对 23 个探测孔的连续监测,有 6 个监测孔的瓦斯浓度超过 5%,个别甚至达到 18%,具有发生爆炸事故的条件;11 个孔的瓦斯浓度超过 1%,超过施工场所瓦斯浓度限值。所有探测孔均有瓦斯浓度检出。据有关煤炭专家推测,地下瓦斯浓度至少是外溢浓度的 2 倍。所以此段隧道地层中瓦斯浓度全部超标。

施工前对某车站盾构始发端瓦斯气体浓度进行监测,分析情况:盾构机洞门位置在敞口和通风情况下浓度在 0.02% 上下,但在 7 月 1 日上午,因为更换电路,通风中断 4h,拱顶的瓦斯浓度立即上升到 5.5%,达到易爆炸的程度。降水井口处瓦斯气体浓度一直连续测量,实际测得瓦斯平均浓度为 7%,有四分之一次测得瓦斯浓度超过了 10%。敞开的洞口和降水井口的瓦斯浓度本身被周围大自然的空气稀释,不存在集聚的条件,充分说明地下瓦斯浓度远远超过 5%。

2)线路全断面直接穿越瓦斯储气层

根据本次有害气体勘察、监测情况,结合岩土工程勘察报告分析:淤泥质粉质黏土层是气源层,淤泥质粉质黏土夹粉土层、粉质黏土和粉土及粉砂夹层既为气源层,又为主要储气层。区间沿线隧道全部在储气层中穿越,盾构开挖掘进是对隧道掌子面土体的一次彻底疏松,土体中的瓦斯气体在螺旋输送机口、66m 运输皮带上以及在运输渣车上会近乎完全释放,释放的瓦斯气体全部遗留在隧道内。由于盾构成型隧道为相对密闭的空间,随着时间的推移,释放出来的瓦斯浓度将逐渐升高,当瓦斯浓度达到 1%～5% 时,遇到火源将发生瓦斯燃烧事故,达到 5%～16% 时,遇到火源将发生瓦斯爆炸,浓度更高时可致使施工人员窒息死亡。发生以上三种情况都有可能造成重大的人员伤亡。同时,如果发生瓦斯爆炸,将对隧道内机械设备造成不可挽回的损失,因此瓦斯气体的存在必然对施工造成严重危害。

3)有害气体成分多

本工程隧道地下有害气体成分与其他城市目前施工的盾构隧道不同,瓦斯成分主要为甲烷(CH_4),

但还包含 CO_2、H_2S、SO_2、NO_2、CO 等气体。部分硫化物气体严重超标,对人身有危害。

H_2S：在车站盾构起点处,盾构机机头、泄水口、降水井口及 K6 钻孔均检出较高的 H_2S 浓度,而且超过《工作场所有害因素职业接触限值》(GBZ 2.1—2019)的有关规定。

H_2S 为无色气体,具有臭蛋气味,是一种神经毒剂,有窒息性和刺激性。

CO：《工作场所有害因素职业接触限值》(GBZ 2.1—2019)规定 CO 浓度不得超过 20ppm❶。勘察过程中有 6 个探测孔检出的 CO 浓度均超过 15ppm,达到了危险报警低限值。探测孔检出的最高值为 400ppm,属于高度危险检出值。因此,在施工过程中,必须加强检测与防范,避免人员重大伤亡事故的发生。

CO 纯品为无色、无臭、无刺激性的气体。过度吸入空气中的 CO,可使人出现严重的头痛、眩晕、昏迷症状,甚至死亡。

4）盾构机为非防爆型

对比其他瓦斯隧道,本区间在设计初期并未发现瓦斯气体,所有的准备工作按照无瓦斯隧道设计,并在发现瓦斯之前完成,包括盾构机的选型及盾构始发准备等。盾构机的大部分部件及隧道内相应设备由于工期、技术的原因已经无法进行防爆改造,而且技术管理人员及现场施工人员均无瓦斯隧道的施工经验,面临的条件差、处理难度大。因此,不进行盾构机防爆改造,又要确保安全,建设单位、科研单位、设计单位、施工单位、监理单位各方势必要紧密协同作战,而且要承担很大的风险和工期压力。

5. 瓦斯含量等级判定

1）瓦斯等级划分

单位时间内涌进采掘空间的瓦斯量,称为绝对瓦斯涌出量,用 m^3/min 表示。

盾构法施工过程分为两个阶段,盾构掘进阶段及管片拼装阶段。盾构掘进过程中,渣土源源不断地进入隧道内,富含在土体中的瓦斯气体在隧道中充分释放,成为瓦斯气体进入隧道的主要途径,盾尾处及成型隧道接缝处的瓦斯渗入量较小,可以忽略不计。管片拼装阶段盾构机处于停机状态,未有渣土进入隧道内,因此计算瓦斯涌出量时只对盾构掘进阶段的瓦斯涌出量进行计算。

本区间作为国内首条直接穿越瓦斯储气层的盾构隧道,国内无相关的规范可以借鉴,因此参考《铁路瓦斯隧道技术规范》(TB 10120—2019)中的划分原则对某区间瓦斯隧道等级进行判定,并以此为参考,进行各项施工准备工作。

2）盾构隧道瓦斯涌出量计算

本区间对地下瓦斯气体的勘察均为盾构机准备始发未开始掘进前进行的,无法根据掘进掌子面实际瓦斯涌出量(Q)公式进行计算,必须结合盾构法隧道施工特点确定瓦斯涌出量计算公式。

假设土层的孔隙中充满较高压力的有害气体,渣土由螺旋输送机进入到隧道内后,富含在土体中的瓦斯扩散到隧道内,地下的瓦斯气体从高压状态转变为隧道中的标准大气压下,由于压力变化,气体体积将相应程度的膨胀。因此土层的孔隙率及地下瓦斯气体压力的大小将直接影响瓦斯涌出量。本区间盾构机所穿越的地层为淤泥质粉质黏土层、粉质黏土夹粉土层、粉砂层、粉质黏土层、粉土层、粉砂夹层,其中砂性土层的孔隙率最高,按照最不利原则,选用孔隙率最大的砂性土层作为计算标准值。石油行业实测表明,砂性土层的孔隙率一般为 15%～25%,此处按极限值 30% 计算。

经地质勘察报告指出,本区间有害气体分布为两个有害气体压力区段,即大于孔隙气压力区段（Ⅰ区）和小于孔隙气压力区段（Ⅱ区）,Ⅰ区极限瓦斯压力为 0.31MPa,Ⅱ区极限瓦斯压力为 0.23MPa。

盾构法隧道施工中盾构机的掘进速度(v)决定了出土量的大小,隧道内的瓦斯气体浓度与出土量成正比,而渣土则是瓦斯最为重要的溢出源,因此盾构机的掘进速度为瓦斯涌出量的关键影响因素。

综上所述盾构隧道瓦斯涌出量计算公式为:

$$Q = vSAKn\frac{P}{P_{st}} \quad (m^3/min)$$

---

❶ 1ppm=10^{-6}。

式中：v ——掘进速度（mm/min）；

　　S ——隧道掘进断面面积（m²）；

　　n ——砂性土层孔隙率（%）；

　　P ——实测最大瓦斯压力值（MPa）；

　　P_{st} ——标准大气压（0.1MPa）；

　　A ——考虑盾尾及成型隧道逸出一定量的有害气体的安全系数；

　　K ——考虑到地层中土体瓦斯释放系数不同及释放的不均匀性设置的瓦斯涌出系数。

根据掘进速度的不同，单位时间内极限瓦斯涌出量也不相同，具体统计结果见表 4-3-17、表 4-3-18。

Ⅰ区瓦斯计算表　　　　表 4-3-17

序号	掘进速度（mm/min）	断面面积（m²）	孔隙率（%）	瓦斯压力（MPa）	系数 $A\times K$	极限瓦斯涌出量（m³/min）	瓦斯等级
1	10	30.95	0.30	0.31	1.2	0.34	低
2	14.5	30.95	0.30	0.31	1.2	0.50	高
3	20	30.95	0.30	0.31	1.2	0.69	高
4	30	30.95	0.30	0.31	1.2	1.03	高
5	40	30.95	0.30	0.31	1.2	1.38	高
6	50	30.95	0.30	0.31	1.2	1.72	高

Ⅱ区瓦斯计算表　　　　表 4-3-18

序号	掘进速度（mm/min）	断面面积（m²）	孔隙率（%）	瓦斯压力（MPa）	系数 $A\times K$	极限瓦斯涌出量（m³/min）	瓦斯等级
1	10	30.95	0.30	0.23	1.2	0.26	低
2	14.5	30.95	0.30	0.23	1.2	0.37	低
3	20	30.95	0.30	0.23	1.2	0.51	高
4	30	30.95	0.30	0.23	1.2	0.77	高
5	40	30.95	0.30	0.23	1.2	1.02	高
6	50	30.95	0.30	0.23	1.2	1.28	高

3）瓦斯等级判定结论

针对瓦斯隧道地质条件和土压平衡盾构法特点，首次提出了盾构瓦斯隧道瓦斯涌出量计算公式，推测出隧道内极限瓦斯涌出量，为判定盾构瓦斯隧道等级提供了重要依据。表 4-3-17 和表 4-3-18 的计算结果表明：Ⅰ区中掘进速度低于 14.5mm/min 时定义为低瓦斯隧道，高于 14.5mm/min 时定义为高瓦斯隧道。Ⅱ区中掘进速度低于 20mm/min 时定义为低瓦斯隧道，高于 20mm/min 时定义为高瓦斯隧道。本工程使用的盾构机由于技术等原因无法进行防爆改造，《铁路瓦斯隧道技术规范》（TB 10120—2019）规定，隧道内低瓦斯工区的电气设备与作业机械可使用非防爆型，因此在人为控制掘进速度的情况下，可以将本区间有条件地界定为低瓦斯隧道，并以此作为本区间瓦斯隧道施工技术研究的基础，为盾构瓦斯隧道安全施工提供了依据。

6. 应对技术措施

1）盾构机改造

组织各方专家对盾构机的性能进行系统研究，并深入施工现场对可能产生的潜在危险源进行分析，最终确定盾构机局部改造的总体思路。为杜绝瓦斯灾害事故，应对事故的触发条件进行控制，瓦斯气体灾害事故必须达到三个必要条件：①一定密闭的空间；②瓦斯气体浓度达到 1%～5%（燃烧），瓦斯气体浓度达到 5%～16%（爆炸）；③触发点、火源。

对于本区间，瓦斯气体爆炸必须达到三个必要条件在盾构法施工中的具体体现为：盾构隧道为混凝土管片拼装衬砌的圆形隧道,空间范围小,且不能扩大;降低盾构隧道内整体瓦斯气体浓度可以通过加强隧道通风,增强隧道整体密封性等措施来实现;由于距离掌子面80m范围内为盾构机电气设备密集区,而盾构机螺旋输送机出土口位置作为隧道内最主要瓦斯涌出源也处于该区域内,因此距离掌子面80m范围内为防治瓦斯灾害的重点,主要从降低隧道内瓦斯气体浓度及控制火源两方面进行控制,确保本区间盾构掘进的顺利进行。

2) 改造方案

按照盾构机改造思路,本区间盾构瓦斯隧道的盾构机及隧道内其他设备改造主要分为两部分:

(1) 螺旋输送机出土口的改造:控制盾构机主体及后配套台车80m范围内的瓦斯气体浓度。

(2) 盾构机局部及隧道内其他设备的防爆改造:控制瓦斯隧道内易燃瓦斯气体的火源及触发点。

3) 螺旋输送机出土口的改造

螺旋输送机出土口为瓦斯气体最大溢出源,为了保证出土口附近瓦斯浓度满足安全要求,对出土形式进行了细致的研究,提出三种方案进行比选,确定最佳方案:

(1) 采用长螺旋输送机出土:将全封闭的螺旋输送机延长至5号台车处(图4-3-49)。

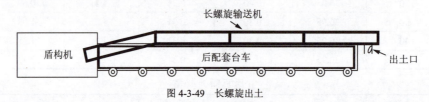

图 4-3-49 长螺旋出土

优点:使用长螺旋输送机穿越盾构机电器密集区,使渣土远离电器密集区,可以减少瓦斯与火源接触的概率。

缺点:盾构机必须吊出、运至生产厂家进行防爆改造,其改造周期为6个月左右,而且费用约为1000万元,实际应用困难。

(2) 采用铁板密封,原理与长螺旋输送机相近(图4-3-50)。

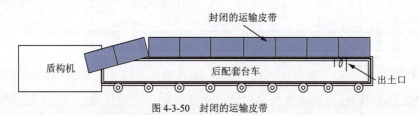

图 4-3-50 封闭的运输皮带

优点:相比长螺旋输送机方案实际应用较为方便,可以达到预期效果。

缺点:使用阶段问题较多,皮带机无法进行保养维护,一旦发生故障将影响整个出土系统。

(3) 利用离心式风机将螺旋输送机出土口的瓦斯气体抽排至台车后方,以使大部分瓦斯气体避让开密集的电器设备(图4-3-51)。

图 4-3-51 离心式风机抽排瓦斯气体方式

优点:在盾构机上部复杂环境下布设相对简单,可以通过改变离心风机的功率大小对抽排效果进行控制。

缺点:不能明确抽排效果是否稳定。

最终选定第三种方案,即瓦斯抽排方案:

(1)改造风机出风口端风管,设置一个分流管对准螺旋输送机出土口处通风,在瓦斯气体涌出的瞬间对其进行稀释,使瓦斯浓度降至 0.25% 以下。

(2)螺旋输送机出土口设置一通风管至 5 号台车设置的离心风机处,离心风机强行抽取出土口溢处的瓦斯气体,并引导稀释后的瓦斯气体排出隧道外。

4)盾构机及隧道内电气设备改造

本区间有条件地定义为低瓦斯工区是完全依赖于控制掘进速度,但实际操作中必须考虑瓦斯超标的可能。矿山法隧道掌子面一定范围内电器设备稀少,而盾构隧道距离掌子面 80m 范围内电器设备密集,偶遇瓦斯积聚就易发生事故,所以不能完全参照铁路瓦斯隧道规范。

盾构机防爆改造费用昂贵(大于 2000 万元),时间漫长(8 个月),因此决定除盾构机外,隧道里面通风、照明(包括盾构机上照明)及所有线路采用防爆型。对盾构机接线盒进行密封处理,具体措施如下:

(1)盾构机局部改造

①将盾构机所有照明灯具更换成防爆型灯具。

②由于盾构机的电机、配电柜等大型机电设备作为盾构机的主体部件无法进行防爆改造,故对在运转过程中容易产生电火花的部位(电器接头)进行密封处理,切断电火花接触瓦斯气体的途径,并配合瓦斯监测系统确保施工安全。当瓦斯监测系统发现隧道内瓦斯气体浓度达到 0.5% 的警戒值后,将切断隧道内所有的电源,防止产生火源,使瓦斯气体爆炸的三个必要条件不能同时满足,避免发生瓦斯灾害事故。

(2)隧道内照明

根据普通隧道照明要求设置照明灯具的数量、布置方式等,同时为满足瓦斯隧道施工要求,设置应急灯、防爆灯、防爆插头等。隧道内动力电(包括二次注浆用电)线缆选用五芯线 $3×25+2×10$ 阻燃线缆。每 100m 安装一个防爆型动力箱,供二次注浆和养护轨道用电,箱内选用 15mA 防漏电开关。

5)加强盾构隧道内通风系统

(1)通风系统

通风是瓦斯隧道施工的关键,为确保盾构机安全掘进,参考《铁路瓦斯隧道技术规范》(TB 10120—2019),本区间盾构隧道工程施工通风选用压入式通风,作为预防瓦斯浓度超标的主要措施,在台车上及盾构机内部安装局部防爆风扇,防止瓦斯在局部积聚。

(2)盾构瓦斯隧道通风要求

在普通无瓦斯隧道内,考虑到作业人员的呼吸和盾构机产生的热量的扩散,以改善隧道作业环境为目的,设置通风设备,仅是在隧道外设置压入式轴流风机,通过通风管路给工作面提供新鲜风流,并排出工作面的污浊空气。但针对本盾构隧道工程施工,必须对通风系统做出改进,改进后具体要求如下:

①根据《铁路瓦斯隧道技术规范》(TB 10120—2019),瓦斯隧道内回流风速不低于 1m/s。

②隧道回风风流中瓦斯含量低于 0.5%。

③根据《铁路瓦斯隧道技术规范》(TB 10120—2019)要求,瓦斯隧道断面回风流平均风速不得低于 1.0m/s,经过计算,一般盾构隧道所采用直径 1000mm 风管无法满足风压及风量要求,同时考虑到运输车辆及人员进出频繁,隧道断面空间较为狭窄等问题,风管直径不易过大,因此将风管直径扩大至 1300mm。

盾构机台车上方自带金属风管直径仅为 600mm,严重制约系统供风量,但由于顶部空间狭小,最大只能将风管改造至 800mm,尽量减小风管对系统供风量的影响。

瓦斯隧道应采用抗静电、防阻燃风管。

风管出风口到开挖工作面的距离应小于 5m,尽量减小风流到达掌子面过程中的能量损失。

(3)风机选型

通风机的性能参数主要包含两个方面:通风量及系统风压。为了满足隧道施工的要求,通风机在选型时必须满足以下两个条件:

①风量计算

研究分析三种不同的通风量计算方式(根据同一时间洞内工作人员所需新鲜空气计算风量,按照隧道瓦斯涌出量计算所需风量,采用最小断面风速法计算风量),按照最不利因素进行考虑,确定采用最小断面风速法计算风量。

$$Q_{需} = v_{min} \times S$$

式中:v_{min}——最小断面风速,取 1m/s;
　　　S——开挖断面面积,约 22.9m²。

$$Q_{需} = 1\text{m/s} \times 22.9\text{m}^2 \times 60\text{s/min} = 1374\text{m}^3/\text{min}$$
$$L = 1300\text{m}(隧道长度)$$

机械压入式通风百米漏风率≤1.5%,则

$$Q_{机} = Q_{需}/(1-0.015)^{L/100} \times 1.2(风机备用系数)$$
$$= 1374/0.985^{13} \times 1.2$$
$$\approx 2007\text{m}^3/\text{min}$$

综上所述:配置通风机风量应大于 2007m³/min。

②系统风压计算

$$摩擦阻力\ H_{管} = \rho \times 6.5 \times (\alpha \cdot L) \times Q^2 / d^5$$

式中:ρ——空气密度,取 1.2kg/m³;
　　　α——风阻系数,取 0.0025;
　　　L——隧道长度,取 1300m;
　　　d——配用风筒直径,取 1.3m;
　　　Q——平均供风量,$\sqrt{Q_m \times Q_0}$ /60=27.7m³/s。

依据上式,$H_{管} = 1.2 \times 6.5 \times (0.0025 \times 1300) \times 27.7^2/1.3^5 = 5239\text{Pa}$

局部阻力:$H_{局} = 0.12 H_{管} = 628.7\text{Pa}$

综上所述,系统风压为局压、管压之和:$H_{总} = H_{管} + H_{局} = 5239 + 628.7 = 5867.7\text{Pa}$

根据以上参数要求,主送风机选用 SDF© № 13/2×132 变级多速风机,该风机性能参数见表 4-3-19。

变级多速风机性能参数　　　　　　表 4-3-19

型　号	风量 (m³/min)	风压 (Pa)	高效风量 (m³/min)	功率 (kW)	外形尺寸(mm) (长×宽×高)
SDF© № 13	1695～3300	930～5920	2691	2×132	5836×1678×1550
	1407～2219	406～2704	1813	2×45	
	923～1670	237～1487	1360	2×22	

主风机布置于车站顶板,用 ϕ1.3m 铁制风管及两个 90°弯头送至隧洞,然后用 ϕ1.3m 阻燃型拉链式聚乙烯通风管送至台车尾与二次风机相连。

（4）局部通风

由于盾构机主体内构造复杂,主风机风流在机身内存在较多盲区,不能使盾构机全部断面处于循环风中,因此在盾构机及后配套台车上共设置 10 个局部防爆风扇加强盾构机、台车部分空气流通,防止瓦斯在死角部位聚集。每节台车设置一个局部防爆风扇,均为背向掌子面放置,根据台车实际情况,1 号、2 号台车防爆风扇设置在皮带机右侧,3 号台车防爆风扇设置在配电柜上方,4 号、5 号台车防爆风扇设置在皮带机左侧。台车上的局部防爆风扇对皮带机上土体挥发出的瓦斯气体也可以起到稀释和引导作用。

6）隧道内土方运输

渣土释放的瓦斯气体是最主要的瓦斯溢出源,通过改进出土方式,减少渣土在隧道内停留的时间,可以减小隧道内瓦斯气体含量。根据正常施工组织每环是一次性出土,但由于渣土中含有瓦斯,为了缩短瓦斯气体在隧道泄露的时间,同时减少瓦斯在单位时间内泄露量,减轻通风压力,将每环出土分两次,即每掘进75cm出一次土。在瓦斯浓度高的地段,对渣车及时用塑料布覆盖,减少瓦斯气体从渣土中溢出。

同时,在螺旋输送机出土口位置设置通风管及离心风机进行瓦斯抽排,避免瓦斯气体在出土口位置聚集。

7)保持盾尾密封可靠

盾尾与管片接缝处是瓦斯气体进入隧道的第二大途径,有效的盾尾密封可防止瓦斯从盾尾渗入隧道。盾尾密封失效、管片破损或止水条损坏等将会导致瓦斯由盾尾泄入,所以盾尾密封是否正常工作对施工进度和安全都有重大影响。

8)掘进姿态控制

严格控制盾构机在掘进过程中的姿态,水平及垂直偏差不大于50mm。保持盾尾间隙均匀,避免出现单侧盾尾间隙过大,从而导致盾尾密封失效、漏水、漏砂、瓦斯气体等进入盾壳内部等现象。

掘进中的姿态控制应该注意的问题:

(1)在切换刀盘转动方向时,应保留适当的时间间隔。切换速度不宜过快,否则可能造成管片受力状态突变而使管片损坏。

(2)根据掌子面地层情况应及时调整掘进参数,调整掘进方向时应设置警戒值与限制值,达到警戒值时及时实行纠偏程序。

(3)蛇行修正及纠偏时应缓慢进行,如修正过程过急,蛇行反而更加明显。在直线掘进的情况下,应选取盾构机当前所在位置点与设计线上远方的一点作一直线,然后再以这条线为新的基准进行线形管理。在曲线推进的情况下,应使盾构机当前所在位置点与远方点的连线同设计曲线相切。

(4)推进油缸油压的调整不宜过快、过大,否则可能造成管片局部破损甚至开裂。

(5)正确进行管片选型,确保拼装质量与精度,以使管片端面尽可能与计划的掘进方向垂直。

9)加强盾尾油脂注入

盾尾密封油脂注入在达到普通盾构隧道要求的基础上,必须切实保证盾尾内充满优质油脂并保持较高的压力,以防瓦斯通过盾尾进入隧道。

7. 结语

作为国内首条直接穿越瓦斯储气层的盾构隧道,本区间的安全顺利贯通,填补了国内地铁工程使用土压平衡式盾构掘进瓦斯地层的空白,为瓦斯地层的盾构掘进积累了大量的第一手资料,探索出了盾构穿越瓦斯地层的成功施工经验,为后续类似瓦斯地层的盾构掘进提供了实际理论依据,具有十分重大的意义。

第11节 西安地铁4号线下穿重要建(构)筑物盾构施工技术

中铁一局集团城市轨道交通工程有限公司 梁西军

1. 工程简介

西安地铁4号线某盾构工程包含2个盾构区间,总长3384.097m。其中一区间右线长890.573m、左线长919.256m,区间最小平曲线半径$R=450$m,最大纵坡为27.1‰,呈"V"形坡,隧道拱顶覆土厚度为9.8~19.5m。另一区间右线长797.985m、左线长776.283m(长链13.456m),区间最小平面曲线半径$R=350$m,最大纵坡为28‰,呈"V"形坡,隧道拱顶覆土厚度为13.1~22.2m。

两区间隧道外径均为6m,内径为5.4m,单环管片长度为1.5m,管片衬砌为单洞圆形隧道,采用错缝拼装。

本工程盾构隧道地层,地表分布有厚薄不均的全新统人工填土(Q_4^{ml}),其下为上更新统风积(Q_3^{eol})新黄土及残积(Q_3^{el})古土壤,再下为上更新统洪积(Q_3^{pl})粉质黏土、中砂,再下为中更新统湖积(Q_2^{l})粉质黏土等。隧道穿越地层主要为粉质黏土，局部夹有少量粉土。

2. 施工技术难题

本工程采用两台小松土压平衡盾构机进行隧道掘进施工。在盾构区间施工过程中遇到以下几类问题：

（1）本工程盾构区间下穿重要建筑众多，且有重点文物，其敏感性强，对盾构施工掘进参数控制要求严格。同时高层建筑较多，盾构掘进过程中可能造成失稳，导致周边建筑物出现裂缝、沉降、倾斜乃至破坏。

（2）盾构下穿护城河隧道结构外轮廓与河底最小距离为 6.28m，覆土厚度小，易扰动土体造成河水倒灌，产生安全隐患。

（3）隧道区间单环管片长度为 1.5m，区间最小半径为 350m，最大纵坡为 28‰，两者结合使得盾构机"栽头"现象严重，盾构姿态控制困难。此外，成型隧道质量问题突出，如隧道管片发生破损、错台等。

综合以上分析，本工程盾构下穿重要建（构）筑物、盾构掘进参数和姿态控制及成型隧道质量控制为施工重难点。

3. 盾构施工关键技术

1）盾构掘进控制

（1）针对西安地区直线标准环＋左右转弯环的管片设计，按照其 38mm 的最大楔形量精确计算了 12 个点位的左右及上下超前量（图 4-3-52、图 4-3-53），指导作业人员进行管片选型及盾构姿态控制。

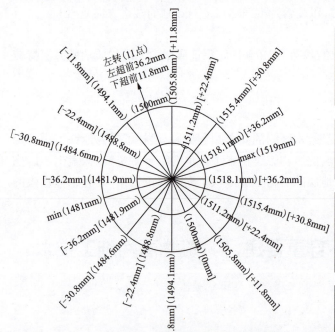

10条螺栓，12个点位，1.5m等腰楔形管片

拼装点位	左右楔形量(mm)	上下楔形量(mm)	备 注
左转1点	右超前36.2	下超前11.8	主要向左纠
左转2点	右超前22.4	下超前30.8	向左向上纠
左转3点	0	下超前38	完全向上纠

拼装点位	左右楔形量(mm)	上下楔形量(mm)	备 注
左转4点	左超前22.4	下超前30.8	向右向上纠
左转5点	左超前36.2	下超前11.8	主要向右纠

拼装点位	左右楔形量(mm)	上下楔形量(mm)	备 注
左转11点	右超前36.2	上超前11.8	主要向左纠
左转10点	右超前22.4	上超前30.8	向左向下纠
左转9点	0	上超前38	完全向下纠

拼装点位	左右楔形量(mm)	上下楔形量(mm)	备 注
左转8点	左超前22.4	上超前30.8	向右向下纠
左转7点	左超前36.2	上超前11.8	主要向右纠

图 4-3-52 西安地区左转楔形环各点位超前量计算

（2）采用 BIM 技术进行半径 450m 和半径 350m 小半径平曲线上管片拟合，精确计算出直线环与转弯环的使用比例，并给出管片拼装点位选择的标准参考（表 4-3-20、表 4-3-21），指导作业人员进行管片选型及盾构姿态控制。

每一环拼装完成后，计算管片超前量的实际值，$R=350$m 的圆曲线上按照 8 环为一个小循环、16 环为一个大循环，相应理论数据执行表 4-3-20 中相应理论值，对现场实际情况进行校核纠偏。

$R=450$m 的圆曲线上按照 12 环为一个小循环、24 环为一个大循环,相应理论数据执行表 4-3-21 中相应理论值,对现场实际情况进行校核纠偏。

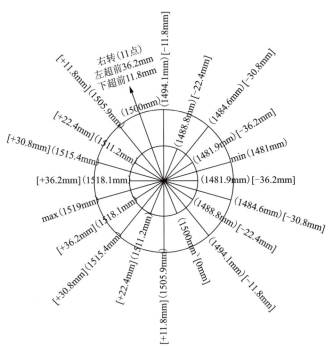

拼装点位	左右楔形量(mm)	上下楔形量(mm)	备注
右转1点	左超前36.2	上超前11.8	主要向右纠
右转2点	左超前22.4	上超前30.8	向右向下纠
右转3点	0	上超前38	完全向下纠

拼装点位	左右楔形量(mm)	上下楔形量(mm)	备注
右转4点	右超前22.4	上超前30.8	向左向下纠
右转5点	右超前36.2	上超前11.8	主要向左纠

拼装点位	左右楔形量(mm)	上下楔形量(mm)	备注
右转11点	左超前36.2	下超前11.8	主要向右纠
右转10点	左超前22.4	下超前30.8	向右向上纠
右转9点	0	下超前38	完全向上纠

拼装点位	左右楔形量(mm)	上下楔形量(mm)	备注
右转8点	右超前22.4	下超前30.8	主要向上纠
右转7点	右超前36.2	下超前11.8	主要向左纠

10条螺栓,12个点位,1.5m等腰楔形管片

图 4-3-53 西安地区右转楔形环各点位超前量计算

右线 $R=350$m 平曲线段盾构掘进管片选型参考 表 4-3-20

环号	第 $m+1$ 环	第 $m+2$ 环	第 $m+3$ 环	第 $m+4$ 环	第 $m+5$ 环	第 $m+6$ 环	第 $m+7$ 环	第 $m+8$ 环	Σ	$R=350$m 理论值	偏差值
管片类型	右转	右转	标准	右转	右转	标准	右转	右转			
拼装点位	1点	11点	1点	11点	1点	11点	1点	11点			
左超前(mm)	36.2	36.2	0	36.2	36.2	0	36.2	36.2	217.2	205.6	11.6
上超前(mm)	11.8	-11.8	0	-11.8	11.8	0	11.8	-11.8	0	0	0
环号	第 $m+9$ 环	第 $m+10$ 环	第 $m+11$ 环	第 $m+12$ 环	第 $m+13$ 环	第 $m+14$ 环	第 $m+15$ 环	第 $m+16$ 环	Σ	$R=350$m 理论值	偏差值
管片类型	右转	标准	右转	右转	标准	右转	右转	标准			
拼装点位	1点	11点	1点	11点	1点	11点	1点	11点			
左超前(mm)	36.2	0	36.2	36.2	0	36.2	36.2	0	398.2	411.2	-13
上超前(mm)	11.8	0	11.8	-11.8	0	-11.8	11.8	0	11.8	0	11.8

说明:

①根据理论计算 $R=350$m 的圆曲线上,每环 1.5m 应该左超前 25.7mm,以此为依据进行 16 环一个循环的管片选型参考。

②以 16 环为一个管片选型控制大循环,总共用 11 环右转,转弯环:标准环 = 11:5 = 2.2,基本能够满足 $R=350$m 圆曲线上 1.5:(2.217-1.5) = 1.5:0.717 = 2.1 的比例。

③现场根据盾尾间隙情况,转弯环的选择可以适当调整,但是比例应满足第②条要求。

④根据实测的推进油缸行程和实际管片选型点位,每 3 环左右计算一次实际超前量的偏差值情况,指导后续管片选型和盾构掘进。

⑤每 16 环检查的左超前和上超前应控制在 ±15mm 以内,如果推进油缸上下行程差超过 35mm,则可以拼右转 2 点(压头环)或右转 10 点(抬头环)调整推进油缸上下行程差

表 4-3-21 左线 R=450m 平曲线段盾构掘进管片选型参考

环 号	第 m+1 环	第 m+2 环	第 m+3 环	第 m+4 环	第 m+5 环	第 m+6 环	第 m+7 环	第 m+8 环	第 m+9 环	第 m+10 环	第 m+11 环	第 m+12 环	Σ	R=450m 理论值	偏差值
管片类型	右转	标准	右转	右转	标准	右转	右转	标准	标准	右转	右转	标准			
拼装点位	1点	11点	1点	11点	1点	11点	1点	11点	1点	11点	1点	11点			
左超前 (mm)	36.2	0	36.2	36.2	0	36.2	36.2	0	0	36.2	36.2	0	253.4	240	13.4
上超前 (mm)	11.8	0	11.8	-11.8	0	-11.8	11.8	0	0	-11.8	11.8	0	11.8	0	11.8

环 号	第 m+13 环	第 m+14 环	第 m+15 环	第 m+16 环	第 m+17 环	第 m+18 环	第 m+19 环	第 m+20 环	第 m+21 环	第 m+22 环	第 m+23 环	第 m+24 环	Σ	R=450m 理论值	偏差值
管片类型	右转	标准	右转	右转	标准	右转	右转	标准	标准	右转	右转	标准			
拼装点位	1点	11点	1点	11点	1点	11点	1点	11点	1点	11点	1点	11点			
左超前 (mm)	36.2	0	0	36.2	0	36.2	36.2	0	0	36.2	36.2	0	470.6	480	-9.4
上超前 (mm)	11.8	0	0	-11.8	0	-11.8	11.8	0	0	-11.8	11.8	0	11.8	0	11.8

说明：

①左线从第 251 环进入圆曲线，故 $m_1 = 150+12 \times n_1$，$n_1=0$，$m_1=150$，$m_2=150+12 \times n_2$，$n_2=1$，$m_2=150+12=162$，以此类推。

②根据理论计算 R=450m 的圆曲线上，每环 1.5m 应该左超前 20mm，以此为依据进行 24 环一个循环的管片选型参考。

③以 24 环为一个管片选型控制大循环，总共用 13 环右转、转弯环：标准环 =13：11=1.18，基本能够满足 R=450m 圆曲线上 1.5：1.35=1.11 的比例。

④现场根据盾尾间隙情况、转弯环的选择可以选择可以适当调整，但是比例应满足第③条要求。

⑤根据实测的推进油缸行程和实际管片选型情况，每 3 环左右计算一次实际超前偏差值情况，指导后续管片选型和盾构掘进。

⑥每 12 环检查的左超前和上超前应控制在 ±15mm 以内，如果推进油缸上下行程差超过 35mm，则可以拼右转 2 点（压头头环）或右转 10 点（抬头环）调整推进油缸上下行程差。

(3）根据理论计算 R=450m 的圆曲线上,每环 1.5m 应该左超前 20mm,R=350m 的圆曲线上,每环 1.5m 应该左超前 25.7mm,以此指导盾构机操作手进行每一环的掘进。每环掘进前后核准左右的行程差变化情况,并与理论值进行对比,偏差控制在 ±5mm 以内。

(4）充分利用盾构机铰接使盾体更好地拟合曲线,减少超挖量,确保曲线施工的推进轴线不超过设计偏差。经理论计算,R=350m 半径圆曲线掘进时,水平铰接开度为 0.7°,R=450m 半径圆曲线掘进时,水平铰接开度为 0.5°,根据盾构机状况及现场施工实际情况按照理论值 ±0.1° 进行水平铰接开度设置。

(5）每环推进到结束应对 10 环以内管片螺栓进行 3 次复紧,克服作用于管片推力产生的垂直分力,减少成环隧道浮动。

(6）采用人工测量的方法,加强对导向系统的复核,避免盾构姿态发生跳动。

(7）每环推进前后进行管片轴线、盾构机轴线、隧道中心线位置关系的模拟,掘进中严格遵守"勤纠、缓纠"的原则。

(8）结合地层情况,适当降低土仓压力并提高刀盘转速,充分发挥盾构机设备能力,用充足的掘进扭矩对前方土体形成有力的切削作用,以达到降低掘进总推力的目的。

在覆土厚约 18m 的粉质黏土地层中,当刀盘转速设置为 0.9r/min,掘进中上部土仓压力设置在 0.18MPa 时,总推力约为 22000kN,扭矩约为 40%,掘进速度能达到 40mm/min。按照此参数控制,地表变形基本控制在 -3～+2mm 范围内。

地表主要为市政道路,主要管线埋深均在地表以下 5m 以内,且盾构隧道覆土较厚,掘进对地面影响相对较低。基于此种情况,在确保地表环境安全受控的前提下,适当优化掘进参数,具体如下:

在覆土厚约 18m 的粉质黏土地层中,刀盘转速设置为 1.2r/min,掘进中上部土仓压力设置在 0.15MPa 左右,总推力约为 17000kN,扭矩约为 56%,掘进速度仍能达到 40mm/min。按照此参数控制,地表变形基本控制在 -5～+0mm 范围。由于总推力降低约 23%,造成管片错台的垂直分力减小,更加有利于成型隧道质量控制。

2）盾构下穿重要建(构)筑物技术

(1）针对盾构下穿建(构)筑物的情况,施工前进行详细调查,并编制专项施工方案,经专家评审后,在施工过程中严格执行。

(2）本工程需下穿建(构)筑物共 12 处,在盾构下穿施工时,项目部成立盾构施工管理小组,实行领导带班制,各部门随时待命,保证设备正常运转、物资供应及时,确保盾构施工连续平稳推进。同时,制定了应急预案,一旦出现险情及时处理。

(3）通过对出土量、注浆量、掘进速度、推力、土仓压力等进行理论计算,并结合地面沉降观测数据,在掘进过程中对参数进行优化调整,确定出在古土壤及粉质黏土中最佳掘进参数。

(4）盾构到达建(构)筑物前 20m,每日对建(构)筑物及地面进行 2 次沉降观测,在盾构穿越建(构)筑物时,每 2h 监测一次,并及时整理数据,以便调整盾构施工各项参数。

(5）盾构下穿建(构)筑物前 30m,对盾构机核心部位及构件进行维修保养或更换,保证施工期间设备运转正常。

(6）下穿建(构)筑物期间做好渣土改良,使用优质的泡沫对刀盘前方及土仓内的渣土进行改良,使出土口位置渣土呈流塑状。

(7）下穿建(构)筑物期间做好同步注浆,在同步注浆机出口位置,连接一根管路,在脱出盾尾倒数 3 环位置,利用管片上的注浆口进行填充注浆。将注浆头的出浆口端头进行封堵,使出浆口方向平行于盾壳,且朝向隧道掘进相反方向,减小注浆压力对上方地层的冲击破坏。掘进通过之后,根据监测情况,进行二次补充注浆。

3）盾构下穿护城河技术

(1）针对盾构下穿护城河,施工前进行详细调查,并编制专项施工方案,经专家评审后,在施工过程中严格执行。

(2）在盾构下穿护城河施工前,项目部成立盾构施工管理小组,实行领导带班制,各部门随时待命,保证设备正常运转、物资供应及时,确保盾构施工连续平稳推进。同时,制定了应急预案,一旦出现险情及时处理。

(3) 通过对出土量、注浆量、掘进速度、推力、土仓压力等进行理论计算,并结合地面沉降观测数据,在掘进过程中对参数进行优化调整,确定出在古土壤及粉质黏土中最佳掘进参数。

(4) 在盾构到达该护城河前 20m 时,对该护城河及地面每日进行 2 次沉降观测,在盾构穿越护城河时,每 2h 监测一次,并及时整理数据以便调整盾构施工各项参数。

(5) 在盾构下穿护城河前 30m 时,对盾构机核心部位及构件进行维修保养或更换,保证施工期间设备运转正常。

(6) 盾构下穿护城河段掘进采用表 4-3-22 中的掘进参数。

盾构下穿越护城河掘进参数 表 4-3-22

建(构)筑物	盾构掘进参数						
	推力 (kN)	扭矩 (kN·m)	上部土仓压力 (MPa)	出土量 (m³)	注浆量 (m³)	注浆压力 (MPa)	掘进速度 (mm/min)
护城河(隧顶埋深6.28m)	9000~11000	1800~2500	0.13~0.15	45~47	4.0~4.5	0.2~0.3	20~30

(7) 下穿护城河期间,注浆压力不易过高,防止击穿地层。同时,采用二次注浆及时进行补充注浆,填充地层。

4. 结语

(1) 西安地区盾构区间穿越的地层主要为黄土、古壤土、砂性土,盾构机在地下水位以下施工,且新黄土和砂性土渗透系数较大,因此不宜使用敞开的手掘式盾构机或半机械式盾构机,宜使用密闭型的土压平衡盾构机或泥水加压平衡盾构机。

(2) 合理的盾构机选型及主要技术参数的确定是保证盾构机顺利施工的关键。鉴于西安地质条件的复杂性,选用动力参数较强的设备并配备适应性较强的刀盘,通过试验选用合适的辅助工法,是盾构施工顺利进行的基础保障。

(3) 根据盾构开挖地层特点制定适宜的掘进参数。通过加水、加泡沫或加膨润土进行渣土改良,使掘进速度、土压值、总推进力、刀盘转速及扭矩、螺旋输送机转速及扭矩、螺旋输送机闸门开口度等参数达到一定的匹配关系,控制开挖时进土速度及出土速达到一种平衡状态。

(4) 据地层特点调整同步注浆浆液配合比及注浆量,辅以二次补强注浆,可有效地填充建筑空隙,减少地面沉降。合理地选择管片类型,在适宜的点位拟合隧道线路特征,可避免盾尾间隙过小导致的管片错台和破损。

第12节　南宁地铁 2 号线富水圆砾层盾构施工技术

中国建筑第八工程局有限公司　唐立宪,车家伟,王刚,张永焕

1. 工程概况

南宁地铁 2 号线工程南部起点为玉洞存车折返线,途经银海大道、星光大道、朝阳路、友爱路、安吉大道,北至安吉综合基地。全长 21.0km,全线共设车站 18 座(其中体育馆站、朝阳广场站、火车站、友爱站与 1 号线同步实施),均为地下车站;最大站间距约为 1.74km,最小站间距为 0.69km,平均站间距约为 1.18km。

本标段主要工程为 3 站 7 区间,区间隧道均采用盾构法施工,盾构设备为土压平衡盾构机。

2. 工程地质及水文地质条件

1) 工程地质

本标段区间盾构机主要穿越地层见表 4-3-23。

区间盾构机主要穿越地层 表4-3-23

序号	工程名称	主要穿越地质情况
1	大江区间	①$_1$杂填土、①$_2$素填土层、②$_{2-2}$硬塑(坚硬)状粉质黏土、④$_{1-2}$中密状粉砂、细砂层、⑤$_{1-1}$圆砾、⑥$_{1-1}$坡积黏土、粉质黏土层、⑦$_{1-3}$/⑦$_{2-2}$/⑦$_{2-3}$泥岩、粉砂质泥岩、⑦$_{3-4}$粗砂岩、含砾砂岩、⑧$_{NS2}$强风化泥质砂岩、⑧$_{NS3}$中风化泥质砂岩、⑧$_{NS4}$微风化泥质砂岩
2	江石区间	⑦$_{1-3}$泥岩、粉砂质泥岩层⑦$_{2-3}$粉砂岩、粉质泥岩层,局部为⑦$_4$炭质泥岩层
3	石亭区间	⑦$_{2-3}$泥质粉砂岩、⑦$_4$粉砂岩,炭质泥岩
4	亭福区间	邕江低级阶地,分布有厚层状⑤$_{1-1}$圆砾以及④$_{1-2}$粉砂、细砂层,为地下水良好的通道,与邕江水力联系密切,富水性好、透水性强、水量大
5	福南区间	③$_1$粉土层、④$_{1-1}$稍密状粉、细砂层、稍密~中密状⑤$_{1-1}$圆砾层
6	明秀区间	⑤$_1$圆砾,隧道中段局部有⑦$_1$粉砂质泥岩
7	秀三区间	③$_2$粉土、⑤$_{1-1}$圆砾,局部穿越④$_{1-1}$粉(细)砂、④$_{1-2}$、④$_{4-1}$砾砂

2)水文地质

地下水类型为基岩裂隙水,赋存于古近系半成岩粉砂岩、泥质粉砂岩、粉砂岩层以及泥盆系强风化泥质粉砂岩、中风化泥质粉砂岩中,稳定水位埋深5.7~9.1m;具承压性,富水性较好,弱透水性。基岩裂隙水总体水量不大,但含水层容易被渗出的地下水带出形成"流沙",影响地层的整体稳定性。

3. 富水圆砾层土压平衡盾构施工技术

1)富水圆砾层土压平衡盾构机刀盘刀具配置及耐磨设计

(1)注浆系统改造

常规注浆口设计在尾盾左上、右上、左下、右下位置,特别在砂、卵、砾地层中,由于渗透性好,注浆填充率不够时,拱顶空洞往往不能得到有效回填。在盾尾顶部增设2个注浆口,可直接对顶部空洞进行回填,这样盾尾注浆管共有10(即4×2+2)根,正常情况下4用6备。注浆时根据超挖情况,调整泵出口管路连接位置进行作业。注浆管路布置如图4-3-54所示。

(2)小倾斜角度皮带机改造

在富水地层掘进发生喷涌时,大角度的皮带机难以将稀渣上送,导致漏渣严重影响施工。将原盾构机的皮带机倾角改造为9.5°的小倾角(图4-3-55),输送稀渣的能力大大提高,基本能够将稀渣送出,保证发生喷涌时掘进施工的正常进行。

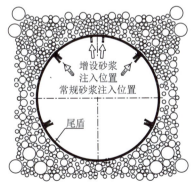

图4-3-54 注浆管路布置图

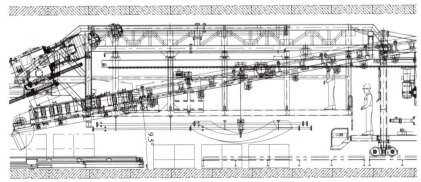

图4-3-55 皮带机示意图

(3)盾构机刀具配置改造

刀盘配置采用全盘滚刀,具体配置:17英寸中心双联滚刀4把、18英寸单刃滚刀31把,滚刀高度187.7mm。周边刮刀8把,刀高130mm,硬质合金采用YG13C材料。切刀36把,刀高130mm,宽度250mm,采用大合金银钎焊形式,硬质合金采用YG13C材料。

2）富水圆砾层土压平衡盾构掘进参数的确定

根据类似地层掘进参数，在前100环施工过程中对掘进参数进行调整，圆砾层掘进参数按表4-3-24选取。

圆砾层盾构掘进参数　　　　表4-3-24

项　目	参　数	项　目	参　数
中部土仓压力	$p=\sum \gamma_i h_i k_{0i} \pm 0.2$	同步注浆量	≤6m³/环
刀盘转速	1.2r/min＜v＜1.2r/min（1.6r/min）	同步注浆压力	0.2MPa＜P＜0.5MPa
刀盘扭矩	2500＜M＜4500kN·m（5000kN·m）	同步浆液初凝时间	4h 左右
刀盘工作压力	80bar＜P＜160bar（180bar）	泡沫注入率	1%～5%
刀盘贯入度	30mm/r＜N＜40mm/r	泡沫浓度	3%～5%
总推力	1200～1800t（2500t）	发泡倍率	12～16
铰接拉力	≤120bar（200bar）	加水量	0～4m³/环
推进速度	30～40mm/min（70mm/min）	加膨润土浆液	10%～20%
盾构机滚角	≤±0.5°	出土量	53～55m³/环（60m³/环）
推进油缸行程差	0～60mm（120mm）	二次注浆压力	≥0.5MPa
单环纠偏量	0～10mm（5mm，10mm）	地面沉降	+10～-30mm

3）膨润土及泡沫剂在富水圆砾层中盾构渣土改良

（1）膨润土改良渣土

圆砾层本身具有很高的含水率，膨润土泥浆加入之后被圆砾层中的水稀释，由高配合比膨润土泥浆变成低配合比膨润土泥浆，因此在膨润土泥浆配合比选择上应选取较高配合比的膨润土泥浆。

在圆砾层施工过程中，每环使用膨润土泥浆 4m³，膨润土泥浆配合比取 1：12，计算得出膨润土泥浆注入率为 8.4%，膨润土使用量为每环 333kg，水的用量为 4m³。

（2）泡沫剂改良渣土

土压平衡盾构机在圆砾层中掘进时，若渣土改良不善，会出现刀盘扭矩增大、螺旋输送机出土不畅、掌子面失稳等情况。而泡沫的注入一方面能改善土体的流动性及透水性，达到稳定掌子面的效果；另一方面，细密的泡沫分布在刀盘周围和土体之间，大大降低了扭矩，从而有效地保护了刀具。如在福南区间盾构隧道工程施工中，通过泡沫技术的应用，盾构区间圆砾层中掘进时，掘进速度、刀盘扭矩及地面沉降均得到了良好的改善，其中泡沫的加注参数见表4-3-25。

渣土改良泡沫施工配合比　　　　表4-3-25

施工区段	项　目			
	原液比（%）	膨胀率 FER（%）	注入比 FIR（%）	加水量（m³/h）
1～125环	2	12	35	7
125～230环	1.5	13	32	8
231～320环	1.0	14	30	7
321～390环	1.5	14	32	8
391～450环	1.5	14	35	8

在实际应用过程中，根据刀盘扭矩的变化和出土情况，不断优化混合液比例、膨胀率、注入率等泡沫的加注参数，合理调整泡沫剂和水的用量，达到渣土改良预定目的。根据地质情况选定不同泡沫改良配合比，通过记录的盾构掘进施工参数，绘制了不同泡沫施工配合比对盾构掘进参数的影响，如图4-3-56所示。

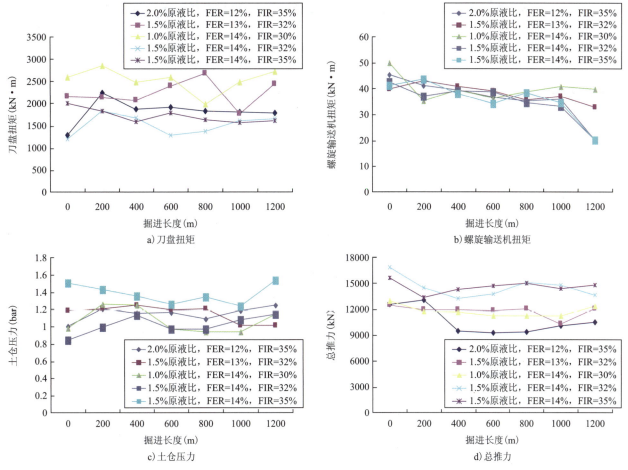

图 4-3-56 不同泡沫施工配合比对盾构掘进参数的影响

从泡沫注入比例、膨胀率、注入率及加水量对掘进参数的影响分析图可以看出,砂层中使用泡沫混合液配合比 1.5%,膨胀率 14%,注入比为 35% 左右,泡沫改良成果较为理想,混合后泡沫的扩散性得到增强,可以在刀盘的搅拌下迅速渗透到土层中,容易将土体搅拌均匀,极大地改善了开挖面土体流塑性,从而做到既能平衡开挖面土压力,又能连续向外顺畅排土,有效降低了盾构掘进刀盘扭矩、螺旋输送机扭矩,也减小了刀盘结泥饼的概率,保持了盾构机正常推进速度,减轻了盾构机的负荷和磨损,提高了盾构掘进施工工效。同时泡沫具有可压缩性,对土压的稳定起到积极作用,土压力和总推力值在施工过程中变化幅度较小。

4)富水圆砾层中土压平衡盾构机密闭钢套筒接收技术

在富水圆砾地层中,由于渗透系数大,端头加固效果不好容易造成涌水涌沙事故。而通常地铁施工处于城市繁华地带主干道,端头加固易受地下管线等因素影响,无法施工或施工效果不理想。通过采用密闭钢套筒接收技术,在不进行端头加固的情况下,在接收井处设置钢套筒,内部填满细砂模拟均匀土体,让盾构机正常掘进至接收井内,降低对洞门的干扰,降低安全风险。

4. 结语

通过对南宁地铁 2 号线土建施工 5 标段中所采用的土压平衡盾构施工技术进行提炼,以直接指导地铁隧道施工为最终目的,将类似的施工技术叠加整理,并注重关键技术的突破与创新,同时形成施工工法,对创新技术加以定型,并对各个环节给予规范化,填补了在富水圆砾层地层中施工关键技术的空白,形成了富水圆砾层中土压平衡盾构机刀盘刀具配置、渣土改良、掘进参数优化、密闭钢套筒接收以及地表沉降控制等成套技术,为盾构穿越富水圆砾地层地基安全、质量、工期提供保障,提高了地铁项目建设速度,有效地保证建设质量。

第13节 厦门地铁6号线首开段盾构施工技术

中国建筑第七工程局有限公司 张浩，郭晓，黄继辉

1. 工程概况

厦门地铁6号线马銮湾片区段工程由马銮湾中心站（不含）至西滨路口站，即马銮湾中心站（不含）—集美岛站—西滨路口站（含），共2站2区间。项目起止里程为YDK4+857.936～YDK9+158.726，ZDK4+857.936～ZDK9+156.326，右线全长4300.79m，左线长链长31.032m，全长4331.822m。

线路起于马銮湾中心站与2号线换乘，而后折向东北方向，经集美岛设集美岛站，后转入杏林西路向东敷设，于杏林西路与西滨路交叉口设西滨路口站，土建施工范围为2站2区间。

其中，2站包括集美岛站、西滨路口站，2区间包括马銮湾中心站—集美岛站区间、集美岛站—西滨路口站区间。盾构隧道总长度左线为3812m，右线为3781m。

2. 工程地质及水文地质条件

本工程跨越厦门市海沧区、集美区，线路横穿的马銮湾片区目前以水产养殖业为主。场区主要为农田、鱼塘，局部有住宅、仓库、厂房分布。地形总体较为平坦开阔，地面高程为-2（塘底）～4m（塘堤或便道）。

地下水对区间隧道盾构施工的不利影响主要是孔隙承压水带来的突水、突泥、管涌和流土、流沙现象。施工时，对隧道不利地质周边地层进行加固、止水，并加强地下水位监测。

3. 工程重难点

1）潜在球状不均匀风化体（孤石）的勘察和处理

地质详勘资料揭示3处孤石，其中ZD7+733.9处孤石位于盾构机左线结构界限内，其余2处位于结构范围外。由于孤石发育具有不确定性，做好其余区段潜在孤石勘察与处理，是施工重难点。左线ZDK7+733.9孤石处地质断面图如图4-3-57所示。

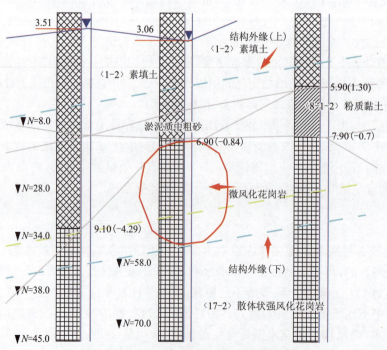

图4-3-57 左线ZDK7+733.9孤石处地质断面图

2)泥饼的预防与处理

现阶段地质调查和钻探揭示盾构区间穿越地层主要为残积砂质黏性土、全风化~散体状强风化凝灰熔岩、全风化~散体状强风化花岗岩,土质强度不高,但粉、黏粒含量较高,盾构掘进通过时易结泥饼。

3)海域段盾构掘进保证开挖面稳定,避免涌水、涌沙

盾构机过海掘进时开挖面地质条件相对较差,保证开挖面稳定,防止前方地表产生较大隆起或沉降而造成涌水、涌沙、塌方冒顶事故的发生,是海域段盾构施工控制重难点。

4)海域段盾构机开仓检修、换刀

开仓检修、换刀是避免刀盘磨损严重,保证盾构机正常掘进的必备环节,马銮湾中心站—集美岛站区间、集美岛站—西滨路口站区间过海段长度分别为810m、640m,为避免盾构掘进发生异常或刀盘磨损严重,科学、安全地进行海底开仓检修,同时防止涌水、涌沙、开挖面坍塌事故的发生,是海域段盾构施工重难点。

5)海域段盾构穿越浅覆土段施工

马銮湾中心站—集美岛站区间海域段覆土厚度7.56~16.76m,集美岛站—西滨路口站区间海域段覆土厚度8.74~11.28m,最小厚度处仅稍大于1倍洞径(6.2m),覆土较浅,盾构掘进通过时易出现开挖面涌水、涌沙,或盾体密封失效海水倒灌入隧道引发灾难性后果。

6)现状覆土厚度不足1倍洞径且地质较差段处理

马銮湾中心站—集美岛站区间ZDK6+540~ZDK6+975.731段436m线路上方现状地表覆土厚度不足1倍洞径,且覆土层主要为素填土、淤泥、淤泥质中粗砂,稳定性差,确保盾构掘进安全是施工控制的重难点。

4. 盾构施工关键技术

1)潜在球状不均匀风化体(孤石)的勘察和处理技术

(1)对于详勘已发现的ZD7+733.9孤石,由于其临近集美岛站—西滨路口站区间中粗砂地层(终点里程ZDK8+702.398),距离约22m。结合设计,对中粗砂地层换填处理时,一并将此孤石挖除后回填。

(2)对剩余区段,委托有相应资质及经验的勘察单位采用地质雷达检测结合地质钻孔加密探查的方式对项目沿线孤石情况进行补勘,每5m一个孔位,详细探查孤石的发育情况。探查时间为马銮湾片区吹填、清淤完成后,且海湾纳潮前进行。补勘完成后,根据勘察结果,对海域段做进一步加密勘察,每2m一个孔位,以充分降低潜在孤石风险。

(3)盾构隧道施工前,优先采用带合金钻头的旋挖钻机将已探明的孤石取出。取石困难时,采用地面深孔爆破将孤石破碎成小块后,再通过袖阀管注入水泥浆固结,盾构机通过时,直接通过刀盘切削排除。

(4)陆域段盾构掘进遇到未探明孤石时,具备地面处理条件,采用地面深孔注浆或盾构超前注浆稳固开挖面,然后采取地面旋挖钻取石。

(5)海域段盾构掘进遇未探明孤石时,由于前期补勘密度较大,不明孤石尺寸均较小(<2m)。考虑到马銮湾控制水深7.8m,探明孤石位置后,采取海上搭设施工便道,施作围堰、回填成平台后利用旋挖钻进行取石。处理前,编制专项安全施工方案,经专家论证合格,报监理单位和建设单位审批通过后实施。

2)泥饼的预防与处理技术

(1)优化盾构机选型,尽可能增大中心区域开口率,实现土体顺利进仓;并增加主动、被动搅拌棒数量,加速土体流动及给螺旋输送机喂料;土仓内设置土压力传感器,及时反映土仓内泥土黏附情况;增加刀盘滚刀和刮刀的高差等。

(2)根据地质条件,针对性地向土仓和刀盘面板加注高质量的泡沫、膨润土或其中两种混合液甚至三种混合液进行渣土改良,保证土仓内土压力稳定和出土顺畅。必要时,可向螺旋输送机内注入泡沫,减

轻渣土的栓塞作用。

(3) 控制掘进参数,土压力的设定以理论土压力为基础,并作适当降低。地层自稳性较好土层,设定出土压力不超过主动土压力,采用欠土压平衡模式掘进,减少对土仓内土体的挤压。

(4) 加强刀盘温度监测,若刀盘温度过高,利用循环水进行刀盘冷却,降低刀盘温度,减少对土仓内泥饼的"烧结促成"作用。

(5) 快速均衡施工,长时间停机会导致土仓内土压逐步升高、流动性减弱、刀盘及刀具板结泥饼的可能性增加。

(6) 定期开仓、清仓对刀盘结泥饼起到预防作用,当检查出刀盘有泥饼黏附的情况时必须立即彻底清理。

3) 海域段盾构掘进保证开挖面稳定,避免涌水、涌沙技术

(1) 盾构机过海前,做好试掘进、过海前掘进参数的分析、总结,掌握盾构掘进特性,以指导过海段的掘进施工。同时,过海前进行一次全面的保养检修、更换刀具,并调整列车编组,安装保压泵装置。

(2) 盾构机过海掘进时,严格控制掘进参数。为保护刀盘和刀具,在掘进过程中掘进速度不大于35mm/min,刀盘转速控制在1.7～1.9r/min。另外,每天进行渣土性质分析,严密监视渣土成分变化,从而判断掘进前方地层情况,并及时调整掘进参数。

(3) 建立严格的渣土管理制度。对出渣量进行认真统计,做好每环出渣量与理论出渣量及每环出渣量与邻近一个掘进环出土量的对比分析。

(4) 加强洞内注浆管理。盾构机过海掘进时,地层含水量大,水压力高,注浆时应遵循"同步注入、快速凝结、信息反馈、适当补充"的原则,注浆采取注浆压力和注浆量进行双控,其中以注浆压力控制为主;注浆方式以同步注浆为主,注浆浆液为水泥砂浆,水泥砂浆的凝结时间应不大于2h;同步注浆后,通过监测发现海底发生沉降并仍有较大变化趋势,或盾构管片间发生渗漏时,及时进行二次注浆。

(5) 若掘进过程中发生喷涌,且通过常规渣土改良难以控制喷涌时,启用保压泵装置,以达到有效控制喷涌的目的。

(6) 在设定开仓点进行开仓检修时,对盾构设备的驱动、推进、保压泵渣、注浆、加泥、泡沫、液压等系统进行全面检修,保证设备性能良好。开仓前,制定专项方案,通过专家论证后组织实施。

(7) 加强施工监测。盾构机过海掘进时,采取建立验潮站、声纳法海底沉降监测、洞内管片监测等手段加强施工监测。

4) 海域段盾构机开仓检修、换刀技术

采取主动开仓,避免被动开仓。充分利用联络通道预先设定海底开仓点,提前进行盾构机检修,避免盾构机参数异常或刀盘磨损严重时的被动开仓检修。掘进前,制定海底开仓预案,设定开仓点,并在海湾清淤完成后,且纳潮开始前从地表采用三重管旋喷桩对预定开仓位置进行加固。

5) 海域段盾构穿越浅覆土段施工技术

(1) 海域段清淤纳潮前进行海湾底高程测量,纳潮后进一步沿隧道轴线方向对海湾水深进行全面扫描,复核隧道覆土厚度,以利于盾构掘进平衡压力的设定。

(2) 盾构掘进通过时,严格控制开挖面稳定。

(3) 加强盾尾密封。①在盾构机上设置4道密封刷,形成3道油脂腔,可抵抗1MPa水压力。②掘进时,严格控制盾构掘进方向和铰接油缸的行程差,确保铰接密封效果;铰接千斤顶的行程应设置在中位,控制千斤顶行程,防止千斤顶活塞接近两端。③向铰接密封处注入足够的润滑脂,以保证密封良好。④加强盾尾油脂的注入检查,确保盾尾油脂密封压力正常,确保盾尾密封的防渗漏效果。⑤经常检查盾尾密封刷,发现损坏时立即停机更换。

(4) 提高盾构掘进线性控制,保证管片拼装质量,避免管片破碎或盾尾间隙过小损坏盾尾刷。

6) 现状覆土厚度不足1倍洞径且地质较差段处理技术

(1) 根据设计规划,马銮湾中心站—集美岛站区间在马銮湾片区吹填完成后施工,届时马銮湾中心

站—集美岛站区间线路上方覆土厚度将大于1倍洞径。同时，针对此段覆土层地质稳定性差的情况，吹填完毕后，采用三重管高压旋喷桩对洞身周边土体进行加固，加固范围沿洞身外缘上下左右各外扩3m，以满足盾构机安全施工要求。

（2）当马銮湾片区吹填受外界因素影响无法完成时，为保证盾构通过覆土厚度不足1倍洞径区段时施工安全，现场对该区段采取覆土加固及压重处理。处理措施：①覆土厚度不足1倍洞径段采用三重管旋喷桩加固，加固范围：左右为结构外缘线两侧各3m，竖向由地面至隧道底下3m。②加固完毕后，地面采用袋装钢渣压重，压重满足换算覆土厚度不小于1倍洞径，压重范围与加固范围一致。

（3）处理完毕后，盾构机通过时加强盾构姿态及掘进速度控制，避免大范围纠偏，最大限度地减少对周边土体扰动。

第14节　天津地铁淤泥质土层盾构下穿老海河沉降控制施工技术

北京住总集团有限责任公司　陈金刚，张兆龙

1. 工程概况

1）工程概述

天津地铁1号线东延工程咸水沽北站—双桥河站区间为双单线隧道，区间线路自咸水沽北站直线始发，沿规划海沽道向东敷设，依次下穿鱼池、养殖场、双桥河道路及出入段线既有地下结构，而后经半径490m曲线段后转直线下穿老海河进入双桥河站（图4-3-58）。本区间隧道右线起讫里程为DK44+530.393～DK45+465.875，全长935.482m；左线起讫里程为DK44+530.366～DK45+465.875，长链29.424m，全长964.933m。区间线路左右线间距为14.8～44.36m。区间结构顶部覆土厚度9.98～17.66m。区间中心里程右DK45+045.384设置1处联络通道，通道采用冻结法加固、矿山法施工。区间采用中铁装备土压平衡盾构机（φ6410mm），盾构机总长85m，盾体长度9.5m；盾构管片（C50、P10）内径5.5m、外径6.2m，衬砌环全环由1块小封顶F、2块邻接块L和3块标准块B错缝拼装构成。

图4-3-58　区间线路平面图

2）工程地质及水文地质条件

天津的地下水受地质构造、地层岩性和地形、地貌、气象以及海进、海退等综合因素的影响，水文地质条件较复杂。本区间受两层微承压水影响，第一层微承压水主要为⑧$_3$粉土、⑧$_4$粉砂、⑨$_3$粉土、⑨$_4$粉砂，稳定水位埋深为4.12～6.19m。第二层微承压水含水层主要为⑩$_3$粉土、⑩$_4$粉砂⑪$_3$粉土、⑪$_4$粉砂及⑪$_5$细砂层，稳定水位埋深约为5.8～7.1m。第一层、第二层微承压含水以⑨$_1$、⑨$_2$、⑩$_1$、⑩$_2$黏性土层为相对稳定的隔水层，各含水层厚度和埋深不均匀，中间分布的黏性土隔水层中夹有薄层含水层，致使局部第一层、第二层微承压水上下联通，水力联系紧密。对盾构机有较大影响的微承压水含水层为⑧$_3$粉土、⑧$_4$粉砂、⑨$_3$粉土、⑨$_4$粉砂，盾构穿越海河范围地层技术参数见表4-3-26。

穿越海河范围地层技术参数 表4-3-26

序号	地层	厚度(m)	承载力(kPa)	渗透系数(m/d)	基床系数(MPa/m)
1	淤泥⑥$_4$	3～4	50	0.001	3.8
2	淤泥质粉黏土⑥$_6$	3～4	80	0.005	6.8
3	粉质黏土⑥$_2$	2～3	100	0.05	8.8
4	粉质黏土⑦$_2$	2～3	120	0.01	11.2
5	粉质黏土⑧$_2$	2～3	140	0.05	14

3）老海河风险源情况

区间在DK45+350～DK45+400下穿老海河，河道上口宽35m，河底为料石衬砌，河堤两侧无衬砌，河底淤泥层厚度约2.6m，枯水期水深2.5m左右，隧道结构拱顶距离河底最近约6m，洞身土层主要以淤泥质粉质黏土（拱顶）、粉质黏土为主。下穿老海河风险等级为Ⅱ级，具体平面图如图4-3-59所示，断面图如图4-3-60所示。施工前，对穿越老海河过程中易发风险进行，分析并制定针对性措施（表4-3-27）。

图4-3-59 老海河与隧道平面图

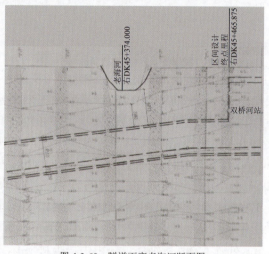

图4-3-60 隧道下穿老海河断面图

盾构下穿海河易发风险及控制措施 表4-3-27

易发风险	原因分析	控制措施
盾尾漏水(浆)	河底覆土厚度小，且存在淤泥质夹层；上部老海河水位较高，盾构机周边水压力较大且与老海河水有紧密的水力联系，盾构施工过程中易产生密封失效漏水风险	采用高韧性的耐磨盾尾刷；过程中控制好掘进参数及姿态，保证盾尾间隙均匀性；采用高质量盾尾油脂，保证油脂足量填充；控制好同步注浆量、压力，及时进行二次补浆
成型管片变形导致漏水	河底淤泥层厚，河底土质松散，含水量高，在盾构施工过中，因土体扰动，导致部分土体液化，出现盾构掘进前方塌孔，盾构机周边土体支撑作用减弱而导致的管片相对位移过大等风险，进而产生漏水等灾害事故	穿越之前对注浆管路全面排查，浆液配合比多次试验，保证浆液质量；掘进与注浆速度匹配；做好盾构机自身、河流及成型管片动态监测，一旦异常，立即从多孔管片进行双液注浆
障碍物风险	原老海河道深、河面宽，经历多次回填、收缩，不排除原河底范围内存在不明障碍物，可能导致盾构穿越过程中出现盾构机停机并施作应急清障工作	穿越前查阅资料，利用探测设备全面排查，确保盾构穿越前提前预知，使得盾构机安全、匀速通过老海河
管片上浮过大	盾构穿越河流段，有效覆土较薄，地下水位较高，容易发生管片上浮	穿越时低于轴线20～30mm；对成型管片及时进行二次注浆（双液），逐环补注；对河流段范围管片与前后各30环管片进行6道拉紧联系

2. 盾构穿越老海河控制技术

1）盾构穿越前控制措施

穿越之前，选取海河河堤以外100m空地作为试验段，根据河底与试验段地表高程情况，布置4m深的监测点,监测点沿隧道轴线方向间距为 10m,监测断面间距为 25m(共 4 个),如图 4-3-61 所示。掘进试验段之前,对设备推进、出土、注浆、盾尾密封及土体改良等系统进行全面排查,排查报告责任人签字,确保试验段掘进过程中设备的正常运转及数据的准确性。对试验段掘进参数、注浆及沉降进行综合分析,确定穿越海河掘进参数,试验段参数统计见表 4-3-28,土压力、掘进速度与沉降关系如图 4-3-62 所示。

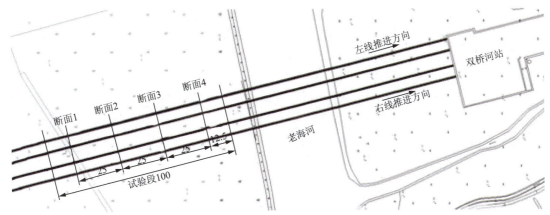

图 4-3-61　试验段监测点断面布置图(尺寸单位:m)

试验段掘进参数统计　　　　　　　　　　　　　　　　表 4-3-28

环　数	平均速度(mm/min)	土压(bar)	扭矩(%)	注浆量(m³)	轴线上点沉降值(mm)	备　注
555	30～35	0.62	22	5.2	28	断面 1
565		0.65	24	5.2	27	
574	35～40	0.72	23	5.2	32	断面 2
581		0.75	24	5.2	27	
590	40～45	0.82	26	5.2	18	断面 3
598		0.86	32	5.2	22	
607	45～50	0.85	33	5.2	21	断面 4
615		0.88	36	5.2	23	

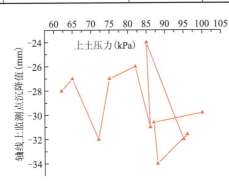 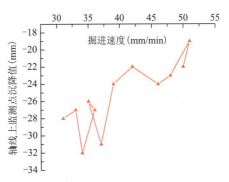

图 4-3-62　土压力、掘进速度与沉降值关系图

根据试验段掘进参数与沉降值关系,最终确定掘进、注浆等参数如下:
(1)土仓压力(上)控制在 0.6～0.8bar。
(2)掘进速度控制在 40～50mm/min。
(3)每环出土量按照 98% 理论值(48.48m³/h)控制为 47.4m³/h(2 斗满 +1 斗装 3/4)。
(4)螺旋输送机转速控制在 8～12r/min。
(5)刀盘扭矩控制在额定扭矩的 20%～30%。
(6)每环注浆量控制在理论建筑空隙的 150%～180%(4.68～5.62 m³),注浆压力 0.1～0.15MPa。

(7) 每环隔 3 环进行二次补浆，补浆采用双液浆，水泥浆（水灰比 0.8）：水玻璃（30~40°Bé）为 1:1。

2) 盾构穿越过程中控制技术

穿越过程中，对所有管理人员及作业班组进行动员，并宣布奖罚制度，要求所有作业人员严格按照指令单执行。对注浆材料及管片执行"四检制"，确保质量。具体重点工作如下：

(1) 下井前，认真核对管片型号、胶条黏接、吊装孔、螺栓孔及破损（裂缝）等。

(2) 每推完 1 环，两人对盾尾间隙进行实测，确保间隙分布较均匀。

(3) 严控管片拼装错台，管片螺栓严格执行复紧制度，确保管片挤压密实。

(4) 拼装完成千斤顶分区回收，并立即加压，达到交底要求。

(5) 穿越期间选用较试验段更优的油脂，在油脂桶上做标记刻度，每环必须达到规定值。

(6) 管片出盾尾 5 环后进行二次注浆。二次注浆从隧道的两腰开始，注浆一段时间后，将封顶块吊装孔装上阀门并打开，观察是否有浆液溢出，如有溢出，继续注 $1m^3$ 左右停止；否则继续注浆。浆液为水泥浆 + 水玻璃（30~40°Bé）双液浆（水灰比为 0.8，体积比为 1:1），注浆实施注浆压力和注浆量双控。

(7) 盾构下穿老海河过程中，选用优质泡沫对渣土进行改良，确保土压稳定及螺旋输送机正常出土，以避免喷涌发生。

(8) 穿越海河范围内使用的管片为多孔（16 孔）管片，根据监测值随时进行补浆。

盾构穿越过程中，对河堤和河底监测点沉降值与掘进参数进行统计分析，得到河堤和河底盾尾距监测点距离与沉降值的关系，曲线如图 4-3-63、图 4-3-64 所示。

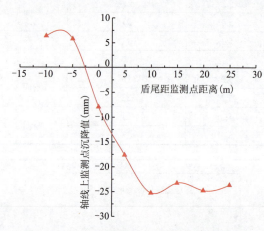

图 4-3-63　河堤盾尾距监测点距离与沉降值与关系图

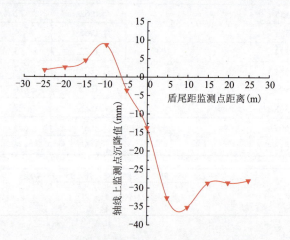

图 4-3-64　河底盾尾距监测点距离与沉降值关系图

3. 结语

土压平衡盾构机在淤泥质土地层穿越老海河河堤（底）前、过程中采取沉降措施后，通过盾尾与河堤（底）监测点距离与沉降值的关系图，得出以下结论：

(1) 通过试验段调整、优化掘进参数，盾构穿越老海河引起的最大沉降值满足设计及河道管理部门控制指标要求。

(2) 盾构穿越淤泥质土等软土地层时，掘进速度不是越慢越好，而是在注浆同步到位的前提下，掘进速度应控制在 40~50mm，这样对地层扰动较小，沉降指标可控。

(3) 淤泥质土层且开挖断面含有微承压水地层情况下，盾尾后 5 环应做好双液浆"环箍"，这样防止同步浆液流失带动地层土体引起附加变形。

(4) 淤泥质土层中盾尾未通过监测点之前，盾尾距监测点 5~10m 时，地表隆起值较明显，最大值达到 8.7mm；盾尾通过监测点之后，沉降急剧增大，盾构机通过 10m 后，沉降值基本稳定。此种沉降规律是淤泥质土地层与其他地层最大不同之处,这就要求类似地层施工必须做好管片脱出盾尾24h的二次补浆工作。

第15节 深圳地铁复杂环境长距离硬岩双护盾TBM施工技术

深圳市市政设计研究院有限公司 刘建国,徐梁
中国中铁隧道集团有限公司 刘秋雨

1. 工程概况

深圳地铁10号线是深圳地铁三期工程建设中的一条主干线,全长42km,线路地形地质条件和环境条件复杂。其中孖岭站—雅宝站区间(简称孖雅区间)穿越梅林鸡公山,隧道最大埋深232.7m,最小埋深16.7m,洞身主要为花岗岩硬岩,岩石抗压强度最大达150MPa,且隧道需下穿厦深高铁,不允许爆破。孖雅区间以硬岩为主,为解决硬岩开挖和爆破减震要求,深圳地铁首次采用2台ϕ6500mm双护盾TBM施工,掘进长度2688m,左、右线总长5376m。隧道最大纵坡为28‰,TBM上坡掘进。始发井深44m,井口尺寸为15m×25m,吊出井位于雅宝站。TBM隧道内径为5400mm、外径为6200mm,管片厚度为400mm,宽度为1500mm,每环由6块组成(3块标准、2块邻接块、1块封顶块,ABA错缝拼装形式),采用M30弯曲螺杆连接,混凝土强度等级为C50,抗渗等级为P12。

孖雅区间起于孖岭站,沿彩田路下方敷设,途经艺丰花园、彩田加油站、富国工业区,下穿梅观高速后进入鸡公山山体,沿直线向北穿越鸡公山,于南坪检查站处出山体,经溪山美地园最后止于雅宝站。孖雅区间TBM设计右线掘进里程为YDK8+359.066～YDK11+160,正线区间范围内设置施工竖井及横通道1处,风井2座,跟随变电所2座,联络通道7座,废水泵房2座;其中横通道兼作联络通道,1号风井兼作跟随所、联络通道与泵房,2号风井兼作跟随所,6号联络通道兼作泵房。TBM掘进区间线路最小曲线半径R=600m,线路纵断面为"V"形坡,最大坡度为28‰,最小线间距为13.5m,最大线间距为16m,区间正线线路隧道埋深为16.4～232.68m。孖雅区间剖面图如图4-3-65所示。

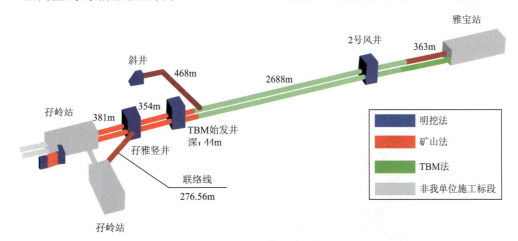

图4-3-65 孖雅区间剖面图

本区间地层从上至下主要为素填土、淤泥质黏性土、含有机质砂、粗砂、砾砂、卵石、全风化～微风化混合岩。区间隧道洞身范围穿越地层主要为微风化花岗岩,其单轴抗压强度为33～150MPa,占TBM隧道段长度95%,隧道通过断层破碎带11条,下穿厦深高铁净距为41m,上跨东深供水隧洞净距为7m。孖雅区间地质剖面图如图4-3-66所示。

图 4-3-66 孖雅区间地质剖面图

2. 工程难点及风险

（1）本隧道穿越地层主要为中风化、微风化花岗岩（平均单轴抗压强度为 95MPa，最大单轴抗压强度为 150MPa），以长距离硬岩掘进为主，采用单护盾 TBM 施工，在深圳属首次，无相关施工经验借鉴。

（2）硬岩环境下刀盘的高效破岩能力是盾构机设计的关键指标，另外进出渣口设计是 TBM 掘进效率高低的关键且影响盘体及刀具的二次磨损。

（3）隧道通过断层破碎带 11 条，断层、破碎带地层可能存在的卡刀盘、卡盾壳的风险。

（4）项目处于小转弯半径，存在 TBM 适应性问题。

（5）富水断层破碎区域，施工可能面临突涌水风险，应有相应措施。

3. TBM 选型与针对性设计

1）盾构机（TBM）选型

为提高地铁区间施工质量、确保施工安全、改善作业人员施工环境、加快施工进度，深圳地铁首次采用先进高效的全断面隧道硬岩掘进机 TBM（图 4-3-67）。

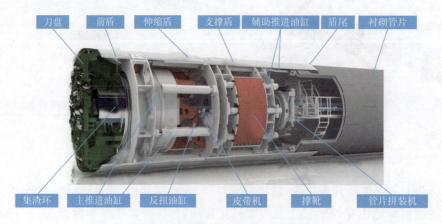

图 4-3-67 双护盾 TBM 主要机构简图

双护盾 TBM 主要用于围岩较完整的岩石隧洞，这些隧洞的围岩一般具有较好的自稳性，采用管片支护。因具有主推进油缸、辅助推进油缸以及撑靴油缸,掘进和管片拼装可以同步进行,互不干扰,理论上其掘进速度是单护盾 TBM 的 2 倍。

2)双护盾 TBM 针对性设计

(1)本工程以长距离硬岩掘进为主,采用单护盾 TBM 会导致管片滚转影响成型质量,若单护盾采用双向切削刀盘又会降低刀盘破岩能力,故采用双护盾 TBM。

(2)针对隧道穿越地层主要为中风化、微风化花岗岩(平均单轴抗压强度为 95MPa,最大单轴抗压强度为 150MPa),进行针对性设计。

①采取高强度刀盘设计

硬岩环境下刀盘的高效破岩能力是盾构机设计的关键指标。刀盘面板采用 270mm 锻造厚板,刀盘兰采用锻造 340mm 厚板;滚刀刀座机加工,焊接变形小。

②采用小刀间距设计

采用小刀间距设计,不但利于破岩,还可以有效降低刀盘振动、延长刀具使用寿命。设计 43 个刀刃,中心刀刀间距为 89mm,正滚刀刀间距为 86mm、82mm,刀盘的破岩能力大大提高。

③采用双螺旋线布刀设计

采用双螺旋线布刀设计,刀盘受力更均匀,避免较大应力集中,利于延长刀盘寿命。

④采用多进渣口设计

采用多进渣口设计,进渣口更多,刮渣更干净,有利降低周边盘体及刀具的二次磨损(数量多、径向尺寸均匀)。

(3)隧道通过断层破碎带 11 条,断层、破碎带地层可能存在卡刀盘、卡盾壳的风险。卡盾壳解决方案:

①盾壳设计为锥形,盾体采用倒锥式,刀盘相对盾体偏心 10mm,前盾顶部开挖间隙为 55mm。

②进渣口尺寸合适,防止大量破碎块涌入,堵塞或卡住皮带机。

③TBM 设计有扩挖功能,顶部开挖间隙为 115mm(通过刀盘扩挖及主驱动抬升),降低卡机风险。

④辅助推进系统设计(高低压切换功能)。辅助推进油缸设计超高压系统,满足设备在特殊地质对大推力的需要,保证能够迅速通过特殊地质地段。

⑤超前注浆孔、减摩剂注入孔、观察窗设计。超前注浆孔前盾 6 个,支撑盾 9 个,尾盾 8 个;减摩剂注入孔前盾 14 个,支撑盾 10 个;观察窗伸缩盾 4 个,尾盾 6 个。

(4)小转弯半径适应性设计:

①主机小曲线半径掘进功能及结构。

②后配套台车在行走轨弯道时的适应性。

③后配套上配备的管片吊机对轨道的适应性。

④主机皮带机、后配套皮带机在弯道时的适应性(水平和垂直)。

(5)富水断层破碎可能发生突涌水风险的应对措施:

①主机设计应聚焦激电探测系统,选择配置超前地质预报系统 TBM 搭载三维激发极化超前探测系统。

②TBM 设计超前注浆孔(预留超前钻机安装位置),超前注浆孔共计 24 个。

③提高主驱动电机防护等级。

(6)双护盾 TBM 整机主要参数:

① TBM 外径:6200mm。

②转速:0 ~ 5.27 ~ 10.92 r/min。

③主轴承直径:3280mm。

④功率:7×300=2100kW。
⑤额定扭矩:3805kN·m。
⑥脱困扭矩:5768kN·m。
⑦推进速度:120mm/min。
⑧主推最大推力:30150 kN。
⑨辅推最大推力:39913 kN。
⑩总有效撑力:2×17580 kN。
⑪出渣能力:910t/h。

4. TBM施工关键技术

1) TBM施工高强度极硬岩掘进技术

主要通过以下技术措施:

(1) 提高刀盘转速,从原来的7r/min提高至8r/min;调整总推力,在适当降低贯入度的同时提高掘进速度。

(2) 勤检查刀具,每环掘进完成或掘进过程中出现设备故障时均进仓检查刀具,发现有异常磨损立即更换。

(3) 加大喷水量,及时冷却刀具,延长刀具使用寿命。

(4) 每天对刀盘进行清理,检查螺栓紧固程度,发现松动立即紧固。

(5) 在非检修期,应当将各种使用工具、各类型刀具及各种零配件准备就绪,TBM机头一旦出现问题可立即处理,节约宝贵的掘进时间。

2) TBM施工断层掘进技术

2017年4月25日夜班,当孖雅区间右线TBM掘进至185环时,掘进速度突然加快,粉末状的渣样中夹杂着红色泥巴从皮带机输出,发现此情况后立即停机,收回1号皮带后进仓观察,从每一个刀具安装孔向掌子面撞击检查,发现除右下方软弱之外,其余部位仍是中风化花岗岩,于是仍旧采用双护盾模式,减少(或停止)加水量,匀速掘进,过程中土状渣将土仓淤塞,人工清仓后继续推进,花费了3个班共计36h,安全通过了该断层。

3) TBM施工快速掘进技术

掘进和管片拼装可以同步进行,互不干扰。施工方案考虑增加出渣斜井,后配套全部通过斜井后,在正洞与斜井交叉口安装翻渣台,即可实现斜井出渣,届时施工进度将进一步提升。孖雅区间左线TBM于2017年3月1日进场,主机3月18日进场,4月15日组装调试完成,4月16日开始步进,4月25日步进至掌子面,4月30日开始正式掘进,掘进130环后TBM主机全部通过斜井,再掘进25环,后配套全部通过斜井,在正洞与斜井交叉口安装翻渣台,实现斜井出渣,施工进度得到进一步提升。

5. 结语

根据孖雅区间双护盾TBM的施工结果,平均日进度可达到10环(15m),是普通矿山法隧道施工速度的8倍,且隧道一次成型。

孖雅区间TBM区间右线于2017年2月24日正式破岩掘进,于2017年4月12日完成第156环施工,总历时47d;平均掘进速度为3.03环/d(含停工及转班时间),在此过程中前期设备负载调试及设备故障处理8d,停工、通过斜井及二次始发消耗时间9d,正常条件下(30d)平均掘进速度为5.2环/d。在斜井投入使用后,根据统计,平均每天掘进10.5环,月进尺400m。

第 16 节　深圳地铁 5 号南延线软弱地层盾构机小净距上跨地铁 11 号线施工技术

深圳市市政设计研究院有限公司　刘建国，徐梁
中国电力建设集团有限公司　冯兴仁

1. 工程概况

1）区间概况

深圳地铁 5 号南延线前湾站—桂湾站区间（简称前桂区间）南起前湾站，北至桂湾站，左线长 907.219m，右线长 880.1m，设 1 座联络通道。区间隧道采用盾构法施工，联络通道采用矿山法施工。

盾构机沿线下穿桂湾站南端地下空间（地块连接通道），侧穿两个地块在建基坑，上跨已运营地铁 11 号线既有隧道，下穿桂庙路二期隧道及综合管沟，下穿规划桂庙渠，侧穿前海 6 号景观桥桩基，后沿听海大道向西南敷设。

前桂区间盾构隧道覆土 6.5（规划桂庙渠处）～20m（前湾站北侧端头），主要穿越地层为淤泥、有机质砂、可塑状及硬塑性状砂质黏性土，线路坡度为 2‰～29‰。

两台盾构机由桂湾站始发。右线盾构机滞后左线盾构机一个月始发，右线盾构机在左线盾构机完成地铁 11 号线上跨后再上跨地铁 11 号线，右线盾构掘进时利用左线上跨地铁 11 号线优化调整后的施工参数进行施工。

前桂区间平面图如图 4-3-68 所示。

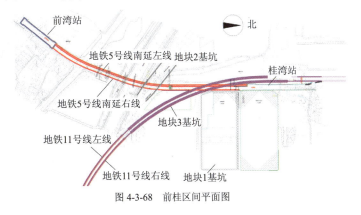

图 4-3-68　前桂区间平面图

2）上跨既有线路段概况

前桂区间上跨地铁 11 号线既有隧道平面图如图 4-3-69 所示。前桂区间左右线分别与地铁 11 号线左右线既有隧道斜交，轴线相交角度 11°～19°。前桂区间上跨地铁 11 号线既有隧道位置及范围见表 4-3-29。前桂区间左线和地铁 11 号线右线跨越长度为 68.1 m，竖向最小净距为 2.16 m。

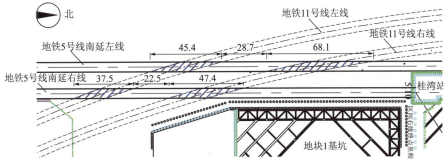

图 4-3-69　前桂区间上跨地铁 11 号线既有隧道平面图（尺寸单位：m）

前桂区间上跨地铁 11 号线既有隧道位置及范围　　　　　　表 4-3-29

线路	上跨地铁 11 号线	跨越长度(m)	管片范围(环序号)	环　数	结构净距
左线	右线	68.1	44～89	46 环	最小净距约 2.05m
左线	左线	45.4	108～139	32 环	净距约 4m
右线	右线	47.4	74～106	33 环	净距约 3.86m
右线	左线	37.5	121～146	26 环	净距约 2.16m

3）工程地质

线路经过的场地主要分布地层包括第四系全新统人工填堆填层、海陆交互相沉积层、晚更新世冲洪积层、残积层下伏加里东期混合花岗岩。

区间左线上跨段范围地层从上往下分别是：素填土（块石）、淤泥、砂层、黏土、砂质黏性土、混合花岗岩，其中砂层、黏性土局部呈透镜状分布，盾构隧道范围内地层主要为淤泥层和砂质黏性土，围岩等级为 VI 级。

区间右线上跨段范围地层从上往下分别是：素填土（块石）、淤泥、砂层、砂质黏性土、混合花岗岩，其中砂层局部分布，盾构隧道范围内地层主要为淤泥层和砂质黏性土，围岩等级为 VI 级。

上跨段地下水位高度为 −3.42～4.2m，地面高程约 6.0m，左线隧道中心高程为 −15.973（前湾站）～−7.17m（桂湾站），右线隧道中心高程为 −15.973（前湾站）～−6.158m（桂湾站）。地下水主要受地形、地貌控制，地下水径流总体上由北东向南西方向往前海湾排泄，垂直方向主要为大气蒸发排泄。

4）上跨既有线段周边项目情况

项目所处地深圳市前海深港现代服务业合作区现正处于密集开发期，前桂区间上跨地铁 11 号线区域附近有多个工程项目，增加了施工难度。

（1）某两地块地下联络通道

前桂区间隧道顶距地下联络通道结构底板 1.05～1.5m。地下联络通道围护结构为旋挖桩 $\phi1000mm@1300mm$ + 桩间 $\phi700mm@1300mm$ 双管高压旋喷桩止水，第一道支撑为 800mm×800mm 混凝土支撑。盾构下穿时，该段结构已完成。

（2）地块 1 基坑

地块 1 位于盾构始发段，长约 164m，基坑围护结构与盾构隧道最小净距为 1.0m。地块 1 基坑地下室主体结构已施工完成，地下部分土方已回填，盾构侧穿时地面以上主体施工正在施工。

（3）综合管沟

区间左线与综合管沟相距约 13.7m，水平距离约 11.7m，高差约 4.7m。上跨地铁 11 号线段附近的综合管沟结构已施工完成，顶板已回填。

（4）地块 2 基坑

地块 2 基坑深于隧道埋深，与前桂区间左线相距约 25m。

（5）地块 3 基坑

盾构机完成地铁 11 号线上跨后即进入侧穿地块 3 基坑段，侧穿长度约 114m。右线盾构隧道距离地块 3 块基坑围护结构最小净距为 1.74m。盾构侧穿时，地块 3 基坑地下室结构已基本施工完成。

2. 工程难点与风险

（1）盾构施工关联项目多，有桂湾站段地下空间、卓越地产、地铁 11 号线、综合管沟、冠泽地产、弘毅地产、桂庙路二期隧道、6 号桥、桂庙渠、前湾一路、听海大道，其中小角度、小间距、长距离上跨地铁 11 号线是盾构施工的重点和难点，尤其是地铁 11 号线运营速度达 120km/h，对变形要求高。

（2）前桂区间与关联建（构）筑物相互空间关系复杂，与地下空间结构横向最小净距为 1.0m，竖向最小净距为 1.3m。

（3）隧道底地层条件复杂，为可塑～硬塑砂质黏性土和淤泥，隧道顶以上以淤泥为主，局部为块石和碎石，隧道侧壁以淤泥及黏性土为主。地下水埋深较浅，主要为孔隙潜水，桂庙渠水和前海湾海水是主要补给来源，稳定地下水高程为 -1.16～4.26m。

3. 关键施工技术

1）地质补勘

盾构施工前，对前桂区间盾构隧道范围进行补勘，查明并核对线路纵断面地质条件、地下水情况、孤石或大块石分布情况。根据地质补勘结果显示，补勘区域地层有厚层淤泥分布，无地下空穴、孤石等，地下水稳定水位埋深为 2.5～3.8m，水位高程为 -1.08～3.81m，水位变幅为 1.0～2.0m。所布设补充探勘孔均采用细石混凝土和黏性土封堵密实。

2）土体加固

盾构施工前，对设计线路上跨既有地铁 11 号线部分的土体进行加固。加固内容包括区间土体加固、补充加固、袖阀管注浆加固等。

（1）区间土体加固

淤泥层采用 ϕ600mm@450mm 双重管高压旋喷咬合桩加固，前桂区间土体加固平面图如图 4-3-70 所示。旋喷桩采用格栅式布置，在单线隧道范围内土体和双线夹持土体中的布置方式分别如图 4-3-71a）、b）所示，区间加固典型横断面图如图 4-3-72 所示。单线隧道范围内加固土体包括单线隧道两侧 3m 范围内的土体。在上跨 11 号线的区域，旋喷桩孔底高程与既有隧道净距最小保持 1m。

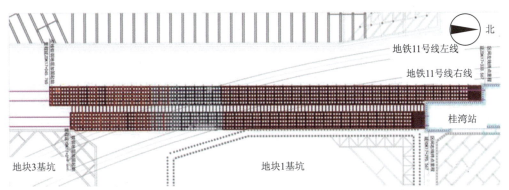

图 4-3-70 前桂区间土体加固平面图

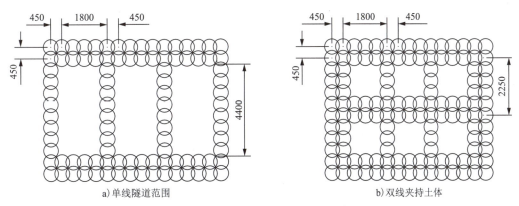

图 4-3-71 旋喷桩格栅式加固布置大样图（尺寸单位：mm）

旋喷桩所采用的混凝土采用 42.5 级普通硅酸盐水泥制备，水灰比为 1:1～1:1.5，要求 28d 无侧限抗压强度 $q_u \geqslant 1.0$MPa，渗透系数小于 10^{-6}cm/s，每米水泥用量不小于 200kg，浆液喷射压力为 25～30MPa，气流压力不小于 0.7MPa，提升速度不大于 10～25cm/min。透水层需复喷，复喷提升速度为 100cm/min。

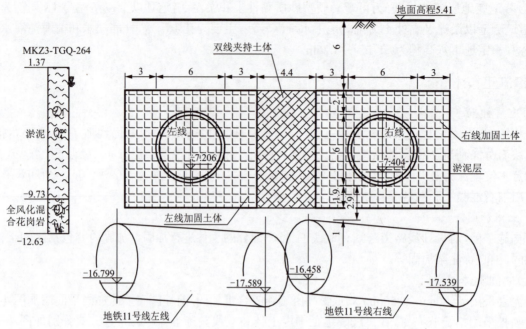

图 4-3-72 区间加固典型横断面图（尺寸单位：m）

（2）补充加固

在区间土体加固的基础上，对某些部位补充加固（图 4-3-73），包括：

①隧道拱腰位置的加固方式由沿线路方向的 2 排旋喷桩增加至 3 排（靠近隧道内增设 1 排），将加固土体的抗力区扩大，增加的 1 排旋喷桩加固深度至隧道底高程。

②对全断面位于淤泥层的隧道段，加固范围扩大至隧道外侧 4.95m、内侧 3.6m。外侧采用格栅状加固，内侧增设 1 排旋喷桩。全断面位于淤泥地层的隧道新增加固范围内的旋喷桩加固深度与同里程段的加固深度相同。

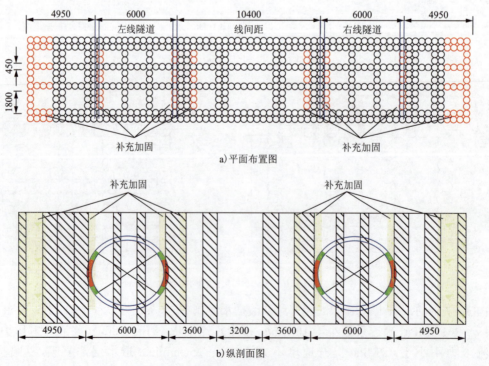

图 4-3-73 补充加固示意图（尺寸单位：mm）

补充加固所采用的混凝土水灰比为 1∶1～1∶1.5,采用 32.5R 级普通硅酸盐水泥制备,要求 28d 无侧限抗压强度 $q_u \geqslant 1.0$MPa、渗透系数小于 10^{-6}cm/s,每米水泥用量不小于 200kg,浆液喷射压力为 25～30MPa,气流压力不小于 0.7MPa,提升速度不大于 10～25cm/min。透水层需复喷,复喷提升速度为 100cm/min。

(3)袖阀管注浆加固

上跨地铁 11 号线部分原设计在地铁 11 号线隧道内设置临时支撑,并预先在地铁 11 号线洞内对上跨部分旋喷桩未加固的夹持土体进行注浆加固。但由于地铁 11 号线已正式运营,洞内无法实施临时支撑及洞内加固,故将地铁 11 号线既有隧道的加固方案修改为从地面打设袖阀管对地铁 11 号线隧道外 1m 范围内淤泥或液化砂土层进行注浆加固。

袖阀管注浆加固平面图和剖面图分别如图 4-3-74 和图 4-3-75 所示。袖阀管采用 PVC 管材,间距为 1.5m×1.5m,梅花形布置,打设深度控制在 11 号线隧道结构外侧 0.5m,注浆材料为 1∶1 水泥浆,注浆压力控制在高于周边水压力 0.3～0.4MPa,采用多次反复注浆工艺,注浆填充率不大于 0.3。

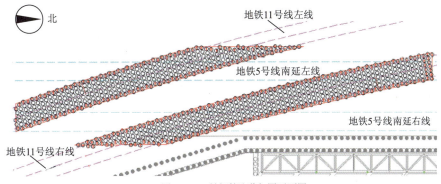

图 4-3-74 袖阀管注浆加固平面图

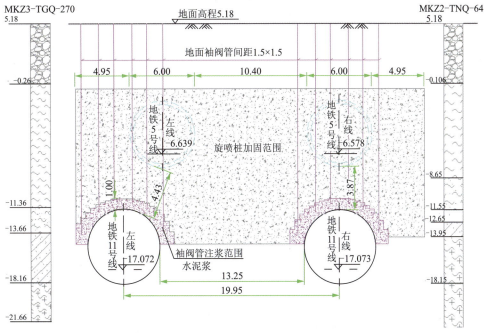

图 4-3-75 袖阀管注浆加固剖面图(尺寸单位:m)

(4)加固成果检测

加固施工完成后,对加固成果进行检查。旋喷桩钻芯检测 109 根桩,共采制 327 个芯样试件,按要求进行抗压试验,结果显示芯样平均强度为 1.0～10.6MPa,符合设计要求 28d 无侧限抗压强度

$q_u \geqslant 1.0\mathrm{MPa}$ 的要求。采用地质钻机对 5 个孔位完成袖阀管注浆钻孔取芯,芯样揭示加固区地层完整、密实、均匀,芯样试件抗压试验的平均强度大于 1.0MPa,符合设计要求。

4. 盾构施工过程控制技术

1) 分阶段施工安排

上跨地铁 11 号线范围划分为 5 个阶段,5 个阶段对应范围分别是预警段—上跨段—调整段—上跨段—警戒逐渐消除段(图 4-3-76),每个阶段盾构施工要求不同。

将预警段作为试验段,试验段应采集各种数据和技术参数,并进行工况分析,总结优化掘进参数,获认可后开始上跨段掘进施工。

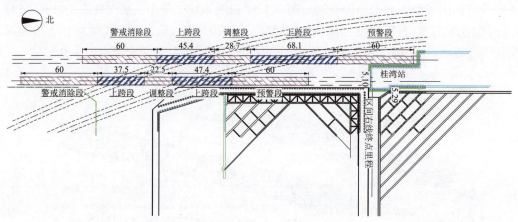

图 4-3-76 前桂区间上跨段分区平面图(尺寸单位:m)

2) 预警段掘进与参数调整

预警段也是盾构掘进的试验段。预警段掘进时,按照设定的土仓压力、掘进速度、总推力、刀盘转速、出土量、同步注浆量、注浆压力、浆液稠度、二次注浆压力和注浆量等施工参数,结合地面监测的沉降大小对参数进行合理的调整,最后得出盾构上跨地铁 11 号线的施工参数。

3) 过程控制措施

根据上跨地铁 11 号线的工程地质条件,采用土压平衡模式掘进。掘进过程中保持土仓压力与作业面水土压力的动态平衡,同时利用螺旋输送机进行与盾构掘进量相应的排土作业,维持开挖土量与排土量的平衡。

针对上跨地铁 11 号线区域的盾构施工,采用下列几方面措施确保施工匀速、连续、均衡。

(1) 掘进控制

严格控制盾构机轴线与盾构机纠偏幅度,避免轴线控制引起的超挖现象。单环轴线纠偏幅度控制在 5mm 之内;针对曲线段超挖,通过加大盾构机铰接装置的使用力度,预先计算好曲线偏转量,控制曲线超挖和曲线掘进扰动,以利于沉降控制。然后根据每环的测量结果和管片四周间隙情况,及时调整各区千斤顶的伸长量并为盾构机下一环的掘进提供精确依据。

(2) 管片拼装

管片拼装按照先下后上、左右交错、纵向插入、封顶成环的工艺进行。管片拼装过程中确保盾构机不后退、不变坡、不变向,确保相邻两块管片接头的环面平正、内弧面平正、纵缝的管片端面密贴。管片拼装完成后及时复紧螺栓。在盾构掘进完成后,对管片拼装位置工作面进行清理检查,杜绝有颗粒性的杂物遗留在工作面内。

(3) 土体改良

盾构穿越地层主要为淤泥地层、硬塑黏土、砂性黏土地层、局部砂层。盾构机在硬塑黏性土中掘进可能出现"结泥饼"现象导致出土不畅,而在砂层掘进时,可能出现喷涌现象。在施工过程中,根据不同的土质条件,综合采用泡沫改良、膨润土改良和高分子聚合物改良等方法对渣土进行改良,保证土体流动性并减少土体透水性,有效防止了结泥饼和喷涌现象的发生。

(4)盾尾密封

在上跨地铁 11 号线的区域,盾尾密封油脂的注入量由正常段的 20kg/环增加至 50kg/环,以确保盾尾密封良好。控制油脂的注入时间与注入压力,保证连续不间断注入。如发生漏浆现象,暂停掘进,连续泵送盾尾油脂直到不再漏浆后方可连续掘进。若在掘进施工中发生漏浆现象,且暂时无法阻止,则采用海绵条实施应急封堵。此外,管片拼装时要保证施工质量,防止管片拼装变形和管片错台,形成渗漏通道。

(5)同步注浆与补浆措施

同步注浆按"掘进、注浆同步,不注浆、不掘进"原则施工,对注浆压力和注浆量进行双控,具体注浆参数通过地面沉降信息反馈来确定。同步注浆采用单液浆,每环注浆量约为 $6m^3$,同时适当提高同步注浆压力,控制在 0.25MPa 左右(同步注浆注浆压力应大于开挖面的土压力,一般控制在 1.5~1.8 倍的静止土压力范围),浆液初凝时间控制在 6h。注入操作严格按照操作规程,保证注浆设备工作正常。

采用注浆泵对脱出盾尾 3~5 环的管片进行二次补浆。二次补浆设备置在盾构机连接桥位置,对脱出盾尾的管片吊装孔二次注浆。当盾尾脱出位置单次沉降超过 1.5mm 以上或盾尾发生渗漏现象,还需对盾尾后部 5~10 环位置进行二次注浆。二次注浆采用 1:1 水泥—水玻璃双液浆,设计初凝时间为 15s。

根据地面和隧道监测反馈,及时跟踪注浆,跟踪注浆位置选取在变形位置附近,由两侧开始向中间补充注入,注浆压力控制在 0.4MPa 之内。跟踪注浆坚持平稳、持续的注入原则,以地面沉降监测为指导,持续控制沉降,注浆压力逐步提升,先低后高、平稳注入。

(6)上跨段钢花管注浆加固夹持土体

盾构施工后,采取洞内钢花管注浆加固两隧道间夹持土体(图 4-3-77),以减小隧道间的相互影响。每环管片增设 3 根注浆管,管片预制时预埋注浆孔,注浆管选用 $\phi42mm \times 3.5mm$ 钢花管,单根长 3m,初拟注浆压力为 0.15~0.3MPa。加强注浆长度共计 200m。

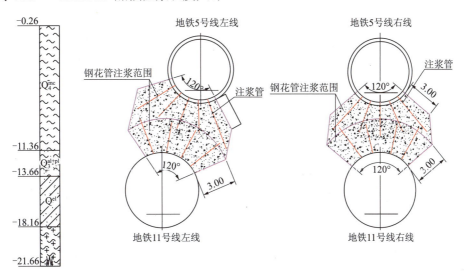

图 4-3-77　上跨段钢花管注浆加固示意图(尺寸单位:m)

(7)施工监测

为监测盾构施工引起地铁 11 号线既有隧道的位移和变形,在地铁 11 号线沿线布置了自动化监测点。在隧道重叠区域,每隔 5m 布置一个自动化监测断面。在每个监测断面上有 5 个位移监测点,分别监测该位置的沉降、沿隧道轴向的位移和垂直隧道轴向的位移。

根据前桂区间左线盾构完成情况,对前桂区间盾构施工对地铁11号线既有隧道的影响进行初步评价。图4-3-78～图4-3-80分别为前桂区间左线盾构施工完成时地铁11号线沿线累积沉降、沿隧道轴向的位移和垂直隧道轴向的位移沿隧道轴向的分布图。图中沉降以上升为正,沿轴向的位移以向小里程方向为正,垂直轴向的位移则以远离地块1基坑为正。根据图4-3-78监测结果,由于上部前桂区间隧道开挖的卸载效应,地铁11号线双线隧道在大部分区域以上浮为主,上浮最大值出现在隧道重叠区域。图4-3-79和图4-3-80中,由于所研究区域工程项目众多,施工影响复杂,地铁11号线双线隧道沿轴向和垂直轴向的位移并未呈现出明显规律。前桂区间左线盾构施工引起地铁11号线双线隧道最大和最小位移见表4-3-30。前桂区间左线盾构施工过程中,地铁11号线双线隧道所产生的最大位移为5.0mm,满足现行国家标准的要求。

前桂区间左线盾构施工引起地铁11号线双线隧道最大和最小位移　　　表4-3-30

线　路	项　目	沉降(mm)	沿轴向位移(mm)	垂直轴向位移(mm)
左线	最大值	+3.3	+1.7	+2.5
左线	最小值	-3.5	-1.8	-5.0
右线	最大值	+3.4	+2.4	+3.9
右线	最小值	-3.0	-2.5	-4.0

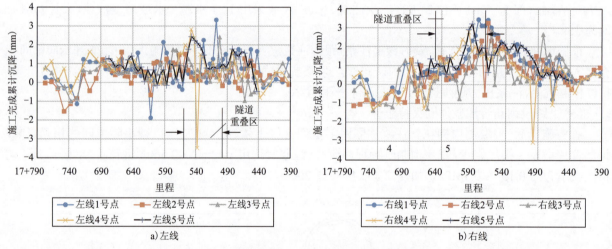

图4-3-78　实测前桂区间左线施工完成时地铁11号线沉降

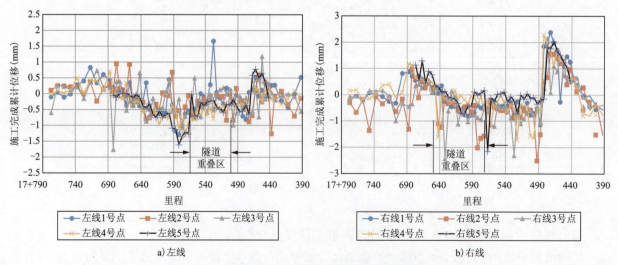

图4-3-79　实测前桂区间左线施工完成时地铁11号线轴向位移

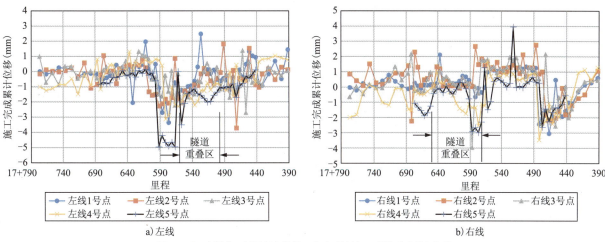

图 4-3-80　实测前—桂区间左线施工完成时地铁 11 号线垂直轴向位移

5. 结语

（1）地质条件复杂区域重叠隧道施工是城市轨道交通工程的一个难点。本工程为确保地铁 11 号线既有隧道不发生超量变形或者破坏，施工前采取了地质补勘、区间土体加固、补充加固、袖阀管注浆加固等施工准备措施。

（2）前桂区间盾构掘进过程中综合采用了分段施工和参数调整、严格控制盾构掘进和管片拼装质量、改良土体、同步注浆和补浆、在隧道重叠段进行钢花管注浆等措施，进一步降低了盾构施工对地铁 11 号线既有隧道的影响。

第 17 节　青岛地铁海域段盾构机地下对接洞内解体施工技术

中建交通建设集团有限公司　韩维畴，张洪涛，孙富强

1. 引言

单条隧道因为线路长、工期紧、下穿江河湖海、地面无条件设置竖井等原因而采取 2 台盾构机相向推进、地下对接、弃壳解体的技术成为一个新的发展趋势。该技术在国外应用的案例较少，国内广深港客运专线狮子洋隧道泥水平衡盾构机首次采用该项技术，青岛地铁 8 号线工程市民健身中心站—2 号风井区间为国内地铁领域首次采用 4 台土压盾构机地下对接、洞内弃壳解体的项目。

青岛地铁 8 号线工程市民健身中心站—2 号风井区间位于胶州湾海域内，全长约 3.2km，中间设有 1 号风井一座，连续下穿 19 座海参养殖池。该区段共投入 4 台盾构机，原方案 2 台盾构机自市民健身中心站始发，掘进至 1 号风井解体吊出；另外 2 台盾构机自 2 号风井分体始发，掘进至 1 号风井解体吊出。在方案实施的过程中，为满足胶州新机场配套交通开通时间要求，加之施工过程中地质变化、地表海参养殖池等对洞通时间的影响，方案调整为自市民健身中心站始发的 2 台盾构机过 1 号风井继续掘进与 2 号风井始发的 2 台盾构机在微风化安山岩地层进行地下对接、洞内弃壳解体吊出，后施作二次砌衬结构。

1) 国内外盾构机地中对接应用案例

目前国际上盾构机相向掘进对接施工分为直接式地下对接和辅助式地下对接两种形式。

直接式地下对接也称为机械式地下对接，即直接利用盾构机特殊设计的刀盘回退机构、护罩装置等在两个刀盘较接近时直接利用机械机构封闭或者辅助一定的注浆、冻结等工法完成封闭的方法。该方法从大的方面分为三大类：刀盘后退方式、护罩推送方式、贯入环方式。

辅助式地下对接也称为土木地下对接,即盾构掘进一定距离后,采用辅助土木方法(如地层加固、冻结法等)形成稳定的对接区域,最终实现对接的方法。

直接式地下对接法需要对盾构机进行针对性特殊设计,对设备的要求较高,同时这种直接机械密封的方式对对接精度要求也比较高,目前国内还未有应用的工程。辅助式地下对接根据地表环境、地质特点可以采取注浆法、高压旋喷法、冻结法等辅助工法,应用范围广,对对接精度要求不是很高,满足成型隧道设计要求即可,代表性应用案例见表4-3-31。

代表性应用案例　　　　　　　　　　表4-3-31

序号	项目名称	盾构机直径(mm)	盾构机类型	对接方法	加固形式
1	日本东京湾横断公路隧道	14140	泥水平衡盾构机	辅助式地下对接(对接距离约为30cm)	冷冻法加固
2	丹麦司多贝尔特大海峡隧道	8752	土压平衡盾构机	辅助式地下对接	钢筋混凝土墙
3	中国狮子洋铁路隧道	11180	泥水平衡盾构机	辅助式地下对接	盾构超前注浆加固

2)本工程盾构机地下对接方式选择

根据国内外地下对接技术和经验,结合青岛地铁8号线地质水文情况,最终确定采用辅助式地下对接方式,对接点选取微风化安山岩中,地层较稳定,原则上无须额外采取地层加固措施,若对接段遇破碎带等不良地质,则采用洞内超前注浆加固土体措施。

2. 工程概况

青岛地铁8号线工程市民健身站—2号风井,区间包含5座联络通道和1座风井(1号风井)。该区间对接段为1号风井—2号风井区间,长1.89km,全部位于胶州湾海域内,线路上方为连续养殖池,到达区间终点2号风井,区间平面图如图4-3-81所示。管片外径6700mm、内径6000mm,环宽1500mm。

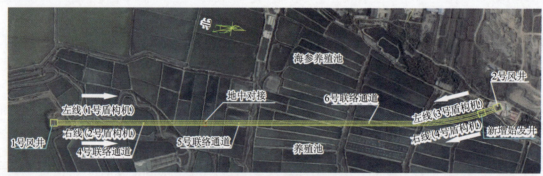

图4-3-81　区间平面图

该区间左右线共4台盾构机在海参养殖池下对接。具体为3号、4号盾构机自2号风井始发,向1号风井掘进。

1)周边环境条件

1号风井—2号风井区间主要穿越19座连续海参养殖池,池深1.5~2m,水位随胶州湾水域潮汐起伏,海参对环境扰动敏感,地层含多个破碎断裂带,地下水与地表池水存在水力联系,掘进过程中易造成池水扰动、污染,发生养殖户信访索赔事件。除此之外,区间无交通影响,无其他管线分布,如图4-3-82所示。

2)工程地质及水文地质条件

(1)工程地质概况

整个区间穿越强风化安山岩、微风化凝灰岩和微风化安山岩三种典型地层,受地面环境制约,地质探孔间距50~60m,无法准确揭示地质情况,地层不确定性较大。微风化凝灰岩地勘显示单轴抗压强度为27~51MPa,经现场

图4-3-82　地表周边环境

取芯检测实际强度 40.1～116.5MPa。微风化安山岩地勘显示单轴抗压强度最大为 134.0MPa，经现场取芯检测，最高强度达 185MPa。区间左线地质剖面图如图 4-3-83 所示。该区间地质复杂多变，软硬不均，整体呈现高强度硬岩夹杂局部软弱破碎体，掘进时刀盘扭矩波动幅度大，刀具受冲击荷载严重，换刀频率高；地层夹杂多个地质构造断裂带，局部岩体破碎，开仓过程中发现孤石、空洞等不良地质；该区段基岩裂隙水丰富，掘进时喷涌严重，掘进后管片易上浮；裂隙与地表海参养殖池存在水力联系，掘进时易造成池水污染，易产生经济民事纠纷。为保证施工安全，选取地层稳定性好的全断面微风化安山岩处进行地下对接。

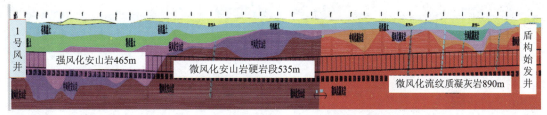

图 4-3-83　区间左线地质剖面图

（2）水文地质条件

①场地水文地质条件

场区内地下水可划分为两大类：第四系孔隙水、基岩裂隙水。各类基本特征如下：

第四系孔隙水补给来源主要为大气降水、河流、海水地表水。沿地形坡向和地下水水位线，从高到低径流，一般情况下，以天然蒸发、侧向径流以及人工开采的形式排泄。

基岩裂隙水主要接受大气降水和上部第四系孔隙水的下渗补给，地下水径流方向总体沿地层风化线由高到低。受裂隙发育程度的影响，径流量一般较小，排泄方式主要为天然蒸发和向下游径流及人工开采。

②地下水位

该区间地下水类型主要为第四系孔隙潜水及基岩裂隙水。第四系孔隙潜水富水性较好，隧道掘进过程中需注意防止隧道与第四系孔隙水的连通。该段基岩裂隙水主要位于全～中风化安山岩中，富水性好、透水性强，为承压水，水头近 6～8m，水量较大，隧道掘进过程中易造成螺旋输送机喷涌现象。

3. 地下对接施工工艺技术

1）盾构机地下对接工艺流程

（1）对接工艺流程图

盾构机地下对接流程如图 4-3-84 所示。

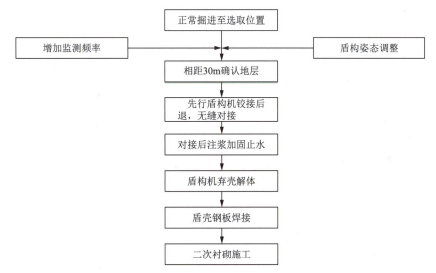

图 4-3-84　盾构机地下对接流程图

(2) 对接工艺流程

①选取对接位置（图 4-3-85），盾构机相距 30m 时，调整盾构姿态，保证盾构机对接精度，同时严格控制盾构掘进参数。

②先行盾构到达对接位置后，通过铰接收缩，盾体后退，同时拆除刀具。后行盾构机对接掘进，保证刀盘无缝对接（图 4-3-86），减少对接段开挖工作量。

图 4-3-85　选取对接位置

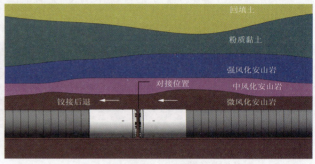

图 4-3-86　刀盘无缝对接

③两台盾构机对接完成后，进行管片以及盾体注浆包裹（图 4-3-87），阻隔地下水，为盾体弃壳解体提供作业条件。

④盾构机弃壳解体完成后，采用 10mm 钢板与盾体焊接（图 4-3-88），形成封闭环。

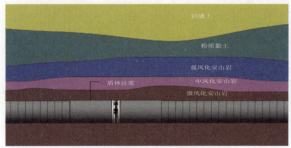

图 4-3-87　盾体注浆包裹

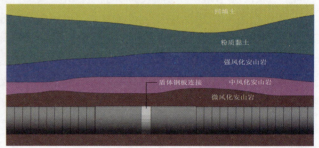

图 4-3-88　钢板与盾体焊接

⑤盾壳内防水施工，钢筋绑扎。

⑥对接段二次衬砌浇筑。

2）对接位置选取方案

(1) 对接位置选取依据

由于采用的是对接洞内拆解，隧道内部空间有限，解体工期较长，对接位置需满足地层稳定性好，透水性弱的要求。根据地勘报告及现场实际掘进情况，对接位置选取依据如下：

①对拟对接段地质进行补勘，探明岩石强度、稳定性及地下水情况。

②受地面环境制约，地质补勘受限，地层揭示不详，对接位置优先选取原地质勘探孔临近位置。

③对接位置应避开断裂带等透水性大、稳定性差的区域一定的距离，便于进行监测。

(2) 对接位置选取

结合本工程 4 台盾构掘进进度，选取全断面微风化安山岩段进行地下对接。该对接区域夹杂一处断裂带，考虑微风化安山岩地层软硬不均，刀具磨损量大，需频繁开仓检查刀具，施工效率低的情况，在断裂带两侧距离 50m 处各选取一处对接点，即位置一对应环号为 390 环、位置二对应环号为 460 环。最终根据各台盾构机的实际掘进进度情况，在两者相距 150m 左右时进行最终确定，如图 4-3-89 所示。

①对接位置一

该位置隧道拱顶埋深 16.6m，岩体结构为块状～整体状结构，岩石较为完整，岩石单轴饱和抗压强度为 31～134MPa，透水性弱，上部为中风化安山岩，原则上无须采用地层加固措施，经注浆止水后，可满足长时间停机要求。

②对接位置二

该位置隧道拱顶埋深18.2m,岩体结构为块状～整体状结构,节理裂隙稍发育,岩石单轴饱和抗压强度为30.7～122.8MPa,透水性弱,上部为中风化安山岩,原则上无须采用地层加固措施,经注浆止水后,可满足长时间停机要求。

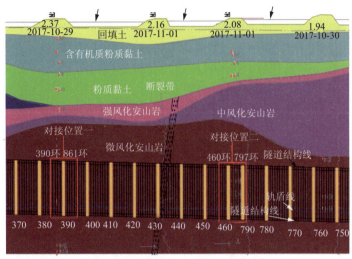

图4-3-89 地下对接位置选取示意图

3)对接前施工准备工作

在盾构机进行地下对接前要做好对接准备和设备检查工作。准备工作内容如下:

（1）对接前增加对盾构机和隧道的测量频率,复核测量控制网。

（2）检查导向系统的精度和工作状态。

（3）检查盾构机的工作状态,确保盾构机正常运转。

（4）准备盾构机洞内拆解的工具和材料。

（5）在距离交接面200m、100m、30m处,单条隧道两台盾构机应加强联系,并进行贯通前测量,同时加强盾构姿态的测量,确保顺利贯通。

4)对接段施工测量与监测

（1）盾构机的掘进测量

为保证最终顺利对接,在隧道施工前要把市民健身中心站—2号风井地面附近控制点联测到一个控制网内,然后通过联系测量分别引入市民健身中心站隧道内和2号风井隧道内,再用隧道内的控制点准确测量盾构机的三维位置。通过始发、进洞150m、进洞300m、进洞600m、进洞1100m联系测量来对隧道内的控制点进行纠偏改正。由联系测量得到的竖井下的控制点进行隧道中线定位和盾构机安装时所需要的测量控制点,测设值和设计值较差应小于3mm。中线至少定出两点,洞内中线点应设在不易松动的地方。测点的间隔一般为30m,向前移设测点时,对后方的几个点进行复测后再决定新的位置。盾构掘进要适时姿态测量,盾构到达对接前200m应提高人工测量频率。为保证最终顺利对接,盾构姿态测量误差技术要求见表4-3-32。最终对接时,两台盾构机相对轴线偏差控制±20mm以内。

盾构姿态测量误差技术要求　　　　　　　　表4-3-32

测量项目	测量误差	测量项目	测量误差
平面偏离值(mm)	±5	横向偏转角(°)	±3
高程偏离值(mm)	±5	切口里程(mm)	±10
纵向坡度(‰)	1		

(2) 衬砌环片的测量

定期对已拼衬砌环片中心偏差、环的椭圆度和环的姿态进行测量。衬砌环片一般每次测量不少于4环,测量时每环都应测量,并测定待测环的前端面。相邻衬砌环片测量时重合测定2～3环环片。

(3) 地面沉降监测

主要监测盾构掘进过程引起的地表变形情况,监测方法是在地表埋设测点。具体为纵向地表测点沿盾构机推进轴线设置,测点间距为5m,始发及接收段测点间距可适当加密;在地层或周边环境复杂地段布置横向监测断面。如遇管线监测点重合的地表监测点可合并设置,主监测断面接收及始发洞门处设置一个,在每个联络通道处应设置一个主测断面,剩余主测断面距离均为30m。因盾构下穿范围内为海参养殖池,不具备按设计图纸布置地面监测点条件,且根据调查周边无建筑物,根据实际情况局部微调,在海参养殖池围堰处布设地面监测点,同时加强洞内监测、巡查以及过程控制保证施工安全。

5) 对接段掘进参数控制

(1) 对接段掘进参数控制要点

根据详勘资料,盾构机对接区域微风化安山岩地层主要为两种类型,分别为块状～整体状微风化安山岩与碎裂状微风化安山岩。

盾构机在块状～整体状微风化安山岩地层中掘进时,滚刀刀圈在滚切岩石过程中,岩石强度较高,刀圈受力较大,特别是中心双刃滚刀受力比较集中,刀圈表面易掉落整块的碎片,造成刀圈脱落。通常减少总推力,保持刀盘高转速、低贯入度掘进。总推力控制在5000～8000kN,刀盘转速一般控制在1.8～2.1r/min,掘进速度控制在5～8mm/min。

盾构机在碎裂状微风化安山岩等软硬不均地层中掘进时,滚刀不易实现纯滚动,造成滚刀时转时不转现象,容易发生刀圈冲击,使刀圈断裂。通常保持刀盘低转速、低贯入度掘进,刀盘转速一般控制在1.3～1.5r/min,掘进速度控制在5～8mm/min。

(2) 对接段盾构参数控制

①盾构机操作手应根据盾构机里程数据判定是否到达指定掘进结束位置。当两台盾构机刀盘距离30m时,掘进速度减至10mm/min以下,刀盘转速控制在1.5r/min,土仓压力降低至0.6bar以下,掘进推力控制在10000kN以内。此段施工应侧重调整盾构姿态,使盾构机的掘进方向尽量与原设计轴线方向一致,掘进时的轴线控制精度应达到±20mm,确保两台盾构机对接时位于同一轴线。

②盾构掘进至刀盘相距3m时,先行盾构机停止掘进并进行注浆止水工作,另一台盾构机继续掘进,掘进时刀盘转速控制在1.2r/min,掘进速度减至5mm/min以下,尽量排空土仓以减少后续人工出渣量,当两台盾构机刀盘临近贴合时停止掘进,随后进行开仓确认最终对接情况,主要观测刀盘前方地层稳定性及地下水渗流情况。开仓前如土仓内水位变化较大,则应先进行双液浆注浆止水,隔断后方来水,待仓内水位稳定后再开仓进行拆解工作。

6) 对接段姿态调整及纠偏

本工程对接段主要地层为全断面微风化安山岩,硬岩地层掘进盾构姿态不易调整,过程中应增加测量频率,提前控制好掘进姿态,保证掘进线路不能有较大的偏差,如果有偏差,则要提前进行纠偏保证盾构机顺利对接。本工程采用SLS-T掘进自动导向系统和人工测量辅助进行盾构姿态监测。

(1) 姿态调整

通过分区操作推进油缸来调整盾构姿态,纠正偏差,使盾构机的方向控制满足要求(规范要求-50～+50mm,为保证对接精度,对接姿态控制要求-20～+20mm)。

(2) 滚动纠偏

当滚动超限时,盾构机会自动报警,此时应采用盾构机刀盘反转的方法纠正滚动偏差。允许的滚动偏差应小于1.5°,当超过1.5°时,盾构机报警,提示操作人员必须切换刀盘旋转方向,进行反转纠偏。

(3)竖直方向纠偏

控制盾构机方向的主要因素是推进油缸的单侧推力。当盾构机出现下俯时,可加大下侧推进油缸的推力来进行纠偏;当盾构机出现上仰时,可加大上侧推进油缸的推力来进行纠偏。

(4)水平方向纠偏

与竖直方向纠偏的原理一样,左偏时应加大左侧推进油缸的推进压力,右偏时应加大右侧推进油缸的推进压力。

7)纠偏注意事项

(1)在切换刀盘转动方向时,应保留适当的时间间隔,推进油缸油压的调整不宜过快、过大,切换速度过快可能造成驱动齿轮损坏。

(2)根据掌子面地层情况应及时调整掘进参数,调整掘进方向时应设置警戒值与限制值。严格执行"预警报告、超限停机"的控制程序。

(3)蛇形运动的修正应以长距离慢慢修正为原则,如修正过急,则蛇形运动反而更加明显,每环纠偏量不得大于 5mm。在直线推进的情况下,应选取盾构机当前所在位置点与设计线上远方的一点作一直线,然后再以这条线为新的基准进行线性管理。在曲线推进的情况下,应使用使盾构机当前所在位置点与远方点的连线与设计曲线相切。

(4)正确进行管片选型,确保拼装质量与精度,使管片端面尽可能与计划的掘进方向垂直。

(5)严格控制纠偏力度,防止盾构机发生卡壳现象。

(6)盾构机对接时方向控制极其重要,应按照对接掘进的有关技术要求,做好测量定位工作。

8)盾构机铰接收缩、盾体后退

为保证两台盾构机无缝对接,减少后续对接段开挖工作量,需对现行盾构机进行铰接收缩实现盾构机后退,同时拆除盾构机刀具。

土仓内注入高黏度膨润土保压,同时保证后续盾体注浆加固止水质量,防止浆液窜入土仓内。打开盾构机铰接千斤顶液压锁,同时将高黏度膨润土填充至土仓内,利用仓内压力以及主动铰接使前盾后退。

9)盾构机对接后注浆

(1)管片壁后补充注浆

为防止拆机过程中,成型隧道管片出现上浮、错台引起的渗漏水等情况,拆机前,提前将盾尾后方连续 25 环管片进行壁后补充注浆止水。注浆采用水泥浆—水玻璃双液浆,水灰比为 1:1,水泥浆与水玻璃比例为 1:1。注浆压力控制在 0.2~0.5MPa 以内,以注浆压力控制注浆量,每次注浆至压力达到 0.5MPa 后,方可停止注浆。注浆点位为 1 点、2 点、9 点、10 点位,注浆孔为管片拼装孔打穿,注浆时应尽量避开 K 块。

注浆流程为:注浆设备调试→打孔→安装球阀→连接注浆机→压水试验→浆液拌制→注入浆液→达到设定压力→停止注浆。

注浆止水注意事项如下:

①在注浆过程中,需加强对地面沉降监测,每班不少于 2 次,并及时将监测情况反馈至注浆负责人,以便及时调整注浆参数。

②注浆人员必须加强对管片的观察及拼缝量测,观察管片是否变形开裂、拼缝是否变大,一旦有上述任何一种情况出现,立即停止注浆,并查找原因。

③注浆泵及高压管路必须试运转,确认机械性能和各种阀门管路压力表完好后方准施工。

④每次注浆前,要认真检查安全阀、压力表的灵敏度,并调整到规定注浆压力位置。

⑤安装高压管路和泵头各部件时,各丝扣的连接必须拧紧,确保连接完好。

⑥注浆过程中,禁止现场人员在注浆孔附近停留,防止密封胶冲式阀门破裂伤人。

(2)盾壳外注浆

①在止浆环施工完毕后,通过盾构机前端的径向注浆孔,按照由下向上的顺序进行壳外注浆。

②根据地层的含水率确定浆液的凝固时间,一般控制在 5s 左右,并通过观察土仓内的浆液流出量来确定注浆量,当盾构机前端与初期支护间的缝隙有大量浆液流出时,停止注浆。

③注浆结束后,通过螺旋输送机把土仓内的剩余渣土排出,并运至地面。

4. 洞内弃壳解体施工工艺技术

盾构掘进至对接处后,确认掌子面的状态并将设备各系统处于停机状态,之后切断高压电缆,进行管线路的拆除作业。利用电瓶车将盾构机后配套台车沿隧道内铺好的台车轨道分别牵引至 1 号风井吊出;主机盾体内可拆卸部分根据盾构机相关图纸和相关技术规范拆卸,盾体内不可直接拆卸部分则按要求进行分割,再通过电瓶车分别运至井口吊出。

1) 洞内解体、弃壳工艺流程

盾构掘进至洞内拆机指定里程,完成拆解前各项工作后开始解体。洞内解体、弃壳工艺流程如图 4-3-90 所示。

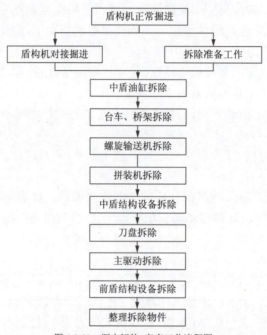

图 4-3-90 洞内解体、弃壳工艺流程图

2) 拆机前准备工作

(1) 钢丝绳、吊具、吊点选择

本次隧道内拆机吊装作业选用的是纤维芯钢丝绳。现场拆机吊装时根据实际负载,通过钢丝绳供应商提供的各规格钢丝绳最小破断力及 K 值($P=$ 最小破断力 $/K$,K 取 4.5),计算选用适合的钢丝绳。准备所有拆机所需的工具、机具、材料、加工的吊耳、辅助工装等,吊耳和辅助工装必须进行探伤检测,确保加工质量合格。

(2) 洞内通风

由于盾构机是在隧道内拆机,而拆机的大量工作是焊接和切割,因此隧道内作业持续的前提是保障洞内通风,将一次通风通道延伸到盾体内(割刀盘时延伸到土仓人闸孔内),下部采用二次风机往隧道外抽风,使隧道内形成对流,补充新鲜空气。

3) 洞内解体主要部件拆除施工

(1) 后配套台车拆除

盾构机完成对接后,制作支撑架,将连接桥牢固支撑,将一号台车至主机、台车间所有管线连接拆除。将加固的运输平板车运进待运输的台车内,根据实际台车底梁高度,布置 4 根横梁,利用电瓶车将台车缓慢后移,使台车完全落到横梁上固定,再用电瓶车牵引出洞,其他台车按顺序依次拉回始发井口吊出。后配套拆除施工如图 4-3-91 所示。

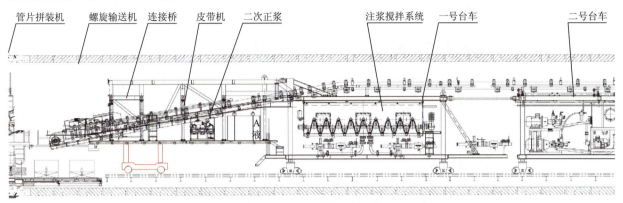

图 4-3-91　后配套拆除施工示意图

(2) 螺旋输送机拆除

螺旋输送机总质量约 28t,总长约 11.5m,采用专用工装将螺旋输送机整机后拉,平放,由加固后的运输平板车支撑,运到井口吊出。螺旋输送机拆解如图 4-3-92 所示。

(3) 拼装机拆除

管片拼装机与行走梁一起拆除,先铺设好到拼装机底部的钢轨,保证管片车能行走到拼装机底部,现场测量拼装机行走梁与管片车之间的高度,并制作拼装机行走梁与管片车之间的型钢支撑工装,即在管片车上放置型钢工装来支撑拼装机行走梁。拆卸拼装机行走大梁与米字梁间的连接螺栓,管片车直接将拼装机及其行走梁运出。拼装机拆除运输如图 4-3-93 所示。

图 4-3-92　螺旋输送机拆解

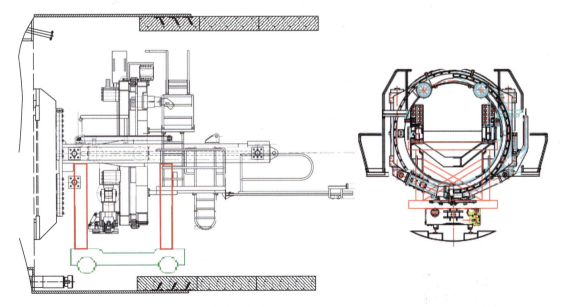

图 4-3-93　拼装机拆除运输示意图

(4) 刀盘解体拆除

刀盘总质量约 84t,起重刀盘连接法兰及牛腿与主驱动一起拆除,刀盘面板质量约 72t,按图 4-3-94 分 13 块进行切割,使用 10t 葫芦门式起重机可满足吊装需要。

将前体胸板主驱动下部进行切割拆除（图4-3-95），便于切割后的刀盘运输。利用刀盘电动机可旋转刀盘，将每部分切割面板旋转至最底部进行切割，切割完成后用10t葫芦门式起重机放下并由主驱动下部运出。切割过程尽量对称。刀盘切除完成后，对两台盾构机对接处进行钢板封焊。

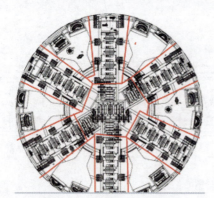
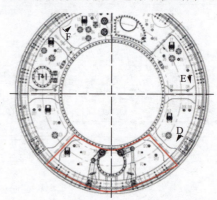

图4-3-94 刀盘解体分块示意图　　　　图4-3-95 前体下部切割示意图

（5）主驱动拆除

在拆除主驱动前，须将主驱动电动机及减速机拆除，减轻主驱动箱重量并为主驱动箱原地翻身提供较大空间。主驱动电动机、减速机拆吊如图4-3-96所示。

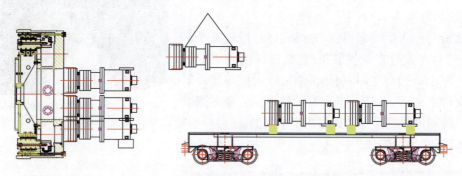

图4-3-96 主驱动电动机、减速机拆吊示意图

主驱动位于前盾体内，主驱动总质量约50t，拆除主驱动电动机、减速机后质量约36t，主驱动箱及其附件直径约3850mm，为最重和最难拆卸单元。采用原地割除承压隔板，原地翻身的拆卸方式。主驱动吊点设置及切割如图4-3-97所示。

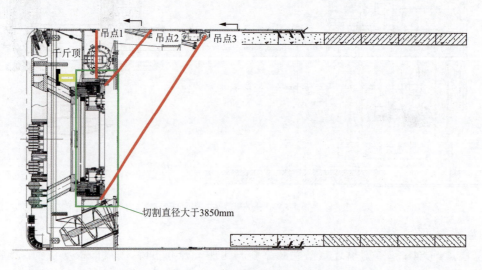

图4-3-97 主驱动吊点设置及切割示意图

5. 对接段二次衬砌施工工艺技术

1）对接段二次衬砌施工流程

对接段二次衬砌施工流程如图 4-3-98 所示。

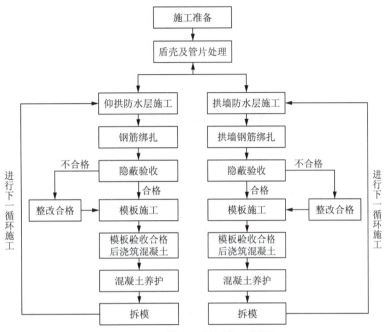

图 4-3-98　对接段二次衬砌施工流程图

2）关键控制点

（1）盾壳及管片处理

①盾构机内构件拆除完毕后，对盾壳内剩余连接钢板等进行切割打磨处理，保证其残留高度不得侵入二次衬砌 6600mm 外净空，以免影响二次衬砌钢筋保护层。

②盾构机内构件拆除完毕后，前盾和中盾间的连接法兰部位，要对其进行焊接封堵处理。

③最后一环管片为特制管片，侧面预埋 15mm 钢板，二次衬砌钢筋通过焊接钢板与管片连接，最后一环 16 根纵向管片螺旋与二次衬砌钢筋进行焊接，焊缝等级为二级。

④管片壁后及盾壳外进行注浆防水，注浆完成后进行探测扫描，保证密实。

盾构管片与二次衬砌结构连接如图 4-3-99 所示。

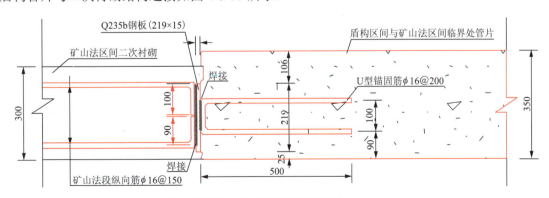

图 4-3-99　盾构管片与二次衬砌结构连接示意图（尺寸单位：mm）

（2）二次衬砌防水施工

对接区域位于胶州湾海域内，盾壳作为永久结构留置于隧道，因地下水对盾壳具有强腐蚀性，故在盾壳内部喷涂 2mm 速凝橡胶沥青防水涂料加强盾壳耐久性，同时在衬砌结构与壳体之间设置 40mm 厚聚乙烯板缓冲层,以释放壳体锈胀力,聚乙烯板发泡倍率为10～15,横剖面防水图如图4-3-100所示。

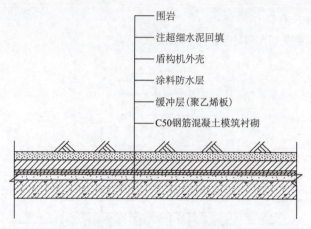

图4-3-100　对接段二次衬砌横剖面防水图

模筑衬砌结构与盾构管片间设置一道施工缝,施工缝采用止水条加预埋注浆管措施,如图4-3-101所示。

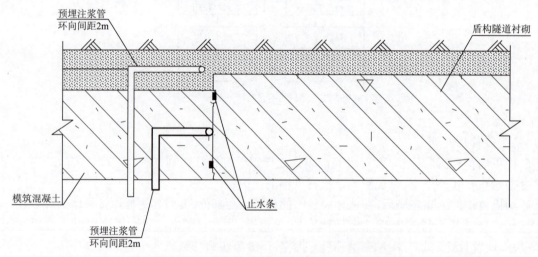

图4-3-101　盾构机管片与对接段二次衬砌施工缝示意图

（3）二次衬砌结构施工

①盾构机洞内解体段二次衬砌厚度为300mm,采用C50防水混凝土,抗渗等级为P10,耐侵蚀系数不小于0.8。

②主筋为HPB400Eϕ20mm@150mm,纵筋为HPB400Eϕ16mm@150mm,箍筋为HPB300ϕ8mm@300mm,梅花形布置,采用门式支架模板支撑体系。迎水面钢筋混凝土最外侧钢筋保护层厚度为50mm,背水面钢筋混凝土最外侧钢筋保护层厚度为40mm。

③二次衬砌在建模时预埋ϕ40mmPVC管,上端距盾壳壳体2～4cm,下端穿过模板10cm,PVC管为直线,管上不需钻孔,顶部设置3根,环向间距2m、纵向间距4m;在衬砌混凝土达到设计强度后进行衬砌背后填充注浆,注浆压力宜小于0.2MPa;注浆材料采用水泥砂浆,要求浆液强度等级不小于M20。

6. 结语

通过国内地铁领域首次在青岛地铁8号线海域段4台盾构机相向推进、地下对接、弃壳解体施工实践,证明在长距离隧道掘进,地面无条件设置竖井或者工期紧张等项目中采用地下对接、洞内解体方案,具有良好的经济性和技术可靠性,该技术可有效解决长距离掘进设备寿命、隧道工期等难题,是未来发展

的趋势之一。该技术核心要点为:

(1)根据项目地质水文情况,选择合理的对接方案,采取针对性的措施,是实施该方案的关键。

(2)根据实际的地质情况和地表环境情况,选取最佳对接位置,要尽可能避开地层断裂带,选取地层相对稳定、裂隙水等相对较少的区域作为对接区域,或者有条件时对对接区域进行预处理,确保对接的安全性。

(3)对接过程中掘进参数的控制、测量的控制需要根据地质条件、现场实际情况动态调整。

(4)采用直接式地下对接法,通过主动铰接收缩实现盾体后退,并对贯通精度进行估算,实现对接面无缝对接,减少后续对接面开挖量,缩短对接工期。

(5)通过对最后一环管片特殊设计,预先埋设钢板,为二次衬砌钢筋布设提供连接点,同时加强盾壳内部处理与二次衬砌防水施工,保证盾壳作为永久支护的耐久性。

(6)洞内拆解是对接后较大的风险点。狭小空间的吊装作业、运输,特别是对主驱动大部件的翻转,需要辅助吊耳、临时支撑时,应对其进行严格核对和验算以及探伤;狭小空间内的动火作业,需要良好的通风和严格的管控。

第4章 中国承建"一带一路"国外盾构工程施工技术

第1节 印度德里地铁石英岩地层盾构施工技术

上海隧道工程股份有限公司　汤铭

1. 引言

印度作为当前经济发展最快的国家之一,与我国的大都市一样面临着城市人口密度高、交通压力大、疏解困难的问题。目前,包括德里、孟买、加尔各答、钦奈等大城市在内的地铁建设正在紧张地进行。

本文主要是结合作者在印度德里地铁的工程实践,对当地地铁建设和地质条件做一简要介绍,总结了在高石英含量的石英岩地层中盾构掘进的一些经验。

2. 德里地铁建设现状和地质条件

1) 德里地铁建设现状

德里地铁自 2002 年 12 月开通以来,目前有 6 条线路正在运营,线路总长度 192km,包括 143 座车站。地铁运营由印度联邦政府和德里市政府的联营公司德里地铁公司(DMRC)负责,日运输人数达 240 万。

德里地铁于 1998 年开始第一期工程建设,目前已进行到第四期。三期工程包括 28 座地下车站,40km 隧道,已于 2017 年基本完工,目前还有零星在建。四期工程建设也于 2018 年开始。随着地铁建设的深入,盾构法的使用也越来越频繁,三期工程共有 36 台盾构机投入施工。

2) 德里地质条件

德里地铁工程隧道段的地层,主要处于当地称之为德里土的冲积土中,间隔有不连续的石英岩。石英岩形成了中部的一系列低丘岭,且从南部的 Aravalli 山延伸到 Yamuna 河西岸。覆盖在石英岩基岩上的是德里土,是在 Yamuna 河平原上形成的河流沉积土,而在将近封闭的 Chattarpur 冲积盆地里是源自相邻石英岩山丘的冲积土。

当地的石英岩层经历了多次地质构造运动,形成了岩层的断裂与褶皱。这些地层的波动使得与地铁区间隧道以及车站建设相关的岩层有着不同的风化程度,对现场岩体的评估采用 Bieniawski 的 Rock Mass Rating(RMR)方法。大部分岩体的岩体评分值都落在 21～40 这个区间内,即处于岩体级别的第四级(差岩体)。岩石的单轴抗压强度(UCS)的试验结果比较分散,在 20～160MPa 之间波动。

在复合地层推进中,尤其是间或会遇到高强度硬岩的工程中,刀具磨损严重,掘进速度慢,而且如果控制不当,易造成刀具的非正常损坏,甚至对刀盘造成磨损或损坏。因此,在施工中选择合理的掘进参数,对刀具进行科学的管理,能够降低换刀频率,减少停机时间,提高掘进效率。

3. 工程地质条件和盾构机参数

1) 工程地质条件

德里地铁三期工程的 CC27 标由上海隧道工程股份有限公司承建,包含 5 个隧道区间,其中 Vasant vihar 至 Shankar vihar 区间长 1420m,采用盾构法施工,区间地质以各类风化程度不均的石英岩为主;据地质探孔显示,微风化的石英岩占 7%,中风化的石英岩占 56%,强风化的石英岩占 37%。微风化石英岩单轴抗压强度在 90MPa 以上,最大可达到 125MPa,中风化石英岩单轴抗压强度在 50～90MPa 之间,强风化石英岩单轴抗压强度则处于 15～50MPa 之间;岩石完整性指数最高可达 97%。全程无地下水。

典型隧道掌子面如图 4-4-1 所示。

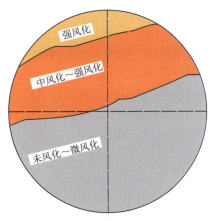

图 4-4-1 隧道典型掌子面示意图

该类地层的最大特点是石英含量高,典型矿物成分分析结果见表 4-4-1。根据 ISRM 推荐的 CERCHAR 磨损指数试验方法,该类石英岩的 CAI 指数高达 4.8,磨损指数接近 Extremely high(指数值 5)的级别。

典型取样矿物分析结果　　　　　　表 4-4-1

序 号	矿物含量(%)			
	石 英	长 石	黑/白云母	磁铁矿/氧化铁
1	90～91	2～4	3～4	2～4
2	90～92	1～3	3～5	2～4

2)盾构机主要参数

针对本工程线路和工期要求、地层特性以及盾构机采购费用等因素,经综合考虑,最终选用海瑞克 ϕ6660mm 复合式土压平衡盾构机。

该盾构机最大推力 42500kN,刀盘最快转速可达 7 r/min,额定扭矩 4620kN·m。

刀盘结构和刀具的设计,主要考虑到在硬岩中刀盘有足够的强度、破岩能力和耐磨性。在易磨损部位,如刀盘开挖面、搅拌棒、刀盘边缘处,大量堆焊了网格状耐磨合金。刀具设计为背装式,可从刀盘背后仓内换刀。螺旋输送机也做了特殊的耐磨处理。

刀盘带有 6 条支撑臂连接主驱动和刀盘,开口率 28%,质量为 78.7t;带有 38 把 18 英寸的单刃滚刀,4 把双刃中心滚刀,6 对圆弧刮刀,50 把齿刀。

中心滚刀高出刀盘面板 187.3mm,刀间距为 90mm;正面滚刀高出刀盘面板 187.3mm,刀间距为 85.80mm;边缘滚刀高出刀盘面板 187.3mm,刀间距在 10～80mm 之间,随着刀位增大而逐渐减小;齿刀高出刀盘面板 125mm。滚刀高出齿刀 62.3mm,以便在硬岩地段掘进时保护齿刀和刮刀。

4. 掘进模式和参数选择

1)掘进模式选择

本地层掌子面自稳性好,无地下水,不易发生坍塌,掘进可以在半仓或空仓模式下进行。后期实际监测数据显示,地面沉降大部分都在 3mm 以内,且无超过 5mm 的沉降发生,在穿越建筑物时保持小土压力掘进,控制出土量即可。这样可以减小石英渣土对刀盘和土仓的二次磨损,也可以减小对螺旋输送机的磨损。但即使这样,整条区间推进完成后,螺旋输送机螺杆前段已经磨损成锥状,后期带土困难,转场至下一个项目时需更换整根螺杆并堆焊筒体。

掘进期间，由于无地下水的存在，可经常性地进行常压开仓，除检查刀具外，也需对刀盘周边和刀盘结构体进行磨损检查。遇到大块孤石时，如不及时发现和处理，会对刀盘结构造成持续性磨损，后果严重。

2）掘进参数选择

（1）刀盘转速选择

根据盾构机的设计和实际情况，刀盘转速一般控制在 3 r/min 左右。

（2）掘进参数控制

掘进主要是依靠滚刀破岩，滚刀产生冲击压碎和剪切碾碎的作用。

根据实际的掘进经验，总结有以下三条规律：

①贯入度和掘进速度随岩石强度的增大而降低。

②推力越大，贯入度越大。

③贯入度越大，扭矩也相应被动地增大，且扭矩与贯入度呈线性关系。

在微风化地层，为确保滚刀受到的冲击力不超过设计的安全荷载 250kN，主要以贯入度和盾构机前部推力来控制推进速度，贯入度保持在 3～5mm，前部推力在 6000kN 左右，此时总推力可控制在 8000kN 以内。扭矩一般会在 2000kN·m 以内。

在中风化地层，总推力一般控制在 12000kN 以内，贯入度在 8mm 左右。扭矩在 2000～2500kN·m 之间。

在全风化地层，岩石强度低，刀具易切入岩石获得较大的贯入度，刀盘旋转阻力增大，因此主要以扭矩控制为主，不超过 3000kN·m，同时总推力一般小于 10000kN，推进速度可达到 30mm/min。

（3）施工注意事项

盾构姿态控制：在岩石地段掘进，姿态控制非常重要。因为硬岩段开挖难度大，调整千斤顶分区推力纠偏效果不明显，而且会加大滚刀尤其是周边滚刀的非正常磨损；如果纠偏过猛，还存在盾构机卡住和后面成型管片错台加大的风险。如遇上小半径的轴线，需要增加开仓检查滚刀磨损量的频率，及时通过更换周边刀来保证开挖面的半径，以便盾构机能顺利通过小半径曲线。

泡沫系统的使用：泡沫在岩石地段掘进时起到的主要作用，一是改良渣土的流塑性，减小刀盘和螺旋输送机扭矩；二是降低刀盘和刀具的温度以及降低仓内粉尘浓度。混合液浓度选择时主要看发泡效果，注入率视实际扭矩情况确定。刀盘前方的泡沫注入口容易被开挖下来的岩渣堵塞，在开仓检查和更换刀具期间，必须同时检查和清通泡沫管路，以确保泡沫系统的正常工作。

冷却水循环系统的控制：在岩石段掘进，由于刀具与岩层的挤压和摩擦会产生大量的热，整个隧道的温度会接近 38℃，盾构机的液压系统中油温也会很快达到报警值，迫使盾构机停止掘进。因此，需保证冷却水循环系统的正常工作，确保热交换器的工作状态良好。同时，外部冷却塔的工作能力要保证外循环水温度在 32℃以下，流量 50m³/h。由于印度城市市政建设落后，盾构施工用水来源是高硬度的地下水，极易堵塞板式冷凝器和水冷空调，需及时清洗和更换。

施工环境改善：滚刀磨损情况严重，开仓次数频繁，占总实际工作时间的 23%。盾构整体温度过高，且当地气候炎热，送进隧道的新风也很热。因此，快速地对土仓进行降温和降湿度，从而加快检查和换刀非常重要。该盾构机配置空调系统，能将二次通风管内的空气进行降温，改善工作面条件。

盾构配件的供给：当地盾构机配件市场不成熟，无法快速供给，只能依靠国内采购。在石英岩层中掘进，盾构施工材料消耗大，尤其是皮带机上的皮带、滚轮、刮泥板等。统计数据显示，盾构机保养和故障导致的停机时间，占总实际工作时间的 15%。

5. 滚刀使用情况、问题及改进

1）滚刀破岩原理

在岩石段，盾构掘进性能多取决于刀盘结构形式、刀具类型和布置方式等。盘型滚刀的破岩方式属于滚压破碎岩石，其特点是靠刀具滚压产生冲击压碎和剪切碾碎的作用达到破岩的目的。

在滚压破碎时推力是最主要的参数,它决定了扭矩及其他参数。

滚刀刀圈一般会根据不同地层而特别设计,主要分为硬岩刀圈、标准刀圈和镶齿刀圈。而根据区间地质分析,由于隧道穿越中、微风化石英岩,故选用的刀圈为硬岩型刀圈,同时考虑到石英含量较高,刀具在具有良好破岩性能的同时,需具备一定的耐磨性能。

2）刀具使用情况

（1）换刀原则

正常磨损下,检查滚刀超过或已接近最大磨损量时即可更换,1～33号刀（中心刀和正面滚刀）的最大磨损量为30mm,34～37号刀为25mm,38～40号刀为20mm,41～42号刀为15mm,43～45号刀为10mm。这样可以保证破岩效果,保护刀盘刮刀和齿刀,同时确保开挖面的半径。

如遇非正常损坏,如偏磨（弦磨）、漏油、刀圈破裂或断裂、刀圈崩刃等,一经发现立即更换。

① 不同地层刀具平均消耗情况统计

在复合地层（上部强、中风化,下部全风化层）,盾构机平均掘进13环需更换5把滚刀。

在全断面中风化石英岩层,盾构机平均掘进31环需更换28把滚刀。

在强风化石英岩地层,盾构机平均掘进35环需更换18把滚刀。

② 刀具开仓检查规律

在复合地层（上部强、中风化,下部全风化层）,盾构掘进15环左右需开仓检查刀具使用情况,以及时发现并更换偏磨滚刀。

在全断面微风化石英岩层,盾构掘进20环左右开仓检查刀具使用情况,及时更换失效刀具。

在全断面中风化石英岩层,盾构掘进25环左右开仓检查刀具使用情况,及时更换失效刀具。

在全断面强风化石英岩层,盾构掘进30环左右开仓检查刀具使用情况,及时更换失效刀具。

（2）存在问题及原因分析

① 存在问题

根据目前刀具消耗情况,认为刀具在适用性上还有待提高,其主要反映在两个问题上：

a. 在全断面微、中风化石英岩中,刀具磨损过快,导致换刀频繁,且换刀数量较大。

b. 在全风化石英岩中,滚刀偏磨失效比例较高,其比例为整盘滚刀数量的10.2%,占更换刀具数量的25.8%。

② 原因分析

针对刀具在石英岩中磨损较快的问题,分析其原因有两点：

a. 当前采用的滚刀刀圈为硬岩型,其刃口R12,有利于滚刀对岩层的贯入破碎,但在耐磨性上不能完全满足地层需求。

b. 刀圈目前硬度为HRC55-58,主要是为了保证刀圈在硬岩中具有较高的抗冲击性,防止刀圈断裂现象的发生,但在一定程度上降低了刀圈的耐磨性能。

针对滚刀偏磨的问题,其原因分析如下：

在复合地层和中风化地层,滚刀偏磨现象明显少于全风化地层。而我们目前采用的滚刀,其启动扭矩设置为27～30N·m,但在盾构机进入全风化地层时,滚刀扭矩未做适当调整,仍然选用针对硬岩地层而设置的启动扭矩,导致滚刀无法正常转动,进而使滚刀发生偏磨,而一旦1～2把滚刀偏磨,势必对相邻滚刀造成影响,最终在未能及时更换偏磨滚刀的情况下,导致滚刀大面积偏磨失效。

（3）改进措施

① 为有效提高刀具耐磨性能,可从以下两个方面对刀圈进行改进：

a. 提高刀圈硬度,或选用耐磨材料对刀圈进行堆焊；耐磨材料硬度在HRC63以上。

b. 增加刀圈刃口宽度,选用平刃口加宽型刀圈。

c. 在掘进过程中,由于无地下水,如地面情况允许,尽量空仓推进,以避免土仓石英渣土对滚刀造成重复磨损。

②为有效降低滚刀偏磨失效比例,可从以下两方面对滚刀组成进行改进:

a. 针对不同地层,合理调整滚刀启动扭矩:在全断面硬岩中,启动扭矩调整为 28～31N·m;在复合地层中,启动扭矩调整为 26～28N·m;在全风化地层中,启动扭矩调整为 24～26N·m。盾构机在进入不同岩层时,滚刀扭矩必须调整到位才可安装使用。

b. 在全风化石英岩地层,若经过调整的滚刀仍然出现大面积偏磨现象,则可考虑采用镶齿刀圈,以增加刀圈与地层的摩擦阻力,有利于滚刀的转动。

6. 结语

随着印度德里城市的发展,盾构法作为地铁隧道建设的有效工法,将会在隧道施工中发挥越来越大的作用,而且当地的地质条件决定了将会有更多的盾构机在复合地层中掘进。

(1)在掘进中,如掌子面稳定,则可采用半仓或空仓模式掘进;同时,根据不同的地质条件,选择不同的施工参数。泡沫的加注和冷却系统在该区域施工显得尤为重要。

(2)在高石英石含量的地层中,岩层对刀盘、滚刀、螺旋输送机、皮带机的磨损十分严重,需进行特殊处理。

(3)滚刀的选择在破岩中至关重要,刀圈的材质选择、刃口形式选择,启动扭矩的调整优化,可以尽可能地减少开仓换刀的次数,降低滚刀的使用量,缩短开仓时间,从而获得更多的有效掘进时间,提高施工效率。

第 2 节　新加坡地铁珊顿道车站区间隧道盾构施工技术

上海隧道工程股份有限公司　王胜勇

1. 工程概况

T225 标是新加坡地铁汤申—东海岸线工程项目的一个标段,建设单位为新加坡陆路交通管理局。隧道股份城建国际上海隧道工程股份(新加坡)有限公司以 3.68 亿新币的合同金额中标该项目。T225 项目工程主体包括珊顿道车站以及相邻的 710m(至麦士威车站)和 430m(至滨海湾车站)叠落区间隧道工程,采用两台土压平衡盾构机分别完成两个区间隧道的掘进施工。图 4-4-2 为 T225 项目平面图。

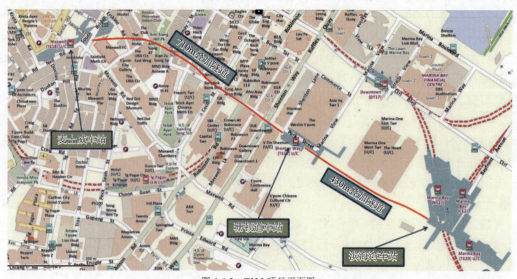

图 4-4-2　T225 项目平面图

隧道外径 6.35m、内径 5.8m。珊顿道至麦士威车站区间隧道沿线经过海泥层,流沙层,富含孤石的冲积层以及中风化和微风化的砂岩、泥岩层。珊顿道至滨海湾车站区间则完全处于填海区域。该项目沿隧道轴线地质条件迥异，且沿线下穿运营地铁隧道及老建筑群，对盾构施工的筹划和过程控制要求极高。

2. 隧道在复杂地质条件下穿越运营地铁隧道

珊顿道至麦士威车站区间隧道下穿运营中的新加坡东西线地铁隧道，穿越区最小净间距为 3.5m，并且隧道下穿区域处于流沙层，土压平衡盾构机在流沙地层推进时，螺旋输送机内土体极易失去土塞导致超排，从而造成上方隧道过量沉降。因此，为了规避风险，首先要对隧道轴线段的流沙层进行处理，其次要在运营地铁下方提供保护结构。

开始隧道掘进前，在下穿区域附近开挖一个工作竖井，通过工作竖井向东西线地铁隧道下方进行水平加固处理。旋喷加固在流沙层的加固效果有限，因此本次水平加固采用化学注浆以固结流沙。

水平加固完成后，采用可回收式顶管机在东西线地铁隧道和下穿隧道之间安装管幕支护。顶管管节直径 1.2m，相邻管节安装有连锁机构以控制顶管轴线。由于隧道下穿最小间距为 3.5m，顶管机顶进轴线与运营的地铁隧道间距只剩下 1.3m，并且顶管机轴线不能向下偏离，否则顶管管节会影响后期的盾构推进。这对顶管施工的轴线控制提出了极高的要求。

水平加固必须在顶管施工前完成，这样也可以减少顶管施工对上方地铁隧道的影响。隧道下穿施工如图 4-4-3 所示。

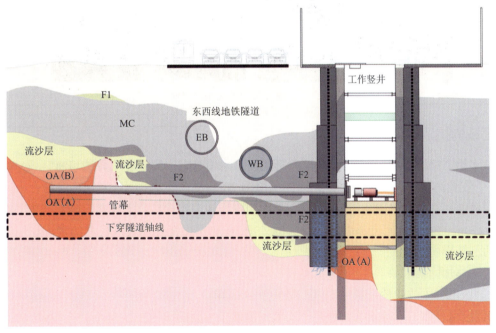

图 4-4-3　隧道下穿施工示意图

管幕施工完成后，将工作竖井回填再开始盾构机推进。在隧道下穿完成后，监测结果显示地面沉降为 1mm，下穿保护措施达到设计要求。

3. 盾构下穿老建筑群

珊顿道至麦士威车站区间隧道下穿新加坡东西线地铁后，会进入老建筑群区域。该区域房屋多建于 20 世纪五六十年代，基础为筏板基础或红木桩基础，对施工造成的不均匀沉降极为敏感。并且，此地铁区间为叠落隧道，盾构施工对土体扰动造成的沉降量至少是普通隧道施工方法的 2 倍以上。项目组在相似的地质条件下积累有丰富的经验，通过在盾构推进时极为严格的过程控制，将最终的沉降量控制在 8mm 以内。控制措施如下：

(1)盾构机在进入老建筑群之前开仓检查刀具,确保盾构下穿老建筑群的过程中刀具情况良好。
(2)如果下穿过程中盾构参数变坏并需要开仓换刀,则应计划好开仓位置,避开建筑正下方。
(3)保证每环推进的同步注浆量为理论值的110%。
(4)推进时保持向盾构机壳体加注膨润土泥浆以填充壳体和土体之间的空隙,压注量为300L/环。
(5)确保推进时正面土压力稳定,根据地面监测结果立即调整推进参数。
(6)通过行车的称重系统确认每环的出土量,如果有疑似超挖,则应立刻在相应位置进行二次注浆。
(7)地面安排7×24h观察人员和压浆设备,缩短应急反应时间。

盾构穿越地面老建筑群平面图如图4-4-4所示。

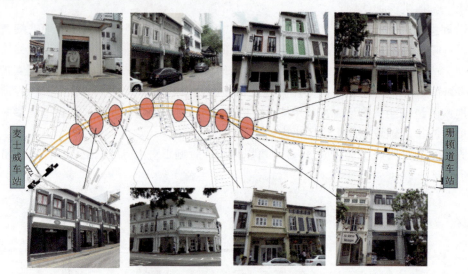

图4-4-4 隧道穿越历史建筑群平面图

4. 填海区域的抗沉降处理

新加坡多达22%的国土面积是通过填海形成的。本项目有一半处于滨海湾填海区域。根据相关监测记录,整个滨海湾填海区域平均每年的固结沉降为20mm。因此,在项目筹划阶段结合上海以及新加坡本地在软弱地层中盾构法隧道施工的经验,考虑到隧道施工完成后由于长期沉降而产生的高额维护费用,决定对430m的隧道区间全部进行地基加固处理,且加固深度必须进入稳定的老沉积层1m,以此来避免后期的沉降影响。

填海区土体加固要求如下:
(1)加固区域样本的弹性模量平均值不能低于300MPa。
(2)加固区域样本的不排水抗剪强度平均值不能低于1000kPa。
(3)加固区域单个样本的弹性模量不能低于300MPa。
(4)加固区域单个样本的不排水抗剪强度不能低于450kPa。
(5)加固区域单个样本的渗透系数不能大于1×10^{-8}m/s。

通过土体加固,隧道长期沉降的风险基本消除。隧道贯通一年半后的监测结果显示隧道的最大沉降量为6mm。

5. 盾构在长距离加固土体中掘进

为应对填海区长期固结沉降,珊顿道至滨海湾车站区间隧道全部进行了地基加固处理。盾构机在长距离加固区掘进时,凝固水泥被刀盘切削下来进入土仓,与土仓内的水再次发生水化作用黏附在盾构机刀具和刀盘上。随着盾构掘进,黏附层越来越厚,逐渐在刀盘正面形成泥饼,如图4-4-5所示。

图 4-4-5 刀盘正面泥饼

为应对刀盘泥饼堵塞的风险,项目组针对不同的施工阶段采取了不同的处理措施。

首先,土体加固在隧道施工前一年半就已开始,以确保盾构掘进过程中刀盘切削的加固土体已充分水化。其次,地基加固顺序要与盾构掘进方向保持一致,以保证在不同的里程区间加固土体都有一致的水化时间。最后,在不影响加固设计的情况下,为进一步降低加固土体对盾构机的影响,决定减少盾构机切削区域的水泥含量。以直径 2.2m SMW(新型水泥土搅拌桩墙)加固为例,正常加固范围水泥浆加注率为 (2000±20) L/m,在盾构机切削范围内,水泥加注率减少到 (1510±20) L/m。

在盾构掘进过程中采取的措施如下:

(1)推进时刀盘正面 5 个加注孔保持 3 个持续加注泡沫,泡沫加注率为 30%。
(2)推进时刀盘另外 2 个加注孔持续加注浓度为 1% 的稳定剂,防止水泥土固结。
(3)刀盘转速保持 2~2.5 r/min,高转速可以降低滚刀的切入率,还可以使切削下来的土体在土仓内与稳定剂充分搅拌。

如果盾构机停止掘进超过 24h,为防止土仓内水泥土固结,则需要:

(1)确保添加剂桶内有足够的稳定剂溶液。
(2)每 4h 旋转刀盘 2 圈,转速为 0.5r/min。
(3)通过螺旋输送机上的加注孔加注膨润土泥浆,防止水泥土在螺旋输送机内固结。

6. 结语

珊顿道至麦士威车站区间和珊顿道至滨海湾车站区间地质条件完全不同,所遇到的问题也完全不一样。在施工筹划阶段需要充分分析项目的风险和难点,针对各个风险采取相应的措施。文中所提到的应对措施可能并不是最优的方案,旨在提供一些工程实例,起到抛砖引玉的作用,希望能为今后的隧道施工提供一些有益的借鉴。

第 3 节 厄瓜多尔 CCS 水电站输水隧洞双护盾 TBM 施工技术

中国水利水电第十四工程局有限公司 杨元红,唐俊

1. 工程概况

Coca Codo Sinclair 水电站(简称 CCS 水电站)位于南美洲厄瓜多尔共和国 Napo 和 Sucumbios 省内,坝址距首都基多约 130km,电站为引水式电站,装机为 8 台 187.5MW 冲击式机组,总装机 1500MW。

CCS 水电站输水隧洞全长 24.8km,采用全断面衬砌结构,为无压隧洞,开挖直径 9.11m,管片安装后内径 8.2m,设计输水流量为 222m³/s。隧洞进口底板高程 1250m,出口底板高程 1204.55m,纵坡为 0.173%。

CCS 水电站输水隧洞在平面布置上以 2 号支洞为界,可分为上、下游两部分。隧洞采用两台双护盾 TBM 同时掘进:第一台双护盾 TBM1 从 2 号支洞进洞向上游方向掘进,从 1 号支洞出洞,掘进里程桩号

为 0+290.00～9+878.18 段；第二台双护盾 TBM2 从输水隧洞出口进洞向上游方向掘进，从 2 号支洞出洞，掘进里程桩号为 11+028.00～24+800.00 段。两台双护盾 TBM 掘进段分布如图 4-4-6 所示，双护盾 TBM 结构如图 4-4-7 所示。

图 4-4-6 两台双护盾 TBM 掘进段分布示意图

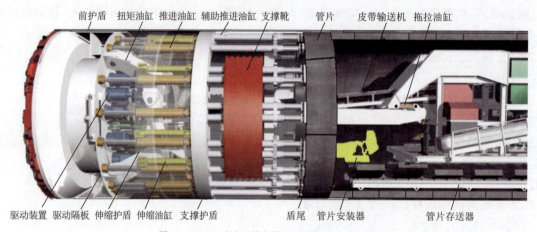

图 4-4-7 CCS 水电站输水隧洞双护盾 TBM 结构图

2. 工程地质及水文地质条件

1）工程地质条件

CCS 水电站输水隧洞位于 Coca 河右岸，沿线沟谷发育，植被良好，隧洞全长 24.8km，一般埋深 300～500m，最大埋深 700m 左右。沿线地势总体西高东低，西部最高海拔 2000m 左右，东西部平均相对高差约 600m，隧洞进口边坡高程约 1250m，天然岸坡坡度约 43°，东部隧洞出口处海拔约 1204m，出口边坡较平缓。

输水隧洞主要以Ⅲ级围岩为主，其中Ⅲ级围岩占隧洞总长的 85.59%；其次为Ⅱ级围岩，占 8.67%；Ⅳ级稳定性较差的围岩占 5.57%，岩体以破碎结构和散体结构为主，主要是断层及其影响带和岩层接触部位，分布不连续；含有少量的Ⅴ级围岩。

2）水文地质条件

对输水隧洞有影响的主要是 Hollin 地层及 Misahualli 地层的含水岩层及构造裂隙水。由于降雨量大、连续森林覆盖和具有高存储水性的土壤，同时因构造作用而产生的广泛压裂岩石、较多的构造带（如断层等），利于地下水的补给。由试验得知地下水位始终高于隧洞高程，水的压力与隧洞深度有关，一般比隧洞的高度高几十米，预计涌入隧洞的水可达到 750L/s。

3. 工程重难点与风险分析

1）大断面

输水隧洞 TBM 开挖直径 9.11m，根据国内已施工中的典型隧洞工程实例并进行对比，绝大多数开挖直径大于 8m 的大断面隧洞施工都采用开敞式 TBM,采用双护盾 TBM 施工的隧洞开挖直径基本都小于 7m,由于双护盾 TBM 的结构形式与开敞式 TBM 的结构形式显著不同,因此在采用双护盾 TBM 进行大断面隧洞开挖经验较少的情况下,采用大断面双护盾 TBM 施工也是本项目的一个难点。

大断面双护盾 TBM 施工存在的风险:

(1) 大断面会增加掌子面不稳定的风险

如果拟开挖的岩体破碎和(或)风化严重,导致开挖面发生重大不稳定现象,大的岩块和粉碎石块从开挖面塌落,且这种不稳定现象持续不停直至达到新的平衡,造成大的超挖。

(2) 大断面会增加开挖洞壁不稳定的风险

如果开挖洞壁不稳定发生在紧靠刀盘支撑之后的位置,就会造成撑靴定位困难;同时,还会导致双护盾 TBM 伸缩接头的有效性降低。

(3) 大断面会影响支护压力

在非缩颈性软弱围岩条件下的岩石隧洞,其支护压力与隧洞断面大小无关;但是在缩颈性软弱围岩条件下的岩石隧洞,隧洞支护压力随着隧洞断面尺寸的增加而显著增大。同时,岩体质量越差,隧洞支护压力所受到的尺寸效应影响越明显。

(4) 大断面对设备的要求更高

开挖直径大,受滚刀破岩速度的控制,刀盘转速较低,掘进速度相对较慢;支护工作量大及出渣量大,配套设备必须满足其工作强度,避免不匹配而影响施工效率。开挖断面大,造成双护盾 TBM 设备体型庞大,仅 TBM 刀盘和主驱动质量就超过了 300t,其中主驱动长宽尺寸均已超过 6m,连接桥皮带机长度在 16m 左右,主梁、内伸缩盾装车后高度已经超过 4.2m,给双护盾 TBM 的运输、组装、拆卸等造成了困难。

2) 长距离

输水隧洞全长 24.8km,布置两台双护盾 TBM 施工,由于掘进距离长、埋深大,做详细的地质勘察费用高、难度大;若根据地表地貌的情况来推断内部地质条件,则由于岩层分布变化大,此种推断的准确率就会很低,不利于 TBM 施工;同时,由于长距离施工会导致洞内高温、高湿环境问题,高温、高湿环境对配套设备要求高,并影响作业人员的身体健康。

双护盾 TBM 施工配套设备需要配备:

(1) 长距离高压供配电系统。项目施工区域无供电系统,双护盾 TBM 施工需建立配套的自发电系统,而双护盾 TBM 掘进时用电负荷极大,目前世界上尚无使用柴油发电机组对如此大直径的 TBM 设备供电的案例,自发电系统供电处于探索阶段,这也是双护盾 TBM 施工所面临的极大难题。

(2) 长距离出渣运输系统。

(3) 长距离供排水系统。

(4) 长距离通风系统。

3) 复杂地质条件

CCS 水电站输水隧洞处于火山及地震多发区,地质构造运动较剧烈,工程地质条件复杂,输水隧洞沿线穿过规模不等的断层共 32 条,主要面临断层破碎带、软弱挤压围岩、涌水量大、高强度岩石等地质条件,造成 TBM 施工不可预见的施工风险。具体不良地质条件有:

(1) 断层破碎带

断层破碎带两侧的岩体构造裂隙发育,岩体破碎,完整性差,岩石强度低,透水性强,断裂面形成危险的滑动面,给 TBM 施工造成不利影响主要有:掌子面及刀盘拱顶坍塌,导致刀盘被卡;掌子面塌方产生大量渣料超过皮带机运渣能力,导致皮带机故障或停机;护盾位置边墙及拱顶塌方,导致 TBM 推力损失或护盾被卡;边墙破碎软弱,导致撑靴不能提供 TBM 掘进所需的足够支反力(接触比压不足);断层塌方,导致管片安装困难或管片损坏。

(2) 缩颈性软弱围岩

TBM 开挖时护盾区域缩颈性软弱围岩产生的挤压大变形导致 TBM 的护盾被卡甚至护盾被损毁,

衬砌段缩颈性软弱围岩产生的挤压变形导致管片变形或损坏。

（3）涌水量大

大量地下水给施工带来了很大的困难，尤其是在围岩破碎段、砂岩段，严重影响施工进度，增加工程成本。涌水会造成掌子面及隧洞拱顶边墙出现失稳、塌方，卡住刀盘或护盾；砂岩段地层的涌水和TBM滚刀挤压旋转等扰动下，易发生涌沙等失稳现象；大量涌水携带沙涌入护盾及后配套设备区域，给施工作业造成极大困难。

4）高强度岩石

《铁路隧道全断面岩石掘进机法技术指南（2007）》将单轴岩石饱和抗压强度作为影响掘进机工作效率的4个主要地质参数指标之一，并将岩石抗压强度大于150MPa视为影响掘进速度的高强度岩层，且视为掘进工作条件差。双护盾TBM适合在抗压强度介于30～120MPa之间的中等坚硬至硬岩中掘进，而CCS水电站输水隧洞岩石抗压强度最高达到270MPa，降低了双护盾TBM的净掘进速度，同时也加大了刀具的损坏率，从而加速了换刀频率，降低了设备利用率。

4. 双护盾TBM主要技术参数的选型

1）TBM设备选型

（1）工法选择

目前，长大隧洞常用钻爆法和TBM法施工。针对本项目输水隧洞的地质、水文、设计及工期要求等，采用模糊层次分析法，通过建立层次结构模型、构造模糊判断矩、计算综合层度值等分析，得出本项目采用TBM法从综合指标上优于钻爆法。

（2）TBM选型重点

①开敞式TBM与双护盾TBM性能比较。

②基于围岩（RMR）的TBM选型。

③开敞式TBM与双护盾TBM施工工期对比分析。

（3）双护盾TBM主要技术参数的选型重点

①刀盘掘进参数的设计与选型。

②主推进系统推力需求的选型。

③辅推进系统推力需要的选型。

④双护盾TBM盾体几何参数的选型。

2）刀盘掘进参数的设计及选型

掘进参数是影响掘进速度的重要因素，它主要由推进速度、扭矩、刀盘转速和推力4个指标来表征。根据管片外径、外伸缩盾—支撑盾间隙、尾盾/外伸缩厚度、刀盘顶部/底部超挖量等参数，并考虑在长距离掘进时具有良好的适应性，在盾体底部设置了10mm的耐磨条，最终确定刀盘直径为9.11m；依据开挖岩层情况及岩石种类与强度选择滚刀间距，确定滚刀数量为61把；通过收集整理100多台不同制造厂的产品技术参数，建立了TBM主参数数据库，并用多种数学模型对TBM的主参数进行曲线试拟合，根据判定系数和拟合图形进行优选，建立了刀盘功率、刀盘扭矩、刀盘推力、推进行程、整机功率和整机质量与刀盘直径之间的回归模型，并结合理论计算，最终确定刀盘推力、刀盘扭矩、刀盘转速、驱动功率等技术参数，进行招标采购。

3）主推进系统推力需求的选型

合理计算出主推进力对于双护盾TBM至关重要，关系到整个掘进工程能否正常进行。影响双护盾TBM总推力数值大小的因素主要有两个：外部因素和内部因素。外部因素主要指具体岩层状况、地层埋深、贯入度、稳固材料等，内部因素主要指双护盾TBM结构和运行参数，包括刀盘直径、刀盘转速、盘形滚刀形状、尺寸、盾体长度等因素。TBM在硬岩地层中掘进时，隧洞直径大于盾体直径，此时所需推力主要为刀盘推力和盾体底部摩擦力，所需力较小；TBM在软弱或破碎岩层掘进时，盾体被岩石紧紧包裹，所需推力包括刀盘摩擦力和整个盾体摩擦力,所需力较大。因此主推进系统推力应分两种情况进行计算:围岩稳定时的主推进力与围岩不稳定时的主推进力。主推进系统运行时,后配套没有相应的运动,而掘进完成一行程后,主推进油缸缩回,此时拖动后配套设备前进。因此,在计算主推进力时,并不包括拖动后配套设备所需的牵引力,需要单独计算辅助推进系统所需的推力。

4）双护盾 TBM 盾体几何参数的选择

CCS 水电站输水隧洞包含 8% 的缩颈性软弱围岩,为防止卡机和 TBM 方向纠偏灵活,护盾长度不宜太长。但是盾体长度的缩短又受到管片幅宽、技术水平的限制。盾体长度由前盾长度、伸缩盾长度、撑靴盾长度和盾尾长度四部分长度确定。其中,伸缩盾长度与盾尾长度与管片幅宽相关,其他部分长度的确定与 TBM 生产厂商的技术水平及工程经验相关。依据计算及海瑞克公司经验,最终确定前盾长度 2.07m,伸缩盾长度 2.1m,撑靴盾体长度 4.76m,盾尾长度 2.69m。

5）双护盾 TBM 盾体锥形设计

传统双护盾 TBM 盾体为"哑铃形"结构时,如图 4-4-8a)所示,当围岩坍塌比较严重,坍塌的岩块侵入外伸缩盾和支撑盾之间的内伸缩盾"凹槽"内,撑靴缩回换步时,坍塌的岩块将跟随撑靴嵌入支撑盾,换步时支撑盾的前端面和撑靴孔对这些岩块存在一个剪切作用,这种特有的结构设计进一步加大了换步阻力。因此,需对盾体设计进行修改,使内伸缩盾与尾盾平滑连接,形成"锥形",如图 4-4-8b)所示。项目部针对性地对双护盾 TBM 的盾体部分进行相应调整,使得内伸缩护盾和支撑护盾的顶部达到齐平,盾体结构形式由"哑铃形"改为"锥形"。

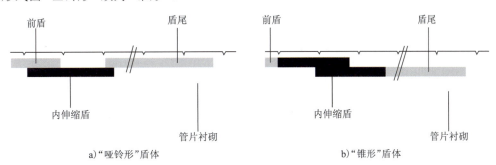

图 4-4-8　双护盾 TBM 伸缩盾结构示意图

5. 双护盾 TBM 隧道管片结构选型与设计

1）管片类型

CCS 水电站输水隧洞设有 4 个转弯半径为 500m 的弯道且其对掘进速度要求较高,考虑到管片预制的投入和施工效率,最终决定采用左环和右环楔形管片。通过左、右环管片交替安装实现直线段衬砌安装,通过连续安装左环或连续安装右环管片实现转弯段衬砌安装,左、右环楔形管片拼装如图 4-4-9 所示。此类型管片仅需要投入两套模具进行预制生产,在一定程度上降低了施工成本。

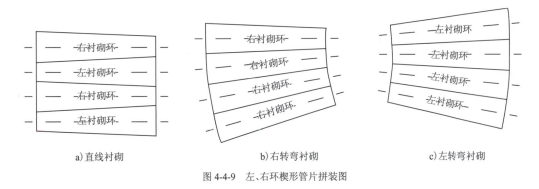

图 4-4-9　左、右环楔形管片拼装图

2) 管片分片

采用左、右环楔形管片,环与环之间一般采用螺栓连接,螺栓孔的个数及位置是确定每环分片的重要依据,同时还需考虑管片生产、储运、安装、纠偏以及对渗漏水和结构刚度的影响因素。输水隧洞洞径较大,采用 6+1 的分块形式,如图 4-4-10 所示,并按照已建和在建项目经验,为实现连接螺栓受力均匀,左、右环管片交替安装过程中,螺栓孔的连接及螺栓孔的位置均按圆周均匀分布,在封顶块设置 1 个连接螺栓孔外,其他 6 块均设置了 3 个连接螺栓孔,则整环共有 19 个螺栓孔,螺栓孔径向分布如图 4-4-11 所示。

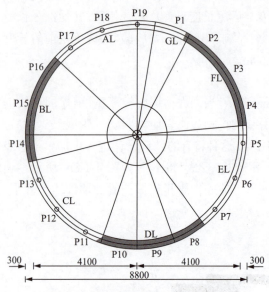

图 4-4-10 管片环结构分块图(尺寸单位:mm)

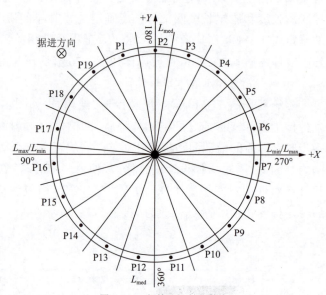

图 4-4-11 螺栓孔径向分布图

3) 管片环宽设计

管片环宽主要取决于隧洞洞径的大小和管片的厚度。同时,管片环宽同样取决于 TBM 油缸行程、管片安装器千斤顶顶推重量和行程等设备运行参数。从提高结构防水能力、加快施工进度、节省防水材料和管片连接件看,管片加宽是明显有利的;从结构受力方面考虑,管片加宽后区间隧洞接缝减少,有利于提高结构的整体性;从施工速度方面考虑,管片加宽可以减小同等掘进长度下管片的安装数量,提高施工效率和施工速度。但管片加宽将造成 TBM 长度增加、油缸行程增大,同样,在管片厚度不变的情况下管片安装器顶推重量增加。因而管片环宽需综合考虑洞径大小、隧洞转弯半径大小、TBM 及其出渣配套设备选型、月掘进长度等相关参数。目前,国内外隧洞所采用的管片环宽主要介于 1.2~1.8m 之间,CCS 水电站输水隧洞开挖洞径达 9.11m,转弯半径为 500m 且月掘进长度需达到 600m,因而确定 1.8m 环宽的管片进行隧洞衬砌。

4) 楔形量的确定

楔形量是左、右环楔形管片的主要参数之一,主要取决于隧洞转弯处的最小转弯半径,并采用盾尾间隙等参数进行复核。根据对已建施工项目进行的统计得知,当管片外径为 5~7m 时,楔形量为 30~50mm;当管片外径为 8~10m 时,楔形量为 40~80mm。通过计算,确定管片楔形量为 40mm,即每一环在 -20~0mm 或 0~20mm 的范围内变化,左、右环管片展开图如图 4-4-12 所示。

5) 管片连接方式

管片连接目前常用的方式有直螺栓连接、弯螺栓连接、斜螺栓连接、无螺栓连接(砌块)以及销钉连接等。

无螺栓连接(砌块)和销钉连接的接头间没有连接螺栓,也不能施加预紧力,衬砌的整体刚度小,隧洞的抗震和防水性能较差,不适应 CCS 水电站输水隧洞多变的地质情况。在各类螺栓连接方式中,直螺栓构造较简单,施工方便,只需在管片设计和预制时对应埋设和设置螺栓孔位即可,因而适合 CCS 水电站输水隧洞高强度掘进的需求。管片螺栓连接展开图如图 4-4-13 所示。

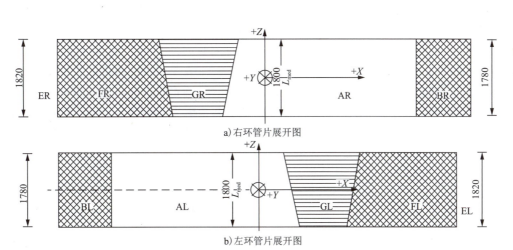

图 4-4-12 左、右环管片展开图(尺寸单位:mm)

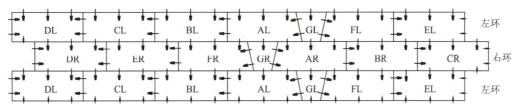

图 4-4-13 管片螺栓连接展开图

6) 管片结构设计

管片衬砌受力分析采用梁—梁模型进行计算,经计算确定管片厚度为 30cm。根据围岩类别,分为两种混凝土强度等级的管片。B 型管片适用于 Ⅱ 和 Ⅲ 级围岩,C 型管片适用于 Ⅳ 级围岩,B 型和 C 型管片设计强度均为 C40(因本工程采用美国标准,换算成立方体试件,实际强度为 50MPa);D 型管片适用于 Ⅴ 级围岩,管片设计强度为 C50(按美国标准,换算成立方体试件,实际强度为 60MPa)。

以右环管片为例,B、C、D 型管片均采用 GRADE60 级钢筋,配筋率见表 4-4-2。

各型管片配筋情况表　　表 4-4-2

管片块编号	AR	BR	CR	DR	ER	FR	GR	整环管片
管片块体积(m³)	2.2493	2.2340	2.2390	2.2603	2.2779	2.2764	0.7498	14.2867
B 型管片配筋率(kg/m³)	89.55	89.78	89.78	90.67	88.53	88.65	121.35	91.16211
C 型管片配筋率(kg/m³)	125.6	126.1	126.01	126.62	124.12	124.34	173.72	127.9925
D 型管片配筋率(kg/m³)	239.63	240.84	240.44	240.49	236.94	237.25	315.74	243.2685

环向连接螺栓与纵向连接螺栓均采用 M24 型螺栓,材料公称抗拉强度为 830MPa,屈服强度为 660MPa。

6. 双护盾 TBM 施工关键技术

1) 双护盾 TBM 施工供电技术

CCS 水电站输水隧洞处于亚马孙原始森林边缘地带丛林中,当地政府在项目施工区域没有基础设施建设。因此确定自建自备发电厂为 TBM 施工进行供电。自建的 TBM 供电系统是集输电线路和发电、变电、配电设备组成的系统,以 TBM1 供电系统为例,根据海瑞克公司设计阶段提供的 TBM 负荷特性,TBM 启动过程历时 45s,负荷从 868kV·A 增长到 6463kV·A,系统总输出负荷 6463kV·A,因此系统按照正常运行工况和特殊运行工况进行设计。正常运行工况:主驱动投入前,其他系统逐步投入,此时系统总功率约为 3000kV·A,之后主驱动投入,约经 18s 后主驱动最大投入功率约 4000kV·A,此时 TBM 系统总的运行功率约为 7000kV·A;特殊运行工况:刀盘脱困时负荷变化较大,在脱困前 TBM 其他系统逐步投入,历时约20s,此时负荷达到3000kV·A左右,之后投入主驱动,瞬时投入带动刀盘脱困,负荷增加到7000kV·A左右,负荷从3000kV·A增加到7000kV·A的时间约为3s。通过对输水隧洞TBM1工区内各施工设备用电负荷统计,总的用电负荷为11869.9kV·A,结合TBM1遇特殊状况下,短时间内有较大的用电负荷增加,通过分析确定发电厂布置及发电机选择,确定发电厂方案。发电厂共配置了1号、2号两个发电站,如图4-4-14所示,1号发电站的持续发电功率为13250kW(10台发电机组,单台发电功率为1325kW),发电站输出电压10kV、20kV,频率50Hz,主要负责供给TBM1及TBM1配套设备施工用电;2号发电站的持续发电功率约为5300kW(4台发电机组,单台发电功率为1325kW),配置容量偏差控制在±6%以内,发电站输出电压10kV,频率50Hz,主要负责供给该部位其他施工用电,以及在TBM处于特殊工况下与1号发电站并网。两座发电站按一个系统设计和成套,在正常情况下,这两座柴油发电站独立运行,独立控制,独立计量,在紧急情况下,TBM1发生卡机或洞内发生异常事件时(如大涌水、塌方、停电等),两座电站将并机运行,系统能够实现最短时间内两座电站并机运行的功能。

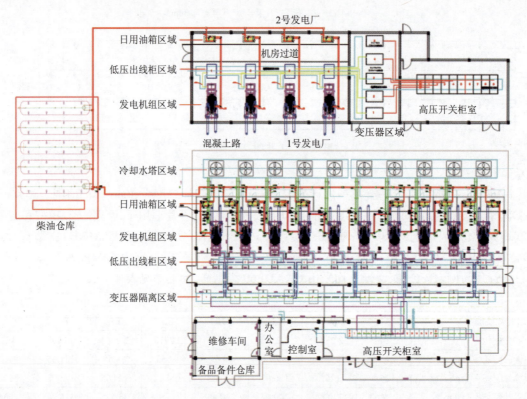

图4-4-14 发电厂平面布置图

2)断层破碎带安全快速掘进技术

(1)断层破碎带掘进预判方法

通过对断层破碎带地质段掘进参数的统计分析,得出双护盾TBM在断层破碎带中掘进时,刀盘推力、刀盘扭矩、刀盘转速、贯入度4个主要掘进参数变化幅度较大,总结出断层破碎带掘进预判指标见表4-4-3。

断层破碎带掘进预判指标　　　　　　　　　　　表4-4-3

掘进参数指标	掘进参数平均值关系	掘进参数指标变化范围
刀盘推力	$F=0.66F_2$	$0.7F \sim 1.4F$
刀盘转速	$T=0.62T_2$	$0.7T \sim 1.3T$
贯入度	$N=1.71N_2$	$0.7N \sim 1.4N$

注:1. F、T、N分别为刀盘推力、刀盘转速、贯入度掘进参数的统计平均值。

2. F_2、T_2、N_2分别为Ⅱ级围岩条件下的刀盘推力、刀盘转速、贯入度掘进参数的统计平均值。

当遭遇的地层掘进参数指标平均值与Ⅱ级围岩条件掘进参数的平均值大致满足上述掘进参数平均值关系,且掘进参数指标平均值的剧烈变化范围与表4-4-3中给出的范围接近时,可判定遭遇断层破碎带。

(2)断层破碎带掘进处理技术

经统计TBM1掘进中遇到的断层破碎带共计25条,并依据事故的严重程度划分为一般事故和严重事故,得出不同断层宽度条件下事故发生的概率:①断层宽度处于0~30m时,一般事故发生概率较低,无严重事故发生;②断层宽度处于30~50m时,一般事故发生概率为50%,无严重事故发生;③断层宽度大于50m时,一般事故发生概率为100%,可能出现严重事故。

工程中,应针对不同宽度断层采取不同的施工处理措施。

断层破碎带分类及施工处理流程如图4-4-15所示。

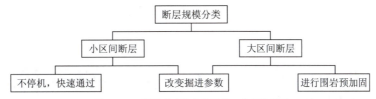

图4-4-15 断层破碎带分类及施工处理流程图

不同规模断层破碎带具体处理措施如下:

①小区间断层(断层宽度小于30m)处理

由前述分析可知,宽度小于30m的断层,一般事故发生率较低且无严重事故发生,总掘进速度普遍在15m/d以上,设备利用率普遍在30%以上,因此采取的措施如下:

a. 不停机快速通过;

b. 改变掘进参数。

②大区间断层(断层宽度大于50m)及卡机处理

宽度大于50m的断层,发生一般事故的概率较大,且有可能发生严重事故,总掘进速度较低,因此采取的措施如下:

a. 如超前地质预报和设计图初步判定为大断层,则必须停机进行临时灌浆固结处理;

b. 如因刀盘和盾体围岩塌落造成刀盘不能转动,则必须停机对刀盘和盾体围岩进行灌浆固结,然后人工撬挖刀盘周围岩块,以松动刀盘;

c. 塌方量巨大,将机头和机身压住,现场根据实际情况确定解决方案。

③宽度30~50m范围内断层处理

当断层规模介于小区间断层与大区间断层之间时,考虑到Ⅴ级围岩对掘进事故、掘进速度的影响显著,如查明宽度30~50m范围内的断层含有Ⅴ级围岩,则应按照大区间断层的措施进行处理;不含Ⅴ级围岩时,应根据实际情况确定解决方案。

④断层破碎带围岩预加固的强度标准

采用太沙基松动土压力理论反推断层围岩预加固强度,通过分析发现,断层破碎带围岩的预加固强度与隧洞开挖直径以及断层围岩重度相关,隧洞开挖直径、断层围岩重度越大,预加固强度越大。对于CCS水电站输水隧洞断层破碎带围岩预加固的强度标准确定为:内摩擦角大于30°,黏聚力大于0.2MPa。

3)富水砂层段安全快速掘进技术

TBM掘进过程中遇到Hollin地层,经滚刀挤压后,石英砂岩为石英石,遇到透水层后,随涌水通过刀盘旋转和TBM刀盘铲斗的作用进入刀盘集料斗,部分流入伸缩护盾和尾护盾,并淤积在伸缩护盾和尾护盾处,导致TBM无法进行双护盾模式掘进,管片安装十分困难,而且粗粒石英砂对TBM刀盘、滚刀和铲斗的磨损十分严重,并会影响出渣皮带,翻渣严重,涌水和流沙经水泵排放到TBM后配套尾部,形成隧洞沿线大量的流沙淤积,水面上涨淹没轨道,导致火车行驶困难,容易发生脱轨等不利事件,影响掘进效率。通过分析富水砂岩地段致害机理并针对不同情况提出相应处理方法。

(1) 渗滴水、线状渗水或者渗水量小于 70L/s

TBM 快速施工通过该区域,在隧洞开挖过后以自排为主。

(2) 涌水大于 70L/s,不影响围岩稳定

采取超前钻孔、钻孔卸压等措施对大流量、高压的涌水进行排放,引流排放达到 TBM 施工要求后进行 TBM 开挖施工。钻孔沿 TBM 刀盘设计超前钻开孔线,按轴向辐射状布孔。开孔角度、位置和数量根据超前地质预报资料确定。

(3) 涌水大于 70L/s,影响围岩稳定

需要对涌水进行超前灌浆处理。根据预测情况确定对开挖面进行全断面或者部分断面全封闭深孔注浆固结止水(孔深不超过 15m,具体根据超前地质预报系统资料确认),使隧洞周边及开挖面形成一个堵水帷幕(加固区),切断地下水流通路,保持围岩稳定,再掘进通过。

在 CCS 水电站输水隧洞施工中遇到了大量的涌水情况,如图 4-4-16 所示。

a) 刀盘后涌水　　　　　　　　b) 后配套涌水

图 4-4-16　CCS 水电站输水隧洞施工过程中涌水情况

4) 高强度岩石段安全快速掘进技术

通过不同岩石强度条件下的掘进参数统计分析,得到岩石强度与掘进参数断层规模分类之间的关系为:

① 刀盘推力随岩石单轴抗压强度的增加先略微减小然后增加。

② 刀盘转速随单轴抗压强度的增加而增加,最后稳定于最大刀盘转速。

③ 刀盘扭矩与单轴抗压强度的关系不明显。

通过对高强度岩石段掘进参数的理论推导及参数拟合,得到刀盘推力、刀盘扭矩与贯入度三者之间关系式,并由此给出高强度岩石段的快速掘进参数建议值与快速掘进预测值,见表 4-4-4。

快速掘进参数建议值与快速掘进预测值　　表 4-4-4

围岩级别	岩体质量指标 RMR 值	快速掘进参数建议值				快速掘进预测值		
		刀盘推力 (kN)	刀盘扭矩 (kN·m)	贯入度 (mm/r)	刀盘转速 (r/min)	净掘进速度平均值 (mm/min)	TBM 利用率平均值 (%)	掘进速度平均值 (m/h)
Ⅱ	61～80	14150～18500	4189～4606	5.95～10.2	4.91～6.45	46.53	43.47	1.21
Ⅲ	41～60	13050～16450	2740～4491	8.29～15.27	3.97～5.80	51.61	44.01	1.36
Ⅳ	21～40	7985～16250	2218～4522	7.12～25.57	2.02～5.94	58.21	40.21	1.40

5) 双护盾 TBM 大断面隧洞卡机防治技术

(1) 双护盾 TBM 刀盘被卡防治技术

双护盾 TBM 刀盘被卡主要有两种情况:一是刀盘不能转动的刀盘卡机;二是刀盘可以转动的刀盘卡机。刀盘不能转动导致刀盘被卡的原因,是刀盘所能提供的最大扭矩不能克服不良地质条件造成的刀盘阻力矩;刀盘可以转动的刀盘卡机的原因,是单位时间内断层内新形成塌方物质体积增加量接近或等

于皮带机的输送能力,刀盘可以转动,但掘进速度维持在极低水平或不能掘进状态。双护盾 TBM 刀盘被卡按卡机的严重情况分为无卡机、轻微卡机、严重卡机三个等级,各级的判断标准与卡机描述见表 4-4-5。

双护盾 TBM 刀盘被卡判断标准 表 4-4-5

卡机程度等级		掌子面稳定性	判断标准	卡机描述及处理措施
无卡机		掌子面完全稳定	$T_{d1}=T_{d3}=0$	掌子面对 TBM 刀盘掘进没有影响,可以不采取任何措施
轻微卡机	A 型	掌子面整体稳定,但出现局部破坏	$0<T_x<T$	TBM 能够前进,刀盘能够转动,但需加强对地质条件的监测并采取相应措施
	B 型	掌子面整体失稳	$v_J>0; 0<T_x<T$	TBM 能够前进,刀盘能够转动,但掘进速度受到一定影响,需采取一定措施,防止情况继续恶化
严重卡机	A 型	掌子面整体失稳	$v_J=0; 0<T_x<T$	TBM 不能前进,刀盘能够转动,需采取超前支护措施,防止情况继续恶化
	B 型	掌子面整体失稳	$v_J=0; T_x<T$	TBM 不能前进,刀盘不能转动,TBM 已严重被困

注:1. T_{d1}、T_{d3} 分别为刀盘前方摩擦力矩和刀盘边缘摩擦力矩。

2. T_x 为刀盘阻力矩,T 为刀盘所能提供的最大扭矩,v_J 为 TBM 净掘进速度。

(2)双护盾 TBM 护盾被卡防治技术

护盾被卡的主要表现形式为:围岩对护盾产生的摩擦力,使油缸推力达到极限也无法克服,从而造成卡机。护盾被卡主要分为缩颈性软弱围岩条件下的护盾被卡和断层破碎带条件下的护盾被卡。

缩颈性软弱围岩条件下护盾被卡的主要原因,是 TBM 所能提供的推进力小于护盾与挤压围岩之间产生的摩擦力。缩颈性软弱围岩条件下双护盾 TBM 卡机程度的判断标准见表 4-4-6。

缩颈性软弱围岩条件下双护盾 TBM 卡机程度的判断标准 表 4-4-6

卡机程度等级	缩颈性软弱围岩条件下判断标准	卡机描述及处理措施
无卡机	$t_1>\Delta_1(x)$ 且 $t_2>\Delta_2(x)$	围岩的变形对 TBM 施工没有影响,可以不采取任何措施
轻微卡机	$t_1\leqslant\Delta_1(x)$ 或 $t_2\leqslant\Delta_2(x)$ 且 $F\leqslant(N+T)\cdot f$	TBM 仍然能够前进,但需采取一定措施,防止情况继续恶化
严重卡机	$F\leqslant(N+T)\cdot f$ 且 $N\leqslant G$	双护盾 TBM 被困
双护盾 TBM 损毁	$N>G$	双护盾 TBM 被毁

注:1. t_1 为隧洞内壁与前护盾之间的间距。

2. $\Delta_1(x)$ 为前护盾范围内围岩的径向收敛。

3. t_2 为隧洞内壁与后护盾之间的间距。

4. $\Delta_2(x)$ 为后护盾范围内围岩的径向收敛。

5. N 为围岩作用于护盾上的总压力。

6. W 为双护盾 TBM 主机自重。

7. f 为护盾与围岩间的摩擦系数。

8. F 为双护盾 TBM 的有效牵引力。

9. G 为双护盾 TBM 护盾结构的极限承载能力。

断层破碎带条件下护盾被卡的主要原因是塌方体与护盾之间的摩擦力大于双护盾 TBM 所能提供的最大推进力。断层破碎带条件下双护盾 TBM 卡机程度的判断标准见表 4-4-7。

断层破碎带条件下双护盾 TBM 卡机程度的判断标准 表 4-4-7

卡机程度等级	断层破碎带条件下判断标准	卡机描述及处理措施
无卡机	$N_{tz}=0$	对 TBM 施工没有影响
轻微卡机	$0<(N_{tz}+W)\cdot f<N$	TBM 仍然能够前进,但需采取一定措施,防止情况继续恶化

续上表

卡机程度等级	断层破碎带条件下判断标准	卡机描述及处理措施
严重卡机	$F < (N_{tz}+W) \cdot f$ 且 $N_{tz} < G$	双护盾 TBM 被困或掘进十分困难
双护盾 TBM 损毁	$N_{tz} \geqslant G$	双护盾 TBM 被毁

注：1. F_{tz} 为断层塌方体对护盾的挤压力。

2. W 为双护盾 TBM 主机自重。

3. F 为双护盾 TBM 的有效牵引力。

4. N_{tz} 为断层塌方对双护盾 TBM 的挤压力。

5. G 为双护盾 TBM 护盾结构的极限承载能力。

6. f 为护盾与围岩间的摩擦系数。

（3）双护盾 TBM 大断面隧洞卡机预防措施

双护盾 TBM 大断面隧洞卡机预防措施见表 4-4-8 所示。

卡机预防措施　　　　　表 4-4-8

卡机预防措施	卡机预防具体措施
双护盾 TBM 设备风险预防措施	扩大刀盘开挖直径
	缩短护盾长度
	护盾锥形设计
	护盾设计尽可能流畅
	增加护盾承载能力
	减小后配拖车断面面积
	主驱动整体抬高设计
	主机设置超高压系统
双护盾 TBM 操作风险预防措施	采用单护盾掘进模式掘进
	提高掘进速度
	降低围岩与护盾之间摩擦阻力
	旋转刀盘
	刀盘后退
双护盾 TBM 卡机辅助预防措施	超前地质预报
	超前化学灌浆

（4）双护盾 TBM 大断面隧洞卡机脱困措施

双护盾 TBM 大断面隧洞卡机脱困措施主要有化学灌浆法、侧导坑法、辅助坑道法、扩挖法、超高压换步等。不同的脱困方法有一定的适用范围，不同卡机脱困措施所对应的适用范围见表 4-4-9 所示。

不同卡机脱困措施的适用范围　　　　　表 4-4-9

TBM 主要脱困措施	适 用 范 围
化学灌浆法	针对刀盘前方松散体和盾体上方坍塌松散体
侧导坑法	适用于无水或少量渗水的小型断层破碎带
辅助坑道法	适用于规模较大的断层破碎带，高埋深、高地应力软弱围岩时不适用
扩挖法	围岩软弱破碎和较高地应力不良工程地质条件下隧道开挖中具有四周来压和持续大变形的趋势及初始变形速率较大的情况
超高压换步	适用于支撑盾和尾盾轻微被卡的情况

7. 工程成果

CCS 水电站输水隧洞具有开挖断面大、掘进距离长、地质条件复杂、建设条件困难等特点与难点。

中国电力建设股份有限公司采用 EPC 模式承建该项目,结合 CCS 水电站输水隧洞的实际情况,量身定制双护盾 TBM,使 TBM 各项性能能较好地适应工程特点,满足工程需要,有效地规避施工风险。同时实践证明:TBM 各设备配置均能匹配并适应掘进需要,配置设施性能完好,设备完好利用率达 90% 以上。CCS 水电站输水隧洞顺利贯通的照片如图 4-4-17 所示。

a) 2015 年 4 月 7 日 TBM1 顺利贯通

b) 2015 年 2 月 4 日 TBM2 顺利贯通

图 4-4-17　CCS 水电站输水隧洞顺利贯通

TBM1 实际掘进长度 9587m,历时 30 个月,其中 2014 年 2 月—2014 年 10 月遭遇涌水塌方事故,导致 TBM1 停机,采取脱困措施共耗时约 9 个月;正常掘进时间共 21 个月,平均月掘进长度为 513.4m;最高单月掘进长度为 1059m,最高单日掘进长度为 43.2m。TBM1 月掘进速度统计如图 4-4-18 所示。

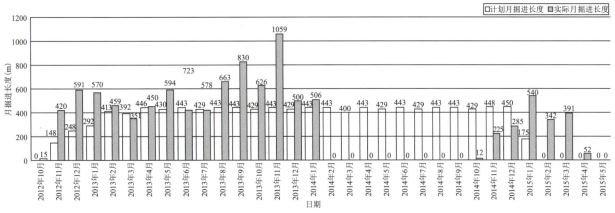

图 4-4-18　TBM1 月掘进速度统计图

TBM2 实际掘进长度 13773m,历时 27.3 个月。其中 2013 年 12 月—2014 年 5 月遭遇 K16+127 大断层破碎带,导致 TBM2 停机,采取脱困措施共耗时 167d;正常掘进时间共 21.7 个月,平均月掘进长度为 633.4m;最高单月掘进长度为 1001m,最高单日掘进长度为 46.1m。TBM2 月掘进长度统计如图 4-4-19 所示。

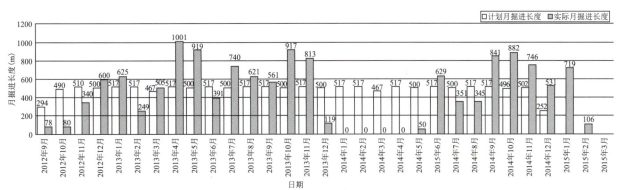

图 4-4-19　TBM2 月掘进速度统计图

TBM1 单月 1059m 的掘进速度在世界同类洞径中排名第三,如图 4-4-20 所示。

图 4-4-20　世界同类洞径月掘进速度世界第三证书

第 4 节　莫斯科地铁盾构施工技术难点与对策

中铁十六局集团有限公司　邵琛琛,刘堂

1. 工程背景

2017 年初,俄罗斯首次尝试在莫斯科第二条环线地铁建设中引入中国承包商。中国铁建全力响应国家号召,积极参与"一带一路"建设,与俄罗斯政府最终达成合作伙伴关系。得益于国家"一带一路"倡议和俄罗斯欧亚经济联盟战略的高度契合,中俄合作不断迈向新领域。

俄罗斯曾援助中国地铁建设,这一项目是俄罗斯首次在地铁建设中引入外国承包商施工,也是中国技术、管理与设备首次集体走进俄罗斯地铁市场,战略意义非常重大。

莫斯科地铁布局呈辐射及环行线路,共有 12 条地铁线,包括 11 条辐射线和 1 条环行线,全长 312.9km。本项目位于莫斯科西南部,为第三换乘环线西南段,也是该环线首段开工建设的项目。

项目投资 229.8 亿卢布,约合人民币 22 亿元,总工期从 2017 年 4 月 1 日至 2019 年 12 月 27 日,线路全长 4.6km,包含 3 个地下车站和 4 个盾构区间。阿米尼—米秋林工程区间全长 1518.3m,最小转弯半径 400m，最大纵坡 43‰，拱顶埋深 10～25m。

2. 工程概况与地质条件

1）工程简介

莫斯科地铁布局呈辐射及环行线路，共 14 条运营线路（不包括莫斯科单轨和中央环线），全长 383km。最早建设的地铁线为索科利尼基线，于 1935 年开通，全长为 32.6km，共 22 站。

本项目位于莫斯科市西南部，共包含 3 站 4 区间，区间线路总长约 4.6km，最小平面转弯半径 400m，最大纵坡 43‰，拱顶埋深 13～22m，项目车站与盾构区间如图 4-4-21 所示。

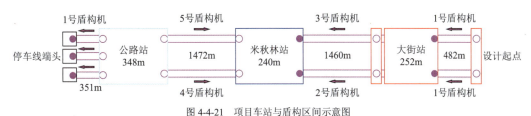

图 4-4-21 项目车站与盾构区间示意图

2）工程地质及水文地质条件

区间穿越主要地层为黑褐色—棕色硬塑性砂质黏土，含细砂和亚砂体夹层及透镜体，含不超过 25% 的卵石、碎石，粉砂岩到灰黄致密含水细砂岩，少见塑性亚砂体和软塑性砂质黏土夹层，泥质砂岩。致密含水亮褐色细砂岩，局部含灰色软塑性砂质黏土和粉砂夹层，泥质砂岩。

第一个含水层从地表以下 5.6～17.4m，第二个含水层在地表以下 20.2～21.9m。静水压力值在 0.05～0.19MPa 范围内。

3. 工程重难点分析

1）高寒天气

俄罗斯绝大部分地区冬季漫长、严寒，夏季短促、温暖，春秋两季短暂。莫斯科属于温带大陆性湿润气候，气候反常十分频繁。年平均降水量 190～240mm，降雪量大，平均年积雪期长达 146d（11 月初到次年 4 月中），冬季长而天气阴暗。1 月平均气温 -10.2℃（最低 -43℃），7 月平均气温 18.1℃（最高 37℃）。

莫斯科冬季施工时间长、温度极低，必须采取有效的施工保障措施，保证冬季极寒条件下盾构机可以正常高效掘进。施工方面，掘进速度受土体改良材料选择及其实用性的影响。机械方面，极寒条件下无论是从盾构机的选型、生产，还是内燃机、塔吊、拌合站等配套设备选型，抑或是施工材料的选择都面临着巨大的挑战，需充分考虑设备的加热功能和材料的抗冻性能，确保冬季安全顺利施工。通过对本项目盾构冬季施工的分析，总结以下难点：

（1）冬季时，拌制好的同步浆液储存在露天环境下容易冻结。

（2）施工用水在冬季露天环境下，管道内水容易结冰，靠近洞门一段的水管若冻住，将直接影响到盾构掘进。

（3）在冬季气温低的环境下，机械设备容易出故障，工作效率降低。

（4）盾构掘进所需的泡沫剂、各类油脂等材料容易受冻，严重影响产品质量及使用效果。

（5）冬季散落泥土易冻结，增加车辆运输风险。

（6）在低温环境下工作，施工人员的思想意识比正常环境下更迟钝，表现在精神不集中，动作反应慢等方面，容易发生安全事故。

2）大坡度盾构隧道

国内地铁盾构法隧道设计中，区间正线坡度一般不大于 30‰，本项目隧道设计纵坡最大为 43‰。由于隧道大坡度的存在，给施工造成诸多难题：机械方面，大坡度施工对隧道设备的运输能力和制动性能有较高的要求;施工方面,对管片的选型、衬砌的质量、地表沉降控制、隧道排污排水等造成作业难度;坡度太大影响出渣和运料作业的效率,不仅要考虑选用特殊的井内运输方式,同时还必须采取各种施工安全防护措施。大坡度对开挖面的稳定也存在一定的影响。在常规盾构掘进施工中可以采用4台电瓶车牵引列车编组进行洞内渣土、管片、浆液的运输。当盾构隧道坡度较大时,无论是盾构机偏离轴线以下还是线路曲线的变化,都要通过调整各组油缸推力来达到纠偏的目的,特别是在下坡时,盾构机底部油缸推力的增大将在设计轴线法线上产生一个向上的分力,这个分力对管片的上浮产生了很大的影响,特别是在同步注浆没有完全提供约束力的情况下。区间隧道纵向坡度普遍较大的情况下,且为重载上坡,就需要提高输送管片、材料及施工设备等运送装置的重度,确保机车及盾构机的效率。同时考虑盾构机构造时,需把盾构机内所有设备的稳定性和安全措施放在首位,例如机车在停车以后,要采取各防滑、防溜措施,保证在施工全过程中不出现任何运输上的安全事故。

3)车站盾构同步施工

国内修建地铁,盾构隧道施工一般在车站主体结构封闭后开始。始发井结构需达到一定长度,具备盾构施工条件,方可开始盾构机及后配套设备的下井组装及后续的始发掘进施工工作。

不同于国内施工方案,本次莫斯科地铁施工过程中车站和盾构同步施工。围护结构施工完成后,在土方开挖到底,钢支撑不拆除,永久性车站主体结构未施工的情况下,即准备盾构始发。

4. 盾构机研制

1)盾构机特点及主要参数

莫斯科地铁隧道施工采用铁建重工ZTE6250土压平衡盾构机,主机长度9.5m,整机长度87m,最小平曲线半径250m,最大线路爬坡50‰,整机功率1750kW。考虑俄罗斯莫斯科地区的地质特点,对盾构机刀盘进行专门设计,所有可拆式刀具均从刀盘背部进行更换。刀盘由4个辐条和4块面板组成,每个辐条两边安装刮刀,辐条上可安装齿刀或滚刀,两种刀具都是背装式的而且可以互换或混装以适应各种

图 4-4-22　盾构机出厂验收

底层,刀盘开口率约40%,并设置有锥形进渣口,可实现正反双向旋转出渣,刀盘整体钢结构由Q345D材料特性的高强度钢板焊接组成。主轴承形式为三排圆柱滚子轴承,密封形式为外4道加内2道唇形密封。盾尾刷采用3道钢丝刷加1道钢板束。土压传感器共有7个,6个位于隔板上,1个位于前盾顶部。铰接形式为主动铰接,共12根铰接缸。渣土改良为泡沫和膨润土两套系统。渣土采用连续皮带机输送。该设备在出厂验收时的照片如图4-4-22所示。

2)适应高寒环境盾构机专项设计

油温过低会导致液压油的黏度升高,液压泵的吸油阻力变大,此时容易吸入空气,当泵吸油腔的压力低于该温度下的气体分离压力时,空气会析出,造成气穴现象,产生巨大的噪声。液压油箱箱内设计有油液加热器,温度低时可持续对油箱进行加热,确保各液压系统工作正常。

润滑油脂、HBW主驱动密封油脂、盾尾油脂的存放温度不得低于5℃,过低的温度会导致油脂功能性变差,且不容易泵送,对气动油脂泵造成损坏,不利于施工;气动油脂泵配有油脂桶加热带,温度过低时可对油脂桶进行加热,防止损坏油脂泵工作部件,减短使用寿命。

带水作业设备(如水泵等)及有水冷循环系统的部件停用时,应将机体内的水排尽,否则易发生管路冻裂;液压泵站冷却器、增压水泵、内循环水泵站内循环水罐、连接桥泡沫管路灯多处均设计有排水球阀,方便在盾构机停机时将管路存水排放,确保各工作部件管路不易残存余水而冻裂。

压力表受温度影响最大,因压力表对于压力的测量主要依靠其内部的弹簧管等弹性元件,这些弹性元件在温度比较极端的情况下会发生严重变形,进一步使压力表检测失准;所有压力表均使用耐低温型

压力表,以确保各项检测数据的准确性。

环境温度的变化将直接对流量计的电子元件和传感器产生影响,电子元件本身比较敏感,环境温度如果和流量计不相符,则可能改变电子元件的相关参数,环境温度的变化可能会影响其尺寸甚至直接改变介质的黏度和密度等。流体系统膨润土泵及泡沫泵等流量计均采用耐低温规格,确保各流体系统流量数据检测的准确性。

环境温度过低,对阀门非金属密封副、金属密封副、填料和垫片密封性能有影响,导致阀门的密封性变差;橡胶减振系用于金属管道之间起挠性连接作用的中空橡胶制品,温度过低,将会严重影响其降低振动及噪声的效果。流体系统阀门及减振喉均使用耐低温规格产品。

环境温度的极端过低,将会导致膨润土螺杆泵定子的使用寿命;降低温度过低所产生的冷空气进入空压机之后,遇到高温会产生大量的水蒸气,从而加大空压机后处理水蒸气过滤的负担。流体系统膨润土泵及空压机均使用低温型设备。

刀盘电机内部、刀盘变频柜和变频控制柜均配有电加热器,当环境温度持续低于-10℃时,将启动电加热器确保设备安全正常运转,配电柜配置电加热器,设有温度控制器,当柜内温度低于设置值时,将自动启动加热功能。

盾构机的抗寒专项设计部件如图4-4-23所示。

图4-4-23　盾构机抗寒专项设计部件

5. 高寒环境下盾构机存放措施及施工技术

1) 高寒环境下盾构机存放措施

对刀盘大法兰机加面、螺栓孔以及销孔采取保护措施。对刀盘大法兰机加面均匀涂抹防锈油或黄油,使其表面形成油膜,不宜过厚,不得漏涂,对刀盘大法兰上的螺栓孔涂抹防锈油或黄油并用保护塞保护,对刀盘大法兰上的销孔涂抹防锈油或黄油,在机加面、螺栓孔以及销孔做好防护后,用聚氯乙烯薄膜将刀盘大法兰全部包裹,塑料胶带固定,最后在最外层用防雨毡布覆盖并包严。

检查盾体内所有重要机加工连接面、螺纹孔、机加工件是否存在锈蚀,若存在锈蚀,需及时除锈,做防锈处理。确保盾体内管路的水和油排放干净。拆除隔板上的土压传感器,保温存放,存放温度应大于0℃。

检查人舱内部是否在海运等运输过程中进水。核查消防水管内的水是否全部放完;检查仓门、与盾体连接处的机加面是否锈蚀,如有锈蚀,则应重新做防锈处理;整体做防雨保护。

放置主驱动的减速机和电机的集装箱需要保证5℃以上的温度,防止低温对减速机和电机造成损坏。

将管片吊机起升葫芦减速箱、行走电机减速箱内的齿轮油排放干净;对管片吊机起升葫芦进行除湿保温处理,条件允许时建议拆卸后存放于室内。

将减速机、减速机制动器中的齿轮油完全排出;提升油缸、微调油缸、平移油缸及管路中的液压油尽可能排放干净;托梁、托梁底板机加工面及加工孔涂抹防锈油。

液压流体系统的元器件及管路满足最低-30℃下长时间存放要求,盾体、螺旋输送机、拼装机、连接桥及各节台车上的液压流体零部件不需要拆除,保持现场原始状态即可;液压泵站冷却器内的水需排尽;增压水泵内水需排尽；内循环水泵内水需排尽；膨润土泵与膨润土系统流量计之间的管路内水需排尽；泡沫过渡罐内（连接桥顶部）的水需排尽；泡沫混合液泵出口管路内的水需排尽。

图 4-4-24　盾构机冬季保温存放

两台空压机的冷却水管路内的水需排尽；冬季存放时，因气候寒冷电缆韧性减弱变脆而容易发生断裂，故在极低温度下，应禁止移动电缆；主控室电脑显示器、遥控器和遥控器电池、激光靶等精密贵重元器件均装箱存放，保持集装箱内温度在5℃以上，以防显示屏及电池等在极寒温度下发生冻裂等损坏；变压柜、配电柜、变频柜、主控室及端子盒需做外包装（外加防水篷布、保温草甸等）防护，以防在极寒温度下，冰雪等对电控柜及柜内电气元件的直接侵蚀，以及天气变暖时，雨雪成水造成电气设备浸水锈蚀。现场盾构机的冬季保温存放如图 4-4-24 所示。

2）高寒环境下盾构施工技术

莫斯科冬季盾构施工，交通风险大，设备易冻堵，人员易冻伤。为避免内燃机车进出隧道区间时形成活塞风，散失隧道内温度，冬季施工前对隧道端头采用石棉板保温材料进行封闭，并预留出连续皮带机通道、风筒通道、内燃机车进出所需的门口，仅在内燃机车进出时打开洞门，以隔离冷空气。

冬季始发时在盾构机台车上加装透明防雪罩，防止雪水浸泡盾构机各部件及电器元件等，并在内部增加暖风机进行整体加热，确保盾构机运作正常，避免出现低温情况下管路冻裂；内循环冷却水添加防冻液；外循环水箱增加加热器；齿轮油提高标号等级；调整燃油型号，内燃机添加防冻剂、定时释放冷凝水。

当地管片在生产车间内将完成止水条及缓存垫的黏结工作，在现场存放过程中需加盖防雪罩，防止雪水浸泡管片，确保管片在下井吊装时干净整洁。

外循环水系统整体安置在封闭集装箱内，采用自动加水调压系统，以隔绝冷空气，采用管路外壁缠绕电阻加热线，外部包裹石棉保温卷材。在冬季来临前，需对现场的临水管道、泵管等做好保温防冻处理，管路外壁缠绕电阻加热线，外部包裹石棉保温卷材，并使用塑料薄膜进行整体封闭加固保护。

塔吊将液力制动系统全部换用防冻液压油；塔吊操作室人员采取空调取暖措施；塔吊爬梯积雪及时清理，积水及时擦净；在塔吊运行前，检查塔吊小车和大臂上是否有冰块和雪团，及时清理防滑，并做好检查记录；检查塔吊钢丝绳、挂钩及小车上是否有大的冰块；吊带采用烘干方式保持干燥防止冻结；施工人员倒班期间实行轮流值班制，以保证做到及时发现隐患防止设备冻结；塔吊工作完毕，应将吊钩升起，将制动器刹住，操作杆放在空挡位置，关闭门窗，上锁后方可离去。

砂浆搅拌站设计为钢结构全覆盖保温棚，保温棚围护材料采用保温石棉板；棚内温度过低时，根据实际情况在棚内设置一台柴油暖风机进行供暖；拌合站保温棚设计时自带锅炉泵房，供暖管路铺设至保温棚内，确保冬季砂浆正常生产。

为确保冬季施工渣土顺利运输，所有机械在冬季出土时都必须添加防冻液，车辆更换为防滑轮胎，必要时增加防滑链；及时将井下运至土坑内的渣土运输出去；采用融雪剂（工业盐）融化受冻土体，并常采用机械进行松动；冬季无法用水洗车时，采用空压机高压气清洗车辆，确保渣土外运不污染市政道路。项目采用的冬季施工措施如图 4-4-25 所示。

图 4-4-25　冬季施工措施

6. 大坡度盾构施工技术

1)运输设备

(1)采用大牵引力的45t牵引车头

根据43‰的最大坡度计算,按照一节浆车及两节管片拖车的编组进行施工。采用45t牵引车头可满足牵引力的要求,同时45t牵引车头的制动性能较40t牵引车头强,对水平运输安全有利。

(2)加强电瓶车、内燃机车组列的制动系统

对电瓶车组列的制动系统进行改造,增加砂浆运输车及管片运输车的制动系统。加强内燃机车及后配套设备的制动系统,从多方面加强制动性能。

2)管片上浮与姿态控制

(1)盾构掘进推力的分配

为保证盾构机垂直姿态,需使上下部分区油缸产生推力差,以防止盾构掘进过程中发生"栽头"现象。而管片上浮主要是受向上的分力加之同步注浆浆液浮力的共同作用。因此在盾构机推进过程中,在保证盾构机不发生"栽头"的前提下,尽量降低上下部推力的差值,从而降低向上分力的作用。

(2)同步注浆控制

大坡度下坡地段合理调整配合比,加快盾构同步浆液的凝固速度,防止上部浆液下沉造成管片上浮。

3)连续皮带机运输渣土

本项目施工中,因纵向坡度较大,内燃机车无法承担隧道掘进出土的水平运输工作,大坡度隧道溜车风险较高,牵引小方量土斗出土掘进效率低,所以在当地大坡度隧道施工过程中采用了连续皮带机出土,内燃机车仅负责管片及浆液的运输。左右线盾构机出渣系统各由5条皮带机搭接组成,形成隧道盾构系统中独有的折返出渣工艺。按出渣流程,皮带机工作顺序依次为:盾构机主机皮带机→横移皮带机→连续皮带机→折返皮带机。多条连续皮带机布置如图4-4-26所示。

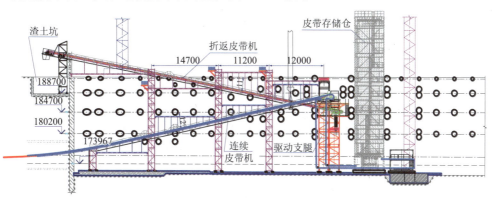

图4-4-26　多条连续皮带机布置示意图(尺寸单位:mm)

连续皮带机从横移皮带机上接料,通过漏斗将物料运输到折返皮带机上。折返皮带机负责将物料运至渣土池内,并将物料均匀分布在渣土池内。这套皮带系统设置皮带存储仓,采用十层塔式储带方式,最大储带能力500m。单卷皮带长度为450m,即盾构机每向前掘进450m进行一次续接皮带。

采用具有变频恒扭矩自动张紧装置的张紧系统,用于在隧道壁架设机身的三角支撑架等,确保皮带机在盾构隧道内正常使用。

相对于渣土车加垂直提升出土方式,连续皮带机不间断的工作能力能提高掘进效率30%以上,减少了对劳动力的依赖。皮带机将土体从开挖面直接传送到地面,也避免了吊装的危险作业。

7. 车站与盾构机同步施工技术

车站与盾构机同步施工能极大缩短工期,基坑开挖到底,根据隧道轴线确定临时底板高程,浇筑80m临时底板、始发导台及外浇洞门,铺设轨道基础,即开始盾构机及后配套设备下井、组装始发工作。

图 4-4-27　车站与盾构机同步施工

待盾构掘进完成后再进行始发段主体结构施工。车站与盾构机同步施工如图 4-4-27 所示。

8. 结语

本工程还在施工过程之中，我们还将继续通过对莫斯科极寒天气、大坡度、车站与盾构机同步施工条件下的盾构施工技术与经验进行总结，并针对这些影响提出相应施工技术及一些难题的解决方法，为以后在莫斯科或极寒地区的盾构施工提供借鉴。

第 5 节　莫斯科地铁第三换乘环线阿米尼—米秋林区间盾构下穿铁路施工技术

中铁十六局集团有限公司　刘堂，苏周勃

1. 工程概况

1）工程简介

莫勃铁路，起点为俄罗斯莫斯科，终点至乌克兰基辅，1899 年通车，目前时速达 160km。莫勃铁路与莫斯科地铁第三换乘环线阿米尼—米秋林区间盾构隧道存在交叉。盾构隧道下穿通过莫勃铁路，交叉段铁路 4 跨。图 4-4-28 为阿米尼—米秋林区间盾构隧道下穿铁路平面图。

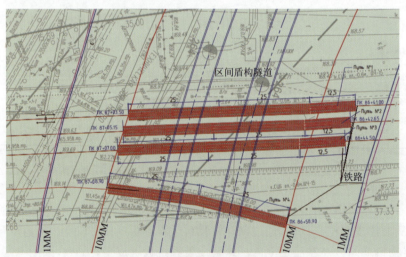

图 4-4-28　阿米尼—米秋林区间盾构隧道下穿铁路平面图

下穿区域隧道顶距离铁路轨道约 19m。下穿区域地层从上到下主要为人工填土层约 6m，粉质黏土层约 12m，砂层约 1m。下穿铁路段处，砂层与黏土层交接位置，隧道 40‰下坡。

2）工程地质及水文地质条件

从阿米尼站到 DK0253+37.17 区段，隧道位于由细小、浅棕色、密集且饱和的砂层组成的混合地层中，频繁夹层灰色软砂和粉状黏土砂。从 DK0253+37.17 到米丘林车站区段，隧道位于精细、浅棕色、密集且饱和的砂层中，频繁夹层灰色软塑壤土和粉状黏土砂。

第一个含水层在地表以下 5.6～17.4m，第二个含水层在地表以下 20.2～21.9m。静水压力值在 0.05～0.19MPa 范围内。

2. 盾构掘进对铁路的影响

列车运行对路基沉降、隆起和差异沉降有着特殊要求，即使是微小的变化都可能会对列车安全运行构成灾难性的影响。盾构施工会引发土体隆沉、地层损失。盾构下穿铁路时对列车会产生以下几种不利状况。

1）地层沉降对列车运行的影响

铁路轨道是一条以轨枕为弹性支座的连续承载梁，属于多支座超静定系统。列车通过时，车轴下的轨枕受压后向碎石道床产生弹性沉陷然后恢复稳定。

当土体发生沉降时，轨枕的支撑面会随之下沉，轨道的多支座超静定系统也将遭到破坏。在列车的动荷载作用下，这些支撑面下沉的轨枕带着轨道产生较大的变形量，导致轨道中应力大大升高。土体沉降过大时可使轨道断裂。轨枕的支撑面形成陷坑，列车通过时就会受到来自下方的冲击。这种垂直向上的冲击可同列车的自振结合引发更大的列车振动，严重时造成出轨事故。列车车速越快，沉陷坑的高长比越大，危险性也就越高。

2）轨道的差异沉降对列车运行的影响

盾构下穿铁路时，两条铁轨之间可能出现差异沉降。特别是当盾构机推进轴线和铁路轴线之间的夹角较大时，同一条铁轨以及同一断面上的两条铁轨下方的土体沉降量不同，这会加大轨道之间的差异沉降。如果这些差异沉降和列车的自振结合，使得列车振幅增大，列车便会发生摇摆运动（特别是货车）。

3）盾构机推力对列车运行的影响

盾构下穿铁路时，考虑到上部列车动荷载，同时为了减小盾尾脱出后的地层沉降，土仓压力应略大于开挖面的水土压力。如果在施工时控制不好土仓压力，则会使上部土体产生较大的隆沉或横向水平位移，可能会导致铁路轨道发生竖向或水平弯曲变形，对列车的行车安全产生威胁。

根据以上分析，盾构隧道下穿铁路过程中，为确保穿越施工及铁路行车安全，必须对地面隆沉及轨道变形建立严格的控制标准。

3. 施工措施

考虑到盾构下穿铁路期间不可预见的多种因素，为控制施工时地表隆沉量以确保铁路结构安全，采取以下的措施：

1）过铁路段轨道加固

目前，对既有铁路线路进行加固，既能确保在施工过程中火车的行车安全，又能节约工程造价、加快施工速度、确保工程质量的方法有很多，本次采用扣轨吊梁相结合的施工技术与相关工艺。

铁路轨道加固后，可在不影响行车安全且不中断行车的条件下进行施工，可以大大缩短施工对铁路行车的干扰时间，相应地也使整个工程的工期大大缩短。施工方法简便易行、成本较低、对铁路既有线行车影响小，且临时占地少。

2）加强监测

在采取安全措施的同时，对穿越过程进行全程监控，及时反馈监测数据，实行施工参数的动态控制。穿越时需控制好盾构姿态和掘进速度，并确保同步注浆的效果。

3）列车减速通过

在盾构穿越过程中，为减小轨道的不平顺引起的列车冲击荷载，列车应减速慢行。

4. 盾构掘进控制技术

1）盾构穿越前准备

将盾构穿越铁路之前100环作为模拟掘进段，紧密依靠地表变形监测数据，及时调整盾构掘进参数，不断完善施工工艺，及时总结出盾构穿越该类土层的最佳参数，为盾构穿越铁路提供参考。当盾构机进入铁路5环前，对人员、机械、材料做好充分的准备，特别是对设备做一次彻底的检修，确保盾构机能连续穿越。

2）盾构穿越控制

（1）保持盾构开挖面的稳定,通过优化掘进参数来控制。掘进参数主要有刀盘和土仓压力、推进速度、螺旋输送机转速、千斤顶总推力、注浆压力与时间、注浆量、浆液性能、隧道坡度、盾构姿态和管片拼装偏差等。为优化施工参数,必须熟练掌握盾构机的操作,根据地面变形曲线进行实时反馈,以验证选择施工参数的合理性或据此再调整优化施工参数。通过设定推进速度、调整排土量或设定排土量来调整推进速度,以求得土仓压力与地层压力的平衡。

（2）同步注浆控制。选用硬性浆液,同步注浆量控制在建筑空隙的200%～220%,注浆压力控制在0.3MPa左右,注浆量和压力初始值根据模拟掘进段数据确定并根据沉降监测数据及时调整。

（3）严格控制盾构机纠偏量。盾构姿态变化不可过大、过频,控制每环纠偏量不大于5mm（高程、平面）,以减少盾构施工对地层的扰动影响,从而尽可能减少地表沉降。

（4）土体改良。穿越铁路的过程中,利用刀盘上的加泥孔向前方土体加泡沫剂来改良土体,减小刀盘扭矩,提高土体的流塑性。

（5）二次注浆。在管片脱出盾尾5环位置,采取对管片后的建筑空隙进行二次注浆的方法来填充,浆液为水泥—水玻璃双液浆,注浆压力为0.3～0.5MPa,壁后二次注浆根据地面监测情况随时调整,从而使地层变形量减至最小。

5. 沉降监测

在盾构穿越铁路施工期间,通过高精度仪器的监测及时了解施工引起的轨面变化,指导盾构穿越施工参数的调整;同时采用铁路工务常用的动态和静态相结合的监护方法,及时发现轨面的变形并予以整治。根据当地铁路系统要求,铁路运营期间不得上线检查,不能采用人工监测,本工程采用全站仪进行自动监测。

1）监测设备

本工程采用的监测设备为精密型自动化全站仪 Sokkia IX-502。Sokkia IX-502 自动化全站仪可自动找准目标,初始化时只要找到目标的大致方位,瞄准和对焦工作就完全由 Sokkia IX-502 全站仪来自动完成。

观测墩:根据工程环境,选取合适的观测站位,建造稳固的观测墩,安置强制对中盘。

观测点:在点位上安置棱镜,将棱镜与预埋好的钢筋连接。

2）监测频率

在盾构机刀盘逼近30m、20m、10m时,观测频率分别为4次/h、12次/h、24次/24h。发现观测点位数据异常时,对部分点位再加密观测。盾尾逐渐远离铁路后,监测频率随之递减。

3）监测报警值

沉降监测点分布如图4-4-29所示。本项目为中国团队首次在莫斯科下穿铁路,对铁路沉降控制尤为重视。经过反复研究,确定将盾构施工期间的铁路沉降报警控制值设定为:每24h沉降2mm为报警

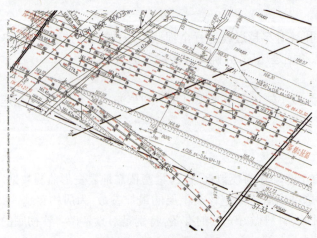

图4-4-29 沉降监测点分布图

值,每 24h 沉降 1mm 为预警值,累计沉降量报警值为 5mm。

6. 施工效果

在采取行之有效的保护措施,实施严格的盾构掘进控制后,铁路最终沉降量均控制在要求范围内。

第 6 节　新加坡 T221 Havelock 车站地下通道盾构施工技术

中铁隧道局集团有限公司　姜群会,张栋樑

1. 工程概况

1)工程简介

新加坡 MRT 汤申线 T221 Havelock 车站地下通道位于新加坡城市中心,穿越合乐路与锡安路交叉口,沿锡安路方向连接车站出入口 E、D 及车站主体结构,靠近新加坡河。隧道全长约 156m,主要穿越海泥地层及 5~6 级强风化花岗岩。本项目具有工期紧、隧道周边管线众多、保护要求高、覆土层浅(5.4~7.2m)、路面交通繁忙、对地面沉降要求严格、长距离海泥层顶管顶进、后期管节大断面开孔等设计施工特点,还存在新加坡行业规范标准高、地层软弱、可能存在孤石、刀具管理难度大及洞内拆机等工程难点。

原设计方案采用明挖法施工地下通道,而该地下通道穿越繁忙的市政道路,且市政道路下方密布各类公共管线,如图 4-4-30 所示,明挖法施工需进行多轮次工程量巨大的交通导改及管线迁改保护工作。其工期、投入、公共关系等问题都将需要巨大的资金投入,且在明挖施工期间,管线保护风险极大,交通导改也将对公共交通带来很大的不便。不仅如此,新加坡政府也在积极引进新的施工技术,以期更安全、高效地完成此类地下通道项目。因此,新加坡陆路交通局,通过方案变更,最终决定从中国引进矩形盾构(顶管)机施工该地下通道,也为后续其他类似施工环境的隧道开辟全新的施工方法。矩形顶管隧道施工如图 4-4-31 所示。

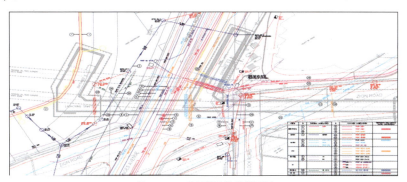

图 4-4-30　项目所处位置管线图

图 4-4-31　矩形顶管隧道施工示意图

2）工程地质条件

根据前期勘察报告，工程地质主要为人工填土层、加冷构造、武吉知马花岗岩。按基岩风化程度，可分为强风化、弱风化、微风化。

工程范围内的地层由上而下为：

（1）填土层：主要为夹杂砾石、砖块等的砂土、黏土等，随新加坡的城市进程形成于 19 世纪和 20 世纪早期。SPT 测试结果 N 值为 10～11，平均值为 4。重度为 14.2～19.3kN/m³，平均值为 17.3kN/m³。干重度为 8.2～14.7kN/m³，平均值为 12.2kN/m³。建议设计时选用的重度和干重度分别为 18.5kN/m³、13.5kN/m³。渗透系数为 1×10^{-6}m/s。

（2）加冷构造：该构造覆盖了约 25% 的陆地，主要由海岸、河口、冲积层沉积而成，形成于约 1.5 万年前的全新世和晚更新世时代，分布于新加坡东部和南部靠近新加坡河和其他河谷地区，本层位于老冲积层、武吉知马花岗岩和裕廊构造之上，层厚不均。河口黏土表现为很软到软，有机物含量高；冲积黏土表现为从非常软到坚硬的黏土或淤泥。

①海相黏土 M（Marine Clay）：海相黏土非常软，呈绿色或蓝灰色且夹杂贝壳碎片等，无标准贯入试验数据。干重度为 11.0kN/m³（深度超过 10m）和 9.0kN/m³（深度小于 10m）。渗透系数为 1×10^{-10}m/s。

②河口黏土 E（Estuarine Clay）：河口黏土表现非常软，有机质含量高，呈褐色或黑色。重度和干重度分别为 15.0 kN/m³ 和 8.0kN/m³。渗透系数为 1×10^{-8}m/s。

（3）武吉知马花岗岩：该构造约占新加坡主岛的 1/3。自新加坡岛的中心向北延伸 8km，向西延伸 7km，在那里形成一个丘陵和高低起伏的山谷区域。本构造的相关岩石是酸性火成岩，通常被称为武吉知马花岗岩。武吉知马花岗岩的侵入发生在早期、早中期三叠纪时期（200～250 万年前）。主要矿物为石英、长石、黑云母、角闪石。通常情况下，它呈浅灰色，为中粗粒。矿物颗粒可以很容易地用肉眼区分开来。长石是其中最丰富的矿物质，占 60%～65% 的岩石构成。外观上通常是奶油色，含有更多的风化矿物时呈苍白棕黄色。石英通常占矿物质的 30%，具有一种玻璃状的灰色外观和一个粗糙的表面。它填隙到长石晶体，并与其相互交错。武吉知马残积土 GVI 土体参数见表 4-4-10。

武吉知马残积土 GVI 土体参数表　　　　　表 4-4-10

土壤硬度 / 相对密度	SPT-N	
非常软至非常硬 / 非常松散至中密	≤ 30	
坚硬 / 密实	31～60	
坚硬 / 密实至非常密实	> 60	
SPT-N	$N \leq 30$	$N > 30$
重度（kN/m³）	19	20
干重度（kN/m³）	15	15.5
有效黏聚力 c（kN/m³）	19	20
有效内摩擦角 φ（°）	15	15.5
渗透系数（m/s）	1×10^{-7}	

3）水文地质条件

根据水位监测，受地表降雨影响，地下水位于地表以下 0.25～2.5m 不等。各地层的渗透系数可参见上述 2）工程地质中各地层特性描述。

2. 工程重难点分析

（1）新加坡作为高端建筑市场，使用欧美发达国家的施工标准和规范，在施工质量、施工安全、环境保护等方面有着极其严格的要求标准。施工过程中尤其需要对交通的影响、周边居民干扰、粉尘和噪声污染等方面进行严格控制。

（2）项目地处新加坡繁华地段，地上部分为双向 6 车道的 Have Lock 路和双向 5 车道的 Zion 路，而且地下管线错综复杂,施工过程中对沉降的控制要求高。

(3)受周边交通繁忙、地下管线复杂、建筑物多、施工场地范围有限、地层情况等多方面因素影响,开仓清理障碍物及检查更换刀具的区域选定,要提前规划并进行地质加固。

(4)因施工区域地下水位较高,施工过程中防水要求高。包括洞门的密封防水、掘进过程中的防水控水,以及管节接缝防水等方面都需要采取有效措施提升防水效果。

(5)为缩短工期采用洞内拆机及盾壳混凝土内衬回筑技术,在接收井工期进度及地面空间环境无法满足盾构(顶管)拆机的情况下,在到达加固区内进行洞内拆机。

3. 盾构(顶管)装备选型与配置

新加坡 T221 车站地下通道采用一台截面尺寸为 7.62m×5.65m 的土压平衡矩形盾构(顶管)机掘进施工,如图 4-4-32 所示,盾构(顶管)机主要参数见表 4-4-11。

图 4-4-32 新加坡 T221 车站地下通道矩形盾构(顶管)机

盾构(顶管)机主要参数　　　　　　　　表 4-4-11

序号	主部件名称	细目部件名称	单位	方案/参数
1	整机	主机结构形式		采用土压平衡矩形顶管机
2	盾体	结构形式		前铰接形式
3	刀盘	开挖断面尺寸	mm	7620×5645
4	刀盘驱动	驱动		电机驱动(变转速)
		主轴承结构		滚动轴承组合
		刀盘驱动功率	kW	30kW×3(6组)
		刀盘扭矩	kN·m	596×6(6组)
		刀盘转速	r/min	0~1.5
		主轴承寿命	h	>8000
		减速器设计寿命	h	>8000
5	调向系统	出洞油缸数量/缸径	根/mm	4/260
		出洞油缸行程	mm	400
		调向油缸数量/缸径	根/mm	16/280(8组)
		油缸行程	mm	210
		后仓门油缸数量/缸径	根/mm	4/50
		后仓门油缸行程	mm	630
		连接方式		铰接连接
		纠偏角度	(°)	左右1.5,上下2.1
		行程传感器数量	套	4
		最大伸出速度	mm/min	20

续上表

序 号	主部件名称	细目部件名称	单 位	方案/参数
5	调向系统	最大回缩速度	mm/min	48
		最大推力	kN	32000
6	螺旋输送机	驱动		电机驱动（变转速）
		螺机筒径	mm	562
		功率	kW	45
		转速	r/min	0~16.21
		出渣能力	m³/h	79.09
		扭矩	kN·m	26.37
		数量	个	2
		允许的最大粒径	mm	210
7	电气系统	控制方式		远程控制方式
		电压等级		主机10kV供电，主控室380V供电
		功率因数		oosφ>0.9
		电气柜防护等级		IP55
8	测量导向系统	导向模式		直线型
9	电视监视系统	摄像机数量	个	3
		显示器类型、数量	台	液晶/1
10	洞口推进系统	液压泵站功率	kW	75+30+5.5
		最大顶推力	kN	72000
		最大推进速度	mm/min	40
11	中继站系统	液压泵站功率	kW	45
		最大顶推力	kN	48000
		最大推进速度	mm/min	40
12	皮带机	带宽	mm	1200
		带速	m/s	1.25
		输送能力	m³/h	505
		驱动功率	kW	7.45
		带长	m	20

4. 施工关键技术

1）管节现场预制

大断面矩形顶管管节采用现场预制浇筑技术，现场预制工艺解决了管节尺寸过大超出新加坡道路限宽、限高尺寸无法公路运输的难题。同时采用模具角部可更换设计，通过管节模具内模角部不同形式的更换，可以简单地生产不同角部形式的管节，生产过程简单，质量可靠，外观质量好，达到了设计简单，生产过程简单、可靠，质量稳定，外观漂亮的要求。管节模具角部更换技术可实现一套模具浇筑多种类型管节，节约了多套模具的场地占用及模具购置费用。

2）洞门密封

隧道使用新型的洞门密封方式，通过外侧防水屏障使用固定压板加帘幕橡胶板，内侧防水屏障使用折页压板加帘幕橡胶板和下半部分橡胶气囊的形式，充分利用了折页压板与管节间贴紧密封程度好的优点，又通过气囊排除了其在隧道单侧偏航过大时对侧无法恢复弹起的弊端，使洞门防水屏障时刻保持紧贴密封状态,从而达到矩形盾构(顶管)隧道洞门防水的目的。施工方法方便快速,洞门防水效果安全可靠,有效降低了隧道始发和施工洞门渗漏造成地表沉降超标的风险。

3)管节拉紧

隧道管节内角部采用高强钢筋张拉技术,通过在管节内角部设置高强钢筋张拉,从而达到将整个顶管隧道张拉成一个整体的目的。该施工技术拉紧效果明显,安全可靠,有效避免了矩形断面盾构(顶管)隧道由于隧道变长、挤压式止水条的使用使反弹力增加等导致松动的问题,可以将这个顶管隧道张拉成一个整体,确保了后继顶管隧道运营期间的安全,降低了顶管隧道渗漏水的可能性。

4)管节接缝防水

隧道施工过程中采用了新型的管节接缝防水施工方式,通过外侧双鹰嘴止水带、接缝中挤压式止水带、管节内侧海绵条和引水槽引流的防水方式,形成外、中、内三层防水体系,从而达到隧道管节接缝防水的目的。防水效果安全可靠,有效预防了断面矩形盾构(顶管)隧道的接缝渗漏,确保了后续施工和隧道的正常使用,避免了反复堵漏施工造成的资源浪费。同时改良了双鹰嘴止水条的内部结构设计,有效降低了管节对接时止水条破损的风险。

5)洞内拆机

采用洞内拆机及盾壳混凝土内衬回筑技术,在接收井工期进度及地面空间环境无法满足盾构(顶管)拆机的情况下,矩形盾构(顶管)机在到达加固区内进行洞内拆机,可有效提前隧道竣工的时间。

5. 工程成果

新加坡 T221 车站地下通道已于 2017 年 2 月竣工,并于 2017 年 5 月开通运营。该项目的高质量、高效率实施受到建设单位新加坡陆路交通局的好评,为中国施工企业树立了良好的企业形象。并荣获新加坡项目管理协会颁布的"2016—2017 年度新加坡项目管理协会年度大奖",荣获新加坡混凝土协会颁布的"2015 年度新加坡混凝土协会创新奖"。也因为该项目的出色表现,让我们在新加坡高端市场站稳脚跟,并于 2017 年 10 月中标新加坡地铁环线 6 期 C885 标。这将成为我们开拓东南亚市场的重要桥头堡,并为国家"一带一路"倡议的实施贡献力量。

第 7 节　马来西亚吉隆坡地铁 2 号线盾构施工技术

中交二航局第三工程有限公司　章金飞,黄永富,杨雷

1. 引言

马来西亚吉隆坡地铁 2 号线是中国交建首个海外城市轨道交通项目,是贯彻落实中国交建"五商中交"和"海外优先""走出去"的典范项目,对于中国交建海外地铁项目的市场开拓以及马来西亚属地化建设具有重要意义。项目建成后,将进一步完善吉隆坡城市交通体系,缓解市区交通压力,方便当地人民的出行,具有深远持久的影响。盾构始发仪式与场地布置鸟瞰图如图 4-4-33 所示。

图 4-4-33　盾构始发仪式与场地布置鸟瞰图

2. 项目工程概况

1）项目整体概况

吉隆坡地铁 2 号线是吉隆坡市大众捷运的重要组成部分，2 号线地下段全长 13.5km，共包括 10 个地下车站和 6 个井。中交二航局第三工程有限公司共负责三站一区间一逃生井（包括 STW 车站、HKL 车站、CROSSOVER 车站、TTWS-CROSSOVER 区间、ES1 逃生井）的施工。

2）区间工程概况

吉隆坡地铁 2 号线地下段 B 标区间设计为单向双线隧道，分南北两条线，总长度为 2192m（其中北线 1083m、南线 1109m），自 TTWS 站始发至 CROSSOVER 站接收，中间采用"先隧后站"工法穿越 HKL 车站。

隧道设计外径 6.35m、内径 5.8m，平面最小转弯半径为 300m，隧道纵坡整体呈上坡走势，其中北线最大纵坡为 1.609%，南线最大纵坡为 1.721%，最大覆土深度约 20m，最小覆土深度位置在进洞处约 12m。管片采用 1+2+5 形式，楔形管片，错缝拼装，环宽 1.4m，壁厚 275mm，混凝土强度等级为 C50。同步注浆及二次注浆均采用双液注浆（水泥膨润土浆液 + 水玻璃）。

该项目投入使用的两台盾构机为海瑞克 VD 双模双铰接盾构机（型号为 S778、S779，为全球首造可变密度双模盾构机），盾构机外径 6.6m，采用土压平衡工艺掘进。

盾构区间北线和南线盾构掘进总体线路布置分别如图 4-4-34 和图 4-4-35 所示。

图 4-4-34　北线盾构掘进总体线路图

图 4-4-35　南线盾构掘进总体线路图

3）水文地质条件

本盾构区间掘进的地层地质情况复杂多变，不同以往国内隧道相对均匀的地层，先后需穿越吉隆坡特有的肯尼山地质（土质主要为黏土与砂互层，夹杂部分砾石，标贯值大于 50）、石英砂夹风化石英岩、富水粉细砂层和需特别留意的回填河塘软弱淤泥地层（该软弱地层为流塑状淤泥质粉质黏土，液限、塑限值较低，标贯值较小，局部土体呈软塑状），盾构掘进控制难度和风险较大。

另外，依据地质钻孔资料，区间掘进范围内地下水位较高，在地表以下 3m 以内，主要为孔隙潜水及承压水。

4）周边环境

盾构区间线路沿敦拉萨路敷设,沿线的地面敏感建筑物较多,先后需穿越泰国神庙、交通量较大的Duke2高架桥地下桩基(最小净间距仅1.2m)、重点保护的马来西亚国家歌剧院及交通量非常大的城市主干道、临近接收端的印度神庙(位置详见图4-4-34和图4-4-35),并存在大部分密集且老化的给水管线及污水管线。

3. 工程重难点

一是"高"。该项目建设单位以国际化的严格管理著称,HSE管理要求高,施工过程中需严格遵守和执行当地的安全法律法规,且当地HSE管理强化过程控制,建设单位及隶属政府的安全、环保、职业健康部门对现场的检查较为频繁;项目建设单位聘请国际著名咨询公司作为设计顾问,我方需根据IFC施工图纸进行细化设计,因执行欧洲标准,各结构的细化设计及施工标准要求较高。

二是"小"。施工场地小,B标区间施工由于和始发车站、混凝土拌合站交叉施工,而建设单位提供的场地非常有限,后配套设备的尺寸需经过优化才能顺利入场安装使用;始发井上部开口小,由于工作井上方的混凝土支撑影响,对盾构机吊装的工艺流程起了限制作用;井下工作面小,井下场地前期提供70m,后期只有53m,而盾构机的整机长度约135m,需进行分体始发,增加了盾构始发难度。

三是"难"。在整体始发空间不足的情况下,分体始发需对电缆及管线重新连接布置;根据设计轴线要求,盾构始发较短距离后即进入300m小转弯半径段;地面建筑物多,有重点保护的马来西亚国家歌剧院、城市快速路的立交桥桩基、宗教禁地的神庙等;另外,地层复杂,有近200m的软弱地层,也有磨刀的石英砂夹风化石英岩地层和硬土层,地面沉降控制难度大;盾构掘进过程中,需要穿越四道高强度的地下连续墙。

四是"新"。同步注浆采用双液浆工艺,全程自动化控制注压,属于国内少有使用的新工艺。

4. 盾构机选型配置与主要参数

1）盾构机选型

盾构机是根据工程地质、水文地质、地貌、地面建筑物、地下管线和构筑物等具体特征来选定的。本项目盾构区间先后需穿越吉隆坡特有的肯尼山硬土层、石英砂夹风化石英岩、富水粉细砂层和需特别关注的回填河塘软弱淤泥地层。

按照建设单位招标文件及设计文件要求,本项目区间双线盾构掘进均采用土压平衡施工工艺。

2）盾构机概况

本项目投入使用的两台盾构机为海瑞克VD双模双铰接盾构机(采用土压平衡模式),型号为S778和S779,该盾构机为全球首造可变密度双模盾构机。

盾构机的主要配置参数见表4-4-12。

S778、S779盾构机主要配置参数 表4-4-12

编号	分项	配置参数
1	装机功率	3220kW
2	总长度(含台车)	135m
3	总质量(含台车)	876t
4	最小转弯半径	150m
5	工作压力	0.5MPa
6	前盾	外径6620mm,长3755mm,质量155t
7	中盾	外径6610mm,长3645mm,质量128t
8	尾盾	外径6600mm,长3785mm,质量40t
9	盾尾刷数量	3道(2道钢丝刷,1道弹簧板)

续上表

编号	分项		配置参数
10	盾体主动铰接		12组（最大行程30cm,最大顶力42751kN）
11	盾体被动铰接		20组（最大行程20cm,最大顶力14294kN）
12	推进油缸		22组（最大行程2m,最大推力24190kN）
13	螺旋输送机		30 r/min, 315kW, 直径900mm, 长度17.87m
14	管片拼装机		质量24t, 行程2m, ±200°
15	刀盘	开挖面	直径6684mm, 质量70t
		转速	3.5r/min, 脱困扭矩6147kN·m
16	后配套台车		共10台
17	液压系统		总功率750kW, 罐体体积1个4100L, 1个1500L
18	循环水系统		流速（最小）90m³/h, 入水最高温度30℃, 软管直径DN100, 软管长度23m
19	壁后注浆		双液浆注浆, 注浆泵共4个（偏心螺杆泵）；功率4×4kW, 流速232L/min; 罐体体积5.5m³
20	泡沫系统		泡沫发生器8个；泡沫注入口共8处（其中刀盘面板5处, 土仓2处, 螺旋输送机1处）, 原液箱体积1m³, 活性剂箱体容积1m³; 泡沫泵2×0.37kW
21	排水系统		排水泵2个, 污水泵1个, 污水箱容积2.5m³, 污水管直径DN80
22	空气压缩机系统		功率:55/30kW, 操作压力0.75MPa, 流速9.4/5.75m³/min
23	辅助通风系统		风机功率55kW, 通风管道1400mm
24	安全辅助设施		气体探测, 灭火器
25	电力系统		初级电源11kV, 次级电压400/230/110V, 线路频率50Hz, 变压器1×1600kV·A, 1×2000kV·A; 应急发电机135kV·A

3）刀盘刀具配置

本项目刀盘为海瑞克常见的复合式刀盘配置,按照掘进需求,需先后穿越4道地下连续墙,刀具配置采用镶齿及敷焊刀圈的滚刀配合刮刀辅助切削的形式。主要刀具配置见表4-4-13,刀盘正面如图4-4-36所示。

主要刀具配置表　　　　表4-4-13

刀具名称	数量（把）	说　明
双联中心刀	4	露高187.7mm, 大小为18英寸
单刃滚刀	33	露高187.7mm, 大小为18英寸（11把边缘滚刀, 22把正面滚刀）
方刮刀	52	保护刀盘刀箱, 切削软的岩土, 也起搅拌作用
扇形边刮刀	24	保护刀盘外径, 确保成孔尺寸不小于设计要求, 露高140mm

图4-4-36　刀盘正面与两台盾构机井下组装

5. 盾构施工关键技术

1）分体始发

本项目盾构区间南、北线两台盾构机先后错开1个月始发，北线盾构始发后南线盾构机再始发。然而井下工作面非常有限，前期提供70m，后期只有53m，而盾构机的总长约135m，因不具备整机始发条件而需进行分体始发，大大增加了盾构始发难度。

对于分体始发，一方面，由于盾构始发井长度为70m，仅能容纳盾构机主机及后配套1~3号台车，因此将盾构机在3号台车及4号台车之间的连接断开另行布局，后配套4~8号台车置于始发井底、南北线中间位置。另一方面，盾构机共有10台后配套台车，中间位置仅能布置4~8号台车，因此在后配套台车运输至现场时，将在始发试掘进阶段需要用到的9号、10号台车的设备改移至4~8号台车上。

盾构机所有分体始发电缆（共计114根）及管线由位于始发井中间的4号台车，从后配套3号台车接入盾构机。待始发试掘进完成后，断开北线3号台车与井底4号台车之间的连接，并将4号台车与南线3号台车进行分体始发电缆连接，供南线始发。并将另外一组后配套4~10号台车吊入始发井北线，连接北线盾构机，待北线盾构机再调试后恢复正常掘进。南、北线始发时的台车及延长管线布置如图4-4-37和图4-4-38所示。

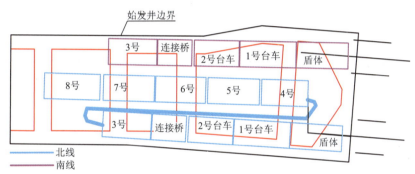

图4-4-37　北线始发时台车及延长管线布置图

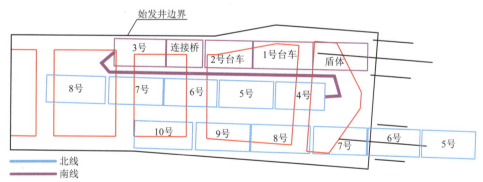

图4-4-38　南线始发时台车及延长管线布置图

2）盾构掘进同步双液注浆

本项目盾构掘进同步注浆采用双液浆注浆工艺，全程自动化控制注压。

首先，将A液浆液配合比参数输入地面搅拌站控制系统中，系统自动按照设定的配合比完成浆液的拌制。

其次，配置好的A液浆被转移并储存在浆液搅拌罐内，直至盾构掘进施工开始前，A液浆被泵送至盾构机后配套台车上的A液储存罐内。B液（水玻璃）单独储存在地面搅拌桩的B液储存罐内，同样在盾构掘进施工前被泵送至盾构机后配套台车上的B液储存罐内。

再次，盾构掘进时，注浆泵将储浆罐中的浆液泵出，通过4条独立的输浆管道，通过盾尾壳体内的4根同步注浆管（另有4组注浆管备用），对管片外表面的环向空隙进行同步注浆。在每条输浆管道上都有一个压力传感器,在每个注浆点都有监控设备监视每环的注浆量和注浆压力。注浆量和注浆压力的大小都由注浆人员根据掘进情况调整控制,既可对每一条管道进行单个控制,又可实现对所有管道的同时控制,如图4-4-39和图4-4-40所示。

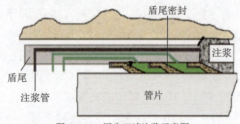 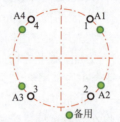

图4-4-39　同步双液注浆示意图　　　　图4-4-40　同步注浆管道布置示意图

盾构机开始推进时,盾构机控制面板将自动给地面搅拌站控制系统传递信号,搅拌站收到信号之后自动启动浆液泵送。同步注浆一般在盾构机推进5～10cm之后开始,并在盾构机推进结束前5～10cm结束。注浆时A液和B液通过各自的管道被泵送至盾尾,在到达盾尾前,A液、B液会在混合喷嘴处进行混合,随后通过盾尾的注浆口注入盾尾地层空隙内。每次注浆,A液注浆先于B液5～10s开始,并比B液晚5～10s停止。每个注浆口均连接有高压注水设备,注浆结束时高压注水设备将自动对注浆口进行冲洗;当注浆口出现堵塞时,可以利用高压水喷射来进行疏通。

同步双液注浆具有凝结时间快(初凝时间10～15s)的特点,可尽早固定管片。因同步双液注浆较快凝固而很容易发生堵管现象,这对注浆人员的操作水平要求较高,在注浆过程中需特别留意,并按照制定的标准作业流程对输送浆管及盾尾注浆管进行清理。

3) 小半径曲线段盾构掘进

本项目隧道设计轴线最小转弯半径为300m,属于小半径曲线段盾构掘进施工。针对掘进施工中容易发生盾构姿态失稳、盾尾涌水涌沙、管片破损、盾构隧道非正常变形等技术难点,项目部制订了一系列的技术措施进行掘进控制。

在进入该小曲线半径段前,提前调整盾构机转弯趋势,"曲走近心",稳姿态,控出土,控制掘进速度;勤纠偏及少纠偏(纠偏量不大于5mm/环,趋向角宜控制在2mm/m之内),控制实际盾构掘进轴线偏移量在圆弧内侧30mm左右,必要时通过调整主动铰接左右行程差进行纠偏;控制盾构千斤顶推力以防止成型管片错动移位;增加外心管片的同步注浆量,并尽快进行二次注浆以便尽早固定管片。

双铰接盾构姿态控制的特点:双铰接包括主动铰接和被动铰接(其中主动铰接位于前盾与中盾之间,被动铰接位于中盾与尾盾之间),通过调整主动铰接左右行程差(本区间控制在2～4cm之间),能使前盾主动改变掘进方向,使盾构机能更容易沿着设计中心线掘进,实现操作简单化。

4) 盾构掘进沉降控制

本项目沿线的地面敏感建筑物比较多,其中国家歌剧院、泰国神庙为马来西亚重点保护建筑,主干道交通量非常大,地下立交桥的桩基离盾构穿越区域最近仅1.2m,且存在大部分密集且老化的管线。为确保掘进后沉降不超限,这就要求在掘进过程中,严格控制地面沉降系数,不能出现一点偏差。

针对掘进地层地质复杂多变的特点,项目部制订了一系列的措施进行有效沉降控制。穿越不同地质前,通过前期的试掘进,摸索总结参数,分析盾构掘进在不同土层的沉降情况,确定了掘进施工的总原则,并将总原则细分到每日签认的掘进许可下发至掘进班组,指导并规范现场掘进控制。

(1) 保土压、稳姿态、控出土,及时调整土压力和控制出土量,以减少阶段沉降。

(2) 低扰动,控制总推力和刀盘扭矩,减小对周围地层扰动,合理选择推进速度,减少穿越段沉降。

(3) 同步增加注入凝结较快的双液浆量,及时填补盾尾间隙;持续二次注浆,减少由于盾构掘进土体应力释放造成的沉降,保障了地面构筑物和道路的安全。

(4) 勤监测,对于敏感区域,加密地面监测频次,根据监测数据及时提醒掘进班组进行参数改进及优化。

6. 结语

本项目一大关键性控制节点北线盾构隧道已于 2019 年 8 月 3 日实现全线贯通,如图 4-4-41 所示,标志着由中国交建承建、中交二航局第三工程有限公司自主实施的首条海外地铁项目取得重大推进。

这是中国交建首个海外地铁盾构隧道,项目部团队肩负重大历史使命,依靠上级单位的技术力量精心策划及周密部署,克服了场地狭小、交通繁忙、节假日停机、带压换刀等困难,解决了分体始发、割线始发、小曲线半径、超近距离穿越桥桩、软土地层掘进等技术难题,完成了"双铰接盾构机在软弱地层小曲率半径掘进技术"关键技术专题研究和过程控制参数梳理,在施工中采用了多项新技术、新工艺,为海外地铁盾构施工积累了丰富的经验。

图 4-4-41　北线盾构隧道全线贯通

第 8 节　孟加拉国吉大港卡纳普里河底隧道大直径泥水盾构施工技术

中交二航局第三工程有限公司　何源,吴忠善

1. 引言

卡纳普里河底隧道作为孟加拉国第一座水下隧道,是"孟中印缅"经济走廊的重要组成部分,"一带一路"建设的重要一环。项目的建设不仅将大大改善吉大港交通条件,带动孟加拉国区域经济的发展,而且对完善亚洲公路网,促进孟加拉国与周边国家之间的互联互通,推动孟加拉国向国际化发展具有重要意义。

2. 工程概况

1)工程位置

孟加拉国吉大港卡纳普里河底隧道项目位于孟加拉国吉大港市郊区卡纳普里河入海口位置,连接卡纳普里河东西两岸,西岸起点与规划的 Costal 路相接,路线自西向东沿原有的 Sea Beach 路布设,然后以隧道形式下穿卡纳普里河至吉大港东岸,在东岸出隧道后迅速抬升以高架桥形式从 KAFCO 和 CUFL 之间的空地穿过,然后上跨 KAFCO 化肥厂传送带至东岸陆地落地,以路基形式南下,终点与 Banskhali Sarak 路相接,路线全长 9293.095 m。

2)项目设计概况

(1)项目主要技术标准

本项目主体工程(隧道、桥梁)采用高速公路标准修建,接线道路采用市区干线公路(部分控制出入)标准修建,设计车速 80km/h,荷载等级为公路—I 级,设计洪水频率 1/100,最大纵坡 4%。双向 4 车道,路基宽度正常路段 23.6m,爬坡车道加宽段 28.25m,行车道宽度 3.65m,隧道结构设计基准期 100 年。道路设计指标见表 4-4-14。

道路设计指标一览表　　　　表 4-4-14

序号	项目	设计参数	序号	项目	设计参数
1	路线长度(m)	5400.971	9	路基段长度(m)	4643.971
2	道路等级	桥梁高速公路、接线市区干线公路	10	高架桥长度(m)	757
3	设计车速(km/h)	80	11	设计使用年限	100 年
4	车道数	4	12	设计荷载	公路—I 级
5	单车道宽度(m)	3.65	13	抗震设防标准	地震动峰值加速度为 0.15g
6	车道净高(m)	4.9	14	结构耐火等级	一级
7	最小平曲线半径(m)	800	15	耐火极限(h)	2(RABT 曲线)
8	最大纵坡(%)	4	16	设计洪水频率	1/100

（2）隧道段设计标准

卡纳普里河隧道项目设计为单层双向4车道，隧道在河底采用东西并行，分离两管盾构。行车道板下设置线路走廊和应急逃生通道，隧洞间设置3处联络通道。盾构段右线里程YK2+400～YK4+850，长度为2450m；左线里程ZK2+399.34～ZK4+841.8，长度为2442.46m。

孟加拉国卡纳普里河底公路隧道断面图如图4-4-42所示。

图4-4-42　孟加拉国卡纳普里河底公路隧道断面图

盾构管片设计为双面楔形通用环，外径11800mm、内径10800mm，环宽2m，壁厚500mm，楔形量为40mm。管片拼装采用5+2+1形式拼装，即5块标准环，2块临接环，1块封顶环（K块），根据隧洞线形和掘进姿态进行旋转（确定K块位置），错缝拼装。管片间采用斜螺栓连接，环缝采用16个M36螺栓连接，纵缝采用46个M30螺栓连接，衬砌混凝土标准为C60、P12。

管片环缝采用三元乙丙橡胶条，纵缝采用丁腈软木橡胶垫，边角设置遇水膨胀止水胶。隧道贯通后进行60°范围嵌缝和所有螺栓孔封堵。

3）工程地质及水文地质条件

（1）工程地质条件

孟加拉国位于南亚次大陆东北部的恒河和布拉马普特特拉河冲积而成的三角洲上。东、西、北三面与印度毗邻，东南与缅甸接壤，南濒临孟加拉湾。海岸线长550km。全境85%的地区为平原，东南部和东北部为丘陵地带。

项目东、西岸及河底地层为第四系全新统冲积成因（Q_4）的黏性土层和砂土层互层，以砂层为主，黏性土层夹薄层砂，砂层也夹薄层黏性土。黏性土以软塑状态为主，工程地质性质较差。

卡纳普里河底公路隧道地质特点统计见表4-4-15。

卡纳普里河底公路隧道地质特点统计　　　表4-4-15

工程部位		主要穿越地质描述
盾构右线	YK2+400～YK2+615	③$_4$粉砂（Q_4^{al}）、③$_5$淤泥质粉质黏土（Q_4^{al}）、③$_6$粉砂（Q_4^{al}）
	YK2+615～YK3+190	③$_5$淤泥质粉质黏土（Q_4^{al}）、③$_6$粉砂（Q_4^{al}）、③$_7$粉质黏土（Q_4^{al}）、③$_8$粉细砂（Q_4^{al}）、④粉细砂厚层密实（Q_4^{al}）
	YK3+190～YK3+955	④粉细砂厚层密实（Q_4^{al}）
	YK3+955～YK4+400	③$_7$粉质黏土（Q_4^{al}）、③$_8$粉细砂（Q_4^{al}）
	YK4+400～YK4+620	⑦$_1$粉质黏土（Q_3^{al}）、⑦$_2$粉砂（Q_3^{al}）
	YK4+620～YK4+850	③$_2$粉砂（Q_4^{al}）、③$_5$淤泥质粉质黏土（Q_4^{al}）、③6粉砂（Q_4^{al}）、⑥粉细砂（Q_4^{al}）

右线盾构掘进穿越地质分析：
- ③$_2$粉砂 1.40%
- ③$_4$粉砂 2.70%
- ③$_5$淤泥质粉质黏土 6.20%
- ③$_6$粉砂 17.90%
- ③$_7$粉质黏土 5.30%
- ③$_8$粉细砂 17.60%
- ④粉细砂厚层密实 44.10%
- ⑥粉细砂 0.50%
- ⑦$_1$粉质黏土 0.90%
- ⑦$_2$粉细砂 3.40%

续上表

工程部位		主要穿越地质描述
盾构左线	ZK2+399.34～ZK2+680	③$_3$淤泥质粉质黏土(Q_4^{al})、③$_4$粉砂(Q_4^{al})、③$_5$淤泥质粉质黏土(Q_4^{al})、③$_6$粉砂(Q_4^{al})、③$_7$粉质黏土(Q_4^{al})
	ZK2+680～ZK2+980	③$_5$淤泥质粉质黏土(Q_4^{al})、③$_6$粉砂(Q_4^{al})、③$_7$粉质黏土(Q_4^{al})、③$_8$粉细砂(Q_4^{al})、④粉细砂(Q_4^{al})
	ZK2+980～ZK4+020	④粉细砂厚层密实(Q_4^{al})
	ZK4+020～ZK4+360	③$_7$粉质黏土(Q_4^{al})、③$_8$粉细砂(Q_4^{al})
	ZK4+360～ZK4+770	③$_6$粉砂(Q_4^{al})、⑦$_1$粉质黏土(Q_3^{al})、⑦$_2$粉细砂(Q_4^{al})
	ZK4+770～ZK4+854.3	③$_2$粉砂(Q_4^{al})、③$_5$淤泥质粉质黏土(Q_4^{al})、③$_6$粉砂(Q_4^{al})、⑥粉细砂(Q_4^{al})

左线盾构掘进穿越地质分析：
- ③$_2$粉砂: 3.1%
- ③$_4$粉砂: 0.6%
- ③$_5$淤泥质粉质黏土: 0.1%
- ③$_6$粉砂: 17.6%
- ③$_7$粉质黏土: 4.3%
- ③$_8$粉细砂: 16.9%
- ④粉细砂厚层密实: 46.9%
- ⑥粉细砂: 1.5%
- ⑦$_1$粉质黏土: 3.1%
- ⑦$_2$粉细砂: 5.9%

（2）水文地质条件

工程场地范围内的地表水系主要为卡纳普里河水系。卡纳普里河属于潮汐河段。河段涨潮历时多年平均值为5小时30分，落潮历时为5小时20分，在一个半潮周期内涨落潮。历时为互补关系，即涨潮历时长，落潮历时就短。根据吉大港发展局的记录，确定的卡纳普里河预计最高水位见表4-4-16。通过吉大港港务局（CPA）收集的水文资料，Khal NO-18水位站（位于拟建隧道上游500m处），历年统计的水文资料见表4-4-17。

卡纳普里河预计最高水位（MSL高程） 表4-4-16

重现期（年）	雨季最高潮汐水位（m）	最高静水水位（气旋波潮）（m）	最高静水水位（潮汐与气旋波潮综合效应）（m）
5	3.46	4.11	4.40
10	3.75	4.72	5.00
20	4.04	5.33	5.60
100	4.68	6.55	6.80

Khal NO-18水位站高潮和低潮的最高、最低、平均水位统计表（MSL高程） 表4-4-17

项目		1月	2月	3月	4月	5月	6月	7月	8月	9月	10月	11月	12月
高潮（m）	最高水位	2.99	2.69	3.24	3.26	3.99	3.89	4.09	4.11	3.85	4.34	3.84	2.84
	最低水位	1.50	1.64	1.78	2.09	2.09	2.29	0.55	3.22	2.69	1.73	1.54	1.84
	平均水位	2.13	2.15	2.48	2.77	3.04	3.21	3.35	3.66	3.42	3.21	2.66	2.27
低潮（m）	最高水位	-1.91	-2.01	-2.06	-1.88	-1.81	-1.46	-1.66	-1.81	-1.91	-1.71	-1.53	-1.76
	最低水位	-2.36	-2.46	-2.54	-2.36	-2.31	-2.12	-2.31	-2.32	-2.56	-2.71	-2.40	-2.19
	平均水位	-2.09	-2.21	-2.26	-2.17	-2.01	-1.85	-1.94	-2.09	-2.25	-2.25	-2.10	-1.98

项目所在处存在松散岩类孔隙潜水和松散岩类孔隙承压水。松散岩类孔隙潜水主要赋存于上部黏性土层，含水介质为黏性土、淤泥质土及粉土，厚度1～5m。承压水主要分布于表层黏性土层下的砂土层中，其地层呈互层结构，具体西岸地表下20m范围内黏性土层相对厚，砂土层相对薄，地表20m以下

砂土层相对厚,黏性土层相对薄。东岸地层也呈黏性土层和砂土层互层,但砂层相对较厚,砂层夹的黏性土层相对较少。旱季勘探所得西岸承压水水位为-0.5m,东岸为-0.5~-1m之间,地下水位和卡纳普里河的平均水位比较接近。

(3)工程气候条件

孟加拉国大部分地区属于亚热带季风气候,湿热多雨。全年分为雨季和旱季。年平均气温为26.5℃。项目所在地吉大港平均年降雨量约5000mm,其中70%~80%降水出现在5~10月,雨季河水上涨,部分农田和道路被淹,施工困难;旱季出现在每年11月至来年4月期间,施工环境较好。2001—2010年月平均温度统计图及月平均降水柱状图如图4-4-43所示。

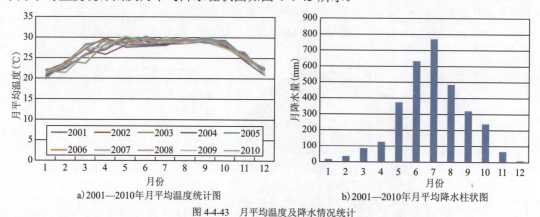

a) 2001—2010年月平均温度统计图　　　b) 2001—2010年月平均降水柱状图

图4-4-43　月平均温度及降水情况统计

3. 工程重难点

本项目为中国交建第一条海外大型公路隧道项目,由于其特殊的地理位置和技术特点,施工重难点总结如下:

(1)本项目实施地点在孟加拉国吉大港,为欠发达地区,施工资源十分匮乏。工程实施中的设备、物资、人力等资源调配为本项目实施的重难点。

(2)本项目卡纳普里河底分离两管盾构,采用单台泥水盾构从西岸始发至东岸,调头后二次始发至西岸解体,盾构设备调头为本项目实施的重难点。

(3)盾构掘进西岸地层多为黏土及砂土互层,其砂层密实、强度较高、力学性质较好,黏土层孔隙比大、液限指数高,从而形成上软下硬地层,盾构掘进姿态控制难度高。

(4)项目部所在地为卡纳普里河入海口,地下水温度高、流速快,热交换量大,因此联络通道冻结法加固和暗挖为本项目实施重难点。

(5)吉大港码头起重吊装能力有限,因此盾构设备大型构配件(最大单重128t)吊装、上岸和运输为本项目实施的重难点。

(6)项目所在地温度高,空气湿度大、含盐量大,盾构机为本项目主要设备,其配件易损化,维修保护难度大。

4. 盾构机选型配置

本项目盾构机为中交天和自主设计生产的气垫式泥水平衡盾构机,盾构机主要性能参数详见表4-4-18。

盾构机主要性能参数表　　　　表4-4-18

设备系统和部件名称	参数名称	规格、参数值
盾构机主体	开挖直径	12160mm
	盾体长度	13580mm
	结构类型	面板式
	空隙(开口)率	33%
	刀盘材料	Q345B

续上表

设备系统和部件名称	参数名称	规格、参数值
刀具配置	鱼尾刀	1 把
	主切削刀	276 把
	先行刀 1	42 把
	先行刀 2	98 把
	仿形刀	2 把
仿形刀	行程	185mm
	最大超挖量	120mm
	最大顶出力	320kN
	液压工作压力	20.6MPa
驱动系统	额定扭矩	27444kN·m
	最大扭矩	32933kN·m
	最大速度时扭矩	14528kN·m
	转速范围	0.8～1.5r/min
主轴承油脂润滑及密封系统	润滑油脂泵压力	10bar
	润滑油脂泵流量	260mL/min
	密封油脂泵压力	21MPa
	密封油脂泵流量	70mL/min
气泡仓气压调节系统	调节进气阀数量	2 个
	压力调节范围	0～1.0 MPa
	气泡仓最大压力	1.0 MPa
推进系统	推进油缸数量	46 个
	油缸行程	2950mm
	推进系统最高压力	34.3MPa
	行程传感器数量（内置）	4 个
	最大推力	171580kN
	单个油缸最大推力	3730kN
	分区数	4 个
冷却水及排污系统	热交换器能力	2000L/min
	循环水最低系统压力	3bar
	循环水额定流量	120m³/h
	污水箱数量	1 个
	单个污水箱容积	15m³
	排泥泵输送能力	2100m³/h
	排泥泵单泵最大水平输送距离	扬程 75m
	进泥泵输送能力	2100m³/h
	流量传感器数量	3 个
	比重传感器数量	2 个
	压力传感器数量	10 个
人舱	主舱工作压力	1.0MPa
	主舱容积	12.2m³
	主舱容纳人数	4 人
	辅舱工作压力	1.0MPa
	辅舱容积	12.2m³
	辅舱容纳人数	4 人
送排泥管延伸装置	延伸装置类型	滑动型
	泥管延伸装置接管长度	6m
同步注浆系统	注浆泵数量	3 台
	注浆泵流量	20m³/h×3 台
	注浆泵压力	3MPa
	注浆压力传感器数量	6 个

续上表

设备系统和部件名称	参 数 名 称	规格、参数值
管片储运装置	管片储运装置类型	液压千斤顶向前倒换式
	管片储运装置管片储备能力	1 环管片
二次注浆系统	A 液注浆泵压力	4MPa
	A 液注浆泵流量	50～120L/min
	A 液注浆泵单台功率	15kW
	B 液注浆泵压力	3.15MPa
	B 液注浆泵流量	30～60L/min
	B 液注浆泵单台功率	15kW
	A 液罐容量	8m³
	B 液罐容量	2m³
气泡仓空气压缩机系统	压缩机压力	1MPa
	压缩机流量	13.5m³/min
	压缩机单台功率	90kW
	压缩机数量	3 台
	储气罐容量	8m³
	可呼吸空气过滤装置数量	3 个
工业控制压缩机系统	压缩机压力	1MPa
	压缩机流量	11m³/min
备用发电机组	发电机组数量	1 台
	发电机组功率	560kW
导向系统	全站仪和棱镜之间的角度精确性	2s
	全站仪和棱镜间最大操作距离	200m
	双轴倾角计测量滚动精度	±1.1FS
	双轴倾角计测量倾斜精度	±1.1FS
电力系统	变压器数量	9 套
	变压器单台容量	2500kV·A×2+1600kV·A×2+1650kV·A×3
单元设备功率	主驱动	2500kW
	推进系统	235kW
	管片拼装机	147kW（伸缩系统） 264kW（旋转系统） 90kW（滑动系统）
	管片吊机	52kW（单管片吊机） 52.85kW（口字件吊机）
	同步注浆	250kW
	二次注浆	45kW
	泥水系统	3032kW
	排污系统	40kW
	冷却系统	273.2kW
	二次通风	110kW
	空压机	380kW
	搅拌器	110kW
	软管卷筒	12.5kW
	照明及预留电源用电	200kW
	总功率	约 7793.55kW

1）刀盘及刀具

除表中所列刀具以外,刀盘还分布有加泥喷水保护刀、周边保护刀、加泥注入口、泥水注入口和空气注入孔等,刀盘刀具分布如图4-4-44所示。

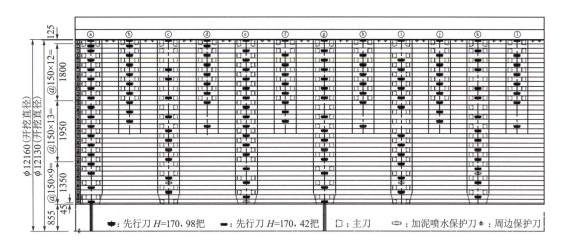

图4-4-44　刀盘刀具布置图(尺寸单位:mm)

2）推进系统

推进系统主要由推进油缸、液压泵站及控制装置组成。

盾构机拥有46个推进油缸,两两相连,总推力为171580kN。单个推进油缸行程为2950mm,推力达到3730kN,最大推进速度为50mm/min,回缩速度为165mm/min。

46个推进油缸分为4个区,各个区域均能单独控制压力的调整,并装有传感器,盾构机操作手通过调整各个区域的推进油缸使盾构机沿着正确的方向掘进。

3）刀盘驱动系统

刀盘驱动系统设计成可在正、反两个方向,以同样的速度和扭矩对掌子面进行掘削。刀盘驱动系统包括减速箱、变频刀盘驱动电机及其控制元件。

刀盘驱动系统驱动马达数量为10个,单个马达功率为250kW,额定扭矩为27444kN·m,转速范围为0.1～1.5r/min。

4）盾尾密封

盾构机盾尾密封包括"3道钢丝刷+1道钢丝刷和钢板束+1道止浆板",其中前2道钢丝刷可根据实际工况按需进行更换。4道密封之间形成3圈环形空间,通过盾尾注脂管路向其中不断注入黏性油脂材料(可逐个管路自动加脂或者给特定管路集中加脂),以形成最大抗压1.0MPa的盾尾密封。

5）片安装系统

盾构机主要通过管片安装系统进行管片的吊卸、存储、安装以及为辅助系统提供安装条件。管片安装系统主要包括真空吸盘式管片拼装机、工作平台、管片吊机和喂片机等。

盾构掘进过程中,管片由电瓶车运输到隧道内,再由安装在后配套台车上的管片吊机将电瓶车上的管片吊运至喂片机上,再由喂片机将管片运送至管片拼装机抓取区域。待掘进完成后进行管片拼装作业。

管片拼装机旋转角度为±200°,旋转速度范围为0～1.0r/min,6个自由度。其滑动行程为3450mm,垂直行程为2200mm,起重能力为152kN。

6）同步注浆系统

盾构机同步注浆系统由砂浆存储搅拌罐、注浆泵、注浆管路以及控制单元等组成。同步注浆系统可及时充填开挖土体和管片之间的间隙,有效避免地表沉降,维持管片衬砌环脱离盾尾后的形状,维持衬砌环之间的密封压力。

盾构机配置有 3 台同步注浆泵,单台同步注浆泵流量为 20m³/h。

7)泥水输送系统

盾构机通过泥水输送系统来稳定掌子面和运输渣土。

泥水输送系统包括 1 台进泥泵、2 台排泥泵、泥水循环泵以及泥水输送管路等。进、排泥泵输送能力均为 2100m³/h,扬程均为 75m,排泥泵最大输送粒径为 250mm,进泥泵最大输送粒径为 85mm。

盾构机操作手可以根据实际工况通过泥水仓的压力以及泥浆的进、排流速进行泥水输送系统调节。泥水输送系统控制模式主要包括正常掘进模式、旁通模式、管路延伸模式、反循环模式以及停机模式等。

5. 施工关键技术

1)盾构机非常规始发及钢套筒辅助关键技术

本项目工作井与明挖暗埋段设计未考虑盾构始发施工工艺需求,工作井底板与明挖暗埋段底板存在 6.7m 高差,且明挖暗埋段净高仅 7.298m。据此,本项目采用盾构后配套台车扁平化设计,增加台车数量以满足负载设备需求;同时,始发过程中台车无法安装行进轮,利用明挖暗埋段底板结构提前预埋钢板安装钢棒并涂抹黄油,作为台车前进轨道,并在盾构始发过程中根据台车位置进行临时支撑加固和行进八字轮安装;由于工作井和明挖暗埋段结构空间限制和盾构机特殊的始发方式,负环管片及台车长度范围内正线管片均采用横向背载式小车进行运输,利用卷扬机和动滑轮作为动力。

隧道位于卡纳普里河入海口位置,热带、浅埋、高水压和强透水地层特点增加了盾构机进出洞施工安全风险,因此盾构始发采用大直径钢套筒作为辅助工装,钢套筒基座同盾构始发基座,盾构机组装并完成调试后封闭套筒,密封各安装节点并通过保压试验验证,封闭始发端地层土体水土损失通道。钢套筒完成密封后在筒体内注水填砂模拟地层压力,盾构机在套筒内迅速建仓始发,确保盾构始发的施工安全。

2)盾构机大直径套筒辅助接收及转体关键技术

本项目采用单台盾构掘进双线隧道,单线贯通后盾构机利用套筒工装辅助接收和转体,二次始发进行第二条隧道的掘进施工。

盾构到达掘进前,在工作井内满铺钢板并安装加装闷板的钢套筒结构,完成密封试验后注水填砂模拟接收端地层水土压力平衡,盾构掘进结合接收洞门实测位置、洞门真圆度、套筒位置并拟合盾构隧道轴线进行盾构姿态调整,直至盾构掘进穿越加固体和围护结构墙体,爬至钢套筒托架并顶推至指定位置,此时进行洞门封闭和套筒内水土抽排,为盾构机转体做好施工准备。

盾构机进入套筒完成接收掘进并顺利封堵洞门后,解除盾构机及台车间约束,整理液压电气管路和线缆,加固管片拼装机后顶推盾构机及套筒结构脱离隧道,开始在满铺钢板基面上进行盾构机及套筒结构的整体平移和转体。

盾构机转体前解除基座约束进行盾构设备竖直顶升,在套筒下部托架千斤顶腔内安装 10 个 200t 千斤顶和 10 个 100t 千斤顶(盾构机总质量 1400t,钢套筒及未能清理填料总质量 700t),并安装 60 个底部带有四氟乙烯塑料底板(摩阻力系数 0.06)的 50t 千斤顶,盾构机及套筒脱离洞门至预定位置后,在底板满铺钢板焊接反力支撑牛腿,利用 4 个 100t 转体油缸进行平移,至右侧工作井内。利用千斤顶进行盾构机转体作业过程中,全程观测转体位移,通过灵活焊接反力牛腿安设油缸进行旋转,直至旋转完成后纠偏就位。

3)联络通道施工关键技术

联络通道衬砌采用二次衬砌方式,初期支护喷射混凝土强度等级为 C25,永久结构采用钢筋混凝土,混凝土强度等级为 C50,临时支护层和结构层之间安装防水层,结构净空为半径 4m 的圆,衬砌厚度为 300mm。

联络通道施工采用"水平冻结加固土体,矿山法暗挖构筑"的方法进行施工。左线隧洞贯通后,立即进行隧洞内冻结孔施工,安装冻结站进行积极冻结。联络通道冻结采用 2 套冻结设备,先行施工 1 号联络通道进行工艺和施工技术验证,再施工 2 号、3 号联络通道。冻结交圈并对冻结效果验收后,冻结站均布置在右线隧道内,并从右线隧道进行拱架加固和暗挖作业,打开管片进行暗挖作业,施作内部结构。结构施工完成,取消围护冻结,封堵冻结管路后进行融沉注浆。

6. 结语

孟加拉国卡纳普里河底隧道项目盾构始发、接收和转体均采用大直径钢套筒辅助,钢套筒辅助大直径泥水平衡盾构施工在中交集团尚属首次。目前,孟加拉国卡纳普里河底隧道项目完成了大直径钢套筒辅助泥水平衡盾构机(开挖直径 12.16m)的始发施工、试掘进施工和套筒及负环的拆除工作。试掘进全过程,项目部团队克服了套筒始发技术难题、材料非常规运输、盾构试掘进参数摸索、盾构姿态控制、管片拼装精度控制、管片修补、带压换刀等一系列技术和管理问题,成功实现了盾构掘进施工工序转换。同时,盾构机在黏土、砂土互层的浅覆土上软下硬地层中通过地基加固方式对掘进上漂进行了有效控制。

中交集团内首次运用的大直径钢套筒辅助盾构施工工法及大直径泥水盾构试掘进技术具有很高的推广价值,同时也是孟加拉国隧道项目部核心技术的重要组成部分,对本项目右线始发掘进和类似项目施工具有一定指导作用。

第 9 节 以色列富水粉细砂及库卡弱胶结砂岩地层盾构施工关键技术

中铁十二局集团第二工程有限公司　安宏斌

1. 引言

以色列特拉维夫红线轻轨工程是以色列的第一条地铁线路,而盾构法施工隧道首次被应用到该地层。隧道施工全程采用欧洲标准设计、欧洲标准施工的双欧标准项目。粉细砂及库卡(Kurkar)地层具有软硬不均、磨蚀性高、地下水位高、透水性强等特点,同时隧道周边施工环境复杂、地表沉降控制指标严格,工期紧、风险高、施工难度大。存在两台盾构机在浅覆盖富水地层 0.69m 小间距始发难题、190m 小转弯半径并伴随最小间距 2.5m 的重叠隧道施工难题;同时,6% 的大坡度也给施工组织带来了挑战。针对上述难题进行技术攻关,通过超前筹划、精心组织,在施工过程中对关键技术进行研发和设计优化,使施工技术逐步成熟。最终本工程两台盾构机安全顺利完成 5 个区间施工任务,工程顺利移交并获得工程移交证书。

2. 工程概况

1)工程简介

红线轻轨地铁项目位于以色列特拉维夫市,包括 5 个盾构区间,使用两台海瑞克土压平衡盾构施工,开挖直径 7.55m,管片外径 7.2m、内径 6.5m。线路最大坡度 6%,最小曲线半径 190m。总区间全长 2872m,其中 1 号盾构机累计掘进 1958 环,2 号盾构机累计掘进 1987 环。1 号盾构机在 Depot 车站装机始发,在 EM 车站整体过站、始发,直接下穿 1/5/2/6 号竖井、AH 车站,最后在 BG 车站水下接收;2 号盾构机在 Depot 车站装机始发,在 EM 车站整体过站、始发,在 1/5/2/6 号竖井接收过站始发,下穿 AH 车站,最后在 BG 车站水下接收。两条隧道在 5/8 号竖井—AH 车站区间经过平行—叠落—再平行过程,其具体线路如图 4-4-45 所示。

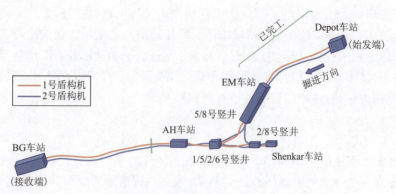

图 4-4-45　红线轻轨项目线路示意图

2）工程地质条件

红线轻轨项目盾构隧道主要穿越粉细砂和库卡地层，且富含地下水，盾构隧道几乎全线位于地下水位线以下。库卡是一种钙质弱胶结的颗粒状土壤，可分为 K1、K2、K3 和 K4 四类，强度由低到高（K1 最低、K4 最高）。从粒径分布来看，库卡是一种无黏性土，然而局部胶结会产生一定的黏聚力。隧道所经过的地质情况如图 4-4-46 所示，地质实物如图 4-4-47 所示。

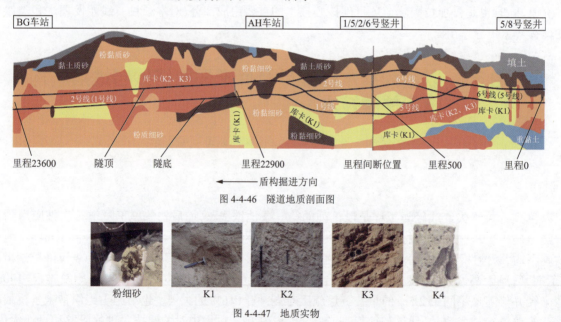

图 4-4-46　隧道地质剖面图

图 4-4-47　地质实物

3）水文地质条件

本工程盾构隧道主要穿越的地层富含地下水，盾构隧道几乎全线位于地下水位线以下。地下水均为潜水，大致呈东高西低走势，水位线变化不大，无承压水。地下水无腐蚀性。

以色列当地每年 12 月至第二年 3 月四个月内雨天较多，且有时为短时暴雨，容易发生短时洪水汛灾。其他时间基本上没有雨水，属于干旱季节，无须考虑雨季施工影响。

3. 工程重难点

本工程盾构区间全线位于地下水位以下，两条盾构隧道间距较小、轴线多处连续急转弯、坡度大、上下重叠隧道等是本工程的显著特点，最小轮廓间距 0.69m，最小转弯半径为 190m，隧道的最大纵坡为 6%。且沿线居民密集，建（构）筑物众多，管线错综复杂，面临巨大风险与挑战。

（1）土压盾构在富水粉细砂、黏土地层进行浅覆土小间距始发风险巨大。

（2）长距离、大坡度、多个小转弯半径隧道给土压盾构施工带来诸多困难。

由于本工程车站施工进度较慢,为保证工期,采用先隧后站方法施工,导致盾构独头掘进距离较长,线路 6% 的大坡度给材料运输和渣土外运带来了巨大挑战。

(3)不做任何加固措施的土压盾构纯水中接收风险极大。

本工程盾构机在木部里安车站的接收井场地空间受限,无法进行端头加固,又无法快速安全地使用钢套筒接收技术,只能选用不做任何加固的土压盾构纯水中接收方法施工,存在巨大的风险和挑战。

4. 盾构机选型与主要参数

1)盾构机选型

根据本工程地质条件、水文条件,以及颗粒分析,决定选择复合式土压平衡盾构机进行施工,开挖直径 7.55m,装机总功率 2680kW,盾构机总长 120m,盾构机总质量 930t,水平转弯半径满足 180m 转弯,工作压力 3.6bar。

2)盾构机主要技术参数

(1)盾构主机参数

前盾外径 7.51m,长度 3.68m;中盾外径 7.5m,长度 3.87m;尾盾外径 7.49m,长度 3.95m。

(2)刀盘及主驱动参数

①刀盘开挖直径 7.55m,质量 80t,开口率 38%。

②刀具配置:双刃滚刀 19 把,超挖刀 1 把,采用三刃滚刀;刮刀 120 把,中心鱼尾刀 1 把,周边刮刀 16 把,磨损监测装置 3 个。

③主驱动参数:电机 11 个,总功率 1760kW,速度 0~3.2r/min,额定扭矩 6435kN·m,脱困扭矩 9331kN·m,主驱动直径 3.6m。

(3)主推及铰接系统参数

①主推系统参数

油缸数量 2×16 个,油缸行程 2.2m,最大推力 50668kN。

②主动铰接参数

油缸数量 10 个,油缸行程 360mm,油缸推力 35626kN。

③被动铰接参数

油缸数量 12 个,油缸行程 150mm。

(4)螺旋输送机系统

长度 16m,功率 315kW,转速 0~22r/min,额定扭矩 195kN·m,脱困扭矩 224kN·m,伸缩长度 1000mm。

(5)渣土改良系统

①泡沫系统

8 个泡沫发生器,泡沫箱体积 $1m^3$,泡沫泵参数 2×0.75kW。

②膨润土系统

膨润土泵 1×11kW,流量 $15m^3/h$,膨润土泥浆罐体积 $6m^3$。

(6)管片拼装机参数

液压驱动,采用真空吸盘抓取系统,行走长度 2000mm,可满足 1.5m、1.2m 管片拼装要求。

5. 盾构施工关键技术

1)浅埋超小间距盾构机双线始发施工关键技术

(1)概况

盾构始发段地质为富水粉细砂和黏土地层,隧道完全处于地下水位线以下,隧道顶部覆土仅为

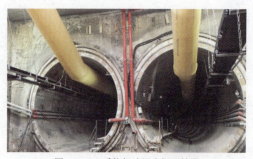

图 4-4-48 盾构机浅埋小间距始发

4.11m,仅为 0.54D(D 为盾构开挖直径)。由于始发井临近铁路仅为 6.82m,对 5 号线与 6 号线盾构始发段隧道水平间距进行设计调整,最小处仅为 0.69m;盾构始发风险巨大,容易发生涌沙涌水现象,地表沉降过大,甚至存在塌方的风险。具体情况如图 4-4-48 所示。

(2) 施工技术措施

①采用地下连续墙施作"密封井"代替盾构始发端头加固的技术

始发地层为富水黏土+粉细砂,旋喷加固效果难以保证;临近铁路 6.82m,水位在洞顶以上,始发风险巨大。为了保证始发区域及周边不发生过大沉降影响铁路运行,决定采用地下连续墙密封井工法来代替端头加固措施,连续墙深度直接贯入黏土隔水层,同时连续墙之间连接处做好密封措施。

②利用止浆袋+钢环进行洞门密封的新型洞门密封技术

在连续墙密封井内打设降水井进行井内降水,降低始发风险。为了确保始发安全,还采用了 Bullflex 密封技术,也称作止浆袋密封技术。始发前将止浆袋安装在钢环内侧,通过向止浆袋内填充早强砂浆使其体积膨胀,以充填钢环与管片间的环向间隙以达到密封效果。止浆袋密封装置如图 4-4-49 所示。

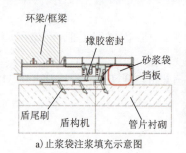
a) 止浆袋注浆填充示意图

b) 钢环嵌入洞门

c) 止浆袋

d) 止浆袋和钢环安装完成

图 4-4-49 止浆袋密封装置

盾构机在无水的密闭箱体内进行始发,密闭箱体将盾构机与周边进行分隔,对周边几乎无影响;同时,无须考虑箱体内地表沉降,大量节省成本和工期。

③设置中隔墙来减小后行盾构机对先行成型隧道管片影响的技术

由于两条隧道间距太小,后行隧道对先行隧道的影响将会导致施工质量问题,存在很大的风险隐患。通过建立数学模型进行受力分析,决定采取在两条隧道中间施作一定长度的中隔墙来防范施工的相互影响。

中隔墙设计施工:双线间距 0.69m,设置的中隔墙厚度为 0.6m,深度为 23m,直接打入到隔水层。在盾构始发前,浇筑中隔墙好,采用 C40 混凝土,最小抗压强度达到 43MPa。中隔墙沿隧道走向延伸 28.37m,直至双线间距达到 3m,中隔墙设置模型计算分析如图 4-4-50 所示。

根据数值计算结果,间距达到 3m 后管片变形为 0.5mm,有效控制了成型隧道变形危害。

2) 长距离、最大坡度 6%、190m 小转弯半径的盾构隧道快速施工关键技术

针对长距离区间施工,同时伴有 6% 的大坡度,很难采用常规的有轨电瓶车进行材料运输及渣土外运。通过分析调查,项目部采用连续皮带机出土设备进行渣土外运,采用无轨胶轮运输车进行材料运输的施工组织模式。

(1) 皮带机渣土输送系统

在本工程盾构施工过程中,由于 6% 的大坡度,经过很严格的设备筛选,淘汰了常规的电瓶车出渣方式,采用皮带机出土方式。出渣及材料运输系统是制约盾构机推进进度的重要因素,特别是在长距离盾构隧道施工中,连续皮带机出土不仅解决了传统的有轨运输和胶轮车运输出渣速度慢的缺点,还在优化隧道空间利用等方面显现出明显优势。

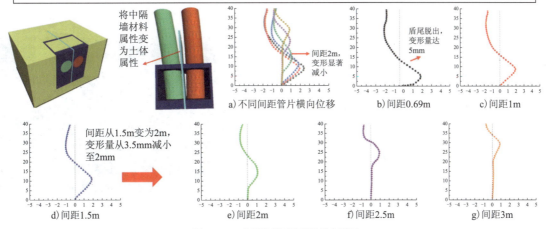

图 4-4-50 中隔墙设置模型计算分析图

①连续皮带机运输工艺流程

盾构机主机皮带机→连续皮带机→转载皮带机→移动皮带机→渣池。

各连续皮带机如图 4-4-51 所示。

a) 盾构主皮带机

b) 隧道内皮带机

图 4-4-51 连续皮带机及输送系统

皮带机具有连续性、安全性、低能耗、运行系统可靠的特点，并且优化了隧道的工作空间，可实现物料运输与渣土运输的协同工作。在此工程近 7km 的双线隧道采用连续皮带机运输，极大地提高了渣土运输效率，节省了工期。无异常情况下，掘进量普遍能达到 16 环 /d。

②皮带机输送渣土量控制技术

通常，土压平衡盾构施工时，一般人工统计渣斗数量以确定出渣量，但此经验方法并不能精确地获取出渣量，或是在门式起重机上加装计量称重系统、激光 / 超声扫描测体积，均难控制或不精确。

本工程皮带机上安装有精确的电子皮带秤渣土称重系统，通过合理控制出渣量，达到有效控制地表沉降的效果。电子皮带秤是皮带机输送固体散状物料过程中对物料进行连续称重的一种计量设备，它可以在不中断物料流的情况下测量皮带机上通过物料的瞬时流量和累积量，具有稳定性好，校准简单，测量过程快速准确，维护方便的优点。

同时应用了一套基于皮带秤的盾构出土量监控管理系统来严格控制出土量，有效控制超挖和欠挖。盾构机操作手在操作时，盾构机实时形象地显示皮带秤的瞬时出土量及累计出土量，实时显示当前盾构施工参数，方便掌握即时信息。系统自动对出土量数据进行计算处理，在同一曲线图中显示出土量系数及推进速度的变化情况。根据盾构机油缸行程，折算出标准环出土量，系统中输入理论出土量，再对比分析标准环出土量和理论出土量，对超限的出土量进行预警响应。此系统界面应用如图 4-4-52 所示。

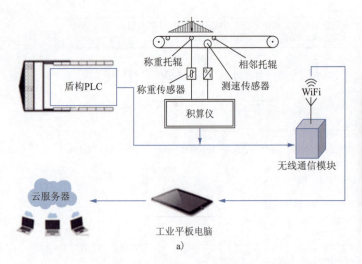
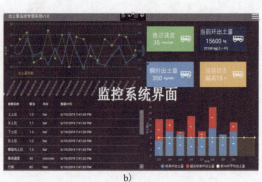

a)   b)

图 4-4-52 皮带秤的盾构出土量监控管理系统

（2）无轨胶轮运输车材料运输系统

无轨胶轮运输车运送物资灵活便捷，不用铺设轨道，节省工序，能适应 6% 大坡度施工，降低了运输风险。无轨胶轮运输车如图 4-4-53 所示。

3）不做任何加固措施的土压盾构纯水中接收施工技术

（1）建立土压平衡盾构机水下接收颗粒孔隙通道物理模型，确定注水高度

从流体力学角度对土颗粒进行了受力计算，获得了土颗粒运移的临界水力梯度，并确定了理论最小注水高度理想状态下，砂粒不被水渗流带出，竖井水位可以比地层水位低 0.26m。实际施工中，为确保安全，竖井水位比地层水位高 1m。

（2）盾构纯水中接收竖井内施工管理

①接收端墙安装密封钢环，沿环向设置 8 个注浆孔，连接注浆管路并编号固定上方可进行注浆操作区域，一旦发现洞门泄露，立即注入双液浆或聚氨酯进行封堵。钢环注浆系统如图 4-4-54 所示。

图 4-4-53 无轨胶轮运输车　　　　　　图 4-4-54 钢环注浆系统

②在竖井内设置双层混凝土导台（上层 B20+ 下层 B30）和钢架的混合接收托架，有利于盾构机出洞时能够更加容易地到达接收轨道，避免出现刀盘出洞时偏左偏右、高低难以控制，导致无法正常接收，出现风险。

③由于螺旋输送机闸门在盾构机即将接触水时需要立刻关闭，导致盾构机无法出渣；前方还有部分连续墙需要破除，开挖仓内渣土过满，推力过大将破坏前方结构，需要在接收竖井内侧地下连续墙（厚度 1200mm），打设两个深度 500mm 的卸渣孔，孔径 450mm，如图 4-4-55 所示。

④在竖井内做好水位刻度标尺，便于注入水时观察，同时在整个水中接收时，要密切关注水位是否有上升和下降的现象，继而判断有无风险发生，是否需要潜水员到水中去排查。准备工作就绪后，开始向接收井内注水，如图 4-4-56 所示。

图 4-4-55 卸渣孔施工

图 4-4-56 竖井内注水

（3）盾构机纯水中接收时的内部施工管理

①水中接收盾尾密封至关重要，需要对盾尾密封进行特殊处理。如图 4-4-57 所示，采用高黏度密封油脂，并提前在盾尾塞入手抹油脂和高弹性钢丝球，以提高尾刷的密闭性能；同时备有应急密封材料和注浆设备，提高同步注浆浆液稠度和缩短浆液初凝时间。

②螺旋输送机闸口密封也至关重要。当刀盘即将到达卸渣孔时，螺旋输送机进行反转，利用仓内渣土将螺旋输送机进行间接密封，最后关闭闸门；在螺旋输送机的泡沫和膨润土的注入口连接好注浆管路，一旦发生泄漏，立即注入聚氨酯等堵漏材料。

图 4-4-57 盾尾密封处置

（4）盾构机纯水中接收时的掘进工序控制

①盾构掘进姿态控制

距离地下连续墙 50m 时测量盾构姿态，及时纠偏，保持垂直、水平、左右姿态均在 +30mm、-30mm；每掘进 10 环测量一次实际姿态，同盾构机自动导向系统相校核。由于刀盘在突破过程中有低头的趋势，因此盾构机在破墙时要保持抬头趋势。

②保证盾构设备完好率

盾构机在到达地下连续墙进行水中接收前，进行设备检查和维修工作。盾构机距离地下连续墙 20m 处进行带压进仓工作，检查并更换边缘滚刀，有利于刀盘顺利破除连续墙。

③盾构机破除地下连续墙进入接收井施工

正常掘进的推力为 25000～30000kN，在逐渐靠近地下连续墙的过程中，推力逐渐降低，在地下连续墙中掘进的推力在 5000kN 左右。刀盘贯入度限制在 3mm/r，将地下连续墙混凝土磨成小颗粒，避免形成大块，导致周边混凝土破坏和密封环受损。连续墙厚度 1200mm，盾构掘进至连续墙 500mm 后，开始停止掘进，避免地下连续墙破坏，导致带有强大压力的水涌入盾构机造成危险。利用螺旋输送机将仓内渣土全部排空，并反转螺旋将螺旋输送机进行密闭。

盾构机在掘进最后的 700mm 地下连续墙时推力控制为 5000kN，刀盘转速为 1r/min，贯入度为 3mm/r。密切关注盾构掘进行程，刀盘一旦到达计算行程后，立即停止转动，以免破坏帘布密封。潜水员水中进行检查（图 4-4-58），查看刀盘与钢环周边具体间距，判断盾构机能否顺利出洞，并及时清理帘布翻板密封装置处的混凝土和玻璃纤维筋等。

盾构机刀盘继续向前推进1.6m,当刀盘完全脱离帘布翻板后停止推进。潜水员水中检查刀盘切口是否完全离开密封装置,并利用手动葫芦拉紧帘布翻板密贴盾体,防止地层渣土和注浆浆液流入竖井内。利用吊装机械清除大体积混凝土连续墙垃圾,便于盾构机推进。清理连续墙杂物如图4-4-59所示。

图4-4-58　潜水员潜水检查　　　　　　　　图4-4-59　清理连续墙杂物

④混凝土导台和钢托架接收施工

盾构机开始转动刀盘进行混凝土导台掘进施工,刀盘转速为1r/min,掘进速度为5～10 mm/min。到指定行程后停止刀盘转动,盾构机继续推进至钢托架预定位置。

⑤盾壳、盾尾及管片壁后注浆施工

通过盾壳径向孔向盾体周边注入高黏度膨润土浆（黏度 > 90s）,填充开挖空隙,防止砂土进入竖井,必要时,将膨润土换成丙烯酸酯凝胶进行注入。

同步注浆量为5～7m³/环,二次注浆量为0.5～0.7m³/环。最后15环隧顶120°范围内二次注浆,防止因水中浮力导致管片上浮。

⑥排水施工

经洞门密封钢环对应的管片壁后注浆及密封钢环注浆孔注浆,并经潜水员检查无误后进行排水施工。竖井内排水过程如图4-4-60所示。

图4-4-60　竖井内排水过程

6. 结语

该工程具有多个施工难题,通过技术团队攻坚克难,攻克了浅埋超小间距盾构双线始发难题,长距离大坡度施工难题,由于没有任何加固条件下的土压盾构纯水中接收难题,并在建议单位要求的施工工期前,未发生任何安全事故,保质保量地完成了施工任务,并将工程全部移交且取得工程移交证书,获得了以色列建设单位、咨询公司,意大利审计公司,德国设计单位的高度认可和赞美。

该工程是国家倡议"一带一路"建设中在海外的一个典型性工程,是国内施工技术与国际先进施工技术相比较、相互改进、优化的一次很好的结合。项目研究成果可以推广至以色列及泛地中海"一带一路"国家的地铁工程建设中,亦可为国内盾构隧道施工提供参考与借鉴,具有深远的工程实践意义与较高的社会效益和经济价值。

第5篇
盾构工程科技成果、专利和工法

第1章 盾构工程科技成果
第2章 盾构工程发明专利
第3章 盾构工程其他专利清单
第4章 盾构工程施工工法

第1章 盾构工程科技成果

第1节 异形全断面隧道掘进机设计制造关键技术及应用

1. 基本情况

(1) 奖励级别:国家科学技术进步二等奖
(2) 获奖日期:2018年12月12日
(3) 项目编号:2018-J-216-2-02-D01
(4) 完成单位:中铁工程装备集团有限公司,华中科技大学,浙江大学,郑州轻工业学院,中铁隧道局集团有限公司,盾构及掘进技术国家重点实验室,中铁隧道股份有限公司
(5) 推荐单位:河南省政府

2. 基本内容

1) 项目技术背景

随着我国海绵城市、地下综合管廊、城市立体交通、人防战备等基础设施建设的深入推进,隧道断面多样化需求急剧增加,据2016年政府工作报告:"未来5年,每年开工建设城市地下综合管廊2000km以上",另外还有公路、铁路、地下停车场等大量的异形地下空间开发需求。异形隧道多采用矿山法或明挖法施工,不仅安全性差、施工效率低(仅为盾构法的1/3)、环境恶劣,而且严重影响民众日常生产和生活;而常规圆形盾构机难以满足狭窄地下空间(图5-1-1)、浅覆土、高空间利用率(图5-1-2)等隧道施工需求。为保障我国异形隧道开挖任务的顺利完成,克服传统异形隧道盾构工法与设备的不足,研制异形全断面掘进机迫在眉睫。

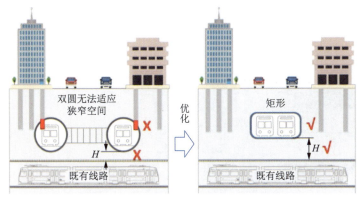

图5-1-1 圆形与异形断面在狭窄空间适应性对比

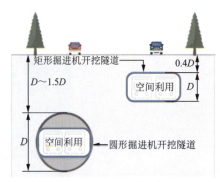

图5-1-2 圆形与异形断面空间利用率对比

2) 项目主要内容

隧道断面由圆形到非圆形的改变,装备面临异形全断面切削、复杂位姿测控、异形管片拼装难题。项目围绕上述难题,突破了异形掘进机关键技术,自主研发了系列异形掘进机并实现产业化。核心创新如下:

(1) 发明了低扰动多刀盘多驱动协同开挖系统,实现了异形隧道全断面开挖。

针对异形掘进机开挖特性,分析了异形断面土仓流场动态特性,揭示了切削系统构型对掌子面稳定性的影响规律,并提出了针对性的刀盘构型设计方法;依据驱动功率经验设计的回归分析,揭示了不同工况下多刀盘扭矩系数变化规律;建立多刀盘整体运动模型,研制出紧凑型刀盘驱动并开发出多电机协同

控制系统,实现了开挖速度的精准控制。

研制出多刀盘联合、多驱动协同、结构轻量化的系列异形开挖系统(图 5-1-3),实现了多种地质(软土、砂卵石等复合地层)复杂工况下的稳定高效开挖。研制的 10m 以上单跨大断面异形掘进机,实现了 3m 浅覆土、0.5m 小间距工况下的低扰动掘进,为不断路、不拆迁、不扰民施工提供了保障。

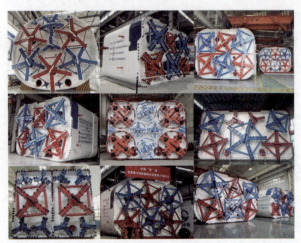

图 5-1-3　系列多刀盘开挖系统

(2)突破异形隧道多维度成型联合控制技术,实现异形掘进机高精度掘进。

根据主机几何特性,发明了异形掘进机位姿实时测量方法。针对轴线偏离问题,发明了纠偏系统的力/位混合控制方法;针对姿态滚转问题,提出了多刀盘转向转速控制与主机轴向多点加压控制相结合的自动纠滚策略;针对大跨度异形断面土仓渣土流动性差、滞排造成的土压分布不均衡、易波动等问题,发明了双螺旋输送机联合出渣与顶推系统协同控制方法,实现土仓压力稳定、均衡控制,解决了沉降、主机姿态倾斜问题。

研制出异形隧道多维度成型联合控制系统(图 5-1-4),实现了纠偏、双螺旋输送机出渣、掌子面平衡顶推等多系统的协调控制,解决了掘进机位姿的精确控制难题。

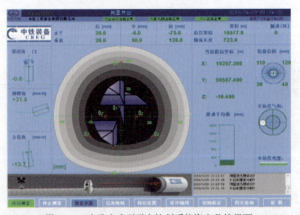

图 5-1-4　多维度成型联合控制系统姿态监控界面

(3)突破了异形多曲率管片拼装技术,实现了管片高精度、高效率拼装。

针对异形管片拼装技术难题,提出满足功能需求和空间约束条件的管片拼装机构型方案(图 5-1-5),构建了拼装系统的动力学模型;基于异形管片拼装路径中的荷载交变特征识别,提出了基于压力补偿的电液柔性驱动控制策略,解决了重载大惯量管片拼装带来的荷载冲击问题,实现了异形管片的柔顺、精准拼装。

研制出世界首台曲率自适应"6+1"自由度异形管片拼装机,在平移、升降、回转、俯仰、偏转和横摇 6 动作的基础上,增加了具有冗余自由度的管片抓持装置,同时优化拼装路径,实现异形管片高精度、高效率拼装。

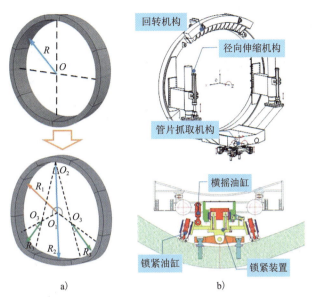

图 5-1-5 管片拼装机构型方案

3）技术先进性

项目成果填补了国内外异形掘进机技术空白，多项技术达到了国际领先水平。与圆形盾构机相比，异形掘进机低扰动多刀盘多驱动协同开挖系统解决了单一圆刀盘旋转切削无法实现非圆断面开挖成型的难题，实现了异形隧道全断面低扰动开挖。

圆形隧道施工只需确保单维度轴线控制精度，但异形隧道对掘进机轴线偏离、倾斜、滚转的多维度控制精度要求高，主机位姿测量与纠偏控制难度增大，本项目发明了多传感器信息融合的位姿测量方法，提出了协同纠偏控制策略，研制出异形隧道多维度成型联合控制系统，解决了异形隧道控形难题。

相比圆形单曲率管片，异形管片存在大惯量、多曲率、重心偏置和拼装路径复杂等特征，抓持、拼装难度大，定位精度控制难，制约了异形管片的高效率拼装。本项目提出了异形管片拼装机构型方案，建立了拼装机的多体动力学模型，发明了重载大惯量管片拼装电液柔性补偿控制方法，研制了世界首台曲率自适应"6+1"自由度异形管片拼装机，实现了单环管片快速精准拼装。

该项目不仅提高了矩形掘进机对超大断面的适应性，更是填补了马蹄形铁路、公路隧道使用盾构法施工的空白。同时促进工法与装备协同创新使异形隧道施工更加绿色、安全、高效。

4）应用范围和前景

异形全断面隧道掘进机为城市综合管廊、下穿隧道、地铁出入口、地下停车场、山岭公路铁路双线隧道等工程建设提供了更安全、更高效、更经济、更环保的新工法与新装备，加快了城市建设与经济发展。异形全断面隧道掘进机与传统矿山法施工相比，施工效率提高3倍。该项目成果之一的矩形顶管机与常规圆形盾构机相比，可省去繁多复杂的后配套设备，具有适应覆土更浅、对始发场地面积要求更小、运输拆卸灵活等优点，节约了地下空间，避免了因施工带来的城市既有建筑拆迁过程（如郑州市红专路下穿中州大道施工项目，传统工法必须阻断或部分阻断交通大动脉，否则无法施工，该异形掘进机的出现，不仅节省数亿元的高昂改迁费用，而且避免了阻断交通的施工困境），开创了新装备引领新工法地下空间开发的创新模式，为我国基础设施建设注入新活力。

第2节 盾构施工衡盾泥辅助带压进仓关键技术研究

1. 基本情况

（1）奖励级别：广东省科技进步一等奖

(2)获奖日期：2019年3月27日

(3)完成单位：广州地铁集团有限公司，广州轨道交通建设监理有限公司，佛山泰迪斯材料有限公司，河海大学，中山大学，广东水电二局股份公司

2. 基本内容

1）项目技术背景

随着隧道埋深加大，盾构工程的地质条件越来越复杂，不同城市间的地质条件差异非常大，如软硬复合性的砂层、断裂段、岩层，大粒径的砾石块、卵石、孤石等。这些复杂地质极大地影响盾构施工质量，产生滞排、刀盘刀具磨损严重、大粒径卵石块卡住刀盘开口等一系列问题，因此需要开仓检查，而盾构在上软下硬的复合地层中掘进，开仓更加频繁，一般掘进50m就可能开仓检查或更换刀具。但开仓换刀风险极大，开仓作业时地层内部不稳定及未知因素多，且为密闭空间作业，一旦发生事故，往往造成严重的人身伤害与财产损失。

开仓换刀技术经历了多阶段的发展，泥膜护壁带压开仓采用泥浆在开挖面形成泥膜进行闭气，并往仓内注入气体来维持开挖面平衡，然后施工人员进入土仓维修盾构刀具。带压开仓的关键是保证泥膜的闭气性，一旦出现漏气使开挖面失去平衡，轻则地面塌陷，重则作业人员被埋，甚至如果隧道上方为江河时，江水倒灌淹没盾构机和隧道，产生重大安全事故。传统的膨润土泥膜护壁存在局限，泥膜保压时间较短，在地下水丰富或者渗透性大的地层中，甚至难以成膜。因此，如何提高带压开仓技术是盾构工程中的世界性难题。

在此工程背景下，针对开仓换刀的风险大、投入大、工期长等问题，研究盾构施工带压进仓衡盾泥辅助关键技术。

2）项目内容

(1)衡盾泥材料

该技术中的衡盾泥材料是以优质膨润土为主要材料，通过一定的改性后与增黏剂反应形成一种高黏度的触变性泥浆，浆体具有良好的和易性和黏附性，在水中不易被稀释带走，成膜稳定，附着力好，且泥浆具有一定的强度，是一种绿色环保材料。衡盾泥材料为双组分配制材料，分A、B组分，A组分为干粉料，B组分为液体材料，工程中应用质量配合比为A组分：水=1：1.5～1：3.0，B组分掺入质量比1/15～1/20。

泥浆的性能如图5-1-6所示。

a)泥浆的裹挟性

b)泥浆的隔水性

c)泥浆的黏附性

d)泥浆的承载能力

图5-1-6 泥浆的性能

（2）衡盾泥辅助带压进仓技术

将衡盾泥填充、挤压、劈裂进入施工空隙和地层孔隙及裂隙，及时封堵地层中泄水泄气的通道，并在开挖面形成一定厚度、结构致密、稳定性好的泥膜（图5-1-7），突破盾构机在特殊不稳定地层下进仓作业的困难，具体工艺流程如图5-1-8所示。

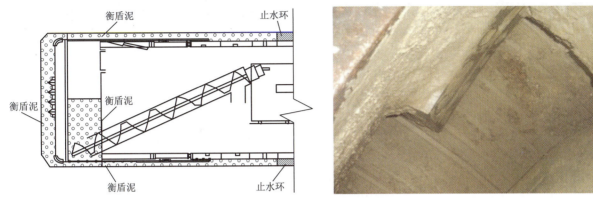

图 5-1-7　衡盾泥带压进仓示意图及掌子面泥膜情况

3）技术先进性（与国内外同类技术的对比）

（1）WSS 注浆加固

在地铁隧道施工中，WSS 注浆加固法多用于联络通道施工中，止水效果良好，但浆液初凝时间较短，带压进仓使用此法加固地层，盾构机刀盘有被浆液固结的风险，且固结体难以快速清除。

（2）填仓法

填仓法是利用惰性浆液置换仓内渣土，使浆液填满土仓，以封闭刀盘周边地层间隙，随后清仓更换刀具。惰性浆液凝固后需要清理仓内的渣土，且大量渣土只能通过人工搬运，效率低且有固死刀盘的风险。

（3）传统膨润土泥膜护壁带压开仓

传统膨润土泥浆在地下水量大的地层中成膜困难，泥浆易被冲稀；在渗透系数大的地层（如砂卵石）中流失大，成膜困难。此外，膨润土泥膜稳定性不够，常常出现一次开仓无法完成全部刀具的更换而重新施作泥膜的状况。

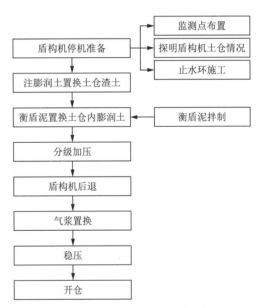

图 5-1-8　衡盾泥带压进仓工艺流程图

4）应用范围和前景

盾构施工衡盾泥辅助带压进仓技术可应用于盾构进仓检查或进仓作业。其中，衡盾泥材料也可用于渣土改良、裹挟大粒径渣块排出及隔离盾构机周边的地下水。盾构开仓换刀是几乎每一个盾构施工区间都会遇到的程序，在一些复合地层中（如孤石地层、灰岩溶洞发育地层），甚至每50m就得开仓换刀一次，而该技术目前已由众多工程实践证明了其可靠性和成熟性，且能适应各类地层，因此该技术有很好的应用前景。

第3节　三三工业盾构装备自主设计制造关键技术及产业化

1. 基本情况

(1) 奖励级别：辽宁省科技进步一等奖

(2) 获奖日期：2018年

（3）完成单位：辽宁三三工业有限公司

2. 基本内容

1）项目技术背景

在不同的地区，不同的城市，施工环境都不一样。尤其是在华南、西南等地区的城市，工程地质变化多样，上软下硬以及局部全断面硬岩的情况很常见。传统盾构机只能够应对单一地层，遇到复合地层往往无法保证高效的掘进速度与效率。

在上软下硬或者砂卵石地层无法保证高效的掘进速度，对于工程施工来说，风险相当大。

当盾构机面对复合地层掘进缓慢时，会对盾构机上方的土体造成过多的扰动，导致土体自稳性变差，往下塌落。

这时如果出渣，则会造成盾构机上方土体不断被排空，最终在地面形成沉降，沉降过大时，则会以裂缝，甚至塌坑的形式出现。

如果不出渣或少出渣，则会造成刀盘及土仓被掉落下来的渣土填满，刀盘扭矩急速增大，最终导致刀盘卡死。

因此，市场急需有一种盾构机既能在均一的地层下有高效的掘进速度与施工效率，又能在上软下硬、卵石、全断面硬岩等复杂地层中保持同样高效的掘进速度与施工效率。

2）项目内容

刀盘是盾构机的主要工作部件，不同地层应采用不同的刀盘结构形式及刀具布置。刀盘的布局及刀具的质量关系到盾构施工的成败，影响盾构掘进的速度和效益。

刀盘的结构既要考虑刀盘开挖性能又要考虑渣土的流动性及掌子面的稳定性。盾构机刀盘开挖性能主要通过刀具的选择和布置来保证；渣土的流动性则需要合理布置渣槽及结构形状，配置渣土改良材料的注入口及刀盘背面搅拌臂；掌子面的稳定性通过刀盘开口度来控制。因此盾构机刀盘需要充分考虑隧道掘进地层地质情况，进行针对性的设计，合理选择刀具，保证刀盘结构的强度和刚度。

难点1：一种刀盘适用于多种复合复杂地层。

在复合地层中，由于地层多变，软硬结合，如何设计一种渣土刀盘，既能满足软土地层中的开口率要求，避免刀盘结泥饼；又能满足硬岩地层中刀具布置的要求，避免刀盘被磨穿，发生变形；并且要求在多种地层复合的情况下，还能满足较高的掘进效率，达到较快的推进速度，这是本项目施工难点之一。

难点2：在如此紧凑的空间内，安装大功率、高转速、高扭矩的主驱动装置，并且把对周围工作环境的影响控制到最小。

绝大部分国内地铁隧道直径都在6~7m范围内，盾构机主机需要实现渣土开挖、排出、顶进、转向、衬砌等一系列隧道掘进所必需的功能，这就造成盾构主机内设备众多、空间狭小、工作环境差等诸多不利因素。

难点3：在盾构机狭小的空间内部，设计新型的管片运输装置，提高其可靠性及施工效率。

目前管片运送装置采用二次电动葫芦梁、两次输送方式运输管片，一次葫芦梁利用电动葫芦将管片输送台车上的管片输送到后方作业平台处，并且改变管片搬运方向（90°旋转），二次葫芦梁利用电动葫芦将管片搬运到管片拼装机处的管片抓取位置。该方式具有尺寸大、故障率高、施工效率低的缺点。

针对性解决方案：

（1）针对复合地层，三三工业设计的复合式、开口可调整刀盘，既满足了在软土地层需要较大开口率，又满足了硬岩地层需要布置更多滚刀的要求。

（2）根据有限元受力分析，最终刀盘结构的主要承载结构采用Q690高强度结构钢，面板采用Q345B结构钢，保证不增加质量的前提下，提高刀盘的结构强度。

（3）为保证刀盘及螺旋输送机的耐磨性，首创使用双层冶金复合耐磨板作为耐磨材料，实现了比传统harddox耐磨板提高10倍寿命的效果。

3）技术先进性

（1）高强度刀盘的关键技术创新点如下：

①采用了有限元分析设计方法，刀盘结构创新地采用了 Q690+Q345B 高强度结构钢，提高了刀盘的强度和刚度。

②刀盘开口率可变技术，可适应不同地层的快速掘进。

③首创使用双层冶金复合耐磨板作为耐磨材料。

（2）目前国内地铁施工的盾构机主要为 6m 系列，由于主驱动的框架结构尺寸有限，为了提高主驱动的扭矩及转速，三三工业与专业的轴承及减速机厂家联合设计开发了具有专有知识产权的主轴承、主减速机，主轴承选用三列圆柱辊子轴承，轴承外径为 3130mm，减速机采用水冷行星式减速机，与功率为 200kW 变频水冷电机匹配。

盾构机的最大掘进速度提高了 20%，达到 100mm/min，额定扭矩提高到 665t·m，额定扭矩下的最高转速提高 40%，达到 1.76r/min，满足上软下硬、全断面硬岩地层的掘进要求。

采用变频水冷电机及水冷行星齿轮减速箱，向外发散的热量及温度远远小于风冷电机或者液压驱动，保证了盾构机主机内适宜的工作环境及温度，可控制盾构机主机内的温度小于 30℃，大大提高了施工人员的舒适性。

（3）为了解决主驱动功率、扭矩及转速增加带来的主驱动密封发热量大、容易磨损的缺点，独创性地采用液压油作为主驱动密封油，同时兼具润滑、降温及提前检测的功能。

该密封系统采用 PLC 自动控制分级加压模式，达到逐级减压最终确保土仓杂质不进入主轴承的目的。工作过程中，PLC 会采集配置在土仓内的土压平衡传感器传回的土仓压力，自动对每个密封腔之间的介质进行压力控制。其中，第一道密封腔（Grease）内注入 HBW 油脂，后三道密封腔（CV1、CV2、CV3）内注入 68 号液压油。

（4）主机推进油缸任意分组，主推的每个油缸可以实现压力、流量的单独或任意成组控制；同其他盾构机的四组分区控制相比较而言，三三工业的盾构姿态控制更灵活、更方便，效率可提高至少 50%。

（5）摒弃了传统的管片吊装系统的设计原理，独创了三三工业专有专利技术的新型单轨梁式管片吊机，主要由行走机构、起升机构、管片行走小车、管片拾取机构组成。行走机构为液压马达驱动，链轮链条传动；起升机构是起升油缸采用钢丝绳通过一系列滑轮组提升管片拾取机构；管片拾取机构为机械式，操作方便，性能稳定可靠，管片吊运系统具有可操作性强、可靠度高、维修简单方便、施工效率高的优点。平均每环管片运输的时间可节约 10min。

4）应用范围和前景

三三工业研制的大功率复合式土压平衡盾构机是吸收、消化国外先进技术的基础上，自主研发设计的具有自主知识产权的全新产品。

该产品已申请盾构机发明专利 17 项，实用新型 20 项，并荣获辽宁省科技进步一等奖、辽宁省专精特新产品奖、辽宁省名牌产品荣誉称号，经辽宁省成果鉴定委员会评定技术水平达到国内领先。

未来 20 年，有国内巨大市场潜力作为保证，国际上有以美国为代表的发达国家老旧基础设施重建，以印度为代表的发展中国家基础设施加速建设，加之国内盾构施工工法和技术难点的大量突破，为中国打造世界级隧道掘进机制造强国提供了绝好机遇，市场空间巨大，发展潜力无限。

第 4 节　煤矿斜井全断面掘进装备关键技术研究及应用

1. 基本情况

（1）奖励级别：湖南省科技进步二等奖

（2）获奖日期：2016 年

(3)完成单位:中国铁建重工集团有限公司,中南大学

2. 基本内容

长距离大坡度煤矿斜井是我国开发深部优质煤炭资源的主要井巷形式,而长期以来,传统的煤矿斜井开拓方式以钻爆法+冻结法为主,具有施工速度慢(80～120m/月)、施工安全性差(易发生井巷塌方等事故)、机械化作业程度低、人工劳动强度大、斜井成形质量差以及后期运营维护成本高等缺点,无法适应我国建设大型能源基地的数字化高效建井工程施工需求。

将全断面隧道掘进机及其成套技术应用于煤矿长距离大坡度斜井工程施工领域,在全球率先开创一种煤矿建井的新模式,对促进我国深部煤炭资源的高效开发利用具有重大的战略意义。

本项目攻克的关键技术包括:
(1)双模式斜井掘进机总体设计技术。
(2)双模式斜井掘进机掘进模式洞内快速转换技术。
(3)双模式斜井掘进机多物料安全高效倒运技术。
(4)双模式斜井掘进机施工安全综合控制技术。

其显著优势主要体现在:

①施工速度快。最高施工速度超过600m/月,是传统工法施工速度的5～10倍,大幅度缩短了矿井建设工期。

②施工安全性好。施工机械化程度高,井下作业人员少,能够实现同步衬砌支护,能够有效避免斜井施工中的塌方等风险;同时,由于采用机械式破岩,斜井内部粉尘小,对作业人员的危害显著降低。

③斜井成形质量优。斜井采用预制管片支护,斜井成形断面质量好,设计寿命可达100年,后期运营维护成本较传统工法成形斜井下降90%以上。

已经获得授权专利共13项,其中发明专利8项。成果整体技术达到国际先进水平,其中双模式掘进技术达到国际领先水平。经神华集团新街矿区台格庙煤矿斜井工程、神华集团神东矿区补连塔煤矿等工程应用,用户表示其能够适应复杂地质条件下的快速施工,较传统工法大大提高了施工效率和安全性,具有很好的推广价值。

第5节 面向环境适应性的土压平衡盾构机再制造技术

1. 基本情况

(1)奖励级别:湖北省科学技术进步三等奖
(2)获奖日期:2017年
(3)项目编号:2017J-241-3-118-068
(4)完成单位:中铁科工集团轨道交通装备有限公司

2. 基本内容

1)项目技术背景

随着城市建设发展速度越来越快,交通运输对城市建设发展的作用更加突显。发展与建设的推进要求城市解决更多的向地下发展问题,如地铁、城市地下管线、共同管沟建设等。

盾构机是一种隧道掘进的专用工程机械,现代盾构掘进机集光、机、电、液、传感、信息技术于一体,具有开挖切削土体、输送渣土、拼装隧道衬砌、测量导向纠偏等功能,涉及地质、土木、机械、力学、液压、电气、控制、测量等多门学科技术,而且要按照不同的地质进行"量体裁衣"式的设计制造,可靠性要求极

高。盾构机已广泛用于地铁、铁路、公路、市政、水电等隧道工程,而其中土压平衡盾构机因其具有的独特性能优点可以在不破坏地表及不引起地面变化的情况下能以较好的掘进效率构造出高质量的隧道,近年来在我国城市地铁建设中获得了广泛的应用。

当前国内地铁建设蓬勃发展,很多城市都在推进地铁建设。盾构机作为一种高端成套装备,国内外生产制造单位数量有限。而盾构机作为一种需要针对具体隧道形式与地质状况设计制造的装备,通用性较差。各盾构机厂家即便全力以赴地进行盾构机设计制造,也难以满足各城市地铁隧道施工的需求。采购一台地铁隧道用盾构机需3000万~4000万元,成本高昂,目前在国内已有五十多个城市已建或开建地铁,盾构机的保有量已近2000台,这些旧盾构机的部分核心部件尚未达到使用极限,却因为地质条件、管片规格等施工要求不同而不能继续使用,这造成了大量的资源浪费。研究如何将这些盾构机进行适应性改造,降低采购成本,成为各施工单位迫切的需求,具有重大意义。

研发并形成一套完整的"面向环境适应性的土压平衡盾构机再制造技术",将已完成施工任务的盾构机进行更新改造,植入新工艺、新技术、新功能以适应新工程的施工要求,有助于延长盾构机的使用寿命,扩大盾构机的使用范围,能有效满足各施工单位的需求,降低工程建设成本,达到节能减排的要求,符合科学发展的要求,同时也将产生巨大的经济效益与社会效益。

2)项目主要内容

(1)主要研究内容

土压平衡盾构机适应性改造和变造技术主要研究内容如下:

①通过对盾构机刀盘、盾体进行适应性改造或变造,使其适应隧道管片直径增大的施工需求。

②通过对盾构机盾体结构、推进系统、管片拼装系统等进行适应性改造或变造,使其适应隧道管片长度加长的施工需求。

③通过对盾构机刀盘、渣土输送系统、渣土改良系统等进行适应性改造或变造,使盾构机能够适应地质水文条件的改变。

(2)解决的关键技术

①针对隧道管片结构参数变化,对不同品牌土压平衡盾构机进行适应性改造和变造,实现了盾构机的再生利用。

②针对不同地质水文条件,对土压平衡盾构机刀盘、推进系统、管片系统、渣土输送系统、渣土改良系统等进行适应性改造和变造,使盾构机的适应性得到提高。

(3)技术成果

①形成了一套完整的"土压平衡盾构机适应性改造和变造技术"。

②形成了具有较高适应性的复合刀盘和软土刀盘设计文件。

③形成了一套较为完整的管片拼装机改造技术。

④形成了一种将前部驱动式螺旋输送机改造为后部驱动式螺旋输送机的方案。

⑤形成了一种将多管单泵形式的盾构机泡沫系统改造为单管单泵的方案。

⑥形成了一种新式盾尾结构,将注浆、注脂管路内嵌于壳体。

⑦在此过程中申请了10项专利,其中3项发明专利、4项实用新型专利已获得授权。

⑧发表相关论文2篇。

(4)主要技术指标

对盾构机进行适应性维修与改造,可实现以下指标:

①通过适应性改造与变造,原适用于管片外径6000mm的隧道施工的盾构机能够适用于管片外径6200mm的隧道施工。

②通过适应性改造与变造,原适用于管片长度1200mm的隧道施工的盾构机能够适用于管片长度1500mm的隧道施工。

3)技术先进性

(1)实现的主要创新点

①形成了一套完整的土压平衡盾构机改造与变造技术,通过对盾构机刀盘、盾体、渣土排送系统、推进系统、渣土改良系统等部件与系统的改造与变造,使盾构机能够适应隧道结构设计和地质条件的变化,实现了土压平衡盾构机的再生利用。

②提出并实现了将前部驱动式螺旋输送机改造为后部驱动式螺旋输送机的方案,提高了驱动部位的密封性能。

③研制了一种通过在外周安装整环合金耐磨环与合金保护刀来提高刀盘外周抗磨性能的刀盘。

④通过增加工艺杆,达到加长管片拼装机轴向拼装行程的目的,使盾构机能够在掘进过程中更换两道盾尾密封刷。

(2)与国内外同类技术的比较

当前,国外先进盾构机生产商因国情不同,对盾构机适应性改造方面的研究基本未曾展开。如日本大规模的地下隧道与管线建设早于我国,其盾构机的使用理念为,每一台盾构机仅能针对一个隧道,即彻底的"一洞一机"方式,在完成施工后,直接将盾构机掩埋。

国内近年来开展大规模的地下建设,目前盾构机主机生产商均以新机为主,投入到盾构机适应性改造的技术与生产力量均不足。

本公司多年来一直致力于针对出洞盾构机的适应性改造与再生利用,除盾构机主轴承及主驱动系统外,本公司的相关技术研究已经涉及盾构机的刀盘系统、管片拼装机、螺旋输送机、添加剂系统、盾尾注浆结构等主要结构,涉及体现盾构机的主要功能和各大性能参数,并成功对海瑞克、小松、三菱、日立等知名品牌总共20多台(套)盾构机进行了适应性改造和变造,大部分已投入施工,施工状态均良好。

类似于针对管片参数改变、地质水文条件改变等对盾构机进行全面系统的变造与改造的,国内外均尚未见相关报道。

4)应用范围和前景

本课题研究成果适用于地质水文变化、隧道结构设计变化、管片结构变化的国内各主流品牌盾构机改造。不同城市甚至同一城市的隧道设计改变及隧道管片直径加大加长已经是当前城市地铁建设中普遍存在的现象,本项目的研究基于国内外多个品牌土压平衡盾构机开展,并经多个工程实践验证,成果已经显现。

随着我国城市地下建设的蓬勃发展,对盾构机的需求急剧增加。同时,隧道管片结构增大已成为一个发展趋势,如不进行适应性改造,国内现存大量针对较小直径管片结构的盾构机将被闲置,造成资源的极大浪费。

国内当前约有2000台盾构机,本课题研究的成果如果成功推广,按照年10%的改造率,全国市场就接近8亿元,同时还可节省社会资源达60亿元。

第6节 复合地层盾构施工隐蔽岩体环保爆破新技术的研究和应用

1.基本情况

(1)奖励级别:广东省土木建筑学会科学技术一等奖

(2)获奖日期:2018年

(3)完成单位:广州地铁集团有限公司,广州轨道交通建设监理有限公司,广州地铁设计研究院有限公司,广东爆破工程有限公司,中国矿业大学,广州市盾建地下工程有限公司,中铁十四局集团隧道工程有限公司,上海隧道工程有限公司

2. 基本内容

1)项目技术背景

在中国东、南部沿海城市的花岗岩地层中,如青岛、福州、厦门、广州、深圳等地,都不同程度地存在球状风化体(俗称孤石或孤石群)和基岩凸起的情况。而其他目前隧道埋深在软土地层的城市,随着后期线网延伸、隧道埋深加大之趋势,也会逐步遇到岩层,隧道断面或将逐渐出现基岩侵入的工况。

由于当今勘探技术及盾构机械功能的局限性,盾构机在这类地层中施工存在"岩体探测不清、岩体处理方法局限、盾构掘进困难"三大公认问题。国内外隧道工程界都在寻求和研究较传统方法更有效的预处理技术,以拓宽盾构机对地质的适应性,丰富发展盾构施工技术体系。因此,盾构机如何安全、高效地通过坚硬的孤石(群)和基岩入侵隧道复合地层成为盾构施工行业世界性挑战。

2)项目内容

(1)隐蔽岩体勘察技术

针对隐蔽岩体,采用"先宏观后微观"的综合勘察技术:通过区域地质和地形地貌初步判断存在孤石的区域;采用物探(根据现场试验建议采用跨孔弹性波CT法和跨孔电阻率CT法)的手段,进一步划分孤石分布高、中、低概率区;根据概率区制定钻探方案,高概率区逐级加密钻探;最后在盾构掘进过程中进行渣样和参数分析,高度关注可能存在勘探遗漏的岩体。

(2)隐蔽岩体环保爆破技术

对于勘探发现的岩体,采用环保爆破处理(图5-1-9、图5-1-10)。利用岩体与周边软土介质的差异性及软土介质的可压缩性,邻近软土的爆破孔最先起爆,爆炸作用挤压软弱介质形成空腔,为后续爆破"创造"临空面,岩体在多孔多段微差挤压爆破作用下破碎至20cm粒径以下,满足泥水和土压平衡盾构掘进需求的尺寸。爆破过程采用分孔、分段、减振孔等减振技术,具体爆破孔、装药量、装药结构等参数需根据勘探阶段探明的岩体特性(位置、体量、强度、RQD值、形态、岩性和周边介质七要素)进行针对性设计,在满足岩体破碎要求的前提下,使得爆破后地面振动速度小于1cm/s,满足现行《爆破安全规程》(GB 6722)要求。

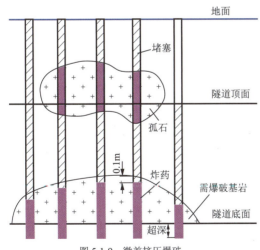

图5-1-9 微差挤压爆破

图5-1-10 采用爆破技术后岩体取芯情况

岩体爆破的一般流程如下:岩体特性勘探→制定布孔装药参数→GPS定位钻孔→下放套管和PVC管→制定药包→定位放置药包→炮孔堵塞→安装泥浆回收装置→连线→覆盖防护→爆破安全核对→清场警戒→布置监测点→安全起爆。

(3)爆破后地层盾构掘进技术

隐蔽岩体爆破后RQD值及强度均降低,盾构掘进大块岩体易掉落产生滞排;岩体周边为全、强风化地层或残积层,断面依然为软硬不均地层;且爆破孔存在泄气泄浆通道。针对爆破后的特殊地层,可采用配套的压密注浆技术、辅助气压掘进技术、衡盾泥辅助技术及包括参数控制、盾构选型等的盾构施工过程控制技术,确保盾构机顺利通过爆破区。

3)技术先进性(与国内外同类技术的对比)

(1)传统地面预处理

地面预处理的传统处理方法主要有两种:

①人工挖孔桩处理,即地面开挖到孤石处,通过各种办法破碎孤石,最后注浆回填。这种方法总体劳动强度大、人工费用高,施工速度慢、工期长,安全性较差。在处理水平方向上密集分布的孤石时,需缩小布孔间距,开挖风险增大且孤石难以彻底清除干净,施工效率较低;受地下水影响大,如遇细砂、粉细砂层,极易形成流沙;且该方法需地面开挖,对周边环境影响大,又受地面条件的限制,在某些特殊工况(建筑物下、河底隧道)下无法使用。

②在地表采用十字冲击锤冲击破碎孤石的施工方法。冲孔桩无法将孤石破碎至足够小,只是可能将孤石挤到其他位置,破碎效果差;在应对垂直方向上密集交叉重叠的孤石时容易偏孔、卡锤,基本难以实施;另外,该方法与人工挖孔桩一样属地面开挖,受地面条件影响,有些工况无法实施,且施工噪声较大。

(2)洞内处理

刀盘到达后,开仓对岩体进行处理。这种地层中掌子面稳定性差,进仓作业本身的风险就很大,而且气压作业的施工限制条件很多,人员作业空间和时间都受到很大限制,无法动火作业,效率很低且费用高,又影响工期。

(3)盾构机直接通过

盾构机直接掘进风险难于评估,具体会出现:

①掘进困难,岩体频繁卡住刀盘,甚至无法掘进。

②盾构机顺着岩体走向跑偏,姿态难以控制。

③刀盘、刀具磨损严重甚至发生变形。

④岩土交界面容易成为地下水渗透通道,开挖面稳定性差,更换刀具困难。

⑤开挖面不均匀、不平整、不稳定,气压作业较难实施。

⑥盾构掘进振动大,易引发地面建(构)筑物(特别是摩擦桩)振动、沉降和开裂。

4)应用范围和前景

该技术可应用于盾构隧道断面内局部坚硬岩体的处理,且适用各种规模的岩体(孤石、孤石群、不同高度的基岩侵入)处理,适用一些特殊工况下(地面有建筑,地层有管线、水下隧道等工况)岩体的处理。

目前,本技术成果已经在7个城市、25个工程(不包括课题组所属爆破公司以外的单位施工的工程)上应用,已成为盾构隧道孤石、基岩凸起预处理最常用的方法。而在我国东南部沿海城市的花岗岩地层中,如青岛、福州、厦门、广州、深圳等地,都不同程度地存在孤石或孤石群和基岩凸起的情况,这些城市隧道(地铁、公路、铁路、电力等)的修建遇到孤石和基岩凸起是不可避免的;而其他目前隧道埋深在软土地层的城市,随着后期线网延伸,隧道埋深加大,也会慢慢遇到岩层,隧道断面出现上面软土下面硬岩的工况。因此本技术成果应用前景广阔。

第7节 泥水盾构穿越富水粉细砂地层及锚索区关键施工技术

1. 基本情况

(1)奖励级别:中建集团科学技术二等奖、中国施工企业管理协会科学技术进步二等奖

(2)获奖日期:2018年

(3)完成单位:中建交通建设集团有限公司

2. 基本内容

1）研究背景

随着国内经济的发展及各城市修建地铁规模的增加，在富水地层使用泥水平衡盾构掘进施工的情况将越来越多；然而盾构机在掘进过程中，受各种因素影响制约，将会面临各种重难点问题，2015年8月，中建交通建设集团有限公司引进中建系统首台泥水平衡盾构机，用于建造佛山市南海区新公交系统地下结构段右线隧道区间掘进施工，盾构机的始发与接收全部采用钢套筒进行，区间过程掘进经受穿越高压电塔、浅覆层、基坑锚索、大直径给水管线、高层建筑等严峻考验，需要开展专门的技术攻关，保障项目顺利履约。

2）研究范围和目标

本课题旨在研究适应地质及环境条件的循环泥浆配合比、环流系统、掘进参数以及相关的辅助施工技术，形成一套泥水平衡盾构施工工法，填补中国建筑泥水平衡盾构施工技术的空白。此次科研内容共分为5个课题方向：泥水平衡盾构机循环泥浆配合比研究、泥水平衡盾构机环流系统控制与应用、泥水平衡盾构机主要掘进参数研究、盾构机泥渣分离与弃浆再利用技术研究、泥水平衡盾构机开仓换刀施工技术研究。其研究目标如下：

（1）通过研究泥水平衡盾构机开挖控制、一次衬砌控制、线性控制以及注浆控制技术，形成一套泥水平衡盾构施工工法。

（2）泥水平衡盾构机循环泥浆配合比研究：通过实验室试验和工程应用，研究循环泥浆性能，确定适应本工程地层的泥浆配合比。

（3）泥水平衡盾构机环流系统控制与应用：通过理论计算和现场实践，调整优化环流系统参数，确保盾构机顺利、安全掘进。

（4）泥水平衡盾构机主要掘进参数研究：通过理论计算和工程应用，研究泥水平衡盾构机主要掘进参数的计算方式、设定标准和控制技术。

（5）盾构机泥渣分离与弃浆再利用技术研究：结合现场实际情况，研究一种废弃泥浆作为壁后注浆浆液组分的同步注浆配合比，降低了废浆处理成本，利于节能环保。

（6）泥水平衡盾构机开仓换刀施工技术研究：通过实验室试验和工程应用，研究换刀工艺，形成一项泥水平衡盾构机开仓换刀施工工法。

3）创新点

（1）针对盾构穿越138束锚索，提出了相应泥水平衡盾构穿越锚索区施工方法，即穿越前预拔除，并对盾构机相关装置进行适应性改造。

（2）开发了废浆再利用技术，即将废浆作为管片壁后注浆浆液的组分，降低了废浆处理成本，利于节能环保。

（3）集成创新了较长时间（25d）带压进仓技术，即采用WSS注浆工法加固地层、利用衡盾泥建泥膜，实现了在富水粉细砂层中工作面稳定。

（4）改进了盾构施工采用的钢套筒始发、接收装置，拓展了钢套筒适用范围。

第8节 三维激光扫描技术在地铁隧道断面测量中的关键技术研究与应用

1. 基本情况

（1）奖励级别：中国交通运输协会科学技术二等奖

（2）获奖日期：2018年

（3）完成单位：北京市政建设集团有限责任公司，北京工业大学

2. 基本内容

1）项目技术背景

传统的地铁隧道断面测量方式无论是在测量速度上、区域性上，还是管理方式上，都不能满足地铁隧道断面测量快速建设的需要，三维激光扫描技术通过激光测距的方法获取被测物体的三维点云坐标，在较为复杂的监测现场，可以实现快速扫描、非接触测量、高精度采集三维坐标信息，其无光线要求，仅需布置少量控制点甚至不需布置，数据获取和处理都具有人工智能化，可以最大限度地减少人力，避免监测与施工、运营以及恶劣工作条件之间的矛盾，弥补了传统监测技术手段的不足。

（1）三维激光点云高精度拼接方式

现有的点云数据拼接方法是在三维激光扫描两测站的重叠区域布设若干个标靶作为同名点，然后根据同名点实现相邻两站的拼接，点云的拼接精度有赖于标靶特征点提取的精度。较为常用的标靶是平面标靶及球形标靶，也有将测站点纳入隧道控制网中进行点云数据拼接的。但是皆没有针对隧道点云数据进行多种拼接方式的试验，以寻求高精度点云拼接的最优方法。

（2）曲线隧道中轴线及断面的提取

目前提取隧道中轴线的算法大都仅在盾构圆形隧道，且隧道变形较小的情况下使用，在隧道弯度较大、通透性不高的特殊情况下中轴线的提取精度会受影响。地铁隧道不仅有圆形，还有矩形、马蹄形等复杂结构，目前算法在实际工程应用中存在很大的局限性。本研究的关键技术适用于曲线隧道中轴线的提取。

已有提取隧道断面的算法大多应用在直线隧道，或将隧道简化为直线形。在实际工程中，部分隧道是非直线形，即有一定的弧度，甚至还有 S 形隧道。本研究的关键技术旨在提取曲线隧道的任意断面。

（3）快速提取盾构隧道断面中心点坐标

目前国内外仍采用全站仪测量离散断面的离散点，然后拟合出盾构隧道断面中心点坐标。为快速确定盾构隧道断面中心点坐标，本研究拟采用空间圆拟合方法分析三维激光扫描点云，目前国内外均未见相关报道。

传统全站仪或断面仪逐个断面、逐个测点进行断面测量，尽管能达到 mm 级测量精度，但也存在多方面不足：监测断点为离散式、精度受光线影响较大、实测离散断面数量有限等，只能反映局部的特征，很难高效地进行大范围的检测，容易受人为因素影响，且内业数据处理烦琐、效率低，并且数据有效利用率太低。目前也有关于三维激光扫描仪用于隧道断面测量的研究报道，但皆未涉及曲线隧道断面测量的相关研究。

鉴于此，点云数据高精度拼接最优方法、曲线隧道中轴线的提取、曲线隧道断面点云的提取等三个方面是三维激光扫描技术在地铁隧道应用研究中的关键技术，也为进一步研究隧道断面相关分析奠定基础。

2）项目主要内容

本研究从隧道点云高精度拼接、曲线隧道中轴线提取、隧道断面点云提取等三个关键方面来研究三维激光扫描技术用于地铁隧道断面测量及变形监测的适用性、可行性，并开展隧道实测断面与设计断面的对比分析。

（1）隧道点云数据的高精度拼接研究

在地铁隧道中实施架站式三维激光扫描获取点云数据，高精度点云数据拼接是后续工作顺利开展的基础。传统的点云数据拼接方法将相邻两站点云数据进行两两拼接，最终划归到同一坐标系中，随着扫描站数的增加，该方法拼接误差也将不断累积，导致精度降低。本研究从标靶类型、标靶数量及引入控制点拼接等三个方面分析影响隧道点云拼接精度的因素，通过试验研究，统计、分析拼接误差，并运用最小二乘法进行误差评估，寻找出适用于隧道点云数据拼接精度最高的拼接方式。

（2）曲线隧道中轴线、断面及断面中心点的提取算法研究

①曲线隧道中轴线和断面的提取

隧道的中轴线是一条空间的曲线，它表达了隧道的姿态和走势。由于空间曲线的计算比较复杂，本研究基于双向投影法和改进的 RANSAC 算法提取曲线隧道中轴线，按照双向投影三维隧道点云、提取投影边界点、拟合边界曲线等过程，提取曲线隧道的中轴线。

②曲线隧道横断面的提取

在提取隧道中轴线之后，需提取与隧道中轴线处处垂直的各个横断面，进而与设计断面进行对比分析。对于直线隧道，提取断面垂直于中轴线过程较为简单。而曲线隧道中轴线的斜率处处不同，为保证提取的断面垂直于中轴线需要进行多次旋转，同时为提高旋转的速度，提出隧道点云点缓冲区的概念，为保证提取的断面有足够的点云，在三维点云上拟设置投影面缓冲区，因面缓冲区的厚度直接影响断面变形的精度，又提出最佳面缓冲区厚度的概念，为最终实现曲线隧道任意断面点云的提取奠定基础。完全满足现行《城市轨道交通工程测量规范》（GB 50308）的要求提取隧道断面，在里程方向上按照直线段 6m（曲线段 5m）测量一个结构断面。

③隧道断面中心点的提取

提取隧道断面之后，对每个断面的中心坐标进行提取，以验证实测断面的中心坐标与设计断面的中心坐标的差值情况，判断是否符合规范要求值。《盾构法隧道施工及验收规范》（GB 50446—2017）要求：成型的地铁、铁路隧道的中心坐标（轴线平面坐标和高程坐标）偏差在 ±100mm 内。本研究采用空间圆拟合法提取断面中心坐标，这对后期实测断面和设计坐标进行叠加分析时确定相对位置起着重要的作用。

（3）隧道实测断面与设计断面的对比研究

①隧道断面中心点对比研究

由于提取断面（即为实测断面）的坐标系统与施工坐标系并不一致，采用 Helmert 进行坐标转化，把提取断面的坐标系转化成施工坐标系。在同一坐标系下，即可对设计断面与提取的断面进行叠加分析，对比分析提取的断面中心点与设计断面中心点。

②隧道径向检测

盾构隧道：通过设计断面与提取断面的叠加分析，以隧道断面中心点所在平面为 0°（180°），隧道中心为圆心，每 5° 做一次检测，计算出隧道断面在每个方向上的设计断面与提取断面的差值。

矿山法等隧道：通过设计断面与提取断面的叠加分析，比较实测断面与设计断面的宽度与高度的差值，判断断面的验收情况。

③盾构隧道断面椭圆度分析

对提取盾构隧道的断面进行椭圆度分析，主要包括对每个里程对应断面的长短半轴、椭圆度的计算，以及隧道断面的水平直径值，并将结果与《盾构法隧道施工及验收规范》（GB 50446—2017）规定的成型地铁隧道的椭圆度为 6‰ 进行对比分析，验证是否符合规范要求。

（4）隧道断面变形分析研究

运用 MDP 算法计算出隧道断面任意位置、任意时刻的变形量，因该算法计算断面点云变形存在测量噪声，所以将利用协方差函数来识别真正的变形信号，以减小变形误差。通过与传统监测方法进行对比，评定三维激光技术应用于隧道断面变形的精度。通过已有点云处理软件 Geomagic Qualify 和 Cloud Compare 计算隧道断面变形，与采用 MDP 算法计算的断面变形精度进行比较，进一步验证 MDP 算法计算隧道断面变形的可行性。

3）技术先进性

与其他三维扫描技术对比分析：

（1）运用徕卡 Scanstation P40 扫描隧道时，在满足工程精度需求的情况下，利用 4 个标靶球拼接三维点云数据，提高了拼接效率；

（2）解决了曲线隧道中轴线及断面点云的提取问题；

(3)采用空间圆法实现了盾构隧道的中心点提取,与全站仪相比,精度满足工程需求,并继而实现了盾构隧道椭圆度分析;

(4)在提取断面的基础上,采用重心法实现了马蹄形断面隧道的中心点提取,精度满足工程需求,并继而实现了超欠挖及超欠挖土方量分析。

在竣工期间,采用三维激光扫描技术进行隧道断面量测与分析,尤其是在曲线隧道中,从测量方法、测量精度、测量速度、数据处理、报告形式、完成时间、节约劳动力等方面都具有较大优势。

4)应用范围和前景

本研究实现了点云高精度拼接;采用空间圆拟合方法处理三维激光扫描点云数据,确定了盾构隧道断面中心点坐标,并且实现了不同断面形式的隧道设计断面与实测断面的对比分析,可直接用于隧道竣工工期、运维期相应项目的监测、检测。

运用三维激光扫描仪扫描地铁隧道一次,采用相应的算法,可提取任意里程的断面,可完成多项检测、测量任务,较传统测量方式采用该项目成果效率至少提高20%,数据成果形式多样,成果量增加几倍,具有显著的经济效益和社会效益。

第9节 盾构云平台

1. 基本情况

(1)奖励级别:中国交通运输协会科学技术三等奖

(2)获奖日期:2018年

(3)完成单位:中铁工程服务有限公司

2. 基本内容

1)项目技术背景

随着地下空间开发的不断发展,国内盾构机/TBM市场需求不断扩大,目前投入地下空间的盾构机/TBM数量已接近3000台,且项目施工周期长、工点分散。因此行业内存在隐患难排查、项目难监管、效率难保障、风险难把控、故障难定位、数据难存储等问题。

同时,随着"互联网+"、大数据时代来临,数据在各行业发展中的作用日益突显。而以往盾构施工数据未形成规模化存储,导致大量数据遗失。云平台通过对数据的存储、分析,将推动行业向智能化转型升级,也是行业未来发展的方向。

盾构云平台融合了互联网+、物联网、大数据、云计算等先进信息技术,是专业服务于盾构施工管理的综合信息服务平台,为盾构施工行业向智能化转型升级迈出坚实一步。

2)项目主要内容

(1)系统整体框架

平台的整体框架设计根据数据采集、数据存储、数据分析、界面展示一共分为四层,整体技术构架如图5-1-11所示。

第一层:工点数据采集。通过采集设备及现场人员填报的方法对现场数据进行采集,采集的数据包括工点基础数据、沉降数据、水平位移、地质数据、盾构机运行参数、工点风险数据、监理日志、隐患数据、工程资料以及视频图像等。

第二层:数据中心。数据中心实现对采集的远程数据的接收和存储,并对数据进行初步处理。

第三层:数据自动分析处理。通过编程的方法实现对采集的数据进行精细加工和计算。

第四层:数据展示。对分析处理后的数据通过WEB应用、手机APP以及BIM应用实现个性化展示,满足用户需求。

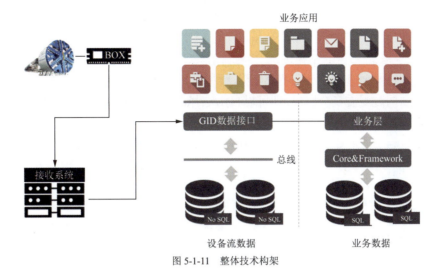

图 5-1-11　整体技术构架

（2）创新点

创新点一：盾构机设备管理信息智能化，实现了盾构机设备管理实时性。

盾构机设备管理主要是对设备情况进行统计展示，主要内容包括盾构机配置介绍、盾构机履历表、盾构机维保及历史记录，如图 5-1-12 所示。

图 5-1-12　设备管理内容

创新点二：盾构施工项目管理信息智能化，实现了盾构施工全时域、全方位的过程管理实时性。

盾构施工项目管理内容主要包括工程概况、盾构实时监测、报警·故障·停机、风险·耗材·掘进档案、盾构机视频监控等。为实现信息化的实时性，分别从以下方面进行模块设置：

①工程概况：包括实况简报、工期计划、地质情况和进度情况 4 个子模块。

②盾构实时监测模块，用于显示盾构司机操作室的盾构机数据，每 10s 采集一次。该模块包括主监视、累积量、导向系统、注浆系统、泡沫系统、电力参数、三维视角运行参数诊断等，如图 5-1-13 所示。

图 5-1-13　盾构实时监测模块

③报警·故障·停机模块:用于对盾构机非正常情况进行统计,分为历史曲线分析、掘进参数导出、停机原因申报、报警短信设置、报警历史、单环分析6个子模块。

④风险·耗材·掘进档案模块:包括掘进风险、材料消耗、时效分析、单环档案、多环档案5个子模块。

⑤盾构机视频监控:根据需要将现场监控接入盾构云平台,用户可以远程通过手机或网页实现对现场的视频监控,若需要同时观看多个监控,则可以自由选择2×2、3×3以及4×4视频观看。

3)技术先进性

盾构云平台于2016年底正式上线,到2019年底入网盾构机台数已达到216台(后续还在入网中),涵盖中铁装备、海瑞克、小松、铁建重工、辽宁三三、北方重工等品牌的盾构机设备,实现了对分布于全国21个城市共计70余个盾构施工项目的全方位管理。

为提升用户体验,完善平台功能,2018年实现系统17次升级,开发了满足业主需求的业主版、满足现场管理需求的现场版;与网页版配套的手机APP(图5-1-14),安卓手机和苹果手机均可扫描二维码下载,通过手机即可了解工程状况、安全风险、项目进度,录入维护保修数据,上报停机原因,观看现场视频,评估设备状况,实现管理人员与现场零距离接触,管理方便、快捷、有效。

4)应用范围和前景

盾构云平台以远程数据采集为手段,依托大数据处理技术与移动互联网技术,实现盾构机运行监控、报警管理、健康诊断、掘进进度与安全风险管控、部件维护保养、项目资料归档、安全教育、工序优化及智能掘进等应用功能。内容涵盖项目进度管理、安全风险管控、设备状态评估、材料消耗统计、历史数据分析、现场视频监控等诸多功能模块。

图5-1-14 手机APP首界面

盾构云平台是目前盾构施工行业内功能最强、内容最全面的大数据管理平台。2018年荣获四川省经济和信息化委员会颁发的"2017年度四川省优秀工业云"、中国施工企业管理协会颁发的"2017年度工程建设行业互联网发展最佳实践案例"。

第10节 盾构下穿深圳湾海域复杂地层长距离快速掘进技术

1. 基本情况

(1)获奖级别:中国施工企业管理协会科学技术奖科技创新成果二等奖
(2)获奖日期:2018年
(3)完成单位:中铁一局集团有限公司,中铁一局集团城市轨道交通工程有限公司

2. 基本内容

课题以深圳地铁盾构区间下穿湾海区域工程项目为依托,主要研究内容包括:结合分析了深圳地区复合式地层的盾构选型,采取了多种提升施工效率的措施;研究了盾构施工预处理措施,综合分析了大直径长距离盾构施工掘进参数,隧道的变形规律及控制措施。盾构下穿深圳湾海域则包含下穿海域风险分析,施工过程控制,施工过程中遇见问题及处理措施。课题研究所取得关键技术成果如下:

(1)针对花岗岩复合地层、孤石多发等工程特点,采用地面预爆破、优化刀具配置及研制的泥膜护壁压气换刀和洞内预加固砂层压气换刀等综合技术,实现了盾构安全快速掘进。

(2)通过合理的设备选型及对主轴承密封更换技术和运输车辆轮耐磨工艺改进,结合研发的压气状态下土压传感器的使用,实现了3.2km长距离盾构隧道连续掘进。

(3)通过优化刀具组合配置、同步注浆浆液配合比设计和渣土改良泡沫的选择,降低了深圳海域潮

汐变化对盾构掘进影响,实现了安全顺利完成盾构下穿海域施工。

本课题于2013年开始立项研究,研究总结了大直径盾构机长距离下穿海域复杂地层快速掘进施工技术,2015年形成最终成果及科研报告。2015年11月通过中国中铁股份有限公司科研成果评审,评审结果为国内领先水平。鉴定认为该研究成果具有良好的经济效益和广阔的推广应用前景。

第11节 大起伏岩面巨厚富水砂层条件下深埋地铁施工关键技术

1. 基本情况

(1)奖励级别:中国交通运输协会科学技术三等奖、湖北省公路学会科学技术二等奖
(2)奖励日期:2018年
(3)完成单位:中建三局基础设施建设投资有限公司,中建三局集团有限公司

2. 基本内容

1)项目技术背景

在地铁建设工程中,采用盾构法施工区间隧道十分普遍,盾构法施工可适用于不同的地质和水文条件,尤其适用于含水不稳定地层区间隧道的修建,其技术优势明显,同时也存在不足,主要表现为设备在断面尺寸多变的区段的适应能力不足,以及在掘进过程中特别在饱和含水松软的地层中的地表沉降控制难以保证。富水巨厚砂层联络通道土体冻结加固质量是确保通道开挖安全的关键,由于工期紧、任务重,联络通道的冻结加固及开挖与盾构掘进、后期铺轨存在交叉施工。冻结站布置、盐水输送、管路保温、交叉施工相互干扰及联络通道冻结加固效果的评价是保证联络通道施工安全的重难点。武汉地铁21号线为中建三局集团有限公司自主承接的首条地铁线路工程,位于长江I级阶地,以上问题更为突出。因此,研究一套解决在地铁建造阶段地层沉降及变形控制、隧道线形控制的长江I级阶地复杂地层下修建城市轨道交通问题的成套关键技术成为地铁施工中的一个新课题。

2)项目主要内容

(1)复杂环境盾构掘进风险控制技术

该工程范围内存在大量的红黏土地层及溶洞,施工前采用钻孔结合CT物探确定位置,注水泥浆加固与填充的方式进行处理。对于钻孔揭示岩溶洞穴高度不大于3m的溶洞,钻孔1处;对于钻孔揭示岩溶洞穴高度大于3m的溶洞,呈三角形布置钻孔3孔。经加固的土体具有很好的均质性、自立性,其中无侧限抗压强度大于1.0MPa,渗透系数小于1×10^{-7}cm/s。

当盾构穿越重要建(构)筑物时,采取跟进式二次注浆、渣土改良防喷涌及四道盾尾刷技术联合控制。采取跟进式壁后注浆措施控制地面累计沉降量的效果显著,可减小60%的沉降,"泡沫+高分子聚合物"作为渣土改良添加剂,可有效防止喷涌;将两道油脂密封腔增加至三道,提高了盾尾密封效果。以上方法成功地将长江I级阶地富水砂层的盾构掘进施工沉降控制在2cm以内,且掘进过程中未出现喷涌现象。在此基础上,适当调整刀具配置,更换中、内圈滚刀为撕裂刀,顺利实现了长距离穿越河流施工,为后续工程积累了宝贵的经验。

(2)巨深富水砂层钢套筒接收技术

盾构机接收一直以来是盾构施工工艺的难点和关键点,在众多盾构机接收的事故中,地质条件差、端头加固效果不理想是导致盾构机接收时发生渗漏甚至洞门坍塌的主要原因。本工程后百区间接收深度30m,地层主要为稳定性差、渗透性强、承压水丰富的巨厚粉细砂层。为保证盾构在富水深厚砂层地层中的接收安全,采用一种U形素混凝土地下连续墙加钢套筒盾构结构及其接收方法。采用U形素混凝土地下连续墙与车站围护结构地下连续墙形成封闭墙,改变了地下水的渗流路径,改变了封闭墙内外的水力联系,提高了端头止水效果。钢套筒内部回填后,筒内水土压力与地层水土压力平衡,盾构机破墙后依

然处于平衡压力环境中,接收施工风险显著降低。该接收方法的运用有效降低了接收风险,保证了盾构机在地下三层车站的顺利安全接收。

(3)联络通道长距离盐水输送冻结施工技术

由于存在盾构掘进、后期铺轨与联络通道冻结加固的交叉施工,冻结站无法布置在隧道内,且联络通道处地面为城市主干道也不具备设置冷冻站的条件,冻结站只能布置在车站中板通风阴凉处。施工过程中,采用轴承式风机送风以及时更新冷却水保证冷却水箱内水温始终低于25℃,保证了冷冻机组产生的热量及时散失;盐水循环系统的中压、低压容器和管路、盐水箱、干管、配集液管、低温管路均应进行保温处理,进行平壁、桶形、管道保温层厚度计算,应使其外表面温度比环境露点温度高2℃左右,不产生凝结水,采用20mm聚苯乙烯保温板或棉絮进行双层保温,保温层的外面用塑料薄膜包扎,在管路安装完成试压合格后盐水管路法兰连接处进行保温加强处理,联络通道两侧冻结加固范围内铺设不小于30mm厚的聚苯乙烯泡沫塑胶保温板,将钢管片格栅用素混凝土填充密实。通过以上措施保证冻结站输送的盐水温度符合设计要求。

采用门式脚手架工作平台,长20m、宽0.6m的临时机械材料堆放平台,以及提前将联络通道处的盾构掘进的污水管设置为带球阀的三通管,通过以上措施使联络通道冻结孔施工期间与盾构掘进的交叉施工干扰降低至最小。在盐水主管路上设置排气阀,在联络通道集配液圈处设置增压泵,确保盐水流量和压力满足冻结器冻结加固的需要;定做长200mm、内径159mm带橡胶内衬的盐水主管路卡箍及长100mm、内径89mm的高压橡胶管卡箍,确保后期铺轨过程中盐水管路轻微破损的情况下冻结站无须停机快速修复;采用预应力环形内支撑代替传统"井"字形内支撑,确保轨道车可顺利通过,降低了联络通道开挖构筑与后期铺轨交叉施工的相互干扰。通过以上措施最大限度地降低了联络通道冻结加固期间与盾构掘进、后期铺轨之间的相互干扰,保证了联络通道冻结加固质量,且缩短了总工期。

(4)联络通道冻结效果评价技术

该工程中各联络通道的施工顺利完成,根据联络通道冻结加固实测数据与经典解析法分析总结了长江Ⅰ级阶地联络通道冻结加固施工经验。在冻结加固过程中,随着冻结帷幕逐渐形成并交圈,盐水去、回路温差逐渐减小,最后几乎不再发生冷量损失,土体内部温度下降速度也由大变小,最后趋于稳定。通过现场实测数据发现,冻土—管片交界面的温度能否达到要求是确保冻结帷幕质量,确保联络通道开挖安全的重要保证。随着冻结帷幕的交圈,冻结帷幕内部压力迅速增大,且随着联络通道内部未冻实区域的减小,冻胀压力上升速度增加,当内部未冻实区域减小到一定程度后,卸压孔可卸压至零,冻结帷幕承担了全部地应力,可利用压力判断冻结帷幕是否完全闭合、交圈以及联络通道内部土体冻实情况。土体结冰温度的准确判断对土体冻结效果的评价具有重要意义,施工监测与理论求解的综合运用是保证联络通道施工安全的可靠手段。

3)技术先进性

改进了二次注浆技术,采用了高效跟进式注浆,及时填充管片与土层之间的间隙,有效控制了地层沉降,将富水砂层盾构施工沉降值控制在2cm以内,充分保障了沿线建(构)筑物及重要管线的安全;结合全封闭地下连续墙加钢套筒的技术措施,创新采用了地层加固与素墙封闭相结合,钢套筒接收的方法,确保了深埋盾构机在巨厚富水砂层中的接收安全。

目前,国内外地铁联络通道的冻结法施工基本都是在隧道贯通后才进行,但随着城市地铁的快速发展,需要在保证冻结施工质量的前提下尽可能地缩短工期,所以联络通道冻结与盾构掘进就不可避免地出现交叉施工的情况。采用远端制冷措施实现了联络通道与盾构掘进同步施工。为避免联络通道的冻结加固与盾构掘进交叉施工产生相互干扰,将冻结站布置在车站中板,利用超长管路输送低温盐水,通过对盐水管路加强保温减小冷量损失,在管路上设置排气阀及增压泵保证冻结器冻结加固的盐水流量要求,设置门式脚手架及环形预应力内支撑确保联络通道施工时轨道车顺利通行。

通过实测数据分析与经典解析法分析准确判断计算土体结冰温度对土体冻结效果的评价具有重要意义,施工监测与理论求解的综合运用是保证联络通道施工安全的可靠手段。

4) 推广应用情况

技术成果在武汉地铁 21 号线第一标段工程成功运用。通过对大起伏岩面巨厚粉细砂层地质条件下复杂环境盾构掘进风险控制技术、富水砂层大埋深盾构钢套筒接收施工技术、联络通道远端制冷冻结加固施工技术及联络通道冻结效果评价等展开研究，攻克了施工难题，安全高效地完成了工程建设。实现节约 1 年工期，创造了 2 年建成通车的业内佳绩。施工标准化程度高，成功举办武汉市智慧工地观摩会，获得建设单位、监理单位和业内同行的一致好评。工程获得全国安全生产标准化建设工地、湖北省建设优质工程（楚天杯）等多项奖项。

项目研发的关键技术、设备、产品等系列成果，至今已在武汉地铁 8 号线、成都地铁 11 号线工程中成功应用，产生了显著的辐射推广效应。技术成果在各工程实践中的应用情况表明："大起伏岩面巨厚富水砂层条件下深埋地铁施工关键技术"在工程应用中具有良好的适应性和显著的效果，能在成本、工期控制、质量、安全保障等方面提供有益的指导，具有良好的进一步推广价值。

第 12 节　地铁隧道大直径土压平衡盾构机研制及施工成套关键技术

1. 基本情况

（1）奖励级别：中国施工企业管理协会科学技术奖科技创新成果一等奖
（2）获奖日期：2016 年
（3）项目编号：2017-C-Y-011
（4）完成单位：北京市政建设集团有限责任公司，北京交通大学，石家庄铁道大学，秦皇岛天业通联重工股份有限公司，北京市政路桥股份有限公司
（5）推荐单位：北京市建筑业联合会

2. 基本内容

1) 项目技术背景

北京地铁工程区间线路目前都是采用单洞单线形式，需要较为宽阔的道路红线，占用较大的地下空间。在道路狭窄、交通繁忙、地下管线密布、大量周边建（构）筑物和地下空间布局紧张的城区，如何实现区间、车站线路的最优化布置及其施工方法的合理选择，减少地铁施工对地面交通及周边环境的影响已经成为北京城市轨道交通发展中急需解决的关键技术问题。

2010 年 5 月开工建设的北京地铁 14 号线东风北桥站—京顺路站区段工程长约 3.4km，线路经过酒仙桥地区的老工业区，部分现状道路狭窄，无足够地下空间实现双洞双线的线路布置；且区间隧道多次下穿建（构）筑物和河流，若采用浅埋暗挖法修建，施工可控性极差，若采用盾构法修建，则施工风险可以得到有效控制。高家园站现状道路宽度小于 17m，地面下管网密布，交通繁忙，且两侧分布有多层居民楼，无明挖条件，浅埋暗挖的施工风险较大。将台站周边同样地下管线密集，交通繁忙，无明挖条件。如果此两站采用浅埋暗挖法施工，则将制约区间采用盾构法施工。

针对上述问题，通过国内外调研，以及详细的研究、分析与论证，决定采用单洞双线大直径盾构区间并利用区间隧道扩挖形成车站方案，即采用大直径盾构连续长距离推进，修建 3 段地铁区间隧道，在此基础上小规模暗挖拓展形成 2 座车站。此方案可以解决地铁 14 号线东风北桥站至京顺路站之间的区间线路布置和车站建造风险过大问题，优化车站和区间隧道的设计，减少车站施工与区间隧道施工的相互干扰矛盾，可统筹车站与区间隧道的施工组织设计，还可充分发挥盾构法安全、高效的技术优点，提高盾构设备利用率。

2) 项目主要内容

在北京地铁 14 号线东风北桥站—京顺路站区段采用直径 10.22m 大盾构掘进控制实践的基础上，结合既有土压平衡盾构技术研究和理论现状，主要研究了以下内容：

（1）工程建设所需要的大直径盾构选型、设计和制造。盾构机是根据工程地质、水文地质、地貌、地面建筑物及地下管线和构筑物等具体特征来"量身定做"的非标特种设备，不同于常规设备，其核心技术不仅仅是设备本身的机电工业设计，还在于设备如何适用于各类工程地质。盾构施工的成功率，主要取决于盾构的选型，决定于盾构是否适应现场的施工环境，盾构的选型正确与否决定着盾构施工的成败。盾构类型确定后，其设计和制造则关系到大直径盾构施工工法的推广应用以及相关制造产业的发展，需要深入开展系统研究。

（2）大直径盾构隧道管片选型和力学评价。盾构隧道衬砌是将管片用螺栓连接起来的装配式结构。管片和螺栓形式和相关参数的选取直接影响到隧道的结构性能以及防水性能发挥，是实现隧道结构性能的关键，是实现隧道功能的保障。北京地铁14号线作为北京地区首个在地铁建设领域应用直径10m以上管片衬砌结构的工程，需要结合其特定的工程条件和建设要求，开展有针对性的详细研究，对14号线大直径盾构隧道管片衬砌的管片厚度、宽度、分块等结构参数进行全面分析。另外，对于直径10m以上的管片衬砌结构，由于结构体量的增加和接头数目的增多，必须合理考虑管片的接头效应对结构内力和变形的影响。

（3）研究此大直径盾构隧道引起的地表变形分布规律，以地表沉降最大值和地表沉降槽宽度为评价指标，分析盾构掘进关键参数、隧道埋深、隧道拱顶覆土类型等对地表沉降的影响。这是城市区域隧道施工环境影响控制的核心内容，对于北京地区盾构隧道施工风险和今后类似工程的建设有指导和参考价值。采用现代统计学习理论，结合依托工程实践中产生的样本，研究可以反映盾构隧道关键技术参数的地表变形预测方法。该方法可以考虑地层类型、隧道埋深，盾构施工关键技术参数（如土仓压力、壁后注浆、盾构机推力等）对地表变形的影响。

（4）考虑直径10.22m盾构机在体量、质量以及系统复杂性方面的增加以及本工程始发在曲线和坡度方面的困难条件，在充分借鉴已有技术和成熟经验的基础上，开展大盾构始发涉及的端头井加固、反力架形式和安装、始发基座安装和布置、负环管片拼装以及台车在小半径曲线上的转向问题的应用研究。尤其对于大盾构始发过程中的反扭矩问题，将建立理论模型并进行实践应用检验。

（5）相对于北京地区广泛应用的直径6m左右的盾构机，本工程盾构机的直径达到10m以上时，其每延米的开挖土体体量增大了近1.6倍，盾尾建筑间隙也有较大增加，开展渣土改良、同步注浆浆液配合比的现场测试和试验研究是实践之需。

（6）本研究依托工程需要盾构机一次性掘进总长3.15km，为保证施工效率，隧道内水平运输采用两台机车进行，需要在隧道内设置会车道场。传统会车道场技术已不能满足本工程建设需求，本研究提出并实践了一种可适应不同坡度并可在曲线段快速敷设的双道岔四轨会车道场，可随盾构隧道开挖面的前行随之进行适应性的跟进调整。

（7）盾构隧道建设过程中的近接施工影响控制问题近年来一直是北京地区地铁建设研究的热点问题之一。对于本研究的直径10.22m的大盾构机，由于盾构机体量、质量和系统复杂性的增加，在穿越邻近建筑物和构筑物时的盾构掘进参数选取、地层渣土改良、掘进及注浆技术参数优化等方面具有新的内涵，必须重新研究相关技术参数的合理选择范围和传统技术的有效性，大盾构微扰动控制技术的核心和重点必须结合特定的环境条件做出适应性调整。

3）技术先进性

本项目综合运用理论分析、数值计算、模型试验和现场测试研究等手段，首次在国内设计、制造了第一台10.22m大直径土压平衡盾构装备，研究开发了土压平衡盾构机土体主动搅拌系统，控制了渣土流动性和分布均匀性，解决了施工中大盾构土压难以建立的问题。应用此盾构机率先在国内建成第一条"单洞双线"地铁隧道工程（北京地铁14号线东风北桥站—京顺路站区段工程），建立了适应北京地区复杂周边环境条件下的大直径土压平衡盾构装备设计、制造及地铁隧道建造成套关键技术。

（1）拓展创新了大直径土压平衡盾构机设计理论，解决了直径10.22m土压平衡盾构机土压平衡理论与施工实践问题。

(2)首次自主设计、制造了国内第一台单洞双线地铁隧道直径10.22m土压平衡盾构机,针对性研发了大开口率刀盘、土仓主动搅拌系统、大裕度主驱系统。

(3)通过理论分析、模型试验、现场试验系列研究,应用直径10.22m土压平衡盾构机,研发了一整套大直径土压平衡盾构机建造地铁隧道施工关键技术,主要包括小半径、大坡度线形条件下盾构始发和结构技术,渣土改良和同步注浆工艺,近邻建(构)筑物施工,快速敷设双道岔四轨会车道场等施工技术。

(4)地铁隧道大直径土压平衡盾构施工成套技术应用于北京地铁14号线工程,连续掘进3.15km,成功穿越了北京机场快轨高架桥等重大风险源。

(5)系统提出了基于掘进参数影响因子的地表变形预测及控制方法,揭示了穿越地层大直径土压平衡盾构施工引起的地表变形规律。

该成果取得了显著的经济效益、环境和社会效益,总体达到国际先进水平,其中直径10.22m土压平衡盾构机土压平衡理论与施工实践、基于掘进参数影响因子的地表变形预测及控制研究达到国际领先水平。

4)应用范围和前景

北京地铁14号线东风北桥站—京顺路站区段工程的成功建设,开辟了北京地区"单洞双线"盾构区间隧道连续推进的新建设模式,与传统的"双洞双线"模式相比,节约了大量的浅层地下空间资源,所产生的经济效益很难以特定的数字来衡量。

国内首台具有自主知识产权的大直径土压平衡盾构机研制成功,并成功投入使用,现场反馈使用效果好;项目组通过大盾构装备的技术研发和实践,形成了大直径土压平衡盾构装备设计、制造及地铁隧道建造成套关键技术,整体提升了国内盾构机,特别是大直径土压平衡盾构装备的制造水平,培养相关专业技术人才,带动了相关产业的发展,增强了国际竞争力。

通过北京地铁14号线东风北桥—京顺路站工程建设,开展大直径盾构长距离推进,以及扩挖建造地铁车站技术研究,将大直径盾构工法和浅埋暗挖法有机结合起来,取长补短,优势互补,既可以实现狭窄道路条件下的线路布置,又可以实现城市密集建(构)筑物环境下隧道的快速高效施工,工程的安全和工期可以得到有效保障。同时形成一整套可适合城市密集建(构)筑物环境下的快速、经济和安全施工的地铁综合建造技术,为北京市乃至全国地铁建设快速发展提供技术支持。

第13节 高水压复杂地层纵向曲线隧道构筑技术

1. 基本情况

(1)奖励级别:中国石油集团公司科技进步三等奖

(2)奖励日期:2017年

(3)完成单位:中国石油管道局工程有限公司第四分公司

2. 基本内容

1)项目技术背景

目前,国内盾构、顶管施工技术在石油管道领域的应用还有一定的制约因素,如盾构机能承受的最高水压为0.5MPa,顶管施工只能完成纵向坡度小于5%的直线穿越施工。金陵石化长江盾构机最高施工水压0.65MPa,穿越长度2000m,隧道内径3.08m,主要穿越松散砂层,无法有效地更换刀具。杭州富春江过江管道项目穿越地质复杂,其他单位进行两次定向钻均以失败告终,我公司提出大坡度纵向曲线顶管概念以满足建设单位的投资、工期等要求。

2)项目主要内容

(1)高水压松散地层盾构设备适应性改造及施工技术

盾构机在0.35MPa水压下始发,超过800m的距离施工水压在0.5~0.65MPa,针对项目实际主要研究高水压下 2000m 的松散地层对盾构设备适应性改造及施工技术。基于 0.65MPa 水压,完成了 2000m 连续掘进不更换刀具的刀盘刀具配置技术、盾尾密封结构改造及油脂注入标准、盾构始发装置、管片拼装防止 K 块后退装置、盾构掘进施工技术的研究,并利用自行研发的"泥水平衡盾构施工模拟试验平台",对高水压工况进行了模拟,对设计研发的始发装置、盾尾密封、导向及推进系统改造的技术性能进行了试验验证,模拟试验压力最高达到了 0.67MPa,确保成果工业应用的可靠性。

(2)复杂地质条件下大坡度纵向曲线顶管穿江技术

富春江顶管最大施工水压 0.42MPa,穿越长度 658m,穿越地质复杂,主要穿越淤泥、黏土、砂层、卵石、岩石、上部卵石下部岩石过渡段等复杂地层,岩石最大强度 85MPa,部分卵石粒径大于 300mm,中风化砂岩穿越长度 300m,卵石层穿越长度 150m,穿越上部卵石下部岩石的交界面地层 80m。鉴于工期压力,提出大坡度纵向曲线顶管概念,首先以 10.5% 下行至 80.44m,变至曲线半径为 4300m 顶进 274.1m,再以曲线半径 1200m 顶进 222.46m,最后以 14.5% 上行 71.57m 到达接收井,400m 水平长度内隧道落差 29m。

针对纵向大坡度曲线顶管进行施工技术及装备研究,确定了混凝土管节、密封、木垫片等材料的性能指标,编制了适用于纵向坡度 15% 的曲线顶管施工方案,研制了适用于包括组合式中继间前后特殊管节等五种不同形式混凝土管节的一体化模具,设计了能承受 0.9MPa 水压的组合式中继间及其密封形式,研制了洞门密封及管节止退装置;设计了两种用于隧道管节渗漏应急修复的装置。

3)技术先进性

高水压松散地层盾构施工技术解决了小断面(4.5m 以下)盾构隧道高水压施工技术难题,确保了盾构设备在 2000m 的掘进施工中盾尾无泄漏,实现了最高水压 0.65MPa 下 2000m 隧道掘进施工不更换刀具的工程技术目标。

复杂地质条件下大坡度纵向曲线顶管穿江技术首次在国内提出并应用,项目始发和接收工作井深度由原来的 38m 降至了 9.4m 和 17.3m,减少投资 1000 余万元,缩短工期 150d,突破了顶管施工领域在设计概念、施工地质、施工坡度等多方面的技术空白。项目授权 4 项发明专利和 2 项实用新型专利。

4)推广应用情况

高水压松散地层盾构施工技术已在甬台温输气管道欧江盾构项目高水压施工中得到应用。大坡度纵向曲线顶管技术在鞍大原油管道青云河顶管、上虞—新昌天然气管道曹娥江顶管、中俄东线系列顶管等 10 余项目中推广应用。

第14节 盾构集群远程监控与智能化决策支持系统的开发与应用

1. 基本情况

(1)获奖级别:中国铁路工程总公司科学技术奖一等奖
(2)获奖日期:2014 年
(3)完成单位:中铁一局集团有限公司,中铁一局集团城市轨道交通工程有限公司

2. 基本内容

盾构集群远程监控与智能化决策支持系统(简称盾构远程监控系统)是中铁一局集团有限公司在对国内外盾构机远程监控系统进行了充分调研,自主开发的具有完全自主知识产权的盾构机远程监控系统。本科研项目属于跨学科综合性研究项目,其包含了自动控制技术、数据通信技术、互联网技术、数据库技术、软件开发技术等,并充分融入了盾构施工管理模式。该系统采用 C/S 模式与 B/S 模式相结合的方式,实现了盾构机集群管理、"三图一表"可视化技术、盾构施工状态的智能化识别技术等国内外先进技术在系统中的使用。系统以盾构施工的自动实时数据和人工数据为基础,通过数据智能化分析为管理人员提供辅助施工决策,完成对施工项目的工期风险、安全风险、成本风险等的管控。

（1）针对目前盾构施工集群管理的难题，基于.net平台、B/S架构，研发了"盾构集群远程监控与智能化决策支持系统"软件，主要包括项目决策、掘进管理、机器数据、物资管理、维护保养和报表等功能模块，实现了盾构机的集群化监控。

（2）该系统具有实时采集盾构机运行数据，智能化识别掘进、拼环、停机状态，快速方便提供盾构施工的掘进机、地面建筑、地质、地面沉降等信息的特点，为盾构施工管理决策提供辅助支持。

（3）该系统在成都地铁4号线6标试运行约3000m，完成了对两台盾构机的集中管理，运行稳定，达到了预期目标。

本课题于2010年开始立项研究，解决公司内部地铁盾构施工信息共享不畅、信息传递不及时、不准确的问题，2014年形成最终成果及科研报告，2014年10月通过中国中铁股份有限公司科研评审，评审结果为国内领先水平。鉴定认为研究形成的盾构集群远程监控与智能化决策支持系统具有重要的应用价值和广阔的推广前景。

第15节　盾构掘进自动化导向及排版系统应用技术研究

1. 基本情况

（1）获奖级别：中国铁路工程总公司科学技术奖二等奖
（2）获奖日期：2014年
（3）完成单位：中铁一局集团有限公司，中铁一局集团城市轨道交通工程有限公司

2. 基本内容

本课题结合宁波地铁2号线一期工程TJ2101标栎社国际机场站—栎社站区间试验段对自动化导向系统和排版系统应用技术进行了全面研究，并将科研成果应用于工程实践中取得了预期的效果，保证了盾构机的顺利掘进。总结形成了一整套切实可行的研究成果，对后续的宁波盾构隧道施工具有指导性意义。

（1）针对宁波地铁软土地层盾构施工中盾构姿态和管片空间位置状态难以控制等问题，开展了盾尾间隙自动测量、管片拼装点位计算和点位已知条件下的千斤顶行程差范围计算的研究，开发了自动选点和行程差控制软件，在宁波地铁2号线盾构施工中取得了良好的应用效果。

（2）自动选点和行程差控制软件实现了通用环管片自动排版，提高了管片的拼装精度，保证了管片拼装质量。

（3）采用可实现数据自动传输的盾尾间隙测量仪，实现了隧道施工盾尾间隙的快速测量的自动化，提高了施工工效。

本课题于2013年开始立项研究，通过定量计算指导盾构机的精确掘进，实现真正意义上的通过管片点位的选择来控制盾构机的推进过程，减少因推进不当造成的一系列问题。2014年形成最终成果及科研报告，2014年10月通过中国中铁股份有限公司科研评审，评审结果为国内领先水平。鉴定认为研究形成的盾构掘进自动化导向及排版系统应用技术具有重要的理论、实际意义和应用价值，值得推广。

第16节　东北严寒条件下中砂、粉砂复合地层土压平衡盾构施工关键技术研究

1. 基本情况

（1）获奖级别：中国施工企业管理协会科学技术奖科技创新成果二等奖

（2）获奖日期：2013 年
（3）完成单位：中铁一局集团有限公司，中铁一局集团城市轨道交通工程有限公司

2. 基本内容

课题就中铁一局集团有限公司承建的哈尔滨地铁一期土建工程 8 标太平桥站—交通大学站区间、工程大学站—太平桥站区间两个盾构区间对东北严寒条件下中砂、粉砂复合地层土压平衡盾构施工关键技术做如下研究：

（1）针对盾构掘进渣土改良施工，研究选择三种不同的渣土改良剂进行改良。通过试验并对结果进行分析比对后，确定泡沫剂为最佳改良材料并确定了其具体施工参数。

（2）针对中砂、粉砂复合地层盾构掘进地面沉降控制，首先分析并总结了砂层盾构掘进地面沉降控制的规律。然后从排土量控制、同步注浆控制及监测控制等三方面进行研究，确定合理控制措施有效控制了地面沉降。

（3）针对中砂、粉砂复合地层管片错台控制，课题小组应用 QC 质量管理的相关方法对管片错台控制中的主要因素进行分析总结。通过对要因的逐个排除找出其中的主要症结。针对主要症结制定了相应对策后进行实践最终解决了管片错台的质量控制问题。

（4）针对冬期施工中的关键部位逐一制订保温防寒措施。在实践过程中对搅拌站、车站主体、盾构施工用材料、盾构机后配套设备、盾构机管路、管片粘贴等一系列部位制定相关保温措施，并通过实践总结出了一套切实可行的施工措施。

本课题于 2010 年开始立项研究，解决了高寒地区中砂、粉砂地层土压平衡盾构施工等系列难题，2012 年形成最终成果及科研报告，2013 年 11 月通过中国中铁股份有限公司科研评审，评审结果为国内领先水平。鉴定认为研究形成了高寒条件下中砂、粉砂地层土压平衡盾构施工成套技术，具有重要的理论、实际意义和应用价值，值得推广。

第2章 盾构工程发明专利

第1节 盾构机分体始发加长管线悬吊系统

1. 基本情况

专利号：ZL 2015 1 0196210.7
授权时间：2016.08.24
专利权人：北京建工土木工程有限公司

2. 基本内容

1）技术领域

本发明属于盾构机分体始发施工技术领域，特别是涉及一种盾构机分体始发加长管线悬吊系统。

2）背景技术

盾构始发分整体始发和分体始发两种。整体始发是指将盾体和全部台车安装在始发井下，盾构始发掘进时带动全部台车一起前行的施工技术。分体始发是指将盾体与全部或部分台车之间采用加长管线连接，盾体与全部或部分台车分开前行，待初始掘进完成后再将盾体与台车在隧道内安装连接进行正常掘进的施工技术。由于在城区受狭窄施工场地、施工条件等因素的限制，盾构机整体始发条件越来越差。分体始发作为盾构始发方式的一种，广泛应用于繁华城市中狭窄的施工场地。

盾构机分体始发中由于盾体与后配套设备分离，因此盾体与后配套之间采用加长管线进行连接。各种管路、电缆的加长必然带来放置的问题。盾构始发阶段施工，隧道内环境恶劣，同时电瓶车来回运输行走，施工作业人员不可避免地会踩踏各种管线，因此各种管线不能直接放置在隧道地面上，必须放置在既不阻碍电瓶车行走和施工人员施工，又不被泥水浸泡污染的地方。

3）发明内容

本发明提供了一种盾构机分体始发加长管线悬吊系统，所要解决的技术问题是现有盾构机分体始发施工过程中，各种加长管路、加长电缆放置在盾构机分体始发加长管线隧道的地面，阻碍运输电瓶车在隧道内行走和施工人员施工，以及加长管路、加长电缆会被泥水浸泡污染。

一种盾构机分体始发加长管线悬吊系统，由隧道内悬吊架和隧道外悬吊架组成。隧道内悬吊架包括滑轨和滑轨小车，滑轨小车包括第一架体、第二架体、第一滑轮、第二滑轮。隧道外悬吊架用于将加长管线悬吊在竖井内，包括第一板体、第二板体、连接柱、转筒、第二连接件。

使用本发明进行盾构机分体始发时，不必采用人工前移管线，节省大量人力；不会阻碍运输电瓶车在隧道内行走和施工人员施工；也避免了加长管线会被泥水浸泡污染的问题。本发明中的隧道内悬吊架如图 5-2-1 所示，隧道外悬吊架如图 5-2-2 所示。

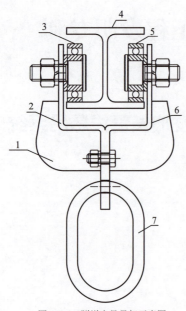 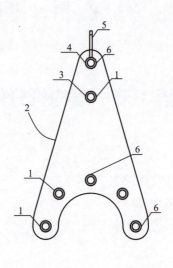

图 5-2-1　隧道内悬吊架示意图　　　　图 5-2-2　隧道外悬吊架示意图

1-加强筋;2-第一架体;3-第一滑轮;4-滑轨;　　1-第一通孔;2-第一板体;3-第二通孔;
5-第二滑轮;6-第二架体;7-第一连接件　　　　4-第三通孔;5-第二连接件;6-转筒

第 2 节　土压平衡盾构始发与接收施工多功能作业架

1. 基本情况

专利号:ZL 2015 1 0196280.2
授权时间:2017.05.03
专利权人:北京建工土木工程有限公司

2. 基本内容

1)技术领域

本发明属于盾构施工技术领域,特别是涉及一种用于土压平衡盾构始发与接收施工的多功能作业架。

2)背景技术

盾构始发一般流程包括盾构始发准备工作、洞门拆除和掘进施工三大部分。同样,盾构机接收流程一般也包括三大部分,即盾构机接收准备工作、洞门拆除、盾构机进洞和洞门封堵。其中洞门凿除又是盾构始发与接收的关键工序之一,其施工质量、安全等关键因素直接影响到盾构施工能否顺利进行,虽然洞门凿除工序简单但其安全隐患较多,难度较大。由于凿除预留洞口的钢筋混凝土需要较长时间,如果遇端头地层稳定性差、端头土体加固效果差等情形,在洞门凿除过程中,可能发生洞门土体塌落事故,危及洞门凿除施工人员的安全。盾构隧道洞门混凝土被凿除后,端头土体暴露,端头土层的受力平衡被打破,土体的结构、应力、渗透性等都将发生改变,开挖面土体无法自稳,尤其是在富水软弱地层中土体极易发生大面积滑移坍塌,洞门涌水、涌沙,进而导致更大范围的土体变形,发生地面沉陷,损害隧道附近地下或地面的建筑结构。因此,在洞门凿除过程中,必须采取措施来保护洞门凿除施工人员的人身安全;在洞门凿除之后,尽量缩短洞门土体暴露的时间,降低洞门土体失稳的风险。

现有技术中盾构隧道洞门凿除方法一般分为人工凿除、机械凿除、盾构机刀盘直接切削和定向爆破四种方式,其中人工凿除洞门方式应用最广泛。

采用人工凿除盾构隧道洞门时,由于洞门直径一般较大,必须搭设人工作业架,方便施工人员进行凿除洞门混凝土作业。传统的作业架一般采用脚手架,分多层搭设,每层用竹胶板铺垫,脚手架采用经检测合格的 $\phi 48mm$ 脚手管,交叉处采用钢管卡固定,洞门凿除施工作业完成后,人工从上至下拆除作业架。当洞门所在的地层易发生涌水、涌沙或土体坍塌时,可采用粗毛竹搭设人工作业架,交叉处采用麻绳固定。洞门凿除作业完成后,若条件允许,则人工拆除;若条件恶劣,则作业架不进行拆除而直接采用盾构机刀盘前推绞断毛竹。作业架采用钢脚手管搭设费时费力,搭设质量受人为因素影响较大,搭设质量不好时会使洞门凿除施工人员面临危险,在洞门分层凿除的过程中,需要调整钢管向洞门方向的悬挑长度,延长洞门凿除时间。部分脚手钢管需要截断使用,存在浪费。因此,采用钢脚手架搭设作业平台具有相应的缺点,一方面,脚手架拆除耗时较长,使得洞门混凝土完全凿除后,洞门土体暴露时间延长,加大了洞门土体发生失稳、坍塌的风险,尤其是当洞门处于含水砂层等高风险地层时,洞门土体长时间暴露极易发生涌水、涌沙和塌方事故;另一方面,脚手架拆除施工人员自身长时间暴露在危险中,一旦发生土体坍塌,施工人员无法及时逃离危险。虽然能在一定程度上(作业架不拆除情况下)缩减洞门土体暴露时间,但架子的刚度小,整体性差,搭设质量不易保证,人员在架子上作业时有一定的危险性。在洞门分层凿除的过程中,需要调整毛竹向洞门方向的悬挑长度,延长了洞门凿除时间。当盾构始发施工时如果不拆除毛竹脚手架,而直接前推盾构机,则毛竹架推入洞门的过程中可能会划破橡胶止水帘布,降低洞门密封装置的防水效果,毛竹架被推入洞口后,被刀盘绞断的毛竹或麻绳易缠绕在刀盘上或进入到螺旋输送机中,使出土不顺畅,严重时可能导致刀盘无法转动,影响盾构掘进施工。另外,在盾构始发施工时,传统作业架的搭设施工与盾构机组装施工存在场地交叉,相互影响,还存在影响工期的问题。

3)发明内容

本发明所要解决的技术问题是提供一种土压平衡盾构始发与接收施工多功能作业架,较好地解决了传统作业架安拆时间长、调节不便、无法移动、影响其他作业、增大施工风险等问题。

一种土压平衡盾构始发与接收施工多功能作业架包括:框架,框架由圆拱、第一侧壁、第二侧壁构成;第一折板层,第一折板层包括第一前折板和第一后折板,展开时第一前折板和第一后折板位于同一水平面;第二折板层,第二折板层安装在第一折板层的下方;第二折板层包括第二前折板和第二后折板,展开时第二前折板和第二后折板位于同一水平面;跳板,跳板可拆卸地安装在第一折板层和或第二折板层;滚轮,滚轮安装在框架底部,框架移动时滚轮滑动。

本发明的一种土压平衡盾构始发与接收施工多功能作业架安装跳板如图 5-2-3 所示。

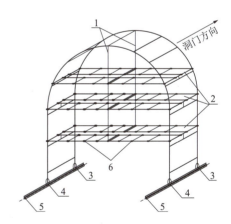

图 5-2-3 一种土压平衡盾构始发与接收施工多功能作业架安装跳板示意图

1- 拉杆;2- 跳板;3- 滚轮;4- 带孔固定板;5- 滑道;6- 转轴

第3节 暗挖隧道反挖盾构机接收方法

1. 基本情况

专利号:ZL 2015 1 0533996.7
授权时间:2017.12.19
专利权人:北京建工土木工程有限公司

2. 基本内容

1）技术领域

本发明涉及盾构法施工技术领域,特别是涉及一种暗挖隧道反挖盾构机接收方法。

2）背景技术

传统盾构法施工中,施工必须具备始发及接收条件,盾构机接收采用地面征地开挖竖井、盾构机整体吊出的施工方法,存在施工征用临时用地多、盾构机在隧道内只能前进不可后退等众多局限性及风险。传统盾构法施工存在盾构机整体吊装风险大的缺点。

由于设置盾构机接收井需增加临时征地,在没有接收条件的地段,盾构机在隧洞中只能前进不能后退,无法完成盾构机的接收。

3）发明内容

本发明提供了一种暗挖隧道反挖盾构机接收方法,以解决在没有接收条件的地段,无法完成盾构机接收的技术问题。

一种暗挖隧道反挖盾构机接收方法,包括以下步骤：

（1）在盾构机接收位置的前方施工暗挖隧道。

（2）对盾构机接收区间的土体进行加固。

（3）盾构掘进至盾构机预定接收位置后,对暗挖隧道封闭的工作面进行破除封面施工。

（4）沿着暗挖隧道朝向盾构机预定接收位置的方向开挖断面,开挖至盾构机刀盘全部露出,以及部分盾壳露出。

（5）对暗挖初期支护与盾壳之间的掌子面进行封端处理。

（6）对暗挖隧道内进行加固。

（7）将盾构机除盾壳外的部件在隧道内拆解并运出。

（8）暗挖隧道内防水施工、盾壳内防水施工,进行剩余二次衬砌施工。

本发明的暗挖隧道反挖盾构机接收方法如图 5-2-4 所示。

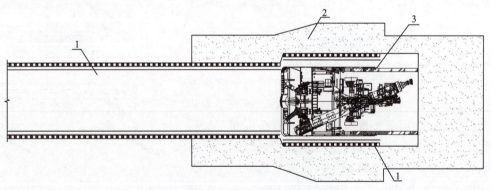

图 5-2-4　暗挖隧道反挖盾构机接收方法示意图

1- 暗挖隧道；2- 盾构机接收区间；3- 盾壳

第 4 节　一种在隧道内拆除盾构机零部件的拆除设备的应用

1. 基本情况

专利号：ZL 2015 1 0534003.8

授权时间：2017.11.17

专利权人：北京建工土木工程有限公司

2. 基本内容

1）技术领域

本发明涉及盾构施工技术领域，特别是涉及一种在隧道内拆除盾构机零部件的拆除设备的应用。

2）背景技术

主驱动装置是盾构机的核心部件，是盾构机动力输出的中心，并且起着支撑盾构机刀盘并使之回转破岩的作用。盾构机是在地下施工的一种机械设备，并直接与开挖的渣土接触，如果主驱动装置的装配精度不好，将会使渣土进入齿轮箱内造成齿轮的磨损，直至整个主驱动装置损坏，其在地下的拆除维修或更换十分困难。

主驱动拆除时需进行主驱动固定支撑、主驱动垂直吊装、主驱动水平运输完成主驱动拆除，由于隧道高度有限，大型提升设备不可能进入隧道进行拆除施工，因此没有适合的方法及设备进行主驱动拆除。

在盾构施工结束时，将盾构机的组成部件逐一拆卸，螺旋输送机拆除时需进行水平移动、垂直升降，由于隧道高度有限，大型提升设备不可能进入隧道进行拆除施工，因此没有适合的方法及设备进行螺旋输送机拆除。

3）发明内容

本发明提供了一种在隧道内拆除盾构机零部件的拆除设备的应用，以解决由于隧道高度有限，大型提升设备不可能进入隧道进行拆除施工，没有适合的方法及设备进行主驱动、螺旋输送机拆除的技术问题。

一种在隧道内拆除盾构机零部件的拆除设备的应用，其包括门架、吊梁、吊装设备和行走装置；门架包括架体立柱、纵梁和横梁，架体立柱、纵梁和横梁连接成长方体结构的门架，架体立柱与纵梁或横梁之间为可拆卸连接；吊梁的两端分别连接在横梁上，吊梁有两根，相互之间平行设置；吊装设备安装在吊梁上，用于吊装盾构机主驱动；行走装置安装在门架的底部。

本发明的一种在隧道内拆除盾构机零部件的拆除设备的正视图如图 5-2-5 所示。

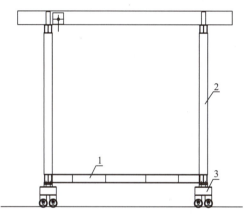

图 5-2-5　在隧道内拆除盾构机零部件的拆除设备的正视图

1- 纵梁；2- 架体立柱；3- 行走装置

第 5 节　隧道内拆解土压平衡盾构机的方法

1. 基本情况

专利号：ZL 2015 1 0534004.2

授权时间：2017.04.19

专利权人：北京建工土木工程有限公司

2. 基本内容

1）技术领域

本发明涉及盾构施工技术领域，特别是涉及一种在隧道内拆解土压平衡盾构机的方法。

2）背景技术

传统盾构施工中，施工必须具备始发及接收条件，盾构机接收采用地面征地开挖竖井、盾构机整体吊出的施工方法，存在施工征用临时用地多、盾构机在隧道内只能前进不可后退等众多局限性及风险。传统盾构法施工存在盾构机整体吊装风险大的缺点。由于设置盾构机接收井需增加临时征地,在没有接收条件地段,盾构机在隧洞中只能前进不能后退,无法完成盾构机的接收。

3)发明内容

本发明提供了一种隧道内拆解土压平衡盾构机的方法,包括以下步骤:

步骤一,拆除刀盘;步骤二,拆除油缸;步骤三,拆除台车;步骤四,拆除螺旋输送机;步骤五,拆除拼装机;步骤六,拆除电机及减速机;步骤七,拆除中体结构;步骤八,拆除主驱动;步骤九,运出刀盘并切割拆除剩余结构。

本发明的隧道内拆解土压平衡盾构机的方法流程如图 5-2-6 所示。

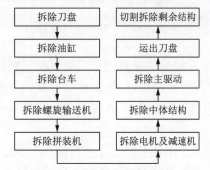

图 5-2-6　隧道内拆解土压平衡盾构机的方法流程图

第 6 节　一种在隧道内拆除盾构机推进油缸的方法及拆除设备

1. 基本情况

专利号:ZL 2015 1 0534002.3

授权时间:2017.04.12

专利权人:北京建工土木工程有限公司

2. 基本内容

1)技术领域

本发明涉及盾构施工技术领域,特别是涉及一种在隧道内拆除盾构机推进油缸的方法及拆除设备。

2)背景技术

推进油缸是盾构机的关键组成部分,整个盾构机的推进、姿态调整、管片安装都是通过推进油缸或者在推进油缸的配合下实现的。推进油缸一旦损伤,将对设备性能、施工工期造成极大影响,需要及时进行拆除更换。

单个推进油缸质量不大,但推进油缸长度较长,伸入推进油缸抱卡支座距离为 2000mm,拆除时需将推进油缸拔出,水平移动距离最小为 2000mm,同时拆除中上部推进油缸时,还需将推进油缸固定后垂直吊运至底部。由于中上部推进油缸贴近盾壳,周边作业空间狭小,在盾壳上焊接吊耳不能满足推进油缸拆除空间作业。

3)发明内容

本发明提供了一种在隧道内拆除盾构机推进油缸的拆除方法及设备,以解决难以在隧道内拆除推进油缸的技术问题。本发明采用了如下技术方案,一种在隧道内拆除盾构机推进油缸的拆除设备包括管片拼装机和拆除设备,拆除设备连接在管片拼装机的管片夹取装置。拆除设备包括第一侧板、第二侧板、连接杆、管片拼装机连接件和推进油缸限位件。第一侧板包括一大头端和一小头端,靠近第一侧板的边缘处设置有第一侧板连接孔,第一侧板大头端的中部设有连接件安装孔,第一侧板长度方向的中部间隔设有成对的 U 形卡安装孔。连接杆将第一侧板和第二侧板连接为一体。管片拼装机连接件的一端固定在第一侧板的连接件安装孔和第二侧板的连接件安装孔,另一端与管片拼装机的管片夹取装置连接;推进油缸限位件用于在拆除过程中将推进油缸的位置限定在限位件内。

本发明的一种在隧道内拆除盾构机推进油缸的方法及拆除设备整体如图 5-2-7 所示。

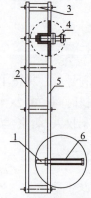

图 5-2-7　一种在隧道内拆除盾构机推进油缸的方法及拆除设备整体示意图

1-支柱;2-第一侧板;3-连接杆;4-管片拼装机连接件;5-第二侧板;6-转筒

第7节 一种盾尾密封装置及盾构机

1. 基本情况

专利号：ZL 2015 1 0445604.1
授权时间：2018.06.15
专利权人：北京市市政四建设工程有限责任公司

2. 基本内容

1）技术领域

本发明涉及工程机械领域，尤其涉及一种盾尾密封装置及盾构机。

2）背景技术

随着我国城市建设的发展，隧道等地下工程日渐增多，隧道中盾构机推进距离也越来越长。目前，一般常用的盾构机盾尾密封形式为三层钢丝盾尾刷密封，焊接在盾尾处，三层盾尾刷形成两个腔室，盾构机推进时向腔室内注入盾尾油脂，起密封及润滑的作用。

但是，根据以往施工经验，这种盾尾密封形式存在以下缺点：使用寿命短，一般为一个区间段（约1.5km左右）；密封压力低（约为0.3MPa），密封效果不理想，易漏浆；安装焊接及割除工作烦琐，时间长；反复焊接及割除过程中易致盾尾处变形，影响管片拼装质量。随着隧道向更深层的发展，现有的盾尾密封形式无法满足压力要求，无法满足盾构机在承压水地层中掘进盾尾密封要求。

因此，亟须发明一种使用密封效果好、易于安装及更换的盾尾密封装置。

3）发明内容

本发明提出了一种密封效果好、易于安装及更换的盾尾密封装置。本发明的技术方案如下：一种盾尾密封装置，包括密封机构，密封机构包括弹性密封囊和与弹性密封囊的一端固定连接设置的连接件；连接件可拆卸地连接在盾构机盾尾壳体的内壁上；弹性密封囊上开设有流体充放嘴，弹性密封囊填充带压流体后，其工作面分别与盾尾壳体的内壁和管片相抵接。弹性密封囊密封压力高、密封效果好，便于盾尾密封装置的更换。

本发明还提出了一种盾构机，设置有上述中任一项所述的盾尾密封装置。

本发明的密封装置连接在盾尾壳体上的结构如图5-2-8所示。

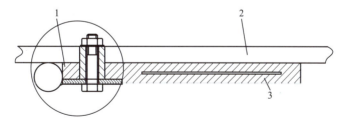

图 5-2-8　密封装置连接在盾尾壳体上的结构示意图
1-连接件；2-盾尾壳体；3-弹性密封囊

第8节 盾构机用移动装置

1. 基本情况

专利号：ZL 2015 1 0650432.1

授权时间:2018.11.06
专利权人:北京市市政四建设工程有限责任公司

2. 基本内容

1)技术领域

本发明涉及地下工程施工设备领域,具体涉及一种盾构机用移动装置。

2)背景技术

盾构机是一种隧道掘进的专用工程机械,现代盾构掘进机集光、机、电、液、传感、信息技术于一体,具有开挖切削土体、输送土渣、拼装隧道衬砌、测量导向纠偏等功能。

盾构机过站时通常需要采用专门的移动设备,现有的盾构机采用整体式基座承载,通过施加外力推动整体式基座移动来实现盾构机平移或横移,这种整体式基座结构庞大、质量较大、动作幅度不易控制,尤其是对于一些输送及吊装条件受限的地下狭窄空间的盾构机平移或转向操作更加困难。

3)发明内容

本发明提出了一种尺寸小、重量轻、便于吊装和输送的盾构机用移动装置,能够适用于输送及吊装条件受限的地下狭窄空间的盾构机平移或转向操作。本发明采用以下技术方案:该盾构机用移动装置,包括滑梁、在滑梁上设置的至少两组滑动支座组件、至少两组横移机构、纵移机构以及分别设于滑动支座组件下方的顶升机构和浮动机构。其中,滑动支座组件用于容置盾构机且带动盾构机移动,横移机构用于驱动滑动支座组件横移进而使盾构机横移,纵移机构用于驱动滑动支座组件纵移进而使盾构机纵移。

本发明的盾构机用移动装置的主视图如图 5-2-9 所示。

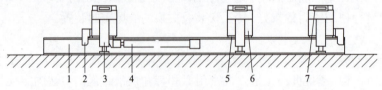

图 5-2-9 盾构机用移动装置的主视图

1-滑梁;2-横移机构;3-顶升千斤顶;4-纵移机;5-滑动托架;6-滑动座;7-固定件

第9节 一种地铁隧道内壁清洗装置

1. 基本情况

专利号:ZL 2016 1 0534580.1
授权时间:2017.08.04
专利权人:中铁工程装备集团机电工程有限公司

2. 基本内容

1)技术领域

本发明涉及隧道清理设备领域,特别是指一种地铁隧道内壁清洗装置。

2)背景技术

近年来,随着城市交通的快速发展,地铁线路总里程在日益增加,同时对地铁线路的维护保养提出了更多、更高的要求。其中,由于地铁在运行过程中存在"活塞效应",会使地铁线路中出现大量粉尘,这不仅会影响乘车的舒适性,同时也对地铁线路的运行以及线路内设备的安全性、稳定性造成不利的影响。为了解决上述问题,需要定期对地铁线路进行清洗。目前隧道清洗过程中,对隧道清洗的维修人员要求较高,增加了维修成本。

3)发明内容

本发明提出了一种地铁隧道内壁清洗装置。该装置包括底座、电机、由电机带动的转轴一、转轴一带动的转轴二、转臂,转臂一端安装在转轴二上,转臂的另一端安装有执行机构;执行机构包括上述底座,在底座上安装有步进电机一和蜗杆减速器,步进电机一通过联轴器一与蜗杆减速器连接,在蜗杆减速器上还安装有喷头固定架,喷头固定架上安装有喷头卡箍;在喷头固定架上安装有步进电机固定架,步进电机二固定在步进电机固定架上,步进电机二通过联轴器二带动驱动蜗杆,驱动蜗杆与喷头固定架上的驱动涡轮相配合。喷头固定架包括U形固定架,在U形固定架上安装有轴承,轴承的一端固定有驱动涡轮。喷头卡箍安装在所述轴承上。

本发明通过两台步进电机、两套蜗杆减速机构同时控制喷头前后摆动和左右摆动,这样可以进行全方位多角度的清洗,避免在清洗过程中,出现未清洗区域。

地铁隧道内壁清洗装置结构如图 5-2-10 所示。

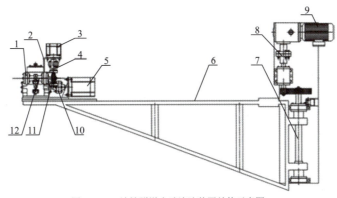

图 5-2-10　地铁隧道内壁清洗装置结构示意图

1-U 形固定架;2-步进电机固定架;3-步进电机二;4-联轴器二;5-蜗杆减速器;6-转臂;7-转轴二;8-转轴一;9-电机;10-联轴器一;11-驱动涡轮;12-轴承

第 10 节　一种盾构机管片注浆栓

1. 基本情况

专利号:ZL 2016 1 0534579.9

授权时间:2019.02.22

专利权人:中铁工程服务有限公司

2. 基本内容

1)技术领域

本发明涉及盾构机领域,特别是指一种盾构机管片注浆栓。

2)背景技术

在地铁施工中,采用盾构法施工时,盾构机刀盘开挖完成后管片拼装机进行管片的拼装,刀盘的开挖直径大于管片的外径,所以采用注浆的方式进行围岩与管片外壁间隙的填充。在注浆时,因浆液自重、流塑性等原因导致浆液向底部流动,在凝固过程中导致底部浆液多、上部少,以至于管片上浮。

3)发明内容

本发明为解决现有技术中存在的问题,提出一种盾构机管片注浆栓(图 5-2-11),其组成包括注浆栓

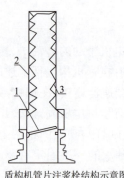

本体和延管。注浆栓本体下部直径略大于上部,注浆栓本体内设有单向阀,注浆栓内壁上设有橡胶围挡,橡胶围挡下端位于单向阀的上部,橡胶围挡表面有均匀的褶皱,在注浆栓本体上端设有延管。

注浆栓本体安装在注浆孔中,注浆栓本体与注浆头连接。注浆栓本体与吊装孔预埋件配合安装。

本发明结构简单,盾构专用注浆栓底部是单向阀,能保证浆液只进不出;利用注浆栓前端橡胶的膨胀性,在橡胶围挡作用下,在管片外壁与围岩之间形成一个浆液鼓包,凝固后形成篮球大小的固体。此固体作为受力点顶住整环管片,以控制管片上浮。

盾构机管片注浆栓结构如图 5-2-11 所示。

图 5-2-11　盾构机管片注浆栓结构示意图
1- 单向阀;2- 注浆栓本体;3- 橡胶围挡

第 11 节　用于盾构始发及接收的辅助装置

1. 基本情况

专利号:ZL 2017 1 0533673.7
授权时间:2017.12.26
专利权人:淮安市中球盾构技术服务有限公司

2. 基本内容

1)技术领域

本发明涉及盾构始发及接收施工技术领域,特别是涉及一种盾构机在富水砂层中的始发及接收。

2)背景技术

目前,国内在建的地铁区间隧道主要采用盾构法施工。当盾构始发或到达端头的地层稳定性差、地下水压力较大时,传统的做法是对风险地层进行加固处理,提高地层强度、渗透性等指标,避免盾构机进、出洞时外侧水土流失、地层塌陷。

传统的盾构机端头加固方案有地层搅拌、旋喷、注浆等方式,这些加固方式在地铁施工过程中均有采用。但在一些区间施工过程中,受场地、工期及加固范围管线等条件的限制,传统的地层加固方式不能确保加固效果,地层强度、渗透性不能达到安全指标,为盾构始发、到达施工埋下了安全隐患。我国东部沿海由于海陆相土层的交互分布,许多地区在较深范围内形成多层隔水层、含水层分布,其中隔水层由夹杂若干粉土、粉细砂等相对渗透系数较大的薄层组成,导致隔水层在水平向、竖向的渗透性存在一定的差异,且隔水层可能存在不同含水层之间的越流问题,水文地质条件极为复杂。

3)发明内容

本发明提供了一种盾构始发及接收的辅助装置,所要解决的技术问题是在富水砂层或者周边环境复杂时,确保盾构始发时或接收时洞门密封不漏水,土仓内建立起土压力。

盾构始发接收时只依靠洞门橡胶帘布板和洞门压板对洞门进行密封是不够的。在盾构机进洞时,采用钢套筒,内径与端墙预留洞口相同,钢套筒与洞门预埋板连成一体,钢套筒后端设有密封装置,以实现盾构始发或接收。

一种盾构始发及接收的辅助装置由多段筒体连接而成;底部框架设置在钢套筒底部,底部框架也分为多段,底部框架包括:底板,沿垂直于钢套筒轴线方向延伸;承力板,沿垂直于钢套筒轴线方向延伸且具有配合筒体外侧壁的侧边,承力板垂直底板;其中,在底板的两端还设置有起重箱,起重箱为由平行于底板的顶板连接部分承力板构造而成的外箱和设置在外箱内的内箱;内箱中设置液压装置,内箱和外箱之间的空隙设置多个纵横钢板将其分割成网格状。本发明既可以用于盾构始发和接收,也可以实现盾构机过站、顶升以及平移,且设备的损耗小,使用寿命长。

本发明的盾构机接收辅助装置如图 5-2-12 所示。

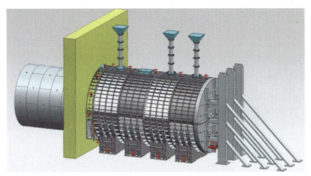

图 5-2-12　本发明的盾构机接收辅助装置示意图

第 12 节　一种应用于隧道管片的锁紧装置

1. 基本情况

专利号:ZL 2015 1 0633282.3

授权时间:2017.06.06

专利权人:中国石油天然气集团公司,中国石油管道局工程有限公司

2. 基本内容

1)技术领域

本项目涉及泥水平衡盾构施工管片拼装技术,尤其涉及一种应用于隧道管片的锁紧装置。

2)背景技术

目前,在盾构施工中,盾构机拼装管片质量的好坏是整个成型隧道质量能否达标的关键,而且是保证盾构施工的安全性及可靠性关键。但是,在高水压施工过程中,收缩顶进上环 K 型管片的油缸后,K 型管片会在高水压作用下往掘进方向后退 1～2cm,导致上环 K 型管片与前一环管片缝隙加大,泥浆和所注浆液从缝隙中喷出,严重时导致管片密封条被冲出,失去止水密封效果,或者因后退量较大造成 K 型管片前端和上一环管片破损断裂,需要停机进行处理后,再进行拼装作业。如此,使得现有的盾构机管片拼装中 K 型管片在施工过程中存在往掘进方向后退的后退量大的问题。

3)发明内容

本发明提供了一种应用于隧道管片的锁紧装置,能够使得 K 型管片在施工过程中往掘进方向后退的后退量减少,从而降低管片之间缝隙过大导致缝隙渗漏水的概率,提高了盾构管片的拼装质量。

该锁紧装置包括前端底板、第一后端底板、第一丝杆、第一挡板、第二挡板、第一锁紧部件、第二锁紧部件和第三锁紧部件。其中,第一挡板固定在前端底板上,第二挡板固定在第一后端底板上,第一丝杆穿过第一挡板和第二挡板,第一锁紧部件将第一丝杆固定在第一挡板上,第二锁紧部件将第一丝杆固定在第二挡板上,前段底板固定在 K 型管片上,第三锁紧部件将第一后端底板固定在 A 型管片上,以通过第一丝杆固接 K 型管片和 A 型管片。

本发明实施例中锁紧装置与隧道管片的连接结构如图 5-2-13 所示。

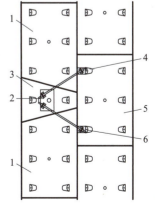

图 5-2-13　本发明实施例中锁紧装置与隧道管片的连接结构示意图

1-B 型管片;2- 前端底板;3-K 型管片;4- 第二后端底板;5-A 型管片;6- 第一后端底板

第13节　一种用于深埋隧道注浆修复的密封工具及组装方法

1. 基本情况

专利号：ZL 2015 1 0609578.1
授权时间：2017.12.26
专利授权人：中国石油天然气集团公司，中国石油管道局工程有限公司

2. 基本内容

1）技术领域

本发明涉及油气管道领域，尤其涉及一种用于深埋隧道注浆修复的密封工具及组装方法，属于隧道施工领域。

2）背景技术

在油气管道工程（如给排水工程、盾构和顶管工程）中，有些敷设深度较大的管道或者隧道，往往在满足施工对承插口型号、承受足够的水压力要求的同时，还必须能够克服一定的水土压力和地层变形的扭力。由于地层复杂具有很多不确定性，再加上土压力和水压力的综合作用，会存在管节小范围破坏、渗水，甚至出现涌水、涌沙的可能性，而现有技术中，并不存在对管节小范围破坏进行修复的修复工具。

3）发明内容

本发明提供了一种用于深埋隧道注浆修复的密封工具，以解决现有技术中不存在对管节小范围破坏进行修复的修复工具的技术问题。

密封工具包括：①环状密封基础钢圈，环状密封基础钢圈由6块同径圆弧连接而成，6块同径圆弧包括长度最长的第一同径圆弧和长度最短的第二同径圆弧。其中，第一同径圆弧和第二同径圆弧相对设置；每块同径圆弧包括钢板主体、设置于钢板主体径向两侧的两个密封槽、设置于钢板主体横界面两侧且与对应同径圆弧的分割斜口垂直的连接板。②充气密封圈，放置于两个密封槽内。③橡胶垫，设置于6块同径圆弧中相邻两块同径圆弧的连接板之间，其中，橡胶垫与对应连接板之间通过螺栓固定。两个密封槽之间钢板主体形成凹陷区域，用于放置钢筋笼或者注入修复水泥浆。

其中，可以通过调节充气密封圈的充气量，使得充气密封圈膨胀变形，并调节气压大小，进而调节充气密封圈的变形量以及其与隧道内壁的压紧程度，实现对两个充气密封圈、环状密封基础钢圈组成的环状区域的密封。通常情况下，通过该密封工具可修复隧道透水压力范围0～8bar，当隧道出现小范围透水、涌沙时，使用该密封工具可快速形成一道与隧道同轴的环状密封区域，防止问题扩大成事故，然后向该区域注水泥砂浆以对隧道进行修复，从而达到通过该密封工具对管道小范围破坏进行修复的技术效果；并且，该密封工具可以拆分成多个部分，在需要对管道进行密封时才进行快速拼装，因此具有携带和拼装方便的技术效果。

第14节　一种盾构机连续切削桩基础穿越居民楼群施工方法

1. 基本情况

专利号：ZL 2015 1 0251743.0
授权时间：2017.09.22
专利权人：中建交通建设集团有限公司

2. 基本内容

1）技术领域

本发明涉及一种盾构机连续切削桩基础穿越居民楼群施工方法。

2）背景技术

目前，国内修建地铁的城市日益增多，盾构法在城市地铁隧道施工中的应用也日益广泛。因繁华都市中心城区建筑密集，在中心城区繁华地段修建盾构区间隧道经常会下穿既有建（构）筑物，部分建（构）筑物的桩基侵入隧道净空，常规的盾构施工方法不能满足不破坏既有建（构）筑物的环境要求。

现在常用的切桩施工方法有三种。第一种是先对需切桩的房屋进行拆迁，再通过合理控制盾构施工参数切桩通过；部分情况下将采用人工挖孔，将桩基拔出后回填空洞，然后盾构掘进通过。此种施工方法耗时时间长，特别是目前社会对拆迁话题比较敏感，社会影响大，拆迁难度大，协调困难，赔偿高，且人工挖孔风险高，工期长，不利于城市地铁的建设施工。第二种方式是直接切桩通过，通过筏基加固和注浆加固进行桩基托换，然后切桩通过。此种施工方案耗时长，费用高，风险大，对于上部结构自重较大、切桩长度较长的情况不适用。第三种方法是通过改善刀具，达到直接切桩通过的目的。此种施工方法一般是在建（构）筑物确定拆迁的情况下，直接进行切桩，主要目的是切桩通过而非建筑物保护，破坏性较大，最好与其他施工方法同时使用。

3）发明内容

本发明提供一种盾构机连续切削桩基础穿越居民楼群施工方法，所要解决现有施工方法对社会环境影响大，拆迁难度大，协调困难，赔偿高，部分工艺风险高，工期长的问题。

本发明所述方法包括以下七个步骤：

步骤一，房屋勘察和房屋周围管线勘察；

步骤二，切桩施工数值模拟；

步骤三，自动化监测仪器安装；

步骤四，预注浆加固；

步骤五，切桩前盾构机停机检查；

步骤六，切桩掘进和管片拼接；

步骤七，补浆和紧急加固。

盾构机连续切削桩基础穿越居民楼群的一种施工方法流程如图 5-2-14 所示。

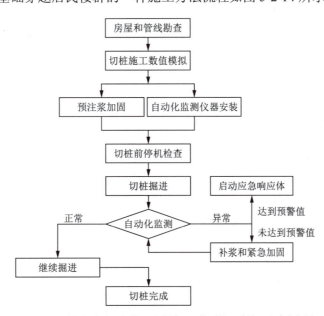

图 5-2-14　盾构机连续切削桩基础穿越居民楼群的一种施工方法流程图

第15节　一种基于大数据技术的盾构隧道智能施工辅助系统及使用方法

1. 基本情况

专利号：ZL 2017 1 0850756.9
授权时间：2019.04.05
专利权人：中建交通建设集团有限公司

2. 基本内容

1）技术领域

本发明涉及盾构施工技术领域，尤其涉及一种基于大数据技术的盾构隧道智能施工辅助系统及使用方法。

2）背景技术

因盾构施工遇到的地质和环境情况复杂多变，并且建设人员的主观不安全行为，造成了盾构设备运行效率低下，工程事故时有发生，极大地影响了隧道建设的安全、质量和成本。提高盾构设备运行效率，减少工程事故，从而提高隧道建设的安全性和隧道工程质量，降低隧道工程建设成本，是亟须解决的问题。

3）发明内容

本发明针对上述技术问题，提供了一种基于大数据技术的盾构隧道智能施工辅助系统及使用方法，其步骤合理，对周边环境及地层变形、隧道工程质量及盾构机故障进行预测和预警，可减少施工过程的不安全行为，提高盾构设备运行效率、隧道建设的安全性和隧道工程质量，降低隧道工程建设成本。

本发明提供的辅助系统包括基础管理模块、分析处理模块及预警模块。基础管理模块通过无线网络与分析处理模块连接，分析处理模块上设置数据库，利用现场的基础管理数据与数据库对比分析，输出相应的参数控制，或通过预警模块进行预警。基础管理模块包括设备监控模块、设备管理模块、技术管理模块、质量管理模块、安全管理模块、材料管理模块、进度管理模块；技术管理模块包括对图纸会审、设计变更、工程策划、施工方案、技术交底和技术复核的状态监控；质量管理模块包括盾构掘进姿态、成型隧道管片偏差、错台、渗漏水的状态监控，将施工参数与盾构隧道施工质量建立对应关系，形成盾构隧道施工质量管理数据库。

本发明还提供了一种基于大数据技术的盾构隧道智能施工辅助系统的使用方法。

基础管理模块结构如图 5-2-15 所示。

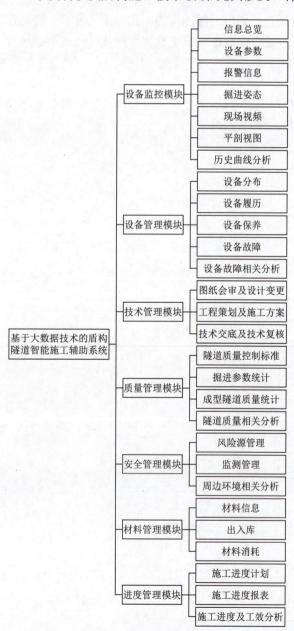

图 5-2-15　基础管理模块结构图

第16节　一种滤水集土坑及其应用

1. 基本情况

专利号：ZL 2015 1 0765046.7
授权时间：2017.04.26
专利权人：中建交通建设集团有限公司

2. 基本内容

1）技术领域

本发明涉及盾构施工技术领域，特别是涉及一种滤水集土坑及其应用。

2）背景技术

土压平衡盾构施工过程中，随着盾构掘进，刀盘切削下的岩土混杂着改良材料不断通过螺旋输送机、皮带输送至渣土车内，然后利用电机车、门式起重机运至地面集土坑内，再由运土车运至城市指定弃土场。以往盾构施工产生的渣土含水率非常大，甚至成泥浆状。一方面，运输难度较大，运输效率低，影响施工进度；另一方面，运输过程中容易遗撒，弃置比较困难，会造成环境污染。

3）发明内容

本发明提供了一种滤水集土坑，包括集水坑底板、集水坑侧墙，集水坑侧墙间隔设置有集水洞，集水洞包括内端和外端；集水洞位于侧墙的下部；滤水集土坑还包括集水节点，集水节点间隔设置在集水坑侧墙的集水洞处，用于汇集渣土内的水；抽水设备与集水节点通过连接管连通，抽水设备将连接管内的水排出到与抽水设备连接的排水管；集水节点包括过滤筐，过滤筐设置在集水洞内，过滤筐内部填充滤料；预埋钢板设有透水孔，预埋钢板靠近集水坑侧墙的内壁，并覆盖集水洞的内端；密封门设置在集水坑侧墙的外壁，覆盖集水洞的外端；滤管插入过滤筐内的滤料；集水节点排水管预埋在集水坑侧墙内，一端与滤管连通，另一端通过连接管与抽水设备连通。

本发明还提供了一种滤水集土坑的应用，包括以下步骤：

步骤一，集土坑内的水在抽水设备的抽吸下通过预埋钢板上的透水孔进入侧墙内的集水洞；

步骤二，侧墙内集水洞内的水通过过滤筐、滤料、滤管过滤后，通过集水节点排水管进入连接管；

步骤三，连接管内的水经由抽水设备、排水管排出；

步骤四，集土坑内水位不足以保持抽水设备工作时，停止抽水；

步骤五，集土坑内水位恢复后，继续抽水；

步骤六，定期打开密封门，清洗或更换过滤筐；

步骤七，过滤筐清洗或更换完毕后，关闭密封门。

滤水集土坑如图5-2-16所示。

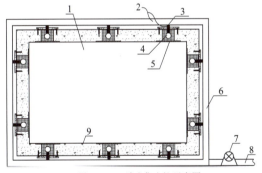

图5-2-16　滤水集土坑示意图

1-集水坑底板；2-连接管；3-弯联管；4-集水洞；5-集水节点；6-总管；7-抽水设备；8-与抽水设备连接的排水管；9-集水坑侧墙

第17节　应用盾构机后配套台车整体过站移动托架的方法

1. 基本情况

专利号：ZL 2014 1 0547558.1
授权时间：2016.09.07

专利权人:中建交通建设集团有限公司

2. 基本内容

1)技术领域

本发明涉及一种盾构施工装置的方法,尤其是一种应用于盾构机后配套台车整体过站的移动托架的方法。

2)背景技术

在地铁隧道掘进过程中,盾构机在两区间施工,当第一个区间施工完成盾构机已经出洞时,需要通过地铁车站以进入下一个区间施工。目前盾构机过站主要有地下过站,地面过站,地下、地面组合过站三种方法。无论采用哪种方法,过站时都要拆解盾构机主体和后配套设备之间的连接。除了盾构机主体和后配套设备之间,后配套设备本身之间也连接有水、电、气、液等多种管路,拆解工作繁杂,耗时耗力,并且拆解和复原过程中容易发生管路接错、泄漏等事故。

因此,发明一种结构简单的托架装置,对盾构机主机与后配套台车的连接桥架进行支撑,在盾构机及后配套台车过站时只需拆解主机和后配套设备之间的连接,而不必再拆解后配套之间繁复的各种连接,使得后配套设备可作为一个整体进行过站,这样可以节省施工时间,提高过站效率。

3)发明内容

本发明提供了一种盾构机后配套台车整体过站移动托架,包括承载基座,竖直固定在承载基座两侧并直线分布的竖撑,固定在竖撑上部的上横撑,一端固定到承载基座前部另一端固定到竖撑前侧的前斜撑,一端固定到承载基座后部另一端固定到竖撑后侧的后斜撑,设置在承载基座前部的第三底横撑,设置在承载基座后部的第四底横撑,其中,竖撑顶部设置有第一吊装孔,上横撑两侧设置有第二吊装孔。

本发明还提供了一种应用上述盾构机后配套台车整体过站移动托架的方法。

盾构机后配套台车整体过站移动托架主视图如图5-2-17所示。

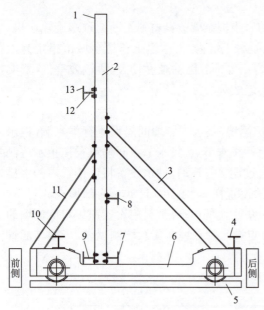

图5-2-17 盾构机后配套台车整体过站移动托架主视图
1-一次吊梁;2-竖撑;3-后斜撑;4-第四底横撑;5-第二电瓶车;6-管片车;7-第一底横撑;8-中横撑;9-第二底横撑;10-第三底横撑;11-前斜撑;12-二次吊梁;13-上横撑

第18节 盾构始发阶段或接收阶段近距离下穿运营线路的施工方法

1. 基本情况

专利号:ZL 2015 1 0084147.8
授权时间:2016.08.24
专利权人:中建交通建设集团有限公司

2. 基本内容

1)技术领域

本发明涉及一种盾构始发阶段或接收阶段近距离下穿运营线路的施工方法,尤其是盾构机出洞或进洞后立刻需要长距离下穿与之净距较小条件下的运营线路的方法。

2）背景技术

通常的盾构始发及接收端近距离下穿既有运营线隧道采用端头加固、运营线周围土体加固、在运营线及施工隧道之间的夹层土施工管棚,盾构施工过程中加强同步注浆、二次注浆,采取合理的掘进参数进行施工,该种常规的盾构始发或接收端下穿运营线的施工方法,端头加固及运营线路周边加固对运营线的影响难以控制,且可能存在占地问题,管棚施工占用近1个月的工期,且施工过程同样存在对运营线的影响。

深圳地铁2号线梅市区间盾构始发期间小间距下穿运营4号线大断面隧道,采用"洞门密封钢套筒+端头加固"方案,保障了盾构机连续匀速穿过既有地铁4号线,有效控制了运营线路的结构变形,使盾构隧道安全通过。与本发明相比,本发明涉及的钢套筒密封装置更大,可以使整个盾构机处于密闭空间里,消除了盾构机与洞门钢圈之间的水土流失,可提前建立土仓压力;穿越过程中采用自制惰性浆液填充盾体与地层间隙,有效控制了既有地铁运营线路沉降。因此,本发明专利在保障地铁盾构始发阶段或接收阶段近距离下穿地铁运营线路安全方面,更具优越性。

3）发明内容

本发明提供了一种盾构始发阶段或接收阶段近距离下穿运营线路的施工方法,包括如下步骤:运营线路监测,运营线路预加固,洞门钢套筒密封,盾构掘进,前盾同步注浆,管片拼装。

盾构下穿运营线路出洞始发掘进如图5-2-18所示。

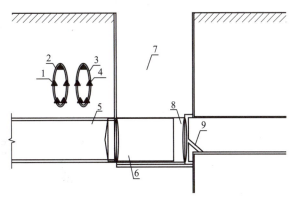

图5-2-18　盾构下穿运营线路出洞始发掘进示意图

1-既有线左线隧道监测点;2-既有线左线隧道监测断面;3-既有线右线隧道监测断面;4-既有线右线隧道监测点;5-在施隧道;6-盾构机;7-吊装井;8-钢套筒上盖;9-反力架

第19节　一种电子激光靶及其测量装置

1. 基本情况

专利号:ZL 2012 1 0220113.3
授权时间:2015.05.20
专利权人:上海米度测量技术有限公司

2. 基本内容

1）技术领域

本发明涉及工程建设领域,尤其涉及一种电子激光靶。

2）背景技术

目前,常用的测量盾构姿态与位置的方法有:

（1）人工测量：此方法要求投入大量的人力，并且对测量工程要求高，工作强度高，对盾构施工干扰大。

（2）三棱镜测量法：这种测量方式能较好地解决人工测量方法存在的人力投入量大、工作量大、测量精度低等缺点，但在实际施工环境中通视条件有限，特别是曲线掘进时，难以保证三点同时通视，需频繁搬站测量，且需要盾构机上安装3个棱镜，棱镜也容易被意外碰到，导致测量结果不准确，3个棱镜的安装位置对测量精度的影响也比较大。

（3）两棱镜测量法：这种测量方式一定程度上减少了测量所需通道，但是没有解决测量通道空间问题，特别是不适用于小型盾构机。且需要安装2个棱镜和一个双轴角度传感器，硬件集成度低，稳定性较差，精度易受两棱镜之间的空间距离影响。

鉴于此，设计一种电子激光靶及其测量装置，以精确测量待测物的位置，并节约成本，是业内人士亟须解决的问题。

3）发明内容

本发明提供了一种电子激光靶及其测量装置。电子激光靶设置于待测物上，用来测量待测物的位置；电子激光靶具有箱体，箱体具有相对设置且垂直于箱体横轴的第一侧板和第二侧板；激光束透过第一侧板，包括第一棱镜和角度传感器。第一棱镜、第一侧板和第二侧板沿箱体的横轴依次排列。角度传感器设置于箱体内，用来测量电子激光靶相对于待测物的俯仰角和转动角。测量装置包括电子激光靶、第二棱镜、全站仪和控制器。第二棱镜提供后视点。全站仪设置于第二棱镜与电子激光靶之间，用来提供激光束、测量第一棱镜的相对坐标及激光束入射至第一侧板上的水平角和垂直角。控制器分别连接电子激光靶、全站仪，以确定待测物位置。本发明可精确测量待测物位置并节约成本。

一种电子激光靶测量装置结构如图 5-2-19 所示。

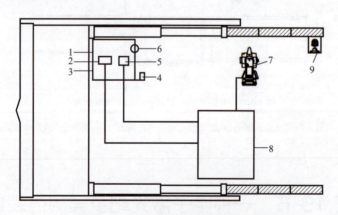

图 5-2-19　一种电子激光靶测量装置结构示意图

1- 电子激光靶；2- 角度传感器；3- 第二侧板；4- 第一棱镜；5- 第二相机；6- 通孔；7- 全站仪；8- 控制器；9- 第二棱镜

第 20 节　一种激光位置监测装置

1. 基本情况

专利类别：发明专利

专利号：ZL 2013 1 0554030.2

授权时间：2014.02.12

专利权人：上海米度测量技术有限公司

2. 基本内容

1）技术领域

本发明涉及工程建设领域，尤其涉及一种激光位置监测装置。

2）背景技术

国内目前对隧道施工的控制除了盾构姿态的测量实现了自动化，联系测量、地下导线测量和变形监测均还主要依靠人工操作，控制中受到操作者的业务能力、分析判断、操作水平等个人因素的影响，控制质量很难保证。隧道施工向大深度、大断面、长距离发展，使得隧道施工测量自动化技术的开发成为必需。对盾构施工的精密导向测控技术提出了更高的要求。

鉴于此，设计一种激光靶，同时发射和接收处理激光，以获取激光的精确位置，是业内人士亟须解决的问题。

3）发明内容

本发明提出了一种激光位置监测装置，包括箱体。在箱体内的轴向光路上设置有光斑位置测量装置，光斑位置测量装置用来测量光斑的位置。箱体内还设置有激光发射器，激光发射器用来发射激光。采用本发明可以同时发射和接收处理激光，能够获取激光斑射到屏幕上的精确位置。

第 21 节　一种盾构到达洞门密封装置及密封施工方法

1. 基本情况

专利号：ZL 2017 1 0070140.X

授权时间：2018.10.02

专利权人：中铁十一局集团城市轨道工程有限公司，中铁十一局集团有限公司

2. 基本内容

1）技术领域

本发明涉及盾构法隧道施工领域，具体是一种盾构到达洞门密封装置及密封施工方法背景技术。

2）背景技术

盾构在正常掘进时是相对安全的，其风险点主要集中在盾构始发和到达接收阶段。尤其是在高富水复杂地质条件下，若端头加固质量不好则极易发生洞门涌水、涌沙事故，从而直接影响盾构机的正常到达接收。目前，在国内若因地质条件或地面条件限制无法进行水泥端头加固时，往往采用水平冷冻加固的方法。但因加固体的长度限制，以及地下水过于丰富，盾构机的到达接收仍然存在较大风险。为了解决盾构到达洞门的涌水问题，在盾构施工中对于洞门的密封处理便是不可或缺的一个环节，对于盾构机能否顺利接收起着至关重要的作用。

现有常规的洞门密封是采用折页翻板和橡胶帘布结构形式的密封装置。而且在实际使用过程中，由于橡胶帘布与盾壳之间无法完全紧密贴合密封，故无法完全封闭洞门涌水，而若在洞门处注浆，则不可避免地存在漏浆现象。当涌水较大或时间较长时，则容易引发重大安全事故。

3）发明内容

本发明提供一种盾构到达洞门密封装置及密封施工方法。所述密封装置具体施工：在盾构机抵达洞门前，在洞门外的预埋洞门环的外环板上安装带有环状柔性密封构件和外置洞门环，环形柔性密封构件是由环形橡胶帘布和多块帘布压板组成，外置洞门环是由多块弧形钢构件组成；盾构机继续前进，在盾构机推出洞门前，在预埋洞门环上安装环状刚性密封构件，刚性密封构件是由两环形钢板和填充于两钢板之间的海绵组成，当盾构机的盾尾尾部端面距离外置洞门环外部 30～50cm 时，在盾构机盾尾与外置洞

门环之间焊接环形密封钢板进行密封。本发明施工容易操作、安全可靠,并可以完全将浆液密封,密封效果好,整个施工过程安全易行。

盾构到达洞门密封装置剖面图如图 5-2-20 所示。

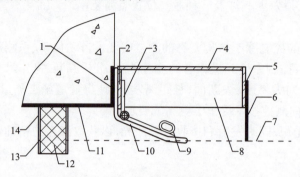

图 5-2-20　盾构到达洞门密封装置剖面图

1- 外环板;2- 环形内挡板;3- 帘布压板;4- 外置洞门环;5- 环形外挡板;6- 环形密封钢板;7- 盾构机;8- 支撑筋板;9- 钢丝绳固定环;10- 环形橡胶帘布;11- 预埋洞门环的筒状环体;12- 海绵;13- 切割缝;14- 两环形钢板

第 22 节　一种不开仓情况下盾构结泥饼处理方法

1. 基本情况

专利号:ZL 2017 1 0830954.9
授权时间:2018.12.21
专利权人:中铁十一局集团城市轨道工程有限公司,中铁十一局集团有限公司

2. 基本内容

1)技术领域

本发明涉及盾构法隧道施工领域,具体涉及一种不开仓情况下盾构结泥饼的处理方法。

2)背景技术

盾构机在黏土地层或者粉土地层施工过程中,黏土颗粒在高压环境下极易附着在刀盘上,越积越厚,导致刀盘被糊死,刀具无法继续切削土体,而且土体也无法顺利进入土仓,导致盾构机无法正常掘进施工。

以往处理刀盘结泥饼的方法基本分为以下两种:

(1)地面开仓破除:从地面施工竖井一直到刀盘位置,施工人员直接下到刀盘位置根据泥饼的强度和面积,采用风镐等机具进行人工破除。

(2)加压进仓破除:先用配制好的泥浆通过高压方法渗入到刀盘前方土体形成泥膜,然后在泥土仓内加压,形成高压空间来防止前方土体坍塌,然后施工人员进入盾构机土仓,破除前方泥饼。

以上两种方法都需要专门对前方掌子面土体进行加固和处理,投资很大;同时,现有方法都需要人工进入土仓范围进行人工破除泥饼,风险极高。特别是在富水地质条件下,现有处理泥饼的措施投资和风险都会成倍增加。

3)发明内容

本发明涉及一种不开仓情况下盾构结泥饼处理方法。本发明所述的处理方法具体是确定合理停机位置检查土仓气密性,然后通过土仓内渣土气置换方法,降低土仓内实土含量和建立土仓半气压平衡模式稳定刀盘掌子面,再通过往土仓和刀盘注入分散剂进行浸泡,分散剂渗透到黏泥胶团中分解使刀盘上和土仓壁上包裹的泥饼脱落,并伴随转动刀盘搅动,使土仓内的泥饼充分均匀浸泡和搅拌扰动脱落,从而达到改善土仓渣土结构,从而有效地解决刀盘结泥饼的问题。本发明不用开仓也无须人员进仓,大大节约成本工期,快速有效地规避了开仓的风险,从工期、成本、安全各方面产生了良好的社会、经济效益。

本发明实施例中消除泥饼的整体施工流程如图 5-2-21 所示。

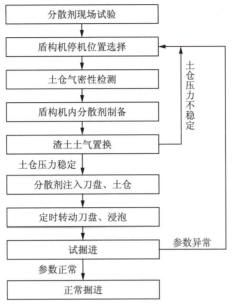

图 5-2-21　本发明实施例中消除泥饼的整体施工流程图

第 23 节　针对盾构管片拼缝渗漏现象进行压力灌浆堵漏的施工方法

1. 基本情况

专利号:ZL 2017 1 0722241.0
授权时间:2019.02.19
专利权人:中铁十一局集团城市轨道工程有限公司,中铁十一局集团有限公司

2. 基本内容

1）技术领域

本发明涉及一种盾构隧道堵漏施工方法,具体是一种针对盾构管片拼缝渗漏现象进行压力灌浆堵漏的施工方法。

2）背景技术

盾构隧道不可避免地要经过含水量较高的地层,所以必将受到地下水的有害作用。如果没有可靠的防水、堵漏措施,地下水就会侵入隧道,影响其内部结构与附属管线,乃至危害到后期的运营维护,降低隧道使用寿命。目前,国内盾构隧道大多采用水泥水玻璃双液二次注浆或聚氨酯等单一化学材料灌浆进行隧道堵漏,双液二次注浆消耗人力资源较大,材料用量多,需要占用电瓶车运输二次注浆设备及材料,对连续盾构施工存在较大影响,且不可避免会对隧道周围土体造成扰动,对周边环境影响较大;而单一化学材料灌浆一次成功率低,复漏概率高,堵漏效率及质量得不到保证。因而,采用上述两种传统堵漏工艺,在安全、质量、成本、管理、工效等各方面都难以满足现场施工需要。

鉴于此,提供一种改进的盾构隧道堵漏施工方法,来解决上述弊端已成为地铁行业亟待解决的技术问题。

3）发明内容

本发明提供一种针对盾构管片拼缝渗漏现象进行压力灌浆堵漏的施工方法。所述方法为首先在盾构管片拼缝出现渗漏的部位周围钻设一个或多个注浆通孔，在注浆通孔处安装止水针头；再采用布条对渗漏部位周围的管片拼接进行临时封堵；之后使用高压灌注机通过止水针头注入超细水泥浆液至注入压力达到 0.2～0.3MPa 后闭管待凝 1～2h；再使用高压灌注机通过止水针头继续压注环氧树脂灌浆液至注入压力达到 0.4～0.5MPa 后闭管待凝 8～12h，检查至渗漏拼缝封堵完好后清理管片和布条，拆除止水针头，并用管片修补材料修补管片表面遗留针孔。本发明施工工艺简单、施工速度快，效率高，人力资源投入少，材料消耗少，可以在盾构施工的同时灵活安排堵漏施工，不影响盾构连续施工。

本发明实施例中盾构隧道二次压力灌浆施工如图 5-2-22 所示。

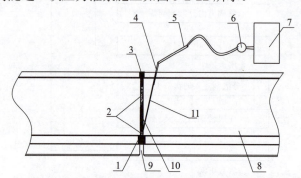

图 5-2-22　本发明实施例中盾构隧道二次压力灌浆施工示意图

1- 原有止水条；2- 密封保护层；3- 布条；4- 六角止水针头；5- 牛油头；6- 压力表；7- 高压灌注机；8- 管片；9- 拼接纵缝；10- 凝胶层；11- 注浆通孔

第 24 节　用于上软下硬富水地层的盾构新型惰性浆液及组合注浆工艺

1. 基本情况

专利号：ZL 2017 1 0944690.X

授权时间：2018.03.27

专利权人：中铁十一局集团城市轨道工程有限公司，中铁十一局集团有限公司

2. 基本内容

1）技术领域

本发明涉及隧道盾构技术领域，尤其是指一种用于上软下硬富水地层的盾构新型惰性浆液及组合注浆工艺。

2）背景技术

盾构同步注浆技术是指在盾构推进施工的过程中，隧道衬砌管片拼装后，隧道脱出盾尾的同时，在一定的注浆压力下，将适量的有一定早期强度及最终强度的注浆材料填入盾尾后的空隙内，待其固结硬化后充填壁后建筑空隙，提供一定的承载能力，稳定管片衬砌的注浆方法。盾尾注浆的类型分为事后注浆、同步注浆、及时注浆和二次注浆，其中对地面沉降的控制和隧道上浮要求比较严格的情况下一般采用同步注浆，二次注浆作为补充措施。

近年来，在多个城市已屡次发生地面沉降塌陷事故，严重者出现房屋倒塌，危及人民群众的生命财产安全。因此，地面沉降是盾构施工过程中的控制要点，盾构开挖直径与管片外径所形成环体空隙则需同步注浆及时填充,用以固结管片和控制地面沉降。目前,在地下隧道工程盾构施工、盾尾同步注浆中,所用的注浆材料主要分为单液型和双液型两大类。双液型浆液材料分为A液与B液,A液为水泥、砂与水,B液为水玻璃;单液型注浆材料以水泥、粉煤灰为主剂,成分有水泥、粉煤灰、细砂、膨润土(也称钠土)和水。在具体实施过程中,往往因地层富水、浆液被稀释、注浆量不足等原因造成注浆不饱满而引发沉降超限,尤其对上软下硬富水地层,地面沉降控制难度更大。而随着地铁交通网络的扩大和完善,地铁隧道不可避免地需要穿越城市的繁华地段和密集住宅区域,这对地面沉降控制技术提出了更高的要求。

除此之外,现有的二次注浆施作止水环时,都是进行全断面的双液注浆,即整圆上连续数环的所有注浆孔位进行注浆,形成止水环,该注浆方法没有针对性,其注浆时间太长,从而造成停机时间过长,掌子面前方渗水过多,影响掌子面稳定。

3)发明内容

本发明提供一种用于上软下硬富水地层的盾构新型惰性浆液及组合注浆工艺。所述注浆工艺是首先配制同步注浆新型惰性浆液,然后通过运浆车运送至盾构后配套台车并抽送至台车储浆罐,最后通过同步注浆泵注入到盾尾完成同步注浆;在盾构施工过程中,同时观测渣土含水量,通过渣土含水量的变化和地层分析结果,发现土仓内水来源为隧道后方来水时,便停止盾构掘进,依据岩土分界面对应的点位,选择盾尾后的第5~8环中具备注浆条件的连续两环盾构管片上最临近岩土分界面的注浆孔作为二次注浆孔,采用双液浆进行二次定点注浆。本发明施工成本低、效果好,可杜绝隧道结构渗漏水现象,管片上浮或错台现象极少,隧道后期堵漏修补费用极大降低。

连续两环二次定点注浆点位的正面如图5-2-23所示。

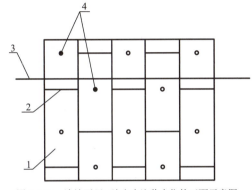

图 5-2-23　连续两环二次定点注浆点位的正面示意图

1-盾构管片;2-管片拼缝;3-岩土分界面;4-二次定点注浆孔

第25节　地面出入式盾构法隧道建造施工方法

1. 基本情况

专利号:ZL 2013 1 0005427.6

授权时间:2015.02.18

专利权人:上海隧道工程股份有限公司,上海城建(集团)公司,上海市城市建设设计研究总院,上海盾构设计试验研究中心有限公司

2. 基本内容

1)技术领域

本发明涉及一种工程建筑领域的盾构法隧道建造方法,尤其是一种盾构机从地面直接进出的地面出入式盾构法隧道建造施工方法。

2)背景技术

传统的盾构法隧道建造施工方法需要做两个工作井:盾构始发井和接收井,在工作井始发和到达中,隧道的引道段需要明挖。在采用常规盾构法进行始发和接收推进时,还需设置不宜小于3/5盾构机外径的覆土。因而,工作井施工和引道段明挖需要大量地面施工场地,带来了施工场地拆迁、地面交通中断等一系列问题,限制了盾构法技术的适用范围。

目前软土浅埋城市道路隧道、地道多采用明挖法施工,该施工方法将导致地面交通改道、河道改道、管线搬迁、构筑物拆迁等,同时明挖施工对邻近建筑物的影响也产生了较大施工风险;深埋城市道路隧道的盾构始发、到达都需设置深大的工作井、设备段及暗埋段等,开挖深度大,造价昂贵,施工风险也非常大;轨道车辆段及部分由地面段渐入地下段的轨道交通线路,目前均设计工作井以满足盾构始发、到达要求,工作井至地面段线路需采用明挖施工,工程量较大,工程周期长,投资较高。此外,还有市政管路,包括排水、蓄水、通信、电力、燃气、共同沟等隧道,设计设置工作井,仅作为临时施工结构,施工后覆土回填,会造成较大浪费。

3)发明内容

本发明公开了一种地面出入式盾构法隧道建造施工方法,包括但不限于以下次序步骤:确定隧道线路轴线;在地面或浅埋导坑设置盾构始发基座和导轨;盾构机安装于导轨上进行安装调试;盾构机沿隧道线路轴线斜向下方推入土体中,刀盘逐步切削土体,同时安装隧道衬砌管片;盾构机沿隧道线路轴线斜向上方推出土面,进入预先设置在地面或浅埋导坑的盾构机接收基座;将最后一环管片脱出盾构机盾尾,贯通隧道;对盾构地面始发位置和盾构地面接收位置的隧道端部设置防水端墙,并进行覆土施工。地面浅埋导坑替代深大工作井,节约了工程施工成本,缩短了建设工期。将节能、环保、低碳的建筑特色植入到地下空间开发领域。

盾构地面始发的一种实施方式结构如图 5-2-24 所示。

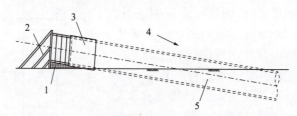

图 5-2-24 盾构地面始发的一种实施方式结构示意图

1- 盾构始发基座;2- 后靠支撑系统;3- 盾构机;4- 盾构法隧道;5- 出入地面的接线段隧道

第 26 节　基于 RFID 标签的地中盾构机相对位置测量方法

1. 基本情况

专利号:ZL 2013 1 0244673.7

授权时间:2015.06.17

专利权人:上海隧道工程股份有限公司

2. 基本内容

1)技术领域

本发明涉及一种建筑隧道工程施工技术领域的方法,尤指一种基于 RFID 标签的地中盾构相对位置测量方法。

2)背景技术

在我国近几年地下工程建设中,盾构施工技术由于对地面结构影响较小,对环境无不良影响,工作人员劳动强度低,机械化程度高,工程进度快,隧洞形状准确,质量高等优点,成为我国城市轨道交通建设中的重要施工技术。以往,对两条相向掘进的隧道进行接合是通过设置竖井,在竖井中使双方隧道得以在到达处继续施工。但为了减少对地面交通的影响并缩短工期,就须采用不设置竖井的方法来进行隧道的接合,即盾构机的地中对接。

盾构机的地中对接施工离不开对盾构机相对位置的精确测量,目前国内的地中盾构机相对位置确定主要采用传统的导线高程测量方法,分别测量两盾构机的平面坐标和高程,计算出两者的相对位置。但是随着隧道掘进长度的不断增加,测量所引起的误差也在不断累积,最终使得测量精度无法满足盾构机对接的技术要求。

3)发明内容

本发明公开了一种基于RFID标签的地中盾构机相对位置测量方法,包括以下步骤:在后发盾构机刀盘/面板和隔板上布设复数个RFID标签;将后发盾构始发至一预设对接测量位置;水平钻孔前端的探头与后发盾构机刀盘/面板的距离达到预设值;建立空间坐标系;测量并计算探头与后发盾构机隔板中心的相对高程差和相对水平偏差;修正相对高程差和相对水平偏差;确定始发盾构机隔板中心与水平钻孔前端探头的相对高程和相对水平偏差;计算获得始发盾构机隔板中心和后发盾构机隔板中心的相对高程和相对平面偏差。本发明具有精度高、操作简便、工期短的优点。

两盾构机地中相对位置测量如图5-2-25所示。

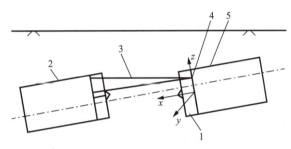

图5-2-25 两盾构机地中相对位置测量示意图

1-刀盘/面板;2-盾构机;3-水平钻孔;4-盾构隔板;5-盾构机刀盘

第27节 盾构隧道缓凝型同步注浆的施工方法

1. 基本情况

专利号:ZL201310123614.4

授权时间:2016.03.09

专利权人:上海隧道工程有限公司,上海隧道工程股份有限公司

2. 基本内容

1)技术领域

本发明涉及一种盾构施工同步注浆技术,尤其是一种盾构隧道缓凝型同步注浆的施工方法。

2)背景技术

目前,盾构施工同步注浆中抗剪型单液浆施工工艺已在软土地区盾构隧道工程建设中普遍推广,并显著提升了盾构隧道的施工技术,但依然存在浆液配合比单一,未形成针对不同土质、不同工况特点的系列化配合比;施工工艺未创新,整体施工技术难以突破;对特殊地段[穿越重要建(构)筑物、超浅覆土、高承压水环境施工等]的技术解决方案不完善等问题。

3)发明内容

本发明在抗剪型单液浆的基础上公开了一种盾构隧道缓凝型同步注浆的施工方法,包括以下步骤:采用自动化搅拌系统进行浆液材料的拌制;将拌制结束的浆液材料运输至盾构储浆槽;浆液材料运输至盾构储浆槽后,根据不同土质条件及周围环境工况,将水泥及外掺剂加入浆液材料中进行配合比优化,保证浆液材料保持良好的塑性状态利于输送;针对不同土层、不同工况条件下,盾构注浆系统在推进时对盾尾产生的建筑空隙进行同步注浆,形成了针对特殊地段[穿越重要建(构)筑物、超浅覆土、高承压水环境施工等]的盾构同步注浆技术。

第28节　用于盾构机的复合式铰接装置

1. 基本情况

专利号:ZL 2013 1 0106571.9
授权时间:2016.08.10
专利权人:上海隧道工程有限公司,上海隧道工程股份有限公司

2. 基本内容

1)技术领域

本发明涉及盾构法隧道施工的设备,尤其是一种用于盾构机的复合式铰接装置。

2)背景技术

在国内,盾构机凭借着其优秀的地面沉降控制、高开挖效率和广泛的地层适应能力,在地铁、大直径隧道、地下管路等施工中得到了广泛的应用。其中,铰接装置为盾构机增加灵敏度必不可少的部件之一。目前一般的盾构机如果转弯半径够大,则不需要配置铰接装置;如果转弯半径达到一定的值,则需要配置单铰接装置,用来增大其灵敏度,可达到比较小的转弯半径,但是其所能达到的转弯半径依然有限。

3)发明内容

本发明是一种用于盾构机的复合式铰接装置。采用一组主动铰接油缸和一组被动铰接油缸两组铰接油缸共同运行的形式,增大了盾构机的灵敏度,减小了盾构机的转弯半径,适用于转弯半径小的工程;并在两组有相对运动的相邻盾壳之间设置铰接密封装置,有效阻止了外界水土的侵入。铰接油缸的布置均处于较外圆,接近壳体处,使得油缸推力得到有效利用。

复合式铰接装置结构如图5-2-26所示。

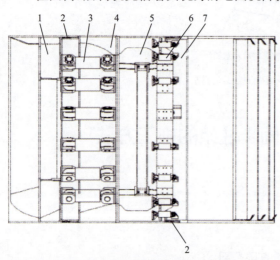

图5-2-26　复合式铰接装置结构示意图

1-前盾;2-铰接密封装置;3-主动铰接油缸;4-中间盾A;
5-中间盾B;6-被动铰接油缸;7-尾盾

第29节　地面出入式盾构机

1. 基本情况

专利号:ZL 2013 1 0273052.1
授权时间:2016.04.13
专利权人:上海隧道工程有限公司,上海隧道工程股份有限公司,上海城建(集团)公司

2. 基本内容

1)技术领域

本发明涉及一种最新研发的盾构施工装备,尤其是一种适应于无须工作井、盾构机从地表始发、在浅

覆土或者无覆土条件下开挖的盾构施工法的地面出入式盾构机,简称 GPST 盾构机。

2)背景技术

随着我国城市道路交通网络、公路交通网络和高速公路交通网络的大规模建设高潮的到来,对于过河、越江和跨海的公路、铁路隧道建设任务越来越多,规模越来越大,国际和国内的著名建筑企业纷纷抢占这一建筑市场。因此,研究新的施工方法和施工设备显得非常必要和迫在眉睫。

传统的施工方法需要做两个工作井分别作为盾构始发井和接收井,盾构机在工作井中始发和到达,隧道的引道段需要明挖,工作井较深,明挖段较长。传统隧道施工工法步骤包括隧道盾构段施工和隧道引道段施工。盾构机从地面始发到达快速施工技术解决了这一难题。

3)发明内容

本发明公开了一种地面出入式盾构机,包括盾构机主体和车架系统。盾构机主体与车架系统之间设有管片稳定机构,管片稳定机构撑设于盾构机的管片内侧,包括复数支撑环、复数固定环及复数连接梁,固定环固定于盾构机上,支撑环通过连接梁连接于所述固定环上,支撑环进一步包括复数段支撑段,相邻支撑环段之间通过油缸组件可伸缩连接,支撑环段的外周面上设有复数滚轮组件,滚轮组件抵顶所述管片内侧。无须工作井,不用地下连续墙,不用大开挖施工引道,可快速施工,节省工期,节约成本。盾构机从地表始发,然后在浅覆土条件下开挖(避免了暗埋施工),最后盾构机在目标地点从地表到达。可将隧道引道段和隧道段一起通过盾构施工完成。

地面出入式盾构机(GPST)如图 5-2-27 所示。

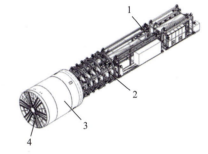

图 5-2-27　地面出入式盾构机(GPST)示意图

1- 车架系统;2- 管片稳定机构;3- 壳体;4- 刀盘

第 30 节　混凝土箱体盾构机进洞接收的施工方法

1. 基本情况

专利号:ZL 2014 1 0165799.X

授权时间:2016.04.13

专利权人:上海隧道工程有限公司,上海隧道工程股份有限公司,上海隧道盾构工程有限公司

2. 基本内容

1)技术领域

本发明涉及一种盾构法隧道施工中的盾构机进洞接收施工方法,尤其是一种混凝土箱体盾构机进洞接收的施工方法。

2)背景技术

在盾构法隧道施工中,作为一个比较大的风险源,盾构机进洞接收施工的成功与否关系到周边环境甚至是隧道的安全。尤其是对于复杂周边环境下进行深覆土、富水性较好且带有承压性的砂性地层进洞接收施工,其风险不言而喻。

目前,高风险砂性地层进洞接收施工方法主要有水中进洞接收施工工艺及钢套筒进洞接收施工工艺,但其工艺存在的施工局限性、风险控制不确定性及施工效率较低的问题,仍然无法保证复杂环境下高风险砂性地层盾构机简便、有效、安全可靠进洞接收施工。

3)发明内容

本发明公开了一种混凝土箱体盾构机进洞接收的施工方法,通过在接收井内施工一混凝土箱体,在箱体内填充回填介质,盾构掘进回填介质进入箱体,很好地保持了盾构进洞接收施工中的土压平衡,防止土体塌陷,提供一种适用于复杂周边环境及地质条件下可在各种结构中盾构机安全可靠进洞接收的施工工艺。

混凝土箱体盾构机进洞接收的施工方法中箱体回填后的如图5-2-28所示。

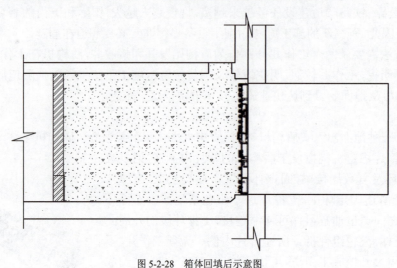

图 5-2-28 箱体回填后示意图

第 31 节 复合地层盾构掘进土体改良施工方法

1. 基本情况

专利号:ZL 2014 1 0283512.3

授权时间:2016.04.13

专利权人:上海隧道工程有限公司,上海隧道工程股份有限公司,上海隧道盾构工程有限公司

2. 基本内容

1)技术领域

本发明涉及一种土体改良施工方法,尤指一种复合地层盾构掘进土体改良施工方法。

2)背景技术

土压平衡盾构施工成功非常关键的一点是要将开挖面上切削下来的土体在压力仓内调整成一种比较理想的状态,使土体的一些性质在达到或满足一些基本条件后,盾构的开挖与出土才能顺利进行。土压平衡盾构机在国内地铁工程中应用广泛,其适用于不同地质条件的能力强,但并非所有的地层均具有良好的塑性流动性、较低的渗透性和较小的内摩擦角,如何将各种复杂土层改良为适合复合土压平衡盾构掘进施工的土层,关键在于掘进过程中的土体改良。

采用土压平衡盾构在复合地层条件下施工,如何确保盾构在开挖面稳定的前提下正常掘进,尚未形成明确、统一的土体改良的方法,传统应对措施即为加水、膨润土泥浆或泡沫进行土体改良。由于复合地层包含两种或两种以上的差异土层,采用传统的土体改良方法,效果并不理想。

3)发明内容

本发明涉及一种复合地层盾构机土体改良施工方法,包括盾构掘进前,对掘进的土体按土质情况进行划分,将待掘进的土体划分为软黏土层、复合土层、硬岩土层,针对不同的土体制备不同参数的膨润土和泡沫剂,解决两种或两种以上的差异土层需分别对应采用不同的改良方法问题,改良后的土层满足盾构开挖及出土的要求,使得盾构掘进可以采用土压平衡盾构机顺利推进。

第32节　泥水平衡盾构穿越危险地下管线的施工方法

1. 基本情况

专利号：ZL 2014 1 0500092.X
授权时间：2016.04.13
专利权人：上海隧道工程有限公司

2. 基本内容

1）技术领域

本发明涉及一种盾构施工方法，具体涉及一种泥水平衡盾构穿越危险地下管线的施工方法。

2）背景技术

随着城市建设的发展，地下轨道交通建设呈现出了深层化、密集化及复杂化的趋势，拟建隧道不可避免地要穿越大量地下管线，特别是长距离下穿大口径排水管。因此，降低盾构隧道施工对地下大口径排水管的影响，成为一个亟待解决的难题，这对现有的盾构施工技术提出了很大的挑战。

3）发明内容

本发明提供了一种泥水平衡盾构穿越危险地下管线的施工方法，包括：确定沉降控制标准，包括计算管线容许曲率、计算管线容许最大沉降和确定管线上方控制最大沉降；盾构穿越地下管线，包括划分施工穿越阶段、穿越前试验阶段施工、穿越阶段施工和穿越后阶段施工。本发明解决了受影响建（构）筑物的变形、受力状态判定多数依据经验，缺乏依据实际监测数据、理论计算来判定安全状态的标准等问题。

第33节　泥水平衡盾构机在复杂地层中更换主驱动密封的方法

1. 基本情况

专利号：ZL 2014 1 0654851.8
授权时间：2016.09.07
专利权人：上海隧道工程有限公司，上海隧道盾构工程有限公司

2. 基本内容

1）技术领域

本发明涉及建筑技术领域，具体涉及一种泥水平衡盾构机在复杂地层中更换主驱动密封的方法。

2）背景技术

大直径泥水平衡盾构隧道工程都具有距离长、工期紧、施工难度大等特点。其中，主驱动密封作为泥水平衡盾构机可能损坏的部件，一旦出现问题，修复难度较大。

现有技术方案依托背景多数为小直径土压平衡盾构机，较少有超大直径泥水平衡盾构机更换主驱动密封的解决方案，并且现有技术方案一般是在常压下，或者正面土体稳定的情况下进行密封更换，没有关于在正面土质不良情况下如何处理的方案。

3）发明内容

本发明提供了一种泥水平衡盾构机在复杂地层中更换主驱动密封的方法，包括以下步骤：在盾构隧道推进轴线上通过MJS工法（全方位高压喷射法）设置多个加固MJS桩，形成加固区域；将盾构机刀盘推进至加固区域中；将进仓压力设定为地下水头压力；在所述进仓压力下进行主驱动密封更换作业。本发明解决了现有技术方案中缺乏在复杂地层中更换主驱动密封的问题，极大地降低了主驱动密封更换风

险,提高主驱动密封更换施工的安全性和效率。

主驱动密封更换时盾构机所在位置剖面图如图 5-2-29 所示。

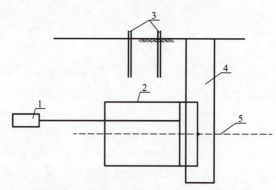

图 5-2-29　主驱动密封更换时盾构机所在位置剖面图

1- 压缩机;2- 盾构机;3- 放气管;4- 加固 MJS 桩;5- 推进轴线

第 34 节　类矩形盾构机多刀盘驱动同步控制方法

1. 基本情况

专利号:ZL 2014 1 0837606.0

授权时间:2016.05.04

专利权人:上海隧道工程有限公司,宁波市轨道交通集团有限公司,上海隧道盾构工程有限公司

2. 基本内容

1)技术领域

本发明涉及隧道盾构技术领域,尤其是指一种类矩形盾构机多刀盘驱动同步控制方法。

2)背景技术

纵观国内外盾构技术的发展,其趋势将是多元化和多样化的。在隧道断面方面,除了向超大直径断面隧道发展以外,也向异形断面隧道发展。从隧道的使用功能来分析,公路隧道、铁路隧道、地铁隧道、人行地道、地下共同沟的断面形式以矩形或类矩形最为合适,也最为经济。

然而,盾构技术在发展的同时也面临着诸多的挑战。其中,切削刀盘的控制方法就是重要的挑战之一。通常的刀盘控制方法已不能完全适用于盾构多刀盘组合切削的控制,因此,有必要研制出全新的、适用于盾构机多刀盘组合切削的控制方法。

3)发明内容

本发明公开了一种类矩形盾构机多刀盘驱动同步控制方法,包括提供按设定角度差设置的第一刀盘和第二刀盘、用于测定第一刀盘和第二刀盘角度的第一角度检测仪,以及用于控制第一刀盘和第二刀盘转速的控制装置。其中,将第一刀盘与第二刀盘的中心距设置为小于第一刀盘与第二刀盘的半径之和;启动第一刀盘和第二刀盘,通过第一角度检测仪实时测得第一刀盘和第二刀盘的角度;控制装置计算第一刀盘和第二刀盘的实时角度差,将实时角度差与设定角度差进行比较;控制装置根据比较结果,对第一刀盘和第二刀盘的转速进行修正;控制装置基于修正结果,对第一刀盘和第二刀盘分别输出第一转速信号和第二转速信号,使测得的实时角度差等于设定角度差。

类矩形盾构机多刀盘驱动同步控制方法的刀盘装置结构如图 5-2-30 所示,类矩形盾构机多刀盘驱动同步控制方法的控制原理如图 5-2-31 所示。

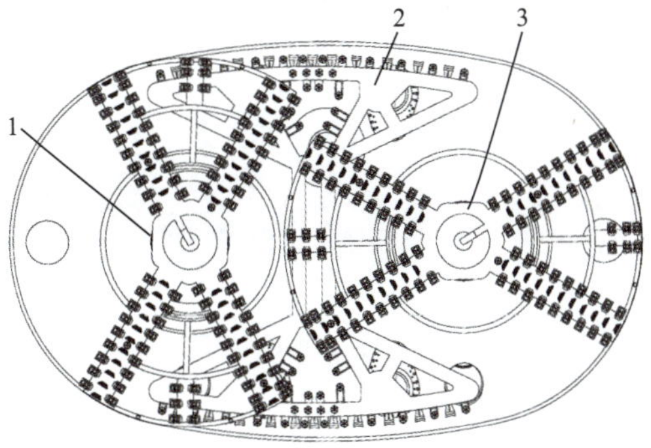

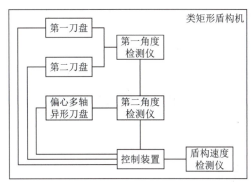

图 5-2-30 类矩形盾构机多刀盘驱动同步控制方法的刀盘装置结构示意图
1- 第一刀盘；2- 偏心多轴异形刀盘；3- 第二刀盘

图 5-2-31 类矩形盾构机多刀盘驱动同步控制方法的控制原理图

第 35 节　用于矩形盾构机的回转拼装机

1. 基本情况

专利号：ZL 2014 1 0837620.0
授权时间：2017.05.31
专利权人：上海隧道工程股份有限公司，上海隧道工程有限公司，上海隧道盾构工程有限公司

2. 基本内容

1）技术领域

本发明涉及隧道盾构技术领域，尤其是指一种用于矩形盾构机的回转拼装机。

2）背景技术

纵观国内外盾构技术的发展，其趋势将是多元化和多样化的。在隧道断面方面，除了向超大直径断面隧道发展以外，也向异形断面隧道发展。从隧道的使用功能来分析，公路隧道、铁路隧道、地铁隧道、人行地道、地下共同沟的断面形式以矩形或类矩形最为合适，也最为经济，因而矩形盾构机的研发和应用意义十分重大。

然而，盾构技术在发展的同时也面临着诸多的挑战。其中，管片拼装机就是重要的挑战之一。通常的管片拼装机只能实现 6 个方向的自由度调节，然而在实际拼装过程中，管片的实际位置并不会这么规则地沿着这 6 个自由度，因此会造成实际拼装管片过程中管片定位的不准确，影响管片拼装的速度和质量。因此，有必要研制出全新的、适用于矩形盾构的管片拼装机。

3）发明内容

本发明用于矩形盾构机的回转拼装机，包括整合而成的轴向平移机构、回转机构、提升机构、横向平移机构以及微调机构，可实现 8 个自由度的调节。

轴向平移机构包括沿盾构轴线方向设置的两个轴向导轨和设于两个轴向导轨上可沿轴向导轨移动的固定盘体；回转机构包括设于固定盘体上可沿盾构轴线方向绕固定盘体旋转的回转盘体；提升机构包括对称设置于回转盘体上的两个导向和设于导向座内可沿导向座的轴向方向移动的提升柱；横向平移机构包括沿垂直于导向座的轴线方向固设于两个提升柱上的机架、设于机架内的两个横向导轨和设于两个横向导轨上可沿横向导轨移动的吊装架；微调机构包括可伸缩设置于吊装架的球铰油缸和多个调偏油缸，球铰油缸上设有吊具。

用于矩形盾构机的回转拼装机结构如图 5-2-32 所示。

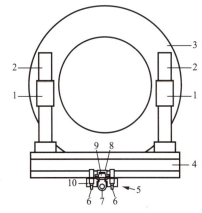

图 5-2-32 用于矩形盾构机的回转拼装机结构示意图

1- 导向座；2- 提升柱；3- 回转盘体；4- 机架；5- 微调机构；6- 调偏油缸；7- 吊具；8- 吊装架；9- 球铰油缸；10- 调偏座

第 36 节　类矩形盾构管片拼装系统

1. 基本情况

专利号：ZL 2014 1 0837378.7
授权时间：2017.08.08
专利权人：上海隧道工程有限公司，宁波市轨道交通集团有限公司，上海隧道盾构工程有限公司

2. 基本内容

1）技术领域

本发明涉及隧道盾构技术领域，尤其是指一种类矩形盾构机管片拼装系统。

2）背景技术

纵观国内外盾构技术的发展，其趋势将是多元化和多样化的。在隧道断面方面，除了超大直径断面隧道外，还有异形断面隧道；在隧道使用功能上，公路隧道、铁路隧道、地铁隧道、人行地道、地下共同沟的断面形式以矩形或类矩形最为合适，最为经济。

盾构技术中，管片拼装为最重要的挑战之一。通常管片拼装只能实现 6 个方向的自由度调节，但在实际拼装过程中，管片拼装存在着无规律性的 6 个自由度，会造成实际管片拼装定位不准确，影响管片拼装的速度及质量。因此，有必要研制出全新的、适用于类矩形盾构机的管片拼装机。

3）发明内容

本发明用于类矩形盾构管片拼装系统，类矩形隧道包括两拼装空间，两拼装空间内分别设有一拼装机。拼装机包括轴向平移机构、回转机构、提升机构、横向平移机构和微调机构。

轴向平移机构包括沿盾构轴线方向设置的两轴向导轨和设于两轴向导轨上可沿轴向导轨移动的固定盘体；回转机构包括设于固定盘体上可沿盾构轴线方向绕固定盘体旋转的回转盘体；提升机构包括对称设置于回转盘体上的两导向座和设于导向座内可沿导向座的轴线方向移动的提升柱；横向平移机构包括沿垂直于导向座的轴线方向固设于两提升柱上的机架、设于机架内的两横向导轨和设于两横向导轨上可沿横向导轨移动的吊装架；微调机构包括可伸缩设置于吊装架底部的球铰油缸和多个调偏油缸，球铰油缸上设有吊具，调偏油缸上设有垫块。

类矩形盾构机管片拼装机俯视图如图 5-2-33 所示。

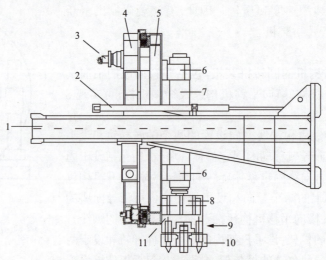

图 5-2-33　类矩形盾构机管片拼装机俯视图

1-轴线导轨；2-轴向平移油缸；3-回转机电；4-固定盘体；5-回转盘体；6-导向座；7-提升柱；8-机架；9-微调机构；10-调偏座；11-吊装架

第 37 节　用于隧道工程机械的刀盘驱动装置

1. 基本情况

专利号：ZL 2013 1 0086013.0
授权时间：2016.01.27
专利权人：中国铁建重工集团有限公司

2. 基本内容

1）技术领域

本发明涉及一种隧道工程机械的刀盘驱动装置，尤其涉及一种用于全断面隧道掘进机的刀盘驱动装置。

2）背景技术

用于全断面隧道掘进施工的隧道工程机械包括土压平衡盾构机、泥水平衡盾构机、硬岩掘进机等。在这些工程机械中，利用刀盘来切削土体。因此，刀盘的驱动装置是全断面隧道掘进机中的关键部件。刀盘驱动装置的稳定、可靠、高效，决定了全断面隧道掘进机施工的效率。

现有的全断面隧道掘进机的刀盘驱动装置主要有两种形式。第一种是包括液压马达、减速机和行星齿轮的驱动结构，第二种是包括变频电机、减速机和行星齿轮的驱动结构。然而，这两种组合驱动装置都有一个共同的缺点，即不论是采用液压马达还是变频电机，其输出转速都比较高，而实际应用中的刀盘转速较低。这就要求减速机的减速比较大，减速机至少采用二级减速机构，并且需要额外的水冷装置为其散热。最终导致这两种驱动结构的占用体积大、噪声高、散热不好。同时，这两种驱动结构的传动效率低、成本高。

3）发明内容

本发明提供了一种用于隧道工程机械的刀盘驱动装置，包括顺序相连的永磁同步电机、减速机和行星齿轮。通过将永磁同步电机的极数设置为"很多"，就可以显著降低其输出转速，从而有效地降低减速机的输入转速，减小减速机的减速比，使减速机的减速级数减小。

与现有技术相比，本发明所提供的用于隧道工程机械的刀盘驱动装置有以下效果：

（1）永磁同步电机效率高，功率因数高，从而降低了能耗和运行成本。

（2）永磁同步电机极数多，转速低。因此，减速机的传动比小，传动效率高，噪声小，体积小，更加适合全断面隧道掘进机的盾体空间狭小的要求。

（3）全新的部件组合方式使得整个驱动装置结构简单，维护方便，成本低。

第 38 节　一种泥水平衡盾构机用冲洗水压力控制系统及控制方法

1. 基本情况

专利号：ZL 2015 1 0304929.8
授权时间：2017.07.07
专利权人：中国铁建重工集团股份有限公司

2. 基本内容

1）技术领域

本发明涉及盾构机技术领域，尤其涉及一种泥水平衡盾构机用冲洗水压力控制系统及控制方法。

2）背景技术

泥水平衡盾构机是目前地铁隧道中应用较多的一种盾构机型,它有很高的地面沉降控制精度,其最大的特点是通过泥浆管道系统将刀盘开挖的渣土输送到隧道外面。泥水平衡盾构机的泥浆管道系统也叫环流系统,它主要由进浆管道、排浆管道、旁通管道和其他辅助管道组成。泥浆管道上布置有阀门、泥浆泵、检测元件等,其中球阀使用数量最多,特别是规格为 DN200 以上的球阀。

由于球阀的结构特点,球阀阀芯和阀体之间存在较大的环向空隙,在球阀使用过程中特别是启闭过程中,管道内的泥浆往往会进入球阀的环向空隙内,如果不及时将其泄放或冲刷掉,泥浆所携带的固体杂质将很快沉淀和累积,达到一定程度将阻碍球阀的正常启闭,如果发生固结,则可使球阀完全无法动作。因此,对球阀进行冲洗是非常必要和重要的,而冲洗方式主要是采用高压水。

由于泥浆管道系统上安装的球阀数量众多(尤其是大直径泥水平衡盾构机,数量多,规格大),不同位置的球阀其启闭时间和规律随着泥水平衡盾构机的掘进状态不断变化,这导致泥浆管道上冲洗球阀所需的冲洗水量波动较大。

目前所使用的冲洗水供水系统一般不配备水罐,且任意一处球阀需要冲洗均需启动增压泵,这种冲洗水供水方式有以下缺点:①增压泵频繁启动,影响其使用寿命。②在一定工作时间段内,增压泵工作总时间长。③增压泵的额定流量往往大于单个球阀冲洗时的需求水量,当前采用溢流的方式泄压既浪费水又浪费电。④供水压力随着冲洗水消耗量的变化而波动巨大,影响冲刷效果并易导致泥浆渣土残留在球阀内,影响球阀启闭。

3）发明内容

本发明提供了一种泥水平衡盾构机用冲洗水压力控制系统,包括 PLC 控制器、通过控制线路与 PLC 控制器相连的空气保压系统、液位调节组件和进水调节组件。空气保压系统、液位调节组件和进水调节组件均与水罐相连,水罐的出水口连接至若干个终端;水罐的出水口以及增压泵机组均与终端管路连接;液位开关包括位于不同高低水平面的至少两个液位开关;空气保压系统包括进气调节阀、排气调节阀和压力传感器;终端管路包括连接在管路上的流量计、电动球阀、单向阀、手动球阀和终端球阀。本申请通过空气保压系统保持水罐的出口压力,使得冲刷水的供水压力不受消耗量变化的影响,有效防止供水压力波动。

第 39 节　一种盾构机泥水环流和碎石系统

1. 基本情况

专利号:ZL 2015 1 0422644.4
授权时间:2018.02.09
专利权人:中国铁建重工集团股份有限公司

2. 基本内容

1）技术领域

本发明涉及掘进机械技术领域,具体涉及一种盾构机泥水环流和泥浆管路碎石系统。

2）背景技术

盾构机从掘进位置的最前端至后端依次包括含刀盘的开挖仓、气垫仓和拖车,其中气垫仓主要是用于平衡和稳定开挖面。目前,盾构机在富水砂卵石地层采用泥水平衡方式进行隧道开挖的过程中,都需要通过泥水环流系统出渣并维护开挖面的稳定。此时盾构机出渣方式为:刀盘切削后的渣土、卵石与隧道外注入的泥浆在开挖仓混合后形成流体从泥浆门进入气垫仓,被气垫仓内液压颚式碎石机进行初破后,经由泥水环流系统中的排浆泵高压抽吸进入出浆管排出隧道外。在此过程中,由于盾构机采用管道流体输送的出渣方式,其出渣速度主要取决于泥水环流系统中排浆泵的排渣能力。当盾构机在我国西南、西北、华北等地区的高含量、高硬度、大粒径卵石富水地层进行隧道施工时,由于气垫仓内的液压颚式碎石机每分钟碎石速度只有 4 次左右,而且在恶劣工况环境下经常损坏,无法快速将气垫仓内的大流量、大粒径卵石破碎到排浆泵的输送范围内,极易使盾构机出现气垫仓卵石淤积、泥水环流系统出浆管路堵塞、排浆泵损坏等故障,导致盾构机长时间停机进行维修,大大限制了其掘进能力。

因此,本领域需要开发一种新的盾构机泥水环流和碎石系统以克服上述气垫仓内的液压颚式碎石机的破碎能力过低的问题。

盾构机泥浆管路碎石系统结构如图 5-2-34 所示。

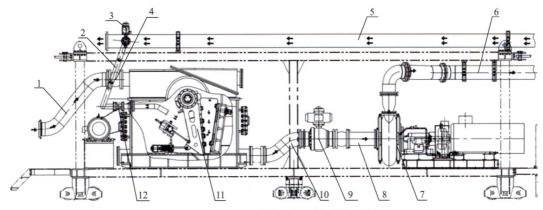

图 5-2-34　盾构机泥浆管路碎石系统结构示意图

1- 排浆弯管一;2- 冲洗管;3- 小液动球阀;4- 大减震喉;5- 破碎机进浆支管;6- 排浆弯管二;7- 排浆管;8- 排浆直管;9- 大液动球阀;10- 排浆弯管三;11- 泥浆管路破碎机;12- 小减震喉

3)发明内容

本发明提供一种盾构机泥水环流和碎石系统,包括通过管道依次串联的进浆管、气垫仓、出料管、泥浆管路破碎机、排浆泵和排浆管;出料管用于将气垫仓中的泥浆和砂石输送至泥浆管路破碎机中,泥浆管路破碎机将来自于气垫仓中的石头破碎;泥浆管路破碎机为包含密封垫、机架和动颚组件及其内部可密封压力达到 0.5MPa 以上的泥浆流体的封闭颚式破碎机。本发明提供的破碎机比在盾构机气垫仓内的液压颚式碎石机的破碎能力大,使用寿命长,可靠性高,可解决现有盾构机在富水砂卵石中存在的滞排、堵管等问题。且安装在拖车上,可减少人员带压进仓维修次数,降低盾构机的使用成本与施工风险,提高了盾构机的地质适应性与掘进效率。

第 40 节　一种盾构机的泥水环流和碎石方法

1. 基本情况

专利号:ZL 2015 1 0422741.3
授权时间:2018.01.26
专利权人:中国铁建重工集团股份有限公司

2. 基本内容

1)技术领域
本发明涉及地下掘进技术领域,具体涉及一种盾构机的泥水环流和碎石方法。

2)背景技术
盾构机从掘进位置的最前端至后端依次包括含刀盘的开挖仓、气垫仓和拖车。其中,设置气垫仓的主要目的是用于平衡和稳定开挖面。目前,盾构机在富水砂卵石地层采用泥水平衡方式进行隧道开挖的过程中,都需要通过泥水环流系统出渣并维护开挖面的稳定。此时盾构机出渣方式为:刀盘切削后的渣土、卵石与隧道外注入的泥浆在开挖仓混合后形成流体从泥浆门进入气垫仓,被气垫仓内液压颚式碎石机进行初破后,经由泥水环流系统中的排浆泵高压抽吸进入出浆管排出隧道外。在此过程中,由于盾构机采用管道流体输送的出渣方式,其出渣速度主要取决于泥水环流系统中排浆泵的排渣能力。当盾构机在我国西南、西北、华北等地区的高含量、高硬度、大粒径卵石富水地层进行隧道施工时,由于气垫仓内的液压颚式碎石机每分钟碎石速度只有4次左右,而且在恶劣工况环境下经常损坏,无法快速将气垫舱内的大流量、大粒径卵石破碎到排浆泵的输送范围内,极易使盾构机出现气垫仓卵石淤积、泥水环流系统出浆管路堵塞、排浆泵损坏等故障,导致盾构机长时间停机进行维修,大大限制了其掘进能力。

3)发明内容

本发明提供一种盾构机的泥水环流和碎石方法,包括刀盘切削后的渣土和石块与从隧道外注入的泥浆在开挖仓混合后形成流体进入气垫仓,再在排浆泵的作用下将气垫仓中的流体输送至气垫仓外的泥浆管路破碎机中,在泥浆管路破碎机中将来自气垫仓中的石块破碎,破碎后的石块随泥浆由排浆管排出隧道外;泥浆管路破碎机为包含密封垫、机架和动颚组件及其内部可密封压力达到0.5MPa以上的泥浆流体的封闭颚式破碎机。本发明提供了一种提高盾构机泥水环流系统碎石能力的方法,改善了泥水环流系统性能,提高了其携渣输送能力;本发明提供的方法提高了盾构机的地质适应性与掘进效率。

第41节 具有泥浆环流系统的泥水平衡盾构机

1. 基本情况

专利号:ZL 2015 1 0770295.5
授权时间:2018.06.26
专利权人:中国铁建重工集团股份有限公司

2. 基本内容

1)技术领域

本发明涉及隧道工程施工设备领域,尤其是涉及一种具有泥浆环流系统的泥水平衡盾构机。

2)背景技术

泥浆环流系统是泥水平衡盾构机的核心系统,环流系统的主要作用是带走盾构机刀盘切削下来的渣土,并依靠环流系统控制开挖仓内泥浆的压力来平衡掌子面的水压和土压,维持掌子面稳定,从而保证盾构机正常掘进。泥浆环流系统性能的优劣,直接决定了泥水平衡盾构机的性能。泥水平衡盾构机泥浆环流系统的性能优劣主要体现在携渣能力和精确压力控制功能。

目前的泥水平衡盾构机泥浆环流系统有直接控制和间接控制两种控制方式。

直接控制方式泥水平衡盾构机盾体内设计一个主动或被动气垫仓体,出浆口位于开挖仓体的底部,泥浆环流系统的压力直接用调节泥浆泵的流量来控制。这种方式适用于大颗粒含量少、掌子面较稳定的地层,对于大粒径石块含量较多的地层适用性较差。

间接控制式泥水平衡盾构机盾体内设计一个气垫仓体,一般在盾构施工时,气垫仓体内有一半气体一半泥浆,气垫仓体的气体压力由一套PID控制系统来自动精确地控制,开挖仓体与气垫仓体通过盾体前隔板底部的泥浆口进行连通,同时泥浆口位置设计有一闸门,可利用其关闭来隔断开挖仓与气垫仓,其压力控制取决于气垫仓体上部气体的压力,从而可以通过精确控制气体压力来精确控制泥浆压力。间接控制式泥水平衡盾构机适用于地层变化较大、稳定性较差的地层,同时在气垫仓体的底部设计有破碎机构,可以对大粒径的石块进行破碎。但由于气垫仓体的存在,在渣土流动性较差时,渣土容易堆积在气垫仓体内,造成堵仓。

3)发明内容

本发明公开了一种具有泥浆环流系统的泥水平衡盾构机,包括开挖仓体、刀盘、气垫仓体、闸门、进浆组件、排浆组件、保压装置和碎石装置。闸门设在开挖仓体和气垫仓体之间。进浆组件包括第一进浆管和第二进浆管,第一进浆管的出浆口连通至开挖仓体,第二进浆管的出浆口连通至气垫仓体。排浆组件包括第一排浆管和第二排浆管,第一排浆管的进浆口连通至开挖仓体,第二排浆管的进浆口连通至气垫仓体。保压装置包括连通至气垫仓体的通气口。碎石装置设在第二排浆管进浆口的上游侧。根据本发明的具有泥浆环流系统的泥水平衡盾构机,可以使泥水平衡盾构机实现第一工作模式和第二工作模式的切换运行,提高了泥水平衡盾构机的适应性和掘进能力。

第42节　一种用于TBM的刀盘扭矩异常监测系统

1. 基本情况

专利号:ZL 2016 1 0730373.3
授权时间:2018.10.26
专利权人:中国铁建重工集团股份有限公司

2. 基本内容

1)技术领域

本发明涉及隧道工程施工设备技术领域,具体涉及一种用于TBM的刀盘扭矩异常监测系统。

2)背景技术

TBM是一种用于硬岩隧道施工的掘进机,其包括推进系统、刀盘系统以及皮带出渣系统等,该掘进机通过这些系统可以实现对隧道的开挖。其中,刀盘系统是TBM实现切削围岩的核心系统,包括刀盘和刀盘驱动,刀盘系统要求安全、可靠,能够满足长距离掘进。

刀盘扭矩是刀盘系统的关键参数,其反映了TBM操作人员的操作情况、围岩情况以及刀盘情况,这就要求实现刀盘扭矩的实时监测。通过对刀盘扭矩的监测,能够帮助解决操作人员的不合理操作问题,还能够向操作人员提供前方的围岩情况(例如前方是否塌方、岩石围岩种类、岩石硬度等),同时也能反映出刀盘驱动系统是否存在异常、刀盘滚刀是否损坏等问题。

3)发明内容

为解决上述问题,本发明提供了一种用于TBM的刀盘扭矩异常监测系统,该系统包括:刀盘扭矩采集装置,其与TBM的刀盘驱动系统连接,用于采集刀盘驱动系统所提供的刀盘扭矩数据;刀盘扭矩数据滤波装置,其与刀盘扭矩采集装置连接,用于根据刀盘扭矩数据计算当前时刻所对应的刀盘扭矩均值,得到第一刀盘扭矩均值;异常判断装置,其与刀盘扭矩数据滤波装置连接,用于根据第一刀盘扭矩均值与预设刀盘扭矩参考值判断刀盘扭矩数据是否存在异常。该系统能够实现对TBM刀盘驱动系统的扭矩异常监测,根据扭矩监测结果,该系统还可以实现对扭矩异常状态的自动处理,从而实现对刀盘驱动系统以及刀盘的保护,满足隧道快速施工的需要。

本发明一个实施例的用于TBM的刀盘扭矩异常监测系统结构如图5-2-35所示。

图5-2-35　本发明一个实施例的用于TBM的刀盘扭矩异常监测系统结构示意图

第43节　一种用于 TBM 的刀盘驱动系统

1. 基本情况

专利号：ZL 2016 1 0738807.4
授权时间：2019.02.19
专利权人：中国铁建重工集团股份有限公司

2. 基本内容

1）技术领域
本发明涉及隧道掘进机技术领域，具体涉及一种用于 TBM 的刀盘驱动系统。

2）背景技术
TBM 是一种用于硬岩隧道施工的掘进机，包括推进系统、刀盘系统、皮带出渣系统等，该掘进机通过这些系统来实现对隧道的开挖。其中，刀盘系统是 TBM 实现切削围岩的核心系统，刀盘能够直接切割围岩。

随着长距离、大埋深、穿越不良地质隧道的出现，人们不能完全了解隧道地质情况，因此也就对用于切削围岩的刀盘驱动系统提出了更高的要求，尤其是在刀盘卡住的情况下，要求刀盘系统能够提供尽可能大的扭矩。

常规的电气驱动模式由于效率高、简单以及节能的特性而得到广泛使用，但是其存在功率密度不高、空间位置有限以及扭矩储备量不大等诸多缺陷，无法提供足够大的扭矩。

3）发明内容
为解决上述问题，本发明提供了一种用于 TBM 的刀盘驱动系统，包括：液压驱动子系统，其与 TBM 的减速机构连接，用于根据所接收到的液压驱动信号向减速机构输出相应的液压扭矩，以通过减速机构驱动 TBM 的刀盘运转；电气驱动子系统，其与减速机构连接，用于根据所接收到的电气驱动信号向减速机构输出相应的电气扭矩，以通过减速机构驱动刀盘的运转。本驱动系统克服了现有 TBM 由于单独采用变频器驱动而造成的无法提供足够大的扭矩的问题，同时，该驱动系统还通过分别测量液压驱动子系统和电气驱动子系统的驱动特性，通过自学习功能来做出速度的精确匹配，同时进行扭矩动态补偿，并对异常情况做出及时的修正和报警，从而提高了驱动系统的适用性和可靠性。

第44节　盾构机及其控制方法

1. 基本情况

专利号：ZL 2016 1 0770938 .0
授权时间：2019.01.08
专利权人：中国铁建重工集团股份有限公司

2. 基本内容

1）技术领域
本发明涉及隧道施工装备技术领域，尤其是涉及一种盾构机及其控制方法。

2）背景技术
通常盾构机的类型是与地质条件相适应的，对于长距离施工，特别是穿越地质情况变化大的地层，单模式盾构机有很大的局限性。相关技术中，使用的泥水土压双模式盾构机均是采用螺旋输送机及泥浆管路共存的方式，当盾构机在土压模式下工作时，进、排浆管路关闭，采用螺旋输送机排渣，当在泥水模式下工作时,螺旋输送机停止工作,采用排浆管路排渣。特别是当转换成泥水模式施工时,由于螺旋输送机通常布置在盾体底部,这样排浆管路仅能布置在盾体中下方,很难排出开挖仓底部的渣液,而且由于空间布局的限制,无法在底部安装碎石机,对于遇到含有大石块的地层时,甚至无法排渣,影响了施工效率。

3）发明内容

本发明公开了一种盾构机及其控制方法,其中盾构机包括:刀盘、土仓,土仓设在刀盘的后侧;进浆管,进浆管的进浆出口与土仓连通且位于土仓的上部;排浆管,排浆管的排浆进口与土仓连通且位于土仓的下部;螺旋输送机,螺旋输送机的输入端伸入至土仓内以将土仓内的泥土运送至土仓外,输入端位于排浆进口的下方;排浆支管,排浆支管的一端与螺旋输送机的输出端连通,另一端与排浆管连通;皮带机,皮带机的一端位于螺旋输送机的输出端。本发明盾构机,可以避免土仓底部渣土沉积,无法排走,造成滞排的情况。

本发明实施例的盾构机结构如图 5-2-36 所示。

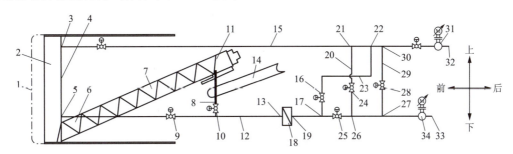

图 5-2-36 本发明实施例的盾构机结构示意图

1-刀盘;2-土仓;3-进浆出口;4-隔板;5-排浆进口;6-螺旋输送机输入端;7-螺旋输送机;8-排浆支管;9-第三排浆控制阀;10-支管控制阀;11-螺旋输送机输出端;12-排浆管;13-采石箱进口端;14-皮带机;15-进浆管;16-第一逆循环控制阀;17-第一逆循环管的另一端;18-采石箱;19-采石箱出口端;20-第二逆循环管;21-第二逆循环管的一端;22-第一逆循环管的一端;23-第一逆循环管;24-第二逆循环控制阀;25-第二排浆控制阀;26-第二逆循环管的另一端;27-旁通道的一端;28-旁通阀;29-旁通道;30-旁通道的另一端;31-进浆泵;32-进浆进口;33-排浆出口;34-排浆泵

第 45 节 用于全断面岩石隧道掘进机的刀盘装置

1. 基本情况

专利号:ZL 2016 1 0780250.0

授权时间:2019.02.19

专利权人:中国铁建重工集团股份有限公司

2. 基本内容

1）技术领域

本发明涉及一种用于全断面岩石隧道掘进机的刀盘装置,该装置包括刀盘以及与刀盘相连接的刀盘冷却系统。

2）背景技术

全断面岩石隧道掘进机（TBM）是利用回转刀具开挖,同时破碎洞内围岩及掘进以形成整个隧道断面的隧道施工机械,主要用于水利水电、铁路公路等山顶隧道。全断面岩石隧道掘进机的掘进开挖地层往往属于岩石坚硬的地层,因此,全断面岩石隧道掘进机的刀盘滚刀容易过热,磨损消耗大,同时粉尘量也很大。尤其是安装在刀盘边缘区域中的滚刀偏载受力,轨迹线长,因此此区域的破碎岩石最多,施工过程温度最高,最容易产生异常的损坏。

特别是在开挖Ⅱ类或Ⅲ类地层时，开挖面的裂隙少，石英含量高。因此，全断面岩石隧道掘进机的刀盘滚刀灌入岩壁比较困难。在这种情况下，边缘滚刀最容易过热损坏，刀圈磨损加剧，同时粉尘产生严重。滚刀过多的异常损耗和刀圈的大量消耗增加了施工成本，同时也增加了换刀时间，影响掘进机的使用效率。

目前，岩石隧道掘进机主要是在刀盘的前部配置一定数量的喷水口，通过一定的压力（例如8～10bar）将水从开有细孔的喷嘴中喷出，形成一道圆锥形水雾。通过刀盘的旋转可将整个水雾扩散至掌子面，从而达到降低刀盘及滚刀的温度且抑制粉尘的作用。

然而，这种方式无法有效地带走刀盘处的热量，尤其是对边缘区域的滚刀的降温效果不佳，同时抑制粉尘的作用也不够明显。因此，在实际应用中通常需要在刀盘的边缘区域增加直接冲刷的水路，才能保证刀盘的边缘区域滚刀不至于过热出现异常损坏。然而，增设这种直接冲刷的水路是相当困难的。这不但是基于考虑成本的原因，更重要的是刀盘边缘区域的结构复杂，空间有限。而且，如果要在刀盘的边缘区域增加直接冲刷的水路，则很容易降低边缘滚刀的设计强度，导致整个刀盘的寿命缩短。

3）发明内容

本发明提供了一种用于全断面岩石隧道掘进机的刀盘装置，包括刀盘和与刀盘连接的刀盘冷却系统。刀盘包括设置在刀盘正面上的喷嘴，刀盘冷却系统包括：冷却液供应源；添加剂供应源；混合单元，用于接收来自冷却液供应源的冷却液和来自添加剂供应源的添加剂，并输出混合流体；设置在混合单元下游的膨胀发泡器，其接收混合流体和来自压缩空气源的压缩空气，从而产生并输出泡沫流体，其中，泡沫流体经喷嘴喷出。这种刀盘装置的刀盘冷却系统结构简单，能够很好地降低刀盘的温度，同时抑制粉尘的产生。

根据本发明用于全断面岩石隧道掘进机的刀盘装置结构如图5-2-37所示。

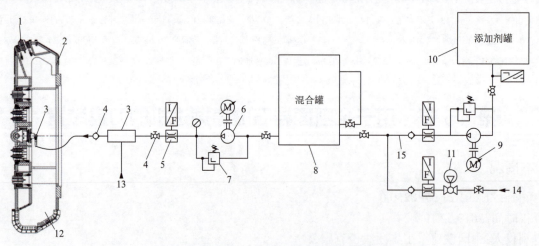

图5-2-37　全断面岩石隧道掘进机的刀盘装置结构框图

1-边缘滚刀；2-刀盘主体；3-膨胀发泡剂；4-球阀；5-流量计；6-增压泵；7-安全阀；8-混合罐；9-添加剂泵；10-添加剂罐；11-阀；12-刀盘；13-压缩空气源；14-冷却液供应源；15-输送管路

第46节　掘进机土压平衡方法以及螺旋输送机控制装置

1. 基本情况

专利号：ZL 2017 1 0684073.0

授权时间：2019.03.26

专利权人：中国铁建重工集团股份有限公司

2. 基本内容

1）技术领域

本发明涉及掘进机技术领域,具体涉及一种掘进机土压平衡方法以及螺旋输送机控制装置。

2）背景技术

现有的土压平衡盾构机在工作过程中,会将盾构千斤顶的推力通过承压隔板传递到土仓内的泥土浆上,从而由泥土浆的压力作用于开挖面,以抵消开挖面处的地下水压和土压,这样也就可以形成平衡从而保证开挖面的稳定。

具体地,现有的土压平衡盾构机所使用的土压平衡方法是通过安装在盾构机土仓隔壁上的土压计来对掘进过程中的土压进行长时监控,随后将检测到的土压值与管理土压值对比来计算得到两者的差值,最后再由盾构机操作人员基于上述差值并根据自身经验手动调节螺旋输送机转速以控制出渣量,从而控制土压来达到土压平衡的效果。

然而,现有的这种土压平衡方法在实施过程中需要依赖于盾构机操作人员的个人经验和感性思维,无法做到对螺旋输送机转速的准确调节,这样也就时常会导致地表下沉、坍塌、隆起或是开裂等问题。

3）发明内容

为解决上述问题,本发明提供了一种掘进机土压平衡方法,该方法包括:

（1）在掘进启动阶段,获取掘进机的开挖直径、掘进速度以及膨胀率,根据掘进机的开挖直径、掘进速度以及膨胀率计算螺旋输送机的第一目标转速。

（2）调节螺旋输送机的实际转速并使得实际转速达到并维持在所述第一目标转速。

（3）在掘进阶段,获取掘进机的实际土仓压力,根据预设土仓压力阈值以及实际土仓压力确定螺旋输送机的闭环调节目标转速,根据闭环调节目标转速和第一目标转速对螺旋输送机的实际转速进行调节,以使得所述实际土仓压力趋近或等于预设土仓压力阈值。

本方法能够更加高效、准确地保持掘进机土仓压力的平衡,从而避免出现诸如地表下沉、坍塌、隆起以及开裂等问题。

第47节 长距离小净距重叠盾构隧道用可移动式轮式台车支撑系统

1. 基本情况

专利号:ZL 2009 1 0219541.2
授权时间:2012.10.03
专利权人:中铁一局集团有限公司

2. 基本内容

1）技术领域

本发明属于长距离小净距重叠盾构隧道施工技术领域,尤其是涉及一种长距离小净距重叠盾构隧道用可移动式轮式台车支撑系统。

2）背景技术

从国内、外的工程实践来看,长距离小净距重叠盾构隧道的工程实例不多,且主要为平行隧道或是短距离小角度重叠交叉隧道工程。重叠盾构隧道施工时,由于先行隧道结构受后行盾构施工的影响,后行隧道盾构施工时盾首前方的先行隧道结构会承受后行盾构隧道施工较大的压力影响,因而会产生一定程度的挠曲;而在盾尾后方的先行隧道会由于后行隧道盾构机通过产生的卸荷影响,产生变形。因此对于重叠隧道施工的相互影响,有必要在先行隧道内进行支撑加固,以减少后行隧道施工产生的不利影响。

目前,对于平行盾构隧道或是短距离小角度重叠交叉隧道工程,当后行隧道盾构施工时,先行或已建成的隧道内的支撑体系主要是采取十字支撑体系,该支撑体系的思想主要是用钢支撑对先行隧道进行加固,帮助管片承受外部的压力,以控制管片的变形及滑动。上述十字支撑体系主要由钢环、十字钢支撑及4根纵向工字钢组成。钢环和十字钢支撑位于管片环缝处,纵向钢支撑分别在隧道的16点位、4点位、8点位和12点位沿隧道纵向布置,钢环、十字钢支撑和纵向工字钢之间均采用螺栓连接,形成整体支撑体系。

实际使用过程中,十字钢支撑体系的优点是结构简单且功能明确,该支撑体系的思想主要是用钢支撑对先行隧道进行加固,帮助管片承受外部的压力,控制管片的变形及滑动,但对于长距离小间距重叠盾构隧道支撑,十字钢支撑体系的安装和倒运工作非常困难。综上,长距离小间距重叠盾构隧道施工过程中,如何实现先行隧道内连续不间断的支撑是问题关键所在。目前对于长距离小间距重叠盾构隧道,由于后行隧道施工对先行隧道内的管片产生较大的压力以及盾构机通过后卸荷的影响,先行隧道结构内力会产生突变现象,因此有必要在先行隧道内进行支撑加固,且随着后行隧道盾构机的连续施工,在先行隧道内实现连续不间断的支撑是问题的关键所在。

3)发明内容

本发明所要解决的技术问题在于针对上述现有技术中的不足,提供一种长距离小净距重叠盾构隧道用可移动式轮式台车支撑系统,其结构合理、安装布设方便且使用操作简便、使用效果好、实用价值高,在连续不间断支撑的同时,克服了现有十字钢支撑体系所存在的安装和倒运工作非常困难等难题,大大提高了支撑效率。

为解决上述技术问题,本发明采用的技术方案是:一种长距离小净距重叠盾构隧道用可移动式轮式台车支撑系统,其特征在于:包括能在已施工完成盾构隧道内所铺设钢轨上来回移动的一组或多组结构相同的轮式支撑台车,多组轮式支撑台车中相邻两组轮式支撑台车间通过连接杠进行连接且所述多组轮式支撑台车通过连接杠组装为一体;轮式支撑台车包括车架、安装在车架底部且能在钢轨上来回移动的多个行走机构和横向均匀布设在车架上且能同时对已施工完成盾构隧道进行稳固支撑的多道支撑机构,支撑机构包括以已施工完成盾构隧道的竖向中轴线为中心线对称布设在车架上的多个轮式支撑机构以及相应分别布设在多个轮式支撑机构和车架间的多个支撑用顶推装置,多个轮式支撑机构沿圆周方向布设在已施工完成盾构隧道内部且均与已施工完成盾构隧道内壁所铺装的圆环形混凝土管片相接触。

第48节 一种隧道施工用盾构机换刀施工方法

1. 基本情况

专利号:ZL 2010 1 0554969.5
授权时间:2013.03.13
专利权人:中铁一局集团城市轨道交通工程有限公司,中铁一局集团有限公司

2. 基本内容

1)技术领域

本发明涉及隧道盾构施工技术领域,尤其是涉及一种隧道施工用盾构机换刀施工方法。

2)背景技术

盾构机在隧道掘进过程中通过刀具进行泥土切削和岩石破碎,并且盾构机长距离掘进后(尤其是硬岩地层或软硬不均地层)需要进行刀具更换,但如果盾构机停机位置地层较为松散、掌子面土体自稳能力差、刀盘正上方存在建(构)筑物等情况,盾构机则无法采用目前国内常用的几种方式进行换刀。

目前,国内盾构机所采用的换刀方式主要有以下四种:

(1)地层自稳能力好时,自然条件下的常压换刀。

(2)地层保气能力好时,自然条件下的气压换刀。

(3)地层自稳能力差,但有地面加固条件时,地层加固条件下的常压换刀。

(4)地层保气能力差,但有地面加固条件时,地层加固条件下的气压换刀。

以上四种换刀技术都是基于相应的前提条件,但若以上四种换刀方式的前提条件都不能满足时,则无法对盾构机刀具进行更换。

3)发明内容

本发明公开了一种隧道施工用盾构机换刀施工方法,包括以下步骤:

(1)土仓置换填充,采用螺旋出土机和与螺旋出土机同步工作的注浆系统进行土仓置换填充。

(2)机内超前注浆,自盾构机内部由内至外将多根注浆管分别通过多个超前地质探孔打进盾构机上部的土体中,再采用注浆设备且通过多根注浆管同步向盾构机上部土体内注入水泥浆直至不能再注入为止。

(3)清仓及同步换刀,对凝固在土仓内的水泥砂浆块进行人工清理,清理过程中同步对安装在盾构机上的刀具进行更换。

(4)盾构机脱困及恢复掘进。

本发明设计合理、操作简便、成本低且安全系数高、使用效果好,能解决换刀条件较为恶劣条件下,现有换刀方式无法进行换刀的实际问题。

本发明进行盾构机内超前注浆时的状态参考图如图5-2-38所示。

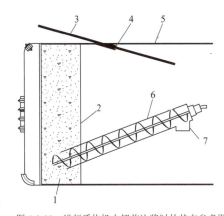

图5-2-38 进行盾构机内超前注浆时的状态参考图

1-水泥砂浆;2-土仓;3-注浆管;4-超前地质探孔;5-盾构机;6-螺旋出土机;7-螺旋出土口

第49节 黄土地层地铁隧道土压平衡盾构施工方法

1. 基本情况

专利号:ZL 2012 1 0286521.9

授权时间:2014.08.06

专利权人:中铁一局集团城市轨道交通工程有限公司,中铁一局集团有限公司

2. 基本内容

1)技术领域

本发明涉及一种地铁盾构施工方法,尤其是涉及一种黄土地层地铁隧道土压平衡盾构施工方法。

2)背景技术

土压平衡盾构机是利用安装在盾构机最前面的全断面切削刀盘,将正面土体切削下来进入刀盘后面的土仓内,并使仓内具有适当压力与开挖面水土压力平衡,以减少盾构推进对地层土体的扰动,从而控制地表沉降,在出土时由安装在土仓下部的螺旋输送机向排土口连续地排出土渣。螺旋输送机靠转速控制来掌握出土量,出土量要密切配合刀盘切削速度,以保持土仓内始终充满泥土而又不致过于饱满。这种盾构机避免了局部气压盾构机的主要缺点,也省略了泥水加压盾构机投资较大的控制系统、泥水输送系统和泥水处理等设备。

在陕西、山西等黄体地质条件下进行地铁隧道施工时,主要存在以下技术问题:

(1) 黄土地层种类多，各类黄土性能差异较大，盾构选型的适应性较难把握。
(2) 在各类黄土中掘进模式的选择、掘进参数的设定及添加材料的选择、添加量的确定较难。
(3) 盾构施工致使黄土地层变形的特点较难把握，尤其是湿陷性黄土在盾构施工工况下的反映及对地面沉降的变形规律及影响。

3）发明内容

为解决上述技术问题，本发明提供了一种黄土地层地铁隧道土压平衡盾构施工方法，包括以下步骤：

(1) 采用土压平衡盾构机进行掘进施工，掘进速度不大于10cm/min，总推力不大于15000kN，土仓内部压力维持在1～2bar；刀盘为辐条面板型，刀盘开口率为40%～70%，且刀盘转速不大于1.5r/min；同步注浆浆液由水泥、粉煤灰、细砂、膨润土和水均匀混配而成，且采用水泥浆和水玻璃的双液浆进行二次注浆。

(2) 盾构掘进施工完成一环后进行盾构管片拼装施工；不断循环，直至完成所施工地铁隧道工程。

本发明施工方法步骤简单、操作简易、施工速度快且施工质量高，对环境干扰小，施工安全性高，能有效保证黄土地层地铁隧道的顺利施工。

第50节 盾构压气作业用掌子面护壁泥膜施工工艺

1. 基本情况

专利号：ZL 2013 1 0753737.6
授权时间：2015.08.19
专利权人：中铁一局集团城市轨道交通工程有限公司，中铁一局集团有限公司

2. 基本内容

1）技术领域

本发明涉及隧道盾构施工技术领域，尤其是涉及一种盾构压气作业用掌子面护壁泥膜施工工艺。

2）背景技术

目前，国内盾构机在掘进过程中所采用的换刀方式主要有常压换刀和气压换刀两种类型，其中常压换刀又分为预处理常压换刀和注浆常压换刀。气压换刀是指利用盾构机自带的空压机和辅助压气设备，对土体进行加气压，并将土仓内的水、土用空气进行置换，用气压代替原来的水土压力，建立土仓内气压与仓外水土压力的平衡，然后人员进入土仓内进行作业；但气压换刀的条件是土体密封不漏气，此方法无法在松散土体中进行。预处理常压换刀是提前确定换刀地点，在地面预先采用三轴搅拌桩、旋喷桩等土体加固措施提前对土体进行加固，增强土体的自稳性，然后盾构机刀盘进入加固区后，进行常压开仓换刀；预处理常压换刀施工工艺简单，工期短，加固效果好，但是对地面场地要求高，征地及修复困难。注浆常压换刀是指通过刀盘注浆孔，向土仓内注入水泥浆，使用水泥浆置换原状土，辅助盾构机超前注浆，利用注浆体形成帷幕，并增强土体的自稳性，然后进入土仓进行常压清仓及常压换刀作业；注浆常压换刀成本低，受地面建筑物影响小，但对施工工艺控制较强，盾构机容易被回填材料包裹，盾构脱困风险大。

但在盾构机停机位置地层较为松散、掌子面土体自稳能力差、刀盘正上方存在建（构）筑物等条件下，盾构机则无法采用目前国内常用的几种方式进行换刀。例如，在华南地区的复合地层中微风化地层及上软下硬地层岩石的强度很高（高达160MPa），目前国内使用的盾构机刀具最大破岩能力为102MPa，这就意味着在微风化地层及局部上软下硬地层中掘进施工时必须进行换刀，而在上软下硬地层中换刀时最佳的换刀方法为气压换刀，但在盾构掘进过程中气压换刀位置的地层不密实、空隙较大、漏气且不保压，则不具备常规气压换刀条件，并且不具备预处理常压换刀的场地条件，而在上软下硬地层注浆常压换

刀存在较大风险。

3) 发明内容

本发明公开了一种盾构气压作业用掌子面护壁泥膜施工工艺，包括以下步骤：

(1) 施工准备，将注浆系统通过注浆管路与多个注浆孔相接，多个注浆孔沿圆周方向布设在盾构机土仓的中上部外侧壁上。

(2) 洗仓，采用螺旋输送机和注浆系统对盾构机的土仓进行洗仓。

(3) 分级加压，通过注浆系统对土仓内进行分级加压，过程如下：第一次加压、第二次加压、第三次加压和第四次加压。

(4) 气体置换，关闭注浆系统，用空气置换土仓内的膨润土泥浆。

本发明设计合理、操作简便、投入成本低且安全系数高、使用效果好，能解决在盾构机停机位置地层较为松散、掌子面土体自稳能力差等换刀条件较为恶劣的情况下，现有常用换刀方式无法进行换刀的实际问题。

第 51 节　一种降低地铁盾构隧道洞门施工风险的方法

1. 基本情况

专利号：ZL 2015 1 0290078.6

授权时间：2017.03.15

专利权人：中铁一局集团有限公司

2. 基本内容

1) 技术领域

本发明涉及地铁盾构隧道施工技术领域，尤其是涉及一种降低地铁盾构隧道洞门施工风险的方法。

2) 背景技术

盾构隧道施工完成后需要拆除洞门环，进行后期洞门结构施工。设计一般要求洞门嵌入长度 L 需满足：$400mm \leqslant L \leqslant 800mm$，洞门嵌入长度为洞门端墙结构内侧到盾构隧道始发洞门管片环或到达洞门管片环之间的长度。但是实际盾构施工时，由于掘进过程中推力不同、隧道长度各异等多种因素，往往不能保证洞门环嵌入长度恰好在设计允许范围之内，给盾构隧道洞门施工与洞门环拆除过程增加了很大的施工风险，相应存在以下几方面缺陷和不足：

(1) 洞门环嵌入长度过短或者过长，需要凿除洞门环，与直接拔除洞门环相比，费用大大增加。

(2) 地层允许时，洞门环嵌入长度超过 800mm，考虑拔除，但是由于拔除长度较大，对洞门位置处注浆加固及止水的要求极高，一旦加固及止水效果不好，就会存在较大的安全风险。

(3) 地层不允许时，如盾构隧道端头是砂层、地下水丰富、止水困难等情况，出于无奈，只能与设计方沟通变更为外凸式洞门，一方面不美观，另一方面也增加了沟通与设计变更方面的额外费用。

3) 发明内容

针对上述现有技术中的不足，本发明提供了一种降低地铁盾构隧道洞门施工风险的方法。施工的地铁盾构隧道分为始发掘进阶段、主体掘进段和接收洞门掘进阶段。主体掘进段内位于最前侧的一个管片环为前端管片环。对地铁盾构隧道进行施工时，包括以下步骤：

(1) 盾构掘进及管片拼装衬砌施工。

(2) 接收洞门掘进段长度确定：前端管片环拼装之前，对接收洞门掘进段的长度 L 进行测量。

(3) 接收洞门掘进段长度调整判断。

(4) 接收洞门掘进段长度调整，通过长度调整环对接收洞门掘进段长度进行调整。

(5) 接收洞门管片环拼装施工。

(6)洞门施工。

本发明方法步骤简单、设计合理且投入成本较低、使用效果好,通过预先加工的长度调整环将洞门环嵌入长度控制在设计允许范围内。

第52节 一种泥水盾构始发洞门密封装置

1. 基本情况

专利号:ZL 2017 1 0457659.3
授权时间:2019.04.23
专利权人:中建市政工程有限公司,中国建筑一局(集团)有限公司,中国建筑股份有限公司

2. 基本内容

1)技术领域

本发明涉及一种泥水盾构始发洞门密封装置。

2)背景技术

盾构机在始发过程中,泥水会从洞门圈与盾构机壳体形成环形的建筑空隙大量涌入盾构机工作井内,影响盾构开挖面土腔体压力、开挖面土体的稳定及盾构机内的正常施工。因此,必须在盾构始发前在洞门圈处设置性能良好的洞门密封装置。

目前,常用的洞门密封装置为两道防水橡胶帘布板。当盾构始发逐渐穿越洞门时,折页板会搭接在盾构机外壳上,橡胶帘布板沿着盾构机壳体前进方向向隧道内翻转,阻止地层中的泥水涌入工作井内。橡胶帘布板本身抗压能力不高、易变形,在地层中高压水头和外界通过注浆孔注入的水泥浆作用下会向始发井方向移动并挤压折页板,折页板借助盾构机外壳壳体的反力支撑橡胶帘布板,形成一道防水体系。随着盾构机的不断掘进,当盾构机盾尾部分脱出洞门后,由管片为折页板提供反力作用。

这种防水体系的缺点为:

(1)密封性不理想,虽然橡胶帘布板整体性较强,但由于盾构机外壳表面并不是绝对平整,搭接在盾构机外壳上的橡胶帘布板不能与盾构机外壳形成无缝接缝,会存在微小的缝隙,地下水流和水泥浆会通过缝隙流出到洞门密封仓内,进而对密封舱内注入的油脂造成污染。

(2)通过油脂孔注入密封油脂的过程中,油质会通过橡胶帘布板与盾构机外壳之间的缝隙挤出,为施工带来诸多不便。

(3)需在整个洞门密封腔体内注入密封油脂,而密封油脂造价昂贵、成本高。

3)发明内容

为此,本发明提供了一种泥水盾构始发洞门密封装置。该装置包括密封器体、连接耳、橡胶密封活塞、压紧螺栓、压紧弹簧和压簧片,连接耳位于密封器体的侧面和下面,连接耳通过紧固螺栓将密封器体固定在建筑洞门圈的预埋钢环上,密封器体的下部内及下端开口外设有橡胶密封活塞,橡胶密封活塞的下端面上纵向设有呈间隔距离分布的三道底面密封凸环,相邻的底面密封凸环与橡胶密封活塞底面之间的空间形成惰性浆液密封腔。本洞门密封装置包括起支撑和密封作用的高密度海绵体,或起支撑和密封作用的高密度海绵体和起密封作用的储惰性海绵体。本发明具有结构简单、设计合理、密封性好、安装方便、方法简单实用和使用效果好的优点。

本发明的结构如图5-2-39所示。

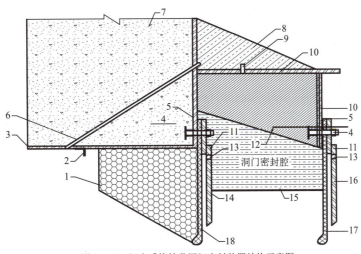

图 5-2-39 泥水盾构始发洞门密封装置结构示意图

1- 高密度海绵体;2- 限位角钢;3- 预埋钢环;4- 双头螺栓;5- 圆弧压板;6- 注浆孔;7- 建筑洞门圈;8- 加强板;9- 惰性浆液注浆孔;10- 密封器体;11- 连板轴;12- 两侧面板;13- 定向轴;14- 第二折页板;15- 储惰性海绵体;16- 第一折页板;17- 第一道橡胶帘布板;18- 第二道橡胶帘布板

第53节 江底溶洞省料封闭可循环静压注浆系统及施工方法

1. 基本情况

专利号:ZL 2017 1 1317826.0
授权时间:2019.04.19
专利权人:中建市政工程有限公司,中国建筑一局(集团)有限公司,中国建筑股份有限公司

2. 基本内容

1)技术领域

本发明属于一种江底溶洞省料封闭可循环静压注浆系统及施工方法。

2)背景技术

溶洞是隧道工程施工经常遇见的地下岩溶形态,按照洞内充填物的状态和形式,溶洞可分为充填型和非充填型两种。非充填型溶洞基本没有地下水与太多的沉积物,溶洞壁通常裸露;充填型溶洞是指溶洞整个洞体大部分被碎屑沉积物、化学沉积物或地下水充满。盾构施工在遇溶洞区域(其内含众多个溶洞空腔)时,尤其是溶洞在盾构施工线上时,盾构机械极易出现"栽头"、陷落、涌水、突泥、河床塌陷等事故。

为确保盾构机安全、顺利地通过溶洞区,需对侵入隧道主线1.5倍洞径范围内的众多个溶洞空腔用水泥浆进行填充加固处理,以减小不同地层之间的差异沉降,减少管片渗漏,保证盾构隧道施工期和运营期的安全。传统的溶洞空腔封填技术采用钢套管护孔,孔内穿插一个注浆管的方法,基本上如同浇筑水下混凝土技术,注浆管需要埋入所注浆液内一定深度,随着注浆深度而间歇性向上提拔注浆管,最终用快干混凝土将溶洞封填。但此技术存在诸多弊端,由于孔壁地层砂砾层过厚造成塌孔现象,导致注浆管极难拔出或者压力不均衡造成溶洞底边界漏浆。尤其是其洞口紧邻隧道主线1.5倍洞径范围内与作业面溶洞空腔相通的超大型溶洞,用快干混凝土溶洞封填技术封填该超大型溶洞,不仅会消耗大量的注浆液,使填充成本大幅度增加,而且还往往难以达到溶洞封填的目的,造成溶洞封填失败,隧道主线改线,损失严重。

3）发明内容

本发明属于一种江底溶洞省料封闭可循环静压注浆系统及施工方法,系统包括水上作业平台、循环过滤装置、可循环静压注浆装置和封相邻溶洞口装置。

水上作业平台:由呈间隔距离并排设置的第一号船和第二号船所组成,第一号船和第二号船的前后部船面上由两个桁架固定为一体。呈间隔距离分布的数根钢枕木的两端搭固在两个桁架之间的两个船体船面上,每个船体的钢枕木上设有供钻孔钻机在其上运行的滑轨。两滑轨之间的两船体下端为钻孔区,船体的外侧设有锚环,船体船面上设有发电区、材料区、循环过滤装置和泵站区。

循环过滤装置:用于将抽出的溶洞空腔内的残渣泥水进行快速过滤澄清处理,使澄清水循环利用。循环过滤装置由滤渣桶、第一过滤箱和第二过滤箱所构成。滤渣桶的上部由上至下依次设有向一侧斜置的第一、第二、第三和第四滤渣网。注浆回泥管的出泥水口位于第一滤渣网的上端。各滤渣网底端的滤渣桶上设有滤渣出口。承接各滤渣网残渣的渣桶位于滤渣出口下端。滤渣桶的下端通过第一导管和抽水泵与第一过滤箱上端相通。第一过滤箱内由上至下依次设有纤维层、粗砂层和砂层,第一过滤箱的下端通过第二导管与第二过滤箱上端相通。第二过滤箱内设有细砂层,第二过滤箱的下端相通集水箱。

可循环静压注浆装置:用钢套管对钻孔钻机钻的孔进行护孔。钢套管内设有三根塑料管。两根为 $\phi25mm\times3.5mm$ 细塑料管,分别为注浆管和注封孔液管;一根为 $\phi50mm\times3.5mm$ 粗塑料管,为注浆回泥管。注浆回泥管的底端口封闭,注浆回泥管的底部呈间隔距离开设众多个 $\phi5mm$ 的小孔,且小孔外设有封闭胶带。注浆回泥管的底部位于溶洞空腔底部。注浆管插入注浆回泥管内且其一端位于注浆回泥管的内底部,另一端与注浆机出浆口相通。用于孔口封孔的注封孔液管的一端位于溶洞口上方 1m 位置处,注封孔液管的另一端相通双液注浆机。

封相邻溶洞口装置:由一根充介质塑料管和一膨胀囊所组成。充介质塑料管的一端与充介质机相通,充介质塑料管的另一端位于密封的膨胀囊内且穿入位于相邻溶洞口上方的钢套管内,并携带膨胀囊伸至相邻溶洞口处。

方法包括先用封相邻溶洞口装置对相邻溶洞口进行封闭,再用可循环静压注浆装置对溶洞空腔进行水泥浆封填,对溶洞空腔内的泥水经循环过滤装置处理后再利用。本发明能有效地对江底溶洞进行省料封填,解决传统工艺容易漏浆、堵管、塌孔等问题,具有方法简便实用,施工风险低,成本低,节约工期,泥水回收就地循环利用,少污染和使用效果好的优点。

本发明的循环过滤装置结构如图 5-2-40 所示。

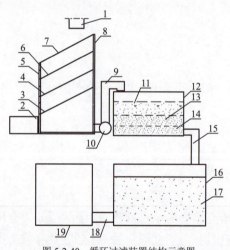

图 5-2-40 循环过滤装置结构示意图

1- 出泥水口;2- 渣桶;3- 第四滤渣网;4- 第三滤渣网;5- 滤渣出口;6- 第二滤渣网;7- 第一滤渣网;8- 滤渣桶;9- 第一导管;10- 抽水泵;11- 纤维层;12- 第一过滤箱;13- 粗砂层;14- 砂层;15- 第二导管;16- 第二过滤箱;17- 细砂层;18- 连通管;19- 集水箱

第 54 节　用于盾构施工的电瓶车轨枕

1. 基本情况

专利号:ZL 2016 1 0671342.5
授权时间:2018.07.06
专利权人:中建隧道建设有限公司

2. 基本内容

1）技术领域

本发明专利涉及地下施工领域，尤其涉及一种用于盾构施工的电瓶车轨枕。

2）背景技术

盾构施工洞内运输牵引设备普遍采用电瓶车，其运行速度一般在 5～10km/h。

电瓶车轨枕一般使用 U 型轨枕或带凹槽的槽钢轨枕。U 型轨枕采用螺栓固定轨道压板的形式，结构稳定，安全性较好。但其钢材使用量高，且轨道的安装一般包括以下五个步骤：安放轨道，安放第一压板，安装螺栓以紧固第一压板，安放第二压板，安装螺栓以紧固第二压板。其安装拆卸过程烦琐，且螺栓生锈后拆卸极为困难，施工成本较高。

带凹槽的槽钢轨枕通过在槽钢上制作简易凹槽对轨道进行横向定位，结构简单，安装方便，经济性好。但槽钢直接切割后易变形，周转利用率低，底部没有保护管片设计，且凹槽开口未设置有竖直定位约束结构，电瓶车运行时存在极大的安全隐患。"应用于盾构法隧道施工的电机车轨枕"公开了一种应用于盾构隧道施工的电机车轨枕，采用主槽钢与两个端槽钢相配合的结构形成带凹槽的槽钢轨枕，但其仍存在凹槽开口未设置竖直定位约束结构导致运行安全隐患大、槽口容易变形导致维护性差的缺陷。

针对传统轨枕在工程应用过程中出现的技术问题，亟须设计一种满足盾构施工工况需求的新型电瓶车轨枕。

3）发明内容

本发明提供了一种用于盾构施工的电瓶车轨枕，包括用于支撑轨道的轨枕主体，轨枕主体的两侧各设有一用于定位轨道的定位机构，各定位机构包括位于轨道外侧用于对轨道进行横向定位的定位压板及相对于定位压板设置且位于轨道内侧的用于对轨道的内侧底部从高度方向进行纵向限位的弹性定位件。其实现了电瓶车轨枕沿横向及竖直方向的双向约束定位，提高了轨枕定位的可靠性及电瓶车运行的安全性。此外，本实施例电瓶车轨枕采用定位压板与弹性定位件结合的定位组合件，其安装拆卸便利，组装效率高，便于盾构施工领域的周转使用，具有广泛的推广应用前景。

本发明实施例用于盾构施工的电瓶车轨枕结构如图 5-2-41 所示。

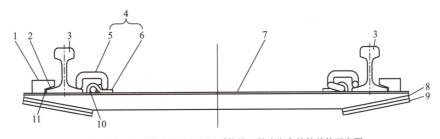

图 5-2-41　本发明实施例用于盾构施工的电瓶车轨枕结构示意图

1-定位压板；2-定位区域；3-轨道；4-弹性定位件；5-弹性扣件；6-弹条压板；7-轨枕主体；8-底板；9-衬垫；10-安装孔；11-富余间隙

第 55 节　在含有糜棱岩复合地层中减小盾构机刀具损坏的施工方法

1. 基本情况

专利号：ZL 2015 1 0727549.5

授权时间：2017.09.29

专利权人：中铁十六局集团北京轨道交通工程建设有限公司，中铁十六局集团有限公司，上海交通大学

2. 基本内容

1) 技术领域

本发明涉及一种盾构隧道技术领域中的技术方法，尤其涉及一种在含有糜棱岩复合地层中减小盾构机刀具损坏的施工方法。

2) 背景技术

随着城市地铁建设的快速发展，盾构隧道技术得到日益广泛的应用，同时也不断遇到新的技术挑战。如在广州、深圳等地，盾构隧道在强风化地层掘进过程中常碰到由微风化或中风化地层侵入形成上软下硬复合地层的情况。盾构机在强风化地层中掘进时一般掘进速度较快，刀盘转速较高。当盾构机刚进入到复合地层时，这种掌子面内地层的变化会对处于快速转动的刀盘上的刀具施加巨大的冲击荷载，极易造成刀具的瞬间崩坏；当盾构机在复合地层掘进时，由于掌子面内存在多种地层，使得刀盘合理转速的确定存在一定难度，存在刀具过快损坏的风险。刀具作为盾构掘进的最终执行部件，刀具的使用寿命将直接关系到盾构机的掘进效率。因此，有必要针对复合地层，提出一种减小盾构机刀具损坏的施工方法。

经对现有技术文献检索发现，"应用于盾构机在隧道掘进过程中减少滚刀异常损坏的方法"专利提出通过调整刀盘推力来减少盾构机在砂土地层掘进中的滚刀异常损坏。然而，调整刀盘推力主要解决了刀具过载的问题，在复合地层中，高频率的地层变化，使得刀具受到持续、较大的冲击荷载是造成刀具断裂和过快磨损的主要原因，而调整刀盘的推力并不能有效减少这种冲击荷载，无法降低刀具断裂和过快磨损的风险。事实上，在复合地层中掘进时，刀具受到过大的冲击荷载主要由不合理的刀盘转速引起。因此，急需提出一种根据复合地层的特点确定合理刀盘转速的盾构隧道施工方法。

3) 发明内容

针对现有技术中的缺陷，本发明提供了一种在含有糜棱岩复合地层中减小盾构机刀具损坏的施工方法，包括如下步骤：

（1）根据盾构掘进路线和地层分布情况，确定盾构机在某单一地层中掘进时的刀盘合理转速及通过复合地层时掌子面范围内较硬地层所占面积与掌子面面积之比的最大值。

（2）确定盾构机在通过上软下硬地层时的刀盘设计转速。

（3）根据地层分布情况计算平均刀盘扭矩，判断是否已经进入复合地层，从而调整刀盘转速。本发明方法技术简单，操作容易，能有效减少上软下硬地层造成的刀具损坏，显著延长刀具的使用期限，极大地提高了施工效率和经济效益。

第 56 节　一种富水围岩中土压平衡盾构施工突涌防治装置及方法

1. 基本情况

专利号：ZL 2016 1 0805301.0

授权时间：2018.11.06

专利权人：中铁十六局集团北京轨道交通工程建设有限公司，中铁十六局集团有限公司，上海交通大学

2. 基本内容

1) 技术领域

本发明涉及一种盾构隧道技术领域，尤其涉及一种富水围岩中土压平衡盾构施工突涌防治装置及方法。

2) 背景技术

在富水围岩地层中使用土压平衡盾构施工时，土仓内含水量过高，土压难以控制，出渣时易出现突

涌现象，存在安全隐患；渣土与水混合，流动性增强，在皮带机运送渣土时易引发漏泥掉泥现象，需要人工对隧道漏泥进行清理，耗时费力；由于渣土流动性较高，出渣效果差、效率低，影响施工速率与进度。因此，改进出土方式，对泥浆单独进行输送，对于维持土仓内水土平衡及提高运渣效率很有必要。

经对现有技术文献的检索发现，"一种利用土压平衡盾构机渣土保压泵送装置的施工方法"专利自述为"一种利用土压平衡盾构机渣土保压泵送装置的施工方法，通过在土压平衡盾构掘进到透水性强或沉降控制要求高的地层之前，将其出土口与保压泵送装置连接，同时在泵送过程中向土仓内添加用于防治喷涌现象发生的膨润土或泡沫等进行渣土改良，可通过对泵送装置流量的控制，有效控制土压平衡盾构机土仓内压力，避免喷涌或沉降控制不佳等状况发生，使土压平衡盾构机可兼具土压盾构和泥水盾构的功能。"上述专利中所述渣土保压泵送装置在使用过程中需使土压平衡盾构机停止掘进，影响施工效率，同时还需要关闭出土口，拆除皮带机，固定机架，安装保压泵送装置，并安装破碎机及排渣管，拆除和安装机械过多，施工工序复杂，拆装工作在隧道内进行，工作空间不足。破碎机对岩石进行二次破碎，增加了渣土处理的时间，耗时耗能。因此，上述专利存在成本较高，施工效率低和安全隐患等缺点。

3）发明内容

针对现有技术中的缺陷，本发明提供一种富水围岩中土压平衡盾构施工突涌防治装置及方法，包括过滤系统、高压喷射系统、阀门系统以及泥浆泵送系统，其中过滤系统安装于土压平衡盾构机土仓隔板内壁，并位于螺旋输送机的正上方。高压喷射系统分布于过滤系统边缘；阀门系统安装于土压平衡盾构机土仓隔板上、过滤系统的后侧，并与过滤系统相连；泥浆泵送系统位于螺旋输送机上侧、阀门系统后侧，与阀门系统连接；高压喷射系统以及泥浆泵送系统均设有设备架以保证正常工作，所述方法基于所述装置。运用本发明可防止土压平衡盾构机突涌现象，保持开挖面土压平衡，防止土压失衡，保障盾构推进安全，提高土压平衡盾构机在富水围岩中的施工效率及可靠性。

本发明实施例防突涌装置立面装配图如图5-2-42所示，本发明实施例防突涌装置细节装配图如图5-2-43所示。

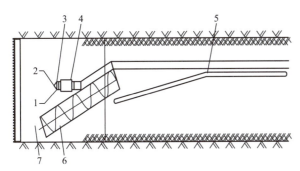

图5-2-42 本发明实施例土压平衡盾构机防突涌装置立面装配图

1-阀门系统；2-过滤系统；3-高压喷射系统；4-泥浆泵送系统；5-皮带机；6-螺旋输送机；7-土仓

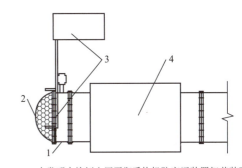

图5-2-43 本发明实施例土压平衡盾构机防突涌装置细节装配图

1-阀门系统；2-过滤系统；3-高压喷射系统；4-泥浆泵送系统

第57节 一种盾构机的加泥、泡沫系统

1. 基本情况

专利号：ZL 2013 1 0361694.7

授权时间：2016.01.06

专利权人：中交天和机械设备制造有限公司

2. 基本内容

1）技术领域

本发明涉及盾构机，特别涉及一种盾构机的加泥、泡沫系统。

2）背景技术

现有盾构机的加泥、泡沫系统，如"泡沫管路系统"专利，其缺少将原液与水充分混合的装置，导致泡沫直径不可控，不能产生大小均匀、性能稳定的泡沫流体，会导致滚刀的磨损，影响盾构机的使用寿命，并且空气供给与控制装置不够完善，容易导致空气流动阻力大、能耗高，并且混合液有可能进入空气管路，造成空压机的损坏。

3）发明内容

本发明提供一种泡沫大小均匀、安全性能高的盾构机加泥、泡沫系统，其用于将泥、泡沫送至连接于刀盘上的注入管中，再从注入管送入注入口中，它包括加泥部以及加泡沫部。本发明在混合液进入泡沫发生装置前先对混合液进行充分混合，使其混合均匀，使泡沫发生装置中产生的泡沫大小均匀，泡沫流体性能稳定，能有效降低滚刀的磨损，延长盾构机的使用寿命。

本发明的一种盾构机的加泥、泡沫系统结构如图 5-2-44 所示。

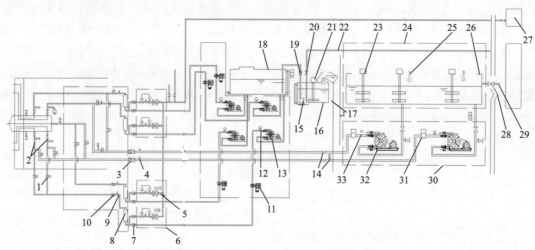

图 5-2-44　本发明的一种盾构机的加泥、泡沫系统结构图

1- 气动阀；2- 泡沫发生装置组；3- 止回阀；4- 压力传感器；5- 空气流动控制组件；6- 空气流动控制组；7- 止回阀；8- 泡沫发生器；9- 泡沫压力传感器；10- 止回阀；11- 压力测量开关；12- 泡沫电磁流量表；13- 泡沫注入泵；14- 阀门；15- 泡沫传送泵；16- 原液箱体；17- 原液箱；18- 空气压缩机；19- 止回阀；20- 进水阀；21- 泡沫混合器；22- 进水管；23- 搅拌器；24- 加泥搅拌罐；25- 液位传感器；26- 罐体；27- 空气压缩机；28- 泡沫注入组；29- 泥浆输入管；30- 加泥注入泵组；31- 电磁流量计；32- 加泥注入泵；33- 压力测量开关

第 58 节　带有人舱的小型全断面隧道掘进机

1. 基本情况

专利号：ZL 2015 1 0963907.2
授权时间：2019.02.26
专利权人：中交天和机械设备制造有限公司

2. 基本内容

1）技术领域

本发明涉及一种带有人舱的小型全断面隧道掘进机。

2）背景技术

现有的开挖直径 6m 以上的盾构隧道掘进机通常会在盾体内设置人舱，用于作业人员进入土仓或泥水仓进行换刀、维修或其他作业，由于施工时的泥水仓或土仓内压力大于正常大气压，所以在作业时人可以先进入人舱逐渐加压，再进入泥水仓或土仓内作业，作业完毕后同样先进入人舱逐渐减压到正常大气压，再出舱。小型全断面隧道掘进机，是指开挖直径小于 4m 的专用隧道挖掘工程机械，其因内部空间较小而不配备人舱。因此，现有的小型全断面隧道掘进机不能直接在隧道内进行换刀、刀盘维修或其他作业，施工安全性和可靠性较低。

3）发明内容

为了解决上述问题，本发明公开了一种带有人舱的小型全断面隧道掘进机，它包括盾体外壳、位于盾体外壳前端的刀盘、驱动刀盘旋转进行挖掘的主驱动、位于盾体外壳内部并与刀盘相连接的中心回转接头、位于盾体外壳内部的螺旋输送机。主驱动沿盾体外壳的内壁轴向设置并与盾体外壳的内壁之间密封连接，在刀盘后侧，由前向后依次设置有隔舱板和后舱板，隔舱板和后舱板以及盾体外壳共同形成一封闭空间，该封闭空间即为人舱，隔舱板上具有可开关的前舱门，后舱板上具有可开关的后舱门。本发明实现了小型全断面隧道掘进机的换刀作业、刀盘维修和其他作业，提高了施工的安全性和可靠性。

本发明带有人舱的小型全断面隧道掘进机结构如图 5-2-45 所示。

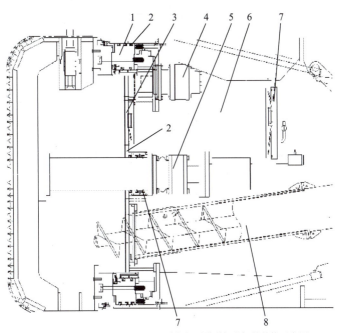

图 5-2-45　本发明带有人舱的小型全断面隧道掘进机的结构示意图

1- 主驱动密封环；2- 唇形密封；3- 前舱门；4- 驱动单元；5- 中心回转接头；6- 人舱；7- 后舱门；8- 螺旋输送机

第 59 节　盾构机用克泥效及工法

1. 基本情况

专利号：ZL 2014 1 0428152.1
授权时间：2017.01.25
专利权人：阳铁机械（杭州）有限公司

2. 基本内容

1）技术领域

本发明涉及一种既无毒环保，又且可用于盾构机上的注浆设备或者进行些许改造设备的盾构机用克泥效及工法，主要用于隧道工程用外周充填材料，属填充材料制造领域。

2）背景技术

目前在隧道工程中若是遭遇地层沉降、空洞抑或是软弱地层、土壤自律性较差的环境，为了工程的顺利及安全，通常会采取地盘改良的手段，如地面上使用CCP、JSG、CJG等高压灌浆工法，或者是向盾首注入水泥浆等措施。其不足之处：上述方法不仅花费了额外大量的人力物力，而且还有可能造成浆体注入过量等失误，进而导致刀具的磨损，这对施工方来说，会造成工期及预算上的很大负担。

3）发明内容

为了实现上述目的，本发明采用合成钙基黏土矿物、纤维素衍生剂、胶体稳定剂和分散剂构成克泥效，并且克泥效材料与一定比例的水混合后生成溶液，再用双液式注浆设备注入溶液及水玻璃至土壤内填补孔隙，该材料在止水、支撑、充填上有卓越的功效。基于上述功效，可衍生出许多不同的用法，如始发时先行产生土压及防喷涌，坑内停机时稳定土仓压力、机身四周土壤不易包覆、机身下沉时的姿势调整，出坑时减少地层扰动及止水等，以避免发生预料之外的工程安全事故。

技术方案1：一种盾构机用克泥效由合成钙基黏土矿物、纤维素衍生剂、胶体稳定剂和分散剂构成，其中：合成钙基黏土矿物占总质量的98%～99%，纤维素衍生剂占总质量的0.5%～1.5%，胶体稳定剂占总质量的0.4%～0.8%，分散剂占总质量的0.1%～0.3%。

技术方案2：一种盾构机用克泥效工法，其特征是：高速混合机中加入上述克泥效与1m³水生成溶液，再通过变频泵、流量计以溶液比水玻璃20∶1的原则，同时泵送溶液和水玻璃桶槽内的水玻璃至双液注入管来进行混合，之后注入到土壤孔隙以达到效果。

本发明与背景技术相比，一是在盾构掘进时若发生沉降、空洞、喷涌等危险情况时，该材料的止水、充填及支撑等特性可以及时地达到补救，且不会产生过于昂贵的支出，使用方式也简单快捷；二是无须另外添置其他昂贵的设备，可以方便地运用盾构机上的高速混合机来实现本溶液混合，并经由泵、注入阀组及注入管来注入溶液及水玻璃至土仓上方注入孔或盾构机四周进向口来进行混合及注入，有效达到止水、充填和支撑的效果。

本发明的注入设备线路如图5-2-46所示，本发明的用于土压平衡盾构机上注入孔位置如图5-2-47所示，本发明的用于泥水平衡盾构机上注入孔位置如图5-2-48所示。

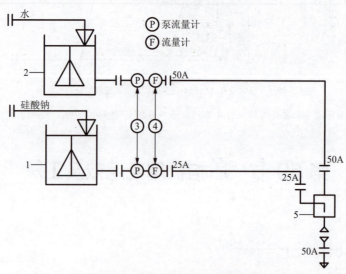

图 5-2-46 本发明的注入设备线路示意图

1-水玻璃桶槽；2-高速混合机；3-变频泵；4-流量计；5-双液注入管

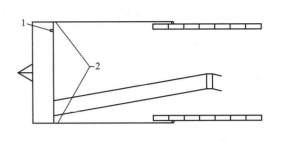
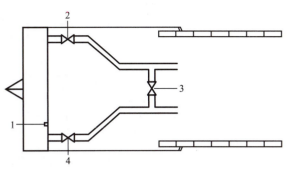

图 5-2-47 本发明用于土压平衡盾构机上注入孔位置示意图

1- 土仓上方注入孔；2- 进向孔

图 5-2-48 本发明用于泥水平衡盾构机上注入孔位置示意图

1- 土仓下方注入孔；2- 加泥阀；3- 旁路运转；4- 排泥阀

第 3 章 盾构工程其他专利清单

第 1 节 发明专利

序号	名　　称	专　利　号	授权时间	专利权人
1	一种盾构滚刀工作及磨损状态在线检测方法	2014 1 0341064.8	2015.04.15	石家庄铁道大学,中铁十六局集团有限公司,中铁十六局集团北京轨道交通工程建设有限公司
2	一种盾构掘进时地下管线的保护装置的施工方法	2013 1 0240853.8	2016.01.13	中铁十六局集团地铁工程有限公司,中铁十六局集团有限公司
3	一种防止盾构侧面穿过桩基时引发桩基沉降的施工方法	2014 1 0515896.7	2016.04.06	中铁十六局集团北京轨道交通工程建设有限公司,中铁十六局集团有限公司,上海交通大学
4	一种无水砂卵石地层盾构开仓换刀的方法	2014 1 0114219.4	2016.05.04	中铁十六局集团地铁工程有限公司
5	盾构在上软下硬地层中急曲线施工的轴线控制方法	2016 1 0069704.3	2017.12.08	中铁十六局集团北京轨道交通工程建设有限公司,中铁十六局集团有限公司,上海交通大学
6	一种防止盾构在施工中冒顶的施工方法	2016 1 0069702.4	2017.12.08	中铁十六局集团北京轨道交通工程建设有限公司,中铁十六局集团有限公司,上海交通大学
7	一种盾构隧道沿线孤石勘查和爆破处理的施工方法	2016 1 0851974.X	2018.02.13	中铁十六局集团北京轨道交通工程建设有限公司,中铁十六局集团有限公司,上海交通大学
8	一种用于盾构施工提高二次注浆质量的施工方法及系统	2015 1 0785110.8	2018.05.08	中铁十六局集团北京轨道交通工程建设有限公司,中铁十六局集团有限公司,上海交通大学
9	砂层中土压平衡盾构机从土仓外面加固土体换刀施工方法	2015 1 0728950.0	2018.06.29	中铁十六局集团北京轨道交通工程建设有限公司,中铁十六局集团有限公司,上海交通大学
10	一种盾构下穿既有地铁车站围护结构加固系统和方法	2017 1 0003282.4	2018.09.28	中铁十六局集团北京轨道交通工程建设有限公司,中铁十六局集团有限公司,华南理工大学
11	一种盾构钢套筒密闭接收施工方法	2016 1 0793612.X	2018.10.19	中铁十六局集团北京轨道交通工程建设有限公司
12	顶管施工装置	2016 1 0978164.0	2018.12.28	中国石油天然气集团公司,中国石油管道局工程有限公司
13	一种顶管施工方法	2015 1 0617159.2	2018.11.02	中国石油天然气集团公司,中国石油管道局工程有限公司
14	一种混凝土管节浇筑模具	2015 1 0608801.0	2017.06.20	中国石油天然气集团公司,中国石油管道局工程有限公司
15	一种电磁式土层沉降测量装置	2017 1 1142863.2	2018.02.27	中南大学,中国水利水电第八工程局有限公司
16	盾构到达闸板式应急安全装置	2011 1 0169106.0	2015.07.08	上海隧道工程股份有限公司
17	顶管直接切削管片隧道联络通道施工方法	2012 1 0126987.2	2015.01.07	上海隧道工程股份有限公司
18	自定位盘式滚刀装置	2012 1 0126616.4	2015.04.22	上海隧道工程股份有限公司
19	新型拉索式盾构始发后靠基座体系	2012 1 0328715.0	2015.04.22	上海隧道工程股份有限公司,上海城建(集团)公司
20	适用于盾构地中对接的冻结加固模拟试验方法及装置	2013 1 0185114.3	2015.05.20	上海隧道工程股份有限公司,中国矿业大学
21	土压传感器安全更换装置	2013 1 0003919.1	2015.04.01	上海隧道工程股份有限公司
22	圆刀盘加偏心多轴刀盘矩形掘进机	2013 1 0060404.5	2015.02.18	上海隧道工程股份有限公司

续上表

序号	名 称	专 利 号	授权时间	专 利 权 人
23	可轴向伸缩的管片提升装置	2013 1 0106594.X	2015.04.01	上海隧道工程股份有限公司
24	长平移行程的管片拼装机	2013 1 0124159.X	2015.02.18	上海隧道工程股份有限公司
25	地面出入式盾构法隧道同步注浆工艺施工方法	2013 1 0271028.4	2015.04.01	上海隧道工程股份有限公司,上海城建(集团)公司
26	皮带机	2013 1 0143644.1	2015.07.01	上海隧道工程股份有限公司
27	异形断面盾构管片拼装机	2013 1 0183253.2	2015.07.29	上海隧道工程股份有限公司,上海城建(集团)公司
28	运营隧道结构钢环加固施工方法	2012 1 0571053.X	2015.09.09	上海隧道工程股份有限公司,上海申通地铁集团有限公司
29	高速定位免换站式盾构掘进姿态实时测量方法及系统	2012 1 0172493.8	2015.10.14	上海隧道工程股份有限公司,上海盾构设计试验研究中心有限公司
30	超前钻发射装置	2013 1 0143588.1	2015.11.18	上海隧道工程股份有限公司
31	一种隧道内的盾构结构行车装置	2014 1 0023159.5	2015.12.02	上海隧道工程股份有限公司
32	隧道加固机器人	2013 1 0244732.0	2015.12.02	上海隧道工程股份有限公司
33	一种隧道内上部结构的安装装置	2014 1 0022577.2	2015.12.02	上海隧道工程股份有限公司
34	利用管道泵送弃土的施工方法及其装置	2013 1 0124158.5	2016.06.08	上海隧道工程有限公司,上海隧道工程股份有限公司
35	旧隧道管片拆除与隧道扩径的施工方法及隧道扩径机	2013 1 0244655.9	2016.03.09	上海隧道工程有限公司,上海隧道工程股份有限公司,上海城建(集团)公司
36	顶拉结合法矩形顶管隧道施工方法	2014 1 0165811.7	2016.04.13	上海隧道工程有限公司,上海隧道工程股份有限公司,上海隧道盾构工程有限公司
37	超大型全断面矩形顶管掘进施工方法	2014 1 0382709.2	2016.04.13	上海隧道工程有限公司,上海隧道盾构工程有限公司
38	大断面矩形顶管用的减摩泥浆及制备方法和注浆施工方法	2014 1 0382511.4	2016.05.11	上海隧道工程有限公司,上海隧道盾构工程有限公司
39	大断面矩形顶管掘进土体改良方法	2014 1 0383485.7	2016.10.19	上海隧道工程有限公司,上海隧道盾构工程有限公司
40	大断面矩形顶管转角控制方法	2014 1 0382513.3	2016.04.27	上海隧道工程有限公司,上海隧道盾构工程有限公司
41	大断面矩形顶管自动测量方法及装置	2014 1 0382404.1	2016.04.13	上海隧道工程有限公司,上海隧道盾构工程有限公司
42	顶管管节止退装置	2014 1 0382504.4	2016.09.07	上海隧道工程有限公司,上海隧道盾构工程有限公司
43	管节吊运翻转装置及其方法	2014 1 0382503.X	2016.07.06	上海隧道工程有限公司,上海隧道盾构工程有限公司
44	一种控制大型矩形顶管掘进土体变形的方法	2014 1 0382501.0	2016.04.27	上海隧道工程有限公司,上海隧道盾构工程有限公司
45	大断面矩形隧道掘进机监控与转接方法及系统	2014 1 0505647.X	2016.08.24	上海隧道工程有限公司
46	用于类矩形盾构壳体的铰接密封结构	2014 1 0837354.1	2016.06.08	上海隧道工程有限公司,上海隧道盾构工程有限公司,宁波市轨道交通集团有限公司
47	错缝类矩形盾构管片结构的拼装结构及拼装方法	2014 1 0837669.6	2016.10.05	上海隧道工程有限公司,宁波市轨道交通集团有限公司,上海隧道盾构工程有限公司
48	类矩形盾构施工的姿态测量装置及测量方法	2014 1 0837423.9	2016.07.13	上海隧道工程有限公司,宁波市轨道交通集团有限公司,上海隧道盾构工程有限公司

续上表

序号	名称	专利号	授权时间	专利权人
49	类矩形盾构施工的土体改良方法	2014 1 0837443.6	2016.06.22	上海隧道工程有限公司,宁波市轨道交通集团有限公司,上海隧道盾构工程有限公司
50	一种类矩形盾构的始发基座及其安装方法	2014 1 0837710.X	2016.11.30	上海隧道工程有限公司,宁波市轨道交通集团有限公司,上海隧道盾构工程有限公司
51	一种类矩形盾构的刀盘装置及其同步控制方法	2014 1 0837511.9	2017.01.18	上海隧道工程有限公司,宁波市轨道交通集团有限公司,上海隧道盾构工程有限公司
52	一种矩形顶管机的中继间纠偏装置	2014 1 0491000.6	2017.03.29	上海隧道工程有限公司
53	一种既有隧道结构补强的复合构件加固结构及其施工方法	2014 1 0382527.5	2017.04.12	上海隧道工程有限公司,上海隧道盾构工程有限公司
54	隧道气囊充气装置以及隧道气囊的充气方法	2015 1 0455583.1	2017.05.03	上海隧道工程有限公司,上海隧道盾构工程有限公司
55	矩形盾构施工的同步注浆方法及注浆浆液	2014 1 0837700.6	2017.05.10	上海隧道工程有限公司,宁波市轨道交通集团有限公司,上海隧道盾构工程有限公司
56	一种土量压力平衡盾构控制的方法及系统	2015 1 0224718.3	2017.05.10	上海隧道工程股份有限公司,上海隧道工程有限公司
57	用于类矩形盾构管片的水平试验加载装置	2014 1 0837747.2	2017.06.23	上海隧道工程有限公司,宁波市轨道交通集团有限公司,同济大学
58	加固顶管减摩泥浆的非置换施工方法	2014 1 0382492.5	2017.07.14	上海隧道工程有限公司,上海隧道盾构工程有限公司
59	错缝矩形盾构的封顶管片及立柱管片的拼装结构及方法	2014 1 0837634.2	2017.07.28	上海隧道工程有限公司,宁波市轨道交通集团有限公司,上海隧道盾构工程有限公司
60	隧道抗变形应急支撑装置	2015 1 0455640.6	2017.08.25	上海隧道工程有限公司,上海隧道盾构工程有限公司
61	类矩形盾构管片试验加载装置	2014 1 0837730.7	2017.09.15	上海隧道工程有限公司,宁波市轨道交通集团有限公司,上海盾构设计试验研究中心有限公司
62	步进式顶管机主顶进装置	2015 1 0750519.6	2017.09.22	上海隧道工程有限公司
63	类矩形盾构盾尾密封性能的试验设备	2015 1 0705463.2	2017.09.29	上海隧道工程有限公司,宁波市轨道交通集团有限公司,上海隧道盾构工程有限公司
64	泥浆液面控制系统及控制方法	2015 1 0864498.0	2017.10.03	上海隧道工程有限公司
65	适用于类矩形盾构隧道的上浮控制装置	2015 1 1018875.5	2017.10.03	上海隧道工程有限公司,宁波市轨道交通集团有限公司
66	土压平衡顶管机的切削装置	2015 1 0901068.1	2017.10.13	上海隧道工程有限公司
67	具有锁扣导向装置的管幕顶管机及其姿态控制方法	2015 1 0639086.7	2017.11.07	上海隧道工程有限公司
68	一种模块式盾构泡沫系统	2015 1 0979308.X	2017.12.08	上海隧道工程有限公司,上海隧道盾构工程有限公司
69	类矩形盾构推进油缸的撑靴结构	2015 1 1010329.7	2017.12.08	上海隧道工程有限公司,宁波市轨道交通集团有限公司
70	土压平衡顶管机	2015 1 0670097.1	2017.12.12	上海隧道工程有限公司
71	一种用于调节类矩形盾构土压力的土压自动补偿装置	2016 1 0021461.6	2017.12.26	上海隧道工程有限公司,宁波市轨道交通集团有限公司
72	用于盾构机滚刀安装的定位装置及其使用方法	2013 1 0361853.3	2015.04.22	中交天和机械设备制造有限公司
73	超大型盾构机穿梭仓井下搬运方法	2013 1 0365153.1	2015.05.13	中交天和机械设备制造有限公司
74	超大型盾构机起重系统井下安装装置及安装方法	2012 1 0066551.9	2016.04.13	中交天和机械设备制造有限公司

第2节 实用新型专利

序号	名　　称	专　利　号	授权时间	专利权人
1	一种轨道车便携式快速停车装置	2015 2 0826864.9	2016.04.20	中铁十六局集团地铁工程有限公司,中铁十六局集团有限公司
2	一种泥水盾构隧道污水循环利用装置	2015 2 0964318.1	2016.05.25	中铁十六局集团地铁工程有限公司,中铁十六局集团有限公司
3	一种耐磨型盾构机滚刀刀箱装置	2016 2 0716271.1	2017.01.18	中铁十六局集团地铁工程有限公司,中铁十六局集团有限公司
4	一种外置式盾构碎石机搅拌装置	2016 2 0719485.4	2017.01.18	中铁十六局集团地铁工程有限公司,中铁十六局集团有限公司
5	一种组合式输泥软管安装结构	2016 2 0716523.0	2017.01.18	中铁十六局集团地铁工程有限公司,中铁十六局集团有限公司
6	一种组合式耐磨刀毂保护装置	2016 2 0716264.1	2017.01.18	中铁十六局集团地铁工程有限公司,中铁十六局集团有限公司
7	一种管片点位选型罗盘	2018 2 0029046.X	2018.10.02	中铁十六局集团地铁工程有限公司,中铁十六局集团有限公司
8	一种落石箱用格栅	2018 2 0041964.4	2018.10.02	中铁十六局集团地铁工程有限公司,中铁十六局集团有限公司
9	一种盾构掘进出土量自动控制系统	2015 2 0606114.0	2015.12.30	中铁十六局集团有限公司
10	一种用于盾构施工的引轨	2015 2 0602150.X	2015.12.30	中铁十六局集团有限公司
11	一种用于盾构施工的轨距可调式电瓶车轨道轨枕	2015 2 0601994.2	2015.12.30	中铁十六局集团有限公司
12	一种带有定位杆的负环管模盖板	2015 2 0601289.2	2015.12.30	中铁十六局集团有限公司
13	一种盾构隧道施工用的电瓶车连接装置	2015 2 0602074.2	2016.01.13	中铁十六局集团有限公司
14	一种用于盾构施工二次注浆的半自动注浆台车系统	2015 2 0911549.6	2016.05.04	中铁十六局集团北京轨道交通工程建设有限公司,中铁十六局集团有限公司,上海交通大学
15	一种适用于盾构在上软下硬地层中急曲线施工的帽檐装置	2016 2 0101652.9	2016.08.24	中铁十六局集团北京轨道交通工程建设有限公司,中铁十六局集团有限公司,上海交通大学
16	一种防止盾构在施工中冒顶的帽檐装置	2016 2 0100383.4	2016.08.31	中铁十六局集团北京轨道交通工程建设有限公司,中铁十六局集团有限公司,上海交通大学
17	一种盾构机接收用密封钢套筒	2016 2 0518050.3	2016.12.07	中铁十六局集团北京轨道交通工程建设有限公司
18	一种盾构机反力架	2016 2 0517680.9	2016.12.07	中铁十六局集团北京轨道交通工程建设有限公司
19	一种自动检测盾构隧道衬砌施工质量的机械装置	2016 2 0890282.1	2017.06.06	中铁十六局集团北京轨道交通工程建设有限公司,中铁十六局集团有限公司,上海交通大学
20	一种适用于膨胀性老黏土的盾构机刀盘	2016 2 0858890.4	2017.06.30	中铁十六局集团北京轨道交通工程建设有限公司,中铁十六局集团有限公司
21	一种富水围岩中土压平衡盾构施工突涌防治装置	2016 2 1040062.6	2017.07.11	中铁十六局集团北京轨道交通工程建设有限公司,中铁十六局集团有限公司,上海交通大学
22	一种盾构机刀盘	2016 2 1024947.7	2017.07.25	中铁十六局集团北京轨道交通工程建设有限公司
23	一种盾构下穿既有地铁车站围护结构加固系统	2017 2 0004172.5	2017.09.05	中铁十六局集团北京轨道交通工程建设有限公司,中铁十六局集团有限公司,华南理工大学

续上表

序号	名称	专利号	授权时间	专利权人
24	用于盾构施工的滑动式轨道轨枕及导轨	2017 2 0803278.1	2018.02.23	中铁十六局集团有限公司
25	一种轨道工程盾构隧道混凝土管片结构	2017 2 1003581.X	2018.03.23	中铁十六局北京轨道交通工程建设有限公司
26	一种可在盾构隧道中自由行走且不影响电瓶车行驶的工作平台	2017 2 1324115.1	2018.05.08	中铁十六局集团有限公司,中铁十六局集团北京轨道交通工程建设有限公司
27	一种盾构机配套台车盾构施工抢险装置	2017 2 1375698.0	2018.07.03	中铁十六局集团北京轨道交通工程建设有限公司,中铁十六局集团有限公司,华南理工大学
28	一种用于盾构施工临时险情的盾构机配套台车抢险装置	2017 2 1375699.5	2018.07.06	中铁十六局集团北京轨道交通工程建设有限公司,中铁十六局集团有限公司,华南理工大学
29	用于接收盾构机的轨道装置	2018 2 0024499.3	2018.07.31	中铁十六局集团北京轨道交通工程建设有限公司,中铁十六局集团有限公司
30	一种用于改善盾构机排土口出土效果的装置	2018 2 0082081.8	2018.08.10	中铁十六局集团有限公司
31	一种可调式洞门止水装置	2018 2 0050074.X	2018.09.04	中铁十六局集团北京轨道交通工程建设有限公司,中铁十六局集团有限公司
32	一种用于盾构施工的辅助推进装置	2018 2 0059963.2	2018.09.04	中铁十六局集团北京轨道交通工程建设有限公司,中铁十六局集团有限公司
33	一种可伸缩式钢套筒过渡连接装置	2018 2 0049919.3	2018.09.04	中铁十六局集团北京轨道交通工程建设有限公司,中铁十六局集团有限公司
34	一种防止盾构始发过程中发生扭转的装置	2017 2 1798875.6	2018.09.14	中铁十六局集团北京轨道交通工程建设有限公司,中铁十六局集团有限公司
35	一种盾构管片的存放托架	2017 2 1643919.8	2018.10.23	中铁十六局集团有限公司,中铁十六局集团北京轨道交通工程建设有限公司
36	负环管片拆除吊具	2018 2 0012656.9	2018.10.23	中铁十六局集团有限公司,中铁十六局集团北京轨道交通工程建设有限公司
37	一种智能预警式土压平衡盾构超前注浆装置	2018 2 0710349.8	2018.12.11	中铁十六局集团北京轨道交通工程建设有限公司,中铁十六局集团有限公司,上海交通大学
38	一种预制盾构管片土压力计埋设装置	2017 2 0441981.2	2017.12.08	中国水利水电第八工程局有限公司,中南大学
39	深层岩体或土体沉降变形测试装置的竖向沉降磁环结构	2017 2 0295725.7	2017.11.21	中国电建建设有限公司集团铁路建设有限公司,中国水利水电第八工程局有限公司,中南大学
40	一种深层岩体或土体变形测试回填装置	2017 2 0295724.2	2017.11.21	中国电建建设有限公司集团铁路建设有限公司,中国水利水电第八工程局有限公司,中南大学
41	一种土体沉降测试仪自定位沉降环	2017 2 1537995.0	2018.05.11	中国水利水电第八工程局有限公司,中南大学
42	用于渣土箱的平移加载装置及包含其的转运轨道车	2016 2 0032953.0	2016.09.21	北京市市政四建设工程有限责任公司,北京市政建设集团有限责任公司
43	纵向微调装置及包含其的可纵向微调的转运轨道车	2016 2 0032926.3	2016.11.30	北京市市政四建设工程有限责任公司,北京市政建设集团有限责任公司
44	一种盾尾密封装置	2017 2 1235246.2	2018.06.12	北京市市政四建设工程有限责任公司,北京市政建设集团有限责任公司
45	一种盾构机带压接收装置	2017 2 0978152.8	2018.04.10	北京市市政四建设工程有限责任公司
46	一种盾构机盾尾内置式双液同步注浆管路系统	2017 2 0969634.7	2018.04.17	北京市市政四建设工程有限责任公司
47	一种盾构机盾尾外接式双液同步注浆管路系统	2017 2 0969165.9	2018.04.10	北京市市政四建设工程有限责任公司
48	一种盾构机注浆设备管路清洗系统	2017 2 0662031.2	2018.02.16	北京市市政四建设工程有限责任公司

续上表

序号	名称	专利号	授权时间	专利权人
49	一种基于PLC控制的盾构机同步注浆搅拌站控制系统	2017 2 0662551.3	2018.02.16	北京市市政四建设工程有限责任公司
50	一种顶管机进出洞用密封装置	2017 2 0978616.5	2018.04.10	北京市市政四建设工程有限责任公司,北京市政建设集团有限责任公司
51	一种盾构始发密封装置	2017 2 0978153.2	2018.05.04	北京市市政四建设工程有限责任公司,北京市政建设集团有限责任公司
52	一种适用于泥岩地层的盾构机刀盘	2017 2 0330086.3	2017.11.28	北京市市政四建设工程有限责任公司,北京市政建设集团有限责任公司
53	一种适用于盾构机的密封装置	2014 2 0521192.6	2015.01.21	中国石油天然气集团公司,中国石油管道局工程有限公司
54	一种顶管的组合式中继间	2015 2 0687162.7	2016.05.11	中国石油天然气集团公司,中国石油管道局工程有限公司
55	一种深埋隧道注浆修复的密封工具	2015 2 0739648.0	2016.03.09	中国石油天然气集团公司,中国石油管道局工程有限公司
56	盾构施工中隧道的照明节能控制装置	2017 2 1313485.8	2018.05.15	中建交通建设集团有限公司
57	焊接连接的盾构机密封始发及接收装置	2017 2 1254948.5	2018.05.15	中建交通建设集团有限公司
58	异形玻璃纤维筋与钢筋的连接节点及混合筋笼	2017 2 1222138.1	2018.04.10	中建交通建设集团有限公司
59	一种泥水平衡盾构机采石箱装置	2017 2 1444095.1	2018.05.15	中建交通建设集团有限公司
60	一种泥水盾构台车后泥浆管接管辅助装置	2017 2 1254961.0	2018.07.03	中建交通建设集团有限公司
61	盾构机长距离空推过矿山法隧道时控制管片偏移的结构	2016 2 0242896.9	2016.09.21	中建交通建设集团有限公司
62	一种装配式渣土存放装置	2016 2 1128293.2	2017.04.26	中建交通建设集团有限公司
63	一种城市地下工程施工水资源循环再利用系统	2013 2 0546271.8	2014.03.19	中建交通建设集团有限公司
64	简易的盾构机接收装置	2015 2 0956178.3	2016.04.27	中建交通建设集团有限公司
65	一种精密的姿态测量装置	2013 2 0085468.6	2013.08.07	上海米度测量技术有限公司
66	一种光速位置测量装置	2013 2 0707798.4	2014.05.28	上海米度测量技术有限公司
67	一种用于测量盾构姿态角的激光靶	2013 2 0385905.6	2014.02.05	中铁隧道股份有限公司,上海米度测量技术有限公司
68	一种盾构隧道洞门环防渗漏水结构	2017 2 0167492.2	2017.09.12	中铁十一局集团城市轨道工程有限公司,中铁十一局集团有限公司
69	可在盾构施工阶段同时进行轨顶风道施工的模板台车系统	2018 2 1005651.X	2019.01.15	中铁十一局集团城市轨道工程有限公司
70	一种泥水盾构始发过渡环结构	2018 2 0741950.3	2018.11.30	中铁十一局集团城市轨道工程有限公司
71	用于有效控制地面沉降的新型注浆系统	2018 2 0086314.1	2018.08.17	中铁十一局集团城市轨道工程有限公司,中铁十一局集团有限公司
72	一种用于盾构施工的同步注浆砂浆车	2018 2 0086315.6	2018.08.17	中铁十一局集团城市轨道工程有限公司,中铁十一局集团有限公司
73	一种新型盾构管理中心拼装机系统阀组	2017 2 1021142.1	2018.05.08	中铁十一局集团城市轨道工程有限公司,中铁十一局集团有限公司
74	盾构机台车车轮插销拆除装置	2017 2 0589106.9	2017.12.05	中铁十一局集团城市轨道工程有限公司,中铁十一局集团有限公司

续上表

序号	名　　称	专　利　号	授权时间	专 利 权 人
75	一种方便盾构机过中间风井的导台结构	2017 2 0663590.5	2017.12.22	中铁十一局集团城市轨道工程有限公司,中铁十一局集团有限公司
76	高压旋喷式盾构机土仓内铁板砂快速处理装置	2016 2 1181017.2	2017.04.26	中铁十一局集团城市轨道工程有限公司
77	用于长距离大坡度盾构隧道中的盾构施工电瓶车运输系统	2016 2 0391029.1	2016.09.21	中铁十一局集团城市轨道工程有限公司
78	便于混凝土负环管片拆除的钢环	2016 2 0354622.9	2016.09.07	中铁十一局集团城市轨道工程有限公司
79	一种用于隧道盾构始发的反力架	2014 2 0787068.4	2015.05.13	中铁十一局集团城市轨道工程有限公司,中铁十一局集团有限公司
80	盾构机土仓保压系统的模拟系统	2012 2 0484066.9	2013.03.06	中铁一局集团有限公司
81	一种盾构机后配套台车掉头装置	2013 2 0516374.X	2014.01.29	中铁一局集团有限公司
82	一种盾构台车及平板运输车用分离式轨枕	2017 2 0337272.X	2017.11.14	中铁一局集团有限公司
83	盾构管片提升和行走的通用刹车装置	2016 2 0995239.1	2017.02.15	中铁一局集团城市轨道交通工程有限公司,中铁一局集团有限公司
84	一种盾构隧道施工现场监控装置	2017 2 0367548.9	2017.11.03	中铁一局集团城市轨道交通工程有限公司
85	一种隧道管片翻面机	2017 2 0133173.X	2017.12.15	中建市政工程有限公司,中国建筑一局(集团)有限公司,中国建筑股份有限公司
86	一种衬砌管片保护装置	2018 2 0276881.3	2018.09.25	中建三局集团有限公司
87	一种复合式土压平衡盾构机刀盘	2017 2 0498778.9	2017.12.29	中建三局基础设施工程有限公司,中建三局集团有限公司
88	一种盾构机同步注浆系统储浆罐自动冲洗装置	2015 2 0799179.1	2016.10.26	中建三局集团有限公司
89	一种用于复合式土压平衡盾构的辅助换刀装置	2016 2 1478957.8	2017.08.18	中建三局集团有限公司
90	一种密封装置及盾构机人舱门	2018 2 0525516.1	2018.12.18	中建三局集团有限公司
91	一种用于复合土压平衡式盾构的主驱动密封结构	2018 2 0526361.3	2018.12.18	中建三局集团有限公司
92	一种盾构施工始发进洞安全防护装置	2018 2 0660454.5	2018.11.30	中国建筑第四工程局有限公司
93	盾构施工用管片托架	2016 2 0887085.4	2017.02.08	中建隧道建设有限公司
94	土压平衡盾构机用皮带机及具有其的土压平衡盾构机	2017 2 0340248.1	2017.11.14	中建隧道建设有限公司
95	隧道电瓶车	2017 2 0344371.0	2017.11.17	中建隧道建设有限公司
96	盾尾防困脱困装置	2017 2 0968872.6	2018.02.27	中建隧道建设有限公司
97	钢套筒封头及钢套筒	2017 2 1207223.0	2018.04.13	中建隧道建设有限公司
98	盾构皮带机称重装置	2017 2 1143327.X	2018.05.15	中建隧道建设有限公司
99	测量工具	2017 2 1476658.5	2018.05.29	中建隧道建设有限公司
100	轨道夹持装置及轨道吊装装置	2017 2 1547081.2	2018.05.29	中建隧道建设有限公司
101	盾构机的自动化防撞缓冲系统	2017 2 1590646.5	2018.06.15	中建隧道建设有限公司
102	清洗装置	2017 2 1476888.1	2018.06.15	中建隧道建设有限公司
103	压气条件下盾构饱和法开仓作业饱和仓	2015 2 0770288.0	2016.01.06	中交天和机械设备制造有限公司
104	压气条件下盾构饱和法开仓作业人行闸	2015 2 0770070.5	2016.03.23	中交天和机械设备制造有限公司

续上表

序号	名　　称	专　利　号	授权时间	专 利 权 人
105	压气条件下盾构饱和法开仓作业穿梭仓	2015 2 0771281.0	2016.03.23	中交天和机械设备制造有限公司
106	用于滑动平台的配套可伸缩栏杆	2015 2 0915811.4	2016.03.16	中交天和机械设备制造有限公司
107	用于滑动平台的可伸缩栏杆	2015 2 0916296.1	2016.03.16	中交天和机械设备制造有限公司
108	一种用于滑动平台的可伸缩栏杆	2015 2 0916678.4	2016.03.16	中交天和机械设备制造有限公司
109	用于滑动平台的可折叠栏杆	2015 2 0916127.8	2016.04.13	中交天和机械设备制造有限公司
110	一种用于滑动平台的配套可伸缩栏杆	2015 2 0917152.8	2016.04.13	中交天和机械设备制造有限公司
111	常压可更换式滚刀装置	2016 2 0192910.9	2016.07.13	中交天和机械设备制造有限公司
112	用于盾构机的中心回转接头	2016 2 0380023.4	2016.09.07	中交天和机械设备制造有限公司
113	阀式常压换刀具装置	2016 2 1182057.9	2017.04.19	中交天和机械设备制造有限公司
114	盾构机用鱼尾刀组件	2017 2 0339342.5	2017.11.03	中交天和机械设备制造有限公司
115	盾构机鱼尾刀用注浆泥嘴	2017 2 0336517.7	2017.11.03	中交天和机械设备制造有限公司
116	垂直盾构机用钻杆导向装置	2017 2 0336427.8	2017.11.03	中交天和机械设备制造有限公司
117	可更换式台车车轮组立	2017 2 0331160.3	2017.11.24	中交天和机械设备制造有限公司
118	防水注入管	2017 2 0336428.2	2017.12.05	中交天和机械设备制造有限公司
119	盾构机管片双圆拼装机	2017 2 0707453.7	2017.12.12	中交天和机械设备制造有限公司
120	土压盾构膨润土保压设备	2017 2 1000160.1	2018.03.09	中交天和机械设备制造有限公司
121	盾构管片拼装机旋转识别控制装置	2017 2 1135607.6	2018.03.13	中交天和机械设备制造有限公司
122	闭塞球通过检测装置	2018 2 0482035.7	2018.10.12	中交天和机械设备制造有限公司
123	自解冻盾构机刀盘	2018 2 0483767.8	2018.10.26	中交天和机械设备制造有限公司
124	闭塞球发射装置	2018 2 0483769.7	2018.10.26	中交天和机械设备制造有限公司
125	闭塞球接收检测装置	2018 2 0482034.2	2018.10.30	中交天和机械设备制造有限公司
126	泥水盾构用分流器	2018 2 0483408.2	2018.10.30	中交天和机械设备制造有限公司
127	快速拼接式救援盾构机	2018 2 0483768.2	2018.11.09	中交天和机械设备制造有限公司
128	救援盾构机刀盘	2018 2 0483409.7	2018.11.16	中交天和机械设备制造有限公司
129	救援盾构机罩体	2018 2 0482043.1	2018.11.23	中交天和机械设备制造有限公司

第 4 章 盾构工程施工工法

第 1 节 土压平衡盾构近距离下穿地铁运营区间盾构隧道施工工法

1. 基本情况

（1）工法级别：北京市市级
（2）工法编号：BJGF16-077-659
（3）完成单位：北京建工土木工程有限公司

2. 基本内容

1）前言

随着城市轨道交通网络的不断完善，地铁网络之间众多的节点工程建设不可避免地出现了新建隧道与既有隧道之间相互平行、重叠以及交叉穿越等较为复杂的施工情况。在盾构施工过程中，不可避免地会扰动隧道周围的土体，可能导致既有地铁隧道结构的受力失衡。如何控制和减弱新建隧道近距离穿越既有隧道施工过程中对既有隧道带来的不利影响，确保既有隧道结构安全，并且保证新建隧道顺利施工，是当前城市地铁隧道设计、施工过程中的难点问题之一。

土压平衡盾构机近距离下穿运营区间盾构隧道施工工法，即不采取任何土体预加固措施的情况下，通过严格控制盾构掘进参数、使用增设注浆孔的改进型管片、增大同步注浆量和二次补注浆量、盾体径向注浆孔同步注入可塑性黏土材料、增加聚氨酯隔离环、改良同步注浆浆液配合比、实时监测信息化施工等一系列措施，将运营盾构隧道变形控制在允许范围内，有效控制了既有地铁运营盾构隧道变形，保证了既有地铁线路的正常运营。

该工法成功应用于北京新建地铁隧道下穿地铁运营隧道工程中，效果显著，取得了良好的社会效益和经济效益。

2）工法特点

（1）无须在地面对既有隧道周边土体进行注浆预加固，避免了征地拆迁，对地面正常社会生活影响小。

（2）无须在既有地铁隧道内对周边土体进行注浆预加固，对既有隧道正常使用与运营的影响小。

（3）仅需在盾构施工的同时在隧道内采取洞内措施，施工便捷，工艺先进，安全性高，施工速度快，费用较低。

3）适用范围

本工法适用于：

（1）软土地层和砂卵石地层等地层变形要求严格、地层复杂或者施工安全风险较大的盾构隧道施工。

（2）Ⅴ级围岩下净距小于 $0.75D$、Ⅳ级围岩下净距小于 $0.50D$、Ⅲ级围岩下净距小于 $0.30D$（D 为隧道开挖直径）的盾构隧道下穿既有运营盾构隧道施工或盾构隧道穿越其他重要建（构）筑物施工。

第 2 节 双螺旋土压平衡盾构施工工法

1. 基本情况

(1) 工法级别：中建集团级
(2) 工法编号：ZJGF056-2018
(3) 完成单位：中建交通建设集团有限公司

2. 基本内容

1) 前言

随着我国城市基础设施工程建设的不断发展和扩大，盾构法应用越来越广泛。不同地层因性质差异面临着不同的困难和工程风险，对于土压平衡盾构穿越富水砂层施工，可能发生螺旋输送机喷涌、刀具损坏或刀盘抱死、地面过大沉降或坍塌等风险，危及施工与周边环境安全，处理也异常困难。哈尔滨市轨道交通2号线江北大学城站—哈尔滨北站站区间主要穿越地层为粉砂、细砂、中砂，根据勘探结果，勘探深度内场地地下水分层为孔隙潜水层、承压水层，该含水层属强透水层（室内土工试验中砂渗透系数1.50×10^{-3}cm/d）富含地下水。原设计采用泥水平衡盾构施工，经过对地层研究并结合我方施工经验，决定采用双螺旋土压平衡盾构施工，并成功摸索出了富水砂层双螺旋土压平衡盾构施工工法，对类似地层施工具有积极的指导作用和良好的借鉴价值。

2) 工法特点

(1) 与传统的土压平衡盾构施工相比，配置了两级螺旋输送机，解决了富水砂层中易喷涌的问题，有效控制了地面沉降。

(2) 与传统的泥水平衡盾构施工相比，无须配置泥浆处理系统，场地占用面积小，施工成本低。

(3) 与传统的泥水平衡盾构施工相比，不需要考虑泥水平衡盾构施工所需大量循环泥浆和弃浆在哈尔滨等极度寒冷地区冬期施工的防冻保温问题，气候适应性好。

3) 适用范围

本工法适用于富水砂层及其他富水地层双螺旋土压平衡盾构机的掘进施工，尤其适用于哈尔滨等极度寒冷地区冬期富水地层土压平衡盾构机的掘进施工。

第 3 节 衡盾泥+WSS注浆双保压盾构开仓施工工法

1. 基本情况

(1) 工法级别：中建集团级
(2) 工法编号：ZJGF068-2018
(3) 完成单位：中建交通建设集团有限公司

2. 基本内容

1) 前言

随着城市地铁的兴建，盾构法的应用范围也在逐步扩大，尤其在富水地层掘进时，泥水平衡盾构机得到了广泛应用。盾构机在地下掘进时，仅能依据勘察资料对地层进行参数控制，但因地勘钻孔直径较小，数量较少，不能完全反映地层情况，从而导致盾构掘进存在一定的不确定性。

在佛山市南海区新型公交系统试验段项目夏西站—夏东站区间，盾构机从夏西站始发，通过佛山一环高架桥锚索区并切削联兴桥桩基后,盾构机频繁出现环流不畅、掘进推力大、扭矩增大等情况,经过多次开采石箱发现有刀盘刮刀、钢筋及少量锚索钢绞线等滞碍物。为保证剩余工程安全顺利完成,研究采用衡盾泥+WSS 工法地面注浆加固+带压开仓作业的方式进行刀具更换和仓内滞碍物清理,经总结形成了衡盾泥+WSS 注浆双保压盾构开仓施工工法。

2)工法特点

与传统的带压开仓方法相比,本工法具有以下特点:

(1)采用地面注浆加固+开挖面建造泥膜的双重保压方法,保证了地层的气密性,确保了带压开仓施工的安全。

(2)采用衡盾泥建造开挖面泥膜、封闭盾体周围及盾尾后方可能存在的流水通道,隔水保气效果好、持续时间长。

(3)采用 WSS 工法进行地面注浆加固,WSS 工法在盾构机周围近处和远处分别采用 A、B 液(水玻璃和磷酸)和 A、C 液(水玻璃和水泥浆),可分别起到隔水保气和加固土体的效果,适应性好。

3)适用范围

本工法适用于泥水盾构施工中带压开仓作业的情况,对复杂地质条件下土压盾构机带压开仓作业也具有一定的参考价值。

第 4 节　泥水平衡盾构穿越锚索区施工工法

1. 基本情况

(1)工法级别:中建集团级

(2)工法编号:ZJGF056-2017

(3)完成单位:中建交通建设集团有限公司

2. 基本内容

1)前言

近年来,泥水平衡盾构机越来越多地应用于富水地区隧道施工中,由于城市建筑物集中,且其基坑围护结构施工工艺具有不确定性,隧道在一定区域内难免存在锚索,从而加大盾构施工风险和施工技术难度。盾构机在锚索区掘进时,一方面须严格控制地面沉降量,合理控制切口压力,保证盾构开挖面稳定;另一方面须加强盾构掘进速度监测,间接判断刀盘磨损情况。

本工法依托佛山市南海区新型公共交通系统试验段塱岗站—华翠路站、夏西站—夏东站盾构掘进工程,在施工过程中对盾构穿越锚索区施工技术进行创新,解决了泥水平衡盾构穿越锚索区的难题,并有效减少了刀具的磨损,保证了盾构机在穿越锚索区后的正常施工,取得了良好的经济与社会效益,可供类似工程参考。

2)工法特点

(1)对锚索区调查,根据锚索与盾构开挖面关系,采取有效方法在盾构穿越前对锚索区进行预处理。

(2)对盾构机闸阀、采石箱等设备进行适应性改造,保证施工安全顺利进行。

(3)采用优质泥浆,选用合理的配合比,通过环流系统将刀盘前方的锚索障碍物携至采石箱。

(4)在施工前检查泥水循环系统各项参数并记录,结合地质条件设定泥浆循环系统压力值,发现异常时,及时开启采石箱观察情况。

(5)盾构机在掘进中隔时段改变刀盘旋转方向,减少锚索对刀盘的缠绕趋势。

（6）定时进行环流系统逆送模式,减少锚索钢绞线进入管道,降低管道堵塞频率。

3）适用范围

本工法适用于泥水平衡盾构机穿越锚索区域施工的情况。

第5节 直接铺管穿越施工工法

1. 基本情况

(1)工法级别:石油工程建设工法(省部级)

(2)工法编号:SYGF-18-2017

(3)完成单位:中国石油管道局工程有限公司第四分公司

2. 基本内容

1）前言

长输管线和市政地下管线,经常需要采用非开挖工法穿越铁路、公路、河流、湖泊等障碍物。国内常用的盾构、顶管和定向钻三种非开挖工法各有优缺点和适应性,国外还有一种较为高效的非开挖工法——直接铺管施工工法,2007年在德国首次应用。该工法在孔洞施工的同时,管道同步敷设,因其施工程序简便、占地面积少等特点,在定向钻施工场地受限、管道出入土两点落差较大、管道埋深较浅、盾构顶管施工费用较高时,有一定优势,在国外得到越来越广泛的应用。

2010年中国石油管道工程局有限公司引进了1台HK500PT型推管机,用于定向钻穿越施工时的管道助力,2014年引进了AVN1000XC型隧道掘进设备,与推管机配套进行直接铺管施工,同年实施了"直接铺管法应用技术研究"项目。通过引进学习和技术研究,掌握了直接铺管施工技术。于2016年,在西气东输一线镇江高校园区改线工程船山河穿越施工中,首次应用了该工法。通过对掘进参数控制、推管流程操作、管道防腐层保护、测量导向、管道回拨的实践,掌握了直接铺管施工工艺原理,管道防腐层保护和检测方法,以及曲线掘进、管道推进、纠偏控向、管道整体回拨等关键技术,解决了淤泥与碎石地质的反复突变、软弱淤泥地基承载力等工程难题,填补了国内该项施工技术空白。2017年,陕京四线无定河穿越工程再次应用直接铺管技术,克服了穿越管道42m大落差、富含水松散细砂地层、-20℃低温施工条件下施工等诸多困难,为该项技术的成熟应用积累了经验。

结合直接铺管项目实践,中国石油管道局工程有限公司第四分公司(简称四公司)总结形成了"直接铺管穿越施工工法",以及《油气输送管道工程直接铺管(顶推法)穿越施工规范》(Q/SY GDJ 0464—2016)、《油气输送管道工程直接铺管(顶推法)穿越设计规范》(Q/SY GDJ 0460—2016)两部规范。"直接铺管法应用技术研究"荣获了四公司2016年度科技进步一等奖。

2）工法特点

（1）施工占地少:直接铺管法管道穿越施工占地,以管道预制场地为主,可直接利用管道敷设的作业带,较盾构、顶管以及定向钻施工占地面积小、硬化作业要求低。

（2）施工效率高:由于直接铺管法隧道与管道施工一次成型,孔洞施工和管道安装同时进行,相比传统的盾构、顶管、定向钻施工需要先完成隧道(或成孔)再进行管道敷设(或回拖)周期短。

（3）具备应急自救能力:当设备发生故障、管道周线偏离超过标准要求或管道在地层中遇到意外情况,无法正常推进时,可将掘进机和管道整体回拨,在地面进行故障处理。

3）适用范围

适用于穿越长度2000m以内、管径716~1422mm的钢套管和工艺管道的江河、湖泊、山体、道路等障碍物穿越施工,其出、入土角度在0°~15°之间,施工水压0.3MPa以下,穿越地质条件为淤泥、黏土、砂层、卵砾石和硬度低于30MPa的岩石等地层。

第6节　工作井内置短钢筒盾构机接收施工工法

1. 基本情况

（1）工法级别：河南省省级
（2）工法编号：EJGF209-2018
（3）完成单位：中铁十一局集团有限公司

2. 基本内容

1）前言

随着城市地铁施工的快速发展，盾构机接收条件越来越苛刻，能够提供给盾构机接收的场地越来越小，端头加固施工的区域越来越短，无法满足盾体完全进入端头加固的要求，在盾构出洞的过程中存在较大的安全风险，尤其是在富水的细砂地层中进行盾构机接收，易导致水土流失，造成周边管线及建（构）筑物的损坏。

工作井内置短钢筒盾构机接收施工工法，即通过研究短钢筒接收、安装、填料、渗漏监测等综合技术顺利地完成了盾构机接收，避免了 DN2400 污水管因沉降损坏的危险。筒体分为上半圆部分和下半圆部分两部分，上半圆部分与下半圆部分通过法兰连接，通过在钢筒内填料来模拟盾构机在土体中的掘进，从而营造类似土体环境，使盾构机通过洞门后能够继续在短钢筒土体内掘进，直到盾体完全进入加固体内。通过法兰与洞门预留钢环板连接，在底部设置特制的托架，并通过千斤顶来调节短钢筒的设计高程，使短钢筒的中心与洞门中心同心，在托架与短钢筒之间焊接自制的"7"字板来提高短钢筒的稳定性，以确保在填料和部分盾体进入短钢筒内不发生竖向位移，在短钢筒封闭侧安装基准环，在基准环的背侧设置斜支撑，以抵消盾构机进入短钢筒内时的推力。在短钢筒上下左右各布设 4 个直径 42mm 的探孔，并安装球阀，在盾构机刀盘抵达短钢筒前及逐渐进入短钢筒的过程中通过球阀检查渗漏水情况。另外，短钢筒内填充满细砂和厚浆，并通过球阀观察填料情况。

该工法成功应用于郑州地铁 4 号线 4 标龙源五街站—龙源一街站区间盾构区间工程，突破了一贯的接收方式，有效提高了盾构机接收的风险可控性；同时，对于特殊盾构的接收，优势更明显。

2）工法特点

（1）经济性高。采用内置短钢筒的方法，减少了盾构端头加固体的长度，短钢筒及托架可重复多次使用。

（2）工期短。减少了接收区域内管线迁改量，节约了工期，且对接收端范围内的管线影响较小。

（3）安拆方便。短钢筒及托架安装简单，只需在底板施工时预埋固定钢板即可。

（4）安全可控。通过在短钢筒内填细砂及低强度等级砂浆，可以达到平衡施工，风险小；短钢筒分上下两部分，吊装安拆方便，只需要 50t 的吊车，就能满足短钢筒的吊装及安拆。

3）适用范围

本工法适用于任何地层和环境，尤其适用于场地狭小，端头加固较短的场地。

第7节　大直径盾构机锚索法洞内拆解及运输施工工法

1. 基本情况

（1）工法级别：湖北省省级
（2）工法编号：HBGF165-2018
（3）完成单位：中铁十一局集团有限公司

2. 基本内容

1）前言

在盾构施工中,现有国内外盾构机拆解常规作业是盾构作业完成后,盾构机停至车站井口进行拆解吊装,盾构机出洞完成后车站开始施工作业,整道工序时间长,对于一些工期紧张的项目,该洞口拆解盾构机方法并不适用。另外,对于传统的洞内拆解盾构机,需要分割盾构设备,通过物理分离的方法减小盾体体积及重量以便于吊装运输,拆解过程中,投入的人力、物力及财力增加,在盾构机的分隔过程中机动火点多,安全性能较差。因此,研究一种可行的洞内拆机方法意义重大。

大直径盾构机锚索法洞内拆解及运输施工工法,包括吊梁的安装、准备运输装置、运输装置进入盾构暗挖隧道、刀盘的拆解及吊运、盾体上半部分的拆解及吊运、螺旋输送机的拆解及吊运、主驱动翻转支架的安装、刀盘电机、减速机、推进油缸和人舱的拆解及吊运、盾构机的主驱动的拆解及吊运、拼装机的拆解、井支架及悬臂梁的拆解及吊运、剩余盾体的下部分拆解及吊运、拼装机的吊运和台车和后备部件的分离及转运。采用特殊的吊梁技术,隧道的拱顶安装吊梁,吊梁有一定自由度在承载作用力的情况下可大大减少冲击力,吊梁上安装滑行小车和倒链葫芦,通过倒链葫芦吊装盾体及其内部附件,顶部吊梁机构替代大型吊装设备,同时研制了一种新的运输技术来实施洞内盾构机运输,盾体及内部附件最大尺寸超过隧道最小净空,常规运输无法顺利运出隧道,设计的运输装置可将所有盾体及附件运输至车站接收井口。该装置可让尺寸超限的盾体及附件灵活转动360°,直至各部件尺寸可通过隧道最小净空处。该工法让洞内拆机的效果与在接收井拆机的效果相媲美,整机完备性良好,拆解后盾构机可以重新组装继续使用,解决了现有洞内拆解盾构机后整机完备性差的问题。

该工法成功应用于莞惠城际3标盾构隧道工程,通过采用该工艺,保证了盾构区间掘进节点工期,缓解了车站施工工期压力,整个项目工期提前了半年,同时,也规避了盾构机多点动火拆机作业,提高了安全性能,综合效益显著。

2）工法特点

（1）采用该洞内拆解盾构机方法,盾构掘进与车站施工同时进行,互不干扰,互不耽误,解决了盾构施工完成后再进行车站施工这一矛盾以及通风和排水问题,改善了洞内工作环境,同时也消除了传统拆机运输量大,电瓶车运力不足,途中出现故障难以排除等弊端,加快了施工进度,缩短了工期。

（2）通过锚索张拉、盾体拱顶安装行走滑轮、行走小车以及特制的旋转小车平板等特殊装置实施洞内拆解,让洞内拆机的效果与井口拆机的效果相媲美,整机完备性好,节约了盾构维修保养成本以及提高了盾构机的周转使用次数。

（3）通过设计专门的吊装和运输装置,可以对体积较大的部件进行运输,所以在进行分解时并不需要分切成多块,对于盾体只用按照焊缝分割成上下两部分,其余部件可以直接拆开运出,消除了传统洞内拆机大型部件完全依赖倒链、吊索、小型液压机具、手动工具人工拆卸等弊端,提高了工作效率,降低了因为切割和运输存在的安全隐患,提升了安全性能。

3）适用范围

本工法适用于在工期紧迫,作业环境及空间受限的情况下,可缓解工期压力和节约成本。

第8节　夹轨式液压推进系统盾构机过站施工工法

1. 基本情况

（1）工法级别：湖北省省级
（2）工法编号：HBGF166-2018
（3）完成单位：中铁十一局集团有限公司

2. 基本内容

1）前言

盾构过矿山法施工区段是盾构施工过程中经常遇到的问题，因此，如何快速通过是盾构施工的重要环节。

夹轨式液压推进系统盾构机过站施工工法，即将盾体和始发托架固定为一体，放在两根轨道上，推进设备安装在轨道上，推进时，夹轨油缸伸出，卡死轨道，推进油缸伸出推进托架和盾体，夹轨油缸和推进油缸压力始终保持一致，推进油缸回缩时，夹轨油缸同步回缩，推进油缸前后端分别和盾构托架以及夹轨油缸通过轴销连接，通过油缸回缩时自动拉动油缸向前移动。

该工法成功应用于西安市地铁4号线试验段4标盾构机过大雁塔站以及过F8、F9暗挖隧道工程施工中，妥善解决了盾构机长距离过暗挖隧道时的工期问题，自身伸缩自如，应用效果显著。

2）工法特点

（1）推进和夹轨油缸可以自动向前移动，无须人工搬运油缸，从而减轻了人员工作量，而且减少了人员数量，每班只需5人即可推进过站。

（2）由夹轨油缸提供反力，减少了反力撑的焊接工作，大大节省了焊接反力的时间，而且夹轨油缸可以在推进油缸行程范围内任何位置提供反力，去掉了加长支撑的加工，减小了蹦顶的风险。

（3）大大增加了过站效率，过站推进速度为原来传统过站的3倍以上。

（4）推进系统和竖直油缸共用液压泵站，减少了设备成本。

3）适用范围

本工法适用于所有盾构施工中的盾构机空推过暗挖、车站施工。

第9节　盾构机近距离侧穿初期支护状态下暗挖隧道施工工法

1. 基本情况

（1）工法级别：河南省省级
（2）工法编号：EJGF52-2017
（3）完成单位：中铁十一局集团有限公司

2. 基本内容

1）前言

地铁在建设期间，地下环境越来越复杂，不可避免地要近距离的下穿、侧穿地面或地下建（构）筑物。盾构穿越期间，由于地层受扰动、超挖引起的地层损失及应力改变等原因都可能造成地面、地下建（构）筑物出现沉降、位移、变形，从而引起建（构）筑物出现裂缝、倾斜甚至坍塌，危及人身安全，造成较大的经济损失。

盾构机近距离侧穿初期支护状态下暗挖隧道施工工法：通过研究隔断桩施工和土体变位跟踪施工技术，采用钢筋混凝土桩插入隧道底6m至地面，沿两隧道平行（竖向、横向）近距离5m内布置，使之在两隧道之间形成一堵隔墙。盾构掘进过程中隔墙能确保两隧道间土体不过度流失；盾构机较大推力直接传递给围护桩隔墙再缓冲减缓后传递给初期支护暗挖隧道，有效降低了初期支护暗挖隧道的位移或变形。土体变位是通过活动式测斜仪监测地层内已预埋测斜管变形，测斜管变形直观地反映周围土体变化，再结合地面沉降、暗挖初期支护隧道洞内水平位移、收敛变化形成的数据综合分析，随时调整盾构掘进、暗挖隧道开挖支护参数，使两近距离隧道安全顺利地通过。

该工法成功应用于郑州地铁1号线二期土建施工03标盾构近距离侧穿初期支护状态下暗挖隧道施工工程中，效果显著，取得了良好的社会效益和经济效益。

2)工法特点

(1)隔断桩在盾构和暗挖施工过程中,对暗挖隧道和盾构隧道同时起到保护和隔离作用,能有效保护相应的既有隧道,有效控制地表和周边建(构)筑物的沉降。

(2)隔断桩施工工艺能有效降低暗挖、盾构掘进风险,避免了暗挖坍塌、隧道变形和盾构隧道位移的风险。

(3)利用监控量测手段,跟踪分析土体变位走势。动态调整施工参数,指导现场施工。隔断桩施工过程中提前布设监测点和采取相应监测措施,将数据收集、处理、分析和信息反馈应用于施工,动态调整暗挖保护措施和盾构掘进参数,确保施工安全、快速、有效。

(4)隔断桩段加密布设土体测斜孔较容易,且数据反映土层变位直观、真实有效,操作方便。

(5)隔断桩施工工艺需要场地较小,位于施工场地内,对车站和盾构施工无影响,对路面和周边环境及交通无影响。

(6)隔断桩施工工艺难度低、造价低、工期短。

3)适用范围

本工法适用于:

(1)地层构造复杂,临近建(构)筑物、隧道间距近、地面条件限制、对周边沉降控制较严格、施工工期紧等条件下的暗挖、土压平衡盾构机地下工程施工。

(2)近接区段的水平净距为2.73～4.00m,盾构近距离侧穿初期支护状态下埋深9.79～9.31m的暗挖隧道施工。

第10节 复杂地层盾构空推段隧道施工工法

1. 基本情况

(1)工法级别:湖北省省级

(2)工法编号:HBGF183-2016

(3)完成单位:中铁十一局集团有限公司

2. 基本内容

1)前言

工程施工过程中若遇到硬岩、孤石群或长距离上软下硬地层时,仍采用盾构法施工将会加速刀具磨损、降低掘进速度,频繁更换刀具将使人工成本及工程成本不断上升,且施工安全风险极大,对工程整体进度产生影响,故在此类地层考虑将矿山法与盾构法相结合进行施工。

复杂地层盾构空推段隧道施工工法,首先对硬岩段和极硬岩段采用矿山法开挖,进行初期支护;然后对盾构与暗挖段分界端头墙进行处理,采用素混凝土封堵,并进行超前预注浆或其他方式;同时在已进行初期支护的暗挖段隧道施工混凝土导台;在空推掘进过程中,及时对管片背后喷射豆砾石填充,以盾体与导台摩擦阻力为主为盾构机提供反力,保证管片拼装质量;同时采用盾构机同步注浆系统对喷射豆砾石后的管片背后空隙进行充填,并采用管片固定螺栓对已拼装好的管片进行加固;在空推拼装管片通过后,对空推段进行二次补充注浆固结整环管片,确保施工质量。

该工法成功应用于东莞地铁R2线2309标吊出井—陈屋站盾构区间工程,妥善解决了盾构空推过复杂地层暗挖法隧道的问题,避免了盾构机在硬岩中掘进的施工风险,缩短施工周期约35d。

2)工法特点

(1)将钻爆法施工与盾构法施工相结合,局部硬岩地段用钻爆法开挖支护、盾构法衬砌,极大地拓展了盾构法施工的适用范围。

(2) 避免了在岩层太硬、距离偏长的地层中盾构法施工对设备的损坏和对盾构法应用的限制,提高了盾构在硬岩中施工的进度,降低了盾构掘进存在的地质风险。

(3) 避免了盾构在岩层段掘进时的刀具磨损及意外破坏。相比之下有较大成本节约,效益好。

(4) 施工速度快,工期明显缩短。

(5) 工艺可操作性强,只要采取相应方法和措施满足城市环境条件即可推广使用。

3) 适用范围

本工法适用于土压平衡盾构机空推通过矿山法隧道施工。

第 11 节 盾构机水平正下穿石拱桥加固施工工法

1. 基本情况

(1) 工法级别:云南省省级

(2) 工法编号:YNSJZGF-2016-35

(3) 完成单位:中铁十一局集团有限公司,中铁十一局集团城市轨道工程有限公司

2. 基本内容

1) 前言

在城市地下轨道交通建设过程中,盾构穿越桥梁河流的情况越来越多,盾构施工所面临的环境及地质条件也更复杂,盾构施工的难度和风险越来越大。由于地铁线路设计的要求,中间穿越桥梁河流的比较多,在盾构掘进施工过程中,需要克服环境和不利地质的影响,采用常规的盾构掘进穿越技术施工时,易发生涌水、涌沙,桥墩沉降、倾斜,桥梁开裂不能使用等现象。

盾构机水平正下穿石拱桥加固施工工法:首先对石拱桥基础下部土体进行加固,考虑地层因素、建筑物的结构形式,选择合适的、安全可靠的注浆加固工艺,明确注浆方式、注浆范围、注浆压力等内容;限制桥基础水平位移、增强桥基础抗沉降能力是桥梁上部结构加固的目的,通过增设内支撑及喷锚加固,将石砌拱圈受力体系转换成梁式拱受力体系,提升了桥梁自身的稳定性;同时,结合建筑物自动化监测技术和盾构掘进姿态控制技术,加强了对桥梁的加固保护,提高了盾构穿越石拱桥的安全性,减少了对地层的扰动。

该工法成功应用于昆明地铁 3 号线省博物馆站—文化宫站盾构区间工程,盾构穿越过程中石拱桥监测数据在规范允许范围内,效果显著。

2) 工法特点

(1) 形成了一套完整的加固保护体系,保证了石拱桥的自稳性与地层的沉降在允许范围内。

(2) 施工速度快,盾构施工安全性高,经济效果明显。

(3) 工艺可操作性强,只要采取相应方法和措施满足城市环境条件即可推广使用。

3) 适用范围

本工法适用于盾构下穿桥梁或类似障碍物的隧道施工。

第 12 节 外置推进式盾构机过站施工工法

1. 基本情况

(1) 工法级别:湖北省省级

(2) 工法编号:HBGF206-2014

(3) 完成单位:中铁十一局集团有限公司

2. 基本内容

1) 前言

盾构机过站是盾构法施工中常见的工艺,也是快速、安全施工的重要环节,传统盾构机过站方法分为滑移式托架过站、后置式滚轮过站等多种方法,设备笨重、安全风险较高,且在一些过站条件比较苛刻环境中,两种方法均难以满足要求。

外置推进式盾构机过站施工工法:通过设计预制轮滚式行走小车和滑移式反力装置,轮滚式行走小车能承载盾构机盾体约300t的质量,滑移式反力装置能提供盾构机整体前进的反力,反力可克服盾体及后配套台车前行的摩擦阻力和台车小半径曲线内转弯的摩擦阻力,滑移式反力装置能快速拆装和移动;另外,在车站底板上铺设盾构机行走轨道,盾体脱离盾构托架(或脱离洞门)的过程中依次将行走小车和小车安装支座焊接在盾体的前盾和中盾上,当盾尾完全脱离托架后,在钢轨上穿入反力装置。在盾尾内设置外置泵站,在中盾的小车后端设置外置千斤顶,用外置千斤顶顶推反力装置直接推进过站。

该工法成功应用于合肥南站配套城市轨道交通土建工程施工2标盾构过站施工中,妥善解决了盾构机分体过站的动力问题,并使盾构机的移动方向较易控制,顺利完成了盾构机在狭长区间内的过站施工,缩短施工周期一周以上,综合效益显著。

2) 工法特点

(1) 采用在盾体上焊接4套行走小车过站,前进阻力小,速度快。

(2) 盾构机前进动力由固定在后置行走小车上的外置千斤顶提供,合理利用了盾体的荷载分布,同时外置千斤顶比盾构机自身底部千斤顶高程极大地降低,有效降低了钢轨所受弯矩,安全性明显提高。

(3) 盾构机行进采用滑移式反力装置,反力装置分别安装在两根钢轨上,与传统过站工艺相比,省去了行走托架或反力装置间的大型横梁,操作性方便,减少了大型设备和人力资源投入。

(4) 大部分设备和材料可与盾构始发通用,损耗少,过站成本低,节能环保效益明显。

(5) 既可以实现分体过站,也可以实现整体过站,两侧千斤顶可以联动也可以单体伸长,可在狭小空间中灵活调整过站方向和姿态,对施工条件的适应性好。

3) 适用范围

本工法适用于铁路、公路、地铁等盾构车站以及明挖段、暗挖隧道的盾构过站施工,可灵活应用于各种条件的盾构过站施工。

第13节 土压平衡盾构穿越密集建筑物下富水砂卵石地层施工工法

1. 基本情况

(1) 工法级别:四川省省级

(2) 工法编号:SCGF 033-2014

(3) 完成单位:中铁十一局集团有限公司,中铁十一局集团城市轨道工程有限公司

2. 基本内容

1) 前言

在我国地铁建设中,土压平衡盾构法施工因其适应性广、对环境影响小、安全性高等特点而得到了广泛的应用,但对富水卵石地层而言,盾构机在掘进过程中极易发生喷涌和超挖,通过沉降和滞后沉降十分明显,严重危及地面建筑物的安全。成都为高富水、高卵石含量地质,因地面沉降难以控制,地铁已建线路刻意避开了盾构连续穿越地面建筑的施工。

土压平衡盾构穿越密集建筑物下富水砂卵石地层施工工法,即通过盾构配置技术、全线路降水技术、双模式盾构掘进技术、全方位动态注浆技术等多项技术,并结合预控制、跟踪控制、反馈控制,实行动态的盾构掘进管理和地面沉降管理,地下与地上协同配合完成了盾构机在富水砂卵石地层中穿越密集建筑群的施工,妥善解决了盾构机在复杂地质和地面条件下安全通过密集建筑群下富水砂卵石地层的问题,有效控制了地面建筑物沉降和砂卵石地层对刀具磨损的影响,避免了换刀过程中的施工安全风险,高效保证了盾构机安全且快速穿越密集建筑群下富水砂卵地层。

该工法成功应用于成都地铁 2 号线一期工程土建 5 标羊白区间隧道穿越密实砂卵石层工程,效果显著,取得了良好的社会效益和经济效益。

2)工法特点

(1)针对性的刀盘设计和刀具配置,可有效提高换刀里程,减少洞内换刀的次数,降低换刀风险。

(2)采用全线路降水技术,可有效防止喷涌,也利于加强地面注浆效果。

(3)采用双模式盾构掘进技术,可降低刀盘磨损,利于盾构机顺利掘进。

(4)采用全方位动态注浆技术,可有效控制地表沉降,保障地面建筑物的安全。

3)适用范围

本工法适用于地面沉降控制要求高的富水砂卵石地层盾构隧道施工。

第 14 节　不开仓情况下盾构机刀盘泥饼处理施工工法

1. 基本情况

(1)工法级别:江苏省省级

(2)工法编号:JSSJGF2018-1-217

(3)完成单位:中铁十一局集团城市轨道工程有限公司

2. 基本内容

1)前言

复杂地层中,盾构掘进施工常常会遇到刀盘结泥饼这一难题,它的存在关系到掘进的安全性、设备的耐久性和施工组织的合理性。

打分散剂是刀盘结泥饼较简单且安全的处理方法,相对开仓处理会减少很大的风险,先通过刀盘掌子面泥膜制作确保土仓气密性;再通过土仓渣土土气置换,置换一部分土仓渣土出来,往土仓注入压缩空气;然后盾构机泡沫系统和膨润土系统将配合比拌制好的分散剂注入土仓进行浸泡,分散剂渗透到黏泥胶团中氧化分解使刀盘上和土仓壁上包裹的泥饼脱落,并伴随转动刀盘搅动,使土仓内的泥饼充分均匀浸泡并搅拌扰动脱落,从而达到改善土仓渣土结构,有效解决刀盘结泥饼的问题。

该工法成功应用于杭州地铁 4 号线一期工程南延伸段 4 标复兴路站—水澄桥站区间工程,效果显著,取得了良好的社会效益和经济效益。

2)工法特点

(1)与传统技术相比,该工法避免了地面协调加固、等待加固强度、人员进仓处理泥饼等一系列烦琐工序,完全颠覆了现有解决盾构机刀盘泥饼处理方法,大大缩短了工期。

(2)不用占用场地进行加固,不需要协调地面打围、设备进场旋喷加固,所以占用空间小,有效节约了施工场地、加固周期及高昂的人员带压进仓成本等,大大节约了施工成本。

(3)采用了膨润土、压缩空气、分散剂等材料与传统技术地面加固产生弃浆污染场地相比,具有经典的节能、环保、绿色、低碳的特点。仅需在盾构施工的同时在隧道内采取洞内措施,施工便捷、工艺先进、安全性高,施工速度快,费用较低。

（4）实现了不用开仓也无须人员进仓自动去除泥饼，规避人员安全风险，安全可靠，效率高。

3）适用范围

本工法适用于地质条件差，不良地层掘进，土仓结构不理想，土仓内固结泥饼的处理安全性要求高，地表施工场地小或盾构工期紧等条件下的土压平衡盾构施工。

第 15 节　小间距重叠隧道盾构法施工工法

1. 基本情况

（1）工法级别：国家级
（2）证书编号：GJEJGF278-2012
（3）完成单位：中铁一局集团有限公司

2. 基本内容

1）前言

随着现代化城市基础建设的飞速发展，城市地下空间也得到了充分利用，地下建（构）筑物、市政管道、高层建筑桩基础相互交织，地下可利用空间日趋紧张。地铁作为 21 世纪最快捷、舒适和安全的交通方式，在大中型城市得到了极大普及，但受城市高架桥、高层房屋基础等诸多因素影响，城市地铁在选线择线路时将会越来越多地采用上下重叠隧道结构。

由中铁一局集团有限公司承建的深圳市地铁 3 号线 3101 标段红岭站—老街站—晒布路站盾构区间设计为上下重叠隧道，重叠段全长 1045m，最小重叠净距为 1.6m，且重叠隧道段主要地层以⟨6-1⟩残积层和⟨11-1⟩全风化花岗片麻岩为主，地层相对较软弱，重叠隧道施工后施工隧道对先施工隧道影响较大，该工程具有地质软弱、重叠距离长、重叠净距小的特点。

该重叠隧道工程施工共分模拟分析、方案制定、方案实施、数据采集、数据分析和效果总结共计 6 个阶段，重叠隧道采用盾构法施工在"先下后上"和"先上后下"两种不同施工顺序下均获得了成功，且设计发明的用于重叠隧道施工过程中"可移动式轮式台车支撑体系"获得了实用新型专利。

2）工法特点

（1）采用三维数值模拟的方法，借助 ANSYS 软件对重叠隧道采用盾构法施工不同工况进行了模拟分析，并确定了最合理的施工顺序和施工方案。

（2）重叠隧道夹层土体注浆加固技术，实现了在不影响地面交通的情况下对软弱土体的加固。

（3）施工中设计发明的"自行式轮式液压台车支撑体系"实现了在后建隧道施工过程中对先建隧道结构的同步、连续支撑。

（4）采用多种量测信息技术指导施工，使工程施工过程处于可控状态。

3）适用范围

本工法适用于广深地区粉质黏土层和花岗岩全、强风化层，并且上下重叠隧道间距不小于 1.6m 的超小间距长距离上下重叠隧道采用盾构法进行施工的。

第 16 节　全断面圆砾层盾构施工工法

1. 基本情况

（1）工法级别：陕西省省级
（2）证书编号：SXSJGF2015-093

(3)完成单位：中铁一局集团有限公司

2. 基本内容

1）前言

盾构法施工以其安全、快速、高效等优点在国内外地下工程，尤其是城市地铁建设中得到越来越广泛的应用。在使用盾构法进行城市地铁隧道修建中，不可避免地要对线路沿线地面建（构）筑物造成一定程度的影响，要求在盾构施工时既要保证盾构施工隧道本身的安全，还要解决好盾构穿越地层时对邻近既有建（构）筑物的影响问题。

由中铁一局集团有限公司承建的南宁地铁1号线15标盾构区间隧道沿南宁市由西向东经城市交通主干道民族大道下方穿行，沿线建（构）筑物众多，管线密集，盾构隧道总长约3.3km，埋深7～15m，根据区间纵剖面图，右线穿越全断面的圆砾层284.9m，左线穿越全面的圆砾层267.9m。盾构机在南宁这种全断面的圆砾层中掘进，在国内属于首例，之前无在该地层中盾构掘进施工的工程实例。

南宁的圆砾层不同于成都和北京的卵石地层，该圆砾层自稳性差、透水性强、渗透系数大且地下水具有承压性，在富水情况下，如果渣土改良不好容易出现喷涌现象。针对这种地层，解决好盾构选型、渣土改良、同步注浆和盾构掘进参数控制等，将成为盾构隧道施工成功的关键，也为以后国内类似工程提供经验和参考。因此，开发此工法非常重要和必要。该工法由于在处理南宁特有富水砂卵石地层盾构掘进功效显著，施工质量较高，盾构施工对既有建筑物、管线的影响不明显，技术先进，故有显著的社会效益和经济效益。

2）工法特点

（1）该工法在南宁特有的富水圆砾地层中施工效果好，施工质量高。成型隧道各方面指标均符合国家规范要求，管片错台、破损、渗漏均较少发生。

（2）该工法在南宁特有的富水圆砾地层中施工还体现出施工进度快的特点。盾构机于2013年12月1日在现场组装完成并顺利始发，2014年5月7日完成南金区间726.8m的掘进，区间顺利贯通。2014年7月16日在金湖广场站盾构机二次始发，2014年12月6日完成金会区间968m的掘进，本标段区间全部顺利贯通。最高月进度2014年9月26日～10月25日掘进213环，共319.5m，创造了良好的掘进效益。

（3）该工法施工不受地面交通、河道、季节、气候等条件的影响，地面人文自然景观也受到良好的保护，周围环境不受施工干扰。

（4）与浅埋暗挖等其他施工方法相比，土压平衡盾构机在施工过程中对地表的影响较小，且更易控制，地表相对安全。

（5）按欧美和日本的施工经验，地层渗透系数与盾构选型关系示意图，则应选择泥水盾构，但通过实践证明，针对南宁特有的富水圆砾地层，在做好刀盘设计、刀具布置、刀盘开口率选择、推力主驱动能力配置的情况下，土压平衡盾构机是完全能够满足南宁地区特有水文地质条件下的施工要求的。

3）适用范围

本工法适用于富水圆砾地层中，临近建（构）筑物、管线密集、地面条件限制、地层构造复杂的土压平衡盾构机地下工程施工。

第17节　盾构隧道硬岩段地面深孔爆破预处理施工工法

1. 基本情况

（1）工法级别：陕西省级
（2）证书编号：SXSJGF2015-092
（3）完成单位：中铁一局集团有限公司

2. 基本内容

1）前言

在硬岩地段进行盾构施工,若盾构机正常掘进通过,则刀盘、刀具磨损严重,掘进速度缓慢,且需频繁换刀,容易引起地面沉降、坍陷,施工风险较大,安全、质量难以得到保证,施工成本剧增。

而即使某些地段对凸起的坚硬花岗岩进行了预先爆破破碎处理,若其爆破参数选取不合理,爆破工艺、钻孔工艺不成熟,则仍需进一步调整。由中铁一局集团城市轨道交通工程有限公司承建的深圳地铁11号线某区间顺利贯通,优质、高效地完成了上软下硬地层、基岩凸起地段的掘进任务,总结出了成熟的施工经验,对于类似基岩凸起地层盾构掘进具有指导意义。

2）工法特点

通过地面钻孔将岩石分割,再利用炸药爆炸产生的能量使岩石破碎、解体成较小块状,从而破坏岩石的整体性,以便盾构机顺利掘进。该施工方法已被我公司应用到广州、深圳、东莞等多个地铁工程的施工中,被证明是一种科学、合理、有效的施工方法。因此,基岩凸起采用"深孔爆破法"预处理绝对是一种安全、科学、可行的施工方法,它对提高盾构掘进速度、确保盾构施工安全、节省盾构掘进成本将起决定性作用。

3）适用范围

盾构隧道穿越地层主要为中、微风化岩石地层,或存在孤石,且地面施工条件较好,无地下管线、重要建(构)筑物。

第18节　盾构机回填土中接收施工工法

1. 基本情况

（1）工法级别：陕西省省级
（2）证书编号：SXSJGF2014-009
（3）完成单位：中铁一局集团有限公司

2. 基本内容

1）前言

盾构进洞接收是盾构法隧道施工的重大风险控制环节,在深覆土、高水压等复杂地质条件下进洞施工风险不能有效规避,常因工法、施工、组织、设备等原因引发涌水涌沙、洞门坍塌失稳,甚至盾构机被埋、地表塌陷、建(构)筑物破损、管线破坏等重大工程事故。土中进洞施工方法,已在超大直径盾构施工中广泛应用,先后在上海、南京、杭州等华东地区的城市轨道交通建设中积累了诸多成功经验,是一种克服盾构机接收环境、工程水文地质等难点,规避盾构机接收过程中重大工程风险的有效施工方法。

由中铁一局集团城市轨道交通工程公司承建的武汉地铁3号线土建工程10标段,王家墩北站—范湖站盾构区间范湖站盾构进洞接收工程,采用了土中进洞法,根据施工条件优化了端头加固方案,在接收井内设置中隔墙,防止左、右线盾构机接收相互影响,底板浇筑素混凝土导台,用土方回填接收井并施作钢筋混凝土盖板封闭等施工技术,取得了成功。本工法是在2012—2013年王家墩北站—范湖站盾构区间隧道施工中形成的。

2）工法特点

（1）可用于接收端头加固不良、隧道埋深大、承压水头高、富水软弱地层、邻近重要建(构)筑物变形沉降指标严格等工程风险相对较高,对盾构进洞过程安全要求较高的工程中,减少对施工环境的依赖和破坏,适用范围广。

（2）在盾构机接收井内回填土方后,能平衡接收井内外水土压力差,防控涌水涌沙的可能性,对邻近重要建(构)筑物、管线沉降完全可控,措施可靠、操作性强;工法各环节易受控,施工方法简单易行。

(3)从工期、造价及施工难易程度等方面均优于土压平衡盾构机接收中普遍采用的冻结加固法,通过前期接收井围护结构技术策划优化、盾构选型等措施可替代冻结加固法,具有一定的社会、经济效益。

(4)可有效控制地表及邻近重要建(构)筑物沉降,对周围环境影响小。

3)适用范围

本工法适用于土压平衡盾构机在深覆土、高水压的软弱地层,以及复杂施工环境等存在较大风险的盾构机接收施工,同时,对钢套筒在盾构机接收中的应用及泥水平衡盾构机水中进洞有一定的借鉴意义。

第19节 盾构隧道管片接缝硅烷浸渍防腐施工工法

1. 基本情况

(1)工法级别:湖南省省级
(2)工法编号:HNJSGF241-2017
(3)完成单位:中国建筑一局(集团)有限公司

2. 基本内容

1)前言

目前,随着经济的发展和生产力水平的提高,盾构法施工在城市轨道交通工程中的应用越来越广泛。隧道盾构法施工可实现掘进、出土、衬砌等环节的自动化、智能化和施工远程控制信息化,掘进速度较快,施工劳动强度较低,施工安全性较高。国内市政隧道大多数采用大直径盾构法施工,施工过程中沉降小、较安全、效率高。

然而,盾构隧道场地地下水中存在硫酸根离子和氯离子,在干湿交替环境下,对盾构管片中的钢筋和混凝土有中等腐蚀性,将严重影响隧道的使用寿命。为此对管片进行防腐处理,处理方式采用硅烷浸渍。硅烷系液态憎水剂浸渍混凝土表面,即使这种憎水剂渗入混凝土毛细孔中的深度只有几毫米,但是由于它与已水化的水泥发生化学反应,反应物使毛细孔壁产生憎水性能,使水分及其所携带的氯化物都难以渗入混凝土,这种防腐处理技术施工简便、经济、长效,成功应用于湖南省衡阳市合江套湘江隧道工程中,效果显著。

2)工法特点

(1)该工法施工工序简单,实施操作容易,成装时间较快,后期养护难度较小。
(2)该工法涂层为渗透型,渗透厚度在3mm以上,管片外层无涂装厚度,对管片拼装无影响。
(3)防腐性能可靠,效果持久。
(4)该工法采用单层喷涂,原材料价格低廉,相比于其他多层涂装方式,节约了工期,降低了成本。

3)适用范围

该工法适用于所有采用盾构法施工的地下隧道工程的管片防腐施工;也可在地下工程场地地下水对混凝土结构具有中等腐蚀性的环境中,对地下工程的混凝土预制构配件进行防腐使用。

第20节 粉砂质泥岩地层中管片壁后注浆施工工法

1. 基本情况

(1)工法级别:湖南省省级
(2)工法编号:HNJSGF154-2017
(3)完成单位:中国建筑一局(集团)有限公司

2. 基本内容

1)前言

盾构施工技术在我国地下工程中的应用越来越广泛,已经成为越江隧道建设的主要方法。盾构掘进后,在管片与地层之间、管片与盾尾壳体之间将存在一定的空隙,为控制地层变形,减少沉降,防止管片出现上浮、下沉现象,并利于提高隧道抗渗性以及管片衬砌的早期稳定,需要在管片壁后进行填充浆液。壁后注浆的方式包括同步注浆、及时注浆、二次补强注浆。

从隧道穿过的地质特点、注浆效果、地面建筑物沉降等角度综合分析,当隧道穿越区域从上到下依次为圆砾层、中砂层、全风化粉砂质泥岩和强风化粉砂质泥岩时,盾构机在上软下硬地层中掘进,盾构机上下部所受到的阻力不同导致刀盘向软地层方向"滑移",进而导致顶部土体超挖严重,同步注浆不能充分填充管片与地层之间的空隙湖南省衡阳市合江套湘江隧道工程盾构隧道施工中摸索出改进同步注浆并与二次注浆相结合的注浆施工工法。

2)工法特点

(1)用系统注浆管路进行同步注浆,填充管片中部及以下部分,防止管片下沉。

(2)盾构掘进10环形成的封闭环为注浆提供了封闭环境,可防止浆液流失,减少浪费,节约成本,安全环保。

(3)封闭环第5环开孔注浆,提高了注浆密实度,可有效控制管片上浮及接缝处渗漏水现象。

(4)施工管理方便、自动化程度高,现场占用空间小。

3)适用范围

该工法适用于大直径泥水平衡盾构隧道掘进壁后注浆施工,也可在富水圆砾层、中砂层、粉砂质泥岩等上软下硬复合地层中使用。

第21节 强透水地层大直径泥水盾构始发施工工法

1. 基本情况

(1)工法级别:湖南省省级

(2)工法编号:HNJSGF246-2017

(3)完成单位:中国建筑一局(集团)有限公司

2. 基本内容

1)前言

近年来,盾构法作为一种先进的施工方法以其施工速度快、安全程度高、对地面扰动少、适用于各类复杂地层等特点被广泛应用。穿江隧道往往地层复杂,透水性强,保证盾构成功始发成为盾构施工的重中之重。研究在强透水地层盾构始发技术对于保证施工安全、改善运营条件具有极其重大的社会意义与价值。中建一局在湖南省衡阳市合江套湘江隧道施工中,成功完成了强透水地层条件下大直径盾构的始发工作。本工法是在总结此次始发的关键环节和控制点的基础上形成的。

2)工法特点

(1)该工法中端头加固采用了咬合三重管高压旋喷桩与袖阀管注浆结合的方式,有效加强了端头土体强度,增强了止水效果,始发过程未出现端头土体塌陷状况,具有显著的技术效益。

(2)该工法洞门密封装置新颖独特,密封效果良好,始发前后均未出现漏水漏浆现象,无须增设止水措施,降低了施工成本,具有显著的经济效益和环保效益。

3)适用范围

(1)本工法能适应多种工程、水文地质条件及复杂环境条件,适宜穿越河道特殊条件下的隧道工程施工。

(2)可在粉细砂、中粗砂、黏土、卵砾石等软硬相间的地层中使用。

第22节　富水砂层地铁盾构钢套筒接收施工工法

1. 基本情况

（1）工法级别：湖北省省级
（2）工法编号：HBGF027-2018
（3）完成单位：中建三局基础设施建设投资有限公司

2. 基本内容

1）前言

近年来，随着城市轨道交通的快速发展，盾构法以其安全性和高效性逐渐成为城市地铁施工的主要方法。但由于工程地质不同，盾构法施工过程中的风险也存在差异，其中盾构的接收风险是关系到隧道及周边环境安全的重大风险。在众多盾构机接收的事故中，端头加固效果不理想且地质条件主要为稳定性差、渗透系数大、含水量丰富的粉细砂层，成为导致盾构机接收时发生渗漏甚至洞门坍塌的主要原因。为保证盾构在富水深厚砂层地层中的接收安全，必须采取有效的接收辅助措施。尤其当区间接收段地层主要为〈4-1〉粉砂Q_4^{al}、〈4-2〉粉细砂Q_4^{al}、〈3-5〉粉质黏土等软弱透水地层，稳定性较差，土体渗透系数大，盾构机接收时极易出现涌水、涌沙，接收风险高。

针对该问题，中建三局基础设施建设投资有限公司研发了一种U形素混凝土地下连续墙加钢套筒盾构结构及其接收方法。研发过程中形成国家发明专利"一种U形素混凝土地下连续墙加钢套筒盾构结构及其接收方法"，专利受理号201710315753.5。本工法为"大起伏岩面巨厚富水砂层条件下深埋地铁施工关键技术"的主要研究成果之一，该科研课题经湖北技术交易所组织评价，整体达到国际先进水平。在科技查新中，该技术的创新点在国内外文献范围内未见相同报道。

2）工法特点

（1）本工法采用U形素混凝土地下连续墙+钢套筒相结合的方式显著降低了盾构机接收时涌水、涌沙的风险。

（2）适用性广。适用于各种复杂地层，尤其是洞门端头地质条件差，且端头加固效果难以满足要求时，本工法具有明显的优势。

3）适用范围

本工法适用于各种复杂地质条件下的盾构机接收施工。

第23节　盾构机整体吊装运输施工工法

1. 基本情况

（1）工法级别：湖北省省级
（2）工法编号：HBGF055-2016
（3）完成单位：中建三局一公司基础设施分公司

2. 基本内容

1）前言

随着国民经济水平的提高和城市化进程的逐步加快，城市地铁这种便利、绿色环保并且节约城市空间的新型交通工具正高速发展起来。在地铁工程建设中,由于始发条件的限制,在掘进完一条线路后需将盾构机吊往另一始发站进行下一条线路始发,这个过程称为盾构机吊装。盾构机吊装分为整体和解体两种形式。

相比解体吊装,整体吊装具有施工占用场地小、施工工期短的优点。然而,因盾构机整体吨位大、前重后轻、易倾斜等特点,盾构机整体吊装难度极大。因此,这种盾构机整体吊装方法一直以来由于技术难度高而未被广泛采用。

中建三局第一建设工程有限责任公司在深圳地铁9号线施工时,针对城市地铁建设中盾构机整体吊装的突出问题和现状,在盾构机井口利用钢梁和导轨搭设盾构机出井装置,利用液压提升设备和顶升设备,在狭小场地条件下完成了负三层车站的盾构机的整体吊装。随后运用遥控平板车完成了盾构机的整体运输。吊装过程中,盾构机无倾斜及晃动,提升装置下部支撑结构亦安全可靠。经过整体吊装运输后的盾构机经分体始发过程后仍然能高效运行。

"地铁车站负三层盾构机整体吊装技术"经湖北省住房和城乡建设厅组织科技成果鉴定,该成果总体达到国内先进水平。为更好地在地铁盾构施工中进行推广应用,总结形成了盾构机整体吊装运输施工工法。

2)工法特点

(1)相对于传统的解体吊装,盾构机盾体采用整体吊装提升,盾构机没有拆卸和组装的过程,保持了原有的良好磨合率,间接提高了后期盾构施工效率。

(2)盾构机提升装载至遥控平板车上,遥控整体转运至始发井,运输安全可靠。

(3)相对解体吊装,盾构机盾体整体吊装运输节省工期、节省场地,且整体吊装的适用面更广,对于狭小场地、垂直吊距大、土质差的情况都能够应用。

3)适用范围

本工法适用于地铁建设中盾构机整体吊装运输工程。

第24节　重叠盾构隧道移动钢支撑加固施工工法

1. 基本情况

(1)工法级别:中建集团级、湖北省省级

(2)工法编号:ZJGF062-2016、HBGF040-2016

(3)完成单位:中建三局一公司基础设施分公司

2. 基本内容

1)前言

随着国民经济水平的提高和城市化进程的逐步加快,城市地铁这种便利、绿色环保并且节约城市空间的新型交通工具正高速发展起来。在地铁工程建设中,小间距上下重叠隧道是常见的施工难题。根据盾构施工中的力学特性,一般采取先掘进下行隧道再掘进上行隧道的方法进行施工。在施工隧道时,会对周边土体及下行已经成型的隧道产生影响,严重的会使下行隧道产生不同程度的上行错台和漏水。

传统施工采用预注浆及液压支撑台车作为施工重叠隧道时的保护措施。这种施工方法能够保护重叠隧道夹层中的土体,防止其产生扰动导致过大的变形,并且能够一定程度上保护下行隧道中已经成型的管片。然而,目前的液压支撑台车采用液压动力控制,多点支撑的形式。这类点支撑形式容易产生支撑处管片应力集中,从而使管片局部产生破裂。整个设备制造难度大、一般小型钢结构工厂无法制造。此外,现有的液压支撑台车还存在制造费用高、操作难度大、适用面窄及对下行隧道保护不足等缺点。中建三局第一建设工程有限责任公司在深圳地铁9号线施工中,针对传统设计与工艺存在的不足,采用移动钢支撑加固技术,改变了重叠隧道施工方法的设计与工艺,所采取的移动钢支撑工艺具有现场实施效果好、制造难度低、施工费用低、设备操作更易上手、适用面广和可重复使用等优点。为更好地推广应用移动钢支撑加固技术,总结形成了重叠盾构隧道移动钢支撑加固施工工法。

2)工法特点

(1)采用自行设计的一套新的钢支撑设备,该设备制造难度低,一般小型钢结构工厂均可制造,节约大量人工,其制造时间为原设备的33%。

(2)采用若干液压油缸及限位块代替液压支撑,整个支撑设备造价为原设备的27%。

(3)所采取的夹层预注浆及重叠隧道钢支撑等工艺现场实施、操作方便,操作人员容易上手。

(4)自行设计和制造的重叠隧道钢支撑能够加强对隧道下部管片的保护,因此,无论是保护上行隧道还是下行隧道,该设备都能够适用。

3)适用范围

本工法适用于地铁建设中重叠隧道工程施工。

第25节 "先隧后站"的盾构过站施工工法

1. 基本情况

(1)工法级别:湖南省省级

(2)工法编号:HNJSGF119-2014

(3)完成单位:中国建筑第五工程局有限公司

2. 基本内容

1)前言

"先隧后站"盾构过站施工工法是针对当车站工期无法满足常规过站条件时,为保证盾构掘进不受车站施工影响而盾构掘进通过车站后再施工车站主体的一项新施工工法。该工法通过掘进前的净空验算、掘进线路设计、端头处理,掘进穿过车站围护结构的参数设计,以及掘进后车站开挖过程端头防水等技术措施,有效地避免和解决了"先隧后站"盾构过站施工中可能存在的问题。该工法在深圳地铁施工中已成功应用,取得了良好的经济和社会效益。

2)工法特点

(1)减少了车站对盾构施工影响。采用"先隧后站"即先盾构掘进穿越车站再施工车站主体的施工顺序,避免车站进度对盾构隧道工期的影响。

(2)降低了盾构过站的安全风险。盾构直接掘进过站,没有盾构到达、始发和转运等环节,因此施工的风险明显降低。

(3)节约了施工成本。因盾构掘进过站,车站两端头地层无须加固或加固范围很小,并且缩短了盾构施工工期和总工期,提高了盾构机的利用率,所以降低了施工成本。

3)适应范围

本工法适用于当车站工期无法满足常规过站条件时,为保证盾构掘进不受车站施工影响而先盾构掘进通过车站后再施工车站主体的施工,其他类似条件下的盾构施工可参照实施。

第26节 土压平衡盾构穿越富水断层破碎带施工工法

1. 基本情况

(1)工法级别:湖南省省级

(2)工法编号:HNJSGF129-2015

（3）完成单位：中国建筑第五工程局有限公司

2. 基本内容

1）前言

国内外地下空间的开发利用推动了城市现代化的发展进程，土压平衡盾构机在开发地下空间过程中被广泛运用；不同的地质条件选择不同的掘进参数，特别是在富水破碎带的地层，同时地处高楼林立的城市敏感区，盾构掘进参数的选取对盾构掘进的风险控制十分关键。本工法以深圳地铁9号线9104-2标段项目盾构隧道为工程实例，从掘进机械设备、掘进参数、辅助措施等方面寻求思路，探究土压平衡盾构穿越富水断层破碎带施工技术。

深圳地铁9号线9104-2标为两站两区间，其中区间单线总长约1.5km，采用ϕ6250mm复合土压平衡盾构施工，隧道外径6000mm、内径5400mm。区间隧道主要位于卵石〈3-6〉、硬塑状砾质黏土〈6-2〉、变质砂岩全风化带〈8-1〉、变质砂岩强风化带〈8-2〉、变质砂岩中风化带〈8-3〉、变质砂岩微风化带〈8-4〉、强风化断层角砾〈13-2〉和全风化断层角砾〈13-1〉地层。由于工程位于深圳罗湖区，区间隧道须多次穿越罗湖断裂带束FL8、FL9。受该断裂影响，岩石局部碎裂风化，岩石相对较破碎，重结晶作用较明显，岩性较复杂，称之为断层角砾破碎带。又根据地勘资料显示，该断裂束内含承压水，涌水量相当大，有可能与布吉河连通，因此土压盾构在该地层中掘进易出现喷涌、刀盘刀具和螺旋输送机易磨损等问题。

针对深圳地铁9号线9104-2标项目盾构隧道在穿过富水断层破碎带段所遇到的前所未有的困难，中国建筑第五工程局有限公司提出了通过修正掘进参数、完善盾构设备及利用辅助措施，达到平稳穿越富水断层破碎带的效果。经过现场试验、提炼、归纳和总结，逐步形成了土压平衡盾构穿越断层破碎带施工工法。实践结果表明，应用此工法，可有效地解决盾构下穿富水断层破碎带喷涌、磨损刀具、地面沉降等问题。在富水断层破碎带应用此工法能极大地保证盾构掘进安全，节约成本，降低风险。其经济效益和社会效益显著，具有广阔的应用前景。

2）工法特点

本工法属盾构隧道掘进应对复杂地质水文条件的一项工法，可有效处治盾构机在该地质水文条件下因掘进带来的刀盘刀具磨损、螺旋输送机磨损、喷涌喷渣、地面沉降等问题，其特点如下。

（1）地面调查，地质补勘

在盾构掘进过程中，由地质条件突变引发盾构掘进地质风险和地面风险，致使盾构掘进风险不可控，为此强化地质超前预报，补勘分析地质数据，重视地面建（构）筑物调查；建立以地质为基础，地面调查为关键的盾构掘进体系。

（2）设备改良，硬岩突破

根据断层破碎带对盾构机刀盘及螺旋输送机加焊耐磨网格，为土压平衡盾构机安全穿越破碎带时刀盘及螺旋输送机防磨损做好准备；刀盘面板及刀箱采取加焊HARDOX板及方格耐磨堆焊的措施，对螺旋输送机叶片采取在叶片上加焊耐磨复合材料，每完成一个工程后可以对该耐磨复合材料进行更换，在螺旋输送机前端筒体加装可更换的耐磨块；同时根据断层破碎带围岩的变化情况及时更换刀具，可将双刃滚刀更换为单刃滚刀。

（3）参数调整，防塌止喷

采取渣土改良、减少地下水来源、配置保压渣泵系统措施，防止喷涌；启动盾构稳定装置，控制螺旋输送机转速和后闸门开口，防止喷渣；适当增大土仓土压，确保土压平衡，注意控制盾构姿态和刀盘扭矩，防止出现过大的方向偏差，在盾构穿越过程中通过信息化修正掘进参数和调整掘进措施保障掘进安全。

（4）措施辅助，快速穿越

加强盾构穿越断层破碎带影响区域的监控量测，加强同步注浆，避免浆液漏入盾尾，防止土体塑性区的扩大；及时跟进二次注浆，严格控制出渣量，控制地表沉陷，在各项掘进指标正常的情况下，保障盾构稳定快速通过。

3）适用范围

本工法适用于富水（涌水量 $Q > 1200\text{m}^3/\text{d}$）断层破碎带的城市地铁隧道施工，在轨道交通、市政工程、公路、铁路、电力、水工等各种地下工程的穿越富水破碎带施工中均可广泛采用。

第 27 节　断层破碎带地层全方位高压喷射施工工法

1. 基本情况

（1）工法级别：湖南省省级
（2）工法编号：HNJSGF218-2017
（3）完成单位：中建隧道建设有限公司

2. 基本内容

1）前言

近年来，城市交通压力不断增大，城市轨道交通成为缓解城市交通压力的重要手段。同时，随着轨道交通规模的不断增大，带来了许多具有挑战性的工程难题。如城市轨道交通建设中将不可避免地出现下穿敏感建（构）筑物的情况。若盾构下穿施工控制不当，将导致上部敏感建（构）筑物产生附加应力及差异沉降超限，影响其正常试验。

在现行施工技术中，通常采用地面注浆加固来减小拟建隧道盾构掘进施工对建（构）筑物的影响。但若下穿地层为断层破碎带，如果继续采用上述施工方法，则可能由于断层破碎带孔隙比大，浆液胶凝时间长，扩散速度快，扩散范围大，导致土体注浆不饱满，无法有效实现止水功能，也无法提高土体强度；同时，地面注浆加固施工操作不便，对既有建（构）筑物扰动影响较大，极易造成既有建（构）筑物附加应力增大，导致受损严重等问题。

因此，为保证上部建（构）筑物和周边环境的稳定，经过试桩与总结，采用新工艺，形成了断层破碎带地层全方位高压喷射施工工法，实践证明，该工法取得了较好的加固效果。

2）工法特点

本工法属于盾构隧道施工技术领域，采用全方位高压喷射施工加固地层，在实际工程应用中总结而成。该工法适合于建（构）筑物变形敏感、安全风险大的隧道工程，特别是盾构隧道下穿敏感建（构）筑物工程。其特点如下：

（1）水泥浆与地层充分混合，加固体均匀性好，强度高

全方位高压喷射施工工法通过其独特多孔管进行高压喷射注浆切削地层，并通过孔内强制排浆和地内压力监测，使土体与浆液在反复高压喷射作用下得到充分混合，从而待浆液凝固后形成有效加固体，加固体均匀性好、强度高。

（2）可控制施工方向，定向摆喷，对环境影响小

通过设置在多孔管前方的喷嘴定向朝远离敏感建（构）筑物一侧一边摆喷施工，一边回拔多孔管，并在喷嘴后方一定位置设置孔压监测装置进行压力监测和强制排浆，对地内压力进行调控，可以大幅度减少地基隆起与下沉，有效减小施工对相邻建（构）筑物的影响。

（3）安全可靠

全方位高压喷射桩机械化、自动化程度高，施工整体安全性好，安全易于控制。

3）适用范围

（1）地铁区间盾构隧道施工。
（2）盾构隧道下穿建（构）筑物施工。

第28节 盾构下穿既有铁路枢纽自动化监测施工工法

1. 基本情况

(1) 工法级别:湖南省省级
(2) 工法编号:HNJSGF216-2017
(3) 完成单位:中建隧道建设有限公司

2. 基本内容

1) 前言

随着社会经济的不断发展及人口增长,我国城市交通面临的压力也越来越大,地铁的产生极大程度上缓解了这种现状。地下铁道交通,是一座城市融入国际大都市现代化交通的显著标志,它不仅是一个国家的国力和科技水平的实力展现,而且还是解决大都市交通紧张状况最理想的交通方式。因此,建设地铁必将是最有效的方法之一,地铁建设的快速发展是大势所趋。而在建设过程中,修建地铁的城市往往繁华拥挤,如何克服场地狭小、管线改迁复杂烦琐、工期紧张难题,从而优质、高效地完成盾构施工,已成为一个重要课题。

由于轨道交通工程具有施工周期长、规模大、精度高和结构复杂等特点,在轨道交通工程建设期间可能会引起周边地质和建(构)筑物产生变形,甚至损坏。因此通过对轨道交通工程下穿过程中火车站既有铁路股道路基稳定性监测以及站场范围内的地面沉降、站台的雨棚柱及电化柱、既有地下管线的监测,保证在轨道交通工程施工期间火车站的安全平稳运营。

但是传统的监测需要人力监测,数据处理也需要一定时间,虽然精度可以满足要求,但是效率低,耗费人力巨大。由于本项目为火车站站场营业线监测项目,铁路股道较多,火车运营较频繁,在监测过程中火车正常运行,传统电子水准仪的监测方法,监测人员需要频繁地进入营业铁路,给监测工作带来诸多不便,人身安全也不易保证。

而自动化监测系统,避免了监测人员频繁地进入营业铁路,利用全站仪对多个测点处布设的棱镜进行自动化扫描,监测测点的沉降变化。因此对于16股道、站场地表、雨棚柱及电化柱采用自动全站仪监测系统比较合适。

2) 工法特点

自动化监测系统测量精度高,测点布设简便,铁路运行区域的地面振动对监测结果影响较小。全站仪和棱镜(或反光片)在施工期间可实时提供监测服务,施工结束后,在运维阶段可作为日常运维监测系统继续使用,亦可为其他工程测量需求提供服务,设备用途广泛,可持续性好。

本工法节约大量人力物力和时间成本,在施工和运营阶段均可使用,比人工监测方式适用性更广。

3) 适用范围

本工法适用于盾构穿越重要、大型建(构)筑物,点位较多的情况,如盾构下穿铁路、体育场、桥梁等建筑。

第29节 岩溶发育区浅埋盾构隧道下穿河道精确快速施工工法

1. 基本情况

(1) 工法级别:湖南省省级
(2) 工法编号:HNJSGF220-2017
(3) 完成单位:中建隧道建设有限公司

2. 基本内容

1）前言

在岩溶发育区采用土压平衡盾构下穿河道时，特别是在浅覆土条件下，由于地质条件复杂，有可能出现河堤河床塌陷、盾构机磕头、管片错台严重、浆液流失、隧道透水甚至塌陷等危险情况。通常在盾构隧道下穿河道施工中，通过控制盾构掘进参数，控制超挖，加强同步注浆及二次补浆，必要时对岩溶进行预加固处理，可以规避部分风险。但常规操作很大程度上依靠施工经验，难以达到精确快速、安全可控的目的，在实际盾构隧道施工中仍存在较大隐患。

本工法通过水下岩溶快速处治技术和基于皮带称重系统的盾构出渣精确控制技术，有效地避免和解决了岩溶发育区浅埋盾构掘进施工中的问题。本工法成功应用于长沙地铁盾构施工，取得了良好的经济和社会效益。

2）工法特点

（1）采用水下速凝化学浆液，通过快速可控注浆技术，实现对水下岩溶的精确高效处治，同时配制性能可控的套壳料，采用旋转提升精确封孔，确保河水不倒灌流入注浆孔，且浆液在水下不发生串流溢出现象，达到了高效、绿色施工的要求。

（2）通过盾构机皮带出渣自动称重系统实时监测出渣量，实现皮带机出渣实时精确控制，并根据出渣量反馈调节盾构掘进参数，避免在浅覆土条件下出现超挖引起河床塌陷等问题，保证盾构机安全快速掘进。

3）适用范围

本工法适用于岩溶地层的盾构下穿河道施工，也可应用于地质条件复杂的各类水下盾构隧道施工。

第30节 盾构机接收套筒精准快速安装施工工法

1. 基本情况

（1）工法级别：重庆市市级
（2）工法编号：2017年第二批
（3）完成单位：中建隧道建设有限公司

2. 基本内容

1）前言

盾构机接收是盾构法施工过程中的关键工序，当盾构机接收端头地质条件较差时，一般需对端头土体进行注浆、旋喷或冻结等方式加固。2010年，广州地铁施工中因周边构筑物以及地下管线影响，不具备从地面加固的条件，首次成功应用了钢套筒辅助盾构机接收技术。工程应用效果表明，该技术能在较差地质条件下，切实降低涌水、涌泥风险，不影响周边环境。并且钢套筒重复使用能降低项目施工成本，从而在近几年地铁施工中得以快速推广。

然而，传统钢套筒接收使用的后端盖和上盖板为整体式结构，单个部件最大质量约20t，加工运输要求极高，也不便于安装，吊装定位对准非常困难，安装工序就需占用8～10d的工期，因此传统钢套筒因其安装费时、运输不便，应用范围具有一定的局限性。

针对传统钢套筒后端盖及上盖板尺寸较大、运输不便、安装工期长等问题，本工法从钢套筒后端盖及上盖板结构设计和装配技术进行优化，有效提高钢套筒安装效率，扩大钢套筒适用范围。

2）工法特点

（1）将传统钢套筒冠球形整体结构式后端盖优化为可拆装的平板式端盖，方便加工、运输和吊装。

(2)将传统钢套筒整体结构式上盖块拆分为三段连接形式,中间使用螺栓连接固定,方便运输吊装。

(3)在钢套筒块与块之间设置连接定位销,实现精准安装。

3)适用范围

本工法适用于土压平衡盾构隧道工程中,在接收工作井范围进行的密闭状态下的盾构机接收施工。

第31节 上软下硬地层盾构法分区填仓常压换刀施工工法

1. 基本情况

(1)工法级别:中建集团级

(2)工法编号:ZJGF047-2017

(3)完成单位:中国建筑股份有限公司,中国建筑第五工程局有限公司

2. 基本内容

1)前言

随着我国的城市化加速发展,盾构法在城市地铁隧道施工中的应用也愈加广泛,但由于盾构机本身的局限性,常规的开仓作业方式已难以应对愈加复杂的地质、水文情况。依托徐州地铁1号线、长沙地铁4号线,研究、实施了一套化学浆液+水泥砂浆分区填仓常压换刀施工工法,解决了上软下硬地层基岩裂隙发育、承压水丰富、土层自稳性抗渗性差的条件下的常压开仓换刀难题,降低了掌子面失稳、盾构机受困风险,有效提高了填仓常压换刀施工效率,取得了良好的效果,为类似工程提供了参考。

2)工法特点

(1)施工适应性高。能有效解决上软下硬地层土体自稳性及抗渗性差、保压效果不理想、基岩裂隙发育及承压水丰富等问题。

(2)施工可操作性强、风险低、工效高,能实现复杂地层常压条件的动火作业,对刀具、刀盘进行更专业化的修复工作。

(3)施工地面影响小。无须进行地面辅助措施,可以减少对地面建(构)筑物、交通的影响。

(4)施工高效、经济。较常规填仓常压开仓施工,盾构机受困风险小、填充料清理快捷、施工周期短、经济高效。

3)适用范围

本工法适用于土压平衡盾构机在上软下硬地层常压开仓换刀施工。

第32节 土压平衡盾构机在富水圆砾地层中施工工法

1. 基本情况

(1)工法级别:广西壮族自治区级

(2)工法编号:GXGF255-2018

(3)完成单位:中建广西投资发展有限公司,中建隧道建设有限公司

2. 基本内容

1)前言

盾构机在穿越富水圆砾地层施工时,容易引起地面沉降大、螺旋输送机喷涌、盾构姿态难控制、刀具磨损严重等问题。土压平衡盾构机在富水圆砾地层中施工工法,介绍了土压平衡盾构机在富水圆砾地层

中掘进的技术,主要技术内容包括刀盘刀具配置选择、渣土改良技术、管片壁后同步注浆与二次注浆、盾构掘进参数控制与沉降控制等。该工法应用于南宁地铁2号线一期工程(三十三中站—苏卢站区间)盾构工程,在富水圆砾地层中施工的地面沉降控制、盾构姿态控制、防螺旋输送机喷涌等方面取得了显著的效果,实现施工中资源的合理配置,大幅提高施工工效,缩短施工工期,经济效益和社会效益良好,具有良好的推广价值。

2)工法特点

(1)本工法对土压平衡盾构机在富水圆砾地层中掘进的技术工程化应用进行研究和优化,总结出一套切实可行的富水圆砾地层土压平衡盾构施工方法,主要包括刀盘刀具配置选择、多元化渣土改良技术、管片壁后同步注浆与二次注浆、盾构掘进参数控制与沉降控制。

(2)本工法盾构机刀盘设计为面板+辐条复合式刀盘,增大刀盘开口率,使圆砾可不经破碎直接通过刀盘开口进入土仓,同时刀具采用耐磨设计,有效降低了刀具的磨损度,提高了施工效率。

(3)本工法采用多元化渣土改良技术,使渣土具有良好的和易性和流塑性,有效防止了泥饼、堵仓、喷涌等不良情况。

(4)本工法通过优化管片壁后同步注浆与二次注浆、盾构掘进参数控制与沉降控制,有效地控制了盾构姿态,降低了地面沉降,提高了盾构施工的安全性。

3)适用范围

本工法适用于土压平衡盾构机在富水圆砾地层中类似工程的施工。

第33节 地铁隧道盾构机密闭钢套筒接收施工工法

1. 基本情况

(1)工法级别:广西壮族自治区级
(2)工法编号:GXGF253-2018
(3)完成单位:中建八局轨道交通建设有限公司

2. 基本内容

1)前言

城市轨道交通高速发展,盾构法施工得到广泛应用,盾构机的转场施工越来越多,常规的转场过程为盾构机接收后拆机,由履带吊吊出刀盘、盾体、后配套等各部分,然后逐个转运至车站始发端,吊装至井下组装调试准备始发。而南宁地铁2号线亭洪路站,由于车站没有预留的盾构机吊装井,盾构掘进至亭洪路站时车站已封顶,现场不具备盾构机吊出转场的条件。

中建八局南宁地铁2号线土建5标项目针对以上问题展开技术攻关,据以往施工经验及国内外先进技术设计过站小车,用过站小车替代传统的接收架,盾构机接收后直接落在过站小车上,用卷扬机、滑轮组牵引盾构机站内前移至车站始发端,有效解决了上述问题。本节总结提炼了盾构机小车过站施工工法。

2)工法特点

(1)盾构机小车过站可在封闭车站内实现盾构主机的整机转场,与传统的转场相比时间短、效率高,且台车转场铺设的马镫及轨道可直接用于下一区间的掘进施工。

(2)盾构机小车过站,与传统的吊出转场相比施工效率高,在组织得当的情况下,一般10d就能顺利过站。与采用钢板平移过站相比,过站小车在轨道上行走阻力小,还适应一定的弯道和缓坡,方向可控。与采用滚轴相比,过站小车整体的稳定性高,速度可控,安全系数高。

(3)过站小车采用现有接收托架改造,制作工艺简单,与钢板过站、滚轴过站相比,过站小车安全稳定、速度方向可控、工艺相对简单、施工质量容易保证,且材料要求较低。小车过站利用卷扬机、滑轮组牵引过站,与传统的吊出转场相比,减少了大型履带吊的高额台班费用,造价较低,小车过站只需断开部分管、线路,不需整机拆装,有效缩短了工期且在用工方面主要为掘进施工队伍配合少量专业拆装机人员,而传统的吊出转场需由配备大量专业拆机人员的专业分包队伍组织施工,且掘进队伍在转场施工中处于窝工状态,在用工方面,小车过站的劳动力资源使用更加合理,人工费用较低。

(4)小车过站主要在站内实施,与传统的调出转场长时间占用地面场地相比,协调管理简单;与钢板过站、滚轴过站相比,其工艺简单,便于施工管理,对车站地板的技术要求低。

(5)相比传统的钢板过站、滚轴过站、吊出转场,小车过站安全系数高、造价低、工期可控、技术成熟且要求低,更容易推广使用;城市轨道交通的建设主要集中于主城区、主干道,普遍具有交通疏解压力大、工期紧的特点,相比目前主流的吊出转场,小车过站可在封闭的车站内实施。

3)适用范围

(1)本工法适用于盾构机在接收井封闭的车站内移动及转场(如已封顶回填的车站、暗挖车站、盖挖车站等)。

(2)本工法主要在封闭的车站内实施,不受季节、自然环境的影响;主流的盾构机尺寸与车站净空基本相适应,受车站结构影响小;利用过站小车在两根轨道上移动,与车站接触面窄,受车站底板平整度、预埋钢筋、预埋件影响小。

行业先锋
携手开拓
地下空间

海瑞克集团是机械化隧道掘进领域的技术和市场领导者，遍布全球的项目累计超过4 100个。海瑞克是一家能够提供适应各种地质条件的、直径从0.1 m至19 m的尖端隧道掘进设备供应商。公司致力于为客户量身定制用于交通隧道以及供给和排放隧道的各种掘进设备、管道铺设技术方案、竖井与斜井掘进设备以及深井钻机。

海瑞克集团在2018年的营业收入达13.16亿欧元。作为一个家族企业，海瑞克集团在全球范围内总共拥有超过5 000名员工，其中包括约180名培训生。集团在德国以及海外共有约80家子公司和相关行业领域的联营公司，能够为全球客户及其项目及时地提供优质的全方位技术服务。海瑞克连同其下属机械隧道掘进各个领域的专家团队，组成了强有力的联盟，能根据客户所需为隧道建设提供涵盖了配套设备以及服务的一揽子解决方案，包括：泥水分离站、皮带输送系统、导向系统、轨道运输系统、管片模具以至交钥匙管片生产工厂。

作为可靠的合作伙伴，海瑞克公司能够在整个项目期间贯穿始终地为客户提供全面的支持。从最初的项目设计规划到设备生产、运输、工地组装、隧道施工支持、备件服务以及设备拆卸，海瑞克团队始终在施工现场配合客户。根据客户需求，海瑞克公司也可以为工地现场提供临时的现场施工人员解决方案。公司拥有40年隧道掘进行业经验以及称职的服务专家团队，可以同时为全球约300个施工现场提供支持，根据项目要求提供一站式服务方案。

交通隧道领域：建设高效的公路、地铁和铁路网络。到21世纪中期，世界人口预计达到90亿，而其中三分之二将居住在大都市中。为了使人们出行方便、物流通畅，高效的基础设施需要向地下发展。凭借先进的技术，即便是在空间有限以及地质复杂的施工环境下，也能在特定所需的地点建造出优质高效的基础设施。海瑞克隧道掘进技术不断扩大了地下工程项目的可行性，并为全球隧道建设项目树立了新标准。海瑞克先进的隧道掘进技术可用于对现有交通网络的扩展，横穿山脉底部或河流深处，为城乡之间创建新的连接隧道。

公用事业隧道领域：提供创新的供给和排放系统解决方案。无论是在发展中国家还是发达国家的城市中心，随着人口迅猛增长，人们对公用事业隧道的需求也不断增加，这也是目前有超过850台海瑞克公用事业隧道掘进机正在全球繁忙作业的原因。我们的公用事业隧道掘进设备用于建造和铺设给排水、输气、输油、输电和通信管道。与传统隧道掘进方法相比较，非开挖隧道技术具有众多明显的优势。小型隧道掘进机、水平定向钻机 (HDD) 以及下沉式竖井掘进机几乎都不会对交通、商业与环境造成影响。创新的直接铺管 (Direct Pipe®) 技术，为非开挖铺管技术创立了新的工程建设标准。全新的 E-Power Pipe® 技术，可以安全而快速地铺设更长的小直径地下电缆套管。创新的水平定向钻进钻具在关键的工序中简化了管道铺设作业。另外，海瑞克公司在采矿领域 (用于原材料开采所需的地下空间建设) 与勘探领域 (开发石油、天然气与地热能源)，也提供了一系列广泛的产品。

HERRENKNECHT AG
77963 Schwanau
Germany
Phone +49 7824 302-0
Fax +49 7824 3403
pr@herrenknecht.com
www.herrenknecht.com

海瑞克股份公司
德国 Schwanau 77963
电话 +49 7824 302-0
传真 +49 7824 3403
pr@herrenknecht.com
www.herrenknecht.cn

海瑞克股份公司北京代表处
中国 100022
电话 +86 10 6567 0389
传真 +86 10 6567 6769

中华优固集团

台北总公司： 中华优固企业有限公司
　　　　　　 优固华实业有限公司
总经理： 刘啓成 +886-933-222-292
杭州分公司： 阳铁机械(杭州)有限公司
总经理： 刘啓成 +86-150-8875-3322
新加坡公司： U-Good(Asia)Pte.Ltd．

中华优固集团(U- Good Enter prise Co.) 以质量优先、技术至上、专业指导、责任第一的经营方针,成立于2002年6月,总公司设立于中国台湾台北市内湖区。

中国大陆地区设有阳铁机械(杭州)有限公司,亚太地区设有新加坡U-Good(Asia),目前在国内代理日本TAC(特固)株式会社双液注浆技术、西班牙Zitron(御铁龙)隧道通风机及意大利SOMAI（首迈）振动器,并持续将最优良的产品及技术推广至全中国。

克泥效中国代理商：
福建中天交通工程技术服务有限公司
张岩涛 18605085888

克泥效（CLAYSHOCK）

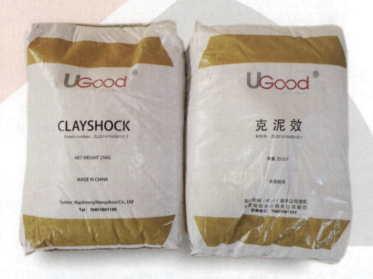

用于：沉降控制、盾构机姿态调整、
　　　常压及带压开仓、长时间土仓保压、
　　　盾构机始发接收、防止喷涌及空洞填充

速泥效（THROUGH）

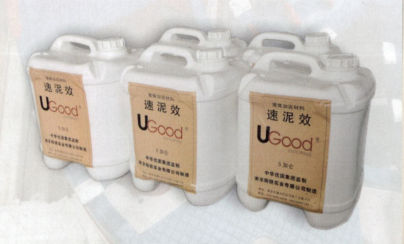

用于：渣土改良、稳定挖掘、防止喷涌、出土顺畅

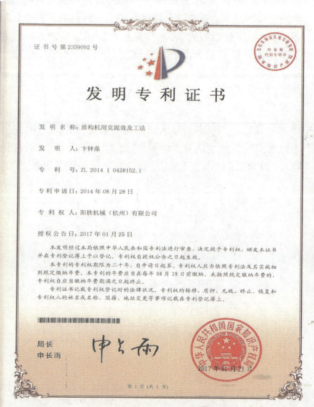

发明专利证书

中国盾构联盟
Shield Union Of China

盾构联盟APP　盾构联盟PC

以地面**零沉降**为目标的盾构施工服务商
福建中天交通工程技术服务有限公司

福建中天交通在国内率先提出 "盾构施工沉降控制的整体解决方案"

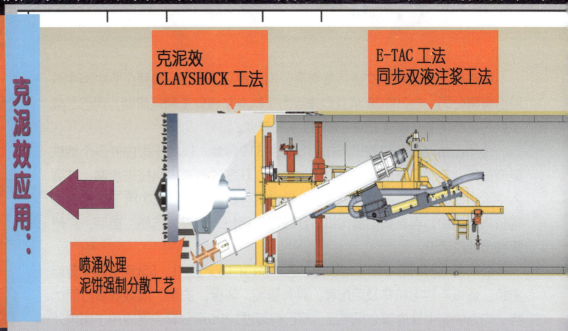

克泥效 CLAYSHOCK 工法

E-TAC 工法 同步双液注浆工法

克泥效应用：
- 下穿防沉降
- 始发／出洞止水
- 空洞填充防喷涌
- 修正盾构机裁头
- 带压换刀

喷涌处理 泥饼强制分散工艺

CLAYSHOCK 克泥效工法（盾构施工地层沉降风险控制）
THROUGH 速凝效渣土改良工法 、**ICAM** 盾构小半径施工工法、
同步双液注浆工法、泥饼强制分散工艺……

技术咨询：0731-89783591　18605085888（张岩涛）
技术支持：日本 TAC 株式会社／中华优固企业

NATOR 纳拓：纳拓 **HBW** 主轴承密封脂、富水砂层专用盾尾油脂、抗高水压盾尾油脂。
Rexroth 力士乐：极压锂基润滑脂（**EP** 系列）、**VG** 高抗液压油、**RM** 合成齿轮油。

视频资料
可扫以下二维码

福建中天为您的盾构保驾护航！

长沙营运中心地址：湖南省长沙市天心区芙蓉南路和庄A1-3110
福州营运中心地址：福建省福州市晋安区福新中路99号景盛大厦1107
电话：0731-89713543　0591-87862993
网址：www.fjztjt.com

中铁科工集团轨道交通装备有限公司
CHINA RAILWAY SCIENCE & INDUSTRY RAIL EQUIPMENT CO.,LTD

自主研制的ZTKG6250复合土压平衡盾构机（ϕ6280mm）

直径9.86m双护盾硬岩掘进机，应用于印度喜马拉雅山皮帕克提水电工程

华遂通H024盾构机再制造，用于武汉地铁27号线施工（ϕ6470mm）

中铁工业300号土压平衡盾构机再制造，用于合肥地铁施工（ϕ6280mm）

中铁科工集团轨道交通装备有限公司，隶属于世界500强企业中国中铁股份有限公司，自2010年成立以来致力于轨道交通施工装备研制，现已形成了针对城市轨道交通建设的全套施工装备产业。

公司已生产盾构机整机与核心部件共310台套，应用于国内外多个地铁隧道施工。自主研发的盾构机再制造技术，获多项省部级科技进步奖，并列入中国中铁优先采购服务产品名录。盾构机再制造技术已成功用于60余台盾构机再制造中，再制造的盾构机广泛应用于福州、武汉、杭州、昆明、广州等城市地铁建设。

公司自主研制的专用于地铁施工的地铁口门式起重机、55t履带伸缩臂起重机、超级电容电机车及后配套，具有智能、环保、安全、高效等多方面优势，均为中国中铁内部必采产品，现已有超过1200余台套设备应用于国内外多个城市地铁施工。

为实现地铁站地下连续墙施工成套装备的研制，公司引进意大利卡萨格兰地先进技术，并根据国内施工情况进行国产化研究，现已掌握具有自主知识产权的液压双轮铣研制技术，生产的液压双轮铣槽机已服务于广州、深圳、南昌等多个城市地铁建设。

公司长期扎根于城市轨道交通装备领域，深耕细作，努力为行业提供优质产品和服务。期待与您合作！

液压双轮铣槽机　　　　　　　　　　　　55t履带伸缩臂起重机

45t地铁口门式起重机

45t超级电容电机车

公司名称：中铁科工集团轨道交通装备有限公司
电　话：027-81990312
传　真：027-8199345
网　址：www.crrte.cn
公司地址：武汉市江夏区庙山经济开发区幸福工业园

扫一扫，关注微信

SAFECLEEN ENGINEERING MACHINERY CO.,LTD
三川德青工程机械有限公司

公司介绍

三川德青工程机械有限公司（原黑旋风工程机械开发有限公司）是中国冶金地质总局三川德青科技有限公司的全资子公司，在工程泥浆处理方面，拥有自主品牌和多项专利技术，经过二十多年的不断创新和积累，技术达到国际先进水平，成为目前中国规模最大、技术最成熟、市场占有率最高的"泥浆处理专家"企业。

盾构泥浆处理系统

我公司自主研发的 ZX 系列泥浆处理系统能满足 500~6000m³/h 泥浆处理及循环利用要求，其整体结构合理，占地面积小，设备噪声低，工作效率高，工程适用性强，使用寿命长。

公司自 1993 年开始生产泥浆处理设备，至今已有 26 年的生产经验。迄今为止，共参与国内 50 多项泥水盾构工程施工，成功完成黏土、粉质黏土、粉细砂、中粗砂、风化岩、花岗岩等各种地层盾构施工的泥浆处理。多年来，本公司与中国中铁、中国铁建、中交集团等各大单位进行过多次成功的合作，并保持着良好的合作关系。

中铁十四局南京五桥 A3 项目

中铁一局青岛地铁 8 号线项目

地址：中国（湖北）自贸区宜昌片区大连路8号（黑旋风科技园）
电话：0717-6066366
传真：0717-6467192
邮编：443003
http://www.hxf-gj.com

公司简介

北京建科汇峰科技有限公司创建于1992年，占地15000㎡，注册资金1500万元，原隶属于中国建筑材料科学研究院，是一家集密封材料研究、密封件研发、密封件开发、密封件制造和销售为一体的综合科技型企业。

北京建科在密封行业拥有二十多年历史，凭借自己专有的密封技术及PU材料、填充聚四氟乙烯材料制品制造方面的能力，坚持以客户需求为重点的开发理念，在耐化学腐蚀、耐磨、耐高低温、耐特殊介质方面有很强的解决问题的能力，为很多客户提供了先进而合理的密封解决方案。密封产品还涵盖油缸密封、旋转密封、炼钢轧管等冶金专用密封。

北京建科自主研制生产的全断面隧道掘进机用主驱动密封、铰接密封等属于国内先进产品。其产品可以适用于各种土压、泥水、TBM等不同类型设备在不同地址工况条件的施工。产品的性能和使用寿命已经达到国外同类产品质量水平。目前公司生产的掘进机用密封已经广泛用于掘进机(盾构机)主机制造单位、施工和维修单位，取得了良好的使用效果和经济效益，得到了掘进行业客户的认可和好评。

坚持严格的企业生产标准和制造稳定可信赖产品，公司产品质量符合GB/T19001-2016和ISO9001-2015国际质量管理体系标准；我们参与制定了《全断面隧道掘进机用橡胶密封》，并于2019年9月发布实施；获得"大型盾构机唇形密封圈"国家专利、"管子试压密封圈"等15项国家专利；获得北京科技委、发改委、经贸委等六部门颁发的"盾构机主驱密封"新产品奖；获得中国机械工程协会掘进机械分会颁发的"优质国产配套件产品"荣誉称号；并获得天津钢管公司(TPCO) "A级供应商"荣誉称号。

公司工厂
联系人：杨经理
- ☎ 0316-5176003　18911865558
- 📠 0316-5175887
- ✉ sales@jkhfseal.com
- 🌐 www.jkhfseal.com
- 📍 河北省廊坊市安次区龙河工业园区天高道66号

公司总部
联系人：杨经理
- ☎ 010-65738987　18911865558
- 📠 0316-5175887
- ✉ sales@jkhfseal.com
- 🌐 www.jkhfseal.com
- 📍 北京市通州区张家湾镇西定福庄甲51号

www.ccccth.com

中交天和
CCCC TIANHE

中交天和机械设备制造有限公司是集盾构设计制造、服务、掘进技术、施工指导、隧道管养于一体的综合服务商，国内超大型盾构机研制领跑者，世界500强企业中国交通建设股份有限公司的全资子公司。

Φ 0.8~18m
全球大型完备的盾构机研发制造基地

中国出口大直径 敞开式TBM 硬岩掘进机 Φ8.98m

盾构机长约266m，质量超过1800 t。

中交天和研制的直径8.98m敞开式TBM硬岩掘进机用于"一带一路"项目——马来西亚东海岸铁路项目云顶隧道工程的施工，是首次应用于铁路隧道施工的TBM硬岩掘进机。

1. 盾体底部安装有驱动顶升油缸，可防止在收敛及破碎地层卡刀盘及卡盾；
2. 研制超高水压主密封冲刷，避免了油液或油脂对隧道及周边水系的污染；
3. 创新型钢筋排快速支护系统，有效地减少了清渣和回填的工作量，极大地提高了TBM在破碎及软弱围岩中的掘进效率；
4. 配置前置混喷系统，有效封闭裸露围岩，降低掉渣风险，提高施工安全性。

中交天和官方微信

地址：江苏省常熟市高新技术产业园义虞路123号　　Tel: 0512-52035288　　Fax: 0512-52035299
Add: No.123 Yiyu Rd. New & High Tech Industrial Park, Changshu, Jiangsu Province

上海米度测量技术有限公司

上海米度测量技术有限公司于2010年在上海浦东新区成立，2015年被评为上海市高新技术企业，并多次荣获企业创新大赛奖项。

米度主营业务包括盾构导向系统、顶管导向系统、特种设备导向系统、地铁运营健康监测系统、信息化智能监控平台等产品的研发、生产、销售、租赁及服务。

米度作为隧道智慧测量产品供应商，坚持合作共赢的发展战略，在行业内取得了良好的口碑。其盾构自动导向系统大量应用于上海、苏州、常州、南京、杭州等城市地铁建设，成功应用项目达350多个，并在2015年应用于新加坡地铁项目。

产品介绍：

MTG-T盾构导向系统 MTG-T盾构远程管理系统 管片选型系统 盾尾间隙测量系统 渣土测量系统	MDD-H水平定向转导向系统 MMG-V煤矿竖井掘进导向系统 TBM硬岩掘进导向系统 地铁运营健康监测系统 悬臂式掘进机导向系统	MTG-PZ棱镜直线顶管系统 MTG-L长距离曲线顶管系统 MTG-M激光直线顶管系统 曲线顶管惯导系统

▼ MTG-T盾构导向系统　　　▼ MTG-L长距离曲线顶管系统

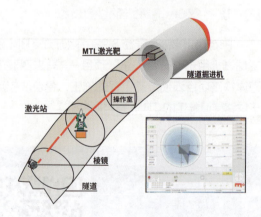 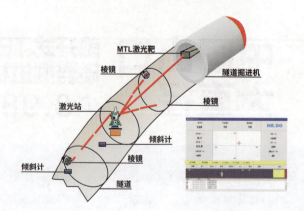

电话:021-50329515/021-50171836
地址:上海市青浦区高泾路599号A座301室
网址:www.miduc.com

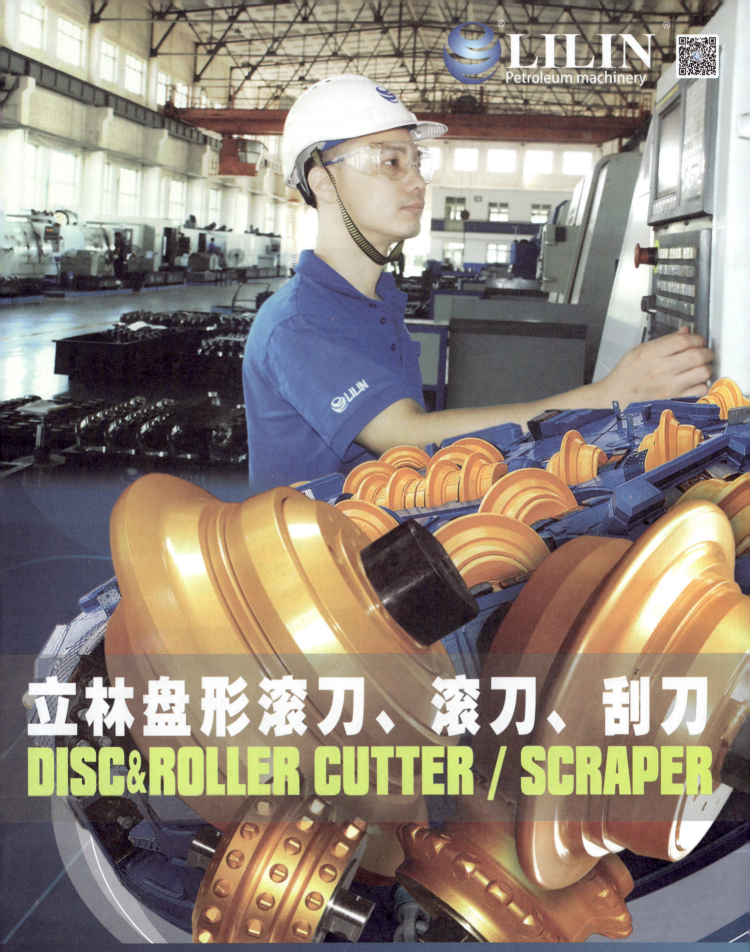

奥宇可鑫 盾构机零部件再制造

让报废机械零件获得新生

北京奥宇可鑫表面工程技术有限公司始建于1992年，专业从事盾构机设备零部件的再制造与修复，是北京市高新技术企业、北京市循环经济重点领域试点单位、中国设备管理协会机械零件修理中心、中国设备维修一级资质企业、中国质量信誉咨询系统理事单位、北京市质量管理规范重点宣传单位、首都部分高校科技与生产力转化基地。

奥宇可鑫公司现有国内先进的激光、喷涂设备、电镀设施及大型机械加工车间，配合奥宇可鑫常温修复技术，可以满足不同设备零件的修复，特殊环境下，也可以对零件进行不解体修复，以保证各部件的配合精度，节省拆装时间。

截至目前，北京奥宇可鑫公司已成功应用再制造技术，为多家盾构施工企业维修盾构机刀盘、主驱动（驱动外壳、主轴承、密封耐磨钢环等）、中心回转体、螺旋输送机、推进油缸等零部件，维修后的性能和质量不低于新品，节省了购买新件的等待时间、节约了成本，而且与制造新品相比对环境的不良影响显著降低。

国内首次盾构机驱动外壳密封位磨损修复

某国外品牌盾构机完成2km隧道掘进后进行检修，其主驱动密封外圈整圈磨损3处，直径约4m，最深处磨损约3mm，影响正常使用。采用奥宇可鑫专利技术进行常温修补。修复后通过各项检测验收合格。

盾构机主驱动密封修复

盾构机中心回转体表面镀层磨损、腐蚀、剥落，最深处约2.5mm

盾构机中心回转体修复

盾构机转子轴承位磨损及键槽崩损修复

盾构机推进油缸磨损修复

盾构机螺旋输送机叶轮磨损修复

盾构机刀盘周圈板断裂修复

北京奥宇可鑫表面工程技术有限公司

联系人：曹晶　电话：15045680108　邮箱：cao_jing168@163.com

巨鲸传动
JUJING TRANSMISSION

荆州市巨鲸传动机械有限公司，是我国最早定点的专业减速机生产厂家之一，至今已有半个世纪的减变速机制造经历，是国家级火炬计划项目生产基地、高新技术企业。

公司现有员工500多人，其中工程技术人员200余人。厂区面积20万平方米，建筑面积7万平方米，拥有立式加工中心、数控镗铣床、磨齿机等各种高、精、尖设备500台（套）。有配套齐全的热处理设备。本公司生产的各种减速机达300多个品种。同时根据用户要求生产各种非标类专用减速机，年生产能力5000台（套）以上。公司实施了全面的ERP管理；机械冷、热加工工艺先进，公司独创齿轮加工工艺。拥有三坐标测量机，齿轮检测仪，封闭式齿轮传动加载试验台等设备。质量管理体系完善，已通过ISO9001认证。

JWPA系列顶管机用减速机

公司是新老标准行星齿轮减速机、系列硬齿面减速机、建材、冶金、港口行业等用减速机标准制定或组织起草单位之一。拥有成熟的减、变速器设计理念和丰富的制造经验，尤其在非标准产品上具有强大优势。

产品广泛用于建材、水泥、冶金、有色、矿山、石油、港口、船舶、市政建设、电力、水利等诸多领域并出口到欧美、东南亚、非洲等国家和地区。

公司自行研发出顶管机、盾构机配套用系列行星减速机并率先在国内配套使用，获得用户好评。

动力头系统

动力头系统

盾构机配套用减速机

顶管机配套用减速机

荆州市巨鲸传动机械有限公司

地址：湖北省荆州市开发区东方大道58号　邮编：434000　电话：0716-8303888　8303900
传真：0716-8303905　http://www.jujingcd.com.cn　E-mail:jzjj@jujingcd.com.cn

优泰科（苏州）密封技术有限公司

优泰科（苏州）密封技术有限公司成立于2008年，公司位于苏州工业园区，注册资金5000万元人民币，是一家专业研发、生产工业密封产品的高新技术企业。

公司主要产品为无模具密封加工设备、密封原材料和厚度5mm及以上的密封产品。

公司生产的密封产品广泛应用于盾构、水电、煤矿、石油石化、机床、工程机械、水泥、医药等多个行业和领域，得到了各行各业广大客户的认可和好评。

目前，优泰科已经全线进入隧道掘进设备各大主机厂，提供主驱动密封、铰接密封、舱门密封、安全门密封、中心回转密封、螺旋输送机密封等全系列产品和服务，现场使用情况良好，得到一致认可。

优良的产品性能，源于良好的密封材料性能和生产工艺，优泰科公司一直致力于盾构材料性能的研发，公司拥有专门的实验室，对盾构密封材料的关键指标进行检测和实验；同时拥有自主研发的"盾构主驱动密封实验台"、"盾构铰接密封模拟实验台"、"线压实验台"、"盾构主驱动密封耐压可视实验台"，通过模拟盾构机工况来检验盾构主驱动密封在特定的工况条件下的性能。

优泰科现拥有1200m²的**专业的恒温恒湿**的盾构密封产品生产、质检、包装、储存车间，盾构产品生产线三条，已拥有大部分盾构密封主流产品的模具，大大缩短了交货周期，将盾构密封2~6周供货变成了现实。

优泰科（苏州）密封技术有限公司可以提供**全系列盾构密封产品**，包括：主驱动密封、铰接密封、舱门密封、安全门密封、中心回转密封、液压油缸密封、靴板密封、阀密封、管路密封、螺旋输送机密封、浮动油封等。

无论**新制造**还是**现场维修**
优泰科都可以提供**最及时**、**最专业**的现场服务

苏州公司：	王迎光	13915538761	wang.yingguang@utec.cc
青岛公司：	丛晓勤	13962185179	cong.xiaoqin@utec.cc
沈阳公司：	叶 桥	13704002258	ye.qiao@utec.cc

徐工集团凯宫重工南京有限公司成立于2011年2月，占地总面积320亩，坐落于南京江宁滨江经济开发区，主要从事大型隧道掘进机的研发、制造、销售及服务。

公司首台EPB-6390型复合式土压平衡盾构机——凯宫一号，为"江苏省首台（套）重大装备产品"，并获得"江苏省优秀新产品金奖"、"江苏省高新技术产品"等荣誉称号。

徐工凯宫一直致力于打造国人信赖的盾构品牌，现已拥有专利数43项，软件著作权6项，授权发明专利19项。未来公司将加大研发和生产投入，打造民族盾构的世界品牌

"推动自己
　就能推动世界"
　　——打造民族盾构的世界品牌

① 徐工集团凯宫重工生产车间俯瞰图
② 苏州轨道交通2号线工程项目掘进使用的盾构机产品
③ "凯宫一号"复合式土压平衡盾构机
④ 南京宁高城际项目施工现场
⑤ EPB-6390型复合式土压平衡盾构机施工现场
⑥⑦⑧ 施工方在我公司参观选购盾构机
⑨ 南京轨道交通3号线TA06标段施工现场

徐工集团凯宫重工南京有限公司
地址：南京市江宁区滨江开发区广济路168号

联系人：谷进　联系电话：18005193313　　WWW.XCMG.COM

盾构机吊装运输　　大型桥梁吊装运输　　风机安装及检修

　　北京华晨益吊装运输有限公司位于北京市大兴区，具有北京市建委颁发的特种专业工程（吊装工程）专业承包资质和大型构件运输资质，公司主营盾构机吊装运输、大型桥梁吊装运输、风机安装及检修等大型设备吊装运输业务。

　　公司自有盾构专用工况250吨至650吨级履带吊19台、德马格CC6800履带式1250吨起重机1台、德马格CC5800履带式1000吨级起重机1台、德马格350吨全地面汽车吊1台、拥有其它小吨位起重机8台，总起重能力达8000余吨。大型拖车有40吨、60吨、100吨、150吨以及运梁专用炮车、轴线车30余辆。

　　华晨益作为专业的吊装运输公司，参与了国内众多大型工程的吊装运输、国家体育场火炬吊装、奥运会、残奥会开闭幕式旋转舞台的设备安装；蓬莱巨涛俄罗斯LNG项目模块及构件吊装、辽宁红岩河核电站机组一体化吊装、山东青州石化反应器吊装、国内多条隧道工程盾构机吊装、南水北调输水管线的吊装、奥运会、残奥会应急车辆的备勤。同时我公司的起重机作为北京市政工程的应急车辆，为北京市政工程建设作出了巨大的贡献。近年来参与了北京阜石路二期、广渠路、京良路、京密路、蒲黄榆路、轨道交通房山线、昌平线等项目的大型桥梁吊装运输任务，均受到业主单位的一致好评。

　　作为北京盾构工程协会的理事单位，华晨益公司参与了北京市各条地铁线盾构机的吊装运输任务，相继完成机场线、四号线、六号线、七号线、十号线、九号线、十四号线、十五号线、十六号线、八号线、大兴线、昌平线、亦庄线等线路的盾构机吊装任务。从2012年开始，公司的业务逐渐向全国发展，相继参与的大连、沈阳、广州、深圳、珠海、郑州、南京、合肥、石家庄、天津、常州、无锡、苏州、杭州、徐州、宁波等地的地铁盾构机施工，目前公司已培养了一大批专业的盾构机吊装、运输及组装人员，具备承揽各型号盾构机的吊装及运输任务。华晨益公司自成立以来，累计完成两千余台次的盾构机吊装运输工程，积累了丰富的施工经验，深得业主信赖。2011年，根据公司多年来在盾构机吊装运输施工中积累的经验，与北京轨道交通建设公司共同编制了《盾构机吊装施工规范》企业标准，使吊装企业在盾构机吊装施工中进一步规范化、标准化。

　　凭借着优良的设备、精湛的技术和高效的服务，华晨益赢得了吊装行业的一致认可和高度评价。2012-2015年连续四年评为"中国吊装百强企业"。2014年我公司参与的"京津城际铁路延伸线最大泥水盾构机吊装工程"被评为"中国十大经典吊装工程案例"，2015年我公司1250吨吊车参与的"蓬莱巨涛俄罗斯LNG项目模块及构件吊装"项目被选为"中国年度吊装工程案例"。2016年在全球起重机峰会中，我公司被评为"中国吊装十强企业"。

北京华晨益吊装运输有限公司

地　　址：北京市大兴区魏善庄镇查家马坊
联系人：杜勇　　　　　　　　　　　　　手机：133 1120 1233
电　　话：010-8923 0386　8923 0385　　传真：010-8923 0385
邮　　箱：duyong007@sina.com　　　　　网址：www.bjhcydz.com